해설지의 사용법

이 해설지에서는 각 지문들·문제들을 읽으며 제가 했던, 그리고 여러분이 했어야 할 '생각들'을 제시합니다. 여러분은 이 해설지의 생각을 본인의 생각과 '비교'하며 생각의 힘을 키워나가셔야 합니다. 해설의 내용을 이해한 뒤에는 그것으로 그치지 마시고, 다시 스스로 해설해 보면서 본인 스스로 '필연적인' 사고 과정을 통해 해결할 수 있는지 확인하셔야 합니다. 다소 과할 정도로 깊이 들어가는 해설도 있고, 아주 실전적인 태도를 전하는 해설도 있을 것이에요. 이렇게 풍부한 해설들을 읽으며 저와 생각이 비슷해질 때, 여러분들의 국어 영역 실력은 몰라보게 올라와 있을 겁니다. 그 순간만을 기대하며 따라와 봅시다!

이 교재로 공부하셨으나 효과를 보지 못했던 학생들의 공통점 중 가장 대표적인 것으로 '해설지를 대충 읽었다'는 점을 꼽을 수 있습니다. 빠르게 읽어도 어느 정도 이해가 되고, 대충 무슨 말 하는지 알겠으니 휙휙 넘어가는 것이죠. '효율성'을 취한다는 미명하에 여러분의 '생각의 힘'을 기를 수 있는 기회를 놓치지 마시기 바랍니다. 문장 하나하나 많은 것을 배우고 익힐 수 있도록 최선을 다해서 작성했으니, 여러분도 문장 하나하나 열심히 읽고 따라와주세요.

스스로 고민해보고, 생각을 비교하며 체화한다. 간단하죠?

해설지 속에는 여러분의 공부를 돕기 위한 다양한 요소들이 포함되어 있습니다. 이들이 어떤 의미가 있는지를 아시면 훨씬 풍부하게 공부하실 수 있겠죠?

① 지문 정보

> **DAY 2 [16~20]**
> 2013.11 [46~50] 고전시가+수필 '성산별곡 / 독자왕
> 유희유오영 / 신록 예찬' ☆

→ 순서대로 Day 정보와 본교재에서의 문제 번호, 그리고 시행 년도 및 실제 시험지에서의 문제 번호, 제재와 작품 제목, 난이도가 표시되어 있습니다. 난이도의 경우, 별 한 개부터 다섯 개까지 부여되며 정답률, 학생들의 당시 체감, 집필진의 주관적 난이도 평가, 완벽하게 이해하는 데 드는 시간 등을 반영하여 표시했습니다. 사람마다 다르게 느낄 수 있는 부분이나, 대략적인 참고가 되었으면 하는 바람으로 표시했습니다.

② 〈보기〉 확인

〈보기〉 확인

> ─────[보기]─────
>
> 「임진록」은 임진왜란이라는 역사적 사실을 소재로 한 역사 군담 소설로서, 역사에 허구를 더해 전란으로 인해 상처받은 민족적 자존감을 보상하면서 전란의 피해와 책임에 대한 민중들의 생각과 정서를 반영하고 있다. 이를 위해 신이한 능력을 지닌 주인공을 통해 조선인의 우월성을 드러내거나 때로는 역사적 근거가 부족한 가공의 사건을 형상화하기도 했다.

이 지문이 임진왜란이라는 역사적 ~

→ 문학에선 기본적으로 〈보기〉를 먼저 확인하는 것을 원칙으로 합니다. 〈보기〉를 읽고 지문 독해에 도움이 되는 정보를 끄집어 내는 과정을 보여드립니다. 이를 통해 〈보기〉의 내용을 어떻게 읽어내면 되는지 확실하게 기준을 세울 수 있을 겁니다. 물론 〈보기〉가 지문 내용을 이해하는 데 큰 도움을 주지 않는다고 판단하는 경우, 그냥 넘어가기도 합니다.

③ 지문 독해

1) 운문문학 (실전적 지문 독해)

실전적 지문 독해

> (가)
> 모란이 피기까지는
> 나는 아직 나의 봄을 기다리고 있을 테요
> 모란이 뚝뚝 떨어져 버린 날
> 나는 비로소 봄을 여읜 설움에 잠길 테요
> 오월 어느 날 그 하루 무덥던 날
> 떨어져 누운 꽃잎마저 시들어 버리고는
> 천지에 모란은 자취도 없어지고
> 뻗쳐오르던 내 보람 서운케 무너졌느니
> 모란이 지고 말면 그뿐 내 한 해는 다 가고 말아
> 삼백예순 날 하냥 섭섭해 우옵네다

〈보기〉에서 말한 것처럼, 화자는 봄이라는 계절에 피었다가~

산전(山前)에 유대(有臺)ᄒ고 대하(臺下)에 유
수(有水)] 로다

→ 자연 멋있다!

떼 많은 갈매기는 오명가명 ᄒ거든

→ 떼 지어 갈매기는 오고가고 하는데

엇더타 교교백구(皎皎白駒)*ᄂ 멀리 ᄆᆞᆷ 두는고

→ 어째서 현자는 멀리 마음 두냐

　　　　　　　　　　　　　　　　〈제5수〉

→ 실전에서 시를 읽을 때 주목하면 좋은 화자의 상황 · 정서 등의 부분에 밑줄을 쳐 두었습니다. 고전시가의 경우, '실전적'인 지문 독해 과정을 제시하기도 했습니다. 실전에서 시를 어디까지 읽으면 되는지에 대해 배워보시기 바랍니다.

2) 운문문학 (현대시 독해 연습)
현대시 독해 연습

(가)

해ㅅ살 피여

이윽한* 후,

머흘 머흘

골을 옮기는 구름.

햇살이 피고 시간이 지난 후, 구름은~

→ 'P.I.R.A.M 국어 생각의 전개'에서 다루는 '현대시 독해 연습'을 돕는 부분입니다. 실전을 넘어서서, 조금 더 완벽하게 해당 시를 독해하는 과정을 제시했습니다. 이렇게 읽지 못했다고 자책하지만 마시고, 교재에서 제시한 가이드대로 현대시를 읽고 이해하는 연습 및 경험을 한다는 데 의의를 두시기 바랍니다.

3) 산문문학
지문 독해

일일은 승상이 술에 취하시어 책상에 의지하여 잠깐 졸더니 문득 봄바람에 이끌려 한 곳에 다다르니 이곳은 승상이 평소에 고기도 낚으며 풍경을 구경하던 조대(釣臺)*라. 그 위에 상서로운 기운이 어렸거늘 나아가 보니 청룡이 조대에 누웠다가 승상을 보고 고개를 들어 소리를 지르고 반공에 솟거늘, 깨달으니 일장춘몽이라.

술에 취해 잠든 '승상'이 책상에 의지하여 졸았다가 꿈을 꾸는 모습입니다. 〈보기〉에서 말한 것처럼~

→ 박스 : 주요 인물(최초 등장시에만)
→ **밑줄+굵은 글씨** : 시 · 공간적 배경
→ 그냥 밑줄 : 인물의 심리

→ 소설 지문을 읽으면서 주목해야 할 부분에 하는 표시들을 시각화시켰습니다. 저런 표시를 꼭 따라할 필요는 없지만, 어떤 부분에 주목하여 지문을 이해하는지 참고하시기 바랍니다. 이 표시와 해설을 따라가며, 저의 사고과정을 훔쳐보세요.

④ 문제풀이

선지	①	②	③	④	⑤
선택률	6%	3%	8%	80%	3%

75 〈보기〉를 참고하여 [A]를 감상한 내용으로 적절하지 않은 것은? ④

- [A]는 〈보기〉에서 설명한 것처럼 '님'과 헤어진 화자가 어떤 특정한 ~

→ 해당 문제의 실제 선택률(정답률 데이터가 없는 경우 예상 정답률)을 제시했습니다. 선택률을 통해 확인할 수 있는 다른 학생들의 반응을 바탕으로 나의 태도를 피드백할 수 있을 겁니다. 나는 쉽게 맞았는데 다른 학생들은 어려워한 선지나, 다른 학생들은 쉽게 넘어갔는데 나만 고민했던 그러한 선지들에 주목하세요. 여러분의 약점이 될 수 있는 부분들이니까요.

나아가 '발문'을 보고서 해야 하는 생각들이 있으면 역시 제시해두었습니다. 문제풀이의 시작은 '발문 독해'입니다. '발문'에서 필요한 정보를 확실하게 가져갈 수 있도록 합시다.

③ 2연~4연의 첫 행들은 각 연의 시적 공간에 대해 주의를 환기하는 방식으로 시상 전개에 통일성을 부여한다.

지리산 하
(중략)
지리산 중
(중략)
섬진강 섬진강

선지 유형	근거가 있어서 허용 가능
실전에서의 판단 과정	시적 공간 제시하고 있고, 비슷하게 하니 통일성도 맞지.
해설	각 연마다 '지리산 하', '지리산 중', '섬진강'이라는 ~

→ 해당 선지를 그대로 제시하고, 그 선지를 판단할 때 돌아가야 하는 부분이 있다면 함께 제시했으며, 아래 표를 통해 자세한 해설을 적어두었습니다. '선지 유형'을 통해 '허용 가능성 평가'라는 기본 원칙을 확실히 익힐 수 있도록 했고, '실전에서의 판단 과정'을 통해 만점을 받는 사람들의 시험장에서의 사고과정을 엿볼 수 있게 했습니다. 나아가 '근거'를 바탕으로 '허용'한다는 기본적인 태도를 바탕으로 완벽한 '해설'도 실어두었습니다.

⑤ FAQ

FAQ
Ⓠ 말씀하신 것처럼, '매화'가~
Ⓐ 말씀하신 대로 '봄뜻'을~

→ 지난 몇 년간 '피램의 국어공작소'라는 카페에서 QnA 서비스를 운영했습니다. 해당 카페에서 몇 천 개 이상의 질문을 받았고, 답해드렸습니다. 덕분에 학생들이 헷갈려하는 부분에 대해 인식할 수 있었는데, 이를 교재에 반영했습니다.

여러분이 궁금해했던 그 내용, 미리미리 답변드립니다. 간혹 FAQ 부분에서 상당히 중요한 내용이 언급되는 경우가 있습니다. 그러니 별로 안 궁금한 내용이었다고 해도 꼭 읽어 보시는 걸 추천합니다.

⑥ 생각 심화

| 생각 심화 |
참고로 '독백' 개념에 대해서는 평가원이 ~

→ 여러분의 '생각의 힘'을 극대화할 수 있는 다양한 이야기를 녹인 부분입니다. 약간은 사후적인 해설부터, 굳이 시험장에서 생각할 필요는 없지만 한 번쯤 이해해보면 좋은 내용들에 대한 설명, 자잘한 팁 및 알아두면 좋은 배경지식 등이 적혀 있습니다. 나올 때마다 꼼꼼하게 읽고 넘어가주세요. '심화'라는 이름만 보고 겁 먹어 넘어가 버리기엔 너무나 아까운 내용들이 많습니다.

⑦ 몰랐던 어휘 정리하기

몰랐던 어휘 정리하기

→ 한 지문의 마지막엔 항상 이런 칸이 있습니다. 교재의 초반부에서 강조했듯이, 국어 공부의 시작은 어휘력입니다. 지문에서 처음 보는 단어들, 생소한 단어들은 모두 스스로 정리하도록 합시다. 기출된 단어들은 평가원에서 여러분이 당연히 알고 있을 거라고 생각하는 '기본 수준의 어휘'에 해당하니까요!

⑧ 핵심 point

| 핵심 point |
① **허용 가능성 평가** : 선지의 내용을 '허용'하려는 태도
   를 바탕으로 지문을 '독해'하며 '근거'를 찾아야 합니
   다. 허용할 수 있는 '근거'가 있어야만 허용할 수 있습
   니다. 주관적인 생각을 개입시키면 안 됩니다.
② **현대시 독해** : 〈보기〉의 도움 등을 통해 '주제' 위주
   로, 그리고 일상 언어의 감각으로 읽어내면 됩니다.
   현대시도 읽을 수 있는 하나의 글입니다.

→ 해당 지문에서 주목했어야 할 포인트들을 정리한 부분입
니다. 본교재에서 배운 내용을 기반으로 작성한 것이므로,
가벼운 복습도 가능할 것입니다. 복습할 때 이 부분들에 주
목하면 더 효과적인 공부가 가능할 것이에요.

⑨ 지문 내용 총정리

| 지문 내용 총정리 |
대충 이해하고 답만 골라내는 것은 ~

→ 그 지문에서 배울 수 있었던 내용을 요약해둔 파트입니
다. 많이 공부하다보면 반복된다는 느낌이 들 겁니다. 그 느
낌이 들면 공부를 잘 하고 있다고 생각하셔도 좋을 것 같
아요. 모든 지문이 똑같이 해결되는 느낌이 든다는 것이니
까요!

이렇게 중요한 내용은 끊임없이 강조하고 복습할 수 있도록
다양한 요소들을 통해 해설을 작성했습니다. 정말 열심히 쓰
고 검토한 해설들입니다. 여러분의 공부에 적극적으로 활용
해주시기 바랍니다.

※ 문제편과 해설편 모두 맨 뒤쪽에는 '빠른 정답'이 있습니다.
   해설편을 보기 전 채점을 하고 싶으시다면 활용하시기 바랍
   니다.

지문 목차

Day 1 _ 008P
[현대시] 2009.06 [20~23] '여승 / 못 위의 잠 / 결빙의 아버지'
[현대소설] 2011.09 [28~31] '눈이 오면'
[고전시가] 2016.11B [40~42] '어와 동량재를~ / 고공답주인가'

Day 2 _ 028P
[고전소설] 2015.11A [34~37] '소대성전'
[고전시가+수필] 2013.11 [46~50] '성산별곡 / 독자왕유희유오영 / 신록 예찬'
[현대소설] 2016.09B [39~41] '옛우물'

Day 3 _ 048P
[현대시] 2014.09B [38~40] '생명의 서 · 일장 / 농무'
[고전소설] 2011.09 [21~24] '김원전'
[현대소설] 2010.09 [40~43] '잔인한 도시'

Day 4 _ 065P
[현대시] 2010.06 [13~16] '발열 / 거문고 / 대설주의보'
[고전소설] 2013.06 [34~36] '임진록'
[현대소설] 2009.11 [20~23] '역사'

Day 5 _ 084P
[현대시] 2013.09 [27~30] '또 다른 고향 / 자화상 · 2 / 멸치'
[고전소설] 2012.11 [25~28] '호질'
[현대소설] 2015.06AB [34~38] '모래톱 이야기'

Day 6 _ 104P
[현대시] 2016.11AB [43~45] '아침 이미지 1 / 풀벌레들의 작은 귀를 생각함'
[현대소설] 2013.09 [47~50] '역마'
[고전시가] 2015.11B [31~34] '관동별곡 / 유한라산기'

Day 7 _ 123P
[현대시+고전시가] 2009.11 [28~33] '님의 침묵 / 나뭇잎 하나 / 춘면곡'
[현대소설] 2015.11AB [38~42] '무영탑'
[고전소설] 2014.06A [41~43] '구운몽'

Day 8 _ 146P
[현대시] 2011.11 [13~16] '자화상 / 선제리 아낙네들 / 그 나무'
[현대소설] 2012.06 [25~28] '화산댁이'
[고전시가] 2015.06B [43~45] '도산십이곡'

Day 9 _ 165P
[현대소설] 2008.09 [40~43] '날개'
[현대시+수필] 2015.11A [31~33] '조찬 / 파초'
[고전시가] 2014.09AB [38~40][31~33] '매화사'

Day 10 _ 181P
[현대소설] 2011.11 [40~43] '나상'
[현대시] 2015.11B [43~45] '고향 앞에서 / 낡은 집'
[고전소설] 2009.11 [47~50] '박씨전'

Day 11 _ 201P
[현대소설] 2009.06 [28~31] '신열'
[현대시] 2014예비B [40~42] '빼앗긴 들에도 봄은 오는가 / 성에꽃'
[고전시가] 2011.11 [27~31] '상춘곡 / 율리유곡 / 범희문희서도원림'

Day 12 _ 223P
[현대소설] 2014.06B [41~43] '만세전'
[고전소설] 2013.09 [20~23] '열녀춘향수절가'
[현대시+고전시가] 2010.11 [32~37] '승무 / 지리산 뻐꾹새 / 면앙정가'

Day 13 _ 245P
[현대시] 2014.06A [31~33] '접동새'
[고전소설] 2015.06B [39~42] '임경업전'
[현대소설] 2016.09A [39~42] '잔등'

Day 14 _ 262P
[현대시] 2015.09B [31~33] '모란이 피기까지는 / 고고'
[현대소설] 2014.09B [41~43] '광장'
[고전시가] 2011.06 [39~43] '두터비 파리를~ / 고공가 / 어부'

Day 15 _ 281P
[극문학] 2012.11 [43~45] '산허구리'
[현대시+고전시가] 2013.06 [13~18] '알 수 없어요 / 배를 매며 / 사미인곡'
[현대소설] 2014.11B [35~37] '소문의 벽'

Day 16 _ 302P
[고전소설] 2011.11 [47~50] '운영전'
[현대소설] 2010.06 [23~26] '외딴 방'
[현대소설] 2016.11A [31~33] '나목'

〈보기〉 독해

〈보기〉가 없습니다. 지문의 주제만 빠르게 체크한 채로 문제를 풀어보도록 합시다.

실전적 지문 독해

(가)
여승(女僧)은 합장(合掌)하고 절을 했다
가지취의 내음새가 났다
쓸쓸한 낯이 넷날같이 늙었다
나는 불경(佛經)처럼 서러워졌다

평안도(平安道)의 어늬 산(山) 깊은 금덤판
나는 파리한 여인(女人)에게서 옥수수를 샀다
여인(女人)은 나 어린 딸아이를 따리며 가을밤같이 차게 울었다

섭벌같이 나아간 지아비 기다려 십 년(十年)이 갔다
지아비는 돌아오지 않고
어린 딸은 도라지꽃이 좋아 돌무덤으로 갔다

산(山)꿩도 설게 울은 슬픈 날이 있었다
산(山)절의 마당귀에 여인(女人)의 머리오리가 눈물방울과 같이 떨어진 날이 있었다

－백석, 「여승(女僧)」－

'여승'을 만나 서럽다는 감정을 보이고 있는 화자입니다. 화자는 과거에 '금덤판'에서 어떤 여인에게 옥수수를 산 적이 있는데, 이 여인이 바로 '여승'이라고 할 수 있죠? 그녀는 남편과 딸을 모두 잃은 기구한 운명을 가지고 있어요. 이러한 '여승'의 사연 때문에 화자가 서러움을 느낀 것이라고 할 수 있겠죠? '여승'과 만나 서러워한다는 내면세계만 확실하게 인식한 채로 넘어갑시다.

(나)
저 지붕 아래 제비집 너무도 작아
갓 태어난 새끼들만으로 가득 차고
어미는 둥지를 날개로 덮은 채 간신히 잠들었습니다
바로 그 옆에 누가 박아 놓았을까요, 못 하나

그 못이 아니었다면
아비는 어디서 밤을 지냈을까요
못 위에 앉아 밤새 꾸벅거리는 제비를
눈이 뜨겁도록 올려다봅니다
종암동 버스 정류장, 흙바람은 불어오고
한 사내가 아이 셋을 데리고 마중 나온 모습
수많은 버스를 보내고 나서야
피곤에 지친 한 여자가 내리고, 그 창백함 때문에
반쪽 난 달빛은 또 얼마나 창백했던가요
아이들은 달려가 엄마의 옷자락을 잡고
제자리에 선 채 달빛을 좀 더 바라보던
사내의, 그 마음을 오늘 밤은 알 것도 같습니다
실업의 호주머니에서 만져지던
때 묻은 호두알은 쉽게 깨어지지 않고
그럴듯한 집 한 채 짓는 대신
못 하나 위에서 견디는 것으로 살아온 아비,
거리에선 아직도 흙바람이 몰려오나 봐요
돌아오는 길 희미한 달빛은 그런대로
식구들의 손잡은 그림자를 만들어 주기도 했지만
그러기엔 골목이 너무 좁았고
늘 한 걸음 늦게 따라오던 아버지의 그림자
그 꾸벅거림을 기억나게 하는
못 하나, 그 위의 잠

－나희덕, 「못 위의 잠」－

지붕 아래에 있는 '제비집'이 너무 작아 새끼들과 어미만 간신히 잠들 수 있어, 아비는 누가 박아 놓은 못 위에서 잠을 자고 있는 모습을 본 화자입니다. 이를 '눈이 뜨겁도록' 올려다봤다고 하는 것을 보니, 화자는 이 모습이 꽤나 슬펐나 보네요.

그 뒤 '종암동 버스 정류장'에 있던 한 가족의 이야기가 나오는데, 여기서 '사내'의 처지가 못 위에서 자던 '아비 제비'와 비슷해보입니다. 마치 '제비집'처럼 '골목'이 너무 좁아 온가족이 함께 할 수는 없고, 한 걸음 늦게 따라오는 아버지인 '사내'의 그림자에 주목하며 마무리되고 있습니다. 화자가 이러한 '사내'의 마음을 '오늘 밤'에야 알겠다고 하는 것으로 보아, 화자의 기억 속에 존재하는 '사내'라는 인물에게 현재에 와서야 공감하게 된 것이라고 할 수 있겠습니다. 현재 바라보고 있는 '제비'로부터 과거 기억 속의 '사내'가 떠오르며 공감된 것이겠죠? 어쨌든 어려운 처지에서도 식구들을 위해 희생하는 아버지의 모습에 주목한다는 주제를 가지고 있네요.

(다)

어머님,
제 예닐곱 살 적 겨울은
목조 적산 가옥 이층 다다미방의
벌거숭이 유리창 깨질 듯 울어 대던 외풍 탓으로
한없이 추웠지요, 밤마다 나는 벌벌 떨면서
아버지 가랭이 사이로 시린 발을 밀어 넣고
그 가슴팍에 벌레처럼 파고들어 얼굴을 묻은 채
겨우 잠이 들곤 했었지요.

요즈음도 추운 밤이면
곁에서 잠든 아이들 이불깃을 덮어 주며
늘 그런 추억으로 마음이 아프고,
나를 품어 주던 그 가슴이 이제는 한 줌 뼛가루로 삭아
붉은 흙에 자취 없이 뒤섞여 있음을 생각하면
옛날처럼 나는 다시 아버지 곁에 눕고 싶습니다.

그런데 어머님,
오늘은 영하(零下)의 한강교를 지나면서 문득
나를 품에 안고 추위를 막아 주던
예닐곱 살 적 그 겨울밤의 아버지가
이승의 물로 화신(化身)해 있음을 보았습니다.
품 안에 부드럽고 여린 물살은 무사히 흘러
바다로 가라고,
꽝 꽝 얼어붙은 잔등으로 혹한을 막으며
하얗게 얼음으로 엎드려 있던 아버지,
아버지, 아버지……

-이수익, 「결빙(結氷)의 아버지」-

'어머님'에게 과거 이야기를 하다가, '요즈음', '오늘'로 시간이 흐르면서 '아버지'를 떠올리고 있음을 드러내는 작품입니다. 딱 이 두 가지, '시간의 흐름'과 '아버지에 대한 그리움'만 잡아내시면 거의 다 읽은 것이나 다름없어요. 주제가 선명하게 잡히시죠?

선지	①	②	③	④	⑤
선택률	8%	63%	8%	13%	8%

01 (가)~(다)의 공통점으로 가장 적절한 것은? ②

① 반어적 표현을 구사하여 주제를 부각시킨다.

선지 유형	근거가 없어서 허용 불가능
실전에서의 판단 과정	반어적 표현이 답이 되긴 어렵지.
해설	세 작품 모두, 화자의 내면세계를 비교적 선명하게 드러내고 있습니다. 화자 자신의 내면세계와 반대되는 표현인 '반어적 표현' 자체를 확인할 수 없으니 허용할 수 없겠네요.

② 시간의 변화가 시상 전개에 중요한 역할을 한다.

선지 유형	근거가 있어서 허용 가능
실전에서의 판단 과정	셋 다 과거 회상했잖아.
해설	세 작품 모두 과거를 회상하는 것이 시상 전개에서 핵심적인 역할을 하고 있었습니다. 참고로 '시간의 변화'가 있다면, 당연히 시상 전개에 중요한 역할을 할 것이기에 뒤쪽은 크게 고민하지 않아도 될 것 같습니다. 상대적으로 짧고 일반적으로 시간이 고정되어 있는 시에서 '시간의 변화'라는 독특한 장치가 있다는 것은 그만큼 중요한 역할을 하기 때문일 것이니까요. 구체적으로 살펴볼까요? (가)의 경우 '여승'과 만났던 과거를 떠올렸고, (나)에서는 과거에 만났던 '사내'에게 '오늘 밤'에야 공감하는 모습을 보였습니다. 또한 (다)의 경우 '어머님'에게 과거의 이야기를 하는 방식으로 시상이 전개되었네요.

③ 부정적 현실을 포용하려는 여유로운 정신이 엿보인다.

선지 유형	근거가 있어서 허용 가능
실전에서의 판단 과정	뭔 헛소리야.
해설	세 작품 모두 과거에 있었던 개인적 경험을 떠올리며 그 기억 속 특정 인물을 떠올리고 있을 뿐, 부정적 현실을 포용하려는 여유로운 정신이 나타나지는 않았습니다. 세 작품의 주제와 너무나 무관하니 가볍게 지워낼 수 있겠죠?

④ 대화체를 사용하여 독자를 시 속으로 깊숙이 끌어들인다.

선지 유형	근거가 없어서 허용 불가능
실전에서의 판단 과정	(가)는 아닌 것 같은데?
해설	일단 (나)와 (다)는 모두 '대화체'를 사용하고 있습니다. 늘 강조하지만, '대화체'라는 문학 개념어를 정리하는 것이 중요한 게 아니라 일상 언어의 감각 그대로 이해하는 게 중요합니다. '대화체'는 '대화'를 하는 것 같은 문'체'를 말하는 것이에요. (나)에서는 화자가 누군가에게 말을 건네는 것처럼 표현되어 있고, (다)는 화자가 '어머니'라는 청자에게 말을 건네면서 시상이 전개되고 있죠. 하지만 (가)에서는 누군가에게 말을 걸며 '대화'하는 것 같은 문'체'가 아니라 화자가 독백하는 방식으로 시상이 전개되고 있습니다. 어렵지 않게 지워낼 수 있겠네요.

⑤ 화자와 대상의 거리를 좁혀 자연 친화적 태도를 드러낸다.

선지 유형	근거가 없어서 허용 불가능
실전에서의 판단 과정	갑자기 무슨 자연 친화적 태도야.
해설	일단 세 작품 모두, 화자가 '여승', '사내', '아버지'라는 대상에게 공감하는 모습을 보이고 있다는 점에서 화자와 대상의 심리적 거리를 좁히고 있다고 할 수 있습니다. 하지만 '자연 친화적 태도'는 이들의 주제와 너무 무관한 내용이죠? 자연이 아름답다는 이야기는 한 번도 나온 적이 없어요.

선지	①	②	③	④	⑤
선택률	8%	62%	11%	4%	15%

02 (가)와 (나)를 비교할 때 적절하지 않은 것은? ②

① (가)는 사람이, (나)는 자연물이 시상을 유발한다.

선지 유형	근거가 있어서 허용 가능
실전에서의 판단 과정	(가)는 여승이, (나)는 제비가!
해설	(가)에서는 '여승'이라는 사람이, (나)에서는 '제비'라는 자연물이 시상을 유발했습니다. 풀과 나무뿐 아니라, 인간 외의 모든 대상을 '자연물'이라고 한다는 건 알고 계시죠? '시상 유발' 역시 단어의 의미 그대로 이해하시면 됩니다. 어떠한 대상으로부터 '시상'(=시에 드러난 생각=화자의 내면세계)이 나타나기 시작한다는 의미입니다.

② (가)는 (나)에 비해 내면을 성찰하는 태도가 잘 드러난다.

선지 유형	근거가 있어서 허용 불가능
실전에서의 판단 과정	둘 다 회상하고 있잖아. 그럼 성찰부터 한 거지.
해설	(가)와 (나)의 화자는 각각 '여승'과의 만남, '아버지'와의 기억 등을 회상하고 있습니다. 회상을 했다는 건 일단 자신의 내면세계를 들여다보는 '성찰'을 했음을 전제한다고 할 수 있겠죠? 따라서 (가)와 (나) 모두 내면을 성찰하는 태도가 드러난다고 할 수 있겠습니다. 물론, (가)와 (나)는 각각 회상 속 인물인 '여승', '제비와 사내'라는 대상의 내면세계에 주로 주목하고 있고, 자신의 내면을 성찰하는 데 집중하고 있지는 않습니다. 따라서 두 작품 모두 내면을 성찰하는 태도가 '잘' 드러난다고 보기는 어렵다고도 할 수 있겠네요.

③ (나)는 (가)에 비해 간접적으로 정서를 드러내고 있다.

선지 유형	근거가 있어서 허용 가능
실전에서의 판단 과정	그러고 보니 (나)에는 딱히 정서 표현이 없네.
해설	(가)에서 화자는 '서러워졌다'라는 표현을 통해 자신의 정서를 직접적으로 드러내고 있습니다. 그런데 (나)의 화자는 눈이 뜨겁다거나, '사내'의 마음을 알 것도 같다거나 하면서 자신의 정서를 직접적으로 드러내지 않습니다. 저런 표현들을 통해 간접적으로 화자의 내면세계가 안타까움으로 가득

④ (나)는 (가)에 비해 친근한 어조를 사용하고 있다.

선지 유형	근거가 있어서 허용 가능
실전에서의 판단 과정	대화체니까 더 친근하지.
해설	앞 문제를 풀면서도 확인했지만, (가)와 달리 (나)에서는 대화체를 사용하고 있습니다. 이렇게 대화하는 듯한 느낌이 드는 어조가 사용되었으니, 독자 입장에서는 조금 더 친근한 느낌이 든다고 할 수 있겠습니다.

⑤ (가)와 (나)는 비유적으로 인물을 표현하고 있다.

선지 유형	근거가 있어서 허용 가능
실전에서의 판단 과정	(가)에서는 넷날같이라는 표현도 썼고, (나)에서는 아예 사내를 제비에 비유했지.
해설	바로 생각이 나지 않을 수 있으니, 지문 속에서 찾아봐야할 것 같습니다. 일단 (가)의 화자는 '여승'의 낯을 '넷날같이' 늙었다고 표현하고 있습니다. 나아가 서러워하는 자신의 모습을 '불경처럼'이라고 표현하거나, 차게 우는 '여인'의 모습을 '가을밤같이'라고 표현하는 등 비유적으로 인물을 표현하는 모습을 많이 보여 주고 있네요. 한편 (나)에서는 '사내'라는 인물을 '제비'에 비유하는 식으로 시상이 전개되고 있었죠?

| 생각 심화 |

두 문제를 풀면서 느끼셨겠지만, 확실히 과거의 문제답게 표현법을 꽤 어렵게 출제한 모습입니다. 하지만 '생각의 전개'에서 확실하게 배웠듯이, 최근에는 평가원이 표현법에서 변별하려는 의도를 보이지 않고 있으니 이런 문제에 너무 집착하지 마시기 바랍니다. 물론 '해설'에서 보여드린 것처럼 소위 '문학 개념어'라고 하는 것에 대한 지식이 아닌 일상 언어의 감각 그대로 이해하여 해결해야 한다는 것만큼은, 확실하게 알아두도록 합시다.

선지	①	②	③	④	⑤
선택률	5%	5%	19%	14%	57%

03 ㉠~㉤에 대한 설명으로 적절하지 않은 것은? ⑤

① ㉠ : '여인'이 생계를 유지하는 공간

평안도(平安道)의 어늬 산(山) 깊은 ㉠금덤판
나는 파리한 여인(女人)에게서 옥수수를 샀다

선지 유형	근거가 있어서 허용 가능
실전에서의 판단 과정	옥수수를 파는 곳이지.
해설	㉠은 화자가 '여인'에게서 옥수수를 샀던 공간입니다. 옥수수를 파는 공간이라는 점을 근거로 하면, ㉠이 '여인'의 생계를 위한 공간이라는 것은 어렵지 않게 허용할 수 있겠습니다.

② ㉡ : '여인'이 비극적 상황에서 대안으로 선택한 공간

섭벌같이 나아간 지아비 기다려 십 년(十年)이 갔다
지아비는 돌아오지 않고
어린 딸은 도라지꽃이 좋아 돌무덤으로 갔다

산(山)꿩도 설게 울은 슬픈 날이 있었다
㉡산(山)절의 마당귀에 여인(女人)의 머리오리가 눈물 방울과 같이 떨어진 날이 있었다

선지 유형	근거가 있어서 허용 가능
실전에서의 판단 과정	머리 자른 곳이니까 여승이 된 곳을 말하는 건가?
해설	'여인'은 '지아비'와 '어린 딸'을 모두 잃었습니다. 이는 충분히 비극적인 상황이라고 할 수 있겠죠? 그리고 이렇게 비극적인 상황이 지속되며 '산꿩도 설게 울은 슬픈 날', '산절의 마당귀에 여인의 머리오리가 눈물 방울과 같이 떨어'집니다. '여승'이 '여자 승려'를 의미한다는 것을 알고 있다면, 그리고 '승려'는 머리를 잘라야 하는 스님을 의미한다는 걸 알고 있다면, 이는 '여인'이 비극적 상황에서 '여승'이 되는 것을 대안으로 선택한 상황을 묘사한 것임을 읽어낼 수 있겠네요.

'여승'과 같은 단어의 뜻을 알고 있는 것이 중요했습니다. 국어 공부의 시작은 어휘력이라는 것을 잊지 마세요! |

③ ⓒ : '사내'가 자신의 처지를 확인하는 공간

> 종암동 ⓒ버스 정류장, 흙바람은 불어오고
> 한 사내가 아이 셋을 데리고 마중 나온 모습
> 수많은 버스를 보내고 나서야
> 피곤에 지친 한 여자가 내리고, 그 창백함 때문에
> 반쪽 난 달빛은 또 얼마나 창백했던가요
> 아이들은 달려가 엄마의 옷자락을 잡고
> 제자리에 선 채 달빛을 좀 더 바라보던
> 사내의, 그 마음을 오늘 밤은 알 것도 같습니다

선지 유형	근거가 있어서 허용 가능
실전에서의 판단 과정	여기서 사내가 가족들의 뒷모습을 보고 달빛을 바라봤네.
해설	ⓒ은 '사내'가 아이 셋을 데리고 아내를 마중 나온 공간입니다. 아내가 내리자 아이들은 달려가 엄마의 옷자락을 잡고 가는데, '사내'는 제자리에 선 채 달빛을 좀 더 바라보고 있습니다. 이는 '사내'가 가장으로서의 역할을 제대로 하지 못하고 있는 자신의 처지를 확인하는 모습이라고 할 수 있겠죠? ⓒ에서 '사내'의 내면세계가 어땠을지 공감하는 것이 허용을 위한 가장 중요한 근거로 사용되는 모습이네요. '내면세계 파악 및 공감'이라는 문학의 핵심적인 포인트를 잊지 마세요!

④ ⓔ : '사내'가 지향하는 삶을 상징하는 공간

> 그럴듯한 ⓔ집 한 채 짓는 대신
> 못 하나 위에서 견디는 것으로 살아온 아비,

선지 유형	근거가 있어서 허용 가능
실전에서의 판단 과정	사내는 당연히 제비집 같은 거 지어서 가장 노릇하고 싶겠지.
해설	'사내'는 가장 노릇을 제대로 하지 못하고 있는 상황입니다. 그리고 이 작품에서 '사내'는 집이 너무 작아 못 위에서 잠을 자는 '아비 제비'에 비유되고 있어요. 이를 바탕으로 하면 '사내'가 원하는 것은 결국 '아비 제비'가 넓은 집 짓기를 원하는 것처럼 가족들과 함께 여유롭게 살며 가장 노릇을 할 수 있는 것임을 생각할 수 있겠습니다. 즉, '그럴듯한' ⓔ은 '사내'가 지향하는 삶(=가족들과 여유롭게 사는 삶)을 상징한다고 할 수 있는 것이에요. 지문을 읽으면서부터 이 해석을 바로 할 수는 없더라도, '사내'의 내면세계를 바탕으로 이 선지의 해석을 허용할 수는 있어야 해요!

⑤ ⓜ : '사내'가 정서적 유대감을 느끼게 되는 공간

> 돌아오는 길 희미한 달빛은 그런대로
> 식구들의 손잡은 그림자를 만들어 주기도 했지만
> 그러기엔 ⓜ골목이 너무 좁았고
> 늘 한 걸음 늦게 따라오던 아버지의 그림자

선지 유형	근거가 있어서 허용 불가능
실전에서의 판단 과정	늘 한 걸음 늦게 따라왔잖아. 유대감을 느꼈다면 어떻게든 같이 걸었겠지.
해설	ⓜ은 너무나 좁아서, 아내와 세 명의 아이가 손을 잡고 걸으면 꽉 차는 공간입니다. 이에 가정에서의 권력이 없는 '사내'는 늘 한 걸음 늦게 따라올 수밖에 없어요. 이렇게 한 걸음 늦게 따라온다는 점을 근거로 하면, 즉 함께 걷고 있지 못하다는 것을 근거로 하면 '정서적 유대감'을 느끼지 않고 있다는 식으로 이해할 수 있겠네요.

FAQ

Q 어쨌든 식구들은 손잡고 걸어가고 있고, '사내' 역시 그런 식구의 일원이라는 걸 근거로 하면 유대감을 허용할 수 있지 않을까요? 그냥 '골목'이 좁아서 어쩔 수 없이 뒤에 쳐진 것일 뿐, '유대감'은 느끼고 있다고 할 수 있잖아요.

A 계속 강조하지만, 문학의 핵심은 '내면세계 파악 및 공감'입니다. '골목'에서 식구들이 손을 잡고 걸어가는데 자기 혼자 쳐져서 한 걸음 늦게 따라오는 아버지인 '사내'의 내면세계는 어떨까요? 여기서 부끄러움과 미안함 등을 느끼셔야 합니다. '사내'는 지금 가족들과 정서적 유대감을 느낄 만한 여유가 없는 실업자 상태(실업의 호주머니라는 표현에서 알 수 있죠.)입니다. 기본적으로 선지에 제시된 해석을 허용한다는 태도는 확실하게 갖춰두시되, 모든 선지 판단의 근거는 '인물의 내면세계'라는 '주제'임을 잊지 마셔야 합니다.

선지	①	②	③	④	⑤
선택률	6%	7%	4%	67%	16%

04 (다)에 대한 설명으로 적절하지 <u>않은</u> 것은? ④

① '외풍'은 아버지의 사랑을 대비적으로 부각시키는 소재이다.

> 제 예닐곱 살 적 겨울은
> 목조 적산 가옥 이층 다다미방의
> 벌거숭이 유리창 깨질 듯 울어 대던 <u>외풍</u> 탓으로
> 한없이 추웠지요, 밤마다 나는 벌벌 떨면서
> 아버지 가랭이 사이로 시린 발을 밀어 넣고
> 그 가슴팍에 벌레처럼 파고들어 얼굴을 묻은 채
> 겨우 잠이 들곤 했었지요.

선지 유형	근거가 없어서 허용 불가능
실전에서의 판단 과정	외풍은 춥지만 아버지 품은 따뜻하지.
해설	'외풍'은 화자를 춥게 만드는 대상이지만, 이렇게 벌벌 떠는 화자를 품어주는 '아버지'의 가랭이와 가슴팍은 따뜻합니다. 이런 식으로 '외풍'과 '아버지의 품'을 대비시키면서 '아버지'의 사랑을 부각시키고 있네요.

② '이승의 물로 화신'에는 삶에 대한 윤회론적 인식이 엿보인다.

> 나를 품에 안고 추위를 막아 주던
> 예닐곱 살 적 그 겨울밤의 아버지가
> <u>이승의 물로 화신(化身)</u>해 있음을 보았습니다.

선지 유형	근거가 있어서 허용 가능
실전에서의 판단 과정	다시 태어난 거니까 윤회론적이지.
해설	'윤회론'(삶과 죽음을 반복한다는 불교의 이론) 및 '화신'(부처가 여러 모습으로 변화하는 일)이라는 단어의 의미를 알고 있다면 어렵지 않게 허용할 수 있겠죠? '아버지'가 '이승의 물'로 다시 태어났다는 내용이니까요. 이렇게 정확하게 알고 있지는 못하더라도, '윤회론'과 '화신'의 대강의 의미는 알고 계셔야 합니다. 계속 강조하지만, '어휘력'이 국어 공부의 시작이에요!

③ '여린 물살'은 아버지의 보호를 받는 자식을 형상화한 것이다.

> 품 안에 부드럽고 <u>여린 물살</u>은 무사히 흘러
> 바다로 가라고,
> 꽝 꽝 얼어붙은 잔등으로 혹한을 막으며
> 하얗게 얼음으로 엎드려 있던 아버지,

선지 유형	근거가 있어서 허용 가능
실전에서의 판단 과정	아버지는 얼음이고, 그 밑에 있는 여린 물살은 아버지가 안아주던 자식들이겠지.
해설	화자는 얼어있는 한강을 '아버지'가 화신한 모습으로 인식하고 있습니다. 얼어있는 한강물 아래에는 '여린 물살'들이 추운 날씨를 피해 얼지 않고 흐르고 있을 것인데, 이는 '외풍'으로부터 어린 화자를 막아 주던 과거의 '아버지'의 모습과 대응된다고 할 수 있겠네요. 이에 '여린 물살'은 보호를 받는 자식을 형상화한다고 할 수 있겠습니다.

④ '얼어붙은 잔등'은 화자의 아버지가 돌아가시게 된 사건을 추측하게 한다.

> 품 안에 부드럽고 여린 물살은 무사히 흘러
> 바다로 가라고,
> 꽝 꽝 <u>얼어붙은 잔등</u>으로 혹한을 막으며
> 하얗게 얼음으로 엎드려 있던 아버지,

선지 유형	근거가 없어서 허용 불가능
실전에서의 판단 과정	아버지가 얼어 죽었다는 거야? 뭔 헛소리야.
해설	'얼어붙은 잔등'은 화자가 얼어 있는 한강물을 보고서 과거 추운 날 자신을 안아주던 '아버지'를 연상하며 표현한 것입니다. 즉, 차가운 '외풍'을 견디며 품속의 자식을 지키는 '아버지'의 희생을 상징하는 표현일 뿐, '아버지'가 돌아가시게 된 원인과는 아무런 상관이 없어요. 애초에 '아버지'가 어떻게 돌아가셨는지에 대해서는 제시된 적이 없죠?

⑤ '얼음'은 일반적인 속성과는 달리 따뜻함이 투영된 이미지이다.

> 품 안에 부드럽고 여린 물살은 무사히 흘러
> 바다로 가라고,
> 꽝 꽝 얼어붙은 잔등으로 혹한을 막으며
> 하얗게 얼음으로 엎드려 있던 아버지,

선지 유형	근거가 있어서 허용 가능
실전에서의 판단 과정	아버지의 마음은 따뜻하지.
해설	'얼음'의 일반적인 속성은 차가운 이미지입니다. 하지만 이때의 '얼음'은 자식을 따뜻하게 품어주는 '아버지'의 등을 묘사한 것이죠? 물론 '아버지'의 등도 굉장히 차갑겠지만, 그 마음만큼은 따뜻할 것이니 따뜻함이 투영된 이미지라는 말은 충분히 허용할 수 있겠습니다.

현대시 독해 연습

> (가)
> 여승(女僧)은 합장(合掌)하고 절을 했다
> 가지취의 내음새가 났다
> 쓸쓸한 낯이 녯날같이 늙었다
> 나는 불경(佛經)처럼 서러워졌다

'여승'이 합장하고 절을 하는데, '가지취'(산나물의 일종)의 냄새가 났다고 합니다. '여승'(여자 승려=스님)은 산에 있는 절에 살고 있는 데다가 채식을 할 것이니, 그에게서 '가지취'의 냄새가 난다는 것은 어떻게 보면 당연하겠습니다.

그런데 이 냄새를 맡은 화자는 '여승'에게서 옛날같이 늙은 '쓸쓸한 낯'을 읽어내고 있습니다. 일단 '옛날'이라는 표현을 통해 화자가 '여승'과 예전에도 만난 적이 있다는 것을 알 수 있겠죠? 거기에 화자는 '여승'에게서 '가지취'의 냄새가 나는 것이 쓸쓸한 것이라고 생각하는 것 같습니다. 정확한 이유는 알기 어렵지만, '여승'의 쓸쓸한 모습을 보고 서러워하는 화자입니다. 일단 '여승'의 처지에 깊게 주목한다는 점에서 화자가 '여승'에게 큰 애착을 느끼고 있다는 걸 알 수 있겠고, '불경처럼'이라는 표현을 통해 화자에게 '불경'은 곧 서러운 것임을 알 수 있겠습니다.

> 평안도(平安道)의 어늬 산(山) 깊은 금덤판
> 나는 파리한 여인(女人)에게서 옥수수를 샀다
> 여인(女人)은 나 어린 딸아이를 따리며 가을밤같이 차게 울었다

갑자기 평안도의 어느 산 깊은 금전판입니다. 화자는 여기서 '파리한 여인'에게 옥수수를 샀다고 해요. 1연의 '옛날'이라는 표현과, 갑자기 새로운 대상에게 주목할 이유가 없다는 점 등을 함께 고려하면 여기서의 '파리한 여인'이 바로 '여승'임을 알 수 있겠습니다. 나아가 '파리한 여인'은 옥수수를 파는 등 아직 '여승'이 되지 않은 모습을 보이고 있으니, 이는 화자가 '여승'을 처음 만났던 과거를 회상하는 모습이라고 할 수 있겠죠? 독해력과 약간의 문학적 센스가 있다면 충분히 생각할 수 있는 내용이에요.

이때 '파리한 여인'은 나어린(나이가 어린) 딸아이를 때리면서 가을밤같이 차게 울었다고 합니다. '금전판' 앞에서 장사를 하는 상황, '옛날같이 늙었다'던 '여승'의 모습 등을 고려하면 이는 생계를 위해 딸아이를 엄하게 키울 수밖에 없는 '파리한 여인'의 비참한 처지를 드러낸다고 할 수 있겠습니다. 나아가 '가을밤같이 차게' 울었다는 표현에서, 딸아이를 차갑게 대할 수밖에 없는 자신의 처지에 속으로만 눈물을 삼키는 '파리한 여인'의 모습을 떠올릴 수 있겠네요. 여기서 약간 과해석을 하자면, 낮에는 따뜻하지만 밤에는 갑작스럽게 추워지는 '가을밤'의 이미지를 통해 딸아이에 대해 따뜻한 마음을 가지고 있지만 그것을 드러낼 수 없는 '파리한 여인'의 처지를 표현했다고 할 수도 있을 것 같아요.

'파리한 여인'과의 첫만남부터 이런 임팩트가 있었는데, 오랜만에 만나서도 '쓸쓸한 낯'을 보이고 있으니 화자 입장에서는 서러울 수밖에 없었겠네요. 이 내용이 1연에 제시되어 있던 것입니다.

> 섭벌같이 나아간 지아비 기다려 십 년(十年)이 갔다
> 지아비는 돌아오지 않고
> 어린 딸은 도라지꽃이 좋아 돌무덤으로 갔다

지아비는 '섭벌'(Bee의 일종)같이 나아갔다고 합니다. 남편도 어딘가로 떠났는데, (아마 일벌처럼 돈을 벌러 간 것이겠죠?) 십 년 동안 기다려도 돌아오지를 않습니다. 그 와중에 어린 딸은 '돌무덤'으로 갔다고 하네요. 이게 정말 '돌무덤'을 향해 걸어가는 모습을 묘사한 것은 아니겠죠? 어린 딸도 죽어버렸다는 비극적 이야기가 제시되고 있네요.

> 산(山)꿩도 설게 울은 슬픈 날이 있었다
> 산(山)절의 마당귀에 여인(女人)의 머리오리가 눈물
> 방울과 같이 떨어진 날이 있었다
>
> -백석, 「여승(女僧)」-

'여승'의 처지와 비슷하게, '산꿩'도 서럽게 운 슬픈 날이 있었다고 합니다. 이 날은 '산절'의 마당귀에 여인의 '머리오리'가 눈물방울과 같이 떨어진 날이에요. 1연의 내용과 연결지어 생각하면, '파리한 여인'이 머리를 자르고 '산절'에 들어가 '여승'이 되기로 결심한 날이라고 할 수 있겠죠? 자신의 서러운 처지에 눈물을 흘리면서 말이에요!

> (나)
> 저 지붕 아래 제비집 너무도 작아
> 갓 태어난 새끼들만으로 가득 차고
> 어미는 둥지를 날개로 덮은 채 간신히 잠들었습니다

지붕 아래에 있는 제비집을 바라보는 화자의 모습으로 시작하고 있습니다. 화자가 바라보는 제비집은 너무 작아서, 갓 태어난 새끼들만으로 가득 차고 어미는 둥지를 날개로 덮은 채 간신히 잠들었다고 해요. 작은 제비집과 그곳에서 어설프게 자고 있는 새끼들 및 어미의 모습을 상상할 수 있겠죠?

> 바로 그 옆에 누가 박아 놓았을까요, 못 하나
> 그 못이 아니었다면
> 아비는 어디서 밤을 지냈을까요
> 못 위에 앉아 밤새 꾸벅거리는 제비를
> 눈이 뜨겁도록 올려다봅니다

그런데 그 옆에는 누군가 못을 하나 박아 놓았다고 합니다. 새끼들과 어미는 그래도 제비집에서 잠을 자고 있는데, 아비는 그 못 위에 앉아 밤새 꾸벅거리는 모습이에요. 이렇게 가족을 위해 희생하는 아비의 모습에 화자는 눈이 뜨거워집니다. 눈물이 난다는 의미겠죠?

> 종암동 버스 정류장, 흙바람은 불어오고
> 한 사내가 아이 셋을 데리고 마중 나온 모습
> 수많은 버스를 보내고 나서야
> 피곤에 지친 한 여자가 내리고, 그 창백함 때문에
> 반쪽 난 달빛은 또 얼마나 창백했던가요

이번엔 갑자기 '종암동 버스 정류장'입니다. 흙바람이 불어오는 버스 정류장에서, 한 '사내'가 아이 셋을 데리고 마중 나온 모습이에요. 아마 아내를 기다리는 것일 텐데, 우리의 예상처럼 피곤에 지친 한 여자가 버스에서 내리는 모습입니다. 여자, 즉 아내의 얼굴은 굉장히 창백했나 봅니다. 반달이 더 창백하게 보일 정도였으니, 아내가 상당히 힘든 나날을 보내고 있는 것 같죠?

> 아이들은 달려가 엄마의 옷자락을 잡고
> 제자리에 선 채 달빛을 좀 더 바라보던
> 사내의, 그 마음을 오늘 밤은 알 것도 같습니다
> 실업의 호주머니에서 만져지던
> 때 묻은 호두알은 쉽게 깨어지지 않고
> 그럴듯한 집 한 채 짓는 대신
> 못 하나 위에서 견디는 것으로 살아온 아비,

그렇게 아이들은 달려가 엄마의 옷자락을 잡고 반가워하지만, '사내'는 제자리에 선 채 창백한 달빛을 좀 더 바라보고 있습니다. 왜 이러는 건가 했더니, '실업의 호주머니'와 같은 표현을 통해 알 수 있듯이 '사내'는 실업한 상태여서 가장 노릇을 못하고 있는 것이었어요. 이에 아내가 일을 할 수밖에 없어 미안하고 부끄러운 감정이 들어 달빛을 바라볼 수밖에 없었던 것이죠. (남편이 아닌 아내가 일을 하는 걸 굉장히 나쁘게 보던 당시의 시대적 배경을 고려하셔야 합니다.)

화자는 '사내'의 이런 마음을 오늘 밤에 알 것 같다고 합니다. 이 아비가 그럴듯한 집 한 채 짓는 대신 '못 하나 위'에서 견디는 것으로 살아왔다는 내용으로부터, 화자가 왜 '사내'에게 공감했는지 이해할 수 있겠죠? '사내' 역시 초반부에 나왔던 '아비 제비'와 비슷한 처지였던 것입니다. 단순히 희생하는 것을 넘어, 가장 노릇을 제대로 하지 못해 눈치만 보고 뒤로 물러나 있는 모습인 것이죠. '아비 제비'도 가장 노릇을 제대로 했다면 멋진 제비집을 지어 자신도 그 안에서 편하게 잠을 잤을 텐데, 그러지 못하고 못 위에서 잠을 자는 모습이 '종암동 버스 정류장'의 '사내'와 비슷한 것이죠.

> 거리에선 아직도 흙바람이 몰려오나 봐요
> 돌아오는 길 희미한 달빛은 그런대로
> 식구들의 손잡은 그림자를 만들어 주기도 했지만
> 그러기엔 골목이 너무 좁았고
> 늘 한 걸음 늦게 따라오던 아버지의 그림자
> 그 꾸벅거림을 기억나게 하는
> 못 하나, 그 위의 잠
>
> —나희덕, 「못 위의 잠」—

거리에선 아직도 흙바람이 몰려온다고 합니다. 흙바람은 '종암동 버스 정류장'에 불어오던 것이었습니다. 이를 바탕으로 하면, 화자는 현재의 흙바람을 매개체로 삼아 '종암동 버스 정류장'에서 겪었던 과거를 회상하고 있음을 생각할 수 있겠네요.

아내(=엄마)를 맞이하고 돌아오는 길, 희미한 달빛은 그런대로 식구들의 손잡은 그림자를 만들어 주기도 합니다. 어느 정도는 화목한 가정의 모습이 나타나기도 하는 것이죠. 하지만 완전한 그림자를 만들기에는 골목이 너무 좁았고, 이에 아버지(='사내')는 늘 한 걸음 늦게 따라올 수밖에 없습니다. 마치 집이 아닌 못 위에서 잠들 수밖에 없는 '아비 제비'처럼 말이죠.

화자는 이렇게 늘 한 걸음 늦게 따라오며 꾸벅이던 '사내'의 모습을 기억하고 있습니다. 못 위에서 자는 '아비 제비'를 보면서 말이죠! 이렇게 기억이 생생한 것을 보니, 그리고 '아버지'라는 표현을 쓰는 것을 보니 이 '사내'는 유년 시절 화자의 아버지임을 알 수 있겠죠? 못 위에서 자는 제비를 보고서 유년 시절 제대로 가장 노릇을 하지 못해 위축되어 있던 아버지의 모습을 회상하는 작품이었습니다.

> (다)
> 어머님,
> 제 예닐곱 살 적 겨울은
> 목조 적산 가옥 이층 다다미방의
> 벌거숭이 유리창 깨질 듯 울어 대던 외풍 탓으로
> 한없이 추웠지요, 밤마다 나는 벌벌 떨면서
> 아버지 가랑이 사이로 시린 발을 밀어 넣고
> 그 가슴팍에 벌레처럼 파고들어 얼굴을 묻은 채
> 겨우 잠이 들곤 했었지요.

어머님에게 '과거' 이야기를 하면서 시작하네요. 예닐곱 살 적 다다미방의 겨울은 정말 추웠고, 그때마다 아버지 품에 쏙 안겼다

고 합니다. 추웠던 과거와 그 속에서 느꼈던 아버지의 사랑을 표현하고 있습니다. 어렵지 않게 이해할 수 있는 내용들이네요.

> 요즈음도 추운 밤이면
> 곁에서 잠든 아이들 이불깃을 덮어 주며
> 늘 그런 추억으로 마음이 아프고,
> 나를 품어 주던 그 가슴이 이제는 한 줌 뼛가루로 삭아
> 붉은 흙에 자취 없이 뒤섞여 있음을 생각하면
> 옛날처럼 나는 다시 아버지 곁에 눕고 싶습니다.

화자는 '요즘'에 '추운 밤'이 되면 아이들의 이불깃을 덮어 주고 있습니다. 예닐곱 살 정도 되었던 어린아이가 이젠 어엿한 아버지가 된 모습이네요. 하지만 아버지는 한 줌 뼛가루로 삭아 붉은 흙에 뒤섞여 계신 상황이에요. 돌아가셨다는 의미겠죠? 아버지가 되어 다시 아버지를 그리워하는 애틋한 감정이 느껴집니다.

> 그런데 어머님,
> 오늘은 영하(零下)의 한강교를 지나면서 문득
> 나를 품에 안고 추위를 막아 주던
> 예닐곱 살 적 그 겨울밤의 아버지가
> 이승의 물로 화신(化身)해 있음을 보았습니다.

화자는 추운 겨울날 한강교를 지나면서 옛날의 그 아버지가 '이승의 물'(한강)로 화신해 있음을 보았다고 합니다. '화신'이라는 건 부처님이 다양한 모습으로 나타나는 걸 의미하는데, 여기서는 아버지가 강의 모습으로 나타났다는 것을 이야기하겠죠. 아버지에 대한 그리움이 너무나 큰 것인지, 한강을 아버지의 모습으로 생각하는 화자입니다.

> 품 안에 부드럽고 여린 물살은 무사히 흘러
> 바다로 가라고,
> 꽝 꽝 얼어붙은 잔등으로 혹한을 막으며
> 하얗게 얼음으로 엎드려 있던 아버지,
> 아버지, 아버지……
>
> —이수익, 「결빙(結氷)의 아버지」—

'영하의 한강교'라는 표현에서 한강이 얼어있다는 걸 유추할 수 있는데, 한강은 품 안에 '부드럽고 여린 물살'이 무사히 흘러가도록 '잔등'만 얼어있는 모습입니다. 여기서 '부드럽고 여린 물살'이 바로 어린 화자를 의미하는 것이겠죠? 이렇게 '여린 물살=어린 화자'를 위해 자신의 '잔등'을 '얼음'으로 만들어 엎드려 있던

아버지를 그리워하며 마무리되고 있습니다. 주제를 인식하는 게 그리 어려운 작품은 아니었네요.

몰랐던 어휘 정리하기

| 핵심 point |

① **허용 가능성 평가** : 선지의 내용을 '허용'하려는 태도를 바탕으로 지문을 '독해'하며 '근거'를 찾아야 합니다. 허용할 수 있는 '근거'가 있어야만 허용할 수 있습니다. 주관적인 생각을 개입시키면 안 됩니다.

② **현대시 독해** : 〈보기〉의 도움 등을 통해 '주제' 위주로, 그리고 일상 언어의 감각으로 읽어내면 됩니다. 현대시도 읽을 수 있는 하나의 글입니다.

| 지문 내용 총정리 |

옛날 지문답게 표현법 문제도 까다로웠고, 내면세계에 꽤 깊이 공감할 것을 요구하는 지문이었습니다. 최근의 어려운 문학 지문에 사용되는 요소들이 곳곳에 숨어 있으니, '주제 중심으로 독해하고, 허용 가능성을 평가한다.'는 원칙하에 완벽하게 해결해 보도록 합시다.

DAY 1 [5~8]
2011.06 [28~31] 현대소설 '눈이 오면' ☆☆

〈보기〉 확인

────────[보기]────────

임철우의 소설 「눈이 오면」은 고향을 찾아가는 '여로(旅路) 구조'를 채택하고 있는데, 이 구조는 사건의 전개 과정이나 작중 인물의 성격 창조에 커다란 영향을 미치고 있다.

인물이 고향을 찾아가는 '여로 구조'를 채택하고 있다는 〈보기〉입니다. 자세한 내용은 몰라도, 고향을 찾아가는 상황에 있는 인물에게 공감할 준비를 하면서 읽어봅시다.

지문 독해

그는 지금 어머니와 함께 꼬두메를 찾아 내려가고 있는 참이었다. 허황하기조차 한 그녀의 넋두리를 좇아 이렇듯 추운 한겨울밤을 완행열차에 흔들리며, 떠나온 지 십삼 년이 넘은 고향으로 향하게 되리라고는 바로 몇 시간 전까지만 해도 그는 미처 상상조차 못 했던 것이다. 이 느닷없는 귀향길은 어찌 보면 어처구니없을 만큼 충동적으로 결행된 셈이었다. 아내의 말마따나 제정신이 아닌 짓인지도 모를 일이었다.

'그'라는 인물이 '어머니'와 함께 '꼬두메'라는 고향을 찾아 '추운 한겨울밤'에 완행열차를 타고 있는 상황입니다. 〈보기〉에서 말한 '여로 구조'가 그대로 나타나고 있죠? 그런데 이는 몇 시간 전까지만 해도 미처 상상도 못했을 정도로 충동적으로 이루어진 것이라고 합니다. '아내'가 제정신이 아닌 짓이라고도 하는 것을 보면, 정확히는 모르겠지만 이 귀향길은 무언가 이상한 점이 있는 것 같아요.

이렇게 이상한 귀향길을 '그'는 왜 떠나는 것일까요? 바로 '어머니'의 넋두리 때문이죠. 역시 정확한 사연은 모르겠지만, '어머니'는 '꼬두메'라는 고향과 관련해서 허황하기조차 한 넋두리를 뱉고 있는 것 같습니다. '그'는 이런 '어머니'의 뜻에 따라 귀향길에 나선 것으로 보이구요. '어머니'가 원한다는 것을 근거로 하면, 어이없는 귀향길에 나서는 '그'의 마음에도 어느 정도 공감할 수 있겠죠?

바로 **이날 오후**였다. 휴일이 아닌데도 그는 담배꽁초만 재떨이에 수북하게 쌓아 가며 종일 방구석에 틀어박혀 있었다. 몸이 불편해서 출근하지 않는 줄로만 여겼는지, 아내는 되도록이면 그를 혼자 있도록 내버려두고 있는 눈치였다. **이날 아침** 그는 기어이 사표를 써서 집 앞 우체통에 넣었던 것이다. 몇 푼 안 되는 퇴직금은 고사하고라도 몇 달째 밀린 봉급이라도 받을 수 있을까 하는 기대조차 사라진 지 오래였다. 무엇보다 자신과 똑같은 처지의 동료들의 누렇게 뜬 얼굴들을 대하기가 <u>소름이 돋도록 두려웠다</u>. 결국 그는 또다시 실업자가 되었다는 것 외에는 아무것도 변한 게 없다는 사실을 알았다. 이번으로 꼭 두 번째였다. 신문사를 나온 후, 오 년 동안의 그 공백 기간에 겪었던 처참함을 그는 아직도 생생히 기억하고 있었다.

이제 아내는 다시 예전처럼 방 한 칸이 달린 구멍가게 자리를 구하기 위해 발바닥이 부르트도록 변두리를 돌아다닐 수도 없으리라. 그나마 남아 있던 쥐꼬리만 한 돈은 바닥이 난 지 오래였고, 전세금을 줄여 가며 변두리로만 이사를 다니다가 급기야 월세방 처지로 주저앉게 된 지도 벌써 이태째였다. 하지만 그는 이젠 도저히 <u>또 다른 직장을 찾아 나설 용기도 아니, 그래야 할 것이라는 생각조차도 사라져 버리고 만 듯한 느낌이었다.</u>

'이날 오후'의 이야기를 하고 있습니다. 앞서 귀향하기 위해 완행열차를 탄 것은 한겨울'밤'이었으니, 과거 장면을 보여 주는 것이라고 이해할 수 있겠죠? 나아가 앞에서 이야기하던 '몇 시간 전', 즉 귀향을 상상조차 못하던 시간의 이야기를 보여 준 것이라고도 할 수 있겠습니다.

어쨌든 '이날 오후', '그'는 휴일이 아닌데도 방구석에 틀어박혀 있었습니다. '아내'는 '그'의 눈치를 보며 혼자 있도록 내버려두는 상황이었어요. '그'가 도대체 왜 출근도 안 하고 집에만 있는 건가 했더니, '이날 아침'에 '그'는 사표를 썼던 것이었습니다. 퇴직금은 물론 봉급도 밀린 상태였고, 똑같은 처지의 동료들의 누렇게 뜬 얼굴들을 대하기가 두려웠다는 '그'의 마음을 보면, 사표를 내버린 '그'의 행동에 충분히 공감할 수 있겠죠? '그'가 이렇게 실업자가 된 것은 이번이 처음인 것도 아닙니다. '그'와 '아내'가 많이 힘들었겠다는 생각이 드네요.

심지어 남아 있던 쥐꼬리만 한 돈도 바닥이 난 지 오래라, '아내'가 방 한 칸 달린 구멍가게 자리를 구해서 생계를 유지하려고 하는 것도 힘들어진 상황입니다. 이런 상황에서 '그'는 또 다른 직장을 찾아 나설 용기도, 이를 넘어 그래야 한다는 생각마저도 사라져 버린 모습이네요. '그'를 둘러싼 여러 상황들이 아주 절망적이라는 것을 충분히 느낄 수 있겠죠?

<u>놀라우리만큼 자신이 허약해져 있다는 사실을 이즈음에야</u> 그는 뒤늦게 깨닫고 있었다. 참으로 비겁한 변명일지도 모르겠지만, 어쩌면 그것은 <u>어머니의 몰락</u>이 자신에게 가져다 준 가장 확실한 선물일 수도 있었다. 어머니의 그 넓고 미더운 그늘이 머리 위에서 걷히어져 버리고 난 후, 그는 햇볕 속으로 나온 음지 식물처럼 삽시간에 말라 비틀어져 가고 있었다. 〈눌눌한 콧물을 후룩거리던 어린 시절부터 지금까지 그는 수없는 방황을 치러 왔지만, 그때마다 그를 단단히 붙잡아 안전한 곳으로 이끌어 준 것은 바로 어머니의 그 보이지 않는 손길이었던 것이다. 오 년의 실직 기간 동안, 거의 날마다, 그것도 얻어 마신 술에 취해 밤늦게 돌아와 대문 앞에서 허물어지듯 쓰러져 버리곤 하던 그가 그래도 최후의 고집스런 용기만은 요행히 지킬 수 있었던 것도 역시 어머니의 그 변함없는 그늘을 은연중에 믿고 있었음으로 해서이리라.〉 하지만 이젠 <u>어머니의 그 야윈 손길마저도 아무런 기적을 베풀 수가 없게 되었다는 사실을 인정해야만 하는 것이었다.</u> 그는 한 번도 경험해 보지 못한 <u>엄청난 절망의 심연</u>으로 까마득히 가라앉아 가고 있는 느낌이었다.

이처럼 '그'는 놀라우리만큼 허약해져 있습니다. 이를 스스로 깨달을 정도로 말이죠. 그런데 '그'는 이러한 자신의 모습이 '어머니의 몰락' 때문이라고 생각하고 있어요. 〈 〉 표시한 부분을 보면, '그'가 '어머니'에게 심리적으로 크게 의존하고 있었다는 것을 알 수 있겠죠? 그런데 '어머니'가 '몰락'했기 때문에, '그'는 더 이상 '어머니'의 야윈 손길로부터 기적을 기대할 수가 없게 된 것입니다. '어머니'가 어떤 식으로 몰락한 건지는 모르겠지만, 믿고 의지하던 '어머니'가 더 이상 도움을 줄 수 없다는 생각에 '엄청난 절망의 심연'으로 가라앉는 '그'입니다. 어렵지 않게 공감할 수 있겠죠?

아아. 이 눈 속에서 어머니는 혼자 어디로 가신 것일까. 찬우야이. 꼬두메로 핑 가자이. <u>불길한 주문만 같던 어머니의 음성이 귓전에서 맴을 돌았다.</u> 정말, 어머니는 기어코 꼬두메를 찾아가시겠다고 얼토당토않게시리 홀로 길을 나선 것일까. 온몸에 하얗게 눈을 맞으며 어디론가 하염없는 걸음을 옮기고 있을 어머니의 모습이 눈앞에 떠올랐다. 〈꼬두메는 이미 이 세상에는 존재하지 않는 과거 속의 마을이었다. 그렇다면 어머니는 이젠 더 이상 아무도 그곳을 기억해 주지 않는 이 땅을 떠나, 그 과거의 이름들이 아직 살아 숨 쉬고 있을 또 다른 세계를 찾아 길을 나선 것일까. 그렇다면 그 세상은 오직 어머니 혼자만 아는, 당신만의 소중한 세계일 터였다. 거기엔 어머니가 한시도 잊지 못했던 그리운 사람들과 정겨운 이름들이 예전 그대로 살아 있을 것이었다. 한쪽 눈을 못 보는 아버지와 착한 형, 그리고 어쩌면 어린 시절의 그의 앳된 얼굴도 그 가난한 식구들 곁에서 함께 곤히 잠들어 있을지도 모른다.〉

(중략) 이후입니다. 눈 속에서 '어머니'는 혼자 어딘가로 가신 모습이네요. '그'의 귀에는 '꼬두메'로 가자는, '불길한 주문'만 같던 '어머니'의 음성이 맴돕니다. 또 어떤 일이 있었는지는 모르겠지만, '꼬두메'라는 고향 마을에 돌아와서 '어머니'와 의도치 않게 헤어진 뒤 애타게 '어머니'를 찾고 있는 '그'의 모습을 상상할 수 있으면 됩니다.

나아가 〈 〉 부분에서 '꼬두메'라는 마을에 대한 설명과 '어머니'가 이에 집착하는 이유를 말해주고 있습니다. '꼬두메'는 이미 사라져 버린 과거 속의 마을이었다고 해요. 이에 '꼬두메'를 향하는 귀향길이 어이없는 일이었고, '아내' 역시 제정신이 아닌 짓이라고 했던 것이겠죠? 그런데 '어머니'에게 '꼬두메'는 '어머니' 혼자만 아는, 당신만의 소중한 세계라고 합니다. 어린 시절의 '그'를 포함한, '어머니'가 그리워하는 사람들이 예전 그대로 살아 있을 그런 세계인 것이죠. '어머니의 몰락'이라는 표현에서 알 수 있듯이 지금 '어머니'는 그리 좋은 상태가 아닙니다. 이에 '어머니'는 '꼬두메'라는 지역 자체가 아니라, 자신이 가장 그리워하는 시절을 찾고자 하는 것이라고 할 수 있겠네요. 그 시절은 힘든 현재와는 다르게 '어머니'에게 여러 위안을 줬던 때였을 테니까요. 이 마음에 충분히 공감할 수 있겠죠?

　아니, 아니야. 그러나 그는 세차게 고개를 흔들어 버렸다. 꼬두메는 이미 이 세상에는 존재하지 않는다. 그것은 결코 아무도 찾아갈 수 없는 망각의 땅일 뿐이다. 그는 그것을 알고 있었다. 아니, 온 세상 사람들이 모두가 알고 있는 그 분명한 사실을 다만 어머니 혼자서만 아직도 모르고 있을 뿐이었다.
　찾아야 해. 어머니를 찾아내야만 해.
　그는 마침내 흐드러지게 쏟아져 내리는 함박눈을 맞으며, 비틀거리는 걸음으로 잣고개를 기어오르기 시작했다. 차츰 눈송이가 굵어져 가고 있었다. 은빛, 세상은 온통 은빛이었다.

-임철우, 「눈이 오면」-

이렇게 '꼬두메'를 찾아 나선 '어머니'를 이해하려다가, 이건 아니라는 생각에 정신을 번쩍 차리는 '그'의 모습입니다. '꼬두메'는 이 세상에 존재하지 않는 곳이기 때문에, '어머니'는 평생 '꼬두메'를 찾지 못한 채 여기저기 떠돌아다닐 것입니다. 이에 '그'는 함박눈을 맞으며 '어머니'를 찾으러 나섭니다. '그'의 절박한 마음에 공감하셨다면 완벽하게 지문을 읽었다고 할 수 있겠어요.

선지	①	②	③	④	⑤
선택률	9%	73%	16%	1%	1%

05 윗글의 서술상의 특징으로 가장 적절한 것은? ②

① 시간의 흐름에 따라 사건을 전개하고 있다.

선지 유형	근거가 있어서 허용 불가능
실전에서의 판단 과정	계속 과거 이야기 나왔잖아.
해설	처음에는 귀향길에 오른 기차 안의 장면을 보여 주다가, 그렇게 귀향을 결심하게 된 이유를 알 수 있는 몇 시간 전(이날 오후)의 장면으로 넘어갔습니다. 이를 읽으며 자연스럽게 과거의 이야기를 하고 있다는 것을 인식했기 때문에, '시간의 흐름'에 따라 사건을 전개한다는 것은 절대 허용할 수 없죠.

② 특정 인물의 시각에서 사건을 서술하고 있다.

선지 유형	근거가 있어서 허용 가능
실전에서의 판단 과정	'그'의 시각에서 사건을 서술하고 있지.
해설	이 지문은 '그'라는 특정 인물의 시각에서 사건을 서술하고 있습니다. 지문을 읽으며 주로 '그'의 감정에 공감했고, 다른 인물의 감정에 공감할 때도 '그'의 시선에서 서술된 모습만을 근거로 하고 있지 다른 인물의 시선이 나타나지는 않았다는 점을 통해 어렵지 않게 허용할 수 있겠죠?

③ 담담한 태도로 사건을 객관적으로 묘사하고 있다.

선지 유형	근거가 있어서 허용 불가능
실전에서의 판단 과정	그렇다기에는 '그'에게 너무 몰입해 있는데?
해설	'담담한' 태도, '객관적' 묘사라는 말을 허용하기에는, 서술자가 '그'라는 인물의 입장에서 여러 심리를 잔뜩 드러내고 있죠? 정답 선지를 판단하면서도 생각했듯이, 이 지문은 '그'라는 인물의 입장을 바탕으로 사건을 주관적으로 묘사하고 있습니다. 절대 허용할 수 없겠네요.

④ 대화를 통해 인물의 심리와 태도를 서술하고 있다.

선지 유형	근거가 있어서 허용 불가능
실전에서의 판단 과정	대화가 없는데?
해설	이 지문은 전체적으로 '그'의 내면세계만 서술하고 있을 뿐, '대화'가 나타나지 않습니다. '대화'가 나타나지 않는다는 명백한 근거가 있으니 어렵지 않게 지워낼 수 있겠죠?

⑤ 인물 간의 대결 의식을 중심으로 사건을 전개하고 있다.

선지 유형	근거가 없어서 허용 불가능
실전에서의 판단 과정	대결 의식이 왜 나와.
해설	이 지문은 '그'의 자신의 처지에 대한 한탄과 '어머니'에 대한 공감, 그리고 '어머니'를 찾아야 한다는 절박감 등으로 이루어져 있습니다. 인물끼리 갈등하는 모습이 나타나지 않았기에, '대결 의식'을 허용하기는 어렵겠습니다. '대결 의식'이 허용되려면, 여러 인물들 사이에 행동이나 생각의 강한 충돌이 있어야 해요.

선지	①	②	③	④	⑤
선택률	5%	9%	62%	9%	15%

06 〈보기〉를 참고하여 윗글을 이해한 내용으로 적절한 것은?
[3점] ③

① '그'가 귀향 여행을 충동적으로 결행한 것으로 설정하여, '그'의 성격이 즉흥적이면서도 낙천적이었음을 드러내고자 하였다.

선지 유형	근거가 있어서 허용 불가능
실전에서의 판단 과정	낙천적은 뭔 소리야.
해설	'그'는 '이날 오후' 자신의 처지를 비관하다가 충동적으로 귀향 여행을 결행합니다. 이는 '그'의 성격이 즉흥적이라는 것을 허용하기 위한 근거라고 볼 수는 있겠지만, 성격이 '낙천적'이라는 것은 허용하기 어렵죠? '그'의 귀향 여행이 신나고 즐거운 일도 아닐 뿐 아니라, '그'는 자기 스스로 절망의 심연으로 가라앉아 가는 느낌을 받는 등 시종일관 비관적인 모습을 보였습니다.

② 삼 년 만에 처음으로 고향을 찾아가도록 하여, '그'가 지금까지 현실과 타협하면서 잘 적응해 왔음을 보여주고자 하였다.

선지 유형	근거가 있어서 허용 불가능
실전에서의 판단 과정	현실에 적응 못해서 절망적이었다며.
해설	일단 '그'가 십삼 년 만에 처음으로 고향을 찾아가는 것은, '그'가 현실에 잘 적응했기 때문이 아니라 고향인 '꼬두메'가 사라졌기에 찾아갈 이유가 없었기 때문입니다. 이렇게 행동의 근거 자체를 잘못 제시했다는 점에서 허용하기도 어려울 뿐 아니라, 세 번이나 실직하고 '아내'를 고생시키며 절망의 심연에 가라앉는 느낌을 받는 '그'의 모습을 보면 '그'가 지금까지 현실과 타협하면서 잘 적응해 왔다고 보기도 어렵겠죠?

③ 겨울밤 완행열차를 귀향 수단으로 택해 성찰의 시간과 공간을 제공함으로써, '그'가 자신의 현재 모습에 대해 반성해 보도록 하였다.

선지 유형	근거가 있어서 허용 가능
실전에서의 판단 과정	기차 타면서 자기 처지 한탄하고 있지.
해설	'그'는 겨울밤 완행열차를 수단으로 귀향하고 있습니다. 이러한 완행열차, 즉 느리게 달리는 열차 속은 '그'라는 인물에게 '성찰의 시간과 공간'을 제공한다고 할 수 있겠죠? 느리게 달리는 열차 속에서 딱히 할 일도 없으니, '그'에게 자신의 삶을 돌아보는 시공간이 제공된 것이나 마찬가지라는 겁니다. 실제로 '그'는 '이날 오후'에 있었던 일들과 함께 '어머니의 몰락'이 가져온 자신의 삶의 변화 등을 돌아보며 '성찰'하고, 이로부터 자신이 허약해져 있어 가족들을 돌볼 수도 없다는 절망의 심연에 가라앉는 느낌을 받습니다. 이렇게 스스로의 처지를 비관하고 있다는 점에서, '그'가 자신의 현재 모습에 대해 '반성'하고 있다는 것 역시 허용할 수 있겠죠? 인물이 스스로의 내면세계를 들여다본다는 것을 '성찰'이라 부르고, 그리고 그 '성찰'의 결과 자신의 삶에서 잘못을 발견하는 것을 '반성'이라 부른다는 것을 알고 있었다면 어렵지 않게 허용할 수 있는 선지였습니다.

④ 귀향 과정에서 길을 잃고 헤매는 '어머니'를 찾아 나서는 모습을 제시하여, '그'가 사려 깊지 못하고 부주의한 인물이었음이 드러나도록 하였다.

선지 유형	근거가 없어서 허용 불가능
실전에서의 판단 과정	어머니와 어떻게 떨어지게 된 건지 나온 적도 없는데 무슨.
해설	'그'가 귀향 과정에서 길을 잃고 헤매는 '어머니'를 찾아 나서기는 합니다. 하지만 '그'가 '어머니'를 어떤 경위로 잃은 것인지에 대해서는 지문에 명시되어 있지 않습니다. 즉, '그'가 사려 깊지 못하고 부주의해서 '어머니'를 잃어버렸고, 이에 급하게 찾으러 다닌다는 내용을 허용할 근거가 없는 것입니다. '그'가 스스로의 내면세계를 들여다본다는 근거가 있기에 허용 가능했던 3번 선지와 구별되는 모습이죠? 허용하려면 근거가 있어야 해요. 이처럼 근거가 없기에 허용 불가능하다고 판단하셔도 좋고, 만약 정말 '그'가 사려 깊지 못하고 부주의해서 '어머니'를 잃어버린 것이라면 '어머니'의 '꼬두메'에 대한 그리움에 공감하는 장면이 나타나면 안 된다는 식으로 지우셔도 좋겠습니다. 만약 정말 자기 잘못으로 '어머니'를 잃어버린 것이라면, 쓸데없는 감상에 빠질 시간에 허겁지겁 '어머니'를 찾아 나섰어야죠.

⑤ 귀향하는 날 사표를 제출하는 것으로 처리하여, '그'가 과거의 소극적인 태도를 버리고 이제는 적극적인 삶을 추구하는 인물로 변모되었음을 보여주고자 하였다.

선지 유형	근거가 있어서 허용 불가능
실전에서의 판단 과정	귀향하려고 사표를 제출한 게 아니잖아.
해설	이 선지가 허용되면, '그'는 귀향하여 적극적인 삶을 살기 위해 억지로 직장에 나가는 소극적인 태도를 버리고 사표를 제출한 것이 됩니다. 하지만 '그'는 봉급도 제대로 나오지 않는, 그리고 누렇게 뜬 얼굴을 하고 있는 동료들이 가득한 직장 생활에 염증을 느끼다가 기어이 사표를 낸 것이었습니다. 여기서 절망의 심연에 빠지다가, 충동적으로 귀향을 결심했을 뿐이에요. 나아가 비관적이고 무기력한 '그'에게 공감했던 바에 따르면, '그'의 성격이 적극적이라고 보기도 어려우니 여러모로 허용할 수 없는 선지가 되겠습니다.

선지	①	②	③	④	⑤
선택률	3%	2%	3%	91%	1%

07 꼬두메에 대한 이해로 적절하지 않은 것은? ④

– '꼬두메'는 '그'가 어린 시절 살던 고향 동네로, 아버지나 형처럼 '어머니'에게 그리운 사람들이 있던 곳입니다. 이처럼 '어머니'에게는 추억과 그리움의 공간이지만, 이제는 사라져 버려 다시는 갈 수 없는 공간이기도 하죠? 이 정도의 포인트를 생각해놓은 채로 읽어보도록 합시다.

① 꼬두메에는 '그'의 어린 시절 추억이 깃들어 있다.

선지 유형	근거가 있어서 허용 가능
실전에서의 판단 과정	고향 동네니까 당연하지.
해설	'꼬두메'는 '그'가 어린 시절 살던 고향입니다. 당연히 추억이 깃들어 있겠죠.

② 꼬두메는 '세상 사람들'이 더 이상 기억하지 않는다.

선지 유형	근거가 있어서 허용 가능
실전에서의 판단 과정	꼬두메는 더 이상 존재하지 않는 망각의 땅이라며.
해설	'그'에 따르면, '꼬두메'가 더 이상 존재하지 않는 망각의 땅이며, 온 '세상 사람들' 모두 이것을 알고 있습니다. '꼬두메'는 오직 '어머니'만이 기억하고 찾아가려는 곳이었어요.

③ 꼬두메가 이 세상에 없음을 '어머니'는 깨닫지 못하고 있다.

선지 유형	근거가 있어서 허용 가능
실전에서의 판단 과정	그러니까 찾으러 가는 거겠지?
해설	'어머니'는 더 이상 이 세상에 없는 '꼬두메'를 찾아 나섭니다. 이는 '꼬두메'가 이 세상에 없다는 것을 '어머니'가 깨닫지 못하고 있기 때문에 벌어지는 일이라고 할 수 있겠죠? 아직 존재한다고 생각하니 찾으러가는 것일 테니까요.

④ 꼬두메는 '그'가 가족과 함께 물질적 풍요를 누리던 곳이다.

선지 유형	근거가 있어서 허용 불가능
실전에서의 판단 과정	가난한 식구들이 있던 곳이라며.
해설	'그'는 '어머니'의 기억 속에 있을 '꼬두메'를 묘사하면서, 자신의 앳된 얼굴도 그 '가난한 식구들' 곁에서 곤히 잠들어 있을지도 모른다는 표현을 합니다. 이는 '꼬두메'에서 '그와 가족들이 물질적으로 그리 풍요롭지 못했다는 것을 의미하죠? 이런 근거가 있으니 어렵지 않게 답으로 고를 수 있겠습니다. 나아가, 암울한 현대사를 반영하고 있는 현대소설의 특성을 고려할 때 주인공이 과거든 현재든 물질적 풍요를 누리는 모습은 정말 나타나기 어렵습니다. 이와 유사한 선지가 출제되면 일단 의심하는 태도를 가져도 좋아요.

⑤ 꼬두메는 '어머니'가 찾아가고 싶어 하는 그녀의 소중한 세계이다.

선지 유형	근거가 있어서 허용 가능
실전에서의 판단 과정	그렇지.
해설	'꼬두메'에 대해 우리가 미리 생각한 내용 그 자체입니다. 가볍게 허용할 수 있겠네요.

선지	①	②	③	④	⑤
선택률	2%	93%	2%	2%	1%

08 문맥상 ㉠~㉤의 의미로 적절하지 않은 것은? ②

① ㉠ : 실직했던 기간

> 신문사를 나온 후, 오 년 동안의 그 ㉠공백 기간에 겪었던 처참함을 그는 아직도 생생히 기억하고 있었다.

선지 유형	근거가 있어서 허용 가능
실전에서의 판단 과정	신문사를 나온 후의 기간이잖아.
해설	㉠은 '신문사'를 나온 후 '그'가 실직했던 처참한 기간입니다. 맥락을 통해 쉽게 생각할 수 있죠?

② ㉡ : 세상의 따뜻한 인정

> 어머니의 그 넓고 미더운 그늘이 머리 위에서 걷히어져 버리고 난 후, 그는 ㉡햇볕 속으로 나온 음지 식물처럼 삽시간에 말라 비틀어져 가고 있었다.

선지 유형	근거가 있어서 허용 불가능
실전에서의 판단 과정	햇볕 속에서 말라 비틀어졌다며.
해설	'햇볕'이라는 단어 자체는 긍정적인 것처럼 느껴지지만, '그'는 자신을 '음지 식물'에 비유했습니다. 즉, '어머니'의 그늘이 더 이상 자신을 지켜주지 않게 된 후 자신이 '햇볕' 속에서 말라 비틀어져 가는 '음지 식물' 같다고 표현한 것이죠. 이러한 독해의 결과를 근거로 하면, ㉡이 세상의 따뜻한 인정이라는 것은 허용하기 어렵겠죠. ㉡은 '그'를 말라 비틀어지게 하는 대상이니까요.

③ ㉢ : 한결같은 사랑과 보호
④ ㉣ : 삶을 지탱해 주거나 도와줌
⑤ ㉤ : 극심한 무력감과 좌절감

> 오 년의 실직 기간 동안, 거의 날마다, 그것도 얼어 마신 술에 취해 밤늦게 돌아와 대문 앞에서 허물어지듯 쓰러져 버리곤 하던 그가 그래도 최후의 고집스런 용기만은 요행히 지킬 수 있었던 것도 역시 어머니의 그 ㉢변함없는 그늘을 은연중에 믿고 있었음으로 해서이리라. 하지만 이젠 어머니의 그 야윈 손길마저도 아무런 ㉣기적을 베풀 수가 없게 되었다는 사실을 인정해야만 하는 것이었다. 그는 한 번도 경험해 보지 못한 엄청난 ㉤절망의 심연으로 까마득히 가라앉아 가고 있는 느낌이었다.

선지 유형	근거가 있어서 허용 가능
실전에서의 판단 과정	더 이상 ㉢과 ㉣이 없으니 ㉤에 빠진 것이지.
해설	㉢과 ㉣은 모두 '어머니'가 '그'에게 제공하는 것들입니다. '그'는 ㉢을 주는 '어머니'를 믿고서 '고집스런 용기'만은 요행히 지킬 수 있었는데, '어머니의 몰락' 이후 더 이상 ㉣을 받을 수 없다는 것에 ㉤으로 가라앉는 듯한 극심한 무력감과 좌절감을 느끼게 된 것이었죠? '그'의 성찰 과정을 따라가며 완벽하게 납득했다면 세 선지 모두 어렵지 않게 허용할 수 있을 것 같습니다.

| 핵심 point |

① **허용 가능성 평가** : 선지의 내용을 '허용'하려는 태도를 바탕으로 지문을 '독해'하며 '근거'를 찾아야 합니다. 허용할 수 있는 '근거'가 있어야만 허용할 수 있습니다. 주관적인 생각을 개입시키면 안 됩니다.

② **소설 독해** : '심리와 행동의 근거'를 바탕으로 인물에게 '공감'하며 읽어야 합니다. 이 과정이 물흐르듯 이어지면 지문의 내용을 완벽하게 이해할 수 있어요.

| 지문 내용 총정리 |

인물의 처지를 이해하고, 이를 통해 해당 인물이 느끼고 있는 감정에 정확히 공감할 것을 요구하는 지문이었습니다. 나아가 선지 판단의 기본적인 태도를 연습하기에도 좋았네요. 같은 작품이 출제되었던 2018학년도 9월 모의평가 지문과 엮어서 확실하게 정리해 보도록 합시다.

DAY 1 [9~11]
2016.11B [40~42] 고전시가 '어와 동량재를~ / 고공답주인가' ☆☆

〈보기〉 확인

---[보기]---

유학 이념에서는 <u>국가를 가족의 확장된 형태</u>로 본다. 집안의 화목을 위해서는 구성원들이 자기 역할에 충실해야 하듯, 국가의 안정적인 경영을 위해서는 군신(君臣)이 본분을 다해야 한다. 조선 시대 시가에서는 이러한 이념을 담아 국가를 집으로 표현하는 경우가 많다.

고전시가에 주로 반영되어 있는 '유학 이념'에서는 국가를 가족의 확장된 형태로 보고, 집으로 표현하는 경우가 많다고 합니다. 그럼 이 지문들에 나오는 '집'은 모두 국가를 의미할 것이고, 구성원들은 왕이나 신하 등을 의미한다고 할 수 있겠습니다. 이러한 세계관을 머릿속에 넣어 둔 채로 읽어 보도록 합시다.

실전적 지문 독해

(가)

어와 동량재(棟梁材)*를 뎌리 ᄒ야 어이 홀고

➔ 와 동량재를 저렇게 취급해서 어떻게 하나

헐쓰더 기운 집의 의논(議論)도 하도 할샤

➔ 헐뜯어 기운 집에 의논이 많기도 많다

뭇 목수 고자(庫子) 자* 들고 허둥대다 말려ᄂ다

➔ 뭇 목수가 고자 자를 들고 허둥대다가 마는구나

-정철-

* 동량재 : 건축물의 마룻대와 들보로 쓸 만한 재목.
* 고자 자 : 창고지기가 쓰는 작은 자.

'동량재'라는 것이 정말 중요해 보입니다. 그런데 화자가 보기에는 그 '동량재'를 말도 안 되게 취급하고 있다고 해요. 〈보기〉에서 말한 것처럼 '집'을 '국가'로 바꿔서 이해하면, 국가가 제대로 굴러가지 않는데 서로 '의논'만 하는 그런 모습을 비판하는 것 같습니다. 이렇게 주제 의식을 체크할 수 있다면 충분히 잘 읽었다고 할 수 있을 것 같아요.

(나)

바깥 별감* 많이 있어 바깥 마름 달화주*도

➔ 바깥 별감이 많이 있으니까 바깥 마름 달화주도

제 소임 다 바리고 몸 쓰릴 뿐이로다
→ 제 소임을 다 버리고 몸 꺼릴 뿐이구나

비 시여 셔근 집을 뉘라셔 곳쳐 이며
→ 비 새어 썩은 집을 누구라고 고칠 것이며

옷 버서 문허진 담 뉘라셔 곳쳐 쏠고
→ 옷 벗어 무너진 담을 누구라고 고쳐 쌓을까

불한당 구멍 도적 아니 멀니 단이거든
→ 불한당 구멍 도적 아니 멀리 다니는데

화살 챤 수하상직(誰何上直)* 뉘라셔 힘써 홀고
→ 화살 찬 수하상직 누구라고 힘써 할까

큰나큰 기운 집의 마누라* 혼자 안자
→ 크나큰 기운 집에 마님 혼자 앉아서

명령을 뉘 드르며 논의를 눌라 홀고
→ 명령을 누가 들으며 논의를 누구랑 할까

낫 시름 밤 근심 혼자 맛다 계시거니
→ 낮 시름 밤 근심 혼자 맡아 계시니

옥 긋튼 얼굴리 편ᄒ실 적 몇 날이리
→ 옥 같은 얼굴이 편하실 적 며칠일까

이 집 이리 되기 뉘 타시라 홀셔이고
→ 이 집 이리 되기가 누구 탓이라 할까

혬 업는 종의 일은 뭇도 아니 ᄒ려니와
→ 생각 없는 종의 일은 묻지도 않으려나

도로혀 혜여ᄒ니 마누라 타시로다
→ 도로 생각해보니 마님 탓이로다

니 주인 외다 ᄒ기 종의 죄 만컨마ᄂᆞᆫ
→ 내 주인 나쁘다 하면 종의 죄가 많은 게 되겠지만

그러타 세상 보려 민망ᄒ야 사뢰나이다
→ 그렇다고 세상을 보려니까 민망하여 사뢰나이다

새끼 쏘기 마르시고 내 말ᄉᆞᆷ 드로쇼셔
→ 새끼 꼬기 그만하고 내 말씀 들으소서

집일을 곳치거든 종들을 휘오시고
→ 집일을 고치려거든 종들을 휘오시고

죵들을 휘오거든 상벌을 밝히시고
→ 종들을 휘오거든 상벌을 밝히시고

상벌을 밝히거든 어른 죵을 미드쇼셔
→ 상벌을 밝히시려거든 어른 종을 믿으소서

진실노 이리 ᄒ시면 가도(家道) 절노 닐니이다
→ 진실로 이리 하시면 가도 절로 닐니이다

　　　　　　　　　-이원익, 「고공답주인가(雇工答主人歌)」-

* 별감 : 사내 하인끼리 서로 존대하여 부르던 말.
* 달화주 : 주인집 밖에서 생활하는 종들에게서 주인에게 내야 할 대가를 받아오는 일을 맡아 보던 사람.
* 수하상직 : "누구냐!" 하고 외치는 상직군.
* 마누라 : 상전, 마님 등을 이르는 말.

굳이 특정 부분에 표시를 하지 않아도, "집의 상태가 엉망이니 이렇게 합시다~"라고 하고 있다는 정도의 느낌은 오시죠? 실전에선 위처럼 모든 구절을 자세히 해석하실 필요는 없어요. 전반적인 주제 의식만 체크하고, 선지 판단에서 승부를 보는 겁니다.

선지	①	②	③	④	⑤
선택률	56%	30%	8%	3%	3%

09 (가), (나)의 표현 방식에 대한 설명으로 가장 적절한 것은? ①

① (가)와 달리 (나)에서는 연쇄와 반복을 통해 리듬감이 나타나고 있다.

선지 유형	근거가 있어서 허용 가능
실전에서의 판단 과정	연쇄... 귀찮은데? 오! (나) 마지막에 있네.
해설	일단 (가)에서는 '연쇄와 반복'을 찾을 수 없습니다. (나)에서 찾으려니 좀 막막한데, 다행히 눈에 띄는 마지막 부분에 '집일을 곳치거든 종들을 휘오시고 / 종들을 휘오거든 상벌을 밝히시고 / 상벌을 밝히거든 어른 죵을 미드쇼셔'와 같은 '연쇄와 반복'이 나타난다는 것을 확인할 수 있습니다. 만약 처음 풀 때 한 번에 보이지 않았다면 일단 다른 문제부터 풀고 나서 해결하는 것을 추천할 수도 있겠습니다. '연쇄와 반복'은 꽤나 찾기 귀찮은 내용에 해당하니까요.

② (나)와 달리 (가)에서는 설의적인 표현을 통해 안타까움의 정서가 강조되고 있다.

선지 유형	근거가 있어서 허용 불가능
실전에서의 판단 과정	안타까움은 두 작품의 주제 의식인데? 설의적 표현도 둘 다 있네.
해설	'안타까움'이라는 정서는 두 작품의 주제 그 자체를 담고 있다고 할 수 있습니다. 따라서 '설의적 표현'의 유무만 확인해도 충분할 것 같은데, (가)와 (나) 모두 '어이 흘고', '힘써 흘고', '몇 날이리' 등 다양한 설의적 표현을 활용하고 있네요. 충분히 허용할 수 있겠습니다.

③ (나)와 달리 (가)에서는 직유의 방식을 통해 대상의 이미지가 선명하게 드러나고 있다.

선지 유형	근거가 없어서 허용 불가능
실전에서의 판단 과정	(가)에 직유는 없는데?

해설	(나)에서는 '옥 ᄀᄐ튼 얼굴'과 같은 직유가 쓰이고 있지만, (가)에서는 찾기가 어렵네요. (나)와 같이 긴 지문에서 직유법을 찾는 건 쉽지 않으니, (가)만 먼저 확인하는 센스가 있으면 더 좋겠죠?

④ (가), (나)에서는 모두 색채어를 통해 대상의 면모가 강조되고 있다.

선지 유형	근거가 없어서 허용 불가능
실전에서의 판단 과정	(가)에 색채어 없네.
해설	이번에도 (가)부터 확인하는 센스가 있으면 좋겠습니다. (가)에서는 눈을 씻고 찾아도 색채어를 확인하기 어렵죠? 물론 (나)에서는 '옥 ᄀᄐ튼 얼굴'의 '옥'과 같은 색채어를 이용하기는 했습니다.

⑤ (가), (나)에서는 모두 과거와 현재의 대비를 통해 시상의 전환이 이루어지고 있다.

선지 유형	근거가 없어서 허용 불가능
실전에서의 판단 과정	(가)에는 과거 이야기 없지.
해설	이번에도 (가)에서는 과거의 이야기 자체를 찾을 수가 없습니다. 나아가 (나)에서도 딱히 과거 상황을 제시한 적이 없네요. 따라서 '과거와 현재의 대비'를 통한 '시상 전환'이라는 말은 허용하기 어렵겠습니다.

선지	①	②	③	④	⑤
선택률	6%	4%	13%	74%	3%

10 ㉠~㉤에 대한 이해로 적절하지 <u>않은</u> 것은? ④

① ㉠ : 직분을 망각하여 화자에 의해 비판을 받고 있는 존재

바깥 별감* 많이 있어 ㉠바깥 마름 달화주*도 제 소임 다 버리고 몸 ᄭᅳ릴 ᄲᅮᆫ이로다
* 별감: 사내 하인끼리 서로 존대하여 부르던 말.
* 달화주: 주인집 밖에서 생활하는 종들에게서 주인에게 내야 할 대가를 받아오는 일을 맡아 보던 사람.

선지 유형	근거가 있어서 허용 가능
실전에서의 판단 과정	제 소임을 다 버렸으니 비판받을 만하지.

해설	'바깥 마름'은 '제 소임'을 다 버리고 있는, 즉 직분을 망각한 인물로 표현되고 있습니다. 이는 '마누라'를 힘들게 하는 존재이니, 화자에 의해 비판을 받고 있다고 할 수 있겠습니다.

② ㉡ : 가까운 곳에 있으며 화자에게 불안감을 주고 있는 세력

㉡불한당 구멍 도적 아니 멀니 단이거든

선지 유형	근거가 있어서 허용 가능
실전에서의 판단 과정	도적이 멀지 않은 곳에 있다고 했으니 허용되지.
해설	'도적'은 충분히 화자에게 불안감을 주고 있는 세력이라고 할 수 있는데, 이들이 멀지 않은 곳을 다니고 있다고 했으니 가까운 곳에 있다는 것도 허용할 수 있겠습니다.

③ ㉢ : 잘못된 일을 고치도록 화자가 설득하고 있는 청자

㉢닉 주인 외다 ᄒᆞ기 종의 죄 만컨마는

선지 유형	근거가 있어서 허용 가능
실전에서의 판단 과정	주인한테 직언하는 거지.
해설	㉢은 '내 주인'입니다. 이는 스스로를 하인으로 칭하고 있는 화자가 직언을 하는 대상이라고 할 수 있겠죠? '외다'라는 단어를 알고 있다면 더욱 쉽게 판단할 수 있었겠네요.

④ ㉣ : 화자가 청자에게 당부하는 시급하고 중요한 행위

㉣새끼 꼬기 마르시고 내 말ᄊᆞᆷ 드로쇼셔

선지 유형	근거가 있어서 허용 불가능
실전에서의 판단 과정	하지 말라며.
해설	화자는 주인에게 '새끼 꼬기' 하지 말고 자기 말을 들으라고 했습니다. 하지 말라고 했다는 명백한 근거가 있으니, 당부하는 시급하고 중요한 행위라는 말은 절대 허용할 수 없겠네요.

⑤ ⓜ : 화자가 공정하고 엄중하게 시행되기를 바라고 있는 일

ⓜ상벌을 밝히거든 어른 종을 미드쇼셔

선지 유형	근거가 있어서 허용 가능
실전에서의 판단 과정	화자가 하라는 것이니까 당연히 공정하게 시행되기를 바라겠지.
해설	일단 '종들'을 휘어 잡기 위해 '상벌'을 밝히라는 것은 집안을 일으키기 위해 화자가 제안하는 방법입니다. 집안을 제대로 돌아가게 하는 방안을 제안한다는 이 지문의 주제 의식을 고려하면, 이는 당연히 공정하고 엄중하게 시행되어야 하는 것이겠죠. 화자는 이렇게 공정하고 엄중한 '상벌'의 시행이 가능하도록 '어른 종'과 같은 믿을 만한 제3자(충신을 비유한 것이겠죠?)의 의견을 들을 것을 권유하고 있습니다. 어렵지 않게 허용할 수 있네요.

선지	①	②	③	④	⑤
선택률	63%	14%	11%	8%	4%

11 〈보기〉를 참고하여 (가), (나)를 감상한 내용으로 가장 적절한 것은? [3점] ①

① (가)의 '동량재'와 (나)의 '어른 종'은 모두 국가의 바람직한 경영을 위해 요구되는 중요한 요소를 뜻하겠군.

어와 동량재(棟梁材)*룰 뎌리 ᄒᆞ야 어이 홀고
* 동량재: 건축물의 마룻대와 들보로 쓸 만한 재목.

상벌을 밝히거든 어른 종을 미드쇼셔

선지 유형	근거가 있어서 허용 가능
실전에서의 판단 과정	둘 다 중요한 역할을 하네.
해설	(가)의 '동량재'는 함부로 다루는 모습을 보며 화자가 안타까워하는 대상입니다. 각주를 참고하면 그 중요성을 더욱 확실하게 깨달을 수 있겠죠? 나아가 (나)의 '어른 종'은 화자가 제시한 해결책인 '상벌'을 밝힐 때 필요한 존재로 제시되고 있습니다. 둘 다 '집', 즉 '국가'의 경영을 위해 요구되는 중요한 요소라고 할 수 있겠네요.

② (가)의 '기운 집'은 위태로운 상태에 놓인 국가를, (나)의 '기운 집'은 되돌릴 길 없이 기울어 패망한 국가를 나타내겠군.

헐쓰더 기운 집의 의논(議論)도 하도 할샤

큰나큰 기운 집의 마누라* 혼자 안자
* 마누라: 상전, 마님 등을 이르는 말.

선지 유형	근거가 있어서 허용 불가능
실전에서의 판단 과정	아직 패망한 건 아니지.
해설	일단 (가)의 '기운 집'이 위태로운 상태에 놓인 국가를 나타낸다는 건 주제를 고려할 때 너무나 당연합니다. 하지만 (나)의 '기운 집'이 되돌릴 길 없이 패망한 국가라고 할 수는 없겠죠? 이미 패망한 국가를 살리자는 게 아니라, 망하기 전에 살려 보자는 것이 주제니까요.

③ (가)의 '의논'과 (나)의 '논의'는 모두 국가 대사를 위해 임금과 신하가 합의하여 도출해 낸 올바른 대책을 뜻하겠군.

헐쓰더 기운 집의 의논(議論)도 하도 할샤

명령을 뉘 드ᄅ며 논의를 눌라 홀고

선지 유형	근거가 있어서 허용 불가능
실전에서의 판단 과정	올바른 대책이면 나라가 잘 돌아가겠지.
해설	(가)의 '의논'의 경우, '헐뜯어 기운 집'에서 서로 이야기하는 것입니다. 지문의 맥락을 고려할 때 이는 '동량재'를 제대로 쓰지 못하거나 '고자 자'를 들고 허둥대는 결과를 낳는, 쓸데없는 입씨름을 의미한다고 할 수 있겠죠? 한편 (나)의 '논의'의 경우, '마누라'가 혼자 앉아 있기 때문에 같이 할 사람이 없는 것으로 표현되고 있습니다. 즉, '논의'는 선지에서 이야기하는 '올바른 대책'을 이끌어낼 수 있는 것이기는 하지만 '합의'하여 도출할 수 있는 상태가 아니라는 의미죠. 어쨌든, 실전에서는 선지에서 이야기한 것처럼 올바른 대책을 합의하고 그런 내용이 나왔다면 국가가 망할 이유가 없다는 식으로 생각하고 넘어가는 게 좋을 것 같습니다.

④ (가)의 '뭇 목수'는 조정의 일에 무관심한 신하들을, (나)의 '혬 업는 죵'은 조정의 일에 지나치게 관여하는 신하를 나타내겠군.

> 뭇 목수 고자(庫子) 자* 들고 허둥대다 말려ᄂ다
>
> * 고자 자: 창고지기가 쓰는 작은 자.

> 혬 업는 죵의 일은 뭇도 아니 ᄒ려니와

선지 유형	근거가 있어서 허용 불가능
실전에서의 판단 과정	뭇 목수들은 뭐라도 할려고 하는데?
해설	(가)의 '뭇 목수'들은 '고자 자'를 들고 허둥대다가 마는 등 무언가 하려고 하는 이들입니다. 무언가 하려고 한다는 점에서, 조정의 일에 '무관심'하다고 보기는 어렵겠죠. 한편 (나)의 '혬 업는 죵'은 '생각없는 신하들'을 의미합니다. '혜다=생각하다' 정도의 어휘는 당연히 알고 계셔야 해요. 화자는 '이 집'이 이리 된 것이 누구의 탓이냐는 이야기를 하면서, 이렇게 '생각없는 신하들'의 일은 물을 필요도 없다고 이야기하고 있어요. 이는 '생각없는 신하들' 역시 '이 집'의 운영이 제대로 되지 않는 데 큰 역할을 했다는 것을 의미한다고 할 수 있겠죠? 너무나 당연하니 물을 필요도 없다고 한 것일 테니까요. 이처럼 '혬 업는 죵'은 그저 무능력한 신하들을 비유한 표현일 뿐, 조정의 일에 지나치게 관여하는 신하를 나타낸다고 보기는 어렵겠습니다. 애초에 그런 내용을 허용할 근거를 찾을 수 없으니까요.

⑤ (가)의 '고자 자'와 (나)의 '문허진 담'은 모두 외세의 침입에 협조하며 국익을 저버리고 사익을 추구하는 마음을 뜻하겠군.

> 뭇 목수 고자(庫子) 자* 들고 허둥대다 말려ᄂ다
>
> * 고자 자: 창고지기가 쓰는 작은 자.

> 옷 버서 문허진 담 뉘라셔 곳쳐 쑬고

선지 유형	근거가 없어서 허용 불가능
실전에서의 판단 과정	외세 침입이랑 뭔 상관이야.

해설	애초에 (가)에는 외세 침입에 대한 이야기가 없습니다. '고자 자' 역시 '뭇 목수'가 허둥대며 사용하는 도구일 뿐, '외세의 침입'과는 아무런 관련이 없죠. 나아가 (나)의 '문허진 담' 역시 그저 망해 가는 국가의 모습을 나타낼 뿐, '외세의 침입'과는 관련이 없다는 것을 알 수 있습니다. '외세의 침입'과 관련된 내용은 '불한당 구멍 도적'에 대한 내용이었는데, 이는 '문허진 담'과 직접적인 연관성이 있지는 않아요.

몰랐던 어휘 정리하기

| 핵심 point |

① **허용 가능성 평가** : 선지의 내용을 '허용'하려는 태도를 바탕으로 지문을 '독해'하며 '근거'를 찾아야 합니다. 허용할 수 있는 '근거'가 있어야만 허용할 수 있습니다. 주관적인 생각을 개입시키면 안 됩니다.

② **고전시가 독해** : 겁먹지 않고, 현대시를 읽듯이 읽어내면 됩니다. 현대시와 마찬가지로, 〈보기〉의 도움 등을 통해 '주제' 위주로 가볍게 읽어내면 되는 거예요. 자세한 해석은 선지가 해줄 겁니다!

| 지문 내용 총정리 |

〈보기〉를 통해 주제도 명확하게 제시했고, 선지 판단의 근거도 비교적 명확하게 살아 있는 지문이었습니다. 이 정도의 고전시가는 아무렇지 않게 처리하고 있는 여러분의 모습을 상상해도 되겠죠?

〈보기〉 독해

---[보기]---

고전 소설에서 공간은 산속이나 동굴 등 특정 현실 공간에 초현실 공간이 겹쳐진 것으로 설정되기도 한다. 이 경우, 초현실 공간이 특정 현실 공간에 겹쳐지거나 특정 현실 공간에서 사라지는 것은 보통 초월적 존재의 등·퇴장과 관련된다. 한편 어떤 인물이 꿈을 꿀 때, 그는 현실의 어떤 공간에서 잠을 자고 있지만, <u>그의 정신은 꿈속 공간을 경험한다.</u> 이 경우, 특정 현실 공간이 꿈에 나타나면 이 꿈속 공간은 특정 현실 공간에 근거하면서도 초현실 공간의 성격을 지니기도 한다.

고전 소설에서 공간이 특정 현실 공간에 초현실 공간이 겹쳐진 것으로 나타나기도 한다는 내용입니다. 나아가 꿈을 꾸면서 꿈속 공간을 경험하기도 한다는 전형적인 고전소설의 내용을 담고 있네요. 어떻게 보면 당연한 내용이니, 가볍게 넘어가고 지문을 읽어보도록 합시다.

지문 독해

일일은 [승상]이 술에 취하시어 책상에 의지하여 잠깐 졸더니 문득 봄바람에 이끌려 한 곳에 다다르니 이곳은 승상이 평소에 고기도 낚으며 풍경을 구경하던 **조대(釣臺)***라. 그 위에 상서로운 기운이 어렸거늘 나아가 보니 청룡이 조대에 누웠다가 승상을 보고 고개를 들어 소리를 지르고 반공에 솟거늘, 깨달으니 일장춘몽이라.

<u>심신이 황홀하여</u> 죽장을 짚고 월령산 조대로 나아가니 나무 베는 [아이]가 나무를 베어 시냇가에 놓고 버들 그늘을 의지하여 잠이 깊이 들었거늘, 보니 〈의상이 남루하고 머리털이 흩어져 귀밑을 덮었으며 검은 때 줄줄이 흘러 두 뺨에 가득하니 그 추레함을 측량치 못하나 그 중에도 은은한 기품이 때 속에 비치거늘〉 승상이 깨우지 않으시고, 옷에 무수한 이를 잡아 죽이며 잠 깨기를 기다리더니, 그 아이가 돌아누우며 탄식 왈,

[A]

"형산백옥이 돌 속에 섞였으니 누가 보배인 줄 알아 보랴. 여상의 자취 조대에 있건마는 그를 알아본 문왕의 그림자 없고 와룡은 남양에 누웠으되 삼고초려한 유황숙의 자취는 없으니 어느 날에 날 알아줄 이 있으리오."

하니 그 소리 웅장하여 산천이 울리는지라.

* 조대: 낚시터.

술에 취해 잠든 '승상'이 책상에 의지하여 졸았다가 꿈을 꾸는 모습입니다. 〈보기〉에서 말한 것처럼 '승상'의 정신은 꿈속 공간인 '조대'를 경험하겠죠? '조대'에서 청룡이 누웠다가 '승상'을 보고 고개를 들어 소리를 지르고 반공에 솟는 꿈을 꾼 '승상'은 일어나자마자 황홀한 느낌이 들어 '조대'로 가봅니다. 꿈에서 익숙한 공간이 나왔고, 뭔가 황홀한 느낌이 들었다면 그 공간으로 가보는 건 충분히 공감할 수 있는 행동이죠?

그렇게 간 '조대'에서는 나무 베는 '아이'가 나무를 베어 놓고 잠이 들어 있었습니다. 〈 〉 표시한 외양 묘사 부분을 보면, '아이'는 꾀죄죄하지만 그러면서도 은은한 기품을 가지고 있습니다. 청룡이 날아가는 꿈을 꾼 '승상' 입장에서는 이 '아이'가 특별하게 보일 수 있겠죠? 옷에 무수한 이를 잡아 죽이면서 잠 깨기를 기다려주는 모습입니다. 물론 '아이'가 특별하게 여겨졌기에 더 배려하는 것도 있겠지만, 기본적으로 아이라고 해서 함부로 깨우지 않고 기다려주는 '승상'의 배려심 있는 성격이 잘 드러나는 모습이네요. 이렇게 인물의 행동으로부터 그 성격도 유추할 수 있으면 좋겠습니다. 이 성격이 각 인물에게 공감하는 핵심적인 단서가 될 수 있으니까요.

그런데 '아이'는 돌아누워 자신을 알아줄 이가 없다는 듯한 이야기를 하면서 한탄하고 있습니다. 역시 평범한 아이는 아닌 것 같습니다. 심지어 소리가 웅장하여 산천이 울릴 정도예요.

탈속한 기운이 소리에 나타나니, 승상이 생각하되, '영웅을 구하더니 이제야 만났도다.' 하시고, 깨우며 물어 왈,
"봄날이 심히 곤한들 무슨 잠을 이리 오래 자느냐? 일어앉으면 물을 말이 있노라."
"어떤 사람이관데 남의 단잠을 깨워 무슨 말을 묻고자 하는가? 나는 배고파 심란하여 말하기 싫도다."
아이 머리를 비비며 군말하고 도로 잠이 들거늘, 승상이 왈,
"네 비록 잠이 달지만 어른을 공경치 아니하느냐. 눈을 들어 날 보면 자연 알리라."
그 아이 눈을 뜨고 이윽히 보다가 일어앉으며 고개를 숙이고 잠잠하거늘, 승상이 자세히 보니 〈두 눈썹 사이에 천지조화를 갈무리하고 가슴속에 만고흥망을 품었으니〉 진실로 영웅이라. 〈승상의 명감(明鑑)*이 아니면 그 누가 알리오.〉

* 명감 : 사람을 알아보는 뛰어난 능력.

탈속한 기운을 느낀 '승상'은 이 '아이'가 본인이 찾던 영웅이라 여기고 얼른 깨웁니다. '아이'를 배려하면서 안 깨우려다가, 자신이 찾던 사람인 것 같아 빨리 말을 걸고 싶은 조급한 마음이 들었을 '승상'의 모습을 상상할 수 있어야 합니다. 이 장면이 그려지면서 '승상'의 마음이 공감되면 지문을 완벽하게 읽었다고 할 수 있는 거예요.

버릇없이 대답하던 '아이'는 '승상'의 훈계에 일어앉아 고개를 숙이고 잠잠한데, '승상'이 자세히 보니 관상이 정말 좋은 것 같습니다. 진실로 자신이 찾던 영웅이라고 생각하며 들떠 있는 '승상'의 모습이 떠오르시죠? 그 와중에 '승상의 명감이 ~ 알리오.'라는 '서술자의 개입'도 나타나고 있네요. 사람 보는 눈이 좋은 '승상'이 보기에 '아이'는 엄청난 인재로 보이는 것 같네요.

> [중략 부분의 줄거리] 승상은 아이(소대성)를 자기 집에 묵게 하고 딸과 부부의 연을 맺도록 하지만, 승상이 죽자 그 아들들이 대성을 제거하려고 한다. 이에 대성은 영보산으로 옮겨 공부하다가 호왕이 난을 일으킨 소식에 산을 나가게 된다.

[중략 부분의 줄거리]입니다. 확실하게 정리하고 가야겠죠? '아이'의 이름은 '소대성'이었는데, '승상'은 너무나 마음에 든 '소대성'을 사위로 들입니다. 그런데 '승상'이 죽자 그 아들들은 '소대성'을 제거하려는 모습이에요. 아들들의 질투심에도 공감해주시면서, 이를 피해 '영보산'으로 옮겨 공부하다가 호황의 난을 제압하러 산을 나가는 '소대성'의 모습에서 전형적인 영웅소설의 클리셰를 느껴주시면 됩니다.

> 한 동자 마중 나와 물어 왈,
> "상공이 해동 소상공 아니십니까?"
> "동자, 어찌 나를 아는가?"
> 소생이 놀라 묻자, 동자 답 왈,
> "우리 노야의 분부를 받들어 기다린 지 오랩니다."
> "노야라 하시는 이는 뉘신고?"
> "아이 어찌 어른의 존호를 알리이까? 들어가 보시면 자연 알리이다."
> [B] 　생이 동자를 따라 들어가니 청산에 불이 명랑하고 한 노인이 자줏빛 도포를 입고 금관을 쓰고 책상을 의지하여 앉았거늘 생이 보니 학발 노인은 청주 이 승상일러라. 생이 생각하되, '승상이 별세하신 지 오래이거늘 어찌 이곳에 계신가?' 하는데, 승상이 반겨 손을 잡고 왈,
> 　　"내 그대를 잊지 못하여 줄 것이 있어 그대를 청하였나니 기쁘고도 슬프도다."

'소대성'은 한 동자를 만납니다. '소생'은 당연히 '소대성'을 가리키는 것이라고 생각할 수 있겠죠? '동자'는 '노야'의 분부를 받들어 '소대성'을 기다렸다고 하는데, 따라가보니 그 '노야'는 죽은 '승상'이었습니다. '소대성'의 입장에서는 당연히 놀랄 만한 일이겠죠? '승상'은 '소대성'을 반기면서, 기쁘고도 슬프다는 이야기를 합니다. 기쁜 건 당연한데, 왜 슬픈 것일까요?

> 하고 동자를 명하여 저녁을 재촉하며 왈,
> "내 자식이 무도하여 그대를 알아보지 못하고 망령된 의사를 두었으니 어찌 부끄럽지 아니하리오. 하나 그대는 대인군자로 허물치 아니할 줄 알았거니와 모두 하늘의 뜻이라. 오래지 아니하여 공명을 이루고 용문에 오르면 딸과의 신의를 잊지 말라."
> 하고 갑주 한 벌을 내어 주며 왈,
> "이 갑주는 보통 물건이 아니라 입으면 내게 유익하고 남에게 해로우며 창과 검이 뚫지 못하니 천하의 얻기 어려운 보배라. 그대를 잊지 못하여 정을 표하나니 전장에 나가 대공을 이루라."
> 생이 자세히 보니 쇠도 아니요, 편갑도 아니로되 용의 비늘 같이 광채 찬란하며 백화홍금포로 안을 대었으니 사람의 정신이 황홀한지라. 생이 매우 기뻐 물어 왈,
> "이 옷이 범상치 아니하니 근본을 알고자 하나이다."
> "이는 천공의 조화요, 귀신의 공역이라. 이름은 '보신 갑'이니 그 조화를 헤아리지 못하리라. 다시 알아 무엇 하리오?"
> 승상이 답하시고, 차를 내어 서너 잔 마신 후에 승상 왈,
> "이제 칠성검과 보신갑을 얻었으니 만 리 청총마를 얻으면 그대 재주를 펼칠 것이나, 그렇지 아니하면 당당한 기운을 걷잡지 못하리라. 하나 적을 가벼이 여기지 말라. 지금 적장은 천상 나타의 제자 익성이니 북방 호국 왕이 되어 중원을 침노하니 지혜와 용맹이 범인과 다른지라. 삼가 조심하라."
> "만 리 청총마를 얻을 길이 없으니 어찌 공명을 이루리까?"
> 생이 묻자, 승상이 답 왈,
> "동해 용왕이 그대를 위하여 이리 왔으니 내일 오시에 얻을 것이니 급히 공을 이루라. 지금 싸움이 오래되었으나 중국은 익성을 대적할 자 없으며 황제 지금 위태한지라. 머물지 말고 바삐 가라. 할 말이 끝없으나 밤이 깊었으니 자고 가라."
> 하시고 책상을 의지하여 누우시니 생도 잠깐 졸더니, 홀연 찬바람, 기러기 소리에 깨달으니 승상은 간데없고 누웠던 자리에 갑옷과 투구 놓였거늘 좌우를 둘러보니 소

나무 밑이라.

-작자 미상, 「소대성전」-

얼른 저녁을 먹는데, '승상'은 본인의 자식들 때문에 '소대성'이 고생한 것에 대해 부끄러워합니다. '승상'은 아들들의 질투심에 의한 악행을 다 알고서 미안한 마음에 슬퍼한 것이었네요. 그러면서 조만간 공명을 이루면 딸과의 신의를 잊지 말아달라는 당부를 합니다. 어차피 '소대성'이 잘 될 것은 확실한데, 혹시나 자신의 딸을 잊을까 걱정되는 모습이 눈에 그려지시죠? 그 뒤에는 '보신갑'이라는 갑주를 한 벌 내어 줍니다. '소대성'이 보기에도 엄청난 물건이라, 이를 받고서 매우 기뻐하는 모습이네요. 신기해하고 좋아하는 '소대성'의 표정이 상상되셔야 합니다.

그 뒤 '소대성'에게 '동해 용왕'으로부터 '만 리 청총마'를 얻으라는 이야기를 하며 자고 가라고 하는 '승상'입니다. '소대성'이 잠깐 졸았더니 '승상'은 간데없고 누웠던 자리에 갑옷과 투구만 놓여 있는 '소나무 밑'이었습니다. 이는 모두 꿈이었네요. 〈보기〉에서 이야기하던 꿈속 공간 경험을 '승상'뿐 아니라 '소대성'도 하는 것이었습니다. 역경을 극복하고 공을 세우러 가는 영웅을 든든한 조력자가 도와주는, 전형적인 형태의 영웅소설이었네요.

선지	①	②	③	④	⑤
선택률	84%	3%	5%	4%	4%

12 [A]와 [B]에 나타난 서술상 특징으로 가장 적절한 것은? ①

– [A]는 '승상'이 처음 '소대성'을 만나는 장면으로, 그가 범상치 않은 인물임을 알려 주는 부분이었습니다. 그리고 [B]는 꿈속에서 '소대성'이 '승상'을 만나던 부분입니다. '승상'은 '소대성'을 반기며 기쁘고 슬프다는 감정을 토로했었죠?

① [A]는 묘사를 통해 인물의 외양을, [B]는 발화를 통해 인물의 감회를 드러내고 있다.

선지 유형	근거가 있어서 허용 가능
실전에서의 판단 과정	[A]에서는 아이의 외양 묘사 나왔고, [B]에서는 승상의 감회가 나왔지.
해설	[A]에서 '승상'은 '아이'를 발견하는데, '아이'는 꾀죄죄하면서도 은은한 기품을 가지고 있었습니다. 이러한 '외양 묘사'를 체크한 기억이 있으니, 어렵지 않게 납득할 수 있겠죠? 나아가 [B]에서 '승상'은 '소대성'의 손을 잡고서 기쁘고도 슬프다는 이야기를 합니다. 왜 기쁘고 슬

픈 것인지 공감하려고 애쓴 기억이 있으니, 발화를 통해 인물의 감회를 드러낸다는 것 역시 가볍게 허용할 수 있겠네요.

단순한 내용일치 문제가 아닙니다. 지문 독해 과정에서 중요하게 생각해야 하는 포인트(외양 묘사or 심리에 대한 공감)를 제대로 활용하며 읽었는지 묻는 문제라고 생각하셔야 해요!

② [A]와 달리, [B]는 대구적 표현을 통해 인물에 대한 부정적 인식을 드러내고 있다.

선지 유형	근거가 없어서 허용 불가능
실전에서의 판단 과정	인물에 대한 부정적 인식을 언제 드러냈냐.
해설	일단 [A]와 [B] 모두 '대구적 표현'이 나타나지 않기도 하지만, 각 부분에서 '인물에 대한 부정적 인식'이 나타날 리가 없다는 것을 이용하면 훨씬 쉽게 해결할 수 있겠죠? [A]는 '소대성'이 범상치 않다는 것을 알려 주는 부분이었고, [B]는 '승상'이 '소대성'을 다시 만나 기뻐하는 부분이었을 뿐, 인물을 부정적으로 평가하는 부분이 아니었으니까요. '대구적 표현'과 같은 미시적 표현을 찾는 것은 귀찮으니, '인물에 대한 인식'과 같은 거시적인 내용을 통해 답을 고르는 습관을 들여주셔야 선지 판단 시간이 단축됩니다.

③ [B]와 달리, [A]는 요약적 서술을 통해 시대적 배경을 제시하고 있다.

선지 유형	근거가 없어서 허용 불가능
실전에서의 판단 과정	어떤 시대인지 모르겠는데?
해설	[B]는 물론이고, [A]에서도 요약적 서술을 통해 '시대적 배경'을 제시한 적은 없습니다. 만약 있었다면 적어도 이 작품이 어떤 시대적 배경을 가지고 있는지 정도는 파악이 되었겠죠.

④ [A]와 [B]는 모두 인물들 간의 대화를 통해 인물들 사이의 갈등을 제시하고 있다.

선지 유형	근거가 없어서 허용 불가능
실전에서의 판단 과정	갈등을 제시하는 부분이 아닌데?
해설	일단 [A]에는 인물들 간의 대화가 나타나지도 않고, [A]와 [B] 모두 인물들 사이의 '갈등'을 제시하는 부분이 아니기 때문에 허용할 수 없는 선지입니다. '갈등'을 제시하는 부분이라면 관련된 감정들에 공감했던 기억이 있겠죠?

⑤ [A]와 [B]는 모두 과거 사건에 대한 회상을 통해 현재 사건의 원인을 제시하고 있다.

선지 유형	근거가 없어서 허용 불가능
실전에서의 판단 과정	[A]에는 회상이 없는데?
해설	일단 [A]에서는 과거 사건에 대한 회상 자체가 나타나지 않습니다. [B]에서는 '승상이 별세하신 지 오래이거늘'에서 과거 사건에 대한 회상이 나타나기는 하지만, '승상'이 죽었다는 것이 현재 두 사람이 다시 만나는 사건의 '원인'이라고 보기는 어렵죠? '승상'이 죽었기 때문이 아니라, 죽은 뒤에 천상계 인물이 된 '승상'이 '소대성'에게 할 말이 있기 때문에 둘이 [B]에서 만나게 된 것이니까요.

선지	①	②	③	④	⑤
선택률	34%	12%	18%	24%	12%

13 윗글의 '승상'에 대한 감상으로 가장 적절한 것은? ①

① 곤히 잠든 '아이'를 깨우지 않고 이를 잡아 주며 기다리는 모습에서 따뜻한 인정을 느낄 수 있군.

선지 유형	근거가 있어서 허용 가능
실전에서의 판단 과정	스윗했지.
해설	'승상'은 곤히 잠든 '아이'를 깨우지 않고 이를 잡아 주며 기다리는 모습을 보였습니다. 우리는 이를 통해 '승상'이 배려심 넘치는 성격을 가지고 있다는 생각을 했었죠? 지문을 읽으면서 이렇게 생각하지 못했더라도, '승상'이라는 높은 지위에도 불구하고 어린아이를 깨우지 않고 일어날 때까지 기다리는 모습을 근거로 하면 '따뜻한 인정'을 충분히 허용할 수 있겠다는 생각은 할 수 있어야 합니다.

② 나이 어린 '소생'에게 자신이 범한 과오를 시인하고 부끄러워하는 모습에서 자신을 비우고 낮추는 겸허함을 볼 수 있군.

선지 유형	근거가 없어서 허용 불가능
실전에서의 판단 과정	무슨 과오..?
해설	'승상'은 '소대성'의 잠재력을 알아보고 도와준 조력자일 뿐, 과오를 범하는 인물이 아닙니다. 과오를 범한 적이 없는데, 그것을 시인하고 부끄러워하는 겸허한 모습이 나타난다고 보기도 어렵겠죠.

③ '소생'에게 '딸과의 신의'를 잊지 않아야 공명을 이룰 수 있다고 당부하는 모습에서 신의를 중시하는 가치관을 볼 수 있군.

선지 유형	근거가 있어서 허용 불가능
실전에서의 판단 과정	공명 이루더라도 딸과의 신의를 잊지 말라고 한 거였지.
해설	'승상'은 꿈속에서 '소대성'을 다시 만나, 공명을 이루고 용문에 오르더라도 딸과의 신의를 잊지 말라는 당부를 합니다. 딸과의 신의를 잊지 않아야 비로소 공명을 이룰 수 있다고 당부한 것이 아니었어요. 어차피 성공할 '소대성'이 자신의 딸을 잊을까봐 걱정하는 아버지의 마음에 공감했던 기억이 있으니, 이런 치사한 선지에 낚이지 않고 지워낼 수 있었을 겁니다.

④ '청총마'를 이미 얻고 '동해 용왕'의 도움까지 얻은 '소생'에게 적을 가벼이 여기지 말라고 하는 모습에서 신중한 자세를 볼 수 있군.

선지 유형	근거가 있어서 허용 불가능
실전에서의 판단 과정	동해 용왕 만나기 전인데?
해설	'승상'은 '소대성'에게 '동해 용왕'을 만나 '청총마'를 얻으라는 이야기를 합니다. 아직 '소대성'은 '동해 용왕'을 만나지도, '청총마'를 얻지도 않았어요. 물론 적을 가벼이 여기지 말라고 하는 모습은 충분히 '신중한 자세'라고 할 수 있겠죠.

⑤ 살아서는 '소생'을 도왔지만 죽은 몸으로 '소생'을 도울 수 없어 안타까워하는 모습에서 남을 도우려는 한결같은 성품을 느낄 수 있군.

선지 유형	근거가 없어서 허용 불가능
실전에서의 판단 과정	그런 안타까움에는 공감한 적이 없는데?
해설	일단 '승상'은 살아서도, 죽어서도 '소대성'을 돕고 있습니다. 더욱 중요한 것은, '승상'이 '소대성'을 도울 수 없어 안타까워하는 심정을 드러낸 적이 없다는 것이죠? 이런 심정을 드러냈다면 확실하게 공감하고 넘어갔을 것인데 기억이 나지 않으니, 허용할 수 없다고 생각하고 넘길 수 있어야 합니다.

선지	①	②	③	④	⑤
선택률	5%	10%	11%	57%	17%

14 〈보기〉를 참고할 때, ⓐ~ⓔ를 이해한 내용으로 적절하지 않은 것은? [3점] ④

> 일일은 승상이 술에 취하시어 ⓐ책상에 의지하여 잠깐 졸더니

> 청룡이 ⓑ조대에 누웠다가

> 심신이 황홀하여 죽장을 짚고 월령산 ⓒ조대로 나아가니

> '승상이 별세하신 지 오래이거늘 어찌 ⓓ이곳에 계신가?'

> 좌우를 둘러보니 ⓔ소나무 밑이라.

– ⓐ, ⓒ, ⓔ는 현실의 공간이고, ⓑ, ⓓ는 꿈속 공간이었습니다. 나아가 〈보기〉의 내용을 조금 더 입히면, ⓑ와 ⓓ는 특정 현실 공간에 겹쳐진 초현실 공간으로 '청룡'이나 '승상' 같은 초월적 존재의 등·퇴장과 관련되는 공간이라고 할 수 있겠죠? 이 정도 생각한 채로 문제를 풀어보도록 합시다.

① '승상'은 ⓐ에 몸을 의지하고 있지만 정신은 봄바람에 이끌려 ⓑ로 나아갔으니, 그는 현실의 한 공간에서 잠들어 꿈속 공간을 경험하고 있는 것이군.

선지 유형	근거가 있어서 허용 가능
실전에서의 판단 과정	책상에서 잠들어 꿈속 조대를 경험하는 거지.
해설	'승상'은 ⓐ라는 현실의 한 공간에서 잠들어 ⓑ라는 꿈속 공간을 경험하고 있습니다. 이는 〈보기〉에서 말하는 것처럼 현실의 어떤 공간에서 잠을 자고 있지만 정신만은 꿈속 공간을 경험하는 모습이죠?

② ⓑ는 ⓒ에 근거를 둔 꿈속 공간으로, ⓑ에서 본 '청룡'은 ⓒ에서 자고 있는 '아이'를 상징하는군.

선지 유형	근거가 있어서 허용 가능
실전에서의 판단 과정	청룡을 보고서 아이가 범상치 않다는 생각을 했지.
해설	ⓑ와 ⓒ는 같은 공간이지만, ⓑ는 ⓒ에 근거를 둔 꿈속 공간입니다. ⓑ에서 '청룡'을 본 '승상'은 같은 공간인 ⓒ에서 '아이'를 발견하고 범상치 않다는 생각을 했으니, '청룡'이 '아이'를 상징한다는 것 역시 충분히 허용할 수 있겠죠.

③ ⓑ와 ⓓ는 모두 초현실 공간으로, ⓑ는 '승상'을 '아이'에게로 이끌기 위해, ⓓ는 '소생'과 초월적 존재인 '승상'의 만남을 위해 설정된 곳이군.

선지 유형	근거가 있어서 허용 가능
실전에서의 판단 과정	그렇지.
해설	미리 생각한 것처럼, ⓑ와 ⓓ는 ⓐ, ⓔ라는 현실 공간과 연결된 초현실 공간입니다. 나아가 ⓑ는 '승상'이 '조대'로 가서 '아이'를 만나게 하기 위해 설정된 곳이고, ⓓ는 '소생'과 이미 죽은 초월적 존재인 '승상'이 만날 수 있게끔 설정된 곳이죠. 선지 그 자체로 허용할 수 있어야 합니다.

④ ⓒ는 '승상'의 정신이 경험하는 꿈속 공간이고, ⓔ는 '소생'이 자기 경험이 꿈이었음을 확인하는 공간이군.

선지 유형	근거가 있어서 허용 불가능
실전에서의 판단 과정	ⓒ는 현실 공간인데?
해설	ⓒ는 ⓑ라는 꿈속 공간과 같은 곳에 있는 현실 공간입니다. 미리 생각한 내용이니, 이곳이 '승상'의 정신이 경험하는 꿈속 공간이라는 것은 절대 허용할 수 없겠죠. 이 내용을 발문을 보면서부터 미리 생각할 수 있어야 합니다! 물론 ⓔ가 '소생'이 자기 경험이 꿈이었음을 확인하는 현실 공간이라는 것은 어렵지 않게 허용할 수 있을 것 같습니다.

⑤ '승상'이 '누웠던 자리'에 '갑옷과 투구'가 놓여 있는 것으로 보아, ⓔ에 ⓓ가 겹쳐져 있었지만 '승상'이 사라지면서 ⓓ도 함께 사라졌군.

선지 유형	근거가 있어서 허용 가능
실전에서의 판단 과정	승상과 있던 곳이 사라졌겠지. 꿈이니까.
해설	ⓓ라는 초현실 공간은 ⓔ라는 현실 공간에 겹쳐져 있었습니다. 그런데 '소대성'이 잠을 깨자, '승상'은 간데없고 누웠던 자리에 갑옷과 투구만 놓여 있었다고 합니다. 이는 '승상'이 사라지면서, 즉 '소대성'이 꿈을 깨면서 관련된 초현실 공간인 ⓓ도 함께 사라진 모습이라고 할 수 있겠죠.

선지	①	②	③	④	⑤
선택률	6%	75%	3%	14%	2%

15 ㉠의 화자에게 ㉡을 지닌 '승상'이 격려해 줄 말로 가장 적절한 것은? ②

"㉠ 형산백옥이 돌 속에 섞였으니 누가 보배인 줄 알아보랴. 여상의 자취 조대에 있건마는 그를 알아본 문왕의 그림자 없고 와룡은 남양에 누웠으되 삼고초려한 유황숙의 자취는 없으니 어느 날에 날 알아줄 이 있으리오."

㉡ 명감(明鑑)*

* 명감: 사람을 알아보는 뛰어난 능력.

– 속담을 활용한 문제입니다. 과거에 가끔 출제되던 형태였는데, 핵심은 속담이 아니라 ㉠을 말하는 '소대성'의 내면세계에 공감하는 것이에요. '소대성'은 자신이 '여상', '와룡'처럼 뛰어난 능력을 가지고 있지만 '문왕', '유황숙'처럼 알아봐주는 사람이 없음을 한탄하고 있습니다. ㉡을 지닌 '승상'은 '소대성'에게 너의 능력을 마음껏 펼칠 수 있을 테니 걱정하지 말라는 이야기를 하며 격려할 수 있겠죠. 이 내용을 찾아 봅시다.

① '굼벵이도 구르는 재주가 있다'라고 하듯이, 네 재주로도 할 일은 있을 터이니 너무 낙담하지 마라.

선지 유형	근거가 있어서 허용 불가능
실전에서의 판단 과정	이건 소대성을 개무시하는 거잖아.
해설	'승상'은 '소대성'을 고평가하고 있습니다. '굼벵이도 구르는 재주가 있다'고 하면 '소대성'이 '굼벵이'처럼 별 능력이 없다는 뜻인데, ㉡을 가진 '승상'이 이런 식으로 격려할 리가 없죠.

② '자루 속의 송곳'이라고 하듯이, 앞으로 너의 진가가 반드시 드러나 많은 사람이 너를 우러러 보게 될 거야.

선지 유형	근거가 있어서 허용 가능
실전에서의 판단 과정	미리 생각한 내용이네.
해설	'승상'은 '소대성'에게 너의 능력을 마음껏 펼칠 수 있을 테니 걱정하지 말라는 이야기를 하며 격려할 것이라고 생각했습니다. 그 내용이 그대로 나타난 선지네요.

③ '장마다 꼴뚜기가 나올까'라고 하듯이, 운수가 좋아야만 성공할 수 있으니 좋은 때가 오기를 기다려 보아라.

④ '차면 넘친다'라고 하듯이, 지금 너의 괴로움은 욕심이 지나쳐서 생기는 것이니 욕심을 줄이면 나아질 거야.

⑤ '하룻강아지 범 무서운 줄 모른다'라고 하듯이, 너의 용기는 무모하니 현실을 직시하면 성공할 날이 곧 올 거야.

선지 유형	근거가 있어서 허용 불가능
실전에서의 판단 과정	소대성을 고평가한다니까!
해설	세 선지 모두, '소대성'이 특정한 조건을 만족해야만 성공할 것이라는 내용입니다. 그런데 ㉡을 가진 '승상'의 입장에서 '소대성'은 반드시 성공할 수밖에 없는 영웅의 상을 가지고 있어요. 이런 인물에게 특정 조건을 만족해야만 성공할 것이라는 격려를 할 리가 없겠죠.

몰랐던 어휘 정리하기

① **허용 가능성 평가** : 선지의 내용을 '허용'하려는 태도를 바탕으로 지문을 '독해'하며 '근거'를 찾아야 합니다. 허용할 수 있는 '근거'가 있어야만 허용할 수 있습니다. 주관적인 생각을 개입시키면 안 됩니다.

② **소설 독해** : '심리와 행동의 근거'를 바탕으로 인물에게 '공감'하며 읽어야 합니다. 이 과정이 물흐르듯 이어지면 지문의 내용을 완벽하게 이해할 수 있어요.

③ **영웅소설 클리셰** : 모든 영웅은 엄청난 능력을 가지고 여러 가지 문제를 해결합니다. 이러한 클리셰를 알고 있다면 지문 독해가 수월해질 거예요.

| 지문 내용 총정리 |

전형적인 영웅소설이었습니다. 나아가 장면을 상상하고 인물에게 공감한다는 소설의 기본적인 독해 태도를 연습하기에도 아주 좋은 지문이었어요. 소설 공부를 제대로 하지 못한 학생들에게는 치사한 내용일치 문제가 가득한 지문으로 보일 것이고, 소설의 핵심 포인트와 영웅소설 클리셰를 잘 활용하는 학생들에게는 물어볼 것만 물어보는 전형적인 지문으로 보일 것입니다. 여러분은 당연히 후자였으면 좋겠어요!

DAY 2 [16~20]
2013.11 [46~50] 고전시가+수필 '성산별곡 / 독자왕유희유오영 / 신록 예찬' ☆

〈보기〉 독해

[보기]

(나)는 작자가 문관(文官) 등과 남산에 놀이 가기로 약속했으나 그들이 모두 약속을 지키지 않자 결국 혼자 가게 된 경위와 심정을 노래한 것이다. 제1수부터 제5수까지 '작자-문관-작자-또 다른 인물-작자' 순으로 인물이 달리 등장하고 있다. 희곡에서 등장인물들이 대화를 주고받는 것처럼 각각 자신의 생각과 입장을 묻고 답하는 방식을 활용하고 있으며, 일상적 시어를 사용하여 당시의 생활상을 사실적으로 나타내고 있다.

(나)에 대한 정보를 거의 다 주고 있는 〈보기〉입니다. 함께 남산에 놀이 가기로 약속했으나 지키지 않아 혼자 가게 된 경위와 이에 따른 화자의 내면세계를 주제로 하고 있는 것 같네요. 대화를 주고받는 것과 같은 방식이 활용되었고, 일상적 시어를 통해 당시의 생활상을 보여 준다는 내용 등도 독해 과정에서 확인할 수 있으면 더 좋겠지만, 이렇게 미시적인 내용들은 선지를 판단하는 과정에서만 활용해도 충분하겠습니다. 결국 〈보기〉를 통해 얻어야 하는 건 주제니까요.

실전적 지문 독해

(가)

산중에 벗이 없어 한기(漢紀)*를 쌓아 두고
만고 인물을 거슬러 헤아리니
성현도 많거니와 호걸도 많고 많다
하늘 삼기실 제 곧 무심할까마는
어찌하여 시운(時運)이 일락배락* 하였는가
모를 일도 많거니와 애달픔도 그지없다
기산(箕山)의 늙은 고불 귀는 어찌 씻었던가*
박 소리 핑계하고* 조장(操狀)*이 가장 높다
인심이 낯 같아서 볼수록 새롭거늘
세사(世事)는 구름이라 험하기도 험하구나
엊그제 빚은 술이 얼마큼 익었나니
잡거니 밀거니 실컷 기울이니
마음에 맺힌 시름 적게나 하리로다
거문고 줄을 얹어 풍입송(風入松)* 이었구나
손인지 주인인지 다 잊어버렸구나

장공(長空)에 뜬 학이 이 골의 진선(眞仙)이라
요대 월하(瑤臺月下)*에 행여 아니 만나신가
손이 주인더러 이르되 그대 그인가 하노라

-정철, 「성산별곡」-

* 한기 : 책.
* 일락배락 : 흥했다가 망했다가.
* 기산의~씻었던가 : 기산에 숨어 살던 허유가 임금의 자리를 주
 겠다는 요임금의 말을 듣자, 이를 거절하고 귀를 씻었다는 고사.
* 박 소리 핑계하고 : 허유가 표주박 하나도 귀찮다고 핑계하고.
* 조장 : 기개 있는 품행.
* 풍입송 : 악곡 이름.
* 요대 월하 : 신선이 사는 달 아래.

필수 고전시가급으로 유명한 작품인 '성산별곡'입니다. 만고 인물들을 헤아리며 속세를 부정적으로 바라보고, 현재 즐기고 있는 자연 속에서 즐거움을 찾는 전형적인 고전시가네요. 주제 의식이 어렵지 않으니 가볍게 읽고 넘어가면 되겠습니다.

(나)
벗님네 남산에 가세 좋은 기약 잊지 마오
익은 술 점점 쉬고 지진 화전 상해 가네
자네가 아니 간다면 내 혼자인들 어떠리

〈제1수〉

어허 이 미친 사람아 날마다 흥동(興動)*일까
어제 곡성 보고 또 어디를 가자는 말인고
우리는 중시(重試) 급제하고 좋은 일 하여 보려네

〈제2수〉

저 사람 믿을 형세 없다 우리끼리 놀아 보자
복건 망혜(幞巾芒鞋)로 실컷 다니다가
돌아와 승유편(勝遊篇)* 지어 후세 유전(後世流傳)하리라

〈제3수〉

우리도 갈 힘 없다 숨차고 오금 아파
창 닫고 더운 방에 마음껏 퍼져 있어
배 위에 아기들을 치켜 올리며 사랑해 보려 하노라

〈제4수〉

벗이야 있고 없고 남들이 웃거나 말거나
양신 미경(良辰美景)*을 남이 말한다고 아니 보랴
평생의 이 좋은 회포를 실컷 펼치고 오리라

〈제5수〉

-권섭, 「독자왕유희유오영(獨自往遊戲有五詠)」-

* 흥동 : 흥에 겨워 다님.
* 승유편 : 즐겁게 잘 놀았던 일을 적은 글.
* 양신 미경 : 좋은 시절과 아름다운 경치.

〈보기〉에서 말한 내용 그대로 제시되어 있는 모습입니다. 남산에 가자는 이야기를 문관과 다른 인물들이 여러 이유로 거절하고, 결국 화자 혼자서 '양신 미경'을 즐기겠다는 내용이네요. 역시 어렵지 않게 주제를 체크할 수 있겠죠?

(다)
 나는 오늘도 나의 문법*이 끝나자 큰 무거운 짐이나 벗어 놓은 듯이 옷을 훌훌 털며 본관 서쪽 숲 사이에 있는 나의 자리를 찾아 올라간다. 나의 자리래야 솔밭 사이에 있는, 겨우 걸터앉을 만한 조그마한 소나무 그루터기에 지나지 못하지마는 오고 가는 여러 동료가 나의 자리라고 명명(命名)하여 주고 또 나 자신이 소나무 그루터기에 앉아 솔잎 사이로 흐느끼는 하늘을 우러러볼 때 하루 동안에도 가장 기쁜 시간을 가질 수 있으므로 시간의 여유 있는 때마다 나는 한 큰 특권이나 차지하는 듯이 이 자리를 찾아 올라와 하염없이 앉아 있기를 좋아한다.

* 문법 : 문법 강의 시간.

글쓴이는 '문법 강의'를 하는 것 같은데, 그 시간이 끝난 뒤에 '나의 자리'라고 불리는 소나무 그루터기에 앉아 쉬는 것을 좋아한다는 내용이 제시되고 있습니다. 글쓴이의 내면세계가 굉장히 명확하게 드러나고 있으니, 확실하게 체크한 뒤 계속 끌고 가며 뒷내용도 읽어야겠죠?

물론 나에게 멀리 군속(群俗)을 떠나 고고(孤高)한 가운데 처하기를 원하는 선골(仙骨)이 있다거나 또는 나의 성미가 남달리 괴팍하여 사람을 싫어한다거나 하는 것은 아니다. 나는 역시 사람 사이에 처하기를 즐거워하고 사람을 그리워하는 갑남을녀의 하나요, 또 사람이란 모든 결점에도 불구하고 역시 가장 아름다운 존재의 하나라고 생각한다. 그리고 또 사람으로서도 아름다운 사람이 되려면 반드시 사람 사이에 살고 사람 사이에서 울고 웃고 부대껴야 한다고 생각한다.

그러나 이러한 때─푸른 하늘과 찬란한 태양이 있고 황홀한 신록이 모든 산 모든 언덕을 덮는 이때 기쁨의 속삭임이 하늘과 땅, 나무와 나무, 풀잎과 풀잎 사이에 은밀히 수수되고, 그들의 기쁨의 노래가 금시에라도 우렁차게 터져 나와 산과 들을 흔들 듯한 이러한 때를 당하면, 나는 곁에 비록 친한 동무가 있고 그의 아름다운 이야기가 있다 할지라도 이러한 자연에 곁눈을 팔지 아니할 수 없으며, 그의 기쁨의 노래에 귀를 기울이지 아니할 수 없게 된다.

마음을 억제할 수가 없다.

-이양하, 「신록 예찬」-

* 영일 : 일이 없이 평화스러움.

이렇게 '나의 자리'에서 쉬는 것을 좋아하는 글쓴이는 스스로를 독특하거나 사람을 싫어하는 그런 인물은 아니라고 생각하고 있습니다. 스스로를 아주 평범한 '갑남을녀'로 명명하고 있어요. 사람들끼리 부대끼는 것이 중요하다고 생각하고 있구요.

하지만 날이 너무 좋은 '이러한 때'에는 아무리 사람이 좋아도 '나의 자리' 근처에 있는 자연에 관심을 가질 수밖에 없다는 이야기를 하고 있습니다. 결국 글쓴이가 말하고 싶은 바는 자신의 '나의 자리'를 비롯한 자연을 좋아하는 내면세계를 가지고 있다는 것이네요.

그리고 또 어떻게 생각하면 우리 사람이란─세속에 얽매여 머리 위에 푸른 하늘이 있는 것을 알지 못하고, 주머니의 돈을 세고 지위를 생각하고 명예를 생각하는 데 여념이 없거나, 또는 오욕 칠정에 사로잡혀 서로 미워하고 시기하고 질투하고 싸우는 데 마음의 영일*을 갖지 못하는 우리 사람이란 어떻게 비소하고 어떻게 저속한 것인지 결국은 이 대자연의 거룩하고 아름답고, 영광스러운 조화를 깨뜨리는 한 오점 또는 한 잡음밖에 되어 보이지 아니하여, 될 수 있으면 이러한 때를 타 잠깐 동안이나마 사람을 떠나 사람의 일을 잊고, 풀과 나무와 하늘과 바람과 한가지로 숨 쉬고 느끼고 노래하고 싶은

나아가 글쓴이는 분명 사람이 '오욕 칠정'에 사로잡혀 서로 미워하고 시기하고 질투하고 싸우거나 '마음의 영일'을 갖지 못하는 저속한 모습을 가지고 있다고도 생각하고 있어요. 사람들끼리 부대끼는 것이 좋기는 하지만, 그래도 가끔은 사람을 떠나 사람의 일을 잊고 편하게 쉴 수 있는 '나의 자리' 근처 자연이 좋다는 내면세계를 한 번 더 강조하면서 마무리하고 있습니다.

선지	①	②	③	④	⑤
선택률	5%	83%	5%	4%	3%

16 (가)~(다)에 대한 설명으로 가장 적절한 것은? ②

① (가)와 (나)는 선경후정의 방식으로 화자의 애상적 정서를 고조하고 있다.

선지 유형	근거가 없어서 허용 불가능
실전에서의 판단 과정	뭐가 애상적이야.
해설	일단 (가)와 (나) 모두 '선경후정'이 나타나지 않기도 하지만, '선경후정'과 같은 포인트는 실전에서 판단하기 귀찮은 부분에 해당하니 일단 넘어가도 좋을 것 같습니다. 중요한 것은 (가)와 (나)의 화자는 '애상적'인 내면세계를 가지고 있지 않다는 것이죠? 둘 모두 자연을 즐기는 모습을 보여 줬습니다. 이러한 주제를 고려할 때 '애상적' 정서는 절대 허용할 수 없겠죠.

② (가)와 (다)는 대상들의 속성을 대비하여 화자가 지향하는 삶을 드러내고 있다.

선지 유형	근거가 있어서 허용 가능
실전에서의 판단 과정	속세(사람)랑 자연이랑 대비하면서 자연을 지향하는 모습을 보였지.
해설	(가)의 화자는 '험하기도 험'한 속세와 대비되는 속성을 가진, 시름을 잊게 하는 자연 속에서의 삶을 지향하고 있습니다. 한편 (다)의 글쓴이는 세속에 얽매여 저속한 모습을 보이는 사람과 거룩하고 아름답고, 영광스러운 조화를 가진 자연을 대비하며 후자를 지향하는 모습을 보여 주고 있어요. 주제 그 자체라고 할 수 있기에 가볍게 허용할 수 있는 선지입니다.

③ (나)와 (다)는 시간적 배경에 의미를 부여하여 삶의 무상함을 드러내고 있다.

선지 유형	근거가 없어서 허용 불가능
실전에서의 판단 과정	무상함을 왜 드러내.
해설	일단 (나)에는 아예 시간적 배경이 드러나지 않습니다. 물론 (다)의 화자는 맥락상 봄으로 보이는 시간적 배경(이러한 때에)에 '자연을 즐기기 좋다'와 같은 의미를 부여하고 있다고 할 수 있겠네요. 하지만 실전에서는 '삶의 무상함'을 보고 지워낼 수 있어야 합니다. (나)의 화자와 (다)의 글쓴이가 가지고 있는 내면세계가 아니니까요. 내면세계라는 주제를 바탕으로 선지를 판단하면 이렇게 더 빠르고 정확해진다는 것, 잊지 마세요.

④ (가)~(다)는 가상의 상황을 설정하여 환상적 분위기를 조성하고 있다.

선지 유형	근거가 없어서 허용 불가능
실전에서의 판단 과정	뭐가 환상적이야.
해설	일단 (가)~(다) 모두 딱히 가상의 상황을 설정하지도 않았고, 무엇보다 '환상적 분위기'를 허용하기는 어렵겠죠? 자연이 멋지다고 해서 '환상적'이라고 하면 안 됩니다. 문학에서 '환상적'은 곧 '비현실적'과 같은 말이에요.

⑤ (가)~(다)는 과거의 기대와 다른 현재의 모습에 대한 아쉬움을 드러내고 있다.

선지 유형	근거가 없어서 허용 불가능
실전에서의 판단 과정	(가)랑 (다)는 아닌 것 같은데?
해설	일단 (나)의 경우, 과거의 기대와 다른 현재의 상황에 대한 아쉬움을 드러내고 있기는 합니다. 명시적이지는 않아도, 놀러 가기로 약속한 친구들이 다들 가지 않겠다고 하면 아쉬움이라는 감정을 가질 수 있다는 것에 공감할 수 있겠죠. 하지만 이것이 현재의 '모습'에 대한 것이라고 하기엔 애매할 뿐 아니라, (가)와 (다)는 과거의 기대 자체가 나타나지 않으니 허용하기 어렵겠죠?

선지	①	②	③	④	⑤
선택률	2%	3%	6%	81%	8%

17 (가)에 대한 이해로 적절하지 <u>않은</u> 것은? ④

① 화자는 '한기'에서 '성현', '호걸'과 같은 역사적 인물들을 헤아려보고 있다.

> 산중에 벗이 없어 한기(漢紀)*를 쌓아 두고
> 만고 인물을 거슬러 헤아리니
> 성현도 많거니와 호걸도 많고 많다
>
> * 한기 : 책.

선지 유형	근거가 있어서 허용 가능
실전에서의 판단 과정	그러네.
해설	화자는 '한기'를 쌓아 두고 만고 인물 중에 '성현'과 '호걸'이 많다는 이야기를 합니다. 이 내용 그대로 선지화되어 있네요.

② '시운'이 '일락배락' 하는 것에서 화자는 역사의 영광과 고난을 깨닫고 있다.

> 하늘 삼기실 제 곧 무심할까마는
> 어찌하여 시운(時運)이 일락배락* 하였는가
>
> * 일락배락 : 흥했다가 망했다가.

선지 유형	근거가 있어서 허용 가능
실전에서의 판단 과정	흥했다가 망했다가!
해설	화자는 '한기' 속에서 '시운'(시대나 그때의 운수)이 흥했다가 망했다가 했다는 것을 확인합니다. 이는 화자가 역사의 영광과 고난을 깨닫는 모습이라고 할 수 있겠죠?

③ 고사를 들어 '고불'의 '조장'이 높다고 하면서 화자는 세상에 초연했던 '고불'의 인생관을 긍정하고 있다.

> 기산(箕山)의 늙은 고불 귀는 어찌 씻었던가*
> 박 소리 핑계하고* 조장(操狀)*이 가장 높다
>
> * 기산의~씻었던가 : 기산에 숨어 살던 허유가 임금의 자리를 주겠다는 요임금의 말을 듣자, 이를 거절하고 귀를 씻었다는 고사.
> * 박 소리 핑계하고 : 허유가 표주박 하나도 귀찮다고 핑계하고.
> * 조장 : 기개 있는 품행.

선지 유형	근거가 있어서 허용 가능
실전에서의 판단 과정	조장이 높다고 했으니 긍정하는 거지.
해설	화자는 '고불'이 귀를 씻은 고사를 들면서, 그의 '조장'이 가장 높다는 평가를 내립니다. 각주로 제시된 '조장'의 뜻을 참조하면, 이는 화자가 세상에 초연했던 '고불'의 인생관을 긍정하는 모습이라고 할 수 있겠죠?

④ '손'과 '주인'이 어울려 '풍입송'을 연주하는 장면에서 화자의 소외감이 심화되고 있다.

> 엊그제 빚은 술이 얼마큼 익었나니
> 잡거니 밀거니 실컷 기울이니
> 마음에 맺힌 시름 적게나 하리로다
> 거문고 줄을 얹어 풍입송(風入松)* 이었구나
> 손인지 주인인지 다 잊어버렸구나
>
> * 풍입송 : 악곡 이름.

선지 유형	근거가 있어서 허용 불가능
실전에서의 판단 과정	소외감이 왜 나와.
해설	화자는 '엊그제 빚은 술'을 마시며 거문고로 '풍입송'을 연주하는데, 이 과정에서 '마음에 맺힌 시름'이 적어지는 느낌을 받습니다. 이에 화자는 '손인지 주인인지 다 잊어버렸'다는 느낌도 드러내고 있어요. 사실 이는 화자가 누군가의 집에 손님으로 간 상황인데, 술 마시고 연주하면서 누가 손님(손)이고 주인인지 잊을 정도로 즐겁게 놀았다는 표현입니다. '성산별곡' 역시 어느 정도 필수적인 고전시가임을 전제한 출제라고 할 수 있겠죠?
	물론 이를 모르더라도, 맥락상 '손인지 주인인지 다 잊어버렸구나'는 흥취를 즐기는 모습을 드러낸

것이기에 '소외감'은 절대 허용할 수 없다는 식으로 해결하시면 됩니다. '소외감'이라는 내면세계는 이 작품의 전반적인 주제 의식과는 무관하니까요.

⑤ 화자는 '손'의 말을 빌려 '주인'을 '진선'에 비유하며 '주인'의 흥취 있는 삶을 흠모하고 있다.

> 장공(長空)에 뜬 학이 이 골의 진선(眞仙)이라
> 요대 월하(瑤臺月下)*에 행여 아니 만나신가
> 손이 주인더러 이르되 그대 그인가 하노라
>
> * 요대 월하 : 신선이 사는 달 아래.

선지 유형	근거가 있어서 허용 가능
실전에서의 판단 과정	주인이 진선인가 한다고 했네.
해설	'손'은 '주인'이 '그(진선)인가 하노라'라는 말을 합니다. '진선'은 '요대 월하'에 사는 신선이라고 할 수 있을 것이고, 신선은 당연히 자연 속에서 흥취 있는 삶을 사는 이라고 할 수 있겠죠? 화자가 자연 속에서의 흥취 있는 삶을 지향하는 내면세계를 가지고 있으니, '주인'을 '진선'에 비유하는 것은 '주인'의 삶을 흠모하는 모습이라고 할 수 있겠습니다.

선지	①	②	③	④	⑤
선택률	5%	81%	3%	7%	4%

18 (가)의 화자의 관점에서 볼 때, ⓐ~ⓔ 중 시적 의미가 ㉠과 가장 가까운 것은? ②

> ㉠세사(世事)

- '세사'는 '세'상의 일(일 '사'事)라는 단어 그대로 속세를 의미합니다. (가)의 화자의 관점에서 속세는 '험하기도 험'한 곳이에요. 고전시가라면 으레 속세를 부정적으로 본다는 것, 당연하게 알고 있는 내용이죠? 중요한 것은 단순히 '속세'와 같은 의미를 가진 것을 고르라는 것이 아니라 (가)의 화자가 부정적으로 볼 만한 대상을 고르라는 것입니다.

① ⓐ

벗님네 ⓐ남산에 가세 좋은 기약 잊지 마오

선지 유형	근거가 있어서 허용 불가능
실전에서의 판단 과정	놀러 가는 곳이잖아.
해설	'남산'은 화자가 벗들에게 놀러 가자고 하는 곳입니다. '험하기도 험'한 속세와 반대되는 자연 속 공간이라고도 할 수 있겠네요. 이는 자연 속 흥취를 즐기는 (가)의 화자의 관점에서 긍정적인 의미를 가진 곳이기에 답이 되긴 어렵겠네요.

② ⓑ

우리는 ⓑ중시(重試) 급제하고 좋은 일 하여 보려네

선지 유형	근거가 있어서 허용 가능
실전에서의 판단 과정	급제한다는 걸 보니 속세 쪽이네.
해설	'중시'라는 단어 자체를 모르더라도, 뒤에 나오는 '급제'를 보고서 이것이 속세에서 벼슬을 한다는 이야기임을 파악할 수 있겠죠? (가)의 화자는 '세사'에 속하는 '중시'에 급제하는 것을 부정적으로 볼 것이기에 답으로 고를 수 있겠습니다.

③ ⓒ

돌아와 ⓒ승유편(勝遊篇)* 지어 후세 유전(後世流傳)하리라

* 승유편 : 즐겁게 잘 놀았던 일을 적은 글.

선지 유형	근거가 있어서 허용 불가능
실전에서의 판단 과정	잘 놀았던 일을 적은 글이라네.
해설	ⓐ와 비슷한 방식으로 판단할 수 있습니다. 각주에 의하면 '승유편'은 즐겁게 잘 놀았던 일을 적은 글이고, 즐겁게 잘 노는 곳은 당연히 자연일 것입니다. 이 역시 자연 속 흥취를 즐기는 (가)의 화자의 관점에서 긍정적인 의미를 가진 곳이기에 답이 되긴 어렵겠네요.

④ ⓓ

ⓓ창 닫고 더운 방에 마음껏 퍼져 있어
배 위에 아기들을 치켜 올리며 사랑해 보려 하노라

선지 유형	근거가 있어서 허용 불가능
실전에서의 판단 과정	가족과 함께 시간을 보내게 해 주는 역할을 하네. 적어도 속세는 아니네.
해설	'창' 자체만으로 판단하면 좀 헷갈릴 수도 있는 선지입니다. 늘 그렇듯 중요한 것은 주변 맥락의 독해입니다. 〈제3수〉에서 우리끼리라도 구경가자는 화자의 말에 〈제4수〉의 화자들(우리)은 '창'을 닫고 더운 방에서 아기들이나 돌보겠다는 이야기를 합니다. 결국 '창'은 이들에게 가족과 함께 시간을 보내는 공간과 외부의 경계 역할을 하는 것이죠.

이는 '남산'이라는 자연에 놀러 가는 것을 거부하는 것이기에, 얼핏 보면 자연과 반대되는 의미를 가지는 것처럼 보여 답이라고 생각할 수도 있습니다. 하지만 이 문제에서 요구하는 것은 '자연과 반대되는 속세'를 고르라는 것이 아니라, (가)의 화자가 부정적으로 볼 만한 대상을 고르라는 것이었어요. 가족과 함께 시간을 보내는 공간과 외부의 경계 역할을 하는 대상을 (가)의 화자가 부정적으로 보지는 않을 것이기 때문에 '창'은 답이 될 수 없네요. |

⑤ ⓔ

ⓔ양신 미경(良辰美景)*을 남이 말한다고 아니 보랴

* 양신 미경 : 좋은 시절과 아름다운 경치.

선지 유형	근거가 있어서 허용 불가능
실전에서의 판단 과정	(가)의 화자도 여유로운 흥취를 즐겼지.
해설	'양신 미경'은 각주에 제시된 것처럼 좋은 시절과 아름다운 경치를 의미합니다. 이는 (가)의 화자가 흥취를 즐기는 것처럼 즐길 수 있는 대상이라는 점에서, (가)의 화자가 부정적으로 볼 만한 것은 아니라고 할 수 있겠죠?

선지	①	②	③	④	⑤
선택률	3%	3%	4%	88%	2%

19 〈보기〉를 참고하여 (나)를 이해한 내용으로 적절하지 <u>않은</u> 것은? ④

① 제1수에서 제5수까지 화자를 바꿔 가며 극적 요소를 가미하여 시상을 전개하고 있다.

선지 유형	근거가 있어서 허용 가능
실전에서의 판단 과정	그랬지.
해설	〈보기〉를 보고서도, 지문을 읽으면서도 미리 생각한 내용이죠? 여러 인물들이 대사를 주고받는 것과 같은 형식은 '극적 요소'라고 할 수 있겠구요.

② 제1수의 요청과 제2수의 불응, 제3수의 요청과 제4수의 불응이 반복되어 서로의 입장 차이를 보이고 있다.

선지 유형	근거가 있어서 허용 가능
실전에서의 판단 과정	그랬지.
해설	〈제1수〉와 〈제3수〉에서 놀러 가자는 요청을 〈제2수〉와 〈제4수〉에서 불응하고 있습니다. 이러한 구도가 반복되면서 서로의 입장 차이가 나타난다는 것 역시 확실하게 체크한 내용이네요.

③ 제1수의 화자의 의도를 제5수에서도 드러내면서 주제를 강조하는 효과를 거두고 있다.

> 벗님네 남산에 가세 좋은 기약 잊지 마오
> 익은 술 점점 쉬고 지진 화전 상해 가네
> 자네가 아니 간다면 내 혼자인들 어떠리
> 〈제1수〉

> 벗이야 있고 없고 남들이 웃거나 말거나
> 양신 미경(良辰美景)*을 남이 말한다고 아니 보랴
> 평생의 이 좋은 회포를 실컷 펼치고 오리라
> 〈제5수〉
>
> * 양신 미경 : 좋은 시절과 아름다운 경치.

선지 유형	근거가 있어서 허용 가능
실전에서의 판단 과정	주제가 놀자는 거니까 맞네.

해설	이 작품의 메인 화자는 〈제1수〉에서도, 〈제5수〉에서도 혼자서라도 자연을 즐기겠다는 의지를 보이고 있습니다. 이러한 내면세계 자체를 주제라고 할 수 있겠고, 두 번이나 반복되면 강조되는 효과가 생기겠죠.

④ 제3수의 종장과 제4수의 초장에서는 일상적 관용 어구를 사용하여 엄숙한 분위기를 자아내고 있다.

> 돌아와 승유편(勝遊篇)* 지어 후세 유전(後世流傳)하리라
>
> * 승유편 : 즐겁게 잘 놀았던 일을 적은 글.

> 우리도 갈 힘 없다 숨차고 오금 아파

선지 유형	근거가 없어서 허용 불가능
실전에서의 판단 과정	이게 일상적 관용 어구인가? 최소한 엄숙하지는 않지.
해설	일단 해당 표현들이 '일상적 관용 어구'인가에 대해서 논란이 있을 것이고, (아니라고 보는 게 맞겠죠?) 이게 애매하다고 하더라도 최소한 '엄숙한 분위기'는 절대 허용할 수 없다고 해야 할 것입니다. 전반적으로 가벼운 분위기로 놀러 가자는 권유와 그에 대한 거절이 담긴 작품이기에 '엄숙한 분위기'를 허용할 근거를 찾기는 어렵겠네요.

⑤ 제4수의 중장과 종장에서는 생활 속 삶의 모습을 사실적으로 표현하고 있다.

> 창 닫고 더운 방에 마음껏 퍼져 있어
> 배 위에 아기들을 치켜 올리며 사랑해 보려 하노라

선지 유형	근거가 있어서 허용 가능
실전에서의 판단 과정	더운 방에서 애기 보는 건 생활 속 삶의 모습이지.
해설	창문을 닫고, 더운 방에서 퍼져 배 위에 아기들을 올려놓고 사랑해 주는 모습, 충분히 우리 생활에서 볼 수 있는 모습이죠? 〈보기〉에서 이야기하는 것처럼 이러한 당시의 생활상을 사실적으로 나타내고 있네요.

선지	①	②	③	④	⑤
선택률	4%	81%	4%	8%	3%

20 (다)에 대한 감상으로 적절하지 <u>않은</u> 것은? ②

① '특권'은 신록을 누리는 글쓴이의 기쁨을 단적으로 나타낸 표현으로 생각할 수 있군.

> 시간의 여유 있는 때마다 나는 한 큰 특권이나 차지하는 듯이 이 자리를 찾아 올라와 하염없이 앉아 있기를 좋아한다.

선지 유형	근거가 있어서 허용 가능
실전에서의 판단 과정	특권이라고 표현할 만큼 좋은 거지.
해설	글쓴이는 '나의 자리'에서 쉬면서 여유를 즐기는 것을 '특권'이라고까지 표현합니다. '특권'이 가지고 있는 의미를 생각하면, 이는 글쓴이가 신록을 누리는 것을 매우 기뻐하는 모습을 잘 드러낸다고 할 수 있겠죠.

② 신록이 '고고'한 모습을 지닌다는 점에서, '나의 자리'는 사람이 접근하기 어려운 초월적 공간으로 보아야겠군.

> 나는 오늘도 나의 문법*이 끝나자 큰 무거운 짐이나 벗어 놓은 듯이 옷을 훨훨 털며 본관 서쪽 숲 사이에 있는 나의 자리를 찾아 올라간다.
>
> * 문법 : 문법 강의 시간.

> 물론 나에게 멀리 군속(群俗)을 떠나 고고(孤高)한 가운데 처하기를 원하는 선골(仙骨)이 있다거나 또는 나의 성미가 남달리 괴팍하여 사람을 싫어한다거나 하는 것은 아니다.

선지 유형	근거가 있어서 허용 불가능
실전에서의 판단 과정	글쓴이가 접근하고 있잖아.
해설	일단 신록이 '고고'한 모습을 지닌다고 한 적이 없습니다. 글쓴이는 자기 스스로가 '고고'한 취미를 가지고 있어서 '나의 자리'에서 신록을 즐기는 것을 좋아하는 것은 아니라는 말을 했을 뿐이에요.

나아가 '나의 자리'는 글쓴이가 언제든지 접근할 수 있는 일상적인 공간입니다. 이러한 근거가 있으니 '초월적 공간' 역시 허용하기 어렵겠네요. 스스로를 보통 사람이라고 생각하는 글쓴이가 '나의 자리'에 자주 들러서 신록을 예찬한다는 주제를 파악하고 있었다면 쉽게 답으로 고를 수 있었을 것입니다.

③ '기쁨의 노래'는 신록의 속성을 비유한 것으로, 자연의 아름다움에 대한 글쓴이의 인식을 부각한 것이군.

> 그들의 기쁨의 노래가 금시에라도 우렁차게 터져 나와 산과 들을 흔들 듯한 이러한 때를 당하면,

선지 유형	근거가 있어서 허용 가능
실전에서의 판단 과정	그러네.
해설	'기쁨의 노래'라는 표현을 했는데, 자연을 아름답게 인식하고 있는 글쓴이의 마음이 부각되지 않는다고 할 수가 없겠죠.

④ 글쓴이는 사람 곁을 떠나 살 수 없다고 하면서도, '사람을 떠나 사람의 일을 잊고' 싶은 마음을 갖고 있군.

> 그리고 또 사람으로서도 아름다운 사람이 되려면 반드시 사람 사이에 살고 사람 사이에서 울고 웃고 부대껴야 한다고 생각한다.
>
> (중략)
>
> 될 수 있으면 이러한 때를 타 잠깐 동안이나마 사람을 떠나 사람의 일을 잊고, 풀과 나무와 하늘과 바람과 한 가지로 숨 쉬고 느끼고 노래하고 싶은 마음을 억제할 수가 없다.

선지 유형	근거가 있어서 허용 가능
실전에서의 판단 과정	그러네.
해설	지문을 읽으면서도 미리 생각했던 내용이죠? 글쓴이는 사람들끼리 부대끼는 것이 중요하다고 생각하면서도, 가끔은 욕심이 가득한 사람을 떠나 자연 속에서 쉬는 것이 좋다는 이야기를 했어요.

⑤ '한가지로 숨 쉬고 느끼고 노래하고 싶은 마음'은 대상과 동화하려는 글쓴이의 태도를 드러내고 있군.

> 될 수 있으면 이러한 때를 타 잠깐 동안이나마 사람을 떠나 사람의 일을 잊고, 풀과 나무와 하늘과 바람과 한가지로 숨 쉬고 느끼고 노래하고 싶은 마음을 억제할 수가 없다.

선지 유형	근거가 있어서 허용 가능
실전에서의 판단 과정	한가지로 숨 쉰다는데 동화하려는 태도지.
해설	'한가지로 숨 쉬고 느끼고 노래하고 싶'다는 것은 말 그대로 대상과 하나가 되고 싶다는 것이죠? 이를 근거로 하면 '동화하려는 글쓴이는 태도'는 가볍게 허용할 수 있겠네요.

몰랐던 어휘 정리하기

| 지문 내용 총정리 |

주제 중심으로 독해하고, 문제에서 요구하는 바를 정확히 캐치한 다음 '허용 가능성 평가'라는 태도를 통해 답을 골라내는 태도를 요구한 전형적인 지문입니다. 그리 어렵지 않다는 생각과 함께, 모든 선지가 명쾌하게 뚫렸으면 좋겠어요.

| 핵심 point |

① **허용 가능성 평가** : 선지의 내용을 '허용'하려는 태도를 바탕으로 지문을 '독해'하며 '근거'를 찾아야 합니다. 허용할 수 있는 '근거'가 있어야만 허용할 수 있습니다. 주관적인 생각을 개입시키면 안 됩니다.

② **고전시가 독해** : 겁먹지 않고, 현대시를 읽듯이 읽어내면 됩니다. 현대시와 마찬가지로, 〈보기〉의 도움 등을 통해 '주제' 위주로 가볍게 읽어내면 되는 거예요. 자세한 해석은 선지가 해줄 겁니다!

③ **필수 고전시가** : 대부분의 교과서에 실려 있을 정도로 필수적인 고전시가들은 그 내용을 아주 디테일하게 물어보는 경우가 많습니다. 확실하게 정리해두도록 합시다.

④ **수필 독해** : 운문문학과 마찬가지로, 글쓴이가 하고자 하는 말인 '주제'를 파악하는 것이 핵심입니다. 수필이 어렵게 출제될 것을 대비해, 독서 지문을 읽듯이 꼼꼼하게 읽으며 주제를 파악하는 연습을 해야 해요.

〈보기〉 확인

[보기]

　인간은 일생 동안 출생·성년·결혼·죽음의 과정을 겪는데, 이 과정에서 일상적 경험 세계와 현실 너머의 상상의 세계에서 새로운 정체성을 탐색한다. 이때 두 세계의 어느 편에도 온전히 편입되지 못하고 경계에 선 인간은 정체성의 혼란을 겪기도 한다.

　「옛우물」에서는 경계 상황에 놓인 중년 여성 인물이 자신의 삶을 돌아보며 정체성을 탐색하는 모습을 보여 준다. 그 탐색의 과정에서 출생부터 죽음에 이르기까지 삶의 다양한 양상에 대해 성찰한다. 이를 통해, 생명과 죽음이 서로 대립되고 분리된 것이 아니라 자연의 순환 원리를 바탕으로 한다는 점이 부각된다.

이 지문은 '경계 상황'에서 정체성의 혼란을 겪는 중년 여성이 '자연의 순환 원리를 바탕'으로 성찰하는 모습을 보여 주는 지문이네요. 현실 속 자신의 모습을 성찰한다는 현대소설의 클리셰가 잘 나타나는 지문인 것 같죠? 주인공인 '중년 여성'의 자아 성찰에 공감할 준비를 하면서 읽어보도록 합시다.

지문 독해

　내가 태어난 날임을 상기시키는 아무런 특별함은 없다. 그해 봄날 바람이 불었는지 비가 내렸는지 맑았는지 흐렸는지, 이제는 층계를 오르는 일조차 잊어버린 치매 상태의 노모에게 묻는 것은 의미 없는 일이다. 다산의 축복을 받은 농경민의 마지막 후예인 그녀에게 아이를 낳는 것은, 밤송이가 벌어 저절로 알밤이 툭 떨어지는 것, 봉숭아 여문 씨들이 바람에 화르르 흐트러지는 것처럼 자연스럽고 범상한 일이었을 것이다.

'나'가 태어나던 날에 대한 설명을 합니다. 이때의 설명을 통해 '나'가 봄날에 태어났다는 것, '나'의 어머니는 현재 치매 상태라는 정보를 얻을 수 있네요. 나아가 출산에 대해 시적인 표현을 하고 있어요. '노모'는 너무나 자연스러운 과정으로 '나'를 낳았을 것이라고 생각하고 있습니다.

　나는 막냇동생이 태어나던 때를 기억하고 있다. 깨끗한 바가지에 쌀을 담고 그 위에 마른 미역을 한 잎 걸쳐 안방 시렁에 얹어 삼신에게 바친 다음 할머니는 또다시 깨끗한 짚을 한 다발 안방으로 들여갔다. 사람도 짐승처럼 짚북데기 깔자리에서 아기를 낳나? 누구에게도 물을 수 없었던 마음속의 의문에 안방 쪽으로 가는 눈길이 자꾸 은밀하고 유심해졌다.

　할머니는 아궁이가 미어지게 나무를 처넣어 부엌의 무쇠솥에 물을 끓였다. 저녁 내내 어둡고 웅숭깊은 부엌에는 설설 물 끓는 소리와 더운 김이 가득 서렸다. 특별히 누군가 말해 준 적은 없지만 아이들은 무언가 분주하고 소란스럽고 조심스러운 쉬쉬함으로 어머니가 아기를 낳으려 한다는 눈치를 채게 마련이었다.

　할머니는 언니에게, 해지기 전에 옛우물에서 물을 길어 와 독을 채워 놓으라고 말했다. 머리카락 빠뜨리지 마라. 쓸데없이 수다 떨다 침 떨구지 마라. 부정 탄다. 할머니는 엄하게 덧붙였다.

'나'가 태어났던 일에 이어 '막냇동생'이 태어나던 날의 모습을 묘사하고 있네요. 지금 '과거' 이야기를 하고 있다는 점을 인식해주시고, '할머니'의 행동을 통해 사실 굉장히 자연스럽고 당연한 일로 여겨지던 출산을 위해 많은 것을 준비했었다는 걸 인지할 수 있겠습니다. '나'와 '막냇동생'이 태어난 날에 대해 이야기하면서, 〈보기〉에서 말하는 인간의 일생 중 '출생' 과정에 주목하고 있는 모습입니다. 〈보기〉에 따르면, 이런 이야기들은 결국 자아를 성찰하는 내용으로 이어질 것이에요.

(중략)

　한 사람의 생애에 있어서 사십오 년이란 무엇일까. 부자도 가난뱅이도 될 수 있고 대통령도 마술사도 될 수 있는 시간일뿐더러 이미 죽어서 물과 불과 먼지와 바람으로 흩어져 산하에 분분히 내리기에도 충분한 시간이다.

　나는 창세기 이래 진화의 표본을 찾아 적도 밑 일천 킬로미터의 바다를 건너 갈라파고스 제도로 갈 수도, 아프리카에 가서 사랑의 의술을 펼칠 수도 있었으리라. 무인도의 로빈슨 크루소도, 광야의 선지자도 될 수 있었으리라. 피는 꽃과 지는 잎의 섭리를 노래하는 근사한 한 권의 책을 쓸 수도 있었을 테고 맨발로 춤추는 풀밭의 무희도 될 수 있었으리라. 질량 불변의 법칙과 영혼의 문제, 환생과 윤회에 대한 책을 쓸 수도 있었을 것이다.

> 납과 쇠를 금으로 만드는 연금술사도 될 수 있었고 밤하
> 늘의 별을 보고 나의 가야 할 바를 알았을는지도 모른다.

'사십오 년'이라는 자신의 인생을 되돌아보고 있는 것 같아요.
'나'는 45살의 중년 여성으로 보이는데, 돌이켜보면 자신의 인생
은 정말 무엇이든 할 수 있는 그런 시간들이었다는 성찰을 하고
있습니다. 이 부분의 내용은 모두 '젊은 시절이었다면 무엇이든
할 수 있었다.'라는 말로 요약할 수 있는 'skip 가능 구간'이죠? 이
걸 인지한 순간 아주 빠르게 읽어내려갈 수 있어야 합니다.

> 그러나 나는 지금 작은 **지방 도시**에서, 만성적인 편두
> 통과 임신 중의 변비로 인한 치질에 시달리는 중년의 주
> 부로 살아가고 있다. 유행하는 시와 에세이를 읽고 티브
> 이의 뉴스를 보고 보수적인 것과 진보적인 것으로 알려
> 진 두 가지의 일간지를 동시에 구독해 읽는 것으로 세상
> 을 보는 창구로 삼고 있다. 한 달에 한 번씩 아들의 학교
> 자모회에 참석하고 일주일에 두 번 장을 보고 똑같은 거
> 리와 골목을 지나 일주일에 한 번 쑥탕에 가고 매주 목
> 요일 재활 센터에서 지체 부자유자들의 물리 치료를 돕
> 는 자원 봉사의 일을 하고 있다. 잦은 일은 아니지만 이
> 름난 악단이나 연주자의 순회공연이 있을 때면 남편과
> 함께 성장을 하고 밤 외출을 하기도 한다.

주인공의 현재 생활에 대한 자세한 설명이 나옵니다. 지방 도시
에 살고 있고, 아들·남편과 함께 살고 있네요. 나머지 모든 내용
역시 'skip 가능 구간'의 일종으로, 바로 앞 문단에서 이야기했던
것처럼 거창한 어떤 일을 하는 것이 아니라 그냥 평범하게 살아
가고 있다는 점에만 주목하시면 됩니다. 정말 그냥 자신의 삶을
돌아보고 있을 뿐이에요.

> 갈라파고스를 떠올린 것도 엊그제, 벌써 한 주일 이상
> 이나 화재가 계속되어 희귀 생물의 희생이 걱정된다는
> 티브이 뉴스에 비친 광경이 의식의 표면에 남긴 잔상 같
> 은 것일 테고 더 먼저는 아들이, 자신이 사용하는 물건
> 들에 붙여 놓은, '도도'라는 말에서 비롯된 것일 수도 있
> 다. 도도가 무엇인가를 묻자 아들은 4백 년 전에 사라진,
> 나는 기능을 잃어 멸종된 새였다고 말했었다. 누구나 젊
> 은 한 시절 자신을 전설 속의, 멸종된 종으로 여기지 않
> 겠는가. 관습과 제도 속으로 들어가야 하는 두려움과 항
> 거를 그렇게 나타내지 않겠는가.

이렇게 살아가는 '나'는 '엊그제'부터 '갈라파고스'를 떠올리고 있
습니다. 여기에 '아들' 덕분에 알게 된 '도도'라는 새에 대해서도
이야기를 하고 있어요. 이런 것들에 주목하던 '나'는 '도도'가 나
는 기능을 잃은 것처럼 '젊은 시절'의 열정을 잃어버린 자신의 삶
을 성찰하고 있습니다.

> 우리 삶의 풍속은 그만큼 빈약한 상상력에 기대어 부
> 박하다. 삶이 내게 도태시킨 가능성에 대해 별반 아쉬움
> 도 없이 잠깐 생각해 본 것은 내가 새로 보태어진 나이
> 테에 잠깐 발이 걸렸다는 뜻일 게다. 그러나 나는 이제
> 혼례에나 장례에 꼭 같은 한 가지 옷으로 각각 알맞은
> 역할을 연출할 줄 알고 내 손으로 질서 지워지는 일들에
> 자부심을 갖고 있다. 마늘과 생강이 어우러져 내는 맛을
> 알고 행주와 걸레의 질서를 사랑하지만 종종 무질서 속
> 으로 피신하는 것도 한 방법이라는 것을 알고 있다.
>
> 　　　　　　　　　　　　　　　-오정희, 「옛우물」-

어려운 이야기들의 연속이지만, '나'는 이러한 '도태'에 대해 별반
'아쉬움'을 느끼지 않습니다. '나'는 자신의 일상에 '자부심'을 가
지고 있으며, '질서'와 '무질서' 모두를 지향하는 존재거든요. 갈
라파고스 제도로 가거나 무인도에 가거나 하는 꿈같은 이야기 속
주인공은 못 되어도 평범하게 살아가는 '성년' 시기의 자신의 모
습에 나름대로 만족하는 모습입니다. 자아 성찰의 결과가 부정적
이지 않다는 점에서 굉장히 특이하네요. 삶의 순환 과정에서 잘
살아가고 있는 자신의 삶을 이야기하고 있다는 점을 생각하면서
문제를 풀어봅시다.

선지	①	②	③	④	⑤
선택률	4%	88%	3%	2%	3%

21 윗글의 서술상 특징으로 가장 적절한 것은? ②

① 사건에 대한 객관적 진술을 통해 사건의 전모를 제시
하고 있다.

선지 유형	근거가 있어서 허용 불가능
실전에서의 판단 과정	너무 주관적인데?
해설	객관적 진술이요? 본인 이야기만 주구장창 하는 것이 이 지문의 내용입니다. 본인이 자신의 이야기 를 할 때는 객관적 진술이 되기 어렵겠죠.

② 이야기 내부 서술자의 자기 고백적 진술을 통해 내면을 제시하고 있다.

선지 유형	근거가 있어서 허용 가능
실전에서의 판단 과정	주제네.
해설	이야기 내부 서술자, 즉 '나'의 자기 고백적 진술을 통해 내면을 제시하는 것. 이 지문의 내용이자 주제 그 자체입니다.

③ 인물의 행적을 요약적으로 진술하여 갈등의 해결 방향을 제시하고 있다.

선지 유형	근거가 없어서 허용 불가능
실전에서의 판단 과정	갈등을 왜 해결해.
해설	(중략) 이후 부분을 근거로 하면 인물의 행적을 요약적으로 진술한 것은 허용할 수 있을 것 같은데, '갈등의 해결'이요? 애초에 이 지문은 어떠한 '갈등'을 해결하고자 하는 목적이 없습니다. 그저 자신의 삶을 돌아보고 있을 뿐이에요.

④ 의문과 추측의 진술을 통하여 다른 인물에 대한 반감을 제시하고 있다.

선지 유형	근거가 없어서 허용 불가능
실전에서의 판단 과정	딱히 반감을 가지는 인물은 없는 것 같은데.
해설	다른 인물에 대한 '반감'이라는 심리 자체가 나온 적이 없습니다. 이런 심리가 있었다면 왜 그런 심리를 보이는지 등을 생각하며 공감하려 했을 텐데 말이에요.

⑤ 감각적인 묘사를 통해 혼란스러운 시대적 분위기를 입체적으로 제시하고 있다.

선지 유형	근거가 없어서 허용 불가능
실전에서의 판단 과정	시대적 분위기와는 상관 없는 지문이지.
해설	혼란스러운 시대적 분위기? 애초에 이 지문의 내용과 맞지 않는 선지죠. 이 지문은 '자신의 이야기'가 핵심이기에, 시대적 분위기 같은 내용이 답이 될 수는 없겠어요.

선지	①	②	③	④	⑤
선택률	79%	2%	3%	4%	12%

22 도도 에 대한 이해로 가장 적절한 것은? ①

– '도도'는 '나는 기능'을 상실하여 멸종한 새로, '나'가 '젊은 시절'의 모습을 잃고 '도태'되어 버렸다는 이야기를 끌어오는 장치 역할을 했습니다. 이와 비슷한 말을 찾아보도록 합시다.

① '나는 기능'을 상실한 '도도'와 스스로를 가능성이 도태된 존재로 여겼던 주인공을 연관 짓는다는 점에서, '도도'는 주인공이 자신을 비추어 보는 대상이다.

선지 유형	근거가 있어서 허용 가능
실전에서의 판단 과정	미리 생각한 내용이네.
해설	미리 생각한 내용이죠? '도도'뿐만 아니라 이 지문에 등장하는 모든 내용들은 주인공인 '나'의 성찰에 이용된다고 할 수 있습니다. 그게 이 지문의 주제니까요!

② 주인공의 아들이 자기 물건들에 '도도'라는 이름을 붙이고 멸종된 종이라고 말한다는 점에서, '도도'는 주인공 아들의 불행한 미래를 암시하는 대상이다.

선지 유형	근거가 없어서 허용 불가능
실전에서의 판단 과정	아들의 미래가 왜 불행해.
해설	아들이 '도도'라는 이름을 물건들에 붙여놓은 건 맞는데, 아들의 불행한 미래요? 애초에 이 지문은 '나'의 심리에 초점이 맞춰져 있기 때문에, 다른 인물의 미래에 대한 내용은 나올 필요가 없겠죠. 지문 속에 '아들'의 미래가 어떻게 되었는지는 제시되어 있지 않기도 하구요.

③ 주인공이 '도도'에 대해 '멸종된 새'로서 진화의 표본으로 남아 있다는 것을 떠올리는 점에서, '도도'는 주인공이 과학을 깊이 탐구했던 이력을 알려 주는 대상이다.

선지 유형	근거가 없어서 허용 불가능
실전에서의 판단 과정	과학을 언제 탐구했어.
해설	'과학을 깊이 탐구했던 이력'을 이야기한다고 볼 근거가 전혀 없습니다.

④ '도도'를 통해 바다 건너 외딴 '갈라파고스' 섬의 희귀종을 연상하는 점에서, 주인공에게 '도도'는 외롭게 살아가는 현대인의 단절된 인간관계를 환기하는 대상이다.

선지 유형	근거가 있어서 허용 불가능
실전에서의 판단 과정	단절된 인간관계? 오히려 다른 사람들이랑 평범하게 잘 지낸다고 했잖아.
해설	'갈라파고스'의 '희귀 생물'에 대한 티브이 뉴스를 보기 전에 '먼저' '도도'라는 새에 대해 들었다는 점에서, '도도'를 통해 '갈라파고스' 섬의 희귀종을 연상한다는 건 허용할 수 있을 것 같습니다. 하지만 '단절된 인간관계'를 환기한다는 건 절대 허용할 수 없는 근거들이 넘쳐나죠? '나'는 '학교 자모회'에 참석하고, '재활 센터'에서 자원 봉사를 하고, '남편'과 함께 공연을 보러 가기도 하는 등 다른 사람들과 평범하게 잘 지내는 모습이었습니다. 이를 근거로 하면 '단절된 인간관계'는 절대 허용할 수 없죠.

⑤ '도도'가 인간 앞에 '항거'하지 못하고 희생되어 '전설 속'의 존재로 여겨진다는 점에서, '도도'는 주인공이 두려움을 느끼는 현실 사회의 '관습과 제도'를 상징하는 대상이다.

선지 유형	근거가 있어서 허용 불가능
실전에서의 판단 과정	도도는 젊은 시절을 상징하는 것이지.
해설	'도도'는 '멸종'한 '젊은 한 시절'을 상징합니다. 이 '젊은 한 시절'은 관습과 제도 속으로 들어가야 하는 '두려움과 항거'를 의미한다고 했어요. 즉, '도도=젊은 한 시절=두려움과 항거'이기 때문에, '관습과 제도'라는 두려움의 대상이 이와 같은 말이라고 볼 수는 없겠습니다. 혹은 '도도=멸종한 새'이므로, 현재 존재하는 '관습과 제도'를 상징하지는 않는다는 식으로 해결하셔도 좋겠습니다. 어떻게 해결하든 결국 '독해'가 핵심이었네요.

선지	①	②	③	④	⑤
선택률	65%	5%	6%	14%	10%

23 〈보기〉를 참고할 때 윗글에 대한 감상으로 적절하지 **않은** 것은? [3점] ①

① 주인공이 주기적으로 학교나 재활 센터 등에 오가면서도 밤 외출을 하는 행위에서, 일상 세계에서 안정된 삶을 영위하지 못하는 경계 상황에 놓여 있음을 읽을 수 있겠군.

선지 유형	근거가 있어서 허용 불가능
실전에서의 판단 과정	학교·재활 센터·밤 외출은 전부 일상의 이야기잖아. 경계 상황을 의미하지 않지.
해설	〈보기〉에서 제시한 새로운 개념의 정의를 정확하게 체크할 수 있어야 합니다. 〈보기〉에서는 '경계 상황'을 '일상과 상상 사이에서 정체성의 혼란을 겪는 상황'으로 정의했어요. 지문에 대응하면 '갈라파고스' 등을 떠올리는 모습을 생각할 수 있겠죠. 하지만 '학교·재활 센터'를 오가고 공연을 보기 위해 '밤 외출'을 하는 행위는 모두 '일상'에서의 행동들입니다. '상상의 세계'와 아무런 관련이 없기에, 이를 통해 '경계 상황'이라는 말을 허용하기는 어렵죠. '밤 외출'이라는 단어의 부정적 어감만으로 선지를 판단하는 학생들을 틀리게 하는 선지였습니다. 단어의 어감이 아닌, '독해'의 과정을 통해 추출한 '맥락상 의미'에 주목할 수 있어야 해요.

② 죽음을 물과 불과 바람과 먼지로 산하에 흩어져 내리는 것으로 보는 주인공의 생각에서, 생명과 죽음이 자연의 순환 원리를 바탕으로 연결된 것이라는 인식을 엿볼 수 있겠군.

선지 유형	근거가 있어서 허용 가능
실전에서의 판단 과정	죽어서 자연으로 흩어지는 건 순환 원리라고 볼 수 있지.
해설	지문에서 '죽어서 물과 불과 먼지와 바람으로' 흩어져 내린다는 표현이 나타났습니다. 이 표현을 근거로 하면 〈보기〉에서 언급한 '자연의 순환 원리'라는 말을 허용할 수 있겠네요. 죽은 뒤에도 또 다른 생명력을 가지고 여기저기 흩어져 내리는 것이니까요.

③ 막냇동생이 태어나던 때에 할머니가 조심스럽게 준비하는 장면을 주인공이 떠올리는 것에서, 출생이라는 생의 첫 과정에 주목하며 정체성을 탐색하려는 모습을 볼 수 있겠군.

선지 유형	근거가 있어서 허용 가능
실전에서의 판단 과정	태어나던 때를 떠올리는 건 출생에 주목하는 것이지.
해설	'막냇동생'이 태어나던 때에 주목하고 있던 것 맞고, 이런 생의 첫 과정에 주목하여 정체성을 탐색하려고 한다는 것도 허용할 수 있겠네요. '정체성 탐색'은 이 지문의 주제니까요.

④ 한 사람의 생애에서 사십오 년의 의미를 묻는 주인공이 아프리카나 광야를 상상하는 장면에서, 새로운 정체성을 일상과는 다른 세계에서 찾으려고 하는 것을 확인할 수 있겠군.

선지 유형	근거가 있어서 허용 가능
실전에서의 판단 과정	아프리카나 광야는 다른 세계지.
해설	주인공은 지금 '작은 도시'라는 공간 속에 있어요. 따라서 아프리카, 광야 등은 '다른 세계'를 의미한다고 할 수 있고, 이곳을 통해 '새로운 정체성'을 탐색한다는 건 이 지문의 주제이므로 가볍게 허용할 수 있겠습니다.

⑤ 질서 지워지는 일들에 자부심을 가지면서도 무질서 속으로 피신하는 것도 한 방법이라고 하는 부분에서, 질서와 무질서 사이를 오가며 정체성을 탐색할 수 있음을 알 수 있겠군.

선지 유형	근거가 있어서 허용 가능
실전에서의 판단 과정	질서, 무질서 둘 다 언급했으니 맞지.
해설	'질서'가 있는 일들에 '자부심'을 가지면서도 언제든 '무질서' 속으로 피신할 수 있다는 게 '나'의 생각이었습니다. 이 지문의 주제가 '정체성 탐색'이므로, '질서'와 '무질서'를 오갈 수 있다는 이야기 역시 '정체성 탐색'과 연결지어 생각할 수 있겠죠.

몰랐던 어휘 정리하기

| 핵심 point |

① **허용 가능성 평가** : 선지의 내용을 '허용'하려는 태도를 바탕으로 지문을 '독해'하며 '근거'를 찾아야 합니다. 허용할 수 있는 '근거'가 있어야만 허용할 수 있습니다. 주관적인 생각을 개입시키면 안 됩니다.

② **소설 독해** : '심리와 행동의 근거'를 바탕으로 인물에게 '공감'하며 읽어야 합니다. 이 과정이 물흐르듯 이어지면 지문의 내용을 완벽하게 이해할 수 있어요.

③ **skip 가능 구간** : 인물의 똑같은 내면을 반복적으로 묘사하거나, 뻔한 이야기가 반복되는 구간은 조금 빠르게 스캔하면서 읽어주시면 됩니다.

④ **현대소설 클리셰** : 현대사의 흐름을 바탕으로 인물들의 성격을 유추할 수 있습니다. 이런 내용은 현대소설의 클리셰로 작용하니 확실하게 알아두도록 합시다.

| 지문 내용 총정리 |

'나'라는 주인공의 내면에 주목하는 전형적인 현대소설이었네요. 이렇게 인물의 '심리'가 중심이 되는 작품은 필연적으로 현학적인 수사들이 덧붙기 마련이기 때문에, 이들을 모두 이해하려는 것보다는 '심리'가 어떠한지에 초점을 두고 빠르게 읽어나가시면 됩니다. 평가원은 여러분이 '공감'하고 '독해'할 수 있는지를 궁금해하지, 문학적인 표현들을 '해석'할 수 있는지 물어보지는 않거든요.

〈보기〉 독해

─────[보기]─────

　시 「농무」는 <u>1970년 전후의 농촌의 실상과 농민들의 정서를 잘 담아낸 작품</u>이다. 당시 우리 사회는 산업화와 도시화에 힘을 기울였는데, 이로 인해 농촌이 도시와는 다르게 피폐해져 감으로써 삶의 터전을 도시로 옮긴 농민들이 적지 않았다. 이러한 상황에서 시인은 농촌에서 농민들이 삶의 활력과 신명을 얻기 위해 집단적으로 추는 '농무'를 소재로 하여 <u>현실의 암울함을 역설적으로 드러내는 한편, 농촌 공동체의 소중함을 독자들에게 일깨워 주었다.</u>

(나) 작품에 대한 설명입니다. 1970년 전후의 농촌의 실상과 농민들의 정서를 보여 준다는 주제를 자세하게 소개하고 있네요. 당시 힘들었던 농촌에서 농민들이 삶의 활력과 신명을 얻기 위해 집단적으로 추는 '농무'를 소재로 하여 이러한 현실의 암울함을 역설적으로 드러냈다고 합니다. '농무'를 추면서 억지로라도 활력과 신명을 얻어야 한다는 것은, 역설적으로 농촌의 현실이 그만큼 어렵다는 의미가 되는 것이라고 이해할 수 있겠죠? 이는 자연스럽게 '농촌 공동체의 소중함'을 독자들에게 일깨워준다는 주제 의식으로 이어집니다. 암울한 현실에서 힘들어하는 농민들의 내면세계를 바탕으로 (나)를 읽어보도록 합시다.

실전적 지문 독해

　(가)

　나의 지식이 독한 회의를 구하지 못하고
　내 또한 삶의 애증을 다 짐지지 못하여
　병든 나무처럼 생명이 부대낄 때
　저 머나먼 아라비아의 사막으로 나는 가자

　거기는 한번 뜬 백일(白日)이 불사신같이 작열하고
　일체가 모래 속에 사멸한 영겁의 허적(虛寂)*에
　오직 알라의 신만이
　밤마다 고민하고 방황하는 열사(熱沙)의 끝

　그 열렬한 고독 가운데
　옷자락을 나부끼고 호올로 서면
　운명처럼 반드시 '나'와 대면케 될지니
　하여 '나'란 나의 생명이란

　그 원시의 본연한 자태를 다시 배우지 못하거든
　차라리 나는 어느 사구(沙丘)에 회한(悔恨) 없는 백골
　을 쪼이리라

　　　　　　　　　-유치환, 「생명의 서·일장(一章)」-

* 허적: 아무것도 없이 적막함.

〈보기〉가 없으니, 화자의 내면세계라는 주제 중심으로 조금 꼼꼼하게 읽어보아야 할 것 같습니다. 화자는 '삶의 애증'을 느끼면서 '생명이 부대'끼는 느낌을 받는데, 이런 상황에 '머나먼 아라비아의 사막으로' 가자는 이야기를 하고 있어요. 결핍을 느끼는 상황에서 '아라비아의 사막'이라는 지향점에 가면 '삶의 애증' 등을 해결할 실마리를 얻을 수 있을 것이라고 생각하는 것이죠.

그렇게 '아라비아의 사막'이라는, 척박한 환경으로 가면 화자는 '나'와 대면할 수 있을 것이라고 합니다. 이때의 '나'는 화자의 내면세계를 의미하겠죠? 화자는 이렇게 자신의 내면세계와 대면하여 '삶의 애증' 등을 해소하고자 하는 의지를 보이는 것입니다. 만약 '나'를 만나지 못하면 '회환 없는 백골'을 쪼이겠다고 하면서 말이죠. '백골'의 의미를 생각하면, 이는 죽음을 각오하고서라도 반드시 '나'라는 '원시의 본연한 자태'를 만나겠다는 의미라고 할 수 있을 것입니다. 최소한 '힘든 상황에서 자신의 내면세계를 직시하려는 의지를 보이고 있구나.' 정도는 생각할 수 있어야 합니다. 이게 곧 이 작품의 주제이니까요.

　(나)

　징이 울린다 막이 내렸다
　오동나무에 전등이 매어달린 가설 무대
　구경꾼이 돌아가고 난 텅빈 운동장
　우리는 분이 얼룩진 얼굴로　　　　　　　　[A]
　학교 앞 소줏집에 몰려 술을 마신다
　답답하고 고달프게 사는 것이 원통하다
　꽹과리를 앞장세워 장거리로 나서면
　따라붙어 악을 쓰는 건 쪼무래기들뿐
　처녀애들은 기름집 담벽에 붙어 서서
　철없이 킬킬대는구나
　보름달은 밝아 어떤 녀석은　　　　　　　　[B]
　꺽정이처럼 울부짖고 또 어떤 녀석은
　서림이처럼 해해대지만 이까짓
　산구석에 처박혀 발버둥 친들 무엇하랴
　비료 값도 안 나오는 농사 따위야
　아예 여편네에게나 맡겨 두고

쇠전을 거쳐 도수장 앞에 와 돌 때
우리는 점점 신명이 난다
한 다리를 들고 날라리를 불꺼나
고갯짓을 하고 어깨를 흔들꺼나

-신경림, 「농무」-

〈보기〉에서 이야기한 그대로, 농촌에서 '답답하고 고달프게 사는 것이 원통'한 '우리'의 내면세계가 드러나면서 시작하고 있습니다. 그러면서 꽹과리를 앞장세워 '농무'를 추는 모습인데, 중간중간 '산구석에 처박혀 발버둥 친들 무엇하랴'와 같은 표현을 통해 농촌 사회의 피폐함을 드러내는 모습이네요. 마지막에 '우리는 점점 신명이 난다'는 표현은, 말 그대로 즐겁다는 것보다는 〈보기〉에서 말한 것처럼 '현실의 암울함'을 심화하는 반어적 표현이라고 보는 게 맞겠죠? 활력과 신명을 얻기 위한 '농무'를 추면서도 '현실의 암울함'이 심화되는 역설적 상황이 느껴지시면 완벽하게 읽었다고 할 수 있겠습니다.

선지	①	②	③	④	⑤
선택률	4%	3%	3%	77%	13%

24 (가), (나)에 대한 설명으로 가장 적절한 것은? ④

① (가)는 계절을 드러내는 시어를 사용하여 분위기를 조성한다.

선지 유형	근거가 없어서 허용 불가능
실전에서의 판단 과정	무슨 계절?
해설	(가)에는 '계절을 드러내는 시어'가 나타나지 않습니다. 그런 시어가 있었다면 지문을 읽는 과정에서 현재 어떤 계절인지 느낌이 왔을 거예요.

② (나)는 밤에서 낮으로의 시간 변화를 통해 대상의 이면을 보여 준다.

선지 유형	근거가 없어서 허용 불가능
실전에서의 판단 과정	무슨 대상의 이면?
해설	일단 (나)의 경우, '보름달은 밝아'라는 표현을 통해 시간적 배경이 밤이라는 것을 알 수 있습니다. 딱히 낮으로 시간이 변화되는 모습은 나타나지 않았죠? 나아가 '대상의 이면'을 보여 준다는 내용 역시 작품의 주제를 고려했을 때 너무 헛소리네요.

③ (가)는 (나)와 달리 청각적 심상을 활용하여 사물의 속성을 표출한다.

선지 유형	근거가 있어서 허용 불가능
실전에서의 판단 과정	(나)에서 청각적 심상 많이 나왔던 것 같은데?
해설	일단 (가)에는 '청각적 심상'이 나타나지 않습니다. 이걸 기억하거나 찾아내지 못하더라도, (나)를 읽는 과정에서 '꽹과리'의 시끄러운 소리를 상상했던 기억이 있죠? 따라서 (나)와 달리 '청각적 심상'을 활용했다는 건 절대로 허용할 수 없겠습니다.

④ (나)는 (가)와 달리 대구의 방식으로 시상을 마무리하면서 여운을 강화한다.

선지 유형	근거가 있어서 허용 가능
실전에서의 판단 과정	그러네.
해설	(가)는 대구의 방식으로 시상을 마무리하지 않았지만, (나)에서는 '~고 ~꺼나'라는 문장 구조를 반복하는 대구의 방식으로 시상을 마무리하고 있습니다. 이렇게 반복되는 문장 구조를 통해 시상을 마무리하면, 그 리듬감이 계속 떠오르며 여운이 강화된다고 할 수 있겠죠?

⑤ (가), (나)는 모두 시적 공간의 탈속성을 내세워 이상향에 대한 화자의 동경을 드러낸다.

선지 유형	근거가 없어서 허용 불가능
실전에서의 판단 과정	(나)는 그런 거 없었는데?
해설	(가)의 경우 '아라비아의 사막'이라는 시적 공간이 현재 화자가 경험하는 공간을 벗어났다는 점에서 '탈속성'을 가지고 있다고 할 수 있습니다. 하지만 (가)의 화자는 '아라비아의 사막'이라는 지향점에서 '나'를 만나려는 의지를 드러낼 뿐, 그곳을 '이상향'으로 보고 있지는 않습니다. '이상향'이 허용되려면 그곳을 '최종 지향점'으로 삼는다는 근거가 필요해요! (가)의 화자는 '나'를 만나는 수단으로 '아라비아의 사막'을 지향할 뿐이지, 그것을 최종적인 지향점으로 보는 것은 아니었습니다.

물론, (나)에서는 아예 '시적 공간의 탈속성', '이상향에 대한 동경' 등을 확인할 수 없으니 허용할 수 없다고 판단하는 건 어렵지 않겠죠. (나)에서는 농촌이라는 현실적 공간에서 한탄하는 내면세계만이 드러날 뿐입니다. |

선지	①	②	③	④	⑤
선택률	5%	7%	50%	8%	30%

25 (가)의 `나`와 ㉠~㉢의 관련성을 이해한 내용으로 적절하지 **않은** 것은? ③

– `나`는 (가)의 화자가 '아라비아의 사막'에서 직면하고자 하는 내면세계 그 자체였습니다. 이러한 '성찰'에 대한 의지와 엮어서 `나`와 ㉠~㉢의 관련성을 판단해봅시다.

① ㉠은 화자가 극복해야 할 자신의 모습을 빗대어 표현한 것으로, `나`와는 대비되는 표상이다.

㉠병든 나무처럼 생명이 부대낄 때

선지 유형	근거가 있어서 허용 가능
실전에서의 판단 과정	병든 나무는 화자가 원하는 자신의 모습이 아니지.
해설	화자는 자신의 현재 모습을 '병든 나무'로 비유하고 있습니다. 이렇게 극복해야 할 자신의 모습을 벗어던지고, 이와 대비되는 진정한 `나`를 만나고자 한다는 것이 이 작품의 주제였죠?

② ㉡은 어떤 것도 존재하지 못하는 극한 상태로, 화자가 `나`와 대면할 수 있는 조건에 해당한다.

일체가 모래 속에 사멸한 ㉡영겁의 허적(虛寂)*에

* 허적: 아무것도 없이 적막함.

선지 유형	근거가 있어서 허용 가능
실전에서의 판단 과정	이런 조건에서 `나`를 만난다고 했지.
해설	화자가 도달하고자 하는 '아라비아의 사막'은 아무 것도 없이 적막한 '영겁의 허적'이 있는 곳입니다. 이렇게 어떤 것도 존재하지 못하는 극한 상태에서 `나`를 만나겠다는 것이 이 작품의 주제이기 때문에, 이는 화자가 `나`와 대면할 수 있는 조건에 해당한다고 할 수 있겠죠.

③ ㉢은 절대적 고독을 나타낸 것으로, 화자가 그 절대적 고독에서 벗어남으로써 `나`에 도달할 수 있음을 알려준다.

그 ㉢열렬한 고독 가운데
옷자락을 나부끼고 호올로 서면
운명처럼 반드시 `나`와 대면케 될지니

선지 유형	근거가 있어서 허용 불가능
실전에서의 판단 과정	열렬한 고독 가운데에서 `나`와 대면할 수 있다며.
해설	'열렬한 고독'은 단어 그대로 절대적 고독을 나타냅니다. 그리고 화자는 이렇게 '열렬한 고독' 가운데 호올로 서서 `나`와 대면하겠다는 의지를 드러내고 있어요. '가운데'라는 명백한 근거가 있으니, 절대적 고독에서 벗어남으로써 `나`에 도달할 수 있다는 것은 절대로 허용할 수 없겠습니다.

④ ㉣은 생명이 본래적으로 존재하는 모습을 가리키는 것으로, `나`가 원시적 생명력을 지닌 존재임을 보여준다.

하여 `나`란 나의 생명이란
그 ㉣원시의 본연한 자태를 다시 배우지 못하거든

선지 유형	근거가 있어서 허용 가능
실전에서의 판단 과정	`나`가 원시의 본연한 자태를 가지고 있다며.
해설	화자는 `나`가 '원시의 본연한 자태'를 가지고 있다고 생각합니다. '원시'와 '본연'이라는 단어의 의미를 생각하면, '생명이 본래적으로 존재하는 모습'과 '원시적 생명력' 모두 쉽게 허용할 수 있겠네요.

⑤ ㉤은 죽음에 대한 화자의 태도를 드러내는 것으로, `나`를 통해 생명을 회복하려는 화자의 의지를 담아낸 표현이다.

하여 `나`란 나의 생명이란
그 원시의 본연한 자태를 다시 배우지 못하거든
차라리 나는 어느 사구(沙丘)에 ㉤회한(悔恨) 없는 백골을 쪼이리라

선지 유형	근거가 있어서 허용 가능
실전에서의 판단 과정	주제네.
해설	일단 '실전에서의 판단 과정'처럼, 주제와 직결되는 내용이라고 생각하고 넘어가는 것이 가장 좋습니다. 3번 선지처럼 확실한 정답 선지도 찾은 상태이니까요.

조금 더 엄밀하게 해결해봅시다. 결국 핵심은 '독해'예요. 화자는 '나'를 '원시의 본연한 자태'를 가진 '나의 생명'으로 보고 있습니다. 그리고 이를 배우지 못하거든 차라리 '회한 없는 백골'을 쪼이겠다는 의지를 드러내고 있어요. 이때 화자는 '원시의 본연한 자태'를 배우지 못했을 때 백골을 쪼이는 것은, 즉 죽음을 맞이하는 것은 '회한 없는' 일이라고 생각하고 있습니다. 선지에서 말하는 것처럼, 이때의 죽음에 대해 '회한 없'다는 태도를 드러내고 있는 것이죠. 이는 '나'를 통해 '원시의 본연한 자태'라는 '생명'을 회복하지 못하면 후회 없이 죽겠다는 말이기에, 반드시 그 '생명'을 회복하겠다는 의지를 담아낸 표현이라고 할 수 있겠습니다.

문학 역시 국어영역의 일부이므로, 결국 핵심은 '독해력'입니다. 이 포인트를 잊지 맙시다.

선지	①	②	③	④	⑤
선택률	3%	4%	79%	3%	11%

26 〈보기〉를 참고하여 (나)를 감상한 내용으로 적절하지 <u>않은</u> 것은? [3점] ③

① [A]에서 화자는 농무를 통해 활력을 얻기보다 오히려 무력감을 느끼고 있는 것 같아.

선지 유형	근거가 있어서 허용 가능
실전에서의 판단 과정	답답하고 고달프고 원통한데 무슨 말이 더 필요해.
해설	[A]는 화자를 비롯한 '우리'는 '농무'를 끝내고 '학교 앞 소줏집'에서 술을 마시면서 '답답하고 고달프게 사는 것이 원통하다'는 내면세계를 드러내고 있습니다. 이는 활력을 얻기 위해 추는 '농무'를 통해 오히려 무력감을 느끼는 모습을 허용할 근거가 된다고 할 수 있겠죠.

② [B]에서 '악을 쓰는', '킬킬대는구나', '울부짖고', '해해대지만' 등은 화자가 농무를 흥겨운 축제로 대하지는 못하고 있음을 드러내 줘.

선지 유형	근거가 있어서 허용 가능
실전에서의 판단 과정	마냥 즐거운 소리만 나오는 건 아니네.
해설	'악을 쓰는', '킬킬대는구나', '울부짖고', '해해대지만' 등은 모두 흥겨운 '농무'를 보면서 마냥 즐거워하지 못하는 모습을 드러낸 표현입니다. 이 작품의

주제처럼, 화자는 '농무'를 단순히 흥겨운 축제로 대하지는 못하고 있는 것이죠. 현실이 너무 힘겨우니까요.

③ [C]에서 화자가 신명을 느끼는 것은 농무의 신명에 힘입어 농촌 현실의 문제를 극복하고자 하는 농민들의 태도를 잘 보여 줘.

선지 유형	근거가 없어서 허용 가능
실전에서의 판단 과정	문제를 극복하고자 하는 태도가 어딨냐.
해설	[C]에서 화자는 '농무'를 추면서 '신명'을 느낍니다. 주제를 고려할 때, 이때의 '신명'은 정말 즐겁다는 표현이 아닌 '현실의 암울함'을 심화하는 반어적 표현이라고 할 수 있겠죠? 애초에 농촌 현실의 문제를 극복하고자 하는 태도는 나타난 적이 없기 때문에, 절대 허용할 수 없는 선지입니다.

④ ⓐ와 ⓑ를 통해 당시의 농민들이 도시로 떠날 수밖에 없었던 사정을 어느 정도 감지할 수 있어.

> ⓐ답답하고 고달프게 사는 것이 원통하다
> 서림이처럼 해해대지만 ⓑ이까짓
> 산구석에 처박혀 발버둥 친들 무엇하랴

선지 유형	근거가 있어서 허용 가능
실전에서의 판단 과정	답답하고 고달프고 원통하고 산구석에 처박혀서 발버둥 치는 것 같으면 떠날 수밖에 없지.
해설	ⓐ와 ⓑ를 종합하면, 농촌은 '답답하고 고달프게' 살면서 '원통'한 감정만 느껴지는, 그리고 '이까짓 산구석에 처박혀 발버둥' 치는 것으로 느껴지는 공간입니다. 당시의 농민들은 이렇게 답답한 공간을 벗어나고자 도시로 떠날 수밖에 없었다고 할 수 있겠네요.

⑤ ⓒ에서 화자의 물음은 앞날을 낙관하지 못하는 농촌 사람들이 던지는 자조적 물음으로도 이해될 수 있어.

> ⓒ한 다리를 들고 날나리를 불꺼나
> 고갯짓을 하고 어깨를 흔들꺼나

선지 유형	근거가 있어서 허용 가능
실전에서의 판단 과정	주제네.

해설	ⓒ에서 화자는 '한 다리를 들고 날나리를 불'지, '고갯짓을 하고 어깨를 흔들'지 묻고 있습니다. 물론 정말로 물어보는 것은 아니겠죠. 주제를 고려하면, 이 물음은 선지에서 말하는 것처럼 앞날을 낙관하지 못해 춤이나 출까 하며 던지는 자조적 물음이라고 할 수 있을 것입니다. '자조적'이라는 것은 자신의 내면세계를 부정적으로 인식하는 태도를 의미하는데, 암울한 현실 속에서 힘들어하는 내면세계를 자조하는 것은 이 지문의 주제 그 자체니까요. 이 해석을 미리 하지는 못하더라도, '자조'의 의미와 주제를 바탕으로 허용할 수는 있어야 해요.

현대시 독해 연습

> (가)
> 나의 지식이 독한 회의를 구하지 못하고
> 내 또한 삶의 애증을 다 짐지지 못하여
> 병든 나무처럼 생명이 부대낄 때
> 저 머나먼 아라비아의 사막으로 나는 가자

어떤 상황이 가정되고 있습니다. '나'의 지식은 회의를 구하지 못하고, '나'는 삶의 애증을 다 감당하지 못하는, 그런 힘든 상황을 가정하고 있어요. 그 상황에서 화자는 '아라비아의 사막'으로 간다고 말합니다. 참고로, 이때 '나는 가자'는 문법적으로는 맞지 않는 표현이에요. '나는 간다'보다 더 강한 의지를 보여주는 명령형의 문장이라고 생각하면 될 것 같습니다.

어쨌든, 힘든 상황에서 화자가 선택한 곳은 '아라비아의 사막'입니다. 이곳이 화자의 '지향점'이라는 것을 생각하면서 읽어봅시다.

> 거기는 한번 뜬 백일(白日)이 불사신같이 작열하고
> 일체가 모래 속에 사멸한 영겁의 허적(虛寂)*에
> 오직 알라의 신만이
>
> 밤마다 고민하고 방황하는 열사(熱沙)의 끝
>
> * 허적: 아무것도 없이 적막함.

'거기'는 당연히 '아라비아의 사막'이겠죠? '백일(하얀 태양)'이 뜨겁게 내리쬐고, 모래 외에는 아무것도 없는 극한의 공간. 그런 극한의 상황으로 가겠다고 '나'는 선언한 것이에요. 아니 힘든 상황에서 '지향점'으로 삼는 곳이 '고민·방황'이 가득한 공간이라니. 조금은 납득이 어렵기도 합니다.

> 그 열렬한 고독 가운데
> 옷자락을 나부끼고 호올로 서면
> 운명처럼 반드시 '나'와 대면케 될지니

'허적', 즉 아무것도 없는 곳에서의 '열렬한 고독' 속에서 화자는 '나'와 대면하게 될 것이라고 말합니다. 여기서의 '나'는 진정한 나, 본질적 자아 같은 것이 되겠죠? 결국 화자가 힘든 상황 속에서 '아라비아의 사막'으로 가고자 한 까닭은 '진정한 나'와 만나기 위해서였습니다. 화자는 자신의 '지식'이 '독한 회의'를 구하지도 못하고, '삶의 애증'을 감당하기도 힘든 상황을 '진정한 나'를 만나는 것으로 해결할 수 있다고 생각하는 것이었네요.

> 하여 '나'란 나의 생명이란
> 그 원시의 본연한 자태를 다시 배우지 못하거든
> 차라리 나는 어느 사구(沙丘)에 회한(悔恨) 없는 백골을 쪼이리라

화자는 '원시의 본연한 자태', 즉 '진정한(근원적인) 나'를 다시 배우지 못하면 차라리 '백골'을 쪼이겠다고 말합니다. 정확하게는 '사구'(모래 언덕)에 자신의 '백골'(시체가 썩고 남은 뼈)을 새들이 쪼아 먹게끔 할 것이고, 이때는 '회환'(후회)이 없을 것이라는 의미입니다. 이 정도까지 읽지 못하더라도, '진정한 나'와 만나지 못하면 차라리 죽겠다는 말 정도로 파악할 수 있겠죠?

어쨌든 죽음을 불사할 정도로 '진정한 나', 즉 자신의 내면세계와의 만남을 갈구하고, 그에 대한 의지를 드러내는 화자의 모습이었습니다. 이처럼 어려운 단어로 도배된 것 같은 시도 '일상 언어의 의미'를 최대한 살려 읽어내면 어렵지 않게 이해할 수 있어요.

> (나)
> 징이 울린다 막이 내렸다
> 오동나무에 전등이 매어달린 가설 무대
> 구경꾼이 돌아가고 난 텅빈 운동장
> 우리는 분이 얼룩진 얼굴로
> 학교 앞 소줏집에 몰려 술을 마신다
> 답답하고 고달프게 사는 것이 원통하다

징이 울리고 막이 내리고, 가설 무대가 있는 것 등으로 보아 어떤 공연이 있었던 것 같습니다. 구경꾼이 돌아가고 운동장은 텅비었는데, 분이 얼룩진 '우리'(아마 공연자들이겠죠?)는 학교 앞 소줏집에서 술을 마시고 있습니다. 분을 하고 징을 치며 학교 운동장

에서 공연을 하던 '우리'가 공연이 끝나고 뒷풀이하는 모습을 상상하실 수 있어야 합니다.

이 상황만 보면 되게 즐거울 것 같은데, 화자는 '답답하고 고달프게 사는 것이 원통하다'는 이야기를 합니다. 공연을 하면서 먹고 사는 것이 많이 힘든 것일까요? 어쨌든 화자의 내면세계가 고통으로 얼룩져있다는 것 정도는 확실하게 인식할 수 있겠습니다.

> 꽹과리를 앞장세워 장거리로 나서면
> 따라붙어 악을 쓰는 건 쪼무래기들뿐
> 처녀애들은 기름집 담벽에 붙어 서서
> 철없이 킬킬대는구나

회식이 끝났는지, 꽹과리를 앞장세워 장거리로 나서는 '우리'입니다. 그런데 따라붙어 악을 쓰는 건 쪼무래기들(아마 아이들이겠죠?)밖에 없고, 처녀애들은 담벽에서 철없이 킬킬대고 있습니다. 웃는 모습을 보고서 철없다고 하는 걸 보니, 화자가 진짜 힘들기는 많이 힘든 것 같네요.

> 보름달은 밝아 어떤 녀석은
> 꺽정이처럼 울부짖고 또 어떤 녀석은
> 서림이처럼 해해대지만 이까짓
> 산구석에 처박혀 발버둥 친들 무엇하랴

아무튼 보름달이 밝게 뜬 밤에, 꺽정이처럼 울부짖기도 하고 서림이처럼 해해대기도 하는 '우리'입니다. 그런데 화자는 '이까짓 산구석에 처박혀 발버둥 친들 무엇'하겠냐는 이야기를 하고 있어요. 단순히 공연하고 사는 게 힘든 것인 줄 알았더니, 화자는 이 산속에서 발버둥 치며 살아가는 사람이었네요. 이 마을에서 살아가는 것이 여간 힘든 일이 아니라 지금껏 원통하다고 할 정도로 고통스러운 내면세계를 드러낸 것이었습니다.

> 비료 값도 안 나오는 농사 따위야
> 아예 여편네에게나 맡겨 두고
> 쇠전을 거쳐 도수장 앞에 와 돌 때
> 우리는 점점 신명이 난다
> 한 다리를 들고 날나리를 불꺼나
> 고갯짓을 하고 어깨를 흔들꺼나
> 　　　　　　　　　 -신경림, 「농무」-

구체적으로, 농사를 지어도 비료 값도 안 나오는 것 같습니다. 이런 산속 농촌 마을의 현실 때문에 공연을 하면서도 고통을 겪는 것이었네요. 현실이 많이 고통스러운지, 농사는 그냥 여편네에게나 맡겨 두자고 하면서 쇠전을 거쳐 도수장 앞으로 오면서 공연을 이어가는 화자의 모습입니다. 점점 신명이 난다고는 하지만, 아무리 흥겹게 공연을 하려고 해도 가슴속 한켠에서 올라오는 답답함은 지워지지 않겠죠? 이걸 잊어보려고 날나리도 불어보고 고갯짓도 하고 어깨도 흔들고 해볼까 하는 화자의 모습으로 마무리되고 있습니다. 당연히 이렇게 신나게 춤을 추려고 해도 쉽지는 않겠죠. 내면세계 자체가 고통으로 가득하니까요.

몰랐던 어휘 정리하기

핵심 point
① **허용 가능성 평가** : 선지의 내용을 '허용'하려는 태도를 바탕으로 지문을 '독해'하며 '근거'를 찾아야 합니다. 허용할 수 있는 '근거'가 있어야만 허용할 수 있습니다. 주관적인 생각을 개입시키면 안 됩니다. ② **현대시 독해** : 〈보기〉의 도움 등을 통해 '주제' 위주로, 그리고 일상 언어의 감각으로 읽어내면 됩니다. 현대시도 읽을 수 있는 하나의 글입니다.

지문 내용 총정리
어려운 표현을 사용하거나, 말하고자 하는 바를 인식하는 것이 쉽지 않은 작품들이 출제되어 꽤 난이도가 있는 지문이었습니다. 단순히 답을 맞히는 것은 그리 어렵지 않았겠지만, 모든 선지를 완벽하게 납득하며 해결하는 것이 쉽지 않았을 수도 있어요. 주제 중심으로 독해하고 허용 가능성을 평가한다는 기본 원칙을 바탕으로 모든 선지가 명쾌하게 뚫리는지 점검해보도록 합시다.

〈보기〉 확인

[보기]

주인공이 천상에서 죄를 지어 지상으로 내려와 살다가 다시 천상으로 돌아가는 화소를 **적강화소(謫降話素)**라 한다. 이 화소를 수용한 「김원전」에서 공간은 천상계와 지상계로 나뉘고, 천상계와 지상계는 주인공 김원의 공간 이동을 중심으로 다양하게 소통한다. 윗글에서 공간의 이동에 따른 주인공의 변화를 그림으로 나타내면 다음과 같다.

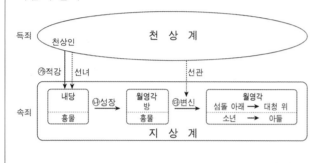

천상계와 지상계의 대립을 바탕으로 사건이 전개되는 전형적인 고전소설이네요. 나아가 천상의 인물이 죄를 지어 지상으로 내려와 영웅으로 활약하는 전형적인 영웅소설이기도 하겠죠? 이러한 클리셰를 바탕으로 내용을 완벽하게 이해해봅시다.

지문 독해

하루는 **승상**이 심사가 상쾌하여 정신을 깨달아 **내당**에 들어가 **부인**을 위로하여 말하기를,
　"우리가 어려서부터 남에게 해를 끼친 일이 없는지라. 아무리 생각하여도 **저것**이 우리의 골육이니, 남은 다 흉물이라 하여도 출산할 때에 선녀의 말이 있었을 뿐만 아니라, 무심한 것이라면 어찌 선녀가 와서 해산까지 시켰으리오? 필경 무슨 이상한 일이 있을 듯하니, 아무리 흉악해도 집에 두고 나중을 보사이다."

무언가 깨달은 '승상'은 '내당'으로 들어가 '부인'을 위로하며 말합니다. 딱히 잘못한 것도 없는 데다가 선녀의 말도 있었으니 '저것'을 골육으로 받아들이고 일단 집에 두고 보자는 말이네요. 일단 '저것'이라고 불리는 무언가가 '승상' 부부의 자식으로 나온 상황인 것 같은데, '승상'이 '부인'을 위로하는 것을 보니 '부인' 역시 이에 대해 큰 스트레스를 받고 있었던 것 같습니다. 이렇게 공감하면서 읽을 수 있겠죠?

하고 저녁을 먹으니, 그것이 밥상 곁에서 밥 먹는 소리를 듣고는 이불 속에서 데굴데굴 굴러 나와 승상 곁에 놓이었다. 승상이 크게 놀라 이윽히 보다가 갑자기 생각하되, '이것이 귀와 눈이 없건마는 밥 먹는 소리를 듣고 나오니 필연 밥을 먹고자 함이라. 아무렇거나 밥을 주어 보리라.' 하였다. 부인도 고이하여 밥을 갖다가 곁에 놓으니, 그것의 한쪽 옆이 들먹들먹하더니 한 모서리가 봉긋하며 마치 주걱 모양 같은 부리를 내밀어 밥을 완연히 먹었다. 승상이 하도 고이하여 부인을 돌아보고 말하기를,
　"이것이 입이 없는가 하였는데 밥을 먹으니, 사람일 것 같으면 태어난 지 십여 일 만에 어찌 한 그릇 밥을 다 먹으리오? 아무렇거나 밥을 더 주어 보라."
하였다.
　부인이 웃고 밥을 또 가져다 놓으니, 그것이 주는 대로 먹으매 승상과 부인이 더욱 고이하게 여겼다.
　그것이 밥 먹는 대로 점점 자라 큰 동이만 하게 되었다. 승상이 부인을 청하여 함께 보고 크게 의혹하여 가로되,
　"이후는 밥을 끊지 말고 아침저녁으로 먹이라."
하고,
　"매양 이것저것 하지 말고 이름을 지어 원(圓)이라 하라."
하였다.

그 뒤 저녁을 먹는데, '그것'이 데굴데굴 굴러 와 '승상' 곁에 놓입니다. 당연히 놀랄 수밖에 없는 '승상'은 밥을 먹고 싶나 보다 해서 밥을 주라 하고, 역시 이상하게 여긴 '부인'이 밥을 주니 '그것'이 밥을 먹는 모습이네요. 이러한 모습을 '승상'은 더욱 고이하게 (괴이하게) 여기고, '부인'은 웃으며 계속 밥을 주는 모습입니다.

'그것'은 밥을 먹고 계속 자라고, '승상'은 밥도 잘 챙겨주고 이름도 '원'으로 지어주라는 이야기를 하네요. '부인'이 웃으며 밥을 주는 모습이나 '승상'이 이름을 지어주는 모습 등에서, '원'이 부부의 자식으로 어느 정도 인정받고 있다는 것을 느낄 수 있겠죠?

나아가 〈보기〉에 따르면 '그것'으로 표현되던 '김원'은 주인공으로, 천상계에서 죄를 지어 지상계로 적강한 상황이라는 것도 체크하면서 계속 읽어보도록 합시다.

밥 먹기를 잘하여 점점 자라 큰 방 안에 가득하니, 더욱 흉하고 고이함을 측량치 못하여 말하기를,

"원이 더 자라면 방을 찢을까 싶으니 넓은 집으로 옮기자."

하고, 노복에게 명령하여 이르되,

"이것을 여럿이 옮겨 후원 월영각에 가져다 두라."

하였다. 비복이 겨우 옮겨 월영각에 두고 아침과 저녁을 공급하였다. 몇 년 안에 한 섬의 밥을 능히 먹으니, 원이 점점 자라 방이 터지게 되었다. 승상 부부와 비복들이 그 연고를 알지 못하여 답답하여 밤낮 근심으로 지내는데, 세월이 물 흐르듯 하여 어느덧 십여 년이 되었다.

그렇게 '김원'은 계속해서 자라기만 합니다. 이에 '승상'은 '김원'을 '월영각'에 가져다 두라는 명령을 하네요. 그런데도 '김원'은 방이 터질 만큼 자라기만 합니다. 당연히 '승상' 부부와 비복들은 답답하고 근심이 가득할 수밖에 없겠죠? 이런 상황에서 십여 년이 흐르네요. '김원'은 어떻게 될까요?

이때 승상이 부인과 함께 집에 돌아오니 내실(內室)이 텅 비어 있었다. 가뜩이나 염려하던 차에 의혹이 가슴에 가득하여 집안 내외인을 다 찾으니, 비복 중에 한 사람이 먼저 와서 아뢰되,

"월영각에 난데없는 선동(仙童)이 노복 등을 부르시나 차마 혼자 가지 못하여 모두 보온즉, 방 안에 가득한 것은 없고 한 소년 선동이 앉아서 '아버님께서 집에 돌아와 계시냐.' 물으시니, 그 연고를 알지 못하겠나이다."

승상이 이 말을 듣고 의혹하여 그 비복을 데리고 월영각에 가 보니, 한 소년이 승상을 보고 섬돌 아래로 내려와 엎드려 가로되,

"소자는 십 년을 부모 걱정시키던 불초자 원이로소이다."

승상이 우연히 그 형상을 보고 급히 부인을 청하여 좌정하고 소년을 불러 대청 위에 앉히고 묻기를,

"이 일이 하도 고이하니 사실을 자세히 이르라."

하였다.

(중략) 이후의 상황입니다. '승상'이 '부인'과 함께 집에 돌아오니 '내실'이 텅 비어 있었어요. 어떤 상황인지는 모르겠지만, '승상'은 가뜩이나 염려하던 차에 집이 비었으니 이상하다는 생각에 집안 내외인을 다 찾습니다. 그런데 '비복' 중 한 사람이 '월영각'에

난데없는 '선동'이 아버님을 찾고 있다는 이야기를 합니다. 당연하게도 이 '선동'은 '김원'이라고 할 수 있겠죠?

'승상'은 그 '비복'을 데리고 '월영각'에 가는데, '선동'은 스스로를 '불초자 원'이라고 부르면서 인사를 합니다. 십 년이 넘는 시간 동안 흉물로 존재하며 부모에게 걱정을 끼쳤으니, 미안한 마음이 가득할 것이라고 생각할 수 있겠죠. 이렇게 기막힌 상황에 당연히 '승상'은 의아해하고, '김원'에게 자세한 사정을 묻습니다.

소년이 아뢰기를,

"오늘 묘시(卯時)에 붉은 도포를 입은 선관이 내려와 이르기를, '남두성이 옥황상제께 득죄하여 십 년 동안 허물을 쓰고 세상을 보지 못하게 하였는데, 죄악이 다 끝났다.' 하고, 허물을 벗겨 방 안에 두고 이르기를, '이 허물을 가져갈 것이로되 네 부모께 뵈어 확실한 자취를 알게 하라.' 하고 갔사오니, 소자가 보자기를 벗고 보온즉 허물이 곁에 놓여 있고 책 세 권이 놓였사오니, 십 년 불효를 어찌 다 아뢰리이까?"

승상이 자세히 살펴보니 과연 허물이 방 안에 놓여 있고 천서(天書) 세 권이 분명히 놓였거늘, 마음에 크게 놀라고 기뻐하여 소년의 손을 잡고 마음 가득 기뻐하여 말하기를,

"네가 십 년 동안을 보자기 속에 들어 있었으니 무슨 알 만한 일이 있을 것이니, 자세히 일러서 우리의 의혹을 덜게 하라."

원이 고개를 숙여 재배하고 말하기를,

"소자가 보자기 속에서 십 년 동안 고행하였사오나 아무런 줄을 몰랐사오니 황송함을 이길 수 없사옵니다."

승상 부부가 그제야 원을 안고 등을 어루만지며 가로되,

"네가 어이하여 십 년 고생을 이다지도 하였느냐?"

하고 못내 기뻐하였다. 〈내외 상하(內外上下)며 이웃과 친척 가운데 뉘 아니 기뻐하리오.〉

―작자 미상, 「김원전」―

그렇게 '김원'은 자신에게 가해진 형벌이 다 끝나 소년으로 변신하게 되었다는 것을 여러 증거와 함께 설명합니다. '승상'의 입장에서는 드디어 제대로 된(사람의 형상을 한) 자식을 얻은 셈이니, 크게 놀라고 기쁜 마음을 가질 수밖에 없겠죠? '김원'은 보자기에 있는 동안 무슨 일이 있었는지 모른다며 미안해하지만, '승상' 부부는 물론 모든 사람들이 기뻐하는 즐거운 분위기가 만들어집니다. 이 과정에서 〈 〉 표시한 부분에 '서술자의 개입'이 나타나고 있다는 것도 가볍게 체크할 수 있겠죠?

선지	①	②	③	④	⑤
선택률	6%	3%	2%	87%	2%

27 윗글의 내용에 대한 이해로 적절한 것은? ④

① 김 승상은 흉물의 탄생을 자신의 탓으로 여겼다.

선지 유형	근거가 있어서 허용 불가능
실전에서의 판단 과정	딱히 잘못한 것도 없다고 했지.
해설	'승상'은 '부인'을 위로하면서, 자신들은 어려서부터 남에게 해를 끼친 일이 없다고 했습니다. 이는 흉물이 탄생했으나 자신들의 죄에 대한 벌 같은 것이 아니니, 흉물을 골육으로 받아들이고 잘 키워 보자는 이야기죠? 이러한 '승상'의 위로를 이해했다면 어렵지 않게 지워낼 수 있겠습니다.

② 부인은 흉물이 밥을 먹자 근심했다.

선지 유형	근거가 있어서 허용 불가능
실전에서의 판단 과정	웃었는데?
해설	'부인'은 밥을 주자 먹는 흉물을 보고서 웃고 또 밥을 가져다 줍니다. 우리는 이를 '승상'과 '부인'이 '김원'을 점점 진정한 자식으로 받아들이는 모습으로 이해했죠? 이러한 마음에 공감했던 기억이 있으니, '부인'이 밥을 먹는 흉물을 보고서 근심했다는 것은 절대 허용할 수 없겠습니다.

③ 노복은 흉물을 대하는 부인의 태도를 비웃었다.

선지 유형	근거가 없어서 허용 불가능
실전에서의 판단 과정	감히 어디서;;
해설	'노복'은 '김원'을 '월영각'으로 옮기라는 '승상'의 명을 수행하기만 했을 뿐, 흉물을 대하는 '부인'의 태도를 비웃은 적은 없습니다. 애초에 노비 신분으로 주인을 비웃는다는 것 자체가 이상하다는 생각을 할 수도 있겠죠?

④ 김원은 흉한 모습이 부모께 걱정을 끼쳤다고 여겼다.

선지 유형	근거가 있어서 허용 가능
실전에서의 판단 과정	걱정시켜서 미안하다고 했지.

해설	'김원'은 사람으로 변신한 뒤, '승상' 부부에게 자신을 '십 년을 부모 걱정시키던 불초자 원'으로 소개합니다. 이 장면에서 십 년 넘는 시간 동안 흉물로 존재했던 자신의 모습으로 인해 걱정하던 부모에게 미안한 마음을 가지는 '김원'에게 충분히 공감했던 기억이 있죠? 뒤쪽에서 '십 년 불효'라는 표현을 한 것으로 보아, '김원' 스스로 불효를 했다고 생각하는 점을 근거로 하면 더 쉽게 허용할 수 있을 것 같습니다. 지문 속에서 '흉한 모습 때문에 걱정을 끼쳐 죄송합니다.'라고 말하는 내용이 나오지는 않았지만, 스스로를 '불초자 원'으로 소개하는 '김원'의 감정에 공감했다면 그렇게 공감한 내용을 근거로 하여 충분히 허용할 수 있는 선지입니다.

⑤ 김 승상 부부는 이웃의 반응을 보고 의혹을 해소했다.

선지 유형	근거가 없어서 허용 불가능
실전에서의 판단 과정	이웃은 그냥 기뻐하기만 한 건데?
해설	일단 '승상' 부부가 가지고 있는 의혹, 즉 왜 '김원'이 십 년 동안 보자기 속에 들어 있었는지는 '김원'도 알 수 없다고 하면서 해소되지 못합니다. 나아가 이웃은 그저 '승상' 부부의 반응을 보고 함께 기뻐하던 이들일 뿐, '승상' 부부에게 의혹 해소의 단서를 제공하지는 않았어요.

선지	①	②	③	④	⑤
선택률	6%	10%	20%	41%	23%

28 〈보기〉를 참고하여 윗글의 내용을 설명한 것으로 적절하지 않은 것은? ④

① ㉮의 결과로 얻게 된 '이것'이라는 호칭은 주인공이 사람으로 인식되지 않음을 보여 준다.

선지 유형	근거가 있어서 허용 가능
실전에서의 판단 과정	물건 취급받은 거지.
해설	㉮의 결과로 '김원'은 흉물이 됩니다. '승상' 부부는 이러한 흉물을 '이것'이라고 부르는데, 이는 '김원'이라는 주인공이 사람이 아닌 물건으로 인식되고 있음을 보여 주는 것이라고 할 수 있죠.

② ㉮의 성격 때문에 ㉰의 과정에 선관이 개입한다.

선지 유형	근거가 있어서 허용 가능
실전에서의 판단 과정	하늘에서 벌인 일이니까 하늘에서 처리하는 거지.
해설	㉮는 천상계에서 벌인 일입니다. 이러한 성격 때문에, ㉰의 과정에서 천상계의 인물인 선관이 개입한다는 것은 자연스럽죠?

③ ㉯에서 '밥' 먹기를 통해 흉물은 이름을 얻게 되어 '골육'으로서의 성격이 강화된다.

선지 유형	근거가 있어서 허용 가능
실전에서의 판단 과정	이름은 얻었다는 건 자식으로 인정받은 거지.
해설	㉯의 과정에서, 흉물인 '김원'은 밥을 먹으며 '승상' 부부에게 차츰 자식으로 인정받는 모습을 보였습니다. 이를 잘 보여 주는 것 중 하나가 바로 '이것'으로 불리다가 '김원'이라는 이름을 얻은 일이었죠? 지문을 읽으면서도 미리 생각했던 내용이니 가볍게 허용할 수 있겠습니다.

④ ㉰의 결과를 비복은 김 승상에게 보고하여 부자 관계 확인의 정당성을 제시한다.

선지 유형	근거가 없어서 허용 불가능
실전에서의 판단 과정	비복이 무슨 정당성을 제시해.
해설	'비복'은 '승상'에게 어떤 '선동'이 아버님을 찾고 있으나 그 연고를 알지 못하겠다는 이야기를 합니다. 즉, '비복'은 '선동'의 등장이 ㉰의 결과임을 알지 못하고 있는 상황인 것이죠. 그렇기에 '비복'이 ㉰의 결과를 '승상'에게 보고했다고 보기도 어렵고, 더 나아가 '부자 관계 확인의 정당성'을 제시한다고 보기도 어렵겠습니다. 애초에 '비복'은 '선동'과 '승상'이 부자 관계인 것도 알지 못하는 상황이니, 마땅히 부자 관계를 확인해야 한다는 '정당성'을 제시한다는 것 역시 허용하기 어렵다는 것이죠. 이 선지가 허용되려면 적어도 '비복'이 '저기 아드님이 있으니 확인해 보셔야 할 것 같아요.' 정도의 말은 했어야 할 것입니다.

⑤ ㉰ 이후, 부자 관계를 확인받으려는 김원의 바람은 '불초자'라는 호칭으로 구체화된다.

선지 유형	근거가 있어서 허용 가능
실전에서의 판단 과정	㉰ 이후에는 자기가 아들인 걸 알리고 싶을 수 있겠다.
해설	㉰ 이후, '김원'은 스스로를 '불초자'(아들이 부모를 상대하여 자기를 낮추어 이르는 말)라고 표현합니다. 이는 '승상' 부부에게 자신이 자식임을 어필하는 모습으로, 이를 근거로 하면 이 상황에서 '부자 관계를 확인받으려는 바람'을 가지고 있다는 것은 충분히 허용할 수 있겠습니다. 이러한 바람을 '불초자'와 같은 구체적인 호칭으로 드러낸 것이죠.

선지	①	②	③	④	⑤
선택률	4%	5%	17%	70%	4%

29 〈보기〉를 바탕으로 추론할 수 있는 내용으로 적절하지 않은 것은? [3점] ④

① ㉮의 공간 이동은 죄의 대가라는 점에서 주인공이 ㉮에 대해 수동적임을 알 수 있다.

선지 유형	근거가 있어서 허용 가능
실전에서의 판단 과정	죄의 대가니까 수동적으로 이동한 거지.
해설	㉮가 죄의 대가라는 점, 그리고 죄의 대가로 받는 형벌은 수동적으로 당하는 것이라는 점 모두 당연하게 맞는 말이죠?

② ㉯, ㉰는 ㉮에서 비롯된다는 점에서 천상계가 지상계보다 근원적인 공간임을 알 수 있다.

선지 유형	근거가 있어서 허용 가능
실전에서의 판단 과정	천상계 하고 싶은 대로 다 하고 있지.
해설	㉯, ㉰가 ㉮에서 비롯된다는 것은 당연합니다. 애초에 ㉮가 되어서 '김원'이 흉물로 지상계에 떨어져야 ㉯와 ㉰도 진행이 될 것이니까요. 나아가 지상계에서 일어나는 ㉯, ㉰가 천상계의 뜻인 ㉮에서 비롯된다는 것은, 천상계가 지상계보다 더 근원적인 공간임을 전제한다고 할 수 있겠죠. 이는 고전문학에서 나타나는 기본적인 세계관이라고도 할 수 있으니, 확실하게 알아두도록 합시다.

③ ⓝ, ⓓ에 대한 부모의 의심은 천상계와 다른 지상계 나름의 질서가 있음을 보여 준다.

선지 유형	근거가 있어서 허용 가능
실전에서의 판단 과정	지상계의 질서로 봤을 때는 이상하니까 의심하지.
해설	'승상' 부부는 ⓝ와 ⓓ를 보고서 계속해서 고이하게 여기고, 의혹하는 등 의심을 가집니다. 이는 천상계의 질서에 따르면 당연한 과정일 수 있는 ⓝ와 ⓓ가 지상계의 질서로 봤을 때는 낯설기 때문이라고 할 수 있겠죠?

④ ⓝ, ⓓ에 김원과 부모가 모두 참여하는 것은 지상계의 의지만으로 천상계의 질서가 구현될 수 있음을 보여 준다.

선지 유형	근거가 있어서 허용 불가능
실전에서의 판단 과정	ⓓ에는 부모가 참여하지 않았지.
해설	ⓝ의 과정은 '김원'과 '승상' 부부가 모두 참여하지만, ⓓ의 과정은 '승상' 부부가 참여하지 않습니다. 일단 여기서부터 틀린 선지이고, 이 모든 사건들은 천상계의 의지를 통해 천상계의 질서를 구현하는 과정일 뿐, 지상계의 의지가 반영되지는 않죠? 애초에 '승상' 부부를 비롯한 지상계에서는 아무것도 하지 못한 채 천상계의 질서를 받아들이는 상황이기 때문에 절대 허용할 수 없겠습니다.

⑤ ⓓ는 증거물을 통해 부모에게 확인받는다는 점에서 천상계의 질서는 지상계와의 소통 속에서 구현된다고 할 수 있다.

선지 유형	근거가 있어서 허용 가능
실전에서의 판단 과정	증거를 통해 지상계와 소통해서 구현되는 거네.
해설	'김원'은 '승상' 부부에게 허물과 천서 세 권이라는 증거물을 보여 줍니다. 이는 천상계가 증거물을 통해 지상계와 소통하여 그들의 질서를 구현하는 모습이라고 할 수 있겠죠?

선지	①	②	③	④	⑤
선택률	81%	2%	15%	1%	1%

30 ㉠의 상황을 표현한 말로 가장 적절한 것은? ①

① 고진감래(苦盡甘來)
② 괄목상대(刮目相對)
③ 권불십년(權不十年)
④ 동상이몽(同床異夢)
⑤ 오리무중(五里霧中)

몰랐던 어휘 정리하기

| 핵심 point |

① **허용 가능성 평가** : 선지의 내용을 '허용'하려는 태도를 바탕으로 지문을 '독해'하며 '근거'를 찾아야 합니다. 허용할 수 있는 '근거'가 있어야만 허용할 수 있습니다. 주관적인 생각을 개입시키면 안 됩니다.

② **소설 독해** : '심리와 행동의 근거'를 바탕으로 인물에게 '공감'하며 읽어야 합니다. 이 과정이 물흐르듯 이어지면 지문의 내용을 완벽하게 이해할 수 있어요.

③ **고전소설 클리셰** : 천상계와 지상계의 대립을 바탕으로 전개되는 경우가 많습니다. 지상계보다 더 상위의 공간으로 인식되는 천상계의 성격을 적극적으로 활용하면서 지문을 읽을 수 있어야 해요.

| 지문 내용 총정리 |

전형적인 영웅소설의 클리셰 중 '영웅의 탄생' 부분을 다루는 지문이었습니다. 천상계와 지상계의 관계 등 고전소설에서 자주 등장하는 요소들이 많았으니, 이를 중심으로 해서 정리해 보도록 합시다. 물론 '인물에 대한 공감'이라는, 소설 독해의 기본적인 포인트 역시 잊지 않아야겠죠?

〈보기〉 확인

─────────────[보기]─────────────

이 소설은 폭력적이고 억압적인 세계에 맞서 그것의 정체를 드러내어, 이를 부정해야 함을 강조하고 있다. 그리고 억압적인 세계에 길들여져 있는 인간의 모습을 통해 현실 사회가 부정적인 공포의 공간이 되는 모순을 부각하고 있다. 이러한 모순은 공원 숲에서 멀리 달아나지 못하고 도리어 불빛 속으로 뛰어드는 새를 '사내'가 목격하고, 공원 숲이 더 이상 휴식의 공간이 될 수 없음을 깨닫는 데서 잘 드러난다. 또한 이 소설은 폭력적이고 억압적인 현실의 횡포와 기만에 대한 분노를 통해, 폭력과 억압이 존재하지 않는 세계를 집요하게 추구하고 있다.

'폭력적이고 억압적인 세계'는 현대소설의 클리셰라고도 할 수 있습니다. 그러한 세계를 드러내고 부정하는 태도 역시 전형적인 내용이죠? '공원'에서 일어나는 다양한 사건들이 이러한 내용을 잘 담고 있다고 하니, 이 클리셰를 잘 살려서 읽어보도록 합시다.

지문 독해

┌───────────────────────────┐

│ 젊은이는 사내가 새를 사 주지 않는 데 대한 원망의 기색은 손톱만큼도 나타내지 않았다. 그는 될수록 사내가 난처해질 소리들만 골라서 그를 괴롭게 몰아붙이는 것이었다. 그리하여 결국은 사내 스스로가 견디질 못하고 가게를 떠나게 하려는 것이었다.

─아드님을 기다리신답니다. 아드님이 시골에 궁전을 지어 놓고 영감님을 모시러 오시는 중이랍니다.

그는 때로 새를 사러 들어온 손님을 상대로 해서까지 그렇게 무참스럽게 사내를 비웃고 무안을 주었다.

─어디만큼 왔나, 고개만큼 왔지……. 영감님은 날마다 효자 꿈에 행복하시지요. │

└───────────────────────────┘

'젊은이'와 '사내'의 이야기로 시작하고 있습니다. 새를 사 주지 않는다는 말로 보아, '젊은이'는 새를 파는 가게를 운영하고 있는 것으로 보입니다. 여기서 새를 사 주지 않으면 '원망'을 할 법도 한데, '젊은이'는 '원망'의 기색을 보이지 않는다고 해요. 여기서 왜 그러는지 공감하려는 태도를 보여 주셔야 합니다.

알고보니 '젊은이'는 '사내'가 난처해질 소리들만 해서 '사내'가 스스로 가게를 떠나게 하려는 모양이에요. 아들 이야기를 하면서 '사내'를 무안하게 만들고 있죠. 이를 통해 '사내'가 '젊은이'의 새 가게에 자리를 잡고 안 나간지 꽤 오랜 시간이 되었다는 것까지 생각할 수 있겠죠? 이런 상황이라면 '젊은이'의 마음에 충분히 공감할 수 있을 것 같습니다.

┌───────────────────────────┐

│ 사내는 그러나 그런 젊은이의 비웃음을 아랑곳하려는 기색이 조금도 없었다. 그는 젊은이의 공박에 할 말이 전혀 없는 사람처럼 주위를 짐짓 외면해 버리곤 하였다. 젊은이가 정 그를 못 견디게 매도하고 들 때면 차라리 그 젊은이의 얄은 소갈머리가 가엾어 죽겠다는 듯 슬픈 눈길로 그를 한참씩 건너다보고 있다가는 조용히 혼자 한숨을 짓고 말 뿐이었다. │

└───────────────────────────┘

그런데 '사내'는 '젊은이'의 공격에 별다른 타격을 받지 않는 것 같아요. 오히려 '젊은이'가 가엾다는 생각을 하고 있을 뿐이죠. 아니 그렇다면 도대체 '사내'는 왜 이렇게 가게에 앉아서 꿈쩍을 안 하고 있는 것일까요? 무슨 사연이 있는 걸까요? 계속 궁금해하면서 읽어보도록 합시다.

┌───────────────────────────┐

│ 하면서도 사내는 좀처럼 젊은이의 새 가게를 떠날 생각을 않고 있었다. 아니 그는 젊은이의 그런 버릇없는 공박 따위로 가게를 아주 떠나 버릴 처지의 사람이 아니었다.

그에겐 아직도 할 일이 남아 있었다.

"녀석들에게 모두 새를 사야……. 그래도 녀석들에게 빠짐없이 모두 한 마리씩은 새를 살 수가 있어야……."

사내는 혼자 속으로 중얼거리곤 하였다. 그는 아직도 가막소* 안에 남아 있는 친구들을 절대로 잊어서는 안 된다고 생각했다. 그 가엾은 친구들을 위해 새를 사지 않고 혼자서 이곳을 떠날 수는 없다고 몇 번씩 결심을 다짐했다. 그는 그저 지금 당장은 새를 사는 일이 달갑게 여겨지지가 않고 있을 뿐이었다. 새를 사더라도 전날처럼 즐겁거나 기분이 가벼워지질 못하고 있는 것뿐이었다. │

│ * 가막소 : 교도소. │

└───────────────────────────┘

'사내'는 이렇게 '젊은이'의 공격을 무시하면서도, 새 가게를 떠날 생각은 하지 않고 있습니다. 알고 보니 그에게는 할 일이 남아 있었어요. 바로 '가막소'에 있는 친구들을 위해 새를 사는 것이죠.

일단 왜 하필이면 새인지는 모르겠지만, 그냥 사 버리면 될 것 같은데 왜 사지 않는 것일까요? 돈이 없는 것일까요?

지문에 제시된 이유는 약간 당황스럽습니다. 그냥 지금은 사기가 싫다고 해요. '전날'에 무슨 일이 있었는지는 모르겠지만, 새를 산다고 해서 '전날'처럼 즐겁거나 기분이 가벼워질 것 같지가 않아서 그렇다는 것이죠. 넓은 마음으로 최대한 공감해주셔야 합니다. 뭐 기분이 별로라면 사기 싫을 수도 있죠.

> 하지만 사내는 그것도 그저 그 빌어먹을 잠자리의 악몽 때문일 거라 자신을 변명했다. 밤마다 그를 괴롭혀 대고 있는 빛줄기의 꿈만 꾸지 않게 되면 그는 다시 기분이 회복되어 새를 즐겁게 살 수 있으리라 자신을 기다렸다. 도대체가 새들이 낙엽처럼 빛을 맞고 떨어져 내리는 악몽이 계속되는 동안은, 그리고 그 빌어먹을 새들이 어째서 이 공원 숲을 떠나지 못하고 자꾸만 다시 조롱 속으로 붙잡혀 돌아오는지, 그런 사연을 석연히 이해하지 못하고는 새를 다시 사고 싶은 생각이 일어오질 않았다. 그건 마치 어린애들 숨바꼭질과도 같은 어리석은 장난일 뿐이었다.

이때 '사내'는 이렇게 별로인 마음이 '잠자리의 악몽' 때문일 것이라고 생각하고 있습니다. 새들이 빛을 맞고 떨어져 내리는 악몽인 것이죠. 더욱 무서운 것은 새들이 '조롱 속', 즉 빛을 맞고 떨어져 내린 공간으로 보이는 '공원 숲'에 붙잡혀 돌아오는 장면이에요. 이렇게 새와 관련된 악몽을 꾸는 것이 반복되고 있으니, 새를 사는 것이 불편할 수도 있을 것 같습니다. '사내'는 이 '사연'을 제대로 이해한 뒤에야 새를 사고 싶은 것이었습니다. '사내'에게 더욱 깊게 공감할 수 있겠네요.

> 한데 그러던 **어느 날 밤**, 사내에겐 또 한 가지 이상스런 일이 일어났다.
> 사내는 이날 밤도 그 **공원 숲 벤치 위**에서 추운 새우 잠을 견디고 있었는데, **자정을 한 시간쯤이나 지난 무렵**이었을까, 예의 전짓불빛이 다시 공원 숲 속을 훑어 대기 시작했다.
> 이번엔 물론 꿈이 아니었다. 실제로 빛줄기를 앞세운 밤새 사냥이 시작된 것이었다. 사내는 벌써부터 까닭을 알 수 없는 두려움 때문에 자신도 모르게 사지가 움츠러들고 있었다.

그러던 '어느 날 밤'입니다. 시간이 흘렀다는 것을 확실하게 인식

하셔야 합니다. 이날도 '사내'는 '공원 숲 벤치 위'에서 잠을 자고 있습니다. 이를 통해 '사내'는 집도 없이 떠돌아다니는 처지라는 것도 알 수 있겠네요. 이런 처지를 이해하면 '사내'에게 공감하기가 더 수월해지겠어요.

아무튼, '자정을 한 시간쯤이나 지난 무렵' 빛줄기를 앞세운 '밤새 사냥'이 시작됩니다. 맥락상 '새'를 잡는 사냥이 아닐까 싶은데, 여기에서 '사내'는 '까닭을 알 수 없는 두려움'을 느끼고 있어요. 사람인 자신을 사냥하지도 않을 것인데 왜 '두려움'을 느끼는 것일까요? '사내'에게 공감하고 있다면 그 이유를 충분히 생각할 수 있을 것 같습니다. 바로 그동안 '새'와 관련된 악몽을 꾸고 있었기 때문이겠죠. 악몽과 비슷한 일이 현실에서 벌어지고 있으니, '두려움'이라는 감정을 느끼는 것이 이상하지는 않겠습니다.

> 하지만 이번엔 다행스럽게도 **전번 날 밤**과는 사정이 훨씬 달랐다.
> 빛줄기가 아직 사내를 찾아내지 못하고 있었다. 아니, 이날 밤은 그 밤새 사냥꾼이 제 편에서 미리 사내의 잠자리를 피해 주고 있었는지도 알 수 없는 노릇이었다.
> 불빛은 좀처럼 사내 쪽으로 다가들 기미를 안 보이고 있었다. 사내와는 한참 거리가 떨어진 숲들만 이리저리 분주하게 휘저어 대고 있었다. 불빛을 맞은 밤새들이 낙엽처럼 어둠 속을 휘날리고 있을 뿐이었다.
> 불빛은 거의 걱정을 할 필요가 없는 것 같았다.
> 하지만 이미 졸음기가 말끔 달아나 버린 사내는 모른 체하고 다시 잠을 청할 수도 없었다.
> 그는 이윽고 야전잠바 옷깃을 들추고 천천히 벤치 위로 몸을 일으켜 앉았다. 그리고는 차분한 손짓으로 야전잠바 주머니 속을 뒤져 꽁초 한 대를 찾아 물었다.

하지만 이번엔 '전번 날 밤'과는 달리, 빛줄기가 '사내'를 피해가고 있습니다. '전번 날 밤'에는 빛줄기가 '사내'를 찾아 무안했던 적이 있나 보네요. 아무튼 불빛은 '사내'와 거리가 떨어진 곳들을 지나고 있어, 이제는 딱히 걱정할 것도 없어 보입니다. 그래도 이런 일이 있었는데, 그냥 다시 잠들기도 쉽지 않겠죠? 잠이 깬 '사내'는 담배를 피우려고 하네요.

> 사내가 그 야전잠바 옷깃으로 불빛을 가리며 입에 문 꽁초에다 막 성냥불을 그어 붙이려던 순간이었다.
> 후루룩 —!
> 어둠 속 어느 방향으론가부터 느닷없이 사내의 잠바 깃 속으로 날아와 박혀드는 것이었다. 담뱃불을 붙이

려다 말고 사내는 자신도 모르게 흠칫 놀라 손에 든 성냥불부터 날쌔게 꺼 없앴다. 그리고는 그의 가슴께 깃 속으로 박혀든 물체를 재빨리 더듬어 냈다.

사내는 이내 물체의 정체를 알 수 있었다. 다름 아니라 그것은 방금 숲 속의 불빛에 쫓겨 온 한 마리의 새였다. 부드럽고 따스한 감촉이 손에 닿을 때부터 사내는 벌써 그것을 알 수 있었다. 옷깃 밖으로 끌려 나온 새는 두려움 때문인지 가슴이 몹시 팔딱거리고 있었다. 사내가 담뱃불을 붙이기 위해 옷자락에 성냥불을 켰을 때 녀석은 그 불빛을 보고 달려든 게 분명했다.

"빛에 쫓긴 녀석이 외려 또 불빛을 보고 덤벼들다니……. 역시 새 짐승이란……."

사내는 녀석의 분별없는 행동이 희한하기도 하고 우습기도 하였다.

하지만 사내의 그런 생각이 오히려 오해였는지도 알 수 없었다.

사내는 잠시 녀석을 어떻게 해 주어야 좋을지를 생각해 보았다. 녀석을 금세 그냥 그대로 놓아 보낼 수는 없었다. 녀석은 몹시 겁을 먹고 있었다. 빛줄기에 쫓긴 녀석이 사내에게서 또 한 번 놀라고 있었다. 놀란 녀석을 무작정 다시 어둠 속으로 달아나게 할 수는 없었다.

그는 녀석에게 좀 안심을 시켜서 놓아주기로 작정했다.

－이청준, 「잔인한 도시」－

그러던 순간, '사내'의 잠바 깃 속으로 갑자기 새 한 마리가 날아듭니다. '사내'는 놀라면서도 새의 행동이 우습다는 생각을 하고 있어요. 하지만 밖은 새를 찾는 사냥꾼이 있는 곳입니다. 그 사냥꾼의 불빛을 피해 숨어 들어 온 새를 바로 놓아 보낼 수는 없는 노릇이라, '사내'는 새를 안심시켜주기로 작정하는 모습이에요.

사실 저처럼 날개 달린 생물을 무서워하는 사람이라면 소스라치게 놀라면서 난리를 쳤겠지만, '새'라는 동물에게 익숙해보이고, '새'와 관련된 악몽을 꾸고 하는 '사내'의 입장에서는 충분히 할 수 있는 행동처럼 보입니다. 이렇게 공감하면서 읽어주시면 되겠어요.

나아가, 〈보기〉의 내용이 떠오르든 현대소설의 클리셰를 이용하든 해서 여기서의 '새'가 상징하는 것이 '폭력적이고 억압적인 세계 속에서 고통받는 개인' 정도라는 걸 생각한다면 더욱 깊게 이해할 수 있겠죠? 이런 내용을 미리 생각한다면 조금은 낯선 내용을 더욱 쉽게 받아들일 수 있을 겁니다.

선지	①	②	③	④	⑤
선택률	10%	14%	47%	5%	24%

31 윗글의 서술상 특징으로 가장 적절한 것은? ③

– 늘 강조하지만, 문학 개념어에 대한 지식을 묻는 문제가 아니라 지문의 내용을 잘 이해하고 있는지를 묻는 문제라고 생각하고 접근해야 합니다. 몰라서 틀리는 게 아니라 제대로 못 읽어서 틀리는 것이에요.

① 장면의 빈번한 전환으로 인물 사이의 긴장감을 고조시키고 있다.

선지 유형	근거가 없어서 허용 불가능
실전에서의 판단 과정	딱히 긴장감이 고조되지는 않았는데?
해설	일단 '새 가게'에서 '공원'으로의 변화를 제외하면 딱히 '빈번'하다고 할 만큼의 장면 변화가 나타나지도 않았고, '인물 사이의 긴장감 고조'도 허용하기 어렵겠네요. 애초에 이 지문은 '젊은이' 혼자 '사내'를 공격할 뿐 '사내'도 그에 대해 받아치거나 하지는 않기에 '긴장감' 자체가 나타난다고 보기도 어렵습니다.

② 과거와 현재를 병렬적으로 배치하여 특정 사건을 부각하고 있다.

선지 유형	근거가 없어서 허용 불가능
실전에서의 판단 과정	과거를 사건 진행의 한 축으로 배치하지는 않았지.
해설	'전날', '전번 날 밤'과 같은 표현으로 과거 사건에 대한 언급을 조금씩 하기는 하지만, 그 사건이 현재 시간과 '병렬적으로 배치'될 만큼 중요하게 다뤄지고 있지는 않습니다. 참고로 '병렬적'이라는 말은 '비슷한 것들을 나란히 배치한다'라는 뜻이에요. 이 지문의 내용과는 거리가 조금 있죠?

③ 인물이 추리 과정을 통해 특정 사건의 의미를 탐색하게 하고 있다.

선지 유형	근거가 있어서 허용 가능
실전에서의 판단 과정	새와 관련된 사연을 이해하는 게 핵심이었지.
해설	이 지문은 '사내'가 새와 관련된 악몽 속 '그런 사연'을 제대로 이해해나가는 과정을 그리고 있습니다. 이는 '젊은이'의 새 가게에서 비로소 새를 살 수 있게 해 준다는 점에서 굉장히 중요한 일이라

고 할 수 있겠죠? 이렇게 지문 전체의 내용을 포함하고 있는 것이나 다름없는 선지이기 때문에, 가볍게 답으로 고를 수 있겠습니다.

④ 인물 간의 대화를 통해 인물의 내면을 생동감 있게 묘사하고 있다.

선지 유형	근거가 있어서 허용 불가능
실전에서의 판단 과정	대화는 없는데?
해설	이 지문에서는 인물의 독백만 등장할 뿐, 여러 인물 사이에 '대화'를 하는 모습은 나타나지 않습니다. 가볍게 지워낼 수 있겠네요.

⑤ 짧고 감각적인 문장을 활용하여 공간적 배경을 세밀하게 그리고 있다.

선지 유형	근거가 없어서 허용 불가능
실전에서의 판단 과정	어떤 공간이 세밀한데?
해설	일단 전반적으로 문장이 짧지도 않을 뿐 아니라, 공간적 배경을 세밀하게 그리는 부분이 나타나지 않습니다. '새 가게', '공원' 등 특정 공간에 있다는 것만 알 수 있지, 그 공간이 어떻게 생겼는지 자세히 묘사되는 부분은 전혀 없어요.

선지	①	②	③	④	⑤
선택률	7%	8%	75%	4%	6%

32 ㉠의 이유로 가장 적절한 것은? ③

> ㉠사내는 그러나 그런 젊은이의 비웃음을 아랑곳하려는 기색이 조금도 없었다.

– 간단합니다. 일단 '젊은이'가 뭐라고 하든 별 관심이 없기도 하고, 결정적으로 기분이 나아지면 '가막소'에 있는 친구들을 위해 새를 사야 하기 때문이었습니다.

① '새 가게' 이외에는 거처할 곳이 없기 때문이다.
② '젊은이'의 태도에 대해 무언의 항변을 하고 있기 때문이다.
③ '가막소'에 있는 친구들을 위해 할 일이 남아 있기 때문이다.

④ '젊은이'가 자신의 마음을 이해해 줄 것이라고 믿기 때문이다.
⑤ '아들'이 자기를 찾아올 것이라는 희망을 가지고 있기 때문이다.

– 설명할 것도 없이 3번을 답으로 고를 수 있겠죠? 나머지는 전혀 근거를 찾아볼 수 없는 내용들입니다.

선지	①	②	③	④	⑤
선택률	7%	9%	20%	58%	6%

33 〈보기〉를 바탕으로 윗글을 해석할 때 적절하지 않은 것은? [3점] ④

– 〈보기〉의 내용을 조금 더 정리해봅시다. '공원 숲에서 멀리 달아나지 못하고 도리어 불빛 속으로 뛰어드는 새'의 모습은 '사내'의 악몽 속 '그런 사연'인데, 이것이 '억압적인 세계에 길들여져 있는 인간의 모습'을 통해 '현실 사회가 부정적인 공포의 공간이 되는 모순'을 드러낸다고 합니다. '폭력적이고 억압적'인 불빛에서 '공포'를 느끼는 새가 이리저리 도망다니지만, 결국 다시 '공원'이라는 억압적인 세계로 돌아오는 모습이 모순적이라는 의미가 되겠죠. 이 정도로 깊게 독해를 한 상태로 선지 판단을 해봅시다.

① 폭력적이고 억압적인 세계는 '공원 숲 속을 훑어 대기 시작'하는 전짓불빛에 의해 만들어지고 있다.

선지 유형	근거가 있어서 허용 가능
실전에서의 판단 과정	새 입장에선 굉장히 폭력적이지.
해설	'공원 숲 속을 훑어 대기 시작'하는 전짓불빛을 '새'를 사냥하기 위한 것입니다. 이는 인간을 상징하는 '새'의 입장에서는 '폭력적이고 억압적인 세계'라고 할 수 있겠죠.

② 억압적인 세계에 길들여져 있는 인간의 모습은 '공원 숲을 떠나지 못하고 자꾸만 다시 조롱 속으로 붙잡혀 돌아오는' 새들을 통해서 확인할 수 있다.

선지 유형	근거가 있어서 허용 가능
실전에서의 판단 과정	미리 생각한 내용이네.
해설	〈보기〉를 읽으면서 미리 생각한 내용입니다. '조롱'으로 표현된 '억압적인 세계'에 길들여져 있는 인간의 모습을 '공원'으로 계속 되돌아오는 '새'를 통해 보여주고 있는 것이었죠.

③ 현재의 공간이 부정적인 공간이 되는 것은 사냥꾼에 쫓긴 '밤새들이 낙엽처럼 어둠 속을 휘날리'는 것을 통해 확인할 수 있다.

선지 유형	근거가 있어서 허용 가능
실전에서의 판단 과정	사냥꾼에 쫓기고 있는데 너무 부정적이잖아.
해설	새들이 사냥꾼에 쫓겨 어둠 속을 휘날리는 모습은, '현실 사회가 부정적인 공포의 공간'이 되어 있는 모습을 보여 준다고 할 수 있습니다. 역시 미리 생각한 내용 중 하나이니 가볍게 지울 수 있겠네요.

④ 현실의 횡포와 기만에 대한 분노는 '졸음기가 말끔 달아나 버린 사내'가 '모른 체하고 다시 잠을 청할 수' 없는 데서 확인할 수 있다.

선지 유형	근거가 없어서 허용 불가능
실전에서의 판단 과정	이건 그냥 잠이 깨서 그런 거잖아.
해설	'공원'에서의 '사내'에게 제대로 공감하고 있었다면 쉽게 답으로 고를 수 있는 선지입니다. '사내'는 사냥꾼의 불빛을 느끼자 '졸음기가 말끔 달아나 버'리고, '모른 체하고 다시 잠을 청할 수' 없다고 느껴 담배를 피우려고 합니다. 여기서 '사내'가 느꼈을 감정은 잠을 깼다는 점에서 느낄 '짜증' 정도라고 할 수 있겠어요. 그런데 선지에서는 이 행위를 '현실의 횡포와 기만에 대한 분노'와 연결짓고 있습니다. 아직 '사내'는 새를 사냥하는 사냥꾼의 모습에서 '현실의 횡포와 기만'을 느끼지도 않았고, 거기에 '분노'하는 모습을 보이지도 않았어요. 근거가 없으니 허용할 수 없겠습니다.

⑤ 자유를 억압하는 강압적인 폭력의 결과는 '새들이 낙엽처럼 빛을 맞고 떨어져 내리는' 상황을 통해서 암시되고 있다.

선지 유형	근거가 있어서 허용 가능
실전에서의 판단 과정	선지 그 자체로 허용되네.
해설	'새들이 낙엽처럼 빛을 맞고 떨어져 내리는' 상황은 '사냥'이라는 현실에서의 폭력에 의한 결과라고 할 수 있겠습니다. 선지 그 자체로 허용할 수 있겠죠?

선지	①	②	③	④	⑤
선택률	6%	10%	48%	12%	24%

34 ⓐ~ⓔ 중, '사내'가 '그런 사연'을 이해하기 위해 알아야 할 것으로 거리가 먼 것은? ③

> ~그리고 그 빌어먹을 새들이 어째서 이 공원 숲을 떠나지 못하고 자꾸만 다시 조롱 속으로 붙잡혀 돌아오는지, 그런 사연을 석연히 이해하지 못하고는~

– '그런 사연'은 '사내'의 꿈에 나타나는 모습으로, '공원'에서의 폭력에서 도망친 새들이 다시 '공원'으로 돌아오는 모순적인 상황을 의미합니다. 그리고 '사내'는 현실에서 비슷한 일을 겪게 돼요. 이 현실에서 새들의 행동을 잘 살피면 '그런 사연'을 이해할 수 있을지도 모르겠습니다. 이와 관련없는 내용을 답으로 골라보도록 합시다.

① ⓐ

> 한데 그러던 어느 날 밤, 사내에겐 또 한 가지 ⓐ이상스런 일이 일어났다.

선지 유형	근거가 있어서 허용 가능
실전에서의 판단 과정	제일 중요한 거네.
해설	'이상스런 일'은 '그런 사연'과 거의 같은 상황입니다. 꼭 알아야겠죠.

② ⓑ

> 이번엔 물론 꿈이 아니었다. 실제로 빛줄기를 앞세운 ⓑ밤새 사냥이 시작된 것이었다.

선지 유형	근거가 있어서 허용 가능
실전에서의 판단 과정	이것도 중요하지.
해설	'밤새 사냥' 역시 '그런 사연'을 구성하는 요소 중 하나입니다. 반드시 알아야 합니다.

③ ⓒ

> 사내는 벌써부터 ⓒ까닭을 알 수 없는 두려움 때문에 자신도 모르게 사지가 움츠러들고 있었다.

선지 유형	근거가 있어서 허용 불가능
실전에서의 판단 과정	이건 새랑 아무 상관이 없잖아.
해설	이때의 '두려움'은 '사내'가 느낀 감정입니다. '그런 사연'은 새와 관련된 것이기 때문에, 이것을 안다고 해서 '그런 사연'을 이해하는 데 도움이 될 것 같지는 않네요.

④ ⓓ

> 사내는 이내 물체의 정체를 알 수 있었다. 다름 아니라 그것은 방금 ⓓ숲 속의 불빛에 쫓겨 온 한 마리의 새였다.

선지 유형	근거가 있어서 허용 가능
실전에서의 판단 과정	이것도 그런 사연의 구성 요소네.
해설	'불빛'은 새에게 폭력적으로 느껴질 수 있는 요소입니다. 즉, '그런 사연'을 이해하는 데 있어서 꼭 알아야 할 요소 중 하나라고 할 수 있는 것이죠.

⑤ ⓔ

> 사내는 녀석의 ⓔ 분별없는 행동이 희한하기도 하고 우습기도 하였다.

선지 유형	근거가 있어서 허용 가능
실전에서의 판단 과정	이게 그런 사연 그 자체잖아.
해설	여기서 새의 '분별없는 행동'은 불빛에 쫓기다가 또 불빛을 보고 덤벼드는 행동입니다. 이는 공원에서 도망쳤다가 다시 공원으로 돌아오는 '그런 사연'과 정확히 같은 행동이죠. 꼭 알아야겠네요.

몰랐던 어휘 정리하기

〈보기〉 독해

[보기]

김 선생님 : 순수 서정 시인 김영랑은 1930년대 후반에 이르러 더 이상 마음속 울림을 맑은 가락으로 빚어낸 시를 쓸 수 없었어요. 모국어로 시를 쓰는 것 자체가 어려웠기 때문이지요. 거문고는 이런 현실을 우의적 표현으로 비판한 시라고 할 수 있습니다. 그럼, 비슷한 맥락에서 1980년대 초반 많은 독자들의 호응을 얻은 대설주의보를 읽어보지요. 이 작품은 새로운 권력 집단이 등장해서 강압 통치를 했던 시대와 관련이 깊습니다.

(나) 시인 '거문고'는 일제강점기 때의 현실을 비판한 시이고, (다) 시인 '대설주의보'는 군사정권 시기의 현실을 비판하는 시라는 내용이네요. 주제와 시대적 배경까지 친절하게 제시하고 있으니 적극적으로 활용해보도록 합시다.

실전적 지문 독해

(가)

처마 끝에 서린 연기 따라
포도순이 기어 나가는 밤, 소리 없이,
가믈음 땅에 시며든 더운 김이   [A]
등에 서리나니, 훈훈히,
아아, 이 애 몸이 또 달아 오르노나.
가쁜 숨결을 드내쉬노니, 박나비*처럼,
가녀린 머리, 주사* 찍은 자리에, 입술을 붙이고
나는 중얼거리다, 나는 중얼거리다,   [B]
부끄러운 줄도 모르는 다신교도(多神敎徒)와도
같이.
아아, 이 애가 애자지게 보채노나!
불도 약도 달도 없는 밤,
아득한 하늘에는   [C]
별들이 참벌 날으듯 하여라.

-정지용, 「발열(發熱)」-

* 박나비: 흰제비불나방. 몸이 흰색이고 배에는 붉은 줄무늬가 있음.
* 주사(朱砂): 짙은 붉은색의 광물질로, 한방에서 열을 내리는 데 사용하였음.

'밤'에 아픈 '애'를 돌보는 상황입니다. 화자는 그 '애'를 보면서 중얼거리고 있어요. 아픈 '애'가 빨리 낫기를 간절히 바라는 모습이겠죠? 이 정도의 큰 주제만 잡아놓고 넘어가봅시다.

(나)

검은 벽에 기대선 채로
해가 스무 번 바뀌었는디
내 기린(麒麟)*은 영영 울지를 못한다

그 가슴을 툭 흔들고 간 노인의 손
지금 어느 끝없는 향연(饗宴)에 높이 앉았으려니
땅 우의 외론 기린이야 하마 잊었을라

바깥은 거친 들 이리떼만 몰려다니고
사람인 양 꾸민 잔나비떼들 쏘다다니어
내 기린은 맘둘 곳 몸둘 곳 없어지다

문 아주 굳이 닫고 벽에 기대선 채
해가 또 한 번 바뀌거늘   [D]
이 밤도 내 기린은 맘 놓고 울들 못한다

-김영랑, 「거문고」-

* 기린: 성인이 이 세상에 나올 징조로 나타난다는 상상 속의 동물.

'검은 벽'이라는 곳에 기댄 채로 20년이 지났다고 합니다. 그런데 기린은 울지를 못한다고 하네요. 무슨 뜻인지는 모르겠는데, '내 기린'이라는 표현에 주목해야 할 것 같습니다. 그냥 기린도 아니고 '나의 기린'이라고 합니다. 그렇다면 기린은 결국 나와 비슷한 존재. 나와 '동일시'할 수 있는 존재라고 할 수 있겠네요. 이처럼 'A의 B'같은 은유적 표현이 나오면 'A=B'로 생각하셔도 되는 경우가 종종 있어요. 아무튼 그 기린이 영영 울지도 못하는 등 부정적 상황에서 외롭고 슬픈 화자의 모습만 체크하면 되겠습니다. 〈보기〉에서 얻은 정보를 바탕으로 '일제 강점기'라는 시대적 배경을 생각하면 더 좋겠죠?

(다)

해일처럼 굽이치는 백색의 산들,
제설차 한 대 올 리 없는
깊은 백색의 골짜기를 메우며
굵은 눈발은 휘몰아치고,
쪼그마한 숯덩이만한 게 짧은 날개를 파닥이며……
굴뚝새가 눈보라 속으로 날아간다.

길 잃은 등산객들 있을 듯

외딴 두메마을 길 끊어 놓을 듯

은하수가 펑펑 쏟아져 날아오듯 덤벼드는 눈,

다투어 몰려오는 힘찬 눈보라의 군단,

눈보라가 내리는 백색의 계엄령.

쪼그마한 숯덩이만한 게 짧은 날개를 파닥이며……

날아온다 꺼칠한 굴뚝새가

서둘러 뒷간에 몸을 감춘다.

그 어디에 부리부리한 솔개라도 도사리고 있다는 것

일까.

　　길 잃고 굶주리는 산짐승들 있을 듯

　　눈더미의 무게로 소나무 가지들이 부러질 듯

　　다투어 몰려오는 힘찬 눈보라의 군단,

　　때죽나무와 때 끓이는 외딴집 굴뚝에　　　　[E]

　　해일처럼 굽이치는 백색의 산과 골짜기에

　　눈보라가 내리는

　　백색의 계엄령.

- 최승호, 「대설주의보」 -

이 시는 〈보기〉를 통해 생각해보면 바로 이해가 되겠죠? 제설차도 안 오고, 몸을 숨겨야 하고, '솔개'가 도사리는 이 부정적 상황은 모두 군사정권 시절의 상황을 묘사하고 있는 것 같아요! 〈보기〉에서 이야기한 주제와 일맥상통하는 모습입니다. 어렵지 않게 읽을 수 있겠네요.

선지	①	②	③	④	⑤
선택률	8%	6%	13%	4%	69%

35 (가)~(다)의 표현에 대한 설명으로 가장 적절한 것은? ⑤

① (가), (나)는 동일한 시행을 반복하여 운율감을 느끼게 한다.

선지 유형	근거가 없어서 허용 불가능
실전에서의 판단 과정	(나)에는 동일한 시행이 없는데?
해설	일단 (나)에는 '동일한' 시행이 없죠? 동일하려면 아예 똑같아야 해요. 또한 (가)에서는 '나는 중얼거리다'라는 말이 반복되고 있지만, 다른 시행이 아니라 하나의 시행 속에서 제시되었으니 '시행의 반복'으로 보기는 어렵겠어요.

② (가), (다)는 명사로 끝맺은 시행을 반복하여 시적인 여운을 준다.

선지 유형	근거가 있어서 허용 불가능
실전에서의 판단 과정	(가)에 명사로 끝맺은 시행은 하나밖에 없는데 반복은 아니지.
해설	(가)에는 명사로 끝맺은 시행이 [C] 부분의 '밤' 하나밖에 없습니다. 하나밖에 없다는 근거가 있으니 '반복'을 허용하기는 어렵겠네요. 한편, (다)에는 '계엄령'이라는 명사로 끝맺은 시행이 반복되는 모습을 보이네요. 이렇게 미시적인 내용은 답이 되기 어렵다는 것도 생각할 수 있겠죠?

③ (나), (다)는 의인화된 사물을 등장시켜 독자에게 친근감을 느끼게 한다.

선지 유형	근거가 없어서 허용 불가능
실전에서의 판단 과정	주제랑 너무 어긋나는데?
해설	각각 '기린', '굴뚝새'라는 의인화된 존재가 나오기는 하지만, '친근감'이라는 반응은 지문의 주제를 고려했을 때 도저히 허용하기 힘들죠?

④ (가), (나), (다)는 어순의 도치를 통해 긴장감을 드러내고 있다.

선지 유형	근거가 없어서 허용 불가능
실전에서의 판단 과정	(나)와 (다)에서는 도치가 없는 것 같은데?
해설	(가)의 [A], [B]에서는 어순의 '도치'가 나타난다고 할 수 있지만, (나)와 (다)에서는 찾기 힘드네요.

⑤ (가), (나), (다)는 대상의 현재 상황을 부각하여 시적 정서를 형성하고 있다.

선지 유형	근거가 있어서 허용 가능
실전에서의 판단 과정	시라면 당연한 내용이네.
해설	상황 부각, 정서 형성. '시'라면 당연히 가지고 있는 요소입니다. 무조건 정답이라고 할 수 있겠네요. 요즘에는 이렇게 대놓고 거시적인 선지가 나오지는 않지만, 최대한 '거시적'으로 생각하며 답을 고른다는 대원칙은 잊지 말아주셔야 합니다.

선지	①	②	③	④	⑤
선택률	10%	6%	16%	9%	59%

36 다음은 (가)를 영상시로 제작하기 위한 계획서이다. 이에 대한 평가로 적절하지 <u>않은</u> 것은? ⑤

유의 사항	· 카메라의 위치와 움직임은 화자의 시선 이동에 따른다. · 낭송, 영상 및 음향 효과는 시의 내용과 표현에 따른다.
[A]	ㄱ. 카메라 시선을 위쪽부터 아래로 천천히 내림. ㄴ. 화면을 점차 뿌옇게 처리.
[B]	ㄷ. 붉은색이 두드러지는 영상과 가쁜 호흡의 음향 사용. ㄹ. 클로즈업 기법 활용. ㅁ. 5행과 10행은 영탄적 어조로 낭송.
[C]	ㅂ. 카메라 시선을 밤하늘 쪽으로 옮겨 원경으로 담아 냄. ㅅ. 빛이 흩어지는 느낌이 들도록 영상 효과를 줌.

– 독특한 문항입니다. 이런 경우에는 문제가 요구하는 바를 정확하게 독해하는 것이 중요하다고 말씀드렸어요. (가) 작품을 '영상시'로 제작하는 것인데, '유의 사항'을 보니 카메라가 '화자'의 시선 이동을 따른다고 합니다. 나아가 ㄱ~ㅅ의 내용은 지문의 내용을 근거로 허용 가능성을 판단할 수 있겠네요. 가볍게 해결해봅시다.

① ㄱ, ㄴ은 사건이 일어나는 장소와 시간을 제시하고 작품 초반부의 분위기를 자아내는 데 효과적이겠군.

선지 유형	근거가 있어서 허용 가능
실전에서의 판단 과정	장소, 시간 제시했고 뿌옇게 하면 분위기가 드러난다고 할 수있지.
해설	[A] 부분에서 장소(처마가 있는 곳), 시간(밤)을 설정해 주고 있었습니다. 이를 ㄱ을 통해 나타냈고, ㄴ을 통해 '더운 김이 등에 서리'는 모습과 그로 인한 분위기를 드러내고 있네요.

② ㄷ은 안타까운 상황과 분위기를 전달하고 '애'가 겪는 고통을 강조하기 위한 것으로 보여.

선지 유형	근거가 있어서 허용 가능
실전에서의 판단 과정	붉은색이 두드러지고 가쁜 호흡이면 아파 보이지.
해설	ㄷ에서 이야기하는 대로, '붉은 색'이 두드러지는 영상과 '가쁜 호흡'의 음향이 있으면 '애'가 아픈 모습이 잘 전달될 것입니다. 이는 자연스럽게 안타까운 상황과 분위기도 나타낼 수 있겠죠. 근거가 충분하니 허용할 수 있겠습니다.

③ ㄹ로 '애'의 모습을 담으면 감상자의 공감을 이끌어 내는 데 도움이 되겠군.

선지 유형	근거가 있어서 허용 가능
실전에서의 판단 과정	클로즈업하면 아픈 모습이 더 잘 보이겠지.
해설	'애'를 클로즈업하면 아픈 모습이 더 잘 드러나겠죠? 아픈 '애'의 모습을 보면 감상자의 '공감'을 이끌어낼 수 있다는 건 지극히 상식적입니다.

④ ㅁ은 화자의 간절한 심정과 내면 심리를 엿보는 데 도움을 줄 수 있겠어.

선지 유형	근거가 있어서 허용 가능
실전에서의 판단 과정	영탄적 어조 사용하면 간절한 심정 나타나지.
해설	'영탄적 어조'가 있으면 간절한 심정과 내면 심리 허용할 수 있겠네요. '아아!'라는 말에는 많은 것을 담을 수 있으니까요.

⑤ <u>ㅂ, ㅅ은 의식이 혼미해진 '애'의 상태를 보여 주는 데 효과적일 것 같아.</u>

선지 유형	근거가 있어서 허용 불가능
실전에서의 판단 과정	카메라가 하늘로 가면 애의 상태를 알 수가 없잖아?
해설	이 문제에 제시된 계획서도 일종의 〈보기〉이므로, 선지 판단의 근거가 될 수 있습니다. '유의 사항'에 따르면, 카메라의 시선은 '화자'의 시선이라고 했습니다. 따라서 ㅂ처럼 카메라 시선을 '밤하늘' 쪽으로 옮기면, '애'가 아닌 '하늘'의 풍경이 나타나겠죠. 이러한 '근거'가 있으니, '애'의 상태를 보여 준다는 말은 도저히 허용하기 어렵겠습니다. 만약 단순히 ㅅ을 보고서 '애'의 시선이 흐려지는 것이니 허용이 가능할 것이라 판단하셨다면 반성하셔야 합니다. 선지에서 묻는 것을 정확하게 따질 것과 함께, 〈보기〉 및 그에 준하는 정보를 반드시 독해해야 한다는 점을 생각해주세요.

선지	①	②	③	④	⑤
선택률	5%	7%	15%	69%	4%

37 〈보기〉의 설명을 듣고, 학생들이 (나)와 (다)에 대해 보일 반응으로 적절하지 <u>않은</u> 것은? ④

① (나)와 (다) 모두 생각의 표현이 자유롭지 못했던 시기에 창작되었어.

선지 유형	근거가 있어서 허용 가능
실전에서의 판단 과정	〈보기〉에서 그렇다며.
해설	〈보기〉에 나타난, 모국어로 시를 쓰는 것 자체가 어려웠던 상황과 강압 통치가 있던 시대 등을 고려하면 자연스럽게 허용할 수 있는 선지죠?

② (나)와 (다) 모두 고난 극복 의지와 미래에 대한 전망이 나타나지 않아.

선지 유형	근거가 있어서 허용 가능
실전에서의 판단 과정	고난 극복 의지, 미래에 대한 전망은 주제와 무관하지.
해설	(나), (다)의 상황과 반응을 생각하면 충분히 허용되겠죠. 의지라는 '반응'이나 미래에 대한 전망을 나타내는 '상황'은 모두 등장하지 않았습니다. 애초에 고통스러운 상황을 이야기하는 내용의 주제를 가지고 있으니, '의지'와 '전망'을 이야기할 이유가 없기도 하겠죠.

③ (나)의 '울지를 못한다'와 (다)의 '내리는'은 모두 중의적으로 해석할 수 있겠어.

검은 벽에 기대선 채로
해가 스무 번 바뀌었는디
내 기린(麒麟)*은 영영 울지를 못한다

* 기린: 성인이 이 세상에 나올 징조로 나타난다는 상상 속의 동물.

다투어 몰려오는 힘찬 눈보라의 군단,
눈보라가 <u>내리는</u> 백색의 계엄령.

선지 유형	근거가 있어서 허용 가능
실전에서의 판단 과정	충분히 중의적이지.
해설	이걸 고른 학생들이 많을 텐데, 어떻게 중의적으로 해석되는지 모르겠다고 생각하며 골랐을 것이

에요. 일단 '울지를 못한다'는 슬퍼서 엉엉 우는 것과 기린이 우는 것, 즉 '개 짖는 소리', '고양이 울음소리' 등 동물의 소리를 나타내는 것으로 해석할 수 있고, '내리는'은 눈이 내리는 것과 눈보라가 '명령을' 내리는 것. 이렇게 중의적으로 해석이 됩니다.

그런데 이걸 어떻게 아냐구요? 가장 좋은 건 경험을 통해 이런 부분에 감각이 생기는 겁니다. 저는 3번 선지를 보자마자 위의 내용이 떠올랐거든요. 하지만 모든 학생들에게 이 능력이 있지는 않습니다. 그런 학생들은 이런 생각을 해볼 필요가 있습니다. 만약 평가원이 3번 선지를 틀린 선지, 즉 3번 문제의 정답 선지로 출제했다고 가정해봅시다. 평가원은 중의적 표현이 없다고 생각한 거죠. 그런데 어떤 학생이 시의 객관적인 내용만을 따졌을 때 말이 되는 식으로, 본인의 논리에 따라 중의적 표현을 찾아내서 이의제기를 걸었다면? 그렇다면 평가원은 어쩔 수 없이 전원 정답 처리를 해야 할 겁니다. 무슨 말인지 아시겠나요? '중의적 표현'처럼 감상자의 해석에 따라 충분히 허용 가능한 내용이 선지로 나올 땐 대부분 허용이 된다고 생각하고, 잘 모르겠어도 일단 허용한 다음 다른 선지를 봐야 한다는 소리입니다.

④ (나)의 '기린'은 '노인'에게, (다)의 '굴뚝새'는 세상 사람들에게 외면당한 존재야.

검은 벽에 기대선 채로
해가 스무 번 바뀌었는디
내 기린(麒麟)*은 영영 울지를 못한다

그 가슴을 통 흔들고 간 노인의 손
지금 어느 끝없는 향연(饗宴)에 높이 앉았으려니
땅 우의 외론 기린이야 하마 잊어졌을라

* 기린: 성인이 이 세상에 나올 징조로 나타난다는 상상 속의 동물.

쪼그마한 숯덩이만한 게 짧은 날개를 파닥이며……
날아온다 꺼칠한 굴뚝새가
서둘러 뒷간에 몸을 감춘다.

선지 유형	근거가 없어서 허용 불가능
실전에서의 판단 과정	굴뚝새를 딱히 외면하지는 않는데?
해설	일단 '기린'의 경우부터 생각해봅시다. 화자는 '그 가슴을 통 흔들'었던 '노인'이 '끝없는 향연에 높이

| | 앞'은 이후로 설마 잊었을까 하는 우려를 드러내고 있습니다. 화자는 잊지 않기를 바라겠지만, '노인'의 입장에서는 어떠한지 드러나지 않기 때문에 '노인'이 '기린'을 외면했다는 것은 허용하기 어려울 것 같습니다. 근거가 없으니까요!

하지만 '굴뚝새'의 경우, 세상 사람들에게 외면당했다는 것을 허용할 만한 근거를 찾기 어렵습니다. 단순히 무서운 현실에서 몸을 숨기고 있을 뿐이니까요. 애초에 '세상 사람들'을 의미한다고 볼 만한 시어가 존재하지도 않구요. 허용을 하고 싶어도 도저히 근거를 찾을 수 없으니, 이 선지를 정답으로 고르면 되겠습니다. |

⑤ (나)의 '이리떼'와 '잔나비떼'처럼, (다)의 '솔개'는 부당한 권력을 암시하는 소재야.

| 바깥은 거친 들 이리떼만 몰려다니고
사람인 양 꾸민 잔나비떼들 쏘다니어
내 기린은 맘둘 곳 몸둘 곳 없어지다 |

| 날아온다 꺼칠한 굴뚝새가
서둘러 뒷간에 몸을 감춘다.
그 어디에 부리부리한 <u>솔개</u>라도 도사리고 있다는 것일까. |

선지 유형	근거가 있어서 허용 가능
실전에서의 판단 과정	기린과 굴뚝새가 무서워하는 것이니까 허용되지.
해설	'이리떼, 잔나비떼, 솔개'는 모두 '기린'과 '굴뚝새'가 무서워하고 피하는 것들입니다. 〈보기〉를 바탕으로 지문의 주제를 생각해보면, 이들은 일반 시민들을 공포에 떨게 했던 '부당한 권력'을 의미할 수 있겠네요.

선지	①	②	③	④	⑤
선택률	6%	3%	10%	5%	76%

38 [D]와 [E]에 대한 설명으로 가장 적절한 것은? ⑤

① [D]와 [E]는 자아 성찰을 위한 내면의 공간이 나타난다.

선지 유형	근거가 없어서 허용 불가능
실전에서의 판단 과정	자기 이야기가 없는데?
해설	[D]는 조금 애매하지만, [E]는 확실하게 무시무시한 '외부 상황의 이야기'를 하고 있습니다. 이렇게 강력한 근거가 있으니, '자아 성찰'이라는 해석을 허용하기는 어렵겠네요.

② [D]와 [E]는 화자의 심리적 갈등이 해소되는 계기를 보여 준다.

선지 유형	근거가 없어서 허용 불가능
실전에서의 판단 과정	갈등 해소가 전혀 안 되는데?
해설	심리적 갈등이 해소된다는 말을 허용할 만한 근거가 없습니다. 부정적인 상황에서 두려움은 끝날 기미를 보이지 않고 있어요.

③ [D]와 [E]는 표면에 드러난 화자가 대상을 관찰하여 묘사한다.

선지 유형	근거가 없어서 허용 불가능
실전에서의 판단 과정	[E]에는 표면에 드러난 화자가 없는데?
해설	'표면에 드러난 화자'가 허용되기 위해서는 '나', '우리'와 같은 표현이 필요합니다. [E]에서는 찾아볼 수가 없죠? '대상을 관찰하여 묘사'한다는 건 어렵지 않게 허용이 되겠네요.

④ [D]에는 화자와 대상의 거리감이, [E]에는 화자와 대상의 일체감이 나타난다.

선지 유형	근거가 있어서 허용 불가능
실전에서의 판단 과정	내 기린인데 어떻게 거리감이야.
해설	지문 해설에서도 말씀드렸지만, 일단 [D]에서 '기린'이라는 대상은 '나'와 동일시되는 대상입니다. 'A의 B'라는 구조를 기억해야 해요. 이렇게 강력한 근거가 있으니, '거리감'은 절대 허용할 수 없겠습니다. 나아가 [E]에서도 '산짐승', '소나무' 등의 대상과 '일체감'이 나타나지는 않죠?

⑤ [D]에는 화자가 선택한 은거의 공간이, [E]에는 생명이 위협받는 고립의 공간이 암시된다.

선지 유형	근거가 있어서 허용 가능
실전에서의 판단 과정	문 닫았으니 은거가 허용되고, 눈보라 속 외딴집이면 생명이 위협받는 공간이라고 할 수 있겠네.
해설	일단 '은거'의 공간, '생명이 위협받는 고립'의 공간이라는 말은 상황을 고려할 때 충분히 허용이

될 것 같아요. 심지어 '문 아주 굳이 닫고', '외딴집'과 같은 명백한 근거도 존재하니까요.

중요한 건 '[D]에는 화자가 선택한'인데, 이게 앞에서 말했던 '내 기린' 덕에 허용이 되는 선지인 겁니다. '나의 기린'이란 은유적 표현을 통해 화자는 자신과 기린을 '동일시'하고 있는 것이죠. 시라는 것은 기본적으로 인간의 이야기이지 기린의 이야기는 아니잖아요?

현대시 독해 연습

> (가)
> 처마 끝에 서린 연기 따라
> 포도순이 기어 나가는 밤, 소리 없이,
> 가믈음 땅에 시며든 더운 김이
> 등에 서리나니, 훈훈히,
> 아아, 이 애 몸이 또 달아 오르노나.(가)
> 처마 끝에 서린 연기 따라
> 포도순이 기어 나가는 밤, 소리 없이,
> 가믈음 땅에 시며든 더운 김이
> 등에 서리나니, 훈훈히,
> 아아, 이 애 몸이 또 달아 오르노나.

소리도 없이 조용한 밤입니다. '더운 김'이 등에 서리는 것처럼 뜨거운 느낌이 드는데, 알고보니 '애'의 몸이 달아 오른 모습입니다. 아기들은 면역력이 약해 틈만 나면 열이 오르곤 하는데, 이 '애'도 열이 펄펄 나는 모습이네요.

> 가쁜 숨결을 드내쉬노니, 박나비*처럼,
> 가녀린 머리, 주사* 찍은 자리에, 입술을 붙이고
> 나는 중얼거리다, 나는 중얼거리다,
> 부끄러운 줄도 모르는 다신교도(多神敎徒)와도 같이.
>
> * 박나비: 흰제비불나방. 몸이 흰색이고 배에는 붉은 줄무늬가 있음.
> * 주사(朱砂): 짙은 붉은색의 광물질로, 한방에서 열을 내리는 데 사용하였음.

'애'는 너무나 아픈지 '가쁜 숨결'을 드내쉬고 있습니다. 열을 내리는 '주사'를 찍은 자리에 입술을 붙인 '나'는 '다신교도'가 된 것처럼 중얼거리고 있어요. '애'가 아픈 상황에서 '다신교도'처럼 중얼거린다는 건, 온갖 신들에게 제발 '애'가 아프지 않게 해달라고 비는 모습이라고 할 수 있겠죠? 그 마음에 충분히 공감할 수 있겠습니다.

> 아아, 이 애가 애자지게 보채노나!
> 불도 약도 달도 없는 밤,
> 아득한 하늘에는
> 별들이 참벌 날으듯 하여라.
>
> ─정지용, 「발열(發熱)」─

하지만 '애'는 계속 보채기만 합니다. '불도 약도 달도 없는 밤', 화자가 할 수 있는 것도 없고 그저 지켜볼 수밖에 없는 막막한 심정이 드러나는 것 같습니다.

> (나)
> 검은 벽에 기대선 채로
> 해가 스무 번 바뀌었는디
> 내 기린(麒麟)*은 영영 울지를 못한다
>
> * 기린: 성인이 이 세상에 나올 징조로 나타난다는 상상 속의 동물.

'검은 벽'에 기대선 채로 20년이 지났다고 합니다. 무슨 말인지는 모르겠지만, 딱히 긍정적인 상황으로 보이지는 않습니다. 그런데 화자는 '내 기린'이 울지를 못한다는 이야기를 하고 있어요. 각주를 참고하면, '기린'이 태어났는데도 성인이 나올 것이라는 의미의 울음을 울지 않고 있다고 할 수 있겠죠. 이로부터 화자가 현재 처한 상황이 부정적이라는 것도 확실하게 체크할 수 있겠죠? '성인'을 기다리고 있고, 아직 오지 않았음을 안타까워하는 건 현재의 상황이 그리 이상적이지 않다는 것을 의미하니까요.

> 그 가슴을 퉁 흔들고 간 노인의 손
> 지금 어느 끝없는 향연(饗宴)에 높이 앉았으려니
> 땅 우의 외론 기린이야 하마 잊어졌을라

그런데 어떤 '노인'이 '기린'의 가슴을 퉁 흔들고 갔다고 합니다. 이 '노인'은 '기린'을 울게 할 수도 있는 그런 존재인 것처럼 보이는데, 지금은 '어느 끝없는 향연에 높이 앉았'을 것이라고 해요. 화자는 이렇게 높이 올라간 '노인'이 '기린'을 하마('설마'의 방언) 잊었을까 하면서 걱정하고 있습니다. 잊어버렸다면 '노인'은 '기린'을 더 이상 신경쓰지 않을 테니까요. '기린'이 울어야 성인이 땅에 내려오고 이 힘든 현실을 극복할 수 있을 텐데, 상황은 더 안 좋게 흘러가기만 합니다.

> 바깥은 거친 들 이리떼만 몰려다니고
> 사람인 양 꾸민 잔나비떼들 쏘다다니어
> 내 기린은 맘둘 곳 몸둘 곳 없어지다

화자는 지금 '기린'과 함께 '검은 벽'에 기대 서 있습니다. 그런데 그 밖은 '들 이리떼', '잔나비떼'들이 돌아다니고 있어요. 화자가 현재 처한 상황이 부정적이라는 것을 고려하면, '들 이리떼'와 '잔나비떼'들은 모두 부정적인 대상이라고 할 수 있겠습니다. 이러한 상황이니 '기린'은 맘둘 곳도, 몸둘 곳도 없을 것이에요.

> 문 아주 굳이 닫고 벽에 기대선 채
> 해가 또 한 번 바뀌거늘
> 이 밤도 내 기린은 맘 놓고 울들 못한다
> > -김영랑, 「거문고」-

밖은 난장판이기에, '문 아주 굳이 닫고 벽에 기대' 설 수밖에 없습니다. 그렇게 또 1년이 지나는데, '이 밤'도 '기린'은 울지를 못합니다. 성인이 빨리 내려와야 하는데, 막막하기만 한 화자의 감정이 잘 드러나네요.

> (다)
> 해일처럼 굽이치는 백색의 산들,
> 제설차 한 대 올 리 없는
> 깊은 백색의 골짜기를 메우며
> 굵은 눈발은 휘몰아치고,
> 쪼그마한 숯덩이만한 게 짧은 날개를 파닥이며……
> 굴뚝새가 눈보라 속으로 날아간다.

눈이 엄청나게 내린 '백색의 산들'입니다. 이곳은 '제설차 한 대 올 리 없는' 곳인데, 작은 '굴뚝새' 한 마리가 '눈보라 속'으로 날아가고 있습니다. 화자는 주목하는 '굴뚝새'의 처지 중심으로 읽어보면 되겠습니다.

> 길 잃은 등산객들 있을 듯
> 외딴 두메마을 길 끊어 놓을 듯
> 은하수가 펑펑 쏟아져 날아오듯 덤벼드는 눈,
> 다투어 몰려오는 힘찬 눈보라의 군단,
> 눈보라가 내리는 백색의 계엄령.

이렇게 작은 '굴뚝새'는 열심히 '눈보라 속'을 헤치고 있지만, 상황은 녹록치 않습니다. 길 잃은 등산객을 찾을 수도 없게 하고, 외딴 마을의 길도 끊어 놓을 것처럼 눈이 펑펑 내리고 있어요. 이는 마치 '계엄령'을 내린 것처럼 무시무시한 상황이라고 할 수 있겠습니다. 우리의 '굴뚝새'는 이런 상황을 극복할 수 있을까요?

> 쪼그마한 숯덩이만한 게 짧은 날개를 파닥이며……
> 날아온다 꺼칠한 굴뚝새가
> 서둘러 뒷간에 몸을 감춘다.
> 그 어디에 부리부리한 솔개라도 도사리고 있다는 것일까.

결국 '굴뚝새'는 '서둘러 뒷간에 몸을 감'춥니다. '부리부리한 솔개'라도 도사리고 있을 수 있는데 앞이 보이지 않을 정도로 눈이 오고 있으니, 몸을 숨기는 것이 상책이겠죠. 무섭고 부정적인 상황에서 몸을 숨기며 후일을 도모하는 '굴뚝새'의 모습입니다.

> 길 잃고 굶주리는 산짐승들 있을 듯
> 눈더미의 무게로 소나무 가지들이 부러질 듯
> 다투어 몰려오는 힘찬 눈보라의 군단,
> 때죽나무와 때 끓이는 외딴집 굴뚝에
> 해일처럼 굽이치는 백색의 산과 골짜기에
> 눈보라가 내리는
> 백색의 계엄령.
> > -최승호, 「대설주의보」-

아무리 몸을 숨겼어도 밖은 무시무시합니다. 이렇게 무섭고 부정적인 상황을 묘사하면서 마무리되고 있습니다. 이 시를 읽고서 무력감 등의 감정을 느꼈다면 정말 훌륭하게 읽었다고 할 수 있겠어요.

몰랐던 어휘 정리하기

| 핵심 point |

① **허용 가능성 평가** : 선지의 내용을 '허용'하려는 태도를 바탕으로 지문을 '독해'하며 '근거'를 찾아야 합니다. 허용할 수 있는 '근거'가 있어야만 허용할 수 있습니다. 주관적인 생각을 개입시키면 안 됩니다.

② **현대시 독해** : 〈보기〉의 도움 등을 통해 '주제' 위주로, 그리고 일상 언어의 감각으로 읽어내면 됩니다. 현대시도 읽을 수 있는 하나의 글입니다.

| 지문 내용 총정리 |

오래된 지문이지만, 문제를 해결하는 방식은 전혀 변하지 않은 모습입니다. 주제 위주로 가볍게 읽고, 허용 가능성을 평가한다! 이 기본적인 원칙은 절대로 잊지 맙시다.

DAY 4 [39~41]
2013.06 [34~36] 고전소설 '임진록' ☆

〈보기〉 확인

[보기]

「임진록」은 임진왜란이라는 역사적 사실을 소재로 한 역사 군담 소설로서, 역사에 허구를 더해 전란으로 인해 상처받은 민족적 자존감을 보상하면서 전란의 피해와 책임에 대한 민중들의 생각과 정서를 반영하고 있다. 이를 위해 신이한 능력을 지닌 주인공을 통해 조선인의 우월성을 드러내거나 때로는 역사적 근거가 부족한 가공의 사건을 형상화하기도 했다.

이 지문이 임진왜란이라는 역사적 사실을 소재로 한 전형적인 영웅소설임을 알려 주는 〈보기〉입니다. 〈보기〉의 내용 모두 전쟁과 관련된 영웅소설에 자주 등장하는 요소죠? 적극적으로 활용하면서 지문 내용을 이해해봅시다.

지문 독해

이때 동래 부사 송정이 사신 온다는 공문을 보고 웃으며 왈,

"조정에 사람이 무수하거늘 어찌 구태여 중을 보내리오. 이는 더욱 패망할 징조라."

하더니 하인이 보하되,

"사명당 행차 온다 하오니 어찌 접대하리이까."

송정이 분부 왈,

"상례로 대접하라. 제 비록 부처라 한들 어찌 곧이들으리오."

하고 심상히 여기거늘, 하인 분부를 듣고 나와 부사의 말을 이르고 왈,

"지방관의 도리에 봉명 사신(奉命使臣)*을 가벼이 여기거니와 반드시 화를 면치 못하리로다."

하더니 자연 삼일 만에 이르렀는지라. 대접하는 도리와 수응하는 일이 가장 소홀하거늘 사명당이 대로하여 객사에 좌기하고 무사에게 명하여 송정을 잡아 계하에 꿇게 하고 이르되,

"네 벼슬이 비록 옥당이나 지방관이요, 내 비록 중이나 일국 대사마대장군이요 봉명 사신이어늘 네 한갓 벼슬만 믿고 국명을 심상히 여겨 방자함이 태심하니 내어 베어 국법을 엄히 하라."

하고 즉시 나라에 장문하여 선참후계(先斬後啓)*하고

인하여 길을 떠날 새 순풍을 만나 행선하느라.

> * 봉명 사신 : 임금의 명령을 받들고 외국으로 가던 사신.
> * 선참후계 : 군율을 어긴 자를 먼저 처형한 뒤에 임금에게 아뢰던 일.

동래 부사 '송정'은 사신이 온다는 공문을 보고서 웃습니다. 왜 그러나 했더니, 사신으로 중을 보낸다는 것에 어이가 없어 웃는 것이었네요. 사신으로 고작 중을 보낼 정도로 나라가 망하기 직전이라는 생각을 하는 것이죠. 그 중은 '사명당'인 것 같은데, '사명당'을 어떻게 접대할 것이냐 묻는 '하인'에게 '송정'은 대충 대접하라는 명을 내립니다.

그런데 '하인'은 이 말을 듣고 '송정'의 태도 때문에 화를 면치 못할 것이라는 생각을 합니다. '하인'이 보기에 '송정'이 '사명당'을 우습게 보는 것은 잘못된 일이었나 봐요. 삼일 만에 도착한 '사명당'은 소홀한 대접해 크게 화가 나고, 이에 '송정'을 처형하는 모습입니다. '하인'이 생각한 그대로 이루어진 모습이네요. 나름 '봉명 사신'의 신분으로 행차한 것인데, 중이라고 우습게 보며 대접이 소홀하다면 화가 많이 날 수도 있겠죠. 충분히 공감할 수 있겠습니다.

> [중략 줄거리] 사명당이 일본에 도착하자 왜왕 은 사명당의 신통력을 여러 가지로 시험한다.

그렇게 '송정'을 죽인 '사명당'은 일본에 도착하여 '왜왕'을 만납니다. 그런데 '왜왕'은 '사명당'의 신통력을 여러 가지로 시험한다고 해요. 주인공인 '사명당'에게 덤빈 '왜왕'의 비참한 최후가 눈에 그려지신다면 훌륭합니다. 전형적인 영웅소설의 클리셰에 따르면 당연히 그런 결말이 기다리고 있겠죠?

> 채만홍 이 주왈,
> "신의 소견은 철마를 만들어 불같이 달구고 사명당을 태우면 비록 부처라도 능히 살지 못하리이다."
> 왜왕이 그 말을 옳게 여겨 즉시 풀무를 놓고 철마를 지어 만든 후 백탄을 뫼같이 쌓고 철마를 그 위에 놓아 불같이 달군 후에 사명당을 청하여 가로되,
> "저 말을 능히 타면 부처 법력을 가히 알리라."
> 사명당이 심중에 망극하여 납관을 쓰고 조선 향산을 향하여 사배하더니 〈문득 서녘에서 오색구름이 일어나며 천지가 희미하거늘 사명당이 마지못하여 정히 철마를 타려 하더니 홀연 벽력 소리 진동하며 천지 뒤눕는

듯하고 태풍이 진작하여 모래 날리고 돌이 달음질하고 비 바가지로 담아 붓듯이 와 사람이 지척을 분변치 못하는지라. 경각 사이에 성중에 물이 불어 넘쳐 바다가 되고 성 외의 백성들이 물에 빠져 죽는 자 수를 아지 못하되 사명당 있는 곳은 비 한 방울이 아니 젖는지라.〉 왜왕이 경황실색하여 이르되,
> "어찌하여 천위를 안정하리오."

'사명당'을 시험하기 위해, '채만홍'은 철마를 만들어 불같이 달구고 '사명당'을 태우자고 합니다. '왜왕'은 이를 시행하라 하는데, '사명당'은 엄청난 양의 비를 내려 성 밖의 백성들이 모두 물에 빠져 죽게끔 합니다. 〈 〉 표시한 부분은 일종의 'skip 가능 구간'으로 여기면서 빠르게 읽어나갈 수 있어야 합니다. '사명당'의 신통력이 제대로 드러난다는 것만 볼 수 있으면 되고, 디테일한 내용까지 다 읽으며 시간을 낭비할 필요는 없습니다.

이에 '왜왕'은 너무 놀라 어떻게 해야 할지를 모르는 모습입니다. 당황해서 허둥지둥하는 '왜왕'의 모습이 눈에 선하다면 정말 잘 읽고 있는 거예요.

> 예부상서 한자경 이 주왈,
> "처음에 신의 말씀을 들었사오면 어찌 오늘날 환이 있으리이까. 방금 사세를 생각하옵건대 조선에 항복하여 백성을 평안히 함만 같지 못하나이다."
> 왜왕이 자경의 말을 듣고 마지못하여 항서를 써 보내니 사명당이 높이 좌하고 삼해 용왕을 호령하더니 문득 보하되,
> "네 나라 항복받기는 내 손아귀에 있거니와 왜왕의 머리를 베어 상에 받쳐 들이라. 만일 그렇지 아니하면 일본을 멸하여 산 것을 하나도 남기지 아니하리라. 네 돌아가 왜왕에게 자세히 이르라."
> 사자 돌아가 전말을 고하니 왜왕이 이 말을 듣고 머리를 숙이고 능히 할 말을 못하거늘 관백 이 주왈,
> "전하는 모름지기 옥체를 진중하소서."

'한자경'은 처음부터 자기 말을 들었으면 이런 일이 있었겠냐는 이야기를 합니다. 지문에 제시되지는 않았지만, 아마 '한자경'은 처음부터 조선에게 항복하자는 이야기를 했던 것 같아요. 이제라도 그렇게 하자는 것을 보니 말이죠.

'사명당'의 능력으로 백성들이 죽어 가고 있는 마당에, '왜왕'에게는 선택지가 없을 것입니다. 이에 '왜왕'은 마지못해 항서를 써 보내지만, '사명당'은 다 됐고 '왜왕'의 목을 가져오라며 으름장을 놓습니다. 이런 말을 전해 들은 '왜왕'은 머리를 숙이고 할 말을 잃습니다. 여러분이 '왜왕'이라도 할 말이 없겠죠? 아무리 그래도 흔쾌히 목을 내놓기는 어려울 테니까요.

'관백'은 '왜왕'에게 옥체를 진중하라고, 즉 목숨을 소중히 여기라고 말합니다. '사명당'의 단호한 성격을 생각하면, '왜왕'이 목숨을 지키려고 할수록 더 큰 재앙이 닥칠 것이라고 예상할 수 있겠죠?

> 왕이 정신을 차려 살펴보니 〈남은 백성이 살기를 도모하여 사면팔방으로 헤어져 우는 소리, 유월 염천에 큰비 오고 방초 중의 왕머구리 소리 같은지라.〉 왕이 이 광경을 보니 만신이 떨려 능히 진정치 못하거늘 관백이 다시 가지고 들어가 사명당께 드리니 사명당이 항서를 보고 대책 왈,
> "네 왕이 항복할진대 일찍이 항서를 드릴 것이어늘 어찌 감히 나를 속이려 하느냐."
> 하고 용왕 을 불러 이르되,
> "그대는 얼굴을 드러내어 일본 사람을 보게 하라."
> 용왕이 공중에서 이 말을 듣고 사람의 머리를 베어 들고 소리를 벽력같이 지르고 운무 중에 몸을 드러내니 사명당이 관백에게 왈,
> "네 빨리 돌아가 왜왕에게 일러 용의 거동을 보게 하라."
> 관백이 돌아가 그대로 고하니 왜왕이 창황 중 눈을 들어 하늘을 치밀어 보니 〈중천에 삼룡이 구름을 피우고 사람의 머리를 베어 들었으니 형세 산악 같고 고기비늘이 어지러이 번쩍여 일광을 바수고 소리 벽력같아 천지 진동하는지라.〉 이진걸 이 주왈,
> "본국 보화를 다 바치고 항표(降表)를 올려 애걸하소서."
> 왕이 즉시 이진걸을 명하여 항표를 올린대 사명당이 대로 왈,
> "네 나라 임금의 머리를 베어 들이라 한대 마침내 거역하니 일본을 무찔러 혈천을 만들리라."
> 하고 인하여 육환장을 들어 공중을 향하여 축수하더니 문득 뇌성벽력이 진동하여 산악이 무너지는 듯 천지 컴컴한지라. 왜왕이 이때를 당하여 삼혼(三魂)이 흩어지며 칠백(七魄)이 달아나니라.
>
> −작자 미상, 「임진록」−

'왜왕'이 정신을 차리고 살펴보자, 말 그대로 아비규환입니다. '사명당'은 '용왕'까지 불러 일본을 쑥대밭으로 만들고, '이진걸'은 모든 걸 바치라고 말하고, 계속해서 목을 내놓지 않는 '왜왕'의 모습에 '사명당'은 화가 나 계속 능력을 발휘하는 모습입니다. 전형적인 영웅소설의 클리셰대로, 영웅의 능력이 악인으로 규정된 이들에게 참교육을 하는 장면이죠? 고전소설에 대한 경험치가 쌓였다면 대충 읽어도 그 내용이 다 파악될 것입니다.

선지	①	②	③	④	⑤
선택률	8%	79%	5%	3%	5%

39 윗글에 대한 설명으로 적절하지 **않은** 것은? ②

① 힘의 우위를 바탕으로 갈등이 해결되고 있다.

선지 유형	근거가 있어서 허용 가능
실전에서의 판단 과정	사명당이 찍어 누르고 있지.
해설	지문에 제시된 두 가지 에피소드 모두, '사명당'이 가지고 있는 압도적인 권력이나 능력을 통해 갈등을 해결하는 모습입니다. 이렇게 주인공이 일방적으로 승리하는 경우에도 '갈등 해결'을 허용한다는 것도 알아두면 좋겠죠?

② 인물의 외양을 묘사하여 성격을 제시하고 있다.

선지 유형	근거가 없어서 허용 불가능
실전에서의 판단 과정	외양 묘사는 본 적이 없네.
해설	'외양 묘사'가 있었다면 이를 통해 성격을 유추하는 등의 생각을 했을 것입니다. 그런 기억이 없으니 허용할 수 없다고 처리하면 되겠죠? 혹시나 나왔을까봐 불안하다면, 다른 선지들을 먼저 판단하면 될 것입니다. 다른 선지들에서 답을 찾지 못한다면 우리의 기억이 옳다는 의미가 되니까요.

③ 과장된 비유를 활용하여 상황의 급박함을 드러내고 있다.

선지 유형	근거가 있어서 허용 가능
실전에서의 판단 과정	뭐 있겠지.
해설	'사명당'이 능력을 발휘하는 부분이 워낙에 길게 제시되었기 때문에, '과장된 비유'가 하나 정도는 나왔을 것이라 생각하고 넘어가셔도 좋습니다. 굳이 찾아보자면 '천지 뒤눕는 듯하고', '비 바가지로 담아 붓듯이' 등이 있겠죠? 이런 '과장된 비유'를

통해 아비규환에 빠진 급박한 상황을 드러내고 있네요.

④ 전기적(傳奇的) 요소를 활용하여 비현실적 장면을 부각하고 있다.

선지 유형	근거가 있어서 허용 가능
실전에서의 판단 과정	사명당의 능력이 겁나 비현실적이지.
해설	'사명당'의 기이한 능력 등 여러 '전기적 요소'가 비현실적인 장면을 부각하고 있습니다. 'skip 가능 구간'으로 가볍게 넘긴 부분을 요약한 것이나 다름없네요.

⑤ 공간이 국내에서 국외로 바뀌면서 서사적 긴장감이 고조되고 있다.

선지 유형	근거가 있어서 허용 가능
실전에서의 판단 과정	일본으로 바뀌면서 갈등이 생겨났지.
해설	'서사적 긴장감'은 곧 '갈등'으로 바꿔서 이해해도 무방합니다. 서사 갈래(소설)에서 '긴장감'은 '갈등'을 통해 드러나기 때문이에요. 이 작품은 일본으로 건너가기 전 국내를 공간적 배경으로 하다가, 일본이라는 국외로 공간이 바뀌면서 '사명당'과 '왜왕' 사이의 갈등이 시작됩니다. 이를 근거로 하면 '서사적 긴장감이 고조'된다는 것을 충분히 허용할 수 있겠네요.

선지	①	②	③	④	⑤
선택률	5%	10%	10%	9%	66%

40 '사명당'과 '송정' 사이의 갈등에 대한 이해로 적절한 것은?
⑤

- '사명당'이 중이라는 이유로 무시하고 대충 대접하는 '송정'에 대해, '사명당'은 자신의 직위를 들어 화를 내고 '송정'을 죽여 버립니다. 이러한 갈등 양상을 바탕으로 답을 골라봅시다.

① 제삼자를 통한 의사소통 과정에서 생긴 오해에서 비롯된다.

선지 유형	근거가 있어서 허용 불가능
실전에서의 판단 과정	오해가 아니지.

해설	'사명당'과 '송정'은 '하인'이라는 제삼자를 통해 의사소통하기는 했습니다. 하지만 '하인'은 '송정'의 뜻을 '사명당'에게 전했을 뿐, 오해를 만들지는 않았죠? 나아가 '사명당'과 '송정'의 갈등은 '사명당'을 대충 대접하는 '송정'의 태도에서 비롯된 것이지, 오해에서 비롯된 것이 아닙니다.

② 외교적 문제의 핵심 사안에 대한 인식의 차이에서 비롯된다.

③ 사대부의 사회적 소임에 대한 서로 다른 이해에서 비롯된다.

④ 사명당의 종교적 신념과 송정의 윤리적 신념의 충돌에서 비롯된다.

선지 유형	근거가 있어서 허용 불가능
실전에서의 판단 과정	대접을 대충해서 생긴 문제지.
해설	'송정'과 '사명당'은 외교적 문제, 사대부의 사회적 소임, 신념 등에 대한 의견을 나누지도 않았습니다. 그저 '송정'이 '사명당'을 대충 대접해서 생긴 갈등이었어요.

⑤ 사명당은 명분과 직위를, 송정은 신분을 중시하는 데에서 비롯된다.

선지 유형	근거가 있어서 허용 가능
실전에서의 판단 과정	미리 생각한 내용이네.
해설	'사명당'은 자신이 국명을 받은 봉명 사신임을 중시하고, '송정'은 '사명당'의 신분이 중이라는 것을 중시했습니다. 이로 인해 '송정'이 '사명당'을 푸대접한 것이 갈등의 핵심 내용이었죠? 미리 생각한 내용이니 가볍게 답으로 고를 수 있겠습니다.

선지	①	②	③	④	⑤
선택률	4%	3%	17%	4%	72%

41 〈보기〉를 참고하여 윗글을 감상한 내용으로 적절하지 않은 것은? ⑤

① 사명당의 복수를 통해, 국토가 유린되는 과정에서 받은 민중들의 고통을 보상하고 있군.

선지 유형	근거가 있어서 허용 가능
실전에서의 판단 과정	통쾌하지.
해설	'사명당'은 임진왜란을 일으켜 우리 국토를 유린했던 일본을 쑥대밭으로 만들고 있습니다. 이러한 복수는 당시 민중들의 고통을 보상하는 역할을 한다고 할 수 있겠네요.

② 초인적 능력을 지닌 사명당의 모습을 부각하여, 왜에 대한 조선인의 우월성을 드러내고 있군.

선지 유형	근거가 있어서 허용 가능
실전에서의 판단 과정	뭐 그렇네.
해설	'사명당'과 같은 조선인이 초인적 능력을 가지고 일본을 박살내는 것은 왜에 대한 조선인의 우월성을 드러낸다고 할 수 있겠습니다. 가볍게 허용할 수 있겠네요.

③ 부사에 대한 하인의 비판적인 발언을 통해, 전란 후 지배층에 대한 민중들의 인식을 엿볼 수 있군.

선지 유형	근거가 있어서 허용 가능
실전에서의 판단 과정	그럴 수도 있겠다.
해설	'하인'은 부사 '송정'의 명을 듣고서 봉명 사신을 가볍게 여기면 반드시 화를 면치 못하리라는 비판적인 발언을 합니다. 그리고 〈보기〉에 따르면, 이 작품은 전란의 책임에 대한 민중들의 생각과 정서를 반영하고 있다고 했습니다. 이 내용을 근거로 하면, '하인'의 발언이 당대 민중들이 전란 후 지배층에 대해 가지고 있던 비판적인 인식을 반영한다고 할 수 있겠네요. 지배층들이 봉명 사신을 가볍게 여기는 것과 같이 어리석은 행동을 거듭한 결과 전란과 같은 큰 사건이 일어났다고 생각하는 것이 당시 민중의 인식이었다는 것이죠. 이 정도의 근거라면 충분히 허용할 수 있겠네요.

④ 왜왕이 항복하는 모습을 반복적으로 보여 주어, 전란으로 훼손된 민족적 자존감의 회복을 꾀하고 있군.

선지 유형	근거가 있어서 허용 가능
실전에서의 판단 과정	왜왕이 항복하는 모습은 민족적 자존감을 회복하기에 충분하지.
해설	'사명당'의 신이한 능력으로 '왜왕'은 반복해서 항복하는 모습을 보입니다. 이는 〈보기〉에서 말하는 것처럼 전란으로 훼손된 민족적 자존감을 회복하기 위한 장치라고 할 수 있겠죠.

⑤ 양반 대신 승려 사명당을 주인공으로 설정하여, 전란 후 종교를 중심으로 상하층이 단결하는 모습을 형상화하고 있군.

선지 유형	근거가 없어서 허용 불가능
실전에서의 판단 과정	종교 중심은 뭔 소리야.
해설	'사명당'이 승려인 것은 맞지만, 이것이 불교와 같은 종교를 중심으로 상하층이 단결하는 모습을 형상화한다는 건 완전 헛소리죠. 그저 '사명당'의 원맨쇼일 뿐이니까요. 오히려 '송정'이 '사명당'을 양반이 아니라는 이유로 무시하는 등, 상하층이 단결하지 못하는 모습이 나타나고 있습니다. 절대로 허용할 수 없겠네요.

몰랐던 어휘 정리하기

| 핵심 point |

① **허용 가능성 평가** : 선지의 내용을 '허용'하려는 태도를 바탕으로 지문을 '독해'하며 '근거'를 찾아야 합니다. 허용할 수 있는 '근거'가 있어야만 허용할 수 있습니다. 주관적인 생각을 개입시키면 안 됩니다.

② **소설 독해** : '심리와 행동의 근거'를 바탕으로 인물에게 '공감'하며 읽어야 합니다. 이 과정이 물흐르듯 이어지면 지문의 내용을 완벽하게 이해할 수 있어요.

③ **영웅소설 클리셰** : 모든 영웅은 엄청난 능력을 가지고 여러 가지 문제를 해결합니다. 이러한 클리셰를 알고 있다면 지문 독해가 수월해질 거예요.

④ **skip 가능 구간** : 인물의 똑같은 내면을 반복적으로 묘사하거나, 뻔한 이야기가 반복되는 구간은 조금 빠르게 스캔하면서 읽어주시면 됩니다.

| 지문 내용 총정리 |

전형적인 영웅소설 클리셰를 활용한 역사 군담 소설이었습니다. 답을 맞혀내는 것이 중요한 게 아니라, 클리셰와 'skip 가능 구간'을 적극적으로 활용하며 쉽고 빠르게 해결했는지가 핵심이에요. 지문을 읽고 문제를 풀면서 너무 뻔하다는 생각이 들었는지 확인하며 복습해보도록 합시다.

DAY 4 [42~45]
2009.11 [20~23] 현대소설 '역사' ☆☆☆

〈보기〉 독해

〈보기〉가 있기는 하지만, 지문 내용을 이해하는 데 있어 크게 도움이 되는 내용은 아닌 것 같습니다. 바로 지문부터 읽어봅시다.

지문 독해

[A]
이윽고 서씨의 몸은 성벽의 저 너머로 사라져 버렸다. 그리고 잠시 후에 나는 더욱 놀라운 광경을 보게 되었다. 서씨가 성벽 위에 몸을 나타내고 그리고 성벽을 이루고 있는 커다란 금고만 한 돌덩이를 그의 한 손에 하나씩 집어서 번쩍 자기의 머리 위로 치켜 올린 것이었다. 지렛대나 도르래를 사용하지 않고서는 혹은 여러 사람이 달라붙지 않고서는 들어 올릴 수 없는 무게를 가진 돌을 그는 맨손으로 들어 올린 것이었다. 그는 나에게 보라는 듯이 자기가 들고 서 있는 돌을 여러 차례 흔들어 보이고 나서 방금 그 돌들이 있던 자리를 서로 바꾸어서 그 돌들을 곱게 내려 놓았다.

나는 꿈속에 있는 기분이었다. 고담(古談) 같은 데서 등장하는 역사(力士)만은 나도 인정하고 있는 셈이지만 이 한밤중에 바로 내 앞에서 푸르게 빛나는 조명을 온몸에 받으며 성벽을 디디고 우뚝 솟아 있는 저 사내를 나는 무엇이라고 이름 붙여야 할지 몰랐다.

역사, 서씨는 역사다, 하고 내가 별수 없이 인정하며 감탄이라기보다는 차라리 그 귀기(鬼氣)에 찬 광경을 본 무서움에 떨고 있는 동안에 그는 어느새 돌아왔는지 유령처럼 내 앞에서 자랑스러운 웃음을 소리 없이 웃고 있었다.

'서씨'라는 인물의 이야기로 시작하고 있습니다. 그는 성벽 위에서 그 성벽을 이루고 있는 커다란 금고만 한 돌덩이를 한 손으로 들어보이고 있어요. 실로 엄청난 힘을 가지고 있는 것인데, 이를 본 '나'는 당연히 놀랄 수밖에 없겠네요. 지렛대나 도르래를 사용하거나 여러 사람이 붙어야 간신히 들어 올릴 수 있는 무게를 한 손으로 들어 올리는 모습을 보면 당연히 놀랄 수밖에 없겠죠?

이에 '나'는 꿈속에 있는 기분을 느끼며, '서씨'를 도대체 뭐라고 불러야 할지 감이 안 올 정도로 경외감을 느낍니다. '서씨'를 '역사(力士)=뛰어나게 힘이 센 사람'으로 명명한 '나'는, 인정과 감탄을 넘어 무서움에 떨고 있습니다. 무지막지한 크기의 돌덩이를 한 손에 들어 보이고 '자랑스러운 웃음'을 소리 없이 웃는 '서씨'의 모습을 상상해보면, 무서움을 느끼는 '나'의 마음에 어렵지 않게 공감할 수 있을 것 같습니다.

> 서씨는 역사였다. 그날 밤 나는 집으로 돌아와서 이제까지 아무에게도 들려주지 않았다는 서씨의 얘기를 들었다.
>
> [B] ┌ 그는 중국인의 남자와 한국인의 여자 사이에서 난 혼혈아였다. 그의 선조들은 대대로 중국에서 이름 있는 역사들이었다. 족보를 보면 헤아릴 수 없이 많은 장수가 있다고 했다. 그네들이 가졌던 힘, 그것이 그들의 존재 이유였고 유일한 유물이었던 모양이었다. 그 무형의 재산은 가보로서 후손에게 전해졌다. 그것으로써 그들은 세상을 평안하게 할 수 있었고 자신들의 영광도 차지할 수 있었다. 그러나 이 서씨에 와서도 그 힘이 재산이 될 수는 없었다. 이제 와서 그 힘은 서씨로 하여금 공사장에서 남보다 약간 더 많은 보수를 받게 하는 기능밖에 가질 수가 없게 된 것이다.

'그날 밤', '서씨'는 '나'에게 이제까지 아무에게도 들려주지 않았다는 그의 이야기를 해줬다고 합니다. 이는 '서씨'가 '나'를 특별하게 생각하고 있다는 방증이라고 할 수 있겠죠? 둘은 꽤 가까운 사이였나 봅니다.

[B]에서는 '서씨'의 집안 내력이 제시되고 있습니다. '서씨'의 선조들은 대대로 중국에서 이름 있는 '역사'들이었고, 이에 '서씨'도 엄청난 힘을 가지게 된 것이었어요. 그런데 과거 선조들은 그 힘을 통해 세상을 평안하게 하고 영광도 차지할 수 있었지만, '서씨'에 와서도 그 힘이 재산이 될 수는 없었다고 합니다. 과거에는 힘이 세면 장수가 되는 등의 방식으로 권력을 얻을 수 있었겠지만, 현대 사회에서는 힘이 세다고 해서 대단한 권력을 얻을 수 있지는 않으니까요. '서씨'에게 이 힘은 공사장에서 남보다 약간 더 많은 보수를 받게 하는 소소한 기능밖에 가질 수가 없게 된 것입니다.

> 결국 서씨는 그 약간 더 많은 보수를 거절하기로 했다. 남만큼만 벽돌을 날랐고 남만큼만 땅을 팠다. 선조의 영광은 그렇게 하여 보존될 수밖에 없었다. 그리고 서씨는 아무도 나다니지 않는 한밤중을 택하고 동대문의 성벽에서 그 힘이 유지되고 있음을 명부(冥府)의 선조들에게 알리고 있다는 것이었다.

그런데 '서씨'는 이렇게 약간 더 많은 보수를 거절하고, 힘을 숨긴 채 남만큼만 일을 했다고 해요. 이는 선조의 영광을 보존하기 위한 것이었다고 합니다. 이 마음에 공감할 수 있어야 합니다. 선조들은 자신들의 힘을 세상을 평안하게 하는 데 사용하는 명예로운 모습을 보였는데, 개인적인 이득을 조금 더 취하기 위해 그 힘을 사용하는 것이 '서씨'의 입장에서는 부끄러운 일일 수 있겠죠. 이에 '서씨'는 그저 아무도 나다니지 않는 '한밤중'에 집안의 그 엄청난 힘이 유지되고 있음을 선조들에게 알리는 것으로 만족했던 것이죠.

이런 선택이 이해되지는 않더라도, '공감'할 수는 있어야 합니다. '서씨'가 자신만의 굳은 신념을 고집스럽게 지키는 성격을 가지고 있다는 식으로 이해하면 어렵지 않게 공감할 수 있을 거예요.

> 대낮에 서씨가, 동대문의 바로 곁에 서서 행인들 중 누구 한 사람도 성벽을 이루고 있는 돌 한 개의 위치 변화에 관심을 보내지 않고 지나다닐 때, 옮겨진 돌을 바라보며 빙그레 웃고 있는 그의 모습을 나는 쉽게 상상할 수 있었다. 그것이 서씨가 간직하고 있는 자기였고 내가 그와 접촉하면 할수록 빨려 들어갈 수 있었던 깊이였던 모양이었다.

'나'는 '한밤중'에 남들 몰래 동대문 성벽의 돌 위치를 바꾼 것에 대해 '대낮'에 빙그레 웃는 '서씨'의 모습을 상상하고 있습니다. 행인들은 아무도 관심이 없겠지만 '서씨' 혼자 괜히 뿌듯해하는 모습을 떠올리고 공감할 수 있겠죠?

'나'는 이것이 '서씨'가 간직하고 있는 자기였다고 생각합니다. '서씨'가 남들에게 보이지 않지만 혼자 소중하게 간직하고 있는 진짜 자아는 '명예로운 역사'였던 것이죠. 나아가 '나'는 이러한 '서씨'의 모습에 계속해서 빨려 들어갔나 봅니다. '서씨'와 '나'는 서로에게 어느 정도 마음을 연 모습이네요. 이렇게 자연스럽게 인물관계를 인식할 수 있어야 합니다.

> 그 집─그늘 많은 얼굴들이 살던 그 집에서 나는 나 자신 속에서 꿈틀거리는 안주(安住)에의 동경을 의식하지 않을 수 없었다. 그것은 그 사람들의 헤어날 길 없는 생활 속에 내가 휩쓸려 들어가게 되는 것이 무서웠기 때문이었던 모양이다.

이렇게 '서씨' 이야기를 하다가, 갑자기 '그 집'이라는 공간을 떠올리고 있는 '나'입니다. 그곳은 '그늘 많은 얼굴들'이 살던 곳이었다고 해요. 얼굴에 그늘이 졌다는 관용적 표현을 사용한 것으로 보아,

'그 집'에는 힘든 일상을 보내는 사람들이 가득했나 봅니다. 이에 '나'는 '그 집'에서 '안주에의 동경'을 가지고 있었다고 해요. '그 집'의 사람들이 너무 힘들어 보이니, 자기는 편안한 일상에 안주하고 싶은 욕구가 들었던 것이겠죠. 지문에 제시된 것처럼, '그늘 많은 얼굴들'의 헤어날 길 없는 생활 속에 '나'도 휩쓸려 들어가게 될까봐, 즉 자신도 '그늘 많은 얼굴들' 중 하나가 될까봐 두려웠기에 이런 욕구를 가졌던 것으로 보입니다. 이런 식으로 공감할 수 있겠죠?

> 그러나 그곳을 뚝 떠나서 이 **한결같은 곡이 한결같은 악기로 연주되는 집**에 오자 그것은 **견디어 낼 수 없는 권태**와 이 집에 대한 **혐오증**으로 형체를 바꾸는 것이었다. 나란 놈은 아마 알 수 없는 놈인가 보다.

그렇게 '나'는 '그 집'을 떠나서 '이 한결같은 곡이 한결같은 악기로 연주되는 집'으로 온 모습입니다. 악기 연주가 한결같이 들리는 집, 충분히 '안주'할 수 있는 좋은 곳으로 보이는데, '나'는 여기서 자신이 가지고 있던 '안주에의 동경'이 견디어 낼 수 없는 '권태'와 '이 집'에 대한 '혐오증'으로 형체가 바뀌는 것을 느낍니다. '나'는 이렇게 마음이 바뀌는 스스로를 '알 수 없는 놈'이라고 부르고 있지만, 우리는 충분히 공감할 수 있을 것 같습니다. '그 집'에 살 때는 그저 편안하게 살면 좋겠다고만 느끼다가, 막상 '이 집'으로 와서 쳇바퀴같은 일상을 사니 너무나 지겨운 것이죠. 특히 '그 집'과 같이 예측 불가하고 거친 곳에서 살던 '나'에게는 안정적이고 똑같은 일상이 꽤나 괴로울 것 같기도 합니다.

> 피아노 소리가 그쳤다. 무의식중에 나는 방바닥에서 팔목시계를 집어 올렸다. 내가 지금 무슨 행동을 했던가를 깨닫자 나는 **쓴웃음**이 나왔다. 피아노가 그친 시간을 재 보려고 했던 것이다. 그리고 나는 내일도 그 피아노가 그친 시간을 재서 그 시간들을 비교하며 이 집에 대한 **혐오증의 이유를 강화시키려고 했던 것이다.** 나는 자신에 대해서 **어이가 없음을 느꼈다.** 이런 느낌이 드는 것은, **그것은 조금 전에 내가 서씨의 그 거짓 없는 행위를 회상했던 덕분이 아니었을까?** 서씨가 내게 보여 준 게 있다면 다소 몽상적인 의미에서의 성실이었고 그리고 그것은 이 양옥 속의 생활을 비판하는 데도 필수적으로 고려되어야 한다는 것이 아닌가고 내게 생각되는 것이었다.

'이 집'에서 한결같이 연주되던 피아노 소리가 그치자, '나'는 방바닥에서 팔목시계를 집어 올립니다. 오늘도 내일도 피아노가 그친 시간을 재서 그 시간들을 비교하며 '이 집'에 대한 혐오증의 이유를 강화시키려고 한 것이죠. 아마 '이 집'에서는 매일같이 일정

한 시간에 피아노 소리가 그치나 봅니다.

그런데 '나'는 이러한 자신의 모습에 '쓴웃음'을 짓고 '어이가 없음'을 느낍니다. 왜 그런가 했더니, '나'는 이런 느낌이 드는 것이 '서씨'의 행위를 회상했기 때문이라고 생각하고 있어요. '서씨'는 신념에 따라 자신의 힘을 개인적인 이득에 사용하지 않는, 자본주의 사회를 살아가는 현대인의 관점에서 보면 답답하다고 느낄 수 있는 모습을 보이고 있었습니다. '나'는 이를 '다소 몽상적인 의미에서의 성실'로 표현하고 있네요.

나아가 '나'는 '다소 몽상적인 의미에서의 성실'이 '이 집(=양옥)' 속의 생활을 비판하는 데도 필수적으로 고려되어야 한다는 생각을 하고 있습니다. 이를 '쓴웃음'을 짓고 '어이가 없음'을 느끼는 '나'의 모습과 엮어서 이해하면, '다소 몽상적인 의미에서의 성실' 정도도 가지고 있지 못한 자신이 피아노 소리가 일정한 시간에 그친다는 이유로 '이 집'을 비판할 자격이 되는가 하는 내용으로 이해할 수 있을 것 같습니다. '이 집' 사람들 역시 규칙은 지켜야 한다는 신념에서 비롯된 '다소 몽상적인 의미에서의 성실'을 보이고 있다고 할 수 있는데, '나'는 그조차도 가지지 못하고 '그 집'과 '이 집' 모두에서 불평만 하고 있으니 '쓴웃음'이 나오고 스스로 '어이가 없'는 것이죠.

굉장히 어렵지만, 이와 같은 방식으로 '나'가 '서씨'와의 일을 회상했던 이유에 공감할 수 있어야 해요. 사실 '나'가 '이 집'에 대해 혐오증을 가지고 있다는 것 정도만 공감해도 충분하고, '서씨'와의 회상과 엮어 이해하는 것은 '생각 심화'로 처리해도 될 만한 부분입니다. 그래도 최대한 인물에게 공감하는 경험 자체가 여러분의 소설 실력 향상에 아주 큰 도움이 되겠죠? 확실하게 이해하도록 합시다.

> 그러나 **이 집으로 옮아온 다음날의 저녁**, 식사 시간도 잡담 시간도 지나고 모든 사람들의 공부 시간이 되자 나는 홀로 내 방의 벽에 기대앉아서 기타를 퉁겨 보기 시작했던 때의 일을 기억하고 있다. 불현듯이 기타를 켜고 싶어지는 때가 있는 법이다. 그것은 감정의 요구이지만 그렇다고 비난할 건 못 되지 않는가. 내가 줄을 고르며 음을 시험해 보고 있는데 다색(茶色) 나왕으로 된 내 방문이 열리며 할아버지가 들어왔다. 그리고 나의 기타 켜는 시간은 오전 열시부터 한 시간 동안 할머니와 며느리가 미싱을 돌리는 같은 시각으로 배치되었던 것이다. 위대한 가풍이 내게 작용한 첫 번이었다. 그러나 그 이후 내가 내게 주어진 그 시간을 이용해 본 적은 하루도 없었다. **흥이 나지 않아서였다고 하면 적당한 표현이 되겠다.**

이처럼 '나'는 자신이 '이 집'을 비판할 자격이 있는가 하는 생각을 하다가도, '이 집으로 옮아온 다음날의 저녁'을 생각하면 그럴 수도 있다는 생각이 드는 '나'입니다. '그러나'의 의미를 생각하면 더 깊게 이해할 수 있겠죠? 그날 모든 사람들의 공부 시간이 되자, '나'는 불현듯이 기타를 켜고 싶다는 생각이 들어 기타를 퉁겨보고 있었어요. 이때 할아버지가 들어와 '나'의 기타 켜는 시간이 정해졌다는 이야기를 합니다. 그러니 모두의 공부 시간인 지금은 기타를 켜지 말라는 이야기겠죠? 이렇게 자신의 감정의 요구를 들어줄 수도 없게 하는 빽빽한 규칙 속에서 '나'는 '이 집'에 대한 혐오증을 키워왔던 것입니다. 자격 따위를 논할 필요도 없이, 이건 좀 아니지 않냐는 생각이 든 것이죠.

어쨌든 '나'는 그 이후 자신에게 주어진 기타 켜는 시간을 이용해 본 적은 하루도 없었다고 합니다. 흥이 나지 않아서였다고 하면 적당한 표현이라고 하는데, 충분히 공감할 수 있겠죠? 자신의 욕구에 따라 행동하지 못하고 남이 정해준 규칙에 따라 행동해야 한다면 흥이 나지 않고 괜히 하기 싫어지는 느낌이 들 수 있으니까요. 이처럼 단순하면서도 복잡한 '나'의 심리에 충분히 공감한 상태로 문제를 풀어봅시다.

선지	①	②	③	④	⑤
선택률	10%	9%	63%	13%	5%

42 윗글의 서술상의 특징으로 가장 적절한 것은? ③

① 시대적 배경과 밀접한 어휘를 활용하여 주제 의식을 강화한다.

선지 유형	근거가 없어서 허용 불가능
실전에서의 판단 과정	어떤 시대인지 모르겠는데?
해설	'시대적 배경과 밀접한 어휘'가 활용되었다면, 어떤 시대인지 알 수 있어야 할 것입니다. 현대의 어떤 때라는 것 말고는 전혀 감이 잡히지 않죠? 불안하다고 찾아보기에는 너무 귀찮으니 그냥 넘어가시면 되겠습니다. 실제로 그러한 어휘가 나타나지도 않았구요.

② 빈번한 장면 전환을 통해 인물들 사이의 긴장감을 고조시킨다.

선지 유형	근거가 없어서 허용 불가능
실전에서의 판단 과정	장면이 전환된다고 해서 긴장감이 고조되지는 않았지.

해설	이 지문은 크게 두 번의 장면 전환이 나타납니다. 첫 번째는 '서씨'와의 회상 장면에서 '이 집'에서 스스로의 처지를 반성하는 장면으로, 다음은 '이 집으로 옮아온 다음날의 저녁'을 회상하는 장면으로 전환되는 모습을 확인할 수 있죠?

이 정도면 장면 전환이 '빈번'한 것인지에 대해서는 여러 의견이 나올 수 있겠지만, 장면 전환을 통해 '인물들 사이의 긴장감'을 고조시킨다는 것은 절대로 허용할 수 없겠습니다. 이 지문에 나타난 '인물들 사이의 긴장감'이라고 해봤자 정말 넓게 봐서 '나'와 '이 집 가족들' 사이의 긴장감이라고 할 수 있는데, 이는 규칙을 엄격하게 지키는 '이 집'의 특성 때문에 나타난 것이지 '빈번한 장면 전환'으로 인해 고조되는 것이 아니니까요. |

③ 인물들의 서로 다른 특성을 제시하며 서술자의 시각을 드러낸다.

선지 유형	근거가 있어서 허용 가능
실전에서의 판단 과정	서씨, 그 집 사람들, 이 집 사람들의 서로 다른 특성을 제시했지.
해설	이 지문에서 서술자인 '나'는 '서씨', '그 집 사람들(=그늘 많은 얼굴들)', '이 집(=양옥) 사람들'과 같은 인물들의 서로 다른 특성을 제시합니다. 심지어 자기 자신을 '알 수 없는 놈'이라고 표현하는 등 스스로의 특성도 제시하는 모습이었어요. 이는 서술자인 '나'가 바라보는 각 인물들에 대한 시각을 드러낼 수 있겠죠? 가볍게 답으로 고를 수 있겠네요.

④ 현학적인 표현을 주로 사용하여 이상적인 삶의 모습을 형상화한다.

선지 유형	근거가 없어서 허용 불가능
실전에서의 판단 과정	딱히 현학적이지도 않고, 이상적인 삶의 모습이 나타나지도 않지.
해설	본인이 이해하지 못한다고 해서 '현학적인 표현'인 것은 아닙니다. '현학적인 표현'이 허용되려면 서술자가 자신의 학식을 자랑하려는 의도가 있어야 해요. 그런 의도가 전혀 없었으니 '현학적인 표현'을 허용할 수도 없을 뿐 아니라, '이 집'으로 대표되는 현실에 비판적인 태도를 취하고 있을 뿐 '이상적인 삶의 모습'을 형상화하고 있지도 않습니다.

⑤ 공간적 배경에 따라 서술자를 달리하여 상황을 입체적으로 드러낸다.

선지 유형	근거가 있어서 허용 불가능
실전에서의 판단 과정	계속 '나'가 서술자였지.
해설	'동대문', '이 집' 등 공간적 배경이 달라지기는 하지만, 그때마다 서술자는 '나'였습니다. 이렇게 명백한 근거가 있으니 절대 허용할 수 없겠네요.

선지	①	②	③	④	⑤
선택률	3%	81%	4%	7%	5%

43 ㉠~㉤에 대한 이해로 적절하지 않은 것은? ②

① ㉠: '서씨'가 보여 준 모습은 '나'에게 경이로운 것이었다.

㉠저 사내를 나는 무엇이라고 이름 붙여야 할지 몰랐다.

선지 유형	근거가 있어서 허용 가능
실전에서의 판단 과정	경외심 그 자체였지.
해설	'서씨'가 압도적인 힘을 보여 주자, '나'는 경외심을 느끼며 '서씨'를 무엇이라 불러야 할지 모르겠다는 생각을 합니다. 지문을 읽으면서 '나'에게 공감했던 내용 그대로이니 어렵지 않게 허용할 수 있겠죠?

② ㉡: 자신의 힘을 더욱 유용하게 쓰기 위해 힘을 비축해야 했다.

㉡선조의 영광은 그렇게 하여 보존될 수밖에 없었다.

선지 유형	근거가 있어서 허용 불가능
실전에서의 판단 과정	이제 자신의 힘을 유용하게 쓸 일이 없을 텐데?
해설	'서씨'는 선조로부터 압도적인 힘을 물려받았지만, 이제 와서 그 힘은 공사장에서 남보다 약간 더 많은 보수를 받게 하는 기능밖에 하지 못합니다. 이에 '서씨'는 개인적인 이득을 위해 그 힘을 사용하는 것을 거절하는 방식으로 힘을 명예롭게 사용했던 선조의 영광을 보존하려고 한 것이지, 유용하게 쓰기 위해 비축한 것이 아닙니다. '서씨'가 왜 공사장에서의 더 많은 보수를 거절했는지 그 심리의 근거에 정확히 공감할 것을 요구한 선지네요.

③ ㉢: '나'조차도 '나'의 감정 변화를 제대로 납득하기 어려웠다.

㉢나란 놈은 아마 알 수 없는 놈인가 보다.

선지 유형	근거가 있어서 허용 가능
실전에서의 판단 과정	알 수 없는 놈이라며.
해설	'나'는 '그 집'에서 '안주에의 동경'을 하다가, 안정적인 환경의 '이 집'에서는 그 감정이 '권태와 혐오증'으로 바뀌었다는 것을 느낍니다. 이에 대해 '나'는 스스로를 '알 수 없는 놈'이라고 느끼고 있어요. 이는 이러한 감정 변화를 제대로 납득하기 어려운, 즉 자기 자신조차 이해하기 어려운 심리가 담겨 있는 부분이라고 할 수 있겠죠?

④ ㉣: 이 집안의 규칙이 얼마나 정확히 지켜지는지를 확인하고자 했다.

㉣피아노가 그친 시간을 재 보려고 했던 것이다.

선지 유형	근거가 있어서 허용 가능
실전에서의 판단 과정	그렇지.
해설	'나'는 피아노가 그친 시간을 반복적으로 재 보면서 '이 집'의 규칙이 얼마나 정확히 지켜지는지를 확인하고자 합니다. 자신이 그럴 자격이 있는지 생각하며 스스로 어이가 없다는 반응을 보이긴 했지만요.

⑤ ㉤: '나'의 행동이 이 집안의 규칙에 의해 제약되기 시작했다.

㉤위대한 가풍이 내게 작용한 첫 번이었다.

선지 유형	근거가 있어서 허용 가능
실전에서의 판단 과정	'나'가 기타 켜는 시간을 규칙으로 정했지.
해설	'이 집'에서는 '나'의 기타 켜는 시간을 규칙으로 정한 뒤 통보합니다. '나'는 이러한 모습을 ㉤에서 '위대한 가풍'으로 비유했죠?

선지	①	②	③	④	⑤
선택률	13%	72%	4%	6%	5%

44 ⓐ~ⓔ 중 문맥상 함축하는 의미가 다른 하나는? ②

① ⓐ   ② ⓑ   ③ ⓒ   ④ ⓓ   ⑤ ⓔ

> ⓐ 모든 사람들의 공부 시간

> ⓑ 기타를 켜고 싶어지는 때

> ⓒ 나의 기타 켜는 시간

> ⓓ 미싱을 돌리는 같은 시각

> ⓔ 내게 주어진 그 시간

− ⓑ를 제외한 나머지 모든 시간은 '이 집'에서 정한 규칙에 해당하는 내용입니다. ⓑ는 그러한 규칙과는 무관한, '나'의 감정의 요구가 일어나는 시간이죠? '이 집'에 대한 '나'의 '혐오증'의 근간이 되었던 '이 집으로 옮아온 다음날의 저녁'에 있었던 일을 정확하게 이해했다면 어렵지 않게 해결할 수 있겠습니다.

선지	①	②	③	④	⑤
선택률	7%	3%	68%	18%	4%

45 〈보기〉를 바탕으로 [A], [B]를 감상한 내용으로 가장 적절한 것은? ③

─────[보기]─────

김승옥은 「역사」에서 일반적 통념의 범위를 넘어서는 새로운 차원의 사실성을 추구하였다. 이 작품의 창작 의도를 밝힌 글에서 그는, "우리의 눈에는 비사실적인 것도 외국인의 눈으로 보면 사실적으로 보일 수 있다."라고 했다. 작품 속의 '동대문 성벽의 돌덩이 옮겨 놓기'라는 소재는, 이를테면 '외국인의 눈'을 통해 새롭게 '변형'된 것이다. 작가는 '변형'의 효과를 살리기 위해, 작중 상황에 실감을 주는 소설적 장치들을 마련하고 있다.

− [A]와 [B]는 '나'가 '서씨'에 대해 회상하는 장면입니다. 〈보기〉에 따르면, 이 작품의 작가는 '새로운 차원의 사실성'을 추구했다

고 해요. 구체적으로 우리의 눈에는 비사실적인 것도 외국인의 눈으로 보면 사실적으로 보일 수 있다고 하며 외국인의 눈을 통해 '새로운 차원의 사실성'을 추구한 것이라고 할 수 있는 것입니다. 여기서는 엄청난 힘으로 거대한 돌을 옮기는 '서씨'의 행위에 대한 것이라고 이해할 수 있겠죠? 이는 우리의 눈에는 비사실적이지만, 조상 대대로 이름 있는 '역사'가 즐비했던 외국인의 눈에는 사실적일 수 있는 것이죠. 작가는 이러한 '변형'의 효과를 살리기 위해 작중 상황에 실감을 주는 소설적 장치들을 마련했다고 합니다. 이 정도로 정리해놓고 선지를 판단해봅시다.

① '금고만 한 돌덩이'는 '외국인의 눈'으로 보면 비사실적인 소재이겠군.

선지 유형	근거가 있어서 허용 불가능
실전에서의 판단 과정	외국인의 눈으로 보면 사실적일 수 있다고 했잖아.
해설	〈보기〉에 따르면, 작가는 우리의 눈에는 비사실적인 것도 외국인 눈으로 보면 사실적으로 보일 수 있다고 했습니다. '금고만 한 돌덩이'는 이러한 내용의 예시가 될 수 있는 소재겠죠? 우리나라 사람인 '나'의 입장에서 '금고만 한 돌덩이'는 도저히 옮길 수 없는 비사실적인 소재이지만, 외국인의 피가 섞인 '서씨'의 입장에서는 사실적인 소재일 수 있다는 것입니다. 이 선지는 이러한 〈보기〉의 내용을 잘못 독해하고 있네요.

② '동대문'이라는 낯선 배경을 제시하여 독자들이 느끼는 실감을 떨어뜨리고 있군.

선지 유형	근거가 있어서 허용 불가능
실전에서의 판단 과정	작중 상황에 실감을 주려고 했다며.
해설	일단 '동대문'은 우리에겐 낯선 배경이 아니라 낯익은 배경입니다. 여러분이 '동대문'을 가보지 않았더라도, 우리나라의 수도 한복판에 있는 공간이라는 점에서 낯익은 배경이라고 할 수 있겠죠? 이 선지를 허용할 수 없는 더 결정적인 근거는, 이 작품의 작가가 작중 상황에 실감을 주는 소설적 장치들을 마련하고 있다는 〈보기〉의 내용입니다. 독자들이 느끼는 실감을 떨어뜨린다는 건 이러한 〈보기〉의 내용을 무시한 진술이네요.

③ '서씨' 가계의 내력을 제시한 것은 '서씨'의 행위에 사실성을 부여하기 위한 장치이군.

선지 유형	근거가 있어서 허용 가능
실전에서의 판단 과정	실감을 주기 위한 것이지!
해설	앞에서도 언급했지만, 〈보기〉에 따르면 이 작품의 작가는 작중 상황에 실감을 주는 소설적 장치들을 마련하고 있습니다. 그리고 '서씨' 가계의 내력을 제시한 것은 '서씨'의 엄청난 힘에 의한 행위가 충분히 사실적임을 드러내기 위한 소설적 장치라고 할 수 있겠네요. 〈보기〉의 핵심적인 내용을 근거로 하여 충분히 허용할 수 있는 선지입니다.

④ '푸르게 빛나는 조명'은 '서씨'의 신성한 면모를 일상적인 모습으로 '변형'하려는 의도에서 설정된 것이겠군.

선지 유형	근거가 있어서 허용 불가능
실전에서의 판단 과정	이게 〈보기〉랑 뭔 상관이야.
해설	일단 '푸르게 빛나는 조명'은 '서씨'의 모습을 어느 정도 신성하게 보이게끔 '변형'하려는 의도에서 설정된 것이라고 할 수 있겠습니다. 일상적인 모습에서 '푸르게 빛나는 조명'이 보이지는 않으니까요. 하지만 이는 어느 정도 자의적인 해석이고, 핵심은 이 선지가 〈보기〉를 바탕으로 감상한 내용이 아니라는 것입니다. 〈보기〉의 핵심은 이 작품의 작가가 '새로운 차원의 사실성'을 추구하기 위해 '변형'의 효과를 살렸다는 것이지, '신성한 면모'를 '일상적인 모습'으로 '변형'하려는 의도를 가지고 있다는 것이 아니니까요. 이처럼 〈보기〉 역시 허용의 근거가 된다는 점을 잊지 맙시다.

⑤ '나'가 '꿈속에 있는 기분'이었다는 것은 '돌덩이 옮겨놓기'가 사실이 아니라 환상이었음을 암시하고 있군.

선지 유형	근거가 있어서 허용 불가능
실전에서의 판단 과정	아니 말이 그렇다는 거지;
해설	'꿈속에 있는 기분'이라는 것은 말 그대로 꿈속에 있는 것처럼 '서씨'의 괴력이 믿기지 않는다는 것이지, 정말로 사실이 아니라 환상이었음을 암시하는 것이 아닙니다. 일상에서 사용하는 의미 그대로 이해하면 어렵지 않게 지워낼 수 있네요. 나아가 〈보기〉에 따르면 이 작품은 '사실성'을 추구하기 때문에, '사실'이 아니라 '환상'이었음을 암

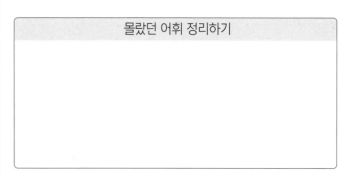

시한다는 말을 하는 것은 〈보기〉를 바탕으로 한 감상이 아닙니다. 여러모로 허용하기 어렵네요.

몰랐던 어휘 정리하기

| 핵심 point |

① **허용 가능성 평가** : 선지의 내용을 '허용'하려는 태도를 바탕으로 지문을 '독해'하며 '근거'를 찾아야 합니다. 허용할 수 있는 '근거'가 있어야만 허용할 수 있습니다. 주관적인 생각을 개입시키면 안 됩니다.

② **소설 독해** : '심리와 행동의 근거'를 바탕으로 인물에게 '공감'하며 읽어야 합니다. 이 과정이 물흐르듯 이어지면 지문의 내용을 완벽하게 이해할 수 있어요.

| 지문 내용 총정리 |

표면적인 심리에 공감하고 문제의 답을 골라내는 것은 그리 어렵지 않았겠지만, 주인공의 심리에 완벽하게 공감하는 것은 꽤 어려운 형태의 지문이었습니다. 문제는 얼마든지 어려워질 수 있으니, 이렇게 완벽하게 공감하는 연습을 하는 것이 중요하겠죠? 나아가 〈보기〉 문제에서는 〈보기〉 역시 허용의 근거가 된다는 기본적인 명제를 재확인할 수도 있었네요.

〈보기〉 확인

─────────[보기]─────────

　자아 성찰의 주제를 담은 현대시에서는 시적 자아가 분열된 모습으로 등장하는 경우가 많다. (가)와 (나)의 화자는 자아 성찰을 통해 자아의 부정적인 모습과 단절하고 새로운 존재로 거듭나려 한다는 점에서 공통적이다. 하지만 (가)의 화자는 시선을 자신의 내면으로 돌려 자아의 부정적, 긍정적 면모를 발견한 후 이들을 상징적 시어로 표현하고 있고, (나)의 화자는 시선을 바깥으로 돌려 자신의 삶의 태도를 외부의 상징적 존재에 투영하여 표현하고 있다.

두 작품 모두 '자아 성찰'의 주제를 가지고 있습니다. 나아가 '새로운 존재로 거듭나려 한다는' 반응을 보이고 있네요. 그런데 (가)는 '화자 자신에게 주목'하고 있고, (나)는 '외부 대상에게 주목'한다는 점에서 차이가 있습니다. 주제를 정확하게 잡았으니, 어렵지 않게 내용을 이해할 수 있을 것 같습니다.

두 번째 〈보기〉는 (다)의 시상 전개를 나타낸 것이니, 굳이 먼저 읽을 필요는 없겠죠? 바로 (가)부터 읽어 봅시다.

실전적 지문 독해

┌─────────────────────────────
　(가)
　　고향에 돌아온 날 밤에
　　내 백골이 따라와 한방에 누웠다.

　　　어둔 방은 우주로 통하고
　　　하늘에선가 소리처럼 바람이 불어온다.

　　　어둠 속에 곱게 풍화작용하는
　　　백골을 들여다보며
　　　눈물짓는 것이 내가 우는 것이냐
　　　백골이 우는 것이냐
　　　아름다운 혼이 우는 것이냐

　　　지조 높은 개는
　　　밤을 새워 어둠을 짖는다.

　어둠을 짖는 개는
　나를 쫓는 것일 게다.

　　가자 가자
　　쫓기우는 사람처럼 가자
　　백골 몰래
　　아름다운 또 다른 고향에 가자.

　　　　　　　　－윤동주, 「또 다른 고향(故鄕)」－

'고향에 돌아온 날 밤'이라는 상황에서, '내 백골'을 보며 자아 성찰을 하고 있는 화자입니다. 눈물을 짓기도 하면서 자신의 처지를 돌아보고 있는데, '아름다운 또 다른 고향'에 가겠다는 다짐을 드러내고 있습니다. 이미 고향에 있는데 '또 다른 고향'에 간다니 무슨 말인지는 모르겠지만, 〈보기〉에서 이야기하는 것처럼 '새로운 존재로 거듭나려' 하는 모습을 확인할 수 있겠네요.

┌─────────────────────────────
　(나)
　　전신이 검은 까마귀,
　　까마귀는 까치와 다르다.
　　마른 가지 끝에 높이 앉아
　　먼 설원을 굽어보는 저
　　형형한* 눈,
　　고독한 이마 그리고 날카로운 부리.
　　얼어붙은 지상에는
　　그 어디에도 낟알 한 톨 보이지 않지만
　　그대 차라리 눈발을 뒤지다 굶어 죽을지언정
　　결코 까치처럼
　　인가의 안마당을 넘보진 않는다.
　　검을 테면
　　철저하게 검어라. 단 한 개의 깃털도
　　남기지 말고……
　　겨울 되자 온 세상 수북이 눈은 내려
　　저마다 하얗게 하얗게 분장하지만
　　나는
　　빈 가지 끝에 홀로 앉아
　　말없이
　　먼 지평선을 응시하는 한 마리
　　검은 까마귀가 되리라.

　　　　　　　　　　　－오세영, 「자화상 · 2」－

* 형형한 : 광채가 반짝반짝 빛나며 밝은.

역시 〈보기〉의 내용 그대로입니다. '까마귀'라는 '외부 대상에게 주목'하여 자아 성찰하고, '검은 까마귀'와 같은 '새로운 존재'가 되겠다는 다짐을 드러내고 있습니다. '검은 까마귀'가 가지고 있는 단호하고 곧은 이미지가 곧 화자가 지향하는 자신의 모습이라고 할 수 있겠죠?

(다)

[A]
굳어지기 전까지 저 딱딱한 것들은 물결이었다
파도와 해일이 쉬고 있는 바닷속
지느러미의 물결 사이에 끼어
유유히 흘러 다니던 무수한 갈래의 길이었다

[B]
그물이 물결 속에서 멸치들을 떼어냈던 것이다
햇빛의 꼿꼿한 직선들 틈에 끼이자마자
부드러운 물결은 팔딱거리다 길을 잃었을 것이다

[C]
바람과 햇볕이 달라붙어 물기를 빨아들이는 동안
바다의 무늬는 뼈다귀처럼 남아
멸치의 등과 지느러미 위에서 딱딱하게 굳어갔
던 것이다
모래 더미처럼 길거리에 쌓이고
건어물집의 푸석한 공기에 풀리다가
기름에 튀겨지고 접시에 담겨졌던 것이다

[D]
지금 젓가락 끝에 깍두기처럼 딱딱하게 집히는
이 멸치에는
두껍고 뻣뻣한 공기를 뚫고 흘러가는
바다가 있다 그 바다에는 아직도
지느러미가 있고 지느러미를 흔드는 물결이 있다

[E]
이 작은 물결이
지금도 멸치의 몸통을 뒤틀고 있는 이 작은 무늬가
파도를 만들고 해일을 부르고
고깃배를 부수고 그물을 찢었던 것이다

-김기택, 「멸치」-

'멸치'라는 '외부 대상에게 주목'하여 시상을 전개하고 있습니다. 지금은 딱딱하게 굳어 반찬이 되어 버렸지만, 사실 이들은 '고깃배를 부수고 그물을 찢'을 만큼 강력한 생명력을 가지고 있었다고 해요. 이렇게 '외부 대상에게 주목'하는 경우, 결국 화자도 그 외부 대상과 같은 처지일 가능성이 높다고 했죠? 화자가 생각하기엔, 결국 본인도 왕년의 생명력을 잃고 딱딱하게 굳어 접시 위에 올려진 것과 같은 신세인 것입니다. 그러한 자신의 처지를 한탄하는 작품이겠네요.

선지	①	②	③	④	⑤
선택률	6%	6%	75%	2%	11%

46 (가)~(다)의 공통점으로 가장 적절한 것은? ③

– 오랜만에 보는 공통점 문제네요. '거시적'인 내용 위주로 빠르게 답을 골라낼 수 있어야 합니다.

① 영탄법을 활용하여 화자의 정서를 표출하고 있다.

선지 유형	근거가 없어서 허용 불가능
실전에서의 판단 과정	영탄법은 없는데?
해설	'화자의 정서 표출'이라는 거시적인 내용이 담겨 있습니다. 답일 가능성이 매우 높은 선지인데, 지문 그 어디에서도 '영탄법'을 찾아 보기는 어렵네요.

② 동일한 시행의 반복을 통해 운율감을 자아내고 있다.

선지 유형	근거가 없어서 허용 불가능
실전에서의 판단 과정	동일한 건 없는 것 같네.
해설	유사한 시행의 반복(~우는 것이냐, ~가자 등)은 조금씩 보이지만, '동일한' 시행의 반복을 찾기는 어렵습니다. '동일'이라는 말을 허용하려면 완벽하게 똑같아야 해요.

③ 공간의 대비를 통해 지향하는 가치를 드러내고 있다.

선지 유형	근거가 있어서 허용 가능
실전에서의 판단 과정	공간의 대비 있고, 지향하는 가치 드러내는 건 주제라고 할 수 있겠다.
해설	'공간의 대비'를 묻고 있습니다. 귀찮지만 하나씩 찾아 봅시다. (가)의 경우 화자가 자아 성찰하는 공간인 '어둔 방'이 지향하는 공간인 '또 다른 고향'과 대비된다고 할 수 있겠습니다. (나)의 경우에는 '까치'가 넘보는 '인가의 안마당'과 '까마귀'가 바라보는 '먼 지평선'이 대비된다고 할 수 있겠구요. (다)의 경우에는 '멸치'가 헤엄치던 '바다'와 반찬이 되어버린 '건어물집'이 대비되는 공간이네요. 이렇게 '공간의 대비'를 통해, 화자들은 각각 '또 다른 고향', '먼 지평선', '바다'라는 공간에서의 삶을 지향하고 있습니다. 이렇게 어딘가를 지향하는 모습은 세 작품의 공통적인 주제 의식이었으니, 어렵지 않게 답으로 고를 수 있겠습니다. 다소 미시적인 내용이라고도 할 수 있지만, 결국 '지향하는 가치'처럼 주제와 직결되는 내용이 정답 선지로

④ 과거에 대한 회상을 통해 그리움의 정서를 환기하고 있다.

선지 유형	근거가 없어서 허용 불가능
실전에서의 판단 과정	그리움은 주제랑 너무 멀지.
해설	'과거'에 대한 이야기, '그리움'이라는 반응 등은 모두 찾아 볼 수 없는 내용이었습니다.

⑤ 반어적 표현을 활용하여 현실에 대한 비판적 태도를 드러내고 있다.

선지 유형	근거가 없어서 허용 불가능
실전에서의 판단 과정	반어적 표현이 어딨었냐.
해설	'반어적 표현'이 나타난 적은 없습니다. '반어적 표현'은 꽤나 강력한 표현이기에, 혹시나 나타난다면 우리가 충분히 인식할 수 있을 거예요.

선지	①	②	③	④	⑤
선택률	3%	5%	6%	4%	82%

47 〈보기〉를 참고하여 (가)와 (나)를 감상한 내용으로 적절하지 않은 것은? [3점] ⑤

① (가)의 '들여다보며'에서는 '백골'로 상징화된 부정적 자아를 향한 화자의 내면의 시선을 확인할 수 있군.

> 어둠 속에 곱게 풍화작용하는
> 백골을 들여다보며
> 눈물짓는 것이 내가 우는 것이냐

선지 유형	근거가 있어서 허용 가능
실전에서의 판단 과정	백골을 들여다보는 건 자아 성찰하는 거지.
해설	화자는 '어둔 방'에서 '내 백골'을 바라보며 자아 성찰을 했습니다. 나아가 '백골'의 의미를 생각하면, 이것이 '부정적 자아'를 상징한다는 것도 어렵지 않게 허용할 수 있겠습니다. 지문의 내용 그 자체인 선지였네요.

② (가)의 '지조 높은 개'는 자아의 부정적인 모습과 대비되어 화자를 새로운 존재로 거듭나게 하는군.

> 지조 높은 개는
> 밤을 새워 어둠을 짖는다.
>
> 어둠을 짖는 개는
> 나를 쫓는 것일 게다.
>
> 가자 가자
> 쫓기우는 사람처럼 가자
> 백골 몰래
> 아름다운 또 다른 고향에 가자.

선지 유형	근거가 있어서 허용 가능
실전에서의 판단 과정	지조 높은 개가 나를 쫓고 있네.
해설	'지조 높은 개'는 '밤을 새워 어둠을 짖는' 존재이고, 그 행위의 의미는 '나를 쫓는 것'이라고 합니다. '어둠을 짖는' 것이 정확히 어떤 뜻인지는 몰라도, 부정적인 화자의 자아를 쫓는다는 점에서 '대비'된다는 말을 충분히 허용할 수 있겠어요. 그리고 이 개의 울음 소리를 듣고 화자가 '또 다른 고향'에 가자는 의지를 다지고 있으니, 이를 근거로 '화자를 새로운 존재로 거듭나게' 한다는 것도 허용할 수 있겠습니다. 이 정도의 선지 판단은 자연스럽게 해낼 수 있겠죠?

③ (나)에서 먼 설원을 굽어보는 '형형한 눈'은 바람직한 삶을 지향하는 화자의 태도를 떠올리게 하는군.

> 전신이 검은 까마귀,
> 까마귀는 까치와 다르다.
> 마른 가지 끝에 높이 앉아
> 먼 설원을 굽어보는 저
> 형형한* 눈,
>
> * 형형한 : 광채가 반짝반짝 빛나며 밝은.

선지 유형	근거가 있어서 허용 가능
실전에서의 판단 과정	화자는 까마귀의 삶을 지향했지.
해설	지문을 읽으면서부터 파악했듯이, (나)의 화자는 '까마귀'처럼 되기를 바라고 있습니다. 이런 내용들을 근거로 하면 '까마귀'가 가지고 있는 속성인

'형형한 눈'은 화자가 지향하는 태도를 떠올리게 한다는 내용을 허용할 수 있겠습니다.

④ (나)에서 인가의 안마당을 넘보는 '까치'는 화자가 단절하고자 하는 삶의 태도를 나타내는군.

> 얼어붙은 지상에는
> 그 어디에도 낟알 한 톨 보이지 않지만
> 그대 차라리 눈발을 뒤지다 굶어 죽을지언정
> 결코 까치처럼
> 인가의 안마당을 넘보진 않는다.

선지 유형	근거가 있어서 허용 가능
실전에서의 판단 과정	까치는 까마귀랑 반대되는 대상이겠지.
해설	(나)의 화자는 '까마귀'를 지향하고 있고, '까치'는 그러한 '까마귀'와는 다른 속성을 가지고 있습니다. 자연스럽게 '까치'는 화자가 단절하고자 하는 삶의 태도를 드러낸다고 할 수 있겠죠.

⑤ (가)의 '방'은 화자의 어두운 내면을, (나)의 '먼 지평선'은 화자가 처한 부정적 현실을 상징하는군.

> 어둔 방은 우주로 통하고
> 하늘에선가 소리처럼 바람이 불어온다.

> 나는
> 빈 가지 끝에 홀로 앉아
> 말없이
> 먼 지평선을 응시하는 한 마리
> 검은 까마귀가 되리라.

선지 유형	근거가 있어서 허용 불가능
실전에서의 판단 과정	먼 지평선은 화자의 지향점인데?
해설	'어둔 방'이 화자의 어두운 내면을 상징한다는 것은 다른 선지를 판단하는 과정에서도 충분히 납득했던 내용입니다. 그런데 '먼 지평선'은 (나)의 화자가 지향하는 대상이죠? 이러한 독해의 결과를 근거로 하면, '먼 지평선=부정적 현실'이라는 해석은 절대로 허용할 수 없겠습니다.

선지	①	②	③	④	⑤
선택률	5%	80%	10%	3%	2%

48 (나)의 ㉠에 대한 설명으로 가장 적절한 것은? ②

> 겨울 되자 온 세상 수북이 ㉠눈은 내려
> 저마다 하얗게 하얗게 분장하지만
> 나는
> 빈 가지 끝에 홀로 앉아
> 말없이
> 먼 지평선을 응시하는 한 마리
> 검은 까마귀가 되리라.

– (나)의 '눈'은 세상을 '하얗게 하얗게 분장'시키는 대상입니다. 얼핏 보면 좋아 보이지만, 화자는 그러한 상황에서도 '말없이 / 먼 지평선을 응시하'겠다고 했어요. 이렇게 맥락을 독해하면, ㉠의 의미하는 바는 결국 '먼 지평선을 보지 못하도록 하얗게 분장하는 것'이라고 할 수 있겠네요. '눈'의 포근한 이미지와는 달리, 이 지문 속에서는 그저 세상을 '분장'해 화자의 지향을 방해하는 대상인 것입니다.

① 충만한 느낌을 통해 평온한 삶을 드러낸다.

선지 유형	근거가 없어서 허용 불가능
실전에서의 판단 과정	좋은 거 아닌데?
해설	㉠은 '충만', '평온' 같은 긍정적인 내용과는 어울리지 않습니다. 간단하게 지울 수 있어야 해요.

② 본질을 가리는 속성을 통해 세상의 허위를 암시한다.

선지 유형	근거가 있어서 허용 가능
실전에서의 판단 과정	분장한다는 말을 멋있게 풀어 썼네.
해설	세상을 '하얗게 분장'시키는 ㉠의 속성을 '본질을 가리는 속성'으로 표현하고 있습니다. 여기서의 '본질'은 '먼 지평선'을 의미할 것이고, 이렇게 겉으로는 아름답지만 실상은 '먼 지평선'을 제대로 보지 못하도록 하는 ㉠은 '세상의 허위'를 의미한다고 할 수 있겠죠. 결국 '독해력'이 핵심입니다. 이 문제가 묻고자 하는 것이 문학적인 해석 능력이 아님을 확실하게 이해해 주세요.

③ 색채 이미지를 통해 화자의 순결한 정신을 드러낸다.

④ 하강 이미지를 통해 화자가 연약한 존재임을 보여 준다.

⑤ 역동적 이미지를 통해 미래에 대한 화자의 소망을 나타낸다.

선지 유형	근거가 없어서 허용 불가능
실전에서의 판단 과정	셋 다 헛소리네.
해설	세 선지 모두 ㉠을 제대로 독해했다면 도저히 허용할 수 없는 내용들입니다.

선지	①	②	③	④	⑤
선택률	3%	6%	7%	77%	7%

49 〈보기〉를 바탕으로 (다)의 시상 전개를 이해할 때, 적절하지 않은 것은? ④

[A]		[B]		[C]		[D]		[E]
바닷속의 멸치 떼	→	건져 올린 멸치	→	굳어진 멸치	→	멸치 몸의 무늬	→	멸치와 바다

– 다소 소외되어 있었던 (다) 작품의 단독 문제입니다. 〈보기〉에서 제시하는 부분을 독해하면서 해결하면 되겠죠?

① [A]에서 멸치 떼의 유유한 움직임은 '무수한 갈래의 길'과 연결되어 바닷속의 자유로운 분위기를 보여 주고 있다.

선지 유형	근거가 있어서 허용 가능
실전에서의 판단 과정	선지 그 자체로 허용되네.
해설	'무수한 갈래의 길'에서 유유히 흘러 다니는 '멸치'의 모습. 그 자체로 충분히 '바닷속의 자유로운 모습'이라고 할 수 있겠죠.

② [B]에서 '그물', '햇빛의 꼿꼿한 직선들'은 멸치의 생명을 앗아가려는 외부 세계의 폭력성을 환기하고 있다.

선지 유형	근거가 있어서 허용 가능
실전에서의 판단 과정	얘들 땜에 멸치가 생명력을 잃었으니까 맞지.
해설	[A]에서 바다를 자유롭게 돌아다니던 '멸치'는, '그물'과 '햇빛'으로 인해 '길'을 잃고 생명력을 잃은 반찬이 되어 버립니다. 이 정도면 '외부 세계의 폭력성'을 충분히 허용할 수 있겠죠.

③ [C]는 멸치가 본래의 속성을 잃어 가는 과정을 순차적으로 보여 주고 있다.

선지 유형	근거가 있어서 허용 가능
실전에서의 판단 과정	갈수록 반찬이 되어가고 있네.
해설	'바다의 무늬'가 딱딱하게 굳어가고, 기름에 튀겨진 뒤 접시에 담기는 과정. '본래의 속성을 잃어 가는 과정' 그 자체네요.

④ [D]는 바다 물결의 실제 움직임을 사실적으로 묘사하여 마른 멸치의 몸에 남은 무늬에 시선을 집중시키고 있다.

선지 유형	근거가 있어서 허용 불가능
실전에서의 판단 과정	[D]에서의 바다 모습은 상상이잖아?
해설	[D]는 반찬이 되어 버린 '멸치'를 보고서 화자가 상상하는 부분입니다. 이를 근거로 하면 여기서의 '바다 물결' 모습은 '실제 움직임'이라고 할 수 없겠네요. 간단하게 답으로 골라주실 수 있어야 합니다.

⑤ [E]는 '파도'와 '해일'의 움직임을 통해 멸치가 본래 지녔던 생명력을 환기하며 시상을 마무리하고 있다.

선지 유형	근거가 있어서 허용 가능
실전에서의 판단 과정	파도 만들고 해일 부를 정도면 생명력 있는 거지.
해설	'멸치'가 가지고 있는 '작은 무늬'는 '파도'를 만들고 '해일'을 부를 정도의 힘을 가지고 있었습니다. 비록 지금은 생명력을 잃고 반찬이 되었지만요. 이를 근거로 하면, '멸치가 본래 지녔던 생명력'이라는 말을 충분히 허용할 수 있겠습니다.

현대시 독해 연습

(가)
> 고향에 돌아온 날 밤에
> 내 백골이 따라와 한방에 누웠다.

'고향'에 돌아온 뒤 '밤'을 보내고 있는 화자입니다. 그런데 그곳에 화자의 '백골'이 따라왔다고 해요. '백골'은 죽은 사람의 뼈를 의미하는데, 이 '백골'이 화자와 '한방'에 누웠다는 것으로 보아 화자 스스로 자신의 처지를 부정적으로 느끼고 있는 것 같아요. 정말로 뼈가 같이 누웠다기보다는, 자신의 처지가 '백골'처럼 죽은 상태나 마찬가지라고 생각하고 있다고 보는 것이 더 알맞으니까요.

> 어둔 방은 우주로 통하고
> 하늘에선가 소리처럼 바람이 불어온다.

이렇게 화자가 '백골'과 함께 누워 있는 '어둔 방'은 '우주'로 통하는 공간입니다. 그곳에선 '하늘'로부터 불어오는 '바람'을 느낄 수도 있어요. '우주'와 '바람'이 의미하는 바가 무엇인지 정확하게 알기는 어렵지만, 화자가 처해 있는 상황을 머릿속으로 충분히 그릴 수는 있겠습니다.

> 어둠 속에 곱게 풍화작용하는
> 백골을 들여다보며
> 눈물짓는 것이 내가 우는 것이냐
> 백골이 우는 것이냐
> 아름다운 혼이 우는 것이냐

이러한 '어둠 속'에서, '백골'이 곱게 '풍화작용'을 하고 있다고 합니다. '풍화작용'은 '햇빛·공기' 등에 의해 바위나 돌 따위가 부서지는 것을 의미하는데, 이러한 의미를 생각하면 앞 연에 제시되었던 '바람'이 '풍화작용'을 유발하고 있다고 할 수 있겠습니다. 즉, '바람'은 화자의 '백골'을 조금씩 부수는 역할을 하는 것이에요. 그렇다면 이 '바람'은 화자에게 있어 피해야 하는 부정적인 대상일까요?

그런데 화자는 그러한 '백골'을 들여다보며, '눈물'짓고 있습니다. 그것이 화자 자신이 우는 것인지, '백골'이 우는 것인지, '아름다운 혼'이 우는 것인지는 모르겠지만요. '백골'은 화자 자신의 것이기 때문에, 그것을 바라보며 '눈물'짓는 것은 '화자 자신에게 주목'하여 자아 성찰하는 모습이라고 할 수 있겠습니다. 결국 '풍화작용'하는 '백골'은 화자의 자아 성찰 과정을 의미하는 것이고, '바람'은 이를 돕는 매개체 역할이었던 것이죠. 조금 어렵지만 지문의 맥락과 주제를 바탕으로 충분히 읽어낼 수 있겠죠?

> 지조 높은 개는
> 밤을 새워 어둠을 짖는다.
>
> 어둠을 짖는 개는
> 나를 쫓는 것일 게다.

그런데 이 상황에서 '지조 높은 개'는 '어둠'을 짖고, 이는 화자 자신을 '쫓는 것'이라고 합니다. '어둠'은 현재 화자가 있는 공간인 '어둔 방'과 연결되는 것일 텐데, 이렇게 '어둠'을 짖는 것은 화자를 '쫓는 것'이라고 하네요. '쫓다'라는 단어의 일상적 의미를 살려서 읽으면, 결국 '지조 높은 개'는 화자가 '어둠'으로부터 벗어나도록 짖는 것이라고 이해할 수 있겠습니다. 자아 성찰을 하고 있는 화자를 일깨워 주는 대상인 것이죠.

> 가자 가자
> 쫓기우는 사람처럼 가자
> 백골 몰래
> 아름다운 또 다른 고향에 가자.
>
> -윤동주, 「또 다른 고향(故鄕)」-

이러한 '지조 높은 개'의 영향인지, 화자는 드디어 '어둠'을 벗어나 '또 다른 고향'에 가려고 합니다. 중요한 것은 '풍화작용'하고 있는 '백골'이 모르게 간다는 점이에요. 부정적인 자아를 상징하는 '백골'은 두고, 더 나은 자아를 찾아서 '또 다른 고향'에 가겠다는 의지를 보이는 것이 화자의 자아 성찰 결과라고 할 수 있겠습니다.

(나)
> 전신이 검은 까마귀,
> 까마귀는 까치와 다르다.
> 마른 가지 끝에 높이 앉아
> 먼 설원을 굽어보는 저
> 형형한* 눈,
> 고독한 이마 그리고 날카로운 부리.
>
> * 형형한 : 광채가 반짝반짝 빛나며 밝은.

'까마귀'에 주목하면서 시작하고 있습니다. 그리고 그 '까마귀'는 '까치'와는 다르다고 해요. '형형한 눈', '고독한 이마', '날카로운 부리' 등을 가지고 '먼 설원'을 굽어보는 '까마귀'는 꽤 멋있는 존재인 것 같습니다. 자연스럽게 '까치'는 안 그렇다는 것까지 생각할 수 있겠죠?

> 얼어붙은 지상에는
> 그 어디에도 낟알 한 톨 보이지 않지만
> 그대 차라리 눈발을 뒤지다 굶어 죽을지언정
> 결코 까치처럼
> 인가의 안마당을 넘보진 않는다.

'까마귀'가 바라보는 곳은 '먼 설원(눈이 쌓여 있는 곳)'입니다. 이렇게 '얼어붙은 지상'에는 당연하게도 '낟알 한 톨' 없을 거예요. '까마귀'는 차라리 굶어 죽는 한이 있어도, '까치'처럼 '인가의 안마당'을 넘보진 않는다고 합니다. 다시 한번 '까마귀'와 '까치'를 비교하고 있죠? '까치'는 배고픔을 참지 못하는 나약한 존재이지만, '까마귀'는 그저 '먼 설원'을 응시하며 고고한 자세를 유지하는 존재입니다.

> 검을 테면
> 철저하게 검어라. 단 한 개의 깃털도
> 남기지 말고……

'검을 테면 / 철저하게 검어라.'라는 말을 하는 것으로 보아, 화자가 긍정적으로 바라보는 '까마귀'는 '단 한 개의 깃털'도 남김 없이 검은색으로 뒤덮인 존재인 것 같습니다. 반면 '인가의 안마당'을 넘보는 '까치'는 확실하게 검은색이 아니겠죠? 실제로 '까마귀'와 '까치'의 사진을 찾아 보시면 충분히 이해할 수 있을 겁니다.

어쨌든, 화자는 '철저하게 검'은 '까마귀'의 삶을 지향하고 있는 것은 확실해 보입니다.

> 겨울 되자 온 세상 수북이 눈은 내려
> 저마다 하얗게 하얗게 분장하지만
> 나는
> 빈 가지 끝에 홀로 앉아
> 말없이
> 먼 지평선을 응시하는 한 마리
> 검은 까마귀가 되리라.
>
> -오세영, 「자화상·2」-

계속해서 똑같은 말만 하고 있습니다. '까마귀'는 '먼 설원'을 바라보고 있습니다. 이렇게 '눈'이 내려 세상이 '하얗게 분장'하고 있지만, 마치 '까마귀'가 그러하듯이 화자도 말없이 '먼 지평선'을 응시하겠다는 다짐을 보여 주고 있습니다. 기회주의적인 '까치'가 아니라 자신의 이상을 흔들림없이 추구하는, '철저하게 검'은 '까마귀'가 되고 싶은 화자의 마음이 잘 드러나는 작품이었네요.

> (다)
> 굳어지기 전까지 저 딱딱한 것들은 물결이었다
> 파도와 해일이 쉬고 있는 바닷속
> 지느러미의 물결 사이에 끼어
> 유유히 흘러 다니던 무수한 갈래의 길이었다

'저 딱딱한 것들'이라는 외부 대상에 주목하면서 시작하고 있습니다. 정확히 어떤 대상인지는 모르겠지만, '저 딱딱한 것들'은 '물결'이었고 '바닷속 무수한 갈래의 길'이었다고 해요. 맥락상 생선인 것 같은데, 원래는 바다의 생명력을 담고 있던 그 대상이 어쩌다가 '딱딱한 것'이 되어 버린 걸까요?

> 그물이 물결 속에서 멸치들을 떼어냈던 것이다
> 햇빛의 꼿꼿한 직선들 틈에 끼이자마자
> 부드러운 물결은 팔딱거리다 길을 잃었을 것이다
> 바람과 햇볕이 달라붙어 물기를 빨아들이는 동안
> 바다의 무늬는 뼈다귀처럼 남아
> 멸치의 등과 지느러미 위에서 딱딱하게 굳어갔던 것이다
> 모래 더미처럼 길거리에 쌓이고
> 건어물집의 푸석한 공기에 풀리다가
> 기름에 튀겨지고 접시에 담겨졌던 것이다

그 대상은 '멸치'였습니다. 제목을 먼저 봤다면 더 빨리 알아챌 수 있었겠죠? 원래 '바다'의 생명력을 지니고 있던 '멸치'는 '그물'에 잡힌 뒤 '물기'를 잃어버리고, '건어물집'에서 '기름'에 튀겨진 뒤 '접시'에 담겨진 것입니다. '멸치'가 생명력을 잃어 가는 모습을 쭉 나열하면서 안타까움을 드러내고 있네요. 이렇게 '외부 대상에게 주목'하는 것은 그 대상의 처지가 화자와 비슷하기 때문이겠죠? 화자가 스스로 자신이 생명력을 잃은 존재라고 생각하기에, 남들은 맛있게 먹는 멸치를 보고서 이런 생각을 하게 된 것입니다.

지금 젓가락 끝에 깍두기처럼 딱딱하게 집히는 이 멸
치에는

두껍고 뻣뻣한 공기를 뚫고 흘러가는

바다가 있다 그 바다에는 아직도

지느러미가 있고 지느러미를 흔드는 물결이 있다

이 작은 물결이

지금도 멸치의 몸통을 뒤틀고 있는 이 작은 무늬가

파도를 만들고 해일을 부르고

고깃배를 부수고 그물을 찢었던 것이다

-김기택, 「멸치」-

다시 한번 '멸치'가 가지고 있던 생명력을 떠올리고 있습니다. 비록 지금은 '깍두기처럼 딱딱하게 집히'지만, 이 '멸치'는 바다의 생명력을 가지고 있었어요. 아마 화자도 한때는 왕성한 생명력을 가지고 살아갔겠죠? 그러한 시절을 상상하면서 마무리하고 있습니다.

몰랐던 어휘 정리하기

| 핵심 point |

① **허용 가능성 평가** : 선지의 내용을 '허용'하려는 태도를 바탕으로 지문을 '독해'하며 '근거'를 찾아야 합니다. 허용할 수 있는 '근거'가 있어야만 허용할 수 있습니다. 주관적인 생각을 개입시키면 안 됩니다.

② **현대시 독해** : <보기>의 도움 등을 통해 '주제' 위주로, 그리고 일상 언어의 감각으로 읽어내면 됩니다. 현대시도 읽을 수 있는 하나의 글입니다.

| 지문 내용 총정리 |

전반적인 문제의 난이도는 쉬운 편이었지만, '현대시 창작 원리'라는 클리셰를 익히기에 아주 좋은 지문이었습니다. '현대시 창작 원리'를 바탕으로 지문을 이해하는 과정, 여러 선지들을 명쾌하게 뚫어내는 과정을 중심으로 정리하도록 합시다.

DAY 5 [50~53]
2012.11 [25~28] 고전소설 '호질' ☆

<보기> 독해

> [보기]
>
> 이 작품에서 다섯 아들은 북곽 선생을 여우로 여기고 있다. 이는 북곽 선생의 위선을 풍자하기 위하여 작가가 마련한 설정으로, 그들이 여우에 대해 하는 말과 행동은 북곽 선생의 성격과 행위를 암시한다.

다섯 아들과 '북곽 선생'이라는 인물이 나오는 작품인 것 같습니다. 아들들은 '북곽 선생'을 여우로 여기는데, 이는 '북곽 선생'의 위선을 풍자하기 위한 작가의 설정이라고 해요. '북곽 선생'을 여우로 비유하여 비판한다면, 당연히 여우에 대해 하는 말과 행동은 '북곽 선생'의 성격과 행위를 암시한다고 할 수 있겠죠? 전반적인 작품의 설정을 알려주고 있네요. 참고하여 지문을 이해해봅시다.

지문 독해

> (가) 정(鄭)나라 어느 고을에 벼슬에 뜻이 없는 선비가 살았으니, 북곽 선생이라 했다. 나이 마흔에 손수 교정해 낸 책이 만 권이었고, 또 구경(九經)의 뜻을 풀어서 다시 지은 책이 일만 오천 권이었다. 천자가 그의 행의(行義)를 가상히 여기고, 제후가 그 이름을 사모했다.
>
> 그 고을 동쪽에는 동리자라는 미모의 과부가 있었다. 천자가 그 절개를 가상히 여기고 제후가 그 현숙함을 사모하여, 그 고을 몇 리의 땅을 봉하여 '동리과부지려(東里寡婦之閭)'라 했다. 이처럼 동리자는 수절을 잘하는 과부였다. 그런데 그녀는 아들 다섯을 두었으니, 그들은 저마다 다른 성(姓)을 지녔다.

'북곽 선생'과 '동리자'라는 인물을 소개하면서 시작하고 있습니다. <보기>에서 설명한 것과는 달리, 서술자는 '북곽 선생'을 엄청난 능력을 가졌음에도 벼슬에 뜻이 없는 고고한 선비로 좋게 묘사하고 있습니다. 한편 '동리자' 역시 미모의 과부로, 수절을 잘하는 절개를 가진 인물이라고 해요.

이 인물도 긍정적으로 묘사되는 것 같은데, '동리자'에게는 저마다 다른 성을 가진 아들 다섯이 있다는 말을 보니 이렇게 긍정적으로 서술한 것이 사실 이 인물들을 비꼬기 위함이었음을 알 수 있겠네요. 다섯 아들의 성이 모두 다르다는 것은 아버지가 다섯

명이라는 것인데, 이는 절개를 가졌다는 '동리자'에 대한 설명과는 맞지 않는 내용이니까요. 물론 아직 '북곽 선생'에 대해서는 부정적으로 묘사한 부분이 나타나지 않지만, 〈보기〉를 바탕으로 하면 '북곽 선생' 역시 비꼬는 식으로 서술할 가능성이 높다는 것을 알 수 있겠죠?

(나) 어느 날 밤, 다섯 아들 이 서로 말했다.
　　"강 북쪽에선 닭이 울고 강 남쪽에선 별이 반짝이는데, 방 안에서 흘러나오는 말소리는 어찌 그리도 북곽 선생의 목소리를 닮았을까."
　　다섯 형제가 차례로 문틈으로 들여다보니, 동리자가 북곽 선생에게 청하고 있었다.
　　"오랫동안 선생님의 덕을 사모했사온데 오늘 밤엔 선생님의 글 읽는 소리를 듣고자 하옵니다."
　　북곽 선생이 옷깃을 바로잡고 점잖게 앉아서 시를 지어 읊었다.
　　"병풍에는 원앙새요 반딧불이는 반짝반짝,
　　가마솥과 세발솥은 무얼 본떠 만들었나.
　　흥(興)이라."

(다) 이에 다섯 아들이 서로 수군댔다.
　　"예법에 '과부의 문에는 함부로 들지 않는다.'고 했으니, 북곽 선생은 어진 이라 그런 일이 없을 거야."
　　"내 들으니, 우리 고을의 성문이 헐었는데 여우 굴이 있다고 하더군요."
　　"내 들으니, 여우란 놈은 천 년을 묵으면 둔갑하여 사람 시늉을 할 수 있다 하니, 저건 틀림없이 여우란 놈이 북곽 선생으로 둔갑한 것일 게다."
　　그러고서 함께 의논했다.
　　"내 들으니, 여우의 갓을 얻으면 큰 부자가 될 수 있고, 여우의 신발을 얻으면 대낮에 그림자를 감출 수 있으며, 여우의 꼬리를 얻으면 애교를 잘 부려서 누구라도 그를 좋아한다더라. 우리 저 여우를 잡아 죽여서 나눠 갖는 게 어떨까?"

'어느 날 밤'입니다. 성이 다른 '동리자'의 다섯 아들은 '동리자'의 방 안에서 '북곽 선생'의 목소리가 들리자 차례로 문틈으로 들여다봅니다. 이를 통해 진짜 '북곽 선생'이 '동리자'에게 시를 지어주며 놀고 있는 것을 발견한 아들들은, 어진 '북곽 선생'이 과부의 문에 함부로 들었을 리가 없다며 수군댑니다. 이에 〈보기〉에서 말한 것처럼 다섯 아들들은 '북곽 선생'을 여우로 여기고, 여우를 잡아 죽이자는 이야기를 하네요. 〈보기〉를 통해 미리 알고 있듯이, 이는 겉으로는 청렴한 선비인 척하지만 과부의 집에 드나드는 등의 위선을 보이는 '북곽 선생'을 비판하기 위한 장치라고 할 수 있겠죠?

(라) 이에 다섯 아들이 같이 어미의 방을 둘러싸고 쳐들어가니 북곽 선생이 크게 놀라서 도망쳤다. 사람들이 자기를 알아볼까 겁이 나 〈한 다리를 목덜미에 얹고 귀신처럼 춤추고 낄낄거리며〉 문을 나가서 내닫다가 그만 들판의 구덩이 속에 빠져버렸다. 그 구덩이에는 똥이 가득 차 있었다.

그렇게 '다섯 아들'은 '동리자'의 방을 둘러싸고 쳐들어가고, '북곽 선생'은 크게 놀라 도망칩니다. 겉으로는 청렴한 선비로 알려져 있는 자신의 정체가 들킬까 겁이 나 〈 〉 표시한 것처럼 괴상한 자세를 하면서 말이죠. 이렇게 놀라고 급하게 도망가는 '북곽 선생'의 마음에는 당연하게 공감할 수 있겠죠?

그렇게 급하게 도망친 '북곽 선생'은 똥이 가득한 구덩이에 빠져버리고 맙니다. 똥이 가득한 곳, 즉 더러운 곳에 빠져버렸다는 것처럼 '북곽 선생'을 비꼬려는 의도를 드러내기 위한 작가의 여러 설정이 나타나는 모습이네요.

(마) 간신히 기어올라 머리를 내밀고 바라보니 한 범 이 길을 막고 있었다. 범이 오만상을 찌푸리고 구역질을 하며 코를 싸쥐고 머리를 왼편으로 돌리며 한숨을 쉬고 말했다.
　　"어허, 유자(儒者)여! 구리도다."
　　북곽 선생이 머리를 조아리고 엉금엉금 기어 나와서 세 번 절하고 꿇어앉아 우러러 말했다.
　　"범님의 덕은 지극하시지요. 대인은 그 변화를 본받고 제왕은 그 걸음을 배우며, 자식 된 자는 그 효성을 본받고 장수는 그 위엄을 취합니다. 범님의 이름은 신룡(神龍)의 짝이 되는지라, 한 분은 바람을 일으키시고 한 분은 구름을 일으키시니, 저 같은 하토(下土)의 천한 신하는 감히 아랫자리에 서옵니다."
　　범이 꾸짖었다.
　　"내 앞에 가까이 오지 마라. 앞서 내 듣건대, 유(儒)* 란 것은 유(諛)*라 하더니 과연 그렇구나. 네가 평소에 천하의 악명을 모아 망령되게 내게 덮어씌우더니, 이제 사정이 급해지자 면전에서 아첨을 떠니 누가 곧이듣겠느냐. 천하의 원리는 하나다. 범의 본성이 악한 것이라면 인간의 본성도 악할 것이요, 인간의 본성이 선한 것이라면 범의 본성도 선할 것이다."

* 유(儒): 선비.
* 유(諛): 아첨하다.

그렇게 똥이 가득한 구덩이에서 간신히 기어올라 머리를 내밀고 바라보니, 이번엔 한 '범'이 길을 막고 있는 모습입니다. '북곽 선생'의 입장에서는 고난의 연속이네요. '범'은 '북곽 선생'을 보고서 얼굴을 찌푸리며 구린 냄새가 난다는 이야기를 합니다. 〈보기〉를 바탕으로 하면, 이건 단순한 똥냄새를 넘어 '북곽 선생'의 위선적인 모습에서 구린 냄새가 난다는 의미라고 이해할 수 있겠죠?

어쨌든 '북곽 선생'은 '범'에게 온갖 아부를 떠는데, '범'은 '유란 것은 유라'하더니 과연 그렇구나'라며 이러한 모습을 꾸짖습니다. 굳이 꼼꼼하게 읽기보다는, 아부하는 '북곽 선생'과 꾸짖는 '범'의 모습을 확인하고, 이에 공감하며 일종의 'skip 가능 구간'으로 넘기시면 되겠습니다. 평가원이 묻고자 하는 것은 인물들의 구체적인 대사 내용이 아니라, 인물들의 심리 및 행동의 근거에 정확하게 공감했는지이니까요.

(중략)

(바) 북곽 선생이 자리에서 물러나 한참 엎드렸다가 일어나 엉거주춤하더니, 두 번 절하고 머리를 거듭 조아리며 말했다.

　　"「맹자」에 이르기를, 비록 악한 사람이라도 목욕재계를 한다면 상제(上帝)라도 섬길 수 있다 하였사오니, 이 하토에 살고 있는 천한 신하가 감히 아랫자리에 서옵니다."

　　숨을 죽이고서 가만히 들어 보았다. 오래도록 아무런 분부가 없으므로 실로 황송키도 하고 두렵기도 하여 손을 맞잡고 머리를 조아리며 우러러보니 동녘이 밝았는데, 범은 벌써 가고 없었다.

　　마침 아침에 밭 갈러 온 농부가,

　　"선생님, 무슨 일로 이 꼭두새벽에 들판에 대고 절을 하시옵니까?"

　　라 물으니, 북곽 선생이 말했다.

　　"내 일찍이 들으니

　　'하늘이 높다 하되 머리 어찌 안 굽히며,

　　땅이 두텁다 하되 어찌 조심스레 걷지 않겠는가.'

　　하였네그려."

－박지원, 「호질」－

그렇게 '범'으로부터 꾸짖음을 당한 '북곽 선생'은 거듭 조아리며 '범'에게 아부를 합니다. 오래도록 '범'이 반응하지 않자, 황송함과 두려움에 우러러보니 '범'은 가고 없는 아침이 되었네요. 해가 뜨고 '범'이 가는 것도 모를 정도로 벌벌 떨고 있었다는 것이니, '북곽 선생'의 입장에서 생각하면 많이 무섭기는 했나 봅니다.

마침 아침에 밭을 갈러 온 '농부'가 이런 '북곽 선생'을 보고 자초지종을 묻는데, '북곽 선생'은 마지막까지 위선을 떨며 점잖은 척을 하는 모습입니다. 〈보기〉의 내용처럼, 계속해서 '북곽 선생'의 위선적인 태도를 비판하는 형태의 작품이었네요.

선지	①	②	③	④	⑤
선택률	3%	2%	87%	5%	3%

50 (가)~(마)에 대한 설명으로 가장 적절한 것은? ③

　① (가)와 달리 (나)에서는 인물 간의 대립 관계가 드러나 있다.

선지 유형	근거가 없어서 허용 불가능
실전에서의 판단 과정	대립하는 모습은 없는데?
해설	(가)는 단순히 '북곽 선생'과 '동리자'를 소개하는 부분이기 때문에 당연히 인물 간의 대립 관계가 드러나 있지 않습니다. 하지만 (나)에서도 '동리자'와 '북곽 선생'의 사이 좋은 모습만 드러나고 있을 뿐, 인물 간의 대립 관계는 드러나지 않네요.

　② (나)에 비해 (다)는 서술자의 서술 위주로 사건이 진행된다.

선지 유형	근거가 있어서 허용 불가능
실전에서의 판단 과정	(다)는 거의 대화로 도배되어 있는데?
해설	(나)와 (다) 모두 서술자의 서술보다는 인물들의 대화 위주로 사건이 진행되고 있습니다. 명백한 근거가 있으니 어렵지 않게 지워낼 수 있겠죠?

　③ (다)는 (라)의 사건이 발생하도록 하는 계기를 마련해 준다.

선지 유형	근거가 있어서 허용 가능
실전에서의 판단 과정	아들들이 계획한 대로 한 거지.
해설	(다)에서는 '다섯 아들'이 '북곽 선생'으로 둔갑한 여우라고 생각한 이를 죽여 나눠 갖자는 계획을 세웁니다. 그리고 이에 따라 '다섯 아들'은 '동리자'의 방을 습격하고, 놀란 '북곽 선생'이 도망가는 사건이 (라)에 제시되어 있습니다. 이러한 흐름을 그대로 담고 있는 선지이니 가볍게 허용할 수 있겠네요.

④ (라)는 행위에 의해, (마)는 주로 대화에 의해 갈등이 해결된다.

선지 유형	근거가 없어서 허용 불가능
실전에서의 판단 과정	갈등이 해결되지는 않지.
해설	(라)에는 주로 행위가, (마)에는 주로 대화가 나타나는 것은 맞습니다. 하지만 '북곽 선생'이 겪고 있을 내적 갈등도, '범'이 '북곽 선생'에 대해 가지고 있는 불편한 감정(갈등이라고 하기엔 애매하죠? '북곽 선생'은 그저 납작 엎드리고 있으니까요.)도 해결되지는 않습니다. 애초에 이 지문에서 갈등이 해결되는 부분 자체가 나타나지 않죠?

⑤ (마)는 (가)와 구조 면에서 호응하여 작품의 완결성을 높여 준다.

선지 유형	근거가 없어서 허용 불가능
실전에서의 판단 과정	도대체 구조가 어떻게 호응된다는 거야.
해설	(가)는 '북곽 선생'과 '동리자'라는 인물을 소개하는 파트였고, (마)는 '북곽 선생'이 '범'에게 아부하고 '범'은 꾸짖는 파트입니다. 애초에 (가)는 서술자의 설명이고, (마)는 지문 내용이 전개되는 부분으로 그 역할이 아예 다르기 때문에, 두 파트가 구조 면에서 호응한다는 것은 절대 허용할 수 없겠네요.

선지	①	②	③	④	⑤
선택률	3%	4%	5%	14%	74%

51 ㉠~㉤에 대한 이해로 적절하지 않은 것은? ⑤

① ㉠ : 북곽 선생과 동리자의 본색이 드러나는 시간이다.

어느 날 ㉠밤, 다섯 아들이 서로 말했다.
"강 북쪽에선 닭이 울고 강 남쪽에선 별이 반짝이는데, 방 안에서 흘러나오는 말소리는 어찌 그리도 북곽 선생의 목소리를 닮았을까."

선지 유형	근거가 있어서 허용 가능
실전에서의 판단 과정	이들의 위선이 드러나는 시간이지.
해설	'북곽 선생'과 '동리자'는 알려진 것과 다르게 위선적인 인물들입니다. ㉠은 '다섯 아들'에 의해 이들의 위선이 드러나는 시간이었죠?

② ㉡ : 북곽 선생의 욕망이 표출되는 공간이다.

어느 날 밤, 다섯 아들이 서로 말했다.
"강 북쪽에선 닭이 울고 강 남쪽에선 별이 반짝이는데, ㉡방 안에서 흘러나오는 말소리는 어찌 그리도 북곽 선생의 목소리를 닮았을까."

선지 유형	근거가 있어서 허용 가능
실전에서의 판단 과정	동리자랑 노는 공간이니 욕망이 드러나는 곳이라고 할 수 있겠다.
해설	㉡은 '북곽 선생'이 과부인 '동리자'와 함께 시를 지으며 노는 공간입니다. 이는 ㉡이 여성과 함께 시간을 보내고자 하는 '북곽 선생'의 욕망이 표출되는 공간임을 보여 주네요.

③ ㉢ : 북곽 선생의 타락을 상징하는 공간이다.

이에 다섯 아들이 같이 어미의 방을 둘러싸고 쳐들어가니 북곽 선생이 크게 놀라서 도망쳤다. 사람들이 자기를 알아볼까 겁이 나 한 다리를 목덜미에 얹고 귀신처럼 춤추고 낄낄거리며 문을 나가서 내닫다가 그만 들판의 구덩이 속에 빠져버렸다. 그 ㉢구덩이에는 똥이 가득 차 있었다.

선지 유형	근거가 있어서 허용 가능
실전에서의 판단 과정	똥이 가득 차 있다고 했으니 타락을 상징한다고 할 수 있겠다.
해설	㉢은 사람들에게 자신의 위선을 들키기 싫어 우스꽝스러운 자세로 도망가던 '북곽 선생'이 빠진 곳으로, 똥이 가득한 곳입니다. 똥처럼 더러운 것이 가득한 곳으로 빠지는 것으로 설정한 것은 '북곽 선생'의 타락을 상징하기 위함이라고 할 수 있겠죠?

④ ㉣ : 북곽 선생의 위선을 재확인하는 시간이다.

마침 ㉣아침에 밭 갈러 온 농부가,
"선생님, 무슨 일로 이 꼭두새벽에 들판에 대고 절을 하시옵니까?"
라 물으니, 북곽 선생이 말했다.
"내 일찍이 들으니
'하늘이 높다 하되 머리 어찌 안 굽히며,
땅이 두텁다 하되 어찌 조심스레 걷지 않겠는가.'
하였네그려."

선지 유형	근거가 있어서 허용 가능
실전에서의 판단 과정	마지막까지 점잖은 척하며 위선을 떠는 시간이지.
해설	'북곽 선생'은 '범'에게 아부를 떨며 절을 하다가 ㉣에 '농부'를 만납니다. 그러면서 위선을 떨며 점잖은 척을 하죠. 이렇게 마지막까지 체면을 지키려는 '북곽 선생'의 마음에 공감했다면 어렵지 않게 허용할 수 있는 내용이네요.

⑤ ㉤ : 북곽 선생이 자신을 성찰하는 공간이다.

마침 아침에 밭 갈러 온 농부가,
"선생님, 무슨 일로 이 꼭두새벽에 ㉤ 들판에 대고 절을 하시옵니까?"
라 물으니, 북곽 선생이 말했다.
"내 일찍이 들으니
'하늘이 높다 하되 머리 어찌 안 굽히며,
땅이 두텁다 하되 어찌 조심스레 걷지 않겠는가.'
하였네그려."

선지 유형	근거가 있어서 허용 불가능
실전에서의 판단 과정	그냥 위선 떠는 건데 무슨 성찰.
해설	㉤은 '북곽 선생'이 '농부'에게 점잖은 척을 하는 공간입니다. 4번 선지를 판단하는 과정에서 한 번 더 생각했듯이, 이때 '북곽 선생'은 스스로에게 솔직하지 못하고 위선을 떨고 있었어요. 이렇게 자신의 내면을 들여다보지 않고 위선만 떨고 있다는 것을 근거로 하면 절대 허용할 수 없겠네요.

선지	①	②	③	④	⑤
선택률	3%	69%	19%	4%	5%

52 〈보기〉를 참고하여 (다)를 이해한 내용으로 적절하지 않은 것은? ②

① '여우가 사람 시늉을 한다'는 말은 북곽 선생이 진정한 선비가 아님을 암시한다.

선지 유형	근거가 있어서 허용 가능
실전에서의 판단 과정	여우로 여기고 있다는 건 진정한 선비는커녕 사람으로도 안 본다는 거지.
해설	'다섯 아들'은 '북곽 선생'을 여우로 여기고 있습니다. 이는 '동리자'와 함께 있는 '북곽 선생'이 알려진 것과 같은 진정한 선비가 아니라는 것을 암시하죠? 애초에 이 지문의 대전제라고도 할 수 있는 내용이니 가볍게 허용할 수 있겠습니다.

② '여우의 갓을 얻으면 부자가 된다'는 말은 북곽 선생이 부를 이용하여 높은 벼슬을 얻었음을 암시한다.

선지 유형	근거가 있어서 허용 불가능
실전에서의 판단 과정	벼슬에 뜻이 없었다며.
해설	'북곽 선생'이 부자였다는 내용 자체가 나오지도 않을 뿐 아니라, 애초에 벼슬에 뜻이 없다는 설명이 있으니 허용할 수 없는 선지네요. '북곽 선생'이 벼슬에 뜻이 없다는 정보는 그의 위선적인 면모를 상징하는 정보 중 하나였으니, 충분히 기억할 수 있었을 거예요.

③ '여우의 신발을 얻으면 그림자를 감출 수 있다'는 말은 북곽 선생이 농부 앞에서 자신의 치부를 감추는 행위를 예고한다.

선지 유형	근거가 있어서 허용 가능
실전에서의 판단 과정	그렇게 볼 수 있겠다.
해설	이 문제의 전제는 〈보기〉를 참고하라는 것이고, 〈보기〉의 내용은 '다섯 아들'이 여우에 대해 하는 말과 행동이 '북곽 선생'의 성격과 행위를 암시한다는 것입니다. 그렇다면 '여우의 신발을 얻으면 그림자를 감출 수 있다'는 말은 '북곽 선생'이 '농부' 앞에서 자신의 그림자, 즉 치부를 숨기는 행위를 암시한다고 할 수 있겠네요. 〈보기〉와 지문의 내용을 근거로 하면 어렵지 않게 허용할 수 있어요.

④ '여우의 꼬리를 얻으면 애교를 잘 부린다'는 말은 북곽 선생이 범 앞에서 비위를 맞추려는 행위와 연결된다.

선지 유형	근거가 있어서 허용 가능
실전에서의 판단 과정	애교 부리는 거랑 비위 맞추는 행위랑은 연결되지.
해설	3번 선지와 같은 맥락입니다. '여우의 꼬리를 얻으면 애교를 잘 부린다'는 말은 '북곽 선생' 역시 애교를 잘 부리는 성격을 가지고 있음을 암시하고, 이는 '북곽 선생'이 '범' 앞에서 애교를 부리듯이 비위를 맞추려는 행위와 연결된다고 할 수 있겠네요.

⑤ '여우를 잡아 죽이자'는 말은 북곽 선생이 봉변을 당할 것임을 시사한다.

선지 유형	근거가 있어서 허용 가능
실전에서의 판단 과정	죽이자고 했으니 봉변을 당할 것임을 시사한다고 할 수 있겠다.
해설	'다섯 아들'은 '여우를 잡아 죽이자'는 말을 합니다. 이는 '북곽 선생'이 봉변을 당할 행위(우스꽝스럽게 걷다가 구덩이에 빠지는 것과 같은 행위)를 할 것임을 암시한다고 할 수 있겠네요.

선지	①	②	③	④	⑤
선택률	41%	40%	7%	6%	6%

53 (라)~(바)에 나타난 북곽 선생의 행위를 표현하는 말로 거리가 먼 것은? ①

– (라)~(바)라는 구간이 지정되어 있습니다. 이 부분은 '다섯 아들'의 습격 이후 우스꽝스러운 자세를 하며 도망가다 구덩이에 빠진 뒤 '범'에게 아부하다가 아침이 되어 '농부'를 만나 허세를 부리는 '북곽 선생'의 이야기가 나타나는 부분이죠? 단순한 사자성어 문제보다는 지문의 내용을 묻는 문제로 이해하고 접근하는 것이 좋겠습니다.

① 자화자찬(自畵自讚)

선지 유형	근거가 없어서 허용 불가능
실전에서의 판단 과정	자화자찬은 한 적 없는 것 같은데?
해설	'자화자찬'은 자기가 한 일을 스스로 자랑한다는 의미입니다. (라)~(바)는 '북곽 선생'이 고난을 겪는 부분이기 때문에, '자화자찬'할 만한 타이밍이 없다고 할 수 있겠죠? 실제로 이러한 부분이 나타나지도 않구요. 참고로 '농부' 앞에서 점잖은 척하

는 '북곽 선생'의 모습은 그저 이유가 있어 절을 하는 척하는 것이지, 스스로를 자랑스러워 하는 부분이 아닙니다.

② 감언이설(甘言利說)

선지 유형	근거가 있어서 허용 가능
실전에서의 판단 과정	범한테 감언이설했지.
해설	'감언이설'은 귀가 솔깃하도록 남의 비위를 맞추거나 이로운 조건을 내세워 꾀는 말을 의미합니다. '북곽 선생'은 '범'에게 아부를 떠는 모습을 보이는데, 이는 전형적으로 '감언이설'하는 장면이라고 할 수 있겠죠?

③ 임기응변(臨機應變)

선지 유형	근거가 있어서 허용 가능
실전에서의 판단 과정	범과 농부한테 임기응변했지.
해설	'임기응변'은 그때그때 처한 사태에 맞추어 즉각 그 자리에서 결정하거나 처리한다는 의미입니다. '북곽 선생'은 '범'과 '농부'를 만날 때마다 나름의 '임기응변'을 보이고 있죠?

④ 대경실색(大驚失色)

선지 유형	근거가 있어서 허용 가능
실전에서의 판단 과정	다섯 아들이 들어오자 대경실색했지.
해설	'대경실색'은 몹시 놀라 얼굴빛이 하얗게 질린다는 의미입니다. '북곽 선생'은 (라)에서 '다섯 아들'이 급습하자 '대경실색'하며 도망가는 모습을 보였죠?

⑤ 전전긍긍(戰戰兢兢)

선지 유형	근거가 있어서 허용 가능
실전에서의 판단 과정	범 앞에서 전전긍긍했지.
해설	'전전긍긍'은 몹시 두려워서 벌벌 떨며 조심한다는 의미입니다. '북곽 선생'은 '범' 앞에서 '전전긍긍'하며 아부를 떠는 모습을 보였죠?

몰랐던 어휘 정리하기

| 핵심 point |

① **허용 가능성 평가** : 선지의 내용을 '허용'하려는 태도를 바탕으로 지문을 '독해'하며 '근거'를 찾아야 합니다. 허용할 수 있는 '근거'가 있어야만 허용할 수 있습니다. 주관적인 생각을 개입시키면 안 됩니다.

② **소설 독해** : '심리와 행동의 근거'를 바탕으로 인물에게 '공감'하며 읽어야 합니다. 이 과정이 물흐르듯 이어지면 지문의 내용을 완벽하게 이해할 수 있어요.

③ **skip 가능 구간** : 인물의 똑같은 내면을 반복적으로 묘사하거나, 뻔한 이야기가 반복되는 구간은 조금 빠르게 스캔하면서 읽어주시면 됩니다.

| 지문 내용 총정리 |

상당히 쉬웠지만, 〈보기〉의 내용을 바탕으로 인물에게 공감하며 지문을 이해하고, 이를 바탕으로 선지를 판단하는 기본기를 연습하기에 좋은 지문이었습니다. 나아가 'skip 가능 구간'을 활용하는 연습도 할 수 있었죠? 이 정도 지문은 완벽하게 해결했으리라고 믿어요.

DAY 5 [54~58]
2015.06AB [34~38] 현대소설 '모래톱 이야기' ☆☆

〈보기〉 확인

첫 번째 〈보기〉는 그냥 이 작품을 시나리오로 바꾼 것이니 넘어가고, 두 번째 〈보기〉를 봅시다.

———————[보기]———————

「모래톱 이야기」에서 작가는 땅을 둘러싼 권력의 횡포를 비판하고 '뿌리 뽑힌 사람들'의 삶을 서술자와 등장인물을 통해 증언한다. 이 과정에서 등장인물들은 절망의 나락에 빠지지 않는 저항적 주체의 모습으로 형상화된다. 작가는 공동체의 고통에 대한 공감을 바탕으로 하여 부조리한 현실을 전달하고 증언하기 위해 서술자 '나'의 이야기를 창조하였다. 이는 작가의 적극적인 현실 참여 의식이 가미된 결과이다.

'땅'을 둘러싼 권력의 횡포에 대한 비판과, 그에 저항하는 등장인물들의 모습이 드러나는 작품입니다. 이를 통해 '부조리한 현실 전달'이라는 현대소설의 전형적인 주제 의식을 강조한다고 하네요. 지문의 전반적인 내용과 주제 의식까지 확실하게 파악했으니 어렵지 않게 읽어낼 수 있을 것 같습니다.

지문 독해

┌─────────────────────────────────────┐
│ 나는 미안스런 생각으로 건우 어머니가 따라 주는 │
│ 술잔을 받았다. 손이 유달리 작아 보였다. 유달리 자그마 │
│ 한 손이 상일에 거칠어 있는 양이 보기에 더욱 안타까울 │
│ 정도였다. │
└─────────────────────────────────────┘

'나'와 '건우 어머니'라는 인물이 등장하고 있습니다. '나'는 '건우 어머니'에게 미안스러운 생각을 가지고 있어요. 왜 미안해할까요? 그녀의 손은 유달리 작은데 거칠어서 안타까울 정도였다고 하는 내용을 보면 이 심리의 근거를 파악할 수 있습니다. 삶이 팍팍하고 힘든 사람에게 술잔을 받고 있으니 미안하면서도 어쩔 줄 모르는 마음인 것이겠죠. 충분히 공감할 수 있겠죠?

┌─────────────────────────────────────┐
│ 기어이 저녁까지 대접하겠다고 부엌으로 가 버린 뒤, │
│ 나는 건우를 앞에 두고 잔을 들면서, 그녀의 칠칠한 인 │
│ 사범절에 새삼 생각되는 바가 있었다. │
│ ┌ 나는 모든 것을 다시 보았다. 〈농삿집치고는 유 │
│ │ 난히도 말끔한 마루청, 먼지를 뒤집어쓰고 있지 않 │
└─────────────────────────────────────┘

은 장독대, 울타리 너머로 보이는 길찬 장다리꽃들……〉 그 어느 것 하나에도 그녀의 손이 안 간 곳이 없으리라 싶었다. 이러한 집 안팎 광경들을 통해서 나는 건우 어머니가 꽤 부지런하고 친절한 여성이라는 것을 고대 짐작할 수가 있었다. 젊음이 한창인 열아홉부터 악지 세게 혼자서 살아왔다는 것과, 어려운 가운데서도 외아들 [건우]를 나룻배를 태워가면서까지 먼 일류 중학에 보내고 있다는 사실, 그리고 농촌 아이라고는 믿어지지 않을 만큼 건우의 입성이 항시 깨끗했다는 사실들이 어련히 안 그러리 싶어지기도 했다. 얼핏 보아서는 어리무던한 여인 같기도 하지만 유난히 볼가진 듯한 이마라든가, 역시 건우처럼 짙은 눈썹 같은 데선 <u>그녀의 심상치 않을 의지랄까, 정열 같은 것을 읽을 수가 있었다.</u>

[A]

안 그래도 미안한데 '저녁'까지 대접하겠다며 부엌으로 가는 '건우 어머니'를 뒤로 하고, '나'는 그녀에 대해 어떤 생각을 하고 있습니다. [A] 부분에서는 그러한 생각의 결과들이 제시되고 있네요. 〈 〉 표시한 '배경 묘사'를 통해 확인할 수 있는 깔끔한 집의 모습, 그리고 '건우'를 키우는 것을 비롯해 악착같이 살아가는 모습 등에선 '건우 어머니'의 '의지', '정열' 가득한 성격을 읽어낼 수 있다고 합니다. '나'의 관점에서 생각하면 충분히 공감 가능한 생각들이죠? '나'는 '건우 어머니'를 정말 대단하다고 생각하고 있는 것이에요.

나는 술상을 물리고서, **건우의 공부방**을—어머니의 방일 테지만—잠깐 들여다보았다. 사과 궤짝 같은 것에 종이를 발라 쓰는 책상 위에는 몇 권 안 되는 책들이 나란히 꽂혀 있었다. <u>그 가운데서 〈섬 얘기〉라고, 잉크로 써 굵직하게 등마루에 씌어진 두툼한 책 한 권이 특별히 눈에 띄었다.</u>
"섬 얘기? 저건 무슨 책이지?"
나는 건우를 돌아보고 물었다.
"암것도 아닙니더."
"소설?"
"아입니더."
"어디 가져와 봐!"
건우는 싫어도 무가내라 뽑아 오면서,
"일기랑 또 책 같은 거 보고 적은 김더."
<u>부끄러운 내색</u>을 하였다.
"일기는 남의 비밀이니까 읽을 수가 없고, 어디 책 읽은 소감이나 봬 주게."

나는 책을 도로 돌렸다. 건우는 마지못해 여기저길 뒤적거리다가 한 군데를 펴 주었다. 또박또박 깨알같이 박아 쓴 글씨였다.

○○○ 여사는 어머니처럼 혼자 사시는 분이라 그런지 그분의 글에는 한결 감동되는 바가 있었다. 「내가 본 국도」 속의 한 구절―그래도 선거 때가 되면 소속 육지에서 똑딱선을 가지고 섬 백성을 모시러 오는 알뜰한 정당이 있어, 이들은 다만, 그 배로 실려 가서 실상 자기네 실생활과는 무연한 정치를 위하여 지정해 주는 기호 밑에 도장을 찍어 주고 그 배에 실려 돌아온다는 것입니다.

이어서 '나'는 '건우'의 방을 구경하는데, 〈섬 얘기〉라는 책을 발견하고 관심을 보입니다. 자신의 일기 같은 내용이 적혀 있기에 '부끄러운 내색'을 하는 '건우'를 보고 '나'는 '책 읽은 소감'을 보여 달라고 하고 있습니다. 거기엔 무슨 선거 이야기가 있네요. 정치인들의 기만적인 행위를 비판하는 내용이 적혀 있는 것 보니, '건우'는 현실 정치에 관심이 많은 인물인 것 같습니다. 〈보기〉에서 이야기하던 '부조리한 현실'과 관련되어 있다고도 볼 수 있겠죠?

(중략)

[건우 할아버지]와 [윤춘삼 씨]가 들려준 조마이섬 이야기는 언젠가 건우가 써냈던 〈섬 얘기〉에 몇 가지 기막히는 일화가 붙은 것이었다.

(중략) 이후 부분입니다. 이번엔 '건우 할아버지'와 '윤춘삼 씨'라는 인물이 추가가 되었네요. '조마이섬'이라는 공간에 대한 이야기인데, 이는 앞서 '나'가 읽었던 '건우'의 〈섬 얘기〉에 몇 가지 일화가 붙은 것이라고 합니다. '조마이섬'의 정치에 대한 이야기겠죠? 그다지 긍정적인 이야기는 아닐 것이라고 예상하면서 읽어보도록 합시다.

"우리 조마이섬 사람들은 지 땅이 없는 사람들이오. 와 처음부터 없기싸 없었겠소마는 죄다 뺏기고 말았지요. 옛적부터 이 고장 사람들이 젖줄같이 믿어 오던 낙동강 물이 맨들어 준 우리 조마이섬은 …….'
건우 할아버지는 처음부터 개탄조로 나왔다. 선조로부터 물려받은 땅, 자기들 것이라고 믿어 오던 땅이 자기들이 겨우 철 들락말락한 무렵에 별안간 왜놈의 동척* 명의로 둔갑을 했더란 것이었다.
"이완용이란 놈이 '을사 보호 조약'이란 걸 맨들어 낸 뒤라 카더만!"

윤춘삼 씨의 통방울 같은 눈에도 증오의 빛이 이글거리기 시작했다.

[B]

1905년—을사년 겨울, 일본 군대의 포위 속에서 맺어진 '을사 보호 조약'이란 매국 조약을 계기고, 소위 '조선 토지 사업'이란 것이 전국적으로 실시되던 일, 그리고 이태 후인 정미년에 가서는 "한국 정보는 시정 개선에 관하여 통감의 지도를 수할 사"란 치욕적인 조목으로 시작된 '한일 신협약'에 따라, 더욱 그 사업을 강행하고 역둔토(驛屯土)의 대부분과 삼림원야(森林原野)들을 모조리 국유로 편입시키는 등 교묘한 구실과 방법으로써 농민으로부터 빼앗은 뒤, 다시 불하*하는 형식으로 동척과 일인(日人) 수중에 옮겨 놓던 그 해괴망측한 처사들이 문득 내 머리 속에도 떠올랐다.

"쥑일 놈들."

건우 할아버지는 그렇게 해서 다시 국회의원, 다음은 하천 부지의 매립 허가를 얻은 유력자…… 이런 식으로 소유자가 둔갑되어 간 사연들을 죽 들먹거리더니,

"이 꼴이 되고 보니 선조 때부터 둑을 맨들고 물과 싸워 가며 살아온 우리들은 대관절 우찌 되는기요?"

그의 꺽꺽한 목소리에는, 건우가 지각을 하고 꾸중을 듣던 날 "나릿배 통학생입더." 하던 때의, 그 무엇인가를 저주하듯 한 감정이 꿈틀거리고 있는 것 같았다. 얼마나 그들의 땅에 대한 원한이 컸던가를 가히 짐작할 수가 있었다.

-김정한, 「모래톱 이야기」-

* 동척: 일제 강점기 '동양척식주식회사'의 준말.
* 불하: 국가 또는 공공 단체의 재산을 개인에게 팔아넘기는 일.

건우 할아버지는 '개탄조'로 조마이섬 사람들이 땅을 빼앗긴 과정에 대해서 이야기하네요. 〈보기〉에서 말했던 내용이 등장하는 모습이에요. '조마이섬'이라는 곳의 '땅'과 관련된 여러 사람들의 이야기가 나오고 있습니다. 이러한 맥락을 파악한다면 '윤춘삼 씨'의 눈에 이글거리는 '증오의 빛'에도 충분히 공감할 수 있겠죠?

이들의 이야기를 듣던 '나'도 일제가 땅을 빼앗던 '해괴망측한 처사'들을 떠올리면서 이에 공감하고 있습니다. 그러면서 '저주하듯 한 감정', '땅에 대한 원한'이라는 심리를 보이는 것을 이해하는 모습이에요. 현대소설의 전형적인 클리셰를 따라, 권력자들에게 고통받는 서민들의 모습을 그려낸 작품이었습니다. 〈보기〉를 이용하면 내용 자체는 어렵지 않게 파악할 수 있었죠?

선지	①	②	③	④	⑤
선택률	6%	6%	4%	82%	3%

54 [A]의 서술상 특징에 대한 설명으로 가장 적절한 것은? ④

– [A]는 '나'의 시선에서 '건우의 집'이라는 공간을 바라보고, 나아가 '건우 어머니'의 성격을 파악하는 부분이었습니다. 이와 비슷한 내용을 답으로 골라봅시다.

① 공간적 배경을 활용하여 주제를 암시적으로 드러낸다.

선지 유형	근거가 없어서 허용 불가능
실전에서의 판단 과정	건우네 집이 주제랑 무슨 상관이야.
해설	공간적 배경이 대충 '건우의 집' 정도로 나오기는 하는데, '건우의 집'이라는 배경이 주제를 드러내지는 않아요. '건우의 집'이 빼앗기고 그런 내용이 나오면 모르겠지만요.

② 일상적 소재를 열거하여 인물의 복잡한 심리를 보여준다.

선지 유형	근거가 없어서 허용 불가능
실전에서의 판단 과정	복잡한 심리가 어디 있어.
해설	배경 묘사가 된 부분에서 '마루청', '장독대' 같은 일상적 소재를 열거하고 있기는 한데, 인물의 '복잡한' 심리를 찾을 수는 없었죠? 있었다면 공감하려고 애를 썼을 것인데, 그런 기억이 없으니까요.

③ 서술자의 논평을 통해 인물의 성격 변화의 양상을 드러낸다.

선지 유형	근거가 없어서 허용 불가능
실전에서의 판단 과정	성격이 언제 변했냐.
해설	'나'라는 서술자가 '건우 어머니'에 대해 논평하는 부분이 드러나기는 합니다. (선지에서 묻는 건 '편집자적 논평'이 아니에요!) 하지만 이를 통해 인물의 '성격 변화'의 양상을 드러낸다는 건 완전 헛소리죠? '성격 변화' 같은 엄청난 일이 있었다면 우리나 놓쳤을 리가 없어요.

④ 구체적 묘사와 서술자의 판단을 통해 인물의 성격을 제시한다.

선지 유형	근거가 있어서 허용 가능
실전에서의 판단 과정	미리 생각한 내용이네.
해설	건우의 집을 구체적으로 묘사하고 있고, (배경 묘사) '나'라는 서술자가 건우 어머니의 성격을 판단하고 있으니 맞다고 판단할 수 있습니다. 발문을 보고 미리 생각할 수 있는 내용이면 좋겠어요.

⑤ 현재와 과거의 사실을 교차하여 향후 전개될 사건의 단서를 제공한다.

선지 유형	근거가 없어서 허용 불가능
실전에서의 판단 과정	사건 전개의 단서가 어딨어.
해설	애초에 이 지문에 '사건 전개'라고 할 만한 내용이 없기도 하고, 그러한 '단서'가 [A]에 나타난다는 것도 완전 헛소리죠?

선지	①	②	③	④	⑤
선택률	4%	85%	4%	5%	2%

55 윗글에 대한 이해로 적절하지 않은 것은? ②

① '손'은 어머니가 고된 생활을 감당해 왔음을 알려 준다.

> 손이 유달리 작아 보였다. 유달리 자그마한 손이 상일에 거칠어 있는 양이 보기에 더욱 안타까울 정도였다.

선지 유형	근거가 있어서 허용 가능
실전에서의 판단 과정	손이 거친 건 고된 생활 때문이라고 할 수 있지.
해설	'건우 어머니'의 '손'이 많이 거칠다고 했어요. 이를 근거로 하면 '고된 생활을 감당했다는 것'은 충분히 허용이 되겠네요.

② '일류 중학'은 건우 모자의 불화가 교육관의 차이에서 비롯되었음을 알려 준다.

> 어려운 가운데서도 외아들 건우를 나룻배를 태워가면서까지 먼 일류 중학에 보내고 있다는 사실,

선지 유형	근거가 없어서 허용 불가능
실전에서의 판단 과정	건우 모자 사이에 불화라니. 말도 안 되네.
해설	이걸 허용해 준다는 건 지문을 안 읽으셨다는 소리입니다. '건우'와 '건우 어머니' 사이에는 '불화'도, '교육관의 차이'도 확인할 수 없죠.

③ '책상'은 넉넉하지 못한 살림살이의 단면을 보여 준다.

> 사과 궤짝 같은 것에 종이를 발라 쓰는 책상 위에는 몇 권 안 되는 책들이 나란히 꽂혀 있었다.

선지 유형	근거가 있어서 허용 가능
실전에서의 판단 과정	제대로 된 책상도 없다는 건 살림살이가 넉넉하지는 못하다는 것이지.
해설	'건우의 방'에 있는 '책상'은 사실 '책상'이 아니라 '사과 궤짝 같은 것'입니다. 제대로 된 '책상' 하나 구비하지 못한다는 것을 근거로 하면 '넉넉하지 못한 살림살이'라는 해석은 어렵지 않게 허용할 수 있겠네요.

④ '책 읽은 소감'은 정치 현실에 대한 건우의 관심을 드러내고 있다.

> "일기는 남의 비밀이니까 읽을 수가 없고, 어디 책 읽은 소감이나 봬 주게."
> 나는 책을 도로 돌렸다. 건우는 마지못해 여기저길 뒤적거리다가 한 군데를 펴 주었다. 또박또박 깨알같이 박아 쓴 글씨였다.
>
> ○○○ 여사는 어머니처럼 혼자 사시는 분이「내가 본 국도」속의 한 구절—그래도 선거 때가 되면 소속 육지에서 똑딱선을 가지고 섬 백성을 모시러 오는 알뜰한 정당이 있어, 이들은 다만, 그 배로 실려 가서 실상 자기네 실생활과는 무연한 정치를 위하여 지정해 주는 기호 밑에 도장을 찍어 주고 그 배에 실려 돌아온다는 것입니다.

선지 유형	근거가 있어서 허용 가능
실전에서의 판단 과정	정치 이야기에 관심이 있으니까 쓴 것이겠지.
해설	'내가 본 국도'라는 책을 읽고 건우가 쓴 '소감'은 완전히 정치 이야기입니다. 굳이 힘들게 베껴 썼다는 것은, 그 분야에 관심이 있기 때문이라고 생각할 수 있겠죠?

⑤ '둑'은 조마이섬 사람들의 삶의 내력을 담고 있다.

> "이 꼴이 되고 보니 선조 때부터 둑을 맨들고 물과 싸워 가며 살아온 우리들은 대관절 우찌 되는기요?"

선지 유형	근거가 있어서 허용 가능
실전에서의 판단 과정	선조 때부터 만들었으면 삶의 내력이 담겨 있다고 할 수 있지.
해설	'둑'은 조마이섬 사람들의 선조 때부터 만들어 온 것이라고 했으니, '삶의 내력'을 담고 있다고 할 수 있겠죠?

선지	①	②	③	④	⑤
선택률	8%	5%	7%	72%	8%

56 [B]를 〈보기〉의 시나리오로 각색했다고 할 때, 고려한 내용으로 적절하지 <u>않은</u> 것은? ④

- 〈보기〉에 시나리오 지문이 제시되어 있습니다. 이 역시 다른 지문처럼 확실하게 읽고 넘어가야겠죠?

> ──────[보기]──────
>
> S#98. 강둑 위 (<u>오후</u>, 길게 펼쳐진 조마이섬 모습 후) E.L.S.*
>
> 건우 증조부 : (손에 쥔 종이를 움켜쥐고 부르르 떨며) 대명천지에 이럴 수는 없는 기다!
>
> 소년(건우 할아버지) : 이기 무신 소립니꺼? 인자 우리 땅이 아니라니요, 조마이섬이 왜놈 땅이 됐다 카는 기 무신 말씀입니꺼? (건우 증조부, 손에 쥔 종이를 <u>갈기갈기 찢고</u>, 집으로 달려간다. 소년 뒤따라간다.) O.L.
>
> * E.L.S: 익스트림 롱 숏. 아주 멀리서 넓은 지역을 조망하는 촬영 기법.

- S#98은 '강둑 위'라는 공간에서 '오후'에 펼쳐지는 이야기입니다. 지문에는 없던 인물인 '건우 증조부'가 등장하고 있네요. '건우 증조부'가 쥐고 있는 '종이'는 땅의 주인이 바뀌었다는 내용을 담고 있겠죠? '소년'이었던 '건우 할아버지'는 이러한 현실을 어린 나이에 목격하고 있습니다. '건우 증조부'는 당연히 화나서 종이를 찢고 하겠죠. 어렵지 않게 공감할 수 있네요.

> ──────[보기]──────
>
> S#99. 나루터 선술집 (저녁)
>
> 건우 선생님 : (놀랍다는 듯이) 그러니까 일제 때 토지 조사 사업 한답시고 국유지로 편입시켰다가, 그걸 다시 팔아먹었던 거군요?
>
> 건우 할아버지 : (증오의 눈빛으로) 거서 끝이 아니라요. 아마 건우 애비 중학 졸업하던 땐가 해방 됐다꼬 만세 부르고 와 보니, 이번엔 국회의원 손에 넘어갔다 카이.
>
> 윤춘삼 : 얼마 전부터는 하천 부지를 매립한다나 어쩐다나…….
>
> 건우 할아버지 : 오늘은 시커먼 놈들이 우르르 몰려와서는 종이 쪼각을 빼 주며 그랍디다, 섬에서 나가는 기 좋을끼라고, 내일은 결판을 낼 끼라고. (<u>입술을 깨물었다가 무슨 결심이라도 한 듯이</u>) 대명천지에 이럴 수는 없는 기다!

- S#99로 장면이 변하자, '나루터 선술집'이라는 공간에서 '저녁'이라는 시간이 되었습니다. 여기선 '건우 선생님'과 '건우 할아버지', 그리고 '윤춘삼 씨'와의 대화가 제시되고 있네요. 이 부분은 지문에서도 확인했던 부분 같은데, 지문 속의 '나'가 바로 '건우 선생님'이었네요. 아무튼 조마이섬 사람들의 울분이 표현되고 있고, '건우 할아버지'는 무슨 '결심'이라도 한 모습으로 화를 내고 있습니다.

① S#98에서 조마이섬의 지형적 특징을 보여 주기 위해 멀리서 섬을 조망하는 촬영 기법을 도입해야겠어.

선지 유형	근거가 있어서 허용 가능
실전에서의 판단 과정	E.L.S!
해설	E.L.S라는 기법을 통해 조마이섬을 멀리서 조망하고 있죠?

② S#99에서 관객의 이해를 돕기 위해 인물의 대사로 역사적 사실에 대한 정보를 전달해야겠어.

선지 유형	근거가 있어서 허용 가능
실전에서의 판단 과정	건우 선생님의 대사를 보면 나오네.
해설	'건우 선생님'이 열심히 역사적 사실을 전달하고 있네요. 허용할 수 있겠네요.

③ S#99에서 관객의 긴장을 유발하기 위해 이후 벌어질 갈등 상황을 인물의 대사 속에 넣어야겠어.

선지 유형	근거가 있어서 허용 가능
실전에서의 판단 과정	시커먼 놈들이 오면 갈등이 벌어지겠지.
해설	'건우 할아버지'가 내일은 '시커먼 놈들'이 결판을 내려 온다고 했습니다. 그렇다면 내일 땅을 뺏으려는 사람들이 온다는 소리인데, 이들이 오면 갈등이 있을 것임을 예견할 수 있고 이로 인해 관객의 긴장이 유발된다고 할 수 있죠?

④ S#98~99에서 인물 간 갈등을 부각시키기 위해 조마이섬의 소유권 이전에 찬동하는 등장인물을 넣어야겠어.

선지 유형	근거가 없어서 허용 불가능
실전에서의 판단 과정	소유권 이전을 찬성하는 사람이 어딨어.
해설	조마이섬의 소유권 이전에 '찬동'하는 인물은 나온 적이 없으니 당연히 허용할 수 없겠네요. 참고로 찬동이라는 단어를 모르셨다면 알아두세요. 그냥 '찬성'과 같은 말입니다. 어휘력까지 요구하는 문제였네요.

⑤ S#98~99에서 억울한 상황이 되풀이됨을 강조하기 위해 서로 다른 인물이 동일한 특정 대사를 구사하도록 해야겠어.

선지 유형	근거가 있어서 허용 가능
실전에서의 판단 과정	대명천지에 이럴 수는 없는 기다!
해설	'건우 증조부', '건우 할아버지' 모두 "대명천지에 이럴 수는 없는 기다!"라는 동일한 대사를 구사하고 있습니다. 이는 억울한 상황이 되풀이되는 모습을 드러내고 있다고 할 수 있겠죠?

선지	①	②	③	④	⑤
선택률	7%	22%	54%	6%	11%

57 〈보기〉를 참고하여 윗글을 감상한 내용으로 적절하지 않은 것은? [3점] ③

① 건우 할아버지와 윤춘삼의 이야기에 대한 '나'의 태도로 보아, '나'의 이야기는 조마이섬 사람들에 대한 공감을 담아낸 것임을 알 수 있어.

선지 유형	근거가 있어서 허용 가능
실전에서의 판단 과정	나는 조마이섬 사람들에게 제대로 공감하고 있었지.
해설	'건우 할아버지'와 '윤춘삼 씨'의 이야기에 '나'는 자신이 알고 있는 역사적 사실까지 떠올리면서 공감하고 있어요. 마지막 문장에서는 '얼마나 그들의 땅에 대한 원한이 컸던가를 짐작할 수 있다.'라고 하고 있기도 하구요. 〈보기〉에서 서술자 '나'가 이러한 공동체의 고통에 공감하고 전달하기 위해 상정된 인물이라고 했으니, 어렵지 않게 허용할 수 있겠습니다.

② 조마이섬 사람들에 대한 '나'의 이야기가 건우의 〈섬 얘기〉와 관련된 것으로 보아, 건우는 땅의 소유권이 바뀌어 온 현실을 증언하는 인물임을 알 수 있어.

선지 유형	근거가 있어서 허용 가능
실전에서의 판단 과정	건우의 〈섬 얘기〉가 현실의 이야기와 관련되어 있으니 현실을 증언한다고 할 수 있지.
해설	조마이섬 사람들에 대한 '나'의 이야기는 '건우'의 〈섬 얘기〉에 '건우 할아버지', '윤춘삼 씨'의 이야기가 덧붙은 형태로 전개됩니다. 이들의 이야기는 〈보기〉에서 이야기하는 것처럼 '땅을 빼앗긴 이야기'인데, '건우' 역시 그 이야기를 전개하는 데 역할을 하고 있어요. 이러한 점을 근거로 하면, '건우'가 땅의 소유권이 바뀌어 온 현실을 '증언'하는 인물이라는 점은 충분히 허용할 수 있겠습니다.

③ 건우 할아버지와 윤춘삼의 이야기가 건우의 〈섬 얘기〉에 원천을 두고 있는 것으로 보아, '나'의 이야기는 건우를 저항적 주체들의 중심인물로 삼고 있음을 알 수 있어.

선지 유형	근거가 있어서 허용 불가능
실전에서의 판단 과정	건우 할아버지와 윤춘삼의 이야기가 〈섬 얘기〉에 원천을 두고 있는 건 아니지.
해설	'건우 할아버지'와 '윤춘삼 씨'의 이야기는 '건우'의 〈섬 얘기〉에 몇 가지 이야기가 덧붙은 것입니다. 그런데 이건 '나'의 관점에서 그런 것이고, 실제로 '건우 할아버지'와 '윤춘삼 씨'는 〈섬 얘기〉에 '원천'을 두고 이야기하고 있지 않습니다. 오로지 자신들의 경험에 원천을 두고 있죠. 이렇게 확실한 근거가 있으니 절대로 허용할 수 없는 선지가 되겠습니다.

나아가 '건우'가 '저항적 주체들의 중심인물'이라는 것도 이 지문의 내용만으로는 허용하기 어렵습 |

니다. 이 지문에서 '건우'는 그저 현실 정치에 조금 관심을 보일 뿐, '저항'하는 모습을 보이지는 않으니까요. 여러모로 허용하기 어려운 선지였네요.

④ '나'의 이야기가 조마이섬과 관련된 몇 가지 기막힌 일화를 다루는 것으로 보아, '나'의 이야기는 현실의 이면에 감춰진 부조리한 실상을 증언하기 위한 것임을 알 수 있어.

선지 유형	근거가 있어서 허용 가능
실전에서의 판단 과정	주제네.
해설	'조마이섬'과 관련된 몇 가지 기막힌 일화는 누가 봐도 참으로 부조리합니다. 그리고 〈보기〉에 따르면 이러한 내용을 증언하는 것이 바로 '주제'에 해당한다고 했죠? 충분히 허용할 수 있는 내용이네요.

⑤ 건우 할아버지의 이야기가 대대로 땅을 빼앗겨 온 조마이섬 사람들에 관한 것으로 보아, '나'의 이야기는 '뿌리 뽑힌 사람들'에 대한 권력의 횡포를 비판하는 것임을 알 수 있어.

선지 유형	근거가 있어서 허용 가능
실전에서의 판단 과정	주제네.
해설	'건우 할아버지'의 이야기가 땅을 뺏긴 사람들의 이야기인 건 너무나 당연하게 맞는 말이죠. 여기에 〈보기〉에서 '나'의 이야기는 이러한 권력의 횡포를 비판하기 위해 창조되었다고 했으니, 이견의 여지없이 쉽게 허용할 수 있겠습니다.

선지	①	②	③	④	⑤
선택률	87%	3%	2%	6%	2%

58 문맥상 ⓐ를 가장 잘 나타낸 것은? ①

① 각골통한(刻骨痛恨)
② 노심초사(勞心焦思)
③ 전전반측(輾轉反側)
④ 풍수지탄(風樹之嘆)
⑤ 후회막급(後悔莫及)

| 핵심 point |

① **허용 가능성 평가** : 선지의 내용을 '허용'하려는 태도를 바탕으로 지문을 '독해'하며 '근거'를 찾아야 합니다. 허용할 수 있는 '근거'가 있어야만 허용할 수 있습니다. 주관적인 생각을 개입시키면 안 됩니다.

② **소설 독해** : '심리와 행동의 근거'를 바탕으로 인물에게 '공감'하며 읽어야 합니다. 이 과정이 물흐르듯 이어지면 지문의 내용을 완벽하게 이해할 수 있어요.

③ **현대소설 클리셰** : 현대사의 암울한 면에 주목한 소설이 많기 때문에, 현대소설에서의 세계는 부정적이고 우울하게 묘사되는 경우가 많습니다. 이를 알고 있으면 지문을 더욱 깊게 이해할 수 있어요.

| 지문 내용 총정리 |

암울한 현대사 속 억압받으며 살아가던 민중들의 이야기를 담은 소설입니다. 난이도 자체는 어렵지 않지만, '현대소설 클리셰'를 생각하며 지문을 이해하고 문제를 풀었는지 점검해보시기 바랍니다. 나아가 소설에서도 문학 선지 판단의 대원칙인 '허용 가능성 평가'를 생각해야 한다는 점, 잊지 마세요!

〈보기〉 독해

〈보기〉가 없네요. 주제를 생각하면서 지문을 가볍게 읽어 봅시다.

지문 독해

(가)

　어둠은 새를 낳고, 돌을
　낳고, 꽃을 낳는다.
　아침이면,
　어둠은 온갖 물상(物象)을 돌려주지만
　스스로는 땅 위에 굴복한다.
　무거운 어깨를 털고
　물상들은 몸을 움직이어
　노동의 시간을 즐기고 있다.
　즐거운 지상의 잔치에
　금(金)으로 타는 태양의 즐거운 울림.
　아침이면,
　세상은 개벽을 한다.

　　　　　　　　-박남수, 「아침 이미지 1」-

'어둠'이 지나 새, 돌, 꽃 등 온갖 '물상'들이 드러나는 상황을 묘사하고 있습니다. '어둠'이 스스로 땅 위에 굴복하고, '물상'들은 노동의 시간을 즐기는 '아침'의 모습. 화자에게는 '개벽'으로 느껴지는 시간이네요. 제목 그대로 '아침'의 이미지를 묘사한 작품이었습니다.

(나)

　텔레비전을 끄자
　풀벌레 소리　　　　　　　　　　　　　　[A]
　어둠과 함께 방 안 가득 들어온다
　어둠 속에서 들으니 벌레 소리들 환하다
　별빛이 묻어 더 낭랑하다
　귀뚜라미나 여치 같은 큰 울음 사이에는
　너무 작아 들리지 않는 소리도 있다　　　[B]
　그 풀벌레들의 작은 귀를 생각한다
　내 귀에는 들리지 않는 소리들이 드나드는
　까맣고 좁은 통로들을 생각한다
　　　　　　　　　　　　　　　　　　　[C]
　그 통로의 끝에 두근거리며 매달린
　여린 마음들을 생각한다

　발뒤꿈치처럼 두꺼운 내 귀에 부딪쳤다가
　되돌아간 소리들을 생각한다
　브라운관이 뿜어낸 현란한 빛이
　내 눈과 귀를 두껍게 채우는 동안
　그 울음소리들은 수없이 나에게 왔다가　[D]
　너무 단단한 벽에 놀라 되돌아갔을 것이다
　하루살이들처럼 전등에 부딪쳤다가
　바닥에 새카맣게 떨어졌을 것이다
　크게 밤공기 들이쉬니
　허파 속으로 그 소리들이 들어온다　　　[E]
　허파도 별빛이 묻어 조금은 환해진다

　　　　　　-김기택, 「풀벌레들의 작은 귀를 생각함」-

'텔레비전'을 껐더니 '어둠' 속에서 '풀벌레 소리'가 가득 들어오는 상황을 묘사하고 있습니다. 화자는 그동안 '텔레비전' 소리 때문에 듣지 못했던 많은 '울음소리'들을 생각하면서, '밤공기'를 들이쉬고 있어요. '텔레비전'이 없는 '밤공기'는 여러 벌레들의 '울음소리'를 담고 있는데, 화자의 허파 속으로 이러한 소리들이 들어왔다는 것을 보니 화자도 이러한 상황이 꽤나 만족스러운 모습입니다.

이 정도로 전반적인 주제 의식이 잡혔다면, 선지 판단이 어렵지 않을 거예요. '허용 가능성 평가'라는 무기를 가지고 문제를 가볍게 해결해 봅시다.

선지	①	②	③	④	⑤
선택률	4%	2%	7%	9%	78%

59 (가), (나)의 '어둠'에 대한 설명으로 적절하지 <u>않은</u> 것은?

⑤

- 두 지문에서 반복적으로 제시되었던 '어둠'에 대한 문제입니다. (가)의 '어둠'은 스스로 땅 위에 굴복하며 '물상'들을 내놓는 주체로 표현되었고, (나)의 '어둠'은 '텔레비전'을 끈 화자가 '풀벌레 소리'를 들으며 평온해하는 시간적 배경을 나타냈습니다. 이렇게 미리 독해한 내용을 떠올려 놓은 상태로 선지를 판단해 봅시다.

　① (가)에서 '어둠'은 '물상'을 돌려주는 행위의 주체로 표현되고 있다.

선지 유형	근거가 있어서 허용 가능
실전에서의 판단 과정	어둠은 물상을 돌려준다고 했지.

해설	'아침'이 되면 '어둠'은 온갖 '물상'을 돌려준다고 했습니다. 지문 내용 그대로 선지화시켰네요.

② (나)에서 '어둠'은 '풀벌레 소리'를 도드라지게 하고 있다.

선지 유형	근거가 있어서 허용 가능
실전에서의 판단 과정	어둠 속에서 들으니 벌레 소리들 환하다고 했지.
해설	(나)의 화자는 '텔레비전'을 끄고 '어둠' 속에서 '풀벌레 소리'를 듣고 있습니다. 그러면서 '어둠' 속에서 들으니 벌레 소리들이 환하다고 했어요. 이는 '어둠' 속에서 벌레 소리가 더 잘 들린다는 의미이므로, '어둠'이 '풀벌레 소리'를 도드라지게 한다는 건 충분히 허용할 수 있겠습니다.

③ (가)에서는 '어둠'이 사라져 가는 시간을, (나)에서는 '어둠'이 지속되는 시간을 배경으로 삼고 있다.

선지 유형	근거가 있어서 허용 가능
실전에서의 판단 과정	미리 생각한 내용이네.
해설	(가)와 (나)의 '어둠'에 대해 미리 생각한 내용입니다. (가)는 '아침'이 되어 '어둠'은 사라지고 '물상'이 드러나는 모습을, (나)는 '어둠'이 지속되는 가운데 '풀벌레 소리'를 듣는 모습을 묘사하고 있었어요.

④ (가)에서는 '어둠'이 물러나면서 상황이 변화하고, (나)에서는 '어둠'이 들어오면서 '방 안'의 분위기가 변화한다.

선지 유형	근거가 있어서 허용 가능
실전에서의 판단 과정	미리 생각한 내용이네.
해설	(가)에서는 '어둠'이 물러나면서 '물상'들이 등장하고 '노동의 시간'을 즐기는 등 '아침'이라는 상황으로 변화하는 모습을 묘사하고 있습니다. 나아가 (나)에서는 '풀벌레 소리'와 함께 '어둠'이 들어오면서 화자가 '낭랑하다'는 반응을 보이고 있죠. 이를 근거로 하면 원래 '텔레비전'을 보면서 삭막하던 '방 안'의 분위기가 '어둠'이 들어오면서 변화한 것이라고 할 수 있겠습니다. 이러한 내용들은 모두 이 지문들의 주제 그 자체이자, 우리가 '어둠'을 통해 미리 생각한 내용들입니다. 너무나 당연하게 허용할 수 있어야 합니다.

⑤ (가)에서는 '어둠'의 생산력을, (나)에서는 '어둠'의 포용력을 앞세워 '어둠'이 밝음에 순응하는 모습을 부각하고 있다.

선지 유형	근거가 없어서 허용 불가능
실전에서의 판단 과정	(나)에서 어둠이 왜 밝음에 순응해.
해설	먼저 (가)에서는 '물상'을 만들어내는 '어둠'의 '생산력'을 보여 주고 있다고 할 수 있습니다. 나아가 이를 앞세워 '어둠'이 '아침'이라는 밝음에 순응하는 모습을 부각하고 있다고 할 수 있겠죠. 이렇게 근거가 있으니, (가)와 관련된 내용은 충분히 허용이 가능하겠습니다. 한편 (나)에서도 '어둠'이 '풀벌레 소리'와 함께 들어오고 있다는 점에서 '풀벌레 소리'에 대한 '포용력'을 앞세우고 있다고 할 수도 있겠습니다. 하지만 이는 '어둠' 속에서 '풀벌레 소리'가 들리는 상황을 더 강조하기 위한 것일 뿐, '어둠'이 밝음에 순응하는 모습이라고 할 수는 없겠죠? 애초에 이 지문의 주제 의식이 '어둠' 속에서 '풀벌레 소리'를 즐기는 것이기에, 밝음에 순응한다는 것은 절대로 허용할 수 없겠습니다.

선지	①	②	③	④	⑤
선택률	3%	11%	7%	74%	5%

60 (가)에 대한 이해로 가장 적절한 것은? ④

① '무거운 어깨를 털고'는 지상으로부터 벗어나기 위해 사물들이 몸부림치는 모습을 표현한 것이다.

무거운 어깨를 털고
물상들은 몸을 움직이어
노동의 시간을 즐기고 있다.

선지 유형	근거가 있어서 허용 불가능
실전에서의 판단 과정	지상으로부터 왜 벗어나.
해설	'무거운 어깨를 털고' 몸을 움직인 '물상'들은 '노동의 시간'을 즐기고 있습니다. 즉, 지상에서 신나게 노동하고 있는 것이죠. 이러한 내용을 근거로 하면 지상으로부터 '벗어나기 위해' 몸부림친다는 것은 절대로 허용할 수 없겠습니다.

② '노동의 시간을 즐기고'는 노동의 고단함을 잊기 위해 사물들이 경쾌하게 움직이는 모습을 표현한 것이다.

> 무거운 어깨를 털고
> 물상들은 몸을 움직이어
> <u>노동의 시간을 즐기고</u> 있다.

선지 유형	근거가 있어서 허용 불가능
실전에서의 판단 과정	즐긴다고 했지, 고단하다고는 안 했는데?
해설	'물상'들은 '노동의 시간'을 즐기고 있습니다. 말 그대로 즐겁다고 했기 때문에, 이를 근거로 하면 노동의 '고단함'을 절대 허용할 수 없겠네요. 지문 그 어디에도 사물들이 노동의 '고단함'을 느낀다는 내용이 없기 때문에, 틀린 선지가 되겠습니다. 허용하려면 근거가 있어야 해요!

③ '즐거운 지상의 잔치'는 기존의 사물들이 새로 태어난 사물들을 반갑게 맞이하는 모습을 표현한 것이다.

> 물상들은 몸을 움직이어
> 노동의 시간을 즐기고 있다.
> <u>즐거운 지상의 잔치</u>에
> 금(金)으로 타는 태양의 즐거운 울림.

선지 유형	근거가 없어서 허용 불가능
실전에서의 판단 과정	기존의 사물들이 맞이한다는 말은 없는데?
해설	그냥 느낌이 비슷해 보인다고 허용해 버리면 안 됩니다. '즐거운 지상의 잔치'는 '물상'들이 '노동의 시간'을 즐기는 모습을 나타낸 것일 뿐, 기존의 사물들이 새로 태어난 사물들을 반갑게 맞이하는 것이 아니에요. 애초에 그렇게 볼 수 있는 근거가 없으니, 허용할 수 없습니다.

④ '태양의 즐거운 울림'은 하늘의 태양이 지상에 있는 사물들과 서로 어울려 생기를 띠는 모습을 표현한 것이다.

> 즐거운 지상의 잔치에
> 금(金)으로 타는 <u>태양의 즐거운 울림</u>.

선지 유형	근거가 있어서 허용 가능
실전에서의 판단 과정	지상의 잔치 위에서 즐거워하니까 서로 어울려 생기를 띤다고 할 수 있겠다.
해설	'태양의 즐거운 울림'은 '즐거운 지상의 잔치'를 비추는 태양의 모습을 묘사한 것입니다. '지상의 잔치'가 즐거운데, 그것을 비추는 '태양'도 즐거워한다는 건 서로 어울려 생기를 띠는 모습이라고 할 수 있겠죠. 이렇게 근거가 있어야 허용이 가능한 것입니다.

⑤ '세상은 개벽을 한다'는 사물들이 새로운 형태로 변화하면서 혼란을 겪는 모습을 표현한 것이다.

> 아침이면,
> <u>세상은 개벽을 한다</u>.

선지 유형	근거가 없어서 허용 불가능
실전에서의 판단 과정	주제랑 너무 반대네.
해설	'세상은 개벽을 한다'는 '아침'이 되어 '어둠'이 굴복한 뒤 '물상'들과 태양이 '노동의 시간'을 즐기는 모습을 의미하는 것입니다. 즉, '어둠'에서 '밝음'의 이미지로 변화했다는 점에서 '개벽'이라는 표현을 쓴 것이지, 사물들이 새로운 형태로 변화한다는 의미가 아닌 것이죠. 나아가 혼란을 겪는다는 것은 이 지문의 전체적인 주제 의식과 완전히 반대되는 해석입니다. 절대로 허용할 수 없습니다.

선지	①	②	③	④	⑤
선택률	3%	2%	86%	6%	3%

61 (나)의 [A]~[E]에 대한 감상으로 적절하지 <u>않은</u> 것은? ③

① [A]에서 화자는 '텔레비전'을 끈 후 평소 관심을 두지 못했던 '풀벌레 소리'를 지각하고 있어.

선지 유형	근거가 있어서 허용 가능
실전에서의 판단 과정	텔레비전 껐더니 풀벌레 소리가 들어왔다며.
해설	[A]에서 화자는 '텔레비전'을 끄자 '풀벌레 소리'가 '어둠'과 함께 방 안 가득 들어온다는 것을 지각하고 있습니다. '텔레비전'을 끄고 나서야 비로소 '풀벌레 소리'를 들었다는 것은, 평소 '풀벌레 소리'에 관심을 두지 못했다는 것을 의미한다고 할 수 있겠죠? 가볍게 허용할 수 있겠네요.

② [B]에서 화자는 '큰 울음'뿐만 아니라 '들리지 않는 소리'도 존재한다는 것을 알게 됨으로써 화자의 인식 범위가 확장되고 있어.

선지 유형	근거가 있어서 허용 가능
실전에서의 판단 과정	새로운 소리를 알게 되는 건 인식 범위 확장이라고 할 수 있지.
해설	화자는 안 그래도 '풀벌레 소리'가 있다는 것을 새롭게 지각하게 되었는데, [B]에서는 이렇게 '큰 울음' 사이에 너무 작아 '들리지 않는 소리'도 있다는 것까지 지각하고 있습니다. 새로운 소리의 존재를 알게 된다는 것은, 화자의 '인식 범위'가 확장되었다는 해석의 근거가 되기에 충분하겠죠?

③ [C]에서 화자는 '들리지 않는 소리'의 주체들이 화자 자신 때문에 서로 소통할 수 없게 된 것에 대해 미안함을 느끼고 있어.

선지 유형	근거가 있어서 허용 불가능
실전에서의 판단 과정	소통 잘하고 있는데?
해설	[C] 부분을 정확하게 독해해봅시다. 화자는 자신의 귀에는 들리지 않는 소리들의 '까맣고 좁은 통로들'을 생각하고 있습니다. 즉, 자신의 귀에 들리지 않을 만큼 작은 풀벌레들의 소리도 '까맣고 좁은 통로들'을 통해 소통하고 있다는 것이죠. 이렇게 화자는 자신이 듣지 못하는 소리가 분명히 더 있을 것이란 표현을 하고 있을 뿐, 소리의 주체들이 소통할 수 없게 된 것에 대해 미안함을 느끼고 있지는 않습니다. 어렵지 않게 답으로 고를 수 있겠네요.

④ [D]에서 화자는 자신이 의식하지 못했던 '그 울음소리들'을 떠올리며, 그 소리를 간과했던 삶을 성찰하고 있어.

선지 유형	근거가 있어서 허용 가능
실전에서의 판단 과정	그동안 되돌아갔을 것이라 생각하고 있네.
해설	[D]에서 화자는 '텔레비전'의 브라운관이 뿜어낸 현란한 빛이 자신의 눈과 귀를 채우는 동안 '그 울음소리들'이 되돌아갔을 것이라 추측하고 있습니다. 되돌아갔다는 것은 그동안 화자가 이 소리들을 의식하지 못했다는 것을 의미하기에, 그 소리를 간과했던 지난 삶을 성찰하고 있다는 건 어렵지 않게 허용할 수 있겠네요.

⑤ [E]에서 화자는 '그 소리들'을 귀로만 듣지 않고 내면 깊숙이 받아들이고 있는 자신의 모습을 확인하고 있어.

선지 유형	근거가 있어서 허용 가능
실전에서의 판단 과정	화자의 허파에 들어왔으니 내면 깊숙이 받아들인 거지.
해설	[E]에서 화자는 크게 '밤공기'를 들이쉬고, '그 소리들'을 '허파 속'으로 받아들이고 있습니다. '허파 속'이라는 표현을 근거로 하면, 화자가 '그 소리들'을 내면 깊숙이 받아들이고 있다는 것을 어렵지 않게 허용할 수 있겠습니다.

현대시 독해 연습

> (가)
> 어둠은 새를 낳고, 돌을
> 낳고, 꽃을 낳는다.
> 아침이면,
> 어둠은 온갖 물상(物象)을 돌려주지만
> 스스로는 땅 위에 굴복한다.

'어둠'이 '새·돌·꽃'을 낳는다고 합니다. 처음에는 이게 무슨 뜻인지 몰라도, 바로 아래의 '아침'이라는 표현을 보고 이해할 수 있겠죠? '아침'이 되면서 '어둠'이 '땅 위'에 굴복하며 물러나고 '새·돌·꽃' 같은 온갖 물상들을 돌려주는 모습을 묘사하고 있습니다. '어둠'이 이런 물상들을 가리고 있다가 '땅 위'에 굴복하면서 보이게 된 모습이라고 이해하면 되겠죠?

> 무거운 어깨를 털고
> 물상들은 몸을 움직이어
> 노동의 시간을 즐기고 있다.

그전까지 '어둠'이라는 '무거운 어깨'를 지고 있던 물상들은 이를 털어 버리고, 몸을 움직이며 '노동의 시간'을 즐기고 있습니다. '아침'이 된 후 '새·돌·꽃' 등의 물상들이 각자의 역할을 하며 즐겁게 노동하는 모습이네요.

> 즐거운 지상의 잔치에
> 금(金)으로 타는 태양의 즐거운 울림.
> 아침이면,
> 세상은 개벽을 한다.
> 　　　　　　　-박남수, 「아침 이미지 1」-

화자는 이렇게 '어둠'을 떨쳐 내고 각자의 노동을 하는 모습을 '즐거운 지상의 잔치'로 표현하고 있습니다. 그리고 그 위에는 '아침'이 되어 즐거운 울림으로 타고 있는 '태양'도 있어요. 이처럼 '아침'은 세상이 '개벽'하는 활기찬 이미지를 가지고 있다는 것이 화자의 생각이네요.

> (나)
> 텔레비전을 끄자
> 풀벌레 소리
> 어둠과 함께 방 안 가득 들어온다
> 어둠 속에서 들으니 벌레 소리들 환하다
> 별빛이 묻어 더 낭랑하다

'텔레비전'을 껐더니, '풀벌레 소리'가 '어둠'과 함께 방 안 가득 들어오고 있습니다. 여러분도 한 번쯤은 경험해 본 일이죠? 밤에 자려고 '텔레비전'을 끄면 밖에 있는 자연의 소리들이 들리기 시작하는 그런 일이 화자에게도 일어나고 있습니다. '어둠' 속에서 들으면 벌레 소리들은 더욱 환하게 들릴 것이고, '텔레비전'의 빛이 아니라 별빛이 묻었기에 더 낭랑하게 느껴질 것입니다.

> 귀뚜라미나 여치 같은 큰 울음 사이에는
> 너무 작아 들리지 않는 소리도 있다
> 그 풀벌레들의 작은 귀를 생각한다
> 내 귀에는 들리지 않는 소리들이 드나드는
> 까맣고 좁은 통로들을 생각한다
> 그 통로의 끝에 두근거리며 매달린
> 여린 마음들을 생각한다

'풀벌레 소리' 중에서 귀뚜라미나 여치의 소리는 '큰 울음'이라고 할 수 있는데, 이렇게 잘 들리는 소리 사이에는 '너무 작아 들리지 않는 소리'도 있다고 합니다. 화자는 그런 소리에까지 주목하고 있어요. 화자의 귀에는 잘 들리지 않겠지만, 분명 어떤 '까맣고 좁은 통로'를 통해 그 작은 소리들도 드나들 것입니다.

맥락상 여기서의 '까맣고 좁은 통로'는 '그 풀벌레들의 작은 귀'를 의미한다고 할 수 있겠죠? 아주 작은 귀를 통해 여러 작은 소리들이 '여린 마음'을 매달고 오갈 것인데, 화자는 그런 아기자기한 모습에도 주목하며 '텔레비전'이 꺼진 밤을 즐기고 있습니다.

> 발뒤꿈치처럼 두꺼운 내 귀에 부딪쳤다가
> 되돌아간 소리들을 생각한다

> 브라운관이 뿜어낸 현란한 빛이
> 내 눈과 귀를 두껍게 채우는 동안
> 그 울음소리들은 수없이 나에게 왔다가
> 너무 단단한 벽에 놀라 되돌아갔을 것이다
> 하루살이들처럼 전등에 부딪쳤다가
> 바닥에 새카맣게 떨어졌을 것이다

화자는 자신이 '텔레비전'을 보는 동안 되돌아갔을 수많은 소리를 생각하고 있습니다. 지금 이 소리들은 모두 '텔레비전'을 껐더니 비로소 들리는 것들이에요. 이는 '텔레비전'을 켜 놓고 '브라운관이 뿜어낸 현란한 빛' 속에서 화자의 귀가 '발뒤꿈치'처럼 두꺼워진 상황에서는 들을 수 없던 소리였죠. 화자는 이렇게 되돌아갔을, 바닥에 떨어졌을 그 소리들에 대해 생각해 보고 있습니다.

> 크게 밤공기 들이쉬니
> 허파 속으로 그 소리들이 들어온다
> 허파도 별빛이 묻어 조금은 환해진다
>   -김기택, 「풀벌레들의 작은 귀를 생각함」-

이제는 '텔레비전'을 껐기 때문에, 이러한 소리들이 너무나 잘 들립니다. 화자는 크게 '밤공기'를 들이쉬고, 자신의 허파 속으로 그 소리들을 받아들이고 있어요. 이 소리는 '텔레비전'의 불빛이 아닌 별빛이 묻은 소리이기에, 화자의 마음도 환하게 만들어 줄 수 있을 것입니다.

몰랐던 어휘 정리하기

핵심 point
① **허용 가능성 평가** : 선지의 내용을 '허용'하려는 태도를 바탕으로 지문을 '독해'하며 '근거'를 찾아야 합니다. 허용할 수 있는 '근거'가 있어야만 허용할 수 있습니다. 주관적인 생각을 개입시키면 안 됩니다. ② **현대시 독해** : 〈보기〉의 도움 등을 통해 '주제' 위주로, 그리고 일상 언어의 감각으로 읽어내면 됩니다. 현대시도 읽을 수 있는 하나의 글입니다.

<보기>가 없어서 무언가 도움을 받지는 못했지만, 주제를 인식하는 것이 어렵지 않고 선지 판단의 근거도 명확했던 쉬운 지문이었습니다. 아주 기본적인 지문과 선지 구성이니 확실하게 복습하도록 합시다.

DAY 6 [62~65]
2013.09 [47~50] 현대소설 '역마' ☆☆☆

<보기> 확인

[보기]

ㄱ. 김동리는 「역마」의 인물들을 통해, 운명을 수용하는 것이 운명에 패배하는 것이 아니라 세계와 조화되는 것이며, 이는 우리 민족의 전통적 삶의 방식이라고 여겼다.

ㄴ. 「역마」의 인물들이 보여 주는 생각과 행동은 적극적이지 않고 비합리적이어서, 주체적으로 자기 삶의 방향을 결정하는 현대인들이 공감하기 힘들다는 비판이 있다.

이 작품에는 '운명을 수용'하는 인물, '적극적이지 않고 비합리적인' 인물이 등장하나 봅니다. 주인공의 성격을 알려주는 <보기>네요. 이렇게 운명을 수용하고, 비합리적인 선택을 하는 인물들에게 공감할 준비를 하고 지문 읽어보도록 합시다.

지문 독해

[앞부분의 줄거리] 아들 성기 가 역마살 때문에 떠돌이가 될까 봐 걱정하던 옥화 는 그를 정착시키기 위해 체 장수 영감 의 딸 계연 과 맺어 주려 하지만, 계연이 자기 동생이라는 것을 알고는 그녀를 떠나보내기로 한다.

[앞부분의 줄거리]에서 엄청나게 많은 정보를 얻을 수 있는 지문입니다. 먼저 '성기'라는 인물은 역마살을 가지고 있어요. '역마살'이 '여기저기 떠돌아다니는 운명'이라는 의미인 건 알아둡시다. 일종의 어휘력이니까요. 아무튼 이를 걱정하던 엄마 '옥화'는 '계연'이라는 인물과 아들을 결혼시키려고 하지만, '계연'이 '옥화'의 동생이라는 막장드라마급 전개로 인해 무산되는 모습입니다. 인물관계가 아주 복잡하죠? <보기>의 내용을 가져오면, 이 모습을 '운명의 수용'으로 해석할 수도 있겠네요. 이렇게 [앞부분의 줄거리]에서 핵심적인 정보들을 확실하게 체크한 뒤 계속 읽어보도록 합시다.

계연의 시뻘겋게 상기한 얼굴은, 옥화와 그의 아버지가 그들을 지켜보고 있다는 것도 잊은 듯이 성기의 얼굴만 일심으로 바라보고 있었으나, 버드나무에 몸을 기댄 성기의 두 눈엔 다만 불꽃이 활활 타오를 뿐, 아무런 새로운 명령도 기적도 나타나지 않았다.

"오빠, 편히 사시오."

하고, 거의 울음이 다 된, 마지막 목소리를 남기고 돌아
선 계연의 저만치 가고 있는 항라 적삼*을, 고운 햇빛과
늘어진 버들가지와 산울림처럼 울려오는 뻐꾸기 울음
속에, 성기는 우두커니 지켜보고 있을 뿐이었다.

* 항라 적삼 : 명주, 모시, 무명실 따위로 된 한 겹의 윗도리.

이렇게 비극적인 사건으로 인해 헤어지게 된 '계연'과 '성기'의 모
습이 나타나고 있습니다. 자세히는 모르겠지만, 둘은 꽤나 정이
들었던 모양이에요. 아쉬움과 슬픔을 드러내는 '계연'과 달리, 그
저 지켜만 보고 있는 '성기'입니다. 모두 저런 상황에서 충분히 보
일 수 있는 반응이죠? 여러분도 함께 아쉬움을 느끼면서 공감해
주시면 됩니다.

성기가 다시 자리에서 일어나게 된 것은 이듬해 우수
(雨水)도 경칩(驚蟄)도 다 지나, 청명(淸明) 무렵의 비
가 질금거릴 무렵이었다. 주막 앞에 늘어선 버들가지는
다시 실같이 푸르러지고 살구, 복숭아, 진달래 들이 골목
사이로 산기슭으로 울긋 불긋 피고 지고 하는 날이었다.
    아들의 미음상을 차려 들고 들어온 옥화는 성기가 미
음 그릇을 비우는 것을 보자 이렇게 물었다.
    "아직도, 너, 강원도 쪽으로 가 보고 싶냐?"
    "……"
    성기는 조용히 고개를 돌렸다.
    "여기서 장가들어 나랑 같이 살겠냐?"
    "……"
    성기는 역시 고개를 돌렸다.

이렇게 비극적인 사건이 있고 난 후, '성기'는 자리에서 일어나지
도 않았던 것으로 보입니다. 저렇게 많은 시간이 흘러서야 비로
소 자리에서 일어나 미음 그릇을 비우고 있어요. 조금 회복되었
다고 생각한 '옥화'는 '성기'에게 이것저것 제안을 하고 있네요.
'강원도'가 어떤 사연이 있는 공간인지는 모르겠지만 그곳에 가는
것도, 그렇다고 지금 사는 곳에서 장가드는 것도 모두 거절하는
'성기'의 모습입니다. 어머니인 '옥화'의 속은 타들어가겠네요.

그해 아직 봄이 오기 전, 보는 사람마다, 성기의 회춘
을 거의 다 단념하곤 하였을 때 옥화는, 이왕 죽고 말 것
이라면, 어미의 맘속이나 알고 가라고, 그래, 그 체 장수
영감은, 서른여섯 해 전 남사당을 꾸며 와 이 화개 장터
에 하룻밤을 놀고 갔다는 자기의 아버지임에 틀림이 없
었다는 것과, 계연은 그 왼쪽 귓바퀴 위의 사마귀로 보아

자기의 동생임이 분명하더라는 것을, 통정*하노라면서,
자기의 같은 왼쪽 귓바퀴 위의 검정 사마귀까지를 그에
게 보여 주었다.
    "나도 처음부터 영감이 '서른여섯 해 전'이라고 했을
때 가슴이 섬뜩하긴 했다. 그렇지만 설마 했지 그렇게
남의 간을 뒤집어 놀 줄이야 알았나. 하도 아슬해서 이
튿날 악양으로 가 명도*까지 불러 봤더니, 요것도 남
의 속을 빤히 들여다나 보는 듯이 재잘대는구나, 차라
리 망신을 했지."
    옥화는 잠깐 말을 그쳤다. 성기는 두 눈에 불을 켜듯
한 형형한 광채를 띠고, 그 어머니의 얼굴을 쳐다보고
있었다.
    "차라리 몰랐으면 또 모르지만 한번 알고 나서야 인륜
이 있는듸 어쩌겠냐."
    그리고 부디 어미 야속타고나 생각지 말라고, 옥화는
아들의 뼈만 남은 손을 눈물로 씻었다.
    옥화의 이 마지막 하직같이 하는 통정 이야기에 의외
로도 성기는 도로 힘을 얻은 모양이었다. 그 불타는 듯한
형형한 두 눈으로 천장을 한참 바라보고 있던 성기는 무
슨 새로운 결심이나 하듯 입술을 지그시 깨물고 있었다.
    아버지를 찾아 강원도 쪽으로 가 볼 생각도 없다, 집에
서 장가들어 살림을 할 생각도 없다, 하는 아들에게 그
러나, 옥화는 이제 전과 같이 고지식한 미련을 두는 것
도 아니었다.
    "그럼 어쩔라냐? 너 졸 대로 해라."
    "……"
    성기는 아무런 말도 없이 도로 자리에 드러누워 버렸다.

* 통정 : 통사정. 딱하고 안타까운 형편을 털어놓고 말함.
* 명도 : 마마를 앓다가 죽은 어린 계집아이의 귀신.

그렇게 시간이 흘러 '그해의 봄이 오기 전'입니다. '성기'의 상태
는 더욱 심각해집니다. 사람들이 모두 회춘을 단념할 정도예요.
'옥화'는 어차피 죽을 것이라면 그냥 사연이나 들어보라며, '체 장
수 영감'과 있었던 일들을 이야기해주고 있습니다. 고작 하룻밤
놀고 간 '체 장수 영감'이 사실 자신의 아버지였던 것이에요. 진짜
막장드라마 그 자체인데, '성기'는 의외로 이 사실을 듣고 힘을 얻
는 모습입니다.

이때, '그해의 봄이 오기 전'에서의 '그해'가 바로 앞에서 읽었던
'이듬해'임을 파악할 수 있어야 합니다. '우수', '경칩'이 봄이 왔음
을 알려주는 절기라는 점을 알고 있었다면 더욱 쉬웠겠지만, 몰
랐다고 하더라도 내용만으로 이를 파악할 수 있어야 해요. 분명

'이듬해'에서 '성기'는 미음 상을 비울 정도로 어느 정도 회복한 모습을 보였지만, '그해의 봄이 오기 전'에서는 손에 뼈만 남을 정도로 수척한 모습이었으니까요. 나아가 '그'해라는 지시어를 바탕으로 생각할 수도 있었을 겁니다.

결국 '성기'는 '옥화'로부터 자신의 아버지에 대한 이야기를 전해들은 뒤 힘을 얻고, 시간이 흘러 봄이 오자 미음상을 비우는 등 회복한 모습을 보인 것이 되는 것이죠. 이렇게 '시간'과 '인물의 심리'라는 포인트에 주목하면서 지문의 흐름을 정확하게 잡아낼 수 있어야 합니다.

| 생각 심화 |
그렇다면 '성기'는 도대체 왜 힘을 얻는 것일까요? 정확히 이해하기는 어렵지만, 〈보기〉를 근거로 하면 '운명 수용'과 관련된 것이라고 생각할 수는 있겠습니다. '계연'과 결혼하여 정착하려는 자신의 의지가 가로막히는 운명을 경험하고, 자신의 할아버지도 여기저기 떠돌아다니는 운명을 수용했다는 것을 들으며 '역마살'이라는 자신의 운명을 수용하려는 것이죠. 이렇게까지 생각하는 게 어렵기는 하지만, 〈보기〉를 최대한 활용하고 인물의 심리에 최대한 공감하려는 태도를 갖춰주셔야 한다는 점은 변함이 없습니다.

그러고 나서 **한 달포나 넘어 지난 뒤**였다.
성기가 좋아하는 여러 가지 산나물이 화갯골에서 연달아 자꾸 내려오는 **이른 여름의 어느 장날 아침**이었다. 두릅회에 막걸리 한 사발을 쭉 들이켜고 난 성기는 옥화더러,
"어머니, 나 엿판 하나만 맞춰 주."
하였다.
"……"
옥화는 갑자기 무엇으로 머리를 얻어맞은 듯이 성기의 얼굴을 멍하니 바라보고 있었다.
그런 지도 **다시 한 보름이나 지나**, 〈뻐꾸기는 또다시 산울림처럼 건드러지게 울고, 늘어진 버들가지엔 햇빛이 젖어 흐르는 아침이었다. 새벽녘에 잠깐 가는 비가 지나가고, 날은 다시 유달리 맑게 갠 화개 장터 삼거리 길 위〉에서, 성기는 그 어머니와 하직을 하고 있었다. 〈갈아입은 옥양목 고의적삼에, 명주 수건까지 머리에 잘끈 동여매고 난 성기는, 새로 맞춘 새하얀 나무 엿판을 걸빵해서 느직하게 엉덩이 즈음에다 걸었다. 위 목판에는 새하얀 가락엿이 반나마 들어 있었고, 아래 목판에는 팔다 남은 이야기책 몇 권과 간단한 방물이 좀 들어 있었다.〉

그렇게 한 달이 또 흘렀습니다. 이 지문은 시간의 변화가 잦기 때문에 확실하게 체크해주셨어야 해요! 갑자기 '성기'는 엿판을 맞춰달라고 하고, 이 말을 들은 '옥화'는 '머리를 얻어맞은 듯' 합니다. 이 '엿판을 맞추는 것'이 '성기'의 결심이었나봐요.

그렇게 또 보름 정도가 더 지나고, '성기'는 길을 떠납니다. 처음 〈 〉 표시한 부분에서 '배경 묘사'가 나타나고 있다는 걸 체크할 수 있겠죠? 두 번째로 〈 〉 표시한 부분에선 '외양 묘사'가 나타나고 있구요. 이 두 번의 묘사를 통해, 길을 떠나는 '성기'의 심리가 드러나고 있습니다. 뭔가 들떠 보여요! 다시 〈보기〉 내용을 끌고 오면, 여기저기 떠돌아다니는 엿장수가 되려는 자신의 모습이 '역마살'이라는 운명을 받아들이는 모습이기에 기분이 좋아보인다고 할 수 있겠습니다.

그의 발 앞에는, 물과 함께 갈려 길도 세 갈래로 나 있었으나, 화갯골 쪽엔 처음부터 등을 지고 있었고, 동남으로 난 길은 하동, 서남으로 난 길이 구례, 작년 이맘때도 지나 그녀가 울음 섞인 하직을 남기고 체 장수 영감과 함께 넘어간 산모퉁이 고갯길은 퍼붓는 햇빛 속에 지금도 환히 장터 위를 굽이돌아 구례 쪽을 향했으나, 성기는 한참 뒤, 몸을 돌렸다. 그리하여 그의 발은 구례 쪽을 등지고 하동 쪽을 향해 천천히 옮겨졌다.
한 걸음, 한 걸음, 발을 옮겨 놓을수록 그의 마음은 한결 가벼워져, 멀리 버드나무 사이에서 그의 뒷모양을 바라보고 서 있을 어머니의 주막이 그의 시야에서 완전히 사라져 갈 무렵 해서는, 육자배기 가락으로 제법 콧노래까지 흥얼거리며 가고 있는 것이었다.

-김동리, 「역마」-

그렇게 '화갯골, 구례, 하동 쪽' 중에서 '하동' 쪽을 택하여 가고 있습니다. '구례 쪽'은 '계연'이 떠났던 길인데, '계연'이 간 길로는 가지 않겠다는 의지를 보이는 것이죠! 그렇게 길을 떠나는 '성기'는 점점 기분이 들뜨는 모습입니다. 그냥 자신의 운명을 수용하기로 결정했더니 홀가분해진 것이겠죠. 충분히 공감할 수 있겠죠? 〈보기〉를 지문 독해에 활용하는 것이 아주 중요했습니다.

선지	①	②	③	④	⑤
선택률	57%	3%	25%	2%	13%

62 윗글에 대한 설명으로 적절한 것은? ①

① 과거 장면을 삽입하여 인물들의 관계를 드러내고 있다.

선지 유형	근거가 있어서 허용 가능
실전에서의 판단 과정	체 장수 영감 이야기는 과거였지.
해설	'그해 아직 봄이 오기 전'이라는 과거 장면을 통해 '옥화'와 '체 장수 영감' 사이의 인물 관계를 드러내고 있으니 쉽게 허용할 수 있네요. '시간'이라는 포인트에 민감하게 반응하면서 '성기'의 심리 변화를 읽어냈어야만 제대로 해결할 수 있는 어려운 문제였습니다. 지문을 읽으면서 생각하지 못했다면, 선지에서 묻고 있는 '인물들의 관계'를 드러내던 부분(그해 아직 봄이 오기 전)으로 돌아가서 '과거 장면'을 허용할 만한 근거가 있는지 확인했어야겠죠?

② 다른 장소에서 동시에 벌어진 사건들을 병치하고 있다.

선지 유형	근거가 없어서 허용 불가능
실전에서의 판단 과정	동시에 벌어진 사건이 어딨었냐.
해설	'동시에 벌어진 사건'을 허용할 만한 근거를 찾을 수가 없습니다. '체 장수 영감'과 관련된 사건은 한참 과거의 일이었으니까요.

③ 의식의 흐름을 통해 사건을 요약적으로 진술하고 있다.

선지 유형	근거가 없어서 허용 불가능
실전에서의 판단 과정	의식의 흐름이 도대체 어디에 있어.
해설	사건을 요약적으로 진술하는 부분은 나오지만, (1번 선지 해설에서 제시한 부분) '의식의 흐름'을 허용할 만한 근거는 찾을 수가 없죠? 참고로 '의식의 흐름'은 '인과 관계 없는' 말들을 쭉 나열하는 것을 말합니다. 정말 나온다면 크게 티가 날 것이니 너무 겁먹지는 마시기 바랍니다. '과거 장면'을 찾지 못한 학생들이 울며 겨자 먹기로 3번을 고른 경우가 많았습니다. '시간의 변화'를 집요하게 체크하는 습관을 들입시다.

④ 상상적 공간을 배경으로 삼아 허구성을 강화하고 있다.

선지 유형	근거가 있어서 허용 불가능
실전에서의 판단 과정	구례, 하동은 실제 있는 공간이잖아.
해설	'상상적 공간'은 나온 적이 없죠? 오히려 '구례', '하동' 같은 실제 지명을 사용하여 실제성을 강화하고 있어요.

⑤ 등장인물의 독백을 직접 인용하여 내면을 보여 주고 있다.

선지 유형	근거가 있어서 허용 불가능
실전에서의 판단 과정	직접 인용한 적은 없는데.
해설	등장인물의 독백을 '직접 인용'한 부분은 없죠? '직접 인용'은 큰따옴표를 이용해야 하는데, 중간 중간 나오는 독백 (이왕 죽고 말 것이라면, 어미의 맘속이나 알고 가라고, 그래 ~) 부분은 큰따옴표 없이 제시되어 있으니까요.

선지	①	②	③	④	⑤
선택률	4%	85%	4%	5%	2%

63 ㉠은 〈보기〉 (가)의 시점으로 서술되어 있다. ㉠을 (나)의 시점으로 바꾸어 썼을 때, 가장 적절한 것은? ②

> 그리고 ㉠부디 어미 야속타고나 생각지 말라고, 옥화는 아들의 뼈만 남은 손을 눈물로 씻었다.

(가)   (나)

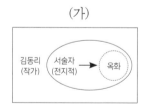 

– 대단한 문제가 아닙니다. '전지적 작가 시점'에서 '1인칭 주인공 시점'으로 바꾸면 어떻게 되는지 물어보고 있네요. 간단하죠. '옥화'라는 3인칭 표현을 '나'로 바꾸면 됩니다. 그럼 2번 선지밖에 남지 않네요. 나머지는 고를 이유가 없는 선지들이죠?

① 부디 나를 야속타고나 생각지 말라고, 나는 나의 뼈만 남은 손을 눈물로 씻었다.

② 부디 나를 야속타고나 생각지 말라고, 나는 아들의 뼈만 남은 손을 눈물로 씻었다.

③ 부디 나를 야속타고나 생각지 말라고, 옥화는 아들의
　　뼈만 남은 손으로 눈물로 씻었다.
④ "부디 나를 야속타고나 생각지 마라."라고 말하며, 나
　　는 나의 뼈만 남은 손을 눈물로 씻었다.
⑤ "부디 어미 야속타고나 생각지 마라."라고 말하며, 엄
　　마는 나의 뼈만 남은 손을 눈물로 씻었다.

선지	①	②	③	④	⑤
선택률	4%	4%	83%	3%	6%

64 ⓐ와 ⓑ에 대한 해석으로 가장 적절한 것은? ③

> "오빠, 편히 사시오."
> 하고, ⓐ거의 울음이 다 된, 마지막 목소리를 남기고 돌
> 아선 계연의 저만치 가고 있는 항라 적삼*을, 고운 햇빛
> 과 늘어진 버들가지와 산울림처럼 울려오는 뻐꾸기 울
> 음 속에, 성기는 우두커니 지켜보고 있을 뿐이었다.
>
> * 항라 적삼 : 명주, 모시, 무명실 따위로 된 한 겹의 윗도리.

> 　그런 지도 다시 한 보름이나 지나, ⓑ뻐꾸기는 또다
> 시 산울림처럼 건드러지게 울고, 늘어진 버들가지엔 햇
> 빛이 젖어 흐르는 아침이었다. 새벽녘에 잠깐 가는 비가
> 지나가고, 날은 다시 유달리 맑게 갠 화개 장터 삼거리
> 길 위에서, 성기는 그 어머니와 하직을 하고 있었다.

－ ⓐ와 ⓑ는 모두 '배경 묘사'를 바탕으로 인물의 심리를 드러내
는 부분입니다. ⓐ에서는 '성기'와 이별하는 '계연'의 심리를, ⓑ
에서는 자신의 운명을 수용하는 '성기'의 심리를 잘 드러내고 있
죠. 이 내용을 가지고 선지 판단해볼까요?

① ⓐ의 '항라 적삼'과 '고운 햇빛'은 모두 인물의 성격을
　　드러내고 있다.

선지 유형	근거가 없어서 허용 불가능
실전에서의 판단 과정	옷이랑 날씨가 성격을 드러내지는 않지.
해설	인물의 '성격'을 드러낸다고 하기에는 그냥 '옷'과 '날씨'일 뿐이죠?

FAQ

Q 분명히 소설에선 대부분의 내용이 '인물의 성격'을 드러낸
다고 할 수 있다고 하시지 않았나요?

A 맞습니다. 그런데 정확하게 말하자면, 대부분의 '행동 및 심
리'가 '성격'을 드러낸다고 할 수 있다고 한 겁니다. 여기 있
는 '항라 적삼'과 '고운 햇빛'은 인물의 행동이나 심리와는
큰 관련이 없기에, 이 선지는 해당 내용과 상관이 없는 것
이죠!

② ⓐ의 '목소리'는 '뻐꾸기 울음'과 대조를 이루며 비극
　　성을 약화시키고 있다.

선지 유형	근거가 있어서 허용 불가능
실전에서의 판단 과정	헤어지는 상황인데 비극적인 목소리라고 해야 하는 거 아냐?
해설	아주 우울한 순간에 들리는 뻐꾸기 '울음' 소리는 인물의 처지와 대비되지도 않을 뿐 아니라, 비극성을 오히려 '강화'한다고 봐야겠죠.

③ ⓑ의 '햇빛'은 '유달리 맑게 갠'과 함께 분위기를 새롭
　　게 전환하고 있다.

선지 유형	근거가 있어서 허용 가능
실전에서의 판단 과정	유달리 맑게 갠 햇빛 아래서 우울한 성기가 밝아지지.
해설	미리 생각한 내용 그 자체네요. '햇빛'과 '유달리 맑게 갠'이라는 표현을 근거로 하면, '성기'를 둘러싼 우울했던 분위기가 밝게 전환되었음을 허용할 수 있습니다.

④ ⓑ의 '뻐꾸기'는 '화개 장터'와 연결되어 시대적 상황
　　을 나타내고 있다.

선지 유형	근거가 없어서 허용 불가능
실전에서의 판단 과정	어떤 시대적 상황?
해설	'뻐꾸기' 및 '화개 장터'를 통해 알 수 있는 시대적 상황이 도대체 언제인가요? 말도 안 되는 선지네요.

⑤ ⓑ의 '버들가지'는 '또다시'와 연결되어 갈등이 재현될
　　것을 예고하고 있다.

선지 유형	근거가 있어서 허용 불가능
실전에서의 판단 과정	ⓑ를 기점으로 갈등이 해결되고 있잖아.

해설	'또다시'와 연결되는 건 '버들가지'가 아니라 '뻐꾸기 울음 소리'이기도 하고, ⓑ는 갈등이 해소되는 상황인데 갈등의 '재현'을 예고한다는 건 허용하기가 너무 힘드네요.

선지	①	②	③	④	⑤
선택률	3%	3%	75%	5%	14%

65 〈보기〉를 참고하여, 윗글을 감상한 내용으로 적절하지 않은 것은? ③

① ㄱ에 따르면, 성기와 계연의 이별 장면은 한국인의 전통적 삶의 방식을 보여 주는 장면이군.

선지 유형	근거가 있어서 허용 가능
실전에서의 판단 과정	운명을 수용하는 게 한국인의 전통적 삶이라며.
해설	'성기'와 '계연'이 이별하는 건 출생의 비밀이라는 '운명' 때문이었습니다. ㄱ에선 이렇게 운명을 수용하는 것을 '한국인의 전통적 삶'이라고 했으니 쉽게 허용할 수 있겠네요.

② ㄱ에 따르면, 엿장수가 되어 떠나는 성기의 행동은 세계와 조화를 이루는 행동이군.

선지 유형	근거가 있어서 허용 가능
실전에서의 판단 과정	운명을 수용하는 게 세계와 조화되는 것이라며.
해설	엿장수가 되어 떠나는 행동은 〈보기〉에 따르면 '운명'을 수용하는 것이고, ㄱ에서 이는 세계와 조화되는 것이라고 했죠?

③ ㄴ에 따르면, 성기를 떠난 계연은 전통적 인물이면서도 삶의 방향을 스스로 결정하는 주체적인 인물이군.

선지 유형	근거가 있어서 허용 불가능
실전에서의 판단 과정	계연이 왜 주체적이야. 운명을 수용하는데.
해설	'계연'이 삶의 방향을 스스로 결정하는 주체적 인물이라구요? ㄴ에서 이 지문의 인물들은 적극적이지 않다고도 했고, 실제로 운명에 순응하고 있으니 '주체적 인물'은 절대 허용할 수 없겠네요.

④ ㄴ에 따르면, 명도를 불러 보고 그가 한 말을 받아들이는 옥화는 비합리적인 인물이군.

선지 유형	근거가 있어서 허용 가능
실전에서의 판단 과정	귀신 말 듣는 건 요즘 관점에선 비합리적이지.
해설	'명도'라는 '귀신'의 말을 믿는 모습은 충분히 '비합리적'이라고 할 수 있겠죠?

⑤ ㄴ에 따르면, 하동 쪽으로 발을 옮겨 놓는 성기는 소극적 삶의 자세를 보여 주는 인물이군.

선지 유형	근거가 있어서 허용 가능
실전에서의 판단 과정	역마살이라는 운명을 수용하는 거니까 소극적이라고 할 수 있지.
해설	ㄴ에 따르면 이 작품의 인물들은 '적극적이지 않다'고 합니다. ㄱ과 엮어서 생각해보면 이 이유가 '운명을 수용하기 때문'이라고 할 수 있겠죠? 〈보기〉라는 허용할 만한 근거가 있기 때문에, 가볍게 허용할 수 있습니다.

몰랐던 어휘 정리하기

| 핵심 point |

① **허용 가능성 평가** : 선지의 내용을 '허용'하려는 태도를 바탕으로 지문을 '독해'하며 '근거'를 찾아야 합니다. 허용할 수 있는 '근거'가 있어야만 허용할 수 있습니다. 주관적인 생각을 개입시키면 안 됩니다.
② **소설 독해** : '심리와 행동의 근거'를 바탕으로 인물에게 '공감'하며 읽어야 합니다. 이 과정이 물흐르듯 이어지면 지문의 내용을 완벽하게 이해할 수 있어요.

| 지문 내용 총정리 |

'인물의 심리 변화'에 주목하며 시간의 흐름을 정확히 체크하면서 지문을 읽어나가는 것이 중요하다는 걸 배울 수 있었습니다. 나아가 〈보기〉 역시 선지 판단의 근거이므로 적절히 활용해야 한다는 것도 다시 한번 인식할 수 있었네요.

〈보기〉 확인

─────[보기]─────

　선비들의 산수 유람에는 와유(臥遊)와 원유(遠遊)가 있다. **와유**는 일상에서 산수화나 산수 유람의 글 등을 감상하며 국내외의 여러 경치를 간접적인 방식으로 즐기는 것을 말한다. 이와 달리 **원유**는 이름난 경치를 직접 찾아가 실제의 자연을 즐기는 흔치 않은 체험으로, 유교에서 강조하는 호연지기를 기르는 기회가 되기도 하였다.

전형적인 고전시가의 주제인 '자연 감상'에 대한 지문들이 나오나 봅니다. 이러한 자연을 '와유'한다는 것은 간접적으로 즐기는 것이고, '원유'한다는 것은 실제로 즐기는 것이라고 하네요. 어떤 자연을 직간접적으로 즐기고 있는지 한 번 봅시다.

실전적 지문 독해

┌─────────────────────────────

　비로봉 상상두(上上頭)의 올라 보니 긔 뉘신고
　→ 비로봉 상상두에 올라 본 이 누구 있을까

　동산(東山) 태산(泰山)이 어느야 놉돗던고
　→ 동산 태산이 얼마나 높더냐

　노국(魯國) 조븐 줄도 우리는 모르거든
　→ 노국 좁은 줄도 우리는 모르거늘

　넙거나 넙은 텬하 엇찌ᄒᆞ야 젹닷 말고
　→ 넓기도 넓은 천하가 어찌하여 작단 말이냐

　어와 뎌 디위를 어이ᄒᆞ면 알 거이고
　→ 저 지위를 어찌하면 알 것인가

　오르디 못ᄒᆞ거니 ᄂᆞ려가미 고이홀가
　→ 오르지 못하거니 내려감이 괴이할까

　원통골 ᄀᆞᄂᆞ 길로 사자봉을 ᄎᆞ자가니
　→ 원통골 가는 길로 사자봉을 찾아가니

　그 알픠 너러바회 화룡(化龍)쇠 되여셰라
　→ 그 앞의 너러바위 화룡소 되었어라

　천 년 노룡(老龍)이 구비구비 서려 이셔
　→ 천 년 늙은 용이 굽이굽이 서려 있어

　주야의 흘녀내여 창해(滄海)예 니어시니
　→ 주야에 흘러내어 창해에 누웠으니

　풍운(風雲)을 언제 어더 삼일우(三日雨)를 디련ᄂᆞᆫ다
　→ 풍운을 언제 얻어 삼일우를 내릴 것인가

─────────────────────────────

　음애(陰崖)예 이온 풀을 다 살와 내여ᄉᆞ라
　→ 음애에 이은 풀을 다 살려 내었어라

　마하연(摩訶衍) 묘길상(妙吉祥) 안문(雁門)재 너머 디여
　→ 마하연 묘길상 안문재 넘어

[A]
　┌ 외나모 쎠근 ᄃᆞ리 불정대(佛頂臺) 올라ᄒᆞ니
　│ → 외나무 썩은 다리 불정대 올라가니
　│ 천심(千尋) 절벽을 반공(半空)애 셰여 두고
　│ → 천심 절벽을 반공에 세워 두고
　│ 은하수 한 구비를 촌촌이 버혀 내여
　│ → 은하수 한 굽이를 촘촘히 베어 내어
　│ 실ᄀᆞ티 플텨이셔 뵈ᄀᆞ티 거러시니
　└ → 실같이 풀어서 베같이 걸었으니

　도경(圖經) 열두 구비 내 보매ᄂᆞᆫ 여러히라
　→ 도경 열두 굽이가 내 보기엔 여러 개라

　이적선(李謫仙)이 이제 이셔 고텨 의논ᄒᆞ게 되면
　→ 이적선이 이제 있어 다시 의논하면

　여산(廬山)이 여긔도곤 낫단 말 못ᄒᆞ려니
　→ 여산이 여기보다 낫다는 말은 못할 거다

　산중을 ᄆᆡ양 보랴 동해로 가쟈ᄉᆞ라
　→ 산중을 매양 볼까 동해로 가자

　남여(籃輿) 완보(緩步)ᄒᆞ야 산영루(山映樓)의 올나ᄒᆞ니
　→ 수레 완보하여 산영루에 오르니

　영롱벽계(玲瓏碧溪)와 수성제조(數聲啼鳥)ᄂᆞᆫ 이별을 원(怨)ᄒᆞᄂᆞᆫ 듯
　→ 영롱벽계와 수성제조는 이별을 원망하는 듯하다

　　　　　　　　　　　　　　　　　-정철, 「관동별곡」-

기본적으로 '관동별곡'이라는 필수 고전시가의 내용은 확실하게 알아두셔야 합니다. 강원도 지역의 여러 곳을 돌아다니면서 보고 느낀 것을 기록한 작품인데, 고전시가라면 으레 가지고 있는 주제인 '자연 예찬'과 '임금에 대한 충성'이 잘 담겨 있습니다.

사실 다른 내용은 '공간의 변화' 정도에만 신경쓰면서 위의 현대어 풀이 정도로만 읽어주시면 되는데, 미리 공부한 게 아니라면 알고 있기 어려운 내용들도 존재합니다. 하나씩 정리해보겠습니다.

1) 비로봉

> 비로봉 상상두(上上頭)의 올라 보니 긔 뉘신고
> 동산(東山) 태산(泰山)이 어ᄂ야 놉돗던고
> 노국(魯國) 조븐 줄도 우리ᄂ 모르거든
> 넙거나 넙은 천하 엇찌ᄒ야 젹닷 말고
> 어와 뎌 디위ᄅ 어이ᄒ면 알 거이고
> 오ᄅ디 못ᄒ거니 ᄂ려가미 고이ᄒᆯ가

공자는 동산에 올라가서 아래를 내려다보더니 '노나라가 작다'라고 말했던 적이 있습니다. 비행기를 타거나 높은 빌딩에서 아래를 볼 때, 사람들이나 건물들이 작아보이는 것 같은 느낌을 공자도 느낀 겁니다. 그러다 동산보다 높은 '태산'에 올라가서는 '천하가 작구나'라고 말했다고 합니다. 속세의 것들이 작아 보인다는 이야기는, 그만큼 공자가 큰 깨달음과 안목을 지녔다는 이야기였겠죠.

다시 이 작품으로 돌아옵시다. 정철은 금강산의 최고봉인 '비로봉'을 바라보고 있습니다. 이때 위에서 말한 공자의 고사를 떠올리면서, '내가 보기엔 노나라(노국=중국의 작은 나라)도 커 보이는데, 천하가 작다고?'라고 되묻고 있습니다. 그러면서 세상을 굽어보는 '뎌 디위(공자의 경지)'에 감탄하고 있어요. 이후 '어차피 못 올라가니까 내려가지 뭐~'(오르디 못ᄒ거니 ᄂ려가미 고이ᄒᆯ가)라고 말하는데, 이는 '비로봉 상상두'를 올라가기엔 너무 힘드니까 그냥 밑으로 내려가자는 이야기로 이해할 수도, '공자의 지위'에 어차피 다다를 수 없으니까 그런 경지까지 가는 것은 포기하자는 이야기로 이해할 수도 있을 것 같습니다.

공자에 대한 이야기가 지문에도, 〈보기〉에도 없다는 것은 평가원 입장에서 당연히 이 정도는 알고 있을 것이라 생각했기 때문이라고 볼 수 있겠습니다. 이를 모른다면 답을 고르기 상당히 어려웠을 텐데, 2010학년도 6월 모의평가에는 다음과 같은 선지가 출제되기도 했습니다.

> ② '비로봉'에 오르는 행위의 의미를 성인의 체험에 빗대어 생각하고 있다.

이 시험에서도 '비로봉'에 대한 〈보기〉나 추가적인 설명이 제시되지 않았는데, 아무렇지 않게 출제하여 맞는 선지로 처리하는 모습이었어요. 이를 모른다면 '성인의 체험'을 허용할 근거가 없어 틀린 선지로 처리할 수밖에 없었겠죠.

2) 여산

> 이적선(李謫仙)이 이제 이셔 고텨 의논ᄒ게 되면
> 여산(廬山)이 여긔도곤 낫단 말 못ᄒ려니

다음은 '여산'입니다. 당나라의 유명한 시인인 '이백(이적선)'은 「망여산폭포」라는 작품에서 '여산'이라는 중국의 산에 있는 폭포의 아름다움을 예찬했었어요. 금강산의 풍경을 바라보던 정철은 만약 이백이 살아 돌아오더라도 '여산'이 여기보다 낫다고 말하지 못할 것이라는 이야기를 하고 있는 겁니다. 그만큼 '금강산'의 풍경이 아름답다는 뜻이겠죠? 포인트는 여기서 '여산'이 화자의 여정 속에 있는 곳이 아니라 중국에 있는 산이라는 것을 알고 있어야 한다는 것입니다. 평가원은 이를 당연히 알고 있다고 생각하거든요. 역시 2010학년도 6월 모의평가를 볼까요?

33 ㉠~㉤에 윗글을 바탕으로 금강산 답사를 계획하였다. 윗글의 내용을 잘못 이해한 것은?

> ③ '진헐디'에서 '여산' 쪽을 바라보며 변화무쌍한 경치를 즐겨본다.

이 선지는 틀린 선지입니다. 화자는 '여산' 쪽을 바라보고 있지 않기 때문이죠. 물론 이를 모르더라도 '여긔도곤 낫단 말 못ᄒ려니'를 독해하여 '바라보는 게 아니라 그냥 생각하는 것이다.'라는 생각으로 지워낼 수는 있겠지만, 알았다면 더욱 쉽고 빠르게 해결이 가능했을 겁니다.

이처럼 '관동별곡'급의 필수 고전시가들은, 그 내용을 당연히 알고 있다고 가정하고 출제하는 경우가 많습니다. 나아가 필수 고전시가들을 공부하는 것만으로 다른 처음 보는 고전시가들의 내용을 파악하는 데에도 큰 도움을 받을 수 있어요. 꼭 정리해야겠죠? "P.I.R.A.M 국어 – 필수 고전시가"와 함께 하시면 됩니다^^

> (나)
>
> 얼마 후 검은 안개가 몰려오더니 서쪽에서 동쪽으로 산등성이를 휘감았다. 나는 괴이하게 여겼지만, 이곳에까지 와서 한라산의 진면목을 보지 못한다면 이는 바로 산을 쌓는 데 아홉길의 흙을 쌓고도 한 삼태기의 흙을 얹지 못해 완성하지 못하는 것이 되어, 섬사람들의 웃음거리가 되지 않을까 하는 생각이 들었다.

글쓴이는 '한라산'을 보러 간 것 같습니다. 그런데 '검은 안개'가 몰려오는 등 날씨가 심상치 않아요. 이런 경우 그냥 하산하는 것이 좋을 텐데, 만약 여기까지 와서 한라산의 진면목을 보지 못한다면 웃음거리가 될까봐 걱정하는 모습을 보이고 있습니다. 그렇다면 이렇게 궂은 날씨에도 그냥 올라가겠다는 것이겠죠? 너무 위험할 것 같은데 미쳤다고 생각하면서 계속 읽어봅시다.

> 마음을 굳게 먹고 곧장 수백 보를 전진해 북쪽 가의 오목 한곳에 당도하여 굽어보니, 상봉이 여기에 이르러 갑자기 가운데가 터져 구덩이를 이루었는데 이것이 바로 백록담이었다. 주위가 1리 남짓하고 수면이 담담한데 반은 물이고 반은 얼음이었다. 홍수나 가뭄에도 물이 줄거나 불지 않는데, 얕은 곳은 무릎에, 깊은 곳은 허리에 찼으며 맑고 깨끗하여 조금의 먼지기운도 없으니 은연히 신선이 사는 듯하였다. 사방을 둘러싼 봉우리들도 높고 낮음이 모두 균등하니 참으로 천부의 성곽이었다.

그렇게 마음을 굳게 먹고 열심히 걸어 올라갔더니, '백록담'에 도착한 모습입니다. 그곳의 풍경은 당연히 멋지겠죠. 다행히 날씨 때문에 위험해지고 하는 일은 없었네요.

> 석벽에 매달려 백록담을 따라 남쪽으로 내려가다가 털썩 주저앉아 잠깐 휴식을 취했다. 일행은 모두 지쳐서 남은 힘이 없었지만 서쪽의 가장 높은 봉우리가 최고봉이었으므로 조심스럽게 조금씩 올라갔다. 그러나 따라오는 자는 겨우 세 명뿐이었다.
>
> [B] ┌ 최고봉은 평평하게 퍼지고 넓어서 그리 아찔해 보이지는 않았으나, 위로는 별자리에 닿을 듯하고 아래로는 세상을 굽어보며, 좌우로는 부상(扶桑)*을 돌아보고 우로는 서쪽 바다를 접했으며, 남으로는 소주와 항주를 가리키고 북으로는 내륙을 끌어당기고 있었다. 그리고 옹기종기 널려 있는 섬들이 큰 것은 구름 조각 같고 작은 것은 달걀 같아 놀랍 └ 고 괴이한 것들이 천태만상이었다.
>
> * 부상 : 해가 뜨는 동쪽 바다.

그렇게 '백록담'을 따라 내려가다가 잠깐 쉬고, 다시 '최고봉'으로 올라가는 모습입니다. 따라오는 자가 겨우 세 명이라는 것으로 보아 정말 힘든 길이었나보네요.

하지만 도착한 '최고봉'의 풍경은 역시 멋집니다. 자연 풍경은 무조건 긍정적으로 묘사하게 된다는 것을 생각하면 어렵지 않게 이해하면서 읽을 수 있을 것 같습니다.

> 『맹자』의 "바다를 본 자에게는 다른 물이 물로 보이지 않으며 태산에 오르면 천하가 작게 보인다."라는 말에 담긴 성현의 역량을 이로써 가히 상상할 수 있다. 또 소동파에게 당시에 이 산을 먼저 보게 하였다면 그의 이른바, "허공에 떠 바람을 다스리고 신선이 되어 하늘에 오른다."라는 시구가 적벽에서만 알맞지는 않았을 것이다. 이어서 "낭랑하게 읊조리며 축용봉을 내려온다."라는 주자의 시구를 읊으며 백록담 가로 되돌아오니, 하인들이 이미 정성스럽게 밥을 지어 놓았다.
>
> ─최익현, 「유한라산기」─

이렇게 자연에서 멋진 풍경을 봤으면, 고사 몇 가지 떠올리는 건 너무나 자연스럽겠죠? 여러 가지를 떠올리면서 '백록담'으로 돌아왔더니 하인들이 밥을 지어놓은 모습입니다. 팔자 좋게 한라산을 구경하는 글쓴이의 여정이 드러나는 작품이었네요.

선지	①	②	③	④	⑤
선택률	3%	3%	8%	83%	3%

66 ㉠~㉤에 대한 이해로 가장 적절한 것은? ④

– 순수하게 '해석을 제대로 할 수 있냐'를 물어보는 악랄한 문제입니다. 각주도 주지 않아서, 정확하게 풀어내려면 '관동별곡' 자체에 대한 지식이 필요해요. 요즘 수능 문학은 웬만해서는 해석 자체를 묻는 문항이 출제되지 않지만, '필수 고전시가' 문제에 한해서는 해석을 묻는 문제를 자주 출제합니다. 필수 고전시가 공부가 반드시 필요한 이유 중 하나가 여기에 있어요.

① ㉠ : 여행에 대한 경륜과 많은 지식을 가지고 있음을 반어적으로 표현하고 있다.

> ㉠노국(魯國) 조븐 줄도 우리는 모ᄅ거든

선지 유형	근거가 없어서 허용 불가능
실전에서의 판단 과정	공자 이야기하는 거잖아?
해설	'노나라가 좁은 줄도 모르겠는데, 천하가 어떻게 작다는 말이냐?'라는 뜻의 구절입니다. 천하가 작다는 공자의 말을 인용한 부분인데, 이 구절을 화자의 '많은 지식'으로 연결 지을 근거는 전혀 없죠. 오히려 공자에 비해 식견이 좁은 자신을 낮추는 표현이라고 할 수 있겠습니다.

② ⓛ : 정치적 포부를 펼칠 만큼 높은 지위에 이르지 못한 데 대한 불만을 우회적으로 드러내고 있다.

ⓛ 어와 뎌 디위를 어이ㅎ면 알 거이고

선지 유형	근거가 없어서 허용 불가능
실전에서의 판단 과정	공자한테 감탄하는 거잖아?
해설	1번 선지와 이어지는 부분으로, 천하가 좁다고 말한 '공자의 지위(경지)'를 알지 못하겠다는 감탄의 말입니다. 이를 화자의 '포부'나 '불만'으로 해석할 근거는 전혀 없어요.

③ ⓒ : 자신에게 험난한 역경이 다가오고 있음을 자연현상에 비유하여 표현하고 있다.

ⓒ 풍운(風雲)을 언제 어더 삼일우(三日雨)를 디련ᄂᆞ다

선지 유형	근거가 없어서 허용 불가능
실전에서의 판단 과정	임금님 은혜 이야기하는 건데 무슨 소리야.
해설	이 구절은 '용아, 풍운을 언제 얻어 삼일우(임금님의 은혜)를 내려줄거니?' 정도로 해석이 됩니다. 어떻게 알 수 있냐구요? 필수 고전시가를 공부했다면 이 정도는 당연하게 알 수 있다니까요! 이 정도를 알고 있지 않다면 반드시 필수 고전시가 공부에 나서야 합니다.

④ ⓔ : 거쳐 온 곳을 열거하면서 행위를 나타내는 서술어를 최소화하여 여정을 압축적으로 표현하고 있다.

ⓔ 마하연(摩訶衍) 묘길상(妙吉祥) 안문(雁門)재 너머 디여

선지 유형	근거가 있어서 허용 가능
실전에서의 판단 과정	서술어가 생략되었으니 압축적이라고 볼 수 있지.
해설	그래도 정답 선지인 4번 선지는 쉽게 출제한 모습이네요. '마하연에 갔다가 묘길상을 지나 안문재를 넘어갔다~' 이런 식으로 써야 할 텐데, 행위를 나타내는 이러한 서술어들을 생략하고 있으니 이를 근거로 '압축적 표현'을 허용할 수 있네요.

⑤ ⓜ : 이동하는 모습을 과장되게 묘사하여 자신의 권위를 강조하고 있다.

ⓜ 남여(籃輿) 완보(緩步)ᄒᆞ야 산영루(山映樓)의 올나ᄒᆞ니

선지 유형	근거가 없어서 허용 불가능
실전에서의 판단 과정	딱히 과장하고 있지는 않은데?
해설	일단 '남여'는 '가마'를 말해요. '완보'는 '천천히 감'이라는 뜻이구요. 알아둡시다! 가마 타고 천천히 산을 오르는 모습이니, '과장된 묘사'를 허용할 만한 근거를 찾기는 어렵죠? 산에 가마를 타고 갈 정도라면 '권위 강조' 정도는 충분히 허용할 수 있겠지만 말이에요.

FAQ

Q 가마를 타고 산에 가는 게 말이 되나요? 이 정도면 과장한 거 아닌가요..?

A 조선 초중기 양반의 권위는 정말 대단했습니다. 하인들이 가마를 태워서 등산을 시켜주는 것은 당연한 일일 정도로 말이죠. 나아가 '남여 완보'는 워낙 많은 고전시가들에서 확인되는 시어이기 때문에, 고전시가 공부가 되어 있다면 당연하게 '과장'이 아니라고 생각할 수 있어야 합니다.

선지	①	②	③	④	⑤
선택률	2%	3%	4%	7%	84%

67 (나)에 대한 설명으로 적절하지 <u>않은</u> 것은? ⑤

① 기상 상황이 좋지 않음에도 불구하고 등정을 계속하려는 이유를 제시하고 있다.

이곳에까지 와서 한라산의 진면목을 보지 못한다면 이는 바로 산을 쌓는 데 아홉길의 흙을 쌓고도 한 삼태기의 흙을 얹지 못해 완성하지 못하는 것이 되어, 섬사람들의 웃음거리가 되지 않을까 하는 생각이 들었다.

선지 유형	근거가 있어서 허용 가능
실전에서의 판단 과정	섬사람들 웃음거리 되기 싫어서!
해설	1문단에 나왔듯, '섬사람들의 웃음거리'가 되기 싫어서 등정을 계속하는 모습입니다.

② 객관적인 사실에 자신의 소감을 추가하여 백록담의 모습을 나타내고 있다.

마음을 굳게 먹고 곧장 수백 보를 전진해 북쪽 가의 오목 한곳에 당도하여 굽어보니, 상봉이 여기에 이르러 갑자기 가운데가 터져 구덩이를 이루었는데 이것이 바로 백록담이었다. 주위가 1리 남짓하고 수면이 담담한데 반은 물이고 반은 얼음이었다. 홍수나 가뭄에도 물이 줄거나 불지 않는데, 얕은 곳은 무릎에, 깊은 곳은 허리에 찼으며 맑고 깨끗하여 조금의 먼지기운도 없으니 은연히 신선이 사는 듯하였다. 사방을 둘러싼 봉우리들도 높고 낮음이 모두 균등하니 참으로 천부의 성곽이었다.

선지 유형	근거가 있어서 허용 가능
실전에서의 판단 과정	백록담 모습 객관적으로 이야기했고, 이어서 자기 생각도 이야기했네.
해설	백록담이 '주위가 1리 남짓'하고 '반은 물이고 반은 얼음'이라는 표현들은 굉장히 객관적이고 사실적인 묘사죠? 그러나 '신선이 사는 듯', '천부의 성곽' 같은 비유적 표현은 글쓴이의 개인적인 감상을 드러내는 것이기에 선지 전체를 허용할 수 있겠습니다. 나아가 자연의 풍경을 보고 자신의 생각을 말한다는 건 지문의 주제를 고려할 때 당연하다는 생각으로 지울 수도 있겠죠?

③ 일행 중 낙오한 이들이 있었음을 밝혀 등정 과정이 힘들었음을 드러내고 있다.

석벽에 매달려 백록담을 따라 남쪽으로 내려가다가 털썩 주저앉아 잠깐 휴식을 취했다. 일행은 모두 지쳐서 남은 힘이 없었지만 서쪽의 가장 높은 봉우리가 최고봉이었으므로 조심스럽게 조금씩 올라갔다. 그러나 따라오는 자는 겨우 세 명뿐이었다.

선지 유형	근거가 있어서 허용 가능
실전에서의 판단 과정	따라오는 자가 겨우 세 명이면 낙오한 이들이 있다는 거네.
해설	힘들게 올라갔더니 따라오는 자는 겨우 세 명뿐이었다고 합니다. '겨우'라는 표현을 근거로 하면 '낙오한 이들'이 있었다는 말을 허용할 수 있겠죠. 나아가 누군가가 등산 중에 낙오를 했다는 건, 그 길이 그만큼 험하다는 것을 의미한다고 볼 근거로 충분하겠습니다.

④ 최고봉에서 백록담으로 내려오는 과정을 등정 과정에 비해 간략하게 제시하고 있다.

이어서 "낭랑하게 읊조리며 축융봉을 내려온다."라는 주자의 시구를 읊으며 백록담 가로 되돌아오니, 하인들이 이미 정성스럽게 밥을 지어 놓았다.

선지 유형	근거가 있어서 허용 가능
실전에서의 판단 과정	내려오는 과정은 짧게 이야기했네.
해설	'마음을 굳게 먹고 수백 보를 전진해 북쪽 가'로 가고, 중간에 쉬기도 하고, 조심스럽게 올라간다는 내용은 등정 과정을 구체적으로 묘사한 것이었어요. 반면 내려오는 과정은 '시구를 읊으며 되돌아왔다' 정도로 간략하게 표현하니, 선지의 내용을 그대로 허용할 수 있겠네요.

⑤ 시구를 낭송하는 모습을 통해 등정 과정에서 있었던 일행들 사이의 갈등이 해소되었음을 함축적으로 표현하고 있다.

이어서 "낭랑하게 읊조리며 축융봉을 내려온다."라는 주자의 시구를 읊으며 백록담 가로 되돌아오니, 하인들이 이미 정성스럽게 밥을 지어 놓았다.

선지 유형	근거가 없어서 허용 불가능
실전에서의 판단 과정	갈등 해소는 이 지문의 주제와 너무 어긋나는데?
해설	일단 저 시구를 읊은 것은 그냥 기분이 좋아서 그런 것이었고, 애초에 '갈등' 상황이 없었으니 '갈등 해소'도 허용하기 어렵겠죠. 이 지문의 주제는 힘든 등정 과정을 묘사하고 자연을 예찬하는 것이기 때문에, '갈등 해소'라는 말을 허용하기는 매우 어렵겠습니다.

선지	①	②	③	④	⑤
선택률	6%	35%	5%	43%	11%

68 〈보기〉는 (가) 작품의 다른 부분이다. 〈보기〉와 [A], [B]를 비교한 내용으로 가장 적절한 것은? ④

─────────────[보기]─────────────

천근(天根)을 못내 보와 망양정(望洋亭)의 올은말이

→ 천근을 못내 봐 망양정에 올랐더니

바다 밧근 하놀이니 하놀 밧근 므서신고

→ 바다 밖은 하늘이니 하늘 밖은 무엇인가

굿득 노훈 고래 뉘라셔 놀내관더

→ 가뜩 노한 고래 누구라서 놀래는가

블거니 쑴거니 어즈러이 구는디고

→ 불거니 뿜거니 어지럽게 구는구나

은산(銀山)을 것거 내여 육합(六合)의 누리는 둣

→ 은산을 꺾어 내어 세상에 내리는 듯

오월(五月) 장천(長天)의 백설(白雪)은 므스 일고

→ 오월 장천의 백설은 무슨 일인가

─────────────────────────────

– 참 이놈의 관동별곡은 끝까지 우리를 놔주질 않네요. 〈보기〉가 관동별곡의 다른 부분이라고 합니다. 산을 떠나 '바다'에 온 모습이네요. 여기서 '육합=세상', '고래, 은산, 백설=파도'라는 것 정도는 알고 계셔야 합니다. 바다의 파도 치는 장관을 감상하는 부분이네요. [A]는 '불정대'에서 감상하는 상황이었죠? 선지 하나하나 따져보도록 합시다.

① [A]와 〈보기〉는 모두 자연이 시간의 흐름에 따라 변화하는 모습을 표현하고 있다.

선지 유형	근거가 없어서 허용 불가능
실전에서의 판단 과정	자연이 변화하지는 않았지.
해설	[A]와 〈보기〉 모두 화자의 눈앞에 보이는 자연을 여러 비유를 사용해 묘사한 것일 뿐, 그 자연이 변한 것은 아닙니다. 허용하기 어렵네요.

② [A]는 지상의 자연물을 천문 현상에 비유하고, 〈보기〉는 천문 현상을 지상의 자연물에 비유하고 있다.

선지 유형	근거가 없어서 허용 불가능
실전에서의 판단 과정	[A]에선 은하수 이야기가 나오는데, 〈보기〉에 천문 현상이 도대체 뭐가 있어?
해설	[A]는 금강산의 경치를 '은하수'라는 천문 현상에 비유하고 있어요. 마치 '은하수 한 굽이를 베어 낸' 것 같이 아름답다는 것이죠. 그런데 〈보기〉에서는 '천문 현상'이라고 볼 만한 내용이 나오지도 않아요. 그저 '하늘 밖', 즉 '우주'를 상상하는 내용만 있을 뿐이죠.

③ [B]와 〈보기〉는 모두 인간의 접근을 허용하지 않는 자연의 냉혹함을 드러내고 있다.

선지 유형	근거가 없어서 허용 불가능
실전에서의 판단 과정	둘 다 인간이 가서 감상하고 있잖아.
해설	'한라산'과 '망양정' 모두 인간이 접근했어요. 그 풍경을 보며 이러한 작품을 남긴 것이죠? 명백한 근거가 있어서 허용할 수 없는 선지네요.

④ [B]는 자연물을 의인화하여 제시하고, 〈보기〉는 자연물의 움직임을 비유적으로 표현하고 있다.

선지 유형	근거가 있어서 허용 가능
실전에서의 판단 과정	세상을 굽어본다는 건 의인화라고 할 수 있겠고, 파도가 여러 가지로 비유되고 있지.
해설	[B]에서는 최고봉이 세상을 굽어보고 내륙을 끌어당기는 등 '사람 같은 모습'을 보이고 있으니 이를 근거로 '의인화'를 충분히 허용할 수 있겠습니다. 또한 〈보기〉에서는 '고래'라는 표현이나 '은산'을 꺾어낸다는 표현, 백설이 내린다는 표현 등으로 '파도'라는 자연물의 움직임을 비유적으로 드러내고 있네요.

⑤ [A]와 [B]에서는 자연의 모습을 관조하고 있고, 〈보기〉에서는 자연을 통해 자신을 반성하고 있다.

선지 유형	근거가 없어서 허용 불가능
실전에서의 판단 과정	둘 다 지문 주제랑 아무 상관이 없네.
해설	'관조'와 '반성'은 자연이 좋아서 신난 이 지문들의 주제를 고려할 때 너무 헛소리죠? 어렵지 않게 지워낼 수 있네요.

선지	①	②	③	④	⑤
선택률	11%	67%	4%	8%	10%

69 〈보기〉를 참조하여 (가), (나)를 감상한 내용으로 적절하지 **않은** 것은? [3점] ②

① (가)의 화자가 '화룡소'를 보고 감상한 부분은 다른 이들이 같은 장소를 와유할 때 활용될 수 있겠군.

선지 유형	근거가 있어서 허용 가능
실전에서의 판단 과정	화자가 쓴 걸 보고 참고하면 되지.
해설	화룡소를 보고 감상한 부분뿐 아니라, 이 지문의 거의 전부가 다른 사람들의 '와유'에 도움이 되겠죠. 너무나 당연하게 허용할 수 있는 내용입니다.

② (가)의 화자는 와유를 통해 상상하던 '여산'의 모습과 원유를 통해 실제로 바라본 '여산'의 모습을 비교하며 와유의 가치를 확인하고 있군.

선지 유형	근거가 있어서 허용 불가능
실전에서의 판단 과정	여산을 어떻게 실제로 봐.
해설	'여산'은 중국의 산이라고 했습니다. '원유'를 통해 실제로 바라보는 것은 불가능해요. 필수 고전시가답게 디테일한 출제가 이뤄지는 모습입니다. 2010학년도 6월 모의평가의 선지처럼 '여긔도곤 낫단 말 못ᄒ려니'를 독해하여 '바라보는 게 아니라 그냥 생각하는 것이다.'라는 생각으로 지워낼 수는 있겠지만, 알았다면 더욱 쉽고 빠르게 해결이 가능했을 겁니다. 필수 고전시가 공부가 꼭 필요하다는 것, 이해할 수 있겠죠?

③ (나)의 글쓴이는 원유를 통해 '백록담'에서 실감한 자연의 형세를 묘사하고 있군.

선지 유형	근거가 있어서 허용 가능
실전에서의 판단 과정	실제로 갔으니 원유 맞지.
해설	백록담에 실제로 갔으니 '원유'가 맞고, '백록담'에서 실감한 자연의 형세도 자세하게 묘사하고 있습니다. 애초에 자연을 봤으면 감상문을 자세히 쓰는 게 인지상정이죠.

④ (나)의 글쓴이가 정상에 올라 '성현'의 호연지기를 상상하는 데서 원유가 호연지기를 기르는 기회가 될 수 있음을 알 수 있군.

선지 유형	근거가 있어서 허용 가능
실전에서의 판단 과정	〈보기〉에서 원유하면 호연지기를 기르는 기회가 된다고 했지.
해설	〈보기〉도 선지 판단의 근거가 된다는 것을 한 번 더 보여 주는 선지입니다. 〈보기〉에서는 '원유'가 '호연지기'를 기르는 기회가 되기도 한다고 했어요. 지문에서도 '성현'의 '역량'을 떠올리고 있으니, 이를 근거로 '호연지기'를 충분히 허용할 수 있겠죠?

⑤ (나)의 글쓴이는 '소동파'의 시를 통해 와유했던 적벽의 모습과 원유를 통해 확인한 한라산의 모습을 비교하여 한라산의 아름다움을 강조하고 있군.

선지 유형	근거가 있어서 허용 가능
실전에서의 판단 과정	적벽은 와유한 거고 한라산은 원유한 거 맞지.
해설	글쓴이가 특정 시구를 떠올렸다는 것은, 어딘가에서 그 시구를 본 적이 있다는 뜻이겠죠. 글쓴이가 보았을 그 서적에서 저 시구를 이야기할 때 당연히 '적벽'의 풍경의 제시되었을 테니, 글쓴이는 적벽을 '와유'했다고 할 수 있겠습니다.

한편 한라산을 '원유'한다는 것은 너무나 당연하게 허용할 수 있고, 해당 시구가 '적벽'에서만 알맞지는 않다는 것은 '한라산'에도 알맞다는 말을 내포하고 있겠죠? 이는 '적벽'만큼 '한라산'도 아름답다는 것이므로, 이를 근거로 '아름다움 강조'라는 말을 충분히 허용할 수 있겠습니다. |

몰랐던 어휘 정리하기

| 핵심 **point** |

① **허용 가능성 평가** : 선지의 내용을 '허용'하려는 태도를 바탕으로 지문을 '독해'하며 '근거'를 찾아야 합니다. 허용할 수 있는 '근거'가 있어야만 허용할 수 있습니다. 주관적인 생각을 개입시키면 안 됩니다.

② **필수 고전시가** : 대부분의 교과서에 실려 있을 정도로 필수적인 고전시가들은 그 내용을 아주 디테일하게 물어보는 경우가 많습니다. 확실하게 정리해두도록 합시다.

③ **수필 독해** : 운문문학과 마찬가지로, 글쓴이가 하고자 하는 말인 '주제'를 파악하는 것이 핵심입니다. 수필이 어렵게 출제될 것을 대비해, 독서 지문을 읽듯이 꼼꼼하게 읽으며 주제를 파악하는 연습을 해야 해요.

| 지문 내용 총정리 |

필수 고전시가의 끝판왕격인 '관동별곡'까지 공부를 해 보았습니다. 오늘은 이 지문을 복습하는 것을 넘어서 '관동별곡'에 대한 공부도 추가적으로 하시는 걸 추천드려요. "P.I.R.A.M 국어 – 필수 고전시가" 교재가 있다면 해당 교재로, 없다면 가지고 있는 다른 교재를 활용해서 말이죠! 지겹더라도 꼭 참고 한 번만 관동별곡을 정리하면, 더 이상 고전시가가 두렵지 않을 것이라고 확신합니다.

DAY 7 [70~75]
2009.11 [28~33] 현대시+고전시가 '님의 침묵 / 나뭇잎 하나 / 춘면곡' ☆☆

〈보기〉 독해

[보기]

「님의 침묵」에서 '노래'와 '침묵'은 화자와 '님'의 관계를 이해하는 데 핵심이 되는 시어이다. 한용운은 시 「반비례」에서 "당신이 노래를 부르지 아니하는 때에 당신의 노랫가락은 역력히 들립니다그려/당신의 소리는 침묵이에요"라고 했다. 침묵이라는 부재의 상태에서 '님'의 실재를 본 것이다. 화자는 '님'을 향해 '노래'를 부르는데, 시 「나의 노래」에서 "나의 노래가 산과 들을 지나서 멀리 계신 님에게 들리는 줄"을 안다고 했다. 이는 화자가 자신의 노래에 '님'과 근원적으로 소통할 수 있는 힘을 부여한 것으로 볼 수 있다.

(가)에 대한 〈보기〉입니다. 밑줄 친 두 부분을 바탕으로 하면, 이 작품에 나올 '침묵'과 '노래'의 의미를 알 수 있겠네요. 한용운 시인은 '침묵'이라는 부재의 상태를 '님'의 실재를 보는 상태로, '노래'를 '님'과 근원적으로 소통할 수 있는 매개체로 설정했다고 합니다. 이를 바탕으로 하면, (가) 작품의 화자는 부재한 '님'을 '노래'를 매개로 다시 만나고자 하는 내면세계를 가지고 있음을 파악할 수 있겠습니다.

[보기]

시조나 가사에는, 임과 헤어져 있는 화자가 어떤 특정한 자연물로 다시 태어나서 임의 곁에 머물고 싶다는 진술이 흔히 나타난다. 이러한 진술은 화자의 소망을 강조하기 위한 관습적 표현인데, 그 속에는 당대인들의 세계관이 투영되어 있다. 인간과 자연이 깊은 관련을 맺으며 조화를 이룬다는 인식, 현세의 인연이 후세로 이어질 수 있다는 순환적 인식 등이 그것이다. 시가에 담긴 이러한 인식은 화자가 현실의 고난이나 결핍을 극복하는 데 도움을 준다.

(다)에 대한 〈보기〉입니다. 전형적인 고전시가의 내용임을 알려주는 〈보기〉네요. 화자가 어떤 특정한 자연물로 다시 태어나서 임의 곁에 머물고 싶은 내면세계를 가지고 있을 것임을 생각하며 지문을 읽고 문제를 풀어봅시다.

(가)

님은 갔습니다. 아아, 사랑하는 나의 님은 갔습니다.

푸른 산빛을 깨치고 단풍나무 숲을 향하여 난 작은 길을 걸어서, 차마 떨치고 갔습니다.

황금의 꽃같이 굳고 빛나던 옛 맹서는 차디찬 티끌이 되어서 한숨의 미풍에 날아갔습니다.

날카로운 첫 키스의 추억은 나의 운명의 지침을 돌려놓고, 뒷걸음쳐서 사라졌습니다.

나는 향기로운 님의 말소리에 귀먹고, 꽃다운 님의 얼굴에 눈멀었습니다.

사랑도 사람의 일이라, 만날 때에 미리 떠날 것을 염려하고 경계하지 아니한 것은 아니지만, 이별은 뜻밖의 일이 되고, 놀란 가슴은 새로운 슬픔에 터집니다.

그러나 이별을 쓸데없는 눈물의 원천을 만들고 마는 것은 스스로 사랑을 깨치는 것인 줄 아는 까닭에, 걷잡을 수 없는 슬픔의 힘을 옮겨서 새 희망의 정수박이에 들어부었습니다.

우리는 만날 때에 떠날 것을 염려하는 것과 같이, 떠날 때에 다시 만날 것을 믿습니다.

아아, 님은 갔지마는 나는 님을 보내지 아니하였습니다.

제 곡조를 못 이기는 사랑의 노래는 님의 침묵을 휩싸고 돕니다.

-한용운, 「님의 침묵」-

유명한 작품인 '님의 침묵'입니다. '님'은 떠난 상황이고, 화자는 이에 굉장히 슬퍼하다가 다시 만날 것이라는 희망을 가지는 모습입니다. 〈보기〉에서 말하는 것처럼, '님'은 '침묵'하고 있지만 화자는 '노래'를 통해 '님'과 소통하고자 하는 의지를 가지고 있다고 할 수 있겠죠?

(나)

크낙산 골짜기가 온통
연록색으로 부풀어 올랐을 때
그러니까 신록이 우거졌을 때
그곳을 지나가면서 나는
미처 몰랐었다

뒷절로 가는 길이 온통
주황색 단풍으로 물들고 나뭇잎들
무더기로 바람에 떨어지던 때

그러니까 낙엽이 지던 때도
그곳을 거닐면서 나는
느끼지 못했었다

이렇게 한 해가 다 가고
눈발이 드문드문 흩날리던 날
앙상한 대추나무 가지 끝에 매달려 있던
나뭇잎 하나
문득 혼자서 떨어졌다

저마다 한 개씩 돋아나
여럿이 모여서 한여름 살고
마침내 저마다 한 개씩 떨어져
그 많은 나뭇잎들
사라지는 것을 보여 주면서

ᅳ김광규, 「나뭇잎 하나」ᅳ

화자는 '크낙산 골짜기'를 지나가면서 봄여름을 지나 가을이 될 정도로 오랜 시간이 흐를 동안 무언가를 모르고 느끼지 못했다고 합니다. 그러다 눈발이 흩날리는 겨울, '나뭇잎 하나'가 문득 혼자서 떨어졌다는 것을 인식합니다. 이로부터 화자는 저마다 한 개씩 돋아나 여럿이 모여서 살다가 결국 저마다 한 개씩 떨어지는 나뭇잎들의 생리를 깨닫죠. 모든 시는 결국 인간의 이야기이기 때문에, 이는 한 명씩 태어나 여럿이 모여 살고, 결국 한 명씩 죽게 되는 인간의 일생을 이야기한 것이라고도 할 수 있겠습니다. 최소한 화자가 무언가를 깨닫게 되었다는 것 정도는 생각할 수 있어야 합니다.

(다)

삼경에 못 든 잠을 사경 말에 비로소 들어
상사(相思)하던 우리 님을 꿈 가운데 해후하니
시름과 한(恨) 못다 일러 한바탕 꿈 흩어지니
아리따운 고운 얼굴 곁에 얼핏 앉았는 듯
어화 아뜩하다 꿈을 생시 삼고지고
잠 못 들어 탄식하고 바삐 일어나 바라보니
구름산은 첩첩하여 천리몽(千里夢)을 가려 있고
흰 달은 창창하여 두 마음을 비추었다
좋은 기약 막혀 있고 세월이 하도 할사
엊그제 꽃이 버들 곁에 붉었더니
그 결에 훌훌하여* 잎에 가득 가을 소리라
새벽 서리 지는 달에 외기러기 슬퍼 울 제
반가운 님의 소식 행여 올까 바라더니
아득한 구름 밖에 빈 소리뿐이로다

지리하다 이 이별이 언제면 다시 볼까
어화 내 일이야 나도 모를 일이로다
이리저리 그리면서 어이 그리 못 가는고
약수(弱水)* 삼천 리 멀단 말이 이런 곳을 일렀구나
산 머리에 조각달 되어 님의 낯에 비추고자　┐
바위 위에 오동 되어 님의 무릎 베고자
빈산에 잘새 되어 북창(北窓)에 가 울고자　　[A]
지붕 위 아침 햇살에 제비 되어 날고지고
옥창(玉窓)의 앵두화에 나비 되어 날고지고　┘
태산이 평지 되도록 금강이 다 마르도록
평생 슬픈 회포 어디에 견주리오

ᅳ작자 미상, 「춘면곡(春眠曲)」ᅳ

* 훌훌하여 : 시간이 빨리 지나가서.
* 약수 : 신선이 사는 땅에 있다는 강 이름.

〈보기〉를 읽고 미리 생각한 내용 그대로입니다. 화자는 '님'을 다시 만나고 싶어 꿈도 꾸고, 자연물을 보며 기다리기도 하고, 슬퍼하기도 하는 모습이에요. 어차피 자세한 내용은 문제를 풀면서 알게 될 것이니 이 정도로 넘어가도록 합시다.

선지	①	②	③	④	⑤
선택률	42%	4%	10%	5%	39%

70 (가)~(다)의 공통점으로 가장 적절한 것은? ①

① 과거의 상황을 환기하며 화자의 정서를 드러낸다.

선지 유형	근거가 있어서 허용 가능
실전에서의 판단 과정	(가)와 (나)에는 분명히 있고, (다)에 훌훌하여가 뭔 시간이 흐르는 거였는데... 아 엊그제가 있구나.
해설	일단 (가)에는 '님'과 함께 행복했던 과거의 상황이, (나)에는 화자가 깨달음을 얻기 전 과거의 상황이 제시되어 있다는 것이 분명합니다. '화자의 정서를 드러낸다.'는 것은 당연히 맞는 말이구요. 그렇다면 이 선지가 답일 가능성이 매우 높으니 (다)를 꼼꼼히 읽어서 근거를 찾아보면 좋겠죠? 이때 (다)에 각주 표시된 단어 중 '훌훌하여'가 있다는 게 떠오릅니다. 각주 표시된 단어는 대부분 자신도 모르게 읽게 되는데, '훌훌하여'라는 단어를 읽으며 '시간이 빨리 지나가서'라는 뜻을 생각해냈다면 이와 관련된 부분으로 돌아갈 생각을 할 수 있겠습니다. '시간이 빨리 지나가서'라는 말을

썼다는 건, 과거의 상황을 제시할 가능성이 높다는 것이니까요.

그렇게 돌아가서 확인해보니, '엊그제' 꽃이 버들 곁에 붉었더니 그 곁에 '훌훌하여' 잎에 가을 소리가 난다는 내용이 보입니다. 이는 '엊그제' 봄이었는데 벌써 가을이 될 정도로 시간이 흘렀다는 이야기이니, 과거의 상황을 환기하여 화자의 서러운 정서를 드러내고 있다고 할 수 있겠습니다.

단순히 '엊그제'라는 근거를 찾아서 해결하는 것 자체에서 머물면 안 됩니다. 그렇게 되면 이 문제는 단순히 '엊그제'라는 단어를 찾지 못하면 틀려야 하는 치사한 문제가 되니까요. '훌훌하여'와 같은 단어에 주목하든, 지문을 읽는 과정에서 시간이 너무 빨리 지나가서 슬프다는 표현이 있었다는 걸 떠올리든 '엊그제'에 주목하기까지의 생각의 과정을 정리할 수 있어야 합니다. 평가원은 늘 필연적인 사고과정을 전개할 수 있는지를 묻는다는 것, 확실하게 알아둡시다.

② 자연의 변화를 표현하여 화자의 미래를 암시한다.

선지 유형	근거가 없어서 허용 불가능
실전에서의 판단 과정	(가)에는 자연의 변화 같은 거 없었지.
해설	일단 (가)에는 '자연의 변화'가 나타나지 않습니다. 그저 화자가 다시 '님'을 만날 것이라며 희망을 가지고 있을 뿐이었어요. 물론 결국 '님'과 다시 만날 것이라며 화자의 미래를 암시하는 것 자체는 맞습니다. '자연의 변화'를 통해 암시한 것은 아니지만 말이에요.
	한편, (나)와 (다)에는 모두 계절의 변화라는, '자연의 변화'가 표현되어 있습니다. 하지만 이를 통해 화자의 미래를 암시하고 있지는 않죠? '자연의 변화'를 통해 (나)에서는 화자의 인식 변화를, (다)에서는 화자의 슬픈 정서를 강조할 뿐입니다.

③ 감각적 이미지를 활용하여 시적 대상을 예찬한다.

선지 유형	근거가 없어서 허용 불가능
실전에서의 판단 과정	(나)에서 나뭇잎을 예찬하지는 않지.
해설	먼저 (가)와 (다)의 경우, '향기로운 님의 말소리' 및 '꽃다운 님의 얼굴', '아리따운 고운 얼굴' 등 감각적 이미지를 통해 시적 대상인 '님'을 예찬하고 있네요.

하지만 (나)에서 화자는 그저 '나뭇잎'의 생리를 관찰하고 깨달음을 얻고 있을 뿐, '나뭇잎'이라는 시적 대상을 예찬하지는 않죠? 애초에 (나) 지문의 주제는 '깨달음'이기 때문에, '예찬'이 끼어들 여지는 없습니다.

④ 관조적인 자세로 대상이 지닌 의미를 새롭게 발견한다.

선지 유형	근거가 없어서 허용 불가능
실전에서의 판단 과정	관조라기엔 슬프다는 말이 너무 많이 나오는데?
해설	일단 (나)의 경우, 화자가 '나뭇잎'을 관조적인 자세로 바라보다가 '나뭇잎'이 지닌 의미를 새롭게 발견하고 깨닫는 내용이라는 점에서 허용할 수 있을 것 같습니다.
	하지만 (가)와 (다)에서는 특정 대상을 바라보는 부분이 거의 나타나지 않을 뿐 아니라, 자신의 내면세계를 바라볼 때도, 외부세계를 인식할 때도 계속해서 슬프다는 감정을 토로하고 있으니 '관조적인 자세'를 허용하기 어렵겠네요. 대상이 지닌 의미를 새롭게 발견하는 것도 (가)와 (다)의 주제를 고려하면 허용하기 어렵구요.

⑤ 섬세하고 부드러운 어조로 애상적 분위기를 고조시킨다.

선지 유형	근거가 없어서 허용 불가능
실전에서의 판단 과정	(나)는 딱히 애상적이지 않은데?
해설	'섬세하고 부드러운 어조'는 주로 여성 화자를 설정하거나 높임말, 청유형 어미 등을 활용할 때 허용할 수 있습니다. 사실 이걸 몰라도 그냥 '섬세'하고 '부드러운' 느낌이 있으면 되는 건데, (가)~(다) 모두 이런 어조와는 거리가 멀죠?
	물론 '어조' 개념은 늘 애매하기 때문에, 더 확실한 '애상적 분위기'를 바탕으로 판단할 수 있겠습니다. (가)와 (다)는 화자의 내면세계 자체가 애상적이니 허용할 수 있겠지만, (나)의 화자는 그저 '나뭇잎'을 보고 깨달음을 얻고 있을 뿐 슬퍼하지는 않고 있으니 절대 허용할 수 없겠어요.

선지	①	②	③	④	⑤
선택률	9%	5%	77%	5%	4%

71 ㉠과 ㉡에 대한 설명으로 가장 적절한 것은? ③

> 그러나 이별을 쓸데없는 눈물의 원천을 만들고 마는
> 것은 스스로 사랑을 깨치는 것인 줄 아는 까닭에, ㉠걷
> 잡을 수 없는 슬픔의 힘을 옮겨서 새 희망의 정수박이에
> 들어부었습니다.

> 이렇게 한 해가 다 가고
> 눈발이 드문드문 흩날리던 날
> 앙상한 대추나무 가지 끝에 매달려 있던
> ㉡나뭇잎 하나
> 문득 혼자서 떨어졌다

– ㉠은 화자가 '님'과의 이별로 인한 슬픔에서 벗어나, 다시 만날 수 있을 것이라는 희망을 나타내는 구절입니다. 한편 ㉡은 화자가 오랜 시간 동안 인식하지 못했던 '나뭇잎'의 생리가 드러나는 장면입니다. 화자는 이를 통해 깨달음을 얻고 있었죠? 이를 바탕으로 문제를 풀어봅시다.

① ㉠과 ㉡에서는 시상이 확산되고 있다.

선지 유형	근거가 없어서 허용 불가능
실전에서의 판단 과정	㉡은 그냥 나뭇잎이 떨어진 건데?
해설	'시상'은 '시 속의 생각(생각 상想)', 즉 화자의 내면세계를 의미합니다. 따라서 시상이 '확산'된다는 것은 화자가 가진 내면세계의 폭이 더 넓어지는 것을 의미한다고 보시면 돼요. ㉠의 경우, 단순히 '슬픔'이라는 내면세계를 가지고 있던 화자에게 '희망'이라는 새로운 내면세계가 부여되는 순간입니다. 이렇게 내면세계의 폭이 넓어졌으니, ㉠에서는 '시상이 확산'되었다고 할 수 있겠네요. 반면, ㉡은 그저 나뭇잎이 떨어지는 순간입니다. 이를 본 화자에게 '깨달음'이라는 내면세계가 만들어지며 '시상의 확산'이 일어나는 것은 맞지만, ㉡ 자체에서 시상이 확산된다는 것은 허용하기 어렵습니다. 정확히는 마지막 연에서 시상이 확산되고 있다고 하는 게 맞겠죠. '시상이 확산된다'와 같은 표현은 표현법에 대해서 크게 묻지 않는 최근의 기조에서는 나오기 힘든

표현입니다. 그래도 '시상'이라는 단어 자체는 정확히 알아두시면 좋을 것 같아요. 여기에 늘 강조하지만, '시상의 확산'이라는 문학 개념어를 외운다는 느낌으로 접근하는 게 아니라 '시상'과 '확산'이라는 단어의 의미를 바탕으로 선지를 판단해야 한다는 태도를 확실하게 잡아두도록 합시다.

② ㉠과 ㉡ 모두 감정을 직설적으로 표출하고 있다.

선지 유형	근거가 없어서 허용 불가능
실전에서의 판단 과정	㉡은 그냥 나뭇잎이 떨어진 거라니까?
해설	㉠에서 화자는 '슬픔'과 '희망'이라는 감정을 직설적으로 표출하는 모습입니다. 하지만 ㉡은 그저 '나뭇잎'이 떨어지는 순간을 묘사한 것일 뿐, 화자의 감정이 직설적으로 표출되지는 않았죠?

③ ㉠은 ㉡과 달리 화자의 의지가 투영되어 있다.

선지 유형	근거가 있어서 허용 가능
실전에서의 판단 과정	슬픔의 힘을 옮기는 건 나뭇잎 떨어지는 거랑은 달리 화자의 의지가 투영된 것이지.
해설	㉠에서 화자는 걷잡을 수 없는 슬픔의 힘을 옮겨서 새 희망의 정수박이에 들어부었다는 이야기를 합니다. 이는 화자의 의지가 잘 드러나는 표현이라고 할 수 있겠죠? 슬픔을 희망으로 옮기는 건 가만히 있는다고 이루어지는 것이 아니니까요. 하지만 ㉡의 경우, 그저 '나뭇잎'이 떨어지는 것일 뿐 화자의 의지가 투영된 것이 아닙니다. 화자가 가만히 있어도 '나뭇잎'은 떨어지기 마련이에요. 가볍게 답으로 고를 수 있겠네요.

④ ㉡은 ㉠에 비해 역동적인 느낌이 두드러진다.

선지 유형	근거가 있어서 허용 불가능
실전에서의 판단 과정	둘 다 역동적이지.
해설	'역동적'이라는 말은 움직임이 있으면 허용할 수 있다고 했습니다. ㉠은 옮기고 들어붓는다는 움직임이, ㉡은 '나뭇잎'이 떨어진다는 움직임이 드러나죠? 또한 역동성의 정도를 비교한다고 해도 ㉠이 ㉡보다 훨씬 역동적이기에 (3번 선지에서 확인한 것처럼 ㉠은 인간의 의지가 개입되었으니 훨씬 더 역동적이죠.) 절대 허용할 수 없겠습니다.

⑤ ㉠은 사실의 기술이, ㉡은 관념의 표현이 부각된다.

선지 유형	근거가 있어서 허용 불가능
실전에서의 판단 과정	반대로 써놨네.
해설	㉠에서 슬픔을 옮겨서 새 희망의 정수박이 들어붓는다는 건 실제로 일어나는 일이 아닙니다. 화자의 관념을 표현한 것일 뿐이죠? 한편 ㉡은 '나뭇잎'이 떨어진다는 사실을 기술한 것입니다. 반대로 써 놓은 선지네요.

선지	①	②	③	④	⑤
선택률	11%	67%	6%	7%	9%

72 (가)와 (다)를 대응시켜 감상한 내용으로 적절하지 않은 것은? ②

① (가)의 첫 번째 '아아'와 (다)의 두 번째 '어화'는 부정적 상황에 대한 비탄의 표현으로 볼 수 있군.

> 님은 갔습니다. 아아, 사랑하는 나의 님은 갔습니다.

> 지리하다 이 이별이 언제면 다시 볼까
> 어화 내 일이야 나도 모를 일이로다

선지 유형	근거가 있어서 허용 가능
실전에서의 판단 과정	둘 다 님이 없어서 슬프다는 걸 강조하는 거지.
해설	두 부분 모두, '님'과 헤어진 부정적 상황에 대한 화자의 비탄을 영탄적으로 표현한 부분입니다. 주제 그 자체이니 가볍게 허용할 수 있겠죠?

② (가)의 '차디찬 티끌'과 (다)의 '새벽 서리'는 허무하게 깨진 인연을 상징한다는 점에서 통하네.

> 새벽 서리 지는 달에 외기러기 슬피 울 제
> 반가운 님의 소식 행여 올까 바라더니
> 아득한 구름 밖에 빈 소리뿐이로다

> 황금의 꽃같이 굳고 빛나던 옛 맹서는 차디찬 티끌이 되어서 한숨의 미풍에 날아갔습니다.

선지 유형	근거가 없어서 허용 불가능
실전에서의 판단 과정	새벽 서리는 그냥 배경같은데?
해설	(가)의 '차디찬 티끌'의 경우, 화자와 '님'이 맺었던 '옛 맹서'가 순식간에 사라졌음을 나타낸 표현이니 허무하게 깨진 인연을 상징한다는 것을 허용할 수 있겠습니다. 하지만 (다)의 '새벽 서리'는 그저 화자의 외로움을 심화하는 배경일 뿐, 허무하게 깨진 인연을 상징한다는 근거를 찾기는 어렵죠? 애초에 (다)에서는 화자와 '님'의 인연이 어떻게 깨진 것인지 나타나지도 않습니다. 가볍게 답으로 고를 수 있겠네요.

③ (가)의 '꽃다운 님의 얼굴'과 (다)의 '아리따운 고운 얼굴'은 화자가 사랑하는 대상의 모습을 나타내고 있어.

> 나는 향기로운 님의 말소리에 귀먹고, 꽃다운 님의 얼굴에 눈멀었습니다.

> 삼경에 못 든 잠을 사경 말에 비로소 들어
> 상사(相思)하던 우리 님을 꿈 가운데 해후하니
> 시름과 한(恨) 못다 일러 한바탕 꿈 흩어지니
> 아리따운 고운 얼굴 곁에 얼핏 앉았는 듯

선지 유형	근거가 있어서 허용 가능
실전에서의 판단 과정	그렇지.
해설	'꽃다운 님의 얼굴'은 화자가 반했던 '님'의 모습이고, '아리따운 고운 얼굴'은 화자가 꿈에서 만난 '님'의 모습입니다. 맥락을 독해하면 어렵지 않게 허용의 근거를 찾을 수 있겠네요.

④ (가)의 '눈물'과 (다)의 '시름과 한'은 이별로 인해 생겨난 슬픔이라 할 수 있어.

> 그러나 이별을 쓸데없는 눈물의 원천을 만들고 마는 것은 스스로 사랑을 깨치는 것인 줄 아는 까닭에, 걷잡을 수 없는 슬픔의 힘을 옮겨서 새 희망의 정수박이에 들어부었습니다.

> 삼경에 못 든 잠을 사경 말에 비로소 들어
> 상사(相思)하던 우리 님을 꿈 가운데 해후하니
> 시름과 한(恨) 못다 일러 한바탕 꿈 흩어지니

선지 유형	근거가 있어서 허용 가능
실전에서의 판단 과정	주제네.
해설	(가)와 (다)는 모두 '님'과 헤어져서 슬프다는 화자의 내면세계를 주제로 하고 있습니다. 당연히 허용할 수 있는 선지겠죠. 맥락을 독해해봐도, (가)의 '눈물'은 '이별'을 원천으로 만들어지는 것이고 (다)의 '시름과 한'은 '이별'한 '님'에게 꿈에서라도 일러주는 감정임이 잘 드러납니다.

⑤ (가)의 '다시 만날 것'과 (다)의 '좋은 기약'은 '님'과 만나고 싶은 소망과 관련되겠군.

> 우리는 만날 때에 떠날 것을 염려하는 것과 같이, 떠날 때에 **다시 만날 것**을 믿습니다.

> **좋은 기약** 막혀 있고 세월이 하도 할사

선지 유형	근거가 있어서 허용 가능
실전에서의 판단 과정	다시 만날 것에 대해서는 당연한 말이고, 이별한 상황에서 좋은 기약은 당연히 다시 만나는 거지.
해설	(가)의 '다시 만날 것'은 말 그대로 '님'과 다시 만나고 싶은 소망과 관련된 표현입니다. 나아가 (다)의 '좋은 기약 막혀 있고'의 경우, '님'과 다시 만날 약속이 막혀 있어 슬프다는 내용이죠? '실전에서의 판단 과정'처럼, 화자의 상황을 고려할 때 '좋은 기약'의 의미는 당연히 '님'과 만나고 싶은 소망과 관련될 것이라는 식으로 지우는 것도 좋겠습니다.

선지	①	②	③	④	⑤
선택률	7%	77%	4%	7%	5%

73 〈보기〉를 바탕으로 ⓐ를 이해한 내용으로 가장 적절한 것은? ②

> ⓐ제 곡조를 못 이기는 사랑의 노래는 님의 침묵을 휩싸고 돕니다.

– 〈보기〉에 따르면, (가)의 화자는 '침묵'이라는 부재의 상태에서 '님'의 실재를 보고, '노래'를 바탕으로 그러한 '님'과 소통하고자 합니다. 이를 바탕으로 ⓐ를 먼저 이해해볼까요?

먼저 '제 곡조를 못 이기는 사랑의 노래'입니다. '노래'에는 '님'과 소통할 수 있는데, 이 '노래'는 지금 자신의 곡조를 이기지 못하고 있어요. 화자의 상황을 고려할 때, 이는 '노래'가 '님'과의 소통이라는 역할을 제대로 하지 못하고 있음을 의미한다고 할 수 있겠죠. '노래'가 자기 자신과의 싸움에서 진 것이라고 이해하면 되겠습니다.

그런데 이러한 '노래'가 '님'의 '침묵'을 휩싸고 돌고 있습니다. 이는 '노래'가 당장은 힘이 그리 강하지 않더라도, 결국에는 '침묵' 속에 있는 '님'의 실재와 만나 소통할 수 있을 것이라는 화자의 바람이 드러나는 것이라고 할 수 있겠죠? 이 내용을 답으로 골라봅시다! 결국 〈보기〉에서 얻은 정보를 잘 대입하여 독해할 수 있는지 묻는 문제였습니다.

① 노래가 제 곡조를 못 이긴다는 것은 '님'이 침묵하는 상황을 화자가 감당하지 못한다는 뜻이야.

선지 유형	근거가 있어서 허용 불가능
실전에서의 판단 과정	침묵하는 상황에서 실재를 본다니까!
해설	화자는 '님'이 '침묵'한 상황에서도 자신의 '노래'가 그 주변을 돌고 있다는 이야기를 합니다. 이는 '침묵'의 상황 속에서도 '님'의 실재를 보면서 충분히 감당할 수 있으니 꼭 다시 만나자는 의미로 받아들일 수 있겠죠? 애초에 화자가 '님'이 '침묵'하는 상황을 감당하지 못한다면 '노래'를 통해 '님'과 소통하는 것을 시도하지도 못했을 것이니, 절대 허용할 수 없는 선지입니다.

② 노래가 '님'의 침묵을 휩싸고 돈다는 것은 화자가 부재 속에 실재하는 '님'과 깊이 교감한다는 뜻이야.

선지 유형	근거가 있어서 허용 가능
실전에서의 판단 과정	미리 생각한 내용이네.
해설	화자가 '침묵'이라는 부재 속에 실재하는 '님'과 '노래'를 통해 소통하려고 시도한다는 것, 즉 '노래'를 통해 깊이 교감한다는 것. 미리 생각한 내용 그 자체죠? 가볍게 답으로 고를 수 있겠습니다. 이런 식으로 해결할 수 있으면 좋겠어요.

③ '나의 노래'가 산과 들을 지나서 멀리 나아간다고 한 데서 '사랑의 노래'가 자연 친화적임을 알 수 있어.

선지 유형	근거가 없어서 허용 불가능
실전에서의 판단 과정	뭔 헛소리야.
해설	일단 '노래'가 산과 들을 지나서 멀리 나아간 것은 @가 아닌 〈보기〉에 제시된 시 「나의 노래」에 대한 내용입니다. 「나의 노래」와 (가)에 나온 '노래'의 공통점은 '님'과 소통하는 도구라는 것밖에 없었을 뿐입니다. 산과 들을 지나는 성질은 @와 무관했어요. 나아가 '노래'가 산과 들을 지나서 나아가는 것일 뿐, 화자가 산과 들을 좋아하는 내면세계를 가지고 있는 것이 아니죠? 총체적으로 헛소리네요.

④ 침묵을 휩싸고 도는 노래가 '사랑의 노래'라는 것은 침묵이 끝나야 사랑이 비로소 시작되리라는 것을 말하고 있어.

선지 유형	근거가 있어서 허용 불가능
실전에서의 판단 과정	침묵이라는 부재의 상태에서 '님'의 실재를 볼 수 있다며.
해설	〈보기〉에 따르면, @에서 '침묵'은 단순한 부재의 상태가 아닌 '노래'를 통해 소통할 수 있는 '님'의 실재를 볼 수 있는 상태입니다. 이러한 상태가 끝나버리면 '님'의 실재를 볼 수 없게 될 것이고, 결국 사랑을 시작할 수도, 이룰 수도 없게 되겠죠. 〈보기〉에 제시된 '침묵'의 의미를 정확하게 이해할 것을 요구한 선지네요.

⑤ 침묵하는 '님'에게서 노랫가락을 역력히 듣는다는 데서 '사랑의 노래'가 화자의 노래가 아니라 '님'의 노래임을 알 수 있어.

선지 유형	근거가 있어서 허용 불가능
실전에서의 판단 과정	분명히 자신의 노래라며.
해설	〈보기〉에서 (가)의 화자는 자신의 '노래'에 '님'과 근원적으로 소통할 수 있는 힘을 부여했다고 했습니다. 이처럼 '님'의 '침묵'을 휩싸고 도는 것은 화자 자신의 '노래'라는 명백한 근거가 있으니, 절대로 허용할 수 없겠네요.

선지	①	②	③	④	⑤
선택률	2%	8%	7%	79%	4%

74 (나)에 대한 설명으로 적절하지 않은 것은? [3점] ④

① 1연, 2연에서 유사한 구조의 문장을 사용함으로써 대상의 의미를 깨닫지 못했던 화자의 모습을 강조하고 있다.

선지 유형	근거가 있어서 허용 가능
실전에서의 판단 과정	유사한 구조의 문장 사용했고, 처음에는 화자가 대상의 의미를 깨닫지 못했지.
해설	1연, 2연에서는 '~가 온통 ~할 때 나는 ~했었다.'라는 유사한 구조의 문장을 사용하고 있습니다. 이는 '크낙산 골짜기'에 많은 변화가 있는 와중에도 '나뭇잎'이라는 대상의 의미를 깨닫지 못했던 화자의 모습을 강조하는 것이라고 할 수 있겠죠? 유사한 구조로 같은 말을 두 번 하면 강조하기 위함이니까요.

② 1~3연에서 '골짜기'→'길'→'대추나무'→'나뭇잎 하나'로 시적 대상이 바뀌면서 화자와 대상의 거리가 가까워지고 있다.

선지 유형	근거가 있어서 허용 가능
실전에서의 판단 과정	그러네. 점점 가까워지네.
해설	선지에서 말하는 것처럼, 1~3연으로 가면서 시적 대상이 바뀌고 있습니다. 나아가 점점 화자와 가까이 있는 대상으로 시적 대상이 바뀌고 있죠? 작품을 읽으면서 미리 하지는 못하지만, 충분히 허용할 수는 있는 전형적인 선지입니다.

③ 1~4연에서 '그러니까', '문득', '마침내'와 같은 부사는 독자로 하여금 화자의 인식에 주목하게 하고 있다.

선지 유형	근거가 있어서 허용 가능
실전에서의 판단 과정	그렇지.
해설	이 선지는 사실상 외워두셔도 무방할 것 같습니다. 적절한 부사를 사용하면 독자로 하여금 그 부사의 의미를 곱씹게 하고, 이는 이를 통해 드러내고자 하는 화자의 인식, 즉 주제에 주목하게 하는 효과를 냅니다.

④ 4연에서 '저마다 한 개씩'이라는 시구를 반복함으로써 세상과 화합할 수 없는 존재의 고뇌를 강조하고 있다..

선지 유형	근거가 없어서 허용 불가능
실전에서의 판단 과정	이런 게 주제가 아니지.
해설	'저마다 한 개씩'은 돋아나고 떨어질 때는 결국 혼자라는 화자의 깨달음을 강조하는 부분입니다. '나뭇잎'이 한 개씩 돋아나고 떨어지는 것은 세상과 화합하지 못해서 그런 것이 아니라 자연적으로 당연한 것일 뿐, 이와 관련된 존재의 고뇌를 강조한다는 것은 절대 허용할 수 없겠습니다. 애초에 화자가 깨달은 이 지문의 주제는 이런 내용이 아니죠.

⑤ 4연에서 화자는 생성에서 소멸에 이르는 자연물의 변화 과정을 통해 인간의 삶을 이해하고 있다.

선지 유형	근거가 있어서 허용 가능
실전에서의 판단 과정	모든 시는 결국 인간의 이야기지.
해설	작품을 읽으며 미리 생각한 내용이죠? 화자는 한 개씩 생성되어 결국 한 개씩 소멸에 이르는 '나뭇잎'의 변화 과정을 보면서, 인간의 삶도 결국 그럴 것이라고 이해하고 있습니다.

선지	①	②	③	④	⑤
선택률	6%	3%	8%	80%	3%

75 〈보기〉를 참고하여 [A]를 감상한 내용으로 적절하지 <u>않은</u> 것은? ④

– [A]는 〈보기〉에서 설명한 것처럼 '님'과 헤어진 화자가 어떤 특정한 자연물로 다시 태어나서 '님'의 곁에 머물고 싶다는 진술이 드러난 부분입니다. '조각달', '오동', '잘새', '제비', '나비' 등이 이러한 자연물의 역할을 하고 있죠? 관련된 감상을 허용해보도록 합시다.

① 관습적인 표현을 활용한 것은 개인적 정서를 보편적인 것으로 느끼게 하는 데 효과적이었겠어.

선지 유형	근거가 있어서 허용 가능
실전에서의 판단 과정	관습적 표현을 쓰면 보편적인 느낌이 나지.
해설	〈보기〉에 따르면 [A]처럼 화자가 어떤 특정한 자연물로 다시 태어나서 '님'의 곁에 머물고 싶다는 진술을 하는 것은 당대인들의 세계관이 투영된 '관

습적 표현'입니다. 이렇게 당대인들의 세계관과 관련된 '관습적 표현'을 쓰면 화자 개인의 정서가 보편적인 것으로 느껴지겠죠.

② 비슷한 의미 구조를 지니는 구절을 거듭 제시함으로써 화자의 소망이 간절함을 강조하고 있어.

선지 유형	근거가 있어서 허용 가능
실전에서의 판단 과정	반복하면 강조되지.
해설	[A]에서 화자는 '~에 ~되어 ~고자'와 같은, 비슷한 의미 구조를 지니는 구절을 거듭 제시하고 있습니다. 이는 '님'과 만나고자 하는 화자의 간절한 마음을 반복하여 강조하는 모습이라고 할 수 있겠네요. 반복하면 강조되고 심화된다는 것, 확실하게 정리한 내용이죠?

③ '오동', '제비', '나비' 등이 사용된 데서, 인간과 자연이 관련되어 있다는 화자의 인식을 엿볼 수 있어.

선지 유형	근거가 있어서 허용 가능
실전에서의 판단 과정	〈보기〉에서 그렇다고 했지.
해설	〈보기〉에 따르면, [A]처럼 화자가 어떤 특정한 자연물로 다시 태어나고자 하는 것은 인간과 자연이 깊은 관련을 맺으며 조화를 이룬다는 당대인들의 세계관이 투영된 것이라고 했습니다. '오동', '제비', '나비' 등이 이러한 자연물의 역할을 하고 있다고 할 수 있겠죠?

④ '조각달'이나 '잘새' 같은 소재에는 '님'과 함께 크고 넓은 세계로 도약하려는 화자의 희망이 담겨 있어..

선지 유형	근거가 없어서 허용 불가능
실전에서의 판단 과정	이건 주제가 아닌데?
해설	'조각달'은 우주의 천체이고, '잘새'는 날아다닐 수 있는 자연물이라는 점에서 그럴 듯하게 느끼기를 의도한 선지입니다. 하지만 우리는 '주제' 중심으로 허용 가능성을 평가한다는 원칙을 가지고 있기에, 절대 허용할 수 없다는 판단을 할 수 있겠죠? 화자는 그저 '조각달'이나 '잘새'가 되어서라도 '님'과 만나고 싶은 것이지, 크고 넓은 세계로 도약하려는 희망을 가진 적이 없습니다. 지문에서도, 〈보기〉에서도 전혀 근거를 찾을 수 없으니 답으로 골라주시면 되겠네요.

⑤ 자연물로 변해서라도 '님'과 만나려 하는 것을 보니 화자가 '님'과 만나기 어려운 상황에 놓여 있음을 알 수 있어.

선지 유형	근거가 있어서 허용 가능
실전에서의 판단 과정	당연한 거 아냐?
해설	만약 화자가 '님'과 만나기 쉬운 상황에 놓여 있다면, 그냥 만나면 될 일입니다. 굳이 다른 자연물이 되어서 만나려고 하는 것은 화자가 '님'과 만나기 어려운 상황에 놓여 있다는 해석을 허용할 근거가 되겠죠.

현대시 독해 연습

> (가)
> 님은 갔습니다. 아아, 사랑하는 나의 님은 갔습니다.

화자가 '사랑하는' '님'은 떠나갔다고 합니다. '님'이 부재한 상황에 대한 내용이 이어지리라고 생각해 볼 수 있습니다. '아아'라는 표현으로 보아 화자는 이 상황이 힘들어 보이네요.

> 푸른 산빛을 깨치고 단풍나무 숲을 향하여 난 작은 길을 걸어서, 차마 떨치고 갔습니다.
> 황금의 꽃같이 굳고 빛나던 옛 맹서는 차디찬 티끌이 되어서 한숨의 미풍에 날아갔습니다.

'님'이 떠나가는 장면을 여러 시적인 표현들로 바꾸어 표현하고 있습니다. '작은 길'로 화자를 '떨치고' 간 '님' 때문에 '황금의 꽃같이 굳고 빛나던 옛 맹서'는 '차디찬 티끌'이 되어 허무하게 날아간 모습이에요. '님'과의 허무한 헤어짐을 강조하는 모습이네요.

> 날카로운 첫 키스의 추억은 나의 운명의 지침을 돌려 놓고, 뒷걸음쳐서 사라졌습니다.

이번에도 '님'과 첫 키스를 하던 추억이 허무하게 사라진 상황을 강조하고 있습니다. 이처럼 시에서도 독서 지문처럼 '똑같은 말'을 반복하는 식으로 중요 정보를 강조하는 경우가 많습니다.

이 부분을 조금만 더 깊게 읽어봅시다. '날카로운 첫 키스의 추억'이라고 했는데, 우리가 일상생활에서 사용하는 '추억'이라는 말에는 일반적으로 '행복한 기억'이라는 의미가 깃들어 있습니다. 따

라서 '날카로운 첫 키스'는 화자에게는 행복한 기억으로 남아 있다고 할 수 있는데, 이러한 '추억'은 너무나 강력해서 화자의 '운명의 지침'을 돌려놓을 정도였다고 합니다. 지문의 전체적인 맥락을 고려하면, 이렇게 돌아간 '운명의 지침'이 가리키는 곳은 아마 '님'이 있는 곳이겠죠.

그런데 이렇게 '운명의 지침'을 돌려놓은 '추억'은 잔인하게도 '뒷걸음쳐서 사라'지는 모습입니다. 이 역시 '님은 갔습니다.'의 재진술이라고 할 수 있겠죠? 현대시 작가는 이처럼 너무나 아름다운 말들로 '재진술'을 합니다. 바꾸어 말하면 현대시를 읽을 때 하나의 '주제'(=내면세계)를 중심으로 '재진술'되는 양상을 파악한다면 더욱 쉽게 이해할 수 있다는 것도 되겠네요. 이때의 독해는 독서 지문처럼 '일상 언어의 의미'를 바탕으로 이루어지는 것이구요!

> 나는 향기로운 님의 말소리에 귀먹고, 꽃다운 님의 얼굴에 눈멀었습니다.

화자에게 '님'은 정말 각별하고 아름다운 존재였나 봅니다. '님'의 목소리와 얼굴은 화자의 '귀'와 '눈'을 상하게 할 정도로 강력한 '추억'인 것입니다. 역시 앞에서 이야기한 '운명의 지침'이 돌아간 상황의 재진술이라고 할 수 있겠죠?

> 사랑도 사람의 일이라, 만날 때에 미리 떠날 것을 염려하고 경계하지 아니한 것은 아니지만, 이별은 뜻밖의 일이 되고, 놀란 가슴은 새로운 슬픔에 터집니다.

'님'을 사랑하던 화자는, 물론 이별이 있을 수 있다는 것을 알고는 있었지만, 막상 실제로 이별을 하게 되니 가슴이 슬픔에 터진다고 해요. 인간의 보편적인 감정이기에, 충분히 공감하면서 읽을 수 있을 것 같습니다.

> 그러나 이별을 쓸데없는 눈물의 원천을 만들고 마는 것은 스스로 사랑을 깨치는 것인 줄 아는 까닭에, 걷잡을 수 없는 슬픔의 힘을 옮겨서 새 희망의 정수박이에 들어부었습니다.
> 우리는 만날 때에 떠날 것을 염려하는 것과 같이, 떠날 때에 다시 만날 것을 믿습니다.

그러나 화자는 마냥 슬퍼하기만 하는 것이 아니에요! 이별로 계속 울기만 한다면, 그것은 오히려 '사랑을 깨치는 것'이라고 하네요. 이별했다고 정말 슬퍼하기만 하면 사랑이 진짜로 끝나버릴

것 같다는 것이죠. 이를 원치 않는 화자는 현재 자신이 느끼는 '슬픔'을 '희망'으로 바꾸겠다는 의지를 드러내고 있어요. 그리고 '희망'의 내용은, 언젠가 '님'을 다시 만나리라는 믿음이네요. 화자의 내면세계, 즉 주제 의식이 변하는 부분이므로 확실하게 인식할 수 있어야겠죠?

> 아아, 님은 갔지마는 나는 님을 보내지 아니하였습니다.
>   제 곡조를 못 이기는 사랑의 노래는 님의 침묵을 휩싸고 돕니다.
>
>   　　　　　　　　　　　　　　　　　-한용운, 「님의 침묵」-

이렇게 화자는 '님'과 다시 만날 것을 믿기에, '님은 갔지만은 나는 님을 보내지 아니하였습니다.'라는 말을 할 수 있습니다. 역시 '재진술'된 내용이니 어렵지 않게 이해할 수 있겠죠?

나아가 화자는 '제 곡조를 못 이기는 사랑의 노래'를 부릅니다. '사랑의 노래'의 '제 곡조'라는 것은 말 그대로 '사랑'에 대한 내용이어야 할 텐데, 화자는 지금 '사랑'을 하지 못하고 있으니 '제 곡조를 못 이기는 사랑의 노래'라는 표현을 쓴 것인 것 같네요.

아무튼 이 '사랑의 노래'는 '님의 침묵', 즉 '님의 부재 상황'을 휩싸고 돈다고 합니다. '사랑'의 노래를 '님'의 부재 상황에서 계속 부른다는 것은, 언젠가 '님'이 다시 나타났을 때 '사랑'이 닿기를 바라기 때문이라고 할 수 있겠죠? 결국 마지막 행의 내용도 바로 앞 행의 내용을 '재진술'한 것이었습니다.

전반부에서는 '님을 정말 사랑했는데 떠나버려서 슬프다.'는 말을, 후반부에서는 '그래도 언젠가는 다시 만날 수 있을 것이야.'라는 말을 끝없이 재진술하는 작품이었습니다. 약간 과하게 읽은 부분들도 있어요. 하지만 결국 시도 하나의 글이라는 점, 따라서 '주제'를 중심으로 '같은 말'을 반복할 수밖에 없다는 점을 확실하게 배울 수 있었을 것이라고 생각합니다.

> (나)
>   크낙산 골짜기가 온통
>   연록색으로 부풀어 올랐을 때
>   그러니까 신록이 우거졌을 때
>   그곳을 지나가면서 나는
>   미처 몰랐다

화자는 '크낙산 골짜기'라는 곳을 자주 가는 것 같습니다. 그곳의 신록(잎의 푸른 빛)이 우거져 연록색으로 부풀어 올랐을 때, 즉

봄~여름에 화자는 '크낙산 골짜기'를 지나가면서 무언가를 미처 몰랐다고 합니다. 일단 봄~여름의 골짜기 풍경을 상상하면서, 화자가 뭘 몰랐다는 것인지 알아봅시다.

> 뒷절로 가는 길이 온통
>   주황색 단풍으로 물들고 나뭇잎들
>   무더기로 바람에 떨어지던 때
>   그러니까 낙엽이 지던 때도
>   그곳을 거닐면서 나는
>   느끼지 못했었다

이번에는 '뒷절로 가는 길'입니다. 그곳이 온통 단풍으로 물들고 낙엽이 지던 때, 즉 가을에도 화자는 '뒷절로 가는 길'을 거닐었다고 해요. 봄부터 가을까지 자연의 풍경을 아주 제대로 즐겼던 모습인데, 이런 와중에도 무언가를 느끼지 못했다고 합니다. 도대체 뭘까요? 궁금증을 가진 채로 계속 읽어봅시다.

> 이렇게 한 해가 다 가고
>   눈발이 드문드문 흩날리던 날
>   앙상한 대추나무 가지 끝에 매달려 있던
>   나뭇잎 하나
>   문득 혼자서 떨어졌다

그렇게 한 해가 다 가고, 눈발이 흩날리는 겨울입니다. 이때 화자는 대추나무 가지 끝에 매달려 있던 '나뭇잎 하나'가 혼자서 떨어지는 모습을 발견했어요. 겨울에 나뭇잎이 떨어지는 건 당연한데, 화자는 여기서 무언가 특별한 것을 알게 된 것이겠죠? '나뭇잎 하나'라는 외부세계를 통해 화자는 어떤 내면세계를 가지게 되었을까요?

> 저마다 한 개씩 돋아나
>   여럿이 모여서 한여름 살고
>   마침내 저마다 한 개씩 떨어져
>   그 많은 나뭇잎들
>   사라지는 것을 보여 주면서
>
>   　　　　　　　　　　　　　　　　　-김광규, 「나뭇잎 하나」-

화자가 깨닫게 된 것은 '나뭇잎'이 한 개씩 돋아나 여럿이 모여서 살다가 마침내 한 개씩 떨어진다는 것입니다. 처음 돋아날 때는 가지 끝에서 혼자 돋아나고, 한여름 동안 다른 '나뭇잎'들과 모여서 살다가 결국 겨울이 되면 한 개씩 떨어지는 그 당연한 '나뭇잎'

의 생리를 깨닫게 된 것이죠. 이는 당연히 인간 삶에 대한 이해로 이어질 것입니다. 인간 역시 혼자 태어나 함께 살다가 혼자 죽으니까요. 이러한 인간 삶을 이해하는 화자의 모습으로 마무리되고 있습니다.

몰랐던 어휘 정리하기

| 핵심 point |

① **허용 가능성 평가** : 선지의 내용을 '허용'하려는 태도를 바탕으로 지문을 '독해'하며 '근거'를 찾아야 합니다. 허용할 수 있는 '근거'가 있어야만 허용할 수 있습니다. 주관적인 생각을 개입시키면 안 됩니다.

② **현대시 독해** : 〈보기〉의 도움 등을 통해 '주제' 위주로, 그리고 일상 언어의 감각으로 읽어내면 됩니다. 현대시도 읽을 수 있는 하나의 글입니다.

③ **고전시가 독해** : 겁먹지 않고, 현대시를 읽듯이 읽어내면 됩니다. 현대시와 마찬가지로, 〈보기〉의 도움 등을 통해 '주제' 위주로 가볍게 읽어내면 되는 거예요. 자세한 해석은 선지가 해줄 겁니다!

| 지문 내용 총정리 |

표현법 관련 문제는 일상 언어의 의미 그대로 이해하고, 내용을 묻는 문제는 화자의 내면세계라는 주제 중심으로 허용 가능성을 평가한다는, 아주 기본적인 문학 문제풀이의 태도를 연습하기에 좋은 지문이었습니다. 늘 강조하지만, 모든 선지가 명쾌하게 해결되는 느낌을 받고 넘어가셔야 해요.

DAY 7 [76~80]
2015.11AB [38~42] 현대소설 '무영탑' ☆☆☆

〈보기〉 확인

┌─────────[보기]─────────┐

「무영탑」은 작가 현진건의 예술관, 민족주의적 태도, 현실인식 등을 드러낸 작품이다. 이 작품은 석가탑 조성에 얽힌 인물들의 이야기를 펼쳐 내면서 숭고한 예술적 성취의 과정을 잘 보여 준다. 이러한 예술적 성취는 석공 아사달이 자신의 고뇌를 극복하며 예술품을 만들어 가는 과정, 특히 사랑과 예술혼이 하나로 융합되어 신앙의 궁극이라는 새로운 경지에 이르는 데에서 잘 드러난다.

└─────────────────────────┘

아는 사람은 아는 '아사달 이야기'를 활용한 작품입니다. 어려운 말들이 많이 사용되었지만, 한마디로 예술·종교와 사랑에 관한 소설이네요. 이렇게 큰 틀만 잡고 가면 될 것 같아요!

다음 〈보기〉는 다른 작품이니까 그냥 넘어갑시다. 문제 풀 때 다시 보는 게 좋을 것 같아요.

지문 독해

┌────────────────────────────┐

[앞부분 줄거리] 화랑도를 숭상하는 '유종'과 당나라를 숭상하는 '금지'는 내심 서로 못마땅해한다. 이런 가운데 '금지'는 아들 '금성'과 '유종'의 딸 '주만'과의 혼사를 진행하려 한다.

└────────────────────────────┘

[앞부분의 줄거리]에서 인물관계를 제시하고 있습니다. 확실하게 정리해야겠죠? '유종'과 '금지'는 각각 '화랑도'와 '당나라'를 숭상하여 서로 못마땅한 감정을 가지고 있었다고 합니다. 각자 추구하는 바가 다르니 못마땅한 감정을 가진다는 점에 충분히 공감할 수 있겠는데, '금지'는 자신의 아들 '금성'과 '유종'의 딸 '주만'을 결혼시키려 하고 있어요. 별로 안 좋아하는 집안과의 혼사를 진행하려 하는 이유는 무엇일까요? 당연히 무언가 이득이 되는 점이 있기 때문이겠죠. 일반적으로는 돈·권력과 관련될 텐데, 어떤 내용인지 확실하게 알아 보러 갑시다.

┌────────────────────────────┐

설령 금성이가 〈출중한 재주와 인물〉을 갖추었다 하더라도 유종은 이 혼인을 거절할밖에 없었으리라. 첫째로 금지는 당학파의 우두머리가 아니냐. 〈나라를 좀먹게 하는 그들의 소위만 생각해도 뼈가 저리거든 그런 가문에 내 딸을 들여보내다니 될 뻔이나 한 수작인가. 도대체 당학*이 무에 그리 좋은고. 그 나라의 바로 전 임금인

└────────────────────────────┘

당 명황(唐明皇)만 하더라도 양귀비란 계집에게 미쳐서 정사를 다스리지 않은 탓에 필경 안녹산(安祿山)의 난을 빚어 내어 오랑캐의 말굽 아래 그네들의 자랑하는 장안이 쑥밭을 이루고 천자란 빈 이름뿐, 촉나라란 두메속에 오륙 년을 갇히어 있지 않았는가. 금지가 당대 제일 문장이라고 추어올리는 이백이만 하더라도 제 임금이 성색에 빠져 헤어날 줄을 모르는 것을 죽음으로 간하지는 못할지언정 몇 잔 술에 감지덕지해서 그 요망한 계집을 칭찬하는 글을 지어 도리어 임금을 부추겼다 하니 우리네로는 꿈에라도 생각 밖이 아니냐. 그네들의 한문이란 난신적자를 만들어 내기에 꼭 알맞은 것이거늘 이것을 좋아라고 배우려 들고 퍼뜨리려 드니 참으로 한심한 노릇이 아니냐. 이 당학을 그대로 내버려 두었다가는 우리나라에도 오래지 않아 큰 난이 일어날 것이요, 난이 일어난다면 누가 감당해 낼 자이랴.〉

* 당학: 당나라의 학문.

'금성'은 '출중한 재주와 인물'을 갖춘 매력적인 남성으로 보입니다. 하지만 '유종' 입장에서는 이 혼사를 반대할 수밖에 없다고 해요. 이유는 당연하죠? '금성'의 집안이 '당학파'의 대표격이기 때문이에요. '나라를 좀먹게 ~ 뼈가 저리거든'과 같은 표현을 보니 '유종'의 '당학파'에 대한 증오가 꽤 깊은 것으로 보입니다. 이 정도의 감정이라면 딸을 절대로 시집보낼 수 없겠죠.

나아가 〈 〉 표시한 부분들은 모두 'skip 가능 부분'의 일종이죠? '당학파 싫어!'라는 내용을 길게 늘여서 이야기하고 있습니다. 빠른 속도로 읽어 내려가면서 시간을 아낄 수 있어야 합니다.

"한 나이나 젊었더면!"
  유종은 이따금 시들어 가는 제 팔뚝의 살을 어루만지면서 한탄한다. **몇 해 전**만 해도 자기와 뜻을 같이하는 이가 조정에 더러는 있었지만 어느 결엔지 하나씩 둘씩 없어지고 인제는 무 밑둥과 같이 동그랗게 자기 혼자만 남았다. 속으로는 그의 주의에 찬동하는 이가 없지도 않으련만 당학파의 세력에 밀리어 감히 발설을 못 하는지 모르리라. 지금이라도 젊은이 축 속으로 뛰어 들어가면 동지를 얼마든지 찾아낼는지 모르리라. 아직도 이 나라의 명맥이 끊어지지 않은 다음에야 방방곡곡을 뒤져 찾으면 몇천 명 몇만 명의 화랑도를 닦는 이를 모을 수 있으리라. 그러나 아들이 없는 그는 젊은이와 접촉할 기회조차 없었다. 이런 점에도 그는 <u>아들이 없는 것이 원이</u>

<u>되고 한이 되었다.</u> 이 늙은 향도(香徒)에게 남은 오직 하나의 희망은 자기의 주의 주장에 공명하는 사윗감을 구하는 것이었다. 벌써 수년을 두고 그럴 만한 인물을 내심으로 구해 보았지만 그리 쉽사리 눈에 뜨이지 않았다. 고르면 고를수록 사람 구하기란 하늘에 별따기보담 더 어려웠다. 유종은 기대고 있던 서안에서 쭉 미끄러지는 듯이 털요 바닥 위에 누웠다. 금지의 청혼을 그렇게 거절한 다음에는 하루바삐 사윗감을 구해야 된다. 금지로 하여금 다시 입을 열지 못 하도록 다른 데 정혼을 해 놓아야 한다. 그러면 신라를 두 손으로 떠받들고 나아갈 인물이 누가 될 것인가. 삼한 통일 당년의 늠름하고 씩씩한 기풍(氣風)이 당학에 지질리고 문약(文弱)에 흐르는 이 나라를 바로잡을 인물이 누가 될 것인가.

이번엔 '유종'의 '한탄'이 드러나고 있습니다. '한탄'이라는 감정에 공감하기 위해 여러 근거를 잡아 보니, 결국 나이가 들어 세력이 약해진 자신의 모습과 아들이 없어 '화랑도'를 숭상하는 젊은이와 접촉할 기회가 없는 상황 때문에 '한탄'하는 것이네요. 나아가 이러한 이유로 '화랑도'를 숭상하는 사위를 구하고 싶은 욕구를 가지고 있는 것입니다. 어렵지 않게 납득하면서, 중간중간의 내용들 역시 일종의 'skip 가능 구간'으로 넘기면서 읽을 수 있겠죠?

[중략 부분의 줄거리] '유종'이 사위를 구하는 가운데, '주만'이 부여의 천민 석공 <u>아사달</u> 을 사모하고 있음이 알려진다. 한편 '아사달'은 자신을 찾아온 아내 <u>아사녀</u> 가 끝내 자신을 만나지 못하고 그림자못에서 죽은 사실을 알게 되자, 그 못 둑에서 '아사녀'를 <u>그리워하는 마음을 돌에 담아 새겨 내는 작업에 몰입한다.</u>

이렇게 '유종'이 '화랑도'를 숭상하는 젊은이를 찾고 있는 상황인데, 딸 '주만'은 천민이면서 심지어 유부남인 '아사달'을 사모하고 있습니다. 여러모로 '유종' 입장에선 상황이 어렵게 돌아가고 있네요.

어쨌든 '아사녀'는 남편을 만나러 왔다가 죽게 되었는데, '아사달'은 '아사녀'를 그리워하는 마음으로 돌을 다듬고 있습니다. '아사달-아사녀' 설화는 워낙 유명한 내용이니 어렵지 않게 이해할 수 있겠죠?

그러나 어느 결엔지 아사녀의 환영은 깜박 사라져 버렸다. 아까까지는 어렴풋이라도 짐작되던 그 흔적마저 놓치고 말았다. 아무리 눈을 닦고 돌 얼굴을 들여다보았으나 눈매까지는 그럴싸하게 드러났지마는 그 아래로는 캄캄한 밤빛이 쌓인 듯 아득할 뿐. 돌을 들여다보면 볼수록 골머리만 부질없이 힝힝 내어 둘리었다. 그러자 문득 그 돌 얼굴이 굼실 움직이는 듯하며 주만의 얼굴이 부시도록 선명하게 살아났다. 마치 어젯밤의 아사녀의 환영 모양으로.

[A]
— 그 눈동자는 띠룩띠룩 애원하듯 원망하듯 자기를 쳐다보는 것 같다.
"이 돌에 나를 새겨 주세요. 네, 아사달님. 네, 마지막 청을 들어주세요."
— 그 입술은 달싹달싹 속살거리는 것 같다.

'아사달'은 '아사녀'를 생각하며 돌을 다듬고 있었는데, '아사녀'의 환영이 사라진 뒤 '주만'의 얼굴이 떠오르는 모습입니다. '아사달'도 '주만'을 나름 좋아했나 보네요. [A] 부분은 '아사달'의 상상일 텐데, 그 내용을 보면 '아사달'의 혼란스러운 마음에 충분히 공감할 수 있겠죠?

아사달은 정을 쥔 채로 머리를 털고 눈을 감았다. 돌 위에 나타난 주만의 모양은 그의 감은 눈시울 속으로 기어들어 오고야 말았다. 이 몇 달 동안 그와 지내던 가지가지 정경이 그림등 모양으로 어른어른 지나간다. 〈초파일 탑돌이할 때 맨 처음으로 마주치던 광경, 기절했다가 정신이 돌아날 제 코에 풍기던 야릇한 향기, 우레가 울고 악수가 쏟아질 적 불꽃을 날리는 듯한 그 뜨거운 입김들…….〉 아사달은 고개를 또 한 번 흔들었다. 그제야 저 멀리 돈짝만 한 아사녀의 초라한 자태가 아른거린다. 주만의 모양을 구름을 헤치고 둥둥 떠오르는 햇발과 같다 하면, 아사녀는 샐녘의 하늘에 반짝이는 별만 한 광채밖에 없었다.

[B]
— 물동이를 이고 치마꼬리에 그 빨간 손을 씻으며 배시시 웃는 모양, 이별하던 날 밤 그린 듯이 도사리고 남편을 기다리던 앉음앉음, 일부러 자는 척하던 그 가늘게 떨던 눈시울, 버드나무 그늘에서 숨기던 눈물들…….

그렇게 '주만'과 '몇 달' 동안 함께 했던 여러 가지 추억을 떠올리기도 하고, '아사녀'의 초라한 자태가 아른거리기도 하는 '아사달'입니다. [A]가 '주만'의 모습에 대한 '아사달'의 상상이라면, [B]는 '아사녀'와의 추억을 떠올리는 모습이라고 할 수 있겠죠? 어쨌든 전반적으로 'skip 가능 구간'이라고 할 만한 내용들입니다. '아사녀'와 '주만' 사이에서 혼란스러운 '아사달'의 감정에 공감해 주시면 충분해요.

아사달의 머리는 점점 어지러워졌다. 아사녀와 주만의 환영도 흔들린다. 휘술레를 돌리듯 핑핑 돌다가 소용돌이치는 물결 속에서 조각조각 부서지는 달그림자가 이내 한 곳으로 합하듯이, 두 환영은 마침내 하나로 어우러지고 말았다. 아사달의 캄캄하던 머릿속도 갑자기 환하게 밝아졌다. 하나로 녹아들어 버린 아사녀와 주만의 두 얼굴은 다시금 거룩한 부처님의 모양으로 변하였다.

아사달은 눈을 번쩍 떴다. 설레던 가슴이 가을 물같이 맑아지자, 그 돌 얼굴은 세 번째 제 원불(願佛)로 변하였다. 선도산으로 뉘엿뉘엿 기우는 햇발이 그 부드럽고 찬란한 광선을 던질 제 못물은 수멸수멸 금빛 춤을 추는데 흥에 겨운 마치와 정 소리가 자지러지게 일어나 저녁나절의 고요한 못 둑을 울리었다.

새벽만 하여 한가위 밝은 달이 홀로 정 자리가 새로운 돌부처를 비칠 제 정 소리가 그치자 은물결이 잠깐 헤쳐지고 풍하는 소리가 부근의 적막을 한순간 깨트렸다.

－현진건, 「무영탑」－

이렇게 '아사달'을 계속 혼란스럽게 하던 '주만'과 '아사녀'의 얼굴은 '부처님'의 모양으로 변합니다. 이는 〈보기〉에서 이야기했던 '사랑과 예술혼이 하나로 융합되어 신앙의 궁극이라는 새로운 경지에 이르는' 모습이라고 할 수 있겠네요. 두 여자 사이에서 '설레던' 마음은 맑아졌고, 차분하게 예술 작업에 몰두하는 모습입니다. 사랑으로 인한 고뇌를 신앙으로 극복하는 모습을 보여 주는 작품이었네요. '아사달'의 이러한 감정 변화를 민감하게 따라가면서 공감했다면 정말 잘 읽은 것이에요.

선지	①	②	③	④	⑤
선택률	79%	4%	5%	6%	6%

76 윗글에 대한 설명으로 가장 적절한 것은? ①

① 인물의 의식이 내적 갈등에 초점을 둔 서술 방식을 통해 드러나고 있다.

선지 유형	근거가 있어서 허용 가능
실전에서의 판단 과정	유종, 아사달의 내적 갈등이 핵심이었지.
해설	이 지문은 [중략 부분의 줄거리]를 기준으로 앞쪽은 '유종', 뒤쪽은 '아사달'의 내면에 집중하고 있었습니다. 이들의 내적 갈등에 공감하면서 읽었던 과정이 있으니, 가볍게 답으로 고를 수 있겠습니다.

② 인물들 간의 대화를 통해 특정 인물의 생각과 행동을 희화화하고 있다.

선지 유형	근거가 없어서 허용 불가능
실전에서의 판단 과정	희화화는 무슨 소리냐.
해설	일단 '인물들 간의 대화'가 거의 없었고, 인물의 생각과 행동을 '희화화'하는 부분도 찾을 수 없었죠?

③ 미래에 대한 낙관적 전망이 신분이 낮은 인물의 발언을 통해 제시되고 있다.

선지 유형	근거가 없어서 허용 불가능
실전에서의 판단 과정	아무도 낙관적이지 않았는데?
해설	'신분이 낮은 인물'이라면 아사달이나 아사녀를 말할 텐데, 이들 중 누구도 '낙관적 전망'을 한 적이 없습니다. 애초에 지문의 전체적인 주제와 너무 어긋나는 내용이네요.

④ 물신주의에 빠진 세태가 탈속적 세계를 지향하는 인물의 비판을 통해 제시되고 있다.

선지 유형	근거가 없어서 허용 불가능
실전에서의 판단 과정	물신주의 / 탈속에 대한 내용과는 무관하지.
해설	어떤 인물이 다른 인물들을 비판하는 것은 '유종'이 '당학파'를 비판하는 부분에서 나타나는데, 이 비판의 내용은 '화랑도'를 숭상하지 않는 것에 대한 내용이었습니다. '물신주의 / 탈속적 세계'와는 무관한 내용이었어요.

⑤ 권력과 사랑을 동시에 쟁취하여 신분 상승을 도모하는 소외된 개인의 욕망이 구체적인 일화를 통해 드러나고 있다.

선지 유형	근거가 없어서 허용 불가능
실전에서의 판단 과정	신분 상승의 욕망은 나온 적이 없지.
해설	애초에 '권력과 사랑을 동시에 쟁취'하려는 인물이 나타난 적은 없습니다. 물론 '아사달'이 '주만'과의 사랑에 성공하면 '권력과 사랑을 동시에 쟁취'할 수도 있겠지만, 지문 속 내용에 따르면 '아사달'이 '주만'과의 추억을 떠올리는 것은 아주 순수한 사랑이었지, 저런 욕망 때문이 아니었어요. 허용할 만한 근거가 없습니다.

선지	①	②	③	④	⑤
선택률	5%	3%	14%	5%	73%

77 ㉠~㉤에 대한 이해로 적절하지 **않은** 것은? ⑤

① ㉠은 신라를 '문약'하게 하는 요인으로 '유종'이 인식하고 있는 대상이다.

> ㉠그네들의 한문이란 난신적자를 만들어 내기에 꼭 알맞은 것이거늘 이것을 좋아라고 배우려 들고 퍼뜨리려 드니 참으로 한심한 노릇이 아니냐.

선지 유형	근거가 있어서 허용 가능
실전에서의 판단 과정	유종이 당학파를 비판하는 이유지.
해설	'유종'은 '난신적자'를 만들어 내어 신라를 '문약'하게 만들 수 있는 '당학'에 빠져 있는 사람들을 비판했습니다. 어렵지 않게 허용할 수 있겠네요.

| 생각 심화 |

'문약'이라는 단어가 어색한 학생들도 많을 것 같습니다. '문약(文弱)'은 '글에만 열중하여 정신적으로나 신체적으로 나약함.'이라는 뜻입니다. 그런데 '당학'은 기본적으로 '학문'이기에, '유종'과 같은 '화랑도'를 숭상하는 사람들의 입장에서 '당학'에 빠지면 '문약'해질 수밖에 없는 것이죠. '화랑도'는 쉽게 설명하면 신라 시대의 'ROTC'(학군단)에 가깝거든요. 결국 '유종'은 공부와 군사훈련을 병행하면서 신체와 정신을 가다듬던 '화랑도'를 그리워하고, '당학'에 빠져 '문약'해지는 신라의 모습을 안타까워하고 있던 것이었습니다.

② ㉡은 '유종'의 외로운 처지를 보여 주는 비유이다.

> 몇 해 전만 해도 자기와 뜻을 같이하는 이가 조정에 더러는 있었지만 어느 결엔지 하나씩 둘씩 없어지고 인제는 ㉡무 밑둥과 같이 동그랗게 자기 혼자만 남았다.

선지 유형	근거가 있어서 허용 가능
실전에서의 판단 과정	말 그대로네.
해설	'자기 혼자만 남았다'는 표현을 근거로 하면 어렵지 않게 허용할 수 있는 선지입니다.

③ ⓒ은 현재의 주류적 '기풍'을 거부하는 '유종'을 지칭하는 표현이다.

> ⓒ 이 늙은 향도(香徒)에게 남은 오직 하나의 희망은 자기의 주의 주장에 공명하는 사윗감을 구하는 것이었다.

선지 유형	근거가 있어서 허용 가능
실전에서의 판단 과정	사윗감 구할 희망은 유종이 가지는 것 맞지.
해설	'유종'은 '당학'에 지질린 현재의 주류적 '기풍'을 거부하는 인물입니다. 그리고 자신의 주장을 따르는 사윗감을 구하는 것을 유일한 희망으로 생각하는 '이 늙은 향도'는 바로 '유종'이었죠. 내용만 이해했다면 어렵지 않게 허용할 수 있습니다.

④ ⓔ은 '유종'이 자신의 이상을 실현하기 위해 원하는 대상이다.

> 벌써 수년을 두고 ⓔ그럴 만한 인물을 내심으로 구해 보았지만 그리 쉽사리 눈에 뜨이지 않았다.

선지 유형	근거가 있어서 허용 가능
실전에서의 판단 과정	당연한 선지네.
해설	'그럴 만한 인물'을 구하는 이유는, 그런 인물(사윗감)이 자신의 이상을 실현해 줄 것이라 생각하기 때문이겠죠? 선지 그 자체로 허용할 수 있네요.

⑤ ⓜ은 '유종'이 자신과 대립하는 세력과의 연대를 위한 방도이다.

> 금지로 하여금 다시 입을 열지 못 하도록 ⓜ다른 데 정혼을 해 놓아야 한다.

선지 유형	근거가 있어서 허용 불가능
실전에서의 판단 과정	자기 생각이랑 똑같은 사윗감을 구하겠지.
해설	ⓜ은 '당학'을 숭상하는 '금지'가 아닌, '화랑도'를 숭상하는 자신의 이상을 실현시킬 수 있는 '사윗감'을 의미합니다. 이러한 근거가 있으니 허용할 수 없기도 하고, 애초에 '유종'이 자신과 대립하는 세력과의 '연대'를 할 만한 캐릭터가 아니죠? 여러모로 절대 허용할 수 없는 선지가 되겠습니다.

선지	①	②	③	④	⑤
선택률	6%	4%	7%	7%	76%

78 [A], [B]에 대한 분석으로 가장 적절한 것은? ⑤

- [A]는 '아사달'이 '주만'이 부탁하는 모습을 상상하는 장면이었고, [B]는 '아사달'이 '아사녀'와의 추억을 떠올리는 장면이었습니다. 이 내용 바탕으로 가볍게 선지를 판단해 봅시다.

① [A]에는 떠나는 '아사달'에 대한 '주만'의 걱정이 나타나 있다.

선지 유형	근거가 없어서 허용 불가능
실전에서의 판단 과정	[A]는 주만이 부탁하는 내용인데?
해설	[A]는 그저 '아사달'이 상상하는 '주만'의 부탁입니다. '걱정'을 허용할 만한 근거를 찾을 수가 없네요.

② [B]에는 '아사달'과 '아사녀'의 이별의 원인이 제시되어 있다.

③ [B]에는 훗날의 만남에 대한 '아사달'과 '아사녀'의 기약이 나타나 있다.

선지 유형	근거가 없어서 허용 불가능
실전에서의 판단 과정	그냥 추억을 회상하는 거잖아.
해설	[B]는 '아사달'이 그리워하는 '아사녀'와의 추억에 대한 내용입니다. 이들이 왜 이별하게 되었는지 그 이유가 나타난 적도 없고, 두 사람 사이의 기약도 나타나지 않아요.

④ [A]와 [B] 모두에서, 이별한 대상인 '주만'과 '아사녀'를 잊고자하는 '아사달'의 의지가 직접적으로 드러나 있다.

선지 유형	근거가 있어서 허용 불가능
실전에서의 판단 과정	계속 떠올리는 거잖아.
해설	잊으려 한다면 애써 떠올릴 이유가 없겠죠? 두 여자의 환영이 계속해서 떠오르는 것은 이들을 잊지 못하는 '아사달'의 마음이 투영되어 있음을 나타낸다고 봐야 합니다.

⑤ [A]의 '주만'의 모습과 [B]의 '아사녀'의 모습은 모두 '아사달'이 그들의 환영을 보는 방식으로 제시되어 있다.

선지 유형	근거가 있어서 허용 가능
실전에서의 판단 과정	그랬었지.
해설	선지 그 자체로 허용할 수 있겠네요. [A]와 [B]는 각각 '주만'과 '아사녀'의 환영을 보는 '아사달'의 상상이었습니다.

선지	①	②	③	④	⑤
선택률	4%	4%	7%	81%	4%

79 〈보기〉를 바탕으로 윗글을 감상한 내용으로 적절하지 <u>않은</u> 것은? ④

① '유종'이 '이백'을 칭송하는 '금지'를 비판하고 화랑도 사윗감을 구하려 하는 장면에서, 작가의 민족주의적 태도를 엿볼 수 있군.

선지 유형	근거가 있어서 허용 가능
실전에서의 판단 과정	화랑도는 우리 민족의 것이니까 맞지.
해설	'금지'가 칭송하는 '이백'은 당나라의 것이고, '유종'이 숭상하는 '화랑도'는 우리 민족의 것입니다. 작가가 '유종'의 시선에서 바라보고 있다는 점과 〈보기〉의 내용을 근거로 하면, '작가의 민족주의적 태도'를 쉽게 허용할 수 있겠습니다.

② '아사달'이 '아사녀'의 환영을 돌에 담아내려고 하는 장면에서, 주인공의 사랑과 예술혼을 융합해 내려는 작가의 의도를 엿볼 수 있군.

선지 유형	근거가 있어서 허용 가능
실전에서의 판단 과정	사랑하는 마음을 예술로 나타낸 거니까 맞지.
해설	'아사달'이 '아사녀'의 환영을 돌에 담아내려는 이유는 아내에 대한 '그리움', 즉 '사랑'의 감정 때문이었습니다. 〈보기〉를 근거로 하면, 이러한 내용이 '사랑과 예술혼의 융합'을 드러내는 작가의 의도라는 해설을 충분히 허용할 수 있겠죠.

③ '금지'와 같은 '당학파'를 '나라를 좀먹게 하는' 집단으로 간주하는 장면에서, 외세를 추종하는 현실을 비판하려는 작가의 태도를 엿볼 수 있군.

선지 유형	근거가 있어서 허용 가능
실전에서의 판단 과정	1번 선지랑 똑같은 거 아냐?
해설	외세를 추종하는 현실을 비판한다는 것은, 자신의 민족주의적 태도를 드러낸다는 것과 같은 말입니다. 1번 선지와 같은 논리로 허용할 수 있겠네요.

④ '아사녀'와 '주만'의 환영이 하나로 어우러져 '부처님의 모양'으로 변한 장면에서, 신앙의 세계로 나아갈 수 없어 절망하는 인물의 내면이 나타나 있군.

선지 유형	근거가 있어서 허용 불가능
실전에서의 판단 과정	신앙의 세계로 나아갔으니 부처님 모양이 나타난 것이지.
해설	지문을 읽으면서도 미리 생각했듯이, 두 여자의 환영이 '부처님의 모양'으로 변한 것은 '신앙의 세계'로 제대로 나아간 '아사달'의 모습을 드러낸다고 할 수 있습니다. 이러한 독해의 결과를 근거로 하면 절대 허용할 수 없는 선지가 되겠습니다. 물론 '아사달'이 '절망'한 적이 없음을 바탕으로 지워내도 좋습니다. 만약 '절망'한 적이 있다면, 우리가 그 감정에 공감하려고 노력했겠죠?

⑤ '아사달'이 '아사녀'를 '별만 한 광채'로, '주만'을 '떠오르는 햇발'로 떠올리며 갈등하는 장면에서, 새로운 예술적 경지에 이르는 과정에서 빚어진 '아사달'의 고뇌가 드러나 있군.

선지 유형	근거가 있어서 허용 가능
실전에서의 판단 과정	〈보기〉 근거로 하면 그렇다고 볼 수 있겠다.
해설	〈보기〉를 근거로 하면, 선지에서 이야기하는 '새로운 예술적 경지'는 '신앙의 궁극'과 관련되어 있습니다. 그리고 이 '신앙의 궁극'은 두 여자의 환영이 '부처님의 모양'으로 바뀌는 데에서 드러났어요. '아사녀'와 '주만' 사이에서 갈등하는 과정은 이러한 '신앙의 궁극'으로 가는 과정에서 빚어진 고뇌였습니다. 지문 후반부의 내용 그 자체이므로 어렵지 않게 허용할 수 있겠네요.

선지	①	②	③	④	⑤
선택률	6%	10%	12%	31%	41%

80 〈보기〉를 참고하여 윗글을 이해한 내용으로 적절하지 않은 것은? [3점] ⑤

─────[보기]─────

아사달과 아사녀의 이야기는 조선 후기의 설화(「서석가탑」)뿐만 아니라, 현진건의 기행문(「고도 순례 경주」, 1929)과 그의 소설(「무영탑」, 1939)에도 나타난다.

─ 지문의 후반부에 등장했던 '아사달·아사녀'의 이야기의 보충 자료입니다. 사실 많은 학생들이 알고 있는 내용이죠? 가볍게 정리해 봅시다.

─────[보기]─────

[자료 1]

불국사 창건 시 당나라에서 온 석공에게 아사녀라는 여인이 있었다. 아사녀가 갑자기 와서 석공과 만나기를 요구하였으나, 큰 공사가 끝나지 않았고 아사녀가 비루한 몸이라는 이유로 허락되지 않았다. 다음날 아침 아사녀가 남서쪽 십리쯤에 있는 연못을 내려다보면 석공이 보일 듯하여, 가서 살펴보니 정말 석공의 모습이 비쳤다. 그러나 탑의 그림자는 비치지 않았다. 그래서 무영탑이라 불렀다.

─「서석가탑」─

─────[보기]─────

[자료 2]

제 환상에 떠오른 사랑하는 아내의 모양은 다시금 거룩한 부처님의 모양으로 변하였다. 그는 제 예술로 죽은 아내를 살리고 아울러 부처님에게까지 천도(薦度)하려 한 것이다. 이 조각이 완성되면서 자기 역시 못 가운데 몸을 던져 아내의 뒤를 따랐다. 불국사 남서방에 영지(影池)란 못이 있으니 여기가 곧 아사녀와 당나라 석공이 빠져 죽은 데다.

─현진건, 「고도 순례 경주」─

─ 두 자료를 적당히 조합하면 '아사달·아사녀' 설화에 대해 제대로 이해할 수 있습니다. 두 사람의 비극적인 사랑 이야기를 이해한 상태로, 가볍게 선지를 판단해 봅시다. 높은 확률로, 정답 선지는 지문 내용에 대한 이해를 묻는 내용일 거예요.

① 윗글은 [자료 1]과 같은 설화를 차용하여 소설로 변용한 모습을 확인할 수 있는 작품이군.

선지 유형	근거가 있어서 허용 가능
실전에서의 판단 과정	그렇지.
해설	지문도, [자료 1]도 모두 '아사달·아사녀' 설화를 이용하고 있습니다.

② 윗글은 [자료 2]처럼 '아내'의 죽음을 종교적 상징으로 승화하고 있는 관점을 이어 간 작품이군.

선지 유형	근거가 있어서 허용 가능
실전에서의 판단 과정	종교랑 관련있었지.
해설	이 지문과 [자료 2]는 예술을 바탕으로 '신앙의 궁극'을 이루고, 이를 '석상'이라는 종교적 상징으로 승화한다는 점에서 같습니다. 어렵지 않게 허용할 수 있겠네요.

③ 윗글은 [자료 1]과 [자료 2]의 이야기에 '유종'과 '주만' 등의 서사를 추가하고 있군.

선지 유형	근거가 있어서 허용 가능
실전에서의 판단 과정	그랬지.
해설	[자료 1]과 [자료 2]에는 '아사달·아사녀'의 이야기밖에 나오지 않습니다. 이 지문은 여기에 '유종'과 '주만' 등의 이야기를 추가했죠.

④ 윗글과 [자료 2]의 '못'은 [자료 1]의 '연못'이 부부간의 비극적인 사랑 이야기를 환기하는 공간으로 변용된 것이군.

선지 유형	근거가 있어서 허용 가능
실전에서의 판단 과정	죽음이 연관되었는데 비극적이지.
해설	[자료 1]의 '연못'은 '아사녀'가 '아사달'의 모습을 볼 수 있는 곳이었습니다. 하지만 이 지문과 [자료 2]의 '못'은 '아사녀'가 목숨을 잃은 곳이 되었어요. 원래는 멀리서나마 얼굴을 볼 수 있던 공간에서 목숨을 잃은 공간으로 바뀌었다는 점을 근거로 하면, '비극적인 사랑 이야기를 환기하는 공간으로 변용'되었다는 것을 충분히 허용할 수 있겠습니다.

⑤ 윗글의 '새로운 돌부처' 형상에 석공의 얼굴이 새겨진 것은 윗글이 [자료 1]과 [자료 2]의 서사 모티프를 이어받은 것으로 볼 수 있군.

선지 유형	근거가 없어서 허용 불가능
실전에서의 판단 과정	돌부처 형상에 아사달 얼굴이 새겨졌다고? 뭔 헛소리야.
해설	'새로운 돌부처'는 '주만'과 '아사녀'의 환영이 융합된 후에 만들어진 것입니다. 이 과정에서 석공인 '아사달'의 얼굴이 새겨진 적은 없어요. 물론 이 지문의 〈보기〉의 두 자료에 나타난 서사 모티프를 이어받은 것은 맞지만, 지문의 내용과 어긋나기 때문에 절대 허용할 수 없는 선지가 되겠습니다.

| 생각 심화 |

이렇게 단순히 '상세한 내용일치'를 사용해서 선지를 구성한 것이라고 볼 수도 있겠지만, 조금 더 근본적으로는 작품의 '주제'와 어긋나는 선지라고 정리하면 더 좋을 것 같습니다. 이 작품은 '예술의 종교적 승화'라는 주제를 가지고 있습니다. 따라서 석공의 작품에 '부처님의 얼굴'이 나타나는 것이죠. 그런데 선지에서 이야기하는 것처럼 석공의 작품 위에 '석공의 얼굴'이 새겨졌다면, 이는 종교보다는 자아도취에 가까운 것이 되겠죠. 즉, 이 지문의 주제에 따르면 석공이 자신의 얼굴을 새기는 것과 같은 행동을 할 이유가 전혀 없는 것입니다. 조금 과한 생각이라고 할 수도 있겠지만, '주제와의 연관성'은 국어 영역 전반에서 중요하게 다뤄지는 내용이니 꼭 체크하시기 바랍니다.

| 몰랐던 어휘 정리하기 |

| 핵심 point |

① **허용 가능성 평가** : 선지의 내용을 '허용'하려는 태도를 바탕으로 지문을 '독해'하며 '근거'를 찾아야 합니다. 허용할 수 있는 '근거'가 있어야만 허용할 수 있습니다. 주관적인 생각을 개입시키면 안 됩니다.

② **소설 독해** : '심리와 행동의 근거'를 바탕으로 인물에게 '공감'하며 읽어야 합니다. 이 과정이 물흐르듯 이어지면 지문의 내용을 완벽하게 이해할 수 있어요.

③ **skip 가능 구간** : 인물의 똑같은 내면을 반복적으로 묘사하거나, 뻔한 이야기가 반복되는 구간은 조금 빠르게 스캔하면서 읽어주시면 됩니다.

| 지문 내용 총정리 |

고전소설인지 현대소설인지 모를 낯선 내용으로 구성된 작품이었습니다. 하지만 이 '낯섦'만 극복하고, '인물에 대한 공감'이라는 태도를 바탕으로 읽어나간다면 그리 어렵지 않은 지문이었어요. 확실하게 정리하도록 합시다.

〈보기〉 독해

───────[보기]───────

「구운몽」은 '회의(懷疑)와 부정(否定)'의 과정을 통해서 서사가 구성된다. 작품 초반에 성진이 세속에 호기심을 갖는 모습은 불교적 가치관에 대한 '회의와 부정'에서, 결말에 이르러 다시금 불교적 삶을 택하는 모습은 세속적 삶에 대한 '회의와 부정'에서, 마지막 육관 대사의 성진에 대한 가르침은 참·거짓의 이분법적 구분에 대한 '회의와 부정'에서 기인한 것이다. 이러한 세 번의 '회의와 부정'은 작품에 순차적으로 등장하여 「구운몽」의 주제를 한층 심화시킨다.

'구운몽'이라는 작품에 대한 자세한 설명이 제시되고 있습니다. 이 작품은 크게 세 번의 '회의와 부정'의 과정을 통해서 서사가 구성된다고 해요. 불교적 가치관, 세속적 삶, 참·거짓의 이분법적 구분에 대한 '회의와 부정'이 어떻게 나타날지 기대하면서 읽어봅시다.

지문 독해

─────────────────────

"사부는 어느 곳으로부터 오셨나이까?"
노승이 웃으며 대답하기를,
"평생 알고 지낸 사람을 몰라보시니 일찍이, '귀인은 잊기를 잘한다.'는 말이 옳소이다."
양 승상(양소유)이 자세히 보니 과연 얼굴이 익숙한 듯하였다. 문득 깨달아 능파 낭자를 돌아보며 말하기를,
"내가 **지난날 토번을 정벌할 때** 꿈에 동정 용궁의 잔치에 참석하고 돌아오는 길에, 한 화상이 법좌(法座)에 앉아서 경을 강론하는 것을 보았는데 노승이 바로 그 노화상이냐?"
노승이 박장대소하고 가로되,
"옳도다, 옳도다. 비록 그 말이 옳으나 꿈속에서 잠깐 만난 일은 기억하고 십 년 동안 같이 살았던 것은 기억하지 못하니 누가 양 승상을 총명하다 하였는가?"
승상이 망연자실하여 말하기를,
"소유는 십오륙 세 이전에는 부모의 슬하를 떠난 적이 없고, 십육 세에 급제하여 곧바로 직명을 받아 관직에 있었으니, 동으로 연나라에 사신으로 가고 토번을 정벌하러 떠난 것 외에는 일찍이 경사(京師)를 떠나지 아니하였거늘, 언제 사부와 함께 십 년을 상종하였으리요?"

─────────────────────

'양소유'는 '노승'을 '사부'라고 부르면서, 어디서 온 것이냐고 묻고 있습니다. 장면을 상상해보면, 기억에는 없는데 자신을 안다고 하는 '노승'을 만나 혼란스러워하는 '양소유'의 모습을 떠올릴 수 있겠죠? 언제나 장면을 상상하면서 내용을 이해하려고 하셔야 합니다.

이런 상황에서, '양소유'는 갑자기 기억을 떠올리며 '능파 낭자'에게 '지난날 토번을 정벌할 때' 만났던 사람인지 묻습니다. 실제로 '노승'은 그때 만난 사람이 맞는 것 같은데, '노승'은 꿈속에서 잠깐 만난 일은 기억하고 십 년 동안 같이 살았던 것은 기억하지 못한다는 이야기를 합니다. 이 말을 들은 '양소유'는 당연히 망연자실한 마음이 들겠죠. 기억을 해냈다고 생각했는데 '노승'이 또 이상한 말을 하는 것 같으니까요. '양소유'는 본인의 삶을 돌아봤을 때 '노승'과 십 년을 살았다는 것이 말이 되지 않는다는 이야기를 하고 있습니다. '노승'의 대사에 따르면, 지금 '양소유'는 꿈을 꾸고 있는 것이라고 할 수 있겠죠? 현실에서는 '노승'과 함께 십 년 이상을 함께 살고 있는 것 같습니다.

─────────────────────

노승이 웃으며 말하기를,
"상공이 아직도 춘몽을 깨지 못하였도다."
승상이 말하기를,
"사부는 어찌하면 저로 하여금 춘몽을 깨게 하실 수 있나이까?"
노승이 이르기를,
"이는 어렵지 않도다."
하고 손에 잡고 있던 지팡이를 들어 돌난간을 두어 번 두드렸다. 〈갑자기 네 골짜기에서 구름이 일어나 누각 위를 뒤덮어 지척을 분변하지 못하였다.〉 승상이 정신이 아득하여 마치 꿈속에 있는 듯하다 소리를 질러 말하기를,
"사부는 어찌하여 정도(正道)로 소유를 인도하지 아니하고 환술(幻術)로써 희롱하시나이까?"
승상이 말을 마치지 못하여 구름이 걷히는데 노승은 간 곳이 없고 좌우를 돌아보니 팔 낭자도 간 곳이 없었다. 승상이 매우 놀라 어찌할 바를 모르는 중에 높은 대와 많은 집들이 한순간에 없어지고 자기의 몸은 작은 암자의 포단 위에 앉았는데, 향로에 불은 이미 사라지고 지는 달이 창가에 비치고 있었다.

─────────────────────

'노승'은 '양소유'가 아직도 꿈을 깨지 못했다고 이야기를 하고, 꿈을 깨게 해달라는 '양소유'의 요청에 따릅니다. 꿈을 깨는 과정에서 정신이 아득했던 '양소유'가 정신을 차리자, '노승'은 물론 '팔 낭자'도 간 곳이 없었다고 해요. 아마 꿈속에서는 '팔 낭자'와 함께 즐거운 삶을 살고 있었던 것 같은데, 꿈을 깼으니 당연히 다

사라진 모습이겠죠. 이런 상황에 처한 '양소유'는 당연히 매우 놀라고 어찌할 바를 모를 것입니다. 어렵지 않게 공감할 수 있겠네요. 나아가 이렇게 놀라서 당황한 '양소유'의 얼굴이 눈앞에 보이는 느낌이 들어야 해요. 늘 장면을 상상하면서 읽는 습관을 들이셔야 합니다.

여기서 〈보기〉의 내용을 활용할 수 있다면, '양소유'가 불교적 가치관에 대해 '회의와 부정'하는 모습을 보이자 '노승'이 꿈속에서 세속적 삶을 살게 해 준 것이고, 꿈을 깬 후에는 '양소유'가 세속적 삶에 대해 '회의와 부정'을 할 것이라는 점을 생각할 수 있겠죠? 〈보기〉 문제를 푸는 과정에서 해도 무방한 생각이지만, 이렇게 미리 할 수 있다면 더 좋을 것 같습니다. 지문 내용도 훨씬 깊게 이해할 수 있으니까요.

자신의 몸을 보니 백팔 염주가 걸려 있고 머리를 손으로 만져 보니 갓 깎은 머리털이 가칠가칠하였으니 완연히 소화상의 몸이요 전혀 대승상의 위의가 아니니, 정신이 황홀하여 오랜 후에야 비로소 제 몸이 연화도량의 성진(性眞) 행자(行者)임을 깨달았다.
그리고 생각하기를, '처음에 스승에게 책망을 듣고 풍도옥(酆都獄)*으로 가서 인간 세상에 환도하여 양가의 아들이 되었다가, 장원급제를 하여 한림학사를 한 후 출장입상(出將入相)*, 공명신퇴(功名身退)*하여 두 공주와 여섯 낭자로 더불어 즐기던 것이 다 하룻밤의 꿈이로다. 이는 필연 사부가 나의 생각이 그릇됨을 알고 나로 하여금 그런 꿈을 꾸게 하시어 인간 부귀와 남녀 정욕이 다 허무한 일임을 알게 한 것이로다.'
성진이 서둘러 세수하고 의관을 정제하여 처소에 나아가니, 제자들이 이미 다 모여 있었다.

* 풍도옥: 지옥을 이르는 말.
* 출장입상: 나가서는 장수가 되고 들어와서는 재상이 됨.
* 공명신퇴: 공을 세워서 자기의 이름을 널리 드러낸 후 물러남.

그렇게 꿈에서 깬 '양소유'(이제부터는 '성진'이라고 불러야겠죠?)는 자신이 사실 동자승이고, 세속에 호기심을 갖는 자신에게 깨달음을 주기 위해 스승이 꿈을 꾸게 한 것임을 깨닫습니다. 상황을 파악했으니, 빠르게 현실로 복귀해야겠죠? 서둘러 세수하고 의관을 정제하여 제자들이 다 모여 있는 '처소'로 나아가는 '성진'입니다.

육관 대사가 큰 소리로 묻기를,
"성진아, 인간 부귀를 겪어 보니 과연 어떠하더냐?"
성진이 머리를 조아리고 눈물을 흘리며 하는 말이,
"성진이 이미 깨달았나이다. 제자가 불초하여 생각을 그릇되게 하여 죄를 지었으니 마땅히 인간 세상에서 윤회하는 벌을 받아야 하거늘, 사부께서 자비하시어 하룻밤 꿈으로 제자의 마음을 깨닫게 하시니 사부의 은혜는 천만 겁이 지나도 갚기 어렵나이다."

꿈속의 '노승'으로 추정되는 '육관 대사'는 '성진'에게 인간 부귀를 꿈으로 겪은 소감이 어떠냐고 묻고 있습니다. 이에 '성진'은 세속의 허무함을 깨달았다고 이야기하며, 자신을 깨닫게 해 주어서 고맙다는 이야기를 하고 있구요. 미리 생각한 것처럼, 이는 〈보기〉에서 이야기한 세속적 삶에 대한 '회의와 부정' 단계를 거치는 것이라고 할 수 있겠죠?

대사가 말하기를,
"네가 흥을 타고 갔다가 흥이 다하여 돌아왔으니 내가 무슨 간여할 바가 있겠느냐? 또 네가 말하기를, '인간 세상에 윤회한 것을 꿈을 꾸었다.'고 하니, 이는 꿈과 세상을 다르다고 하는 것이니, 네가 아직도 꿈을 깨지 못하였도다. 옛말에 '장주(莊周)가 꿈에서 나비가 되었다가 다시 나비가 장주가 되었다.'고 하니, 어느 것이 거짓 것이고, 어느 것이 참된 것인지 분변하지 못하나니, 이제 성진과 소유에 있어 어느 것이 참이며 어느 것이 꿈이냐?"
성진이 이에 대답하기를,
"제자 성진은 아득하여 꿈과 참을 분별하지 못하겠사오니, 사부는 설법(說法)을 베풀어 제자로 하여금 깨닫게 하소서."

– 김만중, 「구운몽」 –

그런데 '육관 대사'는 '성진'이 아직 꿈을 깨지 못했다고 하면서, 무엇이 참이고 무엇이 거짓인지 생각해보라는 이야기를 합니다. '성진'의 입장에서는 혼란 그 자체입니다. 잘 모르겠으니까 제발 깨닫게 해달라는 외침으로 마무리되고 있네요. 〈보기〉에 따르면 이는 참·거짓의 이분법적 구분에 대한 '회의와 부정'이 나타나는 부분이라고 할 수 있겠죠?

선지	①	②	③	④	⑤
선택률	8%	14%	67%	3%	8%

81 윗글에 대한 설명으로 가장 적절한 것은? ③

① 내적 독백을 통해 극적 긴장감을 고조시키고 있다.

선지 유형	근거가 없어서 허용 불가능
실전에서의 판단 과정	극적 긴장감이 고조되는 느낌은 없었는데?
해설	꿈에서 깬 '성진'이 자신의 정체와 스승의 뜻을 깨닫는 장면에서 내적 독백이 제시되기는 했지만, 이 내적 독백이 '극적 긴장감'을 고조시키지는 않습니다. '극적 긴장감'이 고조되려면 갈등이 심화되면서 독자 입장에서 흥미가 생겨야 하는데, '성진'의 내적 독백은 그저 자신의 정체를 깨닫는 부분이기에 갈등이 심화되는 부분이라고도, 독자 입장에서 흥미가 생기는 부분이라고도 보기 어렵죠.

② 대화를 통해 인물 간 대립의 양상이 심화되고 있다.

선지 유형	근거가 없어서 허용 불가능
실전에서의 판단 과정	누가 대립하냐.
해설	대화가 많이 나오기는 하지만, '인물 간 대립의 양상'은 나타난 적이 없죠? '양소유=성진'은 스승을 존중하고 있을 뿐, 대립하지는 않아요.

③ 묘사의 방식을 통해 장면이 전환되었음을 드러내고 있다.

선지 유형	근거가 있어서 허용 가능
실전에서의 판단 과정	꿈 깰 때 묘사가 나왔지.
해설	'양소유'가 꿈에서 깬 후 자신이 '성진'임을 깨닫는 장면을 상상했다면, 어렵지 않게 허용할 수 있겠죠? '성진'을 둘러싼 환경을 묘사하면서 꿈에서 현실로 장면이 전환되었음을 드러내고 있었습니다.

④ 구체적 시대 상황을 설정하여 내용의 사실성을 높이고 있다.

선지 유형	근거가 없어서 허용 불가능
실전에서의 판단 과정	언젠데?
해설	고전소설이라는 것만 알 수 있을 뿐, 구체적 시대 상황을 알 수 있을 만한 단서는 확인한 적이 없죠?

물론 구체적 시대 상황을 설정한 게 사실이라면 내용의 사실성은 높아지겠죠.

⑤ 서술자가 개입하여 과거의 사건을 압축적으로 제시하고 있다.

선지 유형	근거가 없어서 허용 불가능
실전에서의 판단 과정	서술자의 개입을 놓쳤을 리가 없지.
해설	'서술자의 개입'이 나타났다면 우리가 놓쳤을 리가 없습니다. 나아가 3번 선지라는 확실한 정답을 체크한 상태이기 때문에, 없을 것이라는 믿음을 가지고 지워주시면 되겠네요.

선지	①	②	③	④	⑤
선택률	4%	3%	6%	83%	4%

82 윗글의 인물에 대한 이해로 적절하지 않은 것은? ④

① 성진은 육관 대사의 가르침을 따르려 한다.

선지 유형	근거가 있어서 허용 가능
실전에서의 판단 과정	제발 가르쳐달라고 거의 빌고 있지.
해설	'성진'은 '육관 대사'에게 꿈과 참을 분별할 방법을 알려달라고 하고 있습니다. 애초에 지문 전체적으로 '성진'이 자신의 스승에게 가르침을 받으려고 하고 있었다는 것을 생각하면 어렵지 않게 허용할 수 있겠네요.

② 노승은 양소유가 자각하도록 도와주고 있다.

선지 유형	근거가 있어서 허용 가능
실전에서의 판단 과정	그렇지.
해설	'노승'은 '양소유'가 꿈을 꾸고 있다는 것을 자각할 수 있게끔 돕고 있습니다. 지문 내용을 이해했다면 고민도 하지 않고 지워낼 수 있는 선지네요.

③ 성진은 꿈속의 노승이 육관 대사임을 알게 된다.

선지 유형	근거가 있어서 허용 가능
실전에서의 판단 과정	성진은 모든 걸 깨달았지.
해설	'성진'이 꿈에서 깬 후 이 모든 것이 스승인 '육관 대사'가 꾸민 일임을 알게 됩니다. 꿈에서 '노승'은

문학편 | 143

'양소유'가 자신과 십 년을 넘게 같이 살았다는 이 야기를 했는데, 꿈에서 깬 후 자신의 정체가 '양소유'가 아님을 알게 된 '성진'은 십 년을 넘게 같이 살았다는 그 '노승'이 곧 '육관 대사'임을 알게 되었겠죠. 애초에 '성진'이 꿈에서 깬 후 모든 것을 깨달았다는 것을 근거로 하면 어렵지 않게 허용할 수 있을 것입니다.

④ 양소유는 팔 낭자와 함께 꿈에서 깨어나고자 한다.

선지 유형	근거가 없어서 허용 불가능
실전에서의 판단 과정	그런 마음에는 공감한 적이 없는데?
해설	'양소유'는 '노승'에게 자신이 꿈에서 깰 수 있게 해 달라고 했고, 꿈에서 깬 후 '팔 낭자' 등이 모두 사라졌다는 것에 놀랐을 뿐, '팔 낭자'와 함께 꿈에서 깨고 싶다는 마음을 가진 적은 없습니다. 애초에 이런 감정이 나타났다면 공감하려고 시도했을 것인데, 그런 기억이 없으니 절대 허용할 수 없겠죠.

⑤ 성진은 양소유로서의 자신의 삶을 되돌아보고 있다.

선지 유형	근거가 있어서 허용 가능
실전에서의 판단 과정	회상했지.
해설	'성진'은 '양소유'로서의 자신의 삶을 성찰한 뒤, '풍도옥'으로 갔다가 '장원급제'를 하고 '한림학사'를 한 후 '출장입상', '공명신퇴'했던 과거의 장면을 회상합니다. 이러한 내용을 근거로 하면 허용할 수 있겠네요.

선지	①	②	③	④	⑤
선택률	52%	16%	8%	10%	14%

83 〈보기〉를 참고하여 윗글을 감상한 내용으로 적절하지 <u>않은</u> 것은? [3점] ①

① ⍟은 '첫 번째 회의와 부정'을 경험하기 전의 일이다.

"⍟내가 지난날 토번을 정벌할 때

선지 유형	근거가 있어서 허용 불가능
실전에서의 판단 과정	첫 번째 회의와 부정 이후의 일이지.
해설	〈보기〉에 의하면, '첫 번째 회의와 부정'은 불교적 가치관에 대한 것입니다. 지문의 흐름상 '성진'은

불교적 가치관에 대한 '회의와 부정'을 가진 뒤 스승에 의해 꿈을 꿔 '양소유'가 된 것이라고 할 수 있습니다. 그리고 ⍟은 '양소유'가 된 후 겪은 일이기 때문에, ⍟은 '첫 번째 회의와 부정'을 경험한 이후의 일이라고 하는 것이 맞겠죠? 〈보기〉의 '회의와 부정'을 바탕으로 지문의 흐름을 정확하게 이해할 것을 요구하고 있는 문제였습니다.

② ⍀은 '첫 번째 회의와 부정'과 '두 번째 회의와 부정' 사이에 일어난 일이다.

⍀장원급제를 하여 한림학사를 한 후 출장입상(出將入相)*

* 출장입상: 나가서는 장수가 되고 들어와서는 재상이 됨.

선지 유형	근거가 있어서 허용 가능
실전에서의 판단 과정	그렇지.
해설	〈보기〉에 의하면, 불교적 가치관에 대한 것인 '첫 번째 회의와 부정' 이후 꿈을 꿔 '양소유'가 된 '성진'은 세속적 삶에 대한 것인 '두 번째 회의와 부정'을 하기 전까지 세속에서의 여러 사건을 겪습니다. ⍀은 이에 해당하기 때문에, 어렵지 않게 허용할 수 있는 선지네요.

③ ⍁은 '두 번째 회의와 부정'을 경험한 직후의 일이다.

"⍁성진이 이미 깨달았나이다.

선지 유형	근거가 있어서 허용 가능
실전에서의 판단 과정	두 번째 회의와 부정은 꿈을 깨면서부터지.
해설	〈보기〉에 의하면, '두 번째 회의와 부정'은 세속적 삶에 대한 것입니다. 지문을 읽으면서도 미리 생각했듯이, 이는 꿈에서 깨서 자신이 '성진'임을 자각한 순간 경험하는 것이라고 할 수 있어요. ⍁은 이렇게 꿈에서 깬 직후의 일이니, 어렵지 않게 허용할 수 있겠네요.

④ ⍂은 '세 번째 회의와 부정' 단계의 핵심 내용을 보여 주는 비유적인 표현이다.

'⍂장주(莊周)가 꿈에서 나비가 되었다가 다시 나비가 장주가 되었다.'고 하니, 어느 것이 거짓 것이고, 어느 것이 참된 것인지 분변하지 못하나니,

선지 유형	근거가 있어서 허용 가능
실전에서의 판단 과정	참과 거짓을 구분하지 못한다는 내용이네.
해설	맥락을 독해해보면, ㉣은 '거짓'과 '참'을 분변하지 못하는 것에 대한 이야기입니다. 이처럼 참·거짓의 구분에 대한 '회의와 부정'이 곧 〈보기〉에서 언급된 '세 번째 회의와 부정'이기 때문에, 어렵지 않게 허용할 수 있겠네요.

⑤ ㉤은 '두 번째 회의와 부정'에서 '세 번째 회의와 부정'으로 나아가고자 함을 의미한다.

㉤사부는 설법(說法)을 베풀어 제자로 하여금 깨닫게 하소서.

선지 유형	근거가 있어서 허용 가능
실전에서의 판단 과정	참·거짓에 대한 걸 깨닫게 해달라는 것이었지.
해설	㉤은 참·거짓의 구분에 대해 묻는 '육관 대사'의 이야기를 듣고 혼란스러워하며 가르침을 구하는 '성진'의 대사입니다. 이는 '두 번째 회의와 부정'을 겪은 뒤, '세 번째 회의와 부정'으로 나아가기 위한 깨달음을 얻고자 하는 것이라고 할 수 있겠죠? 이러한 맥락을 고려하여 '성진'에게 공감한다면 어렵지 않게 허용할 수 있겠네요.

몰랐던 어휘 정리하기

| 핵심 **point** |

① **허용 가능성 평가** : 선지의 내용을 '허용'하려는 태도를 바탕으로 지문을 '독해'하며 '근거'를 찾아야 합니다. 허용할 수 있는 '근거'가 있어야만 허용할 수 있습니다. 주관적인 생각을 개입시키면 안 됩니다.
② **소설 독해** : '심리와 행동의 근거'를 바탕으로 인물에게 '공감'하며 읽어야 합니다. 이 과정이 물흐르듯 이어지면 지문의 내용을 완벽하게 이해할 수 있어요.

| 지문 내용 총정리 |

〈보기〉에서 작품의 핵심적인 내용을 제시하고, 이를 바탕으로 읽으면 전반적인 내용을 쉽게 이해할 수 있게끔 제시된 지문입니다. 중간중간 제시되는 인물들의 심리에도 어렵지 않게 공감할 수 있는 지문이었을 거예요. 이 정도는 간단하게 해결할 수 있으면 좋겠어요.

〈보기〉 확인

─────────[보기]─────────

「자화상(自畫像)」은 1941년 「문우(文友)」에는 '우물 속의 자상화(自像畫)'라는 제목으로 게재되었다. 이 제목에서는 '우물'과 '그림'이 부각되어 있다. 상징적 관점에서 볼 때, 우물은 자신의 모습을 투영해 볼 수 있는 사물이고, 하늘을 향해 있는 동굴이며, 그 동굴의 원형인 모태(母胎)를 떠올리게 하는 공간이다. 이 점에서 보면, 이 시에서 우물 속의 자상화는 <u>자신의 존재에 대한 화자의 인식과 태도</u>를 다층적으로 담아내고 있는 그림이다.

(가) 시에 대한 〈보기〉입니다. 자신에 대한 성찰을 담고 있다는 내용이에요. 주제 그 자체이니 큰 힌트가 되겠죠? 이 내용을 바탕으로 지문 읽어봅시다.

실전적 지문 독해

┌─────────────────────────────┐
(가)

산모퉁이를 돌아 논가 외딴 우물을 홀로
찾아가선 가만히 들여다봅니다.

우물 속에는 달이 밝고 구름이 흐르고
하늘이 펼치고 파아란 바람이 불고 가을이 있습니다.

그리고 한 사나이가 있습니다.
어쩐지 그 <u>사나이가 미워져 돌아갑니다.</u>

<u>돌아가다 생각하니 그 사나이가 가엾어집니다.</u> 도로 가 들여다보니 사나이는 그대로 있습니다.

<u>다시 그 사나이가 미워져 돌아갑니다.</u>
<u>돌아가다 생각하니 그 사나이가 그리워집니다.</u>

우물 속에는 달이 밝고 구름이 흐르고 하늘이 펼치고 파아란 바람이 불고 가을이 있고 추억처럼 사나이가 있습니다.

-윤동주, 「자화상(自畫像)」-
└─────────────────────────────┘

〈보기〉에서 말한 대로 우물을 보면서 자신에 대한 성찰을 하고 있네요. 밉기도 하고, 가엾기도 하고, 그립기도 한 자신에 대한 이야기였습니다. 이렇게 주제 정도만 가볍게 체크하고 계속 읽어봅시다.

┌─────────────────────────────┐
(나)

먹밤중 한밤중 새터 중뜸 개들이 시끌짝하게 짖 ┐
어댄다
이 개 짖으니 저 개도 짖어
들 건너 갈메 개까지 덩달아 짖어댄다
이런 개 짖는 소리 사이로
언뜻언뜻 까 여 다 여 따위 말끝이 들린다
<u>밤 기러기</u> 드높게 날며   [A]
<u>추운 땅으로 떨어뜨리는 소리</u>하고 남이 아니다
앞서거니 뒤서거니 의좋은 그 소리하고 남이 아
니다   ┘
콩밭 김칫거리
아쉬울 때 마늘 한 접 이고 가서
군산 묵은장 가서 팔고 오는 선제리 아낙네들
팔다 못해 파장떨이로 넘기고 오는 아낙네들
시오릿길 한밤중이니
십릿길 더 가야지
빈 광주리야 가볍지만
<u>빈 배 요기도 못하고 오죽이나 가벼울까</u>
그래도 이 고생 혼자 하는 게 아니라
못난 백성
못난 아낙네 끼리끼리 나누는 고생이라
<u>얼마나 의좋은 한세상이더냐</u>
그들의 말소리에 익숙한지
어느새 개 짖는 소리 뜸해지고
밤은 내가 밤이다 하고 말하려는 듯 어둠이 눈을
멀뚱거린다

-고은, 「선제리 아낙네들」-
└─────────────────────────────┘

밤에 개들이 짖는 모습, 아낙네들끼리 이야기하는 모습 등을 묘사하고 있습니다. 이러한 아낙네들을 안타까워하기도 하고, 의좋은 세상이라고 긍정적으로 표현하기도 합니다. 이 정도의 큰 틀만 잡고 가면 돼요.

(다)

한 해의 꽃잎을 며칠 만에 활짝 피웠다 지운
벚꽃 가로 따라가다가
미처 제 꽃 한 송이도 펼쳐 들지 못하고 멈칫거리는
늦된 그 나무 발견했지요.
들킨 게 부끄러운지, 그 나무
시멘트 개울 한 구석으로 비틀린 뿌리 감춰놓고
앞줄 아름드리 그늘 속에 반쯤 숨어 있었지요.
봄은 그 나무에게만 더디고 더뎌서
꽃철 이미 지난 줄도 모르는지,
그래도 여느 꽃나무와 다름없이
가지 가득 매달고 있는 멍울 어딘가 안쓰러웠지요.
늦된 나무가 비로소 밝혀드는 꽃불 성화,
환하게 타오를 것이므로 나도 이미 길이 끝난 줄
까마득하게 잊어버리고 한참이나 거기 멈춰 서 있었
지요.
산에서 내려 두 달거리나 제자릴 찾지 못해
헤매고 다녔던 저 난만한 봄길 어디,
늦깎이 깨달음 함께 얻으려고 한나절
나도 병든 그 나무 곁에서 서성거렸지요.
이 봄 가기 전 저 나무도 푸릇한 잎새 매달까요?
무거운 청록으로 여름도 지치고 말면
불타는 소신공양 틈새 가난한 소지(燒紙)*,
저 나무도 가지가지마다 지펴 올릴 수 있을까요?

-김명인, 「그 나무」-

[B] 표시는 "한 해의 꽃잎을..." 부터 "...반쯤 숨어 있었지요." 까지의 구간에 해당

* 소지 : 부정을 없애고 신에게 소원을 빌기 위하여 태워서 공중에
올리는 종이.

'봄'에 봤던 '나무'에 대한 이야기를 하고 있습니다. 그 나무는 다른 나무들과는 달리 꽃 한 송이도 펼치지 못하고 있는데, 화자는 이러한 모습을 안쓰러워하고 있습니다. 그런데 화자는 언젠가 그 나무도 '푸릇한 잎새'를 매달게 되기를 소망하고 있어요. 안쓰러운 '그 나무'를 응원하고 있다는 주제를 확실하게 체크하고 문제 풀어보도록 합시다.

선지	①	②	③	④	⑤
선택률	3%	7%	10%	77%	3%

84 (가)~(다)의 공통점으로 가장 적절한 것은? ④

① 대상의 현재 상황에 대한 화자의 비판적 태도가 드러난다.

선지 유형	근거가 없어서 허용 불가능
실전에서의 판단 과정	비판적 태도는 주제가 아니지.
해설	(가)~(다) 모두 '비판적 태도'라는 내용과는 먼 주제를 가지고 있죠? 주제 중심으로 가볍게 판단하시면 됩니다.

② 대상의 미래에 대한 화자의 낙관적 전망이 드러난다.

선지 유형	근거가 없어서 허용 불가능
실전에서의 판단 과정	(다)만 해당하는 거 같은데?
해설	(가)의 경우, 단순히 자아 성찰을 하는 내용이었으므로 '낙관적 전망'은 절대 허용할 수 없겠습니다. 나아가 (나) 역시 그저 '선제리 아낙네'들을 안타까워하고 그들이 사는 세상을 긍정적으로 바라볼 뿐, 낙관적으로 '전망'하는 부분은 보이지 않습니다. 하지만 (다)에서는 '긍정적 전망'을 충분히 허용할 수 있을 것 같아요. '그 나무'가 꽃을 필 것이라는 전망을 보이고 있으니까요. (다) 시에 미래에 대한 전망이 나타나다보니, 이 선지에 많이들 손이 간 것 같아요.

③ 대상과 일체가 되려는 화자의 의지가 드러난다.

선지 유형	근거가 없어서 허용 불가능
실전에서의 판단 과정	아낙네나 나무가 되려는 의지를 보이지는 않지.
해설	(가)의 경우에는 애초에 대상이 화자 자신이니 애매하지만, (나)와 (다)에 대상과 '일체'가 되려는 '의지'가 어디에 있나요? 단순히 '아낙네'와 '나무'를 긍정적으로 볼 뿐, 그 대상과 하나가 되겠다는 말을 허용할 만한 근거는 찾을 수 없습니다.

④ 대상을 딱하게 여기는 화자의 마음이 드러난다.

선지 유형	근거가 있어서 허용 가능
실전에서의 판단 과정	주제 그 자체지.
해설	(가)~(다) 모두 각각 '화자 자신', '아낙네들', '그 나무'를 안타까워한다는 주제를 가지고 있었습니다. 가볍게 허용할 수 있겠네요.

⑤ 대상에 대한 화자의 대결 의식이 드러난다.

선지 유형	근거가 없어서 허용 불가능
실전에서의 판단 과정	대결 의식은 너무 헛소리지.
해설	너무 헛소리죠? 주제를 고려할 때 절대로 허용할 수 없는 선지입니다.

선지	①	②	③	④	⑤
선택률	1%	15%	8%	69%	7%

85 〈보기〉를 참고하여 (가)를 이해한 내용으로 적절하지 <u>않은</u> 것은? [3점] ④

① 제1연에서 '외딴', '홀로', '가만히', '들여다봅니다' 등으로 보아, '우물'은 화자의 모습을 투영해 볼 수 있는 내밀한 공간이겠군.

> 산모퉁이를 돌아 논가 <u>외딴 우물</u>을 <u>홀로</u>
> 찾아가선 <u>가만히</u> <u>들여다봅니다.</u>

선지 유형	근거가 있어서 허용 가능
실전에서의 판단 과정	홀로 가만히 들여다보는 건 내밀하게 자기 모습 투영하는 것이라 할 수 있겠네.
해설	외딴 곳에서 홀로 가만히 우물을 들여다보면, 아무도 없으니 내밀하게 화자의 모습을 투영할 수 있겠죠? 각 시어의 의미 그대로 허용할 수 있는 선지입니다.

② 제2연에서 '우물 속'에 들어 있는 자연은 하늘을 향해 있는 우물 속의 그림이므로, 화자가 지향해 온 바를 담고 있겠군.

> <u>우물 속에는 달이 밝고 구름이 흐르고</u>
> 하늘이 펼치고 파아란 바람이 불고 가을이 있습니다.

선지 유형	근거가 있어서 허용 가능
실전에서의 판단 과정	하늘이면 화자가 지향해 온 바라고 할 수 있지.
해설	'우물'은 자신의 모습이 투영되는 사물인데, 그러한 자신의 모습 속에 '하늘'이 보인다고 합니다. 문학에서 어떠한 가치가 결핍되어 있을 때 무언갈 바라본다는 건 그걸 '지향'하는 것으로 충분히 허용할 수 있다고 보시면 됩니다. 그럼 자기 자신을 가엾다고 생각하며 '결핍'을 느끼는 화자가 바라보는 '하늘'은 지향해 온 바를 담고 있다고 할 수 있겠네요. 이 정도는 허용된다는 '허용 범위'를 잡아 보도록 합시다!

③ 제3연~제5연에서 '한 사나이'에 대한 화자의 반응들로 보아, 화자는 자신을 성찰하는 자세를 지니고 있겠군.

> 그리고 <u>한 사나이</u>가 있습니다.
> 어쩐지 그 사나이가 미워져 돌아갑니다.
>
> 돌아가다 생각하니 그 사나이가 가엾어집니다. 도로가 들여다보니 사나이는 그대로 있습니다.
>
> 다시 그 사나이가 미워져 돌아갑니다.
> 돌아가다 생각하니 그 사나이가 그리워집니다.

선지 유형	근거가 있어서 허용 가능
실전에서의 판단 과정	자기 자신에 대한 반응을 나열하고 있으니 성찰이라고 할 수 있지.
해설	'우물'을 통해 보이는 '한 사나이'는 화자 자신을 의미할 것입니다. 화자는 자기 자신을 '미워'하기도, '가엾어'하기도, '그리워'하기도 합니다. 이렇게 자기 자신의 내면세계를 들여다보고 있다는 점에서, '성찰'이라는 말을 충분히 허용할 수 있겠습니다.

④ 제6연에서 자연과 '사나이'가 함께 나타나는 것은, 우물 속의 자상화를 들여다보는 화자가 존재 탐구를 끝냈음을 의미하겠군.

> 우물 속에는 달이 밝고 구름이 흐르고 하늘이 펼치고 파아란 바람이 불고 가을이 있고 추억처럼 <u>사나이</u>가 있습니다.

선지 유형	근거가 있어서 허용 불가능
실전에서의 판단 과정	존재 탐구를 왜 끝내?
해설	존재 탐구를 끝냈다구요? 일단 제6연의 내용은 한창 존재 탐구를 하고 있던 제2연의 내용과 같습니다. 화자는 계속해서 '우물 속' 자기 자신의 모습을 보며 자신의 존재에 대한 탐구, 즉 '성찰'을 하고 있는 것이에요. 나아가 〈보기〉에서도 우물 속의 자상화를 보고 자신의 존재에 대한 인식을 드러내고 있다고 했어요. 존재 탐구를 끝냈다고 해버리면 이러한 주제를 무시하게 되는 것이죠. 여러모로 허용할 수 없는 선지로 판단할 수 있네요.

⑤ 제6연에서 '추억처럼'에는 고향과 같은 모태적 공간을 통해서 자신을 바라보려는 화자의 태도가 내포되어 있겠군.

> 우물 속에는 달이 밝고 구름이 흐르고 하늘이 펼치고 파아란 바람이 불고 가을이 있고 <u>추억처럼</u> 사나이가 있습니다.

선지 유형	근거가 있어서 허용 가능
실전에서의 판단 과정	추억이라고 하면 과거의 이야기니까, 고향 같은 모태적 공간을 떠올릴 수 있겠지.
해설	'추억처럼'은 '우물'이라는 모태적 공간에서 발견한 것입니다. '모태'라는 단어의 뜻이 '사물의 발생 · 발전의 근거가 되는 토대를 비유적으로 이르는 말'이라는 것을 알고 있다면, 이를 근거로 '고향과 같은'이라는 말을 충분히 허용할 수 있을 것이에요. 조금 더 자세히 설명해볼까요? 선지에서 묻는 것은 '고향'을 통해 자신을 성찰했다는 것이 아니라 고향과 '같은' '모태적' 공간을 통해 자신을 성찰했다는 것입니다. 화자가 지금 '고향'을 통해 성찰하고 있다는 것은 근거가 없어 허용하기 어렵지만, 고향과 '같은' '모태적' 공간을 통해 성찰하고 있다는 것은 〈보기〉의 내용을 근거로 하면 충분히 허용할 수 있다는 것이에요. '선지에서 묻는 것'을 바탕으로, 해당 선지를 허용할 만한 근거가 있는지를 우선적으로 따지는 태도가 이렇게 어려운 선지를 판단하는 힘을 줍니다. 확실하게 정리합시다!

선지	①	②	③	④	⑤
선택률	6%	81%	5%	4%	4%

86 [A]와 [B]를 비교한 내용으로 가장 적절한 것은? ②

– 눈에 띄는 포인트는 정리하고 가는 것이 좋을 것 같습니다. [A]에서는 '~하는 소리하고 남이 아니다'와 같은 구절을 반복하고 있고, [B]에서는 해요체를 바탕으로 '말을 건네는 어투'를 사용하고 있다는 것 정도가 보이네요. 사실 표현법을 미리 찾으려고 하면 너무나 막막하기 때문에 굳이 거치지 않아도 되는 과정이기는 하지만, 할 수 있다면 최대한 체크하는 습관을 들이도록 해요! 시간 단축의 열쇠가 될 수 있으니까요.

① [A]는 [B]와 달리 대조를 통해 주제 의식을 강조한다.

선지 유형	근거가 없어서 허용 불가능
실전에서의 판단 과정	둘 다 대조가 있는데?
해설	주제 의식 강조야 당연히 맞는 말일 텐데, '대조'가 있는지 확인해야겠네요. 일단 [A]에는 '드높게'와 '떨어뜨리는'이라는 표현이 대조되고 있다는 것을 확인할 수 있죠? 그런데 [B]에서도 꽃잎을 며칠 만에 활짝 피운 '벚꽃'과 제 꽃 한 송이도 펼쳐 들지 못하고 멈칫 거리는 '늦된 그 나무'가 대조되고 있으니, [A]는 [B]와 '달리' 부분이 틀렸다고 할 수 있겠습니다.

② [A]는 [B]와 달리 유사한 구절을 병치하여 운율감을 조성한다.

선지 유형	근거가 있어서 허용 가능
실전에서의 판단 과정	[A]는 미리 생각한 내용이네. [B]에는 유사한 구절은 없으니까 맞지.
해설	[A]는 '~한 소리하고 남이 아니다'라는 유사한 구절을 병치하고 있는데, [B]에는 딱히 보이지 않네요. 미리 생각한 내용이었죠? '~지요.'는 유사한 '구절'을 병치한 것이 아니라 단순히 어미가 같을 뿐이에요. 헷갈리면 안 됩니다!

③ [B]는 [A]와 달리 공감각적 심상을 통해 입체감을 부여한다.

선지 유형	근거가 없어서 허용 불가능
실전에서의 판단 과정	귀찮으니까 나중에 판단하자.

해설	[A]와 [B] 모두 '공감각적 심상'을 찾을 수는 없죠? 답이 될 수 없습니다. 물론, '실전에서의 판단 과정'에서 봤듯이 '공감각적 심상'과 같은 미시적인 내용은 답이 될 가능성이 낮으니 나중에 판단하겠다는 생각을 하며 넘어가셔도 좋습니다. 정답은 '거시적인 차원'에서 출제될 것이니까요.

④ [B]는 [A]와 달리 현재 시제를 사용하여 현장감을 부각한다.

선지 유형	근거가 있어서 허용 불가능
실전에서의 판단 과정	[B]는 과거 시제 쓰고 있는데?
해설	[B]의 '했지요, 있었지요.'는 누가 봐도 과거 시제죠? 오히려 [A]에서 현재 시제를 사용하고 있네요.

⑤ [B]는 [A]와 달리 의성어를 통해 구체적인 생동감을 부여한다.

선지 유형	근거가 있어서 허용 불가능
실전에서의 판단 과정	의성어는 오히려 [A]에 있지.
해설	역시 [B]에는 의성어가 없고, 오히려 [A]에 '까 여다 여'라는 의성어가 나타나고 있습니다.

선지	①	②	③	④	⑤
선택률	2%	8%	5%	64%	21%

87 ㉠~㉤에 대한 설명으로 적절하지 <u>않은</u> 것은? ④

① ㉠: '군산 묵은장'과 '선제리' 사이의 거리로, '한밤중', '십릿길'과 더불어 '아낙네들'이 처한 상황을 구체적으로 나타낸다.

> 군산 묵은장 가서 팔고 오는 선제리 아낙네들
> 팔다 못해 파장떨이로 넘기고 오는 아낙네들
> ㉠시오릿길 한밤중이니
> 십릿길 더 가야지

선지 유형	근거가 있어서 허용 가능
실전에서의 판단 과정	아낙네들의 일상 그 자체네.

해설	'군산 묵은장'에서 마늘을 팔고 나면 집이 있는 '선제리'로 돌아와야 합니다. 그 두 공간 사이의 거리가 '시오릿길'인 것이죠. 나아가 이 길을 걸어오는 '아낙네들'의 상황도 독자들에게 충분히 전달하고 있으니, 허용할 수 있는 선지네요.

② ㉡: '끼리끼리'와 상관되는 것으로, 공동체적 삶에 공감하는 화자의 태도가 내포되어 있다.

> 그래도 이 고생 혼자 하는 게 아니라
> 못난 백성
> 못난 아낙네 끼리끼리 나누는 고생이라
> 얼마나 ㉡의좋은 한세상이더냐

선지 유형	근거가 있어서 허용 가능
실전에서의 판단 과정	끼리끼리 의좋으면 공동체적 삶이라고 할 수 있지.
해설	'끼리끼리' 고생을 나누며 서로 힘이 되는 모습을 '공동체적 삶'이라고 충분히 볼 수 있고, 시인을 이를 '의좋은 한세상'이라고 평가하고 있어요. 이를 긍정하고 있으니 공감도 허용이 되겠구요. 근거가 충분하니 가볍게 허용해야겠네요.

③ ㉢: '늦된 나무'가 피워 낼 '꽃'을 성스러운 불에 비유한 것으로, '늦된 나무'에 대한 화자의 기대가 내포되어 있다.

> 늦된 나무가 비로소 밝혀드는 ㉢꽃불 성화,
> 환하게 타오를 것이므로 나도 이미 길이 끝난 줄
> 까마득하게 잊어버리고 한참이나 거기 멈춰 서 있었지요.

선지 유형	근거가 있어서 허용 가능
실전에서의 판단 과정	성화가 타오를 것이라고 기대하고 있으니 맞네.
해설	'성화'(성스러운 불)라는 표현을 통해 선지의 앞부분을 그대로 허용할 수 있고, '환하게 타오를 것'이라는 기대를 품고 '거기 멈춰 서' 있던 화자의 모습을 통해 선지의 뒷부분도 허용할 수 있겠어요.

④ ㉣: '벚꽃'이 흐드러지게 피어 있는 '봄길'로, 일탈적 삶에 대한 화자의 갈망이 간절한 것이었음을 나타낸다.

산에서 내려 두 달거리나 제자릴 찾지 못해
헤매고 다녔던 저 ㉣난만한 봄길 어디,
늦깎이 깨달음 함께 얻으려고 한나절
나도 병든 그 나무 곁에서 서성거렸지요.

선지 유형	근거가 없어서 허용 불가능
실전에서의 판단 과정	일탈적 삶을 언제 갈망했냐.
해설	벚꽃이 흐드러지게 피어 있는 봄길은 맞는데, '일탈적 삶'을 허용할 만한 근거를 찾을 수가 없죠? 벚꽃을 보러 가는 게 '일탈'이라는 식으로 상상하며 선지를 판단하면 안 됩니다. 나아가 '일상에서의 탈출'이라는 식으로 '일탈'을 이해하여 허용한다고 쳐도, 화자가 그에 대한 '갈망'을 보인 적은 없으니 절대로 허용할 수 없겠습니다.

⑤ ㉤: 가을의 나뭇잎을 '깨달음'과 관련하여 표현한 것으로, '불타는 소신공양'과 대비되어 화자의 겸손한 태도를 드러낸다.

산에서 내려 두 달거리나 제자릴 찾지 못해
헤매고 다녔던 저 ㉣난만한 봄길 어디,
늦깎이 깨달음 함께 얻으려고 한나절
나도 병든 그 나무 곁에서 서성거렸지요.
이 봄 가기 전 저 나무도 푸릇한 잎새 매달까요?
무거운 청록으로 여름도 지치고 말면
불타는 소신공양 틈새 ㉤가난한 소지(燒紙)*,
저 나무도 가지가지마다 지펴 올릴 수 있을까요?

* 소지 : 부정을 없애고 신에게 소원을 빌기 위하여 태워서 공중에 올리는 종이.

선지 유형	근거가 있어서 허용 가능
실전에서의 판단 과정	너무 어렵네. 4번이 확실하니까 일단 넘어가자.
해설	역대 가장 어려운 선지 중 하나입니다. '실전에서의 판단 과정'처럼 일단 넘어가는 게 현실적이라는 생각이 들 정도예요. 하나하나 판단해봅시다. 일단 '가난한 소지'는 '여름도 지치고 말면' 지펴 올리는 것이라고 했어요. 여기에 '가지가지마다' 지펴 올리는 것이니, '가을의 나뭇잎'은 충분히 허용할 수 있겠네요. 그리고 이 '소지'는 ㉣의 '난만한 봄길'에 서성거리며 '깨달음'을 얻는 과정에서 떠올린 내용이었습니다.

따라서 '가을의 나뭇잎'을 '깨달음'과 관련하여 표현한 것이라는 점은 어렵지 않게 허용할 수 있겠네요.

여기까지는 할 만한데, 두 번째 줄이 아주 끔찍합니다. 일단 '가난한 소지'가 '불타는 소신공양'과 대비된다고 할 수 있을까요? '가난한 소지'는 '불타는 소신공양'의 '틈새'에 지펴 올리는 겁니다. 둘은 결국 함께 있는 것으로 볼 수도 있지만, 전체적인 뼈대를 잡고 있는 '불타는 소신공양'과 그 사이사이에 있는 '가난한 소지'가 대비된다고 하면 딱히 틀린 건 없네요. '불타는'과 '가난한'이라는 표현의 어감도 확실히 대비가 될 것 같구요.

그럼 '겸손함'은요? 일단 각주에서 '소지'의 의미를 보니 신에게 소원을 비는 것이라고 합니다. 여기서 바로 '겸손함'을 떠올리기는 어렵겠지만, 선지에서 '겸손함'을 평가해 보라고 했으니 생각해 봅시다. 신에게 소원을 빈다는 건 원하는 바를 스스로의 힘만으로는 이루지 못한다는 뜻입니다. 이렇게 화자는 스스로의 힘을 저평가하고 있는데, 이를 '겸손함'의 근거로 사용하는 것은 충분히 자연스럽네요. 나아가 자신의 소원을 '가난'하다고 표현하는 데에서, 자신이 바라는 바를 낮게 표현하는 '겸손함'이 드러난다고 할 수 있겠네요. 즉, 화자가 '가난한 소지'와 관련된 이야기를 하는 과정에서 '겸손함'이라는 내면세계를 가지고 있다고 할 수 있겠네요. 그럼 허용하는 겁니다. 굉장히 어렵지만 말이죠.

다시 말씀드리지만, 이 선지는 아주 어렵습니다. 그리고 정말 솔직히 말해서 이 해설에 뒷북이 하나도 없다고 한다면 그것도 거짓말입니다.

하지만 우리는 4번을 답으로 고를 수는 있어야 합니다. 억지로라도 근거를 끌고 와서 허용할 수 있는 5번 선지와는 달리, 4번 선지는 도저히 허용할 수 있는 근거가 없습니다.

반면 5번 선지는, 정말 맘에 안 들고 억지스럽지만 '틈새', '각주에서 설명한 소지의 뜻'과 같은 '근거'가 명백하게 존재한다는 점에서, 허용할 수밖에 없는 겁니다. '소신공양', '소지'와 같은 어휘가 무슨 뜻인지 알고 있거나, ㉤ 부분을 읽으면서 '겸손함'을 미리 떠올릴 수는 없습니다. 평범한 수험생이라면 말이죠. 하지만 선지에서 '대비'와 '겸손함'이라는 해석의 허용 가능성을 평가해 보라고 시켰으니, 그에 따르는 것 정도는 할 수 있을 겁니다. 일단 허용하려고 하면, 근거를 찾을 수 있는 것이에요!

현대시 독해 연습

(가)

산모퉁이를 돌아 논가 외딴 우물을 홀로
찾아가선 가만히 들여다봅니다.

우물 속에는 달이 밝고 구름이 흐르고
하늘이 펼치고 파아란 바람이 불고 가을이 있습니다.

그리고 한 사나이가 있습니다.
어쩐지 그 사나이가 미워져 돌아갑니다.

'우물'을 홀로 찾아가 가만히 들여다보는 화자입니다. 그 '우물'
속에는 여러 자연의 모습이 있다고 합니다. '우물'의 물에 반사된
풍경이 보이는 것은 당연하겠죠? 그리고 이렇게 반사된 풍경에
는 너무나 당연하게 화자 자신의 모습도 있을 것입니다. 화자는
그 모습을 '한 사나이'로 객관화해서 표현하고 있네요. 그런데 화
자는 자신의 모습이 미워져 돌아갔다고 해요. 정확히 어떤 일이
있었는지는 모르겠지만, 화자는 스스로에게 불만이 많은 것 같습
니다.

돌아가다 생각하니 그 사나이가 가엾어집니다. 도로
가 들여다보니 사나이는 그대로 있습니다.

다시 그 사나이가 미워져 돌아갑니다.
돌아가다 생각하니 그 사나이가 그리워집니다.

그렇게 자신의 모습이 미워져 돌아가는데, 갑자기 또 자기 자신
이 가엾어집니다. 당장 자신의 모습이 마음에 들지는 않지만, 그
렇다고 자기 자신을 사랑하지 않는 것은 아니기에 갈등하는 것이
겠죠. 그렇게 다시 들여다보니 '사나이'는 그대로 있습니다. 하지
만 계속 보다보면 또 미워지고, 돌아가다보면 또 그리워지고 하
는 화자입니다. 자기 자신의 모습을 성찰하면서 애증을 모두 느
끼고 있네요.

우물 속에는 달이 밝고 구름이 흐르고 하늘이 펼치고
파아란 바람이 불고 가을이 있고 추억처럼 사나이가 있
습니다.

-윤동주, 「자화상(自畵像)」-

다시 한번 '우물'을 들여다봅니다. 늘 그렇듯이 자연과 함께 자기
자신, 즉 '사나이'가 보입니다. '윤동주'라는 이름에 걸맞게, 처음
부터 끝까지 자아 성찰을 하는 태도를 보여 주는 작품이었네요.

(나)

먹밤중 한밤중 새터 중뜸 개들이 시끌짝하게 짖어댄다
이 개 짖으니 저 개도 짖어
들 건너 갈메 개까지 덩달아 짖어댄다
이런 개 짖는 소리 사이로
언뜻언뜻 까 여 다 여 따위 말끝이 들린다
밤 기러기 드높게 날며
추운 땅으로 떨어뜨리는 소리하고 남이 아니다
앞서거니 뒤서거니 의좋은 그 소리하고 남이 아니다

'한밤중'입니다. 개들이 여기저기서 짖어대고 있어요. 자기들끼리
이야기를 하는 건지 누가 온 건지는 모르겠는데, 그 개 짖는 소리
사이로 '말끝'이 들린다고 합니다. 사람들 소리가 들리니까 개들
이 짖어댄 것 같습니다.

그런데 화자는 이 소리가 '밤 기러기 드높게 날며 / 추운 땅으로
떨어뜨리는 소리'와도, '앞서거니 뒤서거니 의좋은 그 소리'와도
'남이 아니'라고 합니다. 여기서 후자는 '까 여 다 여 따위 말끝'을
의미한다고 봐야 할 것입니다. 둘 다 사람의 소리이니까요. 따라
서 '기러기 소리', '사람 소리'와 '남이 아니'라고 할 수 있는 소리
는 처음에 나온 '개 짖는 소리'라고 할 수 있겠습니다.

정리하면, '개 짖는 소리', '기러기 소리', '의 좋은 사람들의 소리'
모두 같은 장면에서 들을 수 있는 '남이 아닌' 소리인 것입니다.
여기서 현대시의 대표적인 주제인 '연대감'을 떠올릴 수 있다면
정말 훌륭하겠죠?

콩밭 김칫거리
아쉬울 때 마늘 한 접 이고 가서
군산 묵은장 가서 팔고 오는 선제리 아낙네들
팔다 못해 파장떨이로 넘기고 오는 아낙네들
시오릿길 한밤중이니

> 십릿길 더 가야지
> 빈 광주리야 가볍지만
> 빈 배 요기도 못하고 오죽이나 가벼울까

여기서 '의 좋은 사람들'은 바로 '선제리 아낙네들'이었나봅니다. '파장떨이'로 넘겼다는 것이나, '요기'도 못한 '빈 배' 등을 보니 이들의 처지가 그리 풍족해보이지는 않습니다. 화자는 이러한 '선제리 아낙네들'에게 연민을 느끼는 것 같아요.

> 그래도 이 고생 혼자 하는 게 아니라
> 못난 백성
> 못난 아낙네 끼리끼리 나누는 고생이라
> 얼마나 의좋은 한세상이더냐

하지만 이러한 고생은 혼자 하는 것이 아닙니다. 첫 부분에서도 강조했던 '연대감'을 한 번 더 이야기하고 있네요. 화자는 이렇게 서로 고생을 나누는 모습을 '의좋은 한세상'으로 표현하고 있습니다.

> 그들의 말소리에 익숙한지
> 어느새 개 짖는 소리 뜸해지고
> 밤은 내가 밤이다 하고 말하려는 듯 어둠이 눈을 멀뚱거린다
>
> -고은, 「선제리 아낙네들」-

'선제리 아낙네'들이 이렇게 고생하는 것이 오늘만은 아닐 겁니다. 이들이 이렇게 떠들면서 돌아오는 것에 익숙한지 '개 짖는 소리'도 뜸해지고, '어둠'이 눈을 멀뚱거리는 깊은 밤이 되고 있습니다. '민중들의 연대감'이라는 전형적인 현대시의 주제를 담고 있는 작품이었네요.

> (다)
> 한 해의 꽃잎을 며칠 만에 활짝 피웠다 지운
> 벚꽃 가로 따라가다가
> 미처 제 꽃 한 송이도 펼쳐 들지 못하고 멈칫거리는
> 늦된 그 나무 발견했지요.

'벚꽃 가'를 걷고 있는 화자입니다. 상상만 해도 아름다운 광경인데, 화자는 꽃 한 송이 펴지 못한 '늦된 그 나무'를 발견합니다. 이렇게 하나의 대상에 꽂혀 그에 대한 시상을 전개하는 것은 현대

시의 전형적인 창작 방식 중 하나입니다. 익숙해지도록 합시다.

> 들킨 게 부끄러운지, 그 나무
> 시멘트 개울 한 구석으로 비틀린 뿌리 감춰놓고
> 앞줄 아름드리 그늘 속에 반쯤 숨어 있었지요.
> 봄은 그 나무에게만 더디고 더뎌서
> 꽃철 이미 지난 줄도 모르는지,
> 그래도 여느 꽃나무와 다름없이
> 가지 가득 매달고 있는 멍울 어딘가 안쓰러웠지요.

'그 나무'는 들킨 게 부끄러운지 숨어 있었다고 합니다. 나무가 정말로 부끄러워하지는 않을 것이고, 꽃을 피우지 못해 구석에 박혀 있는 모습을 보고 화자가 '부끄러움'이라는 감정을 상상한 것이겠죠. 그만큼 보잘 것 없어 보이는 나무였던 겁니다.

화자는 이렇게 봄이 외면한 것만 같은 나무를 보고서 '안쓰러움'을 느끼고 있습니다. 심지어 꽃을 피워보겠다고 멍울을 가득 매달고 있는 모습은 이러한 '안쓰러움'을 더욱 심화시키네요.

> 늦된 나무가 비로소 밝혀드는 꽃불 성화,
> 환하게 타오를 것이므로 나도 이미 길이 끝난 줄
> 까마득하게 잊어버리고 한참이나 거기 멈춰 서 있었지요.

그런데 화자는 이 '늦된 나무'가 비로소 '꽃불 성화'를 밝혀들 것이라 믿고 있는 것 같습니다. 그러한 믿음을 비롯한 여러 감정이 겹쳤는지, 화자는 그 나무 앞에 한참이나 멈춰 서 있는 모습이네요.

> 산에서 내려 두 달거리나 제자릴 찾지 못해
> 헤매고 다녔던 저 난만한 봄길 어디,
> 늦깎이 깨달음 함께 얻으려고 한나절
> 나도 병든 그 나무 곁에서 서성거렸지요.

이렇게 자연물에 주목하는 작품이라고 해도, 결국은 인간의 이야기를 하는 것이 문학이라고 할 수 있습니다. 화자는 산에서 내려와 두 달 동안 헤매고 있었는데, '병든 그 나무 곁'에서 서성거리며 '늦깎이 깨달음'을 함께 얻으려고 합니다. 여기서 말하는 '늦깎이 깨달음'이란 '지금은 보잘 것 없어도 언젠간 밝게 빛날 것'이라는 내용이겠죠? 화자는 '그 나무'라는 대상으로부터 이러한 '늦깎이 깨달음'을 얻고 있습니다.

이 봄 가기 전 저 나무도 푸릇한 잎새 매달까요?
무거운 청록으로 여름도 지치고 말면
불타는 소신공양 틈새 가난한 소지(燒紙)*,
저 나무도 가지가지마다 지펴 올릴 수 있을까요?

-김명인, 「그 나무」-

* 소지 : 부정을 없애고 신에게 소원을 빌기 위하여 태워서 공중에
올리는 종이.

이 봄이 가기 전 저 나무가 푸릇한 잎새를 매달 수 있을지, 여름도 지치고 말아 가을이 되면 '불타는 소신공양 틈새 가난한 소지'를 지펴 올릴 수 있을지 묻고 있습니다. 이때 가을이라는 점에서 '불타는 소신공양 틈새 가난한 소지'는 단풍을 의미한다는 걸 알 수 있겠죠? 나아가 이 물음에 대한 답이 'yes'라는 것도 어렵지 않게 생각할 수 있겠습니다. 앞에서 설명한 '늦깎이 깨달음'이 바로 이 물음에 대한 답이고, 그것이 화자가 말하고 싶었던 주제에 해당하는 것이니까요.

몰랐던 어휘 정리하기

| 핵심 point |

① **허용 가능성 평가** : 선지의 내용을 '허용'하려는 태도를 바탕으로 지문을 '독해'하며 '근거'를 찾아야 합니다. 허용할 수 있는 '근거'가 있어야만 허용할 수 있습니다. 주관적인 생각을 개입시키면 안 됩니다.

② **현대시 독해** : 〈보기〉의 도움 등을 통해 '주제' 위주로, 그리고 일상 언어의 감각으로 읽어내면 됩니다. 현대시도 읽을 수 있는 하나의 글입니다.

| 지문 내용 총정리 |

독해하기 어려운 지문은 물론, 판단하기 어려운 선지들도 잔뜩 출제되었던 고난도 세트였습니다. 이 정도의 선지들도 조금의 의심도 없이 가볍게 해결할 수 있다는 자신감이 들었으면 좋겠습니다. 아무리 어려워도, 선지 판단의 원칙 자체는 변하지 않으니까요.

DAY 8 [88~91]
2012.06 [25~28] 현대소설 '화산댁이' ☆

〈보기〉 독해

---[보기]---

「화산댁이」는 시골과 도시, 자연과 문명 세계라는 이질적인 공간에서 영위되는 삶의 양식을 대비한 작품이다.

〈보기〉가 두 개 있습니다. 그런데 첫 번째 〈보기〉는 '서술자'에 대해 설명하는 형태의 〈보기〉라서 지문의 주제를 이해하는 데 큰 도움이 되는 것 같지는 않습니다. 두 번째 〈보기〉만 확인해봅시다.

시골과 도시, 자연과 문명 세계라는 이질적인 공간에서 영위되는 삶의 양식을 대비한 작품이라고 합니다. '시골·자연 ↔ 도시·문명 세계'라는 틀을 가지고 지문을 이해해보도록 합시다.

지문 독해

무슨 관청 같은 집도 화산댁이는 그리 달갑지 않았다. 아들을 만난 반가움보다도 수세미처럼 엉클리는 심사를 주체할 수 없었다.
〈빨간 스웨터를 입고 너덧 살 되어 보이는〉계집아이가 말끄러미 화산댁이를 바라보고,
"아부지, 이거 누고 응?"
화산댁이가 그렇게도 보고 싶어 하던 손녀딸이다.
"할매다!"
"우리 할매?"
"음!"
아들은 맥없는 대답을 하면서 헌 고무신 한 켤레를 내왔다. 화산댁이는 걸레로 터실터실 분 발뒤꿈치 더더기를 훔치면서,
"그렇기, 나고는 첨 보니……."
하는데, 아들은 손끝에 짚세기를 걸고 나가 쓰레기통에다 던져 버렸다. 고무신이 대견찮은 것은 아니다. 그러나 길 걷는 데는 짚세기가 고작인데 하니 아직 날도 안 드러난 짚세기가 화산댁이는 못내 아까웠다.
〈다다미방도 어색했지만, 눈이 부시도록 번들거리는 의롱이 두 개나 놓였고, 그 옆에는 앉은키만 한 경대도 놓였다. 벽에는 풀기 없는 무색옷들이 쭈르르 걸렸다.〉모든 것이 낯선 것들이었다. 모든 것이 손도 못 댈 것 같고 주저스럽고 조심스럽기만 했다. 우선 어디가 구들목이며 어디 어떻게 앉아야 할지, 마치 종이 상전 방에 불려 온 것처럼 앉을 자리부터가 만만치 못했다.

'아들'이 살고 있는 '관청 같은 집'에 간 '화산댁이'의 모습으로 시작하고 있습니다. '아들'을 만나러 간 것이면 반가움이 커야 할 텐데, 이상하게도 '화산댁이'는 '수세미처럼 엉클리는 심사'를 주체할 수 없어요. 자신을 알아보지도 못하는 '손녀딸'과 그런 '손녀딸'에게 자신을 무성의하게 소개하는 '아들'의 모습으로부터 '화산댁이'가 왜 이런 감정을 느끼는지 알 수 있을 것 같습니다. 자세한 사정은 모르겠지만, '아들'은 '화산댁이'의 방문을 그리 반기지 않는 것 같아요. 이걸 '화산댁이' 역시 느끼고 있을 것이니, 무언가 불편한 느낌이 들 것입니다.

그 와중에 '아들'은 '화산댁이'가 신고 온 짚세기를 버려 버립니다. '화산댁이'가 이를 못내 아까워하는 것으로 보아, '아들'은 어머니의 입장을 크게 고려하지 않는 모습을 보이고 있다고 할 수 있겠죠? 나아가 〈 〉 표시한 '아들'의 집 풍경 묘사를 보면, '화산댁이'에게는 모든 것이 낯설게 느껴져 주저스럽고 조심스럽다는 것을 알 수 있습니다. 〈보기〉를 참고하면 '화산댁이'는 시골 사람으로 보이는데, 안 그래도 '아들' 눈치를 보고 있는 상황에서 도시에 사는 '아들'의 집 내부까지 낯선 상황이니 '화산댁이' 입장에서는 상당히 힘든 시간일 것으로 보입니다. 충분히 공감할 수 있겠죠?

> 화산댁이는 아들과 마주 앉고, 며느리는 저만치 떨어져 양말을 기웠다. 모두 말이 없다. 손녀만이 제 아버지 등에 매달렸다, 제 어미 젖가슴에 손을 넣었다가 하는 것을 눈으로 좇고 있던 화산댁이는 갑자기 생각이 나서,
> "이런 내 정신 봐라."
> 그러면서 옆에 둔 보퉁이를 끌어당겨 풀기 시작했다. 더께더께 기운 꾀죄죄 때 묻은 버선을 들어내고 검은 보퉁이를 또 하나 들어냈다. 들어낸 보퉁이를 풀어 헤치고 아들과 며느리 어중간에 밀어 놓으면서,
> "묵어 봐라, 꿀밤(도토리)떡이다. 급히 하느라고 진도 덜 빠진 거로 해 노니 좀 딸딸하다만……."
> 그러고는 한 덩이를 떼서 손녀를 주었다. 아들도 며느리도 손을 대지 않는다.
> "얘가 하도 즐긴다 싶어 해 왔다. 벨 맛은 없어도 귀한 거니 묵어 봐라!"
> 며느리는 힐끗하고 궁둥이만 달싹할 뿐이었고, 아들은 거들떠보지도 않았다. 한번 씹어 보던 손녀도 그만 페페 하고는 도로 갖다 놓는다. 그러자 아들이,
> "저 방에 자리해라. 엄마 곤하겠다!"
> "괜찮다. 벌써 잠이 오나!"
> "일찍이 자소!"
> 이래서 화산댁이는 몇 해를 두고 벼른 아들네 집이었고 밤을 새워도 모자랄 쌓이고 쌓인 이야기를 할 사이도

경황도 없었다.

그렇게 '화산댁이'는 '아들' 내외와 시간을 보내지만, 모두 말이 없습니다. 그 숨막히는 분위기를 충분히 상상할 수 있겠죠? '손녀' 혼자 이리저리 움직이는 것을 보던 '화산댁이'는 보퉁이를 풀어 가져 온 떡을 먹으라고 내놓습니다. 아무래도 시골 사람으로 보이는 '화산댁이'가 만든 떡이 도시 사람으로 보이는 '아들' 내외와 '손녀'에게 맛있을 리가 없을 것입니다. 아무리 그래도 그렇지, '아들' 내외 중 누구도 제대로 반응해주지 않는 너무한 모습을 보이고 있네요. '손녀'도 먹어보고는 페페 하며 도로 갖다 놓는, '화산댁이' 입장에서는 서운한 감정이 들게끔 하는 행동을 하네요.

그 와중에 '아들'은 일찍 들어가 자라는 이야기를 합니다. 몇 해만에 '아들'을 만나 밤을 새워도 모자랄 쌓이고 쌓인 이야기를 할 사이도 경황도 없는 '화산댁이'의 아쉬움과 섭섭함에 충분히 공감하실 수 있겠죠? 서술자가 '화산댁이'의 입장에서 서술하고 있으니, 여러분도 그 입장에서 '아들' 내외에게 섭섭함을 느끼며 읽을 수 있어야 합니다.

> 후끈후끈한 방에서 곤하면 입은 채 굴러 자던 습관은, 〈휘높은 판자 천장이며, 유리 바른 문이며, 싸늘해 보이는 횟가루 벽이며, 다다미방이 잠을 설레었다.〉 화산댁이는 자꾸만 쓸쓸했다. 뭣을 쥐었다가 놓친 것처럼 마음이 허전했다. '자식도 강보에 자식이지, 쯧쯧.' 돌아눕는다. 건넌방에서는 소곤소곤 이야기 소리가 들려왔다.

그렇게 '화산댁이'는 자러 들어가지만, 역시 〈 〉 표시한 낯선 풍경에 잠이 오지 않습니다. 거기에 자꾸만 쓸쓸하고 허전한 기분이 드는 '화산댁이'입니다. '아들' 내외로부터 받은 푸대접을 생각하면 충분히 공감할 수 있겠죠? 그 와중에 건넌방에서는 소곤소곤 '아들' 가족의 이야기 소리가 들려옵니다. 이는 '화산댁이'를 더 서럽게 하겠네요.

> '저거 조면* 그만이지.' 또 고쳐 누웠다. 애써 잠을 청해 본다.
> [A]
> 그러나 잠 대신 화산댁이는 어느새 오리나무 숲 사이로 황토 고갯길을 넘고 있다.
> 보리밭이 곧 마당인 낡은 초가집이다.
> 〈빈대 피가 댓잎처럼 긁힌 토벽, 메주 뜨는 냄새가 코를 찌르는 갈자리 방에서 손자들이 아랫도리 벗은 채 제멋대로 굴러 자고, 쑥물 사발을 옆에 놓고 신을 삼고 있는 맏아들, 갈퀴손으로 누더기를

└ 깁고 있는 맏며느리,〉 화산댁이는 그만 당장이라도 뛰어가고 싶다. 아들의 등을 쓰담아 기침을 내려 주고 며느리와 무르팍을 맞대고 실컷 울고 나면 가슴이 후련해질 것만 같다.

또 뒤쳐눕는다.

'아무리 시에미가 시에미 같지 않기로니 첨 보는 시에미에게 인삿절도 없이, 본바없는 것 같으니, 그래도 마실 사람들은 작은아들 돈 잘 벌고 하리깔레* 메누리 봤다고 부러하더라만, 시장시럽고 가시롭다. 지가 탈기 없는 것도, 신양기가 있는 것도 다 기집 탓이지 머고. 여태껏 땅 한 뙈기 못 사는 것도 안살림 잘못 사는 탓이지 머고.' 화산댁이는 눈꼬리만 따갑고 잠은 점점 멀어 갔다.

'지만 하더라도 일본서 근 십 년 만에 나왔으면 그만 지 형 말대로 농사나 짓고 수더분한 색시나 골라 장가들었으면 등 따시고 배 부릴 꺼로 머 공장을 하느니 하고 날뛰 댕기더니.'

* 저거 조만: '자기네들끼리 좋으면'의 방언.
* 하리깔레: 예전에 서양식 유행을 따르던 멋쟁이를 이르던 말.

자기네들끼리 좋으면 그만이라며 마음을 다잡고 다시 잠을 청하는 '화산댁이'입니다. 그러나 '화산댁이'는 어떤 '초가집'으로 향하고 있어요. 정말 '초가집'을 향해 가는 것이 아니라, 상상하는 모습이라고 할 수 있겠죠? 〈 〉 표시한 부분을 보면, 그곳은 현재 상황과는 다른, '화산댁이'가 생각하는 이상적인 가족들의 모습이 나타나는 공간이라고 할 수 있겠습니다. '화산댁이'가 기대한 것은 이런 모습인데, 전혀 딴판인 현실을 맞이하니 너무 서러웠던 것이죠.

그러다가도 자신에게 인사도 하지 않던 '며느리'에게 분노를 느끼는 '화산댁이'입니다. 안 좋은 건 전부 '며느리' 탓이라고 이야기하기도 하고, 농사나 짓고 수더분한 색시나 골라 장가들었으면 잘 살았을 텐데 괜히 공장한다고 고생하는 '아들'이 못마땅하기도 하죠. '화산댁이'가 처한 상황을 생각하면 저런 감정을 느끼는 것에 충분히 공감할 수 있겠죠?

| 생각 심화 |

[A] 아래 부분을 보시면, 이 지문 속 '아들'이 작은아들임을 알 수 있습니다. 직접적으로 '작은아들 돈 잘 벌고'라는 내용이 나오기도 하고, '지 형 말대로 농사나 짓고~' 등의 표현에서 '아들'에게 형이 있음을 알 수 있으니까요.

여기까지는 충분히 생각할 수 있을 것이고, 중요한 것은 이로부터 [A]가 단순히 '화산댁이'가 이상적으로 생각하는 가족상이

아니라 맏아들과 함께 사는 실제 시골집임을 알 수 있어야 한다는 것입니다. [A] 부분을 자세히 보시면, '맏아들'과 '맏며느리'라는 표현이 나온다는 것을 알 수 있죠? 결국 '화산댁이'는 현재 맏아들과 살고 있는 집과 작은아들의 집을 비교하며 전자에 대한 그리움 및 후자에 대한 아쉬움이라는 내면세계를 드러내고 있는 것이죠. 이렇게 디테일하게 읽어낼 수 있다면 더 좋을 것 같습니다.

화산댁이는 어서 날이 새면 싶었다. 잠도 안 오거니와 아까부터 뒤가 마려운 것을 참아 왔기 때문이다. 그러나 날은 언제 샐지 모르겠고 뒤는 자꾸 급해 왔다. 화산댁이는 참다못해 조심조심 더듬어 부엌으로 내려갔다. 부엌에서 다시 더듬어 밖으로 나갔다. 비는 그쳤고 갈라진 구름 사이로 별이 보였다. 뒷간이 있음 직한 곳을 이리저리 찾았으나 없었다. 집을 두 바퀴나 돌았으나 뒷간은 역시 없었다. 〈대체 적산집* 뒷간이 밖에 있을 리가 없다.〉 화산댁이는 뒷간이 없는 집이란 상상도 할 수 없었으나, 일이 급해서 그만 어수룩한 담 밑에다 대고 뒤를 보았다. 한결 개분했다. 문살만 훤하면 나와서 뒤본 자리를 챙기리라 맘먹고 다시 들어왔다.

화산댁이는 소스라쳐 일어났다. 날이 활짝 샜다. 아들 내외가 깰까 싶어 조심조심 밖으로 나왔다. 뒤본 자리는 공교롭게도 돌가루로 마련된 수채였다. 수채는 앞집으로 통했다. 아침에 봐도 역시 뒷간은 없었다.

                                    -오영수, 「화산댁이」-

* 적산집 : 해방 전에 일본인들이 지은 신식 가옥을 이르는 말.

그 와중에 어서 날이 새면 싶은 '화산댁이'입니다. 왜 그러나 했더니, 뒤가 마려워서라고 해요. 아니 그냥 화장실에 가면 될 텐데 왜 그러나 했더니, 참다못해 밖으로 나가는 '화산댁이'의 모습을 통해 이해할 수 있을 것 같습니다. 시골에서 온 '화산댁이'에게 화장실, 즉 뒷간은 당연히 집 밖에 있는 곳이었던 거예요. 그래서 날이 새고 밝아지면 뒷간을 찾아가려고 했던 것이죠.

하지만 서술자가 개입해서 이야기하듯이, '적산집' 뒷간이 밖에 있을 리가 없습니다. 뒷간이 없는 집이란 상상도 할 수 없는 '화산댁이'는 어리둥절해하며, 일단 아무 곳에서 일을 봅니다. 한결 개운하기는 하면서도, 혹시나 '아들' 내외가 보면 난리가 날 것이 뻔하니 불안해하며 날이 밝으면 빠르게 치우겠다고 다짐하는 '화산댁이'의 모습이에요. 이러한 '화산댁이'의 모습을 충분히 상상하며 읽을 수 있겠죠?

그렇게 날이 활짝 새고, 소스라쳐 일어난 '화산댁이'입니다. 혹시나 '아들' 내외가 먼저 깼으면 낭패이기 때문에 소스라쳐 일어나는 것에 충분히 공감할 수 있겠죠? 조심조심 밖으로 나와 앞집으로 통하는 '수채'였던 뒤본 자리를 치우는 '화산댁이'입니다. 아침에 봐도 당연히 뒷간은 없었을 것이니, '화산댁이'는 계속 의아하다는 반응을 보였겠죠?

〈보기〉에서 말한 것처럼 '시골·자연'에서 살던 '화산댁이'가 '도시·문명 세계'에서 겪는 혼란이 잘 드러나 있습니다. 심지어 '아들' 내외까지 자신을 푸대접하는 상황이니, 많이 힘들 것 같죠? 이러한 감정에 공감했다면 아주 훌륭하겠습니다.

선지	①	②	③	④	⑤
선택률	9%	3%	6%	76%	6%

88 '화산댁이'에 대한 이해로 가장 적절한 것은? ④

① 작은아들이 내놓은 고무신이 마음에 들지 않는다.

선지 유형	근거가 있어서 허용 불가능
실전에서의 판단 과정	그냥 짚세기가 아까운 거였지.
해설	'화산댁이'는 '아들'이 내놓은 고무신이 대견찮은 것은 아니고, 즉 마음에 안 드는 것은 아니고 그저 아직 날도 안 드러난 짚세기를 버린 것이 아까웠던 것입니다. 이렇게 명백한 근거가 있으니 허용하기 어렵겠네요.

② 꿀밤떡을 내뱉는 손녀의 행동에 노여움을 느낀다.

선지 유형	근거가 없어서 허용 불가능
실전에서의 판단 과정	손녀한테 왜 화를 내.
해설	'손녀'가 꿀밤떡을 내뱉기는 했지만, '화산댁이'는 이에 대해 아무런 감정을 보이지 않습니다. 상상을 해 보면 서운함 정도가 최대치겠죠? 어린 '손녀'에게 노여움을 느낄 이유도 없고, 실제로 그랬던 적도 없으니 허용할 수 없겠네요.

③ 예의가 없는 며느리를 나무라고자 마음먹는다.

선지 유형	근거가 없어서 허용 불가능
실전에서의 판단 과정	그럴 용기가 어딨냐.

| 해설 | '화산댁이'는 자신에게 인사도 제대로 하지 않는, 예의가 없는 '며느리'에게 분노를 느끼기는 하지만, 나무라고자 마음먹지는 않습니다. 애초에 '화산댁이'는 '아들' 내외의 눈치를 심하게 보고 있는 상황이기에, 나무라고자 마음먹는 것조차 어려워요. |

④ 기대에 미치지 못하는 작은아들을 못마땅해 한다.

선지 유형	근거가 있어서 허용 가능
실전에서의 판단 과정	그냥 농사나 지으면 될 걸 괜히 공장한다고 했지.
해설	자기들끼리 좋으면 됐다며 마음을 다잡던 '화산댁이'는 '며느리'와 '아들'에게 갑작스런 분노를 느낍니다. 그러면서 '아들'이 자기 형처럼 농사 짓고 수더분한 색시나 골라 장가들었으면 될 텐데 괜히 공장한다고 날뛰 댕기더니 저렇게 산다며 못마땅해 하는 모습을 보였어요. 이 감정에 충분히 공감했던 기억이 있으니, 어렵지 않게 허용할 수 있겠죠?

⑤ 시골로 돌아갈 생각에 설레서 날이 빨리 새기를 바란다.

선지 유형	근거가 없어서 허용 불가능
실전에서의 판단 과정	화장실 가고 싶어서 날이 빨리 새기를 바란 건데?
해설	일단 '화산댁이'가 시골로 돌아갈 생각에 설렌 적도 없을 뿐 아니라, 날이 빨리 새기를 바라는 마음을 가진 것은 화장실에 가기 위해서였다는 점에서 허용할 수 없는 선지입니다. 심리의 근거를 묻고 있으니 가볍게 지워낼 수 있겠죠?

선지	①	②	③	④	⑤
선택률	1%	3%	5%	3%	88%

89 [A]의 기능에 대한 설명으로 가장 적절한 것은? ⑤

– [A]는 '아들' 내외에게 서운함을 느끼며 잠에 들려던 '화산댁이'가 상상한, 맏아들과 함께 사는 시골집 풍경입니다. 이는 '화산댁이'가 생각하는 이상적인 가족의 모습이기도 하죠? 이를 생각하며 해결해 보도록 합시다.

① 새 인물의 등장을 통해 새로운 사건의 시작을 알린다.

선지 유형	근거가 없어서 허용 불가능
실전에서의 판단 과정	무슨 새로운 사건?

해설	[A]에서 '맏아들', '맏며느리' 같은 새 인물이 등장하기는 하지만, 새로운 사건의 시작을 알리지는 않습니다. [A]는 그저 현재 사건 속에서 나타난 '화산댁이'의 상상일 뿐이에요.

② 환상적 배경에서 벌어진 사건을 통해 허구성을 강화한다.

선지 유형	근거가 없어서 허용 불가능
실전에서의 판단 과정	엄청 현실적인데?
해설	[A]는 '화산댁이'가 실제로 사는 공간을 상상한 것입니다. 따라서 '환상적(=비현실적) 배경'에서 벌어진 사건이라는 것 자체를 허용하기 어렵죠. 자연스럽게 허구성을 강화한다는 것 역시 허용할 수 없겠네요.

③ 사건의 줄기에서 벗어난 장면을 통해 위기감을 해소한다.

선지 유형	근거가 없어서 허용 불가능
실전에서의 판단 과정	완전 사건의 줄기 속에 있는 장면이지.
해설	'화산댁이'는 왜 [A]를 떠올렸을까요? 바로 '아들' 내외의 푸대접에 섭섭한 현재 사건 때문이죠. 이처럼 [A]는 현재 사건의 줄기에서 벗어난 장면이 아니기도 하고, '화산댁이'가 느끼는 심적 불안감과 같은 위기감이 해소되지도 않았습니다.

④ 동시에 진행되는 사건의 병치를 통해 사건을 지연시킨다.

선지 유형	근거가 있어서 허용 불가능
실전에서의 판단 과정	그냥 상상이라니까.
해설	[A]는 '화산댁이'가 상상한 과거 장면입니다. 동시에 진행되는 사건을 병치한 것이 아니에요. 물론 동시에 진행되는 사건이 병치되면 하나의 시간적 배경에 오래 머무는 것이 되므로, 사건을 지연시킨다고 할 수 있기는 합니다. 이 지문에서는 그렇지 않지만요.

⑤ 현재 상황과 대비되는 장면을 통해 내적 갈등을 고조한다.

선지 유형	근거가 있어서 허용 가능
실전에서의 판단 과정	미리 생각한 내용이네.
해설	미리 생각한 내용 그 자체네요. '화산댁이'가 '아들' 내외와 겪었던 현재 상황과 대비되는 이상적인 가족의 모습을 통해, '화산댁이'의 내적 갈등을 고조하고 있습니다. '화산댁이'의 이상과 실제 현실의 괴리가 있으니 '내적 갈등'이 있다는 것은 어렵지 않게 허용할 수 있겠죠?

선지	①	②	③	④	⑤
선택률	5%	16%	59%	15%	5%

90 〈보기〉를 참고할 때, ㉠~㉤ 중 성격이 다른 것은? ③

[보기]

　서술자는 자신의 시각에서 이야기를 직접 서술하거나, 인물의 시각에서 인물의 경험과 인식을 반영하여 서술한다. 즉 '서술'은 서술자가 담당하지만 '시각'은 서술자의 것일 수도, 인물의 것일 수도 있는 것이다.

① ㉠　　② ㉡　　③ ㉢　　④ ㉣　　⑤ ㉤

선지 유형	-
실전에서의 판단 과정	㉢만 서술자의 시선이네.
해설	결국 묻고자 하는 것은 ㉠~㉤을 '서술자의 시각'과 '인물의 시각'으로 나누어 보라는 것입니다. ㉠, ㉡, ㉣, ㉤은 모두 '화산댁이'가 경험한 것을 설명하거나 '화산댁이'의 내면세계를 보여 주는 부분이지만, ㉢은 '서술자'가 개입한 부분이죠? 적산집 뒷간이 밖에 있을 리가 없다는 것은 '화산댁이'가 알지 못하는 정보이므로 ㉢이 '화산댁이'의 시각이 아니라는 것은 확실합니다. 가볍게 3번 선지를 답으로 고를 수 있겠네요.

선지	①	②	③	④	⑤
선택률	10%	3%	3%	4%	80%

91 〈보기〉를 참고하여 윗글의 소재를 대비하였을 때, 적절하지 않은 것은? ⑤

[보기]

　「화산댁이」는 시골과 도시, 자연과 문명 세계라는 이질적인 공간에서 영위되는 삶의 양식을 대비한 작품이다.

– 지문을 잘 읽었다면, 결국 '화산댁이'에게 익숙한 것과 그렇지 않은 것의 대비가 잘 이루어지지 않은 것을 찾으라는 문제임을 알 수 있습니다. 가볍게 해결해보도록 합시다.

① 짚세기 : 고무신
② 초가집 : 적산집
③ 토벽 : 횟가루 벽
④ 갈자리 방 : 다다미방

선지 유형	–
실전에서의 판단 과정	화산댁이한테 익숙한 거랑 아닌 걸로 나누면 되네.
해설	짚세기, 초가집, 토벽, 갈자리 방은 모두 '화산댁이'에게 익숙한 것들입니다. 한편 고무신, 적산집, 횟가루 벽, 다다미방은 모두 '아들' 집에 있는, '화산댁의'의 입장에서는 낯선 것들이죠. 이들은 〈보기〉에서 말하는 것처럼 시골과 도시, 자연과 문명 세계라는 이질적인 공간에서 나타나는 소재들을 잘 대비시킨 것이라고 할 수 있겠습니다.

⑤ 수채 : 뒷간

선지 유형	–
실전에서의 판단 과정	수채가 뒷간이랑 대비되는 것으로 나온 건 아니지.
해설	'수채'는 뒤가 급했던 '화산댁이'가 '뒷간' 대신 사용한 공간입니다. 다른 소재들과는 달리, '수채'와 '뒷간'은 대비되는 소재의 쌍이 아니죠? 시골의 화장실이 '뒷간'이라고 할 때, 도시의 화장실이 '수채'인 것은 아니니까요. 이런 생각의 흐름을 통해 가볍게 답으로 고를 수 있겠습니다.

몰랐던 어휘 정리하기

| 핵심 point |

① **허용 가능성 평가** : 선지의 내용을 '허용'하려는 태도를 바탕으로 지문을 '독해'하며 '근거'를 찾아야 합니다. 허용할 수 있는 '근거'가 있어야만 허용할 수 있습니다. 주관적인 생각을 개입시키면 안 됩니다.

② **소설 독해** : '심리와 행동의 근거'를 바탕으로 인물에게 '공감'하며 읽어야 합니다. 이 과정이 물흐르듯 이어지면 지문의 내용을 완벽하게 이해할 수 있어요.

| 지문 내용 총정리 |

문제가 상당히 쉽게 나오기는 했지만, 구체적인 상황을 이해하고 그로부터 인물에게 공감하는 연습을 하기에 좋은 지문이었습니다. 해설의 내용이 뻔하다는 생각이 들었으면 좋겠어요.

〈보기〉 독해
〈보기〉부터 보려고 했는데, 〈보기〉가 단순히 지문과의 비교용이
네요. 지문부터 읽고 〈보기〉를 보는 게 나을 것 같아요.

실전적 지문 독해

이런들 엇더ᄒ며 져런들 엇더ᄒ료
→ 이런들 어떠하며 저런들 어떠하리
초야우생(草野愚生)이 이러타 엇더ᄒ료
→ 초야우생이 이렇다 한들 어떠하리
ᄒ믈며 천석고황(泉石膏肓)을 고쳐 므슴 ᄒ료
→ 하물며 천석고황을 고쳐 뭐할까

〈제1수〉

연하(煙霞)로 집을 삼고 풍월(風月)로 벗을 사마
→ 연하로 집 짓고 풍월을 벗 삼아
태평성대(太平聖代)에 병(病)으로 늘거 가네
→ 태평성대에 병으로 늙어가네
이 즁에 ᄇᄅ라ᄂ 일은 허믈이나 업고쟈
→ 이 중에 바라는 일은 허물이나 없었으면

〈제2수〉

순풍(淳風)*이 죽다 ᄒ니 진실(眞實)로 거즛말이
→ 순풍이 죽었다더니 진짜 거짓이다
인성(人性)이 어지다 ᄒ니 진실(眞實)로 올흔 말이
→ 인성이 어지다니 진짜 옳은 말이다
천하(天下)에 허다영재(許多英才)를 소겨 말슴ᄒ가
→ 천하에 허다영재를 속여 말할까

〈제3수〉

유란(幽蘭)이 재곡(在谷)ᄒ니 자연(自然)이 듯디 죠해
→ 자연 좋아!
백운(白雲)이 재산(在山)ᄒ니 자연(自然)이 보디 죠해
→ 자연 좋아!
이 즁에 피미일인(彼美一人)*을 더옥 닛디 못ᄒ애
→ 이 중에 임금을 더욱 잊지 못한다

〈제4수〉

산전(山前)에 유대(有臺)ᄒ고 대하(臺下)에 유수(有
水)ㅣ로다
→ 자연 멋있다!
떼 많은 갈매기는 오명가명 ᄒ거든
→ 떼 지어 갈매기는 오고가고 하는데
엇더타 교교백구(皎皎白駒)*는 멀리 ᄆᄋᆷ 두는고
→ 어째서 현자는 멀리 마음 두냐

〈제5수〉

춘풍(春風)에 화만산(花滿山)ᄒ고 추야(秋夜)에 월만
대(月滿臺)라
→ 자연 좋아!
사시가흥(四時佳興)이 사ᄅᆷ과 ᄒ가지라
→ 사시가흥이 사람과 한가지다
ᄒ믈며 어약연비(魚躍鳶飛) 운영천광(雲影天光)*이야
어찌 끝이 있으리
→ 자연 좋아!

〈제6수〉
– 이황, 「도산십이곡(陶山十二曲)」 –

* 순풍 : 순박한 풍속.
* 피미일인 : 저 아름다운 한 사람. 곧 임금을 가리킴.
* 교교백구 : 현자(賢者)가 타는 흰 망아지. 여기서는 현자를 가리킴.
* 어약연비 운영천광 : 대자연의 우주적 조화와 오묘한 이치를 가리킴.

이번에도 아래에 적어둔 것처럼만 읽어주시면 됩니다. 그런데 적어도 '연하로 집 짓고 풍월로 벗 삼아' 등은 '안분지족'(분수에 만족하는 삶, 보통 자연에서 행복하게 사는 삶을 의미해요.)을 가리킨다는 것 정도는 알아둡시다! 고전시가의 클리셰격인 표현이니까요.

나아가, 이 '도산십이곡'도 필수 고전시가 목록에 있었죠? 기본적인 내용은 알고 계셔야 해요. 일단 〈제1수〉의 '초야우생', '천석고황', 〈제3수〉의 '허다영재' 정도의 어휘는 알아두시는 게 좋습니다! '초야우생'은 '시골에 사는 어리석은 사람'이라는 뜻으로, 화자 자신을 낮춰 부르는 말이구요. '천석고황'은 '자연을 사랑하는 마음이 병처럼 깊음을 비유하는 말' 정도가 됩니다. 화자의 자연 사랑을 강조하는 표현이에요. 허다영재는 한자 그대로 '많은 영재들' 정도로 생각하시면 됩니다. 그래서 '천하에 허다영재를 속여 말할까'는 '천하에 그렇게 많은 똑똑한 사람들을 속일 수 없을 것이다.' 정도가 됩니다. 즉, 순풍이 죽었다는 건 거짓말이고, 인성이 어질다는 건 진짜라는 말, 그러니까 '아직 세상 살 만하다!'라는 내용이 천하의 영재들을 속일 수 없을 만큼 맞는 말이라는 거죠. 이 정도는 알아두면 좋을 것 같네요!

그 외에 유란이 재곡, 춘풍에 화만산 등등 자연을 묘사하는 시구가 나오면 퉁쳐서 '자연 좋아!'라고 생각해주시면 됩니다. 내용 자체는 쉬워요! 전형적으로 "자연에서 만족하며 사는데 임금님이 쬐끔 그립기도 하네..."라고 하는 고전시가입니다. 자주 나오는 형태예요.

선지	①	②	③	④	⑤
선택률	7%	11%	68%	10%	4%

92 윗글에 대한 설명으로 적절하지 <u>않은</u> 것은? ③

① 제1수에서는 화자가 자신을 드러내고 삶의 지향을 제시함으로써 주제 의식을 환기한다.

> 이런들 엇더ᄒ며 져런들 엇더ᄒ료
> 초야우생(草野愚生)이 이러타 엇더ᄒ료
> ᄒ믈며 천석고황(泉石膏肓)을 고쳐 므슴 ᄒ료
>
> 〈제1수〉

선지 유형	근거가 있어서 허용 가능
실전에서의 판단 과정	초야우생, 천석고황으로 허용되네.
해설	'초야우생'이라는 표현을 통해 화자가 자신을 드러내고 있고, '천석고황을 고쳐서 무엇하나.'라는 표현으로 삶의 지향을 제시하고 있다고 할 수 있죠. 필수 고전시가에 대한 지식이 없었다면 쉽게 해결하기 어려웠겠어요.

② 제2수에 나타난 화자 자신에 대한 관심을 제3수에서는 사회로 확대하면서 시상을 전개한다.

> 연하(煙霞)로 집을 삼고 풍월(風月)로 벗을 사마
> 태평성대(太平聖代)에 병(病)으로 늘거 가네
> 이 즁에 ᄇ라ᄂ 일은 허믈이나 업고쟈
>
> 〈제2수〉
>
> 순풍(淳風)*이 죽다 ᄒ니 진실(眞實)로 거줏말이
> 인성(人性)이 어지다 ᄒ니 진실(眞實)로 올흔 말이
> 천하(天下)에 허다영재(許多英才)를 소겨 말ᄉᆷᄒᆯ가
>
> 〈제3수〉
>
> * 순풍 : 순박한 풍속.

선지 유형	근거가 있어서 허용 가능
실전에서의 판단 과정	제2수는 자기 이야기고, 제3수는 천하 이야기 하고 있네.
해설	제2수에서는 자신이 살고 있는 모습을 이야기하고 있어요. 그러다가 제3수에서는 순풍이 있고 인성이 어질며, '천하'에 인재가 많다는 이야기를 통해 '사회'로 확대하고 관심을 확대하고 있네요. 어렵지 않게 허용할 수 있겠죠?

③ 제3수의 시적 대상을 제4수에서도 반복적으로 다룸으로써 주제 의식을 강화한다.

> 순풍(淳風)*이 죽다 ᄒ니 진실(眞實)로 거줏말이
> 인성(人性)이 어지다 ᄒ니 진실(眞實)로 올흔 말이
> 천하(天下)에 허다영재(許多英才)를 소겨 말ᄉᆷᄒᆯ가
>
> 〈제3수〉
>
> 유란(幽蘭)이 재곡(在谷)ᄒ니 자연(自然)이 듯디 죠해
> 백운(白雲)이 재산(在山)ᄒ니 자연(自然)이 보디 죠해
> 이 즁에 피미일인(彼美一人)*을 더옥 닛디 못ᄒ얘
>
> 〈제4수〉
>
> * 순풍 : 순박한 풍속.
> * 피미일인 : 저 아름다운 한 사람. 곧 임금을 가리킴.

선지 유형	근거가 있어서 허용 불가능
실전에서의 판단 과정	한 글자도 안 겹치는데?
해설	제3수의 시적 대상은 여러 가지가 있지만, 제4수에 반복되어 제시된 건 단 하나도 없네요. 어렵지 않게 답으로 골라낼 수 있겠습니다.

④ 제4수와 제5수에서는 화자의 시선에 포착된 장면들을 배치하여 공간의 입체감을 부각하며 시상을 심화한다.

> 유란(幽蘭)이 재곡(在谷)ᄒ니 자연(自然)이 듯디 죠해
> 백운(白雲)이 재산(在山)ᄒ니 자연(自然)이 보디 죠해
> 이 즁에 피미일인(彼美一人)*을 더옥 닛디 못ᄒ얘
>
> 〈제4수〉
>
> 산전(山前)에 유대(有臺)ᄒ고 대하(臺下)에 유수(有水)ㅣ로다
> 떼 많은 갈매기는 오명가명 ᄒ거든
> 엇더타 교교백구(皎皎白駒)*ᄂ 멀리 ᄆᆞᆷ 두ᄂ고
>
> 〈제5수〉

* 피미일인 : 저 아름다운 한 사람. 곧 임금을 가리킴.
* 교교백구 : 현자(賢者)가 타는 흰 망아지. 여기서는 현자를 가리킴.

선지 유형	근거가 있어서 허용 가능
실전에서의 판단 과정	자연의 여러 장면들 보여 주고 있으니 입체감을 부각한다고 할 수 있지.
해설	'유란', '백운', '산전', '대하' 같은 자연을 묘사하고 있는데, 이렇게 여러 가지 장면이 배치되면 공간의 '입체감'이 발생한다고 할 수 있겠죠. 어렵지 않게 허용할 수 있습니다.

⑤ 제6수에서는 화자의 인식을 점층적으로 드러내어 주제 의식을 집약한다.

춘풍(春風)에 화만산(花滿山)ᄒ고 추야(秋夜)에 월만대(月滿臺)라
사시가흥(四時佳興)이 사람과 ᄒ가지라
ᄒ믈며 어약연비(魚躍鳶飛) 운영천광(雲影天光)*이야 어찌 끝이 있으리

〈제6수〉

* 어약연비 운영천광 : 대자연의 우주적 조화와 오묘한 이치를 가리킴.

선지 유형	근거가 있어서 허용 가능
실전에서의 판단 과정	우주 이야기면 점층적이라고 할 수 있지.
해설	제6수에서는 자연이 예쁘다는 이야기를 하다가 갑자기 '대자연의 우주적 조화'를 이야기하고 있습니다. 이 선지를 내려고 저 부분에 각주를 달아줬나 봐요. 쉽게 말해서 '지구→우주'로 인식이 확장되었으니, 이를 근거로 하면 '점층적'이라는 말을 허용할 수 있겠네요! 이렇게 각주가 답의 근거로 쓰이는 경우도 있으니, 빠짐없이 체크하는 습관을 들이도록 합시다.

선지	①	②	③	④	⑤
선택률	3%	5%	11%	76%	5%

93 윗글의 시어에 대한 이해로 적절하지 <u>않은</u> 것은? ④

① '연하'와 '풍월'은 화자가 자신의 삶에 대해 자족감을 갖도록 하는 소재이다.

연하(煙霞)로 집을 삼고 풍월(風月)로 벗을 사마
태평성대(太平聖代)에 병(病)으로 늘거 가네
이 즁에 ᄇ라는 일은 허믈이나 업고쟈

〈제2수〉

선지 유형	근거가 있어서 허용 가능
실전에서의 판단 과정	연하에 집 짓고 풍월을 벗 삼는 걸 좋아하고 있지.
해설	화자는 '연하'로 집을 삼고, '풍월'을 벗으로 삼으며 살고 있습니다. 이러한 상황을 '태평성대'라고 표현하고 '바라는 일'도 딱히 없다고 했으니, 이를 근거로 하면 '자족감'이라는 말을 충분히 허용할 수 있겠네요.

② '순풍'과 어진 '인성'은 화자가 바라는 세상의 모습을 알려 주는 표지이다.

순풍(淳風)*이 죽다 ᄒ니 진실(眞實)로 거즛말이
인성(人性)이 어지다 ᄒ니 진실(眞實)로 올흔 말이

* 순풍 : 순박한 풍속.

선지 유형	근거가 있어서 허용 가능
실전에서의 판단 과정	순풍, 인성 둘 다 좋아하는 거지.
해설	일단 '도산십이곡'의 내용을 알고 있는 상태로 가볍게 허용하는 것이 최선입니다. '순풍'과 '인성' 같은 가치는 고전시가에서 싫어할 수가 없는 것이에요. 이를 몰랐다면, '맥락 독해'를 바탕으로 판단해주시면 됩니다. 화자는 '순풍'이 죽었다는 말은 거짓이고, '인성'이 어질다는 것인 옳은 말이라고 하고 있습니다. 즉, '순풍'과 '인성'이 모두 살아 있다는 것을 말하고 있고, 이 작품의 전반적인 주제가 '만족'이라는 것을 생각하면 '순풍'과 '인성'이 있는 상태 역시 만족스러운 것이라 할 수 있겠죠.

③ '유란'과 '백운'은 화자가 심미적으로 완상하는 대상이다.

> 유란(幽蘭)이 재곡(在谷)ᄒ니 자연(自然)이 듯디 죠해
> 백운(白雲)이 재산(在山)ᄒ니 자연(自然)이 보디 죠해

선지 유형	근거가 있어서 허용 가능
실전에서의 판단 과정	둘 다 자연이네.
해설	'유란'과 '백운' 모두 화자가 듣기 좋고 보기 좋아하는 대상들, 즉 '자연'을 의미하는 것들입니다. 이를 '완상'(즐겨 구경함.)한다는 말로 연결짓는 건 어렵지 않겠죠.

④ '갈매기'와 '교교백구'는 화자의 무심한 심정이 투영된 상징적 존재이다.

> 산전(山前)에 유대(有臺)ᄒ고 대하(臺下)에 유수(有水)ㅣ로다
> 떼 많은 갈매기는 오명가명 ᄒ거든
> 엇더타 교교백구(皎皎白駒)*ᄂ 멀리 ᄆᆞᆷ 두는고
> 〈제5수〉

* 교교백구 : 현자(賢者)가 타는 흰 망아지. 여기서는 현자를 가리킴.

선지 유형	근거가 있어서 허용 불가능
실전에서의 판단 과정	교교백구는 멀리 마음 두고 있다고 했으니 화자와 다른 마음을 가지고 있는 거지.
해설	일단 선지에서 이야기하는 '무심한 심정'은 '욕심이 없는 심정'을 의미한다는 것을 알아두셔야 합니다. 고전시가의 기본적인 어휘니까요. 이걸 알고 있다면, 핵심은 '독해'입니다. 화자는 떼 지어 날아다니면서 자연의 풍경을 이루고 있는 '갈매기'를 바라보는 가운데, '멀리' 마음을 두고 있는 '교교백구'를 떠올립니다. 화자는 '자연'에 마음을 두고 있는데, 이를 기준으로 하면 '멀리' 마음을 두는 '교교백구'는 '속세'에 마음을 두는 이들이라고 할 수 있겠죠. 즉, '욕심 덩어리' 그 자체이기 때문에, '교교백구'에 화자의 무심한 심정이 투영되어 있다고 하는 건 절대로 허용할 수 없겠습니다. 기본적인 고전시가의 세계관, 어휘와 더불어 '독해력'을 요구한 선지네요.

⑤ '화만산'과 '월만대'는 화자의 충만감을 자아내는 정경의 표상이다.

> 춘풍(春風)에 화만산(花滿山)ᄒ고 추야(秋夜)에 월만대(月滿臺)라
> 사시가흥(四時佳興)이 사ᄅᆞᆷ과 ᄒ가지라
> 〈제6수〉

선지 유형	근거가 있어서 허용 가능
실전에서의 판단 과정	자연이면 충만감이지.
해설	'화만산'과 '월만대'는 모두 자연을 의미하는 시어들입니다. 꽃(花), 산(山), 달(月)과 같은 한자어들을 보면 자연스럽게 생각할 수 있겠죠? '자연'은 당연히 화자의 '충만감'을 자아낸다고 할 수 있을 것이에요.

선지	①	②	③	④	⑤
선택률	6%	7%	76%	6%	5%

94 윗글과 〈보기〉를 비교하여 감상한 내용으로 가장 적절한 것은? [3점] ③

[보기]

그곳(부친에게 물려받은 별장)에는 씨 뿌려 식량을 마련할 만한 밭이 있고, 누에를 쳐서 옷을 마련할 만한 뽕나무가 있고, 먹을 물이 충분한 샘이 있고, 땔감을 마련할 수 있는 나무들이 있다. 이 네 가지는 모두 내 뜻에 흡족하기 때문에 그 집을 '사가(四可)'라고 이름을 지은 것이다.

녹봉이 많고 벼슬이 높아 위세를 부리는 자야 얻고자 하는 것은 무엇이든지 얻을 수 있지만, 나같이 곤궁한 사람은 백에 하나도 가능한 것이 없었는데 뜻밖에도 네 가지나 마음에 드는 것을 차지하였으니 너무 분에 넘치는 것은 아닐까? 기름진 음식을 먹는 것도 나물국에서부터 시작하고, 천리를 가는 것도 문 앞에서 시작하니, 모든 일은 점진적으로 되는 것이다.

내가 이 집에 살면서 만일 전원의 즐거움을 얻게 되면, 세상일 다 팽개치고 고향으로 돌아가 태평성세의 농사짓는 늙은이가 되리라. 그리고 밭을 갈고 배[腹]를 두드리며 성군(聖君)의 가르침을 노래하리라. 그 노래를 음악에 맞춰 부르며 세상을 산다면 무엇을 더 바랄 게 있으랴.

-이규보, 「사가재기(四可齋記)」-

– 일단 지문과 비교하기 위해 〈보기〉를 읽어봅시다. 내용은 지문과 비슷하네요. '자연'에 대응되는 '별장'은 약간 곤궁하지만, 그곳에서 행복을 찾을 수 있을 거라고 하고 있는 거죠! 주제 자체가 지문과 다르지 않으니 어렵지 않게 읽어낼 수 있겠어요.

① 윗글과 〈보기〉는 모두 지배층의 핍박에서 도피하기 위해 선택한 자연 은둔의 삶을 제시하고 있다.

선지 유형	근거가 없어서 허용 불가능
실전에서의 판단 과정	지배층의 핍박이 어디 있어.
해설	모두 자연에서 사는 건 맞는데, 그 이유가 '지배층의 핍박'으로부터 도피하기 위해서는 아니죠? 도저히 허용할 만한 근거가 없습니다.

② 윗글과 〈보기〉는 모두 불우한 처지에서 점진적으로 벗어날 수 있으리라는 낙관적 태도를 보여 주고 있다.

선지 유형	근거가 없어서 허용 불가능
실전에서의 판단 과정	애초에 불우한 처지가 있긴 하나?
해설	두 작품의 화자는 모두 자신이 '불우한 처지'에 있다고 생각하지 않아요. 그저 자연 속에서 행복할 뿐입니다.

③ 윗글과 〈보기〉는 모두 유교적 가치를 존중하면서 한 개인으로서의 소망을 이루려는 모습을 드러내고 있다.

선지 유형	근거가 있어서 허용 가능
실전에서의 판단 과정	임금님이랑 성군 이야기했으니 유교적 가치 허용되겠다.
해설	윗글에서는 '임금'을, 〈보기〉에서는 '성군'을 이야기하고 있습니다. 이 정도의 근거라면 '유교적 가치 존중'이라는 말을 충분히 허용할 수 있겠죠? '한 개인으로서의 소망'은 자연 속에서 행복하자는 내용의 주제 그 자체라고 할 수 있구요.

④ 윗글은 〈보기〉와 달리 삶의 물질적 여건이 마련된 후에야 자연의 즐거움을 누릴 수 있음을 강조하고 있다.

선지 유형	근거가 없어서 허용 불가능
실전에서의 판단 과정	물질적 여건을 언제 이야기했어.
해설	윗글은 처음부터 끝까지 '자연 좋아!'라는 이야기만 하고 있습니다. '물질적 여건'에 대한 이야기를 할 여지가 없어요.

⑤ 윗글은 속세에 있으면서 자연을 동경하는 인간을, 〈보기〉는 자연에 있으면서 속세를 그리워하는 인간을 형상화하고 있다.

선지 유형	근거가 있어서 허용 불가능
실전에서의 판단 과정	속세를 그리워하는 건 주제에 반대되잖아.
해설	두 작품은 모두 자연 속에 살면서 자연을 동경한다는 주제를 가지고 있습니다. '속세를 그리워한다'는 건 이 주제를 역행하는 내용이네요.

몰랐던 어휘 정리하기

| 핵심 point |

① **허용 가능성 평가** : 선지의 내용을 '허용'하려는 태도를 바탕으로 지문을 '독해'하며 '근거'를 찾아야 합니다. 허용할 수 있는 '근거'가 있어야만 허용할 수 있습니다. 주관적인 생각을 개입시키면 안 됩니다.

② **필수 고전시가** : 대부분의 교과서에 실려 있을 정도로 필수적인 고전시가들은 그 내용을 아주 디테일하게 물어보는 경우가 많습니다. 확실하게 정리해두도록 합시다.

| 지문 내용 총정리 |

그리 어렵지는 않았지만, '도산십이곡'에 대한 공부가 되어 있지 않았다면 당황할 만한 선지들이 조금 있었습니다. 이 정도의 필수 고전시가는 완벽하게 공부하도록 합시다.

〈보기〉 확인

---[보기]---

철학과 문학에서는 전통적으로 시간을 가리키는 말에 함축적인 의미를 부여해 왔다. 특히 독일의 철학자 니체는 '정오'를 각성과 재생의 시간으로 간주했다. '정오'는 인식의 태양이 가장 높이 솟아오른 때라는 것이다.

'정오'라는 시간은 '각성과 재생'의 시간이라고 하네요. '정오'가 나올 때 이 〈보기〉 내용을 끌어오면 되겠다는 생각을 해 주시면 되겠습니다.

---[보기]---

「날개」는 현대 문명과 불화를 겪고 있는 지식인의 내면세계를 '아내'와 '나'의 부조리한 관계에 빗대어 표현한 작품이다. 여기서 '아내'는 현대 문명을, '나'는 지식인의 내면세계를 상징한다. 같은 맥락에서 이 소설에 나타나는 사물들과 사건들 또한 상징적인 의미를 지닌다.

'아내'와 '나'가 각각 '현대 문명'과 '지식인의 내면세계'를 상징하고, 이들이 갈등하는 내용을 다룬 작품이라고 합니다. 이러한 주인공의 내면에 주목하면서 읽어보도록 합시다.

지문 독해

아내는 너 밤새워 가면서 도적질하러 다니느냐, 계집질하러 다니느냐고 발악이다. 이것은 참 너무 억울하다. 나는 어안이 벙벙하여 도무지 입이 떨어지지를 않았다.

너는 그야말로 나를 살해하려던 것이 아니냐고 소리를 한번 꽥 질러 보고도 싶었으나 그런 긴가민가한 소리를 섣불리 입 밖에 내었다가는 무슨 화를 볼는지 알 수 있나. 차라리 억울하지만 잠자코 있는 것이 우선 상책인 듯싶이 생각이 들길래 나는 이것은 또 무슨 생각으로 그랬는지 모르지만 툭툭 털고 일어나서 내 바지 포켓 속에 남은 돈 몇 원 몇 십 전을 가만히 꺼내서는 몰래 미닫이를 열고 살며시 문지방 밑에다 놓고 나서는 그냥 줄달음박질을 쳐서 나와 버렸다.

여러 번 자동차에 치일 뻔하면서 나는 그래도 **경성역**을 찾아갔다. 빈자리와 마주 앉아서 이 쓰디쓴 입맛을 거두기 위하여 무엇으로나 입가심을 하고 싶었다.

커피. 좋다. 그러나 **경성역** 홀에 한 걸음을 들여놓았을 때 나는 내 주머니에는 돈이 한 푼도 없는 것을, 그것을 깜빡 잊었던 것을 깨달았다. 또 아뜩하였다. 나는 어디선가 그저 맥없이 머뭇머뭇하면서 어쩔 줄을 모를 뿐이었다. 얼빠진 사람처럼 그저 이리 갔다 저리 갔다 하면서……

〈보기〉에서 이야기한 것처럼, '아내'와 '나'의 사이가 그리 좋아보이지는 않습니다. '아내'는 '나'를 의심하며 발악하고, '나'는 그냥 억울할 뿐이에요. '나'는 크게 싸우려다가 그냥 참고, 문지방(집)을 떠나 '경성역'으로 나간 모습입니다. 여기서 '남은 돈'을 전부 놓고 나오는 것을 바탕으로, '나'가 '아내'에게서 완전히 벗어나겠다는 의지를 보였음을 읽어낼 수 있다면 정말 훌륭하겠습니다. 여기까지 보지 못하더라도, 그냥 '나'의 갑갑한 마음이 느껴지신다면 잘 읽고 있는 것이에요.

그렇게 커피를 마시러 '경성역 홀'에 들어갔을 때, '나'는 돈이 하나도 없다는 것을 깨닫고 '아뜩한' 심정이 듭니다. 아까 '아내'에게서 떠나올 때 이미 돈을 다 두고 나온 상황이었어요. 돈이 없어 커피도 마실 수 없는 처지가 된 '나'는 여기저기 왔다갔다하면서 어쩔 줄 모르고만 있습니다. 〈보기〉에서 이야기하는 것처럼, '현대 문명'(=아내)과의 갈등 때문에 고생하는 화자의 모습이 잘 드러나고 있네요. 이렇게 〈보기〉와 엮어서 내용을 이해하는 것도 좋은 태도일 것 같아요!

나는 어디로 어디로 들입다 쏘다녔는지 하나도 모른다. 다만 **몇 시간 후**에 내가 **미쓰꼬시*** 옥상에 있는 것을 깨달았을 때는 거의 대낮이었다.

나는 거기 아무 데나 주저앉아서 내 자라 온 스물여섯 해를 회고하여 보았다. 몽롱한 기억 속에서는 이렇다는 아무 제목도 불그러져 나오지 않았다.

나는 또 나 자신에게 물어보았다. 너는 인생에 무슨 욕심이 있느냐고. 그러나 있다고도 없다고도, 그런 대답은 하기가 싫었다. 나는 거의 나 자신의 존재를 인식하기조차도 어려웠다.

[A] 허리를 굽혀서 나는 그저 금붕어나 들여다보고 있었다. 금붕어는 참 잘들도 생겼다. 작은 놈은 작은 놈대로 큰 놈은 큰 놈대로 다 싱싱하니 보기 좋았다. 내리비치는 오월 햇살에 금붕어들은 그릇 바탕에 그림자를 내려뜨렸다. 지느러미는 하늘하늘 손수건을 흔드는 흉내를 낸다. 나는 이 지느러미 수효를 헤어 보기도 하면서 굽힌 허리를 좀처럼

> 펴지 않았다. 등허리가 따뜻하다.
> 　나는 또 회탁의* 거리를 내려다보았다. 거기서는 피곤한 생활이 똑 금붕어 지느러미처럼 흐늑흐늑 허비적거렸다. 눈에 보이지 않는 끈적끈적한 줄에 엉켜서 헤어나지들을 못한다. 나는 <u>피로와 공복 때문에 무너져 들어가는 몸뚱이를 끌고 그 회탁의 거리 속으로 섞여 들어가지 않는 수도 없다 생각하였다.</u>
>
> * 미쓰꼬시 : 일제 강점기에 서울에 있었던 백화점 이름.
> * 회탁의 : 회색의 탁한.

이렇게 몇 시간 동안 돌아다니다 정신을 차려 보니, '나'는 '미쓰꼬시 옥상'에 올라온 상태입니다. '나'는 여기 앉아서 아주 제목도 붙일 수 없을 만큼 공허했던 자신의 인생을 돌아보고 있습니다. 자신에게 이런저런 물음도 던져보고, 금붕어를 보기도 하면서 스스로의 내면에 흠뻑 빠져들고 있어요. 백화점 옥상에 갇혀 있는 금붕어가 좋아 보일 정도로 자신의 인생이 별로라는 생각을 하기도 하고, 그러면서도 그 지느러미가 허비적거리는 것처럼 보이면서 자신이 곧 돌아가야 할 '회탁의 거리'에 대한 부정적인 감정을 보이기도 하는 것이죠.

자신에 대해 성찰하는 '나'의 모습, 그리고 '회탁의 거리'로 돌아가기 싫은 '나'의 감정에 공감할 수 있다면 훌륭합니다.

> 　나서서 나는 또 문득 생각하여 보았다. 이 발길이 지금 어디로 향하여 가는 것인가를……
> 　그때 내 눈앞에는 <u>아내의 모가지가 벼락처럼 내려 떨어졌다. 아스피린과 아달린*.</u>
> 　우리들은 서로 오해하고 있느니라. 설마 아내가 아스피린 대신에 아달린의 정량을 나에게 먹여 왔을까? 나는 그것을 믿을 수는 없다. 아내가 대체 그럴 까닭이 없을 것이니.
> 　그러면 나는 날밤을 새면서 도적질을, 계집질을 하였나? 정말이지 아니다.
>
> * 아달린 : 수면제의 일종.

그렇게 '미쓰꼬시'를 나서서 다시 '회탁의 거리'에 도달한 '나'입니다. 그런데 이때 갑자기 '아내' 생각이 납니다. 계속 자신의 인생만 되돌아보다가 이젠 '아내'에 대한 생각이 난 것이죠. 여기서 '나'는 '아내'가 상징하는 '현대 문명'이 자신에게 '아달린'을 먹여 온 것도 아닐 것이고, 그렇다고 자신이 '현대 문명'에게 계집질·도적질 등 무언가 잘못을 한 것도 아니라는 생각을 하고 있어요.

가만히 생각해 보면, '나'와 '아내'는 서로 잘못한 것이 없다는 것이죠.

> 　우리 부부는 숙명적으로 발이 맞지 않는 절름발이인 것이다. 나나 아내나 제 거동에 로직을 붙일 필요는 없다. 변해할 필요도 없다. 사실은 사실대로 오해는 오해대로 그저 끝없이 발을 절뚝거리면서 세상을 걸어가면 되는 것이다. 그렇지 않을까?
> 　그러나 나는 이 발길이 아내에게로 돌아가야 옳은가. 이것만은 분간하기가 좀 어려웠다. <u>가야 하나? 그럼 어디로 가나?</u>

이처럼 '나'와 '아내'는 서로 무언가를 잘못한 것이 아니라, 그저 서로 발이 맞지 않을 뿐입니다. 그러니 서로 절름발이처럼 절뚝거리면서 함께 걸어가면 된다고 생각하고 있어요. 즉, 그냥 서로 안 맞더라도 '아내'라는 '현대 문명'에 순응하면서 살아가면 되는 거 아니냐는 '나'의 생각이 드러나고 있는 것입니다. '아내'라는 '현대 문명'을 피해 '회탁의 거리'로 일종의 도피를 했는데, 막상 그렇다고 할 것도 없으니 그냥 다시 돌아가도 괜찮지 않느냐는 일종의 '합리화'를 하고 있는 것이죠. 어렵지만, 이 감정에 확실하게 공감할 수 있어야 합니다.

그런데 마지막에는 다시 그렇다고 '아내'에게 돌아가는 게 맞는지, 안 간다면 어디로 가야 하는지 계속해서 갈등하는 모습을 보이고 있어요. 가 봤자 또 싸우고 말 것인데, 굳이 돌아가야 하느냐는 것이죠. '현대 문명'에 순응하고 살아야 하는지, 아니면 그렇다고 '현대 문명'을 등지고 살아야 하는지, 도대체 어떻게 살아야 하는 것인지에 대해 갈등하는 '나'의 모습입니다. 이 감정에 공감할 수 있어야 해요!

> 　이때 뚜- 하고 **정오 사이렌**이 울렸다. 사람들은 모두 네 활개를 펴고 닭처럼 푸드덕거리는 것 같고 온갖 유리와 강철과 대리석과 지폐와 잉크가 부글부글 끓고 수선을 떨고 하는 것 같은 찰나, 그야말로 현란을 극한 정오다.
> 　<u>나는 불현듯이 겨드랑이가 가렵다.</u> 아하 그것은 내 인공의 날개가 돋았던 자국이다. 오늘은 없는 이 날개, 머릿속에서는 <u>희망과 야심의 말소된 페이지가 딕셔너리 넘어가듯 번뜩였다.</u>

바로 그때 '정오 사이렌'이 울렸네요. '정오'를 보자마자 〈보기〉의 내용을 끌어와야겠죠? '정오'는 각성과 재생의 시간이라고 했는데, 이 시간이 되자 사람들의 모습에서 생명력을 느끼는 '나'입니다. 똑같은 '회탁의 거리' 속 사람들인데, '정오' 전에는 무기력하게만 보이다가 '정오' 후에는 갑자기 생명력이 넘치는 모습으로 보이는 것이에요. 이처럼 같은 배경에 대한 묘사가 달라진 것은, '나'의 심리가 그렇게 변화했기 때문이라고 할 수 있겠죠?

여기서 '나'는 겨드랑이의 '날개'가 돋았던 자국을 인식합니다. 이 '날개'는 '오늘은 없는' 것이었습니다. '나'는 이와 함께 '희망과 야심의 말소된 페이지'가 번뜩이는 느낌을 받아요. '말소된 페이지'는 '오늘은 없는' 것을 의미한다는 점에 주목하면, 여기서 '나'가 인식한 '날개'는 곧 '희망과 야심'을 의미한다고 할 수 있겠습니다.

> 나는 걷던 걸음을 멈추고 그리고 어디 한번 이렇게 외쳐 보고 싶었다.
> 날개야 다시 돋아라.
> 날자. 날자. 날자. 한 번만 더 날자꾸나.
> 한 번만 더 날아 보자꾸나.
>
> — 이상, 「날개」 —

'나'는 걷던 걸음을 멈추고, '날개'가 다시 돋기를 바라면서 다시 날아보겠다는 '의지'(=희망과 야심)를 불태우고 있어요. '나'는 '정오' 이전에는 '현대 문명'으로 돌아가 순응해야 할지('아내'에게 가는 것), 아니면 그냥 도피해야 할지('회탁의 거리' 속에서 방황하는 것) 고민하다가, '정오' 이후에 다시금 '희망과 야심'을 불태우고 있는 것입니다. 더 이상 무기력하게 방황하지 않고 '희망과 야심'을 불태우겠다는 '나'의 의지에 공감하면서 마무리하면 되겠습니다.

선지	①	②	③	④	⑤
선택률	14%	75%	5%	4%	2%

95 윗글의 서술적 특징과 효과를 〈보기〉에서 고른 것은? ②

ㄱ. 독백적인 어조로 현실과 단절된 의식 상태를 표현하고 있다.

선지 유형	근거가 있어서 허용 가능
실전에서의 판단 과정	혼자 말하고 있고 현실과도 단절되어 있었지.
해설	처음부터 끝까지 자신의 목소리만 나오는 '독백적 어조'가 사용되었고, 나아가 현실에 제대로 적응하지 못하고 계속해서 내적 갈등을 겪고 있는 '나'의 耐면세계를 바탕으로 했을 때, '나'는 충분히 현실과 '단절'되어 있다고 할 수 있겠죠? '단절'이라는 단어의 의미를 바탕으로 생각하시면 됩니다.

ㄴ. 단정적이고 객관적인 진술로 사건에 사실성을 부여하고 있다.

선지 유형	근거가 있어서 허용 불가능
실전에서의 판단 과정	너무 주관적인데?
해설	애초에 이 지문은 '내적 갈등'이 주제의 한 축을 이루고 있습니다. 계속해서 '고민'하기 때문에 '단정적'이라는 말은 허용할 수가 없고, 자신의 '주관적' 심정을 내뱉는 것이기 때문에 '객관적'이라고 할 수도 없겠죠.

ㄷ. 회상의 기법을 사용하여 현재와 과거의 화해를 지향하고 있다.

선지 유형	근거가 없어서 허용 불가능
실전에서의 판단 과정	화해를 지향한 건 아니지.
해설	'내 자라 온 스물여섯 해,' 즉 자신의 삶을 돌아보는 장면이 나오니 '회상의 기법'은 충분히 허용할 수 있겠습니다. 물론 구체적인 과거 속 장면이 있다고 하기에는 좀 애매해서, '회상의 기법'이 확실하게 맞다 아니다라고 판단하기는 어려울 것 같습니다. 하지만 '현재와 과거의 화해'는 이 지문의 주제와 너무 동떨어져 있죠? 이 지문은 현재 상황에서의 '갈등'과 '새롭게 깨달은 의지'가 핵심이었어요.

ㄹ. 비유적 표현으로 인물의 생각과 인상을 구체적으로 제시하고 있다.

선지 유형	근거가 있어서 허용 가능
실전에서의 판단 과정	사람들이 금붕어 같다고 했지.
해설	'회탁의 거리'에 있는 사람들의 모습을 '금붕어'에 비유하기도 했고, 머릿속이 번뜩이는 모습을 '딕셔너리' 넘어가는 모습에 비유하기도 했습니다. 이런 내용들이 '생각과 인상'을 제시한다는 것과 연결되는 건 당연하게 허용할 수 있겠죠?

선지	①	②	③	④	⑤
선택률	6%	56%	10%	19%	9%

96 일제 강점기에 미쓰꼬시 백화점은 서울에서 매우 높은 건물이었다. 이 사실에 비추어 볼 때, [A]에서 '미쓰꼬시 옥상'이 가지는 기능에 대한 설명으로 적절하지 <u>않은</u> 것은?

②

– 문제 안에 〈보기〉가 있는 것 같아요. 이런 문제는 또 처음이네요. '미쓰꼬시'가 굉장히 높은 건물이었답니다. (참고로 여기서의 '미쓰꼬시'는 명동에 있는 신세계백화점 본점 자리에 있던, 우리나라 최초의 백화점이에요.) 한창 갈등이 절정으로 치솟던 [A]에서의 상황이네요. 이 상황에 대한 여러 판단을 한 번 평가해봅시다.

① '나'로 하여금 내면적 성찰을 시도하게 한다.

선지 유형	근거가 있어서 허용 가능
실전에서의 판단 과정	미쓰꼬시에서 내면 성찰했으니 허용되네.
해설	'미쓰꼬시'라는 높은 건물에서, '나'는 자신의 내면을 돌아보고 있습니다. 참고로 '높은 곳'은 내면 성찰을 하기에 아주 좋은 공간이라고 할 수 있어요. 알아두도록 합시다.

② '나'에게 이전과는 다른 삶의 태도를 갖게 한다.

선지 유형	근거가 없어서 허용 불가능
실전에서의 판단 과정	어떤 다른 삶의 태도?
해설	[A]에서 '나'는 그냥 계속해서 자신의 내면을 성찰하고 있었을 뿐입니다. 이전과 다른 태도를 가졌다는 걸 허용할 만한 근거를 찾기 어렵죠? '날개'가 돋은 건 [A] 이후의 상황입니다!

③ '회탁의 거리'를 압축적으로 조감할 수 있게 한다.

선지 유형	근거가 있어서 허용 가능
실전에서의 판단 과정	높은 곳에서 보면 압축적으로 보일 수 있겠지.
해설	'조감하다'는 '새가 높은 하늘에서 아래를 내려다보는 것처럼 전체를 한눈으로 관찰하다.'라는 뜻을 가지고 있습니다. 지금 '나'는 '옥상'에 있기 때문에 '회탁의 거리'를 압축적으로 조감할 수 있는 것이겠죠? 높은 곳에서 아래에 있는 곳이 압축적으로 보인다는 것은 충분히 허용할 수 있는 내용이니까요.

④ '나'와 '회탁의 거리' 사이의 괴리감을 드러내 준다.

선지 유형	근거가 있어서 허용 가능
실전에서의 판단 과정	회탁의 거리에 있는 사람들을 부정적으로 묘사했으니 허용되겠네.
해설	'나'는 '회탁의 거리'에 있는 사람들을 부정적으로 묘사하고 있습니다. 심리적으로 그들과 거리감을 두는 모습이라고 할 수 있겠죠? 나아가 높은 곳에 있기에 '물리적 거리감'까지 생긴 모습이에요. 이러한 내용을 근거로 하면, '미쓰꼬시 옥상'이 '괴리감'을 드러내게 해 준다는 것을 충분히 허용할 수 있겠네요.

FAQ

Q [A]의 마지막에 '나'는 피로와 공복 때문에 무너져 들어가는 몸뚱이를 끌고 그 회탁의 거리 속으로 섞여 들어가지 않는 수도 없다고 하는 부분을 통해서 저는 오히려 '나'와 '회탁의 거리' 사이의 '동질감'이 드러난다고 생각했어요. 이렇게 볼 수도 있지 않나요?

A 전형적으로 선지에 '시비'를 거는 태도입니다. 이러한 논리로 '동질감'을 허용할 수 있다고 쳐도, 선지에서 묻는 것은 결국 '괴리감'의 허용 가능성입니다. 따라서 우리는 이 선지에 굳이 '시비'를 걸면서 '동질감'을 떠올릴 필요가 없는 것이에요. 선지에서 묻는 '괴리감'을 허용할 근거가 여기저기 많다는 것을 바탕으로 넘어갈 수 있어야 하는 것입니다.

나아가, 소설 독해에서 가장 중요한 '공감 능력'을 발휘하면 더욱 쉽게 허용할 수 있습니다. [A]에서 '나'가 '회탁의 거리'로 섞여 들어가지 않는 수도 없다고 하는 것은 정말 가기 싫은데 억지로 갈 수밖에 없는 자신의 처지에 대한 한탄이 섞였다고 봐야 합니다. 이를 '동질감'으로 읽어내는 것은 일요일 저녁에 '아이고 내일이면 학교에 갈 수밖에 없구나.'라고 생각하는 것이 '학교에 대한 동질감'을 드러내는 것이라고 말하는 것과 다를 바가 없어요. 그 인물의 입장에서 아주 보편적인 감정을 바탕으로 '공감'하려고 애쓰는 것, 소설 독해의 기본이니 절대 잊지 맙시다.

⑤ '회탁의 거리'를 부자유와 체념의 공간으로 인식하게 한다.

선지 유형	근거가 있어서 허용 가능
실전에서의 판단 과정	줄에 엉켜서 헤어나지를 못하니 부자유와 체념 둘 다 허용되네.
해설	'나'는 아주 높은 건물에 있기 때문에, '회탁의 거리'를 전체적으로 바라볼 수 있습니다. 그리고 이렇게 전체적으로 바라본 사람들의 '끈적끈적한 줄에 엉켜서 헤어나지들을 못하는' 모습을 보고 있어요.

어떤 줄에 엉켜 있으니 '부자유'가, 거기서 헤어나지 못한 채 '흐늑흐늑 허비적거리'는 모습 등을 통해서는 '체념'을 허용할 수 있겠네요.

선지	①	②	③	④	⑤
선택률	5%	6%	9%	77%	3%

97 ㉠에 관한 설명의 일부인 〈보기〉를 참고하여 윗글을 감상한 내용으로 적절하지 않은 것은? ④

㉠이때 뚜- 하고 정오 사이렌이 울었다.

– ㉠은 '정오 사이렌'이 울리는 부분이었습니다. 이 이전에는 '나'의 내적 갈등이 계속 진행되다가, 정오 사이렌을 들은 뒤에는 '희망과 야심'이라는 의지를 갖게 되죠. '정오'가 〈보기〉에서 이야기하는 것처럼 각성을 가져온 계기임을 인지하고 선지를 판단해봅시다.

① '나'의 의식 상태는 ㉠ 이전과 이후로 나누어 볼 수 있겠군.
② '정오'의 사이렌 소리가 '나'의 생명력을 일깨운 것으로 볼 수 있겠군.
③ '정오'의 함축적 의미 때문에 ㉠을 경계로 어조와 분위기가 바뀐 것이겠군.

선지 유형	근거가 있어서 허용 가능
실전에서의 판단 과정	그렇지.
해설	세 선지 모두 발문을 읽으며 미리 했던 생각들이죠? 이렇게 지울 수 있으면 좋겠어요.

④ '나'는 '정오'가 되면서 자아의 문제에서 사회의 문제로 시선을 전환하게 되는군.

선지 유형	근거가 있어서 허용 불가능
실전에서의 판단 과정	사회의 문제는 주제와 관련이 없잖아.
해설	'나'는 사회의 문제에 그리 관심이 없어 보여요. 물론 중간에 다른 사람들의 모습을 보며 부자유의 사회를 조금 이야기하긴 하지만, 정오 이후로는 오히려 완벽하게 자아의 문제로 시선을 돌리고 있죠. 애초에 이 지문의 주제가 '사회의 문제'가 아니기 때문에, 절대로 허용할 수 없겠습니다.

⑤ 이 작품은 시간의 물리적인 의미보다 심리적인 의미에 중점을 두고 읽어야겠군.

선지 유형	근거가 있어서 허용 가능
실전에서의 판단 과정	정오가 심리에 영향을 주고 있으니 맞는 말이지.
해설	'정오'라는 시간은 물리적으로 '낮 12시'를 의미하기보다, '나'의 각성을 돕는 '심리적' 의미가 더 크게 작용하고 있습니다. 지문의 내용을 이해하고 있으니, 어렵지 않게 허용할 수 있겠네요.

선지	①	②	③	④	⑤
선택률	8%	70%	8%	5%	9%

98 〈보기〉의 설명을 바탕으로 윗글을 이해한 내용으로 적절하지 않은 것은? ②

① 도적질하거나 계집질한다고 '아내'가 '나'를 의심하면서 따지는 것은 지식인의 내면세계에 대한 현대 문명의 위협적인 힘을 의미한다.

선지 유형	근거가 있어서 허용 가능
실전에서의 판단 과정	아내는 현대 문명을 의미한다고 했으니까 맞지.
해설	〈보기〉에서 '아내'는 현대 문명을 의미한다고 했어요. 그럼 아내가 '나'에게 따지는 것은 '나'의 입장에서는 현대 문명의 위협이라고 할 수 있겠죠.

② '나'가 아내 몰래 집에서 나온 것은 현대 문명의 구속에 맞서고자 하는 지식인의 적극적인 대결 의지를 의미한다.

선지 유형	근거가 있어서 허용 불가능
실전에서의 판단 과정	도망쳤는데 무슨 대결 의지야.
해설	'나'는 현대 문명을 의미하는 '아내'와 싸우기보다 그냥 몰래 도망치고 있습니다. '적극적인 대결 의지'를 허용하고 싶어도, 이렇게 틀렸다고 할 수밖에 없는 명확한 근거가 존재하네요. 아내 몰래 집에서 나오는 '나'의 심리에 정확히 공감했다면 너무나 쉽게 답으로 고를 수 있었을 겁니다.

③ '나'가 '아내'에게서 완전히 떠나겠다고 생각하지 못하는 것은 현대 문명과 결별하기 어려운 지식인의 의식 상태를 의미한다.

선지 유형	근거가 있어서 허용 가능
실전에서의 판단 과정	완전히 못 떠나니 결별하기 어려운 거 맞지.
해설	현대 문명을 의미하는 '아내'에게 돌아가야 하는지에 대해 갈등하는 부분을 근거로 하면 너무나 쉽게 허용할 수 있는 내용이네요.

④ 자신도 모르게 아달린을 먹어 왔는지도 모른다는 '나'의 의구심은 자기의 이성이 자신도 모르게 현대 문명에 길들여져 가는 데 대한 지식인의 두려움을 의미한다.

선지 유형	근거가 있어서 허용 가능
실전에서의 판단 과정	아달린은 현대 문명이 준 거니까 허용되네.
해설	'아내'라는 현대 문명이 준 것을 '아달린'이라고 생각하고 그것을 먹어왔는지도 모른다는 건, 현대 문명의 영향을 받는 것, 즉 길들여져 가는 것에 대한 두려움이라고 볼 수 있죠. 근거가 있으니 충분히 허용할 수 있습니다.

⑤ '나'의 머릿속에서 희망과 야심의 말소된 페이지가 번뜩인다고 한 것은 현대 문명에 대한 비판 의식을 회복하고 싶어 하는 지식인의 소망을 의미한다.

선지 유형	근거가 있어서 허용 가능
실전에서의 판단 과정	현대 문명과 불화를 겪는 와중에 느끼는 희망과 야심은 당연히 현대 문명을 비판하는 쪽으로 가겠지.
해설	〈보기〉에서 말하는 것처럼, '나'라는 인물은 현대 문명과 불화를 겪고 있습니다. 이러한 상황에서 '정오 사이렌'이 울리기 전 '나'의 내면세계는 '방황, 무기력함' 등으로 가득합니다. 이는 자신이 겪고 있는 문제 상황(현대 문명과의 불화)에 적극적으로 대응하지 못하고 있었다는 의미라고 할 수 있겠죠. 이러한 상황에서 '나'는 '정오 사이렌'을 듣고서 '희망과 야심의 날개'가 돋는 것을 느낍니다. 현대 문명과의 불화라는 자신의 문제 상황에 대해 적극적으로 대응하지 못하던 상태에서 가지게 된 희망과 야심이란, 결국 불화를 겪고 있는 현대 문명에 대한 비판 의식을 회복하는 것이라고 '허용'할 수 있겠습니다. 희망이나 야심이 샘솟는다면, 이는 당연히 '나'의 원래 내면세계였던 '방황, 무기력함' 등에 대한 것이라고 할 수 있으니까요.

조금 어려운 선지이지만, 〈보기〉에서 제시한 '나'의 상황과 관련된 내면세계를 정확하게 인식했다면 충분히 '허용'할 수는 있는 선지입니다. 결국 핵심은 인물이 가지고 있는 내면세계를 정확히 파악하고 이에 공감하는 것이에요.

몰랐던 어휘 정리하기

| 핵심 point |

① **허용 가능성 평가** : 선지의 내용을 '허용'하려는 태도를 바탕으로 지문을 '독해'하며 '근거'를 찾아야 합니다. 허용할 수 있는 '근거'가 있어야만 허용할 수 있습니다. 주관적인 생각을 개입시키면 안 됩니다.

② **소설 독해** : '심리와 행동의 근거'를 바탕으로 인물에게 '공감'하며 읽어야 합니다. 이 과정이 물흐르듯 이어지면 지문의 내용을 완벽하게 이해할 수 있어요.

| 지문 내용 총정리 |

'허용 가능성 평가'의 태도를 기르기에 정말 좋은 지문이었습니다. 내 생각을 찾는 것이 아니라, 선지의 내용을 허용할 수 있을지 없을지 '평가'한다! 이 태도 잊지 맙시다. 시를 읽든 소설을 읽든 말이에요.

〈보기〉 독해

[보기]

　정지용과 이태준은 자연에 대한 관심을 서로 다른 방식으로 표현한다. 정지용은 「조찬」 같은 후기 시에서 자연을 초월과 은둔을 꿈꾸는 이상적 세계로 묘사하고 그에 대한 지향을 드러낸다. 하지만 자연은 현실의 번뇌와 억압으로 인해 그러한 지향이 좌절되는 공간으로도 나타난다. 한편 이태준은 「파초」 같은 수필에서 자연물과의 교감을 시도한다. 그에게 자연물은 속물적인 현실과 거리를 두게 하는 대상이며, 그는 그것들에 대해 심미적 감상의 태도를 드러낸다.

두 작품의 주제를 자세하게 설명하고 있는 〈보기〉입니다. 일단 두 작품 모두 화자와 글쓴이가 '자연'에 대한 관심을 보이고 있다는 공통점이 있네요. 이때 (가)에서 '자연'은 초월과 은둔을 꿈꾸는 이상적 세계, 지향해야 할 세계이면서도 현실의 번뇌와 억압으로 지향이 좌절되는 공간으로 표현된다고 합니다. 한편 (나)의 글쓴이는 '자연물'과의 교감을 시도하며 심미적 감상의 태도를 드러낸다고 해요.

화자와 글쓴이가 '자연'에 대해 가지는 내면세계가 구체적으로 잘 드러나 있으니, 이를 적극적으로 활용하면서 지문을 읽고 문제를 풀어보면 되겠습니다.

지문 독해

(가)
해ㅅ살 피여
이윽한* 후,

머흘 머흘
골을 옮기는 구름.

길경(桔梗)* 꽃봉오리
흔들려 씻기우고.

차돌부리
촉 촉 죽순(竹筍) 돋듯.

물 소리에
이가 시리다.

앉음새 갈히여
양지 쪽에 쪼그리고,

서러운 새 되어
흰 밥알을 쫏다.

－정지용, 「조찬(朝餐)」－

* 이윽한: 시간이 지난.
* 길경: 도라지.

〈보기〉가 없었다면 물음표만 남았을 지문입니다. 화자가 생각하는 이상적인 세계로서의 '자연'을 묘사하고, '서러운 새'가 되어 '흰 밥알'을 쫏겠다는 이야기로 마무리하고 있네요. '새'라는 '자연물'이 서러운 것은 현실의 번뇌와 억압으로 인해 '흰 밥알'과 같은 '자연'에 대한 지향이 좌절된 탓이라고 할 수 있겠죠? 더 자세한 해석은 선지를 판단하는 과정에서 확인해보도록 하고, 주제를 한 번 더 인식한 상태로 넘어갑시다.

(나)
　파초는 언제 보아도 좋은 화초다. 폭염 아래서도 그의 푸르고 싱그러운 그늘은, 눈을 씻어 줌이 물보다 더 서늘한 것이며 비 오는 날 다른 화초들은 입을 다문 듯 우울할 때 파초만은 은은히 빗방울을 퉁기어 주렴(珠簾) 안에 누웠으되 듣는 이의 마음 위에까지 비는 뿌리고도 남는다. 가슴에 비가 뿌리되 옷은 젖지 않는 그 서늘함, 파초를 가꾸는 이 비를 기다림이 여기 있을 것이다.

〈보기〉에서 말한 것처럼, '파초'라는 '자연물'과의 교감을 시도하고 이에 대한 심미적 감상의 태도를 드러내는 모습입니다. '파초'라는 식물은 잎이 두꺼운 식물인데, 이에 비가 와도 쳐지지 않고 오히려 빗방울을 퉁길 수 있을 거예요. 글쓴이는 이 모습이 썩 마음에 드는 것 같습니다.

　오늘 앞집 사람이 일찍 찾아와 보자 하였다. 나가니 "거 저 큰 파초 파십시오." 한다.
　"팔다니요?"
　"저거 이젠 팔아 버리셔야 합니다. 저렇게 꽃이 나온 건 다 큰 표구요, 내년엔 영락없이 죽습니다. 그건 제가 많이 당해 본 걸입쇼." 한다.
　"죽을 때 죽더라도 보는 날까진 봐야지 않소?"
　"그까짓 인제 뭐 달 더 보자구 그냥 두세요? 지금 팔면 올엔 파초가 세가 나 저렇게 큰 건 오 원도 더 받습니다……누가 마침 큰 걸 하나 구한다뇨 그까짓 슬쩍 팔아 버리시죠."

생각하면 고마운 말이다. 이왕 죽을 것을 가지고 돈이라도 한 오 원 만들어 쓰라는 말이다.

그러나 나는 마음이 얼른 쏠리지 않는다.

"그까짓 거 팔아 뭘 허우."

"아, 오 원쯤 받으셔서 미닫이에 비 뿌리지 않게 챙*이나 해 다시죠."

그는 내가 서재를 짓고 챙을 해 달지 않는다고 자기 일처럼 성화하던 사람이다.

나는, 챙을 하면 파초에 비 맞는 소리가 안 들린다고 몇 번 설명하였으나 그는 종시 객쩍은 소리로밖에 안 듣는 모양이었다.

그는 오늘 오후에도 다시 한 번 와서

"거 지금 좋은 작자가 있는뎁쇼……" 하고 입맛을 다시었다.

* 챙: 햇빛이나 비를 막기 위해 처마 끝에 덧붙이는 좁은 지붕.

이렇게 '파초'를 좋아하는 글쓴이에게 '앞집 사람'이 찾아와 '파초'를 팔라고 합니다. 곧 죽을 것이니 팔아서 '챙'이라도 달라는 조언을 해 주고 있는데, 글쓴이는 고맙기는 하지만 마음이 쏠리지 않는다는 이야기를 하고 있어요. 애초에 '파초'에 비 맞는 소리를 듣고 싶어서 '챙'도 달지 않은 '글쓴이'에게 '파초'를 팔아 '챙'을 달라는 것은 말도 안 되는 소리겠죠. 상황을 어렵지 않게 이해할 수 있겠습니다.

정말 파초가 꽃이 피면 열대 지방과 달라 한번 말랐다가는 다시 소생하지 못할는지도 모른다. 그러나 내 마당에서, 아니 내 방 미닫이 앞에서 나와 두 여름을 났고 이제 그 발육이 절정에 올라 꽃이 핀 것이다. 얼마나 영광스러운 일인가!

-이태준, 「파초」-

글쓴이는 '파초'가 곧 죽어 다시 볼 수 없을 것이라는 점은 인정하지만, 자신의 마당에서 피어난 '영광스러운 일'을 해낸 '파초'를 차마 팔 수는 없습니다. 이 마음에 어렵지 않게 공감할 수 있겠죠?

선지	①	②	③	④	⑤
선택률	19%	2%	67%	5%	7%

99 (가)에 대한 설명으로 적절하지 <u>않은</u> 것은? ③

① 선경후정의 방식을 활용하여 시상을 전개하고 있다.

선지 유형	근거가 있어서 허용 가능
실전에서의 판단 과정	자연 묘사한 다음 서럽다고 했네.
해설	'햇살', '구름', '꽃봉오리' 등의 자연물을 묘사한 뒤, 이가 시리다거나 서럽다는 등의 정서를 제시하고 있습니다. 이는 평가원이 공식적으로 인정한 '선경후정'의 사례네요. 확실하게 정리합시다.

② 모든 연을 2행으로 구성하여 형태적 통일성을 추구하고 있다.

선지 유형	근거가 있어서 허용 가능
실전에서의 판단 과정	그러네.
해설	모든 연이 2행으로 구성되어 있습니다. 이는 작품의 전반적인 '형태'가 '통일성'을 이루게끔 하려는 의도라고 할 수 있겠죠?

③ <u>제2연에서는 명사로 연을 마무리하여 사물의 정적인 모습을 강조하고 있다.</u>

선지 유형	근거가 있어서 허용 불가능
실전에서의 판단 과정	구름이 골을 옮긴다며.
해설	제2연에서 '구름'이라는 명사로 연을 마무리하고 있기는 합니다. 하지만 이는 '골을 옮기는' 모습을 묘사한 것이에요. '구름'이 움직인다는 명백한 근거가 있기 때문에, '정적인 모습을 강조'한다는 것은 절대 허용할 수 없겠습니다.

④ 2연에서 제3연으로 전개되면서 화자의 시선이 원경에서 근경으로 이동하고 있다.

선지 유형	근거가 있어서 허용 가능
실전에서의 판단 과정	구름보다는 꽃봉오리가 더 가깝지.
해설	제2연에서 제3연으로 전개되면서 화자의 시선은 '구름'에서 '길경 꽃봉오리'로 이동합니다. 화자의 시선을 기준으로 했을 때, 이는 원경에서 근경으로 이동한 모습이라고 할 수 있겠죠? '구름'이 '길경 꽃봉오리'보다는 멀리 있을 테니까요.

⑤ 제4연에서는 비유적 표현을 활용하여 사물에 동적인 이미지를 부여하고 있다.

선지 유형	근거가 있어서 허용 가능
실전에서의 판단 과정	죽순 돋는 건 동적이고, 이거에 비유했네.
해설	제4연에서는 '길경 꽃봉오리'를 '차돌부리 촉 촉 죽순 돋듯'하다고 표현하고 있습니다. 이는 '길경 꽃봉오리'를 '죽순 돋는 것'에 비유한 것임과 동시에, '죽순'이 돋는다는 동적인 이미지를 부여한 것이라고 할 수 있겠네요. 정확히 무슨 뜻인지는 몰라도, 선지를 허용하는 것 정도는 어렵지 않겠습니다.

선지	①	②	③	④	⑤
선택률	8%	4%	81%	3%	4%

100 ⊙과 ⓒ을 비교한 내용으로 가장 적절한 것은? ③

> 물 소리에
> 이가 시리다.   ⊙

> ⓒ 가슴에 비가 뿌리되 옷은 젖지 않는 그 서늘함, 파초를 가꾸는 이 비를 기다림이 여기 있을 것이다.

- ⊙은 '물 소리'를 듣고 '이가 시리다'는 화자의 느낌을 표현한 부분이고, ⓒ은 빗방울을 튕겨내는 '파초'를 보고서 글쓴이가 느끼는 서늘한 감각을 표현한 부분입니다. 전반적으로 화자와 글쓴이의 느낌을 풍부하게 표현한 부분들이죠? 이를 바탕으로 선지를 판단해봅시다.

① ⊙은 청각을 촉각으로, ⓒ은 촉각을 시각으로 전이시키고 있다.

선지 유형	근거가 있어서 허용 불가능
실전에서의 판단 과정	ⓒ에 시각이 어딨어.
해설	일단 ⊙의 경우, '물 소리'라는 청각이 '이가 시리다'라는 촉각적 표현으로 전이되었다고 할 수 있겠습니다. '전이'라는 말은 자리나 위치 따위가 옮겨가는 것을 의미하는데, 화자의 감각이 청각에서 촉각 쪽으로 자리를 옮겼다 정도로 이해하면 될 것 같아요. 대단한 문학 개념어가 아니라, 어휘의 의미 그대로 이해하시면 됩니다.

한편 ⓒ의 경우, '가슴에 비가 뿌'려지는 것과 '옷은 젖지 않는 그 서늘함' 모두 촉각적 표현에 해당한다고 할 수 있겠죠? 이를 시각으로 전이하여 드러내지는 않았기 때문에 허용할 수 없겠습니다.

FAQ

Ⓠ 옷이 젖지 않는 것은 눈으로 볼 수 있으니 시각적 표현이라고 할 수 있지 않나요?

Ⓐ 만약 '옷이 젖지 않았다'라고만 되어 있으면 시각적 표현이 맞습니다. 하지만 (나)의 글쓴이는 ⓒ을 통해 옷이 젖지 않는 그 '서늘함'을 표현하고 있습니다. 결국 글쓴이가 표현하고자 하는 감각이 무엇인지를 생각하면 ⓒ에서 표현하고자 한 것은 '촉각적 감각'임을 쉽게 알 수 있을 것입니다.

언어는 맥락을 통해 의미가 만들어집니다. 단어 하나하나에 집착하며 시비 거는 느낌으로 글을 읽는 게 아니라, 맥락 속 단어의 의미를 바탕으로 진짜 필자가 하고자 하는 말을 읽고 느낄 수 있어야 합니다.

② ⊙은 화자가 '구름'을, ⓒ은 '나'가 '폭염'을 기다리는 이유를 나타내고 있다.

선지 유형	근거가 없어서 허용 불가능
실전에서의 판단 과정	구름을 왜 기다려.
해설	(가)의 화자는 ⊙을 통해 그저 '물 소리'에서 느껴지는 감각을 표현하고 있을 뿐, '구름'을 기다리고 있다는 내면세계 혹은 그 이유를 나타내고 있지는 않습니다. 허용하고 싶어도 도저히 근거를 찾을 수가 없네요.

한편 (나)의 글쓴이는 ⓒ을 '파초를 가꾸는 이 비'를 기다리는 이유라고 하고 있습니다. '폭염'이 아닌 '비'를 기다리는 이유가 ⓒ이라는 명백한 근거가 있으니, ⓒ이 '나'가 '폭염'을 기다리는 이유를 나타낸다는 것은 절대 허용할 수 없겠습니다. |

③ ⊙은 화자의, ⓒ은 '나'의 감각적 경험이 정서를 자극하는 양상을 표현하고 있다.

선지 유형	근거가 있어서 허용 가능
실전에서의 판단 과정	그러네.
해설	미리 생각한 내용 그대로죠? 일단 ⊙은 '물 소리'를 보는 감각적 경험이 화자의 정서를 자극하여 '이가 시리다'는 느낌을 갖게끔 하는 양상을 표현하고 있습니다.

나아가 ⓛ은 '파초'에 비가 내리는 것을 바라보는 감각적 경험이 '나'의 정서를 자극하여 '서늘함'이라는 느낌을 갖게끔 하는 양상을 표현하고 있네요. 어렵지 않게 답으로 고를 수 있겠습니다.

④ ㉠은 '물'과 화자의 공통점을, ⓛ은 '파초'와 '다른 화초'의 공통점을 드러내고 있다.

선지 유형	근거가 없어서 허용 불가능
실전에서의 판단 과정	물이랑 화자랑 무슨 공통점이 있냐.
해설	(가)의 화자는 '물 소리'를 듣고서 그저 '이가 시'릴 뿐, 자신과 '물'의 공통점을 인식하고 있지는 않습니다. 둘 사이의 공통점이라고 할 만한 근거를 찾기가 어렵죠? 한편 (나)의 글쓴이는 비가 오면 축 처지는 '다른 화초'들과는 달리 빗방울 튕기는 '파초'의 모습에 ⓛ을 느낍니다. 일단 (나)의 글쓴이의 입장에서 '파초'와 '다른 화초'는 공통점이 아닌 차이점을 가진다는 명백한 근거가 있고, ⓛ은 이러한 비교 포인트를 드러내는 부분이 아닌 비교 포인트로 인해 느끼는 글쓴이의 감각을 표현하는 부분일 뿐이에요. 여러모로 허용하기 어렵네요.

⑤ ㉠은 화자가, ⓛ은 '나'가 고통에서 벗어날 수 있는 미래를 기대하는 근거로 제시되고 있다.

선지 유형	근거가 없어서 허용 불가능
실전에서의 판단 과정	애초에 고통을 안 겪고 있는데?
해설	(가)의 화자와 (나)의 글쓴이 모두 고통을 겪고 있지도 않고, 고통에서 벗어날 수 있는 미래를 기대하는 내면세계를 보이지도 않습니다. 주제와 너무 어긋나기에 가볍게 지워낼 수 있겠네요.

선지	①	②	③	④	⑤
선택률	6%	4%	4%	81%	5%

101 〈보기〉를 바탕으로 (가), (나)를 감상한 내용으로 적절하지 않은 것은? ④

① (가)에 제시된 서러움이라는 정서는 현실의 번뇌로 인해 초월의 어려움을 자각한 데서 비롯된 것으로 볼 수 있겠군.

선지 유형	근거가 있어서 허용 가능
실전에서의 판단 과정	미리 생각한 내용이네.
해설	'실전적 지문 독해' 과정에서 미리 생각했던 내용입니다. 〈보기〉에 의하면 (가)의 화자는 자연을 초월과 은둔에 대한 지향이 현실의 번뇌와 억압으로 인해 좌절되는 공간으로 묘사했다고 했습니다. 이렇게 지향이 좌절되었으니 '서러움'이라는 내면세계를 가지게 된 것이라고 할 수 있겠네요.

② (나)에서 '나'가 '앞집 사람'의 제안을 거절하는 이유는 '나'가 파초를 통해 얻는 경제적 이득보다 파초 자체를 감상하는 데 더 큰 가치를 부여하고 있기 때문이겠군.

선지 유형	근거가 있어서 허용 가능
실전에서의 판단 과정	돈 버는 것보다는 파초 감상에 가치를 두는 거지.
해설	(나)에서 '나'는 곧 죽게 될 '파초'를 팔아 경제적 이득을 얻으라는 '앞집 사람'의 제안을 거절합니다. 이를 통해 '파초'라는 자연물과의 교감을 시도하며 심미적 감상의 태도를 드러내고자 하는 '나'의 내면세계를 읽어낼 수 있겠죠?

③ (가)의 화자는 '새'를 통해 자신의 서러운 처지를 드러내고 있고, (나)의 '나'는 파초를 자신과 함께 살아가는 존재로 여김으로써 자연물과의 교감을 드러내고 있군.

선지 유형	근거가 있어서 허용 가능
실전에서의 판단 과정	서러운 새라고 했으니 맞고, (나) 부분은 주제 그 자체네.
해설	(가)의 화자는 자신을 '서러운 새'로 비유하고 있습니다. 이는 '새'를 통해 화자 자신의 서러운 처지를 드러내는 모습이라고 할 수 있겠죠? 한편 (나)의 '나'가 '파초'를 자신과 함께 살아가는 존재로 여김으로써 자연물과의 교감을 드러낸다는 건 (나)의 주제 그 자체이니 가볍게 허용할 수 있겠습니다.

④ (가)의 '흰 밥알'은 자연 속에서도 떨쳐 버릴 수 없는 현실의 무게를 나타내고, (나)의 '챙'은 '나'에게 속물적인 현실에서 벗어날 수 있는 여유를 제공하는 대상이군.

선지 유형	근거가 있어서 허용 불가능
실전에서의 판단 과정	흰 밥알은 맥락상 자연 같은데? 그리고 챙은 글쓴이가 싫어하는 거잖아.
해설	(가)의 '흰 밥알'은 맥락상 '서러운 새'가 된 화자가 지향하는 것입니다. 〈보기〉에 의하면, (가)의 화자가 지향하는 것은 자연 속 초월과 은둔이지 현실의 무게가 아닙니다. 이렇게 〈보기〉와 지문의 맥락을 근거로 하면 절대로 허용할 수 없는 선지네요. 나아가, (나)의 '챙'은 '나'가 '파초'를 팔아서 얻을 수 있는 대상입니다. 맥락상 이는 '나'로 하여금 '파초'에게서 얻을 수 있는 여유를 포기하고 속물적인 이익을 얻는 것을 상징하기에, '챙'이 '나'에게 속물적인 현실에서 벗어날 수 있는 여유를 제공한다는 것 역시 허용하기 어렵겠네요. 〈보기〉를 통해 화자의 내면세계, 즉 작품의 주제에 대한 정보를 얻고, 이를 통해 맥락을 독해하여 허용 가능성을 평가하는 것. 운문문학 문제풀이의 전부입니다. 확실하게 숙달될 때까지 연습해보도록 합시다.

⑤ (가)에서 풍경 묘사는 화자가 지향하는 이상적 세계를 보여 주고 있고, (나)에서 파초가 비 맞는 장면에 대한 감각적 서술은 자연물에 대한 '나'의 심미적 감상의 태도를 보여 주고 있군.

선지 유형	근거가 있어서 허용 가능
실전에서의 판단 과정	주제네.
해설	(가)의 화자가 지향하는 이상적 세계인 자연의 풍경을 묘사한다는 것, 그리고 (나)의 글쓴이가 '파초'가 비 맞는 장면을 감각적으로 서술하는 등 심미적으로 감상한다는 것 모두 〈보기〉에서 제시한 각 작품의 주제 그 자체입니다. 가볍게 허용할 수 있겠습니다.

현대시 독해 연습

> (가)
> 해ㅅ살 피여
> 이윽한* 후,
>
> 머흘 머흘
> 골을 옮기는 구름.
>
> * 이윽한: 시간이 지난

햇살이 피고 시간이 지난 후, 구름은 '머흘 머흘' 움직이고 있습니다. 이런 풍경이 머릿속에 떠오르시죠? 단어가 어려워 보이지만, 결국 자연을 묘사하고 있다는 것만 인식할 수 있으면 충분합니다.

> 길경(桔梗)* 꽃봉오리
> 흔들려 씻기우고.
>
> 차돌부리
> 촉 촉 죽순(竹筍) 돋듯.
>
> 물 소리에
> 이가 시리다.
>
> * 길경: 도라지.

이번엔 '도라지 꽃봉오리'를 묘사하고 있습니다. '도라지 꽃봉오리'가 흔들려 씻긴다는 표현을 보니, 물이 있었나 봅니다. 약간 과하기는 하지만, 1연에서 햇살이 피었다는 것과 엮으면 비가 온 뒤라고 생각할 수 있겠습니다. '도라지 꽃봉오리'가 빗물에 흔들리며 씻긴 것이죠.

그리고 '차돌부리'('차돌'이라는 돌의 튀어나온 부분)는 '촉 촉 죽순 돋듯' 튀어나와 있습니다. 이런 풍경을 보는 화자는 '물 소리'를 듣는데, 이에 '이가 시리다'는 반응을 보이고 있어요. 그만큼 '물 소리'가 시원하다는 의미로 이해할 수 있겠죠? 계속해서 비 온 뒤 어떤 곳의 풍경을 묘사하고 있습니다.

> 앉음새 갈히어
> 양지 쪽에 쪼그리고,
>
> 서러운 새 되어
> 흰 밥알을 쫏다.
>
> −정지용, 「조찬(朝餐)」−

이렇게 비온 뒤의 풍경을 묘사하기만 하는 것 같더니, 화자는 자신의 '앉음새'가 '갈히여 / 양지 쪽에 쪼그리고' 있다고 합니다. '갈히여'는 '가리어' 정도로 생각할 수 있는데, 화자는 지금 '양지 쪽에 쪼그리고' 앉아 자신의 몸을 숨기고 있는 것이죠. 화자는 이러한 자신의 처지가 '서러운 새' 같다고 하면서, '흰 밥알'을 쫓고 있을 뿐이라는 이야기를 합니다. 무슨 사연이 있는 것인지는 모르겠지만, 비 온 뒤의 풍경 속에서 쪼그리고 앉아 서러워하는 화자의 모습이 보이면 충분하겠습니다.

몰랐던 어휘 정리하기

| 핵심 point |

① **허용 가능성 평가** : 선지의 내용을 '허용'하려는 태도를 바탕으로 지문을 '독해'하며 '근거'를 찾아야 합니다. 허용할 수 있는 '근거'가 있어야만 허용할 수 있습니다. 주관적인 생각을 개입시키면 안 됩니다.

② **현대시 독해** : 〈보기〉의 도움 등을 통해 '주제' 위주로, 그리고 일상 언어의 감각으로 읽어내면 됩니다. 현대시도 읽을 수 있는 하나의 글입니다.

③ **수필 독해** : 운문문학과 마찬가지로, 글쓴이가 하고자 하는 말인 '주제'를 파악하는 것이 핵심입니다. 수필이 어렵게 출제될 것을 대비해, 독서 지문을 읽듯이 꼼꼼하게 읽으며 주제를 파악하는 연습을 해야 해요.

| 지문 내용 총정리 |

다소 낯선 표현들이 많이 사용된 작품이 있어 당황할 수 있는 지문이었습니다. 하지만 결국 〈보기〉를 통해 얻은 주제를 바탕으로 맥락을 독해하고 허용 가능성을 평가한다는 가장 기본적인 운문문학 문제풀이 태도를 연습할 수 있는 지문이었습니다. 어차피 〈보기〉와 선지의 도움을 통해 충분히 헤쳐나갈 수 있으니, 나아가 여러분이 충분히 읽어낼 수 있는 작품만 출제되니 표현이 낯설다고 당황하는 우를 범하지 않도록 합시다.

DAY 9 [102~104]
2014.09AB [38~40][31~33] 고전시가 '매화사' ☆

〈보기〉 독해

[보기]

안민영의 「매화사」에는 **매화를 감상하는 여러 가지 태도**가 나타나 있다. 기본적으로 **시흥(詩興)**을 불러일으키는 **자연물**로서의 속성에 초점을 맞춰 매화를 감상하는 태도가 바탕이 된다. 여기에 당대의 이념과 관련하여 매화에 **규범적 가치**를 부여하여 감상하는 태도, 매화에 **심미적으로 접근**하여 아름다움을 음미하는 태도, **매화의 흥취를 즐기는 풍류적 태도** 등이 덧붙여지기도 한다.

'매화'를 감상하는 여러 가지 태도가 나타난다는 주제를 친절하게 제시하는 〈보기〉입니다. 밑줄 친 내용에 따르면, 이 지문에서 '매화'는 '시흥'을 불러일으키는 자연물이라고 합니다. 이에 당대의 이념과 관련하여 규범적 가치를 부여하거나, 심미적으로 접근하거나, '매화'의 흥취를 즐기는 풍류적 태도가 나타나거나 한다고 하네요. 사실 '매화사'는 필수 고전시가라고 할 수 있는 유명한 작품이니, 대충 그 내용을 알고 계시겠죠? 이런 내용들을 생각하며 지문을 읽고 문제를 풀어봅시다.

실전적 지문 독해

매영(梅影)이 부딪힌 창에 옥인금차(玉人金釵)* 비꼈구나
이삼(二三) 백발옹(白髮翁)은 거문고와 노래로다
이윽고 잔 들어 권할 적에 달이 또한 오르더라

〈제1수〉

빙자옥질(氷姿玉質)*이여 눈 속에 네로구나
가만히 향기 놓아 황혼월(黃昏月)을 기약하니
아마도 아치고절(雅致高節)*은 너뿐인가 하노라

〈제3수〉

바람이 눈을 몰아 산창(山窓)에 부딪히니
찬 기운 새어 들어 자는 매화를 침노(侵擄)하니
아무리 얼우려 한들 봄뜻이야 앗을쏘냐

〈제6수〉

동각(東閣)에 숨은 꽃이 철쭉인가 두견화(杜鵑花)인가

건곤(乾坤)이 눈이어늘 제 어찌 감히 피리

알괘라 백설양춘(白雪陽春)*은 매화밖에 뉘 있으리

〈제8수〉

-안민영,「매화사」-

* 옥인금차: 미인의 금비녀.
* 빙자옥질: 얼음같이 맑고 깨끗한 살결과 옥같이 아름다운 성질.
* 아치고절: 우아한 풍치와 높은 절개.
* 백설양춘: 흰 눈이 날리는 이른 봄.

밑줄 친 부분을 중심으로 생각하면, 〈보기〉에서 언급한 '매화'의 감상 태도들이 잘 나타나 있다는 것을 확인할 수 있습니다. 자세한 해석은 문제를 풀면서 해보도록 하고, '매화'에 대한 여러 감상 태도를 드러낸다는 주제만 확실하게 인식한 채로 넘어갑시다.

선지	①	②	③	④	⑤
선택률	2%	6%	82%	8%	2%

102 윗글의 표현상 특징으로 가장 적절한 것은? ③

① 반어적 표현을 통해 시적 긴장감을 조성하고 있다.

선지 유형	근거가 없어서 허용 불가능
실전에서의 판단 과정	반어적 표현이 어딨냐.
해설	이 지문은 처음부터 끝까지 '매화'에 대한 감상을 직설적으로 드러내고 있습니다. 화자의 내면세계와 반대되는 말을 한 적도 없고, 이에 따라 '시적 긴장감'을 조성한 적도 없죠. 물론 〈제6수〉에서 '바람'이 '매화'를 침노한다(쳐들어가다)는 부분에서 '시적 긴장감'을 허용할 수 있을 것 같습니다. 시적 대상인 '매화'에게 위기가 닥치는 순간이니까요.

② 대화의 형식을 통해 대상과의 친밀감을 나타내고 있다.

선지 유형	근거가 없어서 허용 불가능
실전에서의 판단 과정	대화를 한 건 아니지.
해설	단어의 의미 그대로, '대화의 형식'이 허용되려면 '대화'가 있어야 합니다. 이 지문은 처음부터 끝까지 화자의 독백으로 이루어져 있을 뿐, '매화'가 대답하거나 하지는 않았죠? 물론 '매화'라는 자연물을 의인화하는 방식으로 친밀감을 나타내는 것은 맞습니다.

③ 다양한 감각적 심상을 사용하여 대상을 예찬하고 있다.

선지 유형	근거가 있어서 허용 가능
실전에서의 판단 과정	주제네.
해설	당연히 존재할 시각적 이미지들과 함께, 거문고나 노래라는 청각적 이미지, 향기 놓는다는 후각적 이미지 등 다양한 감각적 심상이 사용되고 있습니다. 이를 통해 '매화'라는 대상을 예찬하는 것은 이 지문의 주제 그 자체라고 할 수 있겠죠? 구체적으로는 '아치고절'은 '매화'밖에 없을 것이라고 하며 예찬하는 모습입니다.

④ 대상에 감정을 이입하여 화자의 애상감을 심화하고 있다.

선지 유형	근거가 없어서 허용 불가능
실전에서의 판단 과정	애상감이 왜 나와.
해설	화자가 '매화'의 감정에 이입하는 부분이 나타나지도 않을 뿐 아니라, (애초에 '매화'의 감정이 나타나지도 않을 뿐 아니라) 화자의 '애상감'은 전혀 확인할 수 없는 내면세계였죠? 화자는 그저 '매화'를 즐겁게 감상하고 있을 뿐입니다.

⑤ 명령적 어조를 통해 현실에 대한 비판 의식을 드러내고 있다.

선지 유형	근거가 없어서 허용 불가능
실전에서의 판단 과정	비판을 왜 해.
해설	일단 지문 전체적으로 명령적 어조를 찾을 수도 없을 뿐 아니라, '현실에 대한 비판 의식'은 주제를 고려할 때 절대 허용할 수 없는 내면세계죠? 다시 강조하지만, 화자는 그저 '매화'를 즐겁게 감상하고 있을 뿐입니다.

선지	①	②	③	④	⑤
선택률	3%	9%	4%	79%	5%

103 윗글에 대한 설명으로 적절하지 <u>않은</u> 것은? ④

① 제1수는 시적 화자를 둘러싼 상황을 제시하여 시적 분위기를 형성하고 있다.

선지 유형	근거가 있어서 허용 가능
실전에서의 판단 과정	술마시고 놀고 있지.
해설	〈제1수〉에서 화자는 거문고와 노래를 즐기는 '이삼 백발옹'(두 세 명의 노인)과 함께 잔을 들어 술을 권하고 달이 오르는 모습을 즐기고 있습니다. 이렇게 화자를 둘러싼 상황을 제시하면 시적 분위기가 형성되는 것은 당연하겠죠.

② 제3수는 제1수와 달리 대상을 의인화하여 대상의 면모를 강조하고 있다.

선지 유형	근거가 있어서 허용 가능
실전에서의 판단 과정	'너'라는 표현을 썼네.
해설	〈제3수〉에서는 '매화'를 '너'라고 부르며 의인화하고 있습니다. 이를 통해 '아치고절'을 가지고 있는 '매화'의 면모를 강조하고 있죠? 〈제1수〉에서는 의인화를 찾아볼 수 없으니 어렵지 않게 허용할 수 있겠습니다.

③ 제6수는 대상이 시련을 겪는 상황을 제시하여 대상의 속성을 부각하고 있다.

선지 유형	근거가 있어서 허용 가능
실전에서의 판단 과정	눈바람이 매화를 침노했는데 봄뜻을 안 뺏겼지.
해설	〈제6수〉에서 화자는 '바람'이 '눈'을 몰아 찬 기운을 이용해 '매화'를 침노하는 상황을 제시하고 있습니다. 이는 '매화'의 입장에서 시련이라고 할 수 있는데, 화자는 '매화'가 자신을 얼리려는 눈바람에도 '봄뜻'을 뺏기지 않을 것이라고 해요. 이는 '매화'가 가진 강직한 속성을 부각하는 모습이라고 할 수 있겠습니다.

④ 제8수는 다른 자연물과 대상의 비교를 통해 공통된 특성을 부각하고 있다.

선지 유형	근거가 있어서 허용 불가능
실전에서의 판단 과정	백설양춘은 매화밖에 없다며.
해설	화자는 〈제8수〉에서 '철쭉', '두견화' 같은 다른 자연물을 제시하면서, 이들은 건곤(온 세상)이 눈으로 덮인 상황에서는 피지 못할 것이라고 하고 있어요. 하지만 '매화'는 이런 상황에서 이른 봄을 알리며 필 수 있는, 유일한 '백설양춘'이라는 인식을 드러내고 있죠? 이처럼 '매화'와 다른 자연물의 비교를 통해 차이점을 드러내고 있다는 명백한 근거가 있기 때문에, 이 선지는 절대 허용할 수 없다는 판단이 가능하겠습니다.

⑤ 제6수와 제8수는 의문의 형식을 통해 대상의 가치를 강조하고 있다.

선지 유형	근거가 있어서 허용 가능
실전에서의 판단 과정	설의적 표현이지.
해설	〈제6수〉와 〈제8수〉는 모두 '앗을쏘냐', '뉘 있으리'라는 의문의 형식을 사용하고 있는데, 이는 모두 '매화'의 가치를 강조하는 설의적 표현이라고 할 수 있겠죠? 설의적 표현을 사용하면 화자가 하고자 하는 말, 혹은 내면세계를 강조하는 효과가 있다는 것을 확실하게 알아둡시다.

선지	①	②	③	④	⑤
선택률	4%	14%	8%	5%	69%

104 〈보기〉를 참고하여 윗글을 이해한 내용으로 적절하지 <u>않은</u> 것은? [3점] ⑤

① '거문고와 노래'는 매화가 불러일으킨 시흥을 즐기기 위한 풍류적 요소이다.

이삼(二三) 백발옹(白髮翁)은 <u>거문고와 노래</u>로다

선지 유형	근거가 있어서 허용 가능
실전에서의 판단 과정	거문고와 노래가 함께 하면 신나겠지.

해설	〈보기〉에서 화자는 기본적으로 '매화'를 시흥을 불러일으키는 자연물로서의 속성에 초점을 맞췄다고 했습니다. 여기서 '거문고와 노래'는 화자를 신나게 하면서, '매화사'라는 시로 인해 나타나는 흥을 즐기기 위한 풍류적 요소로 작용하겠죠. 참고로 '이삼 백발옹'은 '두세 늙은이'를 의미합니다.(백발옹=흰 머리 노인) 화자는 다른 늙은이들과 함께 '거문고와 노래'를 통해 시흥을 즐기고 있는 것이죠.

② '잔 들어 권할 적에'는 고조된 흥취를 사람들과 함께하고 싶은 마음을 드러낸다.

> 이윽고 잔 들어 권할 적에 달이 또한 오르더라

선지 유형	근거가 있어서 허용 가능
실전에서의 판단 과정	술잔 권하는 건 고조된 흥취를 사람들과 함께하고 싶은 마음이라고 할 수 있지.
해설	화자는 '이삼 백발옹'과 거문고·노래 등을 통해 신나게 놀고 있는데, 이런 와중에 술잔을 들어 권하고 있습니다. 여러 사람이 즐기는 음주가무의 현장이니, '잔 들어 권할 적에'는 고조된 흥취를 사람들과 함께하고 싶은 화자의 내면세계가 드러나는 구절이라고 할 수 있겠습니다.

③ '황혼월'은 매화를 심미적으로 감상할 때 매화의 아름다움을 더욱 돋보이게 한다.

> 빙자옥질(氷姿玉質)*이여 눈 속에 네로구나
> 가만히 향기 놓아 황혼월(黃昏月)을 기약하니
> 아마도 아치고절(雅致高節)*은 너뿐인가 하노라
> 〈제3수〉
>
> * 빙자옥질: 얼음같이 맑고 깨끗한 살결과 옥같이 아름다운 성질.
> * 아치고절: 우아한 풍치와 높은 절개.

선지 유형	근거가 있어서 허용 가능
실전에서의 판단 과정	황혼월이 뜨면 매화가 더 이쁘게 보이겠지.
해설	〈제3수〉는 '매화'를 예찬하는 부분입니다. '매화'를 '빙자옥질' 및 '아치고절'에 비유하면서 예찬하는 모습을 확인할 수 있죠? 이런 맥락에서, 화자가 가만히 향기 놓으며 기다리는 '황혼월'은 '매화'의 아름다움을 훨씬 잘 느낄 수 있는 시간이라고 할 수 있습니다. '매화'를 심미적으로 감상하고 있는 화자의 내면세계를 고려하면, 이때 기다리고 있는

'황혼월'은 당연히 '매화'의 아름다움을 돋보이게 하는 시간이라고 허용할 수 있는 것이죠.

물론, '매화사'라는 필수 고전시가의 내용을 미리 공부한 상태라면 더 쉽게 선지 판단이 가능하겠습니다. 위와 같은 '독해'를 통한 선지 판단도 연습이 되어야겠지만, 기본적으로 필수 고전시가는 미리 공부가 되어 있어야 한다는 점. 꼭 기억하세요.

④ '아치고절'은 자연물인 매화에 부여된 심미적이면서도 규범적인 가치이다.

> 아마도 아치고절(雅致高節)*은 너뿐인가 하노라
>
> *아치고절: 우아한 풍치와 높은 절개.

선지 유형	근거가 있어서 허용 가능
실전에서의 판단 과정	풍치가 심미적, 절개가 규범적이지.
해설	'아치고절'은 각주에 제시된 대로 '우아한 풍치와 높은 절개'를 의미합니다. 이는 '매화'에 부여된 가치인데, 이때 풍치(멋진 풍경)는 '심미적'인 가치를, 절개는 '규범적'인 가치를 상징하겠죠. 풍치와 같은 단어의 뜻을 몰랐다고 해도, 애초에 이 작품의 주제를 그대로 읊어주는 선지이니 가볍게 허용할 수 있어야 합니다.

⑤ '봄뜻'은 매화를 당대 이념에 국한하여 감상해야 의미를 파악할 수 있는 시어이다.

> 바람이 눈을 몰아 산창(山窓)에 부딪히니
> 찬 기운 새어 들어 자는 매화를 침노(侵擄)하니
> 아무리 얼우려 한들 봄뜻이야 앗을쏘냐
> 〈제6수〉

선지 유형	근거가 있어서 허용 불가능
실전에서의 판단 과정	봄뜻은 지금의 이념으로도 의미 파악이 되는데?
해설	〈제6수〉에서 화자는 '매화'가 가지고 있는 '봄뜻'을 눈바람이 빼앗을 수 없을 것이라는 이야기를 하고 있습니다. 매서운 '겨울'의 바람이 '봄'의 뜻을 빼앗을 수 없다는 것은, '매화'를 당대 이념에 국한하여 감상하지 않아도 그 의미를 파악할 수 있죠? 참고로 '매화'가 추운 겨울에 피는 꽃이라는 점은 알고 계셔야 합니다. 추운 겨울에도 꽃으로 핀다는 점에서 '봄뜻'을 가지고 있다고 표현되는 것이죠.

FAQ

Q 말씀하신 것처럼, '매화'가 추운 겨울에도 꽃을 피운다는 점에서 '절개'의 상징이라고 알고 있습니다. 그런데 이때 '절개'는 당대 이념과 관련된 것이니 허용할 수 있는 거 아닌가요?

A 말씀하신 대로 '봄뜻'을 '절개'라는 당대 이념과 관련하여 이해할 수도 있지만, 단순히 '겨울'과 '봄'이라는 단어의 사전적 의미가 대조된다는 것을 바탕으로 이 구절을 이해할 수도 있습니다. 즉, 당대 이념에 '국한'하지 않아도 의미를 파악할 수 있기 때문에, 허용할 수 없는 선지가 됩니다.

몰랐던 어휘 정리하기

| 핵심 point |

① **허용 가능성 평가** : 선지의 내용을 '허용'하려는 태도를 바탕으로 지문을 '독해'하며 '근거'를 찾아야 합니다. 허용할 수 있는 '근거'가 있어야만 허용할 수 있습니다. 주관적인 생각을 개입시키면 안 됩니다.

② **고전시가 독해** : 겁먹지 않고, 현대시를 읽듯이 읽어내면 됩니다. 현대시와 마찬가지로, 〈보기〉의 도움 등을 통해 '주제' 위주로 가볍게 읽어내면 되는 거예요. 자세한 해석은 선지가 해줄 겁니다!

③ **필수 고전시가** : 대부분의 교과서에 실려 있을 정도로 필수적인 고전시가들은 그 내용을 아주 디테일하게 물어보는 경우가 많습니다. 확실하게 정리해두도록 합시다.

| 지문 내용 총정리 |

필수 고전시가인 '매화사'의 내용을 알고 있었다면 훨씬 쉽게 해결할 수 있는 지문이었습니다. 필수 고전시가로 접근하지 않더라도, 자연물에 어떤 가치를 부여하여 감상하고 있다는 내면세계 중심으로 선지의 허용 가능성을 평가할 수 있는지 점검해보셔야 합니다.

〈보기〉독해

─────[보기]─────

　이 작품에서 작가는 북한군의 포로가 된 형제가 전쟁이
라는 상황에서 어떤 모습을 보이는지를 실감 나게 그리고
있다. 특히 천진난만한 '벌거숭이 인간'인 '형'이 외부의 폭
력에 희생되는 모습을 묘사하여 근원적인 인간성이 얼마
나 소중한지를 일깨워 준다. 또한 이 작품은 포로 호송이
라는 상황을 빌려 구성원을 획일화하는 사회를 우회적으
로 비판한다.

이 작품은 북한군의 포로가 된 형제가 전쟁이라는 상황에서 보이
는 모습을 그린 것이라고 해요. 이를 통해 근원적인 인간성의 소
중함을 일깨워 주고, 구성원을 획일화하는 사회를 우회적으로 비
판한다고 합니다. 전체적인 줄거리와 주제 의식을 미리 확인할
수 있으니, 지문을 더 쉽게 이해할 수 있을 것 같습니다. 북한군의
포로가 된 형제들에게 공감할 준비를 하면서 지문을 읽어보도록
합시다.

지문 독해

─────────────────

　형은 또 울었다. 밤이 깊도록 어머니까지 불러 가며
엉엉 소리 내어 울었다.
　동생도 형 곁에서 남모르게 소리를 죽여 흐느껴 울었
다. 그저 형의 설움과 울음을 따라 울 뿐이었다. 동생도
이렇게 울면서 어쩐지 마음이 조금 흐뭇했다.

북한군에게 포로로 잡힌 형제의 '형'은 또 울고 있습니다. 어머니
까지 불러 가며 엉엉 소리 내어 우는 '형'의 마음에 충분히 공감할
수 있겠죠? 이때 '동생'도 '형' 곁에서 울고 있습니다. 그런데 '동
생'은 '형'처럼 엉엉 소리 내어 우는 것이 아니라, 소리를 죽여 흐
느껴 울고 있어요. 그저 '형'의 설움과 울음을 따라 울 뿐인 것처
럼 말이죠. 이를 통해 기본적으로 '형'은 조금 더 감수성이 풍부하
고 솔직한 성격이고, '동생'은 어느 정도 진중한 성격이라는 것을
알 수 있겠습니다. 물론 다른 맥락이 있을 수도 있지만, 이 내용만
보면 이렇게 생각할 수 있겠죠?

나아가, '동생'은 '형'의 울음을 따라 울면서 어쩐지 조금 흐뭇한
느낌을 받습니다. 포로로 잡혀 힘들어 울면서 왜 흐뭇한 느낌을
받는 것일까요? 전문이 없어 정확하게 이해하기는 힘들지만, 이

지문 내용만 가지고 생각했을 때는 '형'과 함께 서러움을 표출하
는 것만으로도 그 감정이 조금은 해소되며 후련한 마음이 드는
모습이라고 할 수 있겠네요. 이렇게 최대한 인물에게 공감하려는
의도를 가지고 읽어주셔야 합니다.

지문 독해

─────────────────

　이날 밤의 감시는 밤새도록 엄했다.
　바깥은 첫눈이 흩날리고 있었다.
　형은 울음을 그치고 불쑥,
　"야하, 눈이 내린다, 눈이, 눈이. 벌써 겨울이 다 됐네."
　물론 감시병들의 감시가 심하니까 동생의 귀에다 입
을 대지도 않고 이렇게 혼잣소리처럼 지껄였다.
　"저것봐, 저기 저기, 에에이, 모두 잠만 자구 있네."
　동생의 허리를 쿡쿡 찌르기만 하면서……
　어느새 양덕도 지났다. 하루하루는 수월히도 저물어
갔고 하늘은 변함없이 푸르렀을 뿐이었다. 산도 들판도
눈에 덮여 있었다. 경비병들의 겨울 복장을 바라보는 형
의 얼굴에는 천진한 애들 같은 선망의 표정이 어려 있곤
했다. 날로 날로 풀이 죽어 갔다.

감시가 밤새도록 엄했던 '이날 밤'입니다. '이날 밤'은 첫눈이 흩
날리는 겨울밤이네요. 그 풍경을 상상하면서 읽고 계시죠? 이러
한 풍경 속, 엉엉 울던 '형'은 울음을 그치고 눈이 내린다는 이야
기를 합니다. 〈보기〉에서 말했던 것처럼, '형'은 참 천진난만한 성
격을 가지고 있는 것 같습니다.

그렇게 시간은 흐르고, '경비병'들의 따뜻한 겨울 복장을 바라보
는 '형'의 얼굴에는 천진한 애들 같은 '선망의 표정'이 어려 있곤
합니다. 하지만 이렇게 천진난만한 '형'에게도 포로 생활은 너무
힘들 것입니다. 날로 날로 풀이 죽어 가는 모습이네요.

─────────────────

　어느 날 밤이었다. 일행도 경비병들도 모두 잠들었을
무렵, 형은 또 동생의 귀에다 입을 대고, 이즈음에 와선
늘 그렇듯 별나게 가라앉은 목소리로,
　"그새끼 생각이 난다. 맘이 꽤 좋았댔이야이."
　"……"
　"난 원래 다리에 담증이 있는데이. 너두 알잖니. 요새
좀 이상한 것 같다야."
　하고는 헤죽이 웃었다.
　"……"
　동생은 놀라 돌아다보았다. 여느 때 없이 형은 쓸쓸하게
웃으면서 두 팔로 동생의 어깨를 천천히 그러안으면서,

"칠성아, 야하, 흠썩은 춥다."

"……"

"저 말이다, 엄만 날 늘 불쌍히 여겼댔이야, 잉. 야, 칠성아, 칠성아, 내 다리가 좀 이상헌 것 같다야이."

"……"

동생의 눈에선 다시 눈물이 비어져 나왔다.

형은 별안간 두 눈이 휘둥그레져서 동생의 얼굴을 멀끔히 마주 쳐다보더니,

"왜 우니, 왜 울어, 왜, 왜. 어서 그치지 못하겠니."

하면서도 도리어 제 편에서 또 울음을 터뜨리고 있었다.

시간이 흘러 '어느 날 밤'입니다. '형'은 '동생'의 귀에다 입을 대고 '그새끼'라는 인물에 대해 이야기합니다. 이를 들은 '동생'은 아무런 말도 하지 않아요. 그런데 이번엔 '형'이 자신의 다리가 좀 이상하다는 이야기를 하자, 역시 '동생'은 아무런 말도 하지 않지만 '놀라' 돌아봅니다. 두 번 모두 '동생'이 아무런 말도 하지 않았지만, 두 부분에서 '동생'의 표정은 아예 다르다는 것을 생각할 수 있어야 해요. 처음에는 무표정하게 '형'의 이야기를 듣다가, '형'이 다리가 아프다는 이야기를 한 뒤에는 깜짝 놀라는 표정을 짓고 있을 거예요. 충분히 상상할 수 있겠죠?

'형'은 쓸쓸하게 웃으며 이야기를 계속하고, '동생'의 눈에선 눈물이 흐릅니다. 이를 본 '형'은 또 두 눈이 휘둥그레져서 왜 우냐며 울음을 터뜨립니다. 별다른 설명이 없어도 이들의 눈물에 충분히 공감할 수 있겠죠? 포로 생활 중에 다리가 아프다는 것은 '형'의 생활이 더욱 힘들어지거나, 최악의 경우 낙오될 수 있음을 의미할 테니까요.

이튿날, 형의 걸음걸이는 눈에 띄게 절름거렸다. 혼잣소리도 풀이 없었다.

"그만큼 걸었음 무던히 왔구만서두. 에에이, 이젠 좀 그만 걷지딜, 무던히 걸었구만서두."

하고는 주위의 경비병들을 흘끔 곁눈질해 보았다. 경비병들은 물론 알은체도 안 했다. 바뀐 사람들은 꽤나 사나운 패들이었다.

그날 밤 형은 동생을 향해 쓸쓸하게 웃기만 했다.

"칠성아, 너 집에 가거든 말이다, 집에 가거든……."

하고는 또 무슨 생각이 났는지 벌쭉 웃으면서,

"히히, 내가 무슨 소릴 허니. 네가 집에 갈 땐 나두 갈 텐데, 앙 그러니? 내가 정신이 빠졌어."

한참 뒤엔 또 동생의 어깨를 그러안으면서,

"야, 칠성아!"

동생의 얼굴을 똑바로 마주 쳐다보기만 했다.

바깥은 바람이 세었다. 거적문이 습기 어린 소리를 내며 열리고 닫히곤 하였다. 문이 열릴 때마다 눈 덮인 초라한 들판이 부유스름하게 아득히 뻗었다.

동생의 눈에선 또 눈물이 비어져 나왔다.

형은 또 벌컥 성을 내며,

"왜 우니, 왜? 흐흐흐."

하고 제 편에서 더 더 울었다.

'이튿날', 다리가 아픈 '형'의 걸음걸이는 눈에 띄게 절름거립니다. 그만 걷자는 혼잣말도 힘이 없을 만큼 힘들어 보여요. '경비병'들은 당연히 아무런 반응을 하지 않고, 밤이 되자 '형'은 '동생'을 향해 쓸쓸하게 웃기만 합니다. 이때 '집에 가거든 말이다.'라고 하다가 '네가 집에 갈 땐 나두 갈 텐데,'라고 하며 벌쭉 웃는 '형'의 모습에도 충분히 공감할 수 있겠죠? 아무래도 자신은 곧 죽을 것 같지만, 그러면서도 희망을 버리지 않으려는 '형'입니다. '동생'은 또 울고, '형'은 울지 말라고 성을 내면서 더 울고 하는 슬픈 장면이에요.

며칠이 지날수록 형의 걸음은 더 절룩거려졌다. 행렬 속에서도 별로 혼잣소릴 지껄이지 않았다. 평소의 형답지 않게 꽤나 조심스런 낯색이었다. 둘레를 두리번거리며 경비병의 눈치를 흘끔거리기만 했다. 이젠 밤에도 동생의 귀에다 입을 대고 이것저것 지껄이지 않았다. 그러나 먼 개 짖는 소리 같은 것에는 여전히 흠칫흠칫 놀라곤 했다. 동생은 또 참다못해 눈물을 흘렸다. 그러나 형은 왜 우느냐고 화를 내지도 않고 울음을 터뜨리지도 않았다. 동생은 이런 형이 서러워 더 더 흐느꼈다.

그날 밤, 바깥엔 함박눈이 내렸다.

형은 불현듯 동생의 귀에다 입을 댔다.

"너, 무슨 일이 생겨두 날 형이라구 글지 마라, 어엉?"

여느 때답지 않게 숙성한 사람 같은 억양이었다.

"울지두 말구 모르는 체만 해, 꼭."

동생은 부러 큰 소리로,

"야하, 눈이 내린다."

형이 지껄일 소리를 자기가 지금 대신하고 있다고 생각했다.

"……"

그러나 이미 형은 그저 꾹하니 굳은 표정이었다.

동생은 안타까워 또 울었다. 형을 그러안고 귀에다 입을 대고,

"형아, 형아, 정신 차려."

그렇게 '형'의 걸음은 더 절룩거려지고, 이젠 아예 혼잣말 자체를 하지 않고 '조심스런 낯색'을 내비치는 '형'입니다. 이런 '형'의 모습에 '동생'은 참다못해 눈물을 흘리지만, '형'은 왜 우느냐고 화를 내지도, 울음을 터뜨리지도 않습니다. 그만큼 지친 것이겠죠. '동생'은 이런 '형'이 서러워 더욱 흐느낍니다.

'그날 밤', 변해버린 '형'은 '동생'에게 무슨 일이 생겨도 자신을 형이라고 부르지 말라는 이야기를 합니다. 천진난만하던 모습은 어디 가고 여느 때답지 않게 숙성한 사람 같은 억양으로 말이죠. 슬픔을 감추려는 듯 '동생'은 일부러 딴소리를 하면서도, '꾹하니 굳은 표정'을 하고 있는 '형'을 보고서 안타까워 또 웁니다.

> **이튿날**, 한낮이 기울어서 어느 영 기슭에 다다르자, 형은 동생의 허벅다리를 쿡 찌르고는 걷던 자리에 털썩 주저앉고 말았다.
>
> 형의 걸음걸이를 주의해 보아 오던 한 사람이 뒤에서 따발총을 휘둘러 쏘았다.
>
> 형은 앉은 채 앞으로 꼬꾸라졌다. 그 사람은 총을 어깨에 둘러메면서,
>
> "메칠을 더 살겠다구 뻐득대? 뻐득대길."
>
> –이호철, 「나상(裸像)」–

'이튿날', '형'은 결국 '동생'의 허벅다리를 쿡 찌르고는 털썩 주저앉고 맙니다. 그리고 충격적이게도 뒤에서 한 사람이 '형'에게 총을 쏘네요. 그 사람은 며칠을 더 살려고 뻐득대는 거냐면서 아무렇지 않게 '형'을 죽이는데, 전쟁이라는 상황에서 한 개인의 목숨이 얼마나 하찮게 여겨지는지를 잘 보여 주는 것 같습니다.

포로로 잡혀 있는 형제들의 슬픔에 공감하는 것이 관건이었습니다. 그리 어렵지는 않았죠? 문제도 가볍게 해결해봅시다.

선지	①	②	③	④	⑤
선택률	3%	5%	3%	5%	84%

105 윗글의 서술상 특징으로 가장 적절한 것은? ⑤

① 외양을 상세하게 묘사해 인물을 희화화하고 있다.

선지 유형	근거가 없어서 허용 불가능
실전에서의 판단 과정	이 지문에서 희화화가 말이 되나.
해설	일단 '동생'과 '형'을 비롯한 인물들의 외양을 상세하게 묘사한 부분이 나타나지도 않았을 뿐 아니라,

인물을 '희화화'한다는 것은 이 지문의 전반적인 분위기를 고려했을 때 절대 허용할 수 없겠죠.

② 내적 독백을 통해 시간의 흐름을 지연시키고 있다.

선지 유형	근거가 없어서 허용 불가능
실전에서의 판단 과정	내적 독백보다는 대화 위주로 전개되고 있지.
해설	이 지문에서 '내적 독백'을 찾기는 어렵습니다. 오히려 '형'과 '동생'의 대화 위주로 전개되고 있죠? '동생'이 대답을 잘 안 하기는 하지만, 그렇다고 '형'의 '내적 독백'이 나타나지는 않습니다.

③ 현재와 과거를 교차 서술하여 주제를 부각하고 있다.

선지 유형	근거가 있어서 허용 불가능
실전에서의 판단 과정	시간순으로 흘러갔던 것 같은데?
해설	'그날 밤'과 같은 시간 표현이 많이 나타나기는 했지만, 딱히 과거를 서술하지 않고 시간 순서대로 흘러가고 있었습니다. 이러한 내용을 근거로 하면, 현재와 과거를 교차 서술한다는 것은 허용하기 어렵겠죠.

④ 간접 인용을 활용하여 사건 전개의 신빙성을 높이고 있다.

선지 유형	근거가 없어서 허용 불가능
실전에서의 판단 과정	간접 인용이 언제 나왔냐.
해설	간접 인용을 활용한 적이 없죠? 물론, 만약 간접 인용이 활용되어 있고 인용 대상이 믿을 만한 사람이라면 사건 전개의 신빙성이 높아지긴 할 것입니다.

⑤ 주인공의 반복적 행위를 서술하여 성격을 구체화하고 있다.

선지 유형	근거가 있어서 허용 가능
실전에서의 판단 과정	형이 계속 울고 말 걸고 했지. 성격 구체화는 당연하고.
해설	'형'은 계속 울고, '동생'에게 계속 말을 걸고, '동생'이 울면 울지 말라며 더 울고 하는 등 반복적 행위를 보였습니다. 나아가 눈이 왔다거나 적당히 걷자고 하는 등 혼잣말을 반복하기도 했죠? 이는 '형'의 천진난만하고 감수성이 풍부한 성격을 구체화하는 효과를 낳는다고 할 수 있겠습니다. 물론, 인물의

	행동이나 발화는 반드시 그 인물의 성격을 드러내기 때문에, 뒷부분은 고민할 필요가 없겠습니다.

선지	①	②	③	④	⑤
선택률	5%	84%	6%	2%	3%

106 ㉠~㉤에 대한 이해로 적절하지 <u>않은</u> 것은? ②

① ㉠은 '형'의 동심을 불러일으킨다.

> 바깥은 ㉠ 첫눈이 흩날리고 있었다.
> 형은 울음을 그치고 불쑥,
> "야하, 눈이 내린다, 눈이, 눈이. 벌써 겨울이 다 됐네."

선지 유형	근거가 있어서 허용 가능
실전에서의 판단 과정	울다가 갑자기 눈 얘기하는 아이같은 모습이네.
해설	'형'은 ㉠을 인식하기 전까지는 어머니까지 불러가며 엉엉 소리 내어 울고 있었습니다. 그런데 ㉠을 보자마자 울음을 그치고 눈이 온다며 감탄하고 있어요. 이렇게 주변 환경에 관심을 보이고 천진난만한 모습을 보이는 '형'은 '동심'을 가지고 있다고 할 수 있는데, 이를 ㉠이 불러일으켰다는 것은 어렵지 않게 허용할 수 있겠네요.

② ㉡은 형제 사이의 갈등을 유발한다.

> "난 원래 다리에 ㉡담증이 있는데이. 너두 알잖니. 요새 좀 이상한 것 같다야."
> 하고는 헤죽이 웃었다.
> "……"
> 동생은 놀라 돌아다보았다. 여느 때 없이 형은 쓸쓸하게 웃으면서 두 팔로 동생의 어깨를 천천히 그러안으면서,

선지 유형	근거가 없어서 허용 불가능
실전에서의 판단 과정	형제 사이에 갈등이 어딨어.
해설	이 지문 속에서는 형제 사이의 갈등이 드러나지 않습니다. 오히려 서로 위로하고 함께 슬퍼하는 모습을 보였죠. 심지어 ㉡이 심해졌다는 것을 말하는 '형'을 보고 '동생'이 놀라 돌아다보고, 뒤에선 눈물을 흘리는 모습 등은 이들이 갈등하고 있지 않다는 것을 명백하게 보여 주는 근거가 됩니다.

㉢은 '형'의 내면 풍경을 보여 준다.

> 바깥은 바람이 세었다. 거적문이 습기 어린 소리를 내며 열리고 닫히곤 하였다. 문이 열릴 때마다 눈 덮인 초라한 ㉢들판이 부유스름하게 아득히 뻗었다.
> 동생의 눈에선 또 눈물이 비어져 나왔다.

선지 유형	근거가 있어서 허용 가능
실전에서의 판단 과정	초라하네.
해설	㉢은 눈 덮인 '초라한' 들판입니다. 자신의 최후를 직감하고 슬퍼하는 '형'의 내면세계를 고려하면, '초라한' 들판이 '형'의 내면 풍경을 보여 준다는 것은 어렵지 않게 허용할 수 있겠습니다.

④ ㉣은 '형'의 최후를 암시한다.

> 며칠이 지날수록 ㉣형의 걸음은 더 절룩거려졌다. 행렬 속에서도 별로 혼잣소릴 지껄이지 않았다. 평소의 형답지 않게 꽤나 조심스런 낯색이었다. 둘레를 두리번거리며 경비병의 눈치를 흘끔거리기만 했다.

선지 유형	근거가 있어서 허용 가능
실전에서의 판단 과정	계속 제대로 못 걸으면 최후를 맞이하겠지.
해설	㉣은 날이 갈수록 더 절룩거려집니다. 지문의 마지막 부분에서 확인했듯이, 포로 생활을 하는 현재 상황에서 제대로 걷지 못하면 최후를 맞이할 수밖에 없습니다. 이러한 점에서 계속 절룩거려지는 ㉣은 '형'의 최후를 암시한다고 할 수 있겠죠.

⑤ ㉤은 비극적 분위기를 고조시킨다.

> 그날 밤, 바깥엔 ㉤함박눈이 내렸다.
> 형은 불현듯 동생의 귀에다 입을 댔다.
> "너, 무슨 일이 생겨두 날 형이라구 글지 마라, 어엉?"
> 여느 때답지 않게 숙성한 사람 같은 억양이었다.
> "울지두 말구 모르는 체만 해, 꼭."

선지 유형	근거가 있어서 허용 가능
실전에서의 판단 과정	곧 죽을 텐데 함박눈이 내리네.
해설	㉤이 내리는 '그날 밤'은 '형'이 죽기 전날 밤입니다. 굉장히 슬프고 어두운 분위기를 자아내는 날인

데, ⑩이 가지고 있는 깨끗하고 포근한 이미지는 이와 대비되네요. 이렇게 특정 상황과 대비되는 이미지가 있으면 그 이미지로부터 해당 상황의 분위기가 고조되는 효과가 생길 수 있겠죠? 어렵지 않게 허용할 수 있네요.

선지	①	②	③	④	⑤
선택률	2%	3%	9%	3%	83%

107 윗글을 시나리오로 각색하고자 할 때, ⓐ~ⓔ의 처리 방법에 대한 의견으로 적절하지 <u>않은</u> 것은? [3점] ⑤

– 소설인 윗글을 '시나리오'로 각색하는 상황입니다. 카메라의 투입과 함께 배우의 비언어적 표현이 가미된 연기가 더해지겠죠? 이를 고려하며 문제를 풀어봅시다.

① ⓐ에서는 '모두 잠들었을 무렵'이라는 상황을 고려하여, 잠든 척 누워 있는 '동생'의 모습을 보여 주면 좋겠군.

> 어느 날 밤이었다. 일행도 경비병들도 <u>모두 잠들었을 무렵</u>, 형은 또 동생의 귀에다 입을 대고, 이즈음에 와선 늘 그렇듯 별나게 가라앉은 목소리로,
> "그새끼 생각이 난다. 맘이 꽤 좋았댔이야."
> ⓐ"……"

선지 유형	근거가 있어서 허용 가능
실전에서의 판단 과정	그렇겠네. 아직은 쓸데없는 소리 하는 거니까.
해설	ⓐ는 '모두 잠들었을 무렵'이라는 시간에 '형'이 하는 말에 대한 '동생'의 반응입니다. '그새끼 생각'이라는, 꼭 대꾸할 가치는 없는 말을 들은 뒤에 침묵하는 '동생'의 모습을 상상하면 다른 사람들처럼 잠든 척 누워 있는 모습을 떠올릴 수 있겠죠?

② ⓑ에서는 '놀라 돌아다보았다'라는 표현에 주목하여, 걱정스레 '형'을 바라보는 '동생'의 표정을 보여 주면 좋겠어.

> "난 원래 다리에 담증이 있는데이. 너두 알잖니. 요새 좀 이상한 것 같다야."
> 하고는 헤죽이 웃었다.
> ⓑ"……"
> <u>동생은 놀라 돌아다보았다.</u>

선지 유형	근거가 있어서 허용 가능
실전에서의 판단 과정	깜짝 놀라고 걱정스런 표정을 짓겠지.
해설	ⓐ와 달리, ⓑ는 '형'의 다리가 아프다는 충격적인 소식을 들은 '동생'의 반응입니다. 지문을 읽으면서도 미리 생각했지만, 이때 '동생'은 놀라 돌아다보며 걱정스러운 표정을 지을 거예요. 이 상황을 상상하면 어렵지 않게 허용할 수 있을 겁니다.

③ ⓒ에서는 춥다면서 끌어안는 '형'에게 기대어, 공감하듯 고개를 끄덕이는 '동생'의 모습을 보여 주면 좋겠군.

> 동생은 놀라 돌아다보았다. 여느 때 없이 형은 쓸쓸하게 웃으면서 두 팔로 동생의 어깨를 천천히 그러안으면서,
> "칠성아, 야하, 흠썩은 춥다."
> ⓒ"……"

선지 유형	근거가 있어서 허용 가능
실전에서의 판단 과정	지금은 형한테 맞춰 줄 타이밍이지.
해설	'형'은 자신의 다리가 아프다는 이야기를 한 뒤, 춥다며 '동생'을 끌어안고 춥다는 이야기를 합니다. 이 상황에서 '동생'을 연기하는 배우가 공감하듯 고개를 끄덕이는 모습은 충분히 자연스럽죠? 어떻게 보면 '형'과 함께 할 날이 얼마 남지 않았다는 것이니, '형'의 말에 공감하고 맞춰 주는 모습이 어색하지 않으니까요. 전반적인 맥락을 근거로 하면 어렵지 않게 허용할 수 있을 것입니다.

④ ⓓ에서는 아파하는 '형'을 눈물 어린 표정으로 바라보면서, 아픔을 나누지 못하는 '동생'의 안타까운 눈빛을 보여 주면 좋겠어.

> "저 말이다, 엄만 날 늘 불쌍히 여깄댔이야, 잉. 야, 칠성아, 칠성아, 내 다리가 좀 이상헌 것 같다야이."
> ⓓ"……"
> 동생의 눈에선 다시 눈물이 비어져 나왔다.

선지 유형	근거가 있어서 허용 가능
실전에서의 판단 과정	안타까우니까 눈물을 흘리지.
해설	ⓓ는 다리를 아파하는 '형'의 모습을 본 '동생'의 반응입니다. 아무 말 하지 못하고 그저 눈물만 흘리고 있는데, 이는 선지에서 말하는 것처럼 아픔을 나누지 못하는 '동생'의 안타까운 눈빛이 함께 하

는 모습이라고 할 수 있겠습니다. 역시 장면을 상상해보면, '동생'을 연기하는 배우가 안타까운 눈빛을 날리는 걸 상상할 수 있겠죠?

⑤ 에서는 '부러 큰소리로' 말했음에도 아무 반응이 없자, '형'을 무심하게 바라보는 '동생'의 모습을 보여 주면 좋겠군.

> "너, 무슨 일이 생겨두 날 형이라구 글지 마라, 어엉?"
> 여느 때답지 않게 숙성한 사람 같은 억양이었다.
> "울지두 말구 모르는 체만 해, 꼭."
> 동생은 부러 큰 소리로,
> "야하, 눈이 내린다."
> 형이 지껄일 소리를 자기가 지금 대신하고 있다고 생각했다.
> ⓔ "……"
> 그러나 이미 형은 그저 꾹하니 굳은 표정이었다.
> 동생은 안타까워 또 울었다. 형을 그러안고 귀에다 입을 대고,
> "형아, 형아, 정신 차려."

선지 유형	근거가 있어서 허용 불가능
실전에서의 판단 과정	안타까워서 울었다며.
해설	'동생'은 자신을 아는 척하지 말라는 '형'의 말에 '부러 큰소리로' 말을 돌립니다. 너무 힘든 '형'은 이에 반응하지 못하고 꾹하니 굳은 표정을 하는데,(ⓔ) 이를 본 '동생'은 안타까워 또 울며 '형아, 형아' 부르고 있어요. 이렇게 명백한 근거가 있는데, '동생'이 '형'을 무심하게 바라보게끔 한다는 것은 절대로 허용할 수 없겠습니다. 결국 묻고자 한 것은 각 장면 속 '동생'의 심리에 정확히 공감할 수 있느냐는 것이었네요.

선지	①	②	③	④	⑤
선택률	4%	3%	7%	68%	18%

108 〈보기〉를 참조하여 윗글을 감상한 내용으로 적절하지 않은 것은? ④

① 이 작품의 제목은 본연의 순수성을 그대로 드러내는 '형'의 모습을 형상화한 것이다.

선지 유형	근거가 있어서 허용 가능
실전에서의 판단 과정	나상은 나체니까, 본연의 순수성을 드러낸다고 할 수 있겠다.
해설	이 작품의 제목은 '나상', 즉 '나체를 표현한 형상'입니다. 이는 〈보기〉에서 말한 것처럼 '벌거숭이 인간'인 '형'이 가지고 있는 본연의 순수성이 형상화된 제목이라고 할 수 있겠네요.

② '경비병'은 폭력적 상황 속에서 인간 본연의 모습을 억압하고 길들이는 감시망을 상징한다.

선지 유형	근거가 있어서 허용 가능
실전에서의 판단 과정	경비병은 포로들을 억압하고 있지.
해설	'경비병'은 주인공 형제를 비롯한 포로들을 감시하고 억압하는 역할을 합니다. 이런 역할을 하는 '경비병'들은 전쟁이라는 폭력적 상황 속에서 인간 본연의 근원적인 모습을 억압하고 길들이는 감시망을 상징한다고 할 수 있겠죠.

③ '형'과 '동생'이 계속 걸어야만 하는 강제적 상황은 구성원을 획일화하려는 현실을 반영한 것이다.

선지 유형	근거가 있어서 허용 가능
실전에서의 판단 과정	뭐 〈보기〉에서 그렇다고 했으니까.
해설	〈보기〉에 따르면 이 작품은 구성원을 획일화하는 사회를 우회적으로 비판합니다. 이런 관점에서 보면, 주인공 형제가 계속 걸어야만 하는 강제적 상황은 구성원 모두 '걷기'라는 행동만 하게끔 획일화하려는 현실을 우회적으로 비판하기 위해 설정된 것이라고 할 수 있겠네요.

④ 자신을 압박해 오는 공포에 무감각한 '형'의 모습은 천진성을 파괴하려는 폭력에 대한 저항을 나타낸다.

선지 유형	근거가 없어서 허용 불가능
실전에서의 판단 과정	형이 왜 무감각해. 언제 저항을 했고.

	'형'은 자신의 다리가 이상하다는 것을 깨닫고, 자신을 압박해 오는 죽음의 공포에 압도되어 점점 말을 잃어가고 조심스런 낯색을 합니다. 이런 모습을 근거로 하면 '형'이 자신을 압박해 오는 공포에 무감각하다는 것을 절대 허용할 수 없겠죠? 나아가 '형'은 폭력에 그저 당하기만 할 뿐, '저항'하는 모습을 보이지는 않았습니다. 여러모로 허용하기 어려운 선지네요.
해설	

⑤ '형'이 그를 지켜보던 '경비병'의 총에 맞는 것은 감시자의 요구를 수행할 수 없는 데 따른 희생을 보여 준다.

선지 유형	근거가 있어서 허용 가능
실전에서의 판단 과정	걸으라는 요구를 수행할 수 없어서 죽은 거지.
해설	이 작품 속 감시자인 '경비병'은 '형'을 비롯한 포로들에게 계속 걸으라는 요구를 합니다. 그리고 다리를 다친 '형'이 이 요구를 수행할 수 없게 되자 바로 총을 쏴 버리죠. 이러한 맥락을 근거로 하면 어렵지 않게 허용할 수 있는 선지입니다.

몰랐던 어휘 정리하기

| 핵심 point |

① **허용 가능성 평가** : 선지의 내용을 '허용'하려는 태도를 바탕으로 지문을 '독해'하며 '근거'를 찾아야 합니다. 허용할 수 있는 '근거'가 있어야만 허용할 수 있습니다. 주관적인 생각을 개입시키면 안 됩니다.
② **소설 독해** : '심리와 행동의 근거'를 바탕으로 인물에게 '공감'하며 읽어야 합니다. 이 과정이 물흐르듯 이어지면 지문의 내용을 완벽하게 이해할 수 있어요.

| 지문 내용 총정리 |

눈물이 날 정도로 슬픈 내용이라는 것을 제외하면, 색다를 것이 없는 전형적인 현대소설이었습니다. 인물들의 모습을 상상하고, 그 상황 속 행동과 심리에 공감하는 것. 이 기본적인 내용을 바탕으로 확실하게 정리하도록 합시다.

DAY 10 [109~111]
2015.11B [43~45] 현대시 '고향 앞에서 / 낡은 집' ☆☆☆

〈보기〉 확인

---[보기]---

고향을 떠난 사람들이 고향을 각박하고 차가운 현실과 대비되는 공간으로 인식하고, 그곳으로 복귀하려는 것을 **귀향 의식**이라고 한다. 이때 고향은 공동체의 인정과 가족애가 살아 있는 따뜻한 공간으로 표상된다. 이들의 기억 속에서 고향은 평화로운 이상적 공간으로 남아 있기도 하다. 그러나 고향으로 돌아가더라도 고향이 변해 있거나 고향이 고향처럼 느껴지지 않을 때 귀향은 **미완의 형태**로 남게 된다.

'귀향 의식'이라는 것이 담긴 작품들이 나오나 봅니다. 이는 고향을 긍정적으로 인식하고 돌아가고 싶어하는 것을 의미하네요. 하지만 막상 고향에 돌아갔는데 실망스러우면 '미완의 형태'로 남게 된다고 합니다. 뭐 그럴 수 있겠죠. 이런 내용들이 지문에 어떻게 반영되어 있는지 생각하면서 문제 풀어보도록 합시다.

혹은 최소한 '고향'에 대한 내용이라는 생각 정도만 해주셔도 충분합니다. 이 정도만 해도 주제에 대한 엄청난 힌트를 얻은 것이니까요.

실전적 지문 독해

(가)

흙이 풀리는 내음새
강바람은
산짐승의 우는 소릴 불러
다 녹지 않은 얼음장 울멍울멍 떠내려간다.

진종일
나룻가에 서성거리다
행인의 손을 쥐면 따듯하리라.

고향 가차운 주막에 들러
누구와 함께 지난날의 꿈을 이야기하랴.
양귀비 끓여다 놓고
주인집 늙은이는 공연히 눈물지운다.

간간이 잰나비 우는 산기슭에는
아직도 무덤 속에 조상이 잠자고
설레는 바람이 가랑잎을 휩쓸어간다.

예제로* 떠도는 장꾼들이여!
상고(商賈)하며 오가는 길에
혹여나 보셨나이까.

전나무 우거진 마을
집집마다 누룩을 디디는 소리, 누룩이 뜨는 내음새……
                                    -오장환, 「고향 앞에서」-

* 예제로 : 여기저기로.

얼음이 다 녹지 않은 것으로 보아 늦겨울~초봄인 상황입니다. 그리고 나서 고향을 그리워하는 말들을 쏟아내고 있어요. 나룻가의 행인, 고향 가차운 주막의 노인, 예제로 떠도는 장꾼들은 전부 화자가 고향에 대한 그리움을 나누고 싶어 하는 상대들이네요. '눈물지운다', '설레는 바람' 등의 반응에서 이러한 심정이 잘 드러나죠? 이 시는 〈보기〉에서 말한 '평화로운 이상적 공간'으로 고향을 바라보는 주제를 가지고 있네요!

(나)

　귀향이라는 말을 매우 어설퍼하며 마당에 들어서니 다리를 저는 오리 한 마리 유난히 허둥대며 두엄자리로 도망간다. 나의 부모인 농부 내외와 그들의 딸이 사는 슬레이트 흙담집, 겨울 해어름의 집 안엔 아무도 없고 방바닥은 선뜩한 냉돌이다. 여덟 자 방구석엔 고구마 뒤주가 여전하며 벽에 메주가 매달려 서로 박치기한다. 허리 굽은 어머니는 냇가 빨래터에서 오셔서 콩깍지로 군불을 피우고 동생은 면에 있는 중학교에서 돌아와 반가워한다. 닭똥으로 비료를 만드는 공장에 나가 일당 서울 광주 간 차비 정도를 버는 아버지는 한참 어두워서야 귀가해 장남의 절을 받고, 가을에 이웃의 텃밭에 나갔다 팔매질 당한 다리병신 오리를 잡는다.
                                    -최두석, 「낡은 집」-

(나)의 화자는 (가)의 화자와는 달리 귀향을 한 상태네요. 그런데 귀향이 '어설프다'고 합니다. 〈보기〉에서 말한 미완의 형태로 남은 귀향의 일종인가 봐요. 아무튼 '겨울 해어름 쯤'에 '슬레이트 돌담집'이라는 고향으로 온 화자는 어설픈 귀향 속에서도 가족들의 애정 어린 행동들을 보고 있네요. 은근히 평화로운 공간으

로 고향이 인식되고 있는 것 같기도 한데, '슬레이트 흙담집', '선뜩한 냉돌', '다리병신 오리' 같은 표현을 보면 고향이 막 이상적인 공간처럼 보이지는 않네요. '일당 서울 광주 간 차비 정도를 버는' 아버지의 모습 등을 보면 오히려 현실의 궁핍한 모습을 표현한 것 같습니다. 조금 애매하지만, 〈보기〉에서 말한 '귀향 의식의 미완'과 관련된 주제를 가진 작품이었네요.

선지	①	②	③	④	⑤
선택률	55%	6%	7%	20%	12%

109 (가), (나)에 대한 이해로 가장 적절한 것은? ①

① (가)의 화자는 낯선 행인에게서 친근감을 기대하고 있고, (나)의 화자는 익숙했던 공간에 들어서며 낯선 느낌을 받는다.

선지 유형	근거가 있어서 허용 가능
실전에서의 판단 과정	손을 쥐면 따뜻할 것이고 귀향이 어설프다고 했으니 허용할 수 있겠네.
해설	(가)의 화자는 낯선 '행인'의 손을 쥐면 따뜻하리라고 말하고 있습니다. '따뜻할 것 같아~'라고 말한다는 '근거'가 있으니 친근감을 충분히 허용할 수 있겠죠. 또 (나)의 화자는 귀향이 어설프다고 했다는 '근거'가 있으니 낯선 느낌 역시 허용이 되겠어요. 답은 바로 1번이네요. 쉽죠?

② (가)의 화자는 아직도 조상의 권위가 지속되는 공간을, (나)의 화자는 여전히 가난이 지속되는 공간을 벗어나고자 한다.

선지 유형	근거가 없어서 허용 불가능
실전에서의 판단 과정	고향을 왜 벗어나려고 해.
해설	무덤 속에 조상이 잠자는 것을 강조하는 것을 근거로 하면 '조상의 권위'는 정말 억지로라도 허용할 수 있겠습니다. 물론 지문의 주제와 살짝 어긋나기 때문에 허용할 수 없다고 보는 게 더 적절해 보이기는 해요. 이렇게 애매한 내용이 있으면 분명 다른 부분이 확실히 틀렸을 겁니다. (나)에서 바로 지워낼 수 있네요. (나)에서 고향을 벗어나려 한다는 의지를 허용할 만한 근거를 찾기는 어렵겠죠? 어쨌든 고향에 와서 잘 있는 상황이니까요.

③ (가)의 화자는 세상이 변해도 각박한 인심이 여전함에 좌절하고 있고, (나)의 화자는 세상이 변해도 인심은 변하지 않기를 바라고 있다.

선지 유형	근거가 없어서 허용 불가능
실전에서의 판단 과정	인심이 갑자기 왜 나와.
해설	완전 헛소리네요. 인심에 대한 얘기는 나온 적이 없어요. 이렇게 이 내용을 허용할 수 있는 근거가 없다면 절대 허용하시면 안 됩니다. 여러분의 생각을 고르는 게 아니에요!

④ (가)의 화자는 떠돌아다니는 자신의 처지를 통해, (나)의 화자는 공장 노동자로 전락한 농민의 처지를 통해 삶의 무상함을 드러내고 있다.

선지 유형	근거가 없어서 허용 불가능
실전에서의 판단 과정	삶의 무상함은 주제와 너무 무관하네.
해설	떠돌아다니는 처지, 공장 노동자로 전락한 농민의 처지 등은 모두 나타난다고 할 수 있겠는데, '삶의 무상함'을 허용할 만한 근거를 찾기는 어렵죠? 억지로라도 허용할 만한 근거도 없고, 애초에 이 지문들의 주제와도 크게 어긋나기에 틀렸다고 판단해야 합니다.

⑤ (가)의 화자는 자연과 조화를 이루는 농촌의 모습이 보존되기를 희망하고, (나)의 화자는 산업화를 통해 농촌의 모습이 변화되기를 희망한다.

선지 유형	근거가 없어서 허용 불가능
실전에서의 판단 과정	농촌 보존... 산업화... 좀 심하네.
해설	'농촌 모습 보존, 산업화' 등을 허용할 근거를 도저히 찾을 수가 없네요. 근거가 있어야 허용할 수 있습니다. 주제와도 크게 어긋나죠?

선지	①	②	③	④	⑤
선택률	5%	7%	76%	5%	7%

110 ㉠~㉢에 대한 이해로 적절하지 <u>않은</u> 것은? ③

① ㉠: 계절이 바뀌면서 얼음이 풀리는 강변 풍경을 시각적으로 묘사하고 있다.

> ㉠다 녹지 않은 얼음장 울멍울멍 떠내려간다.

선지 유형	근거가 있어서 허용 가능
실전에서의 판단 과정	얼음이 살짝 녹았으니까 계절 바뀌는 거 허용되지.
해설	'다 녹지 않은 얼음장'이라는 말은 얼음이 녹는 중이라는 걸 내포하고 있습니다. 이는 '겨울'에서 '봄'으로 계절이 바뀐다는 것을 의미한다고 볼 수 있겠죠? 이러한 풍경을 '떠내려간다'라는 표현을 통해 시각적으로 묘사하고 있으니 충분히 허용할 수 있겠습니다.

② ㉡: 꿈이 있던 시절을 함께 회상할 사람이 없는 아쉬움을 설의적으로 드러내고 있다.

> ㉡누구와 함께 지난날의 꿈을 이야기하랴.

선지 유형	근거가 있어서 허용 가능
실전에서의 판단 과정	지난날의 꿈을 이야기할 사람이 없다는 뜻이네.
해설	'지난날의 꿈'을 바탕으로 '꿈이 있던 시절'을, '누구와 이야기하랴'라는 표현을 근거로 '회상할 사람이 없는 아쉬움'을 허용할 수 있겠습니다. 여기에 물음의 형식이지만 진짜 궁금해하는 것이 아니므로 '설의적'이라는 것도 허용할 수 있겠네요.

③ ㉢: 이리저리 떠돌며 고향에 가지 못하는 장꾼들의 설움을 독백조로 토로하고 있다.

> 예제로 떠도는 장꾼들이여!
> 상고(商賈)하며 오가는 길에
> ㉢혹여나 보셨나이까.
>
> 전나무 우거진 마을
> 집집마다 누룩을 디디는 소리, 누룩이 뜨는 내음새……

선지 유형	근거가 없어서 허용 불가능
실전에서의 판단 과정	그냥 자기 고향 어딨냐고 했지, 장꾼들 설움 이야기한 적은 없는데?
해설	주변 맥락을 독해해보면, 화자는 그저 '장꾼'들에게 자신의 고향을 보았냐고 묻고 있다는 것을 알 수 있습니다. '장꾼들의 설움'을 허용할 만한 근거가 없으니 가볍게 답으로 골라주시면 되겠습니다.

④ ㉣ : 가족의 일원이면서도 자신의 가족을 객관화하여 지칭하고 있다.

> ㉣ 나의 부모인 농부 내외와 그들의 딸

선지 유형	근거가 있어서 허용 가능
실전에서의 판단 과정	농부 내외와 그들의 딸...
해설	'농부 내외와 그들의 딸'은 화자의 가족들이 '객관적'으로 가지고 있는 지위입니다. 자신의 가족임에도 이러한 표현을 쓴다는 점에서 충분히 허용할 수 있겠네요.

⑤ ㉤ : 썰렁한 집 안의 정경 묘사를 통해 화자가 느끼는 심정을 간접적으로 드러내고 있다.

> ㉤ 집 안엔 아무도 없고 방바닥은 선뜩한 냉돌이다.

선지 유형	근거가 있어서 허용 가능
실전에서의 판단 과정	썰렁한 묘사는 허용되고, 심정을 간접적으로 드러낸다는 건 당연한 말이지.
해설	집에 '아무도 없'고 방바닥이 '선뜩한' 냉돌이라는 점에서 '썰렁한 집 안'을 묘사했다는 건 충분히 허용이 되겠습니다. 나아가 시의 모든 표현에서 화자가 느끼는 심정, 즉 '반응'을 간접적으로라도 드러낸다는 건 당연한 말이죠? 여기선 '쓸쓸함', '안타까움' 등의 심정이 드러난다고 할 수 있겠죠.

선지	①	②	③	④	⑤
선택률	38%	4%	27%	21%	10%

111 〈보기〉를 참고하여, (가)와 (나)를 감상한 학생들의 반응으로 적절하지 <u>않은</u> 것은? [3점] ①

① (가)에서 주인집 늙은이의 슬픔에 공감하는 것을 보니, 화자는 타인과의 조화를 통해서 현실을 따뜻한 공간으로 만들어 귀향을 완성하려 하겠군.

> 양귀비 끓여다 놓고
> 주인집 늙은이는 공연히 눈물지운다.

선지 유형	근거가 없어서 허용 불가능
실전에서의 판단 과정	현실을 왜 따뜻한 공간으로 만들어.
해설	하나씩 천천히 판단해봅시다. 먼저 '주인집 늙은이'의 슬픔에 공감했다는 내용입니다. 주인집 늙은이는 '눈물'을 짓고 있으니 '슬픔'을 가지고 있다는 것을 허용할 수 있겠고, 여기에 '공감'하고 있다는 것 역시 억지로나마 허용할 수 있겠죠. '주인집 늙은이'의 슬픔을 소개하고 있다는 것만으로도 '슬픔에 대한 공감'의 근거로 잡을 수 있다는 것입니다. 다음은 '타인과의 조화', '현실을 따뜻한 공간으로', '귀향 완성'입니다. '주인집 늙은이'의 슬픔에 주목한다는 점에서 '타인과의 조화'는 정말 억지로 억지로 허용한다 쳐도, '현실을 따뜻한 공간으로' 만든다는 것은 허용할 만한 근거를 도저히 찾을 수가 없네요. 화자는 그저 과거의 이야기를 할 사람이 없고 고향이 그리울 뿐이지, 현실을 바꾸겠다는 거창한 목표를 가지고 있지는 않습니다. 즉, '주제'와 완전히 어긋나는 내용인 것이죠. 개인적인 바람을 가지고 있는 지문을 공동체적인 바람을 가진 지문으로 해석한 것입니다. 꽤 어려운 선지였습니다. '주제'에 대한 인식과 〈보기〉 독해를 요구하고 있네요. 요즘 운문문학에서 이러한 선지가 자주 등장하고 있으니 확실하게 정리하도록 합시다.

FAQ

Q 주인집 늙은이는 '공연히' 눈물 짓고 있습니다. '공연히'의 사전적 의미는 '아무 까닭이나 실속이 없게'인데, 이를 근거로 하면 '공감'한다는 것을 허용할 수 없다고 볼 수 있지 않을까요? '공감'이라는 건 어떠한 '까닭 · 실속'에 해당한다고 할 수 있으니까요.

A 일단 '공연히' 눈물짓는 것은 '주인집 늙은이'입니다. 그런데 선지에서 '공감'의 주체로 제시하는 것은 '화자'예요. '화자'는 '공연히' 눈물 흘린 적이 없기 때문에 일단 잘못된 생각입니다. 나아가, '공연히' 눈물 흘렸다는 것으로부터 '공감'을 허용하는 것도 크게 무리가 아닙니다. 정말 아무런 이유 없이 눈물이 뚝 흐르는 경우도 있기는 하겠지만, 일단 누군가의 이야기를 듣는 상황에서 '눈물'이라는 반응을 보였다는 것만으로 그 누군가에게 '공감'했다는 것을 충분히 허용할 수 있으니까요. 물론 애매한 부분이기에, 평가원이 정말 이 부분을 정답의 근거로 삼고자 한다면 조금 더 확실한 근거를 제시할 것입니다.

| 생각 심화 |

아직도 납득이 안 된다면, 다음과 같이 볼 수도 있습니다. 이 선지에서는 화자가 현실을 따뜻한 공간으로 만들어 '귀향을 완성'하려 하는지 묻고 있습니다. 그런데 〈보기〉에 따르면, 고향이 변해 있거나 고향이 고향처럼 느껴지지 않을 때 귀향은 '미완'의 형태로 남는다고 했습니다. 이를 바탕으로 하면, 귀향이 '완성'되기 위해서는 고향이 변하지 않거나 고향이 고향처럼 느껴져야 한다는 것을 추론할 수 있습니다. 즉, '현실을 따뜻한 공간으로 만드는 것'은 〈보기〉를 참고할 때 '귀향 완성'의 조건이 아닌 것이죠. 따라서 1번 선지는 〈보기〉를 참고한 감상이 아니기에 틀린 선지가 됩니다.

답이 보이지 않을 때는, 이렇게 〈보기〉 혹은 선지에서 제대로 독해하지 못한 것이 있지는 않은지 확인하는 습관이 필요합니다. 답이 보이지 않는다고 뇌피셜을 동원하거나 괜히 선지에 시비를 거는 것이 최악의 선지 판단 태도예요.

② (가)에서 전나무가 울창하고 집집마다 술을 빚고 있는 모습으로 고향을 묘사한 것을 보니, 화자의 의식 속에서 고향은 평화로운 공간으로 기억되고 있겠군.

> 전나무 우거진 마을
> 집집마다 누룩을 디디는 소리, 누룩이 뜨는 내음새……

선지 유형	근거가 있어서 허용 가능
실전에서의 판단 과정	저 정도면 평화롭다고 할 수 있겠지.
해설	울창한 나무와 술을 빚는 모습 등은 '평화로운 공간'을 허용하기에 충분한 근거라고 할 수 있겠습니다.

| 생각 심화 |

농촌 마을에서 빚는 술은 일반적으로 막걸리입니다. 이는 쌀을 이용하는 것이기 때문에, 술을 빚는다는 것은 밥을 먹고도 쌀이 충분히 남았다는 의미가 됩니다. 따라서 농촌 마을에서 술을 빚는 모습이 나오면 어느 정도 평화로운 분위기를 드러낸다는 식으로 이해하셔도 좋아요. 고전시가의 독해 과정에서도 요긴하게 써먹을 수 있는 내용이니 알아두도록 합시다.

③ (나)에서 고향의 가족들이 궁핍한 삶을 살고 있는 것을 본 화자는 현재의 고향을 이상적인 공간이라고 생각하지 않겠군.

선지 유형	근거가 있어서 허용 가능
실전에서의 판단 과정	궁핍한 삶을 살고 있으니 이상적이지 않다고 할 수 있겠지.
해설	(나)에 따르면 가족들은 '슬레이트 흙담집'에 살고, '겨울'인데 '방바닥'은 '선뜩'합니다. 나아가 아버지는 '일당 서울 광주 간 차비 정도'를 버십니다. 이런 내용들을 근거로 하면 '궁핍한 삶'을 충분히 허용할 수 있겠고, 이를 본 화자가 고향을 이상적이지 않은 공간으로 생각한다는 건 너무나 쉽게 허용할 수 있겠습니다. 〈보기〉에 따르면 고향이 '이상적인 공간'이 되는 조건은 '평화로움'인데, 가족들이 궁핍한 삶을 사는 것을 본 화자가 '평화로움'을 느끼지 않을 것이라는 해석은 어렵지 않게 '허용'할 수 있는 내용이니까요.

④ (나)에서 어머니가 군불을 피우고 아버지가 오리를 잡아 주는 것을 본 화자는 고향에 와서 가족애를 느낄 수 있겠군.

선지 유형	근거가 있어서 허용 가능
실전에서의 판단 과정	군불 피우고 오리 잡는 건 화자를 위해서니까 가족애도 느낄 수 있겠다.
해설	언뜻 보면 3번 선지와 정반대의 이야기를 하는 것으로 보입니다. '이상적이지 않지만 가족애가 느껴지는 고향'이라는 말은 겉으로 보기엔 너무 모순적이에요. 실제로 선지 선택률을 봐도, 3번과 4번 사이에서 갈등한 많은 학생들의 모습이 보이시죠? 하지만 선지에서 이야기하는 것처럼 군불을 피우고 오리를 잡는 모습은, 아들을 위해 이것저것 하는 모습이라는 점에서 '가족애'의 근거로 쓰일 수 있겠죠? 이처럼 다른 맞는 선지와 정반대로 보이는 내용이라고 해도, '근거'만 있으면 허용할 수 있어야 합니다. 내 생각이 아니라, 지문 독해를 기반으로 한 선지 판단이 이루어져야 해요!

⑤ (가)에서는 고향을 앞에 두고도 고향 근처 주막에 머물고 있고 (나)에서는 고향에 와서도 마음이 편치 않아 보인다는 점에서, 화자의 귀향이 완성되었다고 보기 어렵겠군.

선지 유형	근거가 있어서 허용 가능
실전에서의 판단 과정	고향 근처에 있으면 아예 귀향도 안 한 것이고, 고향에 와서도 마음이 편치 않으면 미완의 형태네.
해설	일단 (가)에서 '고향 앞 주막'에 있다는 건 '귀향' 자체를 하지 않고 있다는 것을 의미합니다. 이를 근거로 하면 '귀향 미완성'을 허용할 수 있겠네요. 한편 (나)의 화자는 힘들게 사는 가족들의 모습을 보며 편치 않은 마음을 드러내고 있으니, 〈보기〉에 의해 귀향이 '미완의 형태'로 남았음을 허용할 수 있겠네요.

| 생각 심화 |

(나)와 관련해서 5번 선지의 내용을 조금 더 자세히 설명하면 다음과 같습니다. 1번 선지의 '생각 심화'와도 연결되는 내용이에요. (나)의 화자는 힘들게 사는 가족들의 모습을 보며 편치 않은 마음을 드러내고 있습니다. 그런데 〈보기〉에서는 '고향'을 각박하고 차가운 현실과 대비되는 공간이라고 했어요. 화자가 바라보는 고향 가족들의 모습은 이렇게 따뜻한 '고향'의 모습이 아닌, 각박하고 차가운 현실에 치이는 모습이라고 할 수 있겠죠? 화자는 이러한 가족들을 보면서 마음이 편치 않아 보이는데, 이는 고향이 〈보기〉에서 말하는 '고향'처럼 느껴지지 않는 모습이라고 할 수 있겠습니다. 이러한 상황은 화자의 귀향이 미완의 형태로 남은 모습을 의미한다고 할 수 있겠죠.

이처럼 〈보기〉에서 제시한 정보를 꼼꼼하게 독해하여 '귀향이 완성되지 않음'의 의미를 파악하면 선지를 훨씬 명확하게 판단할 수 있습니다. 결국 '독해력'이 선지 판단의 열쇠라는 것, 잊지 맙시다.

현대시 독해 연습

(가)

흙이 풀리는 내음새
강바람은
산짐승의 우는 소리 불러
다 녹지 않은 얼음장 울멍울멍 떠내려간다.

흙이 '풀리는' 냄새가 나고, 강바람이 '산짐승의 우는' 소리를 부르고 있습니다. 무슨 말인가 했더니, '다 녹지 않은 얼음장'이 떠내려간다는 말로부터 늦겨울~초봄의 이야기라는 것을 알 수 있

겠습니다. 얼어 있던 흙이 풀리고, 강물도 녹아 강바람을 만들면서 겨울잠을 자던 산짐승을 깨우는 모습인 것이죠. 이렇게 디테일하게 이해하지 못하더라도 '늦겨울~초봄'이라는 이미지만 떠올릴 수 있으면 좋겠습니다.

진종일
나룻가에 서성거리다
행인의 손을 쥐면 따뜻하리라.

이런 '초봄'에 '나룻가'에서 하루종일 서성거리던 화자는, 행인의 손을 쥐는 모습을 상상하고 있습니다. 그렇게 되면 '따뜻'할 것이라는 말을 하면서 말이죠. 아무래도 아직은 추울 테니, 행인의 손을 잡으면 따뜻할 것이라고 생각하는 것일까요?

고향 가차운 주막에 들러
누구와 함께 지난날의 꿈을 이야기하랴.

그렇게 떠돌아다니던 화자는 '고향 가차운 주막'에 들릅니다. 그런데 아까 '행인'의 손을 쥐고 싶다고 상상했던 것에 이어서, '지난날의 꿈'을 이야기할 사람이 없음을 한탄하고 있습니다. 화자는 홀로 있는 자신의 처지가 못내 아쉬운가 보네요. 특히 '고향' 근처에서 서성거린다는 점에서 전형적인 현대시의 주제인 '고향에 대한 그리움'도 드러내고 있다고 할 수 있습니다. '고향 가차운 주막'에 들른 화자의 마음에 공감한다면 충분히 떠올릴 수 있는 내용이죠?

양귀비 끓여다 놓고
주인집 늙은이는 공연히 눈물지운다.

이 부분은 사실 아무런 맥락 없이 해석하기는 굉장히 어려운 부분이에요. 여기서 '양귀비'는 마약의 원료입니다. 그리고 작품의 전체적인 주제를 고려할 때, '주인집 늙은이'가 눈물짓는 것은 '고향에 대한 그리움' 때문이라고 추측할 수 있어요. '주인집 늙은이'는 고향에 갈 수 없어 괴로운 자신의 마음을 마약이라는 극단적인 수단으로 달래려고 하는 것이죠. 마약에 취한 상태에서는 '고향'에 대한 생각도 떠오르지 않을 것인데, 괜히 눈물이 흐르는 '주인집 늙은이'의 모습입니다. 그만큼 '고향'과 관련된 한이 크게 서려 있다는 것을 알 수 있겠죠. 결국 화자와 '주인집 늙은이'는 '고향에 대한 그리움'이라는 감정을 공유하고 있는 것이었습니다.

사후적인 내용 맞고, 먼저 생각하기에는 거의 불가능합니다. 하지만 시도 결국 '하나의 주제 의식'을 가진 글이라는 것을 생각하면서 읽어보면 이 설명 자체는 납득될 것이라고 생각해요. 최소한 '주인집 늙은이'가 화자와 비슷한 감정을 공유하고 있다는 것 정도만 읽어낸다면 충분할 것 같습니다.

> 간간이 잰나비 우는 산기슭에는
> 아직도 무덤 속에 조상이 잠자고
> 설레는 바람이 가랑잎을 휩쓸어간다.

작품의 주제를 고려하면, '잰나비 우는 산기슭', '무덤 속 조상'은 화자의 기억 속에 있는 고향의 모습이라고 할 수 있겠습니다. 그리고 '설레는 바람'은 고향 생각만 해도 즐거운 화자의 마음이 잘 드러난다고 할 수 있겠죠. 고향을 정말 좋아하네요.

> 예제로* 떠도는 장꾼들이여!
> 상고(商賈)하며 오가는 길에
> 혹여나 보셨나이까.
>
> 전나무 우거진 마을
> 집집마다 누룩을 디디는 소리, 누룩이 뜨는 내음새……
> -오장환, 「고향 앞에서」-
>
> * 예제로 : 여기저기로.

이런 상황에서, 화자는 '장꾼들'에게 자신의 고향을 보았는지 묻고 있습니다. 그렇게 가고 싶으면 가면 될 텐데 왜 안 가나 했더니, 아마 고향이 더 이상 존재하지 않기 때문인가 보네요. 괜히 여기저기 돌아다니는 '장꾼들'에게 물어보면서 그리움을 달래는 화자의 모습입니다. 아주 일관된 주제 의식이 드러난 작품이었네요.

> (나)
> 　귀향이라는 말을 매우 어설퍼하며 마당에 들어서니 다리를 저는 오리 한 마리 유난히 허둥대며 두엄자리로 도망간다.

화자는 고향에 돌아온 상황입니다. 그런데 귀향이라는 말을 '어설퍼하며' 마당에 들어서고 있어요. 오랜만에 온 것인지 아니면 다른 이유 때문인지 무언가 어색해보입니다. 그런데 오리 한 마리도 유난히 허둥대면서 도망가고 있네요. 왜 그러는 것일까요?

> 　나의 부모인 농부 내외와 그들의 딸이 사는 슬레이트 흙담집, 겨울 해어름의 집 안엔 아무도 없고 방바닥은 선뜩한 냉돌이다. 여덟 자 방구석엔 고구마 뒤주가 여전하며 벽에 메주가 매달려 서로 박치기한다.

화자의 부모님은 농부들이고, 화자의 누나/언니 혹은 여동생이 함께 살고 있는 모습입니다. 그런데 '슬레이트 흙담집'에 살고 있고, '겨울'인데 방바닥은 난방이 되지 않아 '선뜩한 냉돌'이고, '여덟 자 방구석' 정도로 작은 집의 모습 등으로 보아 그리 넉넉한 형편은 아닌 것으로 보이네요. 자신의 가족들이 넉넉하지 못하게 살고 있는 것을 알다보니 '어설퍼하'는 감정을 보인 것이 아닐까 하고 생각할 수 있겠습니다.

> 　허리 굽은 어머니는 냇가 빨래터에서 오셔서 콩깍지로 군불을 피우고 동생은 면에 있는 중학교에서 돌아와 반가워한다. 닭똥으로 비료를 만드는 공장에 나가 일당 서울 광주 간 차비 정도를 버는 아버지는 한참 어두워서야 귀가해 장남의 절을 받고, 가을에 이웃의 텃밭에 나갔다 팔매질 당한 다리병신 오리를 잡는다.
>
> -최두석, 「낡은 집」-

시간이 흘러, 가족들이 하나 둘 돌아옵니다. 여기서도 '허리 굽은' 어머니의 모습, '일당 서울 광주 간 차비 정도'를 버는 아버지의 모습 등에서 궁핍한 가족의 생활상이 잘 드러나고 있습니다. 그리고 '그들의 딸'은 화자의 여동생이었네요.

어쨌든 화자의 절을 받은 뒤 '다리병신 오리'를 잡습니다. 처음 등장했던 '다리를 저는 오리'는 이러한 자신의 운명을 직감하고 도망간 것이었네요. 넉넉하지 못한 형편이지만, 오랜만에 장남이 왔으니 오리고기를 먹이려는 부모님의 마음에 뭉클해지는 작품입니다.

몰랐던 어휘 정리하기

| 지문 내용 총정리 |

〈보기〉를 바탕으로 지문의 '주제'를 파악하며 읽고, 이를 선지 판단에 적절히 활용하는 것을 배울 수 있는 지문이었습니다. 특히 마지막 문제의 1번 선지는 고난도 문학 선지의 정석과도 같았어요. 여러 번 반복해서 자기 것으로 만들어봅시다.

〈보기〉 독해

━━━━━━━[보기]━━━━━━━

　　고전 소설은 현실 세계와 초월계의 교섭을 통해 신성성을 확보하는 것을 중요한 미학적 원리로 삼는다. 고전 소설은 초월계가 천상에 존재한다고 하면서도, 그 공간을 현실 세계의 연장으로 설정하는 경우가 많다. 초월계를 현실 세계보다 상위의 공간으로 인식하는 것은 **수직적 사고**의 소산이며, 초월계를 현실 세계의 연장으로 설정하는 것은 **수평적 사고**에 해당한다. 초월계는 본래 인간의 접근이 쉽지 않은데, 수평적 사고를 취하면 그 어려움이 상대적으로 감소한다. 「박씨전」은 현실 세계와 초월계의 성격을 동시에 지니는 공간으로 '금강산'을 설정하고, 그곳에서 천상 존재인 '박 처사'의 딸 '박씨'와 현실 세계의 존재인 '이시백'의 혼인이 이루어지게 함으로써 수직적 사고를 수평적 사고 속에 아우르고 있다.

고전소설에서 자주 등장하는 '초월계'에 대한 '수직적 사고' 및 '수평적 사고'에 대해 설명해주고 있습니다. '수직' 및 '수평'이라는 단어의 의미를 살리면 그 내용을 어렵지 않게 이해할 수 있겠죠? 이는 고전소설의 클리셰 그 자체라고도 할 수 있으니, 배경지식으로 만들어두는 것도 좋을 것 같습니다.

나아가 이 지문의 줄거리도 설명하고 있습니다. 현실 세계와 초월계의 성격을 동시에 지니는 '금강산'이라는 공간에서 천상 존재와 현실 세계의 존재 사이의 혼인이 이루어지는 전형적인 애정소설이네요. 이런 내용들을 인지한 채로 읽어보도록 합시다.

지문 독해

　[처사]가 말했다.
　　"제가 한 [딸]을 두었으나 십육 세가 되도록 혼처를 정하지 못하였삽기로 천하를 떠돌다가, 다행히 존문에 이르러 [아드님]을 보니 마음에 드는지라. 여식은 용렬하고 재주가 없으나 존문에 용납될 만하니, 외람하오나 혼인을 정함이 어떠하오이까?"
　　[상공]이 '처사의 도덕이 높으니 딸 또한 영민하리라.' 생각하고 답했다.
　　"존객은 선인이요 나는 속세 사람이라. 어찌 인간 세상 사람이 선인과 혼인을 의논하리까?"

처사가 답했다.

"상공은 아국 재상이요 나는 미천한 인물이라. 미천한 인물이 귀댁에 청혼함이 극히 불가하오나 버리시지 아니하오면 한이 없을까 하나이다."

공이 <u>즐겨</u> 즉시 혼인을 허락했다.

'처사'가 자신의 딸을 '상공'의 아들과 혼인시키자고 제안하는 상황입니다. 〈보기〉에 따르면, '처사'는 천상계의 사람이고 '상공'은 현실 세계의 사람이겠죠? '상공'은 '처사'의 도덕을 높게 평가하는 것 같습니다. 그래서 당연히 그 딸도 영민할 것이라 생각하며, 천상계의 선인이 인간 세상 사람과 어떻게 혼인을 의논하냐는 이야기를 합니다. '상공'이 속으로 하고 있는 생각을 바탕으로, 말은 이렇게 하지만 사실 혼담이 오가는 것이 만족스럽다고 생각하는 '상공'의 마음에 공감할 수 있어야 합니다.

그러자 '처사'는 '상공'의 높은 직위를 들며 오히려 자신이 영광이라는 이야기를 합니다. 안 그래도 마음에 드는 사람인데, 천상계 인물임에도 스스로를 낮추고 자신의 벼슬을 높여 주는 '처사'의 모습을 본 '상공'은 당연히 기쁠 수밖에 없겠죠? '즐겨 즉시 혼인을 허락했다'는 말을 보면서 싱글벙글한 '상공'의 표정이 떠올라야 합니다.

이때, 상공이 친척들을 모아 정혼한 일을 이야기하니 [부인]이 <u>의아해</u> 하며 말했다.

"혼인은 인륜대사라. 어찌 재상가에서 의논도 없이 근본도 모르는 집안과 경솔히 혼약을 하시나이까?"

하고 의논이 분분하자 공이 말했다.

"내 들으니 처사의 딸이 재덕을 겸비했다 하기에 혼약했으니 괜한 시비 마시오."

차설, 이때 혼인날이 임박하자 〈혼구를 찬란하게 차려 하인들을 거느리고 금강산으로 길을 떠날새, 공은 위풍이 당당하고 시백은 풍채가 빛났다. 이런 경사에 친척과 하인 등이 웃지 않을 자 없고 조정에서도 논박이 그치지 않더라.〉

'상공'은 친척들을 모아 '처사'와 정혼한 일을 이야기합니다. 그러자 '부인'이 의아해 하면서, 어찌 근본도 모르는 집안과 경솔히 혼약을 하냐는 이야기를 합니다. 이 마음에도 공감할 수 있어야 합니다. 당시 재상가에서 혼인은 굉장히 중요한 문제였을 텐데, '상공'이 독단적으로 결정한 것이니 불만이 있을 수도 있겠죠.

'상공'은 자기가 알아서 결정한 것이니 괜한 시비 말라며 다른 의견을 묵살시키고, 마침내 혼인날이 됩니다. 〈 〉 표시한 부분을 보면, 외양 묘사 및 주변 인물들의 반응을 통해 '상공'과 그의 아들 '시백'의 위풍당당하고 웃음이 넘치는 모습을 상상할 수 있겠죠?

여러 날 만에 <u>금강산</u>을 찾아가니, 〈풍경도 좋거니와 때도 마침 삼춘이라. 좌우 산천 바라보니 각색 화초 만발한데 봉접은 펄펄 날아 꽃을 보고 춤을 추고, 수양버들은 늘어졌는데 황금 같은 꾀꼬리는 환우성(喚友聲)*이 더욱 좋다.〉 경치를 구경하며 점점 들어가니 사람 발자취가 없는지라. 하는 수 없이 주점을 찾아가 쉬고 <u>이튿날</u> 다시 발행하여 산곡으로 들어가니 〈인적은 고요하니 볼 수 없고, 층암은 층층하여 병풍을 둘러친 듯, 시냇물은 잔잔하여 남청을 부르는 듯, 비죽새는 슬피 울어 허황한 일을 비양하는 듯, 두견성은 처량하여 사람의 심회를 돕는지라.〉 공이 <u>자기가 한 일을 돌아본즉 도리어 허탄한지라.</u> 후회막급이나 어찌할 바를 몰라 방황하다가 날이 저물어 다시 주점에서 쉬고, **다음날** 산곡으로 들어가니 심산궁곡에 갈 길은 끊어지고 물을 곳은 전혀 없었다. 길 위에서 방황하다가 바위 위에 노송을 의지하고 앉아 <u>허황함을 자탄</u>하더니 홀연 산곡에서 노랫소리 나며 [초동] 수삼 인이 나오거늘 반겨 길을 물으니 초동이 답했다.

* 환우성 : 벗을 부르는 소리.

그렇게 '금강산'을 찾아간 '상공'과 '시백'입니다. 처음 〈 〉 표시한 배경 묘사를 보면, 아름답고 평화로운 분위기로 묘사되어 있는 것을 확인할 수 있습니다. 이는 앞서 나온 외양 묘사 및 주변인들의 반응과도 연결되는 부분이라고 할 수 있겠죠? 아직까지는 모든 게 잘 될 것만 같은 그런 분위기입니다.

그런데 점점 사람 발자취는 없고, 주점을 찾아 쉬고 '이튿날' 다시 출발하여 산곡으로 들어가니 분위기가 좀 이상합니다. 두 번째 〈 〉 표시한 부분을 보면, 확실히 달라진 분위기를 체감할 수 있겠죠? 이 배경 묘사와 엮어서, '상공'과 '시백'이 느끼고 있을 허탈함과 슬픔 등에 충분히 공감할 수 있어야 해요.

'상공'은 허탄함을 느끼며 자신의 행동을 후회하면서도, 어쩔 수 없어 계속 걷다가 허황함을 자탄하고 있습니다. 말 그대로 '현타'가 온 '상공'의 모습을 상상할 수 있겠죠?

그때 '초동'을 만난 '상공'입니다. '처사'를 만나기 위한 실마리가 될 수도 있겠죠? 실낱같은 희망이 되살아나 긴장한 '상공'의 모습에 공감하면서 계속 읽어보도록 합시다.

> "이곳은 금강산이요, 이 길은 박 처사 살던 터로 통하는 길이온데, 우리 지금 박 처사 살던 곳에서 내려오나이다."
>
> 공이 기뻐 또 물었다.
>
> "처사는 집에 계시더냐?"
>
> 초동이 대답했다.
>
> "옛 노인이 말하기를 '수백 년 전에 여기에서 어떤 사람이 나무를 얽어 집을 짓고 열매를 먹으며 칭호를 박 처사라 하고 살았는데 돌연 간 곳을 모르겠다.' 하고 말씀하는 것만 들었지, 지금 박 처사가 산단 말은 금시초문이로소이다."
>
> 공이 이 말을 듣자 정신이 더욱 아득하여 말했다.
>
> "처사가 그곳에서 살던 때는 몇 해나 되었느뇨?"
>
> 초동이 미소를 지으며 답했다.
>
> "게서 산 지가 사백 년이라 하더이다."
>
> 하며 다시 물어도 대답하지 않고 가거늘 공이 더욱 막막하여 하늘을 바라 크게 웃으며 차탄했다.
>
> "세상에 허무한 일도 많도다."
>
> 이미 지나간 일이라 하는 수 없어 주점에 돌아와 머물 새, 시백이 부친을 위로했다.
>
> "옛날 한(漢) 무제도 선술을 구하다가 마침내 구하지 못하고 쓸쓸히 돌아왔으니 후회해도 소용없사온지라. 도로 돌아감만 같지 못하오이다."

'초동'은 '상공'이 기다리고 기다리던 '박 처사'의 이름을 꺼냅니다. '상공'은 너무 기뻐 '처사'가 집에 계시냐고 묻지만, '초동'은 지금까지 '박 처사'가 산단 말은 금시초문이라는 말을 합니다. '박 처사'는 무려 사백 년 전에 살던 사람이라고 하면서 말이에요. 이는 '상공'에게 굉장한 충격이겠죠? 주점에 돌아와 허탈해하는 '상공'에게, '시백'은 한 무제의 고사를 들며 부친을 위로합니다. 다시 돌아가자고 하면서 말이에요.

> 공이 웃으며 말했다.
>
> "이미 지나간 일이라. 그저 돌아가도 남에게 웃음을 면하지 못할 것이요, 돌아가지 않은즉 허황함이 막심한지라. 내일은 곧 전안(奠雁)* 날이니 부득이 내일만 찾아보리라."

하고 이튿날 노복을 데리고 다시 길을 재촉하여 반일토록 산중을 왕래하여 찾더라. 그날 오후에 한 사람이 〈갈건야복으로 죽장을 짚고 백우선으로 얼굴을 가리고〉 유유히 산곡에서 내려오니 반갑기도 그지없다. 일행이 고대하던 중, 내려오는 모습을 보고 너무 반가워 눈을 씻고 다시 보니 박 처사가 분명한지라.

-작자 미상, 「박씨전(朴氏傳)」-

* 전안 : 전통 혼례 진행 절차 중의 하나.

그렇게 '전안' 날인 내일까지만 찾아보기로 하고 산을 뒤지던 '상공' 부자는, 〈 〉 표시한 외양 묘사에서 알 수 있듯이 신비로운 복장을 한 '박 처사'를 만납니다. 이에 반갑고 기쁜 '상공'의 마음에 충분히 공감할 수 있겠죠? 전형적인 고전소설답게 결국 해피엔딩으로 가는 모습입니다.

선지	①	②	③	④	⑤
선택률	24%	47%	12%	9%	8%

112 윗글로 미루어 알 수 있는 것은? ②

① '박 처사'가 혼인을 청한 것은 '상공'의 인품을 높이 샀기 때문이다.

선지 유형	근거가 있어서 허용 불가능
실전에서의 판단 과정	그냥 아들이 마음에 들었던 거잖아.
해설	'상공'이 '박 처사'의 인품을 높게 산 것은 맞지만, 그 반대는 드러나지 않습니다. '박 처사'가 혼인을 청한 이유로 명시적으로 드러난 것은 '상공'의 아들이 마음에 들기 때문이었어요. 급하다고 선지를 대충 보면 틀리게 됩니다. 선지에서 묻는 것을 정확하게 따져야 해요.

② '상공'이 사람을 보는 눈은 평범한 사람과 다른 데가 있다.

선지 유형	근거가 있어서 허용 가능
실전에서의 판단 과정	혼자서 처사와의 혼담을 밀어붙였으니 평범한 사람과는 다르다고 할 수 있겠다.
해설	뭔 말도 안 되는 소리냐고 시비를 걸면 안 됩니다. 최대한 허용할 만한 근거가 있는지 확인해야 해요. '상공'은 근본도 모르는 집안과 혼약을 했다며 나무라는 '부인' 및 친척들의 이야기에도 불구하고 '처사'의 딸과 자신의 아들을 결혼시키겠다는 강한

의지를 보입니다. 이처럼 직위 등을 따지지 않고 그 사람의 인품만을 보는 '상공'의 모습은 외적인 조건을 따지는 평범한 사람과는 다른 데가 있다고 할 수 있겠죠? 지문을 읽으면서는 생각하지 못했던 내용이더라도, 이렇게 근거가 있으면 허용할 수 있어야 합니다.

③ '상공'의 부인은 '박 처사' 딸의 재주를 의심하여 혼인을 반대하고 있다.

선지 유형	근거가 없어서 허용 불가능
실전에서의 판단 과정	그런 적은 없지.
해설	일단 '상공'의 부인이 '박 처사'와의 혼약을 반대한 것은 아닙니다. 근본도 모르는 집안과 경솔히 혼약을 한 것에 대해 '상공'을 나무랄 뿐이었죠. 거기에 '상공'의 부인이 '박 처사' 딸의 재주를 의심한 모습도 나타난 적이 없었죠? 허용을 하고 싶어도 적당한 근거를 찾을 수가 없습니다.

④ '초동'은 길을 헤매고 있는 '상공' 일행을 측은하게 여기고 있다.

선지 유형	근거가 없어서 허용 불가능
실전에서의 판단 과정	그런 적은 없지.
해설	'초동'은 '상공' 일행을 보고 웃으며 대답을 했을 뿐, 측은하게 여기지는 않았습니다. 만약 이런 감정이 나왔다면 '초동'의 마음에도 공감했던 기억이 있을 거예요. 그렇지 않으니 허용하기 어렵네요.

⑤ '이시백'은 부친의 성급한 혼인 결정을 못마땅하게 여기고 있다.

선지 유형	근거가 있어서 허용 불가능
실전에서의 판단 과정	오히려 위로했지.
해설	'이시백'은 '박 처사'를 만날 수 없다는 생각에 허탈해하는 부친 '상공'을 오히려 위로합니다. 이렇게 어른스러운 모습을 보이고 있다는 근거가 있기 때문에, 부친의 혼인 결정을 못마땅하게 여긴다는 내용은 절대 허용할 수 없겠네요.

선지	①	②	③	④	⑤
선택률	10%	16%	12%	15%	47%

113 ㉠~㉢에 대한 이해로 적절하지 <u>않은</u> 것은? ⑤

① ㉠: 극진한 겸양 표현을 통해서 청혼 자리의 분위기를 드러낸다.

> ㉠"상공은 아국 재상이요 나는 미천한 인물이라. 미천한 인물이 귀댁에 청혼함이 극히 불가하오나 버리시지 아니하오면 한이 없을까 하나이다."

선지 유형	근거가 있어서 허용 가능
실전에서의 판단 과정	엄청 극진하네.
해설	'박 처사'는 '상공'의 직위는 높으나 자신은 그렇지 않다고 하면서, 극진한 겸양 표현을 사용하여 '상공'을 높이고 있습니다. 이는 진지하게 예의를 차려야 하는 청혼 자리의 분위기를 잘 드러낸다고 할 수 있겠죠?

② ㉡: 한문 구절을 끌어 와서 인물이 자기 생각의 정당성을 드러내게 한다.

> ㉡"혼인은 인륜대사라. 어찌 재상가에서 의논도 없이 근본도 모르는 집안과 경솔히 혼약을 하시나이까?"

선지 유형	근거가 있어서 허용 가능
실전에서의 판단 과정	그러네.
해설	'상공'의 '부인'은 '혼인은 인륜대사라.'라는 한문 구절을 끌어 와서, 근본도 모르는 집안과 상의도 없이 경솔히 혼약을 한 것은 잘못되었다는 자기 생각의 정당성을 드러내고 있습니다. 선지 그 자체로 허용할 수 있겠죠?

③ ㉢: 시선의 이동에 따라 경치를 묘사하여 둘러보는 듯한 느낌을 준다.

> ㉢좌우 산천 바라보니 각색 화초 만발한데 봉접은 펄펄 날아 꽃을 보고 춤을 추고, 수양버들은 늘어졌는데 황금 같은 꾀꼬리는 환우성(喚友聲)*이 더욱 좋다.
>
> * 환우성 : 벗을 부르는 소리.

선지 유형	근거가 있어서 허용 가능
실전에서의 판단 과정	배경 묘사가 나타났지.
해설	'각색 화초', '봉접', '수양버들', '꾀꼬리' 등 다양한 대상을 바라보는 시선의 이동에 따라 '금강산'의 경치를 묘사하고 있습니다. 이는 독자로 하여금 '금강산'을 둘러보는 듯한 느낌을 줄 수 있겠죠? 이는 배경 묘사의 역할 그 자체이기도 하니 확실하게 알아두도록 합시다.

④ ㉣: 배경을 시·청각적으로 묘사하여 인물의 심리를 잘 드러낸다.

> ㉣층암은 층층하여 병풍을 둘러친 듯, 시냇물은 잔잔하여 남청을 부르는 듯, 비죽새는 슬피 울어 허황한 일을 비양하는 듯, 두견성은 처량하여 사람의 심회를 돕는지라.

선지 유형	근거가 있어서 허용 가능
실전에서의 판단 과정	배경 묘사로 처량한 인물의 심리를 드러냈지.
해설	이번에도 역시 지문을 읽으면서 미리 체크한 배경 묘사 부분에 대해 묻고 있습니다. 시·청각적인 배경 묘사를 통해 '박 처사'를 만날 수 없을 것 같다는 생각에 처량해진 '상공'의 심리를 잘 드러내고 있죠? 이렇게 배경 묘사가 인물의 심리를 드러내는 역할을 하기도 한다는 점 역시 중요한 내용이니 확실하게 알아두도록 해요.

⑤ ㉤: 대화 속에 고사를 인용하여 인물이 처한 쓸쓸한 상황을 부각한다.

선지 유형	근거가 있어서 허용 불가능
실전에서의 판단 과정	쓸쓸해 하지 말라고 위로하는 부분이잖아.
해설	대충 보면 맞는 말인 것 같다는 생각이 드는 선지입니다. 핵심은 ㉤을 말하는 '이시백'의 마음에 공감할 수 있느냐는 것이에요. '이시백'은 ㉤을 통해 부친을 위로하고자 하는 의도를 가지고 있습니다. 즉, 대화 속에 한 무제의 고사를 인용하여 쓸쓸해 하는 '상공'에게 그럴 필요 없다는 이야기를 하고자 하는 것이죠. 이렇게 명백한 근거가 있으니, 인물이 처한 쓸쓸한 상황을 부각한다는 것은 절대 허용할 수 없겠습니다. '상공'이나 '한 무제'가 쓸쓸한 상황에 처했다는 것을 말하고자 하는 게 아니라, 그런 상황에 처한 것은 어쩔 수 없으니 후회

	하지 말라는 이야기이니까요.

선지	①	②	③	④	⑤
선택률	53%	10%	10%	8%	19%

114 〈보기〉를 바탕으로 윗글을 감상한 내용으로 적절하지 않은 것은? ①

① '부인'이 '상공'의 혼인 결정을 수긍하지 못하는 것은 수직적 사고의 결과이군.

선지 유형	근거가 없어서 허용 불가능
실전에서의 판단 과정	수직적 사고는 초월계랑 현실 세계 이야기인데 뭔 소리야.
해설	'부인'이 '상공'의 혼인 결정을 수긍하지 못하는 이유는 근본도 모르는 집안과 따로 의논도 없이 섣불리 혼약을 했기 때문입니다. 이는 걸핏 보면 신분을 중시하는 것처럼 보여 '수직적 사고'의 결과라는 말을 허용할 수 있지 않나 하는 생각으로 이어질 수도 있어요. 하지만 이 문제가 요구한 것은 〈보기〉를 바탕으로 윗글을 감상하라는 것이고, 〈보기〉에서 말하는 '수직적 사고'는 초월계를 현실 세계보다 상위의 공간으로 인식하는 것을 말합니다. '부인'은 이러한 인식을 보인 적이 없기 때문에, '부인'이 '수직적 사고'의 결과로 혼인 결정을 수긍하지 못한다는 것은 절대 허용할 수 없겠네요. 〈보기〉역시 허용 가능성 평가에서 중요한 근거로 쓰인다는 점, 절대 잊지 마시기 바랍니다.

② '박씨'와 '이시백'의 혼인 장소로 금강산을 설정한 것은 신성성을 확보하려는 의도를 드러낸 것이군.

선지 유형	근거가 있어서 허용 가능
실전에서의 판단 과정	금강산은 현실 세계와 초월계의 성격을 동시에 지니니까 신성성 확보되겠지.
해설	〈보기〉에 따르면, '금강산'은 현실 세계이면서 초월계의 성격도 동시에 가지고 있습니다. 초월계의 성격을 가지고 있다는 것을 근거로 하면, '금강산'을 혼인 장소로 설정한 것이 '신성성'을 확보하기 위한 것이라고 할 수 있겠죠. 좀 더 정확하게 풀어봅시다. 〈보기〉에서는 고전 소설이 현실 세계와 초월계의 교섭을 통해 '신성성'을 확보한다고 했습니다. 즉, 〈보기〉를 참고할 때

| 해설 | '신성성'은 '현실 세계와 초월계의 교섭'을 필요로 하는 개념인 것이죠. '금강산'은 그 자체로 '현실 세계와 초월계의 교섭'이 이루어진 공간이기에, 〈보기〉를 바탕으로 '금강산'을 공간적 배경으로 하면 '신성성'을 확보할 수 있다는 것을 알 수 있겠습니다. 계속해서 〈보기〉를 정확히 독해했는지를 묻고 있는 모습이네요. |

③ '상공'이 '박 처사'를 쉽게 찾지 못하도록 한 구도에서 금강산이 지닌 초월계의 성격을 찾을 수 있겠군.

선지 유형	근거가 있어서 허용 가능
실전에서의 판단 과정	초월계는 본래 인간의 접근이 쉽지 않지.
해설	〈보기〉에 따르면, 초월계는 본래 인간의 접근이 쉽지 않습니다. 그렇기에 이 작품에서는 '상공'이 초월계의 인물인 '박 처사'를 쉽게 찾지 못하도록 한 구도를 설정한 것이겠죠? 이로부터 이런 구도가 나타나는 '금강산'이 지닌 초월계의 성격을 찾을 수 있다고 할 수 있겠습니다.

④ '박 처사'와 '상공'이 금강산에서 만나는 장면에서 초월계와 현실 세계의 소통이라는 의미를 찾을 수 있겠군.

선지 유형	근거가 있어서 허용 가능
실전에서의 판단 과정	초월계 인물과 현실 세계 인물이 만나니까 소통이라고 할 수 있지.
해설	'박 처사'라는 초월계 인물과, '상공'이라는 현실 세계의 인물은 '금강산'에서 만나고 있습니다. 이 자체로 초월계와 현실 세계의 소통이라고 할 수 있겠죠? 〈보기〉의 내용을 입히면, 초월계를 현실 세계의 연장, 즉 소통이 가능한 공간으로 설정하는 '수평적 사고'를 통해 두 공간이 소통하는 모습을 만든 것이라고 할 수 있겠습니다. 이때 매개체가 되는 것이 현실 세계와 초월계의 성격을 동시에 지니는 공간인 '금강산'인 것이구요.

⑤ 초월계의 선인이면서도 현실 세계에서는 '박 처사'로 불린 인물의 모습은 금강산의 이중적 성격과도 연관되는군.

선지 유형	근거가 있어서 허용 가능
실전에서의 판단 과정	초월계와 현실 세계를 모두 아우른다는 점에서 그렇다고 할 수 있다.

| 해설 | '박 처사'는 초월계의 선인이면서도, '처사'라는 현실 세계의 호칭으로 불립니다. 이는 현실 세계와 초월계의 성격을 동시에 지니는 '금강산'의 이중적 성격과 연관된 모습이라고 할 수 있겠죠? 〈보기〉에서 말하는 '현실 세계와 초월계의 교섭'을 잘 보여 주는 인물이 바로 '박 처사'였던 것입니다. |

선지	①	②	③	④	⑤
선택률	9%	8%	9%	71%	3%

115 ⓐ에 나타난 '상공'의 상황과 가장 잘 어울리는 말은? ④

> ⓐ그저 돌아가도 남에게 웃음을 면하지 못할 것이요, 돌아가지 않은즉 허황함이 막심한지라.

① 이왕지사(已往之事)
② 자포자기(自暴自棄)
③ 만시지탄(晩時之歎)
④ 진퇴양난(進退兩難)
⑤ 새옹지마(塞翁之馬)

몰랐던 어휘 정리하기

| 핵심 point |

① **허용 가능성 평가** : 선지의 내용을 '허용'하려는 태도를 바탕으로 지문을 '독해'하며 '근거'를 찾아야 합니다. 허용할 수 있는 '근거'가 있어야만 허용할 수 있습니다. 주관적인 생각을 개입시키면 안 됩니다.

② **소설 독해** : '심리와 행동의 근거'를 바탕으로 인물에게 '공감'하며 읽어야 합니다. 이 과정이 물흐르듯 이어지면 지문의 내용을 완벽하게 이해할 수 있어요.

③ **고전소설 클리셰** : 천상계와 지상계의 대립을 바탕으로 전개되는 경우가 많습니다. 지상계보다 더 상위의 공간으로 인식되는 천상계의 성격을 적극적으로 활용하면서 지문을 읽을 수 있어야 해요.

천상계와 지상계의 대립이라는, 전형적인 고전소설의 클리셰를 활용하며 읽을 수 있는 지문이었습니다. 천상계와 지상계의 대립뿐만 아니라 소통까지도 다루고 있다는 점이 독특했죠? 나아가 '허용 가능성 평가'라는 기본적인 선지 판단의 원칙을 연습할 수 있을 만한 선지들도 많이 출제되었네요. 확실하게 정리하도록 합시다.

〈보기〉 독해

〈보기〉가 있기는 한데, 지문 내용을 정리하는 형태네요. 지문을 읽기 전에는 큰 도움을 받기 어려울 것 같으니, 일단 지문부터 읽어보도록 합시다.

실전적 지문 독해

> 재종숙은 아무래도 김만호 씨보다는 강 목사에 더 애착이 가는 것 같았다.
> "둘은 소학교와 농업학교를 같이 다녔고, 이 지역에서는 그래도 똑똑하다고 소문이 나 있던 사람들이었지. 강 목사는 농업학교를 나온 후 이곳 소학교에서 교편을 잡으면서 밤이면 야학을 하였어. 나도 토요일이나 방학에 집에 와서는 그 일을 도와 드렸지."

'재종숙'이라는 인물이 '김만호 씨'보다는 '강 목사'에 더 애착이 가는 것 같다며 시작하고 있습니다. 무슨 상황인지는 모르겠지만, 일단 '재종숙'이라는 인물이 '강 목사'의 입장에서 이야기할 것임은 확실하죠? 왜 '재종숙'은 '강 목사'에게 더 애착이 가는지 그 마음에 공감할 준비를 하셔야 합니다.

'재종숙'과 서술자는 '김만호 씨' 및 '강 목사'에 대한 정보를 제공하고 있습니다. 둘은 '이 지역'에서 나름 똑똑하다고 소문이 나 있던 사람들이었고, 특히 '강 목사'는 소학교 교사로 일하면서 야학도 하는, 교육적으로 헌신한 인물이었습니다. 이러한 인물의 성격을 정확하게 인식한 채로 계속 읽어봅시다.

> 그러는 사이에 강 목사와 김만호 씨는 자주 다투게 되었다. 한쪽에서는 일본 말을 가르치는 일을 못마땅히 생각하였고, 한편에서는 세상 돌아가는 형편을 외면한 채 저 잘난 척한다고 생각하였다. 그러는 동안 결국 한글 강습소는 문을 닫아야 하였고 강 목사는 고향을 떠나야 하였다.

그런데 '강 목사'와 '김만호 씨'는 자주 다투게 되었다고 합니다. 한쪽에서는 일본 말을 가르치는 일을 못마땅히 생각했고, 또 한편에서는 세상 돌아가는 형편을 외면한 채 저 잘난 척한다고 생각했다고 해요. 이들이 각각 '강 목사'와 '김만호 씨'의 생각이라는 것은 충분히 파악할 수 있겠죠? '일본 말'을 보고서 일제강점기 혹은

그에 준하는 시기임을 생각할 수 있고, 그런 시절에 교육에 헌신하는 성격을 지닌 '강 목사'는 일본 말을 가르치는 것을 탐탁지 않아 할 가능성이 높으니까요.

바로 뒤에 한글 강습소가 문을 닫고 '강 목사'는 고향을 떠났다는 것을 토대로 하면 이러한 추측이 맞다는 것을 확인할 수 있겠네요. 중요한 것은 '강 목사'와 '김만호 씨'의 주장 모두 일리가 있다고 생각하며, 각각의 인물에게 공감할 수 있어야 한다는 것입니다. 물론 '재종숙'은 '강 목사'의 입장에 더 공감하겠지만요. 자연스럽게 '재종숙' 역시 일본 말을 가르치려고 하는 '김만호 씨'의 태도를 못마땅하게 생각했을 것이라 추측할 수 있겠죠? 이런 생각들이 물흐르듯 이어져야 합니다!

> "이봐, 그때 그 한글 강습소를 폐쇄시킨 게 바로 김만호였어. 우리가 주재소에 가서 혼이 나도록 당한 것도 다 뒤에서 그 작자가 조종을 한 거야. 나도 학교를 마치지도 않고 고향에 있을 수가 없어서 일본으로 떠나 버렸어. 귀찮은 일이 자꾸 따라다녔지."
> 재종숙은 그때 일을 바로 어제 일같이 말하였다.
> "그 일뿐이 아니라고. 참으로 못할 짓 많이 하였지. 그런데 내가 해방이 되어서 고향에 돌아와 보니까, 아니 어디 숨어 있는 줄 알았던 그가 아주 요란스럽게 행세를 하고 있었어. 난 그 꼴이 보기 싫어서 다시 일본으로 들어가 버렸지만……."

바로 뒤에 나오는 '재종숙'의 대사를 보면 이러한 생각을 확인할 수 있습니다. '강 목사'의 한글 강습소를 폐쇄시키고, '강 목사'와 '재종숙'이 주재소에서 고생하도록 조종을 한 것이 바로 '김만호 씨'라는 이야기를 하고 있어요. 결국 '강 목사'는 고향을 떠나고, '재종숙'은 일본으로 떠나 버렸던 것인데 '재종숙'은 그때 일을 '바로 어제 일'같이 말하고 있습니다. 그만큼 생생하고 임팩트가 큰 사건이었음을 의미하는 것이죠? '재종숙'에게 한글 강습소의 폐쇄는 굉장한 충격이었나 봅니다.

그런데 '재종숙'에게 더 충격적인 일이 있으니, 바로 해방이 되어서 고향에 돌아왔더니 '김만호 씨'가 여전히 요란스럽게 행세를 하고 있다는 점이었어요. '재종숙' 입장에서는 일본 편을 드는 것만 같던 '김만호 씨'가 해방 후에도 영향력을 펼치고 있는 것이 꼴보기 싫을 수 있겠죠. 결국 다시 일본으로 돌아가 버렸다는 이야기를 하고 있습니다.

서술자는 이러한 '재종숙'의 말이 자꾸 헷갈렸다고 이야기합니다. 바로 아래 나오는, 서술자가 알고 있는 정보에 따르면 '김만호 씨'는 어린 나이에 면장이 되어 '도사'의 신임을 가장 많이 얻은 면장이 될 정도로 능력 있는 사람이거든요. 이런 사람에 대해 부정적인 이야기를 늘어놓으니, 서술자 입장에서는 헷갈릴 만도 합니다. 혹은 해방 전에는 일본 편에 섰던 것을 부정적으로 보더니 해방 후에는 나라를 위해 일하는 공무원이 된 것을 부정적으로 보는 이중적인 모습 때문에 헷갈렸다고 생각할 수도 있겠죠. 어느 쪽이든, '재종숙'이 '김만호 씨'라는 사람 자체를 싫어하고 있다는 점을 확실하게 느낄 수 있어야 합니다.

'재종숙'은 이러한 '김만호 씨'가 면민을 위하는 척하면서 제 할 일은 다 했다는, 즉 자기 이익은 확실하게 챙겼다는 이야기를 하며 악질적인 면장이라는 주장을 합니다. 말투는 과격해지고, 그런 사람에게 '선구적인 시민상' 따위를 주는 것은 말이 되지 않는다며 언성을 높이는 '재종숙'입니다. '김만호 씨'보다는 '강 목사'에 더 애착이 간다는 전제를 바탕으로 하면 이렇게 흥분한 '재종숙'의 모습에 어렵지 않게 공감할 수 있겠죠?

그런데 이러한 '재종숙'의 말투는 '교장 어른'을 상대하여 말하는 투였다고 합니다. '교장 어른'에게도 언성을 높였다는 것으로 보아, '교장 어른'은 '김만호 씨'를 그리 부정적으로 보지 않는 것 같네요. 이런 식으로 '재종숙'이 보이는 심리의 근거를 생각할 수 있어야 합니다.

서술자는 '재종숙'과 헤어져 거리로 나왔는데, 이번에는 '교장 어른'을 만나고 싶었다고 합니다. 앞에서 미리 생각했듯이 '교장 어른'은 '재종숙'과는 정반대의 말을 할 것이기 때문에, 혹시나 새로운 이야기를 들을 수도 있을 것 같다는 생각이 든 것이죠. 이러한 마음에 충분히 공감할 수 있겠죠? 의견이 충돌할 때는 양쪽의 말을 다 들어보고 싶어지는 것이 일반적이니까요.

'교장 어른'은 서술자인 '나'가 찾아올 줄 알았다며 반갑게 맞이하고 있습니다. 이때, '나'가 '교장 어른'을 상당히 긍정적으로 묘사하고 있다는 것을 느낄 수 있어야 합니다. 곱게 늙고 있는 행복한 서민, 육십 평생을 어린이 교육을 위해서만 살던 사람, 이곳 사람들의 선생으로 대접받는 사람, 〈 〉 표시된 배경 묘사 등을 보면 '나'가 '교장 어른'을 굉장히 기품 있는 어르신으로 묘사하고 있다는 것이 느껴지시죠? 이러한 묘사를 보면, '나'는 '교장 어른'의 말을 꽤나 신뢰할 만하다고 생각할 것 같네요.

'교장 어른'은 '나'가 자신을 찾아온 이유를 알고 있는 것처럼 보입니다. 이제 보니 '나'는 신문사 직원으로, '김만호 씨'에 대해 인터뷰하는 중이었네요. '교장 어른'은 '김만호 씨'와 오랜 교분(서로 사귄 정)을 갖고 있었기에, '나'는 혹시나 '김만호 씨'에 대해 밖으로 드러나지 않은 개인적인 일을 알 수 있을까 해서 '교장 어른'을 찾아온 것입니다. '교장 어른'은 이러한 내용을 다 알고 있는 상태인 것이죠.

이때, '나'가 되도록 조심스럽게 질문하고 있다는 점에 주목할 수 있어야 합니다. '나'는 자기 스스로의 사회적인 삶도 제대로 인식하지 못하고 있는 상황이라, '김만호 씨'라는 남의 삶에 대해 묻는 것이 다소 민망한 것이죠. 특히 '김만호 씨'는 '교장 어른'과 오랜 친구 사이라는 점에서 꽤나 민감한 질문일 수도 있구요. 이런 상황을 고려하며 '나'의 조심스러운 모습에 공감할 수 있어야 합니다.

> "그분이 일제 시대에 관리 노릇을 하였고 더구나 면장을 오랫동안 지낸 것은 사실이지만, 그 시국에 누군들 면장을 해야 했을 거이고, 더구나 일본 사람이 면장을 했던 것보담야 훨씬 나았지. 나도 일제 시대 여남은 해 동안 교단에 서서 식민지 교육에 앞장섰던 사람으로서 그분의 행적에 대하여 시비를 가릴 자격은 없어. 큰집에서 내가 좀 강경하게 말한 것은 자네 칠촌 말일세. 일본 가서 살아서 이곳 사정을 모르는 처지에 이러쿵저러쿵 하는 바람에 비위가 상했던 거야. 자기도 그곳에서 살았으면 아니, 일본 사람에게 협조하지 않고 독야청청 민족과 나라를 위하여 애국만 하며 살 수 있었겠냔 말이네. 어림없어. 아마 먼저 더 철저하게 일본 사람들에게 붙어살았을지 누가 알아. 사실 이곳에서 살지 않았던 사람은 이곳에 살면서 좋은 일 궂은 일 모두 겪었던 사람들에 대해서는 말을 말아야 돼."
>
> 재종숙의 처사가 못마땅하다는 것이었다. 그런 교장 어른에게서도 새로운 김만호의 면모를 찾을 수 없을 것 같았다.
>
> ―현길언, 「신열(身熱)」―

'교장 어른'은 '김만호 씨'의 과오가 아예 없는 것은 아니지만, 그 시절의 특수성을 거론하며 '김만호 씨'를 옹호하고 있습니다. 나아가 일본 가서 살아서 이곳 사정을 모르고 있을 것이라는 '나'의 칠촌, 즉 '재종숙'에 대해 비판적인 이야기를 하고 있네요. '나'는 '교장 어른'의 이러한 이야기를 들으면서도, 새로운 '김만호 씨'의 면모를 찾을 수는 없을 것 같다는 실망감을 느낍니다. '교장 어른'의 이야기도 결국 '나'가 기대했던 대단한 정보가 아니라 뻔하디뻔한, '재종숙'과 반대되는 이야기 그 자체임을 바탕으로 이러한 실망감에 공감할 수 있겠죠?

선지	①	②	③	④	⑤
선택률	75%	4%	5%	3%	13%

116 윗글에 대한 설명으로 가장 적절한 것은? ①

① 대화를 통해 인물의 성격을 간접적으로 제시하고 있다.

선지 유형	근거가 있어서 허용 가능
실전에서의 판단 과정	당연한 거 아냐?
해설	대화가 많이 나오고 있고, 그 속에서 특정 인물을 싫어한다거나 쉽게 흥분한다거나 하는 등의 성격을 간접적으로 제시하고 있습니다. 나아가 주된 서술 대상인 '강 목사'와 '김만호 씨'의 여러 성격에 대해서도 파악할 수 있었죠? 인물의 대사나 행동에는 당연히 성격이 드러나기 마련이라는 점을 알고 있다면 빠르게 답으로 골라낼 수 있었을 겁니다.

② 상징적 소재를 활용하여 주제를 암시적으로 드러내고 있다.

선지 유형	근거가 없어서 허용 불가능
실전에서의 판단 과정	대단한 상징적 소재가 있지는 않았지.
해설	이 지문의 주제를 '같은 시대 속 다른 선택을 한 인물들과 그에 대한 주변인의 평가' 정도라고 한다면, 이를 상징적으로 드러내는 소재가 나타나지는 않았습니다. 애초에 특정 인물들에 대한 다른 인물들의 평가를 인터뷰하는 형식의 지문이었기에, 특정한 소재가 중심이 되지는 않았죠?

③ 사물에 대한 섬세한 묘사로 독자의 상상 공간을 확대하고 있다.

선지 유형	근거가 없어서 허용 불가능
실전에서의 판단 과정	머릿속에 아무런 사물이 떠오르질 않는데?
해설	우리와 같은 독자의 상상 공간을 확대하여 머릿속에 남을 만큼 섬세하게 묘사된 사물이 나타나지는 않았습니다. 그나마 '교장 어른'의 집에 있던 '병풍'이나 '한란 분' 정도가 묘사된 사물인데, 그 묘사가 딱히 섬세하지도 않죠?

④ 비유적인 언어를 적절하게 구사하여 작품의 미적 효과를 높이고 있다.

선지 유형	근거가 없어서 허용 불가능
실전에서의 판단 과정	비유적인 언어가 많이 나타난 것 같지는 않은데?
해설	전체적으로 있는 사실 그대로를 서술하고 있을 뿐, '비유적인 언어'를 적절하게 구사하고 있지는 않습니다. 애초에 1번 선지와 같은 거시적인 정답 선지를 확인한 이상 이렇게 미시적인 선지에서 크게 고민할 필요가 없어요. 나아가 '비유적인 언어'를 적절하게 구사했다는 것이 맞다고 치더라도, 소설이라는 장르의 특성을 생각하면 '비유적인 언어'가 '작품의 미적 효과'를 높이기 위해 쓰였을 리가 없다는 생각을 통해 지울 수도 있겠습니다. 소설은 특정 시대의 문제의식을 드러내는 것을 목적으로 하기 때문에, '비유적인 언어'를 적절하게 사용했다면 이러한 목적을 더 임팩트 있는 언어로 전달하기 위함이었을 것이지, '미적 효과'를 높이기 위함은 아니었을 거예요.

⑤ 내적 독백을 연속적으로 서술하여 소설 내의 시간을 느리게 진행시킨다.

선지 유형	근거가 없어서 허용 불가능
실전에서의 판단 과정	내적 독백이 연속적으로 서술된 적이 있나? 에이 뭐 이런 게 정답이겠어.
해설	'재종숙은 아무래도 김만호 씨보다는 강 목사에 더 애착이 가는 것 같았다.', '재종숙의 말은 자꾸 헷갈렸다.', '인생의 황혼기에서, 아무리 뼈에 사무친 일이라 하더라도 이 나이쯤이면 모두 이해하고 용서할 수 있을 터인데 그게 아니었다.' 등에서 '내적 독백'이 나타난다고 할 수는 있습니다. 하지만 이것이 연속적으로 서술된 적은 없으니 허용할 수 없겠어요. '실전에서의 판단 과정'에서 이야기하는 것처럼, 지나치게 미시적인 내용이니 답일 리가 없다는 식으로 넘어가는 것이 가장 효과적인 풀이로 보입니다. 특히 1번 선지처럼 확실한 정답을 체크한 상황이니까요. 물론, 정말로 '내적 독백'을 연속적으로 서술한다면 소설 내의 시간은 느리게 진행할 것입니다. '내적 독백'이라는 것은 결국 특정 장면에서 인물의 내면세계를 혼잣말로 내뱉는 것인데, 이것이 연속적으로 서술되면 한 장면에 오래 머무는 셈이 되니까요. 당연하게 납득할 수 있으면 좋겠어요!

| 생각 심화 |

참고로 '독백' 개념에 대해서는 평가원이 2010학년도 6월 모의평가에서 〈보기〉를 통해 설명한 적이 있습니다. 해당 내용은 다음과 같습니다.

대사에는 대화, 방백, 독백 등이 있다. 대화는 등장인물 간에 주고받는 대사로, 인물들의 관계를 알려 주고 사건을 진행시키는 기능을 한다. 방백이 관객을 청자로 상정한 대사라면, 독백은 배우가 심리적으로 자극을 받아 촉발된 혼잣말이다. 독백은 사건 진행을 일시적으로 중단하고 배우가 내면 심리를 직접 드러낼 수 있게 하여, 연극의 서사에 시적 분위기를 첨가하는 기능을 한다.

평가원은 '독백'을 '배우가 심리적으로 자극을 받아 촉발된 혼잣말'로 정의하고 있습니다. 나아가 이 선지에서 이야기하는 것처럼 사건 진행을 일시적으로 중단하는 효과가 있다는 것도 설명하고 있죠? 어쨌든 핵심은 배우(소설에서는 인물이겠죠?)의 '내면 심리'를 직접 드러낸다는 것입니다. 이를 바탕으로 하면 '해설'에서 언급한 부분들이 왜 '내적 독백'인지 알 수 있을 것입니다. ('내적', '외적'이라는 단어의 의미를 살리면, 큰따옴표로 인물의 '내면 심리'를 직접 드러내는 혼잣말은 '외적 독백'이라고 부른다는 것은 자연스럽게 정리할 수 있겠죠?)

물론 늘 강조하듯이, 최근에는 이렇게 문학적 용어에 대한 문제를 까다롭게 출제하지 않는 경향을 보이기에 크게 스트레스받으실 필요는 없습니다. 그저 이 지문에서 '내적 독백' 때문에 고민했던 선배들이 워낙 많아 언급한 것이라고 보시면 됩니다.

선지	①	②	③	④	⑤
선택률	4%	3%	7%	83%	3%

117 윗글의 내용으로 미루어 알 수 <u>없는</u> 것은? ④

① '김만호'는 현실의 변화를 재빨리 수용한다.

선지 유형	근거가 있어서 허용 가능
실전에서의 판단 과정	김만호의 성격 그 자체네.
해설	'김만호 씨'는 일제 강점기가 되었을 때는 일본 말을 가르쳤고, 해방이 되었을 때는 면장이 되어 '선구적인 시민상'을 받을 정도로 열심히 일했습니다. 이는 '김만호 씨'가 현실의 변화를 재빨리 수용하여 그에 맞게 행동하는 성격을 지닌 인물임을 드러내는 근거가 되겠습니다. '김만호 씨'에게 공감하는 과정에서 이러한 성격이 자연스럽게 체크됐어야 합니다.

② '김만호'와 '강 목사'는 삶의 태도와 관점이 매우 다르다.

선지 유형	근거가 있어서 허용 가능
실전에서의 판단 과정	그래서 자주 다퉜지.
해설	'재종숙'의 증언 및 '나'의 서술에 따르면, '김만호 씨'와 '강 목사'는 일본 말을 가르치는 것에 대한 의견 충돌로 자주 다퉜다고 했습니다. 이는 단순히 일본 말을 가르치는 사건 자체에 대한 것이라기보다는, 일제 강점기라는 고난 속에서도 한글을 가르치며 민족의 정체성을 지키려는 '강 목사'와 일본 말을 가르치는 등 현실의 변화를 빠르게 수용하는 '김만호 씨'의 삶의 태도와 관점이 충돌한 것이라고 할 수 있겠죠. 또한, '삶의 태도와 관점'은 곧 인물의 '성격'이라고 할 수 있습니다. 따라서 '김만호 씨'와 '강 목사'는 '성격'이 많이 다르고 이에 자주 다툰 것이라는 식으로 해결하셔도 좋겠습니다.

③ '교장 어른'은 '강 목사'보다는 '김만호'의 입장에 서 있다.

선지 유형	근거가 있어서 허용 가능
실전에서의 판단 과정	교장 어른은 김만호편이었지.
해설	'교장 어른'은 '김만호 씨'와 오랜 친구였고, 이에 '김만호 씨'의 입장에서 그를 옹호하는 모습을 보였습니다. 나아가 일제 강점기에 일본의 편에 섰던 '김만호 씨'를 옹호하며 독야청청 민족과 나라를 위해 애국만 하며 살 수는 없었다는 생각을 바탕으로 하면, '교장 어른'은 한글을 지키기 위해 애쓰는 등 나름대로 애국을 하려고 했던 '강 목사'보다는 시류에 적응했던 '김만호 씨'의 입장에 서 있다고 할 수 있겠습니다.

④ '나'는 '재종숙'과 '교장 어른'이 화해할 수 있다고 생각한다.

선지 유형	근거가 있어서 허용 불가능
실전에서의 판단 과정	교장 어른이 당연히 재종숙과 반대되는 이야기를 할 거라고 생각했는데?
해설	'나'는 '교장 어른'이 '김만호 씨'에 대해 '재종숙'과는 반대되는 이야기를 할 것이라고 예상하고 있습니다. 실제로 그러한 것에 대한 실망감을 내비치기도 했구요. 이는 '나'가 '재종숙'과 '교장 어른'이 화해할 수 있다고 생각하지 않는다는 근거가 되겠죠? 애초에 이런 심리에 공감했던 기억이 없으니, 가볍게 답으로 골라주시면 되겠습니다.

⑤ '재종숙'은 '김만호'의 수상 문제가 사회 정의와 관련되어 있다고 본다.

선지 유형	근거가 있어서 허용 가능
실전에서의 판단 과정	김만호가 상을 받은 건 개인의 문제처럼 작은 문제가 아니라고 했지.
해설	'재종숙'은 '김만호 씨'가 '선구적인 시민상'을 수상한 것에 대해, 그것은 김만호 개인의 문제·신문사 문제처럼 작은 문제가 아니라고 주장합니다. '선구적인 시민상'을 받는다는 건 세상 사람의 본이 된다는 것인데, '김만호 씨'처럼 사는 것을 권장하는 것은 말이 되지 않는다는 것이죠. 이는 '재종숙'이 '김만호 씨'의 수상 문제가 사회에 어떤 삶을 권장할 것인가 하는 사회 정의와 관련되어 있다고 보는 모습이라고 할 수 있겠습니다.

선지	①	②	③	④	⑤
선택률	6%	3%	20%	8%	63%

118 ㉠~㉢에 대한 이해로 적절하지 않은 것은? ⑤

① ㉠ : 과거의 일을 아직도 마음에 두고 있다.

> ㉠재종숙은 그때 일을 바로 어제 일같이 말하였다.

선지 유형	근거가 있어서 허용 가능
실전에서의 판단 과정	그렇지.
해설	과거의 일을 바로 어제 일같이 말한다는 것은, 그만큼 그때의 일을 생생하게 기억하고 마음에 두고 있다는 의미라고 할 수 있겠죠?

② ㉡ : 분노의 감정에 휩싸여 흥분하고 있다.

> ㉡재종숙의 말투는 점점 과격하여 갔다.

선지 유형	근거가 있어서 허용 가능
실전에서의 판단 과정	분노하고 흥분하는 재종숙에게 공감했었지.
해설	'재종숙'이 '김만호 씨'의 이야기를 하면서 분노를 표하고 흥분하며 과격한 말투를 쓰는 모습, 충분히 공감했던 내용이죠?

③ ㉢ : 관련된 사안이 예민한 문제라고 느끼고 있다.

> ㉢되도록 조심스럽게 말하였다.

선지 유형	근거가 있어서 허용 가능
실전에서의 판단 과정	예민한 문제라고 느끼니까 조심스러운 거지.
해설	본인 스스로 부족함을 느끼고 있는 상황, '교장 어른'과의 친분이 있는 이에 대한 평가를 묻는 예민한 질문을 하는 상황 등을 고려하여 되도록 조심스럽게 말하는 '나'에게 충분히 공감했었죠? 당연하게 허용할 수 있겠네요.

④ ㉣ : 상황을 들어 당시 행위를 옹호하려 한다.

> 그 시국에 누군들 면장을 해야 했을 거이고, ㉣더구나 일본 사람이 면장을 했던 것보담야 훨씬 나았지.

선지 유형	근거가 있어서 허용 가능
실전에서의 판단 과정	그렇지.
해설	누군들 면장을 했어야 하는 당시 상황에서 일본 사람이 면장을 하는 것보다는 나았다는 이야기를 하며 '김만호 씨'를 옹호하는 '교장 어른'의 모습입니다. 당연하게 허용할 수 있겠죠?

⑤ ㉤ : 예상 밖의 결과가 나오자 실망하고 있다.

> ㉤그런 교장 어른에게서도 새로운 김만호의 면모를 찾을 수 없을 것 같았다.

선지 유형	근거가 있어서 허용 불가능
실전에서의 판단 과정	예상한 그대로여서 실망한 거지.
해설	'나'는 '교장 어른'에게서 '재종숙'에게서 듣지 못한 '김만호 씨'의 새로운 이야기를 들을 수 있지 않을까 하는 기대를 합니다. 이런 '기대'를 한다는 것은, 새롭지 않은 이야기를 들을 것이라는 '예상'을 했다는 의미가 되겠죠? 실제로 '교장 어른'은 '나'가 '예상'한 그대로 '김만호 씨'를 두둔하기만 했고, 이에 실망감을 느낀 '나'의 심리가 ㉤에서 드러났습니다. 이런 공감의 과정을 거쳤다면, 어렵지 않게 답으로 골라낼 수 있겠습니다.

선지	①	②	③	④	⑤
선택률	10%	5%	10%	19%	56%

119 윗글의 이야기 구성을 〈보기〉와 같이 정리한다고 할 때, 이와 관련한 설명으로 적절한 것은? [3점] ⑤

[보기]

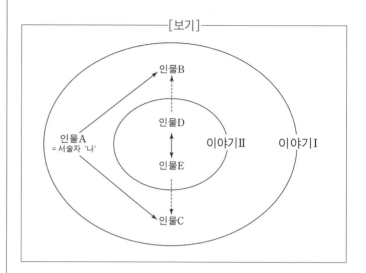

– 독특한 형태의 문제입니다. 일단, 인물A는 서술자 '나'이고, 인물B와 인물C는 '재종숙'과 '교장 어른'이며, 인물D와 인물E는 '강 목사'와 '김만호 씨'라고 할 수 있겠죠? 이 지문은 '강 목사'와 '김만호 씨'의 대립과 관련된 이야기Ⅱ가 '나'의 '재종숙'과 '교장 어른'을 상대로 한 인터뷰인 이야기Ⅰ을 통해 제시되는 구성을 가지고 있었습니다. 이 정도로 정리해놓고 문제를 풀어보도록 합시다.

① 이야기Ⅰ과 이야기Ⅱ의 공간적 배경을 다르게 설정하여 작품의 입체성을 강화하고 있다.

선지 유형	근거가 있어서 허용 불가능
실전에서의 판단 과정	둘 다 같은 지역이잖아.
해설	이야기Ⅰ과 이야기Ⅱ는 모두 '이 지역'을 공간적 배경으로 하고 있습니다. 엄밀하게는 두 이야기 사이에 공간적 배경이 다르다는 근거가 없어요. '재종숙'이 일본으로 떠났다는 것을 근거로 서로 다른 공간적 배경이 나타났다고 하면 안 돼요. 일본에서 벌어진 사건이 제시되지 않았기 때문에, 일본은 공간적 배경이라고 할 수 없습니다. 물론 정말 공간적 배경이 달랐다면, 여러 공간의 이야기가 중첩된 것이기에 작품의 입체성이 강화된다고 할 수 있겠습니다.

② 이야기 Ⅰ과 이야기 Ⅱ의 시간적 배경을 동일하게 설정하여 보편적 공감을 유도해 내고 있다.

선지 유형	근거가 있어서 허용 불가능
실전에서의 판단 과정	시간적 배경 완전 다르지.
해설	이야기 Ⅰ과 이야기 Ⅱ는 각각 현재와 과거라는 시간적 배경을 가지고 있습니다. 이야기 Ⅰ에서 과거에 있었던 이야기 Ⅱ에 대한 증언을 듣고 있다는 것을 생각하면 쉽게 지워낼 수 있겠죠?

한편, 만약 시간적 배경을 동일하게 설정하고 공간적 배경만 다른 가운데 비슷한 사건이 일어났음을 보여 줬다면, 서로 다른 공간에서도 비슷한 일이 있었으니 '보편적 공감'을 유도할 수 있을 것입니다. 이 지문처럼 공간적 배경을 동일하게 하고 시간적 배경을 다르게 설정하는 경우에도 마찬가지겠죠? 물론 이 지문은 이야기 Ⅰ과 이야기 Ⅱ에서 벌어지는 사건이 동일하지 않기 때문에, '보편적 공감' 역시 허용하기 어렵겠습니다. |

③ 이야기 Ⅰ의 특정 인물과 이야기 Ⅱ의 특정 인물만 서로 갈등 관계를 맺도록 하여 단일화의 효과를 높이고 있다.

선지 유형	근거가 있어서 허용 불가능
실전에서의 판단 과정	뭔 소리야. 각 이야기마다 두 인물이 갈등했지.
해설	이 지문 속에는 크게 두 가지의 외적 갈등이 제시되고 있습니다. 하나는 이야기 Ⅰ의 '재종숙'과 '교장 어른'의 갈등이고, 또 하나는 이야기 Ⅱ의 '강 목사'와 '김만호 씨'의 갈등입니다. 참고로 이야기 Ⅰ에서는 '교장 어른'의 대사를 통해 '큰집'에서 둘 사이에 충돌이 있었음을 알 수 있습니다. 이에 '교장 어른'은 '재종숙'의 처사가 못마땅하다는 반응을 보인 것이죠. 어쨌든 각 이야기 속 인물들끼리 갈등하는 것이 이 지문의 핵심이기 때문에, 이야기 Ⅰ의 특정 인물과 이야기 Ⅱ의 특정 인물만 서로 갈등 관계를 맺도록 한다는 내용은 허용하기 어렵습니다.

한편, 이야기 Ⅰ과 이야기 Ⅱ의 갈등 양상이 유사하다는 점에서 '단일화의 효과'를 높이고 있다는 것은 허용할 수 있겠습니다. 두 이야기 모두 일제 강점기 시절 일본의 편에 선 것은 잘못이라는 입장과 어쩔 수 없는 시대의 흐름이라는 입장이 갈등하는 유사한 모습을 보이고 있으니까요. |

④ 인물A가 인물B와 C의 입을 통해서만 인물D와 E에 대한 이야기를 듣는 독특한 구성 방식 때문에 이야기 Ⅱ의 비중이 약화된다.

선지 유형	근거가 있어서 허용 불가능
실전에서의 판단 과정	오히려 강화되지.
해설	〈보기〉를 보면서 미리 생각했던 것처럼, 이 지문은 이야기 Ⅰ을 통해 이야기 Ⅱ를 깊게 파헤치는 구조를 가지고 있습니다. 이야기 Ⅱ의 내용은 이야기 Ⅰ을 통해 간접적으로만 알 수 있어 계속 집중하게 된다는 점에서, 이 지문의 독특한 구성 방식은 이야기 Ⅱ의 비중을 높이고 있다고 하는 게 맞겠죠? 애초에 이야기 Ⅱ의 내용을 파헤치는 것이 이 지문의 핵심 내용이므로, 이야기 Ⅱ의 비중이 약화된다는 것 자체가 허용하기 어렵기도 하겠죠.

⑤ 인물A가 이야기 Ⅱ 속의 인물D와 E에 관심이 있는 것으로 보아 이 작품의 핵심적 의미는 인물D와 E의 실상 규명과 관련되어 있다.

선지 유형	근거가 있어서 허용 가능
실전에서의 판단 과정	이 지문의 핵심 내용이네.
해설	4번 선지와 반대되는 내용이죠? 이 작품의 핵심적 의미는 이야기 Ⅱ에 있는 인물D와 E, 즉 '강 목사'와 '김만호 씨'의 실상 규명과 관련되어 있습니다. 이는 '나'라는 인물A가 '강 목사'와 '김만호 씨'의 이야기에 관심을 보인다는 점에서 더 확실하다고 할 수 있겠습니다.

FAQ

Q '나'는 '강 목사'가 아니라 '김만호 씨'에 대해서만 관심을 보이는 거 아닌가요? 저는 이 작품의 핵심적 의미가 인물D와 E('강 목사'와 '김만호 씨')가 아닌, '김만호 씨'의 실상 규명과 관련되어 있다고 판단해서 틀린 선지라고 생각했는데 어떤 부분이 잘못된 것일까요?

A 애초에 이 지문에서 '김만호 씨'와 '강 목사'는 한 세트입니다. 정확히는, '나'가 주로 관심을 보이는 '김만호 씨'의 삶이 바람직한 것이라면 그와 반대되는 '강 목사'의 삶은 바람직하지 않은 것이 되고, 반대의 경우에는 바람직한 것이 되는 관계에 두 인물이 놓여 있다는 것이죠. 즉, '강 목사'의 삶과 '김만호 씨'의 삶 중 더 바람직한 삶은 무엇인지 그 실상을 규명하는 것이 이 작품의 핵심적 의미라고 할 수 있다는 점에서 이 선지가 허용 가능하다는 것입니다.

| 핵심 point |

① **허용 가능성 평가** : 선지의 내용을 '허용'하려는 태도를 바탕으로 지문을 '독해'하며 '근거'를 찾아야 합니다. 허용할 수 있는 '근거'가 있어야만 허용할 수 있습니다. 주관적인 생각을 개입시키면 안 됩니다.

② **소설 독해** : '심리와 행동의 근거'를 바탕으로 인물에게 '공감'하며 읽어야 합니다. 이 과정이 물흐르듯 이어지면 지문의 내용을 완벽하게 이해할 수 있어요.

| 지문 내용 총정리 |

독특한 구성과 1인칭 관찰자 시점이라는 답답한 시점 때문에 조금은 낯선 느낌을 주는 지문이었습니다. 하지만 결국 문제에서 묻는 것은 순간마다 보이는 인물들의 심리와 행동의 근거였죠? 인물들에게 '공감'한다는 대전제를 바탕으로 해결했는지, 단순히 선지의 표현 하나하나에 집착하며 쓸데없는 고민을 하지는 않았는지 등을 고민해보시기 바랍니다.

DAY 11 [120~122]
2014예비B [40~42] 현대시 '빼앗긴 들에도 봄은 오는가 / 성에꽃' ☆☆☆

〈보기〉 독해

[보기]

　1920년대 중반에 일부 시인들은 민중의 참담한 상황, 그리고 노동에 기반한 민중의 생명력에 주목하면서 민중의 생활을 노래하였다. 이런 점은 「빼앗긴 들에도 봄은 오는가」에도 잘 반영되어 있다.

민중의 참담한 상황과 노동에 기반한 민중의 생명력에 주목하면서 민중의 생활을 노래했다는 외부 정보가 제시되어 있습니다. 이 내용이 (가)의 주제와 맞닿아 있겠죠? 이런 외부 정보를 입혀서 독해하고 문제를 풀어보도록 합시다.

실전적 지문 독해

(가)

　지금은 남의 땅—빼앗긴 들에도 봄은 오는가?　　　[A]

　나는 온몸에 햇살을 받고
　푸른 하늘 푸른 들이 맞붙은 곳으로
　가르마 같은 논길을 따라 꿈속을 가듯 걸어만 간다.

　입술을 다문 하늘아 들아
　내 맘에는 나 혼자 온 것 같지를 않구나
　네가 끌었느냐 누가 부르더냐 답답워라 말을 해 다오.　　　[B]

　바람은 내 귀에 속삭이며
　한 자욱도 섰지 마라 옷자락을 흔들고
　종다리는 울타리 너머 아씨같이 구름 뒤에서 반갑다 웃네.

　고맙게 잘 자란 보리밭아
　간밤 자정이 넘어 내리던 고운 비로
　너는 삼단 같은 머리를 감았구나 내 머리조차 가뿐하다.　　　[C]

나비 제비야 깝치지 마라
맨드라미 들마꽃에도 인사를 해야지
아주까리기름을 바른 이가 지심매던 그 들이라
다 보고 싶다.

내 손에 호미를 쥐어 다오
살찐 젖가슴 같은 부드러운 이 흙을
발목이 시도록 밟아도 보고 좋은 땀조차 흘리고
싶다.

강가에 나온 아이와 같이
짬도 모르고 끝도 없이 닫는 내 혼아
무엇을 찾느냐 어디로 가느냐 우스웁다 답을 하
려무나.

[D]

나는 온몸에 풋내를 띠고
푸른 웃음 푸른 설움이 어우러진 사이로
다리를 절며 하루를 걷는다 아마도 봄 신령이 지
폈나 보다.

그러나 지금은—들을 빼앗겨 봄조차 빼앗기겠네. [E]

-이상화, 「빼앗긴 들에도 봄은 오는가」-

입김과 숨결이
간밤에 은밀히 만나 피워낸
번뜩이는 기막힌 아름다움
나는 무슨 전람회에 온 듯
자리를 옮겨 다니며 보고
다시 꽃이파리 하나, 섬세하고도
차가운 아름다움에 취한다
어느 누구의 막막한 한숨이던가
어떤 더운 가슴이 토해낸 정열의 숨결이던가
일없이 정성스레 입김으로 손가락으로
성에꽃 한 잎 지우고
이마를 대고 본다
덜컹거리는 창에 어리는 푸석한 얼굴
오랫동안 함께 길을 걸었으나
지금은 면회마저 금지된 친구여.

-최두석, 「성에꽃」-

화자는 '새벽 시내버스'에 있는 것 같습니다. 화자는 시내버스의 차창에 있는 '찬란한 치장'에 주목하고 있는데, 이 '찬란한 치장'은 다름아닌 성에였습니다. 화자가 보기에 그 '성에꽃'은 여러 사람들의 입김과 숨결이 만나 피워낸 '번뜩이는 기막힌 아름다움'이에요. 화자는 이러한 '성에꽃'의 '차가운 아름다움'에 취해도 보고, 친구를 떠올리기도 합니다. 이러한 화자의 모습이 눈앞에 그려지신다면 완벽하게 읽은 거예요.

선지	①	②	③	④	⑤
선택률(예상)	4%	45%	24%	6%	21%

'남의 땅', '빼앗긴 들'이라는 표현을 보면 〈보기〉에서 말한 '민중의 참담한 상황'이 떠오르는 것 같습니다. 화자는 이러한 상황에서 답답하다는 내면세계를 보이기도 하고, '보리밭', '호미', '이 흙'과 같은 표현을 통해 〈보기〉에서 말한 '노동에 기반한 민중의 생명력'에 주목하기도 하네요. 땀을 흘리고 싶다고 하면서 말이에요.

하지만 지금은 들을 뺏긴 참담한 상황이라, 조만간 봄조차 뺏길 것이라는 인식을 드러내고 있습니다. 자세하게는 몰라도, 〈보기〉에서 언급한 내용이 어느 정도 녹아 있다는 건 확실하게 인식할 수 있겠죠? 나머지는 문제를 풀면서 파악해보도록 합시다.

120 (가), (나)의 공통점으로 가장 적절한 것은? ②

① 역설적 관점에서 사물을 통찰하여 초월적 진리를 이끌어 낸다.

선지 유형	근거가 없어서 허용 불가능
실전에서의 판단 과정	뭔 소리야.
해설	(가)의 '푸른 웃음 푸른 설움'이나 (나)의 '차가운 아름다움' 등에서는 역설적 표현이 나타나기는 합니다. 하지만 사물을 통찰하여 초월적 진리를 이끌어 낸다는 것은 철저하게 현실적인 부분에 초점을 두고 있는 두 작품의 주제를 고려할 때 절대 허용할 수 없다고 할 수 있겠죠?

(나)
새벽 시내버스는
차창에 웬 찬란한 치장을 하고 달린다
엄동 혹한일수록
선연히 피는 성에꽃
어제 이 버스를 탔던
처녀 총각 아이 어른
미용사 외판원 파출부 실업자의

② 계절적 배경을 통하여 분위기와 주제 의식의 연관성을 높인다.

선지 유형	근거가 있어서 허용 가능
실전에서의 판단 과정	(가)는 봄이고 (나)는 겨울이지.
해설	(가)에서는 '잘 자란 보리밭', '호미', '봄 신령'과 같은 표현을 통해 계절적 배경이 봄임을 알 수 있습니다. (가)의 화자는 들을 빼앗긴 참담한 상황에서, 지금 누리고 있는 봄조차 빼앗길 것 같다는 내면세계를 드러내고 있는 것이죠. 봄의 분위기는 너무나 평화로운데, 이 속에 있는 화자의 내면세계는 참담하고 비관적이라는 것이 이 작품의 주제 의식이라고 할 수 있겠죠? 봄의 분위기가 평화롭기 때문에 화자가 더더욱 이를 잃기 싫어 괴로워한다는 식으로 연관된다는 것입니다. 한편, (나)의 경우 시내버스에 성에가 낀다는 점에서 명확하게 겨울이 계절적 배경임을 알 수 있습니다. 이렇게 추운 와중에 따뜻한 분위기는 화자의 내면세계와 연결되며 주제를 강조하고 있네요. 사실 이렇게까지 생각하지 못해도, 계절적 배경의 분위기가 주제 의식과 연관된다는 것은 너무나 당연하게 허용할 수 있는 내용이겠죠? 이런 형태의 선지에서는 사실상 '계절적 배경'이 명확히 드러나는지만 확인해도 된다는 것까지 챙겨갑시다.

③ 여정에 따른 공간 변화를 바탕으로 화자의 정서를 다양하게 드러낸다.

선지 유형	근거가 있어서 허용 불가능
실전에서의 판단 과정	적어도 (나)에서는 공간 변화가 그리 중요하진 않은 것 같은데?
해설	(가)의 경우, 화자가 '가르마 같은 논길'을 따라 계속 걸어가고 있습니다. '푸른 하늘 푸른 들이 맞붙은 곳'으로 말이죠. 이 자체를 여정이라고 할 수는 있겠고, 이렇게 화자가 처한 공간의 변화를 바탕으로 여러 가지 정서가 나타나고 있으니 (가)의 경우에는 이 선지의 내용을 허용할 여지가 있겠네요. 시비 걸지 않고 일단 허용하려고 하니 근거를 잡을 수는 있을 것 같습니다. 하지만 (나)의 화자는 명확하게 '시내버스' 안에만 있습니다. '시내버스'가 달리고 있고, 화자가 그 안에서 자리를 옮겨 다니기도 하지만 '시내버스'라는 공간 안에 있는 것은 그대로죠. 이걸 정말 억지로나마 '공간의 변화'라고 하더라도, (나)의

화자는 공간의 변화가 아니라 '성에꽃'에 반응하며 여러 정서를 다양하게 드러내고 있습니다. 공간의 변화가 없어 '보리밭', '이 흙' 등을 만나지 못했다면 여러 정서를 느끼지 못했을 (가)의 화자와는 달리, (나)의 화자는 '성에꽃'만 있으면 공간의 변화가 없어도 작품 속에 드러난 여러 정서를 느꼈을 것이니까요. 이를 통해 이 선지를 지워낼 수 있겠습니다. 생각보다 까다로웠네요.

| 생각 심화 |

제대로 해설하려면 상당히 복잡한 선지였습니다. 하지만 실전에서는 '실전에서의 판단 과정'처럼 가볍게 넘어갈 수 있어야 해요. 무언가 엄밀하게 설명하기 어려운 '감'의 영역인데, 기출문제를 분석하는 경험을 통해 '여정에 따른 공간 변화'와 같은 표현은 왠지 답이 아닐 것 같다는 느낌이 와야 합니다. 특히 2번 선지처럼 확실한 정답 선지도 있으니까요. 처음 공부할 때는 '해설'의 내용처럼 엄밀한 학습을 하시고, 수능 직전에는 그동안 쌓인 기출문제 분석의 경험을 바탕으로 '실전에서의 판단 과정'처럼 가볍게 처리할 수 있는 태도를 연습하시기 바랍니다.

④ 명사나 명사형으로 된 시어를 일부 행들의 끝에 배치하여 운율감을 자아낸다.

선지 유형	근거가 없어서 허용 불가능
실전에서의 판단 과정	(가)에는 전혀 없는데?
해설	일단 (가)에서 각 행들의 끝부분만 살피면, 명사나 명사형으로 된 시어가 전혀 보이지 않습니다. 바로 지워낼 수 있겠죠? 물론 (나)에서는 '성에꽃', '어른', '아름다움' 등에서 이러한 배치가 드러나고, 이를 통해 어느 정도의 운율감을 자아낸다고 할 수 있겠죠.

⑤ 직유적 표현을 여러 번 사용하여 대상의 모양이나 속성을 선명하게 제시한다.

선지 유형	근거가 있어서 허용 불가능
실전에서의 판단 과정	(나)에는 하나밖에 없는 것 같은데?
해설	(가)에서는 '아씨같이', '삼단 같은', '젖가슴 같은' 등의 직유적 표현을 여러 번 사용하고 있습니다. 이를 통해 각 대상의 모양이나 속성을 선명하게 제시하고 있죠. 하지만 (나)에서는 '전람회에 온 듯'을 제외하고는 직유적 표현이 나타나지 않습니다. 따라서 직유적 표현을 '여러 번 사용'했다는 건 허용하기 어렵고,

심지어 '전람회에 온 듯'마저도 대상의 모양이나 속성을 드러내는 게 아니라 화자 자신의 모습을 나타낸 것이죠? 예비평가답게 좀 많이 치사하긴 하지만, 선지에서 묻는 것을 꼼꼼하게 따져서 해결한다면 충분히 지워낼 수 있을 것입니다.

선지	①	②	③	④	⑤
선택률(예상)	2%	3%	38%	14%	43%

121 〈보기〉를 참고하여, (가)의 [A]~[E]를 이해한 내용으로 적절하지 <u>않은</u> 것은? [3점] ⑤

① [A]의 ㉠은 당시 민중의 참담한 상황을 나타낸 표현 이군.

> 지금은 ㉠<u>남의 땅—빼앗긴 들에도 봄은 오는가?</u>

선지 유형	근거가 있어서 허용 가능
실전에서의 판단 과정	땅을 뺏겼는데 참담하지.
해설	'남의 땅'이 되었고, 들을 빼앗겼습니다. 이는 〈보기〉에서 말하는 '민중의 참담한 상황' 그 자체 라고 할 수 있겠죠?

② [C]의 ㉢에는 민중의 생명력이, ㉣에는 노동을 중시하는 화자의 태도가 함의되어 있군.

> 고맙게 잘 자란 ㉢<u>보리밭</u>아
> 간밤 자정이 넘어 내리던 고운 비로
> 너는 삼단 같은 머리를 감았구나 내 머리조차 가뿐하다.
>
> (중략)
>
> 내 손에 ㉣<u>호미</u>를 쥐어 다오
> 살찐 젖가슴 같은 부드러운 이 흙을
> 발목이 시도록 밟아도 보고 좋은 땀조차 흘리고 싶다.

선지 유형	근거가 있어서 허용 가능
실전에서의 판단 과정	보리밭은 잘 자랐고, 호미는 노동을 위한 거지.
해설	화자는 '보리밭'이 고맙게 잘 자랐다는 이야기를 합니다. 〈보기〉를 참고하면, 이는 힘든 상황에서 도 잘 자란(=생명력을 발휘한) 민중의 모습을 나타낸 것이라고 할 수도 있겠죠?

나아가 '호미'는 '이 흙'을 다듬는 노동을 하기 위한 도구입니다. 자기 스스로 노동을 하겠다는 것을 근거로 하면, 화자가 노동을 중시하는 태도를 가지고 있다는 것 역시 충분히 허용할 수 있겠네요.

③ [B]와 [D]의 비교에서 드러나는 태도의 변화로 보아, [C]에는 민중의 실상에 대한 화자의 안타까움도 내재되어 있군.

선지 유형	근거가 있어서 허용 가능
실전에서의 판단 과정	태도 변화? 좀 적극적이다가 자조적이긴 하네. 이건 [C]에서 느낀 안타까움 때문이라고 할 수 있겠다.
해설	생각보다 까다로운 선지입니다. 차근차근 해결해 봅시다. 먼저 [B]와 [D]의 비교에서 '태도의 변화' 가 드러나는지부터 확인해봅시다. [B]에서 화자는 '푸른 하늘 푸른 들이 맞붙은 곳'으로 열심히 걸어 가기도 하고, 입술을 다물고 있는 '하늘'과 '들'이 침묵하는 것에 답답해하기도 합니다. 즉, 화자는 [B]에서 어느 정도 적극적인 태도를 보이고 있는 것이죠. 하지만 [D]에서 화자는 스스로 어디로 가느냐며 방황하고, 우스움다며 자조하는 태도를 보입니다. 똑같이 걸어가고 있긴 한데, '푸른 웃음 푸른 설움이 어우러진 사이'로 불안정하게 걸어가는 것이죠. 이러한 독해의 결과를 근거로 하면, [B]와 [D]의 비교에서 '태도의 변화'가 드러난다는 것은 충분히 허용할 수 있겠습니다. 그렇다면 이러한 '태도의 변화'는 왜 나타난 것일까요? 선지에서 말하는 대로 [C]를 읽어봅시다. [C]에서 화자는 '바람', '종다리', '보리밭', '나비 제비', '이 흙' 등 자신의 여정에서 만난 여러 대상들을 인식하고 있습니다. 그리고 그 대상들에게 전반적으로 긍정적인 반응을 보이고 있어요. 그럼에도 적극적인 태도를 보이던 화자가 자조적 태도로 바뀐 것은, 〈보기〉의 내용을 참고하면 그러한 풍경이 너무나 참담하기도 했기 때문이라고 할 수 있겠습니다. 적극적으로 나서보려고 했는데, 상황이 너무 참담해서 자조하게 된 것이죠. 그렇다면 [C] 에서 화자는 민중의 실상에 대한 안타까움도 함께 느꼈을 것이라고 할 수 있겠습니다. 정확하게 해결하려면 정말 어려운 선지였습니다. 핵심은 [B]~[D]에 대한 정확한 독해를 하는 것은 물론이고, 화자가 표면적으로 보여 주는 내면세 계 외에도 숨겨진 내면세계까지 파악할 수 있었어 야 한다는 거예요. 물론 이를 학생이 직접 하라고 유도하지는 않습니다. 선지에서 제시한 방향대로

허용할 수 있는지만 요구할 거예요. '해설'의 내용처럼, 선지의 내용을 허용하기 위한 근거를 찾는다는 관점으로 정확하게 독해하는 연습을 하셔야 해요.

④ [B]의 ㉡에는 화자의 이상이, [D]의 ㉢에는 화자의 현실 인식이 투영되어 있군.

> 나는 온몸에 햇살을 받고
> ㉡ 푸른 하늘 푸른 들이 맞붙은 곳으로
> 가르마 같은 논길을 따라 꿈속을 가듯 걸어만 간다.
>
> (중략)
>
> 나는 온몸에 풋내를 띠고
> ㉢ 푸른 웃음 푸른 설움이 어우러진 사이로
> 다리를 절며 하루를 걷는다 아마도 봄 신령이 지폈나 보다.

선지 유형	근거가 있어서 허용 가능
실전에서의 판단 과정	㉡은 목적지이고, ㉢은 현재 걷는 곳이니까 허용할 수 있겠다.
해설	㉡은 화자가 도달하고자 하는 곳입니다. 심지어 그곳을 가기 위해 '꿈속을 가듯' 걷고 있는 것을 근거로 하면, ㉡에 화자의 이상이 투영되어 있다는 것은 충분히 허용할 수 있을 것 같습니다. 한편, ㉢은 화자가 현재 걷고 있는 곳, 즉 화자의 현실입니다. 화자는 이러한 현실을 '푸른 웃음 푸른 설움'이 어우러진 상태로 인식하고 있어요. 이런 독해의 결과를 근거로 하면 ㉢에 화자의 현실 인식이 투영되어 있다는 것 또한 허용할 수 있겠습니다.

⑤ [A]와 [E]의 연관으로 보아, [B]~[D]에서의 화자의 행위는 민중의 처지를 바꿔 보려는 적극적 의지의 소산이군.

선지 유형	근거가 없어서 허용 불가능
실전에서의 판단 과정	딱히 바꿔 보겠다고 하는 건 아닌 것 같은데?
해설	[A]에서는 물음의 형태로 나타났던 것이 [E]에서는 대답의 형태로 나타나고 있습니다. 이러한 연관을 보면, 화자는 지금의 '들'이 처한 상황을 비관적으로 본다는 것을 알 수 있겠죠? '들'을 빼앗긴 것으로도 모자라, 앞으로는 '봄'조차 뺏길 것이라는 인식을 보이고 있으니까요.

	이러한 내용을 바탕으로 하면, [B]~[D]에서의 화자의 행위는 모두 자신의 비관적 인식을 확인하는 역할을 한다고 할 수 있겠습니다. 3번 선지를 판단하는 과정에서 확인했듯이, [B]~[D]로 오면서 화자가 점점 자조적인 태도를 보이기도 했으니까요. 나아가 만약 선지에서 말하는 것처럼 '적극적 의지의 소산'을 허용하려면, [A]와 [E]의 연관 결과 '이 참담한 민중의 처지를 바꿔 보자!'라는 결론이 나왔어야 할 것입니다. 여러모로 허용하기 어렵죠?

선지	①	②	③	④	⑤
선택률(예상)	4%	70%	7%	6%	13%

122 '성에꽃'에 대한 화자의 심미적 태도를 중심으로 하여 (나)를 감상한 내용으로 가장 적절한 것은? ②

– '성에꽃'에 대한 화자의 '심미적' 태도를 중심으로 (나)를 감상하라는 문제입니다. '심미적' 태도라고 하면 아름다움을 좇는 태도일 것인데, 결국 (나)의 화자가 어떤 면에서 '성에꽃'을 아름답다고 생각하는 것인지 판단해보라는 문제네요. 지문을 읽으면서 생각한 것은, '여러 사람들의 입김과 숨결이 만나 만들어진 것'을 그 답이라고 할 수 있을 것 같습니다. 이를 미리 떠올릴 수 있다면 제일 좋고, 그렇지 않더라도 '허용 가능성 평가'의 원칙을 바탕으로 판단해보도록 합시다.

① '성에꽃'은 새벽 차창에 피어나 있어. 화자는 시간과 공간이 지닌 아름다움을 추구해야 한다고 생각해.

선지 유형	근거가 없어서 허용 불가능
실전에서의 판단 과정	시간과 공간에 대한 이야기는 한 적이 없는데?
해설	'시내버스'가 달리는 시간이 '새벽'일 뿐, 화자는 시간과 공간에 의미를 부여한 적이 없습니다. 핵심은 '여러 사람들의 어울림'이었어요.

② '성에꽃'은 시내버스를 탔던 사람들이 함께 피워 낸 것이야. 화자는 서민들의 공동체적 어울림에서 아름다움의 바탕을 찾을 수 있다고 생각해.

선지 유형	근거가 있어서 허용 가능
실전에서의 판단 과정	미리 생각한 내용이네.
해설	우리가 미리 생각한 내용을 조금 더 세련된 어휘로 표현한 선지네요. 결국 화자가 '성에꽃'을 보고

아름다움을 느끼고 있다는 내면세계가 만들어진 맥락을 읽어낼 수 있는지 묻는 문제였습니다. 즉, 주제 그 자체를 묻는 문제였던 것이죠.

③ '성에꽃'은 은밀히 피어나는 것이야. 화자는 현실 상황에서는 아름다움이 은밀한 방식으로 탄생해야 한다고 생각해.

선지 유형	근거가 없어서 허용 불가능
실전에서의 판단 과정	화자가 그런 말을 한 적이 없는데?
해설	일단 화자가 '성에꽃'이 은밀히 피어났기 때문에 아름답다는 이야기를 한 적이 없습니다. 또한 맥락을 독해해보면, 이 작품에서 '은밀히'의 의미는 정말 '몰래' 피었다는 것이 아니라 사람들이 '의식하지 못한 상황에서' 서로의 입김과 숨결이 어우러졌다는 의미이죠? 이러한 주제를 뒷받침하는 의미로 사용된 것이지, '은밀한 방식'으로 탄생해야 아름답다는 의미가 아니었습니다.

④ '성에꽃'에는 누군가의 막막한 한숨이 담겨 있어. 화자는 사람들의 고통이 현실에서는 극복될 수 없는 것이기에 아름답다고 생각해.

선지 유형	근거가 없어서 허용 불가능
실전에서의 판단 과정	뭔 소리야.
해설	애초에 고통이 현실에서는 극복될 수 없다는 이야기를 한 적도 없고, 문제에서 묻는 것은 '성에꽃'에 대한 심미적 태도입니다. 그런데 이 선지는 '고통'이 아름답다고 하고 있으니, 문제의 조건도 만족하지 못하고 있네요.

⑤ '성에꽃'의 한 잎을 지우고 화자는 친구를 떠올려. 화자는 회상을 통해 성에꽃의 아름다움을 완성할 수 있다고 생각해.

선지 유형	근거가 없어서 허용 불가능
실전에서의 판단 과정	회상을 통해 아름다움을 완성한다고 한 적은 없지.
해설	화자가 '성에꽃'의 한 잎을 지우고 '친구'를 떠올리는 것은 맞습니다. 그리고 오랫동안 길을 걸었다는 등의 구체적인 장면을 떠올리는 것을 보아, '회상'이라는 말 역시 허용할 수 있을 것 같아요. 하지만 이는 말 그대로 '성에꽃'을 통해 '회상'을 하는 것일 뿐, '회상'을 통해 '성에꽃'의 아름다움을 완성

할 수 있다고 생각하는 것을 허용할 근거가 되지는 않죠? 단순히 '회상'이 나왔다고 맞다고 넘어가는 것이 아니라, 선지에서 요구하는 대로 정확하게 생각해서 해결해야 합니다.

현대시 독해 연습

(가)
지금은 남의 땅—빼앗긴 들에도 봄은 오는가?

화자가 있는 땅은 지금은 남의 것이라고 합니다. 화자는 이렇게 '빼앗긴 들'에도 '봄'은 오냐는 질문을 던지고 있어요. 봄이야 당연히 올 텐데, 화자가 말하는 '봄'은 단순한 'spring'의 의미는 아닌 것 같죠? '빼앗긴 들'이라는 표현과 엮어 생각하면, 땅을 빼앗겨 암울한 상태에서 맞는 단순한 계절적 배경인 '봄'이 아니라 자신의 땅에서 맞는 '평화로운 봄'을 의미한다고 할 수 있겠습니다.

나는 온몸에 햇살을 받고
푸른 하늘 푸른 들이 맞붙은 곳으로
가르마 같은 논길을 따라 꿈속을 가듯 걸어만 간다.

이러한 상황에서, 화자는 온몸에 햇살을 받고 '푸른 하늘 푸른 들이 맞붙은 곳'으로 걸어갑니다. 가르마처럼 휘어져 있는 논길을 따라서, 마치 꿈속을 가듯이 말이죠. '꿈속을 가듯'이라는 표현을 보면, 화자가 가는 곳은 마치 꿈속에서나 만날 수 있는 이상적인 공간이라고도 할 수 있겠습니다. 앞 연의 내용과 엮으면 진정한 의미의 '봄'을 만날 수 있는 곳이라고 할 수도 있겠죠?

입술을 다문 하늘아 들아
내 맘에는 나 혼자 온 것 같지를 않구나
네가 끌었느냐 누가 부르더냐 답답워라 말을 해 다오.

그런데 화자가 바라보고 있는 '하늘'과 '들'은 입술을 다물고 있습니다. 화자는 아무리 생각해도 자기 혼자서 이 길을 걷고 있는 것 같지는 않은데, '하늘'과 '들'은 이에 대해 아무런 말을 하지 않아요. 이에 화자는 답답해하면서 '하늘'과 '들'에게 말을 걸고 있습니다. '하늘'과 '들'은 당연히 대답하지 않겠지만요.

바람은 내 귀에 속삭이며
한 자욱도 섰지 마라 옷자락을 흔들고
종다리는 울타리 너머 아씨같이 구름 뒤에서 반갑다
웃네.

고맙게 잘 자란 보리밭아
간밤 자정이 넘어 내리던 고운 비로
너는 삼단 같은 머리를 감았구나 내 머리조차 가뿐
하다.

혼자라도 가쁘게나 가자
마른 논을 안고 도는 착한 도랑이
젖먹이 달래는 노래를 하고 제 혼자 어깨춤만 추고
가네.

나비 제비야 깝치지 마라
맨드라미 들마꽃에도 인사를 해야지
아주까리기름을 바른 이가 지심매던 그 들이라 다
보고 싶다.

내 손에 호미를 쥐어 다오
살찐 젖가슴 같은 부드러운 이 흙을
발목이 시도록 밟아도 보고 좋은 땀조차 흘리고 싶다.

그렇다고 가만히 있을 수는 없습니다. '바람'은 화자의 옷자락을 흔들며 길을 재촉합니다. 이에 화자는 '논길'을 다시 걸어가는데, '종다리'(종달새)는 구름 뒤에서 반갑다 웃고 있습니다. 나아가, '보리밭'이 삼단 같은 머리를 감았다는 것을 보니 잘 자라고 있음을 알 수 있고, 논을 안고 도는 '도랑'은 어깨춤을 추는 것처럼 세차게 흘러갑니다. '나비 제비'는 마치 깝치는 것처럼 '맨드라미 들마꽃'에 인사도 하지 않고 여기저기 돌아다니고 있구요.

이런 풍경이 눈앞에 그려지시죠? 화자는 '논길'을 걸으며 생명력이 넘치는 여러 풍경을 보고 있는 것입니다. '아주까리기름을 ~ 그 들'을 다 보고 싶다고 말하고, 호미를 쥐고서 '이 흙'을 밟아 보고 땀도 흘리고 싶다고 하면서 말이죠. 답답하던 마음은 잠시 잊고, 아름다운 풍경에 감탄하는 화자의 모습을 떠올릴 수 있어야 합니다.

강가에 나온 아이와 같이
짬도 모르고 끝도 없이 닫는 내 혼아
무엇을 찾느냐 어디로 가느냐 우스웁다 답을 하려
무나.

이게 도대체 무슨 소리인가 싶을 수 있지만, 화자가 처한 상황을 떠올리며 최대한 연결해봅시다. 화자는 지금 땅을 빼앗기고 이상을 찾아 떠나던 상황이었습니다. 그러면서 침묵하는 '하늘'과 '들'에게 답답함을 느끼기도 했죠. 그런데 막상 길을 걷다 보니, 주변 풍경이 너무 아름다운 거예요! 그래서 강가에 나와 집안이 어떻게 되고 있는지도 모른 채 맘껏 달리기만 하는 아이처럼, 땅을 빼앗겼다는 현실을 잊고 그저 풍경을 즐기기만 하는 자신의 모습이 너무나 우습다는 인식을 보여 주는 것이죠. 아무리 아름답고 보기 좋다고 해도 남의 땅인 이상 무슨 의미가 있느냐는 것입니다.

나는 온몸에 풋내를 띠고
푸른 웃음 푸른 설움이 어우러진 사이로
다리를 절며 하루를 걷는다 아마도 봄 신령이 지폈나
보다.

그렇게 '아이'로 자신을 정의한 화자는 스스로에게 '풋내'가 난다고 하면서, '푸른 웃음 푸른 설움이 어우러진 사이'로 걸어갑니다. 아름다운 풍경에 웃음이 나다가도, 땅을 빼앗겼다는 현실에 설움이 북받치기도 하는 모습을 표현한 것입니다. 이러한 '웃음'과 '설움' 모두 아주 순수하고 선명한 감정이기에, 그러한 이미지를 가진 '푸른'이라는 색채어를 사용한 것이라고도 할 수 있겠죠? 이렇게 '웃음'과 '설움'이 뒤섞여 불안정한 화자는 '다리를 절며 하루를 걷'습니다. 그리고 이는 '봄 신령'이 지핀 것이라고 생각하고 있어요. 앞에서는 도대체 누가 자신을 걷게 하고 있는지 몰라 답답해하더니, 이제는 '봄 신령'이 그 답이었다고 생각하는 모습입니다. 화자가 원하는 '봄'을 관장하는 '신령'이 마치 "봄을 원하면 얼른 걸어!"라고 말한 것 같다는 것이죠.

그러나 지금은—들을 빼앗겨 봄조차 빼앗기겠네.
　　　　　　　　-이상화, 「빼앗긴 들에도 봄은 오는가」-

이렇게 '봄'을 얻기 위해서는 다리를 절면서라도 걸어야 하는 화자입니다. 하지만 지금 당장은 땅과 들을 빼앗긴 상황입니다. 이대로라면 화자가 원하는 '봄'조차 빼앗길 수밖에 없는 절망적인 상황인 것이죠. 이런 상황에서 좌절감을 느끼고 있는 화자의 내면세계에 충분히 공감하실 수 있겠죠?

> (나)
> 　　새벽 시내버스는
> 　　차창에 웬 찬란한 치장을 하고 달린다
> 　　엄동 혹한일수록
> 　　선연히 피는 성에꽃

화자는 '새벽 시내버스'를 타고 있습니다. 그런데 그 버스는 '차창에 웬 찬란한 치장을 하고 달'리고 있다고 해요. 무슨 말인가 했더니, 버스의 창문에 낀 성에를 '찬란한 치장'으로 표현한 것이었습니다. '찬란한 치장'에 이어 성에'꽃'이라고 표현한 것으로 보아, 화자는 그 성에에서 아름다움을 느끼고 있는 것 같죠?

> 　　어제 이 버스를 탔던
> 　　처녀 총각 아이 어른
> 　　미용사 외판원 파출부 실업자의
> 　　입김과 숨결이
> 　　간밤에 은밀히 만나 피워낸
> 　　번뜩이는 기막힌 아름다움

그 '성에꽃'은 어제 이 버스를 탔던 여러 사람들의 '입김과 숨결이' 만나 피워낸 것입니다. 화자는 여기서 '번뜩이는 기막힌 아름다움'을 느끼고 있어요. 여러 사람들의 것이 어우러져 만들어진 것이라는 점에서 아름답다고 느끼는 것이겠죠?

> 　　나는 무슨 전람회에 온 듯
> 　　자리를 옮겨 다니며 보고
> 　　다시 꽃이파리 하나, 섬세하고도
> 　　차가운 아름다움에 취한다
> 　　어느 누구의 막막한 한숨이던가
> 　　어떤 더운 가슴이 토해낸 정열의 숨결이던가

이런 '성에꽃'을 인식한 화자는, 무슨 '전람회'에 온 듯 이리저리 움직이며 '성에꽃'을 자세하게 감상하고 있습니다. '차가운 아름다움'에 취하면서 말이죠. 성에가 낀 것이니 '차가운 아름다움'이라는 것, 충분히 이해할 수 있겠죠? 화자는 그 '성에꽃'은 '어느 누구의 막막한 한숨'이나 '어떤 더운 가슴이 토해낸 정열의 숨결'이라고 생각하고 있습니다.

> 　　일없이 정성스레 입김으로 손가락으로
> 　　성에꽃 한 잎 지우고
> 　　이마를 대고 본다
> 　　덜컹거리는 창에 어리는 푸석한 얼굴
> 　　오랫동안 함께 길을 걸었으나
> 　　지금은 면회마저 금지된 친구여.
>
> 　　　　　　　　　　　－최두석, 「성에꽃」－

그렇게 화자는 입김을 불고 손가락으로 '성에꽃'을 지운 다음, 이마를 대봅니다. 앞서 나온 '막막한 한숨'이나 '정열의 숨결' 등을 느끼기 위해서라고 할 수 있겠죠? 이 자리에 앉아 한숨을 쉬거나 정열의 숨결을 내뱉었을 누군가의 처지를 생각해보는 행위라고 할 수 있겠습니다.

그러면서 화자는 또 어떤 '푸석한 얼굴'을 떠올리고 있어요. 오랫동안 함께 했으나 지금은 '면회'마저 금지된 친구의 얼굴이에요. '면회'라는 표현을 보면 군대나 감옥에 가 있는 친구일 것 같은데, 그 친구 역시 이 자리에 앉았다면 '한숨'이나 '숨결' 등으로 '성에꽃'을 만드는데 일조했겠죠? '성에꽃'의 아름다움을 느끼다가 친했던 친구의 얼굴을 떠올리는 것으로 마무리되는 형태의 작품이었네요.

몰랐던 어휘 정리하기

| 핵심 point |

① **허용 가능성 평가** : 선지의 내용을 '허용'하려는 태도를 바탕으로 지문을 '독해'하며 '근거'를 찾아야 합니다. 허용할 수 있는 '근거'가 있어야만 허용할 수 있습니다. 주관적인 생각을 개입시키면 안 됩니다.

② **현대시 독해** : 〈보기〉의 도움 등을 통해 '주제' 위주로, 그리고 일상 언어의 감각으로 읽어내면 됩니다. 현대시도 읽을 수 있는 하나의 글입니다.

③ **선지에서 묻는 것** : 독서에서도 문학에서도, 선지 판단의 기본은 그 선지가 무엇을 묻고 있는지 정확하게 따지는 것입니다. 선지를 대충 판단하는 습관은 시험장에서 꽤나 치명적으로 다가올 거예요. 항상 '묻는 것'이 무엇인지 체크하는 습관을 가지도록 합시다.

현대시를 꼼꼼하게 독해하는 태도, 그리고 허용 가능성을 평가한다는 선지 판단의 원칙이 제대로 갖춰지지 않았다면 생각보다 굉장히 어려운 지문이었을 것입니다. 현대시 역시 독서 지문처럼 꼼꼼하게 독해해야 한다는 당연한 원칙을 잊지 않은 채로 확실하게 정리해보도록 합시다.

DAY 11 [123~127]

2011.11 [27~31] 고전시가+수필 '상춘곡 / 율리유곡 / 범희문희서도원림' ☆☆

〈보기〉 독해

─────────[보기]─────────

(다)는 범희문이라는 사람이 화려한 저택을 거부하고 겸허한 삶을 살고자 했던 사연을 바탕으로 창작되었다. 작가는 세속적 소유를 거부한 범희문의 태도에 기대어 당대 사대부들의 삶에 드러난 속물적 태도를 비판한다. 나아가 대상과 인간의 관계에 대한 통찰을 이끌어 내고 있다.

(다)에 대한 여러 정보를 주는 〈보기〉입니다. 전형적인 고전문학처럼, 속물적 태도를 비판하고 겸허한 삶을 지향하는 내면세계가 드러나겠죠? 나아가 대상과 인간의 관계에 대한 통찰도 이끌어 낸다고 하는데, 어떤 것인지 나중에 지문을 읽으면서 확인해보도록 합시다.

실전적 지문 독해

(가)

홍진(紅塵)에 묻힌 분네 이 내 생애 어떠한고
옛사람 풍류를 미칠까 못 미칠까.
천지간 남자 몸이 나만한 이 많건마는
산림에 묻혀 있어 지락(至樂)을 모를 것인가.
수간모옥(數間茅屋)*을 벽계수(碧溪水) 앞에 두고
송죽(松竹) 울울리(鬱鬱裏)*에 풍월주인(風月主人) 되었어라.
엊그제 겨울 지나 새 봄이 돌아오니
도화행화(桃花杏花)는 석양리(夕陽裏)에 피어 있고
녹양방초(綠楊芳草)는 세우(細雨) 중에 푸르도다.
칼로 말라냈나 붓으로 그려냈나
조화신공(造化神功)이 물물(物物)마다 헌사롭다.
수풀에 우는 새는 춘기(春氣)를 못내 겨워
소리마다 교태로다.
물아일체(物我一體)어니 흥이야 다를쏘냐.

[A]

　　　　　　　　　-정극인, 「상춘곡(賞春曲)」-

* 수간모옥 : 몇 칸 초가집.
* 울울리 : 우거진 속.

상춘곡이라는 '필수 고전시가'이기에 내용을 대강 알고 있었어야 해요. '홍진(紅塵)에 묻힌 분네 이 내 생애 어떠한고'는 '분네'라는 인물과의 대화를 시작하는 부분이라는 건 알고 계시죠? 여기에 전반적으로 자연 예찬의 주제를 가지고 있는 전형적인 작품이라는 것만 체크하시면 충분할 것 같습니다.

(나)

　뒷집의 술쌀을 꾸니 거친 보리 한 말 못 찼다
　주는 것 마구 찧어 쥐어 빚어 괴어 내니　　　　[B]
　여러 날 주렸던 입이니 다나 쓰나 어이리.

　어와 저 백구(白鷗)야 무슨 수고 하느냐
　갈 숲으로 서성이며 고기 엿보기 하는구나
　나같이 군마음 없이 잠만 들면 어떠리.

　삼공(三公)이 귀하다 한들 강산과 바꿀쏘냐
　조각배에 달을 싣고 낚싯대를 흩던질 제
　이 몸이 이 청흥(淸興) 가지고 만호후(萬戶侯)*인들
　부러우랴.

　헛글고 싯근* 문서 다 주어 내던지고
　필마(匹馬) 추풍에 채찍을 쳐 돌아오니
　아무리 매인 새 놓인다 한들 이토록 시원하랴.

　동풍이 건듯 불어 적설(積雪)을 다 녹이니
　사면(四面) 청산이 옛 모습 나노매라　　　　[C]
　귀밑의 해묵은 서리는 녹을 줄을 모른다.
　　　　　　　　　　　　　　-김광욱, 「율리유곡(栗里遺曲)」-

* 만호후 : 재력과 권력을 겸비한 제후 또는 세도가.
* 헛글고 싯근 : 흐트러지고 시끄러운.

(가)와 마찬가지로 전형적인 자연 예찬의 작품입니다. 화자는 '뒷집'에서 '술쌀'을 빌려야 할 정도로 가난하지만, 주어진 삶에 만족하고 자연을 즐기는 모습을 보이고 있어요. 한편 마지막 연의 '귀밑의 해묵은 서리는 녹을 줄을 모른다.'는 흰머리가 날 정도로 늙은 자신의 모습에 안타까워하는 표현이라는 것도 확실하게 알고 계셔야 합니다.

(다)

　굳이 내가 소유하지 않아도 즐기는 데 방해를 받지 않는다는 것이 오로지 원림(園林)이나 누정(樓亭)뿐이겠는가? 천하의 사물 가운데 그렇지 않은 것은 아무것도 없다. 다만 원림이나 누정의 경우가 특별히 더 그런 것뿐이다.

수필입니다. 〈보기〉의 내용을 입혀 꼼꼼하게 독해해봅시다. 글쓴이는 천하의 모든 사물은 자신이 직접 소유하지 않아도 즐기는 데 방해를 받지 않는다는 생각을 가지고 있습니다. '원림', '누정'과 같은 자연물이 특별히 더 그런 것뿐이라고 하면서 말이죠. 〈보기〉에서 말하는 것처럼, 세속적 소유를 거부하고 겸허한 삶을 살며 자연을 즐기는 글쓴이의 모습이 나타나는 것 같습니다.

　서울에서 수십 리 이내의 가까운 지역에는 사람들이 조성한 별장과 농장이 많다. 어떤 것은 강가를 따라 있고, 어떤 것은 시내를 내려다보고 있으며, 어떤 것은 산을 등지고 계곡에 걸쳐 있기도 하다. 제각기 멋진 풍경 하나쯤은 갖추고 있다. 그러나 산수(山水)를 평가하고 논하는 사람들이 걸핏하면 저쪽 경치를 들어다 이쪽 경치와 비교하면서 앞다퉈 제가 본 풍경을 자랑하는 것을 많이 보았다. 정말 웃을 노릇이다.

글쓴이는 서울 근처의 여러 별장, 농장이 제각기 멋진 풍경 하나쯤은 갖추고 있다고 생각하고 있습니다. 그러면서 제가 본 풍경을 자랑하는 사람들의 행태를 비웃고 있어요. 왜 그런 것일까요?

　빼어난 경관과 아름다운 풍경을 뽐내는 천하의 명소가 어디 한두 군데에 불과하랴? 또한 그 고정된 견해와 평가가 있겠는가? 발걸음을 옮길 때마다 보이는 풍경이 바뀌고, 지경(地境)의 변화에 따라 느낌이 달라진다. 또 같은 장소라 해도 경관이 차이가 나고, 같은 풍경이라도 때에 따라 변모한다. 그럼에도 불구하고 어느 것이 낫고 어느 것이 모자라다며 제각기 자랑하고, 어느 것이 뛰어나고 어느 것이 뒤진다며 제각기 평을 내린다면, 이것은 맛 좋은 술에게 소금처럼 짜지 않고 왜 맛이 좋으냐고 혼내는 격이요, 양고기와 돼지고기에게 채소와 과일처럼 담박한 맛을 내지 않고 왜 그렇게 기름진 맛을 내느냐고 화를 내는 격이다. 이러한 생각에 사로잡힌 사람은 천하의 이름난 산과 빼어난 승경(勝景)을 모조리 자기가 소유한 뒤에라야 비로소 흡족해 할 것이다. 그러면 작은 볼거리에 구속되어 큰 볼거리를 놓치는 사람이 되지나 않을까?

-박규수, 「범희문회서도원림(范希文懷西都園林)」-

두 번의 물음을 통해 이에 대한 글쓴이의 답을 내려주고 있습니다. 글쓴이가 보기에 빼어난 경관과 아름다운 풍경을 뽐내는 명소는 한두 군데만 있는 것이 아니고, 고정된 견해와 평가가 있을 수 없다고 생각해요. 그렇기에 자기가 본 것이 더 낫다고 자랑하는 사람들이 웃겼던 것이죠. '술·소금', '양고기와 돼지고기·채소와 과일'처럼 각기 매력이 있는 것인데, 그걸 일률적인 기준으로 비교하려고 하면 안 된다는 것이 글쓴이의 생각이에요. 글쓴이는 마지막까지 세속적 소유를 지향하는 사람들에 대한 비판적 목소리를 내고 있습니다. 〈보기〉에서 읽은 내용 그대로죠?

선지	①	②	③	④	⑤
선택률	76%	4%	6%	11%	3%

123 (가)~(다)에 대한 설명으로 적절한 것은? ①

① (가)와 (나)는 설의적 표현을 통해 화자의 자족감을 표출하고 있다.

선지 유형	근거가 있어서 허용 가능
실전에서의 판단 과정	자족감? 주제네.
해설	(가)에서는 '물아일체어니 흥이야 다룰쏘냐'라는 설의적 표현을 통해, (나)에서는 1연~4연의 종장에 쓰인 설의적 표현을 통해 자연 속에서 만족하며 사는 화자 자신의 삶에 대한 자족감을 표출하고 있습니다. 화자의 '자족감'은 두 작품의 주제 그 자체이기 때문에, 더욱 쉽게 답으로 골라낼 수 있겠죠?

② (가)와 (다)는 색채의 대비를 통해 표현 효과를 높이고 있다.

선지 유형	근거가 없어서 허용 불가능
실전에서의 판단 과정	색채 대비? 아오 귀찮아 언제 찾냐 그냥 넘어가자.
해설	(가)와 (다) 모두 딱히 색채의 대비가 나타나지 않기 때문에 틀린 선지이지만, 실전에서는 '실전에서의 판단 과정'처럼 넘어갈 수 있으면 좋겠습니다. 이미 확실한 답도 찾아놓은 상태이기 때문에, 어차피 답이 되기 어려운 미시적인 포인트인 색채 대비를 찾으려고 하는 건 시간 낭비예요.

③ (나)와 (다)는 감각적 이미지를 활용하여 계절감을 드러내고 있다.

선지 유형	근거가 없어서 허용 불가능
실전에서의 판단 과정	(다)에선 계절감이 딱히 드러나진 않네.
해설	'색채의 대비'와는 달리, 조금 긴장하고 시간을 써야 하는 선지입니다. '감각적 이미지'야 당연히 있을 것이고, '계절감' 역시 자연을 이야기하는 작품에서 자주 나타나니까요. 먼저 (나)부터 차분하게 읽으니, 마지막 연의 '동풍'을 통해 봄이라는 계절감을 느낄 수 있습니다. '동풍'이 봄에 부는 바람을 의미한다는 것 정도는 당연히 알고 있어야겠죠? 그런데 (다)를 읽으니, 아무리 봐도 계절감이 드러나는 표현은 없습니다. 그저 경치가 아름답다고만 할 뿐이죠. 그렇다면 허용하기 어렵겠네요.

④ (가)~(다)는 풍자적 표현을 활용하여 주제를 드러내고 있다.

선지 유형	근거가 없어서 허용 불가능
실전에서의 판단 과정	(가)랑 (나)는 애초에 비판하는 어조가 아니지.
해설	(다)의 경우, '술·소금', '양고기와 돼지고기·채소와 과일'과 같은 비유를 통해 자신이 본 풍경이 가장 아름답다고 이야기하는 사람들을 비판했습니다. 이렇게 비유하며 비판하는 모습을 보면, '풍자적 표현'이 쓰였다고 할 수 있을 것 같아요. 주제를 드러낸다는 것은 당연히 맞는 말일 것이구요. 하지만 (가)와 (나)에서는 '풍자적 표현'을 찾아볼 수 없죠? 애초에 (가)와 (나)의 화자가 보이는 내면세계 속에는 누군가에 대한 비판은 전혀 없기 때문에 절대 허용할 수 없겠습니다.

⑤ (가)~(다)는 시간의 흐름을 통해 사물의 속성을 드러내고 있다.

선지 유형	근거가 없어서 허용 불가능
실전에서의 판단 과정	(다)에선 없던 것 같은데. 답 나왔으니까 넘어가자.
해설	(가)에서는 대놓고 '겨울 지나 새 봄이 돌아오니'라고 했고, (나)에서는 '동풍이 건 듯 불어 적설을 다 녹'인다고 했습니다. 둘 모두 겨울이 지나 봄이 오는 시간의 흐름이 나타나고 있고, 이를 통해 '도

화행화 · 녹양방초'나 '해묵은 서리'와 같은 사물의 속성을 드러내고 있다고 할 수 있겠습니다.

하지만 (다)에서는 그런 '시간의 흐름'을 찾기가 어렵죠? 이 역시 이미 정답을 찾은 상태이니, 귀찮게 굳이 확인하지 않고 그냥 넘길 수도 있을 것 같습니다.

선지	①	②	③	④	⑤
선택률	4%	4%	81%	5%	6%

124 〈보기〉를 참고할 때, ㉠~㉤ 중 ⓐ의 관점과 거리가 먼 것은? ③

ⓐ 굳이 내가 소유하지 않아도 즐기는 데 방해를 받지 않는다

– ⓐ는 〈보기〉에서 말한 (다)의 주제와 직결되는 내용입니다. (다)의 글쓴이는 세속적 소유를 거부하고 겸허한 삶을 살고자 했어요. ㉠~㉤은 자연 친화라는 주제를 가진 고전시가 속에 있는 표현들이니, '자연↔속세'라는 단순한 구도를 사용할 수도 있을 것 같습니다.

① ㉠: 산림에 묻혀서 지락을 아는 것

㉠산림에 묻혀 있어 지락(至樂)을 모를 것인가.

② ㉡: 물아일체 속에서 흥을 느끼는 것

㉡물아일체(物我一體)어니 흥이야 다를쏘냐.

선지 유형	근거가 있어서 허용 가능
실전에서의 판단 과정	둘 다 자연 좋다는 말이지.
해설	㉠과 ㉡ 모두 산림에 묻혀서 물아일체를 느끼며 겸허하게 자연을 즐기는 모습입니다. ⓐ의 관점과 일맥상통한다고 할 수 있죠.

③ ㉢: 갈대숲을 서성이며 고기를 엿보는 것

어와 저 백구(白鷗)야 무슨 수고 하느냐
㉢갈 숲으로 서성이며 고기 엿보기 하는구나
나같이 군마음 없이 잠만 들면 어떠리.

선지 유형	근거가 있어서 허용 불가능
실전에서의 판단 과정	이건 세속적 욕망을 드러내는 거잖아.
해설	㉢ 근처의 맥락을 고려할 때, 갈대숲을 서성이며 고기를 엿보는 '백구'는 '군마음 없'는 화자와 반대되는 대상이라고 할 수 있습니다. 즉, 여기서의 '고기'는 세속적 욕망을 의미하는 것이죠. 이는 ⓐ의 관점과 거리가 먼 것이기 때문에, 가볍게 답으로 고를 수 있겠습니다.

④ ㉣: 만호후를 부러워하지 않고 청흥을 느끼는 것

㉣이 몸이 이 청흥(淸興) 가지고 만호후(萬戶侯)*인들 부러우랴.

* 만호후 : 재력과 권력을 겸비한 제후 또는 세도가.

선지 유형	근거가 있어서 허용 가능
실전에서의 판단 과정	속세를 안 부러워한다는 거니까 ⓐ의 관점과 유사하네.
해설	㉣은 자연 속 '청흥'에 빠져 '만호후'와 같은 세속적 가치를 전혀 부러워하지 않는 화자의 내면세계가 드러나는 표현입니다. 이는 ⓐ의 관점과 일맥상통한다고 할 수 있겠죠?

⑤ ㉤: 구속에서 벗어나 시원함을 느끼는 것

헛글고 싯근* 문서 다 주어 내던지고
필마(匹馬) 추풍에 채찍을 쳐 돌아오니
㉤아무리 매인 새 놓는다 한들 이토록 시원하랴.

* 헛글고 싯근 : 흐트러지고 시끄러운.

선지 유형	근거가 있어서 허용 가능
실전에서의 판단 과정	속세를 버리고 와서 시원하다는 거지.
해설	화자는 '헛글고 싯근' 문서들을 다 던지고 돌아와서, 마치 '매인 새 놓'인 것과 같은 시원함을 느끼고 있습니다. 이는 세속적인 구속에서 벗어난 모습으로, ⓐ의 관점과 유사하다고 할 수 있겠네요.

125 [A]와 [C]를 비교한 내용으로 가장 적절한 것은? ④

– [A]는 '새 봄'이 돌아오며 보이는 아름다운 자연 풍경에 감탄하는 장면이고, [C]는 '동풍'이 불어 '적설'을 다 녹이는데 자신의 흰머리(귀밑의 해묵은 서리)는 녹지 않는다며 한탄하는 장면입니다. 이러한 내용을 바탕으로 답을 골라봅시다.

① [A]와 [C]에서 봄은 모두 인간의 유한성을 상징한다.

선지 유형	근거가 없어서 허용 불가능
실전에서의 판단 과정	그런 거 아닌데?
해설	[A]와 [C] 모두 인간은 언젠가 죽을 것이라는 그런 이야기는 아닙니다. 물론 '귀밑의 해묵은 서리' 때문에 [C] 부분은 조금 애매하긴 하지만, 여기서도 화자의 늙음을 '봄'이 상징한다고 보기는 어려우니 답으로 고를 수는 없겠어요.

② [A]는 [C]와 달리 봄을 겨울과 대조하여 표현하고 있다.

선지 유형	근거가 있어서 허용 불가능
실전에서의 판단 과정	둘 다 대조하고 있지.
해설	[A]와 [C] 모두 겨울이 지나 봄이 오는 순간을 묘사하고 있습니다. 이는 '이전의 시간'인 겨울과 '현재의 시간'인 봄을 대조하여 표현하는 모습이라고 할 수 있겠죠? '달리'가 틀렸다고 봐야겠네요.

③ [C]는 [A]와 달리 의인화를 통해 봄의 속성을 강조하고 있다.

선지 유형	근거가 있어서 허용 불가능
실전에서의 판단 과정	새가 울고 바람이 눈을 녹이네.
해설	[A]에서는 '새'가 운다고 표현하고 있고, [C]에서는 '동풍'이 적설을 녹인다고 표현하고 있습니다. 둘 모두 자연물에 '의지'를 부여했다는 점에서 '의인화'가 쓰였다고 할 수 있겠죠? 이들이 모두 봄의 속성을 강조한다는 것은 당연하겠구요.

④ [A]의 봄은 흥겨움을, [C]의 봄은 서글픔을 불러일으킨다.

선지 유형	근거가 있어서 허용 가능
실전에서의 판단 과정	자연 보며 흥겹고, 흰머리 보며 서글프지.
해설	[A]에서 화자는 아름다운 봄 풍경을 보고 있고, 이것이 '물아일체어니 흥이야 다를쏘냐.'로 이어지며 흥겨움을 느끼고 있습니다. 한편 [C]에서 화자는 봄이 왔는데도 자신의 흰머리가 없어지지 않는 것을 보고 있어요. 이 상황에서 화자가 '서글픔'이라는 내면세계를 가지게 된다는 것은 충분히 허용할 만하죠? 화자의 내면세계에 대한 '공감' 역시 허용 가능성 평가의 근거가 된다는 것을 잊지 맙시다.

⑤ [A]는 근경에서 원경으로, [C]는 원경에서 근경으로 봄을 묘사하고 있다.

선지 유형	근거가 없어서 허용 불가능
실전에서의 판단 과정	딱히 근경/원경을 표현한 것 같지는 않네.
해설	근경/원경이 허용되려면 명확한 거리감의 대비가 있어야 합니다. 그런데 [A]에서도 [C]에서도 그런 표현을 찾기는 어렵죠? 근거가 없으면 허용할 수 없겠죠.

126 [B]를 이해한 내용으로 가장 적절한 것은? ①

– [B]는 '뒷집'에서 '술쌀'을 꾸어야 할 정도로 가난한 화자가 겨우 '거친 보리 한 말 못' 찬 것만 빌리고 쓴 술을 마시면서도 만족스러워하는 모습을 담고 있습니다. 이런 내용을 바탕으로 답을 골라봅시다.

① 조촐하고 소박한 삶의 모습이 나타나 있다.

선지 유형	근거가 있어서 허용 가능
실전에서의 판단 과정	조촐하고 소박하네.
해설	'술쌀'을 빌려서 '거친 보리'로 만든 쓴 술이라도 먹으며 만족하는 모습. 이를 근거로 하면 '조촐하고 소박한 삶의 모습'을 충분히 허용할 수 있겠습니다.

② 사회적 규범을 따르는 자세가 드러나 있다.

③ 농가와 자연을 분리하려는 의지가 보인다.

④ 공동체를 위한 헌신적 삶이 드러나 있다.

⑤ 숭고한 삶에 대한 지향이 드러나 있다.

선지 유형	근거가 없어서 허용 불가능
실전에서의 판단 과정	다 헛소리네.
해설	사회적 규범, 농가와 자연의 분리, 공동체에 대한 헌신, 숭고한 삶에 대한 지향 등은 모두 근거를 찾을 수 없는 내용들이죠? 화자는 그저 빌린 '술쌀'을 가지고 쓴 술이라도 먹는 자신의 상황이 만족스러울 뿐입니다.

선지	①	②	③	④	⑤
선택률	4%	83%	5%	3%	5%

127 ⓑ와 같은 사람의 태도로 보기 <u>어려운</u> 것은? ②

ⓑ 이러한 생각에 사로잡힌 사람

- ⓑ는 (다)의 글쓴이가 비판하는 사람들로, 세속적 소유를 추구하며 풍경에 우열을 두려고 하는 이들입니다. ⓑ와 같은 사람의 태도로 보기 어려운 것을 묻고 있으니, 반대로 (다)의 글쓴이의 내면세계 그 자체를 고르는 식으로 해결할 수도 있겠네요.

① 휴양림을 늘 내 곁에 두고 보고 싶으니 집에 작은 정원을 만들어야겠어.

선지 유형	근거가 있어서 허용 가능
실전에서의 판단 과정	소유하려고 하네.
해설	'휴양림'을 소유하려는 모습은 ⓑ와 같은 사람의 태도 그 자체겠죠?

② 주말에 지리산에 갔는데 갈 때마다 모습도 다르고 느낌도 달라서 참 좋았어.

선지 유형	근거가 있어서 허용 불가능
실전에서의 판단 과정	이건 글쓴이 아니야?

해설	자연의 다양한 풍경을 즐기고, 평가하지 않으며 소유하려고도 하지 않는 모습. (다)의 글쓴이가 보이는 태도와 일맥상통합니다. ⓑ와 같은 사람의 태도로 보기는 어렵겠죠? 형식은 다르지만 결국 '글쓴이의 내면세계'라는 주제를 정확히 인식했는지 묻고 있을 뿐입니다.

③ 가족 여행 때 다녀온 강릉 경포대의 진면목을 알리면 「관동별곡」을 읽어야 해.

선지 유형	근거가 있어서 허용 가능
실전에서의 판단 과정	고정된 견해를 적용하려고 하네.
해설	(다)의 글쓴이는 빼어난 경관과 아름다운 풍경에 대한 고정된 견해와 평가는 없다고 생각하며, 이러한 생각을 가진 이들을 비판합니다. 즉, '관동별곡'을 읽어야 한다는 것처럼 고정된 견해를 적용하려는 이들 역시 글쓴이가 비판하는 ⓑ에 속한다고 할 수 있는 것이죠.

④ 단풍은 설악산이 최고라 하니 단풍을 구경하려면 당연히 설악산으로 가야 해.

⑤ 내가 한라산을 가 보고 싶은 이유는 유명한 산악인들이 추천하는 명산이기 때문이야.

선지 유형	근거가 있어서 허용 가능
실전에서의 판단 과정	우열을 가리려 하네.
해설	'최고', '명산'과 같은 표현에서, 풍경에 우열을 두는 모습을 확인할 수 있죠? 이는 ⓑ와 같은 사람의 태도 그 자체라고 할 수 있겠습니다.

몰랐던 어휘 정리하기

① **허용 가능성 평가** : 선지의 내용을 '허용'하려는 태도를 바탕으로 지문을 '독해'하며 '근거'를 찾아야 합니다. 허용할 수 있는 '근거'가 있어야만 허용할 수 있습니다. 주관적인 생각을 개입시키면 안 됩니다.

② **고전시가 독해** : 겁먹지 않고, 현대시를 읽듯이 읽어내면 됩니다. 현대시와 마찬가지로, 〈보기〉의 도움 등을 통해 '주제' 위주로 가볍게 읽어내면 되는 거예요. 자세한 해석은 선지가 해줄 겁니다!

③ **필수 고전시가** : 대부분의 교과서에 실려 있을 정도로 필수적인 고전시가들은 그 내용을 아주 디테일하게 물어보는 경우가 많습니다. 확실하게 정리해두도록 합시다.

④ **수필 독해** : 운문문학과 마찬가지로, 글쓴이가 하고자 하는 말인 '주제'를 파악하는 것이 핵심입니다. 수필이 어렵게 출제될 것을 대비해, 독서 지문을 읽듯이 꼼꼼하게 읽으며 주제를 파악하는 연습을 해야 해요.

| 지문 내용 총정리 |

문제가 그리 어렵지는 않았지만, '주제' 중심으로 독해하고 허용 가능성을 평가한다는 원칙을 연습하기에 좋은 지문이었습니다. 나아가 '상춘곡'과 같은 필수 고전시가에 대한 학습을 통해, '귀밑의 해묵은 서리'와 같은 전형적인 고전시가의 표현에 대해 익숙해지는 것이 중요하다는 것도 알 수 있는 지문이었네요.

〈보기〉 독해

[보기]

　　1920년대 문학의 전개 과정에서, 염상섭은 <u>개인의 발견과 현실 인식이라는 소설의 근대적인 특성</u>을 분명하게 제시하고 있다. 특히 일인칭 시점을 적용한 소설을 통해 개인의 내면을 드러내는 방식을 모색하여, 개성의 표현으로서의 문학에 대한 인식을 구체화하였다. 나아가 그는 생활 현실에 근거한 문학으로 관심을 확장하였는데, 그에 따르면, 문예는 생활의 기록이요, 흔적이요, 주장이다. 생활에 대한 염상섭의 새로운 인식은 생활의 표현을 통해 삶의 문제를 총체적인 시각에서 조망하려는 근대 문학의 정신에 접근하고 있다.

이 지문의 작가가 제시하는 소설의 근대적인 특성에 대해 설명하고 있습니다. '개인의 발견'과 '현실 인식'이 그 특성이에요. 인물의 내면세계에 공감하는 데 있어 그리 유의미한 것은 아닌 것 같지만, 어쨌든 '개인의 발견'과 '현실 인식'이라는 특성과 관련된 내용이 제시될 것이니 이를 참고하면서 읽어봅시다.

지문 독해

　　천대를 받아도 얻어맞는 것보다는 낫다! 그도 그럴 것이다. 〈미친 체하고 떡목판에 엎드러진다는 셈으로 미친 체하고 어리광 비슷한 수작을 하거나, 스라소니 행세를 하거나 하여, 어떻든지 저편의 호감을 사고 저편을 웃기기만 하면 목전에 닥쳐오는 핍박은 면할 것이다. 속으로는 요놈 하면서라도 얼굴에만 웃는 빛을 띠면 당장의 급한 욕은 면할 것이다. 공포(恐怖), 경계(警戒), 미봉(彌縫), 가식(假飾), 굴복(屈服), 도회(韜晦)*, 비굴(卑屈)…… 이러한 모든 것에 숨어 사는 것이 조선 사람의 가장 유리한 생활 방도요, 현명한 처세술이다.〉 실상 생각하면 우리의 이러한 생활 철학은 오늘에 터득한 것이 아니요, 오랫동안 봉건적 성장과 관료전제 밑에서 더께가 앉고 굳어 빠진 껍질이지마는, <u>그 껍질 속으로 점점 더 파고들어 가는 것이 지금의 우리 생활이다.</u>

　　* 도회: 재능이나 학식 따위를 숨겨 감춤.

'천대를 받아도 얻어맞는 것보다는 낫다!'는 표현으로 시작하고 있습니다. '그'라는 인물도 이런 생각을 가지고 있을 것이라고 하

는데, 〈 〉 표시한 부분을 보니 서술자는 이와 같은 생각을 조선 사람들이 전반적으로 가지고 있는 것으로 보는 것 같습니다. 〈 〉 표시한 부분의 내용이 모두 상대에게 약한 척을 하면서 당장의 고난을 피하려는 모습임을 생각하면 어렵지 않게 이해할 수 있겠죠? 말 그대로, 상대에게 천대를 받는 한이 있어도 자신을 숙이는 것이 잘난 척하다가 얻어맞는 것보다는 낫다는 것이죠.

나아가 서술자는 이러한 조선 사람들의 모습을 비판적으로 바라보고 있다는 것도 느낄 수 있으면 좋겠습니다. '가식·굴복·비굴'과 같은 표현을 봐도 그렇고, '굳어 빠진 껍질' 속으로 점점 파고들어간다는 등의 표현에서 서술자의 부정적인 생각을 엿볼 수 있으니까요. 어쨌든, 앞에서 나온 '그'라는 인물도 이런 생각을 가지고 있을 것이라고 하니, 이에 맞춰 '그'에게 공감하려 하면 되겠네요.

〈보기〉의 내용과 엮어서 생각하면, 이는 '현실 인식'이라는 소설의 근대적인 특징을 보여 주려는 작가의 의도가 드러나는 부분이라고도 할 수 있겠습니다. 지문 독해 과정에서는 이렇게 생각하지 못해도 크게 상관은 없지만, 〈보기〉의 내용과 관련된 부분이 보이면 최대한 연결지으려는 습관을 가져보도록 하세요.

　　"어떻든지 그저 내지인과 동등한 대우만 해 주면 나중엔 어찌 되든지 살아갈 수 있겠죠."
　　청년은 무엇에 쫓겨 가는 사람처럼 차 안을 휘휘 돌려다 보고 나서 목소리를 한층 낮추어서 다시 말을 잇는다.
　　"가령 공동묘지만 하더라도 내지에도 그런 법률이 있다 하면 싫든 좋든 우리도 따라가는 수밖에 없겠죠. 하지만 우리에게는 또 우리의 유풍이 있지 않습니까? 대관절 내지에도 그런 법이 있나요?"
　　의외에 이 장돌뱅이도 공동묘지 이야기를 꺼낸다. 나는 아까 형님한테 한참 설법을 듣고 오는 길에 또 이러한 질문을 받고 보니, 언제 규정이 된 것이요 어떻게 시행하라는 것인지는 <u>나로서는 알고 싶지도 않고, 그까짓 것은 아무렇거나 상관이 없는 일이지마는</u>, 아마 요사이 경향에서 모여 앉으면 꽤들 문젯거리, 화젯거리가 되는 모양이다. 나는 <u>한번 껄껄 웃어 주고 싶었으나 그리할 수는 없었다.</u>
　　"일본에도 공동묘지야 있다우."
　　나 역시 누가 듣지나 않는가 하고 아까부터 <u>수상쩍게 보이던</u> 저편 뒤로 컴컴한 구석에 〈금테를 한 동 두른 모자를 쓴 채 외투를 뒤집어쓰고 누웠는〉 일본 사람과, 김천서 나하고 같이 오른 양복쟁이 편을 돌려다 보았다. 나의 말이 조금이라도 총독정치를 비방하는 것은 아니

지만, 그중에서 <u>무슨 오해가 생길지 그것이 나에게는 염려되는 것이었다.</u>

그러다가 갑자기 '청년'의 대사가 나오고 있습니다. '청년'의 말에 '나'가 대답하는 것을 보니, 앞에서 나온 '그'는 '청년'일 것이라고 생각할 수 있겠습니다. '나'라는 인물이 서술자로 등장하고 있는데, 서술자가 '그'라고 표현한 인물은 당연히 서술자의 눈앞에 있는 인물일 테니까요.

어쨌든, '청년'은 공동묘지 이야기를 하고 있습니다. 내지(일본)에도 공동묘지 관련된 법이 있다면 우리도 따를 수밖에 없다고 하면서, 내지인과 동등한 대우만 받을 수 있기를 바라고 있네요. 앞의 내용과 연결지어 생각하면, '청년'(='그')은 다른 조선 사람들처럼 천대를 받아도 얻어맞는 것보다는 낫다는 생각을 하고 있는 것 같습니다. 내지의 것을 따르며 조선의 유풍이 존중받지 못하더라도, 내지인과 동등한 대우를 받아 얻어맞지만 않으면 된다고 생각하고 있으니까요. 그 와중에 무엇에 쫓겨 가는 사람처럼 차안을 휘휘 돌려다 보고, 목소리를 낮추는 모습 등에서 '청년'이 자신의 발언에 대해 조심스러워한다는 것도 확인할 수 있겠습니다.

'나'는 '형님'이라는 인물과 이에 대한 이야기를 듣고 온 것으로 보이는데, 이 문제에 대해서 크게 관심이 있어 보이지는 않습니다. 그저 이 이야기가 여기저기서 들리는 걸 보니 꽤나 화젯거리기는 하다는 생각을 할 뿐이죠.

한편 '나'는 이에 대해 한 번 웃어주고 싶었으나 그럴 수는 없었다고 합니다. '일본 사람'이나 '양복쟁이'의 눈치를 보며 무슨 오해가 생길지 염려하는 '나'의 모습을 보니, '나' 역시 '그'처럼 일본인들의 눈치를 보고 있다고 할 수 있겠습니다. 껄껄 웃거나 하면 일본인들의 주목을 받을 수 있으니 조심스러운 모습을 보이는 것이죠. 이렇게 염려하는 마음에 충분히 공감할 수 있겠죠?

> "정말 내지에도 공동묘지가 있에요? 하지만 행세하는 사람야 좀 다르겠죠?"
> "그야 좀 다르겠지마는, 어떻든지 일본에서는 주로 화장을 지내기 때문에 타고 남은…… 아마 목구멍 뼈라든가를 갖다가 묻고 목패든지 비석을 세운다우. 그러지 않아도 살아 있는 사람도 터전이 좁아서 땅 조각이 금 조각 같은데, 죽는 사람마다 넓은 터전을 차지하다가는 이 세상에는 무덤만 남고 말지 않겠소, 허허허."
> 나는 이러한 소리를 하면서도 <u>묘지를 간략하게 하여 지면을 축소하고 남는 땅은 누구의 손으로 들어가고 마</u>

누 하는 생각을 하여 보았다.
> "그리구서니 자기의 부모나 처자를 죽었다구 금세루 살라야 버릴 수가 있습니까? 더구나 대대로 내려오는 제 집 산소까지를."
> <u>이 사람은 나의 말이 옳다는 모양으로 고개를 끄덕끄덕하면서도 그래도 반대를 한다.</u>

그렇게 둘은 내지의 공동묘지 이야기를 하는데, '나'가 속으로 하는 생각을 보니 '나'는 여러모로 현재 상황에 불만이 많은 것 같습니다. 우리는 지금 독서 지문을 읽고 있는 것이 아니기 때문에, '나'가 설명하는 일본의 화장 문화 등을 꼼꼼하게 읽을 필요가 없습니다. 앞에서 말한 것처럼 내지의 공동묘지 이야기를 한다는 것, 그리고 '나'가 땅의 소유권 등과 관련해 불만이 있다는 것만 생각하며 일종의 'skip 가능 구간'으로 넘길 수 있어야 해요.

한편, '장돌뱅이'는 '나'의 말이 옳다는 모양으로 고개를 끄덕거리면서도 반대를 합니다. 나름대로 소신을 가지고 있는 모습이네요.

> "화장을 지낸다기루 상관이 뭐겠소. 예전에 애급이라는 나라에서는 왕후장상의 시체는 방부제를 쓰고 나무 관에 넣은 시체를 다시 석관까지에 튼튼히 넣어서 피라미드라는 큰 굴 속에 묻어 두었지만, 지금 와서는 미이라밖에는 되지 않고 만 것을 보면 죽은 송장에게 능라주의(綾羅紬衣)*를 입히고 백 평, 천 평 되는 땅에다가 아무리 굳게 파묻기로 그것이 무엇이란 말이오. 동상을 세우면 무얼 하고 송덕비를 세우면 무엇에 쓴다는 말이오."
> 내 앞에 앉았는 장꾼은 <u>무슨 소리인지 귀에 자세히 들어오지 않는 모양이다.</u>
> "녜에, 그런 것이 있에요?"
> 하고 멀거니 앉았다.
>
> * 능라주의: 비단옷과 명주옷.

'나'는 '애급'이라는 나라의 장례 문화 등을 설명하며 TMI를 쏟아냅니다. 역시 자세한 내용에 집착할 필요는 없고, '나'의 말문이 터졌다는 것만 생각할 수 있으면 됩니다. '장돌뱅이'는 무슨 소리를 하나 하면서 건성으로 듣기 시작하구요. 충분히 공감할 수 있겠죠? 누군가가 갑자기 TMI를 쏟아내면 듣기 싫어지는 게 당연하잖아요.

"하여간 부모를 생사장제(生事葬祭)에 예(禮)로써 받들어야 할 거야 더 말할 것 없지마는, 예로 하라는 것은 결국에 공경하는 마음이나 정성을 말하는 것 아니겠소? 그러니 공동묘지 법이란 난 아직 내용도 모르지마는, 그것은 별문제로 치고라도, 그 근본정신은 생각지 않고 부모나 선조의 산소 치레를 해서 외화(外華)나 자랑하고 음덕(蔭德)이나 바란다는 것도 우스운 수작이란 것을 알아야 할 거 아니겠소. 지금 우리는 공동묘지 때문에 못살게 되었소? 염통 밑에 쉬스는 줄은 모른다구, 깝살릴* 것 다 깝살리고 뱃속에서 쪼르륵 소리가 나도 죽은 뒤에 파묻힐 곳부터 염려를 하고 앉았을 때인지? 너무도 얼빠진 늦둥이 수작이 아니오? 허허허."

나는 형님에게 하고 싶던 말을 장돌뱅이로 돌아다니는 이 자를 붙들고 한참 푸념을 하였다.

-염상섭,「만세전」-

* 깝살리다: 재물이나 기회 따위를 흐지부지 다 없애다.

눈치없는 '나'는 계속해서 말을 쏟아냅니다. 이번엔 단순히 장례 문화에 대한 설명이 아니라 '나'의 생각이 드러나고 있으니 어느 정도 꼼꼼하게 읽을 수 있어야겠죠? 뭔가 내용이 많지만, 결국 '나'의 불만은 조선 사람들이 공동묘지 같은 사소한 것에 정신이 팔린 상황에 대한 것이었나 봅니다. 땅 같은 것들을 전부 '깝살린' 다음에야 정신을 차릴 것인가 하면서 말이죠. 결국 '나'의 푸념은 당장의 물질적인 손해를 생각하지 않고 공동묘지 같은 쓸데없는 것에 정신이 팔려 있는 조선에 대한 불만의 표현이라고 할 수 있겠습니다. 이 말을 '형님'에게 하고 싶었다는 것을 보니, '형님' 역시 '나'의 입장에서는 답답한 생각을 하고 있는 인물일 것이라고 생각할 수 있겠죠?

'나'의 이러한 생각은 우리가 독해를 하는 과정에도 적용할 수 있습니다. 여러 나라의 장례 문화와 같은 사소한 정보에는 신경을 쓰지 않고, 인물의 생각과 심리라는 핵심적인 내용에 주목하면서 독해할 수 있었어야 한다는 거예요. 결국 소설을 통해 묻고자 하는 건 인물의 내면세계에 공감할 수 있느냐는 것임을 잊지 않아야 합니다.

선지	①	②	③	④	⑤
선택률	3%	89%	3%	3%	2%

128 윗글의 서술상 특징으로 가장 적절한 것은? ②

① 상징적 배경을 통해 갈등이 해소될 것임을 암시하고 있다.

선지 유형	근거가 없어서 허용 불가능
실전에서의 판단 과정	무슨 갈등이 해소되냐.
해설	한 시대, 또는 사건을 상징하는 배경이라고 할 만한 공간이 나타나지는 않았습니다. 애초에 '나'와 '장돌뱅이'가 대화를 나누는 공간이 정확히 어디인지도 알 수 없어요. 나아가 갈등이 해소되는 형태의 이야기도 아니었기 때문에 허용하기 어려운 선지입니다.

② 냉소적 어조를 통해 세태에 대한 비판적 태도를 드러내고 있다.

선지 유형	근거가 있어서 허용 가능
실전에서의 판단 과정	조선 사람들의 행태에 대한 생각이나 땅에 대한 생각 등을 보면 세태에 대해 비판적이지.
해설	'나'는 '천대를 받아도 얻어맞는 것보다는 낫다!'라고 생각하고, 당장의 물질적인 손해보다는 공동묘지처럼 쓸데없는 부분에 주목하는 조선 사람들의 모습을 비판적으로 바라보고 있습니다. 이렇게 자아가 현재의 세태라는 외부세계를 비판적으로 바라보고 있으니, '냉소적 어조'는 충분히 허용할 수 있겠죠?

③ 빈번한 장면 전환을 통해 인물들 사이의 긴장감을 고조하고 있다.

선지 유형	근거가 없어서 허용 불가능
실전에서의 판단 과정	거의 한 장면이었는데?
해설	이 지문은 사실상 '나'와 '장돌뱅이'의 대화라는 한 장면만 나타나고 있었습니다. 나아가 이들 사이에 딱히 긴장감이 나타나지도 않았죠?

④ 동시에 진행되는 사건을 병렬하여 이야기를 입체적으로 구성하고 있다.

선지 유형	근거가 없어서 허용 불가능
실전에서의 판단 과정	다른 사건 뭐 나왔는데?

해설	다시 강조하지만, 이 지문에서는 '나'와 '장돌뱅이'의 대화라는 사건만 나타나고 있었습니다. 동시에 진행되는 사건이 병렬되지는 않았죠. 물론 정말 동시에 진행되는 사건이 병렬되었다면, 이야기가 입체적으로 구성되었다고 할 수는 있겠죠?

⑤ 인물들의 체험을 삽화 형식으로 나열하여 주제를 다각적으로 조명하고 있다.

선지 유형	근거가 없어서 허용 불가능
실전에서의 판단 과정	무슨 체험?
해설	'나'가 '형님'과 대화했던 체험이 아주 짧게나마 나타나기는 하지만, 인물들의 체험을 '삽화' 형식으로 나열하지는 않았습니다. 한편, 공동묘지에 대한 '나'와 '장돌뱅이'의 서로 다른 생각이 나오는 것은 억지로나마 주제를 다각적으로 조명하는 모습이라고 할 수도 있겠죠?

선지	①	②	③	④	⑤
선택률	3%	3%	78%	12%	3%

129 '공동묘지 법'과 관련한 인물들의 태도로 가장 적절한 것은? ③

– 사실상 이 지문의 전체 내용에 대해 묻는 문제입니다. '나'와 '장돌뱅이'의 생각에 공감했던 내용을 바탕으로 가볍게 해결해봅시다.

① '나'는 '공동묘지 법' 시행에 따른 '화장'의 제도화를 우려하고 있다.

선지 유형	근거가 없어서 허용 불가능
실전에서의 판단 과정	'나'는 장례 문화에는 관심이 없지.
해설	'나'는 '화장'의 제도화에 대해 우려한 적이 없습니다. 애초에 '나'는 장례 문화가 무엇이든 그게 중요한 게 아니라고 하며 '화장' 등의 장례 문화에 큰 관심을 보이지 않는 모습이었죠?

② '나'는 '공동묘지 법'의 시행 전에 충분한 정보가 제공되어야 한다고 지적하고 있다.

선지 유형	근거가 없어서 허용 불가능
실전에서의 판단 과정	언제?
해설	'나'가 이러한 생각을 한 적은 없습니다. 애초에 '나'가 지적하는 부분은 조선 사람들의 생각 자체였지, 법과 관련된 정보 제공 등이 아니었어요.

③ '나'는 '공동묘지 법'과 관련한 자신의 발언이 정치적으로 해석되는 것을 염려하고 있다.

선지 유형	근거가 있어서 허용 가능
실전에서의 판단 과정	오 이런 마음에 공감했었지.
해설	'나'는 '공동묘지 법'과 관련한 자신의 발언이 총독 정치를 비방하는 것처럼 들릴까봐 염려하는 모습을 보였습니다. 그럴 의도는 없었다고 말하면서 말이죠. 이러한 감정에 공감했던 기억이 있으니, 어렵지 않게 허용할 수 있겠죠?

④ '장돌뱅이'는 '공동묘지 법'의 목적이 묘지를 없애 집터를 넓히는 데 있다고 믿고 있다.

선지 유형	근거가 없어서 허용 불가능
실전에서의 판단 과정	장돌뱅이는 애초에 깊게 생각하지 않지.
해설	'장돌뱅이'는 그저 공동묘지가 내지에 있는지 등의 표면적인 정보만 궁금해하고 있을 뿐, 묘지를 없애 집터를 넓힐 것이라는 등의 깊은 생각을 하지 않고 있습니다. '장돌뱅이'의 성격을 생각하며 글을 읽었다면 어렵지 않게 지워낼 수 있는 선지죠?

⑤ '장돌뱅이'는 '공동묘지 법'이 '애급'의 관습을 따른 것이라는 사실에 흥미로워 하고 있다.

선지 유형	근거가 있어서 허용 불가능
실전에서의 판단 과정	애급 이야기는 TMI였지.
해설	'애급'의 풍습에 대한 이야기는 말문이 터진 '나'가 쏟아낸 TMI의 일부였습니다. 이를 들은 '장돌뱅이'는 시큰둥한 반응을 보였고, 이에 공감했던 기억이 있죠? 이렇게 명백한 근거가 있으니, 흥미로워 하고 있다는 말은 절대 허용할 수 없습니다.

선지	①	②	③	④	⑤
선택률	6%	64%	6%	6%	19%

130 〈보기〉를 참고하여 윗글을 감상할 때 적절하지 <u>않은</u> 것은? [3점] ②

① 시속의 '처세술'에 대해 성찰하여 평가한 점을 통해, 생활의 문제에 대한 작가의 주장을 확인할 수 있겠군.

선지 유형	근거가 있어서 허용 가능
실전에서의 판단 과정	조선 사람들의 생각을 평가한 것이니 생활의 문제에 대한 주장이라고 할 수 있겠다.
해설	시속의 '처세술'은 '나'가 성찰하여 평가한 조선 사람들의 생활 방식을 의미합니다. 〈보기〉에 따르면, 이러한 내용은 생활 현실에 근거한 문학으로 관심을 확장한 작가의 주장이 반영된 것이라고 할 수 있겠죠?

② '생활 철학'을 터득하려는 개개인의 의지를 옹호한 점을 통해, 개인의 발견에 관한 작가의 의식을 이해할 수 있겠군.

선지 유형	근거가 있어서 허용 불가능
실전에서의 판단 과정	생활 철학을 비판하는 거였는데?
해설	'생활 철학'은 '나'가 비판하고자 하는 조선 사람들의 생활 방식을 의미합니다. 이러한 내용을 근거로 하면, 이를 터득하려는 개개인의 의지를 '옹호'했다는 것은 허용하기 어렵겠죠? 나아가 '나'는 '생활 철학'이 오늘에서야 터득한 것이 아니라 오랫동안 봉건적 성장과 관료전제 밑에서 만들어진 것이라고 주장합니다. 이는 '생활 철학'이 이를 터득하려는 개개인의 의지가 없어도 자연스럽게 터득되어 있는 것임을 의미하죠? 여러모로 허용하기 어려운 선지네요.

③ '지금의 우리 생활'을 '봉건적' 의식과 문화에 견주어 문제 삼은 점을 통해, 삶의 문제를 총체적으로 조망하려는 작가의 시각을 엿볼 수 있겠군.

선지 유형	근거가 있어서 허용 가능
실전에서의 판단 과정	생활의 표현을 통해 삶의 문제를 총체적인 시각에서 조망한다고 했지.
해설	'나'는 '지금의 우리 생활'을 '봉건적' 의식과 문화에 견주는 등 여러 가지 생활의 표현을 사용하고 있습니다. 〈보기〉에 따르면, 이러한 모습은 작가가 삶의 문제를 총체적인 시각에서 조망하려는 근

대 문학의 정신에 접근하는 것이라고 했죠? 〈보기〉를 근거로 하면 가볍게 허용할 수 있겠네요.

④ 일상적 관심사로 오르내리는 '화젯거리'를 이야기한 점을 통해, 생활의 흔적을 기록하려는 작가의 노력을 살필 수 있겠군.

선지 유형	근거가 있어서 허용 가능
실전에서의 판단 과정	일상적 관심사를 이야기하는 건 생활의 흔적은 기록하려는 거라고 할 수 있지.
해설	이 지문에서는 '공동묘지 법'과 같은, 일상적 관심사로 오르내리는 '화젯거리'를 이야기하고 있습니다. 〈보기〉에 따르면, 이는 생활의 흔적으로써의 문예를 통해 생활의 흔적을 기록하려는 작가의 노력이 깃든 것이라고 할 수 있습니다.

⑤ 자신의 경험과 생각을 '나'가 서술하도록 설정한 점을 통해, 개성을 표현하는 문학의 방식을 모색하는 작가의 관심을 찾아볼 수 있겠군.

선지 유형	근거가 있어서 허용 가능
실전에서의 판단 과정	일인칭 시점을 적용하면 저런 효과가 나타날 수 있다고 했네.
해설	이 지문은 자신의 경험과 생각, 즉 내면을 '나'라는 일인칭 서술자가 서술하도록 설정하고 있습니다. 〈보기〉에 따르면, 작가는 이렇게 일인칭 시점을 적용한 소설을 통해 개인의 내면을 드러내는 방식을 모색하여 개성의 표현으로서의 문학에 대한 인식을 구체화했다고 했어요. 〈보기〉를 참고하라고 했으니, 이렇게 적극적으로 〈보기〉를 활용할 수 있어야 합니다.

몰랐던 어휘 정리하기

| 핵심 **point** |

① **허용 가능성 평가** : 선지의 내용을 '허용'하려는 태도를 바탕으로 지문을 '독해'하며 '근거'를 찾아야 합니다. 허용할 수 있는 '근거'가 있어야만 허용할 수 있습니다. 주관적인 생각을 개입시키면 안 됩니다.

② **소설 독해** : '심리와 행동의 근거'를 바탕으로 인물에게 '공감'하며 읽어야 합니다. 이 과정이 물흐르듯 이어지면 지문의 내용을 완벽하게 이해할 수 있어요.

③ **skip 가능 구간** : 인물의 똑같은 내면을 반복적으로 묘사하거나, 뻔한 이야기가 반복되는 구간은 조금 빠르게 스캔하면서 읽어주시면 됩니다.

| 지문 내용 총정리 |

다소 추상적인 표현이 많이 나타나기는 했지만, 결국 인물의 내면세계에 공감하며 내용을 이해할 수 있는지 묻는 전형적인 소설 지문이었습니다. 특히 이렇게 추상적인 표현이 많이 나타나는 형태의 지문을 해결할 때는 더더욱 본질적인 부분을 중심으로 해결할 수 있도록 해요.

DAY 12 [131~134]
2013.09 [20~23] 고전소설 '열녀춘향수절가' ☆☆

〈보기〉 독해

─────[보기]─────
「춘향전」은 춘향과 이몽룡의 신분을 초월한 사랑 이야기를 중심으로 여성의 정절 및 신분 상승의 문제를 다루면서 당대 사회에 대한 비판 의식을 드러내고 있다.

우리가 다 알고 있는 '춘향전'입니다. 그중에서도 특히 여성의 정절 및 신분 상승의 문제를 다룬 부분이 제시되겠죠? 당대 사회에 대한 비판 의식을 드러낸다는 주제 의식까지 추가로 챙겨놓고 지문을 읽어보도록 합시다.

지문 독해

┌ "여보 장모! 춘향이 나 좀 보아야제?"
[A] "그러지요. 서방님이 춘향을 아니 보아서야 인정
└ 이라 하오리까?"
　향단이 여짜오되,
"지금은 문을 닫았으니 바라를 치거든 가사이다."
　이때 마침 바라를 뎅뎅 치는구나. 향단이는 미음상 이고 등롱 들고 어사또 뒤를 따라 **옥문간** 당도하니 〈인적이 고요하고 사정이도 간곳없네.〉
　이때 춘향이 비몽사몽간에 서방님이 오셨는데, 〈머리에는 금관(金冠)이요 몸에는 홍삼(紅衫)이라.〉 상사일념(相思一念) 끝에 만단정회(萬端情懷)하는 차라,
"춘향아." 부른들 대답이나 있을쏘냐. 어사또 하는 말이,
"크게 한번 불러 보소."
"모르는 말씀이오. 예서 동헌이 마주치는데, 소리가 크게 나면 사또 염문(廉問)할 것이니, 잠깐 지체하옵소서."
"무어 어때, 염문이 무엇인고? 내가 부를게 가만있소! 춘향아!"

'이몽룡'이 급제한 뒤 옥에 갇혀 있는 '춘향'을 찾으러 온 상황으로 보입니다. '춘향전'의 내용은 다들 대충이나마 알고 있을 테니, 이 정도 추측은 할 수 있겠죠? '이몽룡'은 예의없이 '여보 장모!' 거리며 '춘향'을 만나게 해달라고 하고, '춘향의 모친'은 약간은 비꼬는 말투로 '춘향'을 만나게 합니다. 왜 그러는지는 아직 모르겠네요.

그렇게 '옥문간'에 도착하니, 사방은 조용합니다. 이때 '춘향'은 비몽사몽하며 멋지게 차려입은 '몽룡'의 모습을 보고 있어요. '몽룡'을 벌써 만난 것인가 했더니, '몽룡'(어사또)이 '춘향'을 크게 부르라는 이야기를 합니다. 이미 만났다면 크게 부를 이유가 없다는 것을 생각하면, '춘향'이 본 멋지게 차려입은 '어사또'의 모습은 꿈속 장면이었다고 할 수 있겠네요. 나아가 사방이 조용하기에 조심해야 하는 상황에서도 '춘향'을 크게 부르는 '어사또'의 모습에서, 자신의 지위에서 비롯된 자부심이 느껴져야 합니다. 충분히 공감할 수 있는 내용이죠?

어머니가 온 것에 당연히 깜짝 놀랄 수밖에 없는데, '춘향의 모친'은 '어사또'가 왔다는 이야기를 전해줍니다. 이때 [D] 부분에 나타난 '서방인지 남방인지'라는 표현은, [A] 부분에서 비꼬듯이 말하던 것과 연결된다고 할 수 있겠죠? 엄마의 입장에서 자기 딸을 고생시키는 '어사또'가 미울 수도 있겠다는 생각을 하며 공감해주시면 되겠습니다.

어쨌든 '춘향'과 '어사또'는 다시 만나게 되고, '춘향'은 여러 표현을 통해 반가움을 드러냅니다. '춘향'의 입장에서는 기다리고 기다리던 사람이 온 것이니 너무나 기쁠 수밖에 없겠죠?

부르는 소리에 깜짝 놀라 일어나며,

[B] ┌ "허허, 이 목소리, 잠결인가, 꿈결인가? 그 목소리
 └ 괴이하다."

어사또 기가 막혀 "내가 왔다고 말을 하소."

"왔단 말을 하게 되면 기절담락(氣絕膽落)할 것이니, 가만히 계시옵소서."

춘향이 저의 모친 음성 듣고 깜짝 놀라,

[C] ┌ "어머니, 어찌 와 계시오? 몹쓸 딸자식을 생각하와
 │ 천방지방(天方地方) 다니다가 낙상(落傷)하기 쉽
 └ 소. 이훌랑은 오실라 마옵소서."

"날랑은 염려 말고 정신을 차리어라. 왔다."

"오다니 누가 와요?"

"그저 왔다."

"갑갑하여 나 죽겠소! 일러 주오. 꿈 가운데 임을 만나 만단정회하였더니, 혹시 서방님께서 기별 왔소? 언제 오신단 소식 왔소? 벼슬 띠고 내려온단 노문(路文) 왔소? 애고, 답답하여라!"

[D] "너의 서방인지 남방인지, 걸인 하나 내려왔다!"

"허허, 이게 웬 말인가? 서방님이 오시다니 몽중에 보던 임을 생시에 본단 말가?"

문틈으로 손을 잡고 말 못하고 기색하며,

"허허, 이게 누구이오? 아마도 꿈이로다. 상사불견(相思不見) 그린 임을 이리 쉬이 만날쏜가? 이제 죽어 한이 없네. 어찌 그리 무정한가? 박명하다, 나의 모녀. 서방님 이별 후에 자나 누우나 임 그리워 일구월심(日久月深) 한(恨)일러니, 이내 신세 이리 되어 매에 감겨 죽게 되니, 날 살리러 와 계시오?"

한참 이리 반기다가 임의 형상 자세 보니, 어찌 아니 한심하랴.

[E] ┌ "여보 서방님, 내 몸 하나 죽는 것은 설운 마음 없
 └ 소마는 서방님 이 지경이 웬일이오?"

"오냐 춘향아, 설워 마라. 인명이 재천인데 설만들 죽을쏘냐?"

춘향이 저의 모친 불러,

"한양성 서방님을 칠 년의 큰 가뭄에 백성들이 비 기다린들 나와 같이 자진(自盡)턴가. 심은 나무 꺾어지고 공든 탑이 무너졌네. 가련하다, 이내 신세, 하릴없이 되었구나. 어머님, 나 죽은 후에라도 원이나 없게 하여 주옵소서. (중략) 만수운환(漫垂雲懷) 흐트러진 머리 이렁저렁 걷어 얹고 이리 비틀 저리 비틀 들어가서 매 맞아 죽거들랑, 삯군인 척 달려들어 둘러업고 우리 둘이 처음 만나 놀던 부용당(芙蓉堂)의 적막하고 요적한 데 뉘어 놓고 서방님 손수 염습(殮襲)하되, 나의 혼백 위로하여 입은 옷 벗기지 말고 양지 끝에 묻었다가, 서방님 귀히 되어 청운에 오르거든 일시도 둘라 말고 육진장포(六鎭長布) 다시 염하여 조촐한 상여 위에 덩그렇게 실은 후에 북망산천 찾아갈 제, 앞 남산 뒤 남산 다 버리고 한양으로 올려다가 선산(先山) 발치에 묻어 주고, 비문에 새기기를, '수절원사(守節冤死)* 춘향지묘(春香之墓)'라 여덟 자만 새겨 주오. 망부석이 아니 될까. 서산에 지는 해는 내일 다시 오련마는 불쌍한 춘향이는 한번 가면 어느 때 다시 올까. 신원(伸冤)*이나 하여 주오. 애고 애고, 내 신세야."

－작자 미상, 「열녀춘향수절가」－

*수절원사: 절개를 지키다 원통하게 죽음.
*신원: 가슴에 맺힌 원한을 풀어 버림.

'춘향'은 당연히 '어사또'의 목소리가 들리니 깜짝 놀랄 것입니다. 꿈인지 생시인지 모르겠다는 '춘향'의 모습에 기가 막힌 '어사또'는 '춘향의 모친'에게 다시 불러보라는 이야기를 하고, '춘향의 모친'은 '춘향'을 만나러 갑니다. '춘향'은 옥에 갇혀 있는 자신에게

이렇게 한참 반기다가 가만히 '어사또'의 형상을 자세히 보니 너무나 한심했다고 합니다. '어사또'는 자신의 지위를 숨기고 허름한 차림으로 나타났나 보네요. 그래서 '춘향의 모친'이 더더욱 못마땅해하는 것이었고, 혹시나 사또에게 들킬까봐 조용히 하라고 한 것이었네요. 이제야 완벽하게 공감되는 느낌이죠?

자신만만한 '어사또'는 '춘향'을 안심시키려고 합니다. 하지만 '춘향'의 입장에서는 급제하고 돌아와 자신을 지켜줄 것이라 생각한 '어사또'의 몰골을 보고서 인생이 망했다는 생각을 할 수밖에 없겠죠? 이에 '모친'을 불러 한탄하는 '춘향'의 모습이네요. 마지막 '춘향'의 한탄 부분은 일종의 'skip 가능 구간'으로 넘어갈 수 있겠죠? 결국 억울하니 자신이 죽은 뒤를 잘 부탁한다는 내용의 반복이니까요.

선지	①	②	③	④	⑤
선택률	3%	3%	2%	2%	90%

131 윗글에 대한 설명으로 가장 적절한 것은? ⑤

① 꿈의 삽입을 통해 환상적 분위기를 조성하고 있다.

선지 유형	근거가 없어서 허용 불가능
실전에서의 판단 과정	딱히 환상적이진 않지.
해설	'춘향'이 꿈을 꾸는 장면이 짧게나마 나오기는 하지만, 이는 '어사또'가 멋지게 차려 입은 장면일 뿐 환상적(비현실적) 분위기와는 상관없죠? 가볍게 지워낼 수 있겠습니다.

② 서술자의 직접 개입으로 인물의 성격을 희화화하고 있다.

선지 유형	근거가 없어서 허용 불가능
실전에서의 판단 과정	없었던 것 같은데?
해설	'서술자의 직접 개입'은 나타나지 않습니다. 만약 나타났다면 지문을 읽으면서 미리 체크를 했을 거예요. 체크한 기억이 없다면, 굳이 지문으로 돌아가서 확인하지 말고 일단 넘어갈 수 있어야 합니다.

③ 순차적 사건 진행으로 갈등이 해소되었음을 보여 주고 있다.

선지 유형	근거가 있어서 허용 불가능
실전에서의 판단 과정	엉엉 울면서 끝났잖아.
해설	순차적 사건 진행이 되고 있는 것은 맞지만, '춘향'과 '어사또' 사이의 갈등이 해소되지는 않았죠? '춘향'이 엉엉 울면서 끝났을 뿐입니다.

④ 우의적 소재를 활용하여 사건 해결의 실마리를 제공하고 있다.

선지 유형	근거가 없어서 허용 불가능
실전에서의 판단 과정	그런 게 어딨어.
해설	'우의적 소재'가 딱히 드러나지 않습니다. '우의적'이라는 것은 동식물 같은 다른 대상들에 빗대어 인간들을 비유하는 것을 말합니다.

⑤ 인물 간의 대화를 통해 주인공이 처한 상황과 내면을 드러내고 있다.

선지 유형	근거가 있어서 허용 가능
실전에서의 판단 과정	대화 엄청 많았지.
해설	지문 전체가 거의 대화로 이루어져 있죠? 그 대화 속에서 주인공이 처한 상황과 내면이 드러난다는 것은 너무나 당연하구요.

선지	①	②	③	④	⑤
선택률	3%	8%	11%	37%	41%

132 〈보기〉를 참고하여 ㉠, ㉡에 대해 토의하였다. 토의한 내용으로 적절하지 않은 것은? ⑤

우리 둘이 처음 만나 놀던 ㉠부용당(芙蓉堂)의 적막하고 요적한 데 뉘어 놓고 서방님 손수 염습(殮襲)하되,

앞 남산 뒤 남산 다 버리고 한양으로 올려다가 ㉡선산(先山)발치에 묻어 주고, 비문에 새기기를, '수절원사(守節寃死)* 춘향지묘(春香之墓)'라 여덟 자만 새겨 주오.

* 수절원사 : 절개를 지키다 원통하게 죽음.

- 'skip 가능 구간'으로 가볍게 넘어갔던 부분에 나온 내용들입니다. 다시 빠르게 읽어보니, ㉠은 '춘향'과 '어사또'가 처음 만나 놀던 곳이고, ㉡은 '춘향'이 죽고 나서 묻어 달라고 요청한 곳임을 알 수 있네요. 이를 〈보기〉에서 말하는 '여성의 정절 및 신분 상승의 문제', '당대 사회에 대한 비판 의식' 등과 엮어서 이해해보도록 합시다.

① ㉠은 춘향과 어사또의 사랑이 싹튼 곳이니까 두 사람의 추억이 어린 공간이라 할 수 있어.

선지 유형	근거가 있어서 허용 가능
실전에서의 판단 과정	그렇지.
해설	㉠은 '춘향'과 '어사또'가 처음 만난 곳입니다. 추억이 어린 공간 그 자체라고 할 수 있겠죠?

② ㉠을 춘향의 혼백이 위로받는 장소로 본다면 춘향이 어사또의 사랑을 다시 확인받고자 하는 공간이라 할 수 있어.

선지 유형	근거가 있어서 허용 가능
실전에서의 판단 과정	그렇네.
해설	㉠을 '춘향'의 혼백이 위로받는 장소로 본다는 가정이 들어 있습니다. 이러한 가정하에 생각해보면, ㉠에 뉘어 놓고 '어사또'가 직접 염습해달라는 '춘향'의 부탁은 '어사또'의 사랑을 다시 확인받고자 하는 욕구에서 비롯된 것이라고 할 수 있겠네요.

③ ㉡은 수절원사라는 표현으로 보아 춘향의 정절에 대한 보상이 이루어지는 공간이라 할 수 있어.

선지 유형	근거가 있어서 허용 가능
실전에서의 판단 과정	비문에 수절원사라고 적히는 건 어느 정도 보상이라고 할 수 있겠다.
해설	〈보기〉에서 말하는 것처럼, 이 지문은 당시 강조되는 여성의 정절 문제를 다루고 있습니다. '춘향'이 정절을 지킨 뒤 죽어 '수절원사'라는 비문을 받게 되는 건, 여성의 정절을 강조하던 당시의 분위기를 고려하면 죽은 뒤에서라도 얻는 보상이라고 할 수 있겠습니다. 죽고 나서 비문 적히는 게 무슨 보상이냐는 식으로 시비를 거시면 안 됩니다. 선지에서 묻는 내용을 '허용'할 근거가 있는지를 생각하는 게 핵심입니다.

④ ㉡은 춘향의 한이 풀어지는 장소이자 신분 상승을 상징하는 공간이라 할 수 있어.

선지 유형	근거가 있어서 허용 가능
실전에서의 판단 과정	선산발치에 묻힌다는 건 정실부인이 되었다는 소리지.
해설	사실 '선산'(先山)이라는 단어를 알고서 '실전에서의 판단 과정'처럼 판단하는 것이 가장 훌륭합니다. '선산'은 양반의 조상들이 묻힌 무덤이 있는 곳으로, 첩이 아닌 정실부인만이 함께 묻힐 수 있어요. 양반이 아닌 '춘향'이 정실부인으로 인정받았다는 것은 그 자체로 신분 상승을 상징하니 충분히 허용할 수 있는 선지가 되는 것입니다. 몰랐다면 어떻게 판단할 수 있을까요? 〈보기〉에서 말하는 것처럼 '춘향'과 '이몽룡'은 신분을 초월한 사랑을 하고 있습니다. 그리고 [A] 부분을 보면, '이몽룡'은 장모에게 하대를 하고 장모는 오히려 존대를 하고 있죠? 이는 '이몽룡'이 양반이고 '춘향'은 양반이 아니라는 것을 의미한다고 할 수 있겠습니다. 또한 〈보기〉에 따르면 이 지문은 신분 상승의 문제를 다루고 있는데, 이를 고려하면 '선산발치'에 묻히고자 하는 '춘향'의 최종 욕망은 '이몽룡'과 같은 양반으로 자신의 신분을 상승시키는 것이라고 할 수 있겠습니다. '춘향전'의 내용을 어느 정도 알고 있을 것이라는 기대감과, 9월 모의평가의 다소 느슨한 검토 기준 때문에 만들어진 과한 문제라고 생각합니다. 다만 결국 묻고자 한 것은 〈보기〉를 바탕으로 한 '허용 가능성 평가', '춘향'의 내면세계에 대한 공감이었죠? 최소한 똑같은 걸 묻고 있다는 교훈 정도는 얻어 가셔야 합니다.

⑤ ㉡은 춘향에게 정절을 강요하는 당대 사회에 대한 춘향의 비판 의식이 투영된 공간이라 할 수 있어.

선지 유형	근거가 있어서 허용 불가능
실전에서의 판단 과정	춘향이는 정절 지킨 거 자랑스러워하지 않나?
해설	'춘향'은 죽어서까지 '선산발치'에 묻혀 '수절원사'라는 칭호를 얻고 싶어합니다. 이는 '춘향'이 정절을 강요하는 당대 사회의 질서에 수긍하고 있음을 보여 주는 내용이라고 할 수 있겠죠? 이를 근거로 하면, '춘향'이 당대 사회에 대한 비판 의식을 가지고 있다는 것은 절대 허용할 수 없겠습니다. 4번 선지를 허용하지 못했더라도, 최소한 말도 안 되는 소리를 하고 있는 5번 선지를 답으로 고를 수는 있었어야 해요.

선지	①	②	③	④	⑤
선택률	3%	6%	4%	84%	3%

133 [A]~[E]를 이해한 것으로 적절한 것은? ④

① [A] : '어사또'와 '춘향 모친'은 높임말로 서로에게 존대하고 있다.

선지 유형	근거가 있어서 허용 불가능
실전에서의 판단 과정	어사또는 하대하고 있지.
해설	'여보 장모!'가 높임말로 보인다면 한국인이 아니겠죠? 앞에서도 설명했듯이, 이렇게 '어사또'가 하대하는 모습은 '춘향'과 '어사또' 사이의 신분 차이를 드러낸다고도 할 수 있겠습니다.

② [B] : '춘향'은 자책하는 말로 '어사또'에 대한 그리움을 드러내고 있다.

선지 유형	근거가 없어서 허용 불가능
실전에서의 판단 과정	자책은 안했는데?
해설	[B]는 그저 '꿈이냐 생시냐?' 정도의 느낌을 담은 표현일 뿐, 자책하는 말이 아닙니다. 허용할 근거가 없네요.

③ [C] : '춘향'은 불평하는 말로 '모친'에 대한 원망(怨望)을 드러내고 있다.

선지 유형	근거가 없어서 허용 불가능
실전에서의 판단 과정	걱정하는 거지.
해설	[C]는 자신을 만나러 온 '모친'을 걱정하는 부분이지, 원망하는 부분이 아닙니다. [C] 부분을 읽으면서 걱정스럽게 '모친'에게 이야기를 건네는 '춘향'의 모습을 상상하고 공감하며 읽었다면 가볍게 지워낼 수 있을 거예요.

④ [D] : '춘향 모친'은 비꼬는 말로 '어사또'에 대한 불편한 심기를 나타내고 있다.

선지 유형	근거가 있어서 허용 가능
실전에서의 판단 과정	미리 생각한 내용이네.
해설	'춘향 모친'은 자신의 딸을 고생시켰을 뿐 아니라 허름한 차림으로 찾아온 '어사또'에 대해 불편한 심기를 가지고 있습니다. 이러한 감정에 충분히

공감했던 기억이 있죠? 그것이 단적으로 드러난 부분이 바로 [D]였습니다.

⑤ [E] : '춘향'은 자문자답하는 말로 '어사또'에 대한 믿음을 드러내고 있다.

선지 유형	근거가 없어서 허용 불가능
실전에서의 판단 과정	자문자답도 아니고, 믿음 드러내는 부분도 아니지.
해설	[E]는 '자문자답'도 아닐 뿐 아니라, 허름하게 나타난 '어사또'를 나무라는 내용입니다. 믿음을 드러낸다는 것은 절대 허용할 수 없겠죠.

선지	①	②	③	④	⑤
선택률	3%	88%	5%	2%	2%

134 ⓐ의 상황을 나타내는 말로 가장 적절한 것은? ②

① 동병상련(同病相憐)
② 오매불망(寤寐不忘)
③ 이심전심(以心傳心)
④ 조변석개(朝變夕改)
⑤ 풍수지탄(風樹之嘆)

몰랐던 어휘 정리하기

| **핵심 point** |

① **허용 가능성 평가** : 선지의 내용을 '허용'하려는 태도를 바탕으로 지문을 '독해'하며 '근거'를 찾아야 합니다. 허용할 수 있는 '근거'가 있어야만 허용할 수 있습니다. 주관적인 생각을 개입시키면 안 됩니다.

② **소설 독해** : '심리와 행동의 근거'를 바탕으로 인물에게 '공감'하며 읽어야 합니다. 이 과정이 물흐르듯 이어지면 지문의 내용을 완벽하게 이해할 수 있어요.

③ **skip 가능 구간** : 인물의 똑같은 내면을 반복적으로 묘사하거나, 뻔한 이야기가 반복되는 구간은 조금 빠르게 스캔하면서 읽어주시면 됩니다.

DAY 12 [135~140]

2010.11 [32~37] 현대시+고전시가 '승무 / 지리산 뻐꾹새 / 면앙정가' ☆☆☆☆☆

〈보기〉 확인

──[보기]──

「승무」는 무녀(舞女)를 무대 공간의 중심에 배치하여 관객이 이를 바라보는 상황을 보여 주고 있다. 무녀와 그의 춤을 초점화하기 위해서는 여러 가지 빛이 동원되어야 한다. 이 작품에는 지상과 천상, 상승과 하강, 생성과 소멸의 속성을 지닌 다양한 빛이 등장하여 무녀의 외양과 행위, 더 나아가 내면세계를 비추고 있다. 이 빛은 다양한 상징적 의미를 전달하고, 관객이 무대와 인물을 관조하거나 그것에 몰입할 수 있도록 유도한다.

'승무'라는 시는 무녀의 춤을 보여 주는 시라고 하네요! 시의 '상황'을 제시해주는 아주 친절한 〈보기〉입니다. 다양한 빛이 동원된다고 하는데, 이걸 다 기억하면서 읽을 수는 없을 것 같습니다. 하지만 이러한 빛들이 결국 무녀의 '내면세계'를 비춘다는 것은 주목할 만한 포인트네요. 이 작품의 '주제'에 해당하는 부분일 것이니까요.

──[보기]──

송순이 「면앙정가」에서 펼쳐 보인 세계는 흔히 '면앙 우주'라고 일컬어진다. 면앙우주는 작가에게 천지만물의 이치를 심성의 수양으로 내면화하는 공간이었다. 작가는 자연 세계를 통해 인간 세계의 이치를 읽어 내는 가운데 조화와 합일을 추구했다. 그는 객관적 자연물에 인간적 생명력과 의지를 부여하는 방식으로 자신의 이상과 세계관을 표출했다.

'필수 고전시가' 중 하나인 '면앙정가'입니다. '자연' 속에서 인간 세계의 이치를 읽어 내고, '조화'와 '합일'을 추구한다는 뻔한 이야기가 나열되어 있네요. 뻔하긴 하지만, '주제'를 알려 준다는 점에서 고마운 〈보기〉였습니다.

실전적 지문 독해

(가)

얇은 사(紗) 하이얀 고깔은
고이 접어서 나빌레라.

파르라니 깎은 머리
박사(薄紗) 고깔에 감추오고

두 볼에 흐르는 빛이
정작으로 고와서 서러워라.

빈 대(臺)에 황촉(黃燭)불이 말없이 녹는 밤에
오동잎 잎새마다 달이 지는데

소매는 길어서 하늘은 넓고
돌아설 듯 날아가며 사뿐히 접어 올린 외씨보선이여.

까만 눈동자 살포시 들어
먼 하늘 한 개 별빛에 모두오고

복사꽃 고운 뺨에 아롱질 듯 두 방울이야
세사에 시달려도 번뇌는 별빛이라.

휘어져 감기우고 다시 접어 뻗는 손이
깊은 마음 속 거룩한 합장인 양하고

이 밤사 귀또리도 지새는 삼경(三更)인데
얇은 사(紗) 하이얀 고깔은 고이 접어서 나빌레라.

-조지훈, 「승무」-

〈보기〉가 아니었으면 전혀 이해하지 못했을 법한 어려운 시입니다. '황촉불이 말없이 녹는 밤'에 춤을 추는 무녀의 모습을 보면서, '서러움'이라는 반응을 나타내고 있습니다. 나아가 〈보기〉에서 이야기한 것처럼 이 작품이 무녀의 '내면세계'에 대한 이야기라는 것도 잊지 않아야 합니다. 이 이상 해석하는 건 무리겠죠? 선지를 믿고 넘어가도록 합시다.

(나)

여러 산봉우리에 여러 마리의 뻐꾸기가
울음 울어
때로 울음 울어
석 석 삼년도 봄을 더 넘겨서야
나는 길뜬* 설움에 맛이 들고
그것이 실상은 한 마리의 뻐꾹새임을
알아냈다.

지리산 하
한 봉우리에 숨은 실제의 뻐꾹새가
한 울음을 토해 내면   ⌐
뒷산 봉우리 받아넘기고   │ [A]
또 뒷산 봉우리 받아넘기고   │
그래서 여러 마리의 뻐꾹새로 울음 우는 것을   ⌐
알았다.

지리산 중
저 연연한 산봉우리들이 다 울고 나서
오래 남은 추스름 끝에
비로소 한 소리 없는 강이 열리는 것을 보았다.

섬진강 섬진강
그 힘센 물줄기가
하동 쪽 남해로 흘러들어
남해 군도의 여러 작은 섬을 밀어 올리는 것을 보았다.

봄 하룻날 그 눈물 다 슬리어서
지리산 하에서 울던 한 마리 뻐꾹새 울음이
이승의 서러운 맨 마지막 빛깔로 남아
이 세석(細石)* 철쭉꽃밭을 다 태우는 것을 보았다.

-송수권, 「지리산 뻐꾹새」-

*길뜬 : 길이 덜 든.
*세석 : 지리산 정상 아래 부근의 지명.

'뻐꾸기'의 울음에 주목하던 화자가 '길뜬 설움'을 느끼고, 여러 마리인 줄 알았던 '뻐꾸기'가 사실은 '한 마리의 뻐꾹새'임을 알아내고 있습니다. 나아가 자연을 살펴보며 어떠한 현상들을 보고 있네요. 이 작품은 〈보기〉도 없어 무슨 뜻인지 전혀 이해할 수 없는데, 화자가 무언갈 깨닫고 있다는 것만 인식하시면 좋을 것 같습니다. '알았다.'와 '보았다.'는 확실히 깨달음을 표현하기에 좋은 서술어니까요. 나머지 자세한 해석은 선지에서 맡기고 넘어가도록 합시다.

선지	①	②	③	④	⑤
선택률	5%	4%	83%	3%	5%

(다)

　무등산 한 활개 뫼가 동쪽으로 뻗어 있어

　멀리 떼쳐 와 제월봉(霽月峰)이 되었거늘

　무변대야(無邊大野)*에 무슨 짐작 하노라

　일곱 굽이 한데 뭉쳐 우뚝우뚝 벌여 논 듯

　가운데 굽이는 구멍에 든 늙은 용이

　선잠을 갓 깨어 머리를 앉혔으니

　너럭바위 위에 송죽을 헤치고 정자를 앉혔으니

　구름 탄 청학이 천 리를 가리라 두 날개 벌렸는 듯

　옥천산 용천산 내린 물이

　정자 앞 넓은 들에 올올이 펴진 듯이

　넓거든 기노라 푸르거든 희지 마나

　쌍룡이 뒤트는 듯 긴 깁을 펼쳤는 듯

　어디로 가노라 무슨 일 바빠서

　닫는 듯 따르는 듯 밤낮으로 흐르는 듯

　물 좋은 사정(沙汀)*은 눈같이 펴졌거든 ⎤

　어지러운 기러기는 무엇을 어르노라 ｜ [B]

　앉으락 내리락 모이락 흩으락 ｜

　노화(蘆花)*를 사이 두고 우러곰 좇니느뇨 ⎦

　넓은 길 밖이요 긴 하늘 아래 두르고 꽂은 것은

　뫼인가 병풍인가 그림인가 아닌가

　높은 듯 낮은 듯 궂는 듯 잇는 듯

　숨거니 뵈거니 가거니 머물거니

　어지러운 가운데 이름난 양하여

　하늘도 저어치 않고 우뚝이 섰는 것이 추월산 머리 짓고

　용구산 몽선산 불대산 어등산

　용진산 금성산이 허공에 벌였거든

　원근창애(遠近蒼崖)에 머문 짓도 하도 할샤

　　　　　　　　　　　　　　　　－송순, 「면앙정가」－

*무변대야 : 끝없이 넓은 들판.
*사정 : 모래톱.
*노화 : 갈대.

〈보기〉에서 이야기하던 '면앙우주'에 대해 소개하고 있네요. '무등산'에 있는 자연의 모습을 묘사하는 모습입니다. 전부 자연에 대한 묘사임을 깨달은 이상 굳이 꼼꼼하게 읽을 필요가 없어요. 자세한 해석은 선지에서 만나봅시다.

135 (가)~(다)의 공통점으로 가장 적절한 것은? ③

① 단호한 어조로 화자의 의지를 드러낸다.

선지 유형	근거가 없어서 허용 불가능
실전에서의 판단 과정	의지는 드러난 적이 없지.
해설	'단호한 어조' 같은 애매한 개념에 현혹되시면 안 됩니다. 여러분이 알고 있는 '단호하다'의 의미로 접근하시면 돼요. 다만 '의지'라는 건 주제와 직결되는 내면세계이기에 고민할 여지가 있습니다. 작품들을 완벽하게 이해하지는 못했지만, '의지'라는 강력한 내면세계가 나타나는 부분은 없었어요.

② 과거와 현재를 대비하여 그리움의 정서를 고조한다.

선지 유형	근거가 없어서 허용 불가능
실전에서의 판단 과정	그리움은 무슨.
해설	주제와 너무 어긋나는 내용이죠? '과거와 현재의 대비', '그리움' 등을 허용할 만한 근거가 없습니다.

③ 감각적 이미지를 통해 시적 대상의 운동감을 나타낸다.

선지 유형	근거가 있어서 허용 가능
실전에서의 판단 과정	감각적 이미지는 무조건 있고, 운동감도 여기저기 나타나네.
해설	일단 '감각적 이미지'는 무조건 맞는 선지로 처리하시면 된다고 했습니다. 최소한 '시각적 이미지' 하나는 있을 테니까요. 그렇다면 '운동감'만 찾으면 되겠죠? 무녀의 춤, 섬을 밀어 올리는 강, 떠쳐오는 산 등에서 '운동감'을 허용할 근거가 넘쳐나네요. 꽤 거시적인 선지였죠? 가볍게 답으로 골라 주시면 되겠습니다.

④ 대립적 시각을 바탕으로 긍정적 상황 인식을 드러낸다.

선지 유형	근거가 없어서 허용 불가능
실전에서의 판단 과정	대립적 시각이 어디 있냐.
해설	애초에 너무 미시적이라 따질 필요성을 느낄 수도 없는 선지입니다. '대립적 시각'을 허용할 만한

⑤ 역설적 표현을 통해 대상의 의미를 긴장감 있게 제시
한다.

선지 유형	근거가 없어서 허용 불가능
실전에서의 판단 과정	역설적 표현이 어딨냐.
해설	(가)의 '고와서 서러워라'라는 표현에서는 역설적 표현이 나타나지만, 그것이 '긴장감'을 제시하는 역할을 하고 있지는 않죠? 애초에 '긴장감'은 작품의 주제와 너무 무관하기도 하구요. 나아가 (나)와 (다)에서는 역설적 표현도 긴장감도 찾을 수 없습니다. 이렇게 미시적인 선지는 고민도 하지 않고 넘어가는 센스를 발휘해주세요.

선지	①	②	③	④	⑤
선택률	4%	56%	12%	16%	12%

136 〈보기〉를 참고하여 (가)를 이해한 내용으로 적절하지 않은 것은? [3점] ②

① 어두운 '밤'은 무녀를 비추는 다양한 빛의 양상을 효과
적으로 드러내고, 관객의 관심이 무녀에게 집중되게
한다.

빈 대(臺)에 황촉(黃燭)불이 말없이 녹는 밤에
오동잎 잎새마다 달이 지는데

선지 유형	근거가 있어서 허용 가능
실전에서의 판단 과정	밤이면 빛이 잘 보이겠지.
해설	'밤'이니까 다양한 빛의 양상을 효과적으로 드러낸다고 할 수 있겠고, 〈보기〉에서 그 빛은 무녀를 비춘다고 했으니 관객의 관심이 무녀에게 집중된다고 해도 딱히 틀린 것 없네요. 이 해석을 우리가 하는 건 너무나 어렵지만, 이걸 '허용'할 수 있다고 '평가'하는 건 할 수 있죠? 이 태도가 중요한 겁니다.

② '흐르는 빛'은 여러 빛들에 비추어진 무녀의 낯빛으로
서, 상승 이미지를 통해 환상적인 분위기를 조성한다.

두 볼에 흐르는 빛이
정작으로 고와서 서러워라.

선지 유형	근거가 있어서 허용 불가능
실전에서의 판단 과정	흐르는 거면 하강 이미지잖아.
해설	'흐르다'라는 어휘는 기본적으로 '하강'의 이미지를 가지고 있습니다. 따라서 '상승 이미지'를 활용한다는 것은 절대 허용할 수 없겠죠? 나아가 딱히 비현실적인 모습이 나타나지도 않기 때문에, '환상적인 분위기'를 조성한다는 것도 허용할 수 없겠습니다. 가볍게 답으로 골라주시면 됩니다.

③ 말없이 녹아내리는 '황촉불'과 기우는 '달'은 하강과 소
멸 이미지를 지니고 있어 유한한 인간 존재를 떠올리
게 한다.

빈 대(臺)에 황촉(黃燭)불이 말없이 녹는 밤에
오동잎 잎새마다 달이 지는데

선지 유형	근거가 있어서 허용 가능
실전에서의 판단 과정	하강과 소멸이면 유한하다고 할 수 있지.
해설	허용하려고 하면 근거를 잡을 수 있습니다. 녹아내리는' 것과 '지는' 성질은 각각 '하강'과 '소멸'의 이미지를 가지고 있다고 할 수 있겠습니다. 그렇다면 '하강'과 '소멸'을 근거로 '유한한 인간 존재'를 허용할 수 있는지가 핵심인데, '유한하다'라는 단어의 의미를 생각하면 어렵지 않게 허용이 되겠죠? 떨어지고 사라지는 건 한계가 명확한 것들이니까요. 나아가 이 작품의 주제가 '무녀'라는 '인간'의 '내면세계'에 주목하는 것임을 생각하면, 유한한 '인간'의 삶을 떠올리게 되는 것은 충분히 자연스럽겠습니다. 지문을 읽으면서 먼저 생각하기에는 거의 불가능에 가까운 내용입니다. 하지만 수능 문학은 여러분이 이 해석을 할 수 있는지가 아니라, 지문에 근거해서 해당 해석을 '평가'할 수 있는지를 묻습니다. 이 포인트를 잊지 않도록 합시다.

④ 6연의 천상의 '별빛'은 번뇌에서 벗어난 초탈의 세계를 환기하면서 승화의 의미로 이어지게 된다.

까만 눈동자 살포시 들어
먼 하늘 한 개 별빛에 모두오고

복사꽃 고운 뺨에 아롱질 듯 두 방울이야
세사에 시달려도 번뇌는 별빛이라.

선지 유형	근거가 있어서 허용 가능
실전에서의 판단 과정	뭐... 맞겠지. 2번 선지가 확실한 정답이니까.
해설	이번에도 꽤 어렵습니다. 이런 선지를 그냥 멋있다고 답으로 고르시면 안 돼요. 한 번 허용할 만한 근거를 잡아봅시다. 먼저 7연을 통해, 뺨에 두 방울이 흐르고 있다는 걸 체크할 수 있었습니다. 이는 앞서 나왔던 '서러움'이라는 반응과 엮으면 눈물이라고 유추할 수 있는데, 눈물 흘리며 세사에 시달리는 무녀에게 '번뇌'는 '별빛'의 모양으로 다가옵니다. 이렇게 '번뇌'에 빠져 있는 상태였던 무녀는 6연에서 이야기하듯이 먼 하늘에 있는 '별빛'을 바라보고 있습니다. 결핍이 있는 상황에서 무언가를 바라본다는 건, 그것을 '지향'하는 행위라고 할 수 있습니다. '번뇌'에 빠진 상태에서 지향하는 '별빛'이란, 당연히 속세에서의 '번뇌'를 극복할 수 있는 '초탈'(세속적인 것이나 일반적인 한계를 벗어남.)의 세계를 환기하겠죠. 이는 무녀의 '번뇌'를 '초탈'로 '승화'한다는 의미를 담고 있다는 이야기로 이어질 수 있겠습니다. 상당히 어려운 선지입니다. 어휘력도 충만해야 하고, 6연과 7연을 유기적으로 '독해'하는 능력도 필요했어요. 나아가 '결핍이 있는 상황에서 바라본다=지향한다'와 같은 문학적인 감각도 필요로 하고 있었네요. 실전에서 이렇게 어려운 선지의 판단이 힘들 것 같다면, 2번 선지를 믿고 넘어가셔도 됩니다. 우리의 목표는 45개의 정답을 고르는 것이니까요.

⑤ 7연의 '별빛'은 무녀의 눈과 연결되어 그녀가 지향하는 세계와 내면세계를 서로 이어 준다.

까만 눈동자 살포시 들어
먼 하늘 한 개 별빛에 모두오고

복사꽃 고운 뺨에 아롱질 듯 두 방울이야
세사에 시달려도 번뇌는 별빛이라.

선지 유형	근거가 있어서 허용 가능
실전에서의 판단 과정	뭐... 별빛 보고 있으니까 지향세계 맞겠지. 2번이 확실하니까 넘어가자.
해설	이 역시 완벽하게 지워내기는 어려운 선지입니다. 4번 선지와 마찬가지로, 2번 선지를 믿고 그냥 넘어가는 것이 실전적인 태도라고 할 수 있어요. 그렇다면 이번에도 '독해'하며 해결해볼까요? 7연의 2행을 보면, 세사에 시달려'도' 번뇌는 별빛이라고 했습니다. 세사에 시달린다는 건 '번뇌'하는 것과 같은 것이라 볼 수 있는데, 이렇게 하더라도 번뇌는 '별빛'이 될 뿐이라는 것이에요. 아무리 힘들고 지쳐도 춤을 추면서 '두 방울', 즉 눈물을 흘리면 '번뇌'를 '별빛'으로 바꿔낼 수 있다는 것이죠. 이는 '무녀의 눈'에 흐르는 눈물을 통해 이루어지는 것이므로, 이를 근거로 '무녀의 눈과 연결'이라는 해석을 허용할 수 있게 되는 겁니다. 그런데 4번 선지에서 확인했듯이, '별빛'은 무녀가 '지향하는 세계'이기도 합니다. 무녀가 '눈'을 통해 지향하는 것, 즉 무녀의 '내면세계'와 연결된 '별빛'과 그녀가 '지향하는 세계'인 '별빛'은 같은 대상으로 표현되어 있으니, 이를 근거로 하면 '이어 준다.'라는 해석도 허용할 수 있겠네요. 진짜 말도 안 되는 선지라고 생각합니다. 과연 학생 수준에서 해 내길 바란 것인지 의문이 드는 정도의 선지예요. 이 해설을 이해하고 스스로 설명할 수 있을 정도로 반복해서 공부해보도록 합시다. 현대시 독해 연습의 끝판왕격인 작품이니까요.

137 (가)의 '서러워라'와 (나)의 '설움'에 대한 설명으로 가장 적절한 것은? ⑤

– (가)와 (나)의 반응이었던 '서러움'에 대해 이야기하고 있네요. 하나하나 평가해봅시다.

① (가)의 설움은 역사적인 삶의 경험에서 비롯된 것이다.

선지 유형	근거가 없어서 허용 불가능
실전에서의 판단 과정	어떤 역사...?
해설	대충 무녀가 춤추는 거니까 '역사적'이라는 식으로 판단하면 안 됩니다. 무녀는 지금도 있는 것이에요. '역사적'이라는 말을 허용할 만한 근거를 도저히 찾을 수 없으니, 가볍게 지워주시면 됩니다.

② (나)의 설움은 자연물의 주술적 속성을 통해 구체적으로 표출된다.

선지 유형	근거가 없어서 허용 불가능
실전에서의 판단 과정	어떤 주술적 속성...?
해설	'주술'은 '불행이나 재해를 막으려고 주문을 외거나 술법을 부리는 일.'이라는 뜻을 가진 어휘입니다. 이런 부분을 허용할 만한 근거는 찾을 수가 없죠? 이번 지문은 어휘력도 정말 중요하게 작용했네요.

③ (가)와 (나)의 설움에는 부정적 현실에 대한 비판 의식이 담겨있다.

선지 유형	근거가 없어서 허용 불가능
실전에서의 판단 과정	주제가 그게 아니지.
해설	(가)는 '무녀'에게, (나)는 여러 자연에게 주목하고 있습니다. 이러한 주제를 고려할 때, '현실 비판'이라는 거창한 내용을 허용하는 건 어렵겠습니다.

④ (가)와 (나)의 설움은 외부 대상과는 무관하게 화자의 내면에서 생성되는 정서이다.

선지 유형	근거가 있어서 허용 불가능
실전에서의 판단 과정	외부 대상이랑 관련있잖아?
해설	(가)의 설움은 '무녀'에 의해, (나)의 설움은 '뻐꾸기'에 의해 형성된 것입니다. 이렇게 외부 대상과 관련되어 있다는 확실한 근거가 존재하니, '외부 대상과는 무관'이라는 해석을 허용할 수 없다고 평가해야겠네요. 여러분의 생각이 아니라, 지문에 적힌 그대로의 근거를 바탕으로 선지를 판단하셔야 합니다!

⑤ (가)는 밤을 지새우는 '귀또리'의 소리를 통해, (나)는 '철쭉꽃'의 색채를 통해 설움을 환기하며 시상을 마무리하고 있다.

이 밤사 귀또리도 지새는 삼경(三更)인데
얇은 사(紗) 하이얀 고깔은 고이 접어서 나빌레라.

봄 하룻날 그 눈물 다 슬리어서
지리산 하에서 울던 한 마리 뻐꾹새 울음이
이승의 서러운 맨 마지막 빛깔로 남아
이 세석(細石)* 철쭉꽃밭을 다 태우는 것을 보았다.

* 세석 : 지리산 정상 아래 부근의 지명.

선지 유형	근거가 있어서 허용 가능
실전에서의 판단 과정	귀또리랑 철쭉꽃으로 마무리하고 있네. 설움 환기는 주제니까 당연하고.
해설	역시 굉장히 어려운 선지입니다. 그리고 많은 것을 배울 수 있는 선지예요. 우리는 귀또리의 '소리'와 철쭉꽃의 '색채'를 통해 설움을 환기했다는 내용을 허용해야 하는데, 지문 그 어디에도 '소리'와 '색채'에 대한 내용이 없습니다. (나)에 나오는 '마지막 빛깔'은 철쭉꽃이 아니라 '뻐꾹새 울음'을 표현한 것이니까요. 그렇다면 근거가 없어서 허용할 수 없다고 해야 하는 게 아니냐고 할 수 있는데, 평가원은 이 선지를 과감하게 허용해버린 모습입니다.
	하지만 이 선지는 소리와 색채를 '통해' 설움을 환기한다고 했기에 맞는 선지라고 할 수 있습니다. 다시 말해, '소리'와 '색채' 자체가 나타나는 것은 아니지만 '귀또리'와 '철쭉꽃'의 속성들인 '소리'와 '색채'를 '바탕으로' 지문의 지배적 정서인 '설움'을 환기한다는 건 충분히 허용할 수 있다는 것이에요. '귀또리'라는 단어를 보면 귀뚜라미의 시끄러운 '소리'를, '철쭉꽃'이라는 단어를 보면 철쭉의 보랏빛 '색채'를 충분히 떠올릴 수 있으니까요. 시를 읽는다는 것은 결국 작품에 제시된 이미지를 떠올리는 것이라고 할 수 있는데, '귀또리'와 '철쭉

꽃'의 이미지에서 '소리'와 '색채'를 충분히 떠올릴 수 있으니 이를 통해 '설움'이라는 주제 의식을 환기한다는 것은 당연한 말이 되는 거예요.

굉장히 어려웠지만, 결국 '주제'와 직결되는 선지가 정답으로 제시된다는 점에 주목할 만합니다. 시험장에서 답을 고르기 힘들 때, 두 선지가 너무나 헷갈릴 때는 '주제와의 거리 따지기'라는 보조 무기를 적극 활용하도록 합시다.

선지	①	②	③	④	⑤
선택률	4%	66%	10%	15%	5%

138 (나)에 대한 설명으로 적절하지 <u>않은</u> 것은? ②

① 1연에는 화자가 깨달음에 도달하기까지 걸린 시간과 노력이 나타난다.

> 여러 산봉우리에 여러 마리의 뻐꾸기가
> 울음 울어
> 떼로 울음 울어
> 석 석 삼년도 봄을 더 넘겨서야
> 나는 길뜬* 설움에 맛이 들고
> 그것이 실상은 한 마리의 뻐꾹새임을
> 알아냈다.
>
> * 길뜬 : 길이 덜 든.

선지 유형	근거가 있어서 허용 가능
실전에서의 판단 과정	석석 삼년만에 알아내는 의지를 보였으니 시간과 노력이지.
해설	화자가 깨달음에 도달하기까지 '석석 삼년도 봄'을 더 넘겼다고 했으니 이를 근거로 '걸린 시간'이라는 말은 쉽게 허용이 되겠네요. 참고로 '석석 삼년도'는 27년(3의 세제곱)을 의미합니다. 또한 이렇게 오랜 시간 동안 뻐꾸기 울음 소리를 들으며 '깨달음'으로 나아간 것은, 화자의 자발적인 행동 및 생각의 결과라고 할 수 있습니다. 화자가 이렇게 '의지'를 가지고 무언가를 했으니, '노력'을 했다는 것 역시 허용할 수 있겠네요. 허용하려고 하면, 근거가 보입니다!

② 2연의 '실제의 뻐꾹새'는 '여러 마리의 뻐꾹새'와 상반되는 의미를 형성한다.

> 지리산 하
> 한 봉우리에 숨은 실제의 뻐꾹새가
> 한 울음을 토해 내면
> 뒷산 봉우리 받아넘기고
> 또 뒷산 봉우리 받아넘기고
> 그래서 여러 마리의 뻐꾹새로 울음 우는 것을
> 알았다.

선지 유형	근거가 있어서 허용 불가능
실전에서의 판단 과정	실제의 뻐꾹새가 사실은 여러 마리의 뻐꾹새라며? 같은 의미잖아.
해설	'지리산 하'에서 실제의 뻐꾹새가 울면 그게 결국 여러 마리의 뻐꾹새가 된다고 했습니다. 이렇게 둘은 '같은 의미'를 가진다는 근거가 있으니, '상반되는 의미'는 절대 허용할 수 없겠죠?

FAQ

Q '실제의 뻐꾹새'가 토해 내는 것은 '한 울음'인데, 이는 '한 개의 울음'이라고 볼 수 있을 겁니다. 그럼 이렇게 '한 마리'와 '여러 마리'로 대조된다는 '근거'가 있으니 허용할 수도 있는 것 아닌가요? '실제의 뻐꾹새'가 토해 낸 울음이 뒷산, 또 뒷산으로 넘어가면서 비로소 '여러 마리의 뻐꾹새'가 된 것이니까 어쨌든 두 대상이 다른 건 확실하잖아요.

A 선지에서는 두 시어가 상반되는 '의미'를 형성하는지 묻고 있습니다. 그 단어 자체가 아니라, 그 단어의 '의미'가 상반되는지를 묻고 있다는 것이죠. 지문의 문장 구조상 '실제의 뻐꾹새'가 토해 내는 울음과 '여러 마리의 뻐꾹새'가 토하는 울음은 같은 의미를 형성하고 있습니다. 그 의미가 무엇인지는 정확히 모르겠지만, '그래서'라는 접속사로 연결되고 있기도 하니까요. 심지어 1연에서도 '여러 마리의 뻐꾸기'가 실상은 '한 마리의 뻐꾹새'라고 했으니, 애초에 이 지문 전체적으로 '여러 마리=한 마리'라는 도식이 형성되어 있다고 보는 게 바람직할 것입니다.

특히 최근 문제들에서 더더욱, 이렇게 문학에서도 '선지에서 묻는 것'이 중요하게 작용하는 경우가 상당히 많아요. 단순히 두 시어가 '상반'되는 것인지가 아니라, '의미가 상반'되는지 묻고 있다는 걸 캐치했다면 쉽게 답으로 고를 수 있었을 것이에요.

③ 2연~4연의 첫 행들은 각 연의 시적 공간에 대해 주의를 환기하는 방식으로 시상 전개에 통일성을 부여한다.

> 지리산 하
>
>   (중략)
>
> 지리산 중
>
>   (중략)
>
> 섬진강 섬진강

선지 유형	근거가 있어서 허용 가능
실전에서의 판단 과정	시적 공간 제시하고 있고, 비슷하게 하니 통일성도 맞지.
해설	각 연마다 '지리산 하', '지리산 중', '섬진강'이라는 시적 공간을 환기하며 시작하고 있습니다. 이렇게 같은 방식으로 시작하고 있으니 이를 근거로 하면 '시상 전개에 통일성'이라는 말도 허용할 수 있겠죠?

④ 3연~4연에서 '산봉우리', '강', '남해', '섬'이 잇달아 연결되면서 변화와 생성의 세계를 보여 준다.

> 지리산 중
> 저 연연한 산봉우리들이 다 울고 나서
> 오래 남은 추스름 끝에
> 비로소 한 소리 없는 강이 열리는 것을 보았다.
>
> 섬진강 섬진강
> 그 힘센 물줄기가
> 하동 쪽 남해로 흘러들어
> 남해 군도의 여러 작은 섬을 밀어 올리는 것을 보았다.

선지 유형	근거가 있어서 허용 가능
실전에서의 판단 과정	연결되고 있고, 서로 다른 대상이니 변화와 생성을 허용할 수 있겠네.
해설	'산봉우리→강→남해→섬'이 이어지고 있다는 건 쉽게 허용할 수 있습니다. 이렇게 대상의 '변화'와 함께, 강이 열리는 모습, 섬을 밀어 올리는 모습 등을 통해 '생성'의 세계도 함께 보여 주고 있네요. 우리가 처음부터 이렇게 해석하는 것은 거의 불가능한 선지지만, 이 선지를 보고 역으로 근거로 찾아 '평가'하는 것은 할 만하네요. 이런 선지 판단 태도를 갖춰주셔야 합니다!

⑤ 3연~5연은 연의 끝 부분에 '보았다'를 반복적으로 사용하여 깨달음의 의미를 강조한다.

> 비로소 한 소리 없는 강이 열리는 것을 보았다.
>
>   (중략)
>
> 남해 군도의 여러 작은 섬을 밀어 올리는 것을 보았다.
>
>   (중략)
>
> 이 세석(細石)* 철쭉꽃밭을 다 태우는 것을 보았다.
>
> * 세석 : 지리산 정상 아래 부근의 지명.

선지 유형	근거가 있어서 허용 가능
실전에서의 판단 과정	보았다가 반복되면 깨달음의 의미 허용할 수 있지.
해설	'보았다'를 반복 사용한 것도 맞고, 무언가를 '보았다'고 하는 건 그것의 존재를 인식했음을 '깨달았다'는 해석의 근거로 사용하기에 충분해 보입니다.

선지	①	②	③	④	⑤
선택률	67%	14%	8%	3%	8%

139 [A]와 [B]를 비교한 내용으로 가장 적절한 것은? ①

– '비교한 내용'을 물어보지만, 사실 표현법만 눈으로 찾으면 되는 문제네요. 이런 유형은 훈련할수록 속도가 빨라져요!

① [A]와 달리, [B]는 직유를 통해 시각적 인상을 구체화한다.

선지 유형	근거가 있어서 허용 가능
실전에서의 판단 과정	[B]에만 있네.
해설	직유법은 '~처럼, ~한 듯, ~같은' 등을 사용한 비유법을 말합니다. [A]에는 없고, [B]에는 있죠? 자연을 시각적으로 묘사하고 있기도 하구요. '직유법'이라는 개념만 정확하게 알았다면 쉽게 답으로 고를 수 있겠죠.

② [B]와 달리, [A]는 음보율을 통해 정형적 운율미를 느끼게 한다.

선지 유형	근거가 있어서 허용 불가능
실전에서의 판단 과정	둘 다 운율미가 있는데?
해설	음보율은 내신에서 하듯이 3음보, 4음보 나눠서 생각할 필요 없고, 그냥 뭔가 규칙성이 있으면 허용해주면 됩니다. 둘 다 '~넘기고', '~한 듯' 등을 이용한 음보율이 있다고 할 수 있네요.

③ [A]와 [B] 모두 어순의 도치를 통해 의미를 강조한다.

선지 유형	근거가 없어서 허용 불가능
실전에서의 판단 과정	도치가 어딨어.
해설	어순의 도치는 둘 다 딱히 없네요. 한국어의 대표 어순은 '주어-목적어-서술어'인데, 도치란 '사랑한다 나는 그녀를.'처럼 이를 뒤집어 놓은 것을 말합니다.

④ [A]와 [B] 모두 반어적 표현을 통해 냉소적 태도를 드러낸다.

선지 유형	근거가 없어서 허용 불가능
실전에서의 판단 과정	도대체 어디서...?
해설	반어와 냉소 둘 다 없어요. 네... 진짜 없는 걸 어떡해요. 애초에 둘 다 대부분의 현대시에서 찾아보기 힘든 특이한 어조에 해당해요.

⑤ [A]와 [B] 모두 영탄적 표현을 통해 자연물에서 받은 감흥을 표출한다.

선지 유형	근거가 없어서 허용 불가능
실전에서의 판단 과정	[A]에는 영탄적 표현이 없는데?
해설	[A]에는 눈 씻고 찾아봐도 영탄적 표현이 없습니다. 다만 [B]의 '우러곰 좇니느뇨'는 영탄적 표현이라고 할 수 있습니다! '~느뇨'는 '의문형 종결 어미'거든요. 일종의 설의법으로 작용하는 영탄적 표현이라고 할 수 있습니다. 이런 기본적인 수사법 정도는 정확하게 알고 있어야 해요.

선지	①	②	③	④	⑤
선택률	5%	74%	7%	7%	7%

140 〈보기〉를 참고하여 (다)를 감상한 내용으로 적절하지 않은 것은? ②

– 앞의 엄청난 문제들을 푸느라 잠깐 까먹고 있던 (다)의 단독문제입니다. '자연 예찬'이라는 주제 생각하면서 가볍게 해결해봅시다.

① ⓐ의 '제월봉'이 '무변대야에 무슨 짐작'을 한다는 표현에는 높은 이상을 향한 작가의 의지가 자연물에 투영되어 있군.

> 무등산 한 활개 뫼가 동쪽으로 뻗어 있어
> 멀리 떼쳐 와 ⓐ제월봉(霽月峰)이 되었거늘
> 무변대야(無邊大野)*에 무슨 짐작 하노라
>
> * 무변대야 : 끝없이 넓은 들판.

선지 유형	근거가 있어서 허용 가능
실전에서의 판단 과정	끝없이 넓은 들판이면 높은 이상 허용되지.
해설	'무등산'이 '제월봉'이 되었다고 하면서, 이 '제월봉'이 '무변대야에 무슨 짐작'을 한다고 합니다. '무변대야'가 가진 뜻을 근거로 하면, '높은 이상'을 향한 작가의 의지를 충분히 허용할 수 있겠네요.

FAQ

Q '무변대야'에서 짐작을 하는 건 '제월봉'인데, 왜 '화자의 의지'가 허용되는 건가요?

A 모든 문학 작품은 기본적으로 '인간의 이야기'입니다. 특히 고전시가일수록 이런 경향이 강해요. 따라서 문학 작품 내에서 의인화된 다양한 대상들은 화자 자신을 의미하거나 화자의 정서 및 내면세계를 강조하기 위한 도구적 역할을 수행한다고 할 수 있어요. 이런 내용은 미리 알아두도록 합시다.

② ⓑ의 '늙은 용'이 '선잠을 갓 깨어'라는 표현에는 이상을 펼치기에 이미 늦었다고 여기는 작가의 조바심이 담겨 있어.

> 가운데 굽이는 구멍에 든 ⓑ늙은 용이
> 선잠을 갓 깨어 머리를 앉혔으니

선지 유형	근거가 없어서 허용 불가능
실전에서의 판단 과정	묘사만 하고 있는데 조바심이 어디 있어.
해설	해당 부분은 그저 '가운데 굽이'의 모습을 묘사하는 부분입니다. '조바심'이라는 엄청난 반응을 허용할 만한 근거를 도저히 찾을 수 없죠? 애초에 '조바심'은 '생명력과 의지'를 드러내고 있는 이 지문의 주제와 너무나 먼 내용이기도 하네요.

③ ⓒ의 '정자'가 '청학'처럼 '두 날개 벌렸는 듯'하다는 표현에서 면앙정이 비상(飛上)을 위한 심성 수양의 장소임을 알 수 있군.

> 너럭바위 위에 송죽을 헤치고 ⓒ정자를 앉혔으니
> 구름 탄 청학이 천 리를 가리라 두 날개 벌렸는 듯

선지 유형	근거가 있어서 허용 가능
실전에서의 판단 과정	날개를 벌렸으면 비상할 수 있겠지.
해설	면앙정 속 '정자'가 '날개'를 벌렸다고 표현하고 있습니다. 이를 근거로 하면 그곳에서 '비상'하고자 하는 화자의 의지를 너무나 쉽게 허용할 수 있겠죠.

④ ⓓ의 '물'이 '밤낮으로 흐르는' 모습을 통해 작가도 자신이 추구하는 바를 쉼 없이 행해야 함을 드러내고 있어.

> 옥천산 용천산 내린 ⓓ물이
>
> (중략)
>
> 닫는 듯 따르는 듯 밤낮으로 흐르는 듯

선지 유형	근거가 있어서 허용 가능
실전에서의 판단 과정	밤낮으로 흐른다는데 쉼 없이 행해야 함을 드러낸다고 할 수 있지.
해설	'실전에서의 판단 과정' 그대로죠? 밤낮으로 변함 없이 흐르는 모습을 근거로 하면, 추구하는 바를 쉼 없이 행하려는 화자의 의지가 드러난다는 것은 너무나 쉽게 허용할 수 있겠습니다.

⑤ ⓔ의 '추월산'을 비롯한 여러 산들이 '높은 듯 낮은 듯 궂는 듯 잇는 듯' 서 있다는 표현에서 조화와 합일을 추구하는 삶의 태도를 볼 수 있군.

> 높은 듯 낮은 듯 궂는 듯 잇는 듯
> 숨거니 뵈거니 가거니 머물거니
> 어지러운 가운데 이름난 양하여
> 하늘도 저어치 않고 우뚝이 섰는 것이 ⓔ추월산 머리 짓고
> 용구산 몽선산 불대산 어등산

선지 유형	근거가 있어서 허용 가능
실전에서의 판단 과정	여러 산들이 다양한 모습으로 있으니 조화와 합일 허용되네.
해설	'추월산'을 비롯해 용구산, 몽선산, 불대산, 어등산 등의 산이 나오는데, 이들은 높기도 하고 낮기도 하고 궂기도 하고 잇기도 합니다. 이게 무엇인지 정확히 몰라도, 서로 다른 모습으로 '함께' 있으니 '조화'와 '합일'이라는 말을 허용할 근거로 쓸 수 있다는 건 생각할 수 있겠네요.

현대시 독해 연습

> (가)
> 얇은 사(紗) 하이얀 고깔은
> 고이 접어서 나빌레라.
>
> 파르라니 깎은 머리
> 박사(薄紗) 고깔에 감추오고

'얇은 사 하이얀 고깔'을 접어서 날리고 있고, '파르라니 깎은 머리'는 '박사 고깔'에 감추고 있습니다. 도대체 무슨 말인지 알 수가 없습니다. '薄(엷을 박)', '紗(비단 사)'와 같은 한자를 미리 알고 있었다면 조금은 더 쉬웠겠지만 말이에요. 최소한 '파르라니 깎은 머리'를 감추고 있다는 것을 보니, 화자가 어떤 사람을 바라보고 있는 것 같다는 느낌은 받으셔야 합니다.

> 두 볼에 흐르는 빛이
> 정작으로 고와서 서러워라.

그 사람의 두 볼에는 '빛'이 흐르고 있다고 합니다. 정말로 빛이 반사되는 것일 수도 있지만, 뒤에 나오는 '서러워라'라는 반응과 연계해서 생각하면 '눈물'일 것이라고 추측할 수 있겠습니다. 화자가 관찰하는 사람이 눈물을 흘리고 있고, 화자는 그에 대해 '고와서 서러워라.'라는 역설적인 반응을 보이고 있네요.

> 빈 대(臺)에 황촉(黃燭)불이 말없이 녹는 밤에
> 오동잎 잎새마다 달이 지는데
>
> 소매는 길어서 하늘은 넓고
> 돌아설 듯 날아가며 사뿐히 접어 올린 외씨보선이여.

현재의 상황은 '황촉불'이 말없이 녹는 '밤'입니다. '달'도 지고 있구요. 화자는 이러한 상황에 긴 '소매'를 휘날리며 '외씨보선'을 접어 올린 채 눈물을 흘리는 누군가를 바라보고 있는 것입니다. 참고로 이때 '소매는 길어서 하늘은 넓고'라는 표현은 흩날리는 소매 위로 넓은 하늘이 보였다는 의미 정도로 이해할 수 있겠죠? 이렇게 일상 언어의 감각 그대로 읽어내는 겁니다.

> 까만 눈동자 살포시 들어
> 먼 하늘 한 개 별빛에 모두오고
>
> 복사꽃 고운 뺨에 아롱질 듯 두 방울이야
> 세사에 시달려도 번뇌는 별빛이라.

계속해서 누군가를 바라보고 있습니다. 그 사람은 눈동자를 들어 하늘의 '별빛'을 바라보고 있어요. 그리고 다시 한번 뺨에 두 방울의 '눈물'을 흘리고 있는데, 화자가 생각하기에 이는 '세사에 시달려도 번뇌는 별빛'인 모습이라고 합니다.

조금 더 자세하게 이해해봅시다. 현재 화자가 바라보는 누군가는 '눈물'을 흘릴 정도로 무언가 힘든 일이 있는 것 같습니다. (정확히는 화자가 그렇게 생각하는 것이겠죠.) 이런 상황에서 그 누군가는 하늘에 있는 '별빛'을 바라보고 있어요. 아마 그 '별빛'이 일종의 희망처럼 느껴져서 그런 것이겠죠? 즉, '세사'에 시달리며 '번뇌'에 빠지더라도 그것은 그저 '별빛'이라는 희망으로 치환될 수 있다는 이야기를 하고 싶은 것입니다.

사실 여기서의 누군가는 불교의 '무녀'인데, 이 맥락에 따르면 '세사에 시달려도 번뇌는 별빛이라.'라는 부분은 불교에서 말하는 '열반'의 경지를 표현한 것으로 볼 수 있습니다. '열반'의 경지는 '미혹과 집착을 끊고 일체의 속박에서 해탈한 경지'를 의미해요. 즉, '번뇌'를 바탕으로 '깨달음'에 이르는 과정을 그려낸 것이죠. 이러한 맥락을 알지 못한다면 읽어내기가 굉장히 힘든 부분이라고 할 수 있습니다. 최소한 '번뇌'를 극복하려는 누군가의 태도만 읽어낼 수 있으면 정말 훌륭해요.

> 휘어져 감기우고 다시 접어 뻗는 손이
> 깊은 마음 속 거룩한 합장인 양하고
>
> 이 밤사 귀또리도 지새는 삼경(三更)인데
> 얇은 사(紗) 하이얀 고깔은 고이 접어서 나빌레라.
>
> -조지훈, 「승무」-

다시 한번 화자가 바라보는 누군가의 모습을 묘사하고, 밤의 분위기를 드러내고 있습니다. 굉장히 어려운 작품인 만큼, 여기 제시된 해석의 70% 수준만 해내셔도 충분할 것 같습니다.

> (나)
> 여러 산봉우리에 여러 마리의 뻐꾸기가
> 울음 울어
> 떼로 울음 울어
> 석 석 삼년도 봄을 더 넘겨서야
> 나는 길뜬* 설움에 맛이 들고
> 그것이 실상은 한 마리의 뻐꾹새임을
> 알아냈다.
>
> * 길뜬 : 길이 덜 든.

'여러 마리의 뻐꾸기'가 울음 우는 상황입니다. 화자는 '석 석 삼년'(27년)이라는 오랜 시간이 지나서야 '설움'이라는 감정을 느끼고, '여러 마리의 뻐꾸기 울음'이 실상은 '한 마리의 뻐꾹새'임을 알아냈다고 해요. 일단 '여러 마리=한 마리'라는 재진술을 정확하게 인식할 수 있어야겠죠? 화자는 오랜 시간 동안 뻐꾸기 울음 소리를 들은 후에야 이러한 내용을 깨달은 것입니다.

> 지리산 하
> 한 봉우리에 숨은 실제의 뻐꾹새가
> 한 울음을 토해 내면
> 뒷산 봉우리 받아넘기고
> 또 뒷산 봉우리 받아넘기고
> 그래서 여러 마리의 뻐꾹새로 울음 우는 것을
> 알았다.

'지리산' 아래입니다. 이번엔 '실제의 뻐꾹새'가 토해 내는 '한 울음'이에요. 이것 역시 '여러 마리의 뻐꾹새'가 된다고 하네요. 계속해서 '여러 마리=한 마리'라는 도식을 깨달았음을 강조하고 있네요.

> 지리산 중
> 저 연연한 산봉우리들이 다 울고 나서
> 오래 남은 추스름 끝에
> 비로소 한 소리 없는 강이 열리는 것을 보았다.

계속해서 '지리산'입니다. 지리산의 산봉우리들이 다 울고 나서, (사실은 '뻐꾸기'가 운 것이겠죠?) 소리 없는 '강'이 열린다고 해요. '산'이 '강'으로 연결되는 모습이네요.

> 섬진강 섬진강
> 그 힘센 물줄기가
> 하동 쪽 남해로 흘러들어
> 남해 군도의 여러 작은 섬을 밀어 올리는 것을 보았다.

그 '강'은 '섬진강'이었습니다. 이번엔 '섬진강'의 물줄기가 '남해'로 흘러들었고, 이 '남해'의 여러 '섬'을 밀어 올리는 걸 봤다고 해요. '산→강→바다→섬'이 연결된 모습이네요.

> 봄 하룻날 그 눈물 다 슬리어서
> 지리산 하에서 울던 한 마리 뻐꾹새 울음이
> 이승의 서러운 맨 마지막 빛깔로 남아
> 이 세석(細石)* 철쭉꽃밭을 다 태우는 것을 보았다.
>   -송수권, 「지리산 뻐꾹새」-
>
> *세석 : 지리산 정상 아래 부근의 지명.

봄 하룻날의 눈물(화자의 '설움'일수도, 뻐꾹새의 울음일 수도 있겠죠.)도 다 흘리고, '뻐꾹새'의 울음이 '이승의 서러운 맨 마지막 빛깔'로 남아 '철쭉꽃밭'을 다 태웠다고 합니다. '뻐꾸기'의 울음이 '강'으로, '바다'로, '섬'으로 움직이면서 결국 '철쭉꽃밭'까지 영향을 주는 모습이네요.

정확히 이해하기는 어려워도, 결국 세상사 모든 것들이 연결되어 있다는 말을 하려는 것 같습니다. '여러 마리=한 마리'라는 것도 결국 모든 존재가 엮여 있다는 것이니까요.

몰랐던 어휘 정리하기

| 핵심 point |

① **허용 가능성 평가** : 선지의 내용을 '허용'하려는 태도를 바탕으로 지문을 '독해'하며 '근거'를 찾아야 합니다. 허용할 수 있는 '근거'가 있어야만 허용할 수 있습니다. 주관적인 생각을 개입시키면 안 됩니다.

② **현대시 독해** : 〈보기〉의 도움 등을 통해 '주제' 위주로, 그리고 일상 언어의 감각으로 읽어내면 됩니다. 현대시도 읽을 수 있는 하나의 글입니다.

③ **고전시가 독해** : 겁먹지 않고, 현대시를 읽듯이 읽어내면 됩니다. 현대시와 마찬가지로, 〈보기〉의 도움 등을 통해 '주제' 위주로 가볍게 읽어내면 되는 것이에요. 자세한 해석은 선지가 해줄 겁니다!

| 지문 내용 총정리 |

진짜 어떤 걸 정리해줘야 할지 모를 정도로 수없이 많은 걸 배운 지문이었습니다. 이 지문은 아마 2040학년도 수능(그때까지 수능이 있을지도 모르겠지만...) 대비 교재에도 들어갈 만큼 많은 걸 알려 주는 지문이에요. 모든 선지가 명쾌하게 뚫릴 때까지 완벽하게 복습해서 문학 실력을 확 올려보도록 합시다.

〈보기〉 독해

──────[보기]──────

　　김소월의 시에서 한(恨)은 서로 모순을 이루는 두 감정
이 갈등을 일으키고, 그 갈등이 끝내 풀리지 않을 때 생긴
다. 예컨대 한은 체념해야 할 상황에서도 미련을 버리지
못하거나, 자책과 상대에 대한 원망(怨望)이 충돌하여 이
렇게도 저렇게도 할 수 없을 때 맺힌다.

김소월의 시에 나타나는 '한'에 대한 설명입니다. 서로 모순을 이루는 두 감정이 갈등을 일으키고, 그 갈등이 끝내 풀리지 않을 때 생긴다는 정의를 확실하게 인지하는 게 중요하겠죠? 이 정의는 〈보기〉 문제를 해결하는 과정에서 사용하면 될 것 같고, 일단 이 지문 속 화자의 내면세계가 '한'이라는 것만 확실하게 챙겨갑시다.

실전적 지문 독해

접동
접동
아우래비 접동

진두강 가람 가에 살던 누나는
진두강 앞마을에
와서 웁니다.

옛날, 우리나라
먼 뒤쪽의
진두강 가람 가에 살던 누나는　　　　　　[A]
의붓어미 시샘에 죽었습니다

누나라고 불러 보랴
오오 불설워
시새움에 몸이 죽은 우리 누나는
죽어서 접동새가 되었습니다

아홉이나 남아 되던 오랩동생을
죽어서도 못 잊어 차마 못 잊어
야삼경(夜三更) 남 다 자는 밤이 깊으면
이 산 저 산 옮아가며 슬피 웁니다.

　　　　　　　　　　　　　　－김소월, 「접동새」－

의붓어미 시샘에 죽은 누나가 '접동새'가 되어 이 산 저 산 옮아가며 슬프게 운다는 내용입니다. '접동새'가 된 누나가 가지고 있는 '한'이라는 내면세계를 화자 역시 가지고 있다고 할 수 있겠죠? 이렇게 주제만 정확하게 인식한 상태로 문제를 풀어봅시다.

선지	①	②	③	④	⑤
선택률	3%	89%	2%	2%	4%

141 윗글에 나타난 표현상의 특징으로 적절하지 않은 것은?
　　　　　　　　　　　　　　　　　　　　　②

① 애상적 어조를 통해 비극적 분위기를 드러내고 있다.

선지 유형	근거가 있어서 허용 가능
실전에서의 판단 과정	주제네.
해설	누나의 죽음을 애상적인 어조로 표현하고, 이를 바탕으로 드러내는 비극적 분위기. 이 지문의 주제 그 자체네요.

② 명령형의 문장을 사용하여 주제 의식을 부각하고 있다.

선지 유형	근거가 없어서 허용 불가능
실전에서의 판단 과정	명령형이 없는데?
해설	'명령형의 문장'이 나타나지 않습니다. 애초에 지문의 주제를 고려할 때, 뜬금없이 명령하는 것은 이상하다는 생각도 들죠? 이런 생각을 하지 않아도 '명령형'은 어미 부분만 체크하면 확인할 수 있기 때문에, 쉽게 답으로 고를 수 있을 것 같습니다.

③ 구체적 지명을 활용하여 향토적 정서를 환기하고 있다.

선지 유형	근거가 있어서 허용 가능
실전에서의 판단 과정	진두강 가람 가!
해설	'진두강 가람 가'라는 구체적 지명을 활용하고 있고, 이곳은 누나가 살던 곳이라는 점에서 '향토적'(고향이나 시골의 느낌) 정서가 환기된다고 할 수 있겠습니다.

④ 행의 길이에 변화를 주어 리듬의 완급을 조절하고 있다.

선지 유형	근거가 있어서 허용 가능
실전에서의 판단 과정	그러네.

해설	행의 길이가 거의 일정하지 않습니다. 이는 시를 읽을 때의 리듬의 완급이 조절되는 효과를 낳는다고 할 수 있겠죠.

⑤ 동일한 시구를 반복하여 두 연을 유기적으로 결합하고 있다.

선지 유형	근거가 있어서 허용 가능
실전에서의 판단 과정	진두강 가람 가에 살던 누나는!
해설	'진두강 가람 가에 살던 누나는'이라는 '동일한' 시구를 반복하고 있고, 이를 통해 2연과 3연을 유기적으로 결합하고 있습니다. 동일한 시구가 반복되었다는 것을 근거로 하면, '유기적 결합'은 당연하게 허용할 수 있겠죠?

선지	①	②	③	④	⑤
선택률	3%	91%	2%	3%	1%

142 [A]에 대한 이해로 적절하지 <u>않은</u> 것은? ②

– [A]는 의붓어미 시샘에 죽은 누나의 이야기가 소개되는 부분입니다. 이를 바탕으로 문제를 풀어봅시다.

① 2연에서 '누나'의 울음은 '누나'의 이야기를 떠오르게 한다

선지 유형	근거가 있어서 허용 가능
실전에서의 판단 과정	뭐 당연하지.
해설	2연에서 우는 '누나'를 인식한 화자는 3연에서 '누나'의 이야기를 하고 있습니다. 이는 '접동새'가 된 '누나'의 울음이 화자에게 '누나'의 이야기를 떠오르게 한 것이라고 할 수 있겠네요.

② <u>2연에서 3연으로 전개되면서 '누나'에 대한 화자의 태도가 부정적으로 변화하고 있다.</u>

선지 유형	근거가 없어서 허용 불가능
실전에서의 판단 과정	누나한테 왜 부정적이야.
해설	이 지문은 처음부터 끝까지 '누나'가 가지고 있을 '한'에 대한 안타까움을 드러내는 작품입니다. 이러한 화자의 내면세계, 즉 주제를 고려할 때 절대로 허용할 수 없겠네요.

③ 3연에서는 2연의 '누나'와 관련된 사연이 제시되고 있다.

선지 유형	근거가 있어서 허용 가능
실전에서의 판단 과정	그렇지.
해설	3연에서는 의붓어미 시샘에 죽었다는 '누나'의 사연이 제시되고 있습니다. 이는 2연에서 울고 있는 '접동새'가 된 '누나'와 관련된 것이죠?

④ 4연에서는 '누나'에 대한 화자의 정서가 직설적으로 제시되고 있다.

선지 유형	근거가 있어서 허용 가능
실전에서의 판단 과정	오오 불설워
해설	'오오 불설워'라는 표현으로 화자의 정서를 직설적으로 드러내고 있네요. 참고로 '불설워'는 '몹시 서러워'의 방언인데, 이를 정확히 모르더라도 화자의 내면세계와 '오오'라는 감탄사를 고려했을 때 무언가 서러운 감정을 직설적으로 드러낸 것이라는 생각을 할 수 있어야 합니다.

⑤ 4연에서는 '우리'라는 시어를 통해 화자와 '누나'의 관계가 강조되고 있다.

선지 유형	근거가 있어서 허용 가능
실전에서의 판단 과정	우리면 관계가 강조되지.
해설	'우리'라는 시어는 '누나'가 화자의 친누나임을 강조하는 표현이라고 할 수 있겠습니다.

선지	①	②	③	④	⑤
선택률	69%	12%	6%	4%	9%

143 〈보기〉를 참고하여 윗글을 감상한 내용으로 가장 적절한 것은? [3점] ①

① <u>'차마' 못 잊는다는 것으로 보아, '누나'의 한은 죽어서도 동생들에 대한 미련을 끊어내지 못하여 생긴 것 같아.</u>

선지 유형	근거가 있어서 허용 가능
실전에서의 판단 과정	잊어야 하는데 미련을 가지고 있네.
해설	〈보기〉에 의하면, 김소월의 시에서 '한'은 서로 '모순'을 이루는 두 감정이 갈등을 일으키고 그 갈등이 끝내 풀리지 않을 때 생기는 것입니다. '누나'

는 죽은 상태이기 때문에, 동생들에 대한 미련을 끊어내고 체념해야 하는 상황입니다. 그런데 체념하지 못하고 이와 '모순'을 이루는 감정인 '미련'을 가지고 있으며, 이로 인한 갈등이 해소되지 않았다는 점에서 '누나'의 '한'은 죽어서도 동생들에 대한 미련을 끊어내지 못하여 생긴 것이라고 할 수 있겠네요. 〈보기〉의 정확한 독해를 요구하는 문제였습니다.

② '시샘'이 '시새움'으로 변주되고 있는 것으로 보아, '누나'의 한은 의붓어미와의 갈등이 깊어지고 있을 때 맺힌 것 같아.

선지 유형	근거가 있어서 허용 불가능
실전에서의 판단 과정	한은 모순을 이루는 감정이 갈등을 이룰 때 생긴다고 했잖아.
해설	선지 자체만 보면 어느 정도 허용할 여지가 있지만, 〈보기〉를 참고한 감상이 아니기 때문에 허용하기 어렵습니다. 〈보기〉에 의하면 '누나'의 '한'은 서로 '모순'을 이루는 감정이 갈등을 일으킬 때 발생하는 것입니다. 그런데 의붓어미와 갈등이 깊어지는 것은 '모순'을 이루는 감정이 갈등을 일으키는 상황이 아니므로 허용하기 어렵습니다. 문학도 결국 국어영역의 일부이니, 정확한 독해가 핵심이라는 것, 절대 잊지 마세요!

③ '이 산 저 산' 떠도는 새의 모습으로 보아, '누나'의 한은 모든 희망을 버리고 방황하며 체념하고 있을 때 맺힌 것 같아.

④ '야삼경'에도 잠들지 못하는 것으로 보아, '누나'의 한은 자신의 심정이 어떤 상태인지 파악하지 못하여 생긴 것 같아.

⑤ '오랩동생'과 이별하는 심경이 표현된 것으로 보아, '누나'의 한은 홀로 가족을 떠나는 행위를 자책하고 있을 때 맺힌 것 같아.

선지 유형	근거가 있어서 허용 불가능
실전에서의 판단 과정	한은 모순을 이루는 감정이 갈등을 이룰 때 생긴다고 했잖아.
해설	모두 2번 선지와 같은 논리로 지워낼 수 있는 선지죠? 〈보기〉를 정확하게 독해하는 것 역시 중요한 포인트라는 것을 잊지 마세요.

현대시 독해 연습

> 접동
> 접동
> 아우래비 접동
>
> 진두강 가람 가에 살던 누나는
> 진두강 앞마을에
> 와서 웁니다.

'접동 접동'하는 '접동새'의 울음 소리로 시작하고 있습니다. 그런데 '진두강 가람 가'에 살던 누나가 '진두강 앞마을'에 와서 울고 있다고 해요. 맥락을 고려하면, 이때 운다는 것은 눈물을 흘린다는 의미보다는 누나가 '접동새'의 울음 소리를 낸다는 것으로 이해할 수 있습니다. 누나는 왜 '접동새'처럼 우는 것일까요?

> 옛날, 우리나라
> 먼 뒤쪽의
> 진두강 가람 가에 살던 누나는
> 의붓어미 시샘에 죽었습니다

사실 누나는 옛날에 '진두강 가람 가'에 살고 있었는데, 의붓어미의 시샘에 의해 죽었다고 합니다. 누나는 죽은 뒤에 자신이 살던 '진두강 가람 가'로 와서 '접동새'의 울음 소리를 내고 있는 것이네요.

> 누나라고 불러 보랴
> 오오 불설워
> 시새움에 몸이 죽은 우리 누나는
> 죽어서 접동새가 되었습니다

'접동새'처럼 울고 있는 누나는 화자에게 '누나라고 불러 보'라는 메시지를 던지는 듯합니다. '불설워'는 '몹시 서러워' 정도의 뜻을 가진 방언인데, 몹시 서러워하며 시새움에 몸이 죽은 누나는 죽어서 '접동새'가 된 것입니다. 단순히 '접동새'처럼 우는 것이 아니라, 아예 '접동새'가 된 것이죠.

아홉이나 남아 되던 오랩동생을
죽어서도 못 잊어 차마 못 잊어
야삼경(夜三更) 남 다 자는 밤이 깊으면
이 산 저 산 옮아가며 슬피 웁니다.

-김소월, 「접동새」-

누나가 이렇게 서럽게 우는 것은 남동생이 아홉이나 남아 있기 때문이었어요. 이들을 죽어서도 잊지 못한 누나는 '야삼경 남 다 자는 밤'이 깊으면 '이 산 저 산' 옮아가면서까지 슬피 운다고 합니다. 누나의 서러운 심정과 그에 대한 안타까움이 잘 느껴지는 작품이네요.

몰랐던 어휘 정리하기

| 핵심 point |

① **허용 가능성 평가** : 선지의 내용을 '허용'하려는 태도를 바탕으로 지문을 '독해'하며 '근거'를 찾아야 합니다. 허용할 수 있는 '근거'가 있어야만 허용할 수 있습니다. 주관적인 생각을 개입시키면 안 됩니다.

② **현대시 독해** : 〈보기〉의 도움 등을 통해 '주제' 위주로, 그리고 일상 언어의 감각으로 읽어내면 됩니다. 현대시도 읽을 수 있는 하나의 글입니다.

| 지문 내용 총정리 |

주제 의식도 명확하고 선지도 그리 어렵지 않았던 지문이었습니다. 다만 〈보기〉 독해의 중요성을 다시 한번 상기시키는 지문이기도 했죠? 문제가 어려워지면 발목을 잡을 수 있는 부분이니, 확실하게 정리하도록 합시다.

DAY 13 [144~147]
2015.06B [39~42] 고전소설 '임경업전' ☆☆

〈보기〉 확인

[보기]

조선 후기 사대부 심노숭의 문집 『효전산고』를 보면, 종로의 담배 가게에서 「임경업전」을 낭독하는데, 김자점이 장군에게 죄를 씌워 죽이는 데 이르자 분노한 어떤 이가 "네가 자점이더냐?"라고 외치며 벌떡 일어나 낭독자를 해쳤다고 한다. 여기서 보듯 실감나는 낭독은 청중에게 작중 인물이 직접 말하는 것 같은 극적 환상을 일으킨다. 인물의 심리가 즉각 전달되고 사건은 보다 생생해져서, 청중은 낭독자의 안내에 따라 작품을 수용하고 현실에 대한 문제의식을 키우게 된다. 이 사건은 청에 대한 적대감, 임경업에 대한 흠모 의식에 바탕을 둔 「임경업전」에 청중이 얼마나 몰입했는지 보여 준다.

실감나는 낭독이 청중에게 극적 환상을 일으킨다는 내용과 함께, '청에 대한 적대감', '임경업에 대한 흠모 의식'이라는 작품의 주제 의식이 드러나고 있습니다. 청에 대항하는 '임경업'이라는 영웅에 대한 내용이겠죠? 전형적인 영웅소설의 클리셰를 생각하면서 읽어보도록 합시다.

지문 독해

호왕 이 대로하여
"네 목숨이 내게 달렸거늘 끝까지 굴하지 아니하느냐? 네가 항복하면 왕을 봉하리라."
경업 이 왈
"병자년에 우리 주상께서 종사를 위하여 네게 항복하여 계시거니와, 내 어찌 목숨을 위하여 네게 항복하리오."
호왕이 대로하여 무사를 명하여
"내어 베어라."
하니, 경업이 크게 꾸짖어 왈
"내 목숨은 하늘에 있거니와, 네 머리는 열 걸음 안에 있느니라."
하고 안색을 불변하여 무사를 보며
"바삐 죽이라."
하니, 호왕이 경업의 강직함을 보고 탄복하며 맨 것을 풀고 손을 이끌어 올려 앉히고,
"장군이 내게는 역신(逆臣)이나 조선에는 충신이라.

> 내 어찌 충절을 해하리오. 장군의 소원대로 하리라. 즉시 세자와 대군을 놓아 보내라."

'호왕'이 크게 화가 난 채로 '경업'에게 항복하라고 하고 있습니다. 그런데 '경업'은 굴하지 않고 그냥 죽이라는 이야기를 하고 있네요. 계속되는 겁박에도 끄덕없는 '경업'의 강직함을 보고, '호왕'은 탄복하며 '경업'을 풀어줍니다. '호왕'의 대사를 보니, '경업'은 '세자'와 '대군'을 풀어달라는 소원을 빌었나 보네요. 충성스러운 '경업'과 그에 감탄하는 '호왕'의 모습을 상상하며 읽어주시면 됩니다.

> 이때 세자와 대군이 별궁에 계셔 임 장군을 주야로 기다리시더니, 문 지키는 관원이 들어와 고하되
> "임 장군이 천자께 청하여 세자와 대군을 놓았다."
> 하거늘, 세자와 대군이 기꺼워하사 궁문 밖에 나와 기다리시더니, 경업이 나아와 울며 절하니, 세자와 대군이 경업의 손을 잡고 함께 들어가 호왕을 보더라.
> 호왕이
> "경들을 임경업이 생사를 돌아보지 않고 구하여 돌아가려 하기로, 내 경업의 충절에 감동하여 경들을 보내나니, 각각 소원을 말하면 내가 정을 표하리라."
> 하거늘, 세자는 금은을 구하고, 대군은 조선에서 잡혀 온 인물을 청하여 어서 돌아가기를 원하니, 호왕이
> "각각 소원대로 하라."
> 하고 대군을 기특히 여기더라.
>
> (중략)
>
> 세자와 대군이 급히 궐내에 들어가 대전께 뵈온데, 주상이 반기사 왈
> "너희는 무사히 돌아왔거니와, 경업은 언제나 오리오."
> 하시고 탄식하시며 또 가라사대
> "세자는 무슨 탐욕으로 금은을 구하여 오느냐?"
> 하시고 벼루로 내리쳐 치시고 둘째 대군으로 세자를 봉하시니, 이때는 을유년이러라.

'별궁'에 있던 '세자'와 '대군'도 이 소식을 듣고, '경업'을 만나 기뻐합니다. '호왕'은 '경업'의 충절에 감동하여 '세자'와 '대군'을 풀어준다고 말하며, 이들에게 각각 소원을 말하라고 합니다. '세자'는 금은을, '대군'은 조선에서 잡혀 온 인물이 돌아가는 것을 소원으로 말하는데, '호왕'은 둘 다 들어주겠다고 하며 '대군'을 기특히 여기는 모습입니다. 왜 그런지는 당연하게 납득할 수 있겠죠?

이런 상황에서도 돈 욕심을 부리는 '세자'보다는 사람을 이야기하는 '대군'이 당연히 훨씬 기특할 것입니다.

이는 '주상' 역시 마찬가지인가 봅니다. 철없는 '세자'를 벼루로 내리쳐 치고, 둘째 '대군'으로 세자를 봉하는 모습이에요. 나아가 '주상'이 탄식하면서 애타게 기다릴 정도로 '경업'이 신뢰받고 있다는 것도 생각할 수 있겠습니다.

> 이때에 호왕의 딸 숙모공주가 있으니 천하절색이라. 부마를 구하더니, 호왕이 경업을 유의하여 공주더러 이르니, 공주가 관상 보기를 잘하여 경업의 관상 보기를 청하거늘, 경업이 부마에 뽑힐까 두려워하여 신발 속에 솜을 넣어 키를 세 치를 돋우고 들어갔더니, 공주가 엿보고 왈
> "들어오는 걸음은 사자 모양이요 나가는 걸음은 범의 형용이니 짐짓 영웅이로되, 다만 키가 세 치 더한 것이 애닯다."
> 하거늘, 호왕이 마음에 서운하나 그와 방불한 자가 없는지라. 이에 장군더러 왈
> "장군이 부마가 되어 부귀를 누림이 어떠하뇨?"
> 장군이 사례하기를,
> "어찌 이런 말씀을 하십니까. 지극히 황공하며 하물며 조강지처가 있사오니, 존명을 받들지 못하리이다."
> 호왕이 재삼 권유하되 경업이 죽기로써 좇지 아니하니, 호왕이 안타까워하더라.
> 경업이 돌아감을 청하니, 호왕이 미루고 허락하지 아니하거늘 여러 신하들이 아뢰기를,
> "절개 높고 충심이 깊은 사람을 두어 무익하고, 보내어도 해로움이 없사오니, 의로써 보내면 조선이 또한 의로써 섬길 것이니 보냄이 마땅하니이다."
> 호왕이 그 말을 따라 큰 잔치를 벌여 대접하고 예물을 갖추어 보낼새, 의주까지 호송하니라.

한편, 아직 돌아오지 못한 '경업'은 '호왕'과 함께 있습니다. '호왕'은 자신의 딸 '숙모공주'와 '경업'을 결혼시키고자 하는데, '경업'은 신발에 솜을 넣어 키를 키우면서까지 이를 피하려고 합니다. '경업'의 강직한 성격을 고려하면 당연한 일이라고 할 수 있겠죠?

하지만 '호왕'은 '경업'을 포기할 수가 없고, 이에 직접적으로 부마를 권합니다. 계속되는 '호왕'의 권유에도 '경업'은 그저 돌아감을 청할 뿐이에요. 여기에 신하들 역시 충신을 잡아둬봐야 쓸모가 없고 돌아가게 하면 조선이 더 잘할 것이니 그냥 돌려보내자는 이야기를 하고, '호왕'은 결국 '경업'을 돌려보내기로 합니다.

전형적인 영웅의 성격을 가진 '경업'에게 '호왕'이 조력자 역할을 하는 셈이죠?

이때 김자점의 위세가 조정에 진동하는지라. 경업이 돌아오는 패문이 왔거늘, 자점이 헤오되, '경업이 돌아오면 나의 계교를 이루지 못하리라.' 하고 상께 아뢰기를,

"경업은 반역 죄인이라, 황명을 거역하고 도망하여 남경에 들어가 우리 조선을 치고자 하다가, 하늘이 무심치 아니하사 북경에 잡힌 바 되어 계교를 이루지 못하매, 하는 수 없어 세자와 대군을 청하여 보내고 뒤쫓아 나오니, 어찌 이런 대역 죄인을 그저 두겠나이까!"

상이 크게 놀라 왈

"무슨 연고로 만고 충신을 해하려 하는가? 경업이 비록 과인을 해롭게 하여도 아무도 그를 해치지 못하리라."

하시고, 자점을 엄히 꾸중하사

"나가라!"

이때 '김자점'이라는 사람의 위세가 대단한 상황입니다. '경업'이 돌아오면 자신의 자리가 위태해질 것이라고 생각한 '자점'은 '주상'에게 '경업'을 모함합니다. 하지만 '경업'에 대한 신뢰가 단단한 '주상'은 깜짝 놀라며 '자점'을 엄히 꾸중할 뿐이죠. '경업'이라는 영웅에게 이번엔 '주상'이 조력자 역할을 하는 모습이네요.

하시니, 자점이 나와 그 무리와 의논하여 왈

"경업이 의주에 오거든 역적으로 잡아 오라."

하더라.

이때 경업이 데려갔던 격군과 호국 사신을 데리고 의주에 이르니, 사자(使者)가 와 이르되,

"장군이 반역했다 하여 역률(逆律)로 잡아 오라 합니다."

하고 칼을 씌우며 재촉하니, 의주 백성들이 울며,

"우리 장군이 만리타국에서 이제야 돌아오거늘, 무슨 연고로 잡혀가는고?"

하거늘, 경업 왈

"모든 백성은 나의 형상을 보고 조금도 놀라지 말라. 나는 죄 없이 잡혀가노라."

하니 남녀노소 없이 무슨 연고인 줄 모르고 슬퍼하더라.

-작자 미상, 「임경업전」-

하지만 '자점'의 위세는 장난이 아닌가 봅니다. 왕명을 무시하고 '경업'이 '의주'에 도착하면 일단 잡아 오라는 이야기를 하고 있어요. 이에 '사자'는 '경업'을 잡아 오는데, 의주 백성들은 무슨 연고로 잡혀가냐며 울고 있어요. '경업'은 '주상'뿐 아니라 백성들에게까지도 두터운 신망을 얻고 있었던 것이네요. '경업'은 그 강직한 성격대로 걱정하지 말라며 소리치지만, 남녀노소 모두 슬퍼할 정도로 '경업'이 잡혀가는 장면은 충격적이었나 봅니다.

선지	①	②	③	④	⑤
선택률	5%	4%	11%	73%	7%

144 윗글에 대한 이해로 적절하지 않은 것은? ④

① 대군은 호왕의 배려에 따라 소원을 말하였다.

선지 유형	근거가 있어서 허용 가능
실전에서의 판단 과정	조선에서 잡혀 온 인물을 청했지.
해설	'호왕'은 '세자'와 '대군'에게 소원을 들어주겠다는 배려를 했고, 이에 '대군'은 조선에서 잡혀 온 인물을 함께 데려가 달라는 소원을 말했습니다. 이를 '호왕'이 기특해하는 모습에도 공감했었죠?

② 호왕은 적국의 임금인데도 강직한 임경업을 살려 보냈다.

선지 유형	근거가 있어서 허용 가능
실전에서의 판단 과정	그랬지.
해설	이 지문의 주요 내용 중 하나입니다. '호왕'은 강직한 '경업'의 성격에 탄복하며 '경업'을 살렸을 뿐 아니라 큰 잔치를 벌이면서 돌려 보냈어요.

③ 호국 신하들은 임경업을 귀국시켜도 호국에 무해하다고 아뢰었다.

선지 유형	근거가 있어서 허용 가능
실전에서의 판단 과정	그랬지.
해설	'호왕'의 '호국 신하들'은 '경업'과 같은 충신은 잡아 두어봤자 무익하고, 보내어도 해로움이 없으니 돌려 보내는 게 낫다는 말을 했습니다. 이에 '호왕'이 '경업'을 돌려 보낸 것이었죠?

④ 김자점은 세자와 대군을 귀국시키려는 임경업의 소원을 방해하였다.

선지 유형	근거가 없어서 허용 불가능
실전에서의 판단 과정	세자와 대군은 이미 귀국했는데?
해설	'자점'은 '경업'이 복귀한다는 소식에 '경업'을 역적으로 몰아 잡아 오라고 했을 뿐, '세자'와 '대군'을 귀국시키려는 '경업'의 소원을 방해하지는 않았습니다. 애초에 '세자'와 '대군'은 잘 도착해서 '주상'과 만나기까지 했어요.

⑤ 주상은 세자와 대군은 돌아오고 임경업은 함께 오지 못했음을 안타까워했다.

선지 유형	근거가 있어서 허용 가능
실전에서의 판단 과정	그만큼 신뢰했지.
해설	'주상'이 '세자'와 '대군'이 돌아왔음에도 '경업'이 함께 오지 못했음을 안타까워하는 장면을 보면서, '경업'에 대한 '주상'의 신뢰가 굉장히 두텁다는 생각을 했습니다. 이렇게 인물들의 내면세계 위주로 읽어냈다면 어렵지 않게 지워낼 수 있는 선지들밖에 없어요.

선지	①	②	③	④	⑤
선택률	9%	3%	5%	6%	77%

145 '임경업 부마 삼기' 사건에 대한 설명으로 가장 적절한 것은? ⑤

- '경업'이 마음에 든 '호왕'이 '경업'을 부마로 삼으려고 했으나, 강직한 '경업'이 끝까지 거절했던 사건에 대해 묻고 있습니다. 가볍게 해결해보도록 합시다.

① 이 사건이 성사되지 않음으로써 조선에서 호왕의 나라로 공간적 배경이 전환될 수 있는 계기가 무산된다.

선지 유형	근거가 있어서 허용 불가능
실전에서의 판단 과정	호왕의 나라로 공간적 배경 전환되었는데?
해설	(중략) 이후 내용을 보면, 조선에서 '주상'을 만난 '세자'와 '대군'의 이야기가 펼쳐지다가 '호왕'의 나라로 공간적 배경이 전환되어 '임경업 부마 삼기' 사건이 시작되었음을 알 수 있습니다. '호왕'의 나라가 공간적 배경이었다는 명백한 근거가 있으니 절대 허용할 수 없겠네요.

② 이 사건의 주요 과정인 관상 보기에 대해 공주가 수동적 태도로 일관함으로써 공주의 내적 갈등이 심화된다.

선지 유형	근거가 있어서 허용 불가능
실전에서의 판단 과정	공주는 적극적이었지.
해설	'공주'는 관상 보기에 적극적 태도로 임했습니다. 키가 약간 더 큰 것이 아깝다는 식으로 말하며 자신의 내적 갈등을 살짝 드러내기는 했지만요. '공주'가 직접 관상 보기를 청할 정도로 적극적이었다는 근거가 있으니 허용하기 어렵겠습니다.

③ 이 사건의 당사자인 임경업이 천하절색이라는 공주의 외모에 관심을 둠으로써 그가 세속적 인물임이 드러난다.

선지 유형	근거가 없어서 허용 불가능
실전에서의 판단 과정	경업은 공주한테 전혀 관심없었지.
해설	'경업'이 '공주'의 외모에 관심을 둔 적도 없을 뿐 아니라, '경업'의 강직한 성격을 고려할 때 절대 허용할 수 없는 선지겠죠?

④ 이 사건의 당사자인 공주가 임경업의 비범함을 인정했지만 혼사는 여전히 호왕이 주도하면서 왕실 내부의 갈등이 심화된다.

선지 유형	근거가 없어서 허용 불가능
실전에서의 판단 과정	뭔 헛소리야.
해설	'공주'가 '경업'의 비범함을 인정한 것도 맞고, 혼사를 '호왕'이 주도한 것도 맞습니다. 하지만 왕실 내부의 갈등이 심화되는 모습은 나타나지 않죠? '공주'가 '호왕'의 결정에 대해 반감을 가지거나 하는 모습이 전혀 나타나지 않았기 때문에 허용하기 어렵겠습니다.

⑤ 이 사건은 임경업의 소원을 들어준 앞의 사건과 마찬가지로 임경업에 대한 호왕의 호감에서 비롯됨으로써 사건 전개의 연속성을 강화한다.

선지 유형	근거가 있어서 허용 가능
실전에서의 판단 과정	둘 다 호왕의 호감에서 비롯된 거 맞지.

해설	'임경업 부마 삼기' 사건 이전에, '호왕'은 '세자'와 '대군'을 놓아달라는 '경업'의 소원을 들어줍니다. 이러한 행동을 한 이유는 '경업'의 강직함에 탄복했기 때문이었죠? 그리고 '호왕'이 가지고 있는 '경업'에 대한 호감은 '경업'을 부마로 삼고자 하는 욕구로 이어집니다. 이렇게 같은 내면세계를 바탕으로 사건이 이어지고 있으니, 이를 근거로 하면 '사건 전개의 연속성을 강화한다'는 말을 충분히 허용할 수 있겠네요.

선지	①	②	③	④	⑤
선택률	7%	9%	9%	9%	66%

146 임경업이 말한 ㉠, ㉡에 대한 분석으로 적절하지 <u>않은</u> 것은? ⑤

> ㉠ "병자년에 우리 주상께서 종사를 위하여 네게 항복하여 계시거니와, 내 어찌 목숨을 위하여 네게 항복하리오."

– ㉠은 '경업'이 죽음을 각오하고 '호왕'에게 항복하는 것을 거절하는 장면입니다. '경업'의 강직한 성격이 잘 드러나죠.

> ㉡ "어찌 이런 말씀을 하십니까. 지극히 황공하며 하물며 조강지처가 있사오니, 존명을 받들지 못하리이다."

– ㉡은 '호왕'이 '경업'을 부마로 삼으려 하자 예의있게 거절하는 모습입니다. 아무래도 '호왕'이 '경업'에게 여러 호의를 베풀었으니 이렇게 예의바른 모습을 보이는 것이라고 이해할 수 있겠죠?

① ㉠에서는 회유에 대해 대응하고, ㉡에서는 권유에 대해 반응한다.

선지 유형	근거가 있어서 허용 가능
실전에서의 판단 과정	그렇지.
해설	㉠은 항복하라는 회유에 대해 대응한 것이고, ㉡은 부마가 되어 달라는 권유에 대해 반응한 것입니다. 가볍게 허용할 수 있겠죠?

② ㉠에서는 충신의 도리를, ㉡에서는 남편의 도리를 지키고자 한다.

선지 유형	근거가 있어서 허용 가능
실전에서의 판단 과정	그렇지.
해설	㉠은 항복하라는 회유에 충신의 도리로 넘어가지 않는 모습이었고, ㉡은 남편의 도리를 지키고자 부마를 거절하는 모습입니다.

③ ㉠에서는 과거의 사실을, ㉡에서는 현재의 처지를 언급하여 거절한다.

선지 유형	근거가 있어서 허용 가능
실전에서의 판단 과정	과거에 항복했던 사실, 현재 결혼한 사실!
해설	㉠에서는 과거에 '주상'이 항복한 사실을, ㉡에서는 조강지처가 있다는 현재의 처지를 언급하며 거절하고 있습니다.

④ ㉠에서는 상대를 적으로 간주하고, ㉡에서는 상대의 권위를 인정한다.

선지 유형	근거가 있어서 허용 가능
실전에서의 판단 과정	그렇지.
해설	㉠에서 '경업'은 '호왕'을 적으로 간주하며 적대적인 말투를 씁니다. 하지만 ㉡에서는 '호왕'의 호의에 예의바른 모습을 보이며 권위를 인정하고 있죠.

⑤ ㉠에서는 죽음을 작정하고, ㉡에서는 억류를 의도하여 상대에 저항한다.

선지 유형	근거가 없어서 허용 불가능
실전에서의 판단 과정	억류를 왜 의도해. 오히려 풀려나고 싶어했지.
해설	㉠에서 '경업'은 죽음을 작정하고 '호왕'에게 대항하는 모습을 보였다는 것은 맞습니다. 하지만 ㉡에서 억류를 의도하여 저항한다는 것은 절대 허용할 수 없죠? 애초에 '경업'을 빨리 풀려나서 조선으로 돌아가고 싶어했습니다. '억류'(억지로 머무르게 함)라는 단어를 알고 있었다면 쉽게 답으로 고를 수 있었을 것입니다. 평가원이 이 정도 단어는 알 것이라고 생각한 것이니, 몰랐다면 확실하게 알아두도록 합시다. 어휘력 역시 중요한 평가 요소예요!

선지	①	②	③	④	⑤
선택률	6%	57%	13%	14%	10%

147 ⟨보기⟩를 참고하여 윗글을 읽은 학생의 반응으로 적절하지 <u>않은</u> 것은? [3점] ②

① '임경업'이 '호왕'을 꾸짖는 장면을 낭독할 때, 장군의 기개가 '호왕'을 압도하는 것처럼 느껴지면서 청에 대한 적대감을 지닌 청중은 통쾌해하겠군.

선지 유형	근거가 있어서 허용 가능
실전에서의 판단 과정	속이 시원하겠지.
해설	'경업'이 '호왕'을 꾸짖는 장면을 실감나게 낭독했다면, 청에 대한 적대감을 지닌 청중은 속이 시원할 것입니다. 당연하게 허용할 수 있겠죠?

② 칼을 쓰고 잡혀가는 '임경업'을 보며 '의주 백성들'이 우는 장면을 낭독할 때, '임경업'을 흠모하는 청중은 무슨 연고인 줄 몰라서 분노를 표출하겠군.

선지 유형	근거가 있어서 허용 불가능
실전에서의 판단 과정	청중이 왜 몰라?
해설	'의주 백성들'은 '경업'이 왜 잡혀가는지 몰라서 엉엉 울었지만, 이를 듣고 있는 청중들은 스토리를 다 파악하고 있기 때문에 '경업'이 잡혀가는 것이 '자점'의 계략 때문이라는 것을 다 알고 있을 것입니다. 물론 청중들 역시 분노를 표출하기는 하겠지만, 이는 '임경업'에 대한 흠모 의식을 가진 상태에서 '자점'의 행태에 화가 나기 때문이라고 하는 게 적절하겠죠?

③ '주상'이 '세자'를 꾸짖는 장면을 낭독할 때, 세자답지 못한 행동을 꾸짖는 '주상'의 분노가 느껴지면서 청중은 '세자'를 내리치는 사건을 더욱 생생하게 받아들이겠군.

선지 유형	근거가 있어서 허용 가능
실전에서의 판단 과정	실감나게 낭독하면 생생하게 받아들여지겠지.
해설	⟨보기⟩에 따르면 실감나는 낭독을 하면 인물의 심리가 즉각 전달되고 사건은 보다 생생해집니다. '주상'이 '세자'를 꾸짖는 장면을 실감나게 낭독하면, '주상'의 분노라는 심리가 즉각 전달되면서 청중은 이 사건을 더욱 생생하게 받아들이겠죠.

④ '사자'가 '임경업'에게 잡아가겠다고 말하는 장면을 낭독할 때, 이야기에 몰입한 청중에게는 마치 작중 인물이 되어 그 대화를 직접 듣는 듯한 극적 환상이 조성되겠군.

선지 유형	근거가 있어서 허용 가능
실전에서의 판단 과정	실감나는 낭독은 극적 환상을 일으킬 수 있지.
해설	⟨보기⟩에 따르면, 실감나는 낭독은 청중에게 작중 인물이 직접 말하는 것 같은 '극적 환상'을 일으킬 수 있습니다. '사자'가 '경업'에게 잡아가겠다고 말하는 장면 역시 마찬가지겠죠?

⑤ 임금과 백성이 지지함에도 불구하고 '김자점'에 의해 '임경업'이 모해를 입는 장면을 낭독할 때, 간신에 대한 청중의 반감이 커지면서 현실 문제에 대한 관심이 높아지겠군.

선지 유형	근거가 있어서 허용 가능
실전에서의 판단 과정	실감나는 낭독은 현실에 대한 문제의식도 키울 수 있게 한다고 했지.
해설	⟨보기⟩에 따르면, 실감나는 낭독은 청중으로 하여금 현실에 대한 문제의식을 키우게 할 수 있습니다. 왕명도 무시하고, 백성들의 눈물도 무시한 채 '경업'을 모함하는 '자점'의 모습을 실감나게 낭독하면, '자점'과 같은 간신에 대한 청중의 반감이 커지면서 이와 같은 현실 문제에 대한 관심이 높아질 수 있겠죠.

몰랐던 어휘 정리하기

① **허용 가능성 평가** : 선지의 내용을 '허용'하려는 태도를 바탕으로 지문을 '독해'하며 '근거'를 찾아야 합니다. 허용할 수 있는 '근거'가 있어야만 허용할 수 있습니다. 주관적인 생각을 개입시키면 안 됩니다.

② **소설 독해** : '심리와 행동의 근거'를 바탕으로 인물에게 '공감'하며 읽어야 합니다. 이 과정이 물흐르듯 이어지면 지문의 내용을 완벽하게 이해할 수 있어요.

③ **영웅소설 클리셰** : 모든 영웅은 엄청난 능력을 가지고 여러 가지 문제를 해결합니다. 이러한 클리셰를 알고 있다면 지문 독해가 수월해질 거예요.

| 지문 내용 총정리 |

영웅소설의 대표격인 '임경업전'입니다. 영웅소설 클리셰를 기반으로, 중간중간 등장하는 여러 인물들의 내면세계에 공감하며 읽었다면 어렵지 않게 해결할 수 있는 지문이었을 거예요. 고전소설의 경험치가 많이 쌓였다면 상당히 쉽게 느껴질 것입니다. 나아가 어휘력의 중요성도 알 수 있는 지문이었죠? 어휘력 역시 국어 영역의 주요 평가요소라는 것을 절대 잊지 맙시다.

DAY 13 [148~151]
2016.09A [39~42] 현대소설 '잔등' ☆☆☆☆

〈보기〉 독해

[보기]

「잔등」에서 서술자인 '나'는 해방 전후 우리 사회의 모습을 냉정하게 인식하기 위해 대상과의 객관적인 거리를 유지하고 있었다. 「잔등」에서 반복적으로 등장하는 **'제삼자의 정신'**이란 말은 이를 암시한다. 또한 귀로에서 접한 인물들을 통해 같은 인간으로서 지니는 **측은지심**을 드러냄으로써 **관용의 정신**을 발휘하기도 한다. 이런 점에서 노인이나 잔류 일본인 등과의 만남은 주목할 만하다.

'해방 전후'라는 시대적 배경이 제시되어 있습니다. 그리고 '나'는 이 시기 우리 사회의 모습을 냉정하게 인식하기 위해 '객관적인 거리'를 유지했다고 해요. '제삼자의 정신'으로도 표현되는데, 이 시기를 부정적으로 바라보던 다른 대부분의 작품들과 차이가 있다고 볼 수도 있겠습니다.

그러면서도 귀로에서 접한 인물들을 통해 '측은지심'과 '관용의 정신' 등을 발휘하기도 한다고 해요. 아무리 객관적으로 바라보려고 해도, 이 시기 사람들의 삶은 꽤 피폐했을 것이니 측은지심이 생길 수밖에 없었을 것 같습니다. '노인'과 '잔류 일본인' 등의 인물이 이런 감정을 불러일으킨다는 것까지 체크해 주시면 훌륭하겠어요.

지문 독해

[앞부분의 줄거리] 해방 후 '나'는 벗인 '방(方)'과 함께, 장춘에서 서울에 이르는 귀로에 오른다. 회령에서 우연히 '방'과 헤어진 '나'는 수성에 이르러 뱀장어를 잡아 파는 한 소년을 만난다. 이후 '나'는 '방'과 재회하기 위해 청진에 도착하여 어느 국밥집 할머니를 만나게 된다.

[앞부분의 줄거리]에서 많은 정보를 제시하고 있습니다. '나'는 '해방 후'에 벗인 '방'과 함께 귀로에 올랐다고 해요. 그러다가 '회령'에서 '방'과 헤어지고, '수성'에서 뱀장어를 잡아 파는 한 '소년'을 만나기도 하고, '방'과 재회하기 위해 '청진'에 도착하여 '국밥집 할머니'를 만나게 되기도 하네요. 〈보기〉에서 이야기한 것처럼 귀로 과정에서 여러 인물들을 만나는 '나'의 모습입니다. 어쨌든 지금부터 보게 될 장면들은 '국밥집 할머니'와의 대화일 것임을 생각하며 읽어 보도록 합시다.

노인은 대 끝으로 국 솥을 가리키며,

[A]
"이런 걸 하던 것도 아니요, 어려서부터 배운 것도 아니지마는 **그 애가 돌아가던 해 여름**, 처음 얼마 동안은 어쩔 줄을 모르고 어리둥절해 있기만 하다가 늘 그러구 있을 수도 없고, 또 아이 몇 잃어버리는 동안에 생긴 **잠 안 오는 나쁜 버릇**이 다시 도져서 몇 해 만에 다시 남의 고궁살이*를 들어갔지요."
"네에, 그러세요."

* 고궁살이 : 고공살이. 남의 집 살이.

'노인'의 이야기로 시작하고 있습니다. [앞부분의 줄거리]를 고려하면 이때의 '노인'은 '국밥집 할머니'임을 알 수 있겠죠? 나아가 〈보기〉를 통해 '나'에게 '측은지심'과 '관용의 정신'을 불러일으킨 두 인물 중 하나라는 것까지 생각할 수 있겠습니다.

아무튼, '노인'은 자신의 과거 이야기를 하고 있습니다. '노인'은 원래부터 국밥 끓이는 일을 하거나 배운 것도 아니라고 해요. 그런데 '그 애'가 돌아가던 해 여름, 처음에는 어쩔 줄을 모르다가 늘 그러고 있을 수도 없고, (무엇이라도 해야겠고) '아이 몇 잃어버리는 동안'에 생긴 불면증이 도져서 일이라도 하자고 남의 고궁살이를 들어갔다고 해요. 여기서 '그 애'가 누구인지, 그 아이가 어디로 돌아간 것인지, 아이를 몇 잃어버렸다는 게 정확히 어떤 이야기인지는 알기 어렵습니다. 하지만 '노인'의 과거가 많이 힘들었다는 것, 그리고 그 상황에서 어떻게든 버티기 위해 '고궁살이'를 들어갔다는 것 정도는 이해하고 공감할 수 있겠죠?

"그 긴 다섯 해 동안을 그저 모진 일과 고단한 잠만으로 지어 나아오다가, 하루아침은 문득 그것이 죽었으니 찾아가라는 기별이 감옥에서 나왔을 때에야 얼마나 앞이 아득하였겠어요."
"그러셨겠습니다."

계속해서 '노인'의 과거 이야기입니다. '고궁살이'를 들어가며 5년 간 힘들게 일만 했는데, 어느날 그것(아마 앞에서 말한 '그 애'를 말하는 것이겠죠?)이 죽었으니 찾아가라는 기별이 감옥에서 나왔다고 해요. '그 애'가 어디로 돌아갔나 했더니, 감옥에 갔던 것이었습니다. 아무튼 감옥에 간 '그 애'가 죽었다는 소식을 들은 '노인'은 당연히 앞이 아득한 느낌을 받았겠죠? '노인'의 기구한 운명이 느껴진다면 잘 읽고 있는 것입니다.

그런데, '나'는 이러한 '노인'의 이야기를 듣고 "네에, 그러세요." 혹은 "그러셨겠습니다."라는 다소 무미건조한 반응을 보이고 있습니다. 〈보기〉의 내용을 참고하면, 이러한 반응은 '객관적인 거리'를 유지하려는 '나'의 모습이 반영된 것이라고 할 수도 있겠죠? 이런 식으로 '나'의 반응에도 충분히 공감하면서 읽어 주셔야 합니다.

[B]
"사람의 가죽은 질기다고 했습니다. 병과 액으로 앞서도 자식새끼 몇 되던 것 하나씩 둘씩 이리저리 다 때우기는 하였지마는, 그런 땐들 왜 안 그럴 수야 있었겠나요마는, 이제는 힘을 줄 데라고는 하나 남지 않고 없어지고, 그것 하나만 믿고 산다 한 그놈마저 죽어 없어졌는데도 사람의 목숨은 이렇게 모진 것이니."
마음이 제법 단단해 보이던 그도 한 번 내달으니 비로소 젊은이 앞에서 긴 한숨을 걷잡지 못하였다.
여기서 처음으로 나는 그를 위로할 기회를 얻었으므로,
"그럼 어떻게 하십니까. 그러고 가는 사람도 다 제 명이 아닙니까."
하여 드리니까 그는,
"하기야 명이지요. 하지만 명이란들 그럴 수야 있습니까. 해방이 되었다 해서 갇히었던 사람들은 이제 살인 강도 암질*이라도 다 옥문을 걷어차고 훨훨 튀어서 세상에 나오지 않습니까."
하였다.

* 암질(暗質) : 어리석은 천성이나 성질.

'노인'의 이야기가 이어집니다. 앞의 내용과 엮어서 이해하니, '노인'은 자식을 여러 명 잃은 것 같습니다. 그러다가 '그것 하나만 믿고 산다 한 그놈', 아마 앞에서 나온 '그 애'로 추정되는 자식까지 감옥에서 죽은 뒤에도 살아 있는 자신의 목숨이 모질다는 이야기를 하고 있어요. '나'가 보기에 '노인'은 마음이 꽤 단단한 사람처럼 보였지만, (자식을 잃은 이야기도 덤덤하게 할 수 있으니 꽤나 단단한 사람이라고 할 수 있겠죠.) 한 번 이야기를 하다 보니 '나' 앞에서 긴 한숨을 내쉬는 모습입니다. 아무리 단단한 사람이라도 자식을 몇이나 잃은 상황이라면 이런 반응을 보이는 게 당연하다는 생각이 들죠?

그런데 여기서 '나'는 '노인'을 처음으로 위로할 기회를 얻었다고 합니다. 이는 '객관적인 거리'를 유지하려던 '나'도 위로를 하지 않고 못 배길 만한 내용을 들은 후의 반응이라고 할 수 있겠어요. 가는 사람도 다 제 명이라며 위로같지 않은 위로를 하는 것을 보니, '나'는 '노인'의 처지에 완전하게 공감하고 있지는 못하다고 할 수도 있겠습니다. 이런 '나'에게, '노인'은 아무리 명이라도 해방이 되었더니 살인 강도 암질 무엇을 해도 다 옥문을 걷어차고 세상에 나온다는 이야기를 합니다. 죄없는 자식을 감옥에서 잃은 '노인'의 입장에서는, 해방이 되었더니 정말 나쁜 짓을 한 사람들은 감옥에서 살아 돌아오는 모습을 보면 한이 서릴 만도 합니다. 이런 식으로 '옥문'과 관련된 말을 하는 '노인'에게 공감할 수 있어야 합니다. 그 억울함이 느껴져야 해요.

> "부질없는 말로 <u>이가 어째 안 갈리겠습니까</u>— 하지만 내 새끼를 갖다 가두어 죽인 놈들은 자빠져서 다들 무릎을 꿇었지마는, 무릎 꿇은 놈들의 꼴을 보면 눈물밖에 나는 것이 없이 되었습니다그려. 애비랄 것 없이 남편이랄 것 없이 잃어버릴 건 다 잃어버리고 못 먹고 굶주리어 피골이 상접해서 헌 너슬떼기에 깡통을 들고 앞뒤로 허친거리며*, 업고 안고 끌고 주추 끼고 다니는 꼴들— 어디 매가 갑니까. <u>벌거벗겨 놓고 보니 매 갈 데가 어딥니까</u>."
> "……."
>
> * 허친거리며 : 발을 헛디뎌 균형을 잡지 못해 이리저리 쏠리며.

'노인'의 입장에서 이러한 일들은 이가 갈리는, 화가 나는 일입니다. 그런데 '내 새끼를 갖다 가두어 죽인 놈들'은 다들 무릎을 꿇었다고 합니다. 해방이 되면서 '노인'의 자식을 괴롭히던 사람들은 힘을 잃었을 것이고, '노인'에게 용서를 구했겠죠. 이런 모습을 보면 '노인'의 입장에서는 더 화가 날 것 같은데, 뜻밖에도 '노인'은 그들의 꼴을 보면 '매 갈 데'가 없다는 이야기를 합니다. 즉, 그들의 꼴이 너무 불쌍해 보여서 뭐라고 할 수도 없다는 것이죠.

여기서 '나'는 "……."이라는 반응을 보입니다. 아무런 말을 하지 않는 상황을 굳이 대사로 표현했다는 것은, 그 대사를 통해 '나'의 심리를 드러내기 위함이라고 할 수 있겠죠. '나'의 입장에서는, '노인'의 과거 이야기를 들으며 '노인'이 당연히 저런 사람들에게 강한 증오심을 느낄 것이라 생각했을 겁니다. 그런데 '노인'은 뜻밖에 관용적인 모습을 보이고 있고, '나'는 당연히 놀랄 수밖에 없겠죠? 마치 머리를 한 대 맞은 듯한 충격이 있을 것이고, 이에 아무런 말도 하지 못했을 것입니다. 이런 식으로 공감할 수 있어야 합니다. 많이 어렵겠지만, 최대한 '노인'과 '나'의 입장에서 생각해 보면 그 심리·행동·발화의 근거를 생각할 수 있을 것입니다.

나아가, 〈보기〉를 고려하면 여기서 '노인'이 보이는 '관용의 정신'이 '나'에게도 영향을 주었다는 식으로 이해할 수 있겠죠? 이런 식으로 〈보기〉와의 연결 고리가 보인다면 적극적으로 활용할 수 있어야 합니다.

> "만주서 오셨다니깐 혹 못 보셨는지 모르지마는, 낮에 보면 이 조그마한 장터에도 그 헐벗은 굶주린 것들이 뜨문히 바닥에 깔리곤 합니다. 그것들만 실어서 보내는 고무산*인가 아오지*인가 간다는 차가 저기 와 선 채 저 차도 벌써 나 알기에 닷새도 더 되는가 봅니다만. 참다 참다 못해 자원해 나오는 것들이 한 차 되기를 기다려 떠나는 것인데, 닷새 동안이면 닷새 동안 긴 내 굶은 것인들 그 속에 어째 없겠어요."
> 그러지 아니하여도 나는 할머니의, 아까 그것들이 업고, 안고, 끼고 다닌다는 <u>측은한 표현</u>을 한 것으로부터, 낮에 수성서 들어오는 길로 맞닥뜨린 사람이 복작거리는 좁은 행상로 위에 일어난 <u>한 장면의 짤막한 씬</u>을 연상하기 시작하는 중이었는데, 노인은 이러고는 말을 끊고 흐응 깊은 한숨을 들여 쉬었다.
>
> * 고무산, 아오지 : 함경북도에 있는 곳으로, 고무산은 농산물과 목재의 집산지였고 아오지는 석탄 산업 시설이 있었음.

'노인'은 낮에 보면 이 조그마한 장터에도 '그 헐벗은 굶주린 것들'을 많이 볼 수 있다고 합니다. '고무산·아오지' 등 고생길이 훤한 곳으로 데려다 주는 차가 와서 닷새 이상을 기다리면, 어쩌면 닷새 동안 굶었을지도 모르는 이들이 참다참다 그 차를 타고 간다는 것이죠. 비록 '고무산·아오지' 등에 가면 정말 고생은 하겠지만 끼니를 거르지는 않을 것이니까요. 이들의 고달픈 인생이 실감나게 느껴집니다.

'나'는 이러한 '노인'의 '측은한 표현'을 듣고서 아까 있었던 일을 회상하는 중이었다고 합니다. 일단, 앞의 '……'과 엮어서 '측은한'과 같은 표현을 쓴다는 점에서 '나'가 '노인'의 처지에 더 깊은 관심과 공감의 태도를 보이기 시작했다는 것을 생각할 수 있으면 좋겠습니다. '나'의 내면세계가 바뀌고 있는 것을 느낄 수 있어야 해요. 나아가 '나'도 낮에 비슷한 경험을 했나 봅니다. 어떤 일이 있었을까요? 이 역시 '나'의 내면세계가 바뀌는 데에 기여하겠죠?

[가]
> 참으로 그 일본 여자는 업고, 달고 또 하나는 손을 잡고, 아마 아오지 가기를 기다리는 차에서 기어 내려온 듯 폼 가까운 행상로 위에 우두커니 서 있었다. 〈허옇게 퉁퉁 부어오른 낯에 기름때에 전 걸레 같은 헝겊 조각으로 머리를 질끈 동이고, 업고, 달리우고, 잡힌 채, 길 바추에 비켜 서 있었다.〉 머리를 동인 것만으로는 휘둘리우는 몸을 어찌할 수 없다는 모양으로, 골살을 몇 번 찌푸렸다가는 펴서, 하늘을 쳐다보고, 또 찌푸렸다가는 펴서 쳐다보고 하기를 한참이나 하며 애를 쓰는 것을 자기는 유심히 건너다보고 있었던 것이다.

이 부분은 '나'의 회상입니다. '나'는 어떤 '일본 여자'를 보고 있는데, 그 '일본 여자'는 업고, 달고 또 하나는 손을 잡고 있다고 해요. 아이 셋을 혼자서 돌보는 모습이죠? 〈 〉 표시한 '외양 묘사'를 보면 이 '일본 여자'의 고달픈 삶을 느낄 수 있을 것 같습니다. '나'는 그러한 모습을 유심히 건너다보고 있었던 것이에요.

이윽고 그는 정신이 들었는지 지적지적 걸어 들어와 광주리며 함지며, 채두렝이 같은 데에 여러 가지 먹을 것을 담아 가지고 나와, 혹은 섰기도 하고, 혹은 앉았기도 한, 여인 행상꾼들 앞을 지나쳐오다가 문득 한 여인 앞에 서서 발부리에 놓인 광주리의 속을 손가락으로 가리키는 것이었다.

"한 개에 오 원씩."

행상의 여인네는 허리를 꾸부리어 광주리에서 속에 담기었던 배 한 개를 집어 들고 다른 한 손을 활짝 펴서 일본인 아낙네 눈앞을 가리우매, 아낙네는 실심한 사람 모양으로 한참 동안이나 자기 눈앞을 가리운 활짝 편 그 손가락을 멀거니 바라만 보고 있었다.

뒤에 달린 여덟 살 난 사낼미*가 엉것바치를 움켜잡고 비어 틀듯이 앞으로 떠밀고 그보다 두어 살이나 덜 먹었을, 손을 잡혀 나오던 어린 계집아이가 어미의 손을 끌어당기었다. 그리고 업힌 것이 띤 띠개*에서 넘나와 두 손을 내어 뻗으며 어미의 어깨 너머를 솟아오르려고 한다.

"이것들이 이렇게 야단이야요."

세 어린것의 어머니는 참다 못하여 일본말로 이러며 고개를 개우뜸하고는 행상 여인의 눈동자를 들여다보는 것이었다.

애걸이 없었다기로니 이것들이 어찌 그것만으로 덜 비참할 리가 있을 정경이었을 것이냐.

―허준, 「잔등(殘燈)」―

* 사낼미 : 사내아이의 방언.
* 띠개 : 주로 아이를 업을 때 쓰는, 너비가 좁고 기다란 천을 이르는 방언.

한참을 우두커니 서 있던 '일본 여자'는 여인 행상꾼들 앞을 지나쳐오다가 한 '여인' 앞에서 서서 광주리의 속을 가리킵니다. 그 물건을 사겠다는 말이겠죠? '행상의 여인네'는 배 한 개를 집어 들고 한 개에 오 원이라는 이야기를 하고, '일본 여자'는 넋이 나간 것처럼 멍을 때리는 모습입니다. 그 와중에 세 명의 아이들은 칭얼거리고 있구요. '일본 여자'의 입장에 깊게 공감해 보면, 정말 정신없고 다 포기하고 싶은 그런 심정일 것 같습니다. "이것들이 이렇게 야단이야요."라고 하면서 일본말로 뱉은 넋두리가 너무나 잘 이해되는 것 같아요.

이 장면은 애걸, 즉 구걸 같은 것을 하는 모습은 아닙니다. 그냥 세 아이의 어머니가 시장에 배를 사러 온 평범한 장면이에요. 하지만 그와 동시에 너무나 비참한 장면입니다. 왜 그러한지 '일본 여자'의 입장에 공감하며 이해되었다면, 지문을 완벽하게 읽었다고 할 수 있겠습니다.

선지	①	②	③	④	⑤
선택률	6%	4%	8%	68%	14%

148 윗글의 인물에 대한 설명으로 가장 적절한 것은? ④

① '노인'은 '그 애'가 죽기 전에는 고공살이를 경험한 적이 없다.

선지 유형	근거가 있어서 허용 불가능
실전에서의 판단 과정	그랬나? 확인해 보니까 다시 들어간 거였네.
해설	너무나 사소한 정보여서, 기억에 남지 않을 수도 있습니다. 우리의 기억에 없다는 것은 그렇게 중요한 정보가 아니라는 뜻이니, 답이 아닐 거예요. 그래도 불안하니, '고공살이'에 대한 이야기를 하던 초반부로 살짝 눈알을 굴리면 됩니다. '노인'은 '그 애'가 감옥에 들어간 뒤 그저 어쩔 줄 모르고 있을 수도 없고 불면증도 다시 도지고 해서 '몇 해 만에 다시' 남의 고궁살이를 들어갔네요. 명백한 근거가 있으니 허용할 수 없겠습니다.

중요한 것은, 기억이 나지 않을 때 어디로 돌아가야 하는지 빠르게 떠올릴 수 있어야 합니다. 지문의 내용을 잘 이해하면서 읽었다면 충분히 떠올릴 |

수 있었을 거예요.

② '아이 몇 잃어버리는' 슬픔에도 불구하고 '노인'은 불면의 고통을 겪지 않았다.

선지 유형	근거가 있어서 허용 불가능
실전에서의 판단 과정	불면증 때문에 고궁살이했다며.
해설	'노인'이 왜 남의 집 고궁살이를 들어갔는지 공감했다면 쉽게 지울 수 있습니다. '아이 몇 잃어버리는' 동안 생긴 불면증이 다시 도진 것은 그 이유 중 하나였어요.

③ '행상의 여인네'는 '일본인 아낙네'에게 돈을 받지 않고 과일을 주었다.

선지 유형	근거가 없어서 허용 불가능
실전에서의 판단 과정	아직 배 주지도 않았지.
해설	우리가 이해한 바에 따르면, '행상의 여인네'와 '일본인 아낙네' 사이의 거래는 아직 성사되지 않았습니다. 돈을 받았는지 받지 않았는지 알 수도 없고, 애초에 마지막 부분은 '일본인 아낙네'에게 동정을 베푸는 장면이 아니었습니다.

④ '노인'은 마지막까지 살아남았던 자식이 옥중에서 죽는 순간을 보지 못했다.

선지 유형	근거가 있어서 허용 가능
실전에서의 판단 과정	그러니까 앞이 아득했지.
해설	'노인'은 남의 집 '고궁살이'를 들어간 후 5년 간 열심히 일하다가, 갑자기 자식이 옥중에서 죽었다는 소식을 받고 앞이 아득해졌다고 했습니다. 이러한 감정에 충분히 공감하며 이해했다면 어렵지 않게 허용할 수 있는 선지겠네요.

⑤ '사냘미', '어린 계집아이', '업힌 것' 등 '세 어린것'은 '행상의 여인네'에게 구걸하고 있었다.

선지 유형	근거가 있어서 허용 가능
실전에서의 판단 과정	구걸하는 건 아니었지.
해설	마지막 장면은 구걸하는 장면이 아니었습니다. '세 어린것'은 그저 어머니에게 칭얼댔던 것이고, 이를 본 '일본 여자'의 넋이 나간 것이었을 뿐이에요. 이러한 상황과 감정을 정확히 이해했다면 '구걸'은 어렵지 않게 지워낼 수 있겠습니다.

선지	①	②	③	④	⑤
선택률	77%	6%	8%	4%	5%

149 다음의 학습활동을 수행한 결과로 적절하지 **않은** 것은?

[3점] ①

> **학습활동** 다음을 작가가 작성한 창작 노트의 일부라고 가정하자. ㉠~㉤이 [A], [B]에 실현된 양상을 파악해 보자.
>
> ㉠ 대화를 통해 인물 간의 관계를 드러낼 것.
> ㉡ 비유적 표현을 사용할 것.
> ㉢ 서술과 대화를 결합해 사용할 것.
> ㉣ 인물의 심리를 드러내는 표현을 활용할 것.
> ㉤ 대상을 지칭하는 표현을 다양화할 것.

① ㉠은 [A]에서 '노인'과 '나'의 갈등을 해소하는 장치로 실현되었군.

선지 유형	근거가 없어서 허용 불가능
실전에서의 판단 과정	둘 사이에 갈등이 어딨었어.
해설	[A]에서는 그저 '노인'의 과거 이야기에 '객관적인 거리'를 유지하며 반응하는 '나'의 모습만이 나타났을 뿐이에요. '노인'과 '나' 사이의 갈등이 나타난 적이 없기 때문에, ㉠이 이를 해소하는 장치로 실현되었다는 건 절대 허용할 수 없는 내용이네요.

② ㉡은 [B]에서 '사람의 가죽은 질기다고 했습니다'라는 표현을 사용하는 방법으로 실현되었군.

선지 유형	근거가 있어서 허용 가능
실전에서의 판단 과정	가죽이 질기다는 건 비유적 표현이지.
해설	㉡은 '비유적 표현'을 사용하라는 내용입니다. '사람의 가죽은 질기다고 했습니다.'는 사람의 목숨이 끈질기다는 것을 비유한 표현이라고 할 수 있죠?

③ ⓒ은 [B]의 '마음이 ~ 하였다'에서 인물의 성격을 드러내기 위해 서술과 대화를 결합하는 방식으로 실현되었군.

선지 유형	근거가 있어서 허용 가능
실전에서의 판단 과정	서술과 대화를 결합해서 노인의 성격을 드러냈지.
해설	ⓒ은 '서술과 대화를 결합'하라는 내용입니다. [B]의 '마음이 ~ 하였다'에서는 '나'와 '노인'의 대화 및 '나'의 서술을 결합하여 '노인'의 성격을 드러내고 있습니다. 구체적으로는 '단단한 마음'과 그것마저도 흔들릴 정도로 큰 슬픔을 견디는 모습 등을 '노인'의 성격이라고 할 수 있겠죠? 이렇게 구체적으로 생각하지는 못하더라도, '인물의 성격을 드러낸다'는 내용은 당연히 맞는 말임을 잊지 마세요.

④ ⓓ은 [B]에서 '긴 한숨을 걷잡지 못하였다'를 통해 실현되었군.

선지 유형	근거가 있어서 허용 가능
실전에서의 판단 과정	긴 한숨을 걷잡지 못하는 인물의 심리지.
해설	ⓓ은 '인물의 심리를 드러내는 표현'을 활용하라는 내용입니다. '긴 한숨을 걷잡지 못하였다'는 '노인'의 답답한 심리를 드러내는 표현이라고 할 수 있으니, 가볍게 허용되네요.

⑤ ⓔ은 [A]와 [B]에서 동일 인물을 '그 애', '그것', '그놈'으로 바꾸어 부르는 방법으로 실현되었군.

선지 유형	근거가 있어서 허용 가능
실전에서의 판단 과정	그러네.
해설	ⓔ은 '대상을 지칭하는 표현을 다양화'하라는 내용입니다. [A]와 [B]에서 감옥에 간 '노인'의 자식은 동일 인물인데, 이 인물을 '그 애', '그것', '그놈' 등으로 바꿔 부르고 있으니 허용할 수 있겠네요.

선지	①	②	③	④	⑤
선택률	82%	4%	4%	6%	4%

150 ⓐ를 참고할 때, [가]에 대한 이해로 가장 적절한 것은?

①

– ⓐ는 [가]라는 장면을 연상하는 '나'의 모습을 나타낸 부분입니다. 나아가 [가]는 '나'가 낮에 보았던 '일본 여자'의 외양을 묘사하며 그 고달픈 삶에 공감하게끔 했던 부분이었습니다. 이러한 내용을 미리 생각한 채로 선지를 판단해 봅시다.

① 나의 회상을 통해 떠오른 인물의 외양과 행동을 묘사하고 있다.

선지 유형	근거가 있어서 허용 가능
실전에서의 판단 과정	미리 생각한 내용이네.
해설	'나'가 회상을 통해 떠오른 '일본 여자'라는 인물의 꾀죄죄한 '외양'과 세 아이를 데리고 멍하니 서 있는 '행동을 묘사'하고 있다는 것, 우리가 미리 생각한 내용 그 자체입니다. 가볍게 허용할 수 있네요.

② 나의 회상 속에는 '자기'와 인물들 간의 외적 갈등이 드러나고 있다.

선지 유형	근거가 없어서 허용 불가능
실전에서의 판단 과정	외적 갈등이 어딨어.
해설	[가]에는 '일본 여자'의 고달픈 삶을 드러내는 부분이었을 뿐, '자기'(=나)와 다른 인물들 간의 외적 갈등이 드러나지는 않았습니다.

③ 나의 회상을 통해 현재의 '자기'가 과거 속의 자아를 부정하고 있다.

선지 유형	근거가 없어서 허용 불가능
실전에서의 판단 과정	뭔 헛소리야.
해설	[가]는 '일본 여자'라는 외부 대상을 바라보는 '나'의 모습을 보여 주는 것이지, '과거 속의 자아'와 같은 것을 부정하는 내용이 아니었습니다.

④ 나의 회상을 통해 인물이 처한 실제의 상황을 환상적 분위기로 그려 내고 있다.

선지 유형	근거가 없어서 허용 불가능
실전에서의 판단 과정	도대체 어디가 환상적이야.
해설	문학에서 '환상적 분위기'가 허용되려면 비현실적인 내용이 나와야 합니다. [가]는 현실적이다 못해 비참하기까지 한 모습이었죠?

⑤ 나의 회상 속에는 인물의 현재의 처지와 미래의 모습이 구체적으로 제시되고 있다.

선지 유형	근거가 없어서 허용 불가능
실전에서의 판단 과정	미래의 모습을 어떻게 알아.
해설	'일본 여자'라는 인물의 현재의 처지는 너무 잘 드러나지만, '미래의 모습'을 허용할 만한 부분은 전혀 없습니다. 가볍게 지워낼 수 있겠네요.

선지	①	②	③	④	⑤
선택률	8%	6%	10%	8%	68%

151 〈보기〉를 참고하여 윗글을 감상할 때, 적절하지 **않은** 것은? ⑤

① '일본인 아낙네'의 아이들이 '야단'인 모습을 '비참'하다고 한 것에서, '나'의 객관적 태도에 변화가 있었음을 알 수 있어.

선지 유형	근거가 있어서 허용 가능
실전에서의 판단 과정	비참하다는 건 객관적인 표현은 아니지.
해설	'나'는 '노인'의 이야기를 들으면서 '객관적인 시선'에서 벗어나 '측은지심'과 '관용의 정신'을 보이기 시작합니다. 그 정점이 바로 '일본인 아낙네'의 모습이 '비참'하다고 한 것이라고 할 수 있겠죠? 이렇게까지 생각하지 못하더라도, '비참'하다는 표현은 그 자체로 '객관적 태도에 변화'를 허용할 근거가 될 수 있겠습니다.

② '일본인 아낙네'가 자신의 아이들과 함께 행상로 위에 서 있는 모습을 떠올린 것에서, '나'가 '노인'의 마음을 헤아리게 되었음을 알 수 있어.

선지 유형	근거가 있어서 허용 가능
실전에서의 판단 과정	노인의 측은한 표현을 이해하게 되었지.
해설	'노인'은 자신의 자식을 죽인 사람들에게까지 '측은지심'과 '관용의 정신'을 보여 주었는데, 이를 들으며 안타까운 처지에 처한 '일본인 아낙네'를 떠올렸다는 것은 '나'가 '노인'의 마음을 헤아리게 되었다는 것을 허용하기에 충분한 근거가 되겠습니다. '나' 역시 '일본인 아낙네'와 같은 인물에게 '측은지심'을 가지게 된 것이죠.

③ '노인'이 자신의 자식을 죽인 사람들의 처지가 바뀐 것을 보고 '눈물'이 난다고 한 말에서, '노인'이 그들에 대해 연민을 느꼈음을 알 수 있어.

선지 유형	근거가 있어서 허용 가능
실전에서의 판단 과정	측은지심을 느낀 거지.
해설	'노인'은 자신의 자식을 죽인 사람들의 꼴을 보고는 '눈물'밖에 나질 않고 '매 갈 데'가 없다는 이야기를 합니다. 이는 증오의 대상으로만 여겨지던 이들에게 측은지심과 연민을 느끼는 '노인'의 모습이라고 할 수 있겠죠? 이러한 감정에 공감했다면 어렵지 않게 허용할 수 있겠습니다.

④ 잔류 일본인에 대한 '노인'의 마음을 '측은한 표현'이라 한 것에서, '나'가 제삼자의 정신에서 벗어나 관용의 자세까지 보여 주고 있음을 알 수 있어.

선지 유형	근거가 있어서 허용 가능
실전에서의 판단 과정	자신을 괴롭히던 일본인에게 측은한 표현을 한다는 것은 관용의 자세라고 할 수 있지.
해설	'노인'은 '고무산 · 아오지'에 가는 차에 올라 탈 수밖에 없는 이들(〈보기〉를 참고하면 이들이 바로 '잔류 일본인'이라고 할 수 있겠죠?)이 안타깝다는 뉘앙스로 이야기를 했고, '나'는 이를 '측은한 표현'으로 보고 있습니다. 이렇게 '노인'의 말을 '측은한' 것으로 해석하는 모습은 '나'가 '객관적인 거리'를 유지하는 '제삼자의 정신'에서 벗어나 '관용의 자세'를 보여 주는 모습이라고 할 수 있겠습니다. 민족의 원수라고 할 수 있는 일본인에게 '측은지심'을 보이고 있는 것이니까요.

⑤ '일본인 아낙네'가 '실심한 사람 모양으로', '행상의 여인네'의 '손가락을 멀거니 바라만 보고 있'는 모습에서, 두 사람이 서로를 위로하며 격려하고 있음을 알 수 있어.

선지 유형	근거가 없어서 허용 불가능
실전에서의 판단 과정	그냥 시장에서 장 보는 건데 뭔 소리야.
해설	'일본인 아낙네'가 '행상의 여인네'의 '손가락을 멀거니 바라만 보고 있'는 모습은 그저 넋이 나간 모습일 뿐, '위로'나 '격려' 같은 것과는 거리가 멉니다. 애초에 '행상의 여인네'는 그냥 물건을 팔고 있을 뿐이었구요. 마지막까지 '일본인 아낙네'에게 공감하며 읽을 수 있었는지 묻는 선지였습니다.

┌─────────────────────────────────┐
│   몰랐던 어휘 정리하기   │
│   │
│   │
│   │
│   │
│   │
└─────────────────────────────────┘

| 핵심 point |

① **허용 가능성 평가** : 선지의 내용을 '허용'하려는 태도를 바탕으로 지문을 '독해'하며 '근거'를 찾아야 합니다. 허용할 수 있는 '근거'가 있어야만 허용할 수 있습니다. 주관적인 생각을 개입시키면 안 됩니다.
② **소설 독해** : '심리와 행동의 근거'를 바탕으로 인물에게 '공감'하며 읽어야 합니다. 이 과정이 물흐르듯 이어지면 지문의 내용을 완벽하게 이해할 수 있어요.

| 지문 내용 총정리 |

문제가 그리 어렵게 출제되지 않아 큰 임팩트 없이 지나갈 수 있는 지문이지만, 전반적인 상황을 이해하고 인물들에게 공감하는 것이 결코 쉽지만은 않은 지문이었습니다. 단순히 답을 다 맞히는 수준이 아니라, 각 장면들에서 인물의 심리 · 행동 · 발화의 근거가 확실하게 이해되는 수준까지 읽을 수 있어야 합니다. 이러한 태도를 연습하기에 정말 좋은 지문이니, 확실하게 복습하도록 해요.

〈보기〉 확인

---[보기]---

　김영랑의 「모란이 피기까지는」과 김종길의 「고고」는 대상이 지닌 특정 속성을 통해 화자가 경험한 아름다움을 드러낸다. 「모란이 피기까지는」에서는 봄이라는 계절에 소멸을 앞둔 대상을 통해, 「고고」에서는 겨울날 대상의 고고함이 드러나는 순간을 통해 대상의 아름다움이 경험되고 있다. 한편, 전자는 대상 자체보다는 대상에서 촉발된 주관적 정서의 표현에, 후자는 정서의 직접적 표현보다는 대상 자체의 묘사에 중점을 두고 있다.

두 작품 모두 화자가 경험한 아름다움을 드러낸다는 내용이 제시되어 있습니다. (가)는 봄이라는 계절에 소멸을 앞둔 대상을 통해, (나)는 겨울날 대상의 고고함이 드러나는 순간을 통해 대상의 아름다움이 경험되고 있다고 하네요. 나아가 (가)는 대상에서 촉발된 주관적 정서, 즉 화자의 내면세계 표현에, (나)는 대상 자체의 묘사에 중점을 두고 있다고 합니다. 두 작품의 주제 의식을 너무나 잘 설명해주고 있네요. 이를 참고해서 지문을 읽고 문제를 풀어봅시다.

실전적 지문 독해

（가）

　모란이 피기까지는
　나는 아직 나의 봄을 기다리고 있을 테요
　모란이 뚝뚝 떨어져 버린 날
　나는 비로소 봄을 여읜 설움에 잠길 테요
　오월 어느 날 그 하루 무덥던 날
　떨어져 누운 꽃잎마저 시들어 버리고는
　천지에 모란은 자취도 없어지고
　뻗쳐오르던 내 보람 서운케 무너졌으니
　모란이 지고 말면 그뿐 내 한 해는 다 가고 말아
　삼백예순 날 하냥 섭섭해 우옵네다
　모란이 피기까지는
　나는 아직 기다리고 있을 테요 찬란한 슬픔의 봄을

　　　　　　　　－김영랑, 「모란이 피기까지는」－

〈보기〉에서 말한 것처럼, 화자는 봄이라는 계절에 피었다가 금방 소멸하는 '모란'의 아름다움에 주목하고 있습니다. 나아가 계속해서 '모란'을 기다릴 것이고, '모란'이 떨어져 버리면 설움에 잠길 것이라며 자신의 내면세계를 직접적으로 제시하는 모습까지 〈보기〉의 설명 그대로죠?

（나）

　북한산이
　다시 그 높이를 회복하려면
　다음 겨울까지는 기다려야만 한다.

　밤사이 눈이 내린,
　그것도 백운대나 인수봉 같은
　높은 봉우리만이 옅은 화장을 하듯
　가볍게 눈을 쓰고

　왼 산은 차가운 수묵(水墨)으로 젖어 있는,
　어느 겨울날 이른 아침까지는 기다려야만 한다.

　신록이나 단풍,
　골짜기를 피어오르는 안개로는,
　눈이래도 왼 산을 뒤덮는 적설(積雪)로는 드러나지 않는,

　심지어는 장밋빛 햇살이 와 닿기만 해도 변질하는,
　그 고고(孤高)한 높이를 회복하려면

　백운대와 인수봉만이 가볍게 눈을 쓰는
　어느 겨울날 이른 아침까지는
　기다려야만 한다.

　　　　　　　　－김종길, 「고고(孤高)」－

역시 〈보기〉의 도움을 많이 받을 수 있는 작품입니다. 〈보기〉에서 말한 것처럼, 겨울날 여러 조건들이 충족되어 '북한산'의 '고고한 높이'가 드러나는 순간을 통해 대상의 아름다움을 경험하는 모습이에요. (가)와 달리 대상 자체의 묘사에 중점을 두고 있다는 것도 확인할 수 있겠죠?

선지	①	②	③	④	⑤
선택률	4%	86%	5%	3%	2%

152 (가), (나)의 공통점으로 가장 적절한 것은? ②

① 공간의 이동을 통해 시상을 전개하고 있다.

선지 유형	근거가 없어서 허용 불가능
실전에서의 판단 과정	최소한 (나)의 화자는 북한산만 보고 있지.
해설	(가)와 (나) 모두 '공간의 이동'이 나타나지는 않습니다. '실전에서의 판단 과정'처럼 최소한 (나)의 화자는 '북한산'이라는 공간만 바라보고 있었다는 것은 확실하게 떠올릴 수 있겠죠?

② 수미상관의 구조를 통해 주제를 강조하고 있다.

선지 유형	근거가 있어서 허용 가능
실전에서의 판단 과정	그러네.
해설	(가)와 (나) 모두, 처음과 끝을 어느 정도 유사하게 구성하는 '수미상관'의 구조를 이용하고 있습니다. 주제를 강조한다는 것은 너무나 당연하게 허용할 수 있는 내용이죠? 아예 똑같지 않더라도 문장 구조 등이 유사하기만 하면 '수미상관'이 허용된다는 것은 확실하게 알아두세요!

③ 어순의 도치를 통해 상황의 긴박감을 표현하고 있다.

선지 유형	근거가 없어서 허용 불가능
실전에서의 판단 과정	긴박감이 왜 나와.
해설	(가)의 마지막 부분에 '어순의 도치'가 나타나기는 하지만, 이를 통해 '상황의 긴박감'을 표현한다는 것은 절대 허용할 수 없겠죠? 그저 화자가 그만큼 '모란'을 기다리고 있다는 것을 강조하는 부분이었습니다. (나)에는 '어순의 도치'가 나타나지 않기도 하고, 애초에 대상의 아름다움을 경험한다는 주제를 가지고 있는데 갑자기 긴박하다는 것은 말이 되지 않겠습니다.

④ 흑백의 대비를 통해 회화적 이미지를 강화하고 있다.

선지 유형	근거가 없어서 허용 불가능
실전에서의 판단 과정	(가)에는 흑백 대비가 없는 것 같은데?
해설	일단 (가)에는 '흑백의 대비'가 나타나지 않기 때문에 틀린 선지입니다. 한편 (나)의 경우, '눈'과 '수묵'의 흑백 대비가 나타나며 이를 통해 '북한산'의 풍경이 떠오르게끔 하는 회화적 이미지가 강화된다고 할 수 있겠습니다.

⑤ 가상의 상황을 통해 자기반성의 태도를 보여 주고 있다.

선지 유형	근거가 없어서 허용 불가능
실전에서의 판단 과정	반성하는 내용은 아니지.
해설	'모란'이 피는 상황, '북한산'이 '고고한 높이'를 회복하는 상황 등을 '가상의 상황'이라고 할 수는 있겠습니다. 하지만 (가)와 (나) 모두 대상의 아름다움을 경험한다는 주제를 가지고 있을 뿐, '자기반성의 태도'라는 내면세계가 드러나지는 않죠? 주제와 어긋나니 자신 있게 지워낼 수 있겠습니다.

선지	①	②	③	④	⑤
선택률	5%	5%	67%	21%	2%

153 〈보기〉를 참고하여 (가), (나)를 감상한 내용으로 적절하지 않은 것은? [3점] ③

① (가)에서는 아름다움을 경험하는 주체를 직접 노출하여 정서를 표현하고 있군.

선지 유형	근거가 있어서 허용 가능
실전에서의 판단 과정	나!
해설	(가)에서는 '나'라는, 아름다움을 경험하는 주체를 직접 노출하고 있습니다. 나아가 기다림, 설움 등 '나'의 내면세계가 표현되고 있으니 가볍게 허용할 수 있겠네요.

② (가)에서는 한정된 시간 동안 존속하는 속성이 대상의 아름다움을 강화하고 있군.

선지 유형	근거가 있어서 허용 가능
실전에서의 판단 과정	삼백예순 날을 기다려야 할 정도로 한정된 시간 동안만 존속하지. 그러니 더 아름답게 느껴질 거고.
해설	(가)의 '모란'은 '오월 어느 날 그 하루 무덥던 날' 시들어 자취도 없어지고, 화자로 하여금 '삼백예순 날'을 섭섭해 울게 합니다. 이는 '모란'이 5일 정도 되는 한정된 시간 동안만 존속하는 속성을 가지고 있다는 것의 근거가 되겠고, 이러한 희소성이

대상의 아름다움을 강화한다는 것 역시 어렵지 않게 허용할 수 있겠네요.

③ (나)에서는 대상의 높이가 고고한 아름다움을 결정하는 유일한 조건이군.

선지 유형	근거가 있어서 허용 불가능
실전에서의 판단 과정	엥 조건 엄청 많았는데?
해설	(나)의 '북한산'이 '고고한 아름다움'을 가진 '고고한 높이'를 회복하기 위해서는, 높은 봉우리만이 가볍게 눈을 쓰고 나머지는 차가운 수묵으로 젖어 있어야 하며, 신록·단풍·안개·적설·장밋빛 햇살 등을 모두 피할 수 있는 '어느 겨울날 이른 아침'이 되어야 합니다. 즉, 애초에 화자는 '북한산'이 높아서 '고고한 아름다움'을 가졌다고 보는 것이 아니라, '북한산'과 주변 풍경이 절묘한 조화를 이루는 순간에 '고고한 아름다움'을 가진다고 보는 것이었어요. 이러한 독해의 결과를 바탕으로 하면 어렵지 않게 답으로 골라낼 수 있겠네요.

| 생각 심화 |

'고고함'이라는 단어의 의미를 정확하게 알고 있다면 선지 자체가 무언가 이상한 말이라는 생각을 할 수 있을 것입니다. '고고함'은 '높고 높다'는 의미가 아니라, '세상일에 초연하여 홀로 고상하다'는 의미입니다. 물론 어떤 화자는 높기만 하면 고고해보인다고 할 수도 있겠지만, 기본적으로 높기만 하다고 해서 '고고한 아름다움'을 가졌다고 하는 것은 '고고하다'의 의미를 잘못 파악한 해석일 가능성이 높다는 것이죠.

이처럼 문학 작품 속에는 '고고함'의 가치를 추구하는 화자들이 가끔 등장합니다. '고고하다'의 의미를 정확히 알고 있는지 묻는 문제가 2024학년도 9월 모의평가 [32~34] '성산별곡 / 생매 잡아 길 잘 들여~' 지문에서 출제되기도 했었구요. 일종의 어휘력에 해당하니 확실하게 알아두도록 합시다.

④ (나)는 대상의 고고한 아름다움이 드러나는 순간과 그렇지 않은 때의 모습을 대비하고 있군.

선지 유형	근거가 있어서 허용 가능
실전에서의 판단 과정	그렇지.
해설	(나)의 화자는 '북한산'이라는 대상의 '고고한 아름다움'이 드러나는 순간의 복잡한 조건을 제시하고 있습니다. 이는 자연스럽게 해당 조건을 만족하지 못한 상황, 즉 신록·단풍·안개·적설·장밋빛

햇살 등이 있어 '고고한 아름다움'을 드러내지 못하는 순간의 모습과 대비되겠죠? 애초에 이 작품의 주제라고도 할 수 있으니 어렵지 않게 허용할 수 있겠습니다.

⑤ (가)와 (나)는 각각 특정한 계절적 배경을 통해 대상의 아름다움을 표현하고 있군.

선지 유형	근거가 있어서 허용 가능
실전에서의 판단 과정	봄과 겨울!
해설	(가)와 (나)가 각각 봄·겨울이라는 특정한 계절적 배경을 통해 대상의 아름다움을 표현한다는 것, 〈보기〉에서부터 설명한 주제 그 자체죠?

선지	①	②	③	④	⑤
선택률	80%	4%	8%	2%	6%

154 ㉠, ㉡과 관련지어 (가), (나)를 이해한 내용으로 적절하지 않은 것은? ①

㉠나의 봄 / ㉡고고(孤高)한 높이

– ㉠과 ㉡은 각각 (가)와 (나)의 화자가 기다리고자 하는 대상, 나아가 아름다움을 경험하는 대상 그 자체입니다. 이와 관련지어 두 작품을 이해하라는 것은, 사실상 주제 중심으로 독해해보라는 것과 같은 말이죠? 가볍게 해결해봅시다.

① (가)의 '설움'은 ㉠을 경험하지 못하게 방해하는 요인을 나타낸다.

모란이 피기까지는
나는 아직 나의 봄을 기다리고 있을 테요
모란이 뚝뚝 떨어져 버린 날
나는 비로소 봄을 여읜 설움에 잠길 테요

선지 유형	근거가 있어서 허용 불가능
실전에서의 판단 과정	㉠이 없어져서 서러운 거잖아.
해설	(가)의 '설움'은 ㉠이 사라져 버린 뒤 비로소 가지게 되는 내면세계입니다. 이러한 독해의 결과는 '설움'이 ㉠을 경험하지 못하게 방해하는 요인이 아니라는 것의 명백한 근거가 되겠네요. ㉠을

경험하지 못해 서러운 것이지, 서럽기 때문에 ㉠을 경험하지 못하는 것이 아니었습니다.

② (가)의 '내 한 해는 다 가고 말아'는 ㉠의 경험이 화자의 삶에서 차지하는 비중이 큼을 나타낸다.

모란이 지고 말면 그뿐 내 한 해는 다 가고 말아
삼백예순 날 하냥 섭섭해 우옵네다

선지 유형	근거가 있어서 허용 가능
실전에서의 판단 과정	삼백예순 날이 남았는데도 한 해가 다 가고 만다고 할 정도면 진짜 중요한 거지.
해설	(가)의 화자는 ㉠을 경험하지 못하는 순간이 되면 '내 한 해는 다 가고 말아'라고 말할 정도로 ㉠을 중요하게 생각하고 있습니다. 심지어 '삼백예순 날'을 섭섭해 운다는 것을 보면, 한 해의 거의 전부가 남은 상황에서도 한 해가 다 가고 만다고 할 정도로 ㉠이 사실상 화자의 전부인 것 같은 모습이네요.

③ (가)의 '찬란한 슬픔'은 ㉠에서 경험할 수 있는 강렬한 정서를 나타낸다.

모란이 피기까지는
나는 아직 기다리고 있을 테요 찬란한 슬픔의 봄을

선지 유형	근거가 있어서 허용 가능
실전에서의 판단 과정	그렇지.
해설	국민 역설법인 '찬란한 슬픔'에 대해 묻고 있습니다. 이는 화자가 ㉠을 경험하면서 느끼는 감정으로, 화자가 애타게 기다리는 감정이기도 하죠? '찬란한 슬픔'이라는 역설법을 사용한 것은 그 감정이 매우 강렬하다는 것을 의미한다고 할 수 있겠구요.

④ (나)의 '어느 겨울날 이른 아침'은 ㉡을 경험할 수 있는 특정 시간을 나타낸다.

윈 산은 차가운 수묵(水墨)으로 젖어 있는,
어느 겨울날 이른 아침까지는 기다려야만 한다.

선지 유형	근거가 있어서 허용 가능
실전에서의 판단 과정	이때만 ㉡을 경험할 수 있지.

| 해설 | (나)의 화자는 여러 조건이 충족된 '어느 겨울날 이른 아침'만이 ㉡을 경험할 수 있는 때라고 생각하며 기다리고 있습니다. 가볍게 허용할 수 있겠네요. |

⑤ (나)의 '가볍게 눈을 쓰는'은 ㉡을 경험하기 위한 대상의 요건을 나타낸다.

백운대와 인수봉만이 가볍게 눈을 쓰는
어느 겨울날 이른 아침까지는
기다려야만 한다.

선지 유형	근거가 있어서 허용 가능
실전에서의 판단 과정	이때만 ㉡을 경험할 수 있지.
해설	4번 선지와 비슷한 맥락이죠? (나)의 화자는 '백운대'와 '인수봉'만이 가볍게 눈을 쓰는 그 특정한 때에 비로소 ㉡을 경험할 수 있다고 여기며 기다리고 있습니다.

현대시 독해 연습

(가)
모란이 피기까지는
나는 아직 나의 봄을 기다리고 있을 테요
모란이 뚝뚝 떨어져 버린 날
나는 비로소 봄을 여읜 설움에 잠길 테요

'모란'이 피기까지는 아직 '나의 봄'을 기다리고 있을 것이라고 말하는 '나'입니다. 이렇게 말하는 것으로 보아, 지금 봄이 온 것 같기는 하네요. 봄이 오기는 했지만, 아직 '모란'이 피지 않았으니 '나의 봄'이 온 것은 아니라는 '나'의 생각이 드러나고 있습니다. '모란'이 뚝뚝 떨어져 버린 날 비로소 봄을 여읜 설움에 잠길 것이라는 '나'의 말은 이와 같은 의미라고 할 수 있겠죠? '모란'이 떨어져도 여전히 계절적 배경은 봄이겠지만, '모란'이 없으면 의미가 없기에 화자는 '나의 봄'을 여읜 설움에 잠기는 것입니다.

오월 어느 날 그 하루 무덥던 날
떨어져 누운 꽃잎마저 시들어 버리고는
천지에 모란은 자취도 없어지고
뻗쳐오르던 내 보람 서운케 무너졌느니
모란이 지고 말면 그뿐 내 한 해는 다 가고 말아
삼백예순 날 하냥 섭섭해 우옵네다

'모란'은 '오월 어느 날 그 하루 무덥던 날' 시들어 버린 뒤 천지에 자취도 없어집니다. 이렇게 짧은 순간만에 사라진 '모란' 때문에 '나'는 뻗쳐오르던 보람이 서운케 무너지는 감정을 느껴요. '모란'을 볼 수 있다는 점에서 오랜 기다림의 보람이 뻗쳐오르고 있었는데, 그것이 금방 무너져 버린 것이죠. 화자에게 '모란'은 지고 나면 자신의 한 해가 다 간 것과도 같은 느낌을 주는 절대적인 것입니다. 다시 '모란'이 필 때까지 '삼백예순 날'은 하냥(늘) 섭섭해서 우는 화자의 모습이에요.

> 모란이 피기까지는
> 나는 아직 기다리고 있을 테요 찬란한 슬픔의 봄을
> 　　　　　　　　　　　　　-김영랑, 「모란이 피기까지는」-

계속해서 같은 내면세계를 보여 주고 있습니다. 화자는 '모란'이 피기까지는 '찬란한 슬픔의 봄'을 기다릴 것이라고 합니다. 역설법이 쓰였다는 것 자체가 중요한 것이 아니라, 화자가 왜 '찬란한 슬픔'이라는 내면세계를 가지게 되었을지 생각해보는 것이 중요합니다. 일단 화자에게 '모란'은 중요한 것이니 '나의 봄'이 '찬란'하다는 것은 충분히 이해할 수 있겠습니다. 그렇다면 왜 '슬픔'을 함께 느끼는 것일까요? 앞에서도 나왔듯이, '모란'은 아주 짧은 시간만 피었다가 금방 지고 맙니다. 즉, '나의 봄'은 '모란'의 아름다움을 경험할 수 있는 '찬란'한 시간이자, 조만간 '모란'과 이별할 수밖에 없는 '슬픔'의 시간인 것이에요. 화자의 이러한 내면세계를 정확하게 이해했다면 완벽하게 읽었다고 할 수 있겠습니다.

> (나)
> 　북한산이
> 다시 그 높이를 회복하려면
> 다음 겨울까지는 기다려야만 한다.

'북한산'이 '그 높이'를 회복하기 위해서는 다음 겨울까지 기다려야 한다는 내용으로 시작하고 있습니다. '그 높이'가 어떤 것이기에 다음 겨울까지 기다려야 하는 것일까요?

> 밤사이 눈이 내린,
> 그것도 백운대나 인수봉 같은
> 높은 봉우리만이 엷은 화장을 하듯
> 가볍게 눈을 쓰고
>
> 왼 산은 차가운 수묵(水墨)으로 젖어 있는,
> 어느 겨울날 이른 아침까지는 기다려야만 한다.

단순한 다음 겨울이 아니었습니다. 밤사이 눈이 내리지만, '백운대'나 '인수봉' 같은 높은 봉우리만이 가볍게 눈을 쓰고 나머지는 눈이 쌓이지 않는 그런 '겨울날 이른 아침'까지 기다려야 한다고 해요. 화자가 말하는 '북한산'의 '그 높이'는 단순히 높은 산의 형세를 의미하는 것이 아니라, 무언가 까다로운 조건을 충족하는 특정 상황을 비유한 것이네요.

> 신록이나 단풍,
> 골짜기를 피어오르는 안개로는,
> 눈이래도 왼 산을 뒤덮는 적설(積雪)로는 드러나지 않는,
>
> 심지어는 장밋빛 햇살이 와 닿기만 해도 변질하는,
> 그 고고(孤高)한 높이를 회복하려면
>
> 백운대와 인수봉만이 가볍게 눈을 쓰는
> 어느 겨울날 이른 아침까지는
> 기다려야만 한다.
> 　　　　　　　　　　　　　-김종길, 「고고(孤高)」-

계속해서 같은 말입니다. 신록·단풍·안개·적설로는 '그 높이'가 드러나지 않습니다. 심지어 다른 조건이 다 충족되더라도 '장밋빛 햇살'이 와 닿기만 해도 '그 높이'는 변질된다고 해요. 화자는 이러한 순간을 '고고한 높이'로 명명하고 있습니다. 화자는 단순히 높은 '북한산'의 모습을 보고 싶은 게 아니라, 눈이 적당히 쌓여 고상하게 보이는 그 순간을 경험하고 싶은 것이죠. '백운대'와 '인수봉'만이 가볍게 눈을 쓴 '어느 겨울날 이른 아침'을 말이에요.

처음부터 끝까지 계속해서 같은 말만 하는 작품이었기에 어렵지 않게 독해할 수 있었을 겁니다. 나아가 '세상일에 초연하여 홀로 고상하다'는 의미를 가진 '고고하다'라는 단어도 확실하게 알아두도록 합시다.

몰랐던 어휘 정리하기

| 핵심 point |

① **허용 가능성 평가** : 선지의 내용을 '허용'하려는 태도를 바탕으로 지문을 '독해'하며 '근거'를 찾아야 합니다. 허용할 수 있는 '근거'가 있어야만 허용할 수 있습니다. 주관적인 생각을 개입시키면 안 됩니다.

② **현대시 독해** : 〈보기〉의 도움 등을 통해 '주제' 위주로, 그리고 일상 언어의 감각으로 읽어내면 됩니다. 현대시도 읽을 수 있는 하나의 글입니다.

| 지문 내용 총정리 |

〈보기〉에서 주제를 명확하게 제시했고, 지문 속 화자의 내면세계도 꽤나 선명했으며, 선지의 판단도 그리 어렵지는 않았던 지문입니다. 기본적인 현대시 독해력과 '허용 가능성 평가'라는 선지 판단의 원칙이 잘 갖춰져 있었다면 쉽게 해결했을 것이라고 생각해요.

DAY 14 [155~157]

2014.09B [41~43] 현대소설 '광장' ☆☆☆

〈보기〉 확인

─────[보기]─────

4·19 직후에 발표된 최인훈의 「광장」은 당대에 금기시되던 이념 대립의 문제를 정면으로 파헤친 점에서 전후 분단 소설의 대표작으로 평가받고 있다. 남북한 간 이념의 이분법적 구도로 인해, 한반도의 분단만이 아니라 각 체제 내의 사회적 모순과 문제점을 비판하고 고발하는 것조차 이념의 이름으로 은폐하거나 호도하는 사태가 발생하였다. 「광장」은 그러한 <u>시대적 상황에 문제를 제기하고 이념적 대립을 극복할 비판적 대안을 제시</u>하고자 하였던 것이다.

당대 금기시되던 이념 대립의 상황에 문제를 제기하고, 이념적 대립을 극복할 비판적 대안을 제시하고자 했다는 엄청난 주제 의식을 가진 작품입니다. 이념적 대립에 대한 비판이 나타날 것이라는 예상, 나아가 어떤 대안이 제시될지에 대한 기대 등을 안고 읽어보도록 합시다.

지문 독해

"지식인일수록 불만이 많은 법입니다. 그러나, 그렇다고 제 몸을 없애 버리겠습니까? 종기가 났다고 말이지요. 당신 한 사람을 잃는 건, 무식한 사람 열을 잃는 것보다 더 큰 민족의 손실입니다. 당신은 아직 젊습니다. 우리 사회에는 할 일이 태산 같습니다. 나는 당신보다 나이를 약간 더 먹었다는 의미에서, 친구로서 충고하고 싶습니다. 조국의 품으로 돌아와서, 조국을 재건하는 일꾼이 돼 주십시오. 낯선 땅에 가서 고생하느니, 그쪽이 당신 개인으로서도 행복이라는 걸 믿어 의심치 않습니다. 나는 당신을 처음 보았을 때, 대단히 인상이 마음에 들었습니다. 뭐 어떻게 생각지 마십시오. 나는 동생처럼 여겨졌다는 말입니다. 만일 남한에 오는 경우에, 개인적인 조력을 제공할 용의가 있습니다. 어떻습니까?"

누군가를 설득하는 내용으로 시작하고 있습니다. '지식인일수록 불만이 많은 법'이라고 이야기하는 것을 보니, 설득하는 대상은 불만이 많은 지식인으로 보이죠? 아직 젊은 지식인인 '당신'이 조국을 재건하는 일꾼이 되어 주기를 바라는 마음을 듬뿍 담아 설득하는 모습입니다. 심지어 개인적인 조력까지 약속하면서 말이에요. 설득 대상이 꼭 남한에 오기를 바라는 설득자의 간절한 마음에 공감하면서 읽어주시면 됩니다.

> 명준은 고개를 쳐들고, 반듯하게 된 천막 천장을 올려다본다. 한층 가락을 낮춘 목소리로 혼잣말 외듯 나직이 말할 것이다.
> "중립국."
> 설득자는, 손에 들었던 연필 꼭지로, 테이블을 툭 치면서, 곁에 앉은 미군을 돌아볼 것이다. 미군은, 어깨를 추스르며, 눈을 찡긋하고 웃겠지.
> 나오는 문 앞에서, 서기의 책상 위에 놓인 명부에 이름을 적고 천막을 나서자, 그는 마치 재채기를 참았던 사람처럼 몸을 벌떡 뒤로 젖히면서, 마음껏 웃음을 터뜨렸다. 눈물이 찔끔찔끔 번지고, 침이 걸려서 캑캑거리면서도 그의 웃음은 멎지 않았다.

설득 대상은 '명준'이었나 봅니다. 그는 가만히 천장을 올려다보면서, 혼잣말 외듯이 '중립국'을 말합니다. 남한으로 와 달라는 설득자의 설득에도 아랑곳하지 않고 '중립국'을 말하는 단호함이 느껴져야 해요. 설득자와 '미군'의, 말이 안 통한다는 듯 답답해하는 행동 역시 눈에 그려지시죠? 또한 문장들이 모두 추측형으로 된 것을 보니, 이 장면은 '명준'의 상상일 것이라고도 볼 수 있겠습니다. 제시된 지문만 가지고는 정확히 알 수 없지만요.

이렇게 '중립국'으로 가겠다는 의지를 보여 준 '명준'은 천막을 나선 후 마음껏 웃음을 터뜨립니다. 여기서 엄청난 후련함을 느껴야 합니다. '명준'은 드디어 그렇게 고대하던 '중립국'으로 갈 수 있게 된 것이에요.

나아가 〈보기〉의 내용을 조금 끌고 오면, 이념적 대립의 상황에서 작가가 제시한 비판적 대안 중 하나가 '중립국'임을 생각할 수도 있겠습니다. 지금까지 읽은 내용만으로는 정확히 알 수 없지만, '명준'은 남북한 모두를 대안으로 생각하지 않았던 것이고, 본인이 생각하는 이상적인 대안인 '중립국'으로 갈 수 있어 후련한 웃음을 지은 것이죠.

> 준다고 바다를 마실 수는 없는 일. 사람이 마시기는 한 사발의 물. 준다는 것도 허황하고 가지거니 함도 철없는 일. 바다와 한 잔의 물. 그 사이에 놓인 골짜기와 눈물과 땀과 피. 그것을 셈할 줄 모르는 데 잘못이 있었다. 세상에서 뒤진 가난한 땅에 자란 지식 노동자의 슬픈 환상. 과학을 믿은 게 아니라 마술을 믿었던 게지. 바다를 한 잔의 영생수로 바꿔 준다는 마술사의 말을. 그들은 뻔히 알면서 권력이라는 약을 팔려고 말로 속인 꼬임을. 어리석게 신비한 술잔을 찾아 나섰다가, 낌새를 차리고 항구를 돌아보자, 그들은 항구를 차지하고 움직이지 않고 있었다. 참을 알고 돌아온 바다의 난파자들을 그들은 감옥에 가둘 것이다. 못된 균을 옮기지 않기 위해서.

추상적인 내용이 반복되는 부분입니다. 이 내용을 모두 이해하는 것 자체가 중요한 것이 아니라, 결국 이런 관념적 서술을 통해 '명준'의 어떤 내면세계를 말하고자 하는 것인지를 파악하는 것이 핵심입니다. 한마디로, '명준'이 도대체 무슨 생각을 하고 있는지만 파악하고 그에 공감하면 되는 것이죠. 일단 '명준'은 지금 '중립국' 행을 택한 상황입니다. 이 상황에서 하는 생각임을 고려하면서 읽어보도록 합시다.

무슨 말인지 잘은 모르겠지만, '명준'은 권력자들의 꼬임을 믿었다가 낌새를 차리고 돌아봤을 때 권력자들이 자신을 모른 척하고 오히려 감옥에 가둔다고 할 정도로 억압했던 경험을 한 것 같습니다. '명준'은 자신과 비슷한 처지의 '참을 알고 돌아온 바다의 난파자들'을 억압하는 권력에 질려 버려 '중립국' 행을 택한 것이라고 생각할 수 있는 것이죠. 또 〈보기〉의 내용을 살짝 가져오면, 이념에 대한 비판의 목소리를 은폐하거나 호도하는 현실에 '중립국'과 같은 비판적 대안을 생각한 것이라고 볼 수 있겠죠.

> 역사는 소걸음으로 움직인다. 사람의 커다란 모순과 업(業)에 비기면, 아무 자국도 못 낸 것이나 마찬가지다. 당대까지 사람이 만들어 낸 물질 생산의 수확을 고르게 나누는 것만이 모든 시대에 두루 맞는 가능한 일이다. 마찬가지 아닌가. 벌써 아득한 옛날부터 사람 동네가 알아낸 슬기. 사람이라는 조건에서 비롯하는 슬픔과 기쁨을 고루 나누는 것. 그래 봐야, 사람의 조건이 아직도 풀어 나가야 할 어려움의 크기에 대면, 아무것도 아니다. 사람이 이루어 놓은 것에 눈을 돌리지 않고, 이루어야 할 것에만 눈을 돌리면, 그 자리에서 그는 삶의 힘을 잃는다. 사람이 풀어야 할 일을 한눈에 보여 주는 것—

그것이 '죽음'이다. 은혜의 죽음을 당했을 때, 이명준 배에서는 마지막 돛대가 부러진 셈이다. 이제 이루어 놓은 것에 눈을 돌리면서 살 수 있는 힘이 남아 있지 않다. 팔자소관으로 빨리 늙는 사람도 있는 법이었다. 사람마다 다르게 마련된 몸의 길, 마음의 길, 무리의 길. 대일 언덕 없는 난파꾼은 항구를 잊어버리기로 하고 물결 따라 나선다. 환상의 술에 취해 보지 못한 섬에 닿기를 바라며. 그리고 그 섬에서 환상 없는 삶을 살기 위해서. 무서운 것을 너무 빨리 본 탓으로 지쳐 빠진 몸이, 자연의 수명을 다하기를 기다리면서 쉬기 위해서. 그렇게 해서 결정한, 중립국행이었다.

계속해서 '명준'의 생각들이 제시되고 있습니다. '이념의 이름으로 기만하는 권력자들에게 질려서 중립국을 택했다.'라는 하나의 흐름으로 이어질 것임을 생각하며 읽을 수 있어야 합니다. 그래서 사실 이 내용을 아예 이해하지 못하더라도, 일종의 'skip 가능 구간'으로 여기고 빠르게 읽어나가는 것도 나쁘지 않습니다. 결국 '명준'이 '중립국'을 택할 수밖에 없었던 일련의 감정들에 조금이라도 공감할 수 있는지를 물어볼 것이니까요.

| 생각 심화 |

실전에서는 지금까지 보여 드린 수준으로만 읽어도 충분합니다. 다만 인물의 내면세계를 깊게 탐구하는 경험을 하기에 좋은 구간이니, 조금 더 자세히 읽어보도록 하겠습니다. 가능하면 먼저 생각해보고 아래 해설과 비교해보는 것이 좋겠죠?

　준다고 바다를 마실 수는 없는 일. 사람이 마시기는 한 사발의 물. 준다는 것도 허황하고 가지거니 함도 철없는 일. 바다와 한 잔의 물. 그 사이에 놓인 골짜기와 눈물과 땀과 피.

- 누군가가 준다고 해서 바다를 통째로 마실 수는 없습니다. 사람이 마실 수 있는 것은 고작 한 사발의 물이죠. 그러니 바다를 준다는 것도 허황한 말이고, 이걸 가지려고 하는 건 철없는 일일 뿐입니다. 그리고 바다와 한 잔의 물 사이에는 골짜기와 눈물과 땀과 피가 놓여 있다고 합니다. '바다'를 허황된 꿈 정도로 생각한다면, '한 잔의 물'은 현실에 해당할 것입니다. 그리고 그 사이에는 여러 고난이 놓여 있겠죠. 허황된 꿈을 이루기 위해서는 현실에서 정말 많은 고난과 역경을 헤쳐가야 할 것이니까요. 심지어 그 고난과 역경은 허상을 좇기 위한 것이기에 무의미하기까지 할 것입니다.

그것을 셈할 줄 모르는 데 잘못이 있었다. 세상에서 뒤진 가난한 땅에 자란 지식 노동자의 슬픈 환상. 과학을 믿은 게 아니라 마술을 믿었던 게지. 바다를 한 잔의 영생수로 바꿔 준다는 마술사의 말을. 그들은 뻔히 알면서 권력이라는 약을 팔려고 말로 속인 꼬임을.

- 그러한 고난과 역경을 셈할 줄 모르는 것이 잘못이었다고 합니다. 이는 세상에 뒤처진 가난한 땅, 즉 한반도에서 자란 지식 노동자의 슬픈 환상이었다고 하네요. '바다'를 얻겠다는 무의미한 허상을 위해서 골짜기와 눈물과 땀과 피를 견뎌내야 한다는 것을 모른 채, 그리고 고작 '한 잔의 물'밖에 마실 수 없는 자신의 처지를 알지 못한 채 슬픈 환상에 빠져 있었다는 자조적인 이야기라고 할 수 있겠죠? '명준'은 이를 과학이 아닌 마술을 믿었다는 이야기로 바꿔 말합니다. '바다'를 가지면 그것을 '영생수'로 바꿔 주겠다는 허황된 마술사의 말을 믿고서, '바다'를 얻으려는 무의미한 노력을 해왔다는 이야기를 하는 것이죠. 이를 객관적인 것만을 말하는 과학이라고 믿으면서 말이에요. 이는 그저 '바다'를 얻는 게 불가능하다는 것을 뻔히 아는 권력자들의 꼬임이었을 뿐인데 말이에요.

어리석게 신비한 술잔을 찾아 나섰다가, 낌새를 차리고 항구를 돌아보자, 그들은 항구를 차지하고 움직이지 않고 있었다. 참을 알고 돌아온 바다의 난파자들을 그들은 감옥에 가둘 것이다. 못된 균을 옮기지 않기 위해서.

- 이런 것들을 모르고 어리석게 '신비한 술잔'과 같은 허상을 찾아 나섰다가, 낌새를 차리고 항구를 돌아보면 그 권력자들은 항구를 차지하고 움직이지 않고 있었다고 합니다. 허상을 깨닫고 현실로 돌아온 순간 그 현실은 권력자들의 차지가 되어 있었다는 것이죠. 심지어 참을 알고 돌아온, 즉 허상을 깨달은 바다의 난파자들을 감옥에 가두면서 말이죠. 여기서 말하는 '못된 균'은 진실이 알려지는 것을 의미한다고 할 수 있을 것입니다.

역사는 소걸음으로 움직인다. 사람의 커다란 모순과 업(業)에 비기면, 아무 자국도 못 낸 것이나 마찬가지다. 당대까지 사람이 만들어 낸 물질 생산의 수확을 고르게 나누는 것만이 모든 시대에 두루 맞는 가능한 일이다. 마찬가지 아닌가. 벌써 아득한 옛날부터 사람 동네가 알아낸 슬기. 사람이라는 조건에서 비롯하는 슬픔과 기쁨을 고루 나누는 것. 그래 봐야, 사람의 조건이 아직도 풀어 나가야 할 어려움의 크기에 대면, 아무것도 아니다.

- 인간의 역사는 작은 걸음으로 움직입니다. 사람의 커다란 모순과 업에 비하면, 역사는 아무 자국도 못 낸 것이나 마찬가지라는 것이죠. 즉, '사람의 커다란 모순과 업'은 '역사'와 달리 여기저기 자국을 내며 크고 빠르게 움직인다는 것이겠죠. 나아가

물질 생산의 수확을 고르게 나누는 것, 슬픔과 기쁨을 고루 나누는 것만이 가능한 일이라고 합니다. 그래 봐야 이는 '사람의 조건이 아직도 풀어 나가야 할 어려움의 크기'에 비하면 아무것도 아니지만요.

도대체 무슨 말인지 머리가 터져 버릴 것 같지만, 비슷한 문장 구조가 반복되었다는 것을 바탕으로 이해할 수 있을 것 같습니다. 앞에서는 '역사'가 '사람의 커다란 모순과 업'에 비하면 아무것도 아니라고 했습니다. 한편 뒤에서는 '고루 나누는 것'이 '사람의 조건이 아직도 풀어 나가야 할 어려움의 크기'에 비하면 아무것도 아니라고 했네요. 즉, '역사'는 곧 '고루 나누는 것'과, '사람의 커다란 모순과 업'은 '사람의 조건이 아직도 풀어 나가야 할 어려움의 크기'와 대응되는 것이죠. 〈보기〉의 내용을 바탕으로 조금 더 깊게 들어가면, 물질 생산 혹은 슬픔과 기쁨을 나누는 것은 '자원 분배'의 문제를 의미한다고 할 수 있겠습니다. 북한의 공산주의와 남한의 자본주의는 모두 '자원 분배'를 어떻게 할 것인가에 대한 답으로 제시된 이념입니다. 이렇게 이념을 오랜 시간 동안 고민했지만 여전히 '소걸음'에 머물고 있는 것이 인간의 '역사'이고, '사람의 조건이 아직도 풀어 나가야 할 어려움'은 '분배에 대한 이념' 그 이상으로 크고 넓습니다.

사람이 이루어 놓은 것에 눈을 돌리지 않고, 이루어야 할 것에만 눈을 돌리면, 그 자리에서 그는 삶의 힘을 잃는다. 사람이 풀어야 할 일을 한눈에 보여 주는 것—그것이 '죽음'이다.

– 그래서 사람이 이루어 놓은 것에 눈을 돌리지 않고, 이루어야 할 것에만 눈을 돌리면, 그 자리에서 그는 삶의 힘을 잃는다고 합니다. 사람이 아직 풀어 나가야 할 어려움은 산더미처럼 쌓여 있기 때문에, '이루어야 할 것'에만 눈을 돌리면 엄청난 무력감에 빠질 수 있다는 것이죠. 그래서 사람이 '죽음'을 맞으면 앞으로 풀어야 할 일을 한눈에 보는 것 같은 엄청난 무력감을 느낀다는 것입니다.

은혜의 죽음을 당했을 때, 이명준 배에서는 마지막 돛대가 부러진 셈이다. 이제 이루어 놓은 것에 눈을 돌리면서 살 수 있는 힘이 남아 있지 않다. 팔자소관으로 빨리 늙는 사람도 있는 법이었다.

– '명준'은 '은혜'라는 인물의 죽음을 맞이했던 것 같습니다. 그때 '이명준 배'에서는 마지막 돛대가 부러진 셈이라고 해요. 마지막까지 가지고 있던 '바다'에 대한 희망이 모두 사라지는 극심한 무력감을 느꼈다는 의미겠죠? 이제 '명준'에게는 이루어 놓은 것에 눈을 돌리면서 살 수 있는 힘이 남아 있지 않습니다. 즉, 무력감을 느끼지 않고 살 수 있는 힘이 남아 있지 않은 것이죠. 이는 곧 '죽음'에 가까워졌다는 의미이기에, 팔자소관으로 빨리 늙는 사람(=빠르게 죽음에 가까워지는 사람)도 있는

법이라는 표현을 하는 것이라 할 수 있겠습니다. '명준' 스스로가 그렇다는 말이겠죠.

사람마다 다르게 마련된 몸의 길, 마음의 길, 무리의 길. 대일 언덕 없는 난파꾼은 항구를 잊어버리기로 하고 물결 따라 나선다. 환상의 술에 취해 보지 못한 섬에 닿기를 바라며. 그리고 그 섬에서 환상 없는 삶을 살기 위해서. 무서운 것을 너무 빨리 본 탓으로 지쳐 빠진 몸이, 자연의 수명을 다하기를 기다리면서 쉬기 위해서. 그렇게 해서 결정한, 중립국행이었다.

– 사람마다 자신에게 주어진 길은 다르게 마련되어 있습니다. 앞에서 말했듯이 '명준'에게 주어진 길은 남들보다는 조금 더 빠르게 늙어 '죽음'에 가까워지는 것이겠죠? 스스로를 '대일 언덕 없는 난파꾼'으로 명명한 '명준'은, '항구'라는 허황된 꿈을 잊어버리기로 하고 물결 따라 나섭니다. 허황된 환상의 술에 취해 보지 못한 섬에 닿아, 그곳에서 환상 없이 살기 위해 말이죠. 엄청난 무력감을 느끼게 한, 무서운 것을 너무 빨리 본 탓으로 지친 몸이 자연스레 '죽음'으로 향하게 하기 위해 '중립국'행을 택한 것입니다.

이렇게 보니 '명준'이 왜 '중립국'행을 택한 것인지 명확하게 공감할 수 있겠죠? 권력자들의 농간에 놀아나 허황된 꿈을 좇다가, 이를 일찍 깨달았다는 죄로 억압받은 후 '은혜'의 죽음으로 인해 극심한 무력감에 빠진 '명준'은 이념이고 뭐고 아무런 환상도 없는 '중립국'에서 자연스레 다가올 '죽음'을 기다리고자 한 것입니다. 실전에서 생각하기에는 매우 어려운 내용들입니다. 다시 말하지만 실전에서는 '명준이가 이념의 이름으로 기만하는 권력자들에게 질려서 중립국을 택했다.' 정도만 잡아내도 충분합니다. 다만 인물의 내면세계에 공감한다는 원칙을 연습하기에 정말 좋은 구간이니, 스스로의 힘으로 다시 뚫어보시는 것을 권합니다.

> 중립국. 아무도 나를 아는 사람이 없는 땅. 하루 종일 거리를 싸다닌대도 어깨 한번 치는 사람이 없는 거리. 내가 어떤 사람이었던지도 모를뿐더러 알려고 하는 사람도 없다.
> 병원 문지기라든지, 소방서 감시원이라든지, 극장의 매표원, 그런 될 수 있는 대로 마음을 쓰는 일이 적고, 그 대신 똑같은 움직임을 하루 종일 되풀이만 하면 되는 일을 할 테다. 수위실 속에서 나는 몸의 병을 고치러 오는 사람들을 바라본다. 나는 문간을 깨끗이 치우고 아침저녁으로 꽃밭에 물을 준다.
>
> –최인훈, 「광장」

이처럼 '명준'이 생각하는 '중립국'은 아무도 자신에게 관심이 없는 이상적인 공간입니다. '명준'은 되도록 마음을 쓰는 일이 적고, 똑같은 움직임을 되풀이하는 일을 하겠다는 다짐을 합니다. 이렇게 해야 그동안 이념의 이름으로 가해진 폭력에 지친 자신의 마음을 치유할 수 있을 테니까요. 그렇게 하면서 '중립국'으로 가 그런 일을 하고 있는 자신의 모습을 상상해보는 '명준'입니다. 이게 상상으로 느껴져야 합니다. 갑자기 '중립국'으로 바로 가버렸다고 하는 것은 개연성이 떨어지니까요.

선지	①	②	③	④	⑤
선택률	3%	89%	3%	3%	2%

155 윗글의 서술상 특징으로 가장 적절한 것은? ②

① 장면의 빈번한 전환을 통해 긴박한 분위기를 조성하고 있다.

선지 유형	근거가 없어서 허용 불가능
실전에서의 판단 과정	뭐가 긴박해.
해설	일단 '장면의 빈번한 전환'은 허용할 여지가 있습니다. 물론 공간적 배경이 자주 변하거나 하지는 않지만, '명준'이 자신의 내면세계를 다양한 장면을 통해 보여 주고 있다고 할 수 있으니까요. 만약 이 작품을 영화화한다면, '명준'의 내면세계를 보여 주는 부분에서 정말 많은 장면이 쓰여야겠죠? '바다'에 대한 장면, '항구'에서의 권력자에 대한 장면, '은혜'의 죽음과 관련된 장면, '중립국'에서 평화롭게 살아가는 '명준'의 모습을 담은 장면 등등 말이죠. 하지만 '긴박한 분위기'는 절대 허용할 수 없을 것입니다. '명준'은 지금 '중립국'행을 결정한 뒤 해방감을 느끼고 깊은 성찰에 빠진 상태예요. 긴박하다면 이럴 여유가 없겠죠.

② 인물의 의식에 초점을 맞추어 현실에 대한 관념적 인식을 드러내고 있다.

선지 유형	근거가 있어서 허용 가능
실전에서의 판단 과정	관념적 인식 처리하느라 진을 뺐지.
해설	지문 내용을 그대로 읊어주고 있습니다. '명준'이라는 인물의 의식, 즉 내면세계에 초점을 맞추어 이념의 이름으로 권력이 기만하는 현실에 대한 관념적 인식을 드러내고 있죠. 가볍게 답으로 고를 수 있겠습니다.

③ 실제 공간의 실감 있는 묘사를 통해 시대적 상황을 구체화하고 있다.

선지 유형	근거가 없어서 허용 불가능
실전에서의 판단 과정	실제 공간 어디?
해설	'실제 공간'이라고 할 만한 공간이 나타나지 않습니다. 이 지문에 나타난 공간은 설득자와 미군이 '명준'을 설득하는 공간과 '명준'이 살아갈 '중립국'이라는 공간 정도인데, 이들은 모두 '명준'의 상상 속 공간이기 때문에 '실제 공간'이라고 보기 어렵죠? 나아가 이 공간들의 '실감 있는 묘사' 자체가 시대적 상황을 구체화한다고 보기도 어렵겠죠? 묘사의 과정에서 그 시대에서만 볼 수 있는 풍경이 나온다면 모르겠지만요.

④ 회상을 통해 대조적 체험을 병렬적으로 제시함으로써 주제를 강화하고 있다.

선지 유형	근거가 없어서 허용 불가능
실전에서의 판단 과정	회상은 없는데?
해설	일단 설득자와 미군이 '명준'을 회유하는 장면은 '명준'의 회상이 아니라 상상입니다. 나아가 '명준'의 관념이 길게 제시되는 부분도 구체적인 과거 장면이 아니라 추상적인 서술로 이루어졌다는 점에서, '회상'이 나타났다고 보기는 어렵겠습니다. '회상'이 허용되려면 '구체적인 과거 장면'이 나타나야 해요. 같은 맥락에서 대조적 '체험'이 제시되었다는 것도 허용하기 어렵겠습니다. '명준'이 '체험'한 구체적인 장면은 나오지 않으니까요.

⑤ 인물 간의 갈등을 다각적으로 조명하여 사건 전개의 양상을 다면화하고 있다.

선지 유형	근거가 있어서 허용 불가능
실전에서의 판단 과정	철저하게 명준의 내적 갈등만 나타나고 있지.
해설	설득자와 '명준' 사이에 갈등이 있다고도 할 수 있겠지만, 이것을 다른 인물의 시각을 바탕으로 서술하는 등 다각적으로 조명한 것은 아닙니다. 나아가 이 갈등은 '명준'의 상상이라는 점에서 실제로 인물 간의 갈등이 있다고 보기도 어렵겠죠?

3번~5번 선지를 정확하게 판단하기 위해 초반부 장면이 '명준'의 상상이라는 전제가 필요합니다. 사실 이는 지문을 읽으면서 확신하기 어려운 부분이기 때문에 꽤 까다로운 선지들이라고 할 수 있습니다.

하지만 실전에서는 2번이라는 명확한 정답을 고를 수 있어야 합니다. 2번 선지 해설에서도 언급했듯이, 지문의 내용을 그대로 읊어주는 선지니까요. 나아가 기출문제 분석의 경험이 풍부하다면, 3번~5번 선지의 내용들이 모두 답이 되기 어려운 미시적인 선지라는 느낌이 올 것입니다. 실전에서 이런 '느낌'을 적극적으로 활용하는 것도 아주 중요하니, 많은 경험을 쌓아주시기 바랍니다.

선지	①	②	③	④	⑤
선택률	4%	3%	78%	12%	3%

156 난파꾼에 대한 이해로 가장 적절한 것은? ③

– '난파꾼'은 허황된 꿈을 좇다가 그것의 무의미함을 깨닫고 무력감에 빠진 '명준' 스스로를 비유한 표현입니다. 이 내용을 찾아봅시다.

① 과거에 집착하는 존재이다.

선지 유형	근거가 있어서 허용 불가능
실전에서의 판단 과정	오히려 과거를 잊는 존재지.
해설	'난파꾼'은 허황된 꿈을 좇던 과거에서 벗어나 환상 없이 살아가기로 결심한 '명준'을 비유한 표현입니다. 과거에 집착한다는 것은 허용하기 어렵죠.

② 정주할 곳에 도달한 존재이다.

선지 유형	근거가 있어서 허용 불가능
실전에서의 판단 과정	아직 중립국 도착 못했지.
해설	'난파꾼'이 정주할 곳은 결국 '중립국'과 같은, 이념의 압박이 없는 공간입니다. 아직 이러한 공간에 도달하지 못했으니 '난파'꾼이라는 표현을 쓰는 것이겠죠?

③ 환상이 허황됨을 알아차린 존재이다.

선지 유형	근거가 있어서 허용 가능
실전에서의 판단 과정	그렇지.
해설	미리 생각한 내용 그대로네요. '생각 심화' 수준으로 읽어내지 못하더라도, 이를 답으로 골라내는 것 자체는 어렵지 않을 것입니다.

④ 속세를 떠난 구도자가 되려는 존재이다.

선지 유형	근거가 없어서 허용 불가능
실전에서의 판단 과정	뜬금없이 뭔 구도자.
해설	'구도자'는 종교적인 깨달음을 얻으려는 사람을 말합니다. '중립국' 역시 속세의 하나일 것이고, '명준'이 종교적인 깨달음을 얻으려는 의지를 보인 적도 없기 때문에 절대 허용할 수 없겠네요.

⑤ 현실 변화에 민첩하게 적응하는 존재이다.

선지 유형	근거가 있어서 허용 불가능
실전에서의 판단 과정	그냥 죽음을 기다리는 존재지.
해설	'난파꾼'은 되도록 마음 쓰는 일 없이 자연스런 '죽음'을 기다리기로 결심한 '명준'을 비유한 표현입니다. 이렇게 모든 것을 내려 놓은 '난파꾼'이 현실 변화에 민첩하게 적응한다는 것은 말이 되질 않겠죠.

선지	①	②	③	④	⑤
선택률	6%	64%	6%	6%	18%

157 〈보기〉를 참고하여 윗글을 감상할 때 적절하지 않은 것은? [3점] ②

① 이념적 선택을 강요하는 억압적 상황에 처한 이의 심정이 드러나 있어. 주인공이 중립국 선택을 마치고 난 후에 보인 반응에서 이를 엿볼 수 있지.

선지 유형	근거가 있어서 허용 가능
실전에서의 판단 과정	이념적 선택을 강요하는 억압적 상황에서 벗어났으니 후련함을 느끼는 거지.
해설	'명준'은 '중립국' 선택을 마치고 난 후 마음껏 웃음을 터뜨립니다. 이는 〈보기〉에서 말하는 것처럼 이념적 선택을 강요하는 억압적 상황에서 벗어난

것에 대한 후련함을 표현한 것이라고 할 수 있겠죠. 지문을 읽으면서 미리 공감했던 부분이니 가볍게 허용할 수 있습니다.

② 개인의 이익보다 이념을 택하는 당대 지식인의 실천적 의지가 드러나 있어. 개인의 행복한 삶을 마다하고 낯선 땅으로 가려는 주인공의 선택에서 이를 엿볼 수 있지.

선지 유형	근거가 있어서 허용 불가능
실전에서의 판단 과정	이념을 왜 택해.
해설	'명준'은 이념적 갈등 상황에 질려 버려 '중립국'행을 택한 것입니다. 오히려 이념보다 개인의 이익을 택한 것이라고 할 수 있죠. '명준'의 입장에서는 남한에서 아무리 높은 자리에 오르더라도 행복하지 않을 것이기에 낯선 땅으로 가려는 선택을 한 것입니다. 이러한 '명준'의 마음에 공감했다면 가볍게 답으로 고를 수 있겠네요.

③ 현실의 문제를 감추거나 왜곡하기에 급급한 체제에 대한 냉소적 태도가 드러나 있어. 미래에 대한 환상으로 사람들을 꾀는 마술사의 속임수를 비꼬듯 이야기한 데에서 이를 엿볼 수 있지.

선지 유형	근거가 있어서 허용 가능
실전에서의 판단 과정	그렇지.
해설	선지 그 자체로 허용할 수 있겠죠? '명준'은 이러한 체제에 대한 비판적 대안으로 '중립국'행을 택한 것이었습니다.

④ 사회적 모순을 직시하는 이들을 격려하려는 권력을 비판하고자 하는 의식이 드러나 있어. 항구를 차지한 이들이 바다에서 돌아온 이들을 감금하려 한다는 대목에서 이를 엿볼 수 있지.

선지 유형	근거가 있어서 허용 가능
실전에서의 판단 과정	그렇지.
해설	역시 선지 그 자체로 허용할 수 있겠습니다. '생각 심화'에서 깊게 이해한 내용이기도 하구요.

⑤ 이념적 대립 구도에 갇힌 현실에 대한 대안으로, 일상적 삶을 자유롭게 누릴 수 있는 사회가 드러나 있어. 주인공이 중립국에서 누리고자 하는 삶의 모습을 기술한 데에서 이를 엿볼 수 있지.

선지 유형	근거가 있어서 허용 가능
실전에서의 판단 과정	중립국행은 대안이라고 볼 수 있지.
해설	이념적 대립 구도에 갇힌 현실에서 '명준'은 '중립국'행을 대안으로 택합니다. 그곳은 똑같은 일을 되풀이해도 되는 '일상적 삶'을 그 누구, 혹은 어떤 이념의 눈치도 보지 않고 자유롭게 누릴 수 있는 사회일 것이에요. '명준'은 이러한 삶의 모습을 '중립국'에서 누리고자 하는 것입니다.

몰랐던 어휘 정리하기

| 핵심 point |

① **허용 가능성 평가** : 선지의 내용을 '허용'하려는 태도를 바탕으로 지문을 '독해'하며 '근거'를 찾아야 합니다. 허용할 수 있는 '근거'가 있어야만 허용할 수 있습니다. 주관적인 생각을 개입시키면 안 됩니다.
② **소설 독해** : '심리와 행동의 근거'를 바탕으로 인물에게 '공감'하며 읽어야 합니다. 이 과정이 물흐르듯 이어지면 지문의 내용을 완벽하게 이해할 수 있어요.
③ **현대소설 클리셰** : 현대사의 흐름을 바탕으로 인물들의 성격을 유추할 수 있습니다. 이런 내용은 현대소설의 클리셰로 작용하니 확실하게 알아두도록 합시다.

| 지문 내용 총정리 |

대충 이해하고 답만 골라내는 것은 그리 어렵지 않았겠지만, 복잡한 관념적 서술이 길게 제시되어 주인공의 내면세계에 완벽하게 공감하는 것은 매우 어려웠던 지문입니다. 평가원이 이 정도 수준의 공감을 요구하는 일은 없겠지만,(없어야겠죠...?) 역으로 이 정도 수준의 공감을 해낼 수 있다면 수능 수준의 소설 문제들은 모두 완벽하게 해결할 수 있게 될 것입니다. 이를 목표로 확실하게 정리해보도록 합시다.

〈보기〉 확인

---[보기]---

「고공가」는 전란으로 인해 황폐해진 나라를 재건하자는 의도에서 지어진 노래로, 국가 정치를 한 집안의 농사일에 비유하여 관료 사회의 단면을 보여 주고 있다.

(나)에 대한 〈보기〉입니다. 전란으로 인해 황폐해진 나라를 나라를 재건하자는 의도를 담고 있네요. 주제 의식이 명확하니 적극적으로 활용할 수 있을 것 같습니다.

실전적 지문 독해

(가)

두터비 파리를 물고 두엄 우희 치다라 안자

→ 두터비가 파리를 물고 두엄 위에 치달아 앉아

것넌 산 바라보니 백송골(白松鶻)이 떠 잇거늘 가슴이 금즉하여 풀덕 뛰여 내닷다가 두엄 아래 잣바지거고

→ 건너 산을 바라보니 백송골이 떠 있거늘 가슴이 깜짝 놀라 풀쩍 뛰어 내닫다가 두엄 아래 자빠져서

모쳐라 날낸 낼식만졍 에헐*질 번 하괘라.

→ 다행이다 날랜 나니까 이 정도지 다칠 뻔했구나.

─작자 미상, 사설시조─

* 에헐 : 어혈. 타박상 등으로 피부에 피가 맺힌 것.

'두터비'가 '파리'를 물고 있다가, '백송골'을 보고 놀라 자빠진 뒤 그나마 나니까 이 정도로 끝났다며 허세를 부리는 모습입니다. 이러한 '두터비'의 모습을 바라보는 화자의 내면세계에 공감해보면, 강약약강의 모습을 보이며 허세를 부리는 '두터비'를 비판하고 있다고 할 수 있겠죠? 모든 시는 결국 인간의 이야기이기 때문에, '두터비' 자체를 비판하기보다 이 지문의 '두터비'와 같은 모습을 보이는 인간을 '두터비'에 비유해서 풍자하고 있다고 생각할 수 있겠습니다. 문학에 대한 경험치가 쌓여 있다면 충분히 할 수 있는 생각이에요.

(나)

요사이 고공들은 생각이 어찌 아주 없어
밥사발 크나 작으나 동옷이 좋고 굳으나
마음을 다투는 듯 호수(戶首)*를 시샘하는 듯
무슨 일 감겨들어 흘깃할깃 하느냐
너희네 일 아니하고 시절조차 사나워
가뜩이 나의 세간 풀어지게 되었는데
엊그제 화강도(火强盜)에 가산(家産)이 탕진하니
집 하나 불타 버리고 먹을 것이 전혀 없다

(중략)

칠석에 호미 씻고 김을 다 맨 후에
새끼 꼬기 누가 잘 하며 섬은 누가 엮으랴
너희 재주 헤아려 제각기 맡아 하라
가을걷이 한 후에는 집짓기를 아니하랴
집은 내 지으마 움은 네 묻어라
너희 재주를 내 짐작하였노라
너희도 먹을 일을 분별을 하려무나
멍석에 벼를 넌들
좋은 해 구름 끼어 햇볕을 언제 보랴
방아를 못 찧거든 거치나 거친 올벼
옥 같은 백미 될 줄 누가 알 수 있겠느냐
너희네 데리고 새 살림 살자 하니
엊그제 왔던 도적 아니 멀리 갔다 하되
너희네 귀 눈 없어 저런 줄 모르건대
화살을 제쳐 두고 옷 밥만 다투느냐
너희네 데리고 추운가 굶주리는가
죽조반(粥早飯) 아침 저녁 더 많이 먹였거든
은혜란 생각 않고 제 일만 하려 하니
생각 있는 새 일꾼 어느 때 얻어서
집 일을 마치고 시름을 잊겠는가
너희 일 애달파 하면서 새끼 한 사리 다 꼬겠도다.

─허전, 「고공가(雇工歌)」─

* 호수 : 고공(머슴)의 우두머리.

〈보기〉에서 말한 그대로, 전란으로 인해 황폐해진 나라를 한 집안으로, 그리고 관료들을 '고공'으로 비유하여 나라를 재건하자는 의도를 드러내고 있습니다. 전반적으로 '고공'들이 서로 시샘하고 할 일을 하지 않는다며 비판하는 어조를 보이면서, 이들의 재주가 있으니 할 일을 하자며 독려하기도 하는 모습이에요. 자세한 것은 문제를 풀면서 다시 읽어보도록 합시다.

(다)

물이 하나의 국가라면, 용은 그 나라의 군주이다. 어족(魚族) 가운데 큰 것으로 고래, 곤어, 바다 장어 같은 것은 그 군주의 내외 여러 신하이고, 그 다음으로 메기, 잉어, 다랑어, 자가사리 종류는 서리나 아전의 무리이다. 그 밖에 크기가 한 자가 못 되는 것은 수국(水國)의 만백성들이다. 그 상하에 서로 차서(次序)가 있고 대소(大小)에 서로 거느림이 있는 것은 또 어찌 사람과 다르겠는가?

이 때문에 용이 그 나라를 경영함에 가물어 물이 마르면 반드시 비를 내려 이어주고, 사람들이 물고기 씨를 말릴까 염려하여 겹겹이 물결을 일렁이어 덮어 주니, 그것이 물고기에게는 은혜가 아닌 것은 아니다.

(다) 역시 국가에 대한 이야기를 하고 있습니다. 국가를 '물'에, 군주를 '용'에 비유하고 있네요. 군주의 밑에 신하들, 서리나 아전의 무리, 만백성이 있는 것처럼 '용'의 밑에도 여러 '어족'이 있다는 이야기를 하네요. 이에 군주의 역할을 하는 '용'은 물이 마르면 비를 내려 주고, 겹겹이 물결을 일렁이게 해서 물고리를 보호하기도 한다고 합니다. 마치 군주가 백성들을 돌보는 것처럼 말이죠. 이는 당연히 물고기들 입장에서는 군주의 은혜에 해당할 것입니다. 군주를 칭송하는 전형적인 고전문학의 세계관을 따르고 있다는 것 역시 생각할 수 있겠죠?

그런데 물고기에게 자애로운 것은 한 마리 용이고, 물고기를 못살게 하는 것은 수많은 큰 물고기들이다. 고래들은 조류를 따라가며 들이마셔 작은 물고기를 자신의 시서(詩書)로 삼고, 교룡, 악어는 물결을 다투어 삼키고 씹어 먹어 작은 물고기를 거친 땅의 농사로 삼으며, 문절망둑, 쏘가리, 드렁허리, 가물치 족속은 사이를 노리고 틈을 잡아 덮쳐서 작은 물고기를 은과 옥으로 삼는다. 강자는 약자를 삼키고 지위가 높은 것은 아랫것을 사로잡는다. 진실로 그러한 행위를 싫증 내지 않는다면 물고기들은 반드시 남아나지 않을 것이다.

이렇게 물고기에게 자애로운 것은 한 마리 '용', 즉 군주입니다. 그리고 물고기를 못살게 하는 것은 수많은 '큰 물고기들'이라고 해요. 고래, 교룡, 악어 등의 예시를 통해 군주가 아닌 신하들이 백성들을 괴롭히는 현실을 풍자하고 있습니다. 그러한 행위를 싫증 내지 않는다면, 즉 지적하지 않는다면 물고기들(=백성들)은 반드시 남아나지 않을 것이라 말하면서 말이죠. 결국 (다)의 글쓴이도 (나)의 화자처럼 신하들을 비판하고 있는 것입니다.

슬프다! 작은 물고기가 없다면 용은 뉘와 더불어 군주 노릇을 하며, 저 큰 물고기들이 또한 어찌 으스댈 수 있겠는가? 그러므로 용의 도(道)란 그들에게 구구한 은혜를 베풀어 주는 것보다 먼저 그들을 해치는 족속들을 물리치는 것이다.

아아, 사람들은 물고기에게만 큰 물고기가 있는 줄 알고 사람에게도 큰 물고기가 있는 줄을 알지 못한다. 그러니 물고기가 사람을 슬퍼하는 것이 사람이 물고기를 슬퍼하는 것보다 더 심한 것을 어찌 알겠는가?

–이옥, 「어부(魚賦)」–

이런 현실에서, 글쓴이는 '용'이 할 일은 백성들에게 구구한 은혜를 베풀어 주는 것보다 먼저 그들을 해치는 '큰 물고기'와 같은 족속들을 물리치는 것이라고 생각합니다. 마지막 문단에서는 사람에게도 '큰 물고기'가 있다고 하면서, 사람이 물고기를 슬퍼하는 것보다 물고기가 사람을 슬퍼하는 것이 더 심하다는 이야기를 합니다. 즉, 사람들이 '큰 물고기'에게 당하는 작은 물고기를 보고 안타까워할 때가 아니라는 것이죠. 물고기들이 보기에 사람들이 더 불쌍하니까요. 결국 끝까지 백성들을 괴롭히는 관리들을 처벌해야 한다는 주장을 펼치는 지문이었습니다.

선지	①	②	③	④	⑤
선택률	83%	2%	5%	5%	5%

158 (가)~(다)의 공통점으로 적절한 것은? ①

① 대상을 비판하고자 하는 의도가 담겨 있다.

선지 유형	근거가 있어서 허용 가능
실전에서의 판단 과정	그러네.
해설	(가)는 '두터비', (나)는 '고공', (다)는 '큰 물고기'에 비유하여 특정 대상을 비판하고 있습니다. 주제 그 자체를 묻고 있네요.

② 과거 사실에 대한 반성적 성찰이 드러나 있다.

선지 유형	근거가 없어서 허용 불가능
실전에서의 판단 과정	성찰이 어딨어.
해설	세 작품 모두 대상을 비판하는 데 급급할 뿐, 과거 사실을 반성적으로 성찰하는 모습이 나타나지는 않습니다. 애초에 주제와 너무 먼 내용이니 허용하기 어렵겠죠?

③ 고사(故事)를 활용하여 풍자의 효과를 높이고 있다.

선지 유형	근거가 없어서 허용 불가능
실전에서의 판단 과정	아 귀찮아. 고사 없던 것 같은데?
해설	고사, 즉 옛날 이야기를 사용한 부분을 찾기 어렵습니다. 이미 확실한 정답을 찾은 상황이기도 하니, 그냥 없을 것이라 생각하고 넘어가는 것도 좋은 태도입니다. 찾으려면 너무 귀찮으니까요.

④ 부정적인 상황을 극복하고자 하는 의지가 드러나 있다.

선지 유형	근거가 없어서 허용 불가능
실전에서의 판단 과정	(가)는 아닌 것 같네.
해설	(나)와 (다)의 경우, 전란으로 인해 황폐해진 나라나 '큰 물고기'와 같은 이들이 백성들을 괴롭히고 있는 부정적인 상황을 극복해보자는 의지를 드러내고 있다고 할 수 있습니다. (나)에서는 구체적인 해결 방안을 제시하고 있고, (다)에서도 '용'이 '큰 물고기'와 같은 족속들을 물리치는 것이 중요하다는 방안을 제시하고 있으니까요. 하지만 (가)는 그저 '두터비'를 풍자하고 있을 뿐, '두터비'와 같은 인물이 존재하는 현실을 극복하려는 의지를 보이지는 않습니다. 허용을 하고 싶어도 근거가 없어요.

⑤ 특정 장면에 초점을 맞추어 대상을 해학적으로 묘사하고 있다.

선지 유형	근거가 없어서 허용 불가능
실전에서의 판단 과정	(나)랑 (다)는 너무 엄근진인데.
해설	(가)의 경우, '두터비'가 넘어지는 장면을 '잣바지거고'와 같이 우스꽝스럽게 표현하고 있다는 점에서 대상을 '해학적'(슬픔이나 아픔을 웃음으로 승화시키는 것)으로 묘사하고 있다고 할 수 있습니다. '두터비'와 같은 인물이 판치는 세태에 화자는 슬픔 혹은 아픔을 느낄 텐데, 이를 웃음으로 퉁치고 넘어가려고 한다는 것이죠. 하지만 (나)와 (다)는 지문 전체적으로 진지한 표현만이 쓰였을 뿐, 웃음으로 넘어가려는 모습을 보이지 않습니다. '고공', '큰 물고기' 등으로 비유하며 비판하고 있다는 점에서 '풍자'라고 할 수는 있겠지만, '해학적 묘사'는 허용하기 어렵겠네요.

선지	①	②	③	④	⑤
선택률	4%	26%	12%	54%	4%

159 (나)와 (다)를 비교할 때, 문맥적 의미가 비와 가장 가까운 것은? ④

> 이 때문에 용이 그 나라를 경영함에 가물어 물이 마르면 반드시 비를 내려 이어주고, 사람들이 물고기 씨를 말릴까 염려하여 겹겹이 물결을 일렁이어 덮어 주니, 그것이 물고기에게는 은혜가 아닌 것은 아니다.

– 맥락상 '비'는 '용'이라는 군주가 백성들에게 내리는 '은혜'와 같은 것입니다. 이러한 의미와 가장 가까운 것을 찾아봅시다.

① ㉠

> 너희 재주 헤아려 제각기 맡아 하라
> 가을걷이 한 후에는 집짓기를 아니하랴
> 집은 내 지으마 ㉠움은 네 묻어라
> 너희 재주를 내 짐작하였노라

선지 유형	근거가 있어서 허용 불가능
실전에서의 판단 과정	이건 그냥 고공이 할 일이잖아.
해설	㉠은 화자가 '고공'에게 하라고 시키는 일입니다. (다)의 '비'와는 아무런 관련이 없어요.

② ㉡

> 방아를 못 찧거든 거치나 거친 올벼
> 옥 같은 ㉡백미 될 줄 누가 알 수 있겠느냐

선지 유형	근거가 있어서 허용 불가능
실전에서의 판단 과정	이건 언젠가 얻게 될 보상이지.
해설	맥락상 ㉡은 '거치나 거친 올벼'도 열심히 방아를 찧으면 얻을 수도 있는 보상을 의미합니다. ㉡을 얻을 수도 있으니 열심히 일하자는 의미를 담고 있는 것이죠. 이는 임금의 은혜가 아닌 신하들의 노력으로 얻어낼 수 있는 것이기에, (다)의 '비'와는 관련이 없습니다.

③ ㉢

> 너희네 데리고 새 ㉢살림 살자 하니
> 엊그제 왔던 도적 아니 멀리 갔다 하되
> 너희네 귀 눈 없어 저런 줄 모르건대
> 화살을 제쳐 두고 옷 밥만 다투느냐

선지 유형	근거가 있어서 허용 불가능
실전에서의 판단 과정	이건 그냥 국가를 재건하자는 의미지.
해설	이 작품의 주제를 고려할 때, ㉢은 '고공'과 함께 나라를 재건하여 꾸려가는 모습을 표현한 것이라고 할 수 있습니다. (다)의 '비'와는 아무런 관련이 없네요.

④ ㉣

> 너희네 데리고 추운가 굶주리는가
> ㉣죽조반(粥早飯) 아침 저녁 더 많이 먹였거든
> 은혜란 생각 않고 제 일만 하려 하니

선지 유형	근거가 있어서 허용 가능
실전에서의 판단 과정	고공을 배불리 먹이는 건 주인의 은혜지.
해설	㉣은 '고공'의 주인이 아침 저녁 더 많이 먹이는 것으로, '고공'의 입장에서는 '은혜'에 해당하는 것입니다. 이는 '물고기'들의 입장에서 마른 물에 내리는 '용'의 '비'와 같은 것이라고 할 수 있죠? '은혜'라는 키워드를 잡았다면 더 쉽게 답으로 고를 수 있겠습니다.

⑤ ㉤

> 생각 있는 새 일꾼 어느 때 얻어서
> 집 일을 마치고 시름을 잊겠는가
> 너희 일 애달파 하면서 ㉤새끼 한 사리 다 꼬겠도다.

선지 유형	근거가 있어서 허용 불가능
실전에서의 판단 과정	이건 그냥 화자가 꼬아낸 거잖아.
해설	화자는 '고공'들의 행태에 안타까워하면서, '새끼' 한 마리 다 꼬겠다는 이야기를 합니다. 즉, ㉤은 화자가 '고공'들을 애달파 하는 와중에 해낸 일일 뿐, (다)의 '비'와는 아무런 관련이 없죠.

선지	①	②	③	④	⑤
선택률	3%	4%	5%	4%	84%

160 밑줄 친 대상 간의 관계가 (가)의 '두터비', '파리', '백송골' 간의 관계와 가장 가까운 것은? ⑤

– 힘의 세기를 기준으로 하면, '백송골〉두터비〉파리'라고 할 수 있겠죠? '두터비'는 '파리'와 같은 약자를 괴롭히면서, '백송골'과 같은 강자를 보면 허겁지겁 도망가고서 나중에 허세를 부리는 비겁한 인물을 비유한 것입니다. 이러한 관계를 찾아 보도록 합시다.

① 닭은 때를 알리고 개는 도적을 살피고
　　소 말은 큰 구실 맡겨 다 기름 직하거니와
　　저 매는 꿩 잡아 절로 바치든가 나는 몰라 하노매라.

선지 유형	근거가 있어서 허용 불가능
실전에서의 판단 과정	닭이랑 개는 할 일을 하는 것들이고, 꿩은 매가 잡아 바치는 것일 뿐이네.
해설	'닭'과 '개'는 각각 때를 알리고 도적을 살피는 할 일을 하는 존재들입니다. 그리고 '꿩'은 '매'가 잡아서 바치는 대상으로, (가)의 대상들 간의 관계와는 아무런 상관이 없네요.

② 까마귀 검다 하고 백로야 웃지 마라
　　겉이 검은들 속조차 검을쏘냐
　　아마도 겉 희고 속 검은 것은 너뿐인가 하노라.

선지 유형	근거가 있어서 허용 불가능
실전에서의 판단 과정	애초에 대상이 둘 뿐이네.
해설	이 지문에서 말하는 '너'는 '백로'입니다. 애초에 대상이 둘 뿐이기 때문에 답이 될 수 없겠죠? 나아가 '까마귀'는 '백로'가 비웃는 대상입니다. (가)의 대상들은 서로 힘의 우열을 보이는 관계이지, 비웃거나 하는 관계가 아니기 때문에 더더욱 답이 되기 어려울 것 같아요.

③ 나비야 청산 가자 범나비 너도 가자
　　가다가 저물거든 꽃에 들어 자고 가자
　　꽃에서 푸대접하거든 잎에서나 자고 가자.

선지 유형	근거가 있어서 허용 불가능
실전에서의 판단 과정	그냥 나비, 범나비랑 꽃으로 가자는 거잖아.

해설	'나비', '범나비'는 화자가 함께 '꽃'으로 가자고 하는 대상들입니다. 서로 힘의 우열을 가지는 관계가 아니기 때문에 답이 되기 어렵네요.

④ 벽오동 심은 뜻은 봉황 올까 하였더니
　봉황은 아니 오고 오작만 날아든다
　동자야 오작 날려라 봉황 오게 하리라.

선지 유형	근거가 있어서 허용 불가능
실전에서의 판단 과정	봉황은 기다리는 대상이고, 오작은 원하지 않는 대상이네.
해설	화자는 '봉황'을 기다리지만, '오작'만이 날아들어 실망스러운 상황입니다. 그래서 '동자'에게 '오작'을 쫓아내라고 하고 있을 뿐이죠. 이 역시 (가)의 대상들 간의 관계와는 아무런 상관이 없죠?

⑤ 장공에 떴는 솔개 눈 살핌은 무슨 일인가
　썩은 쥐를 보고 빙빙 돌고 가지 않는구나
　만일에 봉황을 만나면 웃음거리 될까 하노라.

선지 유형	근거가 있어서 허용 가능
실전에서의 판단 과정	봉황〉솔개〉쥐의 구도가 형성되네.
해설	'솔개'는 '쥐'를 보고 빙빙 돌고 가지 않습니다. 언제든 잡아먹을 수 있기 때문에 장공에 가만히 떠서 여유를 부리는 모습이죠? 하지만 '솔개'가 '봉황'을 만나면 웃음거리가 될 것입니다. 이는 '백송골'을 만난 '두터비'처럼 허겁지겁 도망갈 것이기 때문이라고 할 수 있겠죠? '봉황〉솔개〉쥐'라는 힘의 우열 관계가 형성되는 모습이니, (가)의 대상들 간의 관계와 가깝다고 할 수 있겠습니다.

선지	①	②	③	④	⑤
선택률	7%	53%	26%	12%	2%

161 〈보기〉를 참고하여 (나)를 감상한 내용으로 적절하지 <u>않은</u> 것은? ②

① '고공'이 반목과 질시를 일삼는 것으로 보아 조정에는 불화가 있었군.

선지 유형	근거가 있어서 허용 가능
실전에서의 판단 과정	미워하고 질투하고 있네.

해설	화자가 보기에, '고공'들은 서로의 '밥사발'과 '동옷'을 비교하며 반목(미워하고 질투함)·질시(밉게 봄)를 일삼고 있습니다. '호수'를 시샘하기도 하면서 말이죠. 〈보기〉를 고려하면, 이는 불화가 있는 조정의 모습을 비유한 것이라 할 수 있겠습니다.

② '나'가 '고공'의 능력을 인정하지 않는 것으로 보아 관료 사회에는 불신이 팽배했군.

선지 유형	근거가 있어서 허용 불가능
실전에서의 판단 과정	능력은 인정했잖아.
해설	화자는 '고공'들이 재주가 있으니, 각자 할 일을 잘하고 격려하는 모습을 보였습니다. 159번 문제의 1번 선지를 판단하는 과정에서도, 화자가 '고공'들의 재주를 인정하며 '움'을 묻으라고 했다는 것을 확인했죠? 이렇게 명백한 근거가 있으니 화자가 '고공'의 능력을 인정하지 않는다는 것은 절대로 허용할 수 없겠습니다.

③ '나'는 외적에 대한 경계심을 갖고 있는 것으로 보아 외적의 재침략을 걱정하고 있군.

선지 유형	근거가 있어서 허용 가능
실전에서의 판단 과정	그러네.
해설	화자는 엊그제 왔던 도적이 멀리 가지 않았다고 하면서, 이런 와중에 '옷 밥'만 다투고 있는 '고공'들의 모습을 한심해합니다. 애초에 전란으로 황폐화된 나라에 대한 이야기라는 주제를 고려하면 당연히 있음직한 내용이라고 할 수 있겠죠?

④ '나'가 집안의 일을 염려하는 것으로 보아 '나'는 성공적인 국가 재건을 바라는 인물이군.

선지 유형	근거가 있어서 허용 가능
실전에서의 판단 과정	주제네.
해설	주제 그 자체죠? 가볍게 허용할 수 있습니다.

⑤ '고공'이 '옷 밥'만 탐했다는 것으로 보아 관료들은 본분을 잊어버리고 사욕만을 채우고자 하였군.

선지 유형	근거가 있어서 허용 가능
실전에서의 판단 과정	그렇지.

해설	3번 선지와 같은 맥락이네요. 화자는 '고공'들이 외적의 침입에 대비하기는커녕 '옷 밥'만 탐하는 모습을 한심해하고 있습니다. 〈보기〉를 고려하면 이는 관료들이 본분을 잊고 사욕만을 채우려는 모습이라고 할 수 있겠죠.

선지	①	②	③	④	⑤
선택률	7%	3%	4%	6%	80%

162 (다)의 논지를 긍정하는 신하가 군주에게 상소문을 올린다고 할 때, 적절하지 않은 것은? ⑤

– 결국 늘 묻는 것처럼, 수필의 주제를 묻는 문제입니다. 수필의 주제는 곧 글쓴이의 주장, 즉 내면세계라고 했어요. (다)의 글쓴이는 '큰 물고기'와 같은 관리들이 백성들을 괴롭히는 상황을 안타까워하며, 임금이 나서서 '큰 물고기'와 같은 관리들을 처벌해야 한다는 주장을 했습니다. 이 내용을 바탕으로 답을 골라봅시다.

① 성상께서는 백성들이 편안하게 살 수 있도록 항상 성심을 다하고 계시옵니다.

선지 유형	근거가 있어서 허용 가능
실전에서의 판단 과정	임금을 욕할 수는 없지.
해설	전형적인 고전문학의 세계관에 따라, 임금을 욕할 수는 없습니다. (다)에서도 '용'이 백성들에게 '은혜'를 베푼다는 이야기를 했었죠?

② 조정의 대신들은 백성들을 가볍게 여기고 있사옵니다.
③ 지방관들은 백성을 사사로이 부리고 있으며, 그 밑에 있는 서리나 아전들은 백성들의 고혈을 짜 자신의 부를 축적하는 데만 눈이 멀어 있사옵니다.

선지 유형	근거가 있어서 허용 가능
실전에서의 판단 과정	큰 물고기들이 문제였지.
해설	두 선지 모두 '큰 물고기'에 비유된 관리들을 비판하는 내용입니다. (다)의 주제에 정확하게 부합하네요.

④ 백성이 있어야 성상께서도 군주가 되시옵고, 벼슬아치들도 살 수 있는 것이옵니다.

선지 유형	근거가 있어서 허용 가능
실전에서의 판단 과정	작은 물고기가 있어야 용도 군주 노릇을 하고, 큰 물고기들도 으스댈 수 있는 것이라고 했지.
해설	'실전에서의 판단 과정' 그대로입니다. 글쓴이는 '작은 물고기', 즉 백성들이 있어야 군주와 관리도 의미가 있는 것이라는 생각을 가지고 있어요.

⑤ 무엇보다 시급한 것은 창고를 열어 백성들의 굶주림을 해결하는 일이옵니다.

선지 유형	근거가 있어서 허용 불가능
실전에서의 판단 과정	무엇보다 시급한 것은 큰 물고기 처단하는 거지.
해설	주제를 무시하는 선지입니다. 글쓴이는 백성들의 굶주림을 해결하는 등 '구구한 은혜'를 베풀 것이 아니라, 그들을 해치는 '큰 물고기'와 같은 족속들을 물리치는 것이 '용'이 할 일이라고 주장했어요. 그리 어렵지는 않지만, 이렇게 수필의 '주제'를 정확히 체크했는지 묻는 문제들이 최근 어렵게 나오고 있다는 것을 잊지 마시고 '주제' 위주로 정확하게 읽어내는 연습을 하시기 바랍니다.

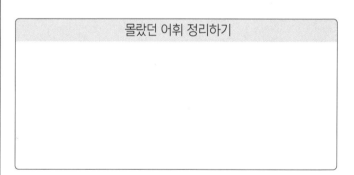

몰랐던 어휘 정리하기

| 핵심 point |

① **허용 가능성 평가** : 선지의 내용을 '허용'하려는 태도를 바탕으로 지문을 '독해'하며 '근거'를 찾아야 합니다. 허용할 수 있는 '근거'가 있어야만 허용할 수 있습니다. 주관적인 생각을 개입시키면 안 됩니다.

② **고전시가 독해** : 겁먹지 않고, 현대시를 읽듯이 읽어내면 됩니다. 현대시와 마찬가지로, 〈보기〉의 도움 등을 통해 '주제' 위주로 가볍게 읽어내면 되는 거예요. 자세한 해석은 선지가 해줄 겁니다!

③ **수필 독해** : 운문문학과 마찬가지로, 글쓴이가 하고자 하는 말인 '주제'를 파악하는 것이 핵심입니다. 수필이 어렵게 출제될 것을 대비해, 독서 지문을 읽듯이 꼼꼼하게 읽으며 주제를 파악하는 연습을 해야 해요.

〈보기〉 독해

'괭이'에 대한 〈보기〉가 있기는 하지만, 지문의 주제를 이해하는 데 큰 도움이 되는 것 같지는 않습니다. 바로 지문 읽어봅시다.

지문 독해

> 이때 동리 사람들, 들것에 복조 송장을 태워 들어온다. 물이 뚝뚝 떨어진다. 복실과 분 어미, 의아하여 잠시 보고 있더니 달려들어 목 놓고 운다. 동리 사람들, 소리를 낮춰 힐끽힐끽 운다.
>
> 간(間)
>
> 처   (부엌에서 나오며) 왜들 우니?
> 분 어미와 복실 어머니, 복조예요.
> 동리 사람 3   쇠뿌리로 배 내다가 보니 범바위 틈에 꼈습디다.
> 처   물에서 죽은 놈이 복조뿐인가? 어떻게 복조라고 장담해. (아무 관계없는 듯이 부엌으로 들어간다.)

인물들이 굉장히 많이 등장합니다. 긴장하고 관계 체크하며 읽어봅시다. 일단 '복조'라는 인물이 죽어서 돌아왔네요. 그 모습을 보고 '복실'과 '분 어미'는 '목 놓고 우는' 심리를 보이고 있어요. 소리를 낮춰 힐끽힐끽 우는 동리 사람들과 달리 펑펑 울고 있다는 점에서, '복조'와 특별한 관계에 있음을 유추할 수 있겠습니다.

그런데 '분 어미'와 복실은 '부엌'에서 나온 '처'를 보고 '어머니'라고 부르고 있습니다. 이들은 모두 가족 관계였네요. '어머니'인 '처'는 아마 '복조'의 어머니이기도 하겠죠? 이렇게 인물들의 관계를 제대로 잡으면서 읽어내야 합니다!

그런데 '처'는 '복조'의 죽음을 인정하지 않아요. 자기 아들이 범바위 틈에 껴서 죽었다고 하는데, 순순히 인정하기 쉽지는 않겠죠. '아무 관계없는 듯이' 부엌으로 돌아가는 모습에 공감할 수 있어야 합니다. 아들을 잃었으니 그럴 수도 있죠.

> (노어부를 석이와 윤 첨지가 양편에서 꽉 붙들고 들어온다.)
> 노어부   놔. 두고 볼 거 아니야.

> 윤 첨지   참어. 참는 데 복이 있다네. 그저 참는 것이 제일이야. 참을 인(忍) 자가 셋이면 사람 하나 살린다는 말이 있지 않나.
> 석이   (그제야 들것과 사람들을 보고) 누나, 이것이 작은형이요? (붙들고 운다.)
> 윤 첨지   찾았으니 다행이군. (눈물을 씻는다.)
> 노어부   (한참 바라보고 있더니 눈물을 닦으며 서러운 소리로 똑똑히) 몇 해 전에는 배도 서너 척 있었고, 그물도 동리에 뛰어나게 가졌드랬지. 배 팔고 그물 팔고 나머지는 뭐냐? 내 살덩이밖에 없었어. 그것도 다─ 못해서 다리 한쪽 뺏겼지. 고기잡이 3년에 자식 다─ 잡아먹는다는 것은, 윤 첨지……
> 윤 첨지   …….

이번엔 '노어부', '석이', '윤 첨지'라는 인물들이 추가됩니다. 독해 속도를 줄여서 이들의 관계를 제대로 잡아내야 해요! '노어부'를 '석이'와 '윤 첨지'가 꽉 붙들고 오는데, '윤 첨지'는 '노어부'를 말리고 있습니다. 그런데 '석이'가 '누나'를 부르며 '복조'를 '작은형'으로 칭하고 있네요. 앞에서 '누나'라고 할 만한 사람은 '복실'이거나 '분 어미'일 텐데, 이들 중 누군가가 '석이'의 누나라고 할 수 있겠습니다. 아마 '복조-복실'이라는 이름으로 보아, '복실'이 그 주인공일 가능성이 높겠죠? '윤 첨지'는 눈물을 닦으면서 함께 슬퍼해주고 있습니다.

'노어부'는 한참 바라보다 눈물을 닦으며 '윤 첨지'에게 한탄을 합니다. 그러자 '윤 첨지'는 아무런 말을 하지 못하네요. 여기서도 생각을 해야 합니다. '윤 첨지'는 왜 아무런 말을 하지 못하는 걸까요? 그렇죠. 어차피 뭐라고 말을 해 봐야 제대로 위로가 되지 않을 것이므로, 차라리 입을 닫고 있는 것입니다. '윤 첨지'에게 공감하려는 태도가 잡혀 있다면 충분히 할 수 있는 생각이죠?

> 노어부   나를 두고 하는 말이야. 두고 보고 바랄 것이 인제는 하나도 없어. (별안간 부엌 뒤로 퇴장. 들어가더니 괭이를 들고 나온다. 뒤따라 처가 미친 듯이 달려들어 부지깽이로 노어부의 머리를 후려 때린다. 노어부 쓰러진다.)
> 처 (괭이를 잡아 뺏으며) 이 괭이가 무슨 괭인 줄 알어?
> 노어부   (덤비려다가 처의 너무도 핼쑥한 얼굴을 보고 고개를 돌려 복조를 붙들고 운다.)
> 처 내가 맑은 물 떠 놓고 수신께 빌었거든. 이것은 우리 복조 아니야. 내 정성을 봐서라도 이렇게 전

[A]

신을 파먹히게 안 했을 거야. 지금쯤은 너구리섬 동녘에 있는 시퍼런 깊은 물속에. 참 거기는 미역 냄새가 향기롭지. 그리고 백옥 같은 모래가 깔렸지. 거기서 팔다리 쭉-뻗고 눈감았을 거야. 나는 지금 눈에 완연히 보이는 걸. 복조 배 위로 무지갯빛 같은 고기가 쑥- 지나갔어. (눈앞에 보이는 환영을 물리치는 듯이 손으로 앞을 가리며) 눈감은 얼굴이 너무도 쓸쓸하군. 이렇-게 (시늉을 하며) 원망스러운 얼굴이야. 불만스러운 얼굴이야. 다문 입이 너무도 쓸쓸해.

간(間), 울음소리

퉁창으로 가야지. 서남풍이 자고, 동풍이 불면 나를 만나러 올지도 몰라. 아니야 꼭 올 거야. 저녁물 아니면 내일 아침물 그도 아니면 모레 아침물. 산수자리를 골라놓고 동쪽을 보고 기대려야지. (일동을 보고 픽 웃으며) 뭣 때문에 울어들? (괭이를 들고 밖으로 뛰어 나간다.)

'노어부'는 계속해서 한탄을 하다 '부엌 뒤'로 사라집니다. 그러다가 '괭이'를 들고 나오는데, '처'에게 맞고 뺏기고 있네요. 〈보기〉에서도 언급했던 '괭이'였는데, 굉장히 중요한 물건인가봅니다. 덤비려다가 '처'의 핼쑥한 얼굴을 본 '노어부'는, 그냥 '복조'를 붙잡고 웁니다. '처'의 안쓰러운 모습을 보고 차마 덤빌 엄두가 나지 않았던 것이겠죠. 그리고 이렇게 보니 '노어부' 역시 '복조'와 깊은 관계가 있는 인물인 것 같아요. 어떤 관계일지 계속 궁금해하면서 읽어야 해요.

그렇게 '처'는 계속해서 합리화를 합니다. 복조가 죽었더라도 저렇게 끔찍하게 죽지는 않았을 것이라 하며, 다른 사람들이 도대체 왜 우는지 모르겠다는 듯이 픽 웃고 '괭이'만 챙기고 있어요. '처'의 상황이 되면 저렇게 모든 것을 부정하고 하는 것이 충분히 납득될 것 같아요. 꽤 어려운 지문이지만, 이렇게 차근차근 인물들에게 공감하면서 읽어나가시면 됩니다. '대사 외 부분'을 적절히 활용하면서 말이죠!

석이 어머니, 어머니, 어머니. (속이 타서 발을 구르며) 아버지, 얼른 가서 어머니 좀 붙드세요. 얼른 얼른 아버지.
노어부 내 알 것 아니야.
석이 (어머니, 어머니 부르며 뒤따라 퇴장)

(멀리서 처의 웃는 소리 우는 소리 번갈아 들린다.)
노어부 (일어서며) 윤 첨지, 북망산으로 가지.
복실 촛불 하나 안 키고 관도 없이 어델 가요?
분 어미 사람 목숨이 이렇게도 싼가. 뒤란에 검부락지 쓸어가듯 휙 쓸어 가면 고만이야.
윤 첨지 장성한 사람을 그럴 수 있나.

이성을 잃은 어머니의 모습에 속이 타는 '석이'는 '노어부'를 '아버지'라고 부르고 있습니다. 인물관계가 또 잡혔네요. '복조'와 깊은 관계로 보였던 '노어부'는 복조와 석이의 아버지였습니다. 그렇다면 '처'의 남편이라고도 할 수 있겠죠? 인물관계들이 확실히 잡혀야 합니다.

그런데 '노어부'는 아내의 저런 상황에 별 관심이 없습니다. 그러면서 '윤 첨지'에게 '북망산'으로 가자는 이야기만 해요. 참고로 '북망산'은 사람이 죽으면 묻히는 산을 의미합니다. '복조'를 묻으러 가자는 것이죠. 장례식도 제대로 치르지 않은 상황에서 '복실'은 반대하고, '분 어미'와 '윤 첨지'도 부정적인 반응을 보이고 있습니다.

분 어미 (일어서며) 난 항구로 가겠다. 더 있는댔자 가슴만 졸이지. 울며 웃으며 한세상 살다 그럭저럭 죽을 때 되면 죽지. (언덕을 넘어 퇴장)
노어부 (뒷모양을 바라보다가) 왜, 과부 수절하기가 싫으냐?
석이 (울면서 등장) 어머니가 갯가에서 괭이로 물을 파며 통곡을 하시다가는 별안간 허파가 끊어진 것처럼 웃으며 (복실의 가슴에 안겨) 누나야. 어머니는 한세상 참말 헛사셨다. 왜 우리는 밤낮 울고불고 살아야 한다든?
복실 (머리를 쓰다듬으며) 굴뚝에 연기 한 번 무럭무럭 피어오른 적도 없었지.
석이 (울음 섞인 소리로, 그러나 한 마디 한 마디 똑똑히) 왜 그런지를 난 생각해 볼 테야. 긴긴 밤 갯가에서 조개 잡으며, 긴긴 낮 신작로 오가는 길에 생각해 볼 테야.
복실 (바다를 보고) 인제 물결이 자는구나.
윤 첨지 먼동이 트는군. (나가면서)
(노어부를 보고) 사람 삼키더니 물결이 얼음판 같아졌지. 자네 한 잔 쭉- 들이키고 수염 닦는 듯이. 어서 초상 준비나 하게. 상엿집에 휑하니 다녀올 테니.

— 막 —

-함세덕, 「산허구리」-

그런데 갑자기 '분 어미'는 항구로 가겠다고 합니다. 그곳이 어떤 곳인지는 모르겠지만, '분 어미'에게는 남은 인생을 보내기에 적당한 곳인 것 같네요. 그런데 '노어부'가 '과부 수절'을 이야기하고 있습니다. '과부'는 남편을 잃은 여자를 이르는 말인데, '분 어미'는 남편을 잃었나봅니다. '노어부'는 '과부 수절'을 하기 싫어하는 '분 어미'를 탐탁치 않게 여기는 것으로 보이네요.

어머니를 찾으러 갔다가 '울면서' 돌아온 '석이'는 '복실'의 가슴에 안겨 '누나'라고 부르고 있습니다. '복실'이 '석이'의 누나인 것은 확실해보이네요. 밤낮 울고불고 살아야 하는 자신들의 처지를 안타까워하는 모습이에요. '복실'의 대사를 보니, 어릴 적부터 굴뚝에 연기 한 번 피어오른 적이 없을 정도로 가난하기까지 했나봅니다.

그런데 '석이'는 이런 일이 왜 일어나는지 생각해 보겠다는 대사를 던지고 있습니다. 좌절 그 자체인 현실에 그대로 머물지 않으려는 의지를 보여 주고 있네요. 그렇게 '먼동'이 트고, '복조'의 장례를 준비하며 극은 마무리됩니다.

선지	①	②	③	④	⑤
선택률	6%	20%	49%	20%	5%

163 윗글의 등장인물에 대한 이해로 적절한 것은? ③

– 이 문제는 당시 논란이 많아 이의제기까지 갔던 문제였습니다. 아마 어려웠던 분들이 정말 많았을 텐데, 명쾌하게 이해해봅시다. 다 우리가 배운 내용과 연관될 것이에요.

① '복조'와 '복실'은 평소에 친했던 이웃이다.

선지 유형	근거가 있어서 허용 불가능
실전에서의 판단 과정	남매였지.
해설	인물 관계를 정확하게 이해하는 것이 중요하다는 걸 보여 주는 선지입니다. '석이'가 '복조'는 '작은 형'으로, '복실'은 '누나'로 부른 것을 바탕으로 '복실-복조-석이'가 남매임을 파악할 수 있었죠.

② '석이'는 형의 죽음을 차분하게 받아들이고 있다.

선지 유형	근거가 있어서 허용 불가능
실전에서의 판단 과정	울고불고 난리가 났잖아.
해설	'복조'를 보자마자 우는 모습을 보였던 '석이'의 심리 상태를 봤을 때 절대 허용할 수 없겠네요. 이 선지의 선택률만 봐도 얼마나 많은 학생들이 인물의 심리를 놓치고 있는지를 알 수 있겠죠? 인물의 심리 체크, 기본 중의 기본이에요!

③ '윤 첨지'는 '노어부'의 처지에 대해 공감하고 있다.

선지 유형	근거가 있어서 허용 가능
실전에서의 판단 과정	노어부의 한탄을 가만히 듣고 있으면 공감이라고 할 수 있지.
해설	허용하려고 하면 근거를 잡을 수 있습니다. '노어부'는 아들을 잃은 처지인데, 친구로 보이는 '윤 첨지'는 눈물을 씻기도 하고, '노어부'의 말을 가만히 들어주기도 하고, '복조'의 장례에 적극적으로 참여하기도 합니다. 이런 내용들을 근거로 하면, '공감'이라는 심리를 보이고 있음을 충분히 허용할 수 있겠네요. 이 선지는 2012학년도 수능 당시 문제 오류 논란이 일며 엄청난 이의제기가 있었고, 평가원이 무려 직접 답변을 달아주었던 선지였습니다. 평가원이 제공한 일종의 해설이기도 한 것인데, 한 번 확인해볼까요? 〈'윤 첨지'는 '노어부'와 함께 등장했다가 친구의 아들이 죽었다는 사실을 알게 됩니다. 이에 대한 '윤 첨지'의 반응은 '노어부' 가족에게 일어난 불행에 함께 슬퍼하며('눈물을 씻는다'), '노어부'의 넋두리에 가까운 한탄을 기꺼이 들어 주는 것이었습니다. 특히 '노어부'가 자신의 처지를 한탄하면서 '윤 첨지'에게 동의를 구하는 장면이나, 친구 아들의 장례 절차에 대해 조언하는 장면, 그리고 '노어부' 일가의 장례 준비에 자신의 일처럼 나서는 장면에서, '윤 첨지'가 '노어부'와 그들 가족의 불행을 남의 일처럼 여기지 않는다는 사실을 알 수 있습니다. 따라서 답지 ③처럼, '윤 첨지'는 '노어부'의 처지를 공감하고 있다고 할 수 있습니다.〉 보시는 것처럼, '노어부'의 여러 가지 행동을 '근거'로 하여 '공감'이라는 해석을 허용할 수 있음을 밝히고 있습니다. 우리가 배우고 있는 내용이 틀린 것이 아님이 증명되는 순간이죠?

나아가 여기서 중요한 것은 '넋두리에 가까운 한탄을 기꺼이 들어 주는 것' 역시 '공감'의 근거로 보았다는 것입니다. 지문 속에선 '……'.라는 대사로 표현되어 있어 별 신경을 안 쓰고 넘어갈 수 있는 부분인데, 침묵하는 순간을 굳이 대사 처리한 것에는 그로부터 전달하고 싶은 어떠한 심리가 있다는 것을 의미한다고 할 수 있겠죠? 그냥 '윤 첨지'라는 인물의 심리에 공감하려는 태도를 보였다면 충분히 생각할 수 있었을 것이에요. 배울 게 많은 선지였네요. 확실하게 정리합시다!

④ '분 어미'는 친정이 있는 항구로 돌아가려 하고 있다.

선지 유형	근거가 없어서 허용 불가능
실전에서의 판단 과정	항구에 친정이 있는지 어떻게 알아?
해설	'분 어미'가 '항구'로 돌아가려 하는 것은 맞지만, 그곳이 '친정'이라는 해석에는 어떠한 근거도 없죠. 근거가 없으면 허용할 수 없습니다. '과부'라는 말을 보고 '분 어미'를 '복조'의 아내로 생각한 학생들이 '힘들 때 돌아가는 곳이면 당연히 친정아닐까?'와 같은 생각으로 이 선지를 고르는 경우가 많았는데, 이는 지문이 아닌 자신의 머릿속에 근거한 해석이므로 절대 허용할 수 없는 것이에요. 한편 이 역시 평가원의 답변이 있습니다. 첨부해드리도록 하겠습니다. 〈작품에서 '분 어미'와 '복실'은 자매 간입니다. 그 근거는 부엌에서 나오는 '처'를 '어머니'라 부르거나, '어머니' 앞에서 '복조'의 이름을 편안하게 부르는 상황에서 확인됩니다. 또한 '분 어미'는 동생의 장례에 대해 자신의 의견을 적극적으로 피력하고 있으며, 아버지 '노어부'는 딸인 '분 어미'가 수절을 포기하는 행위에 대해 거리낌 없이 비난하고 있습니다. 이러한 상황적 근거를 종합하면, '분 어미'는 출가한 딸이고, 그녀가 향하는 항구는 친정이 아님을 알 수 있습니다.〉 평가원의 답변에 따르면 이 선지는 '근거가 있어서 허용 불가능'이 됩니다. 여러 이유로 인해 '분 어미'와 '복실'이 자매 관계인 것을 알 수 있고, 부모님과 함께 있는 현재 이 공간이 친정이므로 '항구'는 친정이 될 수 없다는 것이죠. 이는 며느리가 시부모님과 남편을 저렇게 편하게 대할 리가 없다는 다소 가부장적인 시선을 통해 판단한 내용이라, 시간이 많이 흐른 지금은 저런 근거들을 통해 '분 어미'와 '복실'이 자매임을 파악하는 것은 조심스러울 것이

라 생각합니다. 지문의 내용만을 가지고 보면 '분 어미'가 '복조'의 아내라는 판단이 아예 틀린 것은 아니거든요.

조금 복잡하죠? 다만 어떻게 봐도 '항구=친정'이라는 근거는 전혀 없기에, 이 선지를 맞다고 판단하시면 안 됩니다.

⑤ '복실'은 행복하기만 했던 어린 시절을 그리워하고 있다.

선지 유형	근거가 있어서 허용 불가능
실전에서의 판단 과정	가난하고 항상 울면서 살았다며.
해설	'석이'가 '밤낮 울고불고 살아야' 하는 자신들의 처지를 비관하자, '복실'은 '굴뚝에 연기 한 번 무럭무럭 피어오른 적도 없었지.'라는 대사로 받아칩니다. 이를 근거로 하면, '복실'이 어린 시절을 행복했다고 생각하고 그리워하고 있다는 건 절대 허용할 수 없겠네요.

선지	①	②	③	④	⑤
선택률	3%	81%	3%	10%	3%

164 ㉠~㉤을 통해 무대 밖에서 일어난 사건이 관객에게 전달된다고 할 때, 그에 대한 설명으로 적절하지 <u>않은</u> 것은?

②

– '무대 밖'에 대해 묻는 문제네요. 연극의 경우에는 '무대 안'과 '무대 밖'으로 공간이 나뉘는데, 관객이 볼 수 없는 '무대 밖'의 사건들에 대한 정보가 '무대 안'으로 제공되는 경우가 많습니다. 기본적인 내용으로 알아둡시다.

① ㉠은 무대 밖에서 이미 일어난 사건을 추후에 시각적 효과를 활용하여 알려 주고 있다.

이때 ㉠동리 사람들, 들것에 복조 송장을 태워 들어온다. 물이 뚝뚝 떨어진다.

선지 유형	근거가 있어서 허용 불가능
실전에서의 판단 과정	복조가 죽은 건 무대 밖의 사건이지.
해설	복조가 죽은 것은 무대 밖에서 일어난 사건이고, 물이 뚝뚝 떨어지는 '시각적 효과'도 활용하고 있으니 이를 근거로 허용 가능하네요.

② ⑤과 상반된 ⑤의 정보로 인해, ⑥에 대한 관객들의 의심이 증폭되고 있다.

이때 ㉠동리 사람들, 들것에 복조 송장을 태워 들어온다. 물이 뚝뚝 떨어진다.

동리 사람 3 ㉡쇠뿌리로 배 내다가 보니 범바위 틈에 꼈습디다.

선지 유형	근거가 있어서 허용 불가능
실전에서의 판단 과정	둘 다 복조가 죽었다는 이야기인데 상반된다니.
해설	㉠과 ㉡ 모두 '복조'가 죽었다는 정보를 담고 있습니다. '상반된 정보'를 허용하지 못한다는 명백한 근거가 되네요. '관객들의 의심'이 증폭될 일도 없겠구요.

③ ㉢은 무대 밖에서 현재 진행되고 있는 사건을 청각적 효과를 활용하여 전달하고 있다.

㉢ (멀리서 처의 웃는 소리 우는 소리 번갈아 들린다.)

선지 유형	근거가 있어서 허용 가능
실전에서의 판단 과정	저 상황에서 처는 무대 밖에 있으니까 맞네.
해설	'웃는 소리 우는 소리'는 청각적 효과인 것이 당연하고, 괄호를 쳐서 지시한 것을 통해 '무대 밖'에서 진행되는 상황인 것도 파악할 수 있습니다. 물론 애초에 상황 자체를 따져도, '처'가 '괭이'를 들고 무대 밖으로 뛰어 나간 이후의 상황임을 알 수 있죠?

④ ㉣은 무대 밖에서 이미 일어난 사건을 추후에 알려 주지만, ㉢과 연관되면서 무대 밖에서 동시에 진행되는 사건을 환기하기도 한다.

㉢ (멀리서 처의 웃는 소리 우는 소리 번갈아 들린다.)

석이 (울면서 등장) ㉣어머니가 갯가에서 괭이로 물을 파며 통곡을 하시다가는 별안간 허파가 끊어진 것처럼 웃으며 (복실의 가슴에 안겨) 누나야. 어머니는 한세상 참말 헛사셨다. 왜 우리는 밤낮 울고불고 살아야 한다든?

선지 유형	근거가 있어서 허용 가능
실전에서의 판단 과정	지금 처가 계속 무대 밖에 있으니까 허용되네.
해설	㉣이 '무대 밖'에서 일어난 사건을 추후에 알려 주는 것이라는 점은 너무나 쉽게 납득할 수 있습니다. [A] 이후로 '처'는 계속 무대 밖에 나가 있으니까요. 나아가 ㉣의 내용은 '처'가 울고 있다는 것인데, 이는 ㉢의 내용과 연관되어 있네요. 3번 선지에서 확인했듯이 ㉢ 역시 '무대 밖'의 사건이므로, 무대 밖에서 동시에 진행되는 사건을 환기하고 있다고 할 수 있겠습니다.

⑤ 관객은 ㉤을 통해 시간의 경과를 분명하게 인지하여 새로운 아침이 시작되었다는 것을 알 수 있다.

윤 첨지 ㉤먼동이 트는군. (나가면서)

선지 유형	근거가 있어서 허용 가능
실전에서의 판단 과정	해가 뜨는 것이면 새로운 아침이지.
해설	'먼동'이 튼다는 것은 새벽에서 밤으로 넘어가는 '시간의 경과'를 분명하게 알려 주는 근거라고 할 수 있습니다. 관객들은 당연히 이를 통해 아침이 왔음을 파악할 수 있겠죠.

선지	①	②	③	④	⑤
선택률	2%	7%	12%	75%	4%

165 〈보기〉의 ⓐ~ⓔ 중 [A]의 괭이에 대한 해석으로 적절하지 않은 것은? ④

[보기]

괭이는 '복조'가 사용하던 것으로, 사건 진행과 인물의 정서적 변화에 중요한 역할을 하는 소도구이다. 처음에 괭이는 관객이 볼 수 없는 부엌 뒤에 놓여 있었는데, ⓐ'노어부'가 무대로 가지고 들어오면서 관객들의 주목을 끌게 된다. 이후 괭이는 ⓑ'처'가 '노어부'를 뒤따라 움직이는 계기를 제공하고, ⓒ'처'가 '노어부'와 충돌하게 만드는 매개체 구실을 하며, ⓓ'처'가 내면 심경을 직접 토로하지 못하도록 억제하는 기능을 순차적으로 수행한다. ⓔ관객들은 괭이에 대한 '처'의 집착을 지켜보면서 '처'의 내면을 엿볼 수 있게 된다.

– '처'가 애지중지하던 '괭이'는 사실 '복조'가 사용하던 것입니다. 아들이 사용하던 물건이니 그렇게 소중하게 다뤘던 것이겠죠. 이에 대해 허용할 수 없는 해석을 찾아보도록 합시다.

① ⓐ

선지 유형	근거가 있어서 허용 가능
실전에서의 판단 과정	그랬었지.
해설	네 그랬었죠? 설명할 내용이 없네요.

② ⓑ

선지 유형	근거가 있어서 허용 가능
실전에서의 판단 과정	때리고 뺏으러 갔지.
해설	'노어부'가 '괭이'를 가져가자 '처'는 달려들어 부지깽이로 '노어부'를 머리를 후려 때리고 '괭이'를 뺏습니다. 이러한 내용을 근거로 하면, '처'가 '노어부'를 뒤따라 움직이는 계기를 제공했다는 해석은 충분히 허용할 수 있겠죠. '괭이'를 뺏기 위해 뒤따라 움직인 것이니까요.

③ ⓒ

선지 유형	근거가 있어서 허용 가능
실전에서의 판단 과정	후려 때리는 것 정도면 충돌의 매개체지.
해설	2번 선지의 해설과 이어지죠? '괭이'를 뺏기 위해 '노어부'를 후려 때리는 모습 등에서 '충돌의 매개체'라는 해석을 충분히 허용할 수 있어요.

④ ⓓ

선지 유형	근거가 있어서 허용 불가능
실전에서의 판단 과정	너무 잘 토로하는 것 같은데?
해설	'괭이'를 빼앗은 '처'는 이게 어떤 괭이인데 감히 뺏으려 하냐며 소리를 칩니다. 나아가 '괭이'를 뺏은 뒤 이성을 잃은 모습을 보이고, 일동을 보고 픽 웃기도 하는 등 다양한 심경을 드러내고 있어요. 이렇게 많은 근거들이 있는데, '심경 토로 억제'라는 해석을 허용하기는 어렵겠네요.

⑤ ⓔ

선지 유형	근거가 있어서 허용 가능
실전에서의 판단 과정	그렇지.
해설	[A]를 요약한 것과 같은 내용이죠? 어렵지 않게 허용할 수 있겠습니다.

```
몰랐던 어휘 정리하기




```

| 핵심 point |

① **허용 가능성 평가** : 선지의 내용을 '허용'하려는 태도를 바탕으로 지문을 '독해'하며 '근거'를 찾아야 합니다. 허용할 수 있는 '근거'가 있어야만 허용할 수 있습니다. 주관적인 생각을 개입시키면 안 됩니다.

② **극문학 독해** : 소설과 마찬가지로, '심리와 행동의 근거'를 바탕으로 인물에게 '공감'하며 읽어야 합니다. 이 과정이 물 흐르듯 이어지면 지문의 내용을 완벽하게 이해할 수 있어요. 이때 '대사 외 부분'에 주목하며 장면을 상상하면서 읽으면 훨씬 깊게 받아들일 수 있을 것이에요.

| 지문 내용 총정리 |

인물관계 파악과 심리의 근거를 찾는 것이 굉장히 어려웠던 지문이었습니다. 나아가 평가원의 답변이 실릴 정도로 어려운 선지를 판단하는 연습까지 할 수 있었어요. 지문을 완벽하게 읽고 이해할 수 있을 때까지 여러 번 반복해서 학습하도록 합시다.

〈보기〉 확인

---[보기]---

「알 수 없어요」를 비롯한 한용운의 시는 '절대자'라는 궁극적 존재를 탐구하는 시이다. 동시에 그것은 역설에 의한 구도자로서의 자기 정립 또는 자기 극복의 시이기도 하다. 「알 수 없어요」에서는 이런 점이 물음의 방식을 통해 강화되어 나타난다.

(가)의 주제를 친절하게 알려주는 〈보기〉입니다. '절대자'라는 궁극적 존재를 탐구하면서, 동시에 역설에 의한 구도자(도를 구하는 사람, 종교적인 의미로 이해하시면 됩니다.)로서의 '자기 정립 또는 자기 극복의 시'이기도 하다고 해요. 물음의 방식으로 화자 자신의 내면세계를 성찰하면서, '절대자'라는 궁극적 존재를 탐구한다는 주제를 고려하면서 읽어보도록 합시다.

---[보기]---

남성 작가가 자신의 분신으로 여성 화자를 내세우는 방식은 우리 시가의 한 전통이다. 궁궐을 떠난 신하가 임금을 그리워하면서 지은 「사미인곡」도 이 전통을 잇고 있다.

필수 고전시가의 하나인 '사미인곡'입니다. 궁궐을 떠난 신하가 여성 화자를 내세워서 임금을 그리워하는 내용이라는 것, 다들 알고 있겠죠?

지문 독해

(가)

　바람도 없는 공중에 수직의 파문을 내이며 고요히 떨어지는 오동잎은 누구의 발자취입니까

　지리한 장마 끝에 서풍에 몰려가는 무서운 검은 구름의 터진 틈으로 언뜻언뜻 보이는 푸른 하늘은 누구의 얼굴입니까

　꽃도 없는 깊은 나무에 푸른 이끼를 거쳐서 옛 탑 위의 고요한 하늘을 스치는 알 수 없는 향기는 누구의 입김입니까

　근원은 알지도 못할 곳에서 나서 돌뿌리를 울리고 가늘게 흐르는 작은 시내는 구비구비 누구의 노래입니까

　연꽃 같은 발꿈치로 가이없는 바다를 밟고 옥 같은 손으로 끝없는 하늘을 만지면서 떨어지는 날을 곱게 단장하는 저녁놀은 누구의 시입니까

　타고 남은 재가 다시 기름이 됩니다 그칠 줄을 모르고 타는 나의 가슴은 누구의 밤을 지키는 약한 등불입니까

-한용운, 「알 수 없어요」-

발자취, 얼굴, 입김, 노래, 시와 같은 표현을 통해 '누구'로 표현된 '절대자'의 존재를 탐구하고 있습니다. 나아가 마지막 연에서는 화자 자신의 가슴이 '절대자'의 밤을 지키는 '약한 등불'이라고 표현하면서, 타고 남은 재가 다시 기름이 된다는 역설에 의한 구도자로서의 자기 정립을 시도하고 있습니다. 모두 〈보기〉에 나온 내용 그대로죠?

(나)

아무 소리도 없이 말도 없이
등 뒤로 털썩
밧줄이 날아와 나는
뛰어가 밧줄을 잡아다 배를 맨다
아주 천천히 그리고 조용히
배는 멀리서부터 닿는다

사랑은,
호젓한 부둣가에 우연히,
별 그럴 일도 없으면서 넋 놓고 앉았다가
배가 들어와
던져지는 밧줄을 받는 것
그래서 어찌할 수 없이
배를 매게 되는 것

잔잔한 바닷물 위에
구름과 빛과 시간과 함께
떠 있는 배

배를 매면 구름과 빛과 시간이 함께　┐
매어진다는 것도 처음 알았다　　　　　[A]
사랑이란 그런 것을 처음 아는 것　　┘

빛 가운데 배는 울렁이며
온종일을 떠 있다

-장석남, 「배를 매며」-

전반적으로 '사랑'에 대해 깨닫는 모습이 나타나고 있습니다. '밧줄'과 '배'라는 외부 대상을 화자 자신의 내면세계에 끌어들여 '깨달음'이라는 정서를 표현하고 있다고 이해할 수 있겠죠?

(다)

　　동풍이 건듯 불어 적설을 헤쳐 내니 창밖에 심은 매화 두세 가지 피었어라. 가뜩 냉담한데 암향(暗香)은 무슨 일고. 황혼에 달이 좇아 베개 맡에 비치니 흐느끼는 듯 반기는 듯 임이신가 아니신가. 저 매화 꺾어 내어 임 계신 데 보내고져. 임이 너를 보고 어떻다 여기실꼬.

　　꽃 지고 새 잎 나니 녹음이 깔렸는데 나위(羅幃) 적막하고 수막(繡幕)이 비어 있다. 부용(芙蓉)을 걷어 놓고 공작(孔雀)을 둘러 두니 가뜩 시름 많은데 날은 어찌 길던고. 원앙금(鴛鴦錦) 베어 놓고 오색선 풀어 내어 금자에 겨누어서 임의 옷 지어 내니 수품(手品)은 물론이고 제도(制度)도 갖출시고. 산호수 지게 위에 백옥함에 담아 두고 임에게 보내려고 임 계신 데 바라보니 산인가 구름인가 험하기도 험하구나. 천리만리 길에 뉘라서 찾아갈꼬. 가거든 열어 두고 나인가 반기실까.

　　하룻밤 서리 기운에 기러기 울어 옐 제 위루(危樓)에 혼자 올라 수정렴(水晶簾) 걷으니 동산에 달이 나고 북극에 별이 뵈니 임이신가 반기니 눈물이 절로 난다. 청광(淸光)을 쥐어 내어 봉황루(鳳凰樓)에 부치고져. 누 위에 걸어 두고 팔황(八荒)에 다 비추어 심산궁곡(深山窮谷) 한낮같이 만드소서.

　　건곤이 얼어붙어 백설이 한 빛인 때 사람은 물론이고 나는 새도 그쳐 있다. 소상남반(蕭湘南畔)도 추위가 이렇거늘 옥루고처(玉樓高處)야 더욱 일러 무엇 하리. 양춘(陽春)을 부쳐 내어 임 계신 데 쏘이고져. 초가 처마 비친 해를 옥루에 올리고져. 홍상(紅裳)을 여며 입고 푸른 소매 반만 걷어 해 저문 대나무에 생각도 많고 많다. 짧은 해 쉬이 지고 긴 밤을 꼿꼿이 앉아 청등 걸어 둔 곁에 공후를 놓아 두고 꿈에나 임을 보려 턱 받치고 기대니 앙금(鴛衾)*도 차도 찰샤 이 밤은 언제 샐꼬.

-정철, 「사미인곡」-

* 앙금 : 원앙을 수놓은 이불. 혹은 부부가 함께 덮는 이불.

줄 바꾸기를 하지 않고 지문을 제시할 정도로 길게 출제된 모습입니다. 하지만 '사미인곡'의 내용을 알고 있고, 심지어 〈보기〉의 도움까지 받은 우리에겐 너무나 쉽게 느껴집니다. 밑줄 친 부분 위주로 임금을 그리워하는 화자의 내면세계를 파악했다면 훌륭합니다.

선지	①	②	③	④	⑤
선택률	5%	6%	3%	83%	3%

166 (가)~(다)의 공통점으로 가장 적절한 것은? ④

① 자연물에 인격을 부여하여 대화의 상대로 삼고 있다.

선지 유형	근거가 없어서 허용 불가능
실전에서의 판단 과정	자연물이랑 대화하는 건 아닌데?
해설	(가)에서는 '오동잎', '저녁놀'과 같은 자연물에 인격을 부여하는 모습을 보이긴 하지만, 이러한 자연물과 대화하고 있지는 않습니다. (나)와 (다)에서는 아예 자연물에 인격을 부여한 부분도 찾기 어렵죠? 대화한다는 건 더 말이 되지 않구요. 애초에 너무나 미시적인 선지이기에 답이 되기 어렵다고 생각해야 합니다.

② 대화체와 독백체를 교차하여 극적 효과를 높이고 있다.

선지 유형	근거가 없어서 허용 불가능
실전에서의 판단 과정	이런 게 답이겠냐.
해설	(가)의 경우에는 '대화체'가 쓰였다고 볼 수도 있고 아닐 수도 있습니다. '대화체'는 말 그대로 '대화하는 것 같은 문체'를 말하고, 대표적인 예시로 '해요체'가 있는데 (가)의 경우는 애매하죠. 물론 독백체와의 교차가 없기 때문에 허용할 수 없겠지만요.

실전에서는 (나)의 경우에는 '대화체'를 아예 찾을 수 없다는 것, 나아가 이렇게 미시적인 선지가 답이 될 리가 없다는 생각으로 지워주시면 됩니다. (다)에서는 '매화'에게 '임이 너를 보고 어떻다 여기실꼬'라고 말을 거는 부분을 '대화체'로 볼 여지가 있지만, 독백체와 교차하며 극적 효과를 높이려는 의도가 있다고 보기는 어렵습니다.

애초에 이렇게 길게 해설하는 것 자체가 무의미하다는 생각이 듭니다. 실전에서는 미시적인 선지라는 생각을 하면서 가볍게 넘어갈 수 있어야 해요. |

③ 색채어를 활용하여 시의 분위기를 다채롭게 조성하고 있다.

선지 유형	근거가 없어서 허용 불가능
실전에서의 판단 과정	(나)에는 색채어가 없는데?
해설	'색채어'의 경우에는 다채로운 묘사를 하는 경우가 많은 시에서 자주 등장하는, 꽤 거시적인 내용입니다. 꼼꼼하게 확인할 필요가 있겠죠? (가)에서는 '검은 구름', '푸른 하늘'과 같은 색채어가, (다)에서는 '백옥함', '청광'과 같은 색채어가 활용되어 시의 분위기를 다채롭게 조성하고 있습니다. 물론 각 작품의 분위기를 고려할 때 다채롭다는 것은 좀 애매하긴 하지만요. 하지만 (나)에서는 눈을 씻고 찾아 봐도 '색채어'를 찾을 수가 없네요. '바다'와 같은 시어는 '색채 이미지'이지 '색채어'가 아니에요. '색채어'는 구체적인 색상이 나타나야 한다는 걸 잊지 마세요.

④ 소재에 상징적 의미를 부여하여 주제 의식을 부각하고 있다.

선지 유형	근거가 있어서 허용 가능
실전에서의 판단 과정	오 그러네.
해설	소재에 상징적 의미를 부여한다는 것 역시 비유와 상징을 특징으로 하는 시에서 답이 될 만한, 거시적인 내용입니다. (가)의 경우에는 여러 소재에 '누구'라는 '절대자'의 존재성이라는 상징적 의미를 부여하고 있고, (나)에서는 '배'와 '밧줄'과 같은 여러 소재에 '사랑'이라는 상징적 의미를 부여하고 있습니다. 나아가 (다)에서도 여러 소재에 '님에 대한 그리움'이라는 상징적 의미를 부여하고 있죠? 이를 통해 화자의 내면세계라는 주제 의식을 부각하고 있으니, 가볍게 답으로 고를 수 있겠습니다.

⑤ 의성어와 의태어를 구사하여 화자의 상황을 구체화하고 있다.

선지 유형	근거가 없어서 허용 불가능
실전에서의 판단 과정	(가)에서 화자의 상황을 구체화하는 의성어·의태어는 찾기 어렵지.
해설	의성어와 의태어 역시 꽤나 거시적인 내용들입니다. 실제로 (가)에서는 '언뜻언뜻', '구비구비'와 같은 의태어를 확인할 수 있죠. 하지만 이들이 화자의

상황을 구체화하는 것은 아니죠? 모두 '절대자'와 관련된 내용들이었습니다.

한편, (나)에서는 '털썩'과 같은 의태어가 사용되어 밧줄을 발견한 화자의 상황을 구체화하고 있습니다. (다)에서는 아예 의성어나 의태어를 찾기 어렵구요.

선지	①	②	③	④	⑤
선택률	83%	2%	3%	11%	1%

167 (가)와 (나)의 시상 전개에 대한 설명으로 가장 적절한 것은? ①

① (가)는 구조가 유사한 문장을 반복적으로 제시하여 시상에 통일성을 부여하고 있다.

선지 유형	근거가 있어서 허용 가능
실전에서의 판단 과정	너무 유사하지.
해설	보자마자 답으로 고를 수 있을 만큼 쉬운 선지입니다. (가)는 '~은 누구의 xx입니까'라는 유사한 구조의 문장을 반복적으로 제시하여 시상에 통일성을 부여하고 있어요.

② (나)는 화자의 시선이 자신의 내면에서 외부 세계로 이동하면서 시상이 전개되고 있다.

선지 유형	근거가 있어서 허용 불가능
실전에서의 판단 과정	반대로 써놨네.
해설	(나)의 화자는 외부 세계의 '밧줄'과 '배'를 보다가, 자신의 내면세계로 들어와서 '사랑'에 대한 깨달음을 얻고 있습니다. 화자의 시선은 외부 세계에서 내면으로 이동한 것이라고 할 수 있겠죠?

③ (가)는 제5행에서, (나)는 제3연에서 시상의 흐름이 전환되고 있다.

선지 유형	근거가 없어서 허용 불가능
실전에서의 판단 과정	(나)는 딱히 전환되지 않는데?
해설	(가)는 그 전까지는 '절대자'에 대한 이야기만 하다가, 제5행에서 화자 자신에 대한 이야기를 하고 있으니 이를 근거로 시상의 흐름이 전환되고 있다

고 할 수 있겠습니다. 하지만 (나)의 제3연은 '사랑'에 대한 깨달음을 얻는 과정이 연속적으로 일어나고 있을 뿐이기에, 이를 근거로 하면 시상의 흐름이 전환되고 있다고 보기는 어렵겠죠?

④ (가)와 (나) 모두 화자의 현재 상황을 자연 현상과 대비하며 시상을 이끌어 내고 있다.

선지 유형	근거가 없어서 허용 불가능
실전에서의 판단 과정	주제가 그런 게 아닌데?
해설	(가)에는 여러 자연 현상이 나타나긴 하지만, 이것이 화자의 현재 상황과 대비하기 위한 것은 아닙니다. 그저 '절대자'의 존재를 찾기 위한 것이죠. 나아가 (나)에는 딱히 자연 현상이 나타나지도 않죠? 애초에 '실전에서의 판단 과정'처럼 (가)와 (나)의 주제를 고려할 때 답이 될 리가 없는 선지라는 생각을 할 수 있어야 합니다.

⑤ (가)와 (나) 모두 수미상관의 방식으로 시상을 완결하여 구조적 안정감을 얻어 내고 있다.

선지 유형	근거가 없어서 허용 불가능
실전에서의 판단 과정	둘 다 수미상관 아닌데?
해설	(가)와 (나) 모두 수미상관의 방식으로 보기 어렵죠? 시험장에서 정말정말 넓게 생각해서 (가)를 수미상관이라고 보더라도 (나)를 가지고 지워낼 수 있겠습니다.

선지	①	②	③	④	⑤
선택률	3%	5%	81%	4%	7%

168 〈보기〉를 참고하여 ㉠~㉣을 이해한 내용으로 적절하지 않은 것은? [3점] ③

① ㉠: '바람도 없는 ~ 오동잎'의 이미지와 결합되어, '누구'로 표현된 절대자의 존재 방식을 알려 주는군.

바람도 없는 공중에 수직의 파문을 내이며 고요히 떨어지는 오동잎은 ㉠누구의 발자취입니까

선지 유형	근거가 있어서 허용 가능
실전에서의 판단 과정	그렇지.
해설	'바람도 없는 ~ 오동잎'은 화자가 '절대자'의 발자취로 생각하는 이미지입니다. '발자취'라는 단어가 쓰였다는 것을 근거로 하면, 이는 화자가 생각하는 '절대자'의 존재 방식(발자취를 남기는 방식)을 의미한다고 할 수 있겠습니다.

② ㉡: '푸른 하늘'과 대조되는 것으로, 화자와 절대자 사이의 만남을 가로막는 번뇌와도 같은 것이군.

지리한 장마 끝에 서풍에 몰려가는 ㉡무서운 검은 구름의 터진 틈으로 언뜻언뜻 보이는 푸른 하늘은 누구의 얼굴입니까

선지 유형	근거가 있어서 허용 가능
실전에서의 판단 과정	검은 구름 틈으로 절대자의 얼굴인 푸른 하늘이 보인다고 하네.
해설	화자는 ㉡의 터진 틈 사이에서 언뜻언뜻 보이는 '푸른 하늘'에 주목합니다. 틈 사이에서 보이는 것이라는 점, 그리고 '검은'과 '푸른'의 의미적 대조를 근거로 하면 ㉡이 '푸른 하늘'과 대조된다는 것은 충분히 허용할 수 있겠죠? 나아가 화자는 '푸른 하늘'을 '절대자의 얼굴'로 보고 있습니다. 그렇다면 '푸른 하늘'을 계속 볼 수 없게 하는 ㉡은 선지에서 말하는 것처럼 화자와 절대자 사이의 만남을 가로막는 번뇌와도 같은 것이라는 해석을 충분히 허용할 수 있겠네요.

③ ㉢: '꽃도 없는 깊은 나무'에서 만들어진 것으로, 절대자의 존재에 대한 화자의 회의적 태도를 드러내는군.

꽃도 없는 깊은 나무에 푸른 이끼를 거쳐서 옛 탑 위의 고요한 하늘을 스치는 ㉢알 수 없는 향기는 누구의 입김입니까

선지 유형	근거가 있어서 허용 불가능
실전에서의 판단 과정	주제랑 반대네.
해설	㉢이 '꽃도 없는 깊은 나무'에서 만들어졌다는 것은 맞습니다. 하지만 화자는 ㉢을 '절대자'의 입김으로 표현하고 있어요. 입김이 있다는 것은 존재한다는 의미이기 때문에, 이를 근거로 하면 화자가 '절대자'의 존재에 대한 회의적 태도를 가지고 있다는 것은 절대 허용할 수 없겠습니다.

선지	①	②	③	④	⑤
선택률	3%	3%	25%	13%	56%

나아가, 애초에 '절대자'의 존재를 탐구한다는 주제를 가진 작품에서 존재에 대한 회의적 태도를 드러낼 리가 없겠죠? 주제와의 연관성을 바탕으로도 답으로 고를 수 있겠네요.

④ ㉣ : '가이없는 바다를 밟고'와 짝을 이루어, 무한 공간에 걸쳐 있는 절대자의 면모를 드러내는군.

연꽃 같은 발꿈치로 가이없는 바다를 밟고 옥 같은 손으로 ㉣끝없는 하늘을 만지면서 떨어지는 날을 곱게 단장하는 저녁놀은 누구의 시입니까

선지 유형	근거가 있어서 허용 가능
실전에서의 판단 과정	가이없고 끝없네.
해설	화자가 보는 '절대자'의 시는 '가이없는 바다'를 밟고, '끝없는 하늘'을 만집니다. '가이없다(가없다=끝이 없다)'와 '끝없다'라는 단어의 의미를 근거로 하면, '절대자'의 면모가 무한 공간에 걸쳐 있다는 해석을 충분히 허용할 수 있겠죠?

⑤ ㉤ : '타고 남은 ~ 됩니다'와 관련되면서, 구도자로서의 자기 정립에 대한 화자의 열망을 역설적으로 드러내는군.

타고 남은 재가 다시 기름이 됩니다 그칠 줄을 모르고 타는 나의 가슴은 누구의 밤을 지키는 ㉤약한 등불입니까

선지 유형	근거가 있어서 허용 가능
실전에서의 판단 과정	미리 생각한 내용이네.
해설	처음 지문을 읽는 과정에서 미리 생각했던 내용이죠? 화자는 자신의 가슴을 '절대자'의 밤을 지키는 '약한 등불'로 보는데, 이 '약한 등불'은 타고 남은 재가 다시 기름이 되는 역설적인 것입니다. 〈보기〉를 참고하면, 이는 이러한 역설에 의해 자기 자신을 구도자로 정립하려는 화자의 열망을 드러낸 것이라고 할 수 있겠습니다. 자기 자신을 역설을 통해 '절대자'를 지키는 존재로 정립한 것이죠.

169 [A]에 대한 감상으로 가장 적절한 것은? ⑤

- [A]의 근처 맥락을 독해해봅시다. 화자는 2연에서 '사랑'을 던져지는 밧줄을 받아 어쩔 수 없이 배를 매게 되는 것으로 정의했습니다. 그런데 3연에서는 '사랑'을 배를 매면 구름과 빛과 시간이 함께 매어진다는 것을 처음 알게 되는 것으로 정의하고 있어요. 이는 '사랑'에 대한 깨달음이 깊어지는 상황을 묘사한 것이라고 할 수 있겠죠? 이와 같은 내용을 답으로 골라보도록 합시다.

① 사랑을 갈구하는 화자의 행동이 생생하게 그려져 있어.
② 사랑의 덧없음을 인정하는 화자의 고백이 나타나고 있어.

선지 유형	근거가 없어서 허용 불가능
실전에서의 판단 과정	화자가 언제 그랬냐.
해설	화자는 그저 사랑에 대한 깨달음을 얻고 있을 뿐, 사랑을 갈구하거나 사랑의 덧없음을 인정한 적은 없습니다.

③ 배를 매는 행위의 의미가 사랑임이 비로소 드러나고 있어.

선지 유형	근거가 있어서 허용 불가능
실전에서의 판단 과정	거기서 더 깊어진 거지.
해설	배를 매는 행위의 의미가 '사랑'이라고 생각한 것은 2연의 내용입니다. 화자는 3연인 [A]에서는 '사랑'의 의미를 더 깊게 파악하고 있었죠? 정확하게 독해하지 않고 대충 근처만 보고 눈알을 굴리면 이런 선지에 당하게 되는 것입니다.

④ 사랑의 운명적 면모가 자연의 섭리를 통해 제시되고 있어.

선지 유형	근거가 없어서 허용 불가능
실전에서의 판단 과정	운명적 면모에 대한 이야기가 아니지.
해설	(나)는 '사랑'의 운명적 면모에 대해서 이야기하는 것이 아니라, '사랑'이 무엇인지 깨닫는 내용입니다. 주제와 무관하니 절대 허용할 수 없겠죠?

⑤ 사랑의 속성에 대한 화자의 심화된 인식이 나타나고 있어.

선지 유형	근거가 있어서 허용 가능
실전에서의 판단 과정	그렇지.
해설	미리 생각한 내용이죠? '사랑'의 정의, 즉 속성에 대해 2연의 인식에서 더 심화되어 나타난 것이 3연의 [A]였습니다. 가볍게 답으로 고를 수 있네요.

선지	①	②	③	④	⑤
선택률	4%	2%	2%	5%	87%

170 (나)의 '부둣가'와 (다)의 '수막'을 비교한 내용으로 가장 적절한 것은? ⑤

– (나)의 '부둣가'는 화자가 '밧줄'을 받고 사랑에 대한 깨달음을 얻는 곳이고, (다)의 '수막'은 적막하고 비어 있어 화자의 외로움을 심화하는 공간입니다. 이런 내용을 바탕으로 답을 골라봅시다.

① '부둣가'는 이별과 만남이 반복되는 시련의 공간, '수막'은 이별 후에 정착한 도피의 공간이다.

선지 유형	근거가 없어서 허용 불가능
실전에서의 판단 과정	이별과 만남이 반복되지도 않았고, 도피한 것도 아니지.
해설	(나)의 화자는 이별과 만남을 반복하지 않습니다. 그저 '사랑'의 의미를 깨닫고 있을 뿐이에요. 한편 (다)의 화자가 도피한 것도 아니죠? 만약 임금을 피해 도피한 것이라면 그리워하지도 않겠죠.

② '부둣가'는 익명의 타인들과 어울리는 공동체적 공간, '수막'은 타인들로부터 은폐된 개인적 공간이다.

선지 유형	근거가 없어서 허용 불가능
실전에서의 판단 과정	부둣가에서 누구랑 어울려.
해설	(나)의 화자는 혼자서 '사랑'의 의미를 깨닫고 있습니다. 그 어디에서도 익명의 타인들과 어울리는 모습을 확인할 수 없어요. 물론 (다)의 '수막'은 타인들로부터 은폐된 개인적 공간으로, 화자의 외로움을 심화한다고 할 수 있겠죠?

③ '부둣가'는 화자가 회귀하고자 하는 과거의 공간, '수막'은 화자가 벗어나고자 하는 현재의 공간이다.

선지 유형	근거가 있어서 허용 불가능
실전에서의 판단 과정	둘 다 현재의 공간이지.
해설	'부둣가'는 현재 화자가 '사랑'의 의미를 깨닫는 공간입니다. 화자가 현재 '부둣가'에게 밧줄을 잡아다 배를 매고 있다는 말을 했기 때문에, 이를 근거로 '부둣가'가 과거의 공간이라는 것은 절대 허용할 수 없겠죠. 물론 (다)의 '수막'이 화자가 그리운 임금님을 만나기 위해 벗어나고자 하는 공간이라는 것은 충분히 허용할 수 있겠죠?

④ '부둣가'는 사랑하는 대상이 화자를 기다리는 공간, '수막'은 화자가 사랑하는 대상을 기다리는 공간이다.

선지 유형	근거가 없어서 허용 불가능
실전에서의 판단 과정	누가 화자를 기다리냐.
해설	도대체 몇 번째 반복하는 것인지 모르겠지만, (나)의 화자는 '부둣가'에서 '사랑'의 의미를 깨닫고 있을 뿐입니다. 사랑하는 대상이 화자를 기다리는 모습은 나타나지 않아요. 물론 '수막'은 (다)의 화자가 사랑하는 대상인 임금을 기다리는 공간이라고 할 수 있겠습니다.

⑤ '부둣가'는 화자가 사랑에 대한 깨달음을 얻는 공간, '수막'은 사랑하는 사람의 부재를 확인하는 공간이다.

선지 유형	근거가 있어서 허용 가능
실전에서의 판단 과정	미리 생각한 내용이네.
해설	미리 생각한 내용이죠? '부둣가'는 (나)의 화자가 '사랑'에 대한 깨달음을 얻는 공간이고, '수막'은 (다)의 화자가 사랑하는 사람이 부재하다는 것을 확인하고 외로움을 느끼는 공간입니다.

선지	①	②	③	④	⑤
선택률	3%	24%	22%	41%	10%

171 〈보기〉를 바탕으로 (다)를 이해할 때, 적절하지 않은 것은?
④

① '옷'을 지어 '백옥함'에 담아 임에게 보내려 하는 것은 임금에 대한 신하의 정성과 그리움을 드러내는 행위이다.

원앙금(鴛鴦錦) 베어 놓고 오색선 풀어 내어 금자에 겨누어서 임의 옷 지어 내니 수품(手品)은 물론이고 제도(制度)도 갖출시고. 산호수 지게 위에 백옥함에 담아 두고 임에게 보내려고 임 계신 데 바라보니 산인가 구름인가 험하기도 험하구나.

선지 유형	근거가 있어서 허용 가능
실전에서의 판단 과정	전부 임에게 줄 것들이네.
해설	'옷'과 '백옥함'은 모두 화자가 임에게 보내려고 하는 것들입니다. 이는 임금에 대한 신하의 정성과 그리움을 상징한다고 할 수 있겠죠.

② 지상의 화자가 천상의 '달'과 '별'을 매개로 임을 떠올린 것은 군신 사이의 수직적 관계를 반영한 것으로 볼 수 있다.

하룻밤 서리 기운에 기러기 울어 옐 제 위루(危樓)에 혼자 올라 수정렴(水晶簾) 걷으니 동산에 달이 나고 북극에 별이 뵈니 임이신가 반기니 눈물이 절로 난다.

선지 유형	근거가 있어서 허용 가능
실전에서의 판단 과정	임금님이 하늘에서 보이는 거니까 수직적 관계 허용할 수 있겠다.
해설	화자는 지상에 있는데, 천상의 '달'과 '별'을 매개로 임을 떠올리고 있습니다. '지상↔천상'이라는 수직적 구도를 근거로 하면, 화자가 이렇게 표현한 것은 군신 사이의 수직적 관계를 반영한 것임을 허용할 수 있겠죠? 지문을 읽으면서 미리 생각하지는 못해도, 일단 허용한 뒤 근거를 찾는 것은 충분히 할 수 있습니다.

③ '청광'을 보내고자 염원하는 이유에서 시적 화자와 청자가 실제로는 신하와 임금의 관계임을 감지할 수 있다.

청광(淸光)을 쥐어 내어 봉황루(鳳凰樓)에 부치고져. 누 위에 걸어 두고 팔황(八荒)에 다 비추어 심산궁곡(深山窮谷) 한낮같이 만드소서.

선지 유형	근거가 있어서 허용 가능
실전에서의 판단 과정	온 세상에 빛을 비춰달라며 청광을 보내려고 하는 거네. 이건 청자가 임금이라는 의미겠다.
해설	선지에서는 '청광'을 보내고자 염원하는 이유를 묻고 있습니다. 화자는 '청광'을 쥐어 내어 '봉황루'에 부치겠다고 하고, 누 위에 걸어 두고 '팔황'에 다 비추어 달라는 이야기를 합니다. 여기서 '봉황루'는 임금님이 계신 곳을, '팔황'은 온 세상을 의미한다는 것을 알고 있어야 합니다. 그렇다면 화자는 온 세상에 빛을 비춰달라는 부탁을 하기 위해 임에게 '청광'을 보내고자 염원한다고 할 수 있겠습니다. 고전문학의 세계관에서 온 세상을 비추는 자애로운 역할을 하는 것은 임금님이라는 것을 고려하면, 이는 시적 화자와 청자가 실제로는 신하와 임금의 관계임을 감지하게 해 주는 표현이라고 할 수 있겠습니다. 필수 고전시가답게, 고전 어휘에 대한 이해와 세계관의 파악까지 동시에 묻는 모습입니다. '사미인곡'을 미리 공부했다면 이런 포인트를 다 알고 있었을 거예요. 필수 고전시가는 내신처럼 확실하게 공부해 두어야 한다는 것, 절대 잊지 맙시다.

④ 추운 날씨에 '초가 처마'에 비친 해는 임금의 자애로운 은혜가 신하가 머물고 있는 곳까지 미치고 있음을 암시한 것이다.

초가 처마 비친 해를 옥루에 올리고져.

선지 유형	근거가 있어서 허용 불가능
실전에서의 판단 과정	임금한테 주고 싶다는 건데 어떻게 임금의 은혜야.
해설	화자는 '초가 처마'에 비친 해를 '옥루'(임금의 궁궐)에 올리고자 합니다. 즉, 추운 날씨에 임금님도 추울 테니 자신을 비추고 있는 해를 올려서 따뜻하게 해 주고 싶다는 의미이죠. 이런 독해의 결과를 근거로 하면 '초가 처마'에 비친 해를 임금의 자애로운 은혜로 해석하는 것은 절대 허용할 수 없다고 할 수 있겠습니다. 만약 그렇다면 화자는 임금의 은혜를 반납하는 역적이 되는 거예요.

⑤ 긴긴 겨울밤을 배경으로 차가운 '앙금'을 통해 외로운 처지를 표현한 것은 군신 관계를 남녀 관계로 치환한 결과이다.

> 짧은 해 쉬이 지고 긴 밤을 꼿꼿이 앉아 청등 걸어 둔 곁에 공후를 놓아 두고 꿈에나 임을 보려 턱 받치고 기대니 앙금(鴦衾)*도 차도 찰샤 이 밤은 언제 샐꼬.
>
> * 앙금 : 원앙을 수놓은 이불. 혹은 부부가 함께 덮는 이불.

선지 유형	근거가 있어서 허용 가능
실전에서의 판단 과정	부부의 이불이네.
해설	부부가 함께 덮는 이불인 '앙금'이 차갑다면서 그리워하는 모습은, 군신 관계를 남녀 관계로 치환한 결과라고 할 수 있겠습니다.

현대시 독해 연습

> (가)
> 　바람도 없는 공중에 수직의 파문을 내이며 고요히 떨어지는 오동잎은 누구의 발자취입니까

공중에는 바람도 없습니다. 그런데 '오동잎'은 수직의 파문을 내면서 고요히 떨어지고 있어요. 바람이 없는데도 자신의 흔적을 남기면서 고요하게 떨어지는 대단한 '오동잎'을 보면서, 화자는 그것이 누구의 발자취인지 묻고 있습니다. 화자가 보기에는 '오동잎'의 움직임이 누군가의 발자취를 나타낸 것으로 보이는 것 같네요.

> 　지리한 장마 끝에 서풍에 몰려가는 무서운 검은 구름의 터진 틈으로 언뜻언뜻 보이는 푸른 하늘은 누구의 얼굴입니까

지루한 장마가 끝나고, 그 장마를 일으켰을 무서운 검은 구름은 서풍에 몰려갑니다. 그런데 그 틈으로 언뜻언뜻 '푸른 하늘'이 보여요. 화자는 이것이 또 누군가의 얼굴이라고 생각하고 있네요. 그 누군가는 '오동잎'처럼 강력한 힘을 가지고 있고, '푸른 하늘'처럼 힘든 상황 속에서 보이는 희망과 같은 존재인 것 같습니다.

> 　꽃도 없는 깊은 나무에 푸른 이끼를 거쳐서 옛 탑 위의 고요한 하늘을 스치는 알 수 없는 향기는 누구의 입김입니까

꽃도 없는 깊은 나무, 푸른 이끼, 옛 탑 위의 고요한 하늘을 '알 수 없는 향기'가 스쳐갑니다. 향기라고는 날 수 없는 환경에서 향기를 내는 것은 화자가 생각하는 그 누군가의 입김이라고 해요. 그 누군가는 강력한 힘을 가지고, 희망적이면서 향기를 만들기도 하는 대단한 존재네요.

> 　근원은 알지도 못할 곳에서 나서 돌뿌리를 울리고 가늘게 흐르는 작은 시내는 구비구비 누구의 노래입니까

근원은 알지도 못할 곳, 즉 시작점을 알 수도 없는 곳에서부터 가늘게 흐르는 작은 시내는 또 누군가의 노래라고 합니다. 누군가는 가늘더라도 아주 길게길게 흐르면서 '돌뿌리'와 같은 여러 사람을 위로할 수 있는 노래를 부르기도 하는 존재네요. 아주 절대적이고 대단한 존재라고 할 수 있겠습니다.

> 　연꽃 같은 발꿈치로 가이없는 바다를 밟고 옥 같은 손으로 끝없는 하늘을 만지면서 떨어지는 날을 곱게 단장하는 저녁놀은 누구의 시입니까

'연꽃 같은 ~ 곱게 단장하는'은 '저녁놀'의 속성입니다. 저녁 노을의 풍경을 정말 감각적으로 묘사하고 있죠? 저녁 노을은 연꽃과도 같은 발꿈치를 가지고 끝없는 바다를 밟고 그 위에 서 있고, 옥 같은 손으로 끝없는 하늘을 만지고 있습니다. 그러면서 떨어지는 날(저녁이 되었다는 의미)을 노을빛으로 아주 예쁘게 물들입니다. 저녁 노을을 하나의 사람으로 본다면 충분히 상상할 수 있는 내용이죠? 화자는 이렇게 예쁜 풍경 역시 그 누군가가 쓴 시라고 생각하고 있네요. 화자의 입장에서 누군가는 그야말로 절대적인 존재인 것입니다.

> 　타고 남은 재가 다시 기름이 됩니다 그칠 줄을 모르고 타는 나의 가슴은 누구의 밤을 지키는 약한 등불입니까
> 　　　　　　　　　　　　　　　-한용운, 「알 수 없어요」-

타고 남은 재가 다시 기름이 된다고 합니다. 이렇게 그칠 줄을 모르고 타는 화자의 가슴은 그 누군가의 밤을 지키는 '약한 등불'이라고 합니다. 원래 타고 남은 재는 다시 기름이 될 수 없지만, 그 불가능한 일을 하게 할 만큼 화자의 의지가 강하다는 의미라고 할 수 있겠죠? 화자는 자기 스스로를 '등불'에 비유하고 있는데, '등불'이 약하더라도 계속해서 빛나려고 노력한다는 의미이니까요. 나아가 그렇게 계속해서 빛나려는 이유는 여러 역할을 해내는 절대적인 존재인 누군가의 밤을 지켜주기 위해서죠? 자신이 희생해서 누군가의 밤을 비추면, 그 누군가가 세상에 여러 긍정적인 것들을 던져줄 것이라는 의미로 이해할 수 있겠습니다.

> (나)
> 아무 소리도 없이 말도 없이
> 등 뒤로 털썩
> 밧줄이 날아와 나는
> 뛰어가 밧줄을 잡아다 배를 맨다
> 아주 천천히 그리고 조용히
> 배는 멀리서부터 닿는다

화자는 아무런 소리도, 말도 없이 날아온 밧줄을 잡아다 '배'를 매고 있습니다. '배'는 천천히 멀리서부터 선착장으로 닿고 있어요. 화자는 뭘 하려고 배를 매는 것일까요?

> 사랑은,
> 호젓한 부둣가에 우연히,
> 별 그럴 일도 없으면서 넋 놓고 앉았다가
> 배가 들어와
> 던져지는 밧줄을 받는 것
> 그래서 어찌할 수 없이
> 배를 매게 되는 것

갑자기 '사랑' 이야기를 합니다. 화자는 '호젓한 부둣가'에 넋 놓고 앉아 있는데 '배'가 들어와 던져지는 '밧줄'을 받는 것이 곧 '사랑'이라고 합니다. 이렇게 '밧줄'을 받으면? 1연에서 말했던 것처럼 배를 매야겠죠. 화자는 이러한 행위들을 '사랑'으로 보고 있습니다. 이렇게 '사랑=밧줄 받는 것=배를 매는 것'이라는 재진술을 체크하면서 읽어보도록 합시다. 나아가 '밧줄 받는 것'과 '사랑'은 모두 우연히 들어오는 것이라는 점에서 공통점을 가지고 있죠? 이런 것까지 읽어낼 수 있다면 더욱 훌륭하겠습니다.

> 잔잔한 바닷물 위에
> 구름과 빛과 시간과 함께
> 떠 있는 배
>
> 배를 매면 구름과 빛과 시간이 함께
> 매어진다는 것도 처음 알았다
> 사랑이란 그런 것을 처음 아는 것
>
> 빛 가운데 배는 울렁이며
> 온종일을 떠 있다
>
> —장석남, 「배를 매며」—

'배'는 원래 '구름', '빛', '시간'과 함께 떠 있습니다. 화자는 '배'를 매면 이 모든 것들이 함께 매어진다는 걸 갑자기 깨닫고 있어요. 그리고 이러한 것들을 처음 아는 것이 곧 '사랑'임을 강조하고 있습니다. '사랑'과 같은 말이 하나 더 늘었네요. 이제 '사랑=밧줄 받는 것=배를 매는 것=배를 매면 구름, 빛, 시간이 함께 매어진다는 걸 처음 아는 것'으로 잡아주셔야 합니다.

나아가, '배'를 매면 그 주변 풍경까지 함께 매어진다는 것은 '사랑'의 근본적인 속성을 비유한다고 볼 수 있겠습니다. 어떠한 사람을 '사랑'하는 것은 그 사람 자체뿐만 아니라 그 사람을 둘러싸고 있는 풍경들, 이를테면 가족 · 친구 · 경제적 사정 등을 모두 포용하겠다는 의지를 담고 있으니까요. 굳이 생각하지 않아도 되는 부분이기는 하지만, 이런 것까지 생각할 수 있다면 현대시의 맛을 더 깊게 느낄 수 있을 것 같습니다.

아무튼, 이렇게 '사랑'을 알게 해 주는 '배'는 '빛' 가운데에서 온종일 떠 있습니다. 이 '배'를 매고 저런 것들을 깨닫는 순간, 누구라도 '사랑'을 할 수 있는 것이겠죠?

몰랐던 어휘 정리하기

① **허용 가능성 평가** : 선지의 내용을 '허용'하려는 태도를 바탕으로 지문을 '독해'하며 '근거'를 찾아야 합니다. 허용할 수 있는 '근거'가 있어야만 허용할 수 있습니다. 주관적인 생각을 개입시키면 안 됩니다.

② **현대시 독해** : 〈보기〉의 도움 등을 통해 '주제' 위주로, 그리고 일상 언어의 감각으로 읽어내면 됩니다. 현대시도 읽을 수 있는 하나의 글입니다.

③ **고전시가 독해** : 겁먹지 않고, 현대시를 읽듯이 읽어내면 됩니다. 현대시와 마찬가지로, 〈보기〉의 도움 등을 통해 '주제' 위주로 가볍게 읽어내면 되는 거예요. 자세한 해석은 선지가 해줄 겁니다!

④ **필수 고전시가** : 대부분의 교과서에 실려 있을 정도로 필수적인 고전시가들은 그 내용을 아주 디테일하게 물어보는 경우가 많습니다. 확실하게 정리해두도록 합시다.

| 지문 내용 총정리 |

외부 세계를 자신의 내면세계로 끌어들이는 형식의 현대시를 정확하게 이해할 수 있는지, 필수적인 고전시가의 내용이 충분히 학습되어 있는지, 나아가 '허용 가능성 평가'라는 기본적인 도구를 바탕으로 선지를 판단하는 태도가 갖춰져 있는지 물어본 지문이었습니다. 기본적인 내용들이니, 확실하게 정리하도록 합시다.

DAY 15 [172~174]
2014.11B [35~37] 현대소설 '소문의 벽' ☆☆

〈보기〉 확인

[보기]

정신적 외상(trauma)은 충격적 경험의 기억이 무의식에 잠재되었다가 정신적 병증의 요인으로 작용하면서 모습을 드러낸다. 그 기억은 떠올리는 것만으로도 고통스러울 수 있는데, 이를 들추어 '<u>말문</u>'을 트게 하는 것은 <u>정신적 병증의 치유에서 중요한 과정</u>이다. 개인뿐만 아니라 사회에서도 공동체의 위기 상황으로 인해 발생한 정신적 외상에 대해 '말문 트기'가 요구된다. 이런 점에서 **소설**은 <u>개인의 아픔은 물론 사회적 병증을 치유해 주는 개인적 · 사회적 말문 트기의 하나</u>라 할 수 있다.

이 지문은 '트라우마'와 관련된 내용이고, 이를 치유하기 위한 '말문 트기'를 시도하는 작품인가 봅니다. 그리고 그 과정에서 '소설'이 큰 역할을 하는 것으로 보이네요. 조금은 추상적이긴 한데, 대략적인 주제를 잡아둔 채로 한 번 읽어 봅시다.

지문 독해

"도대체 박준은 어째서 꼭 불을 밝혀 놓아야 잠이 들 수 있었을까요. 그리고 전짓불을 보고는 왜 갑자기 발작을 일으킨 것입니까?"

"중요한 걸 물으시는군요."

잠시 입을 다물고 있던 김 박사는 그동안 나에게서 그런 질문을 <u>기다리고 있었기라도 한 듯</u> 이번에는 박준의 버릇에 대해 다시 설명을 시작했다.

"글쎄, 나 역시도 **어젯밤** 우연히 그런 발작이 나기 전까지는 환자가 특히 어둠을 싫어하는 이유를 알아내지 못하고 있었거든요. 그야 물론 앞서도 말씀드렸듯이 그것도 다른 환자들에게서 볼 수 있는 일반적인 병증의 하나임엔 틀림없지요. 하지만 이제까지의 관찰로는 영 그 원인을 분석해 낼 재간이 없었단 말입니다. 한데 어젯밤 발작을 보고는 <u>비로소 어떤 힌트를 얻을 수 있었어요.</u> 무슨 얘기냐 하면, 환자가 그토록 어둠을 싫어하게 된 것은 직접적으로 그 어둠 자체를 싫어하기 때문이 아니라, <u>그 어둠으로부터 연상되는 어떤 다른 공포감이 있었기 때문</u>이라는 겁니다. 이를테면 그 전짓불 같은 것이 바로 그런 거지요. 환자가 진짜 발작을 일으키도록 심한 공포감을 유발시킨 것은 어둠이 아니라 그 어둠 속에 나타난 전짓불이었단 말씀입니다. 환자에겐 그 어둠이라는 것이 늘 전짓불을 연상시키는 공포의 촉매물이었지요."

"그렇다면 앞으로의 문제는 박준이 무엇 때문에 그 전짓불에 공포를 느끼게 되는지 그걸 알아내는 것이겠군요. 그게 바로 박사님께서 자주 말씀하신 최초의 갈등 요인이 아니겠습니까."

"옳은 말씀이에요. 전짓불의 비밀이야말로 박준 씨의 치료에는 무엇보다 중요한 열쇠가 되고 있지요."

〈보기〉에서 이야기했던 '트라우마'는 '박준'이라는 인물이 가진 '전짓불'에 대한 공포로 보입니다. '김 박사'와 '나'라는 인물이 '박준'이 가지고 있는 트라우마의 비밀을 찾는 것으로 보이네요. '나'의 이야기를 들은 '김 박사'는 '어젯밤' 발작에서 '전짓불부터 연상된 공포감'이 '박준'의 트라우마라는 추측을 합니다. '나'와 '김 박사'는 '박준'이 왜 이런 '공포감'을 가지게 되었는지, 그 심리의 '근거'에 주목하고 있네요. 우리도 함께 궁금해 하면서 읽을 필요가 있겠죠? '박준'은 왜 '전짓불'을 무서워하는 것일까요?

"하지만 **어젯밤** 박준이 전짓불을 보고 놀랐던 것만으론 그가 어째서 그것에 대해 공포감을 지니게 되었는지, 그리고 그 전짓불의 공포라는 것이 박준에게 어떤 의미를 지니고 있는 것인지 아직 설명하실 수가 없으신 것 아닙니까."

"아직까지는 그런 셈이지요."

"역시 그의 소설에 대해 관심을 좀 가져 보시는 게 어떨까요?"

나는 필시 박준의 소설들과 전짓불 사이엔 뭔가 썩 깊은 상관이 있는 듯한 예감에 사로잡히며 은근히 김 박사를 권해 보았다. 그러나 김 박사는 박준의 소설에 대해서는 여전히 관심을 보이려 하지 않았다.

"역시 그럴 필요는 없어요. 별로 기분 좋은 방법이 아니기는 하지만, 이젠 최소한 환자로 하여금 전짓불의 내력을 포함한 모든 비밀을 털어놓게 할 마지막 방법은 찾아 놓고 있는 셈이니까요."

하지만 아직 정확한 원인을 알 수는 없는 상황이에요. '나'는 이런 상황에서 '박준'의 소설을 통해 큰 힌트를 얻을 수 있을 것이라 생각하지만, '김 박사'는 소설에는 큰 관심을 보이지 않습니다. 왜 관심을 보이지 않는 것이죠? 그렇죠! '김 박사' 스스로 '마지막 방법'을 찾아 놓고 있다고 생각하기 때문인 거죠. 소설을 굳이 보지 않아도 '박준'이 스스로 자신의 트라우마에 대한 이야기를 하게

할 방법이 있으니 소설에 관심을 보이지 않는 것입니다. 이렇게 심리의 근거를 생각하면서 읽어야 해요.

아니 그래서, '박준'이 가진 트라우마의 정체는 도대체 무엇일까요? 계속 궁금해하면서 읽어봅시다.

(중략)

―이 달의 화제작, 화제 작가.

신문지는 벌써 이태쯤 전에 발간된 어떤 주간지의 한 조각이었는데, 거기엔 우선 그런 제호가 크게 눈에 띄었다. 그리고 그 제호 한쪽으로 그 달에 발표된 박준의 소설이 한 편 몇몇 평론가들로부터 합평되어 있고, 다른 한쪽엔 그 달의 화제 작가로서 박준을 인터뷰한 기사가 실려 있었다.

나는 정신이 번쩍 들었다. 신문지 조각을 못에서 빼어냈다. 그러나 금세 실망이 되고 말았다. 기사는 별로 읽을 만한 곳이 남아 있지 않았다. 대부분의 기사가 다른 조각으로 찢어져 나가 버리고 없었다. 찢어져 나간 조각들은 찾아낼 수가 없었다. 이미 휴지로 사용이 되고 만 모양이었다. 남아 있는 것은 그의 인터뷰 기사 중의 몇 마디뿐이었다. 나는 그것이나마 찢어지다 남은 데서부터 기사를 읽어 내려가기 시작했다.

(중략) 이후의 상황입니다. '나'는 어떤 신문지 조각을 발견하고 '정신이 번쩍' 듭니다. 바로 '나'가 궁금해하는 '박준'의 이야기가 실려 있기 때문이죠! 괜히 우리도 신나는 것 같습니다. 이렇게 공감하면서 읽을 수 있겠죠? 그런데 금세 '실망'이 되고 만 모습입니다. 계속해서 왜 그러한지 생각해야 해요. 읽을 만한 곳이 별로 남아 있지 않았기 때문이었어요! 관심사가 나왔는데 읽을 게 별로 없다면, 당연히 '실망'이라는 심리가 나타난다고 할 수 있겠죠?

그래도 저 신문지의 내용에서, '박준의 트라우마'에 대한 힌트를 얻을 수 있을지도 모르겠습니다. 기대하면서 읽어봅시다.

―당신은 아까 내가 위험한 질문이라고 한 말의 뜻을 아직 잘 알아듣지 못한 모양이다. 그렇다면 내가 좀 더 설명을 하겠다……

아마 기자의 어떤 질문에 대한 답변을 부연하고 있는 모양이었다. 박준은 이야기를 꽤 길게 계속하고 있었다.

[A]
　　—**어렸을 때** 겪은 일이지만 난 아주 기분 나쁜 기억을 한 가지 가지고 있다. 6·25가 터지고 나서 우리 고향에는 한동안 우리 경찰대와 지방 공비가 뒤죽박죽으로 마을을 찾아드는 일이 있었는데, 어느 날 밤 경찰인지 공비인지 알 수 없는 사람들이 또 마을을 찾아 들어왔다. 그리고 그 사람들 중의 한 사람이 우리 집까지 찾아 들어와 어머니하고 내가 잠들고 있는 방문을 열어젖혔다. 눈이 부시도록 밝은 전짓불을 얼굴에다 내리비추며 어머니더러 당신은 누구의 편이냐는 것이었다. 하지만 어머니는 그때 얼른 대답을 할 수가 없었다. 전짓불 뒤에 가려진 사람이 경찰대 사람인지 공비인지를 구별할 수 없었기 때문이다. 대답을 잘못했다가는 지독한 복수를 당할 것이 뻔한 사실이었다. 하지만 어머니는 상대방이 어느 쪽인지 정체를 모른 채 대답을 해야 할 사정이었다. 어머니의 입장은 절망적이었다. 나는 지금까지도 그 절망적인 순간의 기억을, 그리고 사람의 얼굴을 가려 버린 전짓불에 대한 공포를 생생하게 간직하고 있다.

아니나 다를까 '박준'의 트라우마에 대한 내용이 적혀 있었습니다. 이 트라우마는 '전쟁 상황'과 관련된 것이었네요. '전짓불' 아래에서 경찰대인지 공비인지 모를 '사람들'에게 대답을 강요당하는 '절망적'인 상황. 여기서 얻은 '공포'가 트라우마로 남았던 것이었어요. 이 정도면 충분히 공감할 수 있겠죠? 누구라도 저런 일을 겪으면 트라우마가 생길 만합니다.

　　그런데 나는 요즘 나의 소설 작업 중에도 가끔 그 비슷한 느낌을 경험하곤 한다. 내가 소설을 쓰고 있는 것이 마치 그 얼굴이 보이지 않는 전짓불 앞에서 일방적으로 나의 진술만을 하고 있는 것 같다는 말이다. 문학 행위란 어떻게 보면 한 작가의 가장 성실한 자기 진술이라고 할 수 있다. 그런데 나는 지금 어떤 전짓불 아래서 나의 진술을 행하고 있는지 때때로 엄청난 공포감을 느낄 때가 많다. 지금 당신 같은 질문을 받게 될 때가 바로 그렇다……
박준의 말은 거기서 일단 끝나고 있는 듯 보였다. 그리고 신문이 찢어져 나가 버린 것도 거기서부터였다.
　　　　　　　　　　　　　　　　　-이청준, 「소문의 벽」-

그런데 그 뒤의 내용에서 어디서 본 듯한 이야기가 나옵니다. '박준'은 '소설'을 쓰는 행위를 '자기 진술'의 일부로 인식하고 있습니다. 〈보기〉의 내용을 가져오면, '소설'을 쓰는 것이 '말문 트기'를 통한 치유 과정임을 인정한다는 것이죠. 이렇게 〈보기〉와 엮을 수 있는 부분이 보이면 엮어 주는 방식으로 독해하는 게 좋습니다.

하지만 '박준'이 느끼기에는, 이렇게 '치유'의 과정이어야 하는 소설 작업이 마치 '전짓불 아래의 진술'처럼 느껴진다고 해요. 자기 자신에 대한 이야기를 진술하게 해야 하는데, '전짓불' 아래에서 어떠한 대답을 강요받는 것 같은 느낌이 들 때가 있다는 것이죠. 이렇게 대답을 강요받는 상황에 대한 트라우마를 치유하기 위해 '자기 진술'로서의 '소설 작업'을 하는 것인데, 여기서 또 이러한 트라우마를 느낀다면 굉장히 괴로울 것 같습니다.

'기자'의 질문이 정확히 어떤 것인지는 모르지만, '박준'이 느끼기에 그 질문은 어떠한 대답을 강요하는 폭력적인 질문이었던 것 같네요. 이것이 바로 앞에서 말한 '위험한 질문'에 해당하는 것이었습니다. '박준' 입장에서 이러한 질문들은 '전짓불의 공포'를 떠올리게 하기 때문에, 굉장히 '위험한' 것이라고 할 수 있겠습니다. 충분히 공감할 수 있겠죠?

선지	①	②	③	④	⑤
선택률	75%	7%	5%	7%	6%

172 윗글에 대한 이해로 가장 적절한 것은? ①

① '김 박사'는 '박준'이 느끼는 공포감의 비밀을 밝힐 방법을 찾았다고 믿는다.

선지 유형	근거가 있어서 허용 가능
실전에서의 판단 과정	그래서 소설에 관심을 안 가진 것이지.
해설	'김 박사'가 '박준'의 비밀을 밝힐 방법을 찾았다는 것. 박준의 소설에 관심을 보이지 않는 '심리'를 보이는 '근거'였습니다. '심리의 근거를 통한 내용이해'라는 태도만 있었다면 이 선지를 맞다고 판단하는 데 0.76초 정도 걸렸겠네요.

② '김 박사'의 말을 들은 '나'는 그의 치료 방안에 대해 전적으로 신뢰하게 된다.

선지 유형	근거가 없어서 허용 불가능
실전에서의 판단 과정	언제 그랬냐.

| 해설 | '나'가 '김 박사'의 치료 방법을 신뢰했다는 '심리'가 등장한 적 없죠? 지문 내용을 이해하고 있었으니 이런 내용은 헛소리라는 걸 알 수 있습니다. |

③ '박준'이 어둠 때문에 발작을 일으킨 일이 있음을 '김 박사'는 알지 못하고 있다.

선지 유형	근거가 있어서 허용 불가능
실전에서의 판단 과정	이걸 알고 해결책을 '나'와 논의한 거잖아.
해설	'발작'이라는 사건을 계기로 '김 박사'가 치료 방법을 고민하고 있었습니다. 지문 내용과 정반대네요.

④ '어머니'의 입장이 절망적인 것은 아들의 안전을 지키지 못했다는 자괴감 때문이다.

선지 유형	근거가 있어서 허용 불가능
실전에서의 판단 과정	뭐라고 답해야 할지 몰라서 절망적이었던 거지.
해설	'어머니'는 전짓불 아래에서 뭐라고 대답을 해야 할지 몰라 '절망적'이었던 것입니다. 결국 또 '심리의 근거'를 묻고 있네요. 그리고 '어머니'가 '절망감'을 느낀 시점에 아들이 죽은 것도 아니니, '아들을 지키지 못했다'는 내용도 허용할 수 없겠죠?

⑤ 신문지 조각을 읽은 '나'는 궁금해 하는 사실과 기사의 내용이 거리가 있어서 실망한다.

선지 유형	근거가 있어서 허용 불가능
실전에서의 판단 과정	읽을 게 없어서 실망한 거잖아.
해설	'나'가 실망했다는 '심리'가 등장했었습니다. 그런데 이 '심리'의 근거가 뭔가요? 그렇죠. '읽을 수 있는 부분이 별로 없어서'입니다. 궁금해하는 내용과 기사의 내용이 거리가 있는 건 아니죠! 오히려 전짓불의 트라우마에 대한 내용이니 완벽하게 '나'가 궁금해하던 것입니다.

선지	①	②	③	④	⑤
선택률	5%	7%	76%	5%	7%

173 [A]의 서사적 기능으로 가장 적절한 것은? ③

– [A]에 대해 물어 보고 있습니다. [A]는 '박준'이 가지고 있는 전짓불에 대한 공포의 이유를 밝혀주고, '소설'과 '기자의 질문'에 대한 '박준'의 생각이 나타나던 부분이었습니다. 이를 생각한 채로 선지 판단해 봅시다.

① 특정 지역을 배경으로 설정하여 공간의 상징적 의미를 부각한다.

선지 유형	근거가 없어서 허용 불가능
실전에서의 판단 과정	공간의 의미를 언제 부각했냐.
해설	'우리 고향'이 배경이기는 한데, 그 공간 자체의 의미가 중요하지는 않았죠? 이 지문 내용 상에서 [A]는 '전짓불에 대한 공포'가 핵심이지, 어떤 지역인지가 중요하지는 않습니다.

② 인물의 행동을 객관적 시점에서 묘사하여 인물의 성격을 짐작하게 한다.

선지 유형	근거가 있어서 허용 불가능
실전에서의 판단 과정	객관적 시점에서 묘사한 건 말이 안 되지.
해설	객관적 시점이요? '어머니'의 '절망적'인 모습을 보고 있는데 아들의 입장에서 객관적이라는 건 말이 안 되겠죠. 물론 '인물의 성격'은 충분히 짐작할 수 있겠죠? 소설의 모든 행위, 대사에서는 그 인물의 '성격'이 드러난다고 볼 수 있어요. 여기선 '트라우마를 가지고 있다'라는 인물의 성격이 드러난다고 할 수 있겠네요. 문학에서의 '성격'은 그 인물의 특징 자체를 드러낸다고 보시면 된다고 했습니다.

③ 주인공의 두 경험을 연관 지어 사건의 의미를 이해하는 데 단서를 제공한다.

선지 유형	근거가 있어서 허용 가능
실전에서의 판단 과정	미리 생각한 내용이네.

해설	주인공이라 할 수 있는 '박준'의 어릴 적 경험, 그리고 현재의 소설 쓰기의 경험을 연관 짓고 있고, 거기서 사건의 의미(전짓불에 대한 공포의 의미)를 이해하는 데 단서를 제공하고 있으므로 허용할 수 있네요. 내용을 이해했다면 아주 쉽게 판단할 수 있을 것이에요.

④ 동일한 사건을 다각적으로 구성하여 사건에 대한 해석의 여지를 열어 놓는다.

선지 유형	근거가 없어서 허용 불가능
실전에서의 판단 과정	무슨 헛소리야.
해설	[A] 부분은 박준의 시선만으로 서술되고 있습니다. 동일한 사건을 다각적으로 구성하고 있다는 건 허용하기 힘드네요. 해석의 여지 역시 허용할 만한 근거를 찾을 수 없구요.

⑤ 이질적인 시선을 대비해 가며 역사적인 사건의 전모가 총체적으로 드러나도록 한다.

선지 유형	근거가 없어서 허용 불가능
실전에서의 판단 과정	완전 헛소리네.
해설	일단 '박준'의 시선만 나오고 있다는 점에서 '이질적인 시선'을 허용하기 어렵고, '역사적 사건의 전모'라는 엄청난 내용은 이 지문의 주제와 크게 벗어나죠? '개인'에 주목하느냐 '사회'에 주목하느냐라는 큰 틀의 주제 구분에 익숙해지셔야 합니다.

선지	①	②	③	④	⑤
선택률	6%	16%	7%	5%	66%

174 〈보기〉를 참고하여 윗글을 감상한 내용으로 적절하지 않은 것은? [3점] ⑤

① '전짓불의 공포'를 강하게 느끼는 '박준'은, 일방적 진술을 강요하는 듯한 사회적 상황에 직면하여 고통 받는 이들을 상징하는 인물이겠군.

선지 유형	근거가 있어서 허용 가능
실전에서의 판단 과정	일방적 진술 강요, 충분히 허용되네.

해설	우리는 '박준'이 가지고 있는 '전짓불의 공포'가 곧 '일방적 진술에 대한 압박'을 의미한다는 것을 독해했습니다. 이를 근거로 하면 선지의 내용을 충분히 허용할 수 있겠네요. 모든 소설의 인물은 작가가 주목하고자 하는 이들의 상징적 존재라고 할 수 있으니까요.

② '전짓불의 공포'와 '소설 작업'의 관계에 주목해 보면, 소설 쓰기를 통한 '박준'의 '자기 진술'은 치유 방법으로서의 말문 트기에 상응하는 것이겠군.

선지 유형	근거가 있어서 허용 가능
실전에서의 판단 과정	소설 쓰기가 치유 방법으로서의 말문 트기라며.
해설	〈보기〉에서 언급했던 내용 그 자체입니다. '전짓불의 공포'라는 '정신적 외상'을 가지고 있는 '박준'은 '소설 작업'이라는 '개인적 말문 트기'(=자기 진술)를 통해 그 '정신적 외상'을 치유하려고 한다고 할 수 있겠죠. 물론 기자가 '위험한 질문'을 하는 것과 같은 상황에 처할 때는 치유가 제대로 이루어지지 않겠지만 말이에요.

③ '자기 진술'을 어렵게 만드는 상황에 직면했다는 '박준'의 고백은, 일방적일 수밖에 없는 '자기 진술'의 상황 속에서 정신적 외상이 환기된다는 점을 드러내는 것이겠군.

선지 유형	근거가 있어서 허용 가능
실전에서의 판단 과정	소설 작업 중에 느끼는 공포감은 정신적 외상과 관련된 것이었지.
해설	'박준'은 '소설 작업'을 통해 '자기 진술'을 하려고 합니다. 그런데 때때로 그 '자기 진술'이 일방적이라는 생각이 들기도 한다고 해요. 이때 '일방적인 자기 진술'은 '박준'에게 '전짓불의 공포'라는 '정신적 외상'을 떠올리게 한다고 했습니다. 이는 우리가 충분히 공감했던 감정이기 때문에, 어렵지 않게 허용할 수 있겠네요.

④ 유년의 '기분 나쁜 기억'이 전쟁으로 인한 공동체의 위기 상황과 관련되었다는 설정을 통해, '박준'의 정신적 외상이 사회적 차원의 문제와 관련이 있다는 점을 알 수 있겠군.

선지 유형	근거가 있어서 허용 가능
실전에서의 판단 과정	전쟁이면 사회적 차원의 문제지.

해설	'박준'의 트라우마는 결국 '한국전쟁'이라는 역사적 배경 속에서 만들어진 것이므로 (지문에서 6·25에 대한 이야기가 나왔죠?) '박준' 개인의 문제가 아닌 우리 사회 전체의 문제라고 할 수 있겠습니다. 〈보기〉에서도 '사회'에 대한 언급이 있구요.

⑤ 정신적 외상의 최초 원인을 밝히기 위해 '김 박사'가 '박준'의 과거 기억을 진술하게 할 계획을 세웠다면, 이는 '위험한 질문'을 회피하기 위한 말문 트기 방법을 모색한 결과이겠군.

선지 유형	근거가 있어서 허용 불가능
실전에서의 판단 과정	'위험한 질문'을 회피하면 대답을 들을 수가 없지.
해설	사실 굉장히 어려운 선지입니다. 천천히 판단해봅시다. 실전에선 이렇게 풀지 않고, '실전에서의 판단 과정'처럼 간단하게 처리하셔도 됩니다. 먼저 '위험한 질문'에 대해 알아봅시다. '위험한 질문'은 '박준'으로 하여금 과거의 기억을 '일방적'으로 진술할 수밖에 없게 만드는 질문입니다. 마치 '전짓불' 아래서 대답을 강요받는 상황처럼, 자신의 과거에 대해 이야기해줄 것을 강요받는 질문을 의미하는 것이죠. 선지에선 '김 박사'가 '박준'의 '과거 기억'을 진술하게 할 계획을 세운 것으로 가정하고 있습니다. 나아가 지문 속에선 이러한 방법을 '별로 기분 좋은 방법이 아니'라고 하고 있구요. 그렇다면 '김 박사'의 계획은 '위험한 질문'을 회피하는 것이 아니라 적극적으로 사용하는 것임을 파악할 수 있겠네요. '박준'에게 압박을 주는 '기분 좋지 않은' 방법을 통해 '과거 기억'을 진술하게 하는 것이라고 할 수 있는 것이죠. 혹은 '말문 트기 방법'이 '위험한 질문을 회피하기 위한 것'이 아니라는 것을 토대로 해결해도 좋습니다. '말문 트기 방법'은 '트라우마 치유'를 위한 것이지, '위험한 질문'을 피하는 게 목적이 아니잖아요! 어떻게 판단하든, 결국 핵심은 '문학적 해석'이 아닌 '객관적 독해'를 기반으로 한 '생각의 흐름'이었습니다. 문학 문제도 결국 '수능 국어'의 일부입니다. 이 본질을 잊지 않은 채로 계속 달려봅시다.

몰랐던 어휘 정리하기

| 핵심 point |

① **허용 가능성 평가** : 선지의 내용을 '허용'하려는 태도를 바탕으로 지문을 '독해'하며 '근거'를 찾아야 합니다. 허용할 수 있는 '근거'가 있어야만 허용할 수 있습니다. 주관적인 생각을 개입시키면 안 됩니다.

② **소설 독해** : '심리와 행동의 근거'를 바탕으로 인물에게 '공감'하며 읽어야 합니다. 이 과정이 물흐르듯 이어지면 지문의 내용을 완벽하게 이해할 수 있어요.

| 지문 내용 총정리 |

'김 박사'와 '나'의 대화를 바탕으로 '박준'이 가지고 있는 트라우마의 비밀을 밝히는 부분은 '심리의 근거'를 바탕으로 한 전형적인 소설 독해의 과정이었고, '소설'과의 관계를 파악하는 부분은 '독해력'을 발휘하여 끈끈하게 읽어내는 과정이었습니다. 생각보다 많은 것을 배울 수 있는 지문이었습니다. 모든 선지를 완벽하게 지워낼 수 있을 때까지 여러 번 복습하도록 합시다.

〈보기〉 확인

[보기]

「운영전」의 액자 속 이야기는 주인공이 서술한 것이어서, 서사는 운영과 김 진사의 시선에 포착된 현실을 중심으로 전개된다. 예컨대 운영을 포함한 궁녀들을 억압하는 '대군'은 그들에게 베푼 은혜로 인해 악인으로 단정되지 않는 반면, 음모를 꾸민 '특'은 간교한 인물로만 부각된다. 이런 인물들의 개입으로 인해 금지된 사랑을 하는 주인공의 위기도 여느 고전 소설과 달리 현실적 긴장감을 띠게 된다. 이로써 이 소설은 현실의 문제를 보다 첨예하게 드러낸다.

이 지문은 '운영전'의 액자 속 이야기인 것으로 보입니다. 이에 이 지문은 주인공인 '운영'과 '김 진사'의 시선에 포착된 현실을 중심으로 전개된다고 합니다. '대군'과 '특'에 대한 서술에 다르게 나타나는 것으로 볼 때, 이는 '운영'과 '김 진사'의 내면세계에 따라 인물에 대한 평과 같은 내용들이 서술되었다는 것을 의미한다고 할 수 있겠네요. 이런 내용을 바탕으로 지문을 이해해보도록 합시다.

지문 독해

[앞부분의 줄거리] 선비 유영이 꿈에서, 죽은 운영과 김 진사를 만나 그들의 이야기를 듣는다. 안평대군은 궁녀 열 명을 뽑아 가르치면서 궁 밖과의 인연을 금했으나, 궁녀 운영은 김 진사와 사랑에 빠졌다. 김 진사의 노비인 특의 꾀에 따라 둘은 도망가려고 운영의 의복과 재물을 빼냈다.

선비 '유영'이 꿈에서 죽은 '운영'과 '김 진사'의 이야기를 듣는 상황입니다. '유영'의 이야기를 전체적인 이야기라고 할 때, '유영'이 듣고 있는 '운영'과 '김 진사'의 이야기가 〈보기〉에서 말한 '액자 속 이야기'라고 할 수 있는 것이겠죠? 애초에 서술자가 '운영'과 '김 진사'이기 때문에 이들의 내면세계에 따라 서술된다는 것은 당연해보입니다.

아무튼, '운영'은 '안평대군'의 궁녀로 궁 밖과의 인연이 금지되어 있었으나 '김 진사'와 사랑에 빠진 상황입니다. 이에 노비인 '특'의 꾀에 따라 도망가려는 계획을 세운 상태네요. 〈보기〉의 내용을 바탕으로 하면 '특'은 음모를 꾸밀 것이고, 이에 '운영'과 '김 진사'는 '특'을 간교한 인물로 묘사할 것입니다. 이런 생각을 하면

서 읽어보도록 합시다.

진사는 다른 말은 하지 않고, 오로지 일렀습니다.
"너는 재물을 잘 지키고 있겠지? 내가 장차 그것을 다 팔아서 부처께 지성으로 발원하여 오래된 약속을 실천하리라."
특은 집으로 돌아가 혼잣말로 일렀습니다.
"궁녀가 나오지 못했으니, 그 재물은 하늘이 내게 준 것이로다."
특은 벽을 향해 남몰래 웃음을 지었으나, 다른 사람이 그것을 알 리가 없었습니다. 하루는 특이 자기 옷을 찢고 코를 스스로 때려, 피를 온몸에 흠뻑 바르고 머리를 풀어 헤친 채 맨발로 달려 들어와 뜰에 엎드려 울면서 말했습니다.
"제가 강도에게 습격을 당했습니다."

'진사'는 '특'에게 재물을 잘 지키라고 당부했습니다. 그런데 '특'은 '운영'이 나오지 못했으니 그 재물은 하늘이 자신에게 준 것이라며 가로챌 생각을 했네요. 이는 아무도 알 수 없는 비밀스러운 계획입니다. 아무도 모르게 큰 돈을 벌 생각에 신나서 벽을 향해 남몰래 웃음을 짓는 '특'의 모습을 상상할 수 있겠죠? '특'은 완전 범죄를 위해 강도에게 습격을 당한 척 꾸밉니다. '특'에 대한 전반적인 묘사가 〈보기〉에서 말한 것처럼 간교한 인물로 부각되고 있다는 것이 느껴지시죠?

나아가, '운영'과 '김 진사'가 이야기를 들려준다고 했는데 '진사'와 같은 표현이 쓰이는 것으로 보아, 현재 이야기의 서술자는 '운영'이라는 것도 생각할 수 있겠습니다. 중요하지는 않지만, 글에 민감하게 반응하는 습관이 있으면 이런 식으로 생각할 수도 있다는 것을 알아두세요.

그러고는 기절한 척했습니다. 진사는 특이 죽으면 재물을 묻은 곳을 알 수 없게 될까 염려되어, 약을 입에 흘려 넣는 등 특을 살려냈습니다. 그러자 특이 십여 일 만에 일어나 말했습니다.
"제가 혼자 산 속에서 지키고 있는데 많은 도적들이 갑자기 들이닥쳤습니다. 박살날 것 같아 죽을힘을 다해 달아나 겨우 목숨을 보존하게 되었습니다. 이 보물이 아니었다면 제가 어찌 이런 위험에 처했겠습니까? 운명이 이리도 험한데 어찌 빨리 죽지 않는고!"
말을 마친 특은 발로 땅을 차고 주먹으로 가슴을 치며 통곡했습니다. 진사는 부모님이 알까 두려워 따뜻한

말로 위로하여 보냈다가, 뒤늦게야 특의 소행을 알고 노비 십여 명을 거느리고 가서 불시에 특의 집을 포위하고 수색을 했습니다. 그러나 금비녀 한 쌍과 거울 하나만을 찾아낼 수 있었습니다. 이 물건을 장물로 삼아 관가에 고발하여 나머지 물건들도 찾고 싶었으나, 일이 누설될까 두려워 고발하지 못했습니다. 진사는 그 재물이 없으면 불공을 드릴 수 없었기에 특을 죽이고 싶었으나, 힘으로 제압할 수 없어 애써 침묵하였습니다.

그렇게 '특'은 기절한 척합니다. '진사'는 '특'이 걱정되기보다는 재물을 묻은 곳을 알 수 없게 될까 염려되어 최선을 다해서 '특'을 살립니다. 그런데 깨어난 '특'은 재물을 모두 빼앗겼다는 식으로 이야기하면서 통곡하는 연기를 합니다. '진사'는 이걸 나무라기도 애매하고, 나무라려고 해도 부모님이 궁녀와 사랑에 빠진 것을 알까 두려워 따뜻한 말로 위로하여 보내는 모습이에요. '진사'의 살짝 화도 나지만 침착한 척하는 표정이 눈앞에 그려지시죠?

'진사'는 뒤늦게야 '특'의 소행을 알고 '특'의 집을 포위하고 수색합니다. 그렇게 장물의 일부를 찾지만, 자신도 죄가 있으니 섣불리 고발하지도 못하는 상황입니다. 그 재산을 가지고 원래는 불공을 드리려고 했던 것 같은데, 불공도 드릴 수 없는 상황이 되었으니 '진사'의 입장에선 '특'을 정말 죽이고 싶을 것 같기도 합니다. 충분히 공감할 수 있겠죠?

> 특은 자기 죄를 알고, 궁궐 담장 아래에 사는 맹인에게 가서 물었습니다.
> "내가 며칠 전 새벽에 이 궁궐 담장 밖을 지나가는데, 웬 놈이 궁궐 안에서 서쪽 담을 넘어 나왔소. 도적인 줄 알고 소리를 지르며 쫓아가자, 그놈은 가졌던 물건을 버리고 달아났소. 나는 그 물건을 집에 보관하고 있으면서 임자가 찾아가기를 기다렸소. 그런데 우리 주인은 본래 염치가 없어서 내가 물건을 얻었다는 소문을 듣고 몸소 내 집에 와서 그 물건들을 찾았소. 내가 다른 보물은 없고 단지 비녀와 거울 두 가지만 있다고 대답하자, 주인은 몸소 수색을 해서 과연 그 두 물건을 찾아내었소. 주인은 그것도 부족해서 바야흐로 나를 죽이려고 하오. 그래서 내가 달아나려고 하는데, 달아나면 길(吉)하겠소?"
> 맹인이 말했습니다.
> "길하다."
> 그때 맹인의 이웃이 옆에 있다가 그 이야기를 다 듣더니 특에게 말했습니다.

> "너의 주인은 어떤 사람인데, 이처럼 노비에게 포악하게 구느냐?"
> 특이 말했습니다.
> "우리 주인은 나이는 어리나 문장에 능해서 조만간 틀림없이 급제할 사람입니다. 그런데 이처럼 탐욕스러우니, 훗날 벼슬길에 올라 조정에 섰을 때 마음 씀씀이가 어떠할지 알 수 있을 것입니다."

이런 와중에 '특'은 '맹인'을 찾아갑니다. 그 내용을 보니, '진사'를 모함하여 자신의 책임을 벗으려는 거짓말이네요. 철저하게 '특'이 간교한 인물로 묘사되고 있다는 게 느껴지시죠? '맹인'의 '이웃'은 이 말을 듣고 포악한 너의 주인이 누구냐는 질문을 하고, '특'은 또 거짓말로 '진사'를 모함합니다.

> 이런 말들이 전파되어 궁중으로 들어가 대군에게 알려지게 되었습니다. 대군은 크게 화가 나서 남궁 사람들에게 서궁을 수색하게 하니, 제 의복과 보화가 하나도 없었습니다. 대군은 서궁의 궁녀 다섯 사람을 붙잡아 뜰 가운데 세우고, 눈앞에 형장을 엄히 갖춘 다음 명령하였습니다.
> "이 다섯 사람을 죽여 다른 사람들을 경계하라."
> 대군은 또 곤장을 잡은 사람에게 지시하였습니다.
> "곤장 수를 헤아리지 말고 죽을 때까지 때려라."

이런 말들은 '궁중'으로 들어가 '대군'에게 알려집니다. 당연히 '대군'은 크게 화가 났고, '운영'이 있던 곳으로 추정되는 '서궁'을 수색하게 합니다. 정말로 의복과 보화가 하나도 없는 것을 확인한 '대군'은 '서궁'의 궁녀 다섯 사람을 붙잡아 사형시키려고 하는 모습입니다. 이 정도면 '운영'과 '김 진사'가 죽어서도 '특'에게 원한을 가질 만하네요.

> 이에 다섯 사람이 말했습니다.
> "한마디 말만 하고 죽기를 원합니다."
> 대군이 말했습니다.
> "무슨 말이든지 그간의 사정을 다 털어놓도록 해라."
> 은섬이 말했습니다.
> "남녀의 정은 귀하든 천하든 사람이라면 모두 다 있는 법입니다. 한번 깊은 궁에 갇혀서 홀로 지내니, 꽃을 보면 눈물 흘리고 달을 대하여 슬퍼했지요. 매실을 꾀꼬리에게 던져 쌍쌍이 날지 못하게 하고, 발을 쳐서 제비가 쌍쌍이 깃들지 못하게 함은 부러움과 질투심 때

문이었습니다. 한번 궁궐의 담을 넘으면 인간 세상의 즐거움을 알 수 있음에도 저희가 그러하지 않은 것은 어찌 힘이 부족해서였겠습니까? 다만 저희는 오로지 <u>주군의 위엄을 두려워하여</u>, 이 마음을 굳게 지키면서 궁중에서 말라 죽을 생각뿐이었습니다. 그런데도 주군께서는 이제 죄 없는 저희들을 죽이려 하시니, 저희들은 황천에서도 눈을 감지 못할 것입니다."

[비취]가 초사(招辭)*를 올려 말했습니다.

"주군께서 보살펴 주신 은혜는 산보다 높고 바다보다도 깊은지라 저희들은 <u>감동하고 두려워하여</u> 오로지 글짓기와 거문고 연주만을 일삼을 뿐이었습니다. 이제 씻지 못할 악명이 서궁에 미쳤으니 <u>사는 것이 죽는 것만 못하게 되었습니다.</u>"

-작자 미상, 「운영전」-

* 초사 : 범죄 사실에 대한 죄인의 진술.

다섯 사람은 마지막 한마디만 하겠다고 합니다. '은섬'이 대표로 이야기를 하는데, 밑줄 친 부분 위주로 읽으면 결국 '대군' 때문에 사랑의 감정이 싹터도 참았는데 기어코 우리를 죽이니 참으로 억울하다는 내용임을 파악할 수 있겠죠? '비취'의 초사 역시 마찬가지구요. 사실 잘못을 한 건 '운영'인데, '은섬'과 '비취'를 비롯한 다섯 사람은 억울하게 죽게 되었으니 이와 같은 마음을 가지는 것에 충분히 공감할 수 있겠습니다. 나아가 '비취'의 초사에서 〈보기〉에서 말한 것처럼 '대군'에 대한 긍정적인 묘사가 나타난다는 것도 확인할 수 있겠죠?

선지	①	②	③	④	⑤
선택률	6%	71%	8%	5%	10%

175 윗글에 대한 이해로 적절하지 <u>않은</u> 것은? ②

① '진사'는 재물을 찾기 위해 '특'의 집을 수색했다.

선지 유형	근거가 있어서 허용 가능
실전에서의 판단 과정	그랬지.
해설	'진사'는 '특'의 소행을 알고 불시에 '특'의 집을 수색했습니다. 이 상황에서 재물을 모두 찾지 못했지만 고발할 수도 없어 부글부글 끓는 '진사'의 내면세계에 공감했던 기억이 있죠?

② '특'은 운영이 도둑을 맞았다고 '맹인'에게 말했다.

선지 유형	근거가 없어서 허용 불가능
실전에서의 판단 과정	운영의 이야기를 하지는 않았지.
해설	'특'은 '맹인'에게 자신이 도적이 놓고 간 재물을 주워왔다는 이야기만 했을 뿐, '운영'이 도둑을 맞았다고 하지는 않았습니다. 애초에 자신의 죄를 숨겨야 하는 '특'의 입장에서 '운영'의 이야기를 굳이 할 이유는 없겠죠.

| 생각 심화 |

사실 수능 문제치고는 조금 아쉬운 선지입니다. 내면세계에 대한 파악보다는 까다로운 내용일치를 요구하고 있는데, 이는 2011학년도 수능의 특수성 때문에 벌어진 일이라고 할 수 있습니다. 2011학년도 수능은 실질적인 EBS 연계가 이루어진 첫 수능이었습니다. EBS 연계가 되면 변별력을 상실할 것이라고 믿었던 시기였기 때문에,(물론 이 시험의 1등급 커트라인은 90점으로, 당시 기준 역대급 불수능으로 평가받습니다 ㅎㅎ...) 연계 교재 학습에만 의존하여 공부한 학생들을 변별하려고 여러 시도를 했었죠. 그중 하나가 이 선지라고 할 수 있습니다. 실제 '운영전'의 다른 내용을 보면, '특'이 '운영'과 '김 진사'의 이야기를 여기저기 퍼뜨리는 장면이 나옵니다. 그래서 연계 교재 학습에만 의존하여 작품 내용을 달달 외우는 식으로 공부한 학생들은 이 선지를 보고서 그럴 수도 있겠다는 생각을 할 수 있었죠. 물론 EBS 연계 문제 출제에 대한 가이드라인(학생들이 지문 내용을 알고 있다고 해도, 어차피 내던 대로 내면 알아서 틀려 준다.)이 어느 정도 확립된 지금은 출제하기 어려운 형태의 문제입니다. 다만 연계 교재 학습에만 매몰되는 공부가 아니라, 제시된 지문을 읽고 이해하는 능력 자체가 중요하다는 것을 다시 상기하도록 합시다.

③ '맹인의 이웃'이 들은 말이 전파되어 궁중에 들어갔다.

선지 유형	근거가 있어서 허용 가능
실전에서의 판단 과정	그랬지.
해설	'맹인의 이웃'은 '특'의 말을 듣고 주인이 도대체 누구길래 그렇게 포악하게 구느냐는 이야기를 하고, 이에 대해 '특'이 이야기한 내용이 전파되어 궁중에 들어갔었죠? 지문 후반부의 내용을 그대로 읊어 주고 있습니다.

④ '대군'은 소문을 듣고 서궁을 수색하게 했다.

선지 유형	근거가 있어서 허용 가능
실전에서의 판단 과정	그랬지.
해설	'대군'은 소문을 듣고 '운영'이 거처하던 곳으로 추정되는 '서궁'을 수색하게 합니다. 수색한 결과 정말로 재물이 사라진 것을 보고 다섯 궁녀를 형장에 세우죠.

⑤ '은섬'은 억울해 하면서도 다른 궁녀를 원망하지 않았다.

선지 유형	근거가 있어서 허용 가능
실전에서의 판단 과정	소신발언을 했지.
해설	'은섬'은 억울하다는 이야기를 당당하게 했을 뿐, 다른 궁녀를 원망하는 모습을 보이지는 않았습니다. 다른 궁녀를 원망하는 모습을 보인 건 이 지문에서는 생략된, 다섯 궁녀 중 다른 한 사람이에요. 역시 EBS 연계 공부에 매몰된 학생들을 당황시키려는 의도가 보이시죠? 선지 선택률을 보면 그 의도가 어느 정도 먹힌 것 같기도 합니다. 단순히 줄거리만 외우는 식의 연계 공부가 얼마나 무의미한지 꼭 깨달으셨으면 좋겠어요.

선지	①	②	③	④	⑤
선택률	8%	3%	5%	75%	9%

176 '궁궐의 담'에 대한 설명으로 가장 적절한 것은? ④

– '궁궐의 담'은 궁녀들이 '대군'의 명으로 인해 함부로 넘지 못하는 것입니다. '은섬'은 '궁궐의 담'을 넘지 않으려고 부단히 애썼는데도 자신들을 죽이려 하는 '대군'을 원망하는 모습을 보이기도 했어요. 이런 내용을 바탕으로 답을 골라봅시다.

① 담은 위선과 진실을 구별하는 경계이다.

선지 유형	근거가 없어서 허용 불가능
실전에서의 판단 과정	위선과 진실 그런 이야기가 아니지.
해설	'담'은 그저 궁녀들을 바깥 세상의 즐거움과 갈라놓기 위한 수단일 뿐, '위선과 진실' 같은 개념과 관련된 것이 아니죠?

② 담 안은 물질적 욕망이 지배하는 공간이다.

선지 유형	근거가 있어서 허용 불가능
실전에서의 판단 과정	오히려 담 밖이지.
해설	이 지문에서 '물질적 욕망'을 강하게 드러낸 인물은 '특'밖에 없습니다. '진사'는 '물질적 욕망'보다는 사랑 때문에 재물에 집착한 것이니까요. 그런데 '특'은 '담 밖'의 인물이라는 점에서, 이를 근거로 절대 허용할 수 없는 선지가 되겠습니다. '담 안'의 궁녀들은 '물질적 욕망'을 드러내지 않았으니까요.

③ 담 안의 궁녀들은 담 밖의 세상에 관심이 없다.

선지 유형	근거가 있어서 허용 불가능
실전에서의 판단 과정	관심 있어도 참은 거지.
해설	'은섬'과 '비취'의 말을 보면, '담 안'의 궁녀들은 모두 '담 밖'의 세상에 관심이 가득하지만 '대군'의 위엄이 두려워 나가지 못하는 것이었습니다. '은섬'과 '비취'의 내면세계에 공감하려는 시도가 있었다면 어렵지 않게 지워낼 수 있겠네요.

④ 담을 넘는 것은 '대군'의 권위에 도전하는 것이다.

선지 유형	근거가 있어서 허용 가능
실전에서의 판단 과정	그렇지. 대군이 나가지 말라고 했으니까.
해설	'담'은 '대군'이 설정한 궁녀와 바깥 세상의 경계입니다. 이러한 '담'을 넘는다는 것은, '대군'의 권위에 도전하는 두려운 일이었죠. 이에 '은섬'과 '비취'는 감히 그럴 생각을 하지 못했다며 억울해했습니다. 가볍게 답으로 고를 수 있겠죠?

⑤ 담 밖은 담 안과 달리 신분적 위계가 없는 공간이다.

선지 유형	근거가 있어서 허용 불가능
실전에서의 판단 과정	특은 노빈데?
해설	'담 안'에서는 '대군-궁녀' 사이의 신분적 위계가, '담 밖'에서는 '진사-특' 사이의 신분적 위계가 잘 드러납니다. 이러한 근거가 있으니 절대 허용할 수 없는 선지네요.

선지	①	②	③	④	⑤
선택률	18%	53%	6%	13%	10%

177 〈보기〉를 참조하여 윗글을 감상한 내용으로 적절하지 않은 것은? ②

① 운영도 '대군'을 배신했지만 '특'의 배신만이 부각되는 것은 운영이 서술자이기 때문이군.

선지 유형	근거가 있어서 허용 가능
실전에서의 판단 과정	그러네.
해설	사실 '운영'도 '대군'을 배신하고 도망가려고 한 인물입니다. 그런데 이 지문에서는 '특'의 배신만이 부각되고 있는데, 이는 우리가 미리 생각한 것처럼 '운영'이라는 주인공이 서술자이기 때문이겠죠? 〈보기〉에서 말하는 바는 이 지문이 철저하게 '운영'의 내면세계대로 쓰여졌다는 것이었습니다.

② 달아나면 길할 것이라고 말한 '맹인'의 태도 때문에 주인공의 금지된 사랑은 위기에 처하게 되는군.

선지 유형	근거가 없어서 허용 불가능
실전에서의 판단 과정	맹인이 뭔 잘못이야.
해설	'맹인'은 그저 '특'의 거짓말을 듣고서 편을 들어주고 있을 뿐입니다. 애초에 '특'이 '맹인'을 만나기 전부터 '특'의 간계로 인해 '운영'과 '진사'의 금지된 사랑은 위기에 처해 있었죠? 나아가 그 위기가 절정에 달한 것은 '맹인'의 태도가 아닌 '특'이 퍼뜨린 헛소문 때문이었습니다. 지문의 내용을 정확하게 이해하고 있다면 가볍게 답으로 고를 수 있겠네요.

③ '특'이 남몰래 웃음을 지었다는 진술에서 그의 간교한 성격을 드러내려는 서술자의 의도가 느껴지는군.

선지 유형	근거가 있어서 허용 가능
실전에서의 판단 과정	그렇지.
해설	굳이 남몰래 웃음을 지었다는 진술을 넣은 것은, 〈보기〉에서 말한 것처럼 '특'을 간교한 인물로 부각하기 위함이라고 할 수 있겠죠? 이는 '특'에게 반감을 가지고 있을 주인공이자 서술자인 '운영'의 내면세계가 반영된 것이라고 할 수 있겠습니다.

④ 궁녀들을 박해하는 '대군'이 악인으로 단정되지 않는 까닭이 '대군'의 은혜를 인정하는 '비취'의 말에서 나타나는군.

선지 유형	근거가 있어서 허용 가능
실전에서의 판단 과정	미리 생각한 내용이네.
해설	미리 생각한 내용이죠? 미리 생각하지 못했더라도, '비취'의 말 속에 있는 '주군께서 보살펴 주신 은혜는 산보다 높고 바다보다도 깊은지라'를 근거로 하면 어렵지 않게 허용할 수 있겠습니다.

⑤ 궁녀들에게 내려진 금기를 부당하다고 느끼면서도 지킬 수밖에 없었다는 '은섬'의 말에 현실의 문제가 드러나는군.

선지 유형	근거가 있어서 허용 가능
실전에서의 판단 과정	부당한 걸 지킬 수밖에 없는 건 현실의 문제지.
해설	'은섬'은 '궁궐의 담'을 넘지 말라는 '대군'의 금기가 부당하다고 느끼면서도, '대군'의 권위가 두려워 지킬 수밖에 없었다는 이야기를 합니다. 이는 〈보기〉에서 말하는 것처럼 현실의 문제를 첨예하게 드러내는 이 지문의 특징이 잘 나타나는 부분이라고 할 수 있겠죠?

선지	①	②	③	④	⑤
선택률	11%	65%	10%	11%	3%

178 '특'이 ㉠의 상황을 다음과 같이 표현했을 때, ( )에 들어갈 말로 가장 적절한 것은? ②

㉠박살날 것 같아 죽을힘을 다해 달아나 겨우 목숨을 보존하게 되었습니다.

"( )이었으나 겨우 도망했습니다."

① 내우외환(內憂外患)
② 명재경각(命在頃刻)
③ 사고무친(四顧無親)
④ 오리무중(五里霧中)
⑤ 자승자박(自繩自縛)

| 핵심 **point** |

① **허용 가능성 평가** : 선지의 내용을 '허용'하려는 태도를 바탕으로 지문을 '독해'하며 '근거'를 찾아야 합니다. 허용할 수 있는 '근거'가 있어야만 허용할 수 있습니다. 주관적인 생각을 개입시키면 안 됩니다.

② **소설 독해** : '심리와 행동의 근거'를 바탕으로 인물에게 '공감'하며 읽어야 합니다. 이 과정이 물흐르듯 이어지면 지문의 내용을 완벽하게 이해할 수 있어요.

| **지문 내용 총정리** |

사실 문제가 굉장히 좋다거나 한 지문은 아닙니다. 다만 '운영전'이 일반적인 고전소설의 클리셰를 따르지 않는다는 점에서 독특한(그래서 중요한) 지문이고, EBS 연계 학습의 맹점을 짚을 수 있는 지문이라는 점에서 가져왔어요. 당연하겠지만, 이런 내용들 외에 소설의 기본적인 풀이 원칙을 잘 따랐는지도 점검해 보도록 합시다.

DAY 16 [179~182]
2010.06 [23~26] 현대소설 '외딴 방' ☆☆☆

〈보기〉 확인

딱히 확인할 만한 〈보기〉가 없네요. 인물의 내면세계에 공감할 준비를 하면서 지문을 읽어봅시다.

지문 독해

> 학교에 나가지 않으면 나는 5시에 컨베이어 앞을 떠날 수 없을 것이다. 선생님은 버스 정류장에서 내일은 꼭 학교에 나오라고 한다.
> "우선 학교에 나와서 얘기하자."
> 버스에 올라탄 선생님이 나를 향해 손을 흔든다. 선생님의 손 뒤로 공장 굴뚝이 울뚝울뚝하다. 처음으로 공장 속에서 사람을 만난 것 같다. 버스가 떠난 자리에 열일곱의 나, 우두커니 서 있다. 선생님의 손길이 남아 있는 내 어깨를 내 손으로 만져 보며.
> 다음날 교무실로 나를 부른 선생님은 내게 반성문을 써 오라 한다.
> "하고 싶은 말 다 써서 사흘 후에 가져와 봐."

'나'는 학생인 것 같습니다. 학교에 나가지 않으면 5시에 '컨베이어 앞'을 떠날 수 없을 것이라고 해요. '컨베이어 앞'이 어떤 장소인지는 모르겠지만, 학교에 나가지 않는다는 선택지를 생각하고 있다는 점, 그리고 '선생님'이 내일은 꼭 학교에 나오라고 당부하고 있다는 점 등을 고려하면 '나'의 처지가 썩 좋지만은 않은 것 같습니다. '컨베이어'에 이어 '공장 속'과 같은 표현으로 자신이 있는 곳을 정의하는 '나'를 보면 이러한 생각이 조금 더 강화되겠죠?

이때 '나'가 처음으로 '공장 속'에서 사람을 만난 것 같다고 하는 것에 주목할 수 있어야 합니다. '공장 속'에도 당연히 사람은 있을 것인데, 맥락상 자신을 위해서 어떠한 말을 해 준 사람은 '선생님'이 처음이었다는 의미겠죠. 그러니 그 손길을 계속 느끼기 위해 자신의 어깨를 만져 보는 것이구요. 충분히 공감할 수 있겠죠?

어쨌든, 다음날 학교에 간 '나'에게 '선생님'은 반성문을 써 오라고 합니다. 그런데 단순히 반성하는 내용뿐 아니라, 하고 싶은 말을 다 써서 가져오라고 하네요. '나'가 사는 처지를 직접 확인한 '선생님'은 아무래도 '나'에게 호의적인 것으로 보입니다. 학교에 나오지도 않는 학생에게 하고 싶은 말을 다 할 기회를 주고 있는 것이니까요.

반성문을 쓰기 위해 학교 앞 문방구에서 대학 노트를 한 권 산다. 지난날, 노조 지부장에게 왜 외사촌과 내가 학교에 가야만 하는가를 뭐라구 뭐라구 적었듯이 이젠 선생님에게 학교 가기 싫은 이유를 뭐라구 뭐라구 적는데 <u>어느 참에서 마음속의 이야기들이 왈칵 쏟아져 나온다. 열일곱의 나, 쓴다.</u> 내가 생각한 도시 생활이란 이런 것이 아니었으며, 내가 생각한 학교 생활도 이런 것이 아니었다고.

[A]
┌ <u>나는 주산 놓기도 싫고 부기책도 싫으며 지금은 오로지 마음속에 남동생 생각뿐으로 다시 그곳으로 돌아가서 그 애와 함께 살고 싶다고.</u> 반성문은 노트 삼분의 일은 되게 길어진다.
│ 반성문을 다 읽은 선생님이 말한다.
│ "너 소설을 써 보는 게 어떻겠냐?"
│
│ <u>내게 떨어진 소설이라는 말. 그때 처음 들었다.</u>
└ <u>소설을 써 보라는 말.</u>

그는 다시 말한다.
"주산 놓기 싫으면 안 놓아도 좋다. 학교에만 나와. 내가 다른 선생들에게 다 말해 놓겠어. 뭘 하든 니가 하고 싶은 걸 하거라. 대신 학교는 빠지지 말아야 돼."
그는 내게 한 권의 책을 건네준다.
"내가 요즘 최고로 잘 읽은 소설이다."
표지에 난쟁이가 쏘아 올린 작은 공이라고 씌어 있다.

그렇게 '나'는 반성문을 씁니다. 그런데 그 내용을 보니, 학교를 가기 싫은 이유를 적고 있네요. 그러면서 '나'의 마음속의 이야기들이 왈칵 쏟아져 나오는 모습입니다. 내가 생각한 도시 생활도, 학교 생활도 이런 게 아니었고, 그저 남동생을 보러 '그곳'으로 돌아가고 싶은 마음뿐이라는 내용이에요. 노트 삼분의 일이 될 만큼 길게 자신의 속마음을 적은 '나'입니다. 이 내용을 보면, '나'는 '그곳'에서 떠나와 '컨베이어' 및 '공장'이 가득한 도시에 적응하지 못한 상태로 보이죠?

이렇게 긴 반성문을 다 읽은 '선생님'은, 뜻밖에도 '나'에게 소설을 써 보라는 말을 합니다. 아무래도 필력이 예사롭지 않았나 보네요. '선생님'은 다른 선생님들에게 말해 놓을 테니, 학교만 빠지지 말고 하고 싶은 걸 하라는 이야기를 합니다. '난쟁이가 쏘아 올린 작은 공'이라는 소설책을 건네주면서 말이죠. 이런 말을 들은 '나'는 당연히 이 '선생님'에게 마음이 가겠죠? 감동받기도 하고, 당황스럽기도 하고, 고맙기도 한 감정을 느끼며 '선생님'을 바라보고 있는 '나'의 모습을 상상할 수 있다면 완벽하게 읽으신 겁니다.

(중략)

[B]
┌ 최홍이 선생님. 이후 나는 그 선생님을 보러 학교에 간다. <u>어색한 이향*으로 마음에 가둬졌던 그리움들이 최홍이 선생님을 향해 방향을 돌린다.</u> 열일곱의 나, 늘 난쟁이가 쏘아 올린 작은 공을 가지고 다닌다. 어디서나 난쟁이가 쏘아 올린 작은 공을 읽는다. 다 외울 지경이다. 희재언니가 무슨 책이냐고 묻는다.
│ "소설책."
│ 소설책? 한번 반문해 볼 뿐 관심 없다는 듯이 희재언니가 고갤 떨군다. 최홍이 선생님이 마음 안으로 가득 들어찬다.
└ 정말 주산을 놓지 않아도 주산 선생님은 그냥 지나간다. 부기 노트에 대차대조표를 그리지 않아도 부기 선생은 탓하지 않는다.
*이향: 고향을 떠남.

그 '선생님'의 이름은 '최홍이 선생님'인 것 같습니다. 학교를 가기 싫었던 '나'는 이제 '최홍이 선생님'을 보러 학교에 갑니다. 앞에서도 생각했듯이, '나'는 어색한 이향을 한 상태입니다. 남동생을 비롯한 고향에 대한 그리움들이 이제 '최홍이 선생님'을 향해 방향을 돌릴 정도로 '최홍이 선생님'에게 푹 빠진 '나'예요. 이런 마음에 충분히 공감할 수 있겠죠?

'최홍이 선생님'이 준 '난쟁이가 쏘아 올린 작은 공'은 '나'가 가장 좋아하는 책이 되었습니다. 다 외울 지경이에요. '희재언니'와 같은 제3자는 별로 관심도 가지지 않겠지만요. 또 다른 선생님들은 정말로 '나'를 가만히 놔 둡니다. 이에 '나'는 '최홍이 선생님'에 대한 감사함이 더 커지겠죠? 사실상 인생을 바꾸었다고 해도 될 정도로 큰 영향을 끼친 '최홍이 선생님'에 대한 마음으로 가득 들어찬 '나'의 모습을 상상할 수 있어야 합니다.

주산 시간에 국어 노트 뒷장을 펴고 난쟁이가 쏘아 올린 작은 공을 옮겨 본다.

┌ ……사람들은 아버지를 난쟁이라고 불렀다. 사람들은 옳게 보았다. 아버지는 난쟁이였다. 불행하게도 사람들은 아버지를 보는 것 하나만 옳았다. 그밖의 것들은 하나도 옳지 않았다. 나는 아버지, 어머니, 영호, 영희, 그리고 나를 포함한 다섯 식구의 모든 것을 걸고 그들이 옳지 않다는 것을 언제나 말할 수 있다. 나의 '모든 것'이라는 표현에는 '다섯

식구의 목숨'이 포함되어 있다.

[C]

……이제 열일곱의 나는 <u>컨베이어 위에서도</u> 난쟁이가 쏘아 올린 작은 공을 옮기고 있다. 천국에 사는 사람들은 지옥을 생각할 필요가 없다,고. 그러나 우리 다섯 식구는 지옥에 살면서 천국을 생각했다,고. 단 하루라도 천국을 생각해 보지 않은 날이 없다,고. 하루하루의 생활이 지겨웠기 때문이다,고. 우리의 생활은 전쟁과도 같았다,고. 우리는 그 전쟁에서 날마다 지기만 했다,고. 그런데도 어머니는 모든 것을 잘 참았다,고.

그가 소설책을 써 보는 게 어떻겠느냐는 말 대신 시를 써 보는 게 어떻겠느냐고 했으면 나는 시인을 꿈꾸었을 것이다. 그랬었다. 나는 꿈이 필요했다. 내가 학교에 가기 위해서, 큰오빠의 가발을 담담하게 빗질하기 위해서, 공장 굴뚝의 연기를 참아 낼 수 있기 위해서, 살아가기 위해서.

소설은 그렇게 내게로 왔다.

십이월 중순이 지날 때까지 나는 한경신 선생이 보낸 편지를 가방에 넣고 다녔다. 가끔 편지를 꺼내 전화는 오후 5시 30분 이후부터 9시까지 하실 수 있습니다,라는 대목을 읽어 보곤 했다. 842 - ××××. 몇 번 편지를 꺼내 읽고 다시 넣고 하는 사이에 나도 모르게 전화번호를 다 외우고 있었다. 그러나 나는 끝내 전화하지 못했다. 시간은 자꾸 흘러 한경신 선생이 학교에 왔으면 하는 기간인 12월 초와 중순을 지나갔다. 이제는 방학을 했겠구나, 싶었을 때 가방에서 편지를 꺼내 서랍에 넣으면서 그 학교를 떠나온 햇수를 헤아려 봤다. **떠나온 지 십삼 년**이다. 이제는 그때의 일들이 나에게는 객관화가 되어 있으려니 했다.

[D] 글을 쓰기로 마음을 먹었을 땐 나는 그 시절을 다 극복한 것도 같았다. 그래서 그 시절에 대해서 할 수 있는 한 자세히 써 보기로 했다. 그때의 기억을 복원시켜 내 말문을 틔워 보고 내 인생의 폐문 앞에서 끊겨 버린 내 발자국을 연결시켜 줘 보기로.

– 신경숙, 「외딴 방」 –

주산 시간, 하고 싶은 걸 다 할 수 있는 '나'는 '난쟁이가 쏘아 올린 작은 공'을 옮기고 있습니다. [C]가 그 내용이라고 할 수 있겠죠? 그런데 [C]의 윗부분은 말 그대로 '난쟁이가 쏘아 올린 작은 공'의 내용이라고 할 수 있겠는데, 아랫부분은 조금 다르다는 걸 확인할 수 있죠? 아랫부분은 '나'가 '컨베이어' 위에서 '난쟁이가 쏘아 올린 작은 공'을 옮기는 모습인데, '~했다,고.'라는 형식을 활용하고 있어요. 이걸 생각하는 것이 조금 어렵기는 하지만, 이는 '나'가 '난쟁이가 쏘아 올린 작은 공'에서 특히 마음에 드는 부분을 옮기는 모습이라고 할 수 있겠네요. 그리고 그 내용을 아래와 연결지어 보면, 힘든 생활을 견디고 있는 '나'의 처지와 유사한 부분을 골라 옮긴 것이라고 할 수 있겠습니다. 자신의 처지와 유사하니 특히 눈에 띈 것이죠.

어쨌든, 힘들게 살던 '나'에게 '최홍이 선생님'이 심어 주신 '소설'이라는 꿈은 아주 큰 힘이 되는 것 같습니다. 이러한 '나'의 내면 세계에 공감하는 것은 어렵지 않겠죠?

십이월 중순이 지날 때까지 '나'는 '한경신 선생'이 보낸 편지를 가방에 넣고 다녔다고 합니다. '선생님'이 아닌 '선생'이라고 표현한 것으로 보아, '최홍이 선생님'보다는 조금 더 친근한 사람인 것으로 보입니다. '한경신 선생'이 보낸 것으로 보이는 편지에는 전화번호가 적혀 있는데, '나'는 전화번호를 다 외울 정도로 그 편지를 반복적으로 봤으나 전화를 하지 못합니다.

왜 이러는지 공감하려고 해야 합니다. 시간은 자꾸 흘러 '한경신 선생'이 학교에 왔으면 하는 기간인 12월 초와 중순을 지났다는 말이 있습니다. 그리고 그 학교를 떠나온 지 십삼 년이 지났다고 해요. 여기서 많은 것을 얻을 수 있겠네요.

먼저, '한경신 선생'은 '나'에게 12월 초와 중순에 학교에 와달라고 부탁한 것으로 보입니다. 그런데 그 시간이 지날 때까지 '나'는 답을 하지 못한 것이죠. 그 이유는 여기서 말하는 '학교'가 '나'가 떠나온 지 십삼 년이 된, 맥락상 '최홍이 선생님'을 만났던 그 '학교'이기 때문일 것입니다. '나'에게는 힘들게 살던 시절의 고난이 담겨 있는 공간이기 때문에 다시 그곳으로 가는 게 부담스러웠겠죠. 즉, 이전까지의 내용은 모두 '나'가 오래 전 그 '학교'에서 겪었던 일을 회상하는 것이었네요.

어쨌든, 떠나온 지 벌써 십삼 년이 되었으니 이제 그때의 일들이 어느 정도 객관화가 되어 있을 것이라고 생각하는 '나'입니다. 십삼 년이라는 시간이 흘렀다면, 아무리 힘들었어도 적당히 미화도

되고 기억도 잘 나지 않으니 남의 일처럼 느낄 수 있다는 것이죠. 이에 '나'는 그 시절에 대한 글을 쓰겠다고 다짐하고, 그 시절에 대해서 할 수 있는 한 자세히 써 보기로 합니다. '나'가 말하는 것처럼, 이제는 그 시절을 극복한 것과 같은 모습이라고 할 수 있겠죠? 이렇게 '나'의 내면세계를 정확하게 파악하고, 이에 공감하며 읽을 수 있어야 합니다.

선지	①	②	③	④	⑤
선택률	16%	61%	6%	5%	12%

179 ㉠~㉢에 대한 '나'의 심리적 태도가 다른 하나는? ②

> ㉠ 컨베이어 / ㉡ 반성문 / ㉢ 주산 / ㉣ 대차대조표 / ㉤ 공장 굴뚝의 연기

– 간단한 문제입니다. ㉠, ㉢, ㉣, ㉤은 '나'가 떠나고 싶어하는 곳이거나, 하기 싫어하는 것입니다. 하지만 ㉡은 '나'로 하여금 '소설가'라는 꿈을 찾게 되는 계기에 해당하죠? 또한 '나'가 ㉡을 쓸 때 아무런 저항없이 본인의 마음속 이야기를 다 한다는 점에서, ㉡은 나머지와 달리 '나'가 긍정적 태도를 보이는 유일한 것이라고 할 수 있겠습니다.

선지	①	②	③	④	⑤
선택률	14%	19%	40%	16%	11%

180 다음은 작가가 남긴 창작 노트의 일부이다. 이 노트의 내용이 [A], [B]에 실현된 양상으로 적절한 것은? [3점] ③

– [A]는 '나'의 마음속 이야기가 적힌 반성문을 보고서, '최홍이 선생님'이 소설을 써 보는 게 어떻겠냐고 이야기하는 부분입니다. 한편 [B]는 '최홍이 선생님'과 그가 준 '난쟁이가 쏘아 올린 작은 공'에 대한 애정이 샘솟는 모습을 보여 주는 부분이구요. 문제를 다 풀고 나서야 깨달을 수 있는 내용이지만, 사실 이 문제는 단순히 [A]와 [B]의 내용을 묻는 문제가 아닙니다. 무엇을 요구했는지 생각하면서 천천히 풀어봅시다.

> • 시제의 변화 ·· ⓐ
> • 문단 나누기의 효과? ································· ⓑ
> • 간결한 문장 위주로 쓸 것 ························· ⓒ
> • '나'를 부르는 방식에 변화를 줄 것 ············· ⓓ
> • 대화보다는 심리 묘사 위주로 ····················· ⓔ

① ⓐ는 [A]에서 현재형 어미를 사용하여 이야기 전개 속도를 높이는 식으로 실현되었군.

선지 유형	근거가 없어서 허용 불가능
실전에서의 판단 과정	현재형 어미랑 전개 속도랑 뭔 상관이냐.
해설	[A]에 현재형 어미가 사용되고 있는 것은 맞습니다. 하지만 어미는 '이야기 전개 속도'와는 아무런 관련이 없죠. '이야기 전개 속도'는 짧은 분량의 글에 얼마나 많은 장면을 담아내느냐에 따라 달라집니다. 요약적 서술 등을 활용하는 경우가 대표적이죠. 현재형 어미를 사용하든, 과거형 어미를 사용하든 '이야기 전개 속도'와는 아무런 관련이 없다는 식으로 지워주시면 되겠습니다. 한편, ⓐ는 '시제의 변화'입니다. 이것이 [A]에서 '현재형 어미→과거형 어미(들었다)'로 나타나고 있는 것이죠. 즉, 현재형 어미 이야기만 하는 1번 선지는 ⓐ를 제대로 끌고 오지도 못한 선지가 되기에 틀렸다고도 할 수 있겠습니다. 물론 [A]는 반성문을 읽은 '최홍이 선생님'의 모습을 거의 생략하고 있다는 점에서, '이야기 전개 속도'가 높다고 할 여지는 있습니다. 어쨌든 이것이 '현재형 어미'를 통해 구현되는 것은 아니니, 답이 되기는 어렵겠네요.

② ⓑ는 [A]에서 문단 사이에 여백을 주어 인과 관계를 명료화하는 식으로 실현되었군.

선지 유형	근거가 없어서 허용 불가능
실전에서의 판단 과정	인과 관계가 아니잖아.
해설	[A]에는 문단 사이에 여백이 있습니다. 이는 ⓑ와 관련되긴 하는데, 이를 통해 '인과 관계'를 명료화한다고 보기는 어렵겠죠. 문단 사이 여백 전에는 '최홍이 선생님'이 소설을 써 보라고 제안하는 모습이 나타나고, 여백 후에는 '나'가 소설을 써 보라는 말을 처음 들었다는 내용이 나타납니다. 이들은 그냥 같은 말을 하고 있는 것일 뿐, '인과 관계'를 드러낸다고 보기는 어렵습니다. 원인과 결과의 관계가 아니니까요.

| 생각 심화 |

이 선지를 조금 더 정확하게 판단하면 다음과 같습니다. [A]의 여백 전은 '나'가 회상하고 있는 과거 장면입니다. 그리고 여백 후는 학교를 떠나온 지 십삼 년이 지난 현재의 '나'가 과거를

회상하며 떠올리고 있는 현재 장면을 나타내고 있어요. 현재 상황에서 '맞아 그때 처음 들었지.'라고 하며 회상하는 모습을 나타낸다는 것이죠. 즉, 작가가 남긴 창작 노트의 ⓑ에서 말한 '문단 나누기의 효과'는 '두 시점의 교차'가 되는 거예요. 따라서 '인과 관계를 명료화'한다는 2번 선지의 내용은 틀린 게 되는 것입니다.

사실 이 지문의 핵심은 현재의 '나'가 과거 회상을 하고 있음을 인식할 수 있느냐는 것이기에, 이를 간접적으로 물어본 것이라고 할 수 있습니다. 지문을 읽으면서 미리 이 생각을 할 수 있다면 더 좋겠죠? '회상의 대상이 되는 과거의 장면'과 '회상을 하고 있는 현재의 장면'의 구분은 평가원이 자주 묻는 내용이기도 하니, 확실하게 구분할 수 있도록 합시다.

③ ⓒ는 [B]에서 간결한 문장을 주로 사용하여 과거를 담담한 어조로 서술하는 식으로 실현되었군.

선지 유형	근거가 있어서 허용 가능
실전에서의 판단 과정	문장들이 전체적으로 짧고 담담하네.
해설	[B]는 ⓒ를 실현하기 위해 간결한 문장을 주로 사용하고 있습니다. 얼마나 간결해야 하는지를 따질 필요도 없이, 딱 보면 짧다는 것이 느껴지시죠? 그리고 미리 생각한 것처럼, [B]의 내용은 현재의 '나'가 회상하는 과거 장면입니다. 과거를 이렇게 간결한 문장으로 쓰고 있는 것을 보면, 감정을 절제하고 담담한 어조로 서술한다는 것을 충분히 허용할 수 있겠습니다. 만약 담담하지 않은, 격정적 어조를 사용했다면 '아! 그때 나에게 길을 알려주신 그 선생님이 정말정말 미친 듯이 보고 싶다!'와 같은 서술이 나타났을 것입니다.

FAQ

Q [B]에는 '최홍이 선생님이 마음 안으로 가득 들어찬다.'와 같이 '나'의 내면세계를 직접 드러내는 표현들이 많이 있습니다. 이렇게 감정을 직접적으로 드러내는데 어떻게 '담담한 어조'가 허용이 되는 건가요?

A [B]는 과거를 회상하는 장면임을 잊지 말아야 합니다. 즉, [B]를 말하는(=특정한 어조를 드러내는) 시점은 '현재'라는 것이죠. [D] 바로 위에서 '나'가 밝혔듯이, '나'는 학교에 다니던 과거의 일들을 어느 정도 객관화한 상태입니다. 이에 격정적이지 않은 담담한 어조로 과거에 느낀 바를 차분하게 묘사하는 것이죠. 즉, '나'의 내면세계가 직접적으로 드러났던 것은 과거이고, 어조가 드러나는 현재에는 담담하게 과거를 회상하고 있다고 이해하시면 됩니다. 물론 지식적인

측면보다는 내면세계 파악이라는 부분을 주로 묻는 최근의 경향에서 이 정도까지 묻지는 않겠지만, 결국 '어조/태도'는 현재 인물이 가지고 있는 내면세계와 연관된다는 것은 확실하게 알아두도록 합시다.

④ ⓓ는 [B]에서 서술자가 스스로를 가리키는 방식을 달리하여 내적 분열을 강조하는 식으로 실현되었군.

선지 유형	근거가 없어서 허용 불가능
실전에서의 판단 과정	내적 분열이 뭔 소리야.
해설	[B]에서 서술자는 '나', '열일곱의 나'로 스스로를 가리키는 방식을 달리하고 있습니다. 이는 ⓓ의 내용 그 자체이기도 하죠. 하지만 이 역시 회상하는 과거 장면에서의 자신이 주인공임을 강조하기 위한 것일 뿐, '내적 분열'을 강조하는 것이 아닙니다. 오히려 [B]에서는 '최홍이 선생님' 덕에 자신의 나아갈 방향을 찾은 안정적인 모습이 나타나기 때문에 절대 허용할 수 없겠습니다.

⑤ ⓔ는 [B]에서 대화를 최소화하여 사건의 긴장감을 고조하는 식으로 실현되었군.

선지 유형	근거가 없어서 허용 불가능
실전에서의 판단 과정	무슨 긴장감?
해설	[B]에서는 ⓔ의 내용처럼 '희재언니'와 '나'의 아주 짧은 대화만이 제시될 뿐, 심리 묘사 위주로 제시되어 있습니다. 하지만 '사건의 긴장감'을 고조한다는 것은 허용할 수 없겠죠? [B]는 '나'가 소설 읽기에 몰입해가는 과정을 보여 주는 것일 뿐, 긴장감이 고조될 만한 부분이 아닙니다.

선지	①	②	③	④	⑤
선택률	5%	7%	78%	6%	4%

181 [C]에 대한 설명으로 적절하지 않은 것은? ③

- [C]는 '나'가 '난쟁이가 쏘아 올린 작은 공'을 옮겨 적는 부분입니다. 지문을 읽으면서 미리 생각한 내용에 따르면, '나'는 '난쟁이가 쏘아 올린 작은 공'의 내용 중 자신의 처지와 유사한 대목에 주목하고 있었어요. 이를 바탕으로 선지를 판단해봅시다.

① '나'의 고단한 생활을 간접적으로 보여 준다.

선지 유형	근거가 있어서 허용 가능
실전에서의 판단 과정	그런 부분에 주목하고 있었지.
해설	[B]에서 서술자는 '나', '열일곱의 나'로 스스로를 가리키는 방식을 달리하고 있습니다. 이는 ⓓ의 내용 그 자체이기도 하죠. 하지만 이 역시 회상하는 과거 장면에서의 자신이 주인공임을 강조하기 위한 것일 뿐, '내적 분열'을 강조하는 것이 아닙니다. 오히려 [B]에서는 '최홍이 선생님' 덕에 자신의 나아갈 방향을 찾은 안정적인 모습이 나타나기 때문에 절대 허용할 수 없겠습니다.

② '나'가 소설 쓰기를 배워 가는 과정을 보여 준다.

선지 유형	근거가 있어서 허용 가능
실전에서의 판단 과정	그렇지.
해설	[C]는 '나'가 소설 쓰기를 배우기 위해 '난쟁이가 쏘아 올린 작은 공'을 필사하는 장면입니다. 선지 그 자체로 허용할 수 있겠죠.

③ '나'가 창작의 어려움을 깨달아 가는 모습을 보여 준다.

선지 유형	근거가 있어서 허용 불가능
실전에서의 판단 과정	창작이 아니잖아.
해설	[C]는 '나'가 '난쟁이가 쏘아 올린 작은 공'을 그대로 옮겨 적는 장면입니다. 창작하는 과정을 겪고 있는 것이 아니기 때문에, 이를 근거로 '창작의 어려움을 깨달아 가는 모습'은 절대 허용할 수 없겠습니다.

④ '나'가 소설을 옮겨 적으며 스스로 위안하는 모습을 보여 준다.

선지 유형	근거가 있어서 허용 가능
실전에서의 판단 과정	자기 처지와 유사한 대목을 통해 위안을 얻겠지.
해설	명시적인 근거를 찾을 수 없는 선지입니다. 철저하게 '나'의 내면세계에 공감했는지를 묻고 있어요. '스스로 위안하는 모습'을 허용할 근거가 있는지 생각해보니, '나'는 지금 '난쟁이가 쏘아 올린 작은 공'에서 자신의 처지와 유사한 대목에 주목하고 있다는 것을 떠올릴 수 있습니다. 그러한 대목에 주목하며 필사하는 '나'의 내면세계에 공감해보면, 소설 속 인물들의 삶에 공감하고 이로부터 자신만

그렇게 힘든 것이 아니라는 위안을 얻었을 것이라 생각할 수 있겠네요. 이렇게 공감한 내용을 근거로 하면 충분히 허용할 수 있겠습니다. 이런 생각의 흐름이 당연해져야 합니다.

⑤ '나'가 『난쟁이가 쏘아 올린 작은 공』에 대해 보이는 애착을 구체적인 장면으로 보여 준다.

선지 유형	근거가 있어서 허용 가능
실전에서의 판단 과정	그렇지.
해설	선지 그 자체로 허용할 수 있겠죠? 애착을 가지고 있으니 열심히 옮겨 적는 것이죠.

선지	①	②	③	④	⑤
선택률	4%	5%	33%	53%	5%

182 [D]는 작품 창작의 동기를 작품에 직접 드러내고 있다. 〈보기〉에서 [D]와 성격이 유사한 것은? ④

———[보기]———

목중: 오랜만에 나왔으니 예전에 하던 소리나 한번 해 보자. 어어으 아ㅡ.

옴중: (뒤에서 달려 나와 탁 치며) 야, 이놈아!

목중: 이크, 이게 웬 일이냐. 어느 광대 놈이 나오자마자 사람부터 쳐. ·················· ①

옴중: 송아지 풀 뜯어 먹고 울 듯이 '어어으 아' 하면서 나왔다니 거 무슨 말이야? ·········· ②

목중: 내가 나오기는 부모 배 밖에 이제 나왔다고 한 것이 아니라 놀이판에 나오길 이제 나왔단 말이야. ······················ ③

옴중: 옳지. 그럼 우리 여기 모인 <u>양반들에게 박수 한번 크게 받게 제대로 놀아 보자.</u> ······ ④

목중: 너 그러나 저러나 그 쓴 게 뭐냐?

옴중: 쓰긴 내가 뭘 써. 일수(日收)를 써 월수(月收)를 써? ····················· ⑤

– 「양주별산대놀이」 개작 –

– 딱히 설명이 필요 없는 문제죠? 〈보기〉 내용 중 '작품 창작의 동기'를 드러내는 것은 4번 선지밖에 없습니다. '양반들에게 박수 한번 받아보기'가 그 동기가 되겠죠? 많이들 고른 3번 선지의 경우, 언어유희를 사용하면서 극의 본격적인 시작을 알리는 대목일 뿐입니다.

이 지문이 출제될 당시 언어 영역은 총 50문제로 이루어져 있었어요. 이에 모의평가에서는 문제 수를 채우려는 목적으로 출제된, 다소 무의미한 문제가 출제되기도 했습니다. 이 문제가 그 예시라고 할 수 있겠어요. 가볍게 넘어가도록 합시다.

몰랐던 어휘 정리하기

| 핵심 point |

① **허용 가능성 평가** : 선지의 내용을 '허용'하려는 태도를 바탕으로 지문을 '독해'하며 '근거'를 찾아야 합니다. 허용할 수 있는 '근거'가 있어야만 허용할 수 있습니다. 주관적인 생각을 개입시키면 안 됩니다.

② **소설 독해** : '심리와 행동의 근거'를 바탕으로 인물에게 '공감'하며 읽어야 합니다. 이 과정이 물흐르듯 이어지면 지문의 내용을 완벽하게 이해할 수 있어요.

| 지문 내용 총정리 |

'회상'이 어렵게 출제되면 꽤 힘들다는 것을 미리 경험할 수 있는 지문이었습니다. 특히 180번 문제를 해결하는 과정에서, '문학 개념어' 따위가 아니라 '회상'과 관련하여 인물의 내면세계에 공감했는지 묻고 있다는 것을 깨달으셔야 합니다. 평가원이 문학을 통해 묻고자 하는 것이 무엇인지 확실하게 정리하고, 이에 맞춰 공부해야 합니다.

DAY 16 [183~185]
2016.11A [31~33] 현대소설 '나목' ☆☆

〈보기〉 확인

〈보기〉가 제시되지 않았습니다. 인물의 내면세계에 공감할 준비를 하고 천천히 읽어보도록 합시다.

지문 독해

> 나는 숨을 죽이고 지그시 아픔을 견디며, 또 하나의 아픈 날을 회상한다. 꼭 이만큼이나 아팠던 날을.
> 그것은 아마 나의 고가(古家)가 헐리던 날이었을 게다. 남편은 결혼식을 치르자 제일 먼저 고가의 철거를 주장했다. 터무니없이 넓은 대지에 불합리한 구조로 서 있는 음침한 고가는 불필요한 방들만 많고 손댈 수 없이 퇴락했으니, 깨끗이 헐어 내고 대지의 반쯤을 처분해서 쓸모 있는 견고한 양옥을 짓자는 것이었다.
> 너무도 당연한 소리였다. 반대할 이유라곤 없었다.

'나'는 지금 아픔을 겪고 있는 상태입니다. 정확히 왜 그런지는 알 수 없지만, 이런 상황에서 '나'는 또 하나의 '아픈 날'을 회상하고 있어요. 이제부터는 '나'의 회상 장면이라는 것을 생각하며 읽어야겠죠?

그 '아픈 날'은 바로 '나'의 '고가가 헐리던 날'이라고 합니다. '나'는 아마 '고가'에 큰 애착을 가지고 있었나 보네요. 그러니까 이 '고가'가 헐릴 때 큰 아픔을 느꼈던 것이겠죠. '고가'는 갓 결혼식을 치른 '남편'의 주도로 철거된 것으로 보입니다. 경제적으로 가치가 떨어지기에 헐어 내고 견고한 양옥을 짓자고 한 것이죠. 이는 반대할 이유가 없는 당연한 소리였습니다. 하지만 '나'는 '고가'에 큰 애착을 가지고 있기 때문에 이성적으로는 당연해도 감정적으로는 받아들이기 힘든 아픔을 느꼈던 것이겠죠. 충분히 공감할 수 있겠죠?

> 고가의 철거는 신속히 이루어졌다. 나는 그 해체를 견딜 수 없는 아픔으로 지켰다.
> 우아한 추녀와 드높은 용마루는 헌 기왓장으로 해체되고, 웅장한 대들보와 길들은 기둥목, 아른거리던 바둑마루는 허술한 장작더미처럼 나자빠졌다.
> 숱한 애환을 가려 주던 〈亞〉 자 창들이 문짝 장사의 손구루마에 난폭하게 실렸다.
> 남편은 이런 장사꾼들과 몇 푼의 돈 때문에 큰소리로

삿대질까지 해 가며 영악하게 흥정을 했다.
　　남편 하나는 참 잘 만났느니라고 사돈댁 – 지금의 동서
– 은 연신 〈뻐드러진 이〉를 드러내고 내 등을 쳤다.

그렇게 '고가'의 철거는 신속히 이루어지고, '나'는 견딜 수 없는 아픔을 느낍니다. '나'가 묘사하는 '고가'의 모습을 보면, '나'가 '고가'를 얼마나 아름다운 것으로 생각했는지 느낄 수 있겠죠? 어쨌든 '고가'는 철거되고, '남편'은 장사꾼들과 몇 푼의 돈 때문에 큰소리로 삿대질까지 해 가며 흥정을 합니다. '동서'는 이런 모습을 보고서 '남편' 하나 잘 만났다며 난리를 치고 있죠. '나'의 마음이 썩어가는 것은 보지도 못하고 말이에요. 이런 맥락을 바탕으로 하면, '동서'의 외양 중에서 굳이 '뻐드러진 이'에 주목하여 묘사한 것에도 공감할 수 있을 것 같습니다. '동서'에 대해 미운 감정이 있으니 외양 중에서 가장 못난 부분만 강조되어 보인 것이죠. 이런 모습을 충분히 상상할 수 있겠죠?

> 　　이렇게 해서 나의 고가는 완전히 해체되어 몇 푼의 돈으로 바뀌었나 보다.
> 　　아버지와 오빠들이 그렇게도 사랑하던 집, 어머니가 임종의 날까지 그렇게도 집착하던 고가. 그것을 그들이, 생면부지의 낯선 사나이가 산산이 해체해 놓고 만 것이다.
> 　　그러나 생각해 보면 고가의 해체는 행랑채에 구멍이 뚫린 날부터 이미 비롯된 것이었고 한번 시작된 해체는 누구에 의해서고 끝막음을 보아야 할 것 아닌가.
> 　　다시는, 다시는 아침 햇살 속에 기왓골에 서리를 이고 서 있는 숙연한 고가를 볼 수 없다니.

그렇게 몇 푼의 돈으로 바뀐 '고가'는 '나'에게는 아주 큰 의미가 있는 공간입니다. '아버지'와 '오빠들'이 사랑했고, '어머니'가 임종의 날까지 집착했던 공간이에요. 이런 공간을 헐어 버린 것이니, '남편'을 '생면부지의 낯선 사나이'로 표현한 것도 이해되는 것 같습니다. '고가'의 해체는 언젠가는 진행되어야 할 일이었기는 하지만, '나'에게 '고가'를 다시 볼 수 없다는 것은 굉장한 충격인가 보네요.

> 　　그러나 나는 나 자신의 육신이 해체되는 듯한 아픔을 의연히 견디었다. 실상 나는 고가의 해체에 곁들여 나 자신의 해체를 시도하고 있었는지도 모를 일이었다.
> 　　남편이 쓸모없이 불편한 고가를 해체시켜 우리의 새 생활을 담을 새 집을 설계하듯이, 나는 아직도 그의

아내로서 편치 못한 나를 해체시켜, 그의 아내로서 편한 나로 뜯어 맞추고 싶었다.

'나'는 이러한 아픔을 의연히 견뎠습니다. 오히려 '고가'의 해체에 곁들여 '나' 자신의 해체를 시도하고 있었는지도 모를 일이었다고 하면서 말이에요. 즉, '나'는 '고가'에 애착을 가지고 실용적인 사고를 하지 못하던 과거의 자신에서 '남편'과 비슷한 삶의 방식으로 뜯어 고치려고 시도했다는 것이죠. 바로 다음 문단에서 '남편'의 아내로서 편한 '나'로 뜯어 맞추고 싶었다는 말을 토대로 하면 이런 생각을 해낼 수 있을 거예요.

> 　　쓸모 있고 견고한, 그러나 속되고 네모난 집이 남편의 설계대로 이루어졌다. 현대식 시설을 갖춘 부엌과, 잔디와 조그만 분수까지 있는 정원이 있는 아담하고 밝은 집. 모두가 남편의 뜻대로 되었다.
> 　　다만 나는 후원의 은행나무들만은 그대로 두기를 완강히 고집했다. 넓지 않은 정원에 안 어울리는 거목들이 때로는 서늘한 그늘을 주었지만 때로는 새 집을 너무도 침침하게 뒤덮었다.
> 　　그러나 나는 아직도 그것들의 빛, 그것들의 속삭임, 그것들의 아우성을 가끔가끔 필요로 했다.
> 　　그러고 보니 아직도 해체되지 않은 한 모퉁이가 내 은밀한 곳에 남아 있는지도 몰랐다.

그렇게 '남편'의 설계대로 만들어진 네모난 집이 만들어졌지만, '나'는 후원의 은행나무들만은 그대로 두기를 완강히 고집했다고 합니다. 자기 자신을 해체하고 '남편'에게 맞추겠다고는 했지만, 절대 포기할 수 없는 마지노선이 있는 것이죠. '나'에게는 아직 은행나무들의 빛, 속삭임, 아우성이 가끔 필요하거든요. 여러분도 분명 모든 걸 포기하고 남에게 맞추려고 해도 절대 포기할 수 없는 한두 가지가 있을 거예요. 그와 유사한 방식으로 공감해주시면 되겠습니다. '나'는 이러한 자신의 상황을 정확히 인식하고 있어요. 아직도 해체되지 않은 한 모퉁이가 자신의 은밀한 곳에 남아 있는지도 모르겠다고 이야기하면서 말입니다.

> 　　"옥희도 씨 유작전이 있군."
> 　　남편도 지금 그 기사를 읽고 있는 모양이다.

갑자기 '남편'이 '옥희도 씨'의 유작전 이야기를 합니다. 남편'도' 지금 그 기사를 읽고 있다고 하는 것으로 보아, '나'도 지금 '옥희

도 씨'의 유작전 관련 기사를 읽고 있었던 모양입니다. 그리고 초반부에서 '나'는 숨을 죽이고 지그시 아픔을 견디고 있었습니다. 즉, '나'는 '옥희도 씨'의 유작전 소식을 듣고 아픔을 느끼며 비슷한 아픔을 느꼈던 '고가'가 철거될 당시를 회상한 것이죠. '나'는 '고가'만큼이나 '옥희도 씨'에게도 애착을 가지고 있던 것으로 보입니다. 이런 내면세계를 파악하면서, 동시에 이제 회상이 끝났다는 것을 파악할 수 있어야겠죠? '나'와 '남편'의 대화가 제시될 것입니다.

"죽은 후에 유작전이나 열어 주면 뭘 해. 살아서는 개인전 한 번 못 가져 본 분을."

"…."

"흥, 그분 그림이 외국 사람들 사이에 꽤 인기가 있는 모양인데 모를 일이야."

'흥, 잡종의 상판을 헐값으로 그려 준 대가를 제법 받는 셈인가.'

"죽은 후에 치켜세우는 것처럼 싱거운 건 없더라. 아마 어떤 비평가의 농간이겠지…."

'흥, 당신이 생각해 낼 만한 천박한 추측이군요.'

"에이 모르겠다. 예술이니 나발이니. 살아서 잘 먹고 편히 사는 게 제일이지."

'암, 몰라야죠. 당신 따위가 알 게 뭐예요. 그분은 그렇게밖에 살 수 없었다는 걸 당신 따위가 알 게 뭐예요.'

남편은 신문을 떨구고 기지개를 늘어지게 폈다.

나는, 젖힌 그의 얼굴에서 동굴처럼 뚫린 콧구멍과 그 속을 무성하게 채운 코털을 보며 잠깐 <u>모멸과 혐오를 느꼈다.</u>

남편은 굉장히 시니컬합니다. 살아서는 개인전 한 번 못 가져 보다가 죽어서 유작전을 하는 것이 무슨 의미가 있냐는 이야기를 하고 있어요. 그리고 '나'는 이에 대해 아무런 대답을 하지 않습니다. 아무런 말을 하지 않는 것을 굳이 대사로 처리한 것을 보면, '나'가 어이가 없어 말문이 막힌 상태임을 파악할 수 있겠죠? '나'의 입장에서 '옥희도 씨'는 애착을 가진 존재인데, '남편'이 함부로 이야기하니 어이가 없을 만하죠.

눈치가 빠른 학생들은 바로 알아차렸겠지만, 그 뒤에 나오는 큰따옴표는 '남편'의 대사이고, 작은따옴표는 '나'의 속마음일 것입니다. 전반적으로 '남편'은 '옥희도 씨'에 대해 함부로 말하면서, 예술에 대해 무지한 모습을 보여 줍니다. '나'는 이러한 '남편'을 한심하게 바라보고 있구요. 이런 맥락이 이어지다 보면, 괜히 '남편'의 콧구멍과 코털이 보이면서 '모멸과 혐오'를 느낄 수도

있을 것입니다. 앞서 봤던 '동서'의 '뻐드러진 이'와 유사하게, 반감을 가진 인물의 못난 부분이 강조되어 보이는 것이죠. 자신이 가지고 있는 '모멸과 혐오'라는 감정을 강화하기 위해서라도 말이에요. 이런 부분에 충분히 공감할 수 있어야 합니다.

FAQ

Q '나'의 생각 가운데 '흥, 잡종의 상판을 헐값으로 그려 준 대가를 제법 받는 셈인가.'라는 말이 있습니다. '나'는 '옥희도 씨'에게 애착을 가지고 있는데, 이 말은 '옥희도 씨'를 비하하는 것처럼 들려요. 왜 이런 말을 하는 건가요?

A 해당 부분은 '남편'에게서 '옥희도 씨'의 그림이 외국인들에게 인기가 많다는 말을 들은 다음 한 생각입니다. '고가'를 대하는 '나'의 태도를 볼 때, '나'는 그리 실용적인 성격은 아니라는 것을 알 수 있습니다. 그 내용을 정확히는 알 수 없지만, 이런 맥락에서 '나'는 '잡종의 상판을 헐값으로 그려 준' 것을 돈을 벌기 위한 실용적인 활동이 아닌 '대가'를 얻기 위해 한 부끄러운 행동으로 생각할 거예요. 즉, '옥희도 씨'가 '나'의 입장에서는 그리 마음에 들지 않는 행동을 한 적이 있고, 그 덕에 남들이 알아준다는 '대가'를 받게 된 것이라는 '나'의 생각이 드러나는 것이죠. 애착을 가지고 있는 대상이라도 그 대상의 모든 것이 마음에 들지는 않겠죠? 그런 맥락으로 이해하시면 되겠습니다.

(중략)

옆에 앉은 남편도 풍선을 쫓았던가 〈고개를 젖힌 채 눈이 함빡 하늘을 담고 있다.〉

그러나 그뿐, 이미 그의 눈엔 <u>10년 전의 앳된 갈망은 없다.</u>

그뿐이랴. 여자를 소유하고 가정을 갖고 싶다는 세속적인 소망 외에는 한 번도 야망이나 고뇌가 깃들어 보지 않은 눈. 부스스한 머리가 늘어진 이마에 어느새 굵은 주름이 자리 잡기 시작한 중년의 <u>그가 나는 또다시 낯설다.</u>

저만치서 고등학생들이 배드민턴을 친다. 공이 나비처럼 경쾌하게 날아와 라켓에 부딪치는 소리가 마치 젊은 연인들의 찰나적인 키스의 파열음처럼 감각적으로 들린다.

나는 충동적으로 그의 이마의 주름 진 곳에 그런 키스를 퍼부었다.

<u>그가 낯선 게 견딜 수 없어서였다. 그가 아주 타인처럼 낯선 게 견딜 수 없어서였다.</u>

– 박완서, 「나목(裸木)」 –

(중략) 이후의 상황입니다. 다른 장면이겠죠? '나'와 '남편'은 나란히 앉아 풍선이 날아다니는 하늘을 보고 있습니다. 그런데 '나'는 이번에도 '남편'의 모습에서 부정적인 면만을 보고 있어요. '남편'은 10년 전에는 '앳된 갈망' 같은 것을 가지고 있었던 것 같은데, 이제는 세속적인 소망 외에는 아무 것도 없는, '나'의 입장에서 한심한 모습을 하고 있어요. '나'는 이런 '남편'이 너무나 낯설구요.

한편 고등학생들은 배드민턴을 치는데, 공이 라켓에 부딪치는 소리가 마치 젊은 연인들의 키스의 파열음처럼 감각적으로 들리는 '나'입니다. 도대체 어떻게 그렇게 들리는지는 모르겠지만, 그만큼 '나'의 감각이 잔뜩 예민해져 있는 상태라고 이해하시면 되겠죠? 이에 '나'는 충동적으로 '남편'의 이마 주름 진 곳에 키스를 퍼붓습니다. '남편'이 낯선 게 견딜 수 없어서였다고 해요.

어쨌든 '나'가 '남편'과 결혼한 것을 보면 '남편'에게서 무언가 끌린 점이 있었을 것인데, 지금의 '남편'은 자신이 알던 것과 너무나 낯설다 보니 스킨십을 해서라도 그 괴리감을 해소해보려고 하는 것이라고 이해할 수 있겠습니다. 스킨십을 하는 그 순간에는 최소한 물리적 거리가 가까워지기 때문에, 괴리감을 해소할 수 있지 않을까 하는 기대가 담긴 것이죠. 조금 어렵기는 하지만 이런 식으로 공감해주시면 완벽하게 읽었다고 할 수 있겠습니다.

선지	①	②	③	④	⑤
선택률	87%	2%	4%	4%	3%

183 ㉠~㉤에 대한 설명으로 적절하지 <u>않은</u> 것은? ①

① ㉠의 '남편'의 행동은 ㉢에서 '나'가 지키고자 했던 대상을 보존하기 위한 '남편'의 배려심이 반영된 것이다.

㉠남편은 이런 장사꾼들과 몇 푼의 돈 때문에 큰소리로 삿대질까지 해 가며 영악하게 흥정을 했다.

㉢ 다만 나는 후원의 은행나무들만은 그대로 두기를 완강히 고집했다.

선지 유형	근거가 없어서 허용 불가능
실전에서의 판단 과정	돈 아끼려고 그런 건데 뭔 소리야.

해설	㉠의 '남편'의 행동은 돈을 아끼기 위한다는 실용적인 목적을 위한 것입니다. ㉢에서 '나'가 지키고자 했던 은행나무들을 보존하기 위한 배려심이 아니죠? 아마 '나'가 ㉢을 강력하게 주장하지 않았다면, '남편'은 은행나무들마저 '몇 푼의 돈'으로 바꾸었을 것입니다. '남편'의 성격을 이해했다면 바로 답으로 골라낼 수 있겠네요.

② ㉠에는 '남편'의 행동 묘사를 통해 '남편'의 성격이 드러나 있고, ㉤에는 '남편'의 외양 묘사를 통해 '나'의 심리가 드러나 있다.

㉠남편은 이런 장사꾼들과 몇 푼의 돈 때문에 큰소리로 삿대질까지 해 가며 영악하게 흥정을 했다.

㉤ 나는, 젖힌 그의 얼굴에서 동굴처럼 뚫린 콧구멍과 그 속을 무성하게 채운 코털을 보며 잠깐 모멸과 혐오를 느꼈다.

선지 유형	근거가 있어서 허용 가능
실전에서의 판단 과정	실용적인 성격, 모멸과 혐오!
해설	㉠은 '남편'의 실용적인 성격을 잘 드러내는 행동이 묘사되어 있습니다. 큰소리 삿대질까지 하면서 '몇 푼의 돈'을 아끼려고 하는 모습은 아주 실용적이죠? 한편 ㉤에는 '남편'의 외양 묘사를 통해 '나'가 느끼는 '모멸과 혐오'를 강조하고 있습니다. 이는 지문을 읽으면서 미리 생각했던 내용이기도 하죠?

③ ㉡에서 '나'는 '남편'의 삶에 동화되고자 하지만, ㉣에서 여전히 '남편'에게 동화되지 않는 '나'의 모습을 발견하고 있다.

㉡ 나는 아직도 그의 아내로서 편치 못한 나를 해체시켜, 그의 아내로서 편한 나로 뜯어 맞추고 싶었다.

㉣ 그러고 보니 아직도 해체되지 않은 한 모퉁이가 내 은밀한 곳에 남아 있는지도 몰랐다.

선지 유형	근거가 있어서 허용 가능
실전에서의 판단 과정	그렇지.

해설	지문을 읽으면서 미리 연결했던 부분들이죠? ㉤에서 '나'는 자신을 해체시켜 '남편'의 '아내'로서 편한 '나'가 되려고 하지만, ㉣에서 여전히 해체되지 않은 한 모퉁이가 자신의 은밀한 곳에 남아 있다는 것을 깨닫습니다. '남편'과 '나'의 성격을 고려할 때, '나'가 완전히 해체되지 않으면 '남편'에게 동화되는 것은 어렵겠죠?

④ ㉤에는 '남편'에 대한 '나'의 태도를 변화시키고자 하는 심리가 드러나 있고, ㉥에는 '남편'을 낯설어하는 '나'의 감정을 변화시키고자 하는 돌발적 행위가 드러나 있다.

> ㉤ 나는 아직도 그의 아내로서 편치 못한 나를 해체시켜, 그의 아내로서 편한 나로 뜯어 맞추고 싶었다.

> ㉥ 나는 충동적으로 그의 이마의 주름 진 곳에 그런 키스를 퍼부었다.

선지 유형	근거가 있어서 허용 가능
실전에서의 판단 과정	그래도 남편한테 맞추려고 애썼지.
해설	㉤에서 '나'는 '남편'을 미워하던 태도에서 이해해 보고 동화되려는 태도로 변화하려는 심리를 보입니다. 물론 잘 되지는 않았지만요. 한편 ㉥은 '남편'이 낯설게 느껴지는 '나'의 감정을 변화시켜 괴리감을 해소해보고자 돌발적으로 한 행위죠? 모두 지문을 읽으면서 충분히 공감했던 심리에 대한 것이니 어렵지 않게 허용할 수 있겠습니다.

⑤ ㉢에서 드러나는 '은행나무들'에 대한 '나'의 집착은 ㉣에서 나타나는 '나'의 잠재의식과 연결된다.

> ㉢ 다만 나는 후원의 은행나무들만은 그대로 두기를 완강히 고집했다.

> ㉣ 그러고 보니 아직도 해체되지 않은 한 모퉁이가 내 은밀한 곳에 남아 있는지도 몰랐다.

선지 유형	근거가 있어서 허용 가능
실전에서의 판단 과정	남편한테 맞추려다가도 ㉢과 같은 모습 보고서 ㉣을 깨달았지.

해설	'나'는 '남편'에게 맞춰보려고 애썼지만, 막상 후원의 은행나무들만은 포기할 수 없는 자신을 발견합니다. 이는 ㉣과 같은 인식으로 이어졌죠? 역시 지문을 읽으면서 미리 공감했던 내용이어야 합니다.

선지	①	②	③	④	⑤
선택률	3%	4%	88%	3%	2%

184 고가를 중심으로 윗글을 이해한 내용으로 적절하지 않은 것은? [3점] ③

– '고가'는 '나'에게 애착의 대상이지만, '남편'에게는 그저 경제적으로 가치가 없어 빨리 헐어 버려야 하는 대상입니다. '나'와 '남편'의 성격을 단적으로 보여 주는 공간이기도 했죠? 이를 통해 답을 골라봅시다.

① 고가의 철거 결정에는 '남편'의 실용적인 가치관이 작용하고 있다.

선지 유형	근거가 있어서 허용 가능
실전에서의 판단 과정	그렇지.
해설	'남편'은 실용적인 가치관을 바탕으로, 경제적 가치가 없는 '고가'를 헐어 버리자는 결정을 합니다. 이 내용 그대로 적어 놓은 선지네요.

② 고가의 철거를 주장한 '남편'은 '견고한 양옥'의 설계에서도 자신의 뜻을 반영하였다.

선지 유형	근거가 있어서 허용 가능
실전에서의 판단 과정	그랬지.
해설	'남편'은 '고가'를 철거하고 자신의 뜻대로 '견고한 양옥'을 설계합니다. '나'는 여기까지는 아무런 말 없이 따르는 모습을 보였죠?

③ 고가의 철거는 '나'와의 친밀감을 회복하고자 하는 '남편'의 의지가 좌절된 사건을 의미한다.

선지 유형	근거가 없어서 허용 불가능
실전에서의 판단 과정	남편이 언제 그랬냐.

해설	'남편'은 철저하게 실용적인 관점에서 '고가'의 철거를 주장한 것입니다. '나'와의 친밀감을 회복하고자 하는 의지를 보인 적도 없고, 그것이 좌절된 사건도 아니에요. 어렵지 않게 답으로 고를 수 있네요.

④ 고가는 과거의 '나'가 투영된 대상으로 '나'의 의식 속에 환기되어 내면의 갈등상태를 드러내고 있다.

선지 유형	근거가 있어서 허용 가능
실전에서의 판단 과정	고가가 철거되던 날은 또 하나의 아픈 날이었지.
해설	'고가'는 과거에 '나'가 가족과 살던 곳으로, 과거의 '나'가 투영된 대상이라고 할 수 있습니다. 또한 이는 '나'가 아픈 날을 회상할 때 의식 속에 환기되며 떠올리는 것이라는 점에서, '나'의 내면에 존재하는 내적 갈등을 드러낸다고 할 수 있겠죠.

⑤ 고가를 '남편'은 '음침한 고가'로, '나'는 '숙연한 고가'로 표현하여 인물에 따른 관점의 차이를 드러내고 있다.

선지 유형	근거가 있어서 허용 가능
실전에서의 판단 과정	그러네.
해설	'음침하다'와 '숙연하다'라는 단어의 의미를 알면 당연하게 납득할 수 있는 내용이죠? '남편'은 '고가'를 부정적으로, '나'는 '고가'를 긍정적으로 보고 있는 것입니다.

선지	①	②	③	④	⑤
선택률	16%	23%	14%	39%	8%

185 〈보기〉를 @에 대한 '남편'의 속말이라고 가정할 때, ⓑ에 들어갈 말로 가장 적절한 것은? ④

@ 비평가의 농간

[보기]

생전에는 주목하지 않던 옥희도를 사후에 높이 평가하는 것에는 원칙이 있다고 볼 수 없으니, ⓑ (이)라는 말이 생각나는군.

– 충격적인 정답률입니다. 속담의 뜻 자체가 중요한 것이 아니라, '남편'의 내면세계를 묻고 있다는 점에 주목할 수 있어야 합니다. 속담의 뜻은 충분히 유추가 가능하니까요. '남편'은 '옥희도 씨'의 유작전이 열리는 것을 보고 '비평가의 농간'이라는 생각을 합니다. 그리고 〈보기〉를 참고하면, 생전에는 주목하지 않던 '옥희도'를 '비평가의 농간'으로 사후에 높이 평가하는 모습이라고 생각하고 있겠죠. 실용적인 가치관을 가진 '남편'의 성격을 고려하면, 이는 원칙이 없는 것이기에 '비평가의 농간'이라는 표현을 쓴 것이라고 이해할 수 있겠습니다. 따라서 '어떤 원칙이 있는 것이 아니라, 이렇게도 저렇게도 둘러대기에 달렸다.'라는 뜻을 가진 '귀에 걸면 귀걸이, 코에 걸면 코걸이'가 정답이 되겠습니다.

나머지 속담의 뜻이 궁금하다면 스스로 찾아보도록 해요. 속담 문제가 앞으로 출제될 일은 없겠지만, 지문 속에 제시될 수도 있으니까요. 이 경우 속담의 뜻을 모르면 이해가 어려울 수도 있을 것입니다. 나아가 굳이 수능을 위해서가 아니라 앞으로의 인생을 위해서라도 알아두면 여러모로 좋겠죠?

몰랐던 어휘 정리하기

| 핵심 point |

① **허용 가능성 평가** : 선지의 내용을 '허용'하려는 태도를 바탕으로 지문을 '독해'하며 '근거'를 찾아야 합니다. 허용할 수 있는 '근거'가 있어야만 허용할 수 있습니다. 주관적인 생각을 개입시키면 안 됩니다.
② **소설 독해** : '심리와 행동의 근거'를 바탕으로 인물에게 '공감'하며 읽어야 합니다. 이 과정이 물흐르듯 이어지면 지문의 내용을 완벽하게 이해할 수 있어요.

| 지문 내용 총정리 |

문제가 상당히 쉽게 출제되어 큰 임팩트를 남기지 못할 지문일 수도 있지만, 1인칭 서술자의 내면세계에 깊게 공감하는 연습을 하기에 아주 좋은 지문입니다. 문제를 다 맞혔느냐가 아닌, '나'의 마음에 완벽하게 공감했느냐에 초점을 두고 복습해보도록 합시다.

빠른 정답 (문학편)

Day 1

[1~4] 2009.06 [20~23]			
01	**02**	**03**	**04**
②	②	⑤	④

[5~8] 2011.09 [28~31]			
05	**06**	**07**	**08**
②	③	④	②

[9~11] 2016.11B [40~42]		
09	**10**	**11**
①	④	①

Day 2

[12~15] 2015.11A [34~37]			
12	**13**	**14**	**15**
①	①	④	②

[16~20] 2013.11 [46~50]				
16	**17**	**18**	**19**	**20**
②	④	②	④	②

[21~23] 2016.09B [39~41]		
21	**22**	**23**
②	①	①

Day 3

[24~26] 2014.09B [38~40]		
24	**25**	**26**
④	③	③

[27~30] 2011.09 [21~24]			
27	**28**	**29**	**30**
④	④	④	①

[31~34] 2010.09 [40~43]			
31	**32**	**33**	**34**
③	③	④	③

Day 4

[35~38] 2010.06 [13~16]			
35	**36**	**37**	**38**
⑤	⑤	④	⑤

[39~41] 2013.06 [34~36]		
39	**40**	**41**
②	⑤	⑤

[42~45] 2009.11 [20~23]			
42	**43**	**44**	**45**
③	②	②	③

Day 5

[46~49] 2013.09 [27~30]			
46	**47**	**48**	**49**
③	⑤	②	④

[50~53] 2012.11 [25~28]			
50	**51**	**52**	**53**
③	⑤	②	①

[54~58] 2015.06AB [34~38]				
54	**55**	**56**	**57**	**58**
④	②	④	③	①

Day 6

[59~61] 2016.11AB [43~45]		
59	**60**	**61**
⑤	④	③

[62~65] 2013.09 [47~50]			
61	**63**	**64**	**65**
①	②	③	③

[66~69] 2015.11B [31~34]			
66	**67**	**68**	**69**
④	⑤	④	②

Day 7

[70~75] 2009.11 [28~33]					
70	71	72	73	74	75
①	③	②	②	④	④

[76~80] 2015.11AB [38~42]				
76	77	78	79	80
①	⑤	⑤	④	⑤

[81~83] 2014.06A [41~43]		
81	82	83
③	④	①

Day 8

[84~87] 2011.11 [13~16]			
84	85	86	87
④	④	②	④

[88~91] 2012.06 [25~28]			
88	89	90	91
④	⑤	③	⑤

[92~94] 2015.06B [43~45]		
92	93	94
③	④	③

Day 9

[95~98] 2008.09 [40~43]			
95	96	97	98
②	②	④	②

[99~101] 2015.11A [31~33]		
99	100	101
③	③	④

[102~104] 2014.09AB [38~40][31~33]		
102	103	104
③	④	⑤

Day 10

[105~108] 2011.11 [40~43]			
105	106	107	108
⑤	②	⑤	④

[109~111] 2015.11B [43~45]		
109	110	111
①	③	①

[112~115] 2009.11 [47~50]			
112	113	114	115
②	⑤	①	④

Day 11

[116~119] 2009.06 [28~31]			
116	117	118	119
①	④	⑤	⑤

[120~122] 2014예비B [40~42]		
120	121	122
②	⑤	②

[123~127] 2011.06 [27~31]				
123	124	125	126	127
①	③	④	①	②

Day 12

[128~130] 2014.06B [41~43]		
128	129	130
②	③	②

[131~134] 2013.09 [20~23]			
131	132	133	134
⑤	⑤	④	②

[135~140] 2010.11 [32~37]					
135	136	137	138	139	140
③	②	⑤	②	①	②

Day 13

[141~143] 2014.06A [31~33]		
141	142	143
②	②	①

[144~147] 2015.06B [39~42]			
144	145	146	147
④	⑤	⑤	②

[148~151] 2016.09A [39~42]			
148	149	150	151
④	①	①	⑤

Day 14

[152~154]	2015.09B [31~33]	
152	**153**	**154**
②	③	①

[155~157]	2014.09B [41~43]	
155	**156**	**157**
②	③	②

[158~162]	2011.06 [39~43]			
158	**159**	**160**	**161**	**162**
①	④	⑤	②	⑤

Day 15

[163~165]	2012.11 [37~39]	
163	**164**	**165**
③	②	④

[166~171]	2013.06 [13~18]				
166	**167**	**168**	**169**	**170**	**171**
④	①	③	⑤	⑤	④

[172~174]	2014.11B [35~37]	
172	**173**	**174**
①	③	⑤

Day 16

[175~178]	2011.11 [47~50]		
175	**176**	**177**	**178**
②	④	②	②

[179~182]	2010.06 [23~26]		
179	**180**	**181**	**182**
②	③	③	④

[183~185]	2016.11A [31~33]	
183	**184**	**185**
①	③	④

이제 **오르비**가
학원을 재발명합니다

smart is sexy

Orbi.kr

오르비학원은

모든 시스템이 수험생 중심으로 더 강화됩니다.

모든 시설이 최고의 결과가 나올 수 있도록 설계됩니다.

집중을 위해 오르비학원이 수험생 옆으로 다가갑니다.

오르비학원과 시작하면

원하는 대학문이 가장 빠르게 열립니다.

전화 : 02-522-0207 문자 전용 : 010-9124-0207 주소 : 강남구 삼성로 61길 15 (은마사거리 도보 3분)

출발의 습관은 수능날까지 계속됩니다.
형식적인 상담이나
관리하고 있다는 모습만 보이거나
학습에 전혀 도움이 되지 않는
보여주기식의 모든 것을 배척합니다.

쓸모없는 강좌와 할 수 없는 계획을 강요하거나
무모한 혹은 무리한 스케줄로
1년의 출발을 무의미하게 하지 않습니다.
형식은 모방해도 내용은 모방할 수 없습니다.

smart is sexy

Orbi.kr

개인의 능력을 극대화 시킬 모든 계획이 오르비학원에 있습니다.

PiRAM

PROLOGUE

"공"공부란 '머릿속에 지식을 쑤셔넣는 행위'가 아니라

'세상의 해상도를 올리는 행위'라고 생각한다.

뉴스의 배경음악에 불과했던 코스피 평균 주가가 의미를 지닌 숫자가 되거나

외국인 관광객의 대화를 알아들을 수 있게 되거나

단순한 가로수가 '개화 시기를 맞이한 배롱나무'가 되기도 한다.

이 '해상도 업그레이드감'을 즐기는 사람은 강하다."

인터넷에서 우연히 보고 큰 감명을 받았던 글입니다.

왜 공부를 해야 하는가에 대한 막연한 의문을 꽤 구체적으로 풀어준 것만 같은 느낌이 들었습니다. 흐릿하던 세상의 모든 요소들이 점점 뚜렷하게 보이는 과정, 이것이 바로 '공부'의 진짜 목적이었습니다.

수능 국어 공부도 마찬가지라고 생각합니다. 단순한 활자의 조합으로 보였던 지문이 하나의 유기성을 가진 '글'로 보이고, 다 다른 이야기를 하는 것 같던 여러 지문들이 사실은 다 같은 원리로 이루어졌다는 것을 깨닫는 과정, 이렇게 '수능 국어의 해상도'가 업그레이드되는 과정을 즐기는 것이 진정한 국어 공부의 의의가 아닐까 하는 생각이 듭니다.

"상상력의 한계가 그 사람의 한계가 된다."라고 합니다. 어쩌면 우리는 우리가 바라볼 수 있는 세상의 해상도를 지나치게 낮은 한계 속에 가둬두고 있는지도 모르겠습니다. 이 교재는 학생들이 만나게 될 세상의 해상도를 높이는, 그를 바탕으로 학생 스스로의 상상력 한계치를 높여 주기 위한 하나의 프로젝트입니다. 수능 국어에 대해 아무것도 모른 채 지방에서 공부하는 학생도, 서울 강남에서 훌륭한 교육을 받으며 공부하는 학생도 제대로 된 공부를 할 수 있도록. 열심히 하지 않아서가 아닌, 잘 몰라서 성적이 나오지 않는 일이 일어나지 않도록. 그래서 그 학생의 상상력에 한계가 생기지 않도록. 그런 세상을 위한 작은 노력의 일부입니다.

이 교재는 하위권부터 상위권, 나아가 대치동 학원 강사까지 모두 경험한 저의 경험이 녹아 있습니다. 특정 지문, 특정 제재에서만 통하는 잡기술이 아닌, 근본적인 '생각의 힘'을 키울 수 있는 당연한 이야기들만 적혀 있습니다. 여러분은 이 교재에서 이야기하는 내용을 바탕으로, '생각'하고 '고민'하는 습관을 들여 주시면 됩니다.

'생각'하고 '고민'하는 과정은 역설적이게도 즐겁습니다. 내 사고력의 한계가 뚫리는 느낌을 받고, 처음에 어려웠던 내용이 사실 별 것 아니라는 것을 깨닫고, 내가 더 큰 상상을 할 자격이 있는 사람임을 인지하는 것은 정말로 즐거운 과정입니다. 힘들고 외로운 수험생활에서 이 '즐거움'이 작은 위로가 되었으면 좋겠습니다. 그리고 이 교재가 그 과정에 큰 도움이 되었으면 좋겠습니다. 너무나 냉정한 수능 결과에 상관없이, '올 한해 국어 공부 즐겁게 했다.'라는 생각이 앞으로의 인생을 상상할 수 있는 원동력이 되었으면 좋겠습니다.

아직 저는 많이 부족한 사람입니다. 다른 사람들의 인생에 영향을 줄 만큼 대단한 업적을 이루거나, 엄청난 깨달음을 얻은 사람도 아닙니다. 그래도 미래를 '상상'하고, 그 상상을 '현실'로 만들기 위해 노력하는 과정은 너무나 즐겁다는 건 잘 알고 있습니다. 그저 그것을 알려 드리고 싶을 뿐입니다. 여러분도 이 즐거움을 함께 느꼈으면 좋겠습니다. 이 교재와 함께, 저도 열심히 돕겠습니다.

범람하는 컨텐츠의 홍수 속에서 기꺼이 이 교재를 선택해주신 수험생 여러분께 진심으로 감사합니다. 여러분의 선택이 헛되지 않았음을 증명하겠습니다. 이 교재와 함께, 즐거운 국어 공부를 시작해봅시다.

P.I.R.A.M 국어 저자 김민재

지문 목차

Day 1 _ 014P
[현대시] 2009.06 [20~23] '여승 / 못 위의 잠 / 결빙의 아버지'
[현대소설] 2011.09 [28~31] '눈이 오면'
[고전시가] 2016.11B [40~42] '어와 동량재를~ / 고공답주인가'

Day 2 _ 020P
[고전소설] 2015.11A [34~37] '소대성전'
[고전시가+수필] 2013.11 [46~50] '성산별곡 / 독자왕유희유오영 /
　신록 예찬'
[현대소설] 2016.09B [39~41] '옛우물'

Day 3 _ 028P
[현대시] 2014.09B [38~40] '생명의 서 · 일장 / 농무'
[고전소설] 2011.09 [21~24] '김원전'
[현대소설] 2010.09 [40~43] '잔인한 도시'

Day 4 _ 034P
[현대시] 2010.06 [13~16] '발열 / 거문고 / 대설주의보'
[고전소설] 2013.06 [34~36] '임진록'
[현대소설] 2009.11 [20~23] '역사'

Day 5 _ 040P
[현대시] 2013.09 [27~30] '또 다른 고향 / 자화상 · 2 / 멸치'
[고전소설] 2012.11 [25~28] '호질'
[현대소설] 2015.06AB [34~38] '모래톱 이야기'

Day 6 _ 047P
[현대시] 2016.11AB [43~45] '아침 이미지 1 / 풀벌레들의 작은
　귀를 생각함'
[현대소설] 2013.09 [47~50] '역마'
[고전시가] 2015.11B [31~34] '관동별곡 / 유한라산기'

Day 7 _ 052P
[현대시+고전시가] 2009.11 [28~33] '님의 침묵 / 나뭇잎 하나 /
　춘면곡'
[현대소설] 2015.11AB [38~42] '무영탑'
[고전소설] 2014.06A [41~43] '구운몽'

Day 8 _ 060P
[현대시] 2011.11 [13~16] '자화상 / 선제리 아낙네들 / 그 나무'
[현대소설] 2012.06 [25~28] '화산댁이'
[고전시가] 2015.06B [43~45] '도산십이곡'

Day 9 _ 066P
[현대소설] 2008.09 [40~43] '날개'
[현대시+수필] 2015.11A [31~33] '조찬 / 파초'
[고전시가] 2014.09AB [38~40][31~33] '매화사'

Day 10 _ 072P
[현대소설] 2011.11 [40~43] '나상'
[현대시] 2015.11B [43~45] '고향 앞에서 / 낡은 집'
[고전소설] 2009.11 [47~50] '박씨전'

Day 11 _ 078P
[현대소설] 2009.06 [28~31] '신열'
[현대시] 2014예비B [40~42] '빼앗긴 들에도 봄은 오는가 / 성에꽃'
[고전시가] 2011.11 [27~31] '상춘곡 / 율리유곡 / 범희문희서도원림'

Day 12 _ 084P
[현대소설] 2014.06B [41~43] '만세전'
[고전소설] 2013.09 [20~23] '열녀춘향수절가'
[현대시+고전시가] 2010.11 [32~37] '승무 / 지리산 뻐꾹새 / 면앙
　정가'

Day 13 _ 091P
[현대시] 2014.06A [31~33] '접동새'
[고전소설] 2015.06B [39~42] '임경업전'
[현대소설] 2016.09A [39~42] '잔등'

Day 14 _ 098P
[현대시] 2015.09B [31~33] '모란이 피기까지는 / 고고'
[현대소설] 2014.09B [41~43] '광장'
[고전시가] 2011.06 [39~43] '두터비 파리를~ / 고공가 / 어부'

Day 15 _ 104P
[극문학] 2012.11 [43~45] '산허구리'
[현대시+고전시가] 2013.06 [13~18] '알 수 없어요 / 배를 매며 /
　사미인곡'
[현대소설] 2014.11B [35~37] '소문의 벽'

Day 16 _ 110P
[고전소설] 2011.11 [47~50] '운영전'
[현대소설] 2010.06 [23~26] '외딴 방'
[현대소설] 2016.11A [31~33] '나목'

교재의 사용법 : P.I.R.A.M 국어 옛기출 선별집 문학편

완벽한 국어영역 독학서, 'P.I.R.A.M 국어'를 선택해주신 여러분 반갑습니다. 혜성같이 나타나 수능 국어 공부를 위한 보편적 커리큘럼의 일부가 된 이 교재. 도대체 어떻게 이용해야 최대한으로 뽑아낼 수 있을지 자세하게 알아보도록 합시다.

<"P.I.R.A.M 국어"는 하나의 시리즈로 여러분의 국어 공부를 완성하는 것을 목표로 합니다.>

학생들이 수능 국어에 대한 깨달음을 얻을 수 있도록, 나아가 글을 읽고 '생각'하는 즐거움을 만끽할 수 있도록, 가장 정석적이고 효과가 확실한 학습 방향을 제시하려고 노력했습니다. 교재는 'Daily' 방식으로 구성되어 있으며, 자신의 학습 수준에 맞추어 유동적으로 따라가면 됩니다.

0. For 2025 "P.I.R.A.M 국어" 시리즈 표준 커리큘럼

단계	기반 닦기	A to Z	기출문제 분석
독서	생각의 발단 독서편	생각의 전개 독서편(1권/2권) 생각 워크북 독서편	8개년 기출문제집 독서편 옛기출 선별집 독서편
문학	생각의 발단 문학편 필수 고전시가	생각의 전개 문학편(1권/2권) 생각 워크북 문학편	8개년 기출문제집 문학편 옛기출 선별집 문학편
선택 과목		생각의 전개 언어(문법)편	

시기	~1월 말	~3월 말	~5월 초	~6월 모의평가	~수능
커리큘럼	생각의 발단 + 필수 고전시가	생각의 전개	생각의 전개 (2회독) + 생각 워크북	생각의 전개 (3회독) + 생각 워크북(2회독)	8개년 기출문제집 + 옛기출 선별집

2025학년도 수능 대비 'P.I.R.A.M 국어' 시리즈는 다음과 같은 표준 커리큘럼으로 제공됩니다. (2026학년도 수능 대비 커리큘럼 역시 거의 같습니다.) 본인의 실력, 남은 시간 등을 고려하여 나만의 효율적인 커리큘럼을 구성해보세요. 각 단계의 대략적인 소개는 다음과 같습니다.

기반 닦기

먼저 '생각의 발단 독서편'의 경우, '생각의 전개 독서편' 초반부 내용의 확장판이라고 보시면 됩니다. 독서 지문을 제대로 읽어내기 위한 기본적인 공부 태도를 설정하고, '문장→문단→지문'의 순서로 사고력을 확장시켜나가는 단계입니다. 아무 생각 없이 국어를 공부하던 학생들에게 '생각'하며 글을 읽고 이해하는 것의 즐거움을 알려주는 교재입니다. 공부를 거의 처음 시작하는 노베이스라면 꼼꼼하게, 어느 정도 실력이 있다면 속도를 내면서 가볍게 정리해주시면 됩니다. 본인이 이 교재를 봐야 하는 수준인지 궁금하다면, '생각의 전개' 교재의 초반 4일차를 먼저 진행해보세요. 아무런 무리없이 이해가 되고 글이 읽힌다면 계속 '생각의 전개'를 보시면 되고, 조금 어렵고 더 많은 공부가 필요할 것 같다고 판단되시면 '생각의 발단'을 보시면 됩니다.

'생각의 발단 문학편'의 경우, 기본적인 표현법 및 문학 전반적인 지식이 크게 부족한 학생들을 위한 교재입니다. 중학교~고등학교 1학년 문학 시간에 배운 내용 정도에 대해서 대비가 안 되어 있는 학생들을 위한 교재로, '대구법 · 연쇄법 · 상징 · 1인칭 시점' 등 기본적인 문학 지식이 없지 않다면 굳이 공부하지 않아도 됩니다. 인터넷에서 이 교재를 찾으시는 경우 '2023학년도 수능 대비'라고 되어 있을 것인데, 해당 교재를 2022년에 출판했기 때문에 표시만 그렇게 되는 것일 뿐, 2025학년도 수능을 대비하는 데에도 아무런 문제가 없으니 무시하셔도 됩니다.

또한 고전시가에 대한 두려움을 가지고 있는 학생들을 위한 '필수 고전시가' 교재가 있습니다. 만약 고등학교 2학년까지 내신 대비를 열심히 했고, 따라서 대부분의 필수적인 고전시가들이 공부가 된 학생들이라면 굳이 공부하지 않아도 되는 교재입니다. 하지만 고전시가에 대해 막연한 두려움을 가지고 있거나, 제대로 고전시가를 정리해 본 경험이 없다면 꼭 먼저 공부해주세요. 가장 효율적이고 확실하게 필수적인 고전시가의 정리를 도와드릴 것입니다.

A to Z

말 그대로 수능 국어의 A부터 Z까지 모두 다루는, 'P.I.R.A.M 국어' 시리즈의 메인 커리큘럼입니다. '생각의 전개' 시리즈의 경우, 교재의 이름처럼 국어 영역을 정복하기 위해 어떤 '생각'을 '전개'해야 하는지 자세히 알려드립니다. 테마를 정해 각 테마별로 어떤 '생각'을 해야 하는지 정립하고, 평가원 기출문제 위주로 그 태도를 연습하는 교재입니다. 이 과정에서 국어 영역에 필요한 '생각의 힘'을 키우는 것은 물론이고, 주요 평가원 기출문제를 누구보다 완벽하게 정리하는 경험을 하실 수 있습니다. 'A to Z'라는 이름답게 꽤 많은 분량을 자랑하며, **이에 따라 1권/2권 두 권으로 나눠 출판됩니다. 두 교재는 내용이 연결되는 하나의 교재이니, '생각의 전개'로 공부하고자 하시는 분들은 조금 부담스럽더라도 두 권 모두 구입해 주세요.** 돈이 아깝다는 생각은 절대 하지 않으실 것이니까요.

'생각 워크북'의 경우, '생각의 전개'에서 다루지 않았던 주요 평가원 기출문제를 바탕으로 더 많은 연습을 해보는 교재입니다. 교재 이름처럼 '생각의 전개'의 워크북 역할을 하며, 교재에서 배운 내용을 더 탄탄하게 하는 데 의의가 있습니다. '생각의 전개'와 '생각 워크북'을 모두 공부하시면, 8개년 기출문제 전문항을 포함해 17개년 기출문제 주요 문항을 공부하시는 것이 됩니다. 이 정도는 해야 기출 공부를 했다고 할 수 있겠죠?

기출문제 분석

기출문제 분석은 한 번으로 끝나면 안 됩니다. 수능의 그날까지, 지겹도록 반복해야만 하죠. 그리고 이 과정을 돕기 위해 'P.I.R.A.M 국어' 시리즈는 '8개년 기출문제집'과 '옛기출 선별집'을 준비했습니다. 교재에서 제시하는 방법대로 우직하게 기출문제 분석을 하다 보면, 수능 국어 만점도 더 이상 꿈이 아닐 것입니다.

1. 누구를 위한 교재인가요?

"P.I.R.A.M 국어 옛기출 선별집 문학편"은 기본적으로 수능 국어를 준비하는 모든 학생들 중 최소한의 문장 독해력과 어휘력이 갖춰져 있고, 최근 8개년 기출문제 학습이 어느 정도 완료된 학생들을 위한 교재입니다. 기출분석이라는 가장 중요한 공부를 하는 학생들에게 도움이 되기 위한 교재로, 사실상 수능을 준비하는 모든 학생들의 필독서라고 할 수 있습니다.

2. 이 교재는 어떻게 구성되어 있나요?

이 교재는 하루에 세 지문씩 풀 수 있게끔 Daily 형식으로 구성되어 있습니다. 각 Day별로 난이도, 지문 길이, 장르 및 배울 점 등을 조화롭게 고려하여 풀어나갈 수 있도록 구성했습니다. 단순하게 난이도순이나 연도별로 나열한 방식이 아닙니다. 정말 많이 고민하여 매일매일 일정한 수준으로 최적의 학습이 가능하도록 짜 놨으니, 매일매일 즐겁게 국어 공부를 해 주시기 바랍니다. 다시 강조하지만, 본인의 상황에 맞게 '매일매일 꾸준히' 풀어주셔야 합니다. 매일같이 기출을 공부하는 걸 '습관화'하는 게 이 교재의 목표니까요.

이 교재는 총 48지문으로 이루어져 있습니다. 2008학년도부터 2016학년도까지의 '옛기출' 중에서 꼭 풀어봤으면 하는 지문들을 선별해 놓은 교재입니다. 2005학년도 수능부터 현재의 교육과정과 유사한 7차 교육과정 아래 시험이 치러졌는데, 저자의 주관적인 판단에 따르면 어느 정도 지문 및 문제의 유형이나 틀이 안정적으로 갖춰진 것은 2008학년도부터입니다. 이에 2008학년도부터 2016학년도까지의 기출문제를 실어둔 것이라고 생각하시면 됩니다. (2017학년도부터의 모든 지문은 'P.I.R.A.M 국어 8개년 기출문제집'에서 만나보실 수 있습니다.)

3. 꼭 제시된 Day에 맞춰 공부해야 하나요?

이 교재는 총 16일 간 공부할 수 있도록 만들어져 있습니다. 할당된 Day의 양은 '평범한 고3 학생이 2시간 정도 공부한다고 가정했을 때 교재의 내용을 완벽하게 받아들이면서 공부하는 것'을 기준으로 정했습니다. 따라서 여러분이 각 Day를 공부했을 때 지나치게 적은 시간이 걸렸다면 대충 공부했을 가능성이 높습니다. 앞에서 제시한 공부법대로 제대로 공부했는지 계속해서 성찰해야 합니다.

그런데 어떤 경우에는 한 지문을 공부하는 데 지나치게 오랜 시간이 걸릴 수도 있습니다. 도저히 하루치 공부를 끝낼 수 없을 것 같다는 생각이 드는 날이 있을 수도 있습니다. 하지만 그렇다고 조바심을 느끼거나 할 필요는 없습니다. 그만큼 여러분이 한 지문에 대해 깊이 '생각'하고 '고민'했다는 것이니까요! 나아가 본인의 실력이 좋고, 교재에 있는 지문들이 대부분 몇 번 공부했던 경험이 있는 지문들이라면 조금 빠르게 끝낼 수도 있겠죠? 본인이 대충 공부한 게 아니라면, 이 경우도 괜찮습니다. 16일은 임의의 '표준적인 학생'을 상정했을 때의 기준일 뿐, 본인의 상황에 따라 더 빠르게 끝낼 수도, 더 느리게 끝낼 수도 있는 거예요. 교재가 시키는 대로만 수동적으로 공부하는 학생이 아닌, 본인의 상황에 맞게 이 교재를 능동적으로 이용할 수 있는 똑똑한 학생이 되길 바라겠습니다!

다만 한 가지 확실한 것은, 해설을 읽기 전에 스스로 생각하고 고민하는 시간이 길수록 빠르게 성장할 확률이 높다는 것입니다. 조금 늦는다고 조바심 낼 필요는 없어요. 계속 강조하지만, 설정된 Day는 어디까지나 '가이드라인'일 뿐입니다. 여러분이 생각하셨을 때 위 방법대로 정직하게 공부하고 계신다면 전혀 걱정하실 필요 없어요. 가장 확실한 공부를 하는 데 초점을 맞추고 나아가시길 바랍니다!

4. 이 교재는 어떻게 공부해야 하나요?

이 교재를 활용한 기본적인 공부 방법은 아래와 같습니다.

채점 전

1. 교재에 제시된 각 파트별 설명을 한 글자 한 글자 천천히 읽고 정리한다.
2. 그 내용을 상기하며 뒤에 있는 문제들을 '시간을 재고' 푼다. (추천 : 문제 수 × 1.4분) → 생략 가능
3. 채점을 하기 전에 '시간 제한 없이' 모든 문장을 분석하고 이해한다.
4. 문제를 다시 분석적으로 푼다. 이때 모든 선지에 대해 이 선지가 왜 맞는지, 틀린지를 남에게 설명할 수 있을 정도여야 한다.

채점 후

5. 해설지를 통해 자신의 사고과정과 해설지의 설명을 비교한다.
6. 해설지를 덮은 뒤, 해설지의 내용과 본인의 생각을 섞어 본인 스스로 모든 풀이 과정을 설명해본다.
7. 이번 공부에서 배운 점을 정리한다.
8. 다음 지문을 학습할 때 그 내용들을 의식하며 공부한다.

굉장히 귀찮아 보이지만, 이런 식으로 공부하셔야 교재의 내용을 100% 흡수할 수 있습니다. 천천히 시간 들여 '생각'하는 공부가 수반되지 않으면 절대로 성장할 수 없습니다. 힘들고 조급하더라도 한 문장, 한 문장 천천히 공부하시길 바랍니다. 만약 'P.I.R.A.M 국어 생각의 전개'로 공부하지 않으셨다면 해설지에서 이야기하는 내용들과 전혀 비슷하지 않은 생각을 하고 있을 수도 있습니다. 하지만 해설지에서 정말 같은 말만, 그리고 직관적인 용어를 바탕으로 반복할 것이니, 꾸준히 공부하다 보면 어느 순간 피램의 독해 태도에 익숙해진 본인의 모습을 확인할 수 있을 것입니다.

어떤 식으로 공부하시든, 가장 중요한 것은 '복습'입니다. 하루 공부를 시작하기 전에, 꼭 어제 공부한 내용에 대한 복습을 한 후 넘어가 주세요. 여기서 말하는 '복습'은 단순히 책의 내용을 읽는 것만을 의미하지 않습니다. 전날 공부에서 '내가 배웠던 것들', '부족했던 지점들'을 모두 복습해주셔야 합니다. 그래야 오늘 공부에 그것들을 적용할 수 있어요. 복습이 끝났다면, 부족했던 부분을 의식하며 다음 지문들을 공부하시면 됩니다. 그리고 다시 1~8의 과정을 반복하는 것이죠. 부족한 지점은 채우고, 잘하는 부분은 더 잘 할 수 있게 해야 합니다. 그러다 보면 어느 순간 성장한 모습을 발견할 수 있을 거예요.

이 교재는 "P.I.R.A.M 국어 8개년 기출문제집"과 병행하시는 것을 권합니다. 문학의 경우 독서에 비해 평가원 기출문제의 중요성이 훨씬 높기 때문에, 최대한 많은 기출문제를 경험하는 것이 좋거든요. 다만 기출문제 학습이 처음이거나, 시간이 부족하다면 "P.I.R.A.M 국어 8개년 기출문제집"을 우선적으로 학습하셔야 합니다. 8개년 기출문제에 대한 학습이 어느 정도 이루어졌다면 이 교재로 기출을 보는 눈을 더 키우시는 거예요. "P.I.R.A.M 국어 8개년 기출문제집" 이후 이 교재까지 공부하시면 '8개년(2017~2024) 전 지문을 포함한 17개년(2008~2024) 주요 지문'을 학습하시게 됩니다. 욕심이 난다면 17개년 전 지문, 나아가 20개년 이상의 전 지문까지도 도전하시기 바랍니다. 이 교재까지 완벽하게 공부하시면, 나머지 지문들은 스스로 해설을 만들면서 공부하실 수 있을 겁니다. 처음에는 이 교재의 해설지가 너무 과한 생각을 요구하는 것처럼 보이다가도, 이 교재를 끝낸 뒤에는 해설지의 생각보다 훨씬 깊은 수준으로 생각할 수 있게 되었으면 좋겠습니다. 그 정도로 많은 '생각'을 해 주시는 걸 학습의 목표로 삼아 주시기 바랍니다.

다시 강조하지만, 가장 좋은 공부법은 '습관화'입니다. 매일 기출문제를 공부하고, 해설지와 사고를 비교하는 걸 습관처럼 만들어 주시는 것. 국어영역 고득점을 위한 가장 기본적인 태도입니다.

5. 이 교재로 공부할 때 추가적으로 주의할 점은 없을까요?

① 수강생 카페에 대해
→ 제 교재를 선택해주신 분들의 국어 공부를 끝까지 책임지기 위한 카페가 있습니다. 해당 카페에서는 교재 관련 자료 제공과 질문답변 등이 이루어집니다. 카페에 가입하신 후, 교재를 구매하셨다는 것을 인증해 주시면 자료 및 질문답변 서비스를 받으실 수 있습니다. 여러분의 성적 향상에 해당 카페를 적극적으로 활용하시기 바랍니다!

카페 주소 : https://cafe.naver.com/piramgukeo

② 시간 제한에 대해
→ 이 교재로 공부하실 때는 굳이 문제풀이 시간을 설정하실 필요가 없습니다. 물론 앞에서도 말씀드렸듯이, 해당 지문을 처음 공부하는 경우에는 실력 확인 및 실전력 강화를 위해 약간의 시간을 재는 것도 좋습니다. 하지만 시간을 재고 풀어본 뒤에는, 1시간이 걸려도 괜찮으니 꼭 충분한 시간을 써서 고민하겠다고 약속해 주세요. 지문을 읽을 때의, 그리고 문제를 풀 때의 사고 과정을 확실하게 정리하신 뒤에 해설지를 보며 비교해 주셔야 합니다. 문제만 빠르게 쓱 풀고 해설지를 보시면 큰 효과를 보기 힘듭니다.

③ 해설과 실전의 괴리에 대해
→ 이 교재로 열심히 공부하시다 보면, 해설이 무슨 말인지는 알겠는데, '실전에서 이렇게 할 수 있을까?'에 대한 의문이 드는 경우도 있을 겁니다. 제 해설은 기본적으로 '시험장에서' 할 수 있는 가장 '이상적'인 상태가 가정되어 있습니다. 이는 다시 말해 제 해설만큼 읽어내고 생각하지 못하더라도, 어떻게든 답을 고르는 과정까지는 도달할 수 있다는 것입니다. 저와 완전 똑같이 사고하지 못했다고 자책하지는 마세요. 이상적인 상태로 도달하려고 노력하다 보면, 수능날에도 그 '이상'에 그나마 가까운, 즉 답을 모두 골라내는 정도의 독해는 할 수 있게 될 겁니다. 저와 생각이 조금 다르거나 놓친 부분이 있다면 왜 그렇게 되었는지, 그리고 교정하기 위해서는 어떻게 해야 하는지 등을 고민하면서 '이상적인 생각'에 다가가려고 최대한 노력하신다면, 그것만으로도 족합니다.

④ 생각합시다!
→ 이 교재의 핵심은, 여러분의 '생각의 힘'을 키워드리는 겁니다. 끊임없이, 머리가 터질 듯이 '능동적으로' 생각하셔야 합니다. 교재의 내용을 그냥 받아들이지 마시고, 지금 무엇을 공부하고 있고 이게 왜 중요한지를 계속 생각하세요. 처음엔 '이걸 왜 강조하는 거지?' 싶다가도, 생각하며 따라오면 결국 교재에서 말하고자 하는 바가 온전히 이해될 겁니다. 주체성을 가지고 공부하셔야 합니다! 그래야 재밌게 공부할 수 있어요.

⑤ 읽기를 두려워하지 마세요.
→ 최근 한국의 실질문맹(글을 읽을 줄은 아는데, 그 맥락적 의미를 파악하지 못하는 경우) 문제가 심각하다고 합니다. 동영상, 토막글 같은 자극적 매체의 발달이 그 원인이라고 하네요. 인터넷 커뮤니티에서도 '3줄 요약'이라는 것이 유행할 정도이니, 조금 신경을 써야 할 문제이기는 합니다. 만약 여러분이 읽기를 귀찮아하고, 이해하기를 게을러 한다면 국어 영역 점수뿐 아니라 인생 전체에서도 큰 불편을 안고 살아야 할 거예요. 이 교재에는 텍스트가 정말 많습니다. 그 텍스트들을 두려워하지 말고, '모든' 글자를 읽고 이해한다는 마음으로 공부하시기 바랍니다.

6. 피램 국어 시리즈가 처음인데, 해설지를 이해하지 못할까봐 걱정됩니다.

앞서 언급드렸듯이, 직관적이고 일반적인 용어 및 내용을 통해 계속 같은 방식으로 해설해드릴 것이기 때문에 며칠만 적응하면 큰 문제가 없을 것입니다. 그래도 아예 국어 공부를 처음 하는 학생들도 있을 것이니, "P.I.R.A.M 국어 생각의 전개"에서 다루는 내용들을 아주 간략하게 설명해드리겠습니다. 참고하시고, 이 내용들에 대해 자세히 배우고 싶다면 "P.I.R.A.M 국어 생각의 전개"를 이용해주세요.

– 문학 문제 풀이의 전제
수능 문학에서는 '독해력'과 '공감력'을 측정합니다. 문학 작품 역시 하나의 글이라는 점에서, 읽고 이해하는 '독해'의 과정을 거쳐야 답이 나온다는 것을 잊으시면 안 됩니다. 나아가 문학이라는 장르의 특성상, 결국 지문에 제시된 화자나 인물의 내면에 얼마나 잘 '공감'하느냐도 중요합니다. '이런 상황이라면 충분히 그렇게 느낄 수 있겠다~'라는 생각이 계속 들어야 합니다.

또한, 문학 문제를 풀 때는 <보기>를 먼저 보는 것을 원칙으로 합니다. <보기>를 통해 작품의 주제, 줄거리 등을 미리 체크하고 지문을 읽어주시면 훨씬 효율적입니다. 물론 <보기>가 지문 내용과 무관하게 일반적인 지식을 전달하는 경우도 있는데, 그럴 때는 굳이 먼저 읽지 않아도 좋습니다.

– 허용 가능성 평가
수능 문학의 선지 판단 과정에서는, '이거 틀린 거 아니야?'와 같은 생각보다는 '그래 맞다고 쳐 보고, 지문에 근거가 있는지 확인해 보자.'라는 생각으로 접근하셔야 합니다. 본인의 생각과 다르다고 일단 틀렸다고 하기보다는, '허용'한다고 했을 때 그것을 '허용'할 만한 '근거'가 있는지 확인한다는 생각으로 접근하시는 거예요. 중요한 것은, 이때의 '근거'는 여러분의 머릿속이 아니라 지문에 제시되어 있어야 한다는 것입니다.

– 운문문학(수필 포함) 문제풀이
운문문학에서는 화자의 내면세계(정서)가 곧 주제입니다. 그리고 평가원에서는 이러한 '주제'와 직결되는 내용 위주로 선지를 구성합니다. '주제'를 바탕으로, '독해력'을 발휘하며 지문의 내용을 대강 파악하고, '허용 가능성 평가'라는 선지 판단의 원칙에 따라 정확하게 판단하는 연습을 하셔야 합니다. 단, 최근 어려워지고 있는 수필의 경우에는 독서 지문을 읽듯이 정독하는 것을 원칙으로 합시다. 수필의 경우에도 핵심은 글쓴이의 내면세계, 즉 '주제'입니다.

– 산문문학 문제풀이
산문문학에서는 여러분의 '공감력'을 적극적으로 묻습니다. 특정한 '시·공간적 배경'에서 다양한 '인물'들이 부대끼는 모습을 보면서, 각 인물들이 어떤 상황에서 어떤 '내면세계(심리·생각)'를 가지고 있는지 파악하고, '왜 그런 내면세계를 가지게 되었는지' 생각하면서 그들의 마음에 '공감'할 수 있어야 합니다. 나아가 배경 묘사는 작품의 전반적인 분위기 혹은 인물의 심리와 관련되어 있고, 외양 묘사는 인물의 성격과 관련되어 있다는 것도 잊지 말아야 합니다.

– 고전시가의 세계관
고전시가는 매우 단순한 세계관 아래에서 만들어진 문학 작품입니다. 이에 '도덕적 삶에 대한 지향', '임금에 대한 충정 표현', '자연에 대한 지향'과 같은 주제 의식에서 크게 벗어나지 않는 모습을 보입니다. 이러한 주제 중심으로 독해하고 허용 가능성을 평가한다는 원칙만 잊지 않으시면 됩니다. 또한 평가원에서 여러분이 당연히 알고 있을 것이라 생각하며 디테일하게 출제하는 '필수 고전시가'들이 있습니다. 이에 대한 대비가 필요합니다. "P.I.R.A.M 국어 필수 고전시가" 교재를 참고하세요.

– 고전소설 클리셰
고전소설 역시 단순한 클리셰 아래에서 진행됩니다. 특히 '영웅 소설'이나 '애정 소설'이 자주 등장하는데, 모두 '비정상적인 출생', '주인공의 위기 극복', '조력자의 도움', '해피엔딩'과 같은 특징을 보입니다. 이런 클리셰를 적극적으로 활용하면서 지문을 읽으면 인물에게 공감하는 것이 더욱 쉬워질 것입니다. 즉, 고전소설에서도 결국 핵심은 '인물에 대한 공감'입니다.

– 현대소설 클리셰

현대소설은 암울했던 우리의 현대사를 살아갔던 인물들의 내면세계를 다루고 있습니다. 이러한 이유로, 대개 현대소설의 주인공들은 우울하고 비참한 처지에 처해 있는 경우가 많아요. 나아가 근대적인 관념인 '개인'이라는 개념이 들어오면서, 현대소설의 주인공들은 자신에 대한 성찰을 하는 경우도 많아요. 이런 내용들을 바탕으로, 인물에게 '공감'한다는 기본적인 원칙을 살려 읽어주시면 됩니다.

– 현대시 창작 원리

현대시의 화자는 외부세계나 내면세계 중 하나를 반드시 인식합니다. 이때 화자가 인식하는 외부세계는 화자 자신의 내면세계와 관련되어 있습니다. 외부세계의 대상에 주목하는 형태의 작품을 읽을 때는 그 외부세계의 대상이 화자의 어떤 내면세계와 연관되는지 생각하면서 읽어야 합니다.

아직 무슨 말인지 잘 모르겠다고요? 3일만 기다리세요. 해설지가 완벽하게 이해될 것입니다. 그럼, 완벽한 해설과 함께 수능 국어 영역 문학 기출문제를 정복하러 떠나 봅시다.

[1~4] 다음 글을 읽고 물음에 답하시오.　　2009.11 [20~23]

──── (해설편 p.008)

(가)

　여승(女僧)은 합장(合掌)하고 절을 했다
　가지취의 내음새가 났다
　쓸쓸한 낮이 옛날같이 늙었다
　나는 불경(佛經)처럼 서러워졌다

　평안도(平安道)의 어늬 산(山) 깊은 ⊙금덤판
　나는 파리한 여인(女人)에게서 옥수수를 샀다
　여인(女人)은 나 어린 딸아이를 따리며 가을밤같이 차게 울었다

　섭벌같이 나아간 지아비 기다려 십 년(十年)이 갔다
　지아비는 돌아오지 않고
　어린 딸은 도라지꽃이 좋아 돌무덤으로 갔다

　산(山)꿩도 설게 울은 슬픈 날이 있었다
　ⓒ산(山)절의 마당귀에 여인(女人)의 머리오리가 눈물 방울과 같이 떨어진 날이 있었다

　　　　　　　　　　　　-백석, 「여승(女僧)」-

(나)

　저 지붕 아래 제비집 너무도 작아
　갓 태어난 새끼들만으로 가득 차고
　어미는 둥지를 날개로 덮은 채 간신히 잠들었습니다
　바로 그 옆에 누가 박아 놓았을까요, 못 하나
　그 못이 아니었다면
　아비는 어디서 밤을 지냈을까요
　못 위에 앉아 밤새 꾸벅거리는 제비를
　눈이 뜨겁도록 올려다봅니다
　종암동 ⓒ버스 정류장, 흙바람은 불어오고
　한 사내가 아이 셋을 데리고 마중 나온 모습
　수많은 버스를 보내고 나서야
　피곤에 지친 한 여자가 내리고, 그 창백함 때문에
　반쪽 난 달빛은 또 얼마나 창백했던가요
　아이들은 달려가 엄마의 옷자락을 잡고
　제자리에 선 채 달빛을 좀 더 바라보던
　사내의, 그 마음을 오늘 밤은 알 것도 같습니다
　실업의 호주머니에서 만져지던

때 묻은 호두알은 쉽게 깨어지지 않고
그럴듯한 ⓔ집 한 채 짓는 대신
못 하나 위에서 견디는 것으로 살아온 아비,
거리에선 아직도 흙바람이 몰려오나 봐요
돌아오는 길 희미한 달빛은 그런대로
식구들의 손잡은 그림자를 만들어 주기도 했지만
그러기엔 ⓜ골목이 너무 좁았고
늘 한 걸음 늦게 따라오던 아버지의 그림자
그 꾸벅거림을 기억나게 하는
못 하나, 그 위의 잠

　　　　　　　　　　　　-나희덕, 「못 위의 잠」-

(다)

어머님,
제 예닐곱 살 적 겨울은
목조 적산 가옥 이층 다다미방의
벌거숭이 유리창 깨질 듯 울어 대던 **외풍** 탓으로
한없이 추웠지요, 밤마다 나는 벌벌 떨면서
아버지 가랭이 사이로 시린 발을 밀어 넣고
그 가슴팍에 벌레처럼 파고들어 얼굴을 묻은 채
겨우 잠이 들곤 했었지요.

요즈음도 추운 밤이면
곁에서 잠든 아이들 이불깃을 덮어 주며
늘 그런 추억으로 마음이 아프고,
나를 품어 주던 그 가슴이 이제는 한 줌 뼛가루로 삭아
붉은 흙에 자취 없이 뒤섞여 있음을 생각하면
옛날처럼 나는 다시 아버지 곁에 눕고 싶습니다.

그런데 어머님,
오늘은 영하(零下)의 한강교를 지나면서 문득
나를 품에 안고 추위를 막아 주던
예닐곱 살 적 그 겨울밤의 아버지가
이승의 물로 화신(化身)해 있음을 보았습니다.
품 안에 부드럽고 **여린 물살**은 무사히 흘러
바다로 가라고,
꽝 꽝 얼어붙은 잔등으로 혹한을 막으며
하얗게 **얼음**으로 엎드려 있던 아버지,
아버지, 아버지……

　　　　　　　　　　　　-이수익, 「결빙(結氷)의 아버지」-

01 (가)~(다)의 공통점으로 가장 적절한 것은?

① 반어적 표현을 구사하여 주제를 부각시킨다.

② 시간의 변화가 시상 전개에 중요한 역할을 한다.

③ 부정적 현실을 포용하려는 여유로운 정신이 엿보인다.

④ 대화체를 사용하여 독자를 시 속으로 깊숙이 끌어들인다.

⑤ 화자와 대상의 거리를 좁혀 자연 친화적 태도를 드러낸다.

02 (가)와 (나)를 비교할 때 적절하지 <u>않은</u> 것은?

① (가)는 사람이, (나)는 자연물이 시상을 유발한다.

② (가)는 (나)에 비해 내면을 성찰하는 태도가 잘 드러난다.

③ (나)는 (가)에 비해 간접적으로 정서를 드러내고 있다.

④ (나)는 (가)에 비해 친근한 어조를 사용하고 있다.

⑤ (가)와 (나)는 비유적으로 인물을 표현하고 있다.

03 ㉠~㉤에 대한 설명으로 적절하지 <u>않은</u> 것은?

① ㉠ : '여인'이 생계를 유지하는 공간

② ㉡ : '여인'이 비극적 상황에서 대안으로 선택한 공간

③ ㉢ : '사내'가 자신의 처지를 확인하는 공간

④ ㉣ : '사내'가 지향하는 삶을 상징하는 공간

⑤ ㉤ : '사내'가 정서적 유대감을 느끼게 되는 공간

04 (다)에 대한 설명으로 적절하지 <u>않은</u> 것은?

① '외풍'은 아버지의 사랑을 대비적으로 부각시키는 소재이다.

② '이승의 물로 화신'에는 삶에 대한 윤회론적 인식이 엿보인다.

③ '여린 물살'은 아버지의 보호를 받는 자식을 형상화한 것이다.

④ '얼어붙은 잔등'은 화자의 아버지가 돌아가시게 된 사건을 추측하게 한다.

⑤ '얼음'은 일반적인 속성과는 달리 따뜻함이 투영된 이미지이다.

────────────── (해설편 p.017)

　그는 지금 어머니와 함께 꼬두메를 찾아 내려가고 있는 참이었다. 허황하기조차 한 그녀의 넋두리를 좇아 이렇듯 추운 한겨울밤을 완행열차에 흔들리며, 떠나온 지 십삼 년이 넘은 고향으로 향하게 되리라고는 바로 몇 시간 전까지만 해도 그는 미처 상상조차 못 했던 것이다. 이 느닷없는 귀향길은 어찌 보면 어처구니없을 만큼 충동적으로 결행된 셈이었다. 아내의 말마따나 제정신이 아닌 짓인지도 모를 일이었다.

　바로 이날 오후였다. 휴일이 아닌데도 그는 담배꽁초만 재떨이에 수북하게 쌓아 가며 종일 방구석에 틀어박혀 있었다. 몸이 불편해서 출근하지 않는 줄로만 여겼는지, 아내는 되도록이면 그를 혼자 있도록 내버려두고 있는 눈치였다. 이날 아침 그는 기어이 사표를 써서 집 앞 우체통에 넣었던 것이다. 몇 푼 안 되는 퇴직금은 고사하고라도 몇 달째 밀린 봉급이라도 받을 수 있을까 하는 기대조차 사라진 지 오래였다. 무엇보다 자신과 똑같은 처지의 동료들의 누렇게 뜬 얼굴들을 대하기가 소름이 돋도록 두려웠다. 결국 그는 또다시 실업자가 되었다는 것 외에는 아무것도 변한 게 없다는 사실을 알았다. 이번으로 꼭 두 번째였다. 신문사를 나온 후, 오 년 동안의 그 ㉠공백 기간에 겪었던 처참함을 그는 아직도 생생히 기억하고 있었다.

　이제 아내는 다시 예전처럼 방 한 칸이 달린 구멍가게 자리를 구하기 위해 발바닥이 부르트도록 변두리를 돌아다닐 수도 없으리라. 그나마 남아 있던 쥐꼬리만 한 돈은 바닥이 난 지 오래였고, 전세금을 줄여 가며 변두리로만 이사를 다니다가 급기야 월세방 처지로 주저앉게 된 지도 벌써 이태째였다. 하지만 그는 이젠 도저히 또 다른 직장을 찾아 나설 용기도 아니, 그래야 할 것이라는 생각조차도 사라져 버리고 만 듯한 느낌이었다.

　놀라우리만큼 자신이 허약해져 있다는 사실을 이즈음에야 그는 뒤늦게 깨닫고 있었다. 참으로 비겁한 변명일지도 모르겠지만, 어쩌면 그것은 어머니의 몰락이 자신에게 가져다 준 가장 확실한 선물일 수도 있었다. 어머니의 그 넓고 미더운 그늘이 머리 위에서 걷히어져 버리고 난 후, 그는 ㉡햇볕 속으로 나온 음지 식물처럼 삽시간에 말라 비틀어져 가고 있었다. 눌눌한 콧물을 후룩거리던 어린 시절부터 지금까지 그는 수없는 방황을 치러 왔지만, 그때마다 그를 단단히 붙잡아 안전한 곳으로 이끌어 준 것은 바로 어머니의 그 보이지 않는 손길이었던 것이다. 오 년의 실직 기간 동안, 거의 날마다, 그것도 얼

어 마신 술에 취해 밤늦게 돌아와 대문 앞에서 허물어지듯 쓰러져 버리곤 하던 그가 그래도 최후의 고집스런 용기만은 요행히 지킬 수 있었던 것도 역시 어머니의 그 ㉢변함없는 그늘을 은연중에 믿고 있었음으로 해서이리라. 하지만 이젠 어머니의 그 야윈 손길마저도 아무런 ㉣기적을 베풀 수가 없게 되었다는 사실을 인정해야만 하는 것이었다. 그는 한 번도 경험해 보지 못한 엄청난 ㉤절망의 심연으로 까마득히 가라앉아 가고 있는 느낌이었다.

(중략)

　아아. 이 눈 속에서 어머니는 혼자 어디로 가신 것일까. 찬우야이. 꼬두메로 핑 가자이. 불길한 주문만 같던 어머니의 음성이 귓전에서 맴을 돌았다. 정말, 어머니는 기어코 꼬두메를 찾아가시겠다고 얼토당토않게시리 홀로 길을 나선 것일까. 온몸에 하얗게 눈을 맞으며 어디론가 하염없는 걸음을 옮기고 있을 어머니의 모습이 눈앞에 떠올랐다. 꼬두메는 이미 이 세상에는 존재하지 않는 과거 속의 마을이었다. 그렇다면 어머니는 이젠 더 이상 아무도 그곳을 기억해 주지 않는 이 땅을 떠나, 그 과거의 이름들이 아직 살아 숨 쉬고 있을 또 다른 세계를 찾아 길을 나선 것일까. 그렇다면 그 세상은 오직 어머니 혼자만 아는, 당신만의 소중한 세계일 터였다. 거기엔 어머니가 한시도 잊지 못했던 그리운 사람들과 정겨운 이름들이 예전 그대로 살아 있을 것이었다. 한쪽 눈을 못 보는 아버지와 착한 형, 그리고 어쩌면 어린 시절의 그의 앳된 얼굴도 그 가난한 식구들 곁에서 함께 곤히 잠들어 있을지도 모른다.

　아니, 아니야. 그러나 그는 세차게 고개를 흔들어 버렸다. 꼬두메는 이미 이 세상에는 존재하지 않는다. 그것은 결코 아무도 찾아갈 수 없는 망각의 땅일 뿐이다. 그는 그것을 알고 있었다. 아니, 온 세상 사람들이 모두가 알고 있는 그 분명한 사실을 다만 어머니 혼자서만 아직도 모르고 있을 뿐이었다.

　찾아야 해. 어머니를 찾아내야만 해.

　그는 마침내 흐드러지게 쏟아져 내리는 함박눈을 맞으며, 비틀거리는 걸음으로 잣고개를 기어오르기 시작했다. 차츰 눈송이가 굵어져 가고 있었다. 은빛, 세상은 온통 은빛이었다.

　　　　　　　　　　　　　　　　　-임철우, 「눈이 오면」-

05 윗글의 서술상의 특징으로 가장 적절한 것은?

① 시간의 흐름에 따라 사건을 전개하고 있다.

② 특정 인물의 시각에서 사건을 서술하고 있다.

③ 담담한 태도로 사건을 객관적으로 묘사하고 있다.

④ 대화를 통해 인물의 심리와 태도를 서술하고 있다.

⑤ 인물 간의 대결 의식을 중심으로 사건을 전개하고 있다.

06 〈보기〉를 참고하여 윗글을 이해한 내용으로 적절한 것은?

[3점]

───────[보기]───────
임철우의 소설 「눈이 오면」은 고향을 찾아가는 '여로(旅路) 구조'를 채택하고 있는데, 이 구조는 사건의 전개 과정이나 작중 인물의 성격 창조에 커다란 영향을 미치고 있다.
─────────────────

① '그'가 귀향 여행을 충동적으로 결행한 것으로 설정하여, '그'의 성격이 즉흥적이면서도 낙천적이었음을 드러내고자 하였다.

② 십삼 년 만에 처음으로 고향을 찾아가도록 하여, '그'가 지금까지 현실과 타협하면서 잘 적응해 왔음을 보여주고자 하였다.

③ 겨울밤 완행열차를 귀향 수단으로 택해 성찰의 시간과 공간을 제공함으로써, '그'가 자신의 현재 모습에 대해 반성해 보도록 하였다.

④ 귀향 과정에서 길을 잃고 헤매는 '어머니'를 찾아 나서는 모습을 제시하여, '그'가 사려 깊지 못하고 부주의한 인물이었음이 드러나도록 하였다.

⑤ 귀향하는 날 사표를 제출하는 것으로 처리하여, '그'가 과거의 소극적인 태도를 버리고 이제는 적극적인 삶을 추구하는 인물로 변모되었음을 보여주고자 하였다.

07 꼬두메에 대한 이해로 적절하지 않은 것은?

① 꼬두메에는 '그'의 어린 시절 추억이 깃들어 있다.

② 꼬두메는 '세상 사람들'이 더 이상 기억하지 않는다.

③ 꼬두메가 이 세상에 없음을 '어머니'는 깨닫지 못하고 있다.

④ 꼬두메는 '그'가 가족과 함께 물질적 풍요를 누리던 곳이다.

⑤ 꼬두메는 '어머니'가 찾아가고 싶어 하는 그녀의 소중한 세계이다.

08 문맥상 ㉠~㉤의 의미로 적절하지 않은 것은?

① ㉠ : 실직했던 기간

② ㉡ : 세상의 따뜻한 인정

③ ㉢ : 한결같은 사랑과 보호

④ ㉣ : 삶을 지탱해 주거나 도와줌

⑤ ㉤ : 극심한 무력감과 좌절감

(가)

　어와 동량재(棟梁材)*룰 뎌리 ᄒ야 어이 ᄒᆞᆯ고

　헐쓰더 기운 집의 의논(議論)도 하도 할샤

　뭇 목수 고자(庫子) 자* 들고 허둥대다 말려ᄂᆞ다

-정철-

* 동량재: 건축물의 마룻대와 들보로 쓸 만한 재목.
* 고자 자: 창고지기가 쓰는 작은 자.

(나)

　바깥 별감* 많이 있어 ㉠바깥 마름 달화주*도

　제 소임 다 바리고 몸 ᄊᆞ릴 ᄲᅮᆫ이로다

　비 시여 셔근 집을 뉘라셔 곳쳐 이며

　옷 버서 문허진 담 뉘라셔 곳쳐 쓸고

　㉡불한당 구멍 도적 아니 멀니 단이거든

　화살 ᄎᆞᆫ 수하상직(誰何上直)* 뉘라셔 힘써 ᄒᆞᆯ고

　큰나큰 기운 집의 마누라* 혼자 안자

　명령을 뉘 드르며 논의를 눌라 ᄒᆞᆯ고

　낫 시름 밤 근심 혼자 맛다 계시거니

　옥 ᄀᆞᆺ튼 얼굴리 편ᄒᆞᆯ 적 몃 날이리

　이 집 이리 되기 뉘 타시라 ᄒᆞᆯ셔이고

　혬 업는 죵의 일은 못다 아니 ᄒᆞ려니와

　도로혀 혜여ᄒᆞ니 마누라 타시로다

　㉢뉘 주인 외다 ᄒᆞ기 죵의 죄 만컨마ᄂᆞᆫ

　그러타 셰상 보려 민망ᄒᆞ야 사뢰나이다

　㉣새끼 쏘기 마르시고 내 말ᄉᆞᆷ 드로쇼셔

　집일을 곳치거든 죵들을 휘오시고

　죵들을 휘오거든 상벌을 밝히시고

　㉤상벌을 밝히거든 어른 죵을 미드쇼셔

　진실노 이리 ᄒᆞ시면 가도(家道) 절노 닐니이다

-이원익,「고공답주인가(雇工答主人歌)」-

* 별감: 사내 하인끼리 서로 존대하여 부르던 말.
* 달화주: 주인집 밖에서 생활하는 종들에게서 주인에게 내야 할 대가를 받아오는 일을 맡아 보던 사람.
* 수하상직: "누구냐!" 하고 외치는 상직군.
* 마누라: 상전, 마님 등을 이르는 말.

---

09 (가), (나)의 표현 방식에 대한 설명으로 가장 적절한 것은?

① (가)와 달리 (나)에서는 연쇄와 반복을 통해 리듬감이 나타나고 있다.

② (나)와 달리 (가)에서는 설의적인 표현을 통해 안타까움의 정서가 강조되고 있다.

③ (나)와 달리 (가)에서는 직유의 방식을 통해 대상의 이미지가 선명하게 드러나고 있다.

④ (가), (나)에서는 모두 색채어를 통해 대상의 면모가 강조되고 있다.

⑤ (가), (나)에서는 모두 과거와 현재의 대비를 통해 시상의 전환이 이루어지고 있다.

10 ㉠~㉤에 대한 이해로 적절하지 않은 것은?

① ㉠ : 직분을 망각하여 화자에 의해 비판을 받고 있는 존재

② ㉡ : 가까운 곳에 있으며 화자에게 불안감을 주고 있는 세력

③ ㉢ : 잘못된 일을 고치도록 화자가 설득하고 있는 청자

④ ㉣ : 화자가 청자에게 당부하는 시급하고 중요한 행위

⑤ ㉤ : 화자가 공정하고 엄중하게 시행되기를 바라고 있는 일

11 〈보기〉를 참고하여 (가), (나)를 감상한 내용으로 가장 적절한 것은? [3점]

> ─────[보기]─────
>
> 　유학 이념에서는 국가를 가족의 확장된 형태로 본다. 집안의 화목을 위해서는 구성원들이 자기 역할에 충실해야 하듯, 국가의 안정적인 경영을 위해서는 군신(君臣)이 본분을 다해야 한다. 조선 시대 시가에서는 이러한 이념을 담아 국가를 집으로 표현하는 경우가 많다.

① (가)의 '동량재'와 (나)의 '어른 종'은 모두 국가의 바람직한 경영을 위해 요구되는 중요한 요소를 뜻하겠군.

② (가)의 '기운 집'은 위태로운 상태에 놓인 국가를, (나)의 '기운 집'은 되돌릴 길 없이 기울어 패망한 국가를 나타내겠군.

③ (가)의 '의논'과 (나)의 '논의'는 모두 국가 대사를 위해 임금과 신하가 합의하여 도출해 낸 올바른 대책을 뜻하겠군.

④ (가)의 '뭇 목수'는 조정의 일에 무관심한 신하들을, (나)의 '혬 업는 종'은 조정의 일에 지나치게 관여하는 신하를 나타내겠군.

⑤ (가)의 '고자 자'와 (나)의 '문허진 담'은 모두 외세의 침입에 협조하며 국익을 저버리고 사익을 추구하는 마음을 뜻하겠군.

[12~15] 다음 글을 읽고 물음에 답하시오. 　2015.11A [34~37]

―― (해설편 p.028) ――

일일은 승상이 술에 취하시어 ⓐ책상에 의지하여 잠깐 졸더니 문득 봄바람에 이끌려 한 곳에 다다르니 이곳은 승상이 평소에 고기도 낚으며 풍경을 구경하던 조대(釣臺)*라. 그 위에 상서로운 기운이 어렸거늘 나아가 보니 청룡이 ⓑ조대에 누웠다가 승상을 보고 고개를 들어 소리를 지르고 반공에 솟거늘, 깨달으니 일장춘몽이라.

[A]
　심신이 황홀하여 죽장을 짚고 월령산 ⓒ조대로 나아가니 나무 베는 아이가 나무를 베어 시냇가에 놓고 버들 그늘을 의지하여 잠이 깊이 들었거늘, 보니 의상이 남루하고 머리털이 흩어져 귀밑을 덮었으며 검은 때 줄줄이 흘러. 그 중에도 은은한 기품이 때 속에 비치거늘 승상이 깨우지 않으시고, 옷에 무수한 이를 잡아 죽이며 잠 깨기를 기다리더니, 그 아이가 돌아누우며 탄식 왈,

　"㉠형산백옥이 돌 속에 섞였으니 누가 보배인 줄 알아 보랴. 여상의 자취 조대에 있건마는 그를 알아본 문왕의 그림자 없고 와룡은 남양에 누웠으되 삼고초려한 유황숙의 자취는 없으니 어느 날에 날 알아줄 이 있으리오."

　하니 그 소리 웅장하여 산천이 울리는지라.

탈속한 기운이 소리에 나타나니, 승상이 생각하되, '영웅을 구하더니 이제야 만났도다.' 하시고, 깨우며 물어 왈,

"봄날이 심히 곤한들 무슨 잠을 이리 오래 자느냐? 일어앉으면 물을 말이 있노라."

"어떤 사람이관데 남의 단잠을 깨워 무슨 말을 묻고자 하는가? 나는 배고파 심란하여 말하기 싫도다."

아이 머리를 비비며 군말하고 도로 잠이 들거늘, 승상이 왈,

"네 비록 잠이 달지만 어른을 공경치 아니하느냐. 눈을 들어 날 보면 자연 알리라."

그 아이 눈을 뜨고 이윽히 보다가 일어앉으며 고개를 숙이고 잠잠하거늘, 승상이 자세히 보니 두 눈썹 사이에 천지조화를 갈무리하고 가슴속에 만고흥망을 품었으니 진실로 영웅이라. 승상의 ㉡명감(明鑑)*이 아니면 그 누가 알리오.

[중략 부분의 줄거리] 승상은 아이(소대성)를 자기 집에 묵게 하고 딸과 부부의 연을 맺도록 하지만, 승상이 죽자 그 아들들이 대성을 제거하려고 한다. 이에 대성은 영보산으로 옮겨 공부하다가 호왕이 난을 일으킨 소식에 산을 나가게 된다.

한 동자 마중 나와 물어 왈,

"상공이 해동 소상공 아니십니까?"

"동자, 어찌 나를 아는가?"

소생이 놀라 묻자, 동자 답 왈,

"우리 노야의 분부를 받들어 기다린 지 오랩니다."

"노야라 하시는 이는 뉘신고?"

"아이 어찌 어른의 존호를 알리이까? 들어가 보시면 자연 알리이다."

[B]
　생이 동자를 따라 들어가니 청산에 불이 명랑하고 한 노인이 자줏빛 자포를 입고 금관을 쓰고 책상을 의지하여 앉았거늘 생이 보니 학발 노인은 청주 이 승상일러라. 생이 생각하되, '승상이 별세하신 지 오래이거늘 어찌 ⓓ이곳에 계신가?' 하는데, 승상이 반겨 손을 잡고 왈,

　"내 그대를 잊지 못하여 줄 것이 있어 그대를 청하였나니 기쁘고도 슬프도다."

하고 동자를 명하여 저녁을 재촉하며 왈,

"내 자식이 무도하여 그대를 알아보지 못하고 망령된 의사를 두었으니 어찌 부끄럽지 아니하리오. 하나 그대는 대인군자로 허물치 아니할 줄 알았거니와 모두 하늘의 뜻이라. 오래지 아니하여 공명을 이루고 용문에 오르면 딸과의 신의를 잊지 말라."

하고 갑주 한 벌을 내어 주며 왈,

"이 갑주는 보통 물건이 아니라 입으면 내게 유익하고 남에게 해로우며 창과 검이 뚫지 못하니 천하의 얻기 어려운 보배라. 그대를 잊지 못하여 정을 표하나니 전장에 나가 대공을 이루라."

생이 자세히 보니 쇠도 아니요, 편갑도 아니로되 용의 비늘 같이 광채 찬란하며 백화홍금포로 안을 대었으니 사람의 정신이 황홀한지라. 생이 매우 기뻐 물어 왈,

"이 옷이 범상치 아니하니 근본을 알고자 하나이다."

"이는 천공의 조화요, 귀신의 공역이라. 이름은 '보신갑'이니 그 조화를 헤아리지 못하리라. 다시 알아 무엇 하리오?"

승상이 답하시고, 차를 내어 서너 잔 마신 후에 승상 왈,

"이제 칠성검과 보신갑을 얻었으니 만 리 청총마를 얻으면 그대 재주를 펼칠 것이나, 그렇지 아니하면 당당

한 기운을 걷잡지 못하리라. 하나 적을 가벼이 여기지 말라. 지금 적장은 천상 나타의 제자 익성이니 북방 호국 왕이 되어 중원을 침노하니 지혜와 용맹이 범인과 다른지라. 삼가 조심하라."

"만 리 청총마를 얻을 길이 없으니 어찌 공명을 이루리까?"

생이 묻자, 승상이 답 왈,

"동해 용왕이 그대를 위하여 이리 왔으니 내일 오시에 얻을 것이니 급히 공을 이루라. 지금 싸움이 오래되었으나 중국은 익성을 대적할 자 없으며 황제 지금 위태한지라. 머물지 말고 바삐 가라. 할 말이 끝없으나 밤이 깊었으니 자고 가라."

하시고 책상을 의지하여 누우시니 생도 잠깐 졸더니, 홀연 찬바람, 기러기 소리에 깨달으니 승상은 간데없고 누웠던 자리에 갑옷과 투구 놓였거늘 좌우를 둘러보니 ⓔ소나무 밑이라.

　　　　　　　　　　　-작자 미상, 「소대성전」-

* 조대 : 낚시터.
* 명감 : 사람을 알아보는 뛰어난 능력.

12 [A]와 [B]에 나타난 서술상 특징으로 가장 적절한 것은?

① [A]는 묘사를 통해 인물의 외양을, [B]는 발화를 통해 인물의 감회를 드러내고 있다.

② [A]와 달리, [B]는 대구적 표현을 통해 인물에 대한 부정적 인식을 드러내고 있다.

③ [B]와 달리, [A]는 요약적 서술을 통해 시대적 배경을 제시하고 있다.

④ [A]와 [B]는 모두 인물들 간의 대화를 통해 인물들 사이의 갈등을 제시하고 있다.

⑤ [A]와 [B]는 모두 과거 사건에 대한 회상을 통해 현재 사건의 원인을 제시하고 있다.

13 윗글의 '승상'에 대한 감상으로 가장 적절한 것은?

① 곤히 잠든 '아이'를 깨우지 않고 이를 잡아 주며 기다리는 모습에서 따뜻한 인정을 느낄 수 있군.

② 나이 어린 '소생'에게 자신이 범한 과오를 시인하고 부끄러워하는 모습에서 자신을 비우고 낮추는 겸허함을 볼 수 있군.

③ '소생'에게 '딸과의 신의'를 잊지 않아야 공명을 이룰 수 있다고 당부하는 모습에서 신의를 중시하는 가치관을 볼 수 있군.

④ '청총마'를 이미 얻고 '동해 용왕'의 도움까지 얻은 '소생'에게 적을 가벼이 여기지 말라고 하는 모습에서 신중한 자세를 볼 수 있군.

⑤ 살아서는 '소생'을 도왔지만 죽은 몸으로 '소생'을 도울 수 없어 안타까워하는 모습에서 남을 도우려는 한결같은 성품을 느낄 수 있군.

14 〈보기〉를 참고할 때, ⓐ~ⓔ를 이해한 내용으로 적절하지 <u>않은</u> 것은? [3점]

[보기]

　고전 소설에서 공간은 산속이나 동굴 등 특정 현실 공간에 초현실 공간이 겹쳐진 것으로 설정되기도 한다. 이 경우, 초현실 공간이 특정 현실 공간에 겹쳐지거나 특정 현실 공간에서 사라지는 것은 보통 초월적 존재의 등·퇴장과 관련된다. 한편 어떤 인물이 꿈을 꿀 때, 그는 현실의 어떤 공간에서 잠을 자고 있지만, 그의 정신은 꿈속 공간을 경험한다. 이 경우, 특정 현실 공간이 꿈에 나타나면 이 꿈속 공간은 특정 현실 공간에 근거하면서도 초현실 공간의 성격을 지니기도 한다.

① '승상'은 ⓐ에 몸을 의지하고 있지만 정신은 봄바람에 이끌려 ⓑ로 나아갔으니, 그는 현실의 한 공간에서 잠들어 꿈속 공간을 경험하고 있는 것이군.

② ⓑ는 ⓒ에 근거를 둔 꿈속 공간으로, ⓑ에서 본 '청룡'은 ⓒ에서 자고 있는 '아이'를 상징하는군.

③ ⓑ와 ⓓ는 모두 초현실 공간으로, ⓑ는 '승상'을 '아이'에게로 이끌기 위해, ⓓ는 '소생'과 초월적 존재인 '승상'의 만남을 위해 설정된 곳이군.

④ ⓒ는 '승상'의 정신이 경험하는 꿈속 공간이고, ⓔ는 '소생'이 자기 경험이 꿈이었음을 확인하는 공간이군.

⑤ '승상'이 '누웠던 자리'에 '갑옷과 투구'가 놓여 있는 것으로 보아, ⓔ에 ⓓ가 겹쳐져 있었지만 '승상'이 사라지면서 ⓓ도 함께 사라졌군.

15 ㉠의 화자에게 ㉡을 지닌 '승상'이 격려해 줄 말로 가장 적절한 것은?

① '굼벵이도 구르는 재주가 있다'라고 하듯이, 네 재주로도 할 일은 있을 터이니 너무 낙담하지 마라.

② '자루 속의 송곳'이라고 하듯이, 앞으로 너의 진가가 반드시 드러나 많은 사람이 너를 우러러 보게 될 거야.

③ '장마다 꼴뚜기가 나올까'라고 하듯이, 운수가 좋아야만 성공할 수 있으니 좋은 때가 오기를 기다려 보아라.

④ '차면 넘친다'라고 하듯이, 지금 너의 괴로움은 욕심이 지나쳐서 생기는 것이니 욕심을 줄이면 나아질 거야.

⑤ '하룻강아지 범 무서운 줄 모른다'라고 하듯이, 너의 용기는 무모하니 현실을 직시하면 성공할 날이 곧 올 거야.

(가)

산중에 벗이 없어 **한기(漢紀)***를 쌓아 두고
만고 인물을 거슬러 헤아리니
성현도 많거니와 **호걸**도 많고 많다
하늘 삼기실 제 곧 무심할까마는
어찌하여 **시운(時運)**이 **일락배락*** 하였는가
모를 일도 많거니와 애달픔도 그지없다
기산(箕山)의 늙은 **고불** 귀는 어찌 씻었던가*
박 소리 핑계하고* **조장(操狀)***이 가장 높다
인심이 낯 같아서 볼수록 새롭거늘
㉠**세사(世事)**는 구름이라 험하기도 험하구나
엊그제 빚은 술이 얼마큼 익었나니
잡거니 밀거니 실컷 기울이니
마음에 맺힌 시름 적게나 하리로다
거문고 줄을 얹어 **풍입송(風入松)*** 이었구나
손인지 **주인**인지 다 잊어버렸구나
장공(長空)에 뜬 학이 이 골의 **진선(眞仙)**이라
요대 월하(瑤臺月下)*에 행여 아니 만나신가
손이 **주인**더러 이르되 그대 그인가 하노라

　　　　　　　　　　　　-정철, 「성산별곡」-

* 한기 : 책.
* 일락배락 : 흥했다가 망했다가.
* 기산의~씻었던가 : 기산에 숨어 살던 허유가 임금의 자리를 주
　겠다는 요임금의 말을 듣자, 이를 거절하고 귀를 씻었다는 고사.
* 박 소리 핑계하고 : 허유가 표주박 하나도 귀찮다고 핑계하고.
* 조장 : 기개 있는 품행.
* 풍입송 : 악곡 이름.
* 요대 월하 : 신선이 사는 달 아래.

(나)

벗님네 ⓐ**남산**에 가세 좋은 기약 잊지 마오
익은 술 점점 쉬고 지진 화전 상해 가네
자네가 아니 간다면 내 혼자인들 어떠리

　　　　　　　　　　　　〈제1수〉

어허 이 미친 사람아 날마다 흥동(興動)*일까
어제 곡성 보고 또 어디를 가자는 말인고
우리는 ⓑ**중시(重試) 급제**하고 좋은 일 하여 보려네

　　　　　　　　　　　　〈제2수〉

저 사람 믿을 형세 없다 우리끼리 놀아 보자
복건 망혜(幞巾芒鞋)로 실컷 다니다가
돌아와 ⓒ**승유편(勝遊篇)*** 지어 후세 유전(後世流傳)
하리라

　　　　　　　　　　　　〈제3수〉

우리도 갈 힘 없다 숨차고 오금 아파
ⓓ창 닫고 더운 방에 마음껏 퍼져 있어
배 위에 아기들을 치켜 올리며 사랑해 보려 하노라

　　　　　　　　　　　　〈제4수〉

벗이야 있고 없고 남들이 웃거나 말거나
ⓔ**양신 미경(良辰美景)***을 남이 말한다고 아니 보랴
평생의 이 좋은 회포를 실컷 펼치고 오리라

　　　　　　　　　　　　〈제5수〉

　　　　　　　　-권섭, 「독자왕유희유오영(獨自往遊戲有五詠)」-

* 흥동 : 흥에 겨워 다님.
* 승유편 : 즐겁게 잘 놀았던 일을 적은 글.
* 양신 미경 : 좋은 시절과 아름다운 경치.

(다)

　나는 오늘도 나의 문법*이 끝나자 큰 무거운 짐이나
벗어 놓은 듯이 옷을 훨훨 털며 본관 서쪽 숲 사이에 있
는 **나의 자리**를 찾아 올라간다. 나의 자리래야 솔밭 사이
에 있는, 겨우 걸터앉을 만한 조그마한 소나무 그루터기
에 지나지 못하지마는 오고 가는 여러 동료가 나의 자리
라고 명명(命名)하여 주고 또 나 자신이 소나무 그루터
기에 앉아 솔잎 사이로 흐느끼는 하늘을 우러러볼 때 하
루 동안에도 가장 기쁜 시간을 가질 수 있으므로 시간의
여유 있는 때마다 나는 한 큰 **특권**이나 차지하는 듯이
이 자리를 찾아 올라와 하염없이 앉아 있기를 좋아한다.
　물론 나에게 멀리 군속(群俗)을 떠나 **고고(孤高)**한 가
운데 처하기를 원하는 선골(仙骨)이 있다거나 또는 나의
성미가 남달리 괴팍하여 사람을 싫어한다거나 하는 것
은 아니다. 나는 역시 사람 사이에 처하기를 즐거워하고
사람을 그리워하는 갑남을녀의 하나요, 또 사람이란 모
든 결점에도 불구하고 역시 가장 아름다운 존재의 하나
라고 생각한다. 그리고 또 사람으로서도 아름다운 사람
이 되려면 반드시 사람 사이에 살고 사람 사이에서 울고
웃고 부대껴야 한다고 생각한다.
　그러나 이러한 때—푸른 하늘과 찬란한 태양이 있고
황홀한 신록이 모든 산 모든 언덕을 덮는 이때 기쁨의

속삭임이 하늘과 땅, 나무와 나무, 풀잎과 풀잎 사이에 은밀히 수수되고, 그들의 **기쁨의 노래**가 금시에라도 우렁차게 터져 나와 산과 들을 흔들 듯한 이러한 때를 당하면, 나는 곁에 비록 친한 동무가 있고 그의 아름다운 이야기가 있다 할지라도 이러한 자연에 곁눈을 팔지 아니할 수 없으며, 그의 기쁨의 노래에 귀를 기울이지 아니할 수 없게 된다.

그리고 또 어떻게 생각하면 우리 사람이란―세속에 얽매여 머리 위에 푸른 하늘이 있는 것을 알지 못하고, 주머니의 돈을 세고 지위를 생각하고 명예를 생각하는 데 여념이 없거나, 또는 오욕 칠정에 사로잡혀 서로 미워하고 시기하고 질투하고 싸우는 데 마음의 영일*을 갖지 못하는 우리 사람이란 어떻게 비소하고 어떻게 저속한 것인지 결국은 이 대자연의 거룩하고 아름답고, 영광스러운 조화를 깨뜨리는 한 오점 또는 한 잡음밖에 되어 보이지 아니하여, 될 수 있으면 이러한 때를 타 잠깐 동안이나마 **사람을 떠나** 사람의 일을 잊고, 풀과 나무와 하늘과 바람과 한가지로 **숨 쉬고 느끼고 노래하고 싶은 마음**을 억제할 수가 없다.

－이양하, 「신록 예찬」－

* 문법 : 문법 강의 시간.
* 영일 : 일이 없이 평화스러움.

16 (가)~(다)에 대한 설명으로 가장 적절한 것은?

① (가)와 (나)는 선경후정의 방식으로 화자의 애상적 정서를 고조하고 있다.
② (가)와 (다)는 대상들의 속성을 대비하여 화자가 지향하는 삶을 드러내고 있다.
③ (나)와 (다)는 시간적 배경에 의미를 부여하여 삶의 무상함을 드러내고 있다.
④ (가)~(다)는 가상의 상황을 설정하여 환상적 분위기를 조성하고 있다.
⑤ (가)~(다)는 과거의 기대와 다른 현재의 모습에 대한 아쉬움을 드러내고 있다.

17 (가)에 대한 이해로 적절하지 <u>않은</u> 것은?

① 화자는 '한기'에서 '성현', '호걸'과 같은 역사적 인물들을 헤아려보고 있다.
② '시운'이 '일락배락' 하는 것에서 화자는 역사의 영광과 고난을 깨닫고 있다.
③ 고사를 들어 '고불'의 '조장'이 높다고 하면서 화자는 세상에 초연했던 '고불'의 인생관을 긍정하고 있다.
④ '손'과 '주인'이 어울려 '풍입송'을 연주하는 장면에서 화자의 소외감이 심화되고 있다.
⑤ 화자는 '손'의 말을 빌려 '주인'을 '진선'에 비유하며 '주인'의 흥취 있는 삶을 흠모하고 있다.

18 (가)의 화자의 관점에서 볼 때, ⓐ~ⓔ 중 시적 의미가 ㉠과 가장 가까운 것은?

① ⓐ　　② ⓑ　　③ ⓒ　　④ ⓓ　　⑤ ⓔ

19 〈보기〉를 참고하여 (나)를 이해한 내용으로 적절하지 <u>않은</u> 것은?

─[보기]─

(나)는 작자가 문관(文官) 등과 남산에 놀이 가기로 약속했으나 그들이 모두 약속을 지키지 않자 결국 혼자 가게 된 경위와 심정을 노래한 것이다. 제1수부터 제5수까지 '작자-문관-작자-또 다른 인물-작자' 순으로 인물이 달리 등장하고 있다. 희곡에서 등장인물들이 대화를 주고받는 것처럼 각각 자신의 생각과 입장을 묻고 답하는 방식을 활용하고 있으며, 일상적 시어를 사용하여 당시의 생활상을 사실적으로 나타내고 있다.

① 제1수에서 제5수까지 화자를 바꿔 가며 극적 요소를 가미하여 시상을 전개하고 있다.
② 제1수의 요청과 제2수의 불응, 제3수의 요청과 제4수의 불응이 반복되어 서로의 입장 차이를 보이고 있다.
③ 제1수의 화자의 의도를 제5수에서도 드러내면서 주제를 강조하는 효과를 거두고 있다.
④ 제3수의 종장과 제4수의 초장에서는 일상적 관용 어구를 사용하여 엄숙한 분위기를 자아내고 있다.
⑤ 제4수의 중장과 종장에서는 생활 속 삶의 모습을 사실적으로 표현하고 있다.

20 (다)에 대한 감상으로 적절하지 <u>않은</u> 것은?

① '특권'은 신록을 누리는 글쓴이의 기쁨을 단적으로 나타낸 표현으로 생각할 수 있군.

② 신록이 '고고'한 모습을 지닌다는 점에서, '나의 자리'는 사람이 접근하기 어려운 초월적 공간으로 보아야겠군.

③ '기쁨의 노래'는 신록의 속성을 비유한 것으로, 자연의 아름다움에 대한 글쓴이의 인식을 부각한 것이군.

④ 글쓴이는 사람 곁을 떠나 살 수 없다고 하면서도, '사람을 떠나 사람의 일을 잊고' 싶은 마음을 갖고 있군.

⑤ '한가지로 숨 쉬고 느끼고 노래하고 싶은 마음'은 대상과 동화하려는 글쓴이의 태도를 드러내고 있군.

(해설편 p.043)

내가 태어난 날임을 상기시키는 아무런 특별함은 없다. 그해 봄날 바람이 불었는지 비가 내렸는지 맑았는지 흐렸는지, 이제는 층계를 오르는 일조차 잊어버린 치매 상태의 노모에게 묻는 것은 의미 없는 일이다. 다산의 축복을 받은 농경민의 마지막 후예인 그녀에게 아이를 낳는 것은, 밤송이가 벌어 저절로 알밤이 툭 떨어지는 것, 봉숭아 여문 씨들이 바람에 화르르 흐트러지는 것처럼 자연스럽고 범상한 일이었을 것이다.

나는 막냇동생이 태어나던 때를 기억하고 있다. 깨끗한 바가지에 쌀을 담고 그 위에 마른 미역을 한 잎 걸쳐 안방 시렁에 얹어 삼신에게 바친 다음 할머니는 또다시 깨끗한 짚을 한 다발 안방으로 들여갔다. 사람도 짐승처럼 짚북데기 깔자리에서 아기를 낳나? 누구에게도 물을 수 없었던 마음속의 의문에 안방 쪽으로 가는 눈길이 자꾸 은밀하고 유심해졌다.

할머니는 아궁이가 미어지게 나무를 처넣어 부엌의 무쇠솥에 물을 끓였다. 저녁 내내 어둡고 웅숭깊은 부엌에는 설설 물 끓는 소리와 더운 김이 가득 서렸다. 특별히 누군가 말해 준 적은 없지만 아이들은 무언가 분주하고 소란스럽고 조심스러운 쉬쉬함으로 어머니가 아기를 낳으려 한다는 눈치를 채게 마련이었다.

할머니는 언니에게, 해지기 전에 옛우물에서 물을 길어 와 독을 채워 놓으라고 말했다. 머리카락 빠뜨리지 마라. 쓸데없이 수다 떨다 침 떨구지 마라. 부정 탄다. 할머니는 엄하게 덧붙였다.

(중략)

한 사람의 생애에 있어서 사십오 년이란 무엇일까. 부자도 가난뱅이도 될 수 있고 대통령도 마술사도 될 수 있는 시간일뿐더러 이미 죽어서 물과 불과 먼지와 바람으로 흩어져 산하에 분분히 내리기에도 충분한 시간이다.

나는 창세기 이래 진화의 표본을 찾아 적도 밑 일천 킬로미터의 바다를 건너 갈라파고스 제도로 갈 수도, 아프리카에 가서 사랑의 의술을 펼칠 수도 있었으리라. 무인도의 로빈슨 크루소도, 광야의 선지자도 될 수 있었으리라. 피는 꽃과 지는 잎의 섭리를 노래하는 근사한 한 권의 책을 쓸 수도 있었을 테고 맨발로 춤추는 풀밭의 무희도 될 수 있었으리라. 질량 불변의 법칙과 영혼의 문제, 환생과 윤회에 대한 책을 쓸 수도 있었을 것이다. 납과 쇠를 금으로 만드는 연금술사도 될 수 있었고 밤하늘의 별을 보고 나의 가야 할 바를 알았을는지도 모른다.

그러나 나는 지금 작은 지방 도시에서, 만성적인 편두통과 임신 중의 변비로 인한 치질에 시달리는 중년의 주부로 살아가고 있다. 유행하는 시와 에세이를 읽고 티브이의 뉴스를 보고 보수적인 것과 진보적인 것으로 알려진 두 가지의 일간지를 동시에 구독해 읽는 것으로 세상을 보는 창구로 삼고 있다. 한 달에 한 번씩 아들의 학교 자모회에 참석하고 일주일에 두 번 장을 보고 똑같은 거리와 골목을 지나 일주일에 한 번 쑥탕에 가고 매주 목요일 재활 센터에서 지체 부자유자들의 물리 치료를 돕는 자원 봉사의 일을 하고 있다. 잦은 일은 아니지만 이름난 악단이나 연주자의 순회공연이 있을 때면 남편과 함께 성장을 하고 밤 외출을 하기도 한다.

갈라파고스를 떠올린 것도 엊그제, 벌써 한 주일 이상이나 화재가 계속되어 희귀 생물의 희생이 걱정된다는 티브이 뉴스에 비친 광경이 의식의 표면에 남긴 잔상 같은 것일 테고 더 먼저는 아들이, 자신이 사용하는 물건들에 붙여 놓은, '도도'라는 말에서 비롯된 것일 수도 있다. 도도가 무엇인가를 묻자 아들은 4백 년 전에 사라진, 나는 기능을 잃어 멸종된 새였다고 말했었다. 누구나 젊은 한 시절 자신을 전설 속의, 멸종된 종으로 여기지 않겠는가. 관습과 제도 속으로 들어가야 하는 두려움과 항거를 그렇게 나타내지 않겠는가.

우리 삶의 풍속은 그만큼 빈약한 상상력에 기대어 부박하다. 삶이 내게 도태시킨 가능성에 대해 별반 아쉬움도 없이 잠깐 생각해 본 것은 내가 새로 보태어진 나이테에 잠깐 발이 걸렸다는 뜻일 게다. 그러나 나는 이제 혼례에나 장례에 꼭 같은 한 가지 옷으로 각각 알맞은 역할을 연출할 줄 알고 내 손으로 질서 지워지는 일들에 자부심을 갖고 있다. 마늘과 생강이 어우러져 내는 맛을 알고 행주와 걸레의 질서를 사랑하지만 종종 무질서 속으로 피신하는 것도 한 방법이라는 것을 알고 있다.

-오정희, 「옛우물」-

21 윗글의 서술상 특징으로 가장 적절한 것은?

① 사건에 대한 객관적 진술을 통해 사건의 전모를 제시하고 있다.

② 이야기 내부 서술자의 자기 고백적 진술을 통해 내면을 제시하고 있다.

③ 인물의 행적을 요약적으로 진술하여 갈등의 해결 방향을 제시하고 있다.

④ 의문과 추측의 진술을 통하여 다른 인물에 대한 반감을 제시하고 있다.

⑤ 감각적인 묘사를 통해 혼란스러운 시대적 분위기를 입체적으로 제시하고 있다.

22 도도 에 대한 이해로 가장 적절한 것은?

① '나는 기능'을 상실한 '도도'와 스스로를 가능성이 도태된 존재로 여겼던 주인공을 연관 짓는다는 점에서, '도도'는 주인공이 자신을 비추어 보는 대상이다.

② 주인공의 아들이 자기 물건들에 '도도'라는 이름을 붙이고 멸종된 종이라고 말한다는 점에서, '도도'는 주인공 아들의 불행한 미래를 암시하는 대상이다.

③ 주인공이 '도도'에 대해 '멸종된 새'로서 진화의 표본으로 남아 있다는 것을 떠올리는 점에서, '도도'는 주인공이 과학을 깊이 탐구했던 이력을 알려 주는 대상이다.

④ '도도'를 통해 바다 건너 외딴 '갈라파고스' 섬의 희귀종을 연상하는 점에서, 주인공에게 '도도'는 외롭게 살아가는 현대인의 단절된 인간관계를 환기하는 대상이다.

⑤ '도도'가 인간 앞에 '항거'하지 못하고 희생되어 '전설 속'의 존재로 여겨진다는 점에서, '도도'는 주인공이 두려움을 느끼는 현실 사회의 '관습과 제도'를 상징하는 대상이다.

23 〈보기〉를 참고할 때 윗글에 대한 감상으로 적절하지 <u>않은</u> 것은? [3점]

─[보기]─

　인간은 일생 동안 출생·성년·결혼·죽음의 과정을 겪는데, 이 과정에서 일상적 경험 세계와 현실 너머의 상상의 세계에서 새로운 정체성을 탐색한다. 이때 두 세계의 어느 편에도 온전히 편입되지 못하고 경계에 선 인간은 정체성의 혼란을 겪기도 한다.

　「옛우물」에서는 경계 상황에 놓인 중년 여성 인물이 자신의 삶을 돌아보며 정체성을 탐색하는 모습을 보여 준다. 그 탐색의 과정에서 출생부터 죽음에 이르기까지 삶의 다양한 양상에 대해 성찰한다. 이를 통해, 생명과 죽음이 서로 대립되고 분리된 것이 아니라 자연의 순환 원리를 바탕으로 한다는 점이 부각된다.

① 주인공이 주기적으로 학교나 재활 센터 등에 오가면서도 밤 외출을 하는 행위에서, 일상 세계에서 안정된 삶을 영위하지 못하는 경계 상황에 놓여 있음을 읽을 수 있겠군.

② 죽음을 물과 불과 바람과 먼지로 산하에 흩어져 내리는 것으로 보는 주인공의 생각에서, 생명과 죽음이 자연의 순환 원리를 바탕으로 연결된 것이라는 인식을 엿볼 수 있겠군.

③ 막냇동생이 태어나던 때에 할머니가 조심스럽게 준비하는 장면을 주인공이 떠올리는 것에서, 출생이라는 생의 첫 과정에 주목하며 정체성을 탐색하려는 모습을 볼 수 있겠군.

④ 한 사람의 생애에서 사십오 년의 의미를 묻는 주인공이 아프리카나 광야를 상상하는 장면에서, 새로운 정체성을 일상과는 다른 세계에서 찾으려고 하는 것을 확인할 수 있겠군.

⑤ 질서 지워지는 일들에 자부심을 가지면서도 무질서 속으로 피신하는 것도 한 방법이라고 하는 부분에서, 질서와 무질서 사이를 오가며 정체성을 탐색할 수 있음을 알 수 있겠군.

[24~26] 다음 글을 읽고 물음에 답하시오. 2014.09B [38~40]

── 해설편 p.048 ──

(가)

나의 지식이 독한 회의를 구하지 못하고
내 또한 삶의 애증을 다 짐지지 못하여
㉠병든 나무처럼 생명이 부대낄 때
저 머나먼 아라비아의 사막으로 나는 가자

거기는 한번 뜬 백일(白日)이 불사신같이 작열하고
일체가 모래 속에 사멸한 ㉡영겁의 허적(虛寂)*에
오직 알라의 신만이
밤마다 고민하고 방황하는 열사(熱沙)의 끝

그 ㉢열렬한 고독 가운데
옷자락을 나부끼고 호올로 서면
운명처럼 반드시 '나'와 대면케 될지니
하여 '나'란 나의 생명이란
그 ㉣원시의 본연한 자태를 다시 배우지 못하거든
차라리 나는 어느 사구(沙丘)에 ㉤회한(悔恨) 없는 백
골을 쪼이리라

　　　　　　　　　　　　　-유치환, 「생명의 서·일장(一章)」-

* 허적 : 아무것도 없이 적막함.

(나)

징이 울린다 막이 내렸다
오동나무에 전등이 매어달린 가설 무대
구경꾼이 돌아가고 난 텅빈 운동장
우리는 분이 얼룩진 얼굴로　　　　　　　[A]
학교 앞 소줏집에 몰려 술을 마신다
ⓐ답답하고 고달프게 사는 것이 원통하다
꽹과리를 앞장세워 장거리로 나서면
따라붙어 악을 쓰는 건 쪼무래기들뿐
처녀애들은 기름집 담벽에 붙어 서서
철없이 킬킬대는구나　　　　　　　　　[B]
보름달은 밝아 어떤 녀석은
꺽정이처럼 울부짖고 또 어떤 녀석은
서림이처럼 해해대지만 ⓑ이까짓
산구석에 처박혀 발버둥 친들 무엇하랴

비료 값도 안 나오는 농사 따위야
아예 여편네에게나 맡겨 두고
쇠전을 거쳐 도수장 앞에 와 돌 때　　　　[C]
우리는 점점 신명이 난다
ⓒ한 다리를 들고 날나리를 불꺼나
고갯짓을 하고 어깨를 흔들꺼나

　　　　　　　　　　　　　-신경림, 「농무」-

24 (가), (나)에 대한 설명으로 가장 적절한 것은?

① (가)는 계절을 드러내는 시어를 사용하여 분위기를 조성한다.
② (나)는 밤에서 낮으로의 시간 변화를 통해 대상의 이면을 보여 준다.
③ (가)는 (나)와 달리 청각적 심상을 활용하여 사물의 속성을 표출한다.
④ (나)는 (가)와 달리 대구의 방식으로 시상을 마무리하면서 여운을 강화한다.
⑤ (가), (나)는 모두 시적 공간의 탈속성을 내세워 이상향에 대한 화자의 동경을 드러낸다.

25 (가)의 '나'와 ㉠~㉤의 관련성을 이해한 내용으로 적절하지 <u>않은</u> 것은?

① ㉠은 화자가 극복해야 할 자신의 모습을 빗대어 표현한 것으로, '나'와는 대비되는 표상이다.
② ㉡은 어떤 것도 존재하지 못하는 극한 상태로, 화자가 '나'와 대면할 수 있는 조건에 해당한다.
③ ㉢은 절대적 고독을 나타낸 것으로, 화자가 그 절대적 고독에서 벗어남으로써 '나'에 도달할 수 있음을 알려 준다.
④ ㉣은 생명이 본래적으로 존재하는 모습을 가리키는 것으로, '나'가 원시적 생명력을 지닌 존재임을 보여 준다.
⑤ ㉤은 죽음에 대한 화자의 태도를 드러내는 것으로, '나'를 통해 생명을 회복하려는 화자의 의지를 담아낸 표현이다.

26 〈보기〉를 참고하여 (나)를 감상한 내용으로 적절하지 않은 것은? [3점]

─────[보기]─────

　시 「농무」는 1970년 전후의 농촌의 실상과 농민들의 정서를 잘 담아낸 작품이다. 당시 우리 사회는 산업화와 도시화에 힘을 기울였는데, 이로 인해 농촌이 도시와는 다르게 피폐해져 감으로써 삶의 터전을 도시로 옮긴 농민들이 적지 않았다. 이러한 상황에서 시인은 농촌에서 농민들이 삶의 활력과 신명을 얻기 위해 집단적으로 추는 '농무'를 소재로 하여 현실의 암울함을 역설적으로 드러내는 한편, 농촌 공동체의 소중함을 독자들에게 일깨워 주었다.

① [A]에서 화자는 농무를 통해 활력을 얻기보다 오히려 무력감을 느끼고 있는 것 같아.

② [B]에서 '악을 쓰는', '킬킬대는구나', '울부짖고', '해해대지만' 등은 화자가 농무를 흥겨운 축제로 대하지는 못하고 있음을 드러내 줘.

③ [C]에서 화자가 신명을 느끼는 것은 농무의 신명에 힘입어 농촌 현실의 문제를 극복하고자 하는 농민들의 태도를 잘 보여 줘.

④ ⓐ와 ⓑ를 통해 당시의 농민들이 도시로 떠날 수밖에 없었던 사정을 어느 정도 감지할 수 있어.

⑤ ⓒ에서 화자의 물음은 앞날을 낙관하지 못하는 농촌 사람들이 던지는 자조적 물음으로도 이해될 수 있어.

(해설편 p.054)

하루는 승상이 심사가 상쾌하여 정신을 깨달아 내당에 들어가 부인을 위로하여 말하기를,

"우리가 어려서부터 남에게 해를 끼친 일이 없는지라. 아무리 생각하여도 저것이 우리의 골육이니, 남은 다 흉물이라 하여도 출산할 때에 선녀의 말이 있었을 뿐만 아니라, 무심한 것이라면 어찌 선녀가 와서 해산까지 시켰으리오? 필경 무슨 이상한 일이 있을 듯하니, 아무리 흉악해도 집에 두고 나중을 보사이다."

하고 저녁을 먹으니, 그것이 밥상 곁에서 밥 먹는 소리를 듣고는 이불 속에서 데굴데굴 굴러 나와 승상 곁에 놓이었다. 승상이 크게 놀라 이윽히 보다가 갑자기 생각하되, '**이것**이 귀와 눈이 없건마는 밥 먹는 소리를 듣고 나오니 필연 **밥**을 먹고자 함이라. 아무렇거나 밥을 주어 보리라.' 하였다. 부인도 고이하여 밥을 갖다가 곁에 놓으니, 그것의 한쪽 옆이 들먹들먹하더니 한 모서리가 봉긋하며 마치 주걱 모양 같은 부리를 내밀어 밥을 완연히 먹었다. 승상이 하도 고이하여 부인을 돌아보고 말하기를,

"이것이 입이 없는가 하였는데 밥을 먹으니, 사람일 것 같으면 태어난 지 십여 일 만에 어찌 한 그릇 밥을 다 먹으리오? 아무렇거나 밥을 더 주어 보라."

하였다.

부인이 웃고 밥을 또 가져다 놓으니, 그것이 주는 대로 먹으매 승상과 부인이 더욱 고이하게 여겼다.

그것이 밥 먹는 대로 점점 자라 큰 동이만 하게 되었다. 승상이 부인을 청하여 함께 보고 크게 의혹하여 가로되,

"이후는 밥을 끊지 말고 아침저녁으로 먹이라."

하고,

"매양 이것저것 하지 말고 이름을 지어 원(圓)이라 하라."

하였다.

밥 먹기를 잘하여 점점 자라 큰 방 안에 가득하니, 더욱 흉하고 고이함을 측량치 못하여 말하기를,

"원이 더 자라면 방을 찢을까 싶으니 넓은 집으로 옮기자."

하고, 노복에게 명령하여 이르되,

"이것을 여럿이 옮겨 후원 월영각에 가져다 두라."

하였다. 비복이 겨우 옮겨 월영각에 두고 아침과 저녁을 공급하였다. 몇 년 안에 한 섬의 밥을 능히 먹으니, 원이 점점 자라 방이 터지게 되었다. 승상 부부와 비복들이 그 연고를 알지 못하여 답답하여 밤낮 근심으로 지내는데, 세월이 물 흐르듯 하여 어느덧 십여 년이 되었다.

(중략)

이때 승상이 부인과 함께 집에 돌아오니 내실(內室)이 텅 비어 있었다. 가뜩이나 염려하던 차에 의혹이 가슴에 가득하여 집안 내외인을 다 찾으니, 비복 중에 한 사람이 먼저 와서 아뢰되,

"월영각에 난데없는 선동(仙童)이 노복 등을 부르시나 차마 혼자 가지 못하여 모두 보온즉, 방 안에 가득한 것은 없고 한 소년 선동이 앉아서 '아버님께서 집에 돌아와 계시냐.' 물으시니, 그 연고를 알지 못하겠나이다."

승상이 이 말을 듣고 의혹하여 그 비복을 데리고 월영각에 가 보니, 한 소년이 승상을 보고 섬돌 아래로 내려와 엎드려 가로되,

"소자는 십 년을 부모 걱정시키던 **불초자** 원이로소이다."

승상이 우연히 그 형상을 보고 급히 부인을 청하여 좌정하고 소년을 불러 대청 위에 앉히고 묻기를,

"이 일이 하도 고이하니 사실을 자세히 이르라."

하였다.

소년이 아뢰기를,

"오늘 묘시(卯時)에 붉은 도포를 입은 선관이 내려와 이르기를, '남두성이 옥황상제께 득죄하여 십 년 동안 허물을 쓰고 세상을 보지 못하게 하였는데, 죄악이 다 끝났다.' 하고, 허물을 벗겨 방 안에 두고 이르기를, '이 허물을 가져갈 것이로되 네 부모께 뵈어 확실한 자취를 알게 하라.' 하고 갔사오니, 소자가 보자기를 벗고 보온즉 허물이 곁에 놓여 있고 책 세 권이 놓였사오니, 십 년 불효를 어찌 다 아뢰리이까?"

승상이 자세히 살펴보니 과연 허물이 방 안에 놓여 있고 천서(天書) 세 권이 분명히 놓였거늘, 마음에 크게 놀라고 기뻐하여 소년의 손을 잡고 마음 가득 기뻐하여 말하기를,

"네가 십 년 동안을 보자기 속에 들어 있었으니 무슨 알 만한 일이 있을 것이니, 자세히 일러서 우리의 의혹을 덜게 하라."

원이 고개를 숙여 재배하고 말하기를,

"소자가 보자기 속에서 십 년 동안 고행하였사오나 아무런 줄을 몰랐사오니 황송함을 이길 수 없사옵니다."

승상 부부가 그제야 원을 안고 등을 어루만지며 가로되,

㉠"네가 어이하여 십 년 고생을 이다지도 하였느냐?"

하고 못내 기뻐하였다. 내외 상하(內外上下)며 이웃과

친척 가운데 뉘 아니 기뻐하리오.

-작자 미상, 「김원전」-

27 윗글의 내용에 대한 이해로 적절한 것은?

① 김 승상은 흉물의 탄생을 자신의 탓으로 여겼다.
② 부인은 흉물이 밥을 먹자 근심했다.
③ 노복은 흉물을 대하는 부인의 태도를 비웃었다.
④ 김원은 흉한 모습이 부모께 걱정을 끼쳤다고 여겼다.
⑤ 김 승상 부부는 이웃의 반응을 보고 의혹을 해소했다.

※ 〈보기〉를 참고하여 28번과 29번의 두 물음에 답하시오.

[보기]

　주인공이 천상에서 죄를 지어 지상으로 내려와 살다가 다시 천상으로 돌아가는 화소를 적강화소(謫降話素)라 한다. 이 화소를 수용한 「김원전」에서 공간은 천상계와 지상계로 나뉘고, 천상계와 지상계는 주인공 김원의 공간 이동을 중심으로 다양하게 소통한다. 윗글에서 공간의 이동에 따른 주인공의 변화를 그림으로 나타내면 다음과 같다.

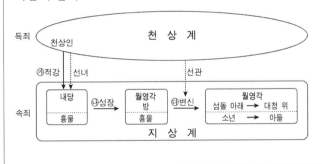

28 〈보기〉를 참고하여 윗글의 내용을 설명한 것으로 적절하지 않은 것은?

① ㉮의 결과로 얻게 된 '이것'이라는 호칭은 주인공이 사람으로 인식되지 않음을 보여 준다.
② ㉮의 성격 때문에 ㉰의 과정에 선관이 개입한다.
③ ㉯에서 '밥' 먹기를 통해 흉물은 이름을 얻게 되어 '골육'으로서의 성격이 강화된다.
④ ㉰의 결과를 비복은 김 승상에게 보고하여 부자 관계 확인의 정당성을 제시한다.
⑤ ㉰ 이후, 부자 관계를 확인받으려는 김원의 바람은 '불초자'라는 호칭으로 구체화된다.

29 〈보기〉를 바탕으로 추론할 수 있는 내용으로 적절하지 않은 것은? [3점]

① ㉮의 공간 이동은 죄의 대가라는 점에서 주인공이 ㉮에 대해 수동적임을 알 수 있다.
② ㉯, ㉰는 ㉮에서 비롯된다는 점에서 천상계가 지상계보다 근원적인 공간임을 알 수 있다.
③ ㉯, ㉰에 대한 부모의 의심은 천상계와 다른 지상계 나름의 질서가 있음을 보여 준다.
④ ㉯, ㉰에 김원과 부모가 모두 참여하는 것은 지상계의 의지만으로 천상계의 질서가 구현될 수 있음을 보여 준다.
⑤ ㉰는 증거물을 통해 부모에게 확인받는다는 점에서 천상계의 질서는 지상계와의 소통 속에서 구현된다고 할 수 있다.

30 ㉠의 상황을 표현한 말로 가장 적절한 것은?

① 고진감래(苦盡甘來)
② 괄목상대(刮目相對)
③ 권불십년(權不十年)
④ 동상이몽(同床異夢)
⑤ 오리무중(五里霧中)

(해설편 p.059)

젊은이는 사내가 새를 사 주지 않는 데 대한 원망의 기색은 손톱만큼도 나타내지 않았다. 그는 될수록 사내가 난처해질 소리들만 골라서 그를 괴롭게 몰아붙이는 것이었다. 그리하여 결국은 사내 스스로가 견디질 못하고 가게를 떠나게 하려는 것이었다.

-아드님을 기다리신답니다. 아드님이 시골에 궁전을 지어 놓고 영감님을 모시러 오시는 중이랍니다.

그는 때로 새를 사러 들어온 손님을 상대로 해서까지 그렇게 무참스럽게 사내를 비웃고 무안을 주었다.

-어디만큼 왔나, 고개만큼 왔지……. 영감님은 날마다 효자 꿈에 행복하시지요.

㉠사내는 그러나 그런 젊은이의 비웃음을 아랑곳하려는 기색이 조금도 없었다. 그는 젊은이의 공박에 할 말이 전혀 없는 사람처럼 주위를 짐짓 외면해 버리곤 하였다. 젊은이가 정 그를 못 견디게 매도하고 들 때면 차라리 그 젊은이의 얄은 소갈머리가 가엾어 죽겠다는 듯 슬픈 눈길로 그를 한참씩 건너다보고 있다가는 조용히 혼자 한숨을 짓고 말 뿐이었다.

하면서도 사내는 좀처럼 젊은이의 새 가게를 떠날 생각을 않고 있었다. 아니 그는 젊은이의 그런 버릇없는 공박 따위로 가게를 아주 떠나 버릴 처지의 사람이 아니었다.

그에겐 아직도 할 일이 남아 있었다.

"녀석들에게 모두 새를 사야……. 그래도 녀석들에게 빠짐없이 모두 한 마리씩은 새를 살 수가 있어야……."

사내는 혼자 속으로 중얼거리곤 하였다. 그는 아직도 가막소* 안에 남아 있는 친구들을 절대로 잊어서는 안 된다고 생각했다. 그 가엾은 친구들을 위해 새를 사지 않고 혼자서 이곳을 떠날 수는 없다고 몇 번씩 결심을 다짐했다. 그는 그저 지금 당장은 새를 사는 일이 달갑게 여겨지지가 않고 있을 뿐이었다. 새를 사더라도 전날처럼 즐겁거나 기분이 가벼워지질 못하고 있는 것뿐이었다.

하지만 사내는 그것도 그저 그 빌어먹을 잠자리의 악몽 때문일 거라 자신을 변명했다. 밤마다 그를 괴롭혀 대고 있는 빛줄기의 꿈만 꾸지 않게 되면 그는 다시 기분이 회복되어 새를 즐겁게 살 수 있으리라 자신을 기다렸다. 도대체가 새들이 낙엽처럼 빛을 맞고 떨어져 내리는 악몽이 계속되는 동안은, 그리고 그 빌어먹을 새들이 어째서 이 공원 숲을 떠나지 못하고 자꾸만 다시 조롱 속으로 붙잡혀 돌아오는지, 그런 사연 을 석연히 이해하

지 못하고는 새를 다시 사고 싶은 생각이 일어오질 않았다. 그건 마치 어린애들 숨바꼭질과도 같은 어리석은 장난일 뿐이었다.

한데 그러던 어느 날 밤, 사내에겐 또 한 가지 ⓐ이상스런 일이 일어났다.

사내는 이날 밤도 그 공원 숲 벤치 위에서 추운 새우잠을 견디고 있었는데, 자정을 한 시간쯤이나 지난 무렵이었을까, 예의 전짓불빛이 다시 공원 숲 속을 훑어 대기 시작했다.

이번엔 물론 꿈이 아니었다. 실제로 빛줄기를 앞세운 ⓑ밤새 사냥이 시작된 것이었다. 사내는 벌써부터 ⓒ까닭을 알 수 없는 두려움 때문에 자신도 모르게 사지가 움츠러들고 있었다.

하지만 이번엔 다행스럽게도 전번 날 밤과는 사정이 훨씬 달랐다.

빛줄기가 아직 사내를 찾아내지 못하고 있었다. 아니, 이날 밤은 그 밤새 사냥꾼이 제 편에서 미리 사내의 잠자리를 피해 주고 있었는지도 알 수 없는 노릇이었다.

불빛은 좀처럼 사내 쪽으로 다가들 기미를 안 보이고 있었다. 사내와는 한참 거리가 떨어진 숲들만 이리저리 분주하게 휘저어 대고 있었다. 불빛을 맞은 밤새들이 낙엽처럼 어둠 속을 휘날리고 있을 뿐이었다.

불빛은 거의 걱정을 할 필요가 없는 것 같았다.

하지만 이미 졸음기가 말끔 달아나 버린 사내는 모른 체하고 다시 잠을 청할 수도 없었다.

그는 이윽고 야전잠바 옷깃을 들추고 천천히 벤치 위로 몸을 일으켜 앉았다. 그리고는 차분한 손짓으로 야전잠바 주머니 속을 뒤져 꽁초 한 대를 찾아 물었다.

사내가 그 야전잠바 옷깃으로 불빛을 가리며 입에 문 꽁초에다 막 성냥불을 그어 붙이려던 순간이었다.

후루룩 ―!

어둠 속 어느 방향으론가부터 느닷없이 사내의 잠바 깃 속으로 날아와 박혀드는 것이 있었다. 담뱃불을 붙이려다 말고 사내는 자신도 모르게 흠칫 놀라 손에 든 성냥불부터 날쌔게 꺼 없앴다. 그리고는 그의 가슴께 깃 속으로 박혀든 물체를 재빨리 더듬어 냈다.

사내는 이내 물체의 정체를 알 수 있었다. 다름 아니라 그것은 방금 ⓓ숲 속의 불빛에 쫓겨 온 한 마리의 새였다. 부드럽고 따스한 감촉이 손에 닿을 때부터 사내는 벌써 그것을 알 수 있었다. 옷깃 밖으로 끌려 나온 새는 두려움 때문인지 가슴이 몹시 팔딱거리고 있었다. 사내가 담뱃불을 붙이기 위해 옷자락에 성냥불을 켰을 때 녀

석은 그 불빛을 보고 달려든 게 분명했다.

"빛에 쫓긴 녀석이 외려 또 불빛을 보고 덤벼들다니……. 역시 새 짐승이란……."

사내는 녀석의 ⓔ분별없는 행동이 희한하기도 하고 우습기도 하였다.

하지만 사내의 그런 생각이 오히려 오해였는지도 알 수 없었다.

사내는 잠시 녀석을 어떻게 해 주어야 좋을지를 생각해 보았다. 녀석을 금세 그냥 그대로 놓아 보낼 수는 없었다. 녀석은 몹시 겁을 먹고 있었다. 빛줄기에 쫓긴 녀석이 사내에게서 또 한 번 놀라고 있었다. 놀란 녀석을 무작정 다시 어둠 속으로 달아나게 할 수는 없었다.

그는 녀석에게 좀 안심을 시켜서 놓아주기로 작정했다.

-이청준, 「잔인한 도시」-

* 가막소: 교도소.

31 윗글의 서술상 특징으로 가장 적절한 것은?

① 장면의 빈번한 전환으로 인물 사이의 긴장감을 고조시키고 있다.

② 과거와 현재를 병렬적으로 배치하여 특정 사건을 부각하고 있다.

③ 인물이 추리 과정을 통해 특정 사건의 의미를 탐색하게 하고 있다.

④ 인물 간의 대화를 통해 인물의 내면을 생동감 있게 묘사하고 있다.

⑤ 짧고 감각적인 문장을 활용하여 공간적 배경을 세밀하게 그리고 있다.

32 ㉠의 이유로 가장 적절한 것은?

① '새 가게' 이외에는 거처할 곳이 없기 때문이다.

② '젊은이'의 태도에 대해 무언의 항변을 하고 있기 때문이다.

③ '가막소'에 있는 친구들을 위해 할 일이 남아 있기 때문이다.

④ '젊은이'가 자신의 마음을 이해해 줄 것이라고 믿기 때문이다.

⑤ '아들'이 자기를 찾아올 것이라는 희망을 가지고 있기 때문이다.

33 〈보기〉를 바탕으로 윗글을 해석할 때 적절하지 않은 것은? [3점]

─[보기]─

이 소설은 폭력적이고 억압적인 세계에 맞서 그것의 정체를 드러내어, 이를 부정해야 함을 강조하고 있다. 그리고 억압적인 세계에 길들여져 있는 인간의 모습을 통해 현실 사회가 부정적인 공포의 공간이 되는 모순을 부각하고 있다. 이러한 모순은 공원 숲에서 멀리 달아나지 못하고 도리어 불빛 속으로 뛰어드는 새를 '사내'가 목격하고, 공원 숲이 더 이상 휴식의 공간이 될 수 없음을 깨닫는 데서 잘 드러난다. 또한 이 소설은 폭력적이고 억압적인 현실의 횡포와 기만에 대한 분노를 통해, 폭력과 억압이 존재하지 않는 세계를 집요하게 추구하고 있다.

① 폭력적이고 억압적인 세계는 '공원 숲 속을 훑어 대기 시작'하는 전짓불빛에 의해 만들어지고 있다.

② 억압적인 세계에 길들여져 있는 인간의 모습은 '공원 숲을 떠나지 못하고 자꾸만 다시 조롱 속으로 붙잡혀 돌아오는' 새들을 통해서 확인할 수 있다.

③ 현재의 공간이 부정적인 공간이 되는 것은 사냥꾼에 쫓긴 '밤새들이 낙엽처럼 어둠 속을 휘날리'는 것을 통해 확인할 수 있다.

④ 현실의 횡포와 기만에 대한 분노는 '졸음기가 말끔 달아나 버린 사내'가 '모른 체하고 다시 잠을 청할 수' 없는 데서 확인할 수 있다.

⑤ 자유를 억압하는 강압적인 폭력의 결과는 '새들이 낙엽처럼 빛을 맞고 떨어져 내리는' 상황을 통해서 암시되고 있다.

34 ⓐ~ⓔ 중, '사내'가 '그런 사연'을 이해하기 위해 알아야 할 것으로 거리가 먼 것은?

① ⓐ   ② ⓑ   ③ ⓒ   ④ ⓓ   ⑤ ⓔ

[35~38] 다음 글을 읽고 물음에 답하시오. 2010.06 [13~16]

— (해설편 p.065) —

(가)

[A]
처마 끝에 서린 연기 따라
포도순이 기어 나가는 밤, 소리 없이,
가믈음 땅에 시며든 더운 김이
등에 서리나니, 훈훈히,

[B]
아아, 이 애 몸이 또 달아 오르노나.
가쁜 숨결을 드내쉬노니, 박나비*처럼,
가녀린 머리, 주사* 찍은 자리에, 입술을 붙이고
나는 중얼거리다, 나는 중얼거리다,
부끄러운 줄도 모르는 다신교도(多神教徒)와도
같이.
아아, 이 애가 애자지게 보채노나!

[C]
불도 약도 달도 없는 밤,
아득한 하늘에는
별들이 참벌 날으듯 하여라.

-정지용, 「발열(發熱)」-

* 박나비 : 흰제비불나방. 몸이 흰색이고 배에는 붉은 줄무늬가 있음.
* 주사(朱砂) : 짙은 붉은색의 광물질로, 한방에서 열을 내리는 데
  사용하였음.

(나)

검은 벽에 기대선 채로
해가 스무 번 바뀌었는디
내 기린(麒麟)*은 영영 울지를 못한다

그 가슴을 퉁 흔들고 간 노인의 손
지금 어느 끝없는 향연(饗宴)에 높이 앉았으려니
땅 우의 외론 기린이야 하마 잊어졌을라

바깥은 거친 들 이리떼만 몰려다니고
사람인 양 꾸민 잔나비떼들 쏘다니어
내 기린은 맘둘 곳 몸둘 곳 없어지다

[D]
문 아주 굳이 닫고 벽에 기대선 채
해가 또 한 번 바뀌거늘
이 밤도 내 기린은 맘 놓고 울들 못한다

-김영랑, 「거문고」-

* 기린 : 성인이 이 세상에 나올 징조로 나타난다는 상상 속의 동물.

(다)

해일처럼 굽이치는 백색의 산들,
제설차 한 대 올 리 없는
깊은 백색의 골짜기를 메우며
굵은 눈발은 휘몰아치고,
쪼그마한 숯덩이만한 게 짧은 날개를 파닥이며……
굴뚝새가 눈보라 속으로 날아간다.

길 잃은 등산객들 있을 듯
외딴 두메마을 길 끊어 놓을 듯
은하수가 펑펑 쏟아져 날아오듯 덤벼드는 눈,
다투어 몰려오는 힘찬 눈보라의 군단,
눈보라가 **내리는** 백색의 계엄령.

쪼그마한 숯덩이만한 게 짧은 날개를 파닥이며……
날아온다 꺼칠한 **굴뚝새**가
서둘러 뒷간에 몸을 감춘다.
그 어디에 부리부리한 솔개라도 도사리고 있다는 것
일까.

[E]
길 잃고 굶주리는 산짐승들 있을 듯
눈더미의 무게로 소나무 가지들이 부러질 듯
다투어 몰려오는 힘찬 눈보라의 군단,
때죽나무와 때 끓이는 외딴집 굴뚝에
해일처럼 굽이치는 백색의 산과 골짜기에
눈보라가 내리는
백색의 계엄령.

-최승호, 「대설주의보」-

35 (가)~(다)의 표현에 대한 설명으로 가장 적절한 것은?

① (가), (나)는 동일한 시행을 반복하여 운율감을 느끼게
   한다.
② (가), (다)는 명사로 끝맺은 시행을 반복하여 시적인 여
   운을 준다.
③ (나), (다)는 의인화된 사물을 등장시켜 독자에게 친근
   감을 느끼게 한다.
④ (가), (나), (다)는 어순의 도치를 통해 긴장감을 드러내
   고 있다.
⑤ (가), (나), (다)는 대상의 현재 상황을 부각하여 시적 정
   서를 형성하고 있다.

36 다음은 (가)를 영상시로 제작하기 위한 계획서이다. 이에 대한 평가로 적절하지 <u>않은</u> 것은?

유의 사항	· 카메라의 위치와 움직임은 화자의 시선 이동에 따른다. · 낭송, 영상 및 음향 효과는 시의 내용과 표현에 따른다.
[A]	ㄱ. 카메라 시선을 위쪽부터 아래로 천천히 내림. ㄴ. 화면을 점차 뿌옇게 처리.
[B]	ㄷ. 붉은색이 두드러지는 영상과 가쁜 호흡의 음향 사용. ㄹ. 클로즈업 기법 활용. ㅁ. 5행과 10행은 영탄적 어조로 낭송.
[C]	ㅂ. 카메라 시선을 밤하늘 쪽으로 옮겨 원경으로 담아 냄. ㅅ. 빛이 흩어지는 느낌이 들도록 영상 효과를 줌.

① ㄱ, ㄴ은 사건이 일어나는 장소와 시간을 제시하고 작품 초반부의 분위기를 자아내는 데 효과적이겠군.

② ㄷ은 안타까운 상황과 분위기를 전달하고 '애'가 겪는 고통을 강조하기 위한 것으로 보여.

③ ㄹ로 '애'의 모습을 담으면 감상자의 공감을 이끌어 내는 데 도움이 되겠군.

④ ㅁ은 화자의 간절한 심정과 내면 심리를 엿보는 데 도움을 줄 수 있겠어.

⑤ ㅂ, ㅅ은 의식이 혼미해진 '애'의 상태를 보여 주는 데 효과적일 것 같아.

37 〈보기〉의 설명을 듣고, 학생들이 (나)와 (다)에 대해 보일 반응으로 적절하지 <u>않은</u> 것은?

[보기]

김 선생님 : 순수 서정 시인 김영랑은 1930년대 후반에 이르러 더 이상 마음속 울림을 맑은 가락으로 빚어낸 시를 쓸 수 없었어요. 모국어로 시를 쓰는 것 자체가 어려웠기 때문이지요. 「거문고」는 이런 현실을 우의적 표현으로 비판한 시라고 할 수 있습니다. 그럼, 비슷한 맥락에서 1980년대 초반 많은 독자들의 호응을 얻은 「대설주의보」를 읽어보지요. 이 작품은 새로운 권력 집단이 등장해서 강압 통치를 했던 시대와 관련이 깊습니다.

① (나)와 (다) 모두 생각의 표현이 자유롭지 못했던 시기에 창작되었어.

② (나)와 (다) 모두 고난 극복 의지와 미래에 대한 전망이 나타나지 않아.

③ (나)의 '울지를 못한다'와 (다)의 '내리는'은 모두 중의적으로 해석할 수 있겠어.

④ (나)의 '기린'은 '노인'에게, (다)의 '굴뚝새'는 세상 사람들에게 외면당한 존재야.

⑤ (나)의 '이리떼'와 '잔나비떼'처럼, (다)의 '솔개'는 부당한 권력을 암시하는 소재야.

38 [D]와 [E]에 대한 설명으로 가장 적절한 것은?

① [D]와 [E]는 자아 성찰을 위한 내면의 공간이 나타난다.

② [D]와 [E]는 화자의 심리적 갈등이 해소되는 계기를 보여준다.

③ [D]와 [E]는 표면에 드러난 화자가 대상을 관찰하여 묘사한다.

④ [D]에는 화자와 대상의 거리감이, [E]에는 화자와 대상의 일체감이 나타난다.

⑤ [D]에는 화자가 선택한 은거의 공간이, [E]에는 생명이 위협받는 고립의 공간이 암시된다.

──── 해설편 p.072 ────

이때 동래 부사 송정이 사신 온다는 공문을 보고 웃으며 왈,

"조정에 사람이 무수하거늘 어찌 구태여 중을 보내리오. 이는 더욱 패망할 징조라."

하더니 하인이 보하되,

"사명당 행차 온다 하오니 어찌 접대하리이까."

송정이 분부 왈,

"상례로 대접하라. 제 비록 부처라 한들 어찌 곧이들으리오."

하고 심상히 여기거늘, 하인 분부를 듣고 나와 부사의 말을 이르고 왈,

"지방관의 도리에 봉명 사신(奉命使臣)*을 가벼이 여기거니와 반드시 화를 면치 못하리로다."

하더니 자연 삼일 만에 이르렀는지라. 대접하는 도리와 수응하는 일이 가장 소홀하거늘 사명당이 대로하여 객사에 좌기하고 무사에게 명하여 송정을 잡아 계하에 꿇게 하고 이르되,

"네 벼슬이 비록 옥당이나 지방관이요, 내 비록 중이나 일국 대사마대장군이요 봉명 사신이어늘 네 한갓 벼슬만 믿고 국명을 심상히 여겨 방자함이 태심하니 내어 베어 국법을 엄히 하라."

하고 즉시 나라에 장문하여 선참후계(先斬後啓)*하고 인하여 길을 떠날 새 순풍을 만나 행선하니라.

[중략 줄거리] 사명당이 일본에 도착하자 왜왕은 사명당의 신통력을 여러 가지로 시험한다.

채만홍이 주왈,

"신의 소견은 철마를 만들어 불같이 달구고 사명당을 태우면 비록 부처라도 능히 살지 못하리이다."

왜왕이 그 말을 옳게 여겨 즉시 풀무를 놓고 철마를 지어 만든 후 백탄을 뫼같이 쌓고 철마를 그 위에 놓아 불같이 달군 후에 사명당을 청하여 가로되,

"저 말을 능히 타면 부처 법력을 가히 알리라."

사명당이 심중에 망극하여 납관을 쓰고 조선 향산을 향하여 사배하더니 문득 서녘에서 오색구름이 일어나며 천지가 희미하거늘 사명당이 마지못하여 정히 철마를 타려 하더니 홀연 벽력 소리 진동하며 천지 뒤눕는 듯하고 태풍이 진작하여 모래 날리고 돌이 달음질하고 비 바가지로 담아 붓듯이 와 사람이 지척을 분변치 못하는지라. 경각 사이에 성중에 물이 불어 넘쳐 바다가 되고 성

외의 백성들이 물에 빠져 죽는 자 수를 아지 못하되 사명당 있는 곳은 비 한 방울이 아니 젖는지라. 왜왕이 경황실색하여 이르되,

"어찌하여 천위를 안정하리오."

예부상서 한자경이 주왈,

"처음에 신의 말씀을 들었사오면 어찌 오늘날 환이 있으리이까. 방금 사세를 생각하옵건대 조선에 항복하여 백성을 평안히 함만 같지 못하나이다."

왜왕이 자경의 말을 듣고 마지못하여 항서를 써 보내니 사명당이 높이 좌하고 삼해 용왕을 호령하더니 문득 보하되,

"네 나라 항복받기는 내 손아귀에 있거니와 왜왕의 머리를 베어 상에 받쳐 들이라. 만일 그렇지 아니하면 일본을 멸하여 산 것을 하나도 남기지 아니하리라. 네 돌아가 왜왕에게 자세히 이르라."

사자 돌아가 전말을 고하니 왜왕이 이 말을 듣고 머리를 숙이고 능히 할 말을 못하거늘 관백이 주왈,

"전하는 모름지기 옥체를 진중하소서."

왕이 정신을 차려 살펴보니 남은 백성이 살기를 도모하여 사면팔방으로 헤어져 우는 소리, 유월 염천에 큰비 오고 방초 중의 왕머구리 소리 같은지라. 왕이 이 광경을 보니 만신이 떨려 능히 진정치 못하거늘 관백이 다시 가지고 들어가 사명당께 드리니 사명당이 항서를 보고 대책 왈,

"네 왕이 항복할진대 일찍이 항서를 드릴 것이어늘 어찌 감히 나를 속이려 하느냐."

하고 용왕을 불러 이르되,

"그대는 얼굴을 드러내어 일본 사람을 보게 하라."

용왕이 공중에서 이 말을 듣고 사람의 머리를 베어 들고 소리를 벽력같이 지르고 운무 중에 몸을 드러내니 사명당이 관백에게 왈,

"네 빨리 돌아가 왜왕에게 일러 용의 거동을 보게 하라."

관백이 돌아가 그대로 고하니 왜왕이 창황 중 눈을 들어 하늘을 치밀어 보니 중천에 삼룡이 구름을 피우고 사람의 머리를 베어 들었으니 형세 산악 같고 고기비늘이 어지러이 번쩍여 일광을 바수고 소리 벽력같아 천지진동하는지라. 이진걸이 주왈,

"본국 보화를 다 바치고 항표(降表)를 올려 애걸하소서."

왕이 즉시 이진걸을 명하여 항표를 올린대 사명당이 대로 왈,

"네 나라 임금의 머리를 베어 들이라 한대 마침내 거역하니 일본을 무찔러 혈천을 만들리라."

하고 인하여 육환장을 들어 공중을 향하여 축수하더니 문득 뇌성벽력이 진동하여 산악이 무너지는 듯 천지 컴컴한지라. 왜왕이 이때를 당하여 삼혼(三魂)이 흩어지며 칠백(七魄)이 달아나니라.

-작자 미상, 「임진록」-

* 봉명 사신 : 임금의 명령을 받들고 외국으로 가던 사신.
* 선참후계 : 군율을 어긴 자를 먼저 처형한 뒤에 임금에게 아뢰던 일.

39 윗글에 대한 설명으로 적절하지 <u>않은</u> 것은?

① 힘의 우위를 바탕으로 갈등이 해결되고 있다.
② 인물의 외양을 묘사하여 성격을 제시하고 있다.
③ 과장된 비유를 활용하여 상황의 급박함을 드러내고 있다.
④ 전기적(傳奇的) 요소를 활용하여 비현실적 장면을 부각하고 있다.
⑤ 공간이 국내에서 국외로 바뀌면서 서사적 긴장감이 고조되고 있다.

40 '사명당'과 '송정' 사이의 갈등에 대한 이해로 적절한 것은?

① 제삼자를 통한 의사소통 과정에서 생긴 오해에서 비롯된다.
② 외교적 문제의 핵심 사안에 대한 인식의 차이에서 비롯된다.
③ 사대부의 사회적 소임에 대한 서로 다른 이해에서 비롯된다.
④ 사명당의 종교적 신념과 송정의 윤리적 신념의 충돌에서 비롯된다.
⑤ 사명당은 명분과 직위를, 송정은 신분을 중시하는 데에서 비롯된다.

41 〈보기〉를 참고하여 윗글을 감상한 내용으로 적절하지 <u>않은</u> 것은?

─[보기]─

「임진록」은 임진왜란이라는 역사적 사실을 소재로 한 역사 군담 소설로서, 역사에 허구를 더해 전란으로 인해 상처받은 민족적 자존감을 보상하면서 전란의 피해와 책임에 대한 민중들의 생각과 정서를 반영하고 있다. 이를 위해 신이한 능력을 지닌 주인공을 통해 조선인의 우월성을 드러내거나 때로는 역사적 근거가 부족한 가공의 사건을 형상화하기도 했다.

① 사명당의 복수를 통해, 국토가 유린되는 과정에서 받은 민중들의 고통을 보상하고 있군.
② 초인적 능력을 지닌 사명당의 모습을 부각하여, 왜에 대한 조선인의 우월성을 드러내고 있군.
③ 부사에 대한 하인의 비판적인 발언을 통해, 전란 후 지배층에 대한 민중들의 인식을 엿볼 수 있군.
④ 왜왕이 항복하는 모습을 반복적으로 보여 주어, 전란으로 훼손된 민족적 자존감의 회복을 꾀하고 있군.
⑤ 양반 대신 승려 사명당을 주인공으로 설정하여, 전란 후 종교를 중심으로 상하층이 단결하는 모습을 형상화하고 있군.

─── (해설편 p.077) ───

[A]
이윽고 서씨의 몸은 성벽의 저 너머로 사라져 버렸다. 그리고 잠시 후에 나는 더욱 놀라운 광경을 보게 되었다. 서씨가 성벽 위에 몸을 나타내고 그리고 성벽을 이루고 있는 커다란 금고만 한 돌덩이를 그의 한 손에 하나씩 집어서 번쩍 자기의 머리 위로 치켜 올린 것이었다. 지렛대나 도르래를 사용하지 않고서는 혹은 여러 사람이 달라붙지 않고서는 들어 올릴 수 없는 무게를 가진 돌을 그는 맨손으로 들어 올린 것이었다. 그는 나에게 보라는 듯이 자기가 들고 서 있는 돌을 여러 차례 흔들어 보이고 나서 방금 그 돌들이 있던 자리를 서로 바꾸어서 그 돌들을 곱게 내려 놓았다.

나는 꿈속에 있는 기분이었다. 고담(古談) 같은 데서 등장하는 역사(力士)만은 나도 인정하고 있는 셈이지만 이 한밤중에 바로 내 앞에서 푸르게 빛나는 조명을 온몸에 받으며 성벽을 디디고 우뚝 솟아 있는 ㉠저 사내를 나는 무엇이라고 이름 붙여야 할지 몰랐다.

역사, 서씨는 역사다, 하고 내가 별수 없이 인정하며 감탄이라기보다는 차라리 그 귀기(鬼氣) 찬 광경을 본 무서움에 떨고 있는 동안에 그는 어느새 돌아왔는지 유령처럼 내 앞에서 자랑스러운 웃음을 소리 없이 웃고 있었다.

서씨는 역사였다. 그날 밤 나는 집으로 돌아와서 이제까지 아무에게도 들려주지 않았다는 서씨의 얘기를 들었다.

[B]
그는 중국인의 남자와 한국인의 여자 사이에서 난 혼혈아였다. 그의 선조들은 대대로 중국에서 이름 있는 역사들이었다. 족보를 보면 헤아릴 수 없이 많은 장수가 있다고 했다. 그네들이 가졌던 힘, 그것이 그들의 존재 이유였고 유일한 유물이었던 모양이었다. 그 무형의 재산은 가보로서 후손에게 전해졌다. 그것으로써 그들은 세상을 평안하게 할 수 있었고 자신들의 영광도 차지할 수 있었다. 그러나 이 서씨에 와서도 그 힘이 재산이 될 수는 없었다. 이제 와서 그 힘은 서씨로 하여금 공사장에서 남보다 약간 더 많은 보수를 받게 하는 기능밖에 가질 수가 없게 된 것이다. 결국 서씨는 그 약간 더 많은 보수를 거절하기로 했다. 남만큼만 벽돌을 날랐고 남만큼만 땅을 팠다. ㉡선조의 영광은 그렇게 하여 보존될 수밖에 없었다. 그리고 서씨는 아무도 나다니지 않는 한밤중을 택하고 동대문의 성벽에서 그 힘이 유지되고 있음을 명부(冥府)의 선조들에게 알리고 있다는 것이었다.

대낮에 서씨가, 동대문의 바로 곁에 서서 행인들 중 누구 한 사람도 성벽을 이루고 있는 돌 한 개의 위치 변화에 관심을 보내지 않고 지나다닐 때, 옮겨진 돌을 바라보며 빙그레 웃고 있는 그의 모습을 나는 쉽게 상상할 수 있었다. 그것이 서씨가 간직하고 있는 자기였고 내가 그와 접촉하면 할수록 빨려 들어갈 수 있었던 깊이였던 모양이었다.

그 집—그늘 많은 얼굴들이 살던 그 집에서 나는 나 자신 속에서 꿈틀거리는 안주(安住)에의 동경을 의식하지 않을 수 없었다. 그것은 그 사람들의 헤어날 길 없는 생활 속에 내가 휩쓸려 들어가게 되는 것이 무서웠기 때문이었던 모양이다. 그러나 그곳을 뚝 떠나서 이 한결같은 곡이 한결같은 악기로 연주되는 집에 오자 그것은 견디어 낼 수 없는 권태와 이 집에 대한 혐오증으로 형체를 바꾸는 것이었다. ㉢나란 놈은 아마 알 수 없는 놈인가 보다.

피아노 소리가 그쳤다. 무의식중에 나는 방바닥에서 팔목시계를 집어 올렸다. 내가 지금 무슨 행동을 했던가를 깨닫자 나는 쓴웃음이 나왔다. ㉣피아노가 그친 시간을 재 보려고 했던 것이다. 그리고 나는 내일도 그 피아노가 그친 시간을 재서 그 시간들을 비교하며 이 집에 대한 혐오증의 이유를 강화시키려고 했던 것이다. 나는 자신에 대해서 어이가 없음을 느꼈다. 이런 느낌이 드는 것은, 그것은 조금 전에 내가 서씨의 그 거짓 없는 행위를 회상했던 덕분이 아니었을까? 서씨가 내게 보여 준 게 있다면 다소 몽상적인 의미에서의 성실이었고 그리고 그것은 이 양옥 속의 생활을 비판하는 데도 필수적으로 고려되어야 한다는 것이 아닌가고 내게 생각되는 것이었다. 그러나 이 집으로 옮아온 다음날의 저녁, 식사 시간도 잡담 시간도 지나고 ⓐ모든 사람들의 공부 시간이 되자 나는 홀로 내 방의 벽에 기대앉아서 기타를 퉁겨 보기 시작했던 때의 일을 기억하고 있다. 불현듯이 ⓑ기타를 켜고 싶어지는 때가 있는 법이다. 그것은 감정의 요구이지만 그렇다고 비난할 건 못 되지 않는가. 내가 줄을 고르며 음을 시험해 보고 있는데 다색(茶色) 나왕으로 된 내 방문이 열리며 할아버지가 들어왔다. 그리고 ⓒ나의 기타 켜는 시간은 오전 열시부터 한 시간 동안 할머니와 며느리가 ⓓ미싱을 돌리는 같은 시각으로 배치되었던 것이다. ⓔ위대한 가풍이 내게 작용한 첫 번이었다. 그러나 그 이후 내가 ⓔ내게 주어진 그 시간을 이용해 본 적은 하루도 없었다. 흥이 나지 않아서였다고 하면 적당한 표현이 되겠다.

-김승옥, 「역사(力士)」-

42 윗글의 서술상의 특징으로 가장 적절한 것은?

① 시대적 배경과 밀접한 어휘를 활용하여 주제 의식을 강화한다.
② 빈번한 장면 전환을 통해 인물들 사이의 긴장감을 고조시킨다.
③ 인물들의 서로 다른 특성을 제시하며 서술자의 시각을 드러낸다.
④ 현학적인 표현을 주로 사용하여 이상적인 삶의 모습을 형상화한다.
⑤ 공간적 배경에 따라 서술자를 달리하여 상황을 입체적으로 드러낸다.

43 ㉠~㉤에 대한 이해로 적절하지 <u>않은</u> 것은?

① ㉠ : '서씨'가 보여 준 모습은 '나'에게 경이로운 것이었다.
② ㉡ : 자신의 힘을 더욱 유용하게 쓰기 위해 힘을 비축해야 했다.
③ ㉢ : '나'조차도 '나'의 감정 변화를 제대로 납득하기 어려웠다.
④ ㉣ : 이 집안의 규칙이 얼마나 정확히 지켜지는지를 확인하고자 했다.
⑤ ㉤ : '나'의 행동이 이 집안의 규칙에 의해 제약되기 시작했다.

44 ⓐ~ⓔ 중 문맥상 함축하는 의미가 <u>다른</u> 하나는?

① ⓐ   ② ⓑ   ③ ⓒ   ④ ⓓ   ⑤ ⓔ

45 〈보기〉를 바탕으로 [A], [B]를 감상한 내용으로 가장 적절한 것은?

─────[보기]─────

김승옥은 「역사」에서 일반적 통념의 범위를 넘어서는 새로운 차원의 사실성을 추구하였다. 이 작품의 창작 의도를 밝힌 글에서 그는, "우리의 눈에는 비사실적인 것도 외국인의 눈으로 보면 사실적으로 보일 수 있다."라고 했다. 작품 속의 '동대문 성벽의 돌덩이 옮겨 놓기'라는 소재는, 이를테면 '외국인의 눈'을 통해 새롭게 '변형'된 것이다. 작가는 '변형'의 효과를 살리기 위해, 작중 상황에 실감을 주는 소설적 장치들을 마련하고 있다.

① '금고만 한 돌덩이'는 '외국인의 눈'으로 보면 비사실적인 소재이겠군.
② '동대문'이라는 낯선 배경을 제시하여 독자들이 느끼는 실감을 떨어뜨리고 있군.
③ '서씨' 가계의 내력을 제시한 것은 '서씨'의 행위에 사실성을 부여하기 위한 장치이군.
④ '푸르게 빛나는 조명'은 '서씨'의 신성한 면모를 일상적인 모습으로 '변형'하려는 의도에서 설정된 것이겠군.
⑤ '나'가 '꿈속에 있는 기분'이었다는 것은 '돌덩이 옮겨 놓기'가 사실이 아니라 환상이었음을 암시하고 있군.

[46~49] 다음 글을 읽고 물음에 답하시오.   2013.09 [27~30]

──────── (해설편 p.084) ────────

(가)

고향에 돌아온 날 밤에
내 백골이 따라와 한방에 누웠다.

어둔 **방**은 우주로 통하고
하늘에선가 소리처럼 바람이 불어온다.

어둠 속에 곱게 풍화작용하는
백골을 들여다보며
눈물짓는 것이 내가 우는 것이냐
백골이 우는 것이냐
아름다운 혼이 우는 것이냐

지조 높은 개는
밤을 새워 어둠을 짖는다.

어둠을 짖는 개는
나를 쫓는 것일 게다.

가자 가자
쫓기우는 사람처럼 가자
백골 몰래
아름다운 또 다른 고향에 가자.

─ 윤동주, 「또 다른 고향(故鄕)」─

(나)

전신이 검은 까마귀,
까마귀는 까치와 다르다.
마른 가지 끝에 높이 앉아
먼 설원을 굽어보는 저
형형한* 눈,
고독한 이마 그리고 날카로운 부리.
얼어붙은 지상에는
그 어디에도 낟알 한 톨 보이지 않지만
그대 차라리 눈밭을 뒤지다 굶어 죽을지언정
결코 **까치처럼**
인가의 안마당을 넘보진 않는다.

검을 테면
철저하게 검어라. 단 한 개의 깃털도
남기지 말고……
겨울 되자 온 세상 수북이 ㉠눈은 내려
저마다 하얗게 하얗게 분장하지만
나는
빈 가지 끝에 홀로 앉아
말없이
먼 지평선을 응시하는 한 마리
검은 까마귀가 되리라.

─ 오세영, 「자화상 · 2」─

* 형형한 : 광채가 반짝반짝 빛나며 밝은.

(다)

┌ 굳어지기 전까지 저 딱딱한 것들은 물결이었다
│ 파도와 해일이 쉬고 있는 바닷속
[A] 지느러미의 물결 사이에 끼어
└ 유유히 흘러 다니던 **무수한 갈래의 길**이었다
┌ 그물이 물결 속에서 멸치들을 떼어냈던 것이다
[B] **햇빛의 꼿꼿한 직선들** 틈에 끼이자마자
└ 부드러운 물결은 팔딱거리다 길을 잃었을 것이다
┌ 바람과 햇볕이 달라붙어 물기를 빨아들이는 동안
│ 바다의 무늬는 뼈다귀처럼 남아
│ 멸치의 등과 지느러미 위에서 딱딱하게 굳어갔
[C] 던 것이다
│ 모래 더미처럼 길거리에 쌓이고
│ 건어물집의 푸석한 공기에 풀리다가
└ 기름에 튀겨지고 접시에 담겨졌던 것이다
┌ 지금 젓가락 끝에 깍두기처럼 딱딱하게 집히는
│ 이 멸치에는
[D] 두껍고 뻣뻣한 공기를 뚫고 흘러가는
│ 바다가 있다 그 바다에는 아직도
└ 지느러미가 있고 지느러미를 흔드는 물결이 있다
┌ 이 작은 물결이
│ 지금도 멸치의 몸통을 뒤틀고 있는 이 작은 무늬가
[E] **파도**를 만들고 **해일**을 부르고
└ 고깃배를 부수고 그물을 찢었던 것이다

─ 김기택, 「멸치」─

46 (가)~(다)의 공통점으로 가장 적절한 것은?

① 영탄법을 활용하여 화자의 정서를 표출하고 있다.
② 동일한 시행의 반복을 통해 운율감을 자아내고 있다.
③ 공간의 대비를 통해 지향하는 가치를 드러내고 있다.
④ 과거에 대한 회상을 통해 그리움의 정서를 환기하고 있다.
⑤ 반어적 표현을 활용하여 현실에 대한 비판적 태도를 드러내고 있다.

47 〈보기〉를 참고하여 (가)와 (나)를 감상한 내용으로 적절하지 <u>않은</u> 것은? [3점]

[보기]

　자아 성찰의 주제를 담은 현대시에서는 시적 자아가 분열된 모습으로 등장하는 경우가 많다. (가)와 (나)의 화자는 자아 성찰을 통해 자아의 부정적인 모습과 단절하고 새로운 존재로 거듭나려 한다는 점에서 공통적이다. 하지만 (가)의 화자는 시선을 자신의 내면으로 돌려 자아의 부정적, 긍정적 면모를 발견한 후 이들을 상징적 시어로 표현하고 있고, (나)의 화자는 시선을 바깥으로 돌려 자신의 삶의 태도를 외부의 상징적 존재에 투영하여 표현하고 있다.

① (가)의 '들여다보며'에서는 '백골'로 상징화된 부정적 자아를 향한 화자의 내면의 시선을 확인할 수 있군.
② (가)의 '지조 높은 개'는 자아의 부정적인 모습과 대비되어 화자를 새로운 존재로 거듭나게 하는군.
③ (나)에서 먼 설원을 굽어보는 '형형한 눈'은 바람직한 삶을 지향하는 화자의 태도를 떠올리게 하는군.
④ (나)에서 인가의 안마당을 넘보는 '까치'는 화자가 단절하고자 하는 삶의 태도를 나타내는군.
⑤ (가)의 '방'은 화자의 어두운 내면을, (나)의 '먼 지평선'은 화자가 처한 부정적 현실을 상징하는군.

48 (나)의 ㉠에 대한 설명으로 가장 적절한 것은?

① 충만한 느낌을 통해 평온한 삶을 드러낸다.
② 본질을 가리는 속성을 통해 세상의 허위를 암시한다.
③ 색채 이미지를 통해 화자의 순결한 정신을 드러낸다.
④ 하강 이미지를 통해 화자가 연약한 존재임을 보여 준다.
⑤ 역동적 이미지를 통해 미래에 대한 화자의 소망을 나타낸다.

49 〈보기〉를 바탕으로 (다)의 시상 전개를 이해할 때, 적절하지 <u>않은</u> 것은?

[보기]

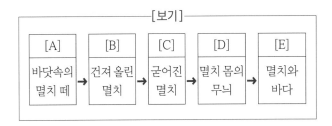

[A]	[B]	[C]	[D]	[E]
바닷속의 멸치 떼	건져 올린 멸치	굳어진 멸치	멸치 몸의 무늬	멸치와 바다

① [A]에서 멸치 떼의 유유한 움직임은 '무수한 갈래의 길'과 연결되어 바닷속의 자유로운 분위기를 보여 주고 있다.
② [B]에서 '그물', '햇빛의 꼿꼿한 직선들'은 멸치의 생명을 앗아가려는 외부 세계의 폭력성을 환기하고 있다.
③ [C]는 멸치가 본래의 속성을 잃어 가는 과정을 순차적으로 보여 주고 있다.
④ [D]는 바다 물결의 실제 움직임을 사실적으로 묘사하여 마른 멸치의 몸에 남은 무늬에 시선을 집중시키고 있다.
⑤ [E]는 '파도'와 '해일'의 움직임을 통해 멸치가 본래 지녔던 생명력을 환기하며 시상을 마무리하고 있다.

(해설편 p.091)

(가) 정(鄭)나라 어느 고을에 벼슬에 뜻이 없는 선비가 살았으니, 북곽 선생이라 했다. 나이 마흔에 손수 교정해 낸 책이 만 권이었고, 또 구경(九經)의 뜻을 풀어서 다시 지은 책이 일만 오천 권이었다. 천자가 그의 행의(行義)를 가상히 여기고, 제후가 그 이름을 사모했다.

그 고을 동쪽에는 동리자라는 미모의 과부가 있었다. 천자가 그 절개를 가상히 여기고 제후가 그 현숙함을 사모하여, 그 고을 몇 리의 땅을 봉하여 '동리과부지려(東里寡婦之閭)'라 했다. 이처럼 동리자는 수절을 잘하는 과부였다. 그런데 그녀는 아들 다섯을 두었으니, 그들은 저마다 다른 성(姓)을 지녔다.

(나) 어느 날 ㉠밤, 다섯 아들이 서로 말했다.

"강 북쪽에선 닭이 울고 강 남쪽에선 별이 반짝이는데, ㉡방 안에서 흘러나오는 말소리는 어찌 그리도 북곽 선생의 목소리를 닮았을까."

다섯 형제가 차례로 문틈으로 들여다보니, 동리자가 북곽 선생에게 청하고 있었다.

"오랫동안 선생님의 덕을 사모했사온데 오늘 밤엔 선생님의 글 읽는 소리를 듣고자 하옵니다."

북곽 선생이 옷깃을 바로잡고 점잖게 앉아서 시를 지어 읊었다.

"병풍에는 원앙새요 반딧불이는 반짝반짝,
가마솥과 세발솥은 무얼 본떠 만들었나.
흥(興)이라."

(다) 이에 다섯 아들이 서로 수군댔다.

"예법에 '과부의 문에는 함부로 들지 않는다.'고 했으니, 북곽 선생은 어진 이라 그런 일이 없을 거야."

"내 들으니, 우리 고을의 성문이 헐었는데 여우 굴이 있다고 하더군요."

"내 들으니, 여우란 놈은 천 년을 묵으면 둔갑하여 사람 시늉을 할 수 있다 하니, 저건 틀림없이 여우란 놈이 북곽 선생으로 둔갑한 것일 게다."

그러고서 함께 의논했다.

"내 들으니, 여우의 갓을 얻으면 큰 부자가 될 수 있고, 여우의 신발을 얻으면 대낮에 그림자를 감출 수 있으며, 여우의 꼬리를 얻으면 애교를 잘 부려서 누구라도 그를 좋아한다더라. 우리 저 여우를 잡아 죽여서 나눠 갖는 게 어떨까?"

(라) 이에 다섯 아들이 같이 어미의 방을 둘러싸고 쳐들어가니 북곽 선생이 크게 놀라서 도망쳤다. 사람들이 자기를 알아볼까 겁이 나 한 다리를 목덜미에 얹고 귀신처럼 춤추고 낄낄거리며 문을 나가서 내닫다가 그만 들판의 구덩이 속에 빠져버렸다. 그 ㉢구덩이에는 똥이 가득 차 있었다.

(마) 간신히 기어올라 머리를 내밀고 바라보니 한 범이 길을 막고 있었다. 범이 오만상을 찌푸리고 구역질을 하며 코를 싸쥐고 머리를 왼편으로 돌리며 한숨을 쉬고 말했다.

"어허, 유자(儒者)여! 구리도다."

북곽 선생이 머리를 조아리고 엉금엉금 기어 나와서 세 번 절하고 꿇어앉아 우러러 말했다.

"범님의 덕은 지극하시지요. 대인은 그 변화를 본받고 제왕은 그 걸음을 배우며, 자식 된 자는 그 효성을 본받고 장수는 그 위엄을 취합니다. 범님의 이름은 신룡(神龍)의 짝이 되는지라, 한 분은 바람을 일으키시고 한 분은 구름을 일으키시니, 저 같은 하토(下土)의 천한 신하는 감히 아랫자리에 서옵니다."

범이 꾸짖었다.

"내 앞에 가까이 오지 마라. 앞서 내 듣건대, 유(儒)*란 것은 유(諛)*라 하더니 과연 그렇구나. 네가 평소에 천하의 악명을 모아 망령되게 내게 덮어씌우더니, 이제 사정이 급해지자 면전에서 아첨을 떠니 누가 곧이듣겠느냐. 천하의 원리는 하나다. 범의 본성이 악한 것이라면 인간의 본성도 악할 것이요, 인간의 본성이 선한 것이라면 범의 본성도 선할 것이다."

(중략)

(바) 북곽 선생이 자리에서 물러나 한참 엎드렸다가 일어나 엉거주춤하더니, 두 번 절하고 머리를 거듭 조아리며 말했다.

"『맹자』에 이르기를, 비록 악한 사람이라도 목욕재계를 한다면 상제(上帝)라도 섬길 수 있다 하였사오니, 이 하토에 살고 있는 천한 신하가 감히 아랫자리에 서옵니다."

숨을 죽이고서 가만히 들어 보았다. 오래도록 아무런 분부가 없으므로 실로 황송키도 하고 두렵기도 하여 손을 맞잡고 머리를 조아리며 우러러보니 동녘이 밝았는데, 범은 벌써 가고 없었다.

마침 ㉣아침에 밭 갈러 온 농부가,

"선생님, 무슨 일로 이 꼭두새벽에 ㉤들판에 대고 절을 하시옵니까?"

라 물으니, 북곽 선생이 말했다.

"내 일찍이 들으니
'하늘이 높다 하되 머리 어찌 안 굽히며,
땅이 두텁다 하되 어찌 조심스레 걷지 않겠는가.'
하였네그려."

-박지원, 「호질」-

* 유(儒) : 선비.
* 유(諛) : 아첨하다.

50 (가)~(마)에 대한 설명으로 가장 적절한 것은?

① (가)와 달리 (나)에서는 인물 간의 대립 관계가 드러나 있다.

② (나)에 비해 (다)는 서술자의 서술 위주로 사건이 진행된다.

③ (다)는 (라)의 사건이 발생하도록 하는 계기를 마련해 준다.

④ (라)는 행위에 의해, (마)는 주로 대화에 의해 갈등이 해결된다.

⑤ (마)는 (가)와 구조 면에서 호응하여 작품의 완결성을 높여 준다.

51 ㉠~㉤에 대한 이해로 적절하지 <u>않은</u> 것은?

① ㉠ : 북곽 선생과 동리자의 본색이 드러나는 시간이다.

② ㉡ : 북곽 선생의 욕망이 표출되는 공간이다.

③ ㉢ : 북곽 선생의 타락을 상징하는 공간이다.

④ ㉣ : 북곽 선생의 위선을 재확인하는 시간이다.

⑤ ㉤ : 북곽 선생이 자신을 성찰하는 공간이다.

52 〈보기〉를 참고하여 (다)를 이해한 내용으로 적절하지 <u>않은</u> 것은?

─[보기]─

이 작품에서 다섯 아들은 북곽 선생을 여우로 여기고 있다. 이는 북곽 선생의 위선을 풍자하기 위하여 작가가 마련한 설정으로, 그들이 여우에 대해 하는 말과 행동은 북곽 선생의 성격과 행위를 암시한다.

① '여우가 사람 시늉을 한다'는 말은 북곽 선생이 진정한 선비가 아님을 암시한다.

② '여우의 갓을 얻으면 부자가 된다'는 말은 북곽 선생이 부를 이용하여 높은 벼슬을 얻었음을 암시한다.

③ '여우의 신발을 얻으면 그림자를 감출 수 있다'는 말은 북곽 선생이 농부 앞에서 자신의 치부를 감추는 행위를 예고한다.

④ '여우의 꼬리를 얻으면 애교를 잘 부린다'는 말은 북곽 선생이 범 앞에서 비위를 맞추려는 행위와 연결된다.

⑤ '여우를 잡아 죽이자'는 말은 북곽 선생이 봉변을 당할 것임을 시사한다.

53 (라)~(바)에 나타난 북곽 선생의 행위를 표현하는 말로 거리가 <u>먼</u> 것은?

① 자화자찬(自畵自讚)

② 감언이설(甘言利說)

③ 임기응변(臨機應變)

④ 대경실색(大驚失色)

⑤ 전전긍긍(戰戰兢兢)

── 해설편 p.097 ──

나는 미안스런 생각으로 건우 어머니가 따라 주는 술잔을 받았다. 손이 유달리 작아 보였다. 유달리 자그마한 손이 상일에 거칠어 있는 양이 보기에 더욱 안타까울 정도였다.

기어이 저녁까지 대접하겠다고 부엌으로 가 버린 뒤, 나는 건우를 앞에 두고 잔을 들면서, 그녀의 칠칠한 인사범절에 새삼 생각되는 바가 있었다.

[A]
나는 모든 것을 다시 보았다. 농삿집치고는 유난히도 말끔한 마루청, 먼지를 뒤집어쓰고 있지 않은 장독대, 울타리 너머로 보이는 길찬 장다리꽃들…… 그 어느 것 하나에도 그녀의 손이 안 간 곳이 없으리라 싶었다. 이러한 집 안팎 광경들을 통해서 나는 건우 어머니가 꽤 부지런하고 친절한 여성이라는 것을 고대 짐작할 수가 있었다. 젊음이 한창인 열아홉부터 악지 세게 혼자서 살아왔다는 것과, 어려운 가운데서도 외아들 건우를 나룻배를 태워가면서까지 먼 일류 중학에 보내고 있다는 사실, 그리고 농촌 아이라고는 믿어지지 않을 만큼 건우의 입성이 항시 깨끗했다는 사실들이 어련히 안 그러리 싶어지기도 했다. 얼핏 보아서는 어리무던한 여인 같기도 하지만 유난히 볼가진 듯한 이마라든가, 역시 건우처럼 짙은 눈썹 같은 데선 그녀의 심상치 않을 의지랄까, 정열 같은 것을 읽을 수가 있었다.

나는 술상을 물리고서, 건우의 공부방을—어머니의 방일 테지만—잠깐 들여다보았다. 사과 궤짝 같은 것에 종이를 발라 쓰는 책상 위에는 몇 권 안 되는 책들이 나란히 꽂혀 있었다. 그 가운데서 <섬 얘기>라고, 잉크로써 굵직하게 등마루에 씌어진 두툼한 책 한 권이 특별히 눈에 띄었다.

"섬 얘기? 저건 무슨 책이지?"
나는 건우를 돌아보고 물었다.
"암것도 아입니더."
"소설?"
"아입니더."
"어디 가져와 봐!"
건우는 싫어도 무가내라 뽑아 오면서,
"일기랑 또 책 같은 거 보고 적은 김더."
부끄러운 내색을 하였다.
"일기는 남의 비밀이니까 읽을 수가 없고, 어디 책 읽은 소감이나 봬 주게."

나는 책을 도로 돌렸다. 건우는 마지못해 여기저길 뒤적거리다가 한 군데를 펴 주었다. 또박또박 깨알같이 박아 쓴 글씨였다.

○○○ 여사는 어머니처럼 혼자 사시는 분이라 그런지 그분의 글에는 한결 감동되는 바가 있었다. 「내가 본 국도」 속의 한 구절―그래도 선거 때가 되면 소속 육지에서 똑딱선을 가지고 섬 백성을 모시러 오는 알뜰한 정당이 있어, 이들은 다만, 그 배로 실려 가서 실상 자기네 실생활과는 무연한 정치를 위하여 지정해 주는 기호 밑에 도장을 찍어 주고 그 배에 실려 돌아온다는 것입니다.

(중략)

건우 할아버지와 윤춘삼 씨가 들려준 조마이섬 이야기는 언젠가 건우가 써냈던 <섬 얘기>에 몇 가지 기막히는 일화가 붙은 것이었다.

"우리 조마이섬 사람들은 지 땅이 없는 사람들이오. 와 처음부터 없기싸 없었겠소마는 죄다 뺏기고 말았지요. 옛적부터 이 고장 사람들이 젖줄같이 믿어 오던 낙동강 물이 맨들어 준 우리 조마이섬은 ……."

[B]
건우 할아버지는 처음부터 개탄조로 나왔다. 선조로부터 물려받은 땅, 자기들 것이라고 믿어 오던 땅이 자기들이 겨우 철 들락말락할 무렵에 별안간 왜놈의 동척* 명의로 둔갑을 했더란 것이었다.
"이완용이란 놈이 '을사 보호 조약'이란 걸 맨들어 낸 뒤라 카더만!"
윤춘삼 씨의 통방울 같은 눈에도 증오의 빛이 이글거리기 시작했다.
1905년 ― 을사년 겨울, 일본 군대의 포위 속에서 맺어진 '을사 보호 조약'이란 매국 조약을 계기로, 소위 '조선 토지 사업'이란 것이 전국적으로 실시되던 일, 그리고 이태 후인 정미년에 가서는 "한국 정부는 시정 개선에 관하여 통감의 지도를 수할 사"란 치욕적인 조목으로 시작된 '한일 신협약'에 따라, 더욱 그 사업을 강행하고 역둔토(驛屯土)의 대부분과 삼림원야(森林原野)들을 모조리 국유로 편입시키는 등 교묘한 구실과 방법으로써 농민으로부터 빼앗은 뒤, 다시 불하*하는 형식으로 동척과 일인(日人) 수중에 옮겨 놓던 그 해괴망측한 처사들이 문득 내 머리 속에도 떠올랐다.
"쥑일 놈들."
건우 할아버지는 그렇게 해서 다시 국회의원, 다

음은 하천 부지의 매립 허가를 얻은 유력자 …… 이런 식으로 소유자가 둔갑되어 간 사연들을 죽 들먹거리더니,

"이 꼴이 되고 보니 선조 때부터 둑을 맨들고 물과 싸워 가며 살아온 우리들은 대관절 우찌 되는기요?"

그의 꺽꺽한 목소리에는, 건우가 지각을 하고 꾸중을 듣던 날 "나릿배 통학생임더." 하던 때의, 그 무엇인가를 저주하듯 한 감정이 꿈틀거리고 있는 것 같았다. ⓐ 얼마나 그들의 땅에 대한 원한이 컸던가를 가히 짐작할 수가 있었다.

-김정한, 「모래톱 이야기」-

* 동척 : 일제 강점기 '동양척식주식회사'의 준말.
* 불하 : 국가 또는 공공 단체의 재산을 개인에게 팔아넘기는 일.

54 [A]의 서술상 특징에 대한 설명으로 가장 적절한 것은?

① 공간적 배경을 활용하여 주제를 암시적으로 드러낸다.
② 일상적 소재를 열거하여 인물의 복잡한 심리를 보여 준다.
③ 서술자의 논평을 통해 인물의 성격 변화의 양상을 드러낸다.
④ 구체적 묘사와 서술자의 판단을 통해 인물의 성격을 제시한다.
⑤ 현재와 과거의 사실을 교차하여 향후 전개될 사건의 단서를 제공한다.

55 윗글에 대한 이해로 적절하지 않은 것은?

① '손'은 어머니가 고된 생활을 감당해 왔음을 알려 준다.
② '일류 중학'은 건우 모자의 불화가 교육관의 차이에서 비롯되었음을 알려 준다.
③ '책상'은 넉넉하지 못한 살림살이의 단면을 보여 준다.
④ '책 읽은 소감'은 정치 현실에 대한 건우의 관심을 드러내고 있다.
⑤ '둑'은 조마이섬 사람들의 삶의 내력을 담고 있다.

56 [B]를 〈보기〉의 시나리오로 각색했다고 할 때, 고려한 내용으로 적절하지 않은 것은?

┌─────────[보기]─────────┐

S#98. 강둑 위 (오후, 길게 펼쳐진 조마이섬 모습 후) E.L.S.*

건우 증조부 : (손에 쥔 종이를 움켜쥐고 부르르 떨며) 대명천지에 이럴 수는 없는 기다!

소년(건우 할아버지) : 이기 무신 소립니꺼? 인자 우리 땅이 아니라니요, 조마이섬이 왜놈 땅이 됐다 카는 기 무신 말씀입니꺼? (건우 증조부, 손에 쥔 종이를 갈기갈기 찢고, 집으로 달려간다. 소년 뒤따라간다.) O.L.

S#99. 나루터 선술집 (저녁)

건우 선생님 : (놀랍다는 듯이) 그러니까 일제 때 토지 조사 사업 한답시고 국유지로 편입시켰다가, 그걸 다시 팔아먹었던 거군요?

건우 할아버지 : (증오의 눈빛으로) 거서 끝이 아니라요. 아마 건우 애비 중학 졸업하던 땐가 해방 됐다 꼬 만세 부르고 와 보니, 이번엔 국회의원 손에 넘어갔다 카이.

윤춘삼 : 얼마 전부터는 하천 부지를 매립한다나 어쩐다나…….

건우 할아버지 : 오늘은 시커먼 놈들이 우르르 몰려와서는 종이 쪼각을 빼 주며 그랍디다, 섬에서 나가는 기 좋을끼라고, 내일은 결판을 낼 끼라고. (입술을 깨물었다가 무슨 결심이라도 한 듯이) 대명천지에 이럴 수는 없는 기다!

* E.L.S : 익스트림 롱 숏. 아주 멀리서 넓은 지역을 조망하는 촬영 기법.

└─────────────────────────┘

① S#98에서 조마이섬의 지형적 특징을 보여 주기 위해 멀리서 섬을 조망하는 촬영 기법을 도입해야겠어.
② S#99에서 관객의 이해를 돕기 위해 인물의 대사로 역사적 사실에 대한 정보를 전달해야겠어.
③ S#99에서 관객의 긴장을 유발하기 위해 이후 벌어질 갈등 상황을 인물의 대사 속에 넣어야겠어.
④ S#98~99에서 인물 간 갈등을 부각시키기 위해 조마이섬의 소유권 이전에 찬동하는 등장인물을 넣어야겠어.
⑤ S#98~99에서 억울한 상황이 되풀이됨을 강조하기 위해 서로 다른 인물이 동일한 특정 대사를 구사하도록 해야겠어.

57 〈보기〉를 참고하여 윗글을 감상한 내용으로 적절하지 <u>않은</u> 것은? [3점]

──────[보기]──────

「모래톱 이야기」에서 작가는 땅을 둘러싼 권력의 횡포를 비판하고 '뿌리 뽑힌 사람들'의 삶을 서술자와 등장인물을 통해 증언한다. 이 과정에서 등장인물들은 절망의 나락에 빠지지 않는 저항적 주체의 모습으로 형상화된다. 작가는 공동체의 고통에 대한 공감을 바탕으로 하여 부조리한 현실을 전달하고 증언하기 위해 서술자 '나'의 이야기를 창조하였다. 이는 작가의 적극적인 현실 참여 의식이 가미된 결과이다.

────────────────

① 건우 할아버지와 윤춘삼의 이야기에 대한 '나'의 태도로 보아, '나'의 이야기는 조마이섬 사람들에 대한 공감을 담아낸 것임을 알 수 있어.

② 조마이섬 사람들에 대한 '나'의 이야기가 건우의 <섬 얘기>와 관련된 것으로 보아, 건우는 땅의 소유권이 바뀌어 온 현실을 증언하는 인물임을 알 수 있어.

③ 건우 할아버지와 윤춘삼의 이야기가 건우의 <섬 얘기>에 원천을 두고 있는 것으로 보아, '나'의 이야기는 건우를 저항적 주체들의 중심인물로 삼고 있음을 알 수 있어.

④ '나'의 이야기가 조마이섬과 관련된 몇 가지 기막힌 일화를 다루는 것으로 보아, '나'의 이야기는 현실의 이면에 감춰진 부조리한 실상을 증언하기 위한 것임을 알 수 있어.

⑤ 건우 할아버지의 이야기가 대대로 땅을 빼앗겨 온 조마이섬 사람들에 관한 것으로 보아, '나'의 이야기는 '뿌리 뽑힌 사람들'에 대한 권력의 횡포를 비판하는 것임을 알 수 있어.

58 문맥상 ⓐ를 가장 잘 나타낸 것은?

① 각골통한(刻骨痛恨)
② 노심초사(勞心焦思)
③ 전전반측(輾轉反側)
④ 풍수지탄(風樹之嘆)
⑤ 후회막급(後悔莫及)

DAY 06

[59~61] 다음 글을 읽고 물음에 답하시오. 2016.11AB [43~45]

─── 해설편 p.104 ───

(가)

어둠은 새를 낳고, 돌을
낳고, 꽃을 낳는다.
아침이면,
어둠은 온갖 물상(物象)을 돌려주지만
스스로는 땅 위에 굴복한다.
무거운 어깨를 털고
물상들은 몸을 움직이어
노동의 시간을 즐기고 있다.
즐거운 지상의 잔치에
금(金)으로 타는 태양의 즐거운 울림.
아침이면,
세상은 개벽을 한다.

-박남수, 「아침 이미지 1」-

(나)

텔레비전을 끄자
풀벌레 소리   [A]
어둠과 함께 방 안 가득 들어온다
어둠 속에서 들으니 벌레 소리들 환하다
별빛이 묻어 더 낭랑하다
귀뚜라미나 여치 같은 큰 울음 사이에는
너무 작아 들리지 않는 소리도 있다   [B]
그 풀벌레들의 작은 귀를 생각한다
내 귀에는 들리지 않는 소리들이 드나드는
까맣고 좁은 통로들을 생각한다   [C]
그 통로의 끝에 두근거리며 매달린
여린 마음들을 생각한다
발뒤꿈치처럼 두꺼운 내 귀에 부딪쳤다가
되돌아간 소리들을 생각한다
브라운관이 뿜어낸 현란한 빛이
내 눈과 귀를 두껍게 채우는 동안   [D]
그 울음소리들은 수없이 나에게 왔다가
너무 단단한 벽에 놀라 되돌아갔을 것이다
하루살이들처럼 전등에 부딪쳤다가
바닥에 새카맣게 떨어졌을 것이다
크게 밤공기 들이쉬니
허파 속으로 그 소리들이 들어온다   [E]

허파도 별빛이 묻어 조금은 환해진다

-김기택, 「풀벌레들의 작은 귀를 생각함」-

59 (가), (나)의 '어둠'에 대한 설명으로 적절하지 않은 것은?

① (가)에서 '어둠'은 '물상'을 돌려주는 행위의 주체로 표현되고 있다.
② (나)에서 '어둠'은 '풀벌레 소리'를 도드라지게 하고 있다.
③ (가)에서는 '어둠'이 사라져 가는 시간을, (나)에서는 '어둠'이 지속되는 시간을 배경으로 삼고 있다.
④ (가)에서는 '어둠'이 물러나면서 상황이 변화하고, (나)에서는 '어둠'이 들어오면서 '방 안'의 분위기가 변화한다.
⑤ (가)에서는 '어둠'의 생산력을, (나)에서는 '어둠'의 포용력을 앞세워 '어둠'이 밝음에 순응하는 모습을 부각하고 있다.

60 (가)에 대한 이해로 가장 적절한 것은?

① '무거운 어깨를 털고'는 지상으로부터 벗어나기 위해 사물들이 몸부림치는 모습을 표현한 것이다.
② '노동의 시간을 즐기고'는 노동의 고단함을 잊기 위해 사물들이 경쾌하게 움직이는 모습을 표현한 것이다.
③ '즐거운 지상의 잔치'는 기존의 사물들이 새로 태어난 사물들을 반갑게 맞이하는 모습을 표현한 것이다.
④ '태양의 즐거운 울림'은 하늘의 태양이 지상에 있는 사물들과 서로 어울려 생기를 띠는 모습을 표현한 것이다.
⑤ '세상은 개벽을 한다'는 사물들이 새로운 형태로 변화하면서 혼란을 겪는 모습을 표현한 것이다.

61 (나)의 [A]~[E]에 대한 감상으로 적절하지 않은 것은?

① [A]에서 화자는 '텔레비전'을 끈 후 평소 관심을 두지 못했던 '풀벌레 소리'를 지각하고 있어.
② [B]에서 화자는 '큰 울음'뿐만 아니라 '들리지 않는 소리'도 존재한다는 것을 알게 됨으로써 화자의 인식 범위가 확장되고 있어.
③ [C]에서 화자는 '들리지 않는 소리'의 주체들이 화자 자신 때문에 서로 소통할 수 없게 된 것에 대해 미안함을 느끼고 있어.
④ [D]에서 화자는 자신이 의식하지 못했던 '그 울음소리들'을 떠올리며, 그 소리를 간과했던 삶을 성찰하고 있어.
⑤ [E]에서 화자는 '그 소리들'을 귀로만 듣지 않고 내면 깊숙이 받아들이고 있는 자신의 모습을 확인하고 있어.

해설편 p.109

[앞부분의 줄거리] 아들 성기가 역마살 때문에 떠돌이가 될까 봐 걱정하던 옥화는 그를 정착시키기 위해 체 장수 영감의 딸 계연과 맺어 주려 하지만, 계연이 자기 동생이라는 것을 알고는 그녀를 떠나보내기로 한다.

계연의 시뻘겋게 상기한 얼굴은, 옥화와 그의 아버지가 그들을 지켜보고 있다는 것도 잊은 듯이 성기의 얼굴만 일심으로 바라보고 있었으나, 버드나무에 몸을 기댄 성기의 두 눈엔 다만 불꽃이 활활 타오를 뿐, 아무런 새로운 명령도 기적도 나타나지 않았다.

"오빠, 편히 사시오."

하고, ⓐ거의 울음이 다 된, 마지막 목소리를 남기고 돌아선 계연의 저만치 가고 있는 항라 적삼*을, 고운 햇빛과 늘어진 버들가지와 산울림처럼 울려오는 뻐꾸기 울음 속에, 성기는 우두커니 지켜보고 있을 뿐이었다.

성기가 다시 자리에서 일어나게 된 것은 이듬해 우수(雨水)도 경칩(驚蟄)도 다 지나, 청명(淸明) 무렵의 비가 질금거릴 무렵이었다. 주막 앞에 늘어선 버들가지는 다시 실같이 푸르러지고 살구, 복숭아, 진달래 들이 골목 사이로 산기슭으로 울긋 불긋 피고 지고 하는 날이었다.

아들의 미음상을 차려 들고 들어온 옥화는 성기가 미음 그릇을 비우는 것을 보자 이렇게 물었다.

"아직도, 너, 강원도 쪽으로 가 보고 싶냐?"

"……"

성기는 조용히 고개를 돌렸다.

"여기서 장가들어 나랑 같이 살겠냐?"

"……"

성기는 역시 고개를 돌렸다.

그해 아직 봄이 오기 전, 보는 사람마다, 성기의 회춘을 거의 다 단념하곤 하였을 때 옥화는, 이왕 죽고 말 것이라면, 어미의 맘속이나 알고 가라고, 그래, 그 체 장수 영감은, 서른여섯 해 전 남사당을 꾸며 와 이 화개 장터에 하룻밤을 놀고 갔다는 자기의 아버지임에 틀림이 없었다는 것과, 계연은 그 왼쪽 귓바퀴 위의 사마귀로 보아 자기의 동생임이 분명하더라는 것을, 통정*하노라면서, 자기의 같은 왼쪽 귓바퀴 위의 검정 사마귀까지를 그에게 보여 주었다.

"나도 처음부터 영감이 '서른여섯 해 전'이라고 했을 때 가슴이 섬뜩하긴 했다. 그렇지만 설마 했지 그렇게 남의 간을 뒤집어 놀 줄이야 알았나. 하도 아슬해서

이튿날 악양으로 가 명도*까지 불러 봤더니, 요것도 남의 속을 빤히 들여다나 보는 듯이 재잘대는구나, 차라리 망신을 했지."

옥화는 잠깐 말을 그쳤다. 성기는 두 눈에 불을 켜듯한 형형한 광채를 띠고, 그 어머니의 얼굴을 쳐다보고 있었다.

"차라리 몰랐으면 또 모르지만 한번 알고 나서야 인륜이 있는듸 어쩌겠냐."

그리고 ⊙부디 어미 야속타고나 생각지 말라고, 옥화는 아들의 뼈만 남은 손을 눈물로 씻었다.

옥화의 이 마지막 하직같이 하는 통정 이야기에 의외로도 성기는 도로 힘을 얻은 모양이었다. 그 불타는 듯한 형형한 두 눈으로 천장을 한참 바라보고 있던 성기는 무슨 새로운 결심이나 하듯 입술을 지그시 깨물고 있었다.

아버지를 찾아 강원도 쪽으로 가 볼 생각도 없다, 집에서 장가들어 살림을 할 생각도 없다, 하는 아들에게 그러나, 옥화는 이제 전과 같이 고지식한 미련을 두는 것도 아니었다.

"그럼 어쩔라냐? 너 좋을 대로 해라."

"……"

성기는 아무런 말도 없이 도로 자리에 드러누워 버렸다.

그러고 나서 한 달포나 넘어 지난 뒤였다.

성기가 좋아하는 여러 가지 산나물이 화갯골에서 연달아 자꾸 내려오는 이른 여름의 어느 장날 아침이었다. 두릅회에 막걸리 한 사발을 쭉 들이켜고 난 성기는 옥화더러,

"어머니, 나 엿판 하나만 맞춰 주."

하였다.

"……"

옥화는 갑자기 무엇으로 머리를 얻어맞은 듯이 성기의 얼굴을 멍하니 바라보고 있었다.

그런 지도 다시 한 보름이나 지나, ⓑ뻐꾸기는 또다시 산울림처럼 건드러지게 울고, 늘어진 버들가지엔 햇빛이 젖어 흐르는 아침이었다. 새벽녘에 잠깐 가는 비가 지나가고, 날은 다시 유달리 맑게 갠 화개 장터 삼거리 길 위에서, 성기는 그 어머니와 하직을 하고 있었다. 갈아입은 옥양목 고의적삼에, 명주 수건까지 머리에 잘끈 동여매고 난 성기는, 새로 맞춘 새하얀 나무 엿판을 걸빵해서 느직하게 엉덩이 즈음에다 걸었다. 위 목판에는 새하얀 가락엿이 반나마 들어 있었고, 아래 목판에는 팔다 남은 이야기책 몇 권과 간단한 방물이 좀 들어 있었다.

그의 발 앞에는, 물과 함께 갈려 길도 세 갈래로 나 있었으나, 화갯골 쪽엔 처음부터 등을 지고 있었고, 동남으로 난 길은 하동, 서남으로 난 길이 구례, 작년 이맘때도 지나 그녀가 울음 섞인 하직을 남기고 체 장수 영감과 함께 넘어간 산모퉁이 고갯길은 퍼붓는 햇빛 속에 지금도 환히 장터 위를 굽이돌아 구례 쪽을 향했으나, 성기는 한참 뒤, 몸을 돌렸다. 그리하여 그의 발은 구례 쪽을 등지고 하동 쪽을 향해 천천히 옮겨졌다.

한 걸음, 한 걸음, 발을 옮겨 놓을수록 그의 마음은 한결 가벼워져, 멀리 버드나무 사이에서 그의 뒷모양을 바라보고 서 있을 어머니의 주막이 그의 시야에서 완전히 사라져 갈 무렵 해서는, 육자배기 가락으로 제법 콧노래까지 흥얼거리며 가고 있는 것이었다.

-김동리, 「역마」-

* 항라 적삼 : 명주, 모시, 무명실 따위로 된 한 겹의 윗도리.
* 통정 : 통사정. 딱하고 안타까운 형편을 털어놓고 말함.
* 명도 : 마마를 앓다가 죽은 어린 계집아이의 귀신.

62 윗글에 대한 설명으로 적절한 것은?

① 과거 장면을 삽입하여 인물들의 관계를 드러내고 있다.
② 다른 장소에서 동시에 벌어진 사건들을 병치하고 있다.
③ 의식의 흐름을 통해 사건을 요약적으로 진술하고 있다.
④ 상상적 공간을 배경으로 삼아 허구성을 강화하고 있다.
⑤ 등장인물의 독백을 직접 인용하여 내면을 보여 주고 있다.

63 ㉠은 〈보기〉 (가)의 시점으로 서술되어 있다. ㉠을 (나)의 시점으로 바꾸어 썼을 때, 가장 적절한 것은?

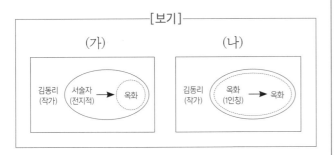

[보기]

(가)	(나)
김동리 (작가) 서술자 (전지적) → 옥화	김동리 (작가) 옥화 (1인칭) → 옥화

① 부디 나를 야속타고나 생각지 마라고, 나는 나의 뼈만 남은 손을 눈물로 씻었다.
② 부디 나를 야속타고나 생각지 마라고, 나는 아들의 뼈만 남은 손을 눈물로 씻었다.
③ 부디 나를 야속타고나 생각지 마라고, 옥화는 아들의 뼈만 남은 손으로 눈물로 씻었다.

④ "부디 나를 야속타고나 생각지 마라."라고 말하며, 나는 나의 뼈만 남은 손을 눈물로 씻었다.
⑤ "부디 어미 야속타고나 생각지 마라."라고 말하며, 엄마는 나의 뼈만 남은 손을 눈물로 씻었다.

64 ⓐ와 ⓑ에 대한 해석으로 가장 적절한 것은?

① ⓐ의 '항라 적삼'과 '고운 햇빛'은 모두 인물의 성격을 드러내고 있다.
② ⓐ의 '목소리'는 '뻐꾸기 울음'과 대조를 이루며 비극성을 약화시키고 있다.
③ ⓑ의 '햇빛'은 '유달리 맑게 갠'과 함께 분위기를 새롭게 전환하고 있다.
④ ⓑ의 '뻐꾸기'는 '화개 장터'와 연결되어 시대적 상황을 나타내고 있다.
⑤ ⓑ의 '버들가지'는 '또다시'와 연결되어 갈등이 재현될 것을 예고하고 있다.

65 〈보기〉를 참고하여, 윗글을 감상한 내용으로 적절하지 않은 것은?

[보기]

ㄱ. 김동리는 「역마」의 인물들을 통해, 운명을 수용하는 것이 운명에 패배하는 것이 아니라 세계와 조화되는 것이며, 이는 우리 민족의 전통적 삶의 방식이라고 여겼다.
ㄴ. 「역마」의 인물들이 보여 주는 생각과 행동은 적극적이지 않고 비합리적이어서, 주체적으로 자기 삶의 방향을 결정하는 현대인들이 공감하기 힘들다는 비판이 있다.

① ㄱ에 따르면, 성기와 계연의 이별 장면은 한국인의 전통적 삶의 방식을 보여 주는 장면이군.
② ㄱ에 따르면, 엿장수가 되어 떠나는 성기의 행동은 세계와 조화를 이루는 행동이군.
③ ㄴ에 따르면, 성기를 떠난 계연은 전통적 인물이면서도 삶의 방향을 스스로 결정하는 주체적인 인물이군.
④ ㄴ에 따르면, 명도를 불러 보고 그가 한 말을 받아들이는 옥화는 비합리적인 인물이군.
⑤ ㄴ에 따르면, 하동 쪽으로 발을 옮겨 놓는 성기는 소극적 삶의 자세를 보여 주는 인물이군.

—— 해설편 p.115 ——

(가)

비로봉 상상두(上上頭)의 올라 보니 긔 뉘신고
동산(東山) 태산(泰山)이 어ᄂᆞ야 놉돗던고
㉠노국(魯國) 조븐 줄도 우리ᄂᆞ 모르거든
넙거나 넙은 천하 엇찌ᄒᆞ야 젹닷 말고
㉡어와 뎌 디위를 어이ᄒᆞ면 알 거이고
오ᄅᆞ디 못ᄒᆞ거니 ᄂᆞ려가미 고이ᄒᆞᆯ가
원통골 ᄀᆞᄂᆞ 길로 사자봉을 ᄎᆞ자가니
그 알픠 너러바회 화룡(化龍)쇠 되여셰라
천 년 노룡(老龍)이 구비구비 서려 이셔
주야의 흘녀내여 창해(滄海)예 니어시니
㉢풍운(風雲)을 언제 어더 삼일우(三日雨)를 디련ᄂᆞᆫ다
음애(陰崖)예 이온 플을 다 살와 내여ᄉᆞ라
㉣마하연(摩訶衍) 묘길상(妙吉祥) 안문(雁門)재 너머 디여

[A]
　외나모 ᄲᅥ근 ᄃᆞ리 불정대(佛頂臺) 올라ᄒᆞ니
　천심(千尋) 절벽을 반공(半空)애 셰여 두고
　은하수 한 구비를 촌촌이 버혀 내여
　실ᄀᆞ티 플텨이셔 뵈ᄀᆞ티 거러시니

도경(圖經) 열두 구비 내 보매ᄂᆞ 여러히라
이적선(李謫仙)이 이제 이셔 고텨 의논ᄒᆞ게 되면
여산(廬山)이 여긔도곤 낫단 말 못ᄒᆞ려니
산중을 미양 보랴 동해로 가쟈ᄉᆞ라
㉤남여(籃輿) 완보(緩步)ᄒᆞ야 산영루(山映樓)의 올나ᄒᆞ니
영롱벽계(玲瓏碧溪)와 수성제조(數聲啼鳥)ᄂᆞ 이별을 원(怨)ᄒᆞᄂᆞᆫ 듯

-정철, 「관동별곡」-

(나)

얼마 후 검은 안개가 몰려오더니 서쪽에서 동쪽으로 산등성이를 휘감았다. 나는 괴이하게 여겼지만, 이곳에까지 와서 한라산의 진면목을 보지 못한다면 이는 바로 산을 쌓는 데 아홉길의 흙을 쌓고도 한 삼태기의 흙을 얹지 못해 완성하지 못하는 것이 되어, 섬사람들의 웃음거리가 되지 않을까 하는 생각이 들었다.

마음을 굳게 먹고 곧장 수백 보를 전진해 북쪽 가의 오목 한곳에 당도하여 굽어보니, 상봉이 여기에 이르러 갑자기 가운데가 터져 구덩이를 이루었는데 이것이 바로 백록담이었다. 주위가 1리 남짓하고 수면이 담담한데 반은 물이고 반은 얼음이었다. 홍수나 가뭄에도 물이 줄거나 불지 않는데, 얕은 곳은 무릎에, 깊은 곳은 허리에

찼으며 맑고 깨끗하여 조금의 먼지기운도 없으니 은연히 신선이 사는 듯하였다. 사방을 둘러싼 봉우리들도 높고 낮음이 모두 균등하니 참으로 천부의 성곽이었다.

석벽에 매달려 백록담을 따라 남쪽으로 내려가다가 털썩 주저앉아 잠깐 휴식을 취했다. 일행은 모두 지쳐서 남은 힘이 없었지만 서쪽의 가장 높은 봉우리가 최고봉이었으므로 조심스럽게 조금씩 올라갔다. 그러나 따라오는 자는 겨우 세 명뿐이었다.

[B]
　최고봉은 평평하게 퍼지고 넓어서 그리 아찔해 보이지는 않았으나, 위로는 별자리에 닿을 듯하고 아래로는 세상을 굽어보며, 좌로는 부상(扶桑)*을 돌아보고 우로는 서쪽 바다를 접했으며, 남으로는 소주와 항주를 가리키고 북으로는 내륙을 끌어당기고 있었다. 그리고 옹기종기 널려 있는 섬들이 큰 것은 구름 조각 같고 작은 것은 달걀 같아 놀랍고 괴이한 것들이 천태만상이었다.

『맹자』의 "바다를 본 자에게는 다른 물이 물로 보이지 않으며 태산에 오르면 천하가 작게 보인다."라는 말에 담긴 성현의 역량을 이로써 가히 상상할 수 있다. 또 소동파에게 당시에 이 산을 먼저 보게 하였다면 그의 이른바, "허공에 떠 바람을 다스리고 신선이 되어 하늘에 오른다."라는 시구가 적벽에서만 알맞지는 않았을 것이다.

이어서 "낭랑하게 읊조리며 축융봉을 내려온다."라는 주자의 시구를 읊으며 백록담 가로 되돌아오니, 하인들이 이미 정성스럽게 밥을 지어 놓았다.

-최익현, 「유한라산기」-

* 부상 : 해가 뜨는 동쪽 바다.

66 ㉠~㉤에 대한 이해로 가장 적절한 것은?

① ㉠ : 여행에 대한 경륜과 많은 지식을 가지고 있음을 반어적으로 표현하고 있다.

② ㉡ : 정치적 포부를 펼칠 만큼 높은 지위에 이르지 못한 데 대한 불만을 우회적으로 드러내고 있다.

③ ㉢ : 자신에게 험난한 역경이 다가오고 있음을 자연현상에 비유하여 표현하고 있다.

④ ㉣ : 거쳐 온 곳을 열거하면서 행위를 나타내는 서술어를 최소화하여 여정을 압축적으로 표현하고 있다.

⑤ ㉤ : 이동하는 모습을 과장되게 묘사하여 자신의 권위를 강조하고 있다.

67 (나)에 대한 설명으로 적절하지 <u>않은</u> 것은?

① 기상 상황이 좋지 않음에도 불구하고 등정을 계속하려는 이유를 제시하고 있다.

② 객관적인 사실에 자신의 소감을 추가하여 백록담의 모습을 나타내고 있다.

③ 일행 중 낙오한 이들이 있었음을 밝혀 등정 과정이 힘들었음을 드러내고 있다.

④ 최고봉에서 백록담으로 내려오는 과정을 등정 과정에 비해 간략하게 제시하고 있다.

⑤ 시구를 낭송하는 모습을 통해 등정 과정에서 있었던 일행들 사이의 갈등이 해소되었음을 함축적으로 표현하고 있다.

68 〈보기〉는 (가) 작품의 다른 부분이다. 〈보기〉와 [A], [B]를 비교한 내용으로 가장 적절한 것은?

―――――――[보기]―――――――

천근(天根)을 못내 보와 망양정(望洋亭)의 올은말이
바다 밧근 하늘이니 하늘 밧근 므서신고
굿득 노흔 고래 뉘라셔 놀내관디
블거니 쑴거니 어즈러이 구는디고
은산(銀山)을 것거 내여 육합(六合)의 누리는 둣
오월(五月) 장천(長天)의 백설(白雪)은 므스 일고

① [A]와 〈보기〉는 모두 자연이 시간의 흐름에 따라 변화하는 모습을 표현하고 있다.

② [A]는 지상의 자연물을 천문 현상에 비유하고, 〈보기〉는 천문 현상을 지상의 자연물에 비유하고 있다.

③ [B]와 〈보기〉는 모두 인간의 접근을 허용하지 않는 자연의 냉혹함을 드러내고 있다.

④ [B]는 자연물을 의인화하여 제시하고, 〈보기〉는 자연물의 움직임을 비유적으로 표현하고 있다.

⑤ [A]와 [B]에서는 자연의 모습을 관조하고 있고, 〈보기〉에서는 자연을 통해 자신을 반성하고 있다.

69 〈보기〉를 참조하여 (가), (나)를 감상한 내용으로 적절하지 <u>않은</u> 것은? [3점]

―――――――[보기]―――――――

선비들의 산수 유람에는 와유(臥遊)와 원유(遠遊)가 있다. 와유는 일상에서 산수화나 산수 유람의 글 등을 감상하며 국내외의 여러 경치를 간접적인 방식으로 즐기는 것을 말한다. 이와 달리 원유는 이름난 경치를 직접 찾아가 실제의 자연을 즐기는 흔치 않은 체험으로, 유교에서 강조하는 호연지기를 기르는 기회가 되기도 하였다.

① (가)의 화자가 '화룡소'를 보고 감상한 부분은 다른 이들이 같은 장소를 와유할 때 활용될 수 있겠군.

② (가)의 화자는 와유를 통해 상상하던 '여산'의 모습과 원유를 통해 실제로 바라본 '여산'의 모습을 비교하며 와유의 가치를 확인하고 있군.

③ (나)의 글쓴이는 원유를 통해 '백록담'에서 실감한 자연의 형세를 묘사하고 있군.

④ (나)의 글쓴이가 정상에 올라 '성현'의 호연지기를 상상하는 데서 원유가 호연지기를 기르는 기회가 될 수 있음을 알 수 있군.

⑤ (나)의 글쓴이는 '소동파'의 시를 통해 와유했던 적벽의 모습과 원유를 통해 확인한 한라산의 모습을 비교하여 한라산의 아름다움을 강조하고 있군.

DAY 07

[70~75] 다음 글을 읽고 물음에 답하시오.
2009.11 [28~33]

───── (해설편 p.123)

(가)

님은 갔습니다. **아아,** 사랑하는 나의 님은 갔습니다.

푸른 산빛을 깨치고 단풍나무 숲을 향하여 난 작은 길을 걸어서, 차마 떨치고 갔습니다.

황금의 꽃같이 굳고 빛나던 옛 맹서는 **차디찬 티끌이** 되어서 한숨의 미풍에 날아갔습니다.

날카로운 첫 키스의 추억은 나의 운명의 지침을 돌려 놓고, 뒷걸음쳐서 사라졌습니다.

나는 향기로운 님의 말소리에 귀먹고, **꽃다운 님의 얼굴**에 눈멀었습니다.

사랑도 사람의 일이라, 만날 때에 미리 떠날 것을 염려하고 경계하지 아니한 것은 아니지만, 이별은 뜻밖의 일이 되고, 놀란 가슴은 새로운 슬픔에 터집니다.

그러나 이별을 쓸데없는 **눈물의** 원천을 만들고 마는 것은 스스로 사랑을 깨치는 것인 줄 아는 까닭에, ㉠걷잡을 수 없는 슬픔의 힘을 옮겨서 새 희망의 정수박이에 들어부었습니다.

우리는 만날 때에 떠날 것을 염려하는 것과 같이, 떠날 때에 **다시 만날 것**을 믿습니다.

아아, 님은 갔지마는 나는 님을 보내지 아니하였습니다.

ⓐ제 곡조를 못 이기는 사랑의 노래는 님의 침묵을 휩싸고 돕니다.

－한용운, 「님의 침묵」－

(나)

크낙산 골짜기가 온통
연록색으로 부풀어 올랐을 때
그러니까 신록이 우거졌을 때
그곳을 지나가면서 나는
미처 몰랐었다

뒷절로 가는 길이 온통
주황색 단풍으로 물들고 나뭇잎들
무더기로 바람에 떨어지던 때
그러니까 낙엽이 지던 때도
그곳을 거닐면서 나는
느끼지 못했었다

이렇게 한 해가 다 가고
눈발이 드문드문 흩날리던 날
앙상한 대추나무 가지 끝에 매달려 있던
㉡나뭇잎 하나
문득 혼자서 떨어졌다

저마다 한 개씩 돋아나
여럿이 모여서 한여름 살고
마침내 저마다 한 개씩 떨어져
그 많은 나뭇잎들
사라지는 것을 보여 주면서

－김광규, 「나뭇잎 하나」－

(다)

삼경에 못 든 잠을 사경 말에 비로소 들어
상사(相思)하던 우리 님을 꿈 가운데 해후하니
시름과 한(恨) 못다 일러 한바탕 꿈 흩어지니
아리따운 고운 얼굴 곁에 얼핏 앉았는 듯
어화 아뜩하다 꿈을 생시 삼고지고
잠 못 들어 탄식하고 바삐 일어나 바라보니
구름산은 첩첩하여 천리몽(千里夢)을 가려 있고
흰 달은 창창하여 두 마음을 비추었다
좋은 기약 막혀 있고 세월이 하도 할사
엊그제 꽃이 버들 곁에 붉었더니
그 결에 훌훌하여* 잎에 가득 가을 소리라
새벽 서리 지는 달에 외기러기 슬피 울 제
반가운 님의 소식 행여 올까 바라더니
아득한 구름 밖에 빈 소리뿐이로다
지리하다 이 이별이 언제면 다시 볼까
어화 내 일이야 나도 모를 일이로다
이리저리 그리면서 어이 그리 못 가는고
약수(弱水)* 삼천 리 멀단 말이 이런 곳을 일렀구나
산 머리에 조각달 되어 님의 낯에 비추고자 ┐
바위 위에 오동 되어 님의 무릎 베고자 │
빈산에 잘새 되어 북창(北窓)에 가 울고자 │ [A]
지붕 위 아침 햇살에 제비 되어 날고지고 │
옥창(玉窓)의 앵두화에 나비 되어 날고지고 ┘
태산이 평지 되도록 금강이 다 마르도록
평생 슬픈 회포 어디에 견주리오

－작자 미상, 「춘면곡(春眠曲)」－

* 훌훌하여: 시간이 빨리 지나가서.
* 약수: 신선이 사는 땅에 있다는 강 이름.

70 (가)~(다)의 공통점으로 가장 적절한 것은?

① 과거의 상황을 환기하며 화자의 정서를 드러낸다.
② 자연의 변화를 표현하여 화자의 미래를 암시한다.
③ 감각적 이미지를 활용하여 시적 대상을 예찬한다.
④ 관조적인 자세로 대상이 지닌 의미를 새롭게 발견한다.
⑤ 섬세하고 부드러운 어조로 애상적 분위기를 고조시킨다.

71 ㉠과 ㉡에 대한 설명으로 가장 적절한 것은?

① ㉠과 ㉡에서는 시상이 확산되고 있다.
② ㉠과 ㉡ 모두 감정을 직설적으로 표출하고 있다.
③ ㉠은 ㉡과 달리 화자의 의지가 투영되어 있다.
④ ㉡은 ㉠에 비해 역동적인 느낌이 두드러진다.
⑤ ㉠은 사실의 기술이, ㉡은 관념의 표현이 부각된다.

72 (가)와 (다)를 대응시켜 감상한 내용으로 적절하지 않은 것은?

① (가)의 첫 번째 '아아'와 (다)의 두 번째 '어화'는 부정적 상황에 대한 비탄의 표현으로 볼 수 있군.
② (가)의 '차디찬 티끌'과 (다)의 '새벽 서리'는 허무하게 깨진 인연을 상징한다는 점에서 통하네.
③ (가)의 '꽃다운 님의 얼굴'과 (다)의 '아리따운 고운 얼굴'은 화자가 사랑하는 대상의 모습을 나타내고 있어.
④ (가)의 '눈물'과 (다)의 '시름과 한'은 이별로 인해 생겨난 슬픔이라 할 수 있어.
⑤ (가)의 '다시 만날 것'과 (다)의 '좋은 기약'은 '님'과 만나고 싶은 소망과 관련되겠군.

73 〈보기〉를 바탕으로 @를 이해한 내용으로 가장 적절한 것은?

[보기]

「님의 침묵」에서 '노래'와 '침묵'은 화자와 '님'의 관계를 이해하는 데 핵심이 되는 시어이다. 한용운은 시 「반비례」에서 "당신이 노래를 부르지 아니하는 때에 당신의 노랫가락은 역력히 들립니다그려/당신의 소리는 침묵이에요"라고 했다. 침묵이라는 부재의 상태에서 '님'의 실재를 본 것이다. 화자는 '님'을 향해 '노래'를 부르는데, 시 「나의 노래」에서 "나의 노래가 산과 들을 지나서 멀리 계신 님에게 들리는 줄"을 안다고 했다. 이는 화자가 자신의 노래에 '님'과 근원적으로 소통할 수 있는 힘을 부여한 것으로 볼 수 있다.

① 노래가 제 곡조를 못 이긴다는 것은 '님'이 침묵하는 상황을 화자가 감당하지 못한다는 뜻이야.
② 노래가 '님'의 침묵을 휩싸고 돈다는 것은 화자가 부재 속에 실재하는 '님'과 깊이 교감한다는 뜻이야.
③ '나의 노래'가 산과 들을 지나서 멀리 나아간다고 한 데서 '사랑의 노래'가 자연 친화적임을 알 수 있어.
④ 침묵을 휩싸고 도는 노래가 '사랑의 노래'라는 것은 침묵이 끝나야 사랑이 비로소 시작되리라는 것을 말하고 있어.
⑤ 침묵하는 '님'에게서 노랫가락을 역력히 듣는다는 데서 '사랑의 노래'가 화자의 노래가 아니라 '님'의 노래임을 알 수 있어.

74 (나)에 대한 설명으로 적절하지 <u>않은</u> 것은? [3점]

① 1연, 2연에서 유사한 구조의 문장을 사용함으로써 대상의 의미를 깨닫지 못했던 화자의 모습을 강조하고 있다.

② 1~3연에서 '골짜기'→'길'→'대추나무'→'나뭇잎 하나'로 시적 대상이 바뀌면서 화자와 대상의 거리가 가까워지고 있다.

③ 1~4연에서 '그러니까', '문득', '마침내'와 같은 부사는 독자로 하여금 화자의 인식에 주목하게 하고 있다.

④ 4연에서 '저마다 한 개씩'이라는 시구를 반복함으로써 세상과 화합할 수 없는 존재의 고뇌를 강조하고 있다.

⑤ 4연에서 화자는 생성에서 소멸에 이르는 자연물의 변화 과정을 통해 인간의 삶을 이해하고 있다.

75 〈보기〉를 참고하여 [A]를 감상한 내용으로 적절하지 <u>않은</u> 것은?

─[보기]─

시조나 가사에는, 임과 헤어져 있는 화자가 어떤 특정한 자연물로 다시 태어나서 임의 곁에 머물고 싶다는 진술이 흔히 나타난다. 이러한 진술은 화자의 소망을 강조하기 위한 관습적 표현인데, 그 속에는 당대인들의 세계관이 투영되어 있다. 인간과 자연이 깊은 관련을 맺으며 조화를 이룬다는 인식, 현세의 인연이 후세로 이어질 수 있다는 순환적 인식 등이 그것이다. 시가에 담긴 이러한 인식은 화자가 현실의 고난이나 결핍을 극복하는 데 도움을 준다.

① 관습적인 표현을 활용한 것은 개인적 정서를 보편적인 것으로 느끼게 하는 데 효과적이었겠어.

② 비슷한 의미 구조를 지니는 구절을 거듭 제시함으로써 화자의 소망이 간절함을 강조하고 있어.

③ '오동', '제비', '나비' 등이 사용된 데서, 인간과 자연이 관련되어 있다는 화자의 인식을 엿볼 수 있어.

④ '조각달'이나 '잘새' 같은 소재에는 '님'과 함께 크고 넓은 세계로 도약하려는 화자의 희망이 담겨 있어.

⑤ 자연물로 변해서라도 '님'과 만나려 하는 것을 보니 화자가 '님'과 만나기 어려운 상황에 놓여 있음을 알 수 있어.

(해설편 p.133)

[앞부분의 줄거리] 화랑도를 숭상하는 '유종'과 당나라를 숭상하는 '금지'는 내심 서로 못마땅해한다. 이런 가운데 '금지'는 아들 '금성'과 '유종'의 딸 '주만'과의 혼사를 진행하려 한다.

설령 금성이가 출중한 재주와 인물을 갖추었다 하더라도 유종은 이 혼인을 거절할밖에 없었으리라. 첫째로 금지는 당학파의 우두머리가 아니냐. 나라를 좀먹게 하는 그들의 소위만 생각해도 뼈가 저리거든 그런 가문에 내 딸을 들여보내다니 될 뻔이나 한 수작인가. 도대체 당학*이 무에 그리 좋은고. 그 나라의 바로 전 임금인 당명황(唐明皇)만 하더라도 양귀비란 계집에게 미쳐서 정사를 다스리지 않은 탓에 필경 안녹산(安祿山)의 난을 빚어 내어 오랑캐의 말굽 아래 그네들의 자랑하는 장안이 쑥밭을 이루고 천자란 빈 이름뿐, 촉나라란 두메 속에 오륙 년을 갇히어 있지 않았는가. 금지가 당대 제일 문장이라고 추어올리는 이백이만 하더라도 제 임금이 성색에 빠져 헤어날 줄을 모르는 것을 죽음으로 간하지는 못할지언정 몇 잔 술에 감지덕지해서 그 요망한 계집을 칭찬하는 글을 지어 도리어 임금을 부추겼다 하니 우리네로는 꿈에라도 생각 밖이 아니냐. ⓐ그네들의 한문이란 난신적자를 만들어 내기에 꼭 알맞은 것이거늘 이것을 좋아라고 배우려 들고 퍼뜨리려 드니 참으로 한심한 노릇이 아니냐. 이 당학을 그대로 내버려 두었다가는 우리나라에도 오래지 않아 큰 난이 일어날 것이요, 난이 일어난다면 누가 감당해 낼 자이랴.

"한 나이나 젊었더면!"

유종은 이따금 시들어 가는 제 팔뚝의 살을 어루만지면서 한탄한다. 몇 해 전만 해도 자기와 뜻을 같이하는 이가 조정에 더러는 있었지만 어느 결엔지 하나씩 둘씩 없어지고 인제는 ⓑ무 밑둥과 같이 동그랗게 자기 혼자만 남았다. 속으로는 그의 주의에 찬동하는 이가 없지도 않으련만 당학파의 세력에 밀리어 감히 발설을 못 하는지 모르리라. 지금이라도 젊은이 축 속으로 뛰어 들어가면 동지를 얼마든지 찾아낼는지 모르리라. 아직도 이 나라의 명맥이 끊어지지 않은 다음에야 방방곡곡을 뒤져 찾으면 몇천 명 몇만 명의 화랑도를 닦는 이를 모을 수 있으리라. 그러나 아들이 없는 그는 젊은이와 접촉할 기회조차 없었다. 이런 점에도 그는 아들이 없는 것이 원이 되고 한이 되었다. ⓒ이 늙은 향도(香徒)에게 남은 오직 하나의 희망은 자기의 주의 주장에 공명하는 사윗감을 구하는 것이었다. 벌써 수년을 두고 ⓓ그럴 만한 인물을 내심으로 구해 보았지만 그리 쉽사리 눈에 뜨이지 않았다. 고르면 고를수록 사람 구하기란 하늘에 별따기보담 더 어려웠다. 유종은 기대고 있던 서안에서 쭉 미끄러지는 듯이 털요 바닥 위에 누웠다. 금지의 청혼을 그렇게 거절한 다음에는 하루바삐 사윗감을 구해야 된다. 금지로 하여금 다시 입을 열지 못 하도록 ⓔ다른 데 정혼을 해 놓아야 한다. 그러면 신라를 두 손으로 떠받들고 나아갈 인물이 누가 될 것인가. 삼한 통일 당년의 늠름하고 씩씩한 기풍(氣風)이 당학에 지질리고 문약(文弱)에 흐르는 이 나라를 바로잡을 인물이 누가 될 것인가.

[중략 부분의 줄거리] '유종'이 사위를 구하는 가운데, '주만'이 부여의 천민 석공 '아사달'을 사모하고 있음이 알려진다. 한편 '아사달'은 자신을 찾아온 아내 '아사녀'가 끝내 자신을 만나지 못하고 그림자못에서 죽은 사실을 알게 되자, 그 못 둑에서 '아사녀'를 그리워하는 마음을 돌에 담아 새겨 내는 작업에 몰입한다.

그러나 어느 결엔지 아사녀의 환영은 깜박 사라져 버렸다. 아까까지는 어렴풋이라도 짐작되던 그 흔적마저 놓치고 말았다. 아무리 눈을 닦고 돌 얼굴을 들여다보았으나 눈매까지는 그럴싸하게 드러났지마는 그 아래로는 캄캄한 밤빛이 쌓인 듯 아득할 뿐. 돌을 들여다보면 볼수록 골머리만 부질없이 힝힝 내어 둘리었다. 그러자 문득 그 돌 얼굴이 굼실 움직이는 듯하며 주만의 얼굴이 부시도록 선명하게 살아났다. 마치 어젯밤의 아사녀의 환영 모양으로.

[A]
┌ 그 눈동자는 띠룩띠룩 애원하듯 원망하듯 자기를 쳐다보는 것 같다.
│ "이 돌에 나를 새겨 주세요. 네, 아사달님. 네, 마지막 청을 들어주세요."
└ 그 입술은 달싹달싹 속살거리는 것 같다.

아사달은 정을 쥔 채로 머리를 털고 눈을 감았다. 돌 위에 나타난 주만의 모양은 그의 감은 눈시울 속으로 기어들어 오고야 말았다. 이 몇 달 동안 그와 지내던 가지가지 정경이 그림등 모양으로 어른어른 지나간다. 초파일 탑돌이할 때 맨 처음으로 마주치던 광경, 기절했다가 정신이 돌아날 제 코에 풍기던 야릇한 향기, 우레가 울고 악수가 쏟아질 적 불꽃을 날리는 듯한 그 뜨거운 입김들……. 아사달은 고개를 또 한 번 흔들었다. 그제야 저 멀리 돈짝만 한 아사녀의 초라한 자태가 아른거린다. 주만의 모양을 구름을 헤치고 둥둥 떠오르는 햇발과 같다 하면, 아사녀는 샐녘의 하늘에 반짝이는 별만 한 광채밖에 없었다.

[B] ┌ 물동이를 이고 치마꼬리에 그 빨간 손을 씻으며
      배시시 웃는 모양, 이별하던 날 밤 그린 듯이 도사
      리고 남편을 기다리던 앉음앉음, 일부러 자는 척하
      던 그 가늘게 떨던 눈시울, 버드나무 그늘에서 숨기
    └ 던 눈물들…….

　아사달의 머리는 점점 어지러워졌다. 아사녀와 주만
의 환영도 흔들린다. 휘술레를 돌리듯 핑핑 돌다가 소용
돌이치는 물결 속에서 조각조각 부서지는 달그림자가
이내 한 곳으로 합하듯이, 두 환영은 마침내 하나로 어우
러지고 말았다. 아사달의 캄캄하던 머릿속도 갑자기 환
하게 밝아졌다. 하나로 녹아들어 버린 아사녀와 주만의
두 얼굴은 다시금 거룩한 부처님의 모양으로 변하였다.
　아사달은 눈을 번쩍 떴다. 설레던 가슴이 가을 물같이
맑아지자, 그 돌 얼굴은 세 번째 제 원불(願佛)로 변하였
다. 선도산으로 뉘엿뉘엿 기우는 햇발이 그 부드럽고 찬
란한 광선을 던질 제 못물은 수멀수멀 금빛 춤을 추는데
흥에 겨운 마치와 정 소리가 자지러지게 일어나 저녁나
절의 고요한 못 둑을 울리었다.
　새벽만 하여 한가위 밝은 달이 홀로 정 자리가 새로운
돌부처를 비칠 제 정 소리가 그치자 은물결이 잠깐 헤쳐
지고 풍하는 소리가 부근의 적막을 한순간 깨트렸다.

-현진건, 「무영탑」-

* 당학 : 당나라의 학문.

76 윗글에 대한 설명으로 가장 적절한 것은?

① 인물의 의식이 내적 갈등에 초점을 둔 서술 방식을 통
해 드러나고 있다.
② 인물들 간의 대화를 통해 특정 인물의 생각과 행동을
희화화하고 있다.
③ 미래에 대한 낙관적 전망이 신분이 낮은 인물의 발언을
통해 제시되고 있다.
④ 물신주의에 빠진 세태가 탈속적 세계를 지향하는 인물
의 비판을 통해 제시되고 있다.
⑤ 권력과 사랑을 동시에 쟁취하여 신분 상승을 도모하는
소외된 개인의 욕망이 구체적인 일화를 통해 드러나고
있다.

77 ㉠~㉤에 대한 이해로 적절하지 않은 것은?

① ㉠은 신라를 '문약'하게 하는 요인으로 '유종'이 인식하
고 있는 대상이다.
② ㉡은 '유종'의 외로운 처지를 보여 주는 비유이다.
③ ㉢은 현재의 주류적 '기풍'을 거부하는 '유종'을 지칭하
는 표현이다.
④ ㉣은 '유종'이 자신의 이상을 실현하기 위해 원하는 대
상이다.
⑤ ㉤은 '유종'이 자신과 대립하는 세력과의 연대를 위한
방도이다.

78 [A], [B]에 대한 분석으로 가장 적절한 것은?

① [A]에는 떠나는 '아사달'에 대한 '주만'의 걱정이 나타나
있다.
② [B]에는 '아사달'과 '아사녀'의 이별의 원인이 제시되어
있다.
③ [B]에는 훗날의 만남에 대한 '아사달'과 '아사녀'의 기약
이 나타나 있다.
④ [A]와 [B] 모두에서, 이별한 대상인 '주만'과 '아사녀'
를 잊고자하는 '아사달'의 의지가 직접적으로 드러나
있다.
⑤ [A]의 '주만'의 모습과 [B]의 '아사녀'의 모습은 모두
'아사달'이 그들의 환영을 보는 방식으로 제시되어
있다.

79 〈보기〉를 바탕으로 윗글을 감상한 내용으로 적절하지 않은 것은?

─────[보기]─────

「무영탑」은 작가 현진건의 예술관, 민족주의적 태도, 현실 인식 등을 드러낸 작품이다. 이 작품은 석가탑 조성에 얽힌 인물들의 이야기를 펼쳐 내면서 숭고한 예술적 성취의 과정을 잘 보여 준다. 이러한 예술적 성취는 석공 아사달이 자신의 고뇌를 극복하며 예술품을 만들어 가는 과정, 특히 사랑과 예술혼이 하나로 융합되어 신앙의 궁극이라는 새로운 경지에 이르는 데에서 잘 드러난다.

① '유종'이 '이백'을 칭송하는 '금지'를 비판하고 화랑도 사윗감을 구하려 하는 장면에서, 작가의 민족주의적 태도를 엿볼 수 있군.
② '아사달'이 '아사녀'의 환영을 돌에 담아내려고 하는 장면에서, 주인공의 사랑과 예술혼을 융합해 내려는 작가의 의도를 엿볼 수 있군.
③ '금지'와 같은 '당학파'를 '나라를 좀먹게 하는' 집단으로 간주하는 장면에서, 외세를 추종하는 현실을 비판하려는 작가의 태도를 엿볼 수 있군.
④ '아사녀'와 '주만'의 환영이 하나로 어우러져 '부처님의 모양'으로 변한 장면에서, 신앙의 세계로 나아갈 수 없어 절망하는 인물의 내면이 나타나 있군.
⑤ '아사달'이 '아사녀'를 '별만 한 광채'로, '주만'을 '떠오르는 햇발'로 떠올리며 갈등하는 장면에서, 새로운 예술적 경지에 이르는 과정에서 빚어진 '아사달'의 고뇌가 드러나 있군.

80 〈보기〉를 참고하여 윗글을 이해한 내용으로 적절하지 않은 것은? [3점]

─────[보기]─────

아사달과 아사녀의 이야기는 조선 후기의 설화 (「서석가탑」)뿐만 아니라, 현진건의 기행문(「고도 순례 경주」, 1929)과 그의 소설(「무영탑」, 1939)에도 나타난다.

[자료 1]

불국사 창건 시 당나라에서 온 석공에게 아사녀라는 여인이 있었다. 아사녀가 갑자기 와서 석공과 만나기를 요구하였으나, 큰 공사가 끝나지 않았고 아사녀가 비루한 몸이라는 이유로 허락되지 않았다. 다음날 아침 아사녀가 남서쪽 십리쯤에 있는 연못을 내려다보면 석공이 보일 듯하여, 가서 살펴보니 정말 석공의 모습이 비쳤다. 그러나 탑의 그림자는 비치지 않았다. 그래서 무영탑이라 불렀다.
–「서석가탑」–

[자료 2]

제 환상에 떠오른 사랑하는 아내의 모양은 다시금 거룩한 부처님의 모양으로 변하였다. 그는 제 예술로 죽은 아내를 살리고 아울러 부처님에게까지 천도(薦度)하려 한 것이다. 이 조각이 완성되면서 자기 역시 못 가운데 몸을 던져 아내의 뒤를 따랐다. 불국사 남서방에 영지(影池)란 못이 있으니 여기가 곧 아사녀와 당나라 석공이 빠져 죽은 데다.
–현진건, 「고도 순례 경주」–

① 윗글은 [자료 1]과 같은 설화를 차용하여 소설로 변용한 모습을 확인할 수 있는 작품이군.
② 윗글은 [자료 2]처럼 '아내'의 죽음을 종교적 상징으로 승화하고 있는 관점을 이어 간 작품이군.
③ 윗글은 [자료 1]과 [자료 2]의 이야기에 '유종'과 '주만' 등의 서사를 추가하고 있군.
④ 윗글과 [자료 2]의 '못'은 [자료 1]의 '연못'이 부부간의 비극적인 사랑 이야기를 환기하는 공간으로 변용된 것이군.
⑤ 윗글의 '새로운 돌부처' 형상에 석공의 얼굴이 새겨진 것은 윗글이 [자료 1]과 [자료 2]의 서사 모티프를 이어받은 것으로 볼 수 있군.

—————————— (해설편 p.141)

"사부는 어느 곳으로부터 오셨나이까?"

노승이 웃으며 대답하기를,

"평생 알고 지낸 사람을 몰라보시니 일찍이, '귀인은 잊기를 잘한다.'는 말이 옳소이다."

양 승상(양소유)이 자세히 보니 과연 얼굴이 익숙한 듯하였다. 문득 깨달아 능파 낭자를 돌아보며 말하기를,

"㉠내가 지난날 토번을 정벌할 때 꿈에 동정 용궁의 잔치에 참석하고 돌아오는 길에, 한 화상이 법좌(法座)에 앉아서 경을 강론하는 것을 보았는데 노승이 바로 그 노화상이냐?"

노승이 박장대소하고 가로되,

"옳도다, 옳도다. 비록 그 말이 옳으나 꿈속에서 잠깐 만난 일은 기억하고 십 년 동안 같이 살았던 것은 기억하지 못하니 누가 양 승상을 총명하다 하였는가?"

승상이 망연자실하여 말하기를,

"소유는 십오륙 세 이전에는 부모의 슬하를 떠난 적이 없고, 십육 세에 급제하여 곧바로 직명을 받아 관직에 있었으니, 동으로 연나라에 사신으로 가고 토번을 정벌하러 떠난 것 외에는 일찍이 경사(京師)를 떠나지 아니하였거늘, 언제 사부와 함께 십 년을 상종하였으리요?"

노승이 웃으며 말하기를,

"상공이 아직도 춘몽을 깨지 못하였도다."

승상이 말하기를,

"사부는 어찌하면 저로 하여금 춘몽을 깨게 하실 수 있나이까?"

노승이 이르기를,

"이는 어렵지 않도다."

하고 손에 잡고 있던 지팡이를 들어 돌난간을 두어 번 두드렸다. 갑자기 네 골짜기에서 구름이 일어나 누각 위를 뒤덮어 지척을 분변하지 못하였다. 승상이 정신이 아득하여 마치 꿈속에 있는 듯하다 소리를 질러 말하기를,

"사부는 어찌하여 정도(正道)로 소유를 인도하지 아니하고 환술(幻術)로써 희롱하시나이까?"

승상이 말을 마치지 못하여 구름이 걷히는데 노승은 간 곳이 없고 좌우를 돌아보니 팔 낭자도 간 곳이 없었다. 승상이 매우 놀라 어찌할 바를 모르는 중에 높은 대와 많은 집들이 한순간에 없어지고 자기의 몸은 작은 암자의 포단 위에 앉았는데, 향로에 불은 이미 사라지고 지는 달이 창가에 비치고 있었다.

자신의 몸을 보니 백팔 염주가 걸려 있고 머리를 손으로 만져 보니 갓 깎은 머리털이 가칠가칠하였으니 완연히 소화상의 몸이요 전혀 대승상의 위의가 아니니, 정신이 황홀하여 오랜 후에야 비로소 제 몸이 연화도량의 성진(性真) 행자(行者)임을 깨달았다.

그리고 생각하기를, '처음에 스승에게 책망을 듣고 풍도옥(酆都獄)*으로 가서 인간 세상에 환도하여 양가의 아들이 되었다가, ㉡장원급제를 하여 한림학사를 한 후 출장입상(出將入相)*, 공명신퇴(功名身退)*하여 두 공주와 여섯 낭자로 더불어 즐기던 것이 다 하룻밤의 꿈이로다. 이는 필연 사부가 나의 생각이 그릇됨을 알고 나로 하여금 그런 꿈을 꾸게 하시어 인간 부귀와 남녀 정욕이 다 허무한 일임을 알게 한 것이로다.'

성진이 서둘러 세수하고 의관을 정제하여 처소에 나아가니, 제자들이 이미 다 모여 있었다.

육관 대사가 큰 소리로 묻기를,

"성진아, 인간 부귀를 겪어 보니 과연 어떠하더냐?"

성진이 머리를 조아리고 눈물을 흘리며 하는 말이,

"㉢성진이 이미 깨달았나이다. 제자가 불초하여 생각을 그릇되게 하여 죄를 지었으니 마땅히 인간 세상에서 윤회하는 벌을 받아야 하거늘, 사부께서 자비하시어 하룻밤 꿈으로 제자의 마음을 깨닫게 하시니 사부의 은혜는 천만 겁이 지나도 갚기 어렵나이다."

대사가 말하기를,

"네가 흥을 타고 갔다가 흥이 다하여 돌아왔으니 내가 무슨 간여할 바가 있겠느냐? 또 네가 말하기를, '인간 세상에 윤회한 것을 꿈을 꾸었다.'고 하니, 이는 꿈과 세상을 다르다고 하는 것이니, 네가 아직도 꿈을 깨지 못하였도다. 옛말에 '㉣장주(莊周)가 꿈에서 나비가 되었다가 다시 나비가 장주가 되었다.'고 하니, 어느 것이 거짓 것이고, 어느 것이 참된 것인지 분변하지 못하나니, 이제 성진과 소유에 있어 어느 것이 참이며 어느 것이 꿈이냐?"

성진이 이에 대답하기를,

"제자 성진은 아득하여 꿈과 참을 분별하지 못하겠사오니, ㉤사부는 설법(說法)을 베풀어 제자로 하여금 깨닫게 하소서."

-김만중, 「구운몽」-

* 풍도옥: 지옥을 이르는 말.
* 출장입상: 나가서는 장수가 되고 들어와서는 재상이 됨.
* 공명신퇴: 공을 세워서 자기의 이름을 널리 드러낸 후 물러남.

81 윗글에 대한 설명으로 가장 적절한 것은?

① 내적 독백을 통해 극적 긴장감을 고조시키고 있다.
② 대화를 통해 인물 간 대립의 양상이 심화되고 있다.
③ 묘사의 방식을 통해 장면이 전환되었음을 드러내고 있다.
④ 구체적 시대 상황을 설정하여 내용의 사실성을 높이고 있다.
⑤ 서술자가 개입하여 과거의 사건을 압축적으로 제시하고 있다.

82 윗글의 인물에 대한 이해로 적절하지 <u>않은</u> 것은?

① 성진은 육관 대사의 가르침을 따르려 한다.
② 노승은 양소유가 자각하도록 도와주고 있다.
③ 성진은 꿈속의 노승이 육관 대사임을 알게 된다.
④ 양소유는 팔 낭자와 함께 꿈에서 깨어나고자 한다.
⑤ 성진은 양소유로서의 자신의 삶을 되돌아보고 있다.

83 〈보기〉를 참고하여 윗글을 감상한 내용으로 적절하지 <u>않은</u> 것은? [3점]

[보기]

「구운몽」은 '회의(懷疑)와 부정(否定)'의 과정을 통해서 서사가 구성된다. 작품 초반에 성진이 세속에 호기심을 갖는 모습은 불교적 가치관에 대한 '회의와 부정'에서, 결말에 이르러 다시금 불교적 삶을 택하는 모습은 세속적 삶에 대한 '회의와 부정'에서, 마지막 육관 대사의 성진에 대한 가르침은 참·거짓의 이분법적 구분에 대한 '회의와 부정'에서 기인한 것이다. 이러한 세 번의 '회의와 부정'은 작품에 순차적으로 등장하여 「구운몽」의 주제를 한층 심화시킨다.

① ㉠은 '첫 번째 회의와 부정'을 경험하기 전의 일이다.
② ㉡은 '첫 번째 회의와 부정'과 '두 번째 회의와 부정' 사이에 일어난 일이다.
③ ㉢은 '두 번째 회의와 부정'을 경험한 직후의 일이다.
④ ㉣은 '세 번째 회의와 부정' 단계의 핵심 내용을 보여 주는 비유적인 표현이다.
⑤ ㉤은 '두 번째 회의와 부정'에서 '세 번째 회의와 부정'으로 나아가고자 함을 의미한다.

[84~87] 다음 글을 읽고 물음에 답하시오.   2011.11 [13~16]

──── (해설편 p.146) ─┐

(가)

　산모퉁이를 돌아 논가 외딴 우물을 홀로
찾아가선 가만히 들여다봅니다.

　우물 속에는 달이 밝고 구름이 흐르고
하늘이 펼치고 파아란 바람이 불고 가을이 있습니다.

　그리고 한 사나이가 있습니다.
어쩐지 그 사나이가 미워져 돌아갑니다.

　돌아가다 생각하니 그 사나이가 가엾어집니다. 도로
가 들여다보니 사나이는 그대로 있습니다.

　다시 그 사나이가 미워져 돌아갑니다.
돌아가다 생각하니 그 사나이가 그리워집니다.

　우물 속에는 달이 밝고 구름이 흐르고 하늘이 펼치고
파아란 바람이 불고 가을이 있고 추억처럼 사나이가 있
습니다.

－윤동주, 「자화상(自畫像)」－

(나)

　먹밤중 한밤중 새터 중뜸 개들이 시끌짝하게 짖　┐
어댄다
　이 개 짖으니 저 개도 짖어
　들 건너 갈메 개까지 덩달아 짖어댄다
　이런 개 짖는 소리 사이로
　언뜻언뜻 까 여 다 여 따위 말끝이 들린다　　　[A]
　밤 기러기 드높게 날며
　추운 땅으로 떨어뜨리는 소리하고 남이 아니다
　앞서거니 뒤서거니 의좋은 그 소리하고 남이 아
니다　　　　　　　　　　　　　　　　　　　┘
　콩밭 김칫거리
　아쉬울 때 마늘 한 접 이고 가서
　군산 묵은장 가서 팔고 오는 선제리 아낙네들
　팔다 못해 파장떨이로 넘기고 오는 아낙네들
　㉠시오릿길 한밤중이니

　십릿길 더 가야지
　빈 광주리야 가볍지만
　빈 배 요기도 못하고 오죽이나 가벼울까
　그래도 이 고생 혼자 하는 게 아니라
　못난 백성
　못난 아낙네들 끼리끼리 나누는 고생이라
　얼마나 ㉡의좋은 한세상이더냐
　그들의 말소리에 익숙한지
　어느새 개 짖는 소리 뜸해지고
　밤은 내가 밤이다 하고 말하려는 듯 어둠이 눈을 멀뚱
거린다

－고은, 「선제리 아낙네들」－

(다)

　한 해의 꽃잎을 며칠 만에 활짝 피웠다 지운　　　┐
　벚꽃 가로 따라가다가
　미처 제 꽃 한 송이도 펼쳐 들지 못하고 멈칫거리는
　늦된 그 나무 발견했지요.　　　　　　　　　　[B]
　들킨 게 부끄러운지, 그 나무
　시멘트 개울 한 구석으로 비틀린 뿌리 감춰놓고
　앞줄 아름드리 그늘 속에 반쯤 숨어 있었지요.　┘
　봄은 그 나무에게만 더디고 더뎌서
　꽃철 이미 지난 줄도 모르는지,
　그래도 여느 꽃나무와 다름없이
　가지 가득 매달고 있는 멍울 어딘가 안쓰러웠지요.
　늦된 나무가 비로소 밝혀드는 ㉢꽃불 성화,
　환하게 타오를 것이므로 나도 이미 길이 끝난 줄
　까마득하게 잊어버리고 한참이나 거기 멈춰 서 있었
지요.
　산에서 내려 두 달거리나 제자릴 찾지 못해
　헤매고 다녔던 저 ㉣난만한 봄길 어디,
　늦깎이 깨달음 함께 얻으려고 한나절
　나도 병든 그 나무 곁에서 서성거렸지요.
　이 봄 가기 전 저 나무도 푸릇한 잎새 매달까요?
　무거운 청록으로 여름도 지치고 말면
　불타는 소신공양 틈새 ㉤가난한 소지(燒紙)*,
　저 나무도 가지가지마다 지펴 올릴 수 있을까요?

－김명인, 「그 나무」－

* 소지 : 부정을 없애고 신에게 소원을 빌기 위하여 태워서 공중에
올리는 종이.

84 (가)~(다)의 공통점으로 가장 적절한 것은?

① 대상의 현재 상황에 대한 화자의 비판적 태도가 드러난다.

② 대상의 미래에 대한 화자의 낙관적 전망이 드러난다.

③ 대상과 일체가 되려는 화자의 의지가 드러난다.

④ 대상을 딱하게 여기는 화자의 마음이 드러난다.

⑤ 대상에 대한 화자의 대결 의식이 드러난다.

85 〈보기〉를 참고하여 (가)를 이해한 내용으로 적절하지 <u>않은</u> 것은? [3점]

[보기]

「자화상(自畫像)」은 1941년 「문우(文友)」에는 '우물 속의 자상화(自像畫)'라는 제목으로 게재되었다. 이 제목에서는 '우물'과 '그림'이 부각되어 있다. 상징적 관점에서 볼 때, 우물은 자신의 모습을 투영해 볼 수 있는 사물이고, 하늘을 향해 있는 동굴이며, 그 동굴의 원형인 모태(母胎)를 떠올리게 하는 공간이다. 이 점에서 보면, 이 시에서 우물 속의 자상화는 자신의 존재에 대한 화자의 인식과 태도를 다층적으로 담아내고 있는 그림이다.

① 제1연에서 '외딴', '홀로', '가만히', '들여다봅니다' 등으로 보아, '우물'은 화자의 모습을 투영해 볼 수 있는 내밀한 공간이겠군.

② 제2연에서 '우물 속'에 들어 있는 자연은 하늘을 향해 있는 우물 속의 그림이므로, 화자가 지향해 온 바를 담고 있겠군.

③ 제3연~제5연에서 '한 사나이'에 대한 화자의 반응들로 보아, 화자는 자신을 성찰하는 자세를 지니고 있겠군.

④ 제6연에서 자연과 '사나이'가 함께 나타나는 것은, 우물 속의 자상화를 들여다보는 화자가 존재 탐구를 끝냈음을 의미하겠군.

⑤ 제6연에서 '추억처럼'에는 고향과 같은 모태적 공간을 통해서 자신을 바라보려는 화자의 태도가 내포되어 있겠군.

86 [A]와 [B]를 비교한 내용으로 가장 적절한 것은?

① [A]는 [B]와 달리 대조를 통해 주제 의식을 강조한다.

② [A]는 [B]와 달리 유사한 구절을 병치하여 운율감을 조성한다.

③ [B]는 [A]와 달리 공감각적 심상을 통해 입체감을 부여한다.

④ [B]는 [A]와 달리 현재 시제를 사용하여 현장감을 부각한다.

⑤ [B]는 [A]와 달리 의성어를 통해 구체적인 생동감을 부여한다.

87 ㉠~㉤에 대한 설명으로 적절하지 <u>않은</u> 것은?

① ㉠: '군산 묵은장'과 '선제리' 사이의 거리로, '한밤중', '십릿길'과 더불어 '아낙네들'이 처한 상황을 구체적으로 나타낸다.

② ㉡: '끼리끼리'와 상관되는 것으로, 공동체적 삶에 공감하는 화자의 태도가 내포되어 있다.

③ ㉢: '늦된 나무'가 피워 낼 '꽃'을 성스러운 불에 비유한 것으로, '늦된 나무'에 대한 화자의 기대가 내포되어 있다.

④ ㉣: '벚꽃'이 흐드러지게 피어 있는 '봄길'로, 일탈적 삶에 대한 화자의 갈망이 간절한 것이었음을 나타낸다.

⑤ ㉤: 가을의 나뭇잎을 '깨달음'과 관련하여 표현한 것으로, '불타는 소신공양'과 대비되어 화자의 겸손한 태도를 드러낸다.

(해설편 p.154)

무슨 관청 같은 집도 화산댁이는 그리 달갑지 않았다. 아들을 만난 반가움보다도 수세미처럼 엉클리는 심사를 주체할 수 없었다.

빨간 스웨터를 입고 너덧 살 되어 보이는 계집아이가 말끄러미 화산댁이를 바라보고,

"아부지, 이거 누고 응?"

화산댁이가 그렇게도 보고 싶어 하던 손녀딸이다.

"할매다!"

"우리 할매?"

"음!"

아들은 맥없는 대답을 하면서 헌 **고무신** 한 켤레를 내왔다. 화산댁이는 걸레로 터실터실 분 발뒤꿈치 더더기를 훔치면서,

"그렇기, 나고는 첨 보니……."

하는데, 아들은 손끝에 **짚세기**를 걸고 나가 쓰레기통에다 던져 버렸다. 고무신이 대견찮은 것은 아니다. 그러나 길 걷는 데는 짚세기가 고작인데 하니 아직 날도 안 드러난 짚세기가 화산댁이는 못내 아까웠다.

다다미방도 어색했지만, 눈이 부시도록 번들거리는 의롱이 두 개나 놓였고, 그 옆에는 앉은키만 한 경대도 놓였다. 벽에는 풀기 없는 무색옷들이 쭈르르 걸렸다. 모든 것이 낯선 것들이었다. ㉠모든 것이 손도 못 댈 것 같고 주저스럽고 조심스럽기만 했다. 우선 어디가 구들목이며 어디 어떻게 앉아야 할지, 마치 종이 상전 방에 불려 온 것처럼 앉을 자리부터가 만만치 못했다.

(중략)

화산댁이는 아들과 마주 앉고, 며느리는 저만치 떨어져 양말을 기웠다. 모두 말이 없다. 손녀만이 제 아버지 등에 매달렸다, 제 어미 젖가슴에 손을 넣었다가 하는 것을 눈으로 좇고 있던 화산댁이는 갑자기 생각이 나서,

"이런 내 정신 봐라."

그러면서 옆에 둔 보퉁이를 끌어당겨 풀기 시작했다. 더께더께 기운 꾀죄죄 때 묻은 버선을 들어내고 검은 보퉁이를 또 하나 들어냈다. 들어낸 보퉁이를 풀어 헤치고 아들과 며느리 어중간에 밀어 놓으면서,

"묵어 봐라, 꿀밤(도토리)떡이다. 급히 하느라고 진도 덜 빠진 거로 해 노니 좀 딸딸하다만……."

그러고는 한 덩이를 떼서 손녀를 주었다. 아들도 며느리도 손을 대지 않는다.

"얘가 하도 즐긴다 싶어 해 왔다. 벨 맛은 없어도 귀한

거니 묵어 봐라!"

며느리는 힐끗하고 궁둥이만 달싹할 뿐이었고, 아들은 거들떠보지도 않았다. 한번 씹어 보던 손녀도 그만 페페 하고 도로 갖다 놓는다. 그러자 아들이,

"저 방에 자리해라. 엄마 곤하겠다!"

"괜찮다. 벌써 잠이 오나!"

"일찍이 자소!"

이래서 화산댁이는 몇 해를 두고 벼른 아들네 집이었고 밤을 새워도 모자랄 쌓이고 쌓인 이야기를 할 사이도 경황도 없었다.

후끈후끈한 방에서 곤하면 입은 채 굴러 자던 습관은, 휘높은 판자 천장이며, 유리 바른 문이며, 싸늘해 보이는 **횟가루 벽**이며, 다다미방이 잠을 설레었다. 화산댁이는 자꾸만 쓸쓸했다. 뭣을 쥐었다가 놓친 것처럼 마음이 허전했다. '자식도 강보에 자식이지, 쯧쯧.' 돌아눕는다. ㉡건넌방에서는 소곤소곤 이야기 소리가 들려왔다.

'저거 조면* 그만이지.' 또 고쳐 누웠다. 애써 잠을 청해 본다.

[A]
그러나 잠 대신 화산댁이는 어느새 오리나무 숲 사이로 황토 고갯길을 넘고 있다.

보리밭이 곧 마당인 낡은 **초가집**이다.

빈대 피가 댓잎처럼 긁힌 **토벽**, 메주 뜨는 냄새가 코를 찌르는 **갈자리 방**에서 손자들이 아랫도리 벗은 채 제멋대로 굴러 자고, 쑥물 사발을 옆에 놓고 신을 삼고 있는 맏아들, 갈퀴손으로 누더기를 깁고 있는 맏며느리, 화산댁이는 그만 당장이라도 뛰어가고 싶다. 아들의 등을 쓰담아 기침을 내려주고 며느리와 무르팍을 맞대고 실컷 울고 나면 가슴이 후련해질 것만 같다.

또 뒤쳐눕는다.

'아무리 시에미가 시에미 같지 않기로니 첨 보는 시에미에게 인삿절도 없이, 본바없는 것 같으니, 그래도 마실 사람들은 작은아들 돈 잘 벌고 하리깔레* 메누리 봤다고 부러하더라만, 시장시럽고 가시롭다. 지가 탈기 없는 것도, 신양기가 있는 것도 다 기집 탓이지 머고. 여태껏 땅 한 뙈기 못 사는 것도 안살림 잘못 사는 탓이지 머고.' 화산댁이는 눈꼬리만 따갑고 잠은 점점 멀어 갔다.

'지만 하더라도 일본서 근 십 년 만에 나왔으면 그만 지 형 말대로 농사나 짓고 수더분한 색시나 골라 장가들었으면 등 따시고 배 부릴 꺼로 머 공장을 하느니 하고 날뛰 댕기더니.'

화산댁이는 어서 날이 새면 싶었다. 잠도 안 오거니와

아까부터 뒤가 마려운 것을 참아 왔기 때문이다. 그러나 날은 언제 샐지 모르겠고 뒤는 자꾸 급해 왔다. 화산댁이는 참다못해 조심조심 더듬어 부엌으로 내려갔다. 부엌에서 다시 더듬어 밖으로 나갔다. 비는 그쳤고 갈라진 구름 사이로 별이 보였다. **뒷간**이 있음 직한 곳을 이리저리 찾았으나 없었다. 집을 두 바퀴나 돌았으나 뒷간은 역시 없었다. ⓒ대체 **적산집*** 뒷간이 밖에 있을 리가 없다. 화산댁이는 뒷간이 없는 집이란 상상도 할 수 없었으나, 일이 급해서 그만 어수룩한 담 밑에다 대고 뒤를 보았다. ⓡ한결 개분했다. 문살만 훤하면 나와서 뒤본 자리를 챙기리라 맘먹고 다시 들어왔다.

화산댁이는 소스라쳐 일어났다. 날이 활짝 샜다. 아들 내외가 깰까 싶어 조심조심 밖으로 나왔다. 뒤본 자리는 공교롭게도 돌가루로 마련된 **수채**였다. 수채는 앞집으로 통했다. ⓜ아침에 봐도 역시 뒷간은 없었다.

-오영수, 「화산댁이」-

* 저거 조먼 : '자기네들끼리 좋으면'의 방언.
* 하리깔레 : 예전에 서양식 유행을 따르던 멋쟁이를 이르던 말.
* 적산집 : 해방 전에 일본인들이 지은 신식 가옥을 이르는 말.

88 '화산댁이'에 대한 이해로 가장 적절한 것은?

① 작은아들이 내놓은 고무신이 마음에 들지 않는다.
② 꿀밤떡을 내뱉는 손녀의 행동에 노여움을 느낀다.
③ 예의가 없는 며느리를 나무라고자 마음먹는다.
④ 기대에 미치지 못하는 작은아들을 못마땅해 한다.
⑤ 시골로 돌아갈 생각에 설레서 날이 빨리 새기를 바란다.

89 [A]의 기능에 대한 설명으로 가장 적절한 것은?

① 새 인물의 등장을 통해 새로운 사건의 시작을 알린다.
② 환상적 배경에서 벌어진 사건을 통해 허구성을 강화한다.
③ 사건의 줄기에서 벗어난 장면을 통해 위기감을 해소한다.
④ 동시에 진행되는 사건의 병치를 통해 사건을 지연시킨다.
⑤ 현재 상황과 대비되는 장면을 통해 내적 갈등을 고조한다.

90 〈보기〉를 참고할 때, ⊙~ⓜ 중 성격이 다른 것은?

[보기]

서술자는 자신의 시각에서 이야기를 직접 서술하거나, 인물의 시각에서 인물의 경험과 인식을 반영하여 서술한다. 즉 '서술'은 서술자가 담당하지만 '시각'은 서술자의 것일 수도, 인물의 것일 수도 있는 것이다.

① ⊙ ② ⓛ ③ ⓒ ④ ⓡ ⑤ ⓜ

91 〈보기〉를 참고하여 윗글의 소재를 대비하였을 때, 적절하지 <u>않은</u> 것은?

[보기]

「화산댁이」는 시골과 도시, 자연과 문명 세계라는 이질적인 공간에서 영위되는 삶의 양식을 대비한 작품이다.

① 짚세기 : 고무신
② 초가집 : 적산집
③ 토벽 : 횟가루 벽
④ 갈자리 방 : 다다미방
⑤ 수채 : 뒷간

─────── (해설편 p.160)

이런들 엇더하며 져런들 엇더하료
초야우생(草野愚生)이 이러타 엇더하료
하믈며 천석고황(泉石膏肓)을 고쳐 므슴 하료

〈제1수〉

연하(煙霞)로 집을 삼고 풍월(風月)로 벗을 사마
태평성대(太平聖代)에 병(病)으로 늘거 가네
이 즁에 바라는 일은 허믈이나 업고쟈

〈제2수〉

순풍(淳風)*이 죽다 하니 진실(眞實)로 거즛말이
인성(人性)이 어지다 하니 진실(眞實)로 올흔 말이
천하(天下)에 허다영재(許多英才)를 소겨 말슴홀가

〈제3수〉

유란(幽蘭)이 재곡(在谷)하니 자연(自然)이 듯디 죠해
백운(白雲)이 재산(在山)하니 자연(自然)이 보디 죠해
이 즁에 피미일인(彼美一人)*을 더옥 닛디 못하얘

〈제4수〉

산전(山前)에 유대(有臺)하고 대하(臺下)에 유수(有水)
ㅣ로다
떼 많은 갈매기는 오명가명 하거든
엇더타 교교백구(皎皎白駒)*는 멀리 마음 두는고

〈제5수〉

춘풍(春風)에 화만산(花滿山)하고 추야(秋夜)에 월만
대(月滿臺)라
사시가흥(四時佳興)이 사룸과 한가지라
하믈며 어약연비(魚躍鳶飛) 운영천광(雲影天光)*이야
어찌 끝이 있으리

〈제6수〉
– 이황, 「도산십이곡(陶山十二曲)」 –

* 순풍 : 순박한 풍속.
* 피미일인 : 저 아름다운 한 사람. 곧 임금을 가리킴.
* 교교백구 : 현자(賢者)가 타는 흰 망아지. 여기서는 현자를 가리킴.
* 어약연비 운영천광 : 대자연의 우주적 조화와 오묘한 이치를 가
리킴.

92 윗글에 대한 설명으로 적절하지 않은 것은?

① 제1수에서는 화자가 자신을 드러내고 삶의 지향을 제
시함으로써 주제 의식을 환기한다.
② 제2수에 나타난 화자 자신에 대한 관심을 제3수에서
는 사회로 확대하면서 시상을 전개한다.
③ 제3수의 시적 대상을 제4수에서도 반복적으로 다룸으
로써 주제 의식을 강화한다.
④ 제4수와 제5수에서는 화자의 시선에 포착된 장면들을
배치하여 공간의 입체감을 부각하며 시상을 심화한다.
⑤ 제6수에서는 화자의 인식을 점층적으로 드러내어 주
제 의식을 집약한다.

93 윗글의 시어에 대한 이해로 적절하지 않은 것은?

① '연하'와 '풍월'은 화자가 자신의 삶에 대해 자족감을
갖도록 하는 소재이다.
② '순풍'과 어진 '인성'은 화자가 바라는 세상의 모습을
알려 주는 표지이다.
③ '유란'과 '백운'은 화자가 심미적으로 완상하는 대상
이다.
④ '갈매기'와 '교교백구'는 화자의 무심한 심정이 투영된
상징적 존재이다.
⑤ '화만산'과 '월만대'는 화자의 충만감을 자아내는 정경
의 표상이다.

94 윗글과 〈보기〉를 비교하여 감상한 내용으로 가장 적절한 것은? [3점]

[보기]

그곳(부친에게 물려받은 별장)에는 씨 뿌려 식량을 마련할 만한 밭이 있고, 누에를 쳐서 옷을 마련할 만한 뽕나무가 있고, 먹을 물이 충분한 샘이 있고, 땔감을 마련할 수 있는 나무들이 있다. 이 네 가지는 모두 내 뜻에 흡족하기 때문에 그 집을 '사가(四可)'라고 이름을 지은 것이다.

녹봉이 많고 벼슬이 높아 위세를 부리는 자야 얻고자 하는 것은 무엇이든지 얻을 수 있지만, 나같이 곤궁한 사람은 백에 하나도 가능한 것이 없었는데 뜻밖에도 네 가지나 마음에 드는 것을 차지하였으니 너무 분에 넘치는 것은 아닐까? 기름진 음식을 먹는 것도 나물국에서부터 시작하고, 천리를 가는 것도 문 앞에서 시작하니, 모든 일은 점진적으로 되는 것이다.

내가 이 집에 살면서 만일 전원의 즐거움을 얻게 되면, 세상일 다 팽개치고 고향으로 돌아가 태평성세의 농사짓는 늙은이가 되리라. 그리고 밭을 갈고 배[腹]를 두드리며 성군(聖君)의 가르침을 노래하리라. 그 노래를 음악에 맞춰 부르며 세상을 산다면 무엇을 더 바랄 게 있으랴.

–이규보, 「사가재기(四可齋記)」–

① 윗글과 〈보기〉는 모두 지배층의 핍박에서 도피하기 위해 선택한 자연 은둔의 삶을 제시하고 있다.

② 윗글과 〈보기〉는 모두 불우한 처지에서 점진적으로 벗어날 수 있으리라는 낙관적 태도를 보여 주고 있다.

③ 윗글과 〈보기〉는 모두 유교적 가치를 존중하면서 한 개인으로서의 소망을 이루려는 모습을 드러내고 있다.

④ 윗글은 〈보기〉와 달리 삶의 물질적 여건이 마련된 후에야 자연의 즐거움을 누릴 수 있음을 강조하고 있다.

⑤ 윗글은 속세에 있으면서 자연을 동경하는 인간을, 〈보기〉는 자연에 있으면서 속세를 그리워하는 인간을 형상화하고 있다.

[95~98] 다음 글을 읽고 물음에 답하시오.   2008.09 [40~43]

(해설편 p.165)

아내는 너 밤새워 가면서 도적질하러 다니느냐, 계집 질하러 다니느냐고 발악이다. 이것은 참 너무 억울하다. 나는 어안이 벙벙하여 도무지 입이 떨어지지를 않았다.

너는 그야말로 나를 살해하려던 것이 아니냐고 소리를 한번 꽥 질러 보고도 싶었으나 그런 긴가민가한 소리를 섣불리 입 밖에 내었다가는 무슨 화를 볼는지 알 수 있나. 차라리 억울하지만 잠자코 있는 것이 우선 상책인 듯싶이 생각이 들길래 나는 이것은 또 무슨 생각으로 그랬는지 모르지만 툭툭 털고 일어서서 내 바지 포켓 속에 남은 돈 몇 원 몇 십 전을 가만히 꺼내서는 몰래 미닫이를 열고 살며시 문지방 밑에다 놓고 나서는 그냥 줄달음박질을 쳐서 나와 버렸다.

여러 번 자동차에 치일 뻔하면서 나는 그래도 경성역을 찾아갔다. 빈자리와 마주 앉아서 이 쓰디쓴 입맛을 거두기 위하여 무엇으로나 입가심을 하고 싶었다.

커피. 좋다. 그러나 경성역 홀에 한 걸음을 들여놓았을 때 나는 내 주머니에는 돈이 한 푼도 없는 것을, 그것을 깜빡 잊었던 것을 깨달았다. 또 아뜩하였다. 나는 어디선가 그저 맥없이 머뭇머뭇하면서 어쩔 줄을 모를 뿐이었다. 얼빠진 사람처럼 그저 이리 갔다 저리 갔다 하면서……

[A]
나는 어디로 어디로 들입다 쏘다녔는지 하나도 모른다. 다만 몇 시간 후에 내가 미쓰꼬시* 옥상 에 있는 것을 깨달았을 때는 거의 대낮이었다.

나는 거기 아무 데나 주저앉아서 내 자라 온 스물여섯 해를 회고하여 보았다. 몽롱한 기억 속에서는 이렇다는 아무 제목도 불그러져 나오지 않았다.

나는 또 나 자신에게 물어보았다. 너는 인생에 무슨 욕심이 있느냐고. 그러나 있다고도 없다고도, 그런 대답은 하기가 싫었다. 나는 거의 나 자신의 존재를 인식하기조차도 어려웠다.

허리를 굽혀서 나는 그저 금붕어나 들여다보고 있었다. 금붕어는 참 잘들도 생겼다. 작은 놈은 작은 놈대로 큰 놈은 큰 놈대로 다 싱싱하니 보기 좋았다. 내리비치는 오월 햇살에 금붕어들은 그릇 바탕에 그림자를 내려뜨렸다. 지느러미는 하늘하늘 손수건을 흔드는 흉내를 낸다. 나는 이 지느러미 수효를 헤어 보기도 하면서 굽힌 허리를 좀처럼 펴지 않았다. 등허리가 따뜻하다.

나는 또 회탁의* 거리를 내려다보았다. 거기서는 피곤한 생활이 똑 금붕어 지느러미처럼 흐늑흐늑 허비적거렸다. 눈에 보이지 않는 끈적끈적한 줄에 엉켜서 헤어나지들을 못한다. 나는 피로와 공복 때문에 무너져 들어가는 몸뚱이를 끌고 그 회탁의 거리 속으로 섞여 들어가지 않는 수도 없다 생각하였다.

나서서 나는 또 문득 생각하여 보았다. 이 발길이 지금 어디로 향하여 가는 것인가를……

그때 내 눈앞에는 아내의 모가지가 벼락처럼 내려 떨어졌다. 아스피린과 아달린*.

우리들은 서로 오해하고 있느니라. 설마 아내가 아스피린 대신에 아달린의 정량을 나에게 먹여 왔을까? 나는 그것을 믿을 수는 없다. 아내가 대체 그럴 까닭이 없을 것이니.

그러면 나는 날밤을 새면서 도적질을, 계집질을 하였나? 정말이지 아니다.

우리 부부는 숙명적으로 발이 맞지 않는 절름발이인 것이다. 나나 아내나 제 거동에 로직을 붙일 필요는 없다. 변해할 필요도 없다. 사실은 사실대로 오해는 오해대로 그저 끝없이 발을 절뚝거리면서 세상을 걸어가면 되는 것이다. 그렇지 않을까?

그러나 나는 이 발길이 아내에게로 돌아가야 옳은가. 이것만은 분간하기가 좀 어려웠다. 가야 하나? 그럼 어디로 가나?

㉠ 이때 뚜— 하고 정오 사이렌이 울었다. 사람들은 모두 네 활개를 펴고 닭처럼 푸드덕거리는 것 같고 온갖 유리와 강철과 대리석과 지폐와 잉크가 부글부글 끓고 수선을 떨고 하는 것 같은 찰나, 그야말로 현란을 극한 정오다.

나는 불현듯이 겨드랑이가 가렵다. 아하 그것은 내 인공의 날개가 돋았던 자국이다. 오늘은 없는 이 날개, 머릿속에서는 희망과 야심의 말소된 페이지가 딕셔너리 넘어가듯 번뜩였다.

나는 걷던 걸음을 멈추고 그리고 어디 한번 이렇게 외쳐 보고 싶었다.

날개야 다시 돋아라.

날자. 날자. 날자. 한 번만 더 날자꾸나.

한 번만 더 날아 보자꾸나.

—이상, 「날개」—

* 미쓰꼬시 : 일제 강점기에 서울에 있었던 백화점 이름.
* 회탁의 : 회색의 탁한.
* 아달린 : 수면제의 일종.

95 윗글의 서술적 특징과 효과를 〈보기〉에서 고른 것은?

[보기]

ㄱ. 독백적인 어조로 현실과 단절된 의식 상태를 표현하고 있다.

ㄴ. 단정적이고 객관적인 진술로 사건에 사실성을 부여하고 있다.

ㄷ. 회상의 기법을 사용하여 현재와 과거의 화해를 지향하고 있다.

ㄹ. 비유적 표현으로 인물의 생각과 인상을 구체적으로 제시하고 있다.

① ㄱ, ㄷ   ② ㄱ, ㄹ   ③ ㄴ, ㄷ
④ ㄴ, ㄹ   ⑤ ㄷ, ㄹ

96 일제 강점기에 미쓰꼬시 백화점은 서울에서 매우 높은 건물이었다. 이 사실에 비추어 볼 때, [A]에서 '미쓰꼬시 옥상'이 가지는 기능에 대한 설명으로 적절하지 <u>않은</u> 것은?

① '나'로 하여금 내면적 성찰을 시도하게 한다.
② '나'에게 이전과는 다른 삶의 태도를 갖게 한다.
③ '회탁의 거리'를 압축적으로 조감할 수 있게 한다.
④ '나'와 '회탁의 거리' 사이의 괴리감을 드러내 준다.
⑤ '회탁의 거리'를 부자유와 체념의 공간으로 인식하게 한다.

97 ㉠에 관한 설명의 일부인 〈보기〉를 참고하여 윗글을 감상한 내용으로 적절하지 <u>않은</u> 것은?

[보기]

철학과 문학에서는 전통적으로 시간을 가리키는 말에 함축적인 의미를 부여해 왔다. 특히 독일의 철학자 니체는 '정오'를 각성과 재생의 시간으로 간주했다. '정오'는 인식의 태양이 가장 높이 솟아오른 때라는 것이다.

① '나'의 의식 상태는 ㉠ 이전과 이후로 나누어 볼 수 있겠군.
② '정오'의 사이렌 소리가 '나'의 생명력을 일깨운 것으로 볼 수 있겠군.
③ '정오'의 함축적 의미 때문에 ㉠을 경계로 어조와 분위기가 바뀐 것이겠군.

④ '나'는 '정오'가 되면서 자아의 문제에서 사회의 문제로 시선을 전환하게 되는군.
⑤ 이 작품은 시간의 물리적인 의미보다 심리적인 의미에 중점을 두고 읽어야겠군.

98 〈보기〉의 설명을 바탕으로 윗글을 이해한 내용으로 적절하지 <u>않은</u> 것은?

[보기]

「날개」는 현대 문명과 불화를 겪고 있는 지식인의 내면세계를 '아내'와 '나'의 부조리한 관계에 빗대어 표현한 작품이다. 여기서 '아내'는 현대 문명을, '나'는 지식인의 내면세계를 상징한다. 같은 맥락에서 이 소설에 나타나는 사물들과 사건들 또한 상징적인 의미를 지닌다.

① 도적질하거나 계집질한다고 '아내'가 '나'를 의심하면서 따지는 것은 지식인의 내면세계에 대한 현대 문명의 위협적인 힘을 의미한다.
② '나'가 아내 몰래 집에서 나온 것은 현대 문명의 구속에 맞서고자 하는 지식인의 적극적인 대결 의지를 의미한다.
③ '나'가 '아내'에게서 완전히 떠나겠다고 생각하지 못하는 것은 현대 문명과 결별하기 어려운 지식인의 의식 상태를 의미한다.
④ 자신도 모르게 아달린을 먹어 왔는지도 모른다는 '나'의 의구심은 자기의 이성이 자신도 모르게 현대 문명에 길들여져 가는 데 대한 지식인의 두려움을 의미한다.
⑤ '나'의 머릿속에서 희망과 야심의 말소된 페이지가 번뜩인다고 한 것은 현대 문명에 대한 비판 의식을 회복하고 싶어 하는 지식인의 소망을 의미한다.

(가)

해ㅅ살 피여
이윽한* 후,

머흘 머흘
골을 옮기는 구름.

길경(桔梗)* 꽃봉오리
흔들려 씻기우고.

차돌부리
촉 촉 죽순(竹筍) 돋듯.

물 소리에
이가 시리다.   ┐
                        ┟ ㉠
앉음새 갈히여   ┘
양지 쪽에 쪼그리고,

서러운 새 되어
흰 밥알을 쫏다.

― 정지용, 「조찬(朝餐)」 ―

* 이윽한: 시간이 지난.
* 길경: 도라지.

(나)

파초는 언제 보아도 좋은 화초다. 폭염 아래서도 그의 푸르고 싱그러운 그늘은, 눈을 씻어 줌이 물보다 더 서늘한 것이며 비 오는 날 다른 화초들은 입을 다문 듯 우울할 때 파초만은 은은히 빗방울을 퉁기어 주렴(珠簾) 안에 누웠으되 듣는 이의 마음 위에까지 비는 뿌리고도 남는다. ㉡가슴에 비가 뿌리되 옷은 젖지 않는 그 서늘함, 파초를 가꾸는 이 비를 기다림이 여기 있을 것이다.

오늘 앞집 사람이 일찍 찾아와 보자 하였다. 나가니
"거 저 큰 파초 파십시오." 한다.
"팔다니요?"
"저거 이젠 팔아 버리셔야 합니다. 저렇게 꽃이 나온 건 다 큰 표구요, 내년엔 영락없이 죽습니다. 그건 제가 많이 당해 본 걸입쇼." 한다.

"죽을 때 죽더라도 보는 날까진 봐야지 않소?"
"그까짓 인제 뭐 달 더 보자구 그냥 두세요? 지금 팔면 올엔 파초가 세가 나 저렇게 큰 건 오 원도 더 받습니다 …… 누가 마침 큰 걸 하나 구한다뇨 그까짓 슬쩍 팔아 버리시죠."
생각하면 고마운 말이다. 이왕 죽을 것을 가지고 돈이라도 한 오 원 만들어 쓰라는 말이다.
그러나 나는 마음이 얼른 쏠리지 않는다.
"그까짓 거 팔아 뭘 허우."
"아, 오 원쯤 받으셔서 미닫이에 비 뿌리지 않게 챙*이나 해 다시죠."
그는 내가 서재를 짓고 챙을 해 달지 않는다고 자기 일처럼 성화하던 사람이다.
나는, 챙을 하면 파초에 비 맞는 소리가 안 들린다고 몇 번 설명하였으나 그는 종시 객쩍은 소리로밖에 안 듣는 모양이었다.
그는 오늘 오후에도 다시 한 번 와서
"거 지금 좋은 작자가 있는뎁쇼……." 하고 입맛을 다시었다.
정말 파초가 꽃이 피면 열대 지방과 달라 한번 말랐다가는 다시 소생하지 못할는지도 모른다. 그러나 내 마당에서, 아니 내 방 미닫이 앞에서 나와 두 여름을 났고 이제 그 발육이 절정에 올라 꽃이 핀 것이다. 얼마나 영광스러운 일인가!

― 이태준, 「파초」 ―

* 챙 : 햇빛이나 비를 막기 위해 처마 끝에 덧붙이는 좁은 지붕.

99 (가)에 대한 설명으로 적절하지 <u>않은</u> 것은?

① 선경후정의 방식을 활용하여 시상을 전개하고 있다.

② 모든 연을 2행으로 구성하여 형태적 통일성을 추구하고 있다.

③ 제2연에서는 명사로 연을 마무리하여 사물의 정적인 모습을 강조하고 있다.

④ 제2연에서 제3연으로 전개되면서 화자의 시선이 원경에서 근경으로 이동하고 있다.

⑤ 제4연에서는 비유적 표현을 활용하여 사물에 동적인 이미지를 부여하고 있다.

100 ㉠과 ㉡을 비교한 내용으로 가장 적절한 것은?

① ㉠은 청각을 촉각으로, ㉡은 촉각을 시각으로 전이시키고 있다.

② ㉠은 화자가 '구름'을, ㉡은 '나'가 '폭염'을 기다리는 이유를 나타내고 있다.

③ ㉠은 화자의, ㉡은 '나'의 감각적 경험이 정서를 자극하는 양상을 표현하고 있다.

④ ㉠은 '물'과 화자의 공통점을, ㉡은 '파초'와 '다른 화초'의 공통점을 드러내고 있다.

⑤ ㉠은 화자가, ㉡은 '나'가 고통에서 벗어날 수 있는 미래를 기대하는 근거로 제시되고 있다.

101 〈보기〉를 바탕으로 (가), (나)를 감상한 내용으로 적절하지 <u>않은</u> 것은?

─[보기]─

　정지용과 이태준은 자연에 대한 관심을 서로 다른 방식으로 표현한다. 정지용은 「조찬」 같은 후기 시에서 자연을 초월과 은둔을 꿈꾸는 이상적 세계로 묘사하고 그에 대한 지향을 드러낸다. 하지만 자연은 현실의 번뇌와 억압으로 인해 그러한 지향이 좌절되는 공간으로도 나타난다. 한편 이태준은 「파초」 같은 수필에서 자연물과의 교감을 시도한다. 그에게 자연물은 속물적인 현실과 거리를 두게 하는 대상이며, 그는 그것들에 대해 심미적 감상의 태도를 드러낸다.

① (가)에 제시된 서러움이라는 정서는 현실의 번뇌로 인해 초월의 어려움을 자각한 데서 비롯된 것으로 볼 수 있겠군.

② (나)에서 '나'가 '앞집 사람'의 제안을 거절하는 이유는 '나'가 파초를 통해 얻는 경제적 이득보다 파초 자체를 감상하는 데 더 큰 가치를 부여하고 있기 때문이겠군.

③ (가)의 화자는 '새'를 통해 자신의 서러운 처지를 드러내고 있고, (나)의 '나'는 파초를 자신과 함께 살아가는 존재로 여김으로써 자연물과의 교감을 드러내고 있군.

④ (가)의 '흰 밥알'은 자연 속에서도 떨쳐 버릴 수 없는 현실의 무게를 나타내고, (나)의 '챙'은 '나'에게 속물적인 현실에서 벗어날 수 있는 여유를 제공하는 대상이군.

⑤ (가)에서 풍경 묘사는 화자가 지향하는 이상적 세계를 보여 주고 있고, (나)에서 파초가 비 맞는 장면에 대한 감각적 서술은 자연물에 대한 '나'의 심미적 감상의 태도를 보여 주고 있군.

[102~104] 다음 글을 읽고 물음에 답하시오.

2014.09AB [38~40][31~33]

(해설편 p.176)

매영(梅影)이 부딪힌 창에 옥인금차(玉人金釵)* 비겼구나
이삼(二三) 백발옹(白髮翁)은 **거문고와 노래**로다
이윽고 **잔 들어 권할 적**에 달이 또한 오르더라

<제1수>

빙자옥질(氷姿玉質)*이여 눈 속에 네로구나
가만히 향기 놓아 **황혼월(黃昏月)**을 기약하니
아마도 **아치고절(雅致高節)***은 너뿐인가 하노라

<제3수>

바람이 눈을 몰아 산창(山窓)에 부딪히니
찬 기운 새어 들어 자는 매화를 침노(侵擄)하니
아무리 얼우려 한들 **봄뜻**이야 앗을쏘냐

<제6수>

동각(東閣)에 숨은 꽃이 철쭉인가 두견화(杜鵑花)인가
건곤(乾坤)이 눈이어늘 제 어찌 감히 피리
알괘라 백설양춘(白雪陽春)*은 매화밖에 뉘 있으리

<제8수>

-안민영, 「매화사」-

* 옥인금차: 미인의 금비녀.
* 빙자옥질: 얼음같이 맑고 깨끗한 살결과 옥같이 아름다운 성질.
* 아치고절: 우아한 풍치와 높은 절개.
* 백설양춘: 흰 눈이 날리는 이른 봄.

102 윗글의 표현상 특징으로 가장 적절한 것은?

① 반어적 표현을 통해 시적 긴장감을 조성하고 있다.

② 대화의 형식을 통해 대상과의 친밀감을 나타내고 있다.

③ 다양한 감각적 심상을 사용하여 대상을 예찬하고 있다.

④ 대상에 감정을 이입하여 화자의 애상감을 심화하고 있다.

⑤ 명령적 어조를 통해 현실에 대한 비판 의식을 드러내고 있다.

103 윗글에 대한 설명으로 적절하지 <u>않은</u> 것은?

① 제1수는 시적 화자를 둘러싼 상황을 제시하여 시적 분위기를 형성하고 있다.

② 제3수는 제1수와 달리 대상을 의인화하여 대상의 면모를 강조하고 있다.

③ 제6수는 대상이 시련을 겪는 상황을 제시하여 대상의 속성을 부각하고 있다.

④ 제8수는 다른 자연물과 대상의 비교를 통해 공통된 특성을 부각하고 있다.

⑤ 제6수와 제8수는 의문의 형식을 통해 대상의 가치를 강조하고 있다.

104 〈보기〉를 참고하여 윗글을 이해한 내용으로 적절하지 <u>않은</u> 것은? [3점]

[보기]

안민영의 「매화사」에는 매화를 감상하는 여러 가지 태도가 나타나 있다. 기본적으로 시흥(詩興)을 불러일으키는 자연물로서의 속성에 초점을 맞춰 매화를 감상하는 태도가 바탕이 된다. 여기에 당대의 이념과 관련하여 매화에 규범적 가치를 부여하여 감상하는 태도, 매화에 심미적으로 접근하여 아름다움을 음미하는 태도, 매화의 흥취를 즐기는 풍류적 태도 등이 덧붙여지기도 한다.

① '거문고와 노래'는 매화가 불러일으킨 시흥을 즐기기 위한 풍류적 요소이다.

② '잔 들어 권할 적에'는 고조된 흥취를 사람들과 함께하고 싶은 마음을 드러낸다.

③ '황혼월'은 매화를 심미적으로 감상할 때 매화의 아름다움을 더욱 돋보이게 한다.

④ '아치고절'은 자연물인 매화에 부여된 심미적이면서도 규범적인 가치이다.

⑤ '봄뜻'은 매화를 당대 이념에 국한하여 감상해야 의미를 파악할 수 있는 시어이다.

[105~108] 다음 글을 읽고 물음에 답하시오. 2011.11 [40~43]

───────── (해설편 p.181)

형은 또 울었다. 밤이 깊도록 어머니까지 불러 가며 엉엉 소리 내어 울었다.

동생도 형 곁에서 남모르게 소리를 죽여 흐느껴 울었다. 그저 형의 설움과 울음을 따라 울 뿐이었다. 동생도 이렇게 울면서 어쩐지 마음이 조금 흐뭇했다.

이날 밤의 감시는 밤새도록 엄했다.

바깥은 ㉠첫눈이 흩날리고 있었다.

형은 울음을 그치고 불쑥,

"야하, 눈이 내린다, 눈이, 눈이. 벌써 겨울이 다 됐네."

물론 감시병들의 감시가 심하니까 동생의 귀에다 입을 대지도 않고 이렇게 혼잣소리처럼 지껄였다.

"저것봐, 저기 저기, 에에이, 모두 잠만 자구 있네."

동생의 허리를 쿡쿡 찌르기만 하면서……

어느새 양덕도 지났다. 하루하루는 수월히도 저물어 갔고 하늘은 변함없이 푸르렀을 뿐이었다. 산도 들판도 눈에 덮여 있었다. 경비병들의 겨울 복장을 바라보는 형의 얼굴에는 천진한 애들 같은 선망의 표정이 어려 있곤 했다. 날로 날로 풀이 죽어 갔다.

어느 날 밤이었다. 일행도 경비병들도 모두 잠들었을 무렵, 형은 또 동생의 귀에다 입을 대고, 이즈음에 와선 늘 그렇듯 별나게 가라앉은 목소리로,

"그새끼 생각이 난다. 맘이 꽤 좋았댔이야이."

ⓐ"……"

"난 원래 다리에 ㉡담증이 있는데이. 너두 알잖니. 요새 좀 이상한 것 같다야."

하고는 헤죽이 웃었다.

ⓑ"……"

동생은 놀라 돌아다보았다. 여느 때 없이 형은 쓸쓸하게 웃으면서 두 팔로 동생의 어깨를 천천히 그러안으면서,

"칠성아, 야하, 흠썩은 춥다."

ⓒ"……"

"저 말이다, 엄만 날 늘 불쌍히 여겼댔이야, 잉. 야, 칠성아, 칠성아, 내 다리가 좀 이상헌 것 같다야이."

ⓓ"……"

동생의 눈에선 다시 눈물이 비어져 나왔다.

형은 별안간 두 눈이 휘둥그레져서 동생의 얼굴을 멀끔히 마주 쳐다보더니,

"왜 우니, 왜 울어, 왜, 왜. 어서 그치지 못하겠니."

하면서도 도리어 제 편에서 또 울음을 터뜨리고 있었다.

이튿날, 형의 걸음걸이는 눈에 띄게 절름거렸다. 혼잣소리도 풀이 없었다.

"그만큼 걸었음 무던히 왔구만서두. 에에이, 이젠 좀 그만 걷지덜, 무던히 걸었구만서두."

하고는 주위의 경비병들을 흘끔 곁눈질해 보았다. 경비병들은 물론 알은체도 안 했다. 바뀐 사람들은 꽤나 사나운 패들이었다.

그날 밤 형은 동생을 향해 쓸쓸하게 웃기만 했다.

"칠성아, 너 집에 가거든 말이다, 집에 가거든……"

하고는 또 무슨 생각이 났는지 벌쭉 웃으면서,

"히히, 내가 무슨 소릴 허니. 네가 집에 갈 땐 나두 갈 텐데, 앙 그러니? 내가 정신이 빠졌어."

한참 뒤엔 또 동생의 어깨를 그러안으면서,

"야, 칠성아!"

동생의 얼굴을 똑바로 마주 쳐다보기만 했다.

바깥은 바람이 세었다. 거적문이 습기 어린 소리를 내며 열리고 닫히곤 하였다. 문이 열릴 때마다 눈 덮인 초라한 ㉢들판이 부유스름하게 아득히 뻗었다.

동생의 눈에선 또 눈물이 비어져 나왔다.

형은 또 벌컥 성을 내며,

"왜 우니, 왜? 흐흐흐."

하고 제 편에서 더 더 울었다.

며칠이 지날수록 ㉣형의 걸음은 더 절룩거려졌다. 행렬 속에서도 별로 혼잣소릴 지껄이지 않았다. 평소의 형 답지 않게 꽤나 조심스런 낯색이었다. 둘레를 두리번거리며 경비병의 눈치를 흘끔거리기만 했다. 이젠 밤에도 동생의 귀에다 입을 대고 이것저것 지껄이지 않았다. 그러나 먼 개 짖는 소리 같은 것에는 여전히 흠칫흠칫 놀라곤 했다. 동생은 또 참다못해 눈물을 흘렸다. 그러나 형은 왜 우느냐고 화를 내지도 않고 울음을 터뜨리지도 않았다. 동생은 이런 형이 서러워 더 더 흐느꼈다.

그날 밤, 바깥엔 ㉤함박눈이 내렸다.

형은 불현듯 동생의 귀에다 입을 댔다.

"너, 무슨 일이 생겨두 날 형이라구 글지 마라, 어엉?"

여느 때답지 않게 숙성한 사람 같은 억양이었다.

"울지두 말구 모르는 체만 해, 꼭."

동생은 부러 큰 소리로,

"야하, 눈이 내린다."

형이 지껄일 소리를 자기가 지금 대신하고 있다고 생각했다.

ⓔ "……"

그러나 이미 형은 그저 꾹하니 굳은 표정이었다.

동생은 안타까워 또 울었다. 형을 그러안고 귀에다 입을 대고,

"형아, 형아, 정신 차려."

이튿날, 한낮이 기울어서 어느 영 기슭에 다다르자, 형은 동생의 허벅다리를 쿡 찌르고는 걷던 자리에 털썩 주저앉고 말았다.

형의 걸음걸이를 주의해 보아 오던 한 사람이 뒤에서 따발총을 휘둘러 쏘았다.

형은 앉은 채 앞으로 꼬꾸라졌다. 그 사람은 총을 어깨에 둘러메면서,

"메칠을 더 살겠다구 뻐득대? 뻐득대길."

-이호철, 「나상(裸像)」-

105 윗글의 서술상 특징으로 가장 적절한 것은?

① 외양을 상세하게 묘사해 인물을 희화화하고 있다.
② 내적 독백을 통해 시간의 흐름을 지연시키고 있다.
③ 현재와 과거를 교차 서술하여 주제를 부각하고 있다.
④ 간접 인용을 활용하여 사건 전개의 신빙성을 높이고 있다.
⑤ 주인공의 반복적 행위를 서술하여 성격을 구체화하고 있다.

106 ㉠~㉤에 대한 이해로 적절하지 않은 것은?

① ㉠은 '형'의 동심을 불러일으킨다.
② ㉡은 형제 사이의 갈등을 유발한다.
③ ㉢은 '형'의 내면 풍경을 보여 준다.
④ ㉣은 '형'의 최후를 암시한다.
⑤ ㉤은 비극적 분위기를 고조시킨다.

107 윗글을 시나리오로 각색하고자 할 때, ⓐ~ⓔ의 처리 방법에 대한 의견으로 적절하지 않은 것은? [3점]

① ⓐ에서는 '모두 잠들었을 무렵'이라는 상황을 고려하여, 잠든 척 누워 있는 '동생'의 모습을 보여 주면 좋겠군.
② ⓑ에서는 '놀라 돌아다보았다'라는 표현에 주목하여, 걱정스레 '형'을 바라보는 '동생'의 표정을 보여 주면 좋겠어.
③ ⓒ에서는 춥다면서 끌어안는 '형'에게 기대어, 공감하듯 고개를 끄덕이는 '동생'의 모습을 보여 주면 좋겠군.
④ ⓓ에서는 아파하는 '형'을 눈물 어린 표정으로 바라보면서, 아픔을 나누지 못하는 '동생'의 안타까운 눈빛을 보여 주면 좋겠어.
⑤ ⓔ에서는 '부러 큰소리로' 말했음에도 아무 반응이 없자, '형'을 무심하게 바라보는 '동생'의 모습을 보여 주면 좋겠군.

108 〈보기〉를 참조하여 윗글을 감상한 내용으로 적절하지 않은 것은?

[보기]

이 작품에서 작가는 북한군의 포로가 된 형제가 전쟁이라는 상황에서 어떤 모습을 보이는지를 실감 나게 그리고 있다. 특히 천진난만한 '벌거숭이 인간'인 '형'이 외부의 폭력에 희생되는 모습을 묘사하여 근원적인 인간성이 얼마나 소중한지를 일깨워 준다. 또한 이 작품은 포로 호송이라는 상황을 빌려 구성원을 획일화하는 사회를 우회적으로 비판한다.

① 이 작품의 제목은 본연의 순수성을 그대로 드러내는 '형'의 모습을 형상화한 것이다.
② '경비병'은 폭력적 상황 속에서 인간 본연의 모습을 억압하고 길들이는 감시망을 상징한다.
③ '형'과 '동생'이 계속 걸어야만 하는 강제적 상황은 구성원을 획일화하려는 현실을 반영한 것이다.
④ 자신을 압박해 오는 공포에 무감각한 '형'의 모습은 천진성을 파괴하려는 폭력에 대한 저항을 나타낸다.
⑤ '형'이 그를 지켜보던 '경비병'의 총에 맞는 것은 감시자의 요구를 수행할 수 없는 데 따른 희생을 보여 준다.

(가)

흙이 풀리는 내음새
강바람은
산짐승의 우는 소릴 불러
㉠다 녹지 않은 얼음장 울멍울멍 떠내려간다.

진종일
나룻가에 서성거리다
행인의 손을 쥐면 따듯하리라.

고향 가차운 주막에 들러
㉡누구와 함께 지난날의 꿈을 이야기하랴.
양귀비 끓여다 놓고
주인집 늙은이는 공연히 눈물지운다.

간간이 잿나비 우는 산기슭에는
아직도 무덤 속에 조상이 잠자고
설레는 바람이 가랑잎을 휩쓸어간다.

예제로* 떠도는 장꾼들이여!
상고(商賈)하며 오가는 길에
㉢혹여나 보셨나이까.

전나무 우거진 마을
집집마다 누룩을 디디는 소리, 누룩이 뜨는 내음새……
-오장환, 「고향 앞에서」-

(나)

　귀향이라는 말을 매우 어설퍼하며 마당에 들어서니 다리를 저는 오리 한 마리 유난히 허둥대며 두엄자리로 도망간다. ㉣나의 부모인 농부 내외와 그들의 딸이 사는 슬레이트 흙담집, 겨울 해어름의 ㉤집 안엔 아무도 없고 방바닥은 선뜩한 냉돌이다. 여덟 자 방구석엔 고구마 뒤주가 여전하며 벽에 메주가 매달려 서로 박치기한다. 허리 굽은 어머니는 냇가 빨래터에서 오셔서 콩깍지로 군불을 피우고 동생은 면에 있는 중학교에서 돌아와 반가워한다. 닭똥으로 비료를 만드는 공장에 나가 일당 서울 광주 간 차비 정도를 버는 아버지는 한참 어두워서야 귀가해 장남의 절을 받고, 가을에 이웃의 텃밭에 나갔다 팔매질 당한 다리병신 오리를 잡는다.
-최두석, 「낡은 집」-

* 예제로 : 여기저기로.

109 (가), (나)에 대한 이해로 가장 적절한 것은?

① (가)의 화자는 낯선 행인에게서 친근감을 기대하고 있고, (나)의 화자는 익숙했던 공간에 들어서며 낯선 느낌을 받는다.

② (가)의 화자는 아직도 조상의 권위가 지속되는 공간을, (나)의 화자는 여전히 가난이 지속되는 공간을 벗어나고자 한다.

③ (가)의 화자는 세상이 변해도 각박한 인심이 여전함에 좌절하고 있고, (나)의 화자는 세상이 변해도 인심은 변하지 않기를 바라고 있다.

④ (가)의 화자는 떠돌아다니는 자신의 처지를 통해, (나)의 화자는 공장 노동자로 전락한 농민의 처지를 통해 삶의 무상함을 드러내고 있다.

⑤ (가)의 화자는 자연과 조화를 이루는 농촌의 모습이 보존되기를 희망하고, (나)의 화자는 산업화를 통해 농촌의 모습이 변화되기를 희망한다.

110 ㉠~㉤에 대한 이해로 적절하지 않은 것은?

① ㉠: 계절이 바뀌면서 얼음이 풀리는 강변 풍경을 시각적으로 묘사하고 있다.

② ㉡: 꿈이 있던 시절을 함께 회상할 사람이 없는 아쉬움을 설의적으로 드러내고 있다.

③ ㉢: 이리저리 떠돌며 고향에 가지 못하는 장꾼들의 설움을 독백조로 토로하고 있다.

④ ㉣: 가족의 일원이면서도 자신의 가족을 객관화하여 지칭하고 있다.

⑤ ㉤: 썰렁한 집 안의 정경 묘사를 통해 화자가 느끼는 심정을 간접적으로 드러내고 있다.

111 〈보기〉를 참고하여, (가)와 (나)를 감상한 학생들의 반응으로 적절하지 <u>않은</u> 것은? [3점]

[보기]

　　고향을 떠난 사람들이 고향을 각박하고 차가운 현실과 대비되는 공간으로 인식하고, 그곳으로 복귀하려는 것을 귀향 의식이라고 한다. 이때 고향은 공동체의 인정과 가족애가 살아 있는 따뜻한 공간으로 표상된다. 이들의 기억 속에서 고향은 평화로운 이상적 공간으로 남아 있기도 하다. 그러나 고향으로 돌아가더라도 고향이 변해 있거나 고향이 고향처럼 느껴지지 않을 때 귀향은 미완의 형태로 남게 된다.

① (가)에서 주인집 늙은이의 슬픔에 공감하는 것을 보니, 화자는 타인과의 조화를 통해서 현실을 따뜻한 공간으로 만들어 귀향을 완성하려 하겠군.

② (가)에서 전나무가 울창하고 집집마다 술을 빚고 있는 모습으로 고향을 묘사한 것을 보니, 화자의 의식 속에서 고향은 평화로운 공간으로 기억되고 있겠군.

③ (나)에서 고향의 가족들이 궁핍한 삶을 살고 있는 것을 본 화자는 현재의 고향을 이상적인 공간이라고 생각하지 않겠군.

④ (나)에서 어머니가 군불을 피우고 아버지가 오리를 잡아 주는 것을 본 화자는 고향에 와서 가족애를 느낄 수 있겠군.

⑤ (가)에서는 고향을 앞에 두고도 고향 근처 주막에 머물고 있고 (나)에서는 고향에 와서도 마음이 편치 않아 보인다는 점에서, 화자의 귀향이 완성되었다고 보기 어렵겠군.

(해설편 p.194)

처사가 말했다.

"제가 한 딸을 두었으나 십육 세가 되도록 혼처를 정하지 못하였삽기로 천하를 떠돌다가, 다행히 존문에 이르러 아드님을 보니 마음에 드는지라. 여식은 용렬하고 재주가 없으나 존문에 용납될 만하니, 외람하오나 혼인을 정함이 어떠하오이까?"

상공이 '처사의 도덕이 높으니 딸 또한 영민하리라.' 생각하고 답했다.

"존객은 선인이요 나는 속세 사람이라. 어찌 인간 세상 사람이 선인과 혼인을 의논하리까?"

처사가 답했다.

㉠ "상공은 아국 재상이요 나는 미천한 인물이라. 미천한 인물이 귀댁에 청혼함이 극히 불가하오나 버리시지 아니하오면 한이 없을까 하나이다."

공이 즐겨 즉시 혼인을 허락했다.

이때, 상공이 친척들을 모아 정혼한 일을 이야기하니 부인이 의아해 하며 말했다.

㉡ "혼인은 인륜대사라. 어찌 재상가에서 의논도 없이 근본도 모르는 집안과 경솔히 혼약을 하시나이까?"

하고 의논이 분분하자 공이 말했다.

"내 들으니 처사의 딸이 재덕을 겸비했다 하기에 혼약했으니 괜한 시비 마시오."

차설, 이때 혼인날이 임박하자 혼구를 찬란하게 차려 하인들을 거느리고 금강산으로 길을 떠날새, 공은 위풍이 당당하고 시백은 풍채가 빛났다. 이런 경사에 친척과 하인 등이 웃지 않을 자 없고 조정에서도 논박이 그치지 않더라.

여러 날 만에 금강산을 찾아가니, 풍경도 좋거니와 때도 마침 삼춘이라. ㉢ 좌우 산천 바라보니 각색 화초 만발한데 봉접은 펄펄 날아 꽃을 보고 춤을 추고, 수양버들은 늘어졌는데 황금 같은 꾀꼬리는 환우성(喚友聲)*이 더욱 좋다. 경치를 구경하며 점점 들어가니 사람 발자취가 없는지라. 하는 수 없이 주점을 찾아가 쉬고 이튿날 다시 발행하여 산곡으로 들어가니 인적은 고요하니 볼 수 없고, ㉣ 층암은 층층하여 병풍을 둘러친 듯, 시냇물은 잔잔하여 남청을 부르는 듯, 비죽새는 슬피 울어 허황한 일을 비양하는 듯, 두견성은 처량하여 사람의 심회를 돕는지라. 공이 자기가 한 일을 돌아본즉 도리어 허탄한지라. 후회막급이나 어찌할 바를 몰라 방황하다가 날이 저물어 다시 주점에서 쉬고, 다음날 산곡으로 들어가니 심산궁곡에 갈 길은 끊어지고 물을 곳은 전혀

없었다. 길 위에서 방황하다가 바위 위에 노송을 의지하고 앉아 허황함을 자탄하더니 홀연 산곡에서 노랫소리 나며 초동 수삼 인이 나오거늘 반겨 길을 물으니 초동이 답했다.

"이곳은 금강산이요, 이 길은 박 처사 살던 터로 통하는 길이온데, 우리 지금 박 처사 살던 곳에서 내려오나이다."

공이 기뻐 또 물었다.

"처사는 집에 계시더냐?"

초동이 대답했다.

"옛 노인이 말하기를 '수백 년 전에 여기에서 어떤 사람이 나무를 얽어 집을 짓고 열매를 먹으며 칭호를 박 처사라 하고 살았는데 돌연 간 곳을 모르겠다.' 하고 말씀하는 것만 들었지, 지금 박 처사가 산단 말은 금시 초문이로소이다."

공이 이 말을 듣자 정신이 더욱 아득하여 말했다.

"처사가 그곳에서 살던 때는 몇 해나 되었나뇨?"

초동이 미소를 지으며 답했다.

"게서 산 지가 사백 년이라 하더이다."

하며 다시 물어도 대답하지 않고 가거늘 공이 더욱 막막하여 하늘을 바라 크게 웃으며 차탄했다.

"세상에 허무한 일도 많도다."

이미 지나간 일이라 하는 수 없어 주점에 돌아와 머물새, 시백이 부친을 위로했다.

㉤ "옛날 한(漢) 무제도 선술을 구하다가 마침내 구하지 못하고 쓸쓸히 돌아왔으니 후회해도 소용없사온지라. 도로 돌아감만 같지 못하오이다."

공이 웃으며 말했다.

"이미 지나간 일이라. ⓐ 그저 돌아가도 남에게 웃음을 면하지 못할 것이요, 돌아가지 않은즉 허황함이 막심한지라. 내일은 곧 전안(奠雁)* 날이니 부득이 내일만 찾아보리라."

하고 이튿날 노복을 데리고 다시 길을 재촉하여 반일토록 산중을 왕래하여 찾더라. 그날 오후에 한 사람이 갈건야복으로 죽장을 짚고 백우선으로 얼굴을 가리고 유유히 산곡에서 내려오니 반갑기도 그지없다. 일행이 고대하던 중, 내려오는 모습을 보고 너무 반가워 눈을 씻고 다시 보니 박 처사가 분명한지라.

－작자 미상, 「박씨전(朴氏傳)」－

* 환우성 : 벗을 부르는 소리.
* 전안 : 전통 혼례 진행 절차 중의 하나.

112 윗글로 미루어 알 수 있는 것은?

① '박 처사'가 혼인을 청한 것은 '상공'의 인품을 높이 샀기 때문이다.
② '상공'이 사람을 보는 눈은 평범한 사람과 다른 데가 있다.
③ '상공'의 부인은 '박 처사' 딸의 재주를 의심하여 혼인을 반대하고 있다.
④ '초동'은 길을 헤매고 있는 '상공' 일행을 측은하게 여기고 있다.
⑤ '이시백'은 부친의 성급한 혼인 결정을 못마땅하게 여기고 있다.

113 ㉠~㉤에 대한 이해로 적절하지 <u>않은</u> 것은?

① ㉠: 극진한 겸양 표현을 통해서 청혼 자리의 분위기를 드러낸다.
② ㉡: 한문 구절을 끌어 와서 인물이 자기 생각의 정당성을 드러내게 한다.
③ ㉢: 시선의 이동에 따라 경치를 묘사하여 둘러보는 듯한 느낌을 준다.
④ ㉣: 배경을 시·청각적으로 묘사하여 인물의 심리를 잘 드러낸다.
⑤ ㉤: 대화 속에 고사를 인용하여 인물이 처한 쓸쓸한 상황을 부각한다.

114 〈보기〉를 바탕으로 윗글을 감상한 내용으로 적절하지 <u>않은</u> 것은?

[보기]

고전 소설은 현실 세계와 초월계의 교섭을 통해 신성성을 확보하는 것을 중요한 미학적 원리로 삼는다. 고전 소설은 초월계가 천상에 존재한다고 하면서도, 그 공간을 현실 세계의 연장으로 설정하는 경우가 많다. 초월계를 현실 세계보다 상위의 공간으로 인식하는 것은 수직적 사고의 소산이며, 초월계를 현실 세계의 연장으로 설정하는 것은 수평적 사고에 해당한다. 초월계는 본래 인간의 접근이 쉽지 않은데, 수평적 사고를 취하면 그 어려움이 상대적으로 감소한다. 「박씨전」은 현실 세계와 초월계의 성격을 동시에 지니는 공간으로 '금강산'을 설정하고, 그곳에서 천상 존재인 '박 처사'의 딸 '박씨'와 현실 세계의 존재인 '이시백'의 혼인이 이루어지게 함으로써 수직적 사고를 수평적 사고 속에 아우르고 있다.

① '부인'이 '상공'의 혼인 결정을 수긍하지 못하는 것은 수직적 사고의 결과이군.
② '박씨'와 '이시백'의 혼인 장소로 금강산을 설정한 것은 신성성을 확보하려는 의도를 드러낸 것이군.
③ '상공'이 '박 처사'를 쉽게 찾지 못하도록 한 구도에서 금강산이 지닌 초월계의 성격을 찾을 수 있겠군.
④ '박 처사'와 '상공'이 금강산에서 만나는 장면에서 초월계와 현실 세계의 소통이라는 의미를 찾을 수 있겠군.
⑤ 초월계의 선인이면서도 현실 세계에서는 '박 처사'로 불린 인물의 모습은 금강산의 이중적 성격과도 연관되는군.

115 ⓐ에 나타난 '상공'의 상황과 가장 잘 어울리는 말은?

① 이왕지사(已往之事)
② 자포자기(自暴自棄)
③ 만시지탄(晚時之歎)
④ 진퇴양난(進退兩難)
⑤ 새옹지마(塞翁之馬)

[116~119] 다음 글을 읽고 물음에 답하시오.   2009.06 [28~31]

(해설편 p.201)

재종숙은 아무래도 김만호 씨보다는 강 목사에 더 애착이 가는 것 같았다.

"둘은 소학교와 농업학교를 같이 다녔고, 이 지역에서는 그래도 똑똑하다고 소문이 나 있던 사람들이었지. 강 목사는 농업학교를 나온 후 이곳 소학교에서 교편을 잡으면서 밤이면 야학을 하였어. 나도 토요일이나 방학에 집에 와서는 그 일을 도와 드렸지."

그러는 사이에 강 목사와 김만호 씨는 자주 다투게 되었다. 한쪽에서는 일본 말을 가르치는 일을 못마땅히 생각하였고, 한편에서는 세상 돌아가는 형편을 외면한 채 저 잘난 척한다고 생각하였다. 그러는 동안 결국 한글 강습소는 문을 닫아야 하였고 강 목사는 고향을 떠나야 하였다.

"이봐, 그때 그 한글 강습소를 폐쇄시킨 게 바로 김만호였어. 우리가 주재소에 가서 혼이 나도록 당한 것도 다 뒤에서 그 작자가 조종을 한 거야. 나도 학교를 마치지도 않고 고향에 있을 수가 없어서 일본으로 떠나 버렸어. 귀찮은 일이 자꾸 따라다녔지."

㉠재종숙은 그때 일을 바로 어제 일같이 말하였다.

"그 일뿐이 아니라고. 참으로 못할 짓 많이 하였지. 그런데 내가 해방이 되어서 고향에 돌아와 보니까, 아니 어디 숨어 있는 줄 알았던 그가 아주 요란스럽게 행세를 하고 있었어. 난 그 꼴이 보기 싫어서 다시 일본으로 들어가 버렸지만……."

재종숙의 말은 자꾸 헷갈렸다.

김만호 씨는 면 농회 근무 3년 만에 서른이 안 된 나이로 면장이 됐다. 재종숙은 아마 그가 제일 악질적인 면장이었을 거라고 말하였다. 더구나 용서하지 못할 일은, 그가 가장 면민을 위하는 척하면서 제 할 일은 다 했다는 점이었다. 그는 젊은 면장으로서 이 제주 섬에서 가장 도사(島司)의 신임을 얻은 면장이 되었다. ㉡재종숙의 말투는 점점 과격하여 갔다. 인생의 황혼기에서, 아무리 뼈에 사무친 일이라 하더라도 이 나이쯤이면 모두 이해하고 용서할 수 있을 터인데 그게 아니었다.

"생각해 보게. 어떻게 그런 사람에게 '선구적인 시민상'을 주어. 나라를 팔아먹는 데, 권력의 종노릇 하는 데 선구적이었어. 그건 김만호 개인의 문제가 아니여. 신문사 문제만도 아니고, 작은 문제가 아니여. 그 사람

이 상을 타면 세상 사람의 본이 되는 건데, 아니 모두들 그렇게 살아도 된다는 거여? 안 되여. 안 돼."

그는 언성을 높였다. 바로 교장 어른을 상대하여 말하는 투였다.

그와 헤어져 거리로 나오자 이번에는 교장 어른을 만나고 싶었다. 역시 그에게서는 재종숙과는 정반대의 말을 들을 것이 뻔하지만, 재종숙에게 듣지 못했던 새로운 이야기를 들을 수 있을 것 같았다.

"자네가 날 찾아올 줄 알았지."

교장 어른은 몸소 써서 만든 '반야심경' 열 폭 병풍 앞에서 한복 차림으로 앉았다가 일어서면서 나를 반갑게 맞았다. 나는 그분에게서 곱게 늙고 있는 행복한 서민의 모습을 보았다. 육십 평생을 어린이 교육을 위해서만 살다 정년퇴임한 지 몇 해가 되지만, 그는 여전히 이곳 사람들의 선생으로 대접받고 있었다. 방 한편 구석 문갑 위에 있는 한란 분이 그 어른의 기품과 어울리는 것 같았다. 세배꾼들이 다녀갔는지 방석들이 즐비하니 널려 있었다.

교장 어른은 아까 종갓집에서와는 다르게 나를 대하면서 벌써 찾아간 연유를 알고 있었다. 나는 신문사로부터 부여받은 일을 설명하고 나서,

"할아버님의 도움을 받아야 하겠습니다. 할아버님께서 그분과 오랜 교분을 갖고 계신 걸 알고 있습니다. 누구보다도 그분을 잘 알고 계시겠기에 밖으로 드러나지 않은 개인적인 일 같은 것을 듣고 싶습니다."

㉢되도록 조심스럽게 말하였다. 사실 나 자신 한 인간의 사회적인 삶을 어떻게 인식하느냐 하는 뚜렷한 생각도 잡혀지지 않은 처지라서 우선 이렇게 얼버무릴 수밖에 없었다.

"그분이 일제 시대에 관리 노릇을 하였고 더구나 면장을 오랫동안 지낸 것은 사실이지만, 그 시국에 누군들 면장을 해야 했을 거고, ㉣더구나 일본 사람이 면장을 했던 것보담야 훨씬 나았지. 나도 일제 시대 여남은 해 동안 교단에 서서 식민지 교육에 앞장섰던 사람으로서 그분의 행적에 대하여 시비를 가릴 자격은 없어. 큰집에서 내가 좀 강경하게 말한 것은 자네 칠촌 말일세. 일본 가서 살아서 이곳 사정을 모르는 처지에 이러쿵저러쿵 하는 바람에 비위가 상했던 거야. 자기도 그곳에서 살았으면 아니, 일본 사람에게 협조하지 않고 독야청청 민족과 나라를 위하여 애국만 하며 살 수 있었겠냔 말이네. 어림없어. 아마 먼저 더 철저하게 일본 사람들에게 붙어살았을지 누가 알아. 사실 이곳에서

살지 않았던 사람은 이곳에 살면서 좋은 일 궂은 일 모두 겪었던 사람들에 대해서는 말을 말아야 돼."

재종숙의 처사가 못마땅하다는 것이었다. ⓜ그런 교장 어른에게서도 새로운 김만호의 면모를 찾을 수 없을 것 같았다.

-현길언, 「신열(身熱)」-

116 윗글에 대한 설명으로 가장 적절한 것은?

① 대화를 통해 인물의 성격을 간접적으로 제시하고 있다.
② 상징적 소재를 활용하여 주제를 암시적으로 드러내고 있다.
③ 사물에 대한 섬세한 묘사로 독자의 상상 공간을 확대하고 있다.
④ 비유적인 언어를 적절하게 구사하여 작품의 미적 효과를 높이고 있다.
⑤ 내적 독백을 연속적으로 서술하여 소설 내의 시간을 느리게 진행시킨다.

117 윗글의 내용으로 미루어 알 수 없는 것은?

① '김만호'는 현실의 변화를 재빨리 수용한다.
② '김만호'와 '강 목사'는 삶의 태도와 관점이 매우 다르다.
③ '교장 어른'은 '강 목사'보다는 '김만호'의 입장에 서 있다.
④ '나'는 '재종숙'과 '교장 어른'이 화해할 수 있다고 생각한다.
⑤ '재종숙'은 '김만호'의 수상 문제가 사회 정의와 관련되어 있다고 본다.

118 ㉠~ⓜ에 대한 이해로 적절하지 않은 것은?

① ㉠ : 과거의 일을 아직도 마음에 두고 있다.
② ㉡ : 분노의 감정에 휩싸여 흥분하고 있다.
③ ㉢ : 관련된 사안이 예민한 문제라고 느끼고 있다.
④ ㉣ : 상황을 들어 당시 행위를 옹호하려 한다.
⑤ ⓜ : 예상 밖의 결과가 나오자 실망하고 있다.

119 윗글의 이야기 구성을 〈보기〉와 같이 정리한다고 할 때, 이와 관련한 설명으로 적절한 것은? [3점]

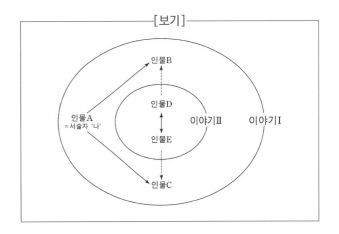

① 이야기Ⅰ과 이야기Ⅱ의 공간적 배경을 다르게 설정하여 작품의 입체성을 강화하고 있다.
② 이야기Ⅰ과 이야기Ⅱ의 시간적 배경을 동일하게 설정하여 보편적 공감을 유도해 내고 있다.
③ 이야기Ⅰ의 특정 인물과 이야기Ⅱ의 특정 인물만 서로 갈등 관계를 맺도록 하여 단일화의 효과를 높이고 있다.
④ 인물A가 인물B와 C의 입을 통해서만 인물D와 E에 대한 이야기를 듣는 독특한 구성 방식 때문에 이야기Ⅱ의 비중이 약화된다.
⑤ 인물A가 이야기Ⅱ 속의 인물D와 E에 관심이 있는 것으로 보아 이 작품의 핵심적 의미는 인물D와 E의 실상 규명과 관련되어 있다.

— 해설편 p.208 —

(가)

　　지금은 ㉠남의 땅—빼앗긴 들에도 봄은 오는가?　[A]

　　나는 온몸에 햇살을 받고
　　㉡푸른 하늘 푸른 들이 맞붙은 곳으로
　　가르마 같은 논길을 따라 꿈속을 가듯 걸어만
간다.
　　　　　　　　　　　　　　　　　　　　　[B]

　　입술을 다문 하늘아 들아
　　내 맘에는 나 혼자 온 것 같지를 않구나
　　네가 끌었느냐 누가 부르더냐 답답워라 말을
해 다오.

　　바람은 내 귀에 속삭이며
　　한 자욱도 섰지 마라 옷자락을 흔들고
　　종다리는 울타리 너머 아씨같이 구름 뒤에서 반
갑다 웃네.

　　고맙게 잘 자란 ㉢보리밭아
　　간밤 자정이 넘어 내리던 고운 비로
　　너는 삼단 같은 머리를 감았구나 내 머리조차
가뿐하다.

　　혼자라도 가쁘게나 가자
　　마른 논을 안고 도는 착한 도랑이
　　젖먹이 달래는 노래를 하고 제 혼자 어깨춤만
추고 가네.
　　　　　　　　　　　　　　　　　　　　　[C]

　　나비 제비야 깝치지 마라
　　맨드라미 들마꽃에도 인사를 해야지
　　아주까리기름을 바른 이가 지심매던 그 들이라
다 보고 싶다.

　　내 손에 ㉣호미를 쥐어 다오
　　살찐 젖가슴 같은 부드러운 이 흙을
　　발목이 시도록 밟아도 보고 좋은 땀조차 흘리고
싶다.

　　강가에 나온 아이와 같이
　　모르고 끝도 없이 닫는 내 혼아
　　무엇을 찾느냐 어디로 가느냐 우스웁다 답을
하려무나.
　　　　　　　　　　　　　　　　　　　　　[D]

　　나는 온몸에 풋내를 띠고
　　㉤푸른 웃음 푸른 설움이 어우러진 사이로
　　다리를 절며 하루를 걷는다 아마도 봄 신령이
지폈나 보다.

　　그러나 지금은—들을 빼앗겨 봄조차 빼앗기겠네.　[E]
　　　　　　　　　　　　　　　　　　-이상화, 「빼앗긴 들에도 봄은 오는가」-

(나)

　　새벽 시내버스는
　　차창에 웬 찬란한 치장을 하고 달린다
　　엄동 혹한일수록
　　선연히 피는 성에꽃
　　어제 이 버스를 탔던
　　처녀 총각 아이 어른
　　미용사 외판원 파출부 실업자의
　　입김과 숨결이
　　간밤에 은밀히 만나 피워낸
　　번뜩이는 기막힌 아름다움
　　나는 무슨 전람회에 온 듯
　　자리를 옮겨 다니며 보고
　　다시 꽃이파리 하나, 섬세하고도
　　차가운 아름다움에 취한다
　　어느 누구의 막막한 한숨이던가
　　어떤 더운 가슴이 토해낸 정열의 숨결이던가
　　일없이 정성스레 입김으로 손가락으로
　　성에꽃 한 잎 지우고
　　이마를 대고 본다
　　덜컹거리는 창에 어리는 푸석한 얼굴
　　오랫동안 함께 길을 걸었으나
　　지금은 면회마저 금지된 친구여.
　　　　　　　　　　　　　　　　　　-최두석, 「성에꽃」-

120 (가), (나)의 공통점으로 가장 적절한 것은?

① 역설적 관점에서 사물을 통찰하여 초월적 진리를 이끌어 낸다.

② 계절적 배경을 통하여 분위기와 주제 의식의 연관성을 높인다.

③ 여정에 따른 공간 변화를 바탕으로 화자의 정서를 다양하게 드러낸다.

④ 명사나 명사형으로 된 시어를 일부 행들의 끝에 배치하여 운율감을 자아낸다.

⑤ 직유적 표현을 여러 번 사용하여 대상의 모양이나 속성을 선명하게 제시한다.

---

121 〈보기〉를 참고하여, (가)의 [A]~[E]를 이해한 내용으로 적절하지 <u>않은</u> 것은? [3점]

┌─────────[보기]─────────┐

　　1920년대 중반에 일부 시인들은 민중의 참담한 상황, 그리고 노동에 기반한 민중의 생명력에 주목하면서 민중의 생활을 노래하였다. 이런 점은 「빼앗긴 들에도 봄은 오는가」에도 잘 반영되어 있다.

└────────────────────────┘

① [A]의 ㉠은 당시 민중의 참담한 상황을 나타낸 표현이군.

② [C]의 ㉢에는 민중의 생명력이, ㉣에는 노동을 중시하는 화자의 태도가 함의되어 있군.

③ [B]와 [D]의 비교에서 드러나는 태도의 변화로 보아, [C]에는 민중의 실상에 대한 화자의 안타까움도 내재되어 있군.

④ [B]의 ㉡에는 화자의 이상이, [D]의 ㉤에는 화자의 현실 인식이 투영되어 있군.

⑤ [A]와 [E]의 연관으로 보아, [B]~[D]에서의 화자의 행위는 민중의 처지를 바꿔 보려는 적극적 의지의 소산이군.

---

122 '성에꽃'에 대한 화자의 심미적 태도를 중심으로 하여 (나)를 감상한 내용으로 가장 적절한 것은?

① '성에꽃'은 새벽 차창에 피어나 있어. 화자는 시간과 공간이 지닌 아름다움을 추구해야 한다고 생각해.

② '성에꽃'은 시내버스를 탔던 사람들이 함께 피워 낸 것이야. 화자는 서민들의 공동체적 어울림에서 아름다움의 바탕을 찾을 수 있다고 생각해.

③ '성에꽃'은 은밀히 피어나는 것이야. 화자는 현실 상황에서는 아름다움이 은밀한 방식으로 탄생해야 한다고 생각해.

④ '성에꽃'에는 누군가의 막막한 한숨이 담겨 있어. 화자는 사람들의 고통이 현실에서는 극복될 수 없는 것이기에 아름답다고 생각해.

⑤ '성에꽃'의 한 잎을 지우고 화자는 친구를 떠올려. 화자는 회상을 통해 성에꽃의 아름다움을 완성할 수 있다고 생각해.

(가)

　홍진(紅塵)에 묻힌 분네 이 내 생애 어떠한고
　옛사람 풍류를 미칠까 못 미칠까.
　천지간 남자 몸이 나만한 이 많건마는
　㉠산림에 묻혀 있어 지락(至樂)을 모를 것인가.
　수간모옥(數間茅屋)*을 벽계수(碧溪水) 앞에 두고
　송죽(松竹) 울울리(鬱鬱裏)*에 풍월주인(風月主人) 되
　었어라.

　엊그제 겨울 지나 새 봄이 돌아오니
　도화행화(桃花杏花)는 석양리(夕陽裏)에 피어 있고
　녹양방초(綠楊芳草)는 세우(細雨) 중에 푸르도다.
　칼로 말라냈나 붓으로 그려냈나　　　　　　[A]
　조화신공(造化神功)이 물물(物物)마다 헌사롭다.
　수풀에 우는 새는 춘기(春氣)를 못내 겨워
　소리마다 교태로다.
　㉡물아일체(物我一體)어니 흥이야 다를쏘냐.
　　　　　　　　　　　　　　－정극인, 「상춘곡(賞春曲)」－

* 수간모옥 : 몇 칸 초가집.
* 울울리 : 우거진 속.

(나)

　뒷집의 술쌀을 꾸니 거친 보리 한 말 못 찼다
　주는 것 마구 찧어 쥐어 빚어 괴어 내니　　　[B]
　여러 날 주렸던 입이니 다나 쓰나 어이리.

　어와 저 백구(白鷗)야 무슨 수고 하느냐
　㉢갈 숲으로 서성이며 고기 엿보기 하는구나
　나같이 군마음 없이 잠만 들면 어떠리.

　삼공(三公)이 귀하다 한들 강산과 바꿀쏘냐
　조각배에 달을 싣고 낚싯대를 흩던질 제
　㉣이 몸이 이 청흥(淸興) 가지고 만호후(萬戶侯)*인들
　부러우랴.

　헛글고 싯근* 문서 다 주어 내던지고
　필마(匹馬) 추풍에 채찍을 쳐 돌아오니
　㉤아무리 매인 새 놓인다 한들 이토록 시원하랴.

　동풍이 건듯 불어 적설(積雪)을 다 녹이니
　사면(四面) 청산이 옛 모습 나노매라　　　[C]
　귀밑의 해묵은 서리는 녹을 줄을 모른다.

　　　　　　　　　　　　　　－김광욱, 「율리유곡(栗里遺曲)」－

* 만호후 : 재력과 권력을 겸비한 제후 또는 세도가.
* 헛글고 싯근 : 흐트러지고 시끄러운.

(다)

　ⓐ굳이 내가 소유하지 않아도 즐기는 데 방해를 받지
않는다는 것이 오로지 원림(園林)이나 누정(樓亭)뿐이
겠는가? 천하의 사물 가운데 그렇지 않은 것은 아무것
도 없다. 다만 원림이나 누정의 경우가 특별히 더 그런
것뿐이다.

　서울에서 수십 리 이내의 가까운 지역에는 사람들이
조성한 별장과 농장이 많다. 어떤 것은 강가를 따라 있
고, 어떤 것은 시내를 내려다보고 있으며, 어떤 것은 산
을 등지고 계곡에 걸쳐 있기도 하다. 제각기 멋진 풍경
하나쯤은 갖추고 있다. 그러나 산수(山水)를 평가하고
논하는 사람들이 걸핏하면 저쪽 경치를 들어다 이쪽 경
치와 비교하면서 앞다퉈 제가 본 풍경을 자랑하는 것을
많이 보았다. 정말 웃을 노릇이다.

　빼어난 경관과 아름다운 풍경을 뽐내는 천하의 명소
가 어디 한두 군데에 불과하랴? 또한 그 고정된 견해와
평가가 있겠는가? 발걸음을 옮길 때마다 보이는 풍경
이 바뀌고, 지경(地境)의 변화에 따라 느낌이 달라진다.
또 같은 장소라 해도 경관이 차이가 나고, 같은 풍경이
라도 때에 따라 변모한다. 그럼에도 불구하고 어느 것이
낮고 어느 것이 모자라다며 제각기 자랑하고, 어느 것이
뛰어나고 어느 것이 뒤진다며 제각기 평을 내린다면, 이
것은 맛 좋은 술에게 소금처럼 짜지 않고 왜 맛이 좋으
냐고 혼내는 격이요, 양고기와 돼지고기에게 채소와 과
일처럼 담박한 맛을 내지 않고 왜 그렇게 기름진 맛을
내느냐고 화를 내는 격이다. ⓑ이러한 생각에 사로잡힌
사람은 천하의 이름난 산과 빼어난 승경(勝景)을 모조리
자기가 소유한 뒤에라야 비로소 흡족해 할 것이다. 그러
면 작은 볼거리에 구속되어 큰 볼거리를 놓치는 사람이
되지나 않을까?

　　　　　　　　　　　－박규수, 「범희문회서도원림(范希文懷西都園林)」－

123 (가)~(다)에 대한 설명으로 적절한 것은?

① (가)와 (나)는 설의적 표현을 통해 화자의 자족감을 표출하고 있다.

② (가)와 (다)는 색채의 대비를 통해 표현 효과를 높이고 있다.

③ (나)와 (다)는 감각적 이미지를 활용하여 계절감을 드러내고 있다.

④ (가)~(다)는 풍자적 표현을 활용하여 주제를 드러내고 있다.

⑤ (가)~(다)는 시간의 흐름을 통해 사물의 속성을 드러내고 있다.

124 〈보기〉를 참고할 때, ㉠~㉤ 중 ⓐ의 관점과 거리가 먼 것은?

[보기]

　(다)는 범희문이라는 사람이 화려한 저택을 거부하고 겸허한 삶을 살고자 했던 사연을 바탕으로 창작되었다. 작가는 세속적 소유를 거부한 범희문의 태도에 기대어 당대 사대부들의 삶에 드러난 속물적 태도를 비판한다. 나아가 대상과 인간의 관계에 대한 통찰을 이끌어 내고 있다.

① ㉠: 산림에 묻혀서 지락을 아는 것

② ㉡: 물아일체 속에서 흥을 느끼는 것

③ ㉢: 갈대숲을 서성이며 고기를 엿보는 것

④ ㉣: 만호후를 부러워하지 않고 청흥을 느끼는 것

⑤ ㉤: 구속에서 벗어나 시원함을 느끼는 것

125 [A]와 [C]를 비교한 내용으로 가장 적절한 것은?

① [A]와 [C]에서 봄은 모두 인간의 유한성을 상징한다.

② [A]는 [C]와 달리 봄을 겨울과 대조하여 표현하고 있다.

③ [C]는 [A]와 달리 의인화를 통해 봄의 속성을 강조하고 있다.

④ [A]의 봄은 흥겨움을, [C]의 봄은 서글픔을 불러일으킨다.

⑤ [A]는 근경에서 원경으로, [C]는 원경에서 근경으로 봄을 묘사하고 있다.

126 [B]를 이해한 내용으로 가장 적절한 것은?

① 조촐하고 소박한 삶의 모습이 나타나 있다.

② 사회적 규범을 따르는 자세가 드러나 있다.

③ 농가와 자연을 분리하려는 의지가 보인다.

④ 공동체를 위한 헌신적 삶이 드러나 있다.

⑤ 숭고한 삶에 대한 지향이 드러나 있다.

127 ⓑ와 같은 사람의 태도로 보기 어려운 것은?

① 휴양림을 늘 내 곁에 두고 보고 싶으니 집에 작은 정원을 만들어야겠어.

② 주말에 지리산에 갔는데 갈 때마다 모습도 다르고 느낌도 달라서 참 좋았어.

③ 가족 여행 때 다녀온 강릉 경포대의 진면목을 알려면 「관동별곡」을 읽어야 해.

④ 단풍은 설악산이 최고라 하니 단풍을 구경하려면 당연히 설악산으로 가야 해.

⑤ 내가 한라산을 가 보고 싶은 이유는 유명한 산악인들이 추천하는 명산이기 때문이야.

[128~130] 다음 글을 읽고 물음에 답하시오.   2014.06B [41~43]

(해설편 p.223)

천대를 받아도 얻어맞는 것보다는 낫다! 그도 그럴 것이다. 미친 체하고 떡목판에 엎드러진다는 셈으로 미친 체하고 어리광 비슷한 수작을 하거나, 스라소니 행세를 하거나 하여, 어떻든지 저편의 호감을 사고 저편을 웃기기만 하면 목전에 닥쳐오는 핍박은 면할 것이다. 속으로는 요놈 하면서라도 얼굴에만 웃는 빛을 띠면 당장의 급한 욕은 면할 것이다. 공포(恐怖), 경계(警戒), 미봉(彌縫), 가식(假飾), 굴복(屈服), 도회(韜晦)*, 비굴(卑屈)…… 이러한 모든 것에 숨어 사는 것이 조선 사람의 가장 유리한 생활 방도요, 현명한 **처세술**이다. 실상 생각하면 우리의 이러한 **생활 철학**은 오늘에 터득한 것이 아니요, 오랫동안 **봉건적** 성장과 관료전제 밑에서 더께가 앉고 굳어 빠진 껍질이지마는, 그 껍질 속으로 점점 더 파고 들어 가는 것이 **지금의 우리 생활**이다.

"어떻든지 그저 내지인과 동등한 대우만 해 주면 나중엔 어찌 되든지 살아갈 수 있겠죠."

청년은 무엇에 쫓겨 가는 사람처럼 차 안을 휘휘 돌려다 보고 나서 목소리를 한층 낮추어서 다시 말을 잇는다.

"가령 공동묘지만 하더라도 내지에도 그런 법률이 있다 하면 싫든 좋든 우리도 따라가는 수밖에 없겠죠. 하지만 우리에게는 또 우리의 유풍이 있지 않습니까? 대관절 내지에도 그런 법이 있나요?"

의외에 이 장돌뱅이도 공동묘지 이야기를 꺼낸다. 나는 아까 형님한테 한참 설법을 듣고 오는 길에 또 이러한 질문을 받고 보니, 언제 규정이 된 것이요 어떻게 시행하라는 것인지는 나로서는 알고 싶지도 않고, 그까짓 것은 아무렇거나 상관이 없는 일이지마는, 아마 요사이 경향에서 모여 앉으면 꽤들 문젯거리, **화젯거리**가 되는 모양이다. 나는 한번 껄껄 웃어 주고 싶었으나 그리할 수는 없었다.

"일본에도 공동묘지야 있다우."

나 역시 누가 듣지나 않는가 하고 아까부터 수상쩍게 보이던 저편 뒤로 컴컴한 구석에 금테를 한 둘 두른 모자를 쓴 채 외투를 뒤집어쓰고 누웠는 일본 사람과, 김천서 나하고 같이 오른 양복쟁이 편을 돌려다 보았다. 나의 말이 조금이라도 총독정치를 비방하는 것은 아니지만, 그중에서 무슨 오해가 생길지 그것이 나에게는 염려되는 것이었다.

"정말 내지에도 공동묘지가 있에요? 하지만 행세하는 사람야 좀 다르겠죠?"

"그야 좀 다르겠지마는, 어떻든지 일본에서는 주로 화장을 지내기 때문에 타고 남은…… 아마 목구멍 뼈라든가를 갖다가 묻고 목패든지 비석을 세운다우. 그러지 않아도 살아 있는 사람도 터전이 좁아서 땅 조각이 금 조각 같은데, 죽는 사람마다 넓은 터전을 차지하다가는 이 세상에는 무덤만 남고 말지 않겠소, 허허허."

나는 이러한 소리를 하면서도 묘지를 간략하게 하여 지면을 축소하고 남는 땅은 누구의 손으로 들어가고 마누 하는 생각을 하여 보았다.

"그리구서니 자기의 부모나 처자를 죽었다구 금세루 살라야 버릴 수가 있습니까? 더구나 대대로 내려오는 제 집 산소까지를."

이 사람은 나의 말이 옳다는 모양으로 고개를 끄덕끄덕하면서도 그래도 반대를 한다.

"화장을 지낸다기루 상관이 뭐겠소. 예전에 애급이라는 나라에서는 왕후장상의 시체는 방부제를 쓰고 나무 관에 넣은 시체를 다시 석관까지에 튼튼히 넣어서 피라미드라는 큰 굴 속에 묻어 두었지만, 지금 와서는 미이라밖에는 되지 않고 만 것을 보면 죽은 송장에게 능라주의(綾羅紬衣)*를 입히고 백 평, 천 평 되는 땅에다가 아무리 굳게 파묻기로 그것이 무엇이란 말이오. 동상을 세우면 무얼 하고 송덕비를 세우면 무엇에 쓴다는 말이오."

내 앞에 앉았는 장꾼은 무슨 소리인지 귀에 자세히 들어오지 않는 모양이다.

"녜에, 그런 것이 있에요?"
하고 멀거니 앉았다.

"하여간 부모를 생사장제(生事葬祭)에 예(禮)로써 받들어야 할 거야 더 말할 것 없지마는, 예로 하라는 것은 결국에 공경하는 마음이나 정성을 말하는 것 아니겠소? 그러니 공동묘지 법이란 난 아직 내용도 모르지마는, 그것은 별문제로 치고라도, 그 근본정신은 생각지 않고 부모나 선조의 산소 치레를 해서 외화(外華)나 자랑하고 음덕(蔭德)이나 바란다는 것도 우스운 수작이란 것을 알아야 할 거 아니겠소. 지금 우리는 공동묘지 때문에 못살게 되었소? 염통 밑에 쉬스는 줄은 모른다구, 깝살릴* 것 다 깝살리고 뱃속에서 쪼르륵 소리가 나도 죽은 뒤에 파묻힐 곳부터 염려를 하고 앉았을 때인지? 너무도 얼빠진 늦둥이 수작이 아니오? 허허허."

나는 형님에게 하고 싶던 말을 장돌뱅이로 돌아다니는 이 자를 붙들고 한참 푸념을 하였다.

-염상섭, 「만세전」-

* 도회 : 재능이나 학식 따위를 숨겨 감춤.
* 능라주의 : 비단옷과 명주옷.
* 깝살리다 : 재물이나 기회 따위를 흐지부지 다 없애다.

128 윗글의 서술상 특징으로 가장 적절한 것은?

① 상징적 배경을 통해 갈등이 해소될 것임을 암시하고 있다.

② 냉소적 어조를 통해 세태에 대한 비판적 태도를 드러내고 있다.

③ 빈번한 장면 전환을 통해 인물들 사이의 긴장감을 고조하고 있다.

④ 동시에 진행되는 사건을 병렬하여 이야기를 입체적으로 구성하고 있다.

⑤ 인물들의 체험을 삽화 형식으로 나열하여 주제를 다각적으로 조명하고 있다.

129 '공동묘지 법'과 관련한 인물들의 태도로 가장 적절한 것은?

① '나'는 '공동묘지 법' 시행에 따른 '화장'의 제도화를 우려하고 있다.

② '나'는 '공동묘지 법'의 시행 전에 충분한 정보가 제공되어야 한다고 지적하고 있다.

③ '나'는 '공동묘지 법'과 관련한 자신의 발언이 정치적으로 해석되는 것을 염려하고 있다.

④ '장돌뱅이'는 '공동묘지 법'의 목적이 묘지를 없애 집터를 넓히는 데 있다고 믿고 있다.

⑤ '장돌뱅이'는 '공동묘지 법'이 '애급'의 관습을 따른 것이라는 사실에 흥미로워 하고 있다.

130 〈보기〉를 참고하여 윗글을 감상할 때 적절하지 <u>않은</u> 것은? [3점]

[보기]

1920년대 문학의 전개 과정에서, 염상섭은 개인의 발견과 현실 인식이라는 소설의 근대적인 특성을 분명하게 제시하고 있다. 특히 일인칭 시점을 적용한 소설을 통해 개인의 내면을 드러내는 방식을 모색하여, 개성의 표현으로서의 문학에 대한 인식을 구체화하였다. 나아가 그는 생활 현실에 근거한 문학으로 관심을 확장하였는데, 그에 따르면, 문예는 생활의 기록이요, 흔적이요, 주장이다. 생활에 대한 염상섭의 새로운 인식은 생활의 표현을 통해 삶의 문제를 총체적인 시각에서 조망하려는 근대 문학의 정신에 접근하고 있다.

① 시속의 '처세술'에 대해 성찰하여 평가한 점을 통해, 생활의 문제에 대한 작가의 주장을 확인할 수 있겠군.

② '생활 철학'을 터득하려는 개개인의 의지를 옹호한 점을 통해, 개인의 발견에 관한 작가의 의식을 이해할 수 있겠군.

③ '지금의 우리 생활'을 '봉건적' 의식과 문화에 견주어 문제 삼은 점을 통해, 삶의 문제를 총체적으로 조망하려는 작가의 시각을 엿볼 수 있겠군.

④ 일상적 관심사로 오르내리는 '화젯거리'를 이야기한 점을 통해, 생활의 흔적을 기록하려는 작가의 노력을 살필 수 있겠군.

⑤ 자신의 경험과 생각을 '나'가 서술하도록 설정한 점을 통해, 개성을 표현하는 문학의 방식을 모색하는 작가의 관심을 찾아볼 수 있겠군.

─── (해설편 p.228) ───

[A]
┌ "여보 장모! 춘향이나 좀 보아야제?"
│ "그러지요. 서방님이 춘향을 아니 보아서야 인정이
└ 라 하오리까?"

향단이 여짜오되,

"지금은 문을 닫았으니 바라를 치거든 가사이다."

이때 마침 바라를 뎅뎅 치는구나. 향단이는 미음상 이고 등롱 들고 어사또는 뒤를 따라 옥문간 당도하니 인적이 고요하고 사정이도 간곳없네.

이때 춘향이 비몽사몽간에 서방님이 오셨는데, 머리에는 금관(金冠)이요 몸에는 홍삼(紅衫)이라. 상사일념(相思一念) 끝에 만단정회(萬端情懷)하는 차라,

"춘향아." 부른들 대답이나 있을쏘냐. 어사또 하는 말이,

"크게 한번 불러 보소."

"모르는 말씀이오. 예서 동헌이 마주치는데, 소리가 크게 나면 사또 염문(廉問)할 것이니, 잠깐 지체하옵소서."

"무어 어때, 염문이 무엇인고? 내가 부를게 가만있소! 춘향아!"

부르는 소리에 깜짝 놀라 일어나며,

[B]
┌ "허허, 이 목소리, 잠결인가, 꿈결인가? 그 목소리
└ 괴이하다."

어사또 기가 막혀 "내가 왔다고 말을 하소."

"왔단 말을 하게 되면 기절담락(氣絶膽落)할 것이니, 가만히 계시옵소서."

춘향이 저의 모친 음성 듣고 깜짝 놀라,

[C]
┌ "어머니, 어찌 와 계시오? 몹쓸 딸자식을 생각하와
│ 천방지방(天方地方) 다니다가 낙상(落傷)하기 쉽
└ 소. 이훌랑은 오실라 마옵소서."

"날랑은 염려 말고 정신을 차리어라. 왔다."

"오다니 누가 와요?"

"그저 왔다."

"갑갑하여 나 죽겠소! 일러 주오. 꿈 가운데 임을 만나 만단정회하였더니, 혹시 서방님께서 기별 왔소? 언제 오신단 소식 왔소? 벼슬 띠고 내려온단 노문(路文) 왔소? 애고, 답답하여라!"

[D] "너의 서방인지 남방인지, 걸인 하나 내려왔다!"

"허허, 이게 웬 말인가? 서방님이 오시다니 몽중에 보던 임을 생시에 본단 말가?"

문틈으로 손을 잡고 말 못하고 기색하며,

"허허, 이게 누구시오? 아마도 꿈이로다. 상사불견(相思不見) 그린 임을 이리 쉬이 만날쏜가? 이제 죽어 한이 없네. 어찌 그리 무정한가? 박명하다, 나의 모녀. 서

방님 이별 후에 ⓐ 자나 누우나 임 그리워 일구월심(日久月深) 한(恨)일러니, 이내 신세 이리 되어 매에 감겨 죽게 되니, 날 살리러 와 계시오?"

한참 이리 반기다가 임의 형상 자세 보니, 어찌 아니 한심하랴.

[E]
┌ "여보 서방님, 내 몸 하나 죽는 것은 설운 마음 없소
└ 마는 서방님 이 지경이 웬일이오?"

"오냐 춘향아, 설워 마라. 인명이 재천인데 설만들 죽을쏘냐?"

춘향이 저의 모친 불러,

"한양성 서방님을 칠 년의 큰 가뭄에 백성들이 비 기다린들 나와 같이 자진(自盡)턴가. 심은 나무 꺾어지고 공든 탑이 무너졌네. 가련하다, 이내 신세, 하릴없이 되었구나. 어머님, 나 죽은 후에라도 원이나 없게 하여 주옵소서. (중략) 만수운환(漫垂雲鬟) 흐트러진 머리 이렁저렁 걷어 얹고 이리 비틀 저리 비틀 들어가서 매 맞아 죽거들랑, 삯군인 척 달려들어 둘러업고 우리 둘이 처음 만나 놀던 ㉠ 부용당(芙蓉堂)의 적막하고 요적한 데 뉘어 놓고 서방님 손수 염습(殮襲)하되, 나의 혼백 위로하여 입은 옷 벗기지 말고 양지 끝에 묻었다가, 서방님 귀히 되어 청운에 오르거든 일시도 둘라 말고 육진장포(六鎭長布) 다시 염하여 조촐한 상여 위에 덩그렇게 실은 후에 북망산천 찾아갈 제, 앞 남산 뒤 남산 다 버리고 한양으로 올려다가 ㉡ 선산(先山)발치에 묻어 주고, 비문에 새기기를, '수절원사(守節寃死)* 춘향지묘(春香之墓)'라 여덟 자만 새겨 주오. 망부석이 아니 될까. 서산에 지는 해는 내일 다시 오련마는 불쌍한 춘향이는 한번 가면 어느 때 다시 올까. 신원(伸寃)*이나 하여 주오. 애고 애고, 내 신세야."

–작자 미상, 「열녀춘향수절가」–

*수절원사: 절개를 지키다 원통하게 죽음.
*신원: 가슴에 맺힌 원한을 풀어 버림.

131 윗글에 대한 설명으로 가장 적절한 것은?

① 꿈의 삽입을 통해 환상적 분위기를 조성하고 있다.
② 서술자의 직접 개입으로 인물의 성격을 희화화하고 있다.
③ 순차적 사건 진행으로 갈등이 해소되었음을 보여 주고 있다.
④ 우의적 소재를 활용하여 사건 해결의 실마리를 제공하고 있다.
⑤ 인물 간의 대화를 통해 주인공이 처한 상황과 내면을 드러내고 있다.

132 〈보기〉를 참고하여 ㉠, ㉡에 대해 토의하였다. 토의한 내용으로 적절하지 <u>않은</u> 것은?

──────[보기]──────
「춘향전」은 춘향과 이몽룡의 신분을 초월한 사랑 이야기를 중심으로 여성의 정절 및 신분 상승의 문제를 다루면서 당대 사회에 대한 비판 의식을 드러내고 있다.

① ㉠은 춘향과 어사또의 사랑이 싹튼 곳이니까 두 사람의 추억이 어린 공간이라 할 수 있어.
② ㉠을 춘향의 혼백이 위로받는 장소로 본다면 춘향이 어사또의 사랑을 다시 확인받고자 하는 공간이라 할 수 있어.
③ ㉡은 수절원사라는 표현으로 보아 춘향의 정절에 대한 보상이 이루어지는 공간이라 할 수 있어.
④ ㉡은 춘향의 한이 풀어지는 장소이자 신분 상승을 상징하는 공간이라 할 수 있어.
⑤ ㉡은 춘향에게 정절을 강요하는 당대 사회에 대한 춘향의 비판 의식이 투영된 공간이라 할 수 있어.

133 [A]~[E]를 이해한 것으로 적절한 것은?

① [A] : '어사또'와 '춘향 모친'은 높임말로 서로에게 존대하고 있다.
② [B] : '춘향'은 자책하는 말로 '어사또'에 대한 그리움을 드러내고 있다.
③ [C] : '춘향'은 불평하는 말로 '모친'에 대한 원망(怨望)을 드러내고 있다.
④ [D] : '춘향 모친'은 비꼬는 말로 '어사또'에 대한 불편한 심기를 나타내고 있다.
⑤ [E] : '춘향'은 자문자답하는 말로 '어사또'에 대한 믿음을 드러내고 있다.

134 ⓐ의 상황을 나타내는 말로 가장 적절한 것은?

① 동병상련(同病相憐)
② 오매불망(寤寐不忘)
③ 이심전심(以心傳心)
④ 조변석개(朝變夕改)
⑤ 풍수지탄(風樹之嘆)

(가)

얇은 사(紗) 하이얀 고깔은
고이 접어서 나빌레라.

파르라니 깎은 머리
박사(薄紗) 고깔에 감추오고

두 볼에 흐르는 빛이
정작으로 고와서 서러워라.

빈 대(臺)에 황촉(黃燭)불이 말없이 녹는 밤에
오동잎 잎새마다 달이 지는데

소매는 길어서 하늘은 넓고
돌아설 듯 날아가며 사뿐히 접어 올린 외씨보선이여.

까만 눈동자 살포시 들어
먼 하늘 한 개 별빛에 모두오고

복사꽃 고운 뺨에 아롱질 듯 두 방울이야
세사에 시달려도 번뇌는 별빛이라.

휘어져 감기우고 다시 접어 뻗는 손이
깊은 마음 속 거룩한 합장인 양하고

이 밤사 귀또리도 지새는 삼경(三更)인데
얇은 사(紗) 하이얀 고깔은 고이 접어서 나빌레라.
                                    −조지훈, 「승무」−

(나)

여러 산봉우리에 여러 마리의 뻐꾸기가
울음 울어
떼로 울음 울어
석 석 삼년도 봄을 더 넘겨서야
나는 길뜬* ⎡설움⎤에 맛이 들고
그것이 실상은 한 마리의 뻐꾹새임을
알아냈다.
지리산 하
한 봉우리에 숨은 실제의 뻐꾹새가
한 울음을 토해 내면
뒷산 봉우리 받아넘기고   ⎤
또 뒷산 봉우리 받아넘기고   ⎦ [A]

그래서 여러 마리의 뻐꾹새로 울음 우는 것을
알았다.

지리산 중
저 연연한 산봉우리들이 다 울고 나서
오래 남은 추스름 끝에
비로소 한 소리 없는 강이 열리는 것을 보았다.

섬진강 섬진강
그 힘센 물줄기가
하동 쪽 남해로 흘러들어
남해 군도의 여러 작은 섬을 밀어 올리는 것을 보았다.

봄 하룻날 그 눈물 다 슬리어서
지리산 하에서 울던 한 마리 뻐꾹새 울음이
이승의 서러운 맨 마지막 빛깔로 남아
이 세석(細石)* 철쭉꽃밭을 다 태우는 것을 보았다.
                              −송수권, 「지리산 뻐꾹새」−

* 길뜬 : 길이 덜 든.
* 세석 : 지리산 정상 아래 부근의 지명.

(다)

무등산 한 활개 뫼가 동쪽으로 뻗어 있어
멀리 떼쳐 와 ⓐ제월봉(霽月峰)이 되었거늘
무변대야(無邊大野)*에 무슨 짐작 하노라
일곱 굽이 한데 뭉쳐 우뚝우뚝 벌여 논 듯
가운데 굽이는 구멍에 든 ⓑ늙은 용이
선잠을 갓 깨어 머리를 앉혔으니
너럭바위 위에 송죽을 헤치고 ⓒ정자를 앉혔으니
구름 탄 청학이 천 리를 가리라 두 날개 벌렸는 듯
옥천산 용천산 내린 ⓓ물이
정자 앞 넓은 들에 올올히 펴진 듯이
넓거든 기노라 푸르거든 희지 마나
쌍룡이 뒤트는 듯 긴 깁을 펼쳤는 듯   ⎤
어디로 가노라 무슨 일 바빠서   ⎟
닫는 듯 따르는 듯 밤낮으로 흐르는 듯   ⎟
물 좋은 사정(沙汀)*은 눈같이 펴졌거든   ⎬ [B]
어지러운 기러기는 무엇을 어르노라   ⎟
앉으락 내리락 모이락 흩으락   ⎟
노화(蘆花)*를 사이 두고 우러곰 좇니느뇨   ⎦
넓은 길 밖이요 긴 하늘 아래 두르고 꽂은 것은
뫼인가 병풍인가 그림인가 아닌가

높은 듯 낮은 듯 긏는 듯 잇는 듯

숨거니 뵈거니 가거니 머물거니

어지러운 가운데 이름난 양하여

하늘도 저어치 않고 우뚝이 섰는 것이 ⓔ <u>추월산</u> 머리

짓고

용구산 몽선산 불대산 어등산

용진산 금성산이 허공에 벌였거든

원근창애(遠近蒼崖)에 머문 짓도 하도 할샤

-송순, 「면앙정가」-

---

* 무변대야 : 끝없이 넓은 들판.

* 사정 : 모래톱.

* 노화 : 갈대.

135 (가)~(다)의 공통점으로 가장 적절한 것은?

① 단호한 어조로 화자의 의지를 드러낸다.

② 과거와 현재를 대비하여 그리움의 정서를 고조한다.

③ 감각적 이미지를 통해 시적 대상의 운동감을 나타낸다.

④ 대립적 시각을 바탕으로 긍정적 상황 인식을 드러낸다.

⑤ 역설적 표현을 통해 대상의 의미를 긴장감 있게 제시한다.

136 〈보기〉를 참고하여 (가)를 이해한 내용으로 적절하지 <u>않은</u> 것은? [3점]

[보기]

「승무」는 무녀(舞女)를 무대 공간의 중심에 배치하여 관객이 이를 바라보는 상황을 보여 주고 있다. 무녀와 그의 춤을 초점화하기 위해서는 여러 가지 빛이 동원되어야 한다. 이 작품에는 지상과 천상, 상승과 하강, 생성과 소멸의 속성을 지닌 다양한 빛이 등장하여 무녀의 외양과 행위, 더 나아가 내면세계를 비추고 있다. 이 빛은 다양한 상징적 의미를 전달하고, 관객이 무대와 인물을 관조하거나 그것에 몰입할 수 있도록 유도한다.

① 어두운 '밤'은 무녀를 비추는 다양한 빛의 양상을 효과적으로 드러내고, 관객의 관심이 무녀에게 집중되게 한다.

② '흐르는 빛'은 여러 빛들에 비추어진 무녀의 낯빛으로서, 상승 이미지를 통해 환상적인 분위기를 조성한다.

③ 말없이 녹아내리는 '황촉불'과 기우는 '달'은 하강과 소멸 이미지를 지니고 있어 유한한 인간 존재를 떠올리게 한다.

④ 6연의 천상의 '별빛'은 번뇌에서 벗어난 초탈의 세계를 환기하면서 승화의 의미로 이어지게 된다.

⑤ 7연의 '별빛'은 무녀의 눈과 연결되어 그녀가 지향하는 세계와 내면세계를 서로 이어 준다.

137 (가)의 '서러워라'와 (나)의 '설움'에 대한 설명으로 가장 적절한 것은?

① (가)의 설움은 역사적인 삶의 경험에서 비롯된 것이다.

② (나)의 설움은 자연물의 주술적 속성을 통해 구체적으로 표출된다.

③ (가)와 (나)의 설움에는 부정적 현실에 대한 비판 의식이 담겨있다.

④ (가)와 (나)의 설움은 외부 대상과는 무관하게 화자의 내면에서 생성되는 정서이다.

⑤ (가)는 밤을 지새우는 '귀또리'의 소리를 통해, (나)는 '철쭉꽃'의 색채를 통해 설움을 환기하며 시상을 마무리하고 있다.

138 (나)에 대한 설명으로 적절하지 **않은** 것은?

① 1연에는 화자가 깨달음에 도달하기까지 걸린 시간과 노력이 나타난다.

② 2연의 '실제의 뻐꾹새'는 '여러 마리의 뻐꾹새'와 상반되는 의미를 형성한다.

③ 2연~4연의 첫 행들은 각 연의 시적 공간에 대해 주의를 환기하는 방식으로 시상 전개에 통일성을 부여한다.

④ 3연~4연에서 '산봉우리', '강', '남해', '섬'이 잇달아 연결되면서 변화와 생성의 세계를 보여 준다.

⑤ 3연~5연은 연의 끝 부분에 '보았다'를 반복적으로 사용하여 깨달음의 의미를 강조한다.

139 [A]와 [B]를 비교한 내용으로 가장 적절한 것은?

① [A]와 달리, [B]는 직유를 통해 시각적 인상을 구체화한다.

② [B]와 달리, [A]는 음보율을 통해 정형적 운율미를 느끼게 한다.

③ [A]와 [B] 모두 어순의 도치를 통해 의미를 강조한다.

④ [A]와 [B] 모두 반어적 표현을 통해 냉소적 태도를 드러낸다.

⑤ [A]와 [B] 모두 영탄적 표현을 통해 자연물에서 받은 감흥을 표출한다.

140 〈보기〉를 참고하여 (다)를 감상한 내용으로 적절하지 **않은** 것은?

[보기]

　송순이 「면앙정가」에서 펼쳐 보인 세계는 흔히 '면앙우주'라고 일컬어진다. 면앙우주는 작가에게 천지만물의 이치를 심성의 수양으로 내면화하는 공간이었다. 작가는 자연 세계를 통해 인간 세계의 이치를 읽어 내는 가운데 조화와 합일을 추구했다. 그는 객관적 자연물에 인간적 생명력과 의지를 부여하는 방식으로 자신의 이상과 세계관을 표출했다.

① ⓐ의 '제월봉'이 '무변대야에 무슨 짐작'을 한다는 표현에는 높은 이상을 향한 작가의 의지가 자연물에 투영되어 있군.

② ⓑ의 '늙은 용'이 '선잠을 갓 깨어'라는 표현에는 이상을 펼치기에 이미 늦었다고 여기는 작가의 조바심이 담겨 있어.

③ ⓒ의 '정자'가 '청학'처럼 '두 날개 벌렸는 듯'하다는 표현에서 면앙정이 비상(飛上)을 위한 심성 수양의 장소임을 알 수 있군.

④ ⓓ의 '물'이 '밤낮으로 흐르는' 모습을 통해 작가도 자신이 추구하는 바를 쉼 없이 행해야 함을 드러내고 있어.

⑤ ⓔ의 '추월산'을 비롯한 여러 산들이 '높은 듯 낮은 듯 긏는 듯 잇는 듯' 서 있다는 표현에서 조화와 합일을 추구하는 삶의 태도를 볼 수 있군.

[141~143] 다음 글을 읽고 물음에 답하시오. 2014.06A [31~33]

(해설편 p.245)

접동
접동
아우래비 접동

진두강 가람 가에 살던 누나는
진두강 앞마을에
와서 웁니다.

옛날, 우리나라
먼 뒤쪽의
진두강 가람 가에 살던 누나는   [A]
의붓어미 시샘에 죽었습니다

누나라고 불러 보랴
오오 불설워
시새움에 몸이 죽은 우리 누나는
죽어서 접동새가 되었습니다

아홉이나 남아 되던 오랩동생을
죽어서도 못 잊어 차마 못 잊어
야삼경(夜三更) 남 다 자는 밤이 깊으면
이 산 저 산 옮아가며 슬피 웁니다.

-김소월, 「접동새」-

141 윗글에 나타난 표현상의 특징으로 적절하지 않은 것은?

① 애상적 어조를 통해 비극적 분위기를 드러내고 있다.
② 명령형의 문장을 사용하여 주제 의식을 부각하고 있다.
③ 구체적 지명을 활용하여 향토적 정서를 환기하고 있다.
④ 행의 길이에 변화를 주어 리듬의 완급을 조절하고 있다.
⑤ 동일한 시구를 반복하여 두 연을 유기적으로 결합하고 있다.

142 [A]에 대한 이해로 적절하지 않은 것은?

① 2연에서 '누나'의 울음은 '누나'의 이야기를 떠오르게 한다.
② 2연에서 3연으로 전개되면서 '누나'에 대한 화자의 태도가 부정적으로 변화하고 있다.
③ 3연에서는 2연의 '누나'와 관련된 사연이 제시되고 있다.
④ 4연에서는 '누나'에 대한 화자의 정서가 직설적으로 제시되고 있다.
⑤ 4연에서는 '우리'라는 시어를 통해 화자와 '누나'의 관계가 강조되고 있다.

143 〈보기〉를 참고하여 윗글을 감상한 내용으로 가장 적절한 것은? [3점]

[보기]

김소월의 시에서 한(恨)은 서로 모순을 이루는 두 감정이 갈등을 일으키고, 그 갈등이 끝내 풀리지 않을 때 생긴다. 예컨대 한은 체념해야 할 상황에서도 미련을 버리지 못하거나, 자책과 상대에 대한 원망(怨望)이 충돌하여 이렇게도 저렇게도 할 수 없을 때 맺힌다.

① '차마' 못 잊는다는 것으로 보아, '누나'의 한은 죽어서도 동생들에 대한 미련을 끊어내지 못하여 생긴 것 같아.
② '시샘'이 '시새움'으로 변주되고 있는 것으로 보아, '누나'의 한은 의붓어미와의 갈등이 깊어지고 있을 때 맺힌 것 같아.
③ '이 산 저 산' 떠도는 새의 모습으로 보아, '누나'의 한은 모든 희망을 버리고 방황하며 체념하고 있을 때 맺힌 것 같아.
④ '야삼경'에도 잠들지 못하는 것으로 보아, '누나'의 한은 자신의 심정이 어떤 상태인지 파악하지 못하여 생긴 것 같아.
⑤ '오랩동생'과 이별하는 심경이 표현된 것으로 보아, '누나'의 한은 홀로 가족을 떠나는 행위를 자책하고 있을 때 맺힌 것 같아.

───────── (해설편 p.248)

호왕이 대로하여

"네 목숨이 내게 달렸거늘 끝까지 굴하지 아니하느냐? 네가 항복하면 왕을 봉하리라."

경업이 왈

㉠"병자년에 우리 주상께서 종사를 위하여 네게 항복하여 계시거니와, 내 어찌 목숨을 위하여 네게 항복하리오."

호왕이 대로하여 무사를 명하여

"내어 베어라."

하니, 경업이 크게 꾸짖어 왈

"내 목숨은 하늘에 있거니와, 네 머리는 열 걸음 안에 있느니라."

하고 안색을 불변하여 무사를 보며

"바삐 죽이라."

하니, 호왕이 경업의 강직함을 보고 탄복하며 맨 것을 풀고 손을 이끌어 올려 앉히고,

"장군이 내게는 역신(逆臣)이나 조선에는 충신이라. 내 어찌 충절을 해하리오. 장군의 소원대로 하리라. 즉시 세자와 대군을 놓아 보내라."

이때 세자와 대군이 별궁에 계셔 임 장군을 주야로 기다리시더니, 문 지키는 관원이 들어와 고하되

"임 장군이 천자께 청하여 세자와 대군을 놓았다."

하거늘, 세자와 대군이 기꺼워하사 궁문 밖에 나와 기다리시더니, 경업이 나아와 울며 절하니, 세자와 대군이 경업의 손을 잡고 함께 들어가 호왕을 보더라.

호왕이

"경들을 임경업이 생사를 돌아보지 않고 구하여 돌아가려 하기로, 내 경업의 충절에 감동하여 경들을 보내나니, 각각 소원을 말하면 내가 정을 표하리라."

하거늘, 세자는 금은을 구하고, 대군은 조선에서 잡혀 온 인물을 청하여 어서 돌아가기를 원하니, 호왕이

"각각 소원대로 하라."

하고 대군을 기특히 여기더라.

(중략)

세자와 대군이 급히 궐내에 들어가 대전께 뵈온데, 주상이 반기사 왈

"너희는 무사히 돌아왔거니와, 경업은 언제나 오리오."

하시고 탄식하시며 또 가라사대

"세자는 무슨 탐욕으로 금은을 구하여 오느냐?"

하시고 벼루로 내리쳐 치시고 둘째 대군으로 세자를 봉

하시니, 이때는 을유년이러라.

이때에 호왕의 딸 숙모공주가 있으니 천하절색이라. 부마를 구하더니, 호왕이 경업을 유의하여 공주더러 이르니, 공주가 관상 보기를 잘하여 경업의 관상 보기를 청하거늘, 경업이 부마에 뽑힐까 두려워하여 신발 속에 솜을 넣어 키를 세 치를 돋우고 들어갔더니, 공주가 엿보고 왈

"들어오는 걸음은 사자 모양이요 나가는 걸음은 범의 형용이니 짐짓 영웅이로되, 다만 키가 세 치 더한 것이 애닯다."

하거늘, 호왕이 마음에 서운하나 그와 방불한 자가 없는지라. 이에 장군더러 왈

"장군이 부마가 되어 부귀를 누림이 어떠하뇨?"

장군이 사례하기를,

㉡"어찌 이런 말씀을 하십니까. 지극히 황공하며 하물며 조강지처가 있사오니, 존명을 받들지 못하리이다."

호왕이 재삼 권유하되 경업이 죽기로써 좇지 아니하니, 호왕이 안타까워하더라.

경업이 돌아감을 청하니, 호왕이 미루고 허락하지 아니하거늘 여러 신하들이 아뢰기를,

"절개 높고 충심이 깊은 사람을 두어 무익하고, 보내어도 해로움이 없사오니, 의로써 보내면 조선이 또한 의로써 섬길 것이니 보냄이 마땅하니이다."

호왕이 그 말을 따라 큰 잔치를 벌여 대접하고 예물을 갖추어 보낼새, 의주까지 호송하니라.

이때 김자점의 위세가 조정에 진동하는지라. 경업이 돌아오는 패문이 왔거늘, 자점이 헤오되, '경업이 돌아오면 나의 계교를 이루지 못하리라.' 하고 상께 아뢰기를,

"경업은 반역 죄인이라, 황명을 거역하고 도망하여 남경에 들어가 우리 조선을 치고자 하다가, 하늘이 무심치 아니하사 북경에 잡힌 바 되어 계교를 이루지 못하매, 하는 수 없어 세자와 대군을 청하여 보내고 뒤쫓아 나오니, 어찌 이런 대역 죄인을 그저 두겠나이까!"

상이 크게 놀라 왈

"무슨 연고로 만고 충신을 해하려 하는가? 경업이 비록 과인을 해롭게 하여도 아무도 그를 해치지 못하리라."

하시고, 자점을 엄히 꾸중하사

"나가라!"

하시니, 자점이 나와 그 무리와 의논하여 왈

"경업이 의주에 오거든 역적으로 잡아 오라."

하더라.

이때 경업이 데려갔던 격군과 호국 사신을 데리고 의

주에 이르니, 사자(使者)가 와 이르되,

　"장군이 반역했다 하여 역률(逆律)로 잡아 오라 합니다."

하고 칼을 씌우며 재촉하니, 의주 백성들이 울며,

　"우리 장군이 만리타국에서 이제야 돌아오거늘, 무슨 연고로 잡혀가는고?"

하거늘, 경업 왈

　"모든 백성은 나의 형상을 보고 조금도 놀라지 말라. 나는 죄 없이 잡혀가노라."

하니 남녀노소 없이 무슨 연고인 줄 모르고 슬퍼하더라.

　　　　　　　　　　　　　　－작자 미상, 「임경업전」－

144 윗글에 대한 이해로 적절하지 않은 것은?

① 대군은 호왕의 배려에 따라 소원을 말하였다.

② 호왕은 적국의 임금인데도 강직한 임경업을 살려 보냈다.

③ 호국 신하들은 임경업을 귀국시켜도 호국에 무해하다고 아뢰었다.

④ 김자점은 세자와 대군을 귀국시키려는 임경업의 소원을 방해하였다.

⑤ 주상은 세자와 대군은 돌아오고 임경업은 함께 오지 못했음을 안타까워했다.

145 '임경업 부마 삼기' 사건에 대한 설명으로 가장 적절한 것은?

① 이 사건이 성사되지 않음으로써 조선에서 호왕의 나라로 공간적 배경이 전환될 수 있는 계기가 무산된다.

② 이 사건의 주요 과정인 관상 보기에 대해 공주가 수동적 태도로 일관함으로써 공주의 내적 갈등이 심화된다.

③ 이 사건의 당사자인 임경업이 천하절색이라는 공주의 외모에 관심을 둠으로써 그가 세속적 인물임이 드러난다.

④ 이 사건의 당사자인 공주가 임경업의 비범함을 인정했지만 혼사는 여전히 호왕이 주도하면서 왕실 내부의 갈등이 심화된다.

⑤ 이 사건은 임경업의 소원을 들어준 앞의 사건과 마찬가지로 임경업에 대한 호왕의 호감에서 비롯됨으로써 사건 전개의 연속성을 강화한다.

146 임경업이 말한 ㉠, ㉡에 대한 분석으로 적절하지 않은 것은?

① ㉠에서는 회유에 대해 대응하고, ㉡에서는 권유에 대해 반응한다.

② ㉠에서는 충신의 도리를, ㉡에서는 남편의 도리를 지키고자 한다.

③ ㉠에서는 과거의 사실을, ㉡에서는 현재의 처지를 언급하여 거절한다.

④ ㉠에서는 상대를 적으로 간주하고, ㉡에서는 상대의 권위를 인정한다.

⑤ ㉠에서는 죽음을 작정하고, ㉡에서는 억류를 의도하여 상대에 저항한다.

147 〈보기〉를 참고하여 윗글을 읽은 학생의 반응으로 적절하지 않은 것은? [3점]

―――――[보기]―――――

　　조선 후기 사대부 심노숭의 문집 『효전산고』를 보면, 종로의 담배 가게에서 「임경업전」을 낭독하는데, 김자점이 장군에게 죄를 씌워 죽이는 데 이르자 분노한 어떤 이가 "네가 자점이더냐?"라고 외치며 벌떡 일어나 낭독자를 해쳤다고 한다. 여기서 보듯 실감나는 낭독은 청중에게 작중 인물이 직접 말하는 것 같은 극적 환상을 일으킨다. 인물의 심리가 즉각 전달되고 사건은 보다 생생해져서, 청중은 낭독자의 안내에 따라 작품을 수용하고 현실에 대한 문제의식을 키우게 된다. 이 사건은 청에 대한 적대감, 임경업에 대한 흠모 의식에 바탕을 둔 「임경업전」에 청중이 얼마나 몰입했는지 보여 준다.

① '임경업'이 '호왕'을 꾸짖는 장면을 낭독할 때, 장군의 기개가 '호왕'을 압도하는 것처럼 느껴지면서 청에 대한 적대감을 지닌 청중은 통쾌해하겠군.

② 칼을 쓰고 잡혀가는 '임경업'을 보며 '의주 백성들'이 우는 장면을 낭독할 때, '임경업'을 흠모하는 청중은 무슨 연고인 줄 몰라서 분노를 표출하겠군.

③ '주상'이 '세자'를 꾸짖는 장면을 낭독할 때, 세자답지 못한 행동을 꾸짖는 '주상'의 분노가 느껴지면서 청중은 '세자'를 내리치는 사건을 더욱 생생하게 받아들이겠군.

④ '사자'가 '임경업'에게 잡아가겠다고 말하는 장면을 낭독할 때, 이야기에 몰입한 청중에게는 마치 작중 인물이 되어 그 대화를 직접 듣는 듯한 극적 환상이 조성되겠군.

⑤ 임금과 백성이 지지함에도 불구하고 '김자점'에 의해 '임경업'이 모해를 입는 장면을 낭독할 때, 간신에 대한 청중의 반감이 커지면서 현실 문제에 대한 관심이 높아지겠군.

[앞부분의 줄거리] 해방 후 '나'는 벗인 '방(方)'과 함께, 장춘에서 서울에 이르는 귀로에 오른다. 회령에서 우연히 '방'과 헤어진 '나'는 수성에 이르러 뱀장어를 잡아 파는 한 소년을 만난다. 이후 '나'는 '방'과 재회하기 위해 청진에 도착하여 어느 국밥집 할머니를 만나게 된다.

노인은 대 끝으로 국 솥을 가리키며,

[A]
"이런 걸 하던 것도 아니요, 어려서부터 배운 것도 아니지마는 그 애가 돌아가던 해 여름, 처음 얼마 동안은 어쩔 줄을 모르고 어리둥절해 있기만 하다가 늘 그러구 있을 수도 없고, 또 **아이 몇 잃어버리는** 동안에 생긴 잠 안 오는 나쁜 버릇이 다시 도져서 몇 해 만에 다시 남의 고궁살이*를 들어갔지요."

"네에, 그러세요."

"그 긴 다섯 해 동안을 그저 모진 일과 고단한 잠만으로 지어 나아오다가, 하루아침은 문득 그것이 죽었으니 찾아가라는 기별이 감옥에서 나왔을 때에야 얼마나 앞이 아득하였겠어요."

"그러셨겠습니다."

[B]
"사람의 가죽은 질기다고 했습니다. 병과 액으로 앞서도 자식새끼 몇 되던 것 하나씩 둘씩 이리저리 다 때우기는 하였지마는, 그런 땐들 왜 안 그럴 수야 있었겠나요마는, 이제는 힘을 줄 데라고는 하나 남지 않고 없어지고, 그것 하나만 믿고 산다 한 그놈마저 죽어 없어졌는데도 사람의 목숨은 이렇게 모진 것이니."

마음이 제법 단단해 보이던 그도 한 번 내달으니 비로소 젊은이 앞에서 긴 한숨을 걷잡지 못하였다. 여기서 처음으로 나는 그를 위로할 기회를 얻었으므로,

"그럼 어떻게 하십니까. 그러고 가는 사람도 다 제 명이 아닙니까."

하여 드리니까 그는,

"하기야 명이지요. 하지만 명이란들 그럴 수야 있습니까. 해방이 되었다 해서 갇히었던 사람들은 이제 살인 강도 암질*이라도 다 옥문을 걷어차고 훨훨 튀어서 세상에 나오지 않습니까."

하였다.

"부질없는 말로 이가 어째 안 갈리겠습니까— 하지만 내 새끼를 갖다 가두어 죽인 놈들은 자빠져서 다들 무릎을 꿇었지마는, 무릎 꿇은 놈들의 꼴을 보면 눈물밖에 나는 것이 없이 되었습니다그려. 애비랄 것 없이 남편이랄 것 없이 잃어버릴 건 다 잃어버리고 못 먹고 굶주리어 피골이 상접해서 헌 너즐떼기에 깡통을 들고 앞뒤로 허친거리며*, 업고 안고 끌고 주추 끼고 다니는 꼴들— 어디 매가 갑니까. 벌거벗겨 놓고 보니 매 갈 데가 어딥니까."

"……."

"만주서 오셨다니깐 혹 못 보셨는지 모르지마는, 낮에 보면 이 조그마한 장터에도 그 헐벗은 굶주린 것들이 뜨문히 바닥에 깔리곤 합니다. 그것들만 실어서 보내는 고무산*인가 아오지*인가 간다는 차가 저기 와 선 채 저 차도 벌써 나 알기에 닷새도 더 되는가 봅니다마는. 참다 참다 못해 자원해 나오는 것들이 한 차 되기를 기다려 떠나는 것인데, 닷새 동안이면 닷새 동안 긴 내 굶은 것인들 그 속에 어째 없겠어요."

그러지 아니하여도 나는 할머니의, 아까 그것들이 업고, 안고, 끼고 다닌다는 **측은한 표현**을 한 것으로부터, 낮에 수성서 들어오는 길로 맞닥뜨린 사람이 복작거리는 ⓐ좁은 행상로 위에 일어난 한 장면의 짤막한 씬을 연상하기 시작하는 중이었는데, 노인은 이러고는 말을 끊고 흐응 깊은 한숨을 들여 쉬었다.

[가]
참으로 그 일본 여자는 업고, 달고 또 하나는 손을 잡고, 아마 아오지 가기를 기다리는 차에서 기어 내려온 듯 품 가까운 행상로 위에 우두커니 서 있었다. 허옇게 퉁퉁 부어오른 낯에 기름때에 전 걸레 같은 헝겊 조각으로 머리를 질끈 동이고, 업고, 달리우고, 잡힌 채, 길 바추에 비켜 서 있었다. 머리를 동인 것만으로는 휘둘리우는 몸을 어찌할 수 없다는 모양으로, 골살을 몇 번 찌푸렸다가는 펴서, 하늘을 쳐다보고, 또 찌푸렸다가는 펴서 쳐다보고 하기를 한참이나 하며 애를 쓰는 것을 자기는 유심히 건너다보고 있었던 것이다.

이윽고 그는 정신이 들었는지 지척지척 걸어 들어와 광주리며 함지며, 채두렝이 같은 데에 여러 가지 먹을 것을 담아 가지고 나와, 혹은 섰기도 하고, 혹은 앉았기도 한, 여인 행상꾼들 앞을 지나쳐오다가 문득 한 여인 앞에 서서 발부리에 놓인 광주리의 속을 손가락으로 가리키는 것이었다.

"한 개에 오 원씩."

행상의 여인네는 허리를 꾸부리어 광주리에서 속에 담기었던 배 한 개를 집어 들고 다른 한 손을 활짝 펴서

일본인 아낙네 눈앞을 가리우매, 아낙네는 실심한 사람 모양으로 한참 동안이나 자기 눈앞을 가리운 활짝 편 그 손가락을 멀거니 바라만 보고 있었다.

뒤에 달린 여덟 살 난 **사낼미***가 엉것바치를 움켜잡고 비어 틀듯이 앞으로 떠밀고 그보다 두어 살이나 덜 먹었을, 손을 잡혀 나오던 **어린 계집아이**가 어미의 손을 끌어당기었다. 그리고 **업힌 것**이 띤 띠개*에서 넘나와 두 손을 내어 뻗으며 어미의 어깨 너머를 솟아오르려고 한다.

"이것들이 이렇게 야단이야요."

세 어린것의 어머니는 참다 못하여 일본말로 이러며 고개를 개우뜸하고는 행상 여인의 눈동자를 들여다보는 것이었다.

애걸이 없었다기로니 이것들이 어찌 그것만으로 덜 비참할 리가 있을 정경이었을 것이냐.

-허준, 「잔등(殘燈)」-

* 고궁살이 : 고공살이. 남의 집 살이.

* 암질(暗質) : 어리석은 천성이나 성질.

* 허친거리며 : 발을 헛디뎌 균형을 잡지 못해 이리저리 쏠리며.

* 고무산, 아오지 : 함경북도에 있는 곳으로, 고무산은 농산물과 목재의 집산지였고 아오지는 석탄 산업 시설이 있었음.

* 사낼미 : 사내아이의 방언.

* 띠개 : 주로 아이를 업을 때 쓰는, 너비가 좁고 기다란 천을 이르는 방언.

---

148 윗글의 인물에 대한 설명으로 가장 적절한 것은?

① '노인'은 '그 애'가 죽기 전에는 고공살이를 경험한 적이 없다.

② '아이 몇 잃어버리는' 슬픔에도 불구하고 '노인'은 불면의 고통을 겪지 않았다.

③ '행상의 여인네'는 '일본인 아낙네'에게 돈을 받지 않고 과일을 주었다.

④ '노인'은 마지막까지 살아남았던 자식이 옥중에서 죽는 순간을 보지 못했다.

⑤ '사낼미', '어린 계집아이', '업힌 것' 등 '세 어린것'은 '행상의 여인네'에게 구걸하고 있었다.

---

149 다음의 학습활동을 수행한 결과로 적절하지 <u>않은</u> 것은?

[3점]

> 학습활동 다음을 작가가 작성한 창작 노트의 일부라고 가정하자. ㉠~㉤이 [A], [B]에 실현된 양상을 파악해 보자.
>
> ㉠ 대화를 통해 인물 간의 관계를 드러낼 것.
> ㉡ 비유적 표현을 사용할 것.
> ㉢ 서술과 대화를 결합해 사용할 것.
> ㉣ 인물의 심리를 드러내는 표현을 활용할 것.
> ㉤ 대상을 지칭하는 표현을 다양화할 것.

① ㉠은 [A]에서 '노인'과 '나'의 갈등을 해소하는 장치로 실현되었군.

② ㉡은 [B]에서 '사람의 가죽은 질기다고 했습니다'라는 표현을 사용하는 방법으로 실현되었군.

③ ㉢은 [B]의 '마음이~하였다'에서 인물의 성격을 드러내기 위해 서술과 대화를 결합하는 방식으로 실현되었군.

④ ㉣은 [B]에서 '긴 한숨을 걷잡지 못하였다'를 통해 실현되었군.

⑤ ㉤은 [A]와 [B]에서 동일 인물을 '그 애', '그것', '그놈'으로 바꾸어 부르는 방법으로 실현되었군.

---

150 ⓐ를 참고할 때, [가]에 대한 이해로 가장 적절한 것은?

① 나의 회상을 통해 떠오른 인물의 외양과 행동을 묘사하고 있다.

② 나의 회상 속에는 '자기'와 인물들 간의 외적 갈등이 드러나고 있다.

③ 나의 회상을 통해 현재의 '자기'가 과거 속의 자아를 부정하고 있다.

④ 나의 회상을 통해 인물이 처한 실제의 상황을 환상적 분위기로 그려 내고 있다.

⑤ 나의 회상 속에는 인물의 현재의 처지와 미래의 모습이 구체적으로 제시되고 있다.

151 〈보기〉를 참고하여 윗글을 감상할 때, 적절하지 <u>않은</u> 것은?

[보기]

「잔등」에서 서술자인 '나'는 해방 전후 우리 사회의 모습을 냉정하게 인식하기 위해 대상과의 객관적인 거리를 유지하고 있었다. 「잔등」에서 반복적으로 등장하는 '제삼자의 정신'이란 말은 이를 암시한다. 또한 귀로에서 접한 인물들을 통해 같은 인간으로서 지니는 측은지심을 드러냄으로써 관용의 정신을 발휘하기도 한다. 이런 점에서 노인이나 잔류 일본인 등과의 만남은 주목할 만하다.

① '일본인 아낙네'의 아이들이 '야단'인 모습을 '비참'하다고 한 것에서, '나'의 객관적 태도에 변화가 있었음을 알 수 있어.

② '일본인 아낙네'가 자신의 아이들과 함께 행상로 위에서 있는 모습을 떠올린 것에서, '나'가 '노인'의 마음을 헤아리게 되었음을 알 수 있어.

③ '노인'이 자신의 자식을 죽인 사람들의 처지가 바뀐 것을 보고 '눈물'이 난다고 한 말에서, '노인'이 그들에 대해 연민을 느꼈음을 알 수 있어.

④ 잔류 일본인에 대한 '노인'의 마음을 '측은한 표현'이라 한 것에서, '나'가 제삼자의 정신에서 벗어나 관용의 자세까지 보여 주고 있음을 알 수 있어.

⑤ '일본인 아낙네'가 '실심한 사람 모양으로', '행상의 여인네'의 '손가락을 멀거니 바라만 보고 있'는 모습에서, 두 사람이 서로를 위로하며 격려하고 있음을 알 수 있어.

[152~154] 다음 글을 읽고 물음에 답하시오. 2015.09B [31~33]

──── (해설편 p.262) ────

(가)

　　모란이 피기까지는
　　나는 아직 ㉠나의 봄을 기다리고 있을 테요
　　모란이 뚝뚝 떨어져 버린 날
　　나는 비로소 봄을 여읜 설움에 잠길 테요
　　오월 어느 날 그 하루 무덥던 날
　　떨어져 누운 꽃잎마저 시들어 버리고는
　　천지에 모란은 자취도 없어지고
　　뻗쳐오르던 내 보람 서운케 무너졌으니
　　모란이 지고 말면 그뿐 내 한 해는 다 가고 말아
　　삼백예순 날 하냥 섭섭해 우옵네다
　　모란이 피기까지는
　　나는 아직 기다리고 있을 테요 찬란한 슬픔의 봄을
　　　　　　　-김영랑, 「모란이 피기까지는」-

(나)

　　북한산이
　　다시 그 높이를 회복하려면
　　다음 겨울까지는 기다려야만 한다.

　　밤사이 눈이 내린,
　　그것도 백운대나 인수봉 같은
　　높은 봉우리만이 옅은 화장을 하듯
　　가볍게 눈을 쓰고

　　왼 산은 차가운 수묵(水墨)으로 젖어 있는,
　　어느 겨울날 이른 아침까지는 기다려야만 한다.

　　신록이나 단풍,
　　골짜기를 피어오르는 안개로는,
　　눈이래도 왼 산을 뒤덮는 적설(積雪)로는 드러나지
　　않는,

　　심지어는 장밋빛 햇살이 와 닿기만 해도 변질하는,
　　그 ㉡고고(孤高)한 높이를 회복하려면

　　백운대와 인수봉만이 가볍게 눈을 쓰는
　　어느 겨울날 이른 아침까지는
　　기다려야만 한다.

　　　　　　　-김종길, 「고고(孤高)」-

152 (가), (나)의 공통점으로 가장 적절한 것은?

① 공간의 이동을 통해 시상을 전개하고 있다.
② 수미상관의 구조를 통해 주제를 강조하고 있다.
③ 어순의 도치를 통해 상황의 긴박감을 표현하고 있다.
④ 흑백의 대비를 통해 회화적 이미지를 강화하고 있다.
⑤ 가상의 상황을 통해 자기반성의 태도를 보여 주고 있다.

153 〈보기〉를 참고하여 (가), (나)를 감상한 내용으로 적절하지 **않은** 것은? [3점]

─────── [보기] ───────

　　김영랑의 「모란이 피기까지는」과 김종길의 「고고」는 대상이 지닌 특정 속성을 통해 화자가 경험한 아름다움을 드러낸다. 「모란이 피기까지는」에서는 봄이라는 계절에 소멸을 앞둔 대상을 통해, 「고고」에서는 겨울날 대상의 고고함이 드러나는 순간을 통해 대상의 아름다움이 경험되고 있다. 한편, 전자는 대상 자체보다는 대상에서 촉발된 주관적 정서의 표현에, 후자는 정서의 직접적 표현보다는 대상 자체의 묘사에 중점을 두고 있다.

① (가)에서는 아름다움을 경험하는 주체를 직접 노출하여 정서를 표현하고 있군.
② (가)에서는 한정된 시간 동안 존속하는 속성이 대상의 아름다움을 강화하고 있군.
③ (나)에서는 대상의 높이가 고고한 아름다움을 결정하는 유일한 조건이군.
④ (나)는 대상의 고고한 아름다움이 드러나는 순간과 그렇지 않은 때의 모습을 대비하고 있군.
⑤ (가)와 (나)는 각각 특정한 계절적 배경을 통해 대상의 아름다움을 표현하고 있군.

154 ㉠, ㉡과 관련지어 (가), (나)를 이해한 내용으로 적절하지 <u>않은</u> 것은?

① (가)의 '설움'은 ㉠을 경험하지 못하게 방해하는 요인을 나타낸다.

② (가)의 '내 한 해는 다 가고 말아'는 ㉠의 경험이 화자의 삶에서 차지하는 비중이 큼을 나타낸다.

③ (가)의 '찬란한 슬픔'은 ㉠에서 경험할 수 있는 강렬한 정서를 나타낸다.

④ (나)의 '어느 겨울날 이른 아침'은 ㉡을 경험할 수 있는 특정 시간을 나타낸다.

⑤ (나)의 '가볍게 눈을 쓰는'은 ㉡을 경험하기 위한 대상의 요건을 나타낸다.

———————————— (해설편 p.267)

"지식인일수록 불만이 많은 법입니다. 그러나, 그렇다고 제 몸을 없애 버리겠습니까? 종기가 났다고 말이지요. 당신 한 사람을 잃는 건, 무식한 사람 열을 잃는 것보다 더 큰 민족의 손실입니다. 당신은 아직 젊습니다. 우리 사회에는 할 일이 태산 같습니다. 나는 당신보다 나이를 약간 더 먹었다는 의미에서, 친구로서 충고하고 싶습니다. 조국의 품으로 돌아와서, 조국을 재건하는 일꾼이 돼 주십시오. 낯선 땅에 가서 고생하느니, 그쪽이 당신 개인으로서도 행복이라는 걸 믿어 의심치 않습니다. 나는 당신을 처음 보았을 때, 대단히 인상이 마음에 들었습니다. 뭐 어떻게 생각지 마십시오. 나는 동생처럼 여겨졌다는 말입니다. 만일 남한에 오는 경우에, 개인적인 조력을 제공할 용의가 있습니다. 어떻습니까?"

명준은 고개를 쳐들고, 반듯하게 된 천막 천장을 올려다본다. 한층 가락을 낮춘 목소리로 혼잣말 외듯 나직이 말할 것이다.

"중립국."

설득자는, 손에 들었던 연필 꼭지로, 테이블을 툭 치면서, 곁에 앉은 미군을 돌아볼 것이다. 미군은, 어깨를 추스르며, 눈을 찡긋하고 웃겠지.

나오는 문 앞에서, 서기의 책상 위에 놓인 명부에 이름을 적고 천막을 나서자, 그는 마치 재채기를 참았던 사람처럼 몸을 벌떡 뒤로 젖히면서, 마음껏 웃음을 터뜨렸다. 눈물이 찔끔찔끔 번지고, 침이 걸려서 캑캑거리면서도 그의 웃음은 멎지 않았다.

준다고 바다를 마실 수는 없는 일. 사람이 마시기는 한 사발의 물. 준다는 것도 허황하고 가지거니 함도 철없는 일. 바다와 한 잔의 물. 그 사이에 놓인 골짜기와 눈물과 땀과 피. 그것을 셈할 줄 모르는 데 잘못이 있었다. 세상에서 뒤진 가난한 땅에 자란 지식 노동자의 슬픈 환상. 과학을 믿은 게 아니라 마술을 믿었던 게지. 바다를 한 잔의 영생수로 바꿔 준다는 마술사의 말을. 그들은 뻔히 알면서 권력이라는 약을 팔려고 말로 속인 꼬임을. 어리석게 신비한 술잔을 찾아 나섰다가, 낌새를 차리고 항구를 돌아보자, 그들은 항구를 차지하고 움직이지 않고 있었다. 참을 알고 돌아온 바다의 난파자들을 그들은 감옥에 가둘 것이다. 못된 균을 옮기지 않기 위해서. 역사는 소걸음으로 움직인다. 사람의 커다란 모순과 업(業)에 비기면, 아무 자국도 못 낸 것이나 마찬가지다. 당대까지 사람이 만들어 낸 물질 생산의 수확을 고르게 나누는 것만이 모든 시대에 두루 맞는 가능한 일이다. 마찬가지 아닌가. 벌써 아득한 옛날부터 사람 동네가 알아낸 슬기. 사람이라는 조건에서 비롯하는 슬픔과 기쁨을 고루 나누는 것. 그래 봐야, 사람의 조건이 아직도 풀어 나가야 할 어려움의 크기에 대면, 아무것도 아니다. 사람이 이루어 놓은 것에 눈을 돌리지 않고, 이루어야 할 것에만 눈을 돌리면, 그 자리에서 그는 삶의 힘을 잃는다. 사람이 풀어야 할 일을 한눈에 보여 주는 것—그것이 '죽음'이다. 은혜의 죽음을 당했을 때, 이명준 배에서는 마지막 돛대가 부러진 셈이다. 이제 이루어 놓은 것에 눈을 돌리면서 살 수 있는 힘이 남아 있지 않다. 팔자소관으로 빨리 늙는 사람도 있는 법이었다. 사람마다 다르게 마련된 몸의 길, 마음의 길, 무리의 길. 대일 언덕 없는 난파꾼은 항구를 잊어버리기로 하고 물결 따라 나선다. 환상의 술에 취해 보지 못한 섬에 닿기를 바라며. 그리고 그 섬에서 환상 없는 삶을 살기 위해서. 무서운 것을 너무 빨리 본 탓으로 지쳐 빠진 몸이, 자연의 수명을 다하기를 기다리면서 쉬기 위해서. 그렇게 해서 결정한, 중립국행이었다.

중립국. 아무도 나를 아는 사람이 없는 땅. 하루 종일 거리를 싸다닌대도 어깨 한번 치는 사람이 없는 거리. 내가 어떤 사람이었던지도 모를뿐더러 알려고 하는 사람도 없다.

병원 문지기라든지, 소방서 감시원이라든지, 극장의 매표원, 그런 될 수 있는 대로 마음을 쓰는 일이 적고, 그 대신 똑같은 움직임을 하루 종일 되풀이만 하면 되는 일을 할 테다. 수위실 속에서 나는 몸의 병을 고치러 오는 사람들을 바라본다. 나는 문간을 깨끗이 치우고 아침저녁으로 꽃밭에 물을 준다.

–최인훈, 「광장」–

155 윗글의 서술상 특징으로 가장 적절한 것은?

① 장면의 빈번한 전환을 통해 긴박한 분위기를 조성하고 있다.

② 인물의 의식에 초점을 맞추어 현실에 대한 관념적 인식을 드러내고 있다.

③ 실제 공간의 실감 있는 묘사를 통해 시대적 상황을 구체화하고 있다.

④ 회상을 통해 대조적 체험을 병렬적으로 제시함으로써 주제를 강화하고 있다.

⑤ 인물 간의 갈등을 다각적으로 조명하여 사건 전개의 양상을 다면화하고 있다.

156 난파꾼에 대한 이해로 가장 적절한 것은?

① 과거에 집착하는 존재이다.

② 정주할 곳에 도달한 존재이다.

③ 환상이 허황됨을 알아차린 존재이다.

④ 속세를 떠난 구도자가 되려는 존재이다.

⑤ 현실 변화에 민첩하게 적응하는 존재이다.

157 〈보기〉를 참고하여 윗글을 감상할 때 적절하지 <u>않은</u> 것은? [3점]

[보기]

　4·19 직후에 발표된 최인훈의 「광장」은 당대에 금기시되던 이념 대립의 문제를 정면으로 파헤친 점에서 전후 분단 소설의 대표작으로 평가받고 있다. 남북한 간 이념의 이분법적 구도로 인해, 한반도의 분단만이 아니라 각 체제 내의 사회적 모순과 문제점을 비판하고 고발하는 것조차 이념의 이름으로 은폐하거나 호도하는 사태가 발생하였다. 「광장」은 그러한 시대적 상황에 문제를 제기하고 이념적 대립을 극복할 비판적 대안을 제시하고자 하였던 것이다.

① 이념적 선택을 강요하는 억압적 상황에 처한 이의 심정이 드러나 있어. 주인공이 중립국 선택을 마치고 난 후에 보인 반응에서 이를 엿볼 수 있지.

② 개인의 이익보다 이념을 택하는 당대 지식인의 실천적 의지가 드러나 있어. 개인의 행복한 삶을 마다하고 낯선 땅으로 가려는 주인공의 선택에서 이를 엿볼 수 있지.

③ 현실의 문제를 감추거나 왜곡하기에 급급한 체제에 대한 냉소적 태도가 드러나 있어. 미래에 대한 환상으로 사람들을 꾀는 마술사의 속임수를 비꼬듯 이야기한 데에서 이를 엿볼 수 있지.

④ 사회적 모순을 직시하는 이들을 격리하려는 권력을 비판하고자 하는 의식이 드러나 있어. 항구를 차지한 이들이 바다에서 돌아온 이들을 감금하려 한다는 대목에서 이를 엿볼 수 있지.

⑤ 이념적 대립 구도에 갇힌 현실에 대한 대안으로, 일상적 삶을 자유롭게 누릴 수 있는 사회가 드러나 있어. 주인공이 중립국에서 누리고자 하는 삶의 모습을 기술한 데에서 이를 엿볼 수 있지.

(가)

두터비 파리를 물고 두엄 우희 치다라 안자
것넌 산 바라보니 **백송골**(白松鶻)이 떠 잇거늘 가슴
이 금즉하여 풀덕 뛰여 내닷다가 두엄 아래 잣바지거고
모쳐라 날낸 낼싀만졍 에헐*질 번 하괘라.

　　　　　　　　　　　　　　　　　－작자 미상, 사설시조－

* 에헐 : 어혈. 타박상 등으로 피부에 피가 맺힌 것.

(나)

요사이 **고공**들은 생각이 어찌 아주 없어
밥사발 크나 작으나 동옷이 좋고 궂으나
마음을 다투는 듯 호수(戶首)*를 시샘하는 듯
무슨 일 감겨들어 흘깃할깃 하느냐
너희네 일 아니하고 시절조차 사나워
가뜩이 **나**의 세간 풀어지게 되었는데
엊그제 화강도(火强盜)에 가산(家産)이 탕진하니
집 하나 불타 버리고 먹을 것이 전혀 없다

　　　　　　　　　　　　　　　　(중략)

칠석에 호미 씻고 김을 다 맨 후에
새끼 꼬기 누가 잘 하며 섬은 누가 엮으랴
너희 재주 헤아려 제각기 맡아 하라
가을걷이 한 후에는 집짓기를 아니하랴
집은 내 지으마 ㉠**움**은 네 묻어라
너희 재주를 내 짐작하였노라
너희도 먹을 일을 분별을 하려무나
멍석에 벼를 넌들
좋은 해 구름 끼어 햇볕을 언제 보랴
방아를 못 찧거든 거치나 거친 올벼
옥 같은 ㉡**백미** 될 줄 누가 알 수 있겠느냐
너희네 데리고 새 ㉢**살림** 살자 하니
엊그제 왔던 도적 아니 멀리 갔다 하되
너희네 귀 눈 없어 저런 줄 모르건대
화살을 제쳐 두고 **옷 밥**만 다투느냐
너희네 데리고 추운가 굶주리는가
㉣**죽조반**(粥早飯) 아침 저녁 더 많이 먹였거든
은혜란 생각 않고 제 일만 하려 하니
생각 있는 새 일꾼 어느 때 얻어서
집 일을 마치고 시름을 잊겠는가
너희 일 애달파 하면서 ㉤**새끼** 한 사리 다 꼬겠도다.

　　　　　　　　　　　　　　　　－허전, 「고공가(雇工歌)」－

* 호수 : 고공(머슴)의 우두머리.

(다)

　물이 하나의 국가라면, 용은 그 나라의 군주이다. 어족(魚族) 가운데 큰 것으로 고래, 곤어, 바다 장어 같은 것은 그 군주의 내외 여러 신하이고, 그 다음으로 메기, 잉어, 다랑어, 자가사리 종류는 서리나 아전의 무리이다. 그 밖에 크기가 한 자가 못 되는 것은 수국(水國)의 만백성들이다. 그 상하에 서로 차서(次序)가 있고 대소(大小)에 서로 거느림이 있는 것은 또 어찌 사람과 다르겠는가?

　이 때문에 용이 그 나라를 경영함에 가물어 물이 마르면 반드시 [비]를 내려 이어주고, 사람들이 물고기 씨를 말릴까 염려하여 겹겹이 물결을 일렁이어 덮어 주니, 그것이 물고기에게는 은혜가 아닌 것은 아니다.

　그런데 물고기에게 자애로운 것은 한 마리 용이고, 물고기를 못살게 하는 것은 수많은 큰 물고기들이다. 고래들은 조류를 따라가며 들이마셔 작은 물고기를 자신의 시서(詩書)로 삼고, 교룡, 악어는 물결을 다투어 삼키고 씹어 먹어 작은 물고기를 거친 땅의 농사로 삼으며, 문절망둑, 쏘가리, 드렁허리, 가물치 족속은 사이를 노리고 틈을 잡아 덮쳐서 작은 물고기를 은과 옥으로 삼는다. 강자는 약자를 삼키고 지위가 높은 것은 아랫것을 사로잡는다. 진실로 그러한 행위를 싫증 내지 않는다면 물고기들은 반드시 남아나지 않을 것이다.

　슬프다! 작은 물고기가 없다면 용은 뉘와 더불어 군주 노릇을 하며, 저 큰 물고기들이 또한 어찌 으스댈 수 있겠는가? 그러므로 용의 도(道)란 그들에게 구구한 은혜를 베풀어 주는 것보다 먼저 그들을 해치는 족속들을 물리치는 것이다.

　아아, 사람들은 물고기에게만 큰 물고기가 있는 줄 알고 사람에게도 큰 물고기가 있는 줄을 알지 못한다. 그러니 물고기가 사람을 슬퍼하는 것이 사람이 물고기를 슬퍼하는 것보다 더 심한 것을 어찌 알겠는가?

　　　　　　　　　　　　　　　　－이옥, 「어부(魚賦)」－

158 (가)~(다)의 공통점으로 적절한 것은?

① 대상을 비판하고자 하는 의도가 담겨 있다.
② 과거 사실에 대한 반성적 성찰이 드러나 있다.
③ 고사(故事)를 활용하여 풍자의 효과를 높이고 있다.
④ 부정적인 상황을 극복하고자 하는 의지가 드러나 있다.
⑤ 특정 장면에 초점을 맞추어 대상을 해학적으로 묘사하고 있다.

159 (나)와 (다)를 비교할 때, 문맥적 의미가 비 와 가장 가까운 것은?

① ㉠　　② ㉡　　③ ㉢　　④ ㉣　　⑤ ㉤

160 밑줄 친 대상 간의 관계가 (가)의 '두터비', '파리', '백송골' 간의 관계와 가장 가까운 것은?

① 닭은 때를 알리고 개는 도적을 살피고
　소 말은 큰 구실 맡겨 다 기름 직하거니와
　저 매는 꿩 잡아 절로 바치든가 나는 몰라 하노매라.
② 까마귀 검다 하고 백로야 웃지 마라
　겉이 검은들 속조차 검을쏘냐
　아마도 겉 희고 속 검은 것은 너뿐인가 하노라.
③ 나비야 청산 가자 범나비 너도 가자
　가다가 저물거든 꽃에 들어 자고 가자
　꽃에서 푸대접하거든 잎에서나 자고 가자.
④ 벽오동 심은 뜻은 봉황 올까 하였더니
　봉황은 아니 오고 오작만 날아든다
　동자야 오작 날려라 봉황 오게 하리라.
⑤ 장공에 떴는 솔개 눈 살핌은 무슨 일인가
　썩은 쥐를 보고 빙빙 돌고 가지 않는구나
　만일에 봉황을 만나면 웃음거리 될까 하노라.

161 〈보기〉를 참고하여 (나)를 감상한 내용으로 적절하지 않은 것은?

─────[보기]─────
　「고공가」는 전란으로 인해 황폐해진 나라를 재건하자는 의도에서 지어진 노래로, 국가 정치를 한 집안의 농사일에 비유하여 관료 사회의 단면을 보여 주고 있다.
──────────────

① '고공'이 반목과 질시를 일삼는 것으로 보아 조정에는 불화가 있었군.
② '나'가 '고공'의 능력을 인정하지 않는 것으로 보아 관료 사회에는 불신이 팽배했군.
③ '나'는 외적에 대한 경계심을 갖고 있는 것으로 보아 외적의 재침략을 걱정하고 있군.
④ '나'가 집안의 일을 염려하는 것으로 보아 '나'는 성공적인 국가 재건을 바라는 인물이군.
⑤ '고공'이 '옷 밥'만 탐했다는 것으로 보아 관료들은 본분을 잊어버리고 사욕만을 채우고자 하였군.

162 (다)의 논지를 긍정하는 신하가 군주에게 상소문을 올린다고 할 때, 적절하지 않은 것은?

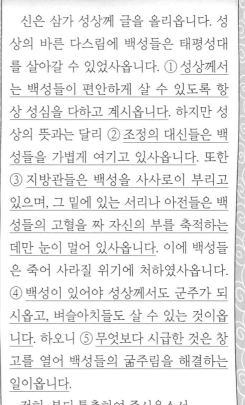

　신은 삼가 성상께 글을 올리옵니다. 성상의 바른 다스림에 백성들은 태평성대를 살아갈 수 있었사옵니다. ① 성상께서는 백성들이 편안하게 살 수 있도록 항상 성심을 다하고 계시옵니다. 하지만 성상의 뜻과는 달리 ② 조정의 대신들은 백성들을 가볍게 여기고 있사옵니다. 또한 ③ 지방관들은 백성을 사사로이 부리고 있으며, 그 밑에 있는 서리나 아전들은 백성들의 고혈을 짜 자신의 부를 축적하는 데만 눈이 멀어 있사옵니다. 이에 백성들은 죽어 사라질 위기에 처하였사옵니다. ④ 백성이 있어야 성상께서도 군주가 되시옵고, 벼슬아치들도 살 수 있는 것이옵니다. 하오니 ⑤ 무엇보다 시급한 것은 창고를 열어 백성들의 굶주림을 해결하는 일이옵니다.
　전하, 부디 통촉하여 주시옵소서.

[163~165] 다음 글을 읽고 물음에 답하시오.   2012.11 [43~45]

──── (해설편 p.281) ────

이때 ㉠동리 사람들, 들것에 복조 송장을 태워 들어온다. 물이 뚝뚝 떨어진다. 복실과 분 어미, 의아하여 잠시 보고 있더니 달려들어 목 놓고 운다. 동리 사람들, 소리를 낮춰 힐끽힐끽 운다.

간(間)

처   (부엌에서 나오며) 왜들 우니?

분 어미와 복실 어머니, 복조예요.

동리 사람 3   ㉡쇠뿌리로 배 내다가 보니 범바위 틈에 꼈습디다.

처   물에서 죽은 놈이 복조뿐인가? 어떻게 복조라고 장담해. (아무 관계없는 듯이 부엌으로 들어간다.) (노어부를 석이와 윤 첨지가 양편에서 꽉 붙들고 들어온다.)

노어부   놔. 두고 볼 거 아니야.

윤 첨지   참어. 참는 데 복이 있다네. 그저 참는 것이 제일이야. 참을 인(忍) 자가 셋이면 사람 하나 살린다는 말이 있지 않나.

석이   (그제야 들것과 사람들을 보고) 누나, 이것이 작은형이요? (붙들고 운다.)

윤 첨지   찾았으니 다행이군. (눈물을 씻는다.)

노어부   (한참 바라보고 있더니 눈물을 닦으며 서러운 소리로 똑똑히) 몇 해 전에는 배도 서너 척 있었고, 그물도 동리에 뛰어나게 가졌드랬지. 배 팔고 그물 팔고 나머지는 뭐냐? 내 살덩이밖에 없었어. 그것도 다— 못해서 다리 한쪽 뺏겼지. 고기잡이 3년에 자식 다— 잡아먹는다는 것은, 윤 첨지…….

윤 첨지   …….

노어부   나를 두고 하는 말이야. 두고 보고 바랄 것이 인제는 하나도 없어. (별안간 부엌 뒤로 퇴장. 들어가더니 괭이 를 들고 나온다. 뒤따라 처가 미친 듯이 달려들어 부지깽이로 노어부의 머리를 후려 때린다. 노어부 쓰러진다.)

처   (괭이를 잡아 뺏으며) 이 괭이가 무슨 괭인 줄 알어?

노어부   (덤비려다가 처의 너무도 핼쑥한 얼굴을 보고 고개를 돌려 복조를 붙들고 운다.)

처   내가 맑은 물 떠 놓고 수신께 빌었거든. 이것은 우리 복조 아니야. 내 정성을 봐서라도 이렇게 전신을 파먹게 안 했을 거야. 지금쯤은 너구리섬 동녘에 있는 시퍼런 깊은 물속에. 참 거기는 미역 냄새가 향기롭지. 그리고 백옥 같은 모래가 깔렸지. 거기서 팔다리 쪽—뻗고 눈감았을 거야. 나는 지금 눈에 완연히 보이는 걸. 복조 배 위로 무지갯빛 같은 고기가 쑥— 지나갔어. (눈앞에 보이는 환영을 물리치는 듯이 손으로 앞을 가리며) 눈감은 얼굴이 너무도 쓸쓸하군. 이렇—게 (시늉을 하며) 원망스러운 얼굴이야. 불만스러운 얼굴이야. 다문 입이 너무도 쓸쓸해.

간(間), 울음소리

통창으로 가야지. 서남풍이 자고, 동풍이 불면 나를 만나러 올지도 몰라. 아니야 꼭 올 거야. 저녁물 아니면 내일 아침물 그도 아니면 모레 아침물. 산수자리를 골라놓고 동쪽을 보고 기대려야지. (일동을 보고 픽 웃으며) 뭣 때문에 울어들? (괭이를 들고 밖으로 뛰어 나간다.)

석이   어머니, 어머니, 어머니. (속이 타서 발을 구르며) 아버지, 얼른 가서 어머니 좀 붙드세요. 얼른 얼른 아버지.

노어부   내 알 것 아니야.

석이   (어머니, 어머니 부르며 뒤따라 퇴장)

㉢(멀리서 처의 웃는 소리 우는 소리 번갈아 들린다.)

노어부   (일어서며) 윤 첨지, 북망산으로 가지.

복실   촛불 하나 안 키고 관도 없이 어델 가요?

분 어미   사람 목숨이 이렇게도 싼가. 뒤란에 검부락지 쓸어가듯 휙 쓸어 가면 고만이야.

윤 첨지   장성한 사람을 그럴 수 있나.

분 어미   (일어서며) 난 항구로 가겠다. 더 있는댔자 가슴만 졸이지. 울며 웃으며 한세상 살다 그럭저럭 죽을 때 되면 죽지. (언덕을 넘어 퇴장)

노어부   (뒷모양을 바라보다가) 왜, 과부 수절하기가 싫으냐?

석이   (울면서 등장) ㉣어머니가 갯가에서 괭이로 물을 파며 통곡을 하시다가는 별안간 허파가 끊어진 것처럼 웃으며 (복실의 가슴에 안겨) 누나야. 어머니는 한세상 참말 헛사셨다. 왜 우리는 밤낮 울고불고 살아야 한다든?

복실 (머리를 쓰다듬으며) 굴뚝에 연기 한 번 무럭무럭 피어오른 적도 없었지.

석이 울음 섞인 소리로, 그러나 한 마디 한 마디 똑똑히) 왜 그런지를 난 생각해 볼 테야. 긴긴 밤 갯가에서 조개 잡으며, 긴긴 낮 신작로 오가는 길에 생각해 볼 테야.

복실 (바다를 보고) 인제 물결이 자는구나.

윤 첨지 ㉤먼동이 트는군. (나가면서)

(노어부를 보고) 사람 삼키더니 물결이 얼음판 같아졌지. 자네 한 잔 쭉- 들이키고 수염 닦는 듯이. 어서 초상 준비나 하게. 상엿집에 휑하니 다녀올 테니.

— 막 —

-함세덕, 「산허구리」-

163 윗글의 등장인물에 대한 이해로 적절한 것은?

① '복조'와 '복실'은 평소에 친했던 이웃이다.
② '석이'는 형의 죽음을 차분하게 받아들이고 있다.
③ '윤 첨지'는 '노어부'의 처지에 대해 공감하고 있다.
④ '분 어미'는 친정이 있는 항구로 돌아가려 하고 있다.
⑤ '복실'은 행복하기만 했던 어린 시절을 그리워하고 있다.

164 ㉠~㉤을 통해 무대 밖에서 일어난 사건이 관객에게 전달된다고 할 때, 그에 대한 설명으로 적절하지 않은 것은?

① ㉠은 무대 밖에서 이미 일어난 사건을 추후에 시각적 효과를 활용하여 알려 주고 있다.
② ㉠과 상반된 ㉡의 정보로 인해, ㉡에 대한 관객들의 의심이 증폭되고 있다.
③ ㉢은 무대 밖에서 현재 진행되고 있는 사건을 청각적 효과를 활용하여 전달하고 있다.
④ ㉣은 무대 밖에서 이미 일어난 사건을 추후에 알려 주지만, ㉢과 연관되면서 무대 밖에서 동시에 진행되는 사건을 환기하기도 한다.
⑤ 관객은 ㉤을 통해 시간의 경과를 분명하게 인지하여 새로운 아침이 시작되었다는 것을 알 수 있다.

165 〈보기〉의 ⓐ~ⓔ 중 [A]의 괭이에 대한 해석으로 적절하지 않은 것은?

─[보기]─

괭이는 '복조'가 사용하던 것으로, 사건 진행과 인물의 정서적 변화에 중요한 역할을 하는 소도구이다. 처음에 괭이는 관객이 볼 수 없는 부엌 뒤에 놓여 있었는데, ⓐ'노어부'가 무대로 가지고 들어오면서 관객들의 주목을 끌게 된다. 이후 괭이는 ⓑ'처'가 '노어부'를 뒤따라 움직이는 계기를 제공하고, ⓒ'처'가 '노어부'와 충돌하게 만드는 매개체 구실을 하며, ⓓ'처'가 내면 심경을 직접 토로하지 못하도록 억제하는 기능을 순차적으로 수행한다. ⓔ 관객들은 괭이에 대한 '처'의 집착을 지켜보면서 '처'의 내면을 엿볼 수 있게 된다.

① ⓐ   ② ⓑ   ③ ⓒ   ④ ⓓ   ⑤ ⓔ

───── (해설편 p.287) ─────

(가)

　바람도 없는 공중에 수직의 파문을 내이며 고요히 떨어지는 오동잎은 ㉠누구의 발자취입니까

　지리한 장마 끝에 서풍에 몰려가는 ㉡무서운 검은 구름의 터진 틈으로 언뜻언뜻 보이는 푸른 하늘은 누구의 얼굴입니까

　꽃도 없는 깊은 나무에 푸른 이끼를 거쳐서 옛 탑 위의 고요한 하늘을 스치는 ㉢알 수 없는 향기는 누구의 입김입니까

　근원은 알지도 못할 곳에서 나서 돌뿌리를 울리고 가늘게 흐르는 작은 시내는 구비구비 누구의 노래입니까

　연꽃 같은 발꿈치로 가이없는 바다를 밟고 옥 같은 손으로 ㉣끝없는 하늘을 만지면서 떨어지는 날을 곱게 단장하는 저녁놀은 누구의 시입니까

　타고 남은 재가 다시 기름이 됩니다 그칠 줄을 모르고 타는 나의 가슴은 누구의 밤을 지키는 ㉤약한 등불입니까

-한용운, 「알 수 없어요」-

(나)

아무 소리도 없이 말도 없이
등 뒤로 털썩
밧줄이 날아와 나는
뛰어가 밧줄을 잡아다 배를 맨다
아주 천천히 그리고 조용히
배는 멀리서부터 닿는다

사랑은,
호젓한 부둣가에 우연히,
별 그럴 일도 없으면서 넋 놓고 앉았다가
배가 들어와
던져지는 밧줄을 받는 것
그래서 어찌할 수 없이
배를 매게 되는 것

잔잔한 바닷물 위에
구름과 빛과 시간과 함께
떠 있는 배

배를 매면 구름과 빛과 시간이 함께
매어진다는 것도 처음 알았다
사랑이란 그런 것을 처음 아는 것   [A]

빛 가운데 배는 울렁이며
온종일을 떠 있다

-장석남, 「배를 매며」-

(다)

　동풍이 건듯 불어 적설을 헤쳐 내니 창밖에 심은 매화 두세 가지 피었어라. 가뜩 냉담한데 암향(暗香)은 무슨 일고. 황혼에 달이 좇아 베개 맡에 비치니 흐느끼는 듯 반기는 듯 임이신가 아니신가. 저 매화 꺾어 내어 임 계신 데 보내고져. 임이 너를 보고 어떻다 여기실꼬.

　꽃 지고 새 잎 나니 녹음이 깔렸는데 나위(羅幃) 적막하고 수막(繡幕)이 비어 있다. 부용(芙蓉)을 걷어 놓고 공작(孔雀)을 둘러 두니 가뜩 시름 많은데 날은 어찌 길던고. 원앙금(鴛鴦錦) 베어 놓고 오색선 풀어 내어 금자에 겨누어서 임의 옷 지어 내니 수품(手品)은 물론이고 제도(制度)도 갖출시고. 산호수 지게 위에 백옥함에 담아 두고 임에게 보내려고 임 계신 데 바라보니 산인가 구름인가 험하기도 험하구나. 천리만리 길에 뉘라서 찾아갈꼬. 가거든 열어 두고 나인가 반기실까.

　하룻밤 서리 기운에 기러기 울어 옐 제 위루(危樓)에 혼자 올라 수정렴(水晶簾) 걷으니 동산에 달이 나고 북극에 별이 뵈니 임이신가 반기니 눈물이 절로 난다. 청광(淸光)을 쥐어 내어 봉황루(鳳凰樓)에 부치고져. 누 위에 걸어 두고 팔황(八荒)에 다 비추어 심산궁곡(深山窮谷) 한낮같이 만드소서.

　건곤이 얼어붙어 백설이 한 빛인 때 사람은 물론이고 나는 새도 그쳐 있다. 소상남반(蕭湘南畔)도 추위가 이렇거늘 옥루고처(玉樓高處)야 더욱 일러 무엇 하리. 양춘(陽春)을 부쳐 내어 임 계신 데 쏘이고져. 초가 처마 비친 해를 옥루에 올리고져. 홍상(紅裳)을 여며 입고 푸른 소매 반만 걷어 해 저문 대나무에 생각도 많고 많다. 짧은 해 쉬이 지고 긴 밤을 꼿꼿이 앉아 청등 걸어 둔 곁에 공후를 놓아 두고 꿈에나 임을 보려 턱 받치고 기대니 앙금(鴦衾)*도 차도 찰샤 이 밤은 언제 샐꼬.

-정철, 「사미인곡」-

* 앙금 : 원앙을 수놓은 이불. 혹은 부부가 함께 덮는 이불.

166 (가)~(다)의 공통점으로 가장 적절한 것은?

① 자연물에 인격을 부여하여 대화의 상대로 삼고 있다.

② 대화체와 독백체를 교차하여 극적 효과를 높이고 있다.

③ 색채어를 활용하여 시의 분위기를 다채롭게 조성하고 있다.

④ 소재에 상징적 의미를 부여하여 주제 의식을 부각하고 있다.

⑤ 의성어와 의태어를 구사하여 화자의 상황을 구체화하고 있다.

167 (가)와 (나)의 시상 전개에 대한 설명으로 가장 적절한 것은?

① (가)는 구조가 유사한 문장을 반복적으로 제시하여 시상에 통일성을 부여하고 있다.

② (나)는 화자의 시선이 자신의 내면에서 외부 세계로 이동하면서 시상이 전개되고 있다.

③ (가)는 제5행에서, (나)는 제3연에서 시상의 흐름이 전환되고 있다.

④ (가)와 (나) 모두 화자의 현재 상황을 자연 현상과 대비하며 시상을 이끌어 내고 있다.

⑤ (가)와 (나) 모두 수미상관의 방식으로 시상을 완결하여 구조적 안정감을 얻어 내고 있다.

168 〈보기〉를 참고하여 ㉠~㉤을 이해한 내용으로 적절하지 **않은** 것은? [3점]

─────[보기]─────

「알 수 없어요」를 비롯한 한용운의 시는 '절대자'라는 궁극적 존재를 탐구하는 시이다. 동시에 그것은 역설에 의한 구도자로서의 자기 정립 또는 자기 극복의 시이기도 하다. 「알 수 없어요」에서는 이런 점이 물음의 방식을 통해 강화되어 나타난다.

① ㉠: '바람도 없는 ~ 오동잎'의 이미지와 결합되어, '누구'로 표현된 절대자의 존재 방식을 알려 주는군.

② ㉡: '푸른 하늘'과 대조되는 것으로, 화자와 절대자 사이의 만남을 가로막는 번뇌와도 같은 것이군.

③ ㉢: '꽃도 없는 깊은 나무'에서 만들어진 것으로, 절대자의 존재에 대한 화자의 회의적 태도를 드러내는군.

④ ㉣: '가이없는 바다를 밟고'와 짝을 이루어, 무한 공간에 걸쳐 있는 절대자의 면모를 드러내는군.

⑤ ㉤: '타고 남은 ~ 됩니다'와 관련되면서, 구도자로서의 자기 정립에 대한 화자의 열망을 역설적으로 드러내는군.

169 [A]에 대한 감상으로 가장 적절한 것은?

① 사랑을 갈구하는 화자의 행동이 생생하게 그려져 있어.

② 사랑의 덧없음을 인정하는 화자의 고백이 나타나고 있어.

③ 배를 매는 행위의 의미가 사랑임이 비로소 드러나고 있어.

④ 사랑의 운명적 면모가 자연의 섭리를 통해 제시되고 있어.

⑤ 사랑의 속성에 대한 화자의 심화된 인식이 나타나고 있어.

170 (나)의 '부둣가'와 (다)의 '수막'을 비교한 내용으로 가장 적절한 것은?

① '부둣가'는 이별과 만남이 반복되는 시련의 공간, '수막'은 이별 후에 정착한 도피의 공간이다.

② '부둣가'는 익명의 타인들과 어울리는 공동체적 공간, '수막'은 타인들로부터 은폐된 개인적 공간이다.

③ '부둣가'는 화자가 회귀하고자 하는 과거의 공간, '수막'은 화자가 벗어나고자 하는 현재의 공간이다.

④ '부둣가'는 사랑하는 대상이 화자를 기다리는 공간, '수막'은 화자가 사랑하는 대상을 기다리는 공간이다.

⑤ '부둣가'는 화자가 사랑에 대한 깨달음을 얻는 공간, '수막'은 사랑하는 사람의 부재를 확인하는 공간이다.

171 〈보기〉를 바탕으로 (다)를 이해할 때, 적절하지 **않은** 것은?

─────[보기]─────

남성 작가가 자신의 분신으로 여성 화자를 내세우는 방식은 우리 시가의 한 전통이다. 궁궐을 떠난 신하가 임금을 그리워하면서 지은 「사미인곡」도 이 전통을 잇고 있다.

① '옷'을 지어 '백옥함'에 담아 임에게 보내려 하는 것은 임금에 대한 신하의 정성과 그리움을 드러내는 행위이다.

② 지상의 화자가 천상의 '달'과 '별'을 매개로 임을 떠올린 것은 군신 사이의 수직적 관계를 반영한 것으로 볼 수 있다.

③ '청광'을 보내고자 염원하는 이유에서 시적 화자와 청자가 실제로는 신하와 임금의 관계임을 감지할 수 있다.

④ 추운 날씨에 '초가 처마'에 비친 해는 임금의 자애로운 은혜가 신하가 머물고 있는 곳까지 미치고 있음을 암시한 것이다.

⑤ 긴긴 겨울밤을 배경으로 차가운 '앙금'을 통해 외로운 처지를 표현한 것은 군신 관계를 남녀 관계로 치환한 결과이다.

해설편 p.296

"도대체 박준은 어째서 꼭 불을 밝혀 놓아야 잠이 들 수 있었을까요. 그리고 전짓불을 보고는 왜 갑자기 발작을 일으킨 것입니까?"

"중요한 걸 물으시는군요."

잠시 입을 다물고 있던 김 박사는 그동안 나에게서 그런 질문을 기다리고 있었기라도 한 듯 이번에는 박준의 버릇에 대해 다시 설명을 시작했다.

"글쎄, 나 역시도 어젯밤 우연히 그런 발작이 나기 전까지는 환자가 특히 어둠을 싫어하는 이유를 알아내지 못하고 있었거든요. 그야 물론 앞서도 말씀드렸듯이 그것도 다른 환자들에게서 볼 수 있는 일반적인 병증의 하나임엔 틀림없지요. 하지만 이제까지의 관찰로는 영 그 원인을 분석해 낼 재간이 없었단 말입니다. 한데 어젯밤 발작을 보고는 비로소 어떤 힌트를 얻을 수 있었어요. 무슨 얘기냐 하면, 환자가 그토록 어둠을 싫어하게 된 것은 직접적으로 그 어둠 자체를 싫어하기 때문이 아니라, 그 어둠으로부터 연상되는 어떤 다른 공포감이 있었기 때문이라는 겁니다. 이를테면 그 전짓불 같은 것이 바로 그런 거지요. 환자가 진짜 발작을 일으키도록 심한 공포감을 유발시킨 것은 어둠이 아니라 그 어둠 속에 나타난 전짓불이었단 말씀입니다. 환자에겐 그 어둠이라는 것이 늘 전짓불을 연상시키는 공포의 촉매물이었지요."

"그렇다면 앞으로의 문제는 박준이 무엇 때문에 그 전짓불에 공포를 느끼게 되는지 그걸 알아내는 것이겠군요. 그게 바로 박사님께서 자주 말씀하신 최초의 갈등 요인이 아니겠습니까."

"옳은 말씀이에요. 전짓불의 비밀이야말로 박준 씨의 치료에는 무엇보다 중요한 열쇠가 되고 있지요."

"하지만 어젯밤 박준이 전짓불을 보고 놀랐던 것만으로는 그가 어째서 그것에 대해 공포감을 지니게 되었는지, 그리고 그 **전짓불의 공포**라는 것이 박준에게 어떤 의미를 지니고 있는 것인지 아직 설명하실 수가 없으신 것 아닙니까."

"아직까지는 그런 셈이지요."

"역시 그의 소설에 대해 관심을 좀 가져 보시는 게 어떨까요?"

나는 필시 박준의 소설들과 전짓불 사이엔 뭔가 썩 깊은 상관이 있는 듯한 예감에 사로잡히며 은근히 김 박사를 권해 보았다. 그러나 김 박사는 박준의 소설에 대해서는 여전히 관심을 보이려 하지 않았다.

"역시 그럴 필요는 없어요. 별로 기분 좋은 방법이 아니기는 하지만, 이젠 최소한 환자로 하여금 전짓불의 내력을 포함한 모든 비밀을 털어놓게 할 마지막 방법은 찾아 놓고 있는 셈이니까요."

(중략)

—이 달의 화제작, 화제 작가.

신문지는 벌써 이태쯤 전에 발간된 어떤 주간지의 한 조각이었는데, 거기엔 우선 그런 제호가 크게 눈에 띄었다. 그리고 그 제호 한쪽으로 그 달에 발표된 박준의 소설이 한 편 몇몇 평론가들로부터 합평되어 있고, 다른 한쪽엔 그 달의 화제 작가로서 박준을 인터뷰한 기사가 실려 있었다.

나는 정신이 번쩍 들었다. 신문지 조각을 못에서 빼어냈다. 그러나 금세 실망이 되고 말았다. 기사는 별로 읽을 만한 곳이 남아 있지 않았다. 대부분의 기사가 다른 조각으로 찢어져 나가 버리고 없었다. 찢어져 나간 조각들은 찾아낼 수가 없었다. 이미 휴지로 사용이 되고 만 모양이었다. 남아 있는 것은 그의 인터뷰 기사 중의 몇 마디뿐이었다. 나는 그것이나마 찢어지다 남은 데서부터 기사를 읽어 내려가기 시작했다.

—당신은 아까 내가 **위험한 질문**이라고 한 말의 뜻을 아직 잘 알아듣지 못한 모양이다. 그렇다면 내가 좀 더 설명을 하겠다……

아마 기자의 어떤 질문에 대한 답변을 부연하고 있는 모양이었다. 박준은 이야기를 꽤 길게 계속하고 있었다.

[A]
—어렸을 때 겪은 일이지만 난 아주 **기분 나쁜 기억**을 한 가지 가지고 있다. 6·25가 터지고 나서 우리 고향에는 한동안 우리 경찰대와 지방 공비가 뒤죽박죽으로 마을을 찾아드는 일이 있었는데, 어느 날 밤 경찰인지 공빈지 알 수 없는 사람들이 또 마을을 찾아 들어왔다. 그리고 그 사람들 중의 한 사람이 우리 집까지 찾아 들어와 어머니하고 내가 잠들고 있는 방문을 열어젖혔다. 눈이 부시도록 밝은 전짓불을 얼굴에다 내리비추며 어머니더러 당신은 누구의 편이냐는 것이었다. 하지만 어머니는 그때 얼른 대답을 할 수가 없었다. 전짓불 뒤에 가려진 사람이 경찰대 사람인지 공비인지를 구별할 수 없었기 때문이다. 대답을 잘못했다가는 지독한 복수를 당할 것이 뻔한 사실이었다. 하지만 어머니는 상대방이 어느 쪽인지 정체를 모른 채 대답을 해야 할 사정이었다. 어머니의 입장은 절망적이었다. 나는

지금까지도 그 절망적인 순간의 기억을, 그리고 사람의 얼굴을 가려 버린 전짓불에 대한 공포를 생생하게 간직하고 있다.

그런데 나는 요즘 나의 **소설 작업** 중에도 가끔 그 비슷한 느낌을 경험하곤 한다. 내가 소설을 쓰고 있는 것이 마치 그 얼굴이 보이지 않는 전짓불 앞에서 일방적으로 나의 진술만을 하고 있는 것 같다는 말이다. 문학 행위란 어떻게 보면 한 작가의 가장 성실한 **자기 진술**이라고 할 수 있다. 그런데 나는 지금 어떤 전짓불 아래서 나의 진술을 행하고 있는지 때때로 엄청난 공포감을 느낄 때가 많다. 지금 당신 같은 질문을 받게 될 때가 바로 그렇다…….

박준의 말은 거기서 일단 끝나고 있는 듯 보였다. 그리고 신문이 찢어져 나가 버린 것도 거기서부터였다.

-이청준, 「소문의 벽」-

172 윗글에 대한 이해로 가장 적절한 것은?

① '김 박사'는 '박준'이 느끼는 공포감의 비밀을 밝힐 방법을 찾았다고 믿는다.
② '김 박사'의 말을 들은 '나'는 그의 치료 방안에 대해 전적으로 신뢰하게 된다.
③ '박준'이 어둠 때문에 발작을 일으킨 일이 있음을 '김 박사'는 알지 못하고 있다.
④ '어머니'의 입장이 절망적인 것은 아들의 안전을 지키지 못했다는 자괴감 때문이다.
⑤ 신문지 조각을 읽은 '나'는 궁금해 하는 사실과 기사의 내용이 거리가 있어서 실망한다.

173 [A]의 서사적 기능으로 가장 적절한 것은?

① 특정 지역을 배경으로 설정하여 공간의 상징적 의미를 부각한다.
② 인물의 행동을 객관적 시점에서 묘사하여 인물의 성격을 짐작하게 한다.
③ 주인공의 두 경험을 연관 지어 사건의 의미를 이해하는 데 단서를 제공한다.
④ 동일한 사건을 다각적으로 구성하여 사건에 대한 해석의 여지를 열어 놓는다.
⑤ 이질적인 시선을 대비해 가며 역사적인 사건의 전모가 총체적으로 드러나도록 한다.

174 〈보기〉를 참고하여 윗글을 감상한 내용으로 적절하지 않은 것은? [3점]

[보기]

정신적 외상(trauma)은 충격적 경험의 기억이 무의식에 잠재되었다가 정신적 병증의 요인으로 작용하면서 모습을 드러낸다. 그 기억은 떠올리는 것만으로도 고통스러울 수 있는데, 이를 들추어 '말문'을 트게 하는 것은 정신적 병증의 치유에서 중요한 과정이다. 개인뿐만 아니라 사회에서도 공동체의 위기 상황으로 인해 발생한 정신적 외상에 대해 '말문 트기'가 요구된다. 이런 점에서 소설은 개인의 아픔은 물론 사회적 병증을 치유해 주는 개인적·사회적 말문 트기의 하나라 할 수 있다.

① '전짓불의 공포'를 강하게 느끼는 '박준'은, 일방적 진술을 강요하는 듯한 사회적 상황에 직면하여 고통 받는 이들을 상징하는 인물이겠군.
② '전짓불의 공포'와 '소설 작업'의 관계에 주목해 보면, 소설 쓰기를 통한 '박준'의 '자기 진술'은 치유 방법으로서의 말문 트기에 상응하는 것이겠군.
③ '자기 진술'을 어렵게 만드는 상황에 직면했다는 '박준'의 고백은, 일방적일 수밖에 없는 '자기 진술'의 상황 속에서 정신적 외상이 환기된다는 점을 드러내는 것이겠군.
④ 유년의 '기분 나쁜 기억'이 전쟁으로 인한 공동체의 위기 상황과 관련되었다는 설정을 통해, '박준'의 정신적 외상이 사회적 차원의 문제와 관련이 있다는 점을 알 수 있겠군.
⑤ 정신적 외상의 최초 원인을 밝히기 위해 '김 박사'가 '박준'의 과거 기억을 진술하게 할 계획을 세웠다면, 이는 '위험한 질문'을 회피하기 위한 말문 트기 방법을 모색한 결과이겠군.

[175~178] 다음 글을 읽고 물음에 답하시오. 2011.11 [47~50]

(해설편 p.302)

[앞부분의 줄거리] 선비 유영이 꿈에서, 죽은 운영과 김 진사를 만나 그들의 이야기를 듣는다. 안평대군은 궁녀 열 명을 뽑아 가르치면서 궁 밖과의 인연을 금했으나, 궁녀 운영은 김 진사와 사랑에 빠졌다. 김 진사의 노비인 특의 꾀에 따라 둘은 도망가려고 운영의 의복과 재물을 빼냈다.

진사는 다른 말은 하지 않고, 오로지 일렀습니다.

"너는 재물을 잘 지키고 있겠지? 내가 장차 그것을 다 팔아서 부처께 지성으로 발원하여 오래된 약속을 실천하리라."

특은 집으로 돌아가 혼잣말로 일렀습니다.

"궁녀가 나오지 못했으니, 그 재물은 하늘이 내게 준 것이로다."

특은 벽을 향해 남몰래 웃음을 지었으나, 다른 사람이 그것을 알 리가 없었습니다. 하루는 특이 자기 옷을 찢고 코를 스스로 때려, 피를 온몸에 흠뻑 바르고 머리를 풀어 헤친 채 맨발로 달려 들어와 뜰에 엎드려 울면서 말했습니다.

"제가 강도에게 습격을 당했습니다."

그러고는 기절한 척했습니다. 진사는 특이 죽으면 재물을 묻은 곳을 알 수 없게 될까 염려되어, 약을 입에 흘려 넣는 등 특을 살려냈습니다. 그러자 특이 십여 일 만에 일어나 말했습니다.

"제가 혼자 산 속에서 지키고 있는데 많은 도적들이 갑자기 들이닥쳤습니다. ㉠박살날 것 같아 죽을힘을 다해 달아나 겨우 목숨을 보존하게 되었습니다. 이 보물이 아니었다면 제가 어찌 이런 위험에 처했겠습니까? 운명이 이리도 험한데 어찌 빨리 죽지 않는고!"

말을 마친 특은 발로 땅을 차고 주먹으로 가슴을 치며 통곡했습니다. 진사는 부모님이 알까 두려워 따뜻한 말로 위로하여 보냈다가, 뒤늦게야 특의 소행을 알고 노비 십여 명을 거느리고 가서 불시에 특의 집을 포위하고 수색을 했습니다. 그러나 금비녀 한 쌍과 거울 하나만을 찾아낼 수 있었습니다. 이 물건을 장물로 삼아 관가에 고발하여 나머지 물건들도 찾고 싶었으나, 일이 누설될까 두려워 고발하지 못했습니다. 진사는 그 재물이 없으면 불공을 드릴 수 없었기에 특을 죽이고 싶었으나, 힘으로 제압할 수 없어 애써 침묵하였습니다.

특은 자기 죄를 알고, 궁궐 담장 아래에 사는 맹인에게 가서 물었습니다.

"내가 며칠 전 새벽에 이 궁궐 담장 밖을 지나가는데, 웬 놈이 궁궐 안에서 서쪽 담을 넘어 나왔소. 도적인 줄 알고 소리를 지르며 쫓아가자, 그놈은 가졌던 물건을 버리고 달아났소. 나는 그 물건을 집에 보관하고 있으면서 임자가 찾아가기를 기다렸소. 그런데 우리 주인은 본래 염치가 없어서 내가 물건을 얻었다는 소문을 듣고 몸소 내 집에 와서 그 물건들을 찾았소. 내가 다른 보물은 없고 단지 비녀와 거울 두 가지만 있다고 대답하자, 주인은 몸소 수색을 해서 과연 그 두 물건을 찾아내었소. 주인은 그것도 부족해서 바야흐로 나를 죽이려고 하오. 그래서 내가 달아나려고 하는데, 달아나면 길(吉)하겠소?"

맹인이 말했습니다.

"길하다."

그때 맹인의 이웃이 옆에 있다가 그 이야기를 다 듣더니 특에게 말했습니다.

"너의 주인은 어떤 사람인데, 이처럼 노비에게 포악하게 구느냐?"

특이 말했습니다.

"우리 주인은 나이는 어리나 문장에 능해서 조만간 틀림없이 급제할 사람입니다. 그런데 이처럼 탐욕스러우니, 훗날 벼슬길에 올라 조정에 섰을 때 마음 씀씀이가 어떠할지 알 수 있을 것입니다."

이런 말들이 전파되어 궁중으로 들어가 대군에게 알려지게 되었습니다. 대군은 크게 화가 나서 남궁 사람들에게 서궁을 수색하게 하니, 제 의복과 보화가 하나도 없었습니다. 대군은 서궁의 궁녀 다섯 사람을 붙잡아 뜰 가운데 세우고, 눈앞에 형장을 엄히 갖춘 다음 명령하였습니다.

"이 다섯 사람을 죽여 다른 사람들을 경계하라."

대군은 또 곤장을 잡은 사람에게 지시하였습니다.

"곤장 수를 헤아리지 말고 죽을 때까지 때려라."

이에 다섯 사람이 말했습니다.

"한마디 말만 하고 죽기를 원합니다."

대군이 말했습니다.

"무슨 말이든지 그간의 사정을 다 털어놓도록 해라."

은섬이 말했습니다.

"남녀의 정은 귀하든 천하든 사람이라면 모두 다 있는 법입니다. 한번 깊은 궁에 갇혀서 홀로 지내니, 꽃을 보면 눈물 흘리고 달을 대하여 슬퍼했지요. 매실을 꾀꼬리에게 던져 쌍쌍이 날지 못하게 하고, 발을 쳐서 제비가 쌍쌍이 깃들지 못하게 함은 부러움과 질투심 때문이었습니다. 한번 **궁궐의 담**을 넘으면 인간 세상의 즐거움을 알 수 있음에도 저희가 그러하지 않은 것은 어찌 힘이 부족해서였겠습니까? 다만 저희는 오로지 주군의 위엄을 두려워하여, 이 마음을 굳게 지키면서 궁중에서 말라 죽을 생각뿐이었습니다. 그런데도 주군께서는 이제 죄 없는 저희들을 죽이려 하시니, 저희들은 황천에서도 눈을 감지 못할 것입니다."

비취가 초사(招辭)*를 올려 말했습니다.

"주군께서 보살펴 주신 은혜는 산보다 높고 바다보다도 깊은지라 저희들은 감동하고 두려워하여 오로지 글짓기와 거문고 연주만을 일삼을 뿐이었습니다. 이제 씻지 못할 악명이 서궁에 미쳤으니 사는 것이 죽는 것만 못하게 되었습니다."

-작자 미상, 「운영전」-

* 초사 : 범죄 사실에 대한 죄인의 진술.

175 윗글에 대한 이해로 적절하지 <u>않은</u> 것은?

① '진사'는 재물을 찾기 위해 '특'의 집을 수색했다.
② '특'은 운영이 도둑을 맞았다고 '맹인'에게 말했다.
③ '맹인의 이웃'이 들은 말이 전파되어 궁중에 들어갔다.
④ '대군'은 소문을 듣고 서궁을 수색하게 했다.
⑤ '은섬'은 억울해 하면서도 다른 궁녀를 원망하지 않았다.

176 '궁궐의 담'에 대한 설명으로 가장 적절한 것은?

① 담은 위선과 진실을 구별하는 경계이다.
② 담 안은 물질적 욕망이 지배하는 공간이다.
③ 담 안의 궁녀들은 담 밖의 세상에 관심이 없다.
④ 담을 넘는 것은 '대군'의 권위에 도전하는 것이다.
⑤ 담 밖은 담 안과 달리 신분적 위계가 없는 공간이다.

177 〈보기〉를 참조하여 윗글을 감상한 내용으로 적절하지 <u>않은</u> 것은?

[보기]

「운영전」의 액자 속 이야기는 주인공이 서술한 것이어서, 서사는 운영과 김 진사의 시선에 포착된 현실을 중심으로 전개된다. 예컨대 운영을 포함한 궁녀들을 억압하는 '대군'은 그들에게 베푼 은혜로 인해 악인으로 단정되지 않는 반면, 음모를 꾸민 '특'은 간교한 인물로만 부각된다. 이런 인물들의 개입으로 인해 금지된 사랑을 하는 주인공의 위기도 여느 고전 소설과 달리 현실적 긴장감을 띠게 된다. 이로써 이 소설은 현실의 문제를 보다 첨예하게 드러낸다.

① 운영도 '대군'을 배신했지만 '특'의 배신만이 부각되는 것은 운영이 서술자이기 때문이군.
② 달아나면 길할 것이라고 말한 '맹인'의 태도 때문에 주인공의 금지된 사랑은 위기에 처하게 되는군.
③ '특'이 남몰래 웃음을 지었다는 진술에서 그의 간교한 성격을 드러내려는 서술자의 의도가 느껴지는군.
④ 궁녀들을 박해하는 '대군'이 악인으로 단정되지 않는 까닭이 '대군'의 은혜를 인정하는 '비취'의 말에서 나타나는군.
⑤ 궁녀들에게 내려진 금기를 부당하다고 느끼면서도 지킬 수밖에 없었다는 '은섬'의 말에 현실의 문제가 드러나는군.

178 '특'이 ㉠의 상황을 다음과 같이 표현했을 때, ( )에 들어갈 말로 가장 적절한 것은?

"( )이었으나 겨우 도망했습니다."

① 내우외환(內憂外患)
② 명재경각(命在頃刻)
③ 사고무친(四顧無親)
④ 오리무중(五里霧中)
⑤ 자승자박(自繩自縛)

— 해설편 p.307 —

학교에 나가지 않으면 나는 5시에 ㉠컨베이어 앞을 떠날 수 없을 것이다. 선생님은 버스 정류장에서 내일은 꼭 학교에 나오라고 한다.

"우선 학교에 나와서 얘기하자."

버스에 올라탄 선생님이 나를 향해 손을 흔든다. 선생님의 손 뒤로 공장 굴뚝이 울뚝울뚝하다. 처음으로 공장 속에서 사람을 만난 것 같다. 버스가 떠난 자리에 열일곱의 나, 우두커니 서 있다. 선생님의 손길이 남아 있는 내 어깨를 내 손으로 만져 보며.

다음날 교무실로 나를 부른 선생님은 내게 반성문을 써 오라 한다.

"하고 싶은 말 다 써서 사흘 후에 가져와 봐."

㉡반성문을 쓰기 위해 학교 앞 문방구에서 대학 노트를 한 권 산다. 지난날, 노조 지부장에게 왜 외사촌과 내가 학교에 가야만 하는가를 뭐라구 뭐라구 적었듯이 이젠 선생님에게 학교 가기 싫은 이유를 뭐라구 뭐라구 적는데 어느 참에서 마음속의 이야기들이 왈칵 쏟아져 나온다. 열일곱의 나, 쓴다. 내가 생각한 도시 생활이란 이런 것이 아니었으며, 내가 생각한 학교 생활도 이런 것이 아니었다고.

┌ 나는 주산 놓기도 싫고 부기책도 싫으며 지금은 오
│ 로지 마음속에 남동생 생각뿐으로 다시 그곳으로
│ 돌아가서 그 애와 함께 살고 싶다고. 반성문은 노트
└ 삼분의 일은 되게 길어진다.

[A] 반성문을 다 읽은 선생님이 말한다.

┌ "너 소설을 써 보는 게 어떻겠냐?"
│
│ 내게 떨어진 소설이라는 말. 그때 처음 들었다.
└ 소설을 써 보라는 말.

그는 다시 말한다.

"㉢주산 놓기 싫으면 안 놓아도 좋다. 학교에만 나와. 내가 다른 선생들에게 다 말해 놓겠어. 뭘 하든 니가 하고 싶은 걸 하거라. 대신 학교는 빠지지 말아야 돼."

그는 내게 한 권의 책을 건네준다.

"내가 요즘 최고로 잘 읽은 소설이다."

표지에 난쟁이가 쏘아 올린 작은 공이라고 씌어 있다.

(중략)

┌ 최홍이 선생님. 이후 나는 그 선생님을 보러 학교
│ 에 간다. 어색한 이향*으로 마음에 가둬졌던 그리
│ 움들이 최홍이 선생님을 향해 방향을 돌린다. 열일

[B]
┌ 곱의 나, 늘 난쟁이가 쏘아 올린 작은 공을 가지고
│ 다닌다. 어디서나 난쟁이가 쏘아 올린 작은 공을 읽
│ 는다. 다 외울 지경이다. 희재언니가 무슨 책이냐고
│ 묻는다.
│
│ "소설책."
│
│ 소설책? 한번 반문해 볼 뿐 관심 없다는 듯이 희재언니가
└ 고갤 떨군다. 최홍이 선생님이 마음 안으로 가득 들어찬다.

정말 주산을 놓지 않아도 주산 선생님은 그냥 지나간다. 부기 노트에 ㉣대차대조표를 그리지 않아도 부기 선생은 탓하지 않는다.

주산 시간에 국어 노트 뒷장을 펴고 난쟁이가 쏘아 올린 작은 공을 옮겨 본다.

┌ ……사람들은 아버지를 난쟁이라고 불렀다. 사람
│ 들은 옳게 보았다. 아버지는 난쟁이였다. 불행하게
│ 도 사람들은 아버지를 보는 것 하나만 옳았다. 그
│ 밖의 것들은 하나도 옳지 않았다. 나는 아버지, 어
│ 머니, 영호, 영희, 그리고 나를 포함한 다섯 식구의
│ 모든 것을 걸고 그들이 옳지 않다는 것을 언제나 말
│ 할 수 있다. 나의 '모든 것'이라는 표현에는 '다섯 식
└ 구의 목숨'이 포함되어 있다.

[C]
┌ ……이제 열일곱의 나는 컨베이어 위에서도 난쟁
│ 이가 쏘아 올린 작은 공을 옮기고 있다. 천국에 사
│ 는 사람들은 지옥을 생각할 필요가 없다,고. 그러나
│ 우리 다섯 식구는 지옥에 살면서 천국을 생각했다,
│ 고. 단 하루라도 천국을 생각해 보지 않은 날이 없
│ 다,고. 하루하루의 생활이 지겨웠기 때문이다,고. 우
│ 리의 생활은 전쟁과도 같았다,고. 우리는 그 전쟁에
│ 서 날마다 지기만 했다,고. 그런데도 어머니는 모든
└ 것을 잘 참았다,고.

그가 소설책을 써 보는 게 어떻겠느냐는 말 대신 시를 써 보는 게 어떻겠느냐고 했으면 나는 시인을 꿈꾸었을 것이다. 그랬었다. 나는 꿈이 필요했었다. 내가 학교에 가기 위해서, 큰오빠의 가발을 담담하게 빗질하기 위해서, ㉤공장 굴뚝의 연기를 참아 낼 수 있기 위해서, 살아가기 위해서.

소설은 그렇게 내게로 왔다.

십이월 중순이 지날 때까지 나는 한경신 선생이 보낸 편지를 가방에 넣고 다녔다. 가끔 편지를 꺼내 전화는 오후 5시 30분 이후부터 9시까지 하실 수 있습니다,라는 대목을 읽어 보곤 했다. 842 – ××××. 몇 번 편지를 꺼내 읽고 다시 넣고 하는 사이에 나도 모르게 전화번호를 다 외우고 있었다. 그러나 나는 끝내 전화하지 못했다. 시간은 자꾸 흘러 한경신 선생이 학교에 왔으면 하는 기간인 12월 초와 중순을 지나갔다. 이제는 방학을 했겠구나, 싶었을 때 가방에서 편지를 꺼내 서랍에 넣으면서 그 학교를 떠나온 햇수를 헤아려 봤다. 떠나온 지 십삼 년이다. 이제는 그때의 일들이 나에게는 객관화가 되어 있으려니 했다.

[D] ┌ 글을 쓰기로 마음을 먹었을 땐 나는 그 시절을 다 극복한 것도 같았다. 그래서 그 시절에 대해서 할 수 있는 한 자세히 써 보기로 했다. 그때의 기억을 복원시켜 내 말문을 틔워 보고 내 인생의 폐문 앞에서 끊겨 버린 내 발자국을 연결시켜 줘 보기로. └

– 신경숙, 「외딴 방」 –

* 이향 : 고향을 떠남.

179 ㉠~㉤에 대한 '나'의 심리적 태도가 <u>다른</u> 하나는?

① ㉠   ② ㉡
③ ㉢   ④ ㉣
⑤ ㉤

180 다음은 작가가 남긴 창작 노트의 일부이다. 이 노트의 내용이 [A], [B]에 실현된 양상으로 적절한 것은? [3점]

• 시제의 변화 ⋯⋯⋯⋯⋯⋯⋯⋯⋯⋯⋯ ⓐ
• 문단 나누기의 효과? ⋯⋯⋯⋯⋯⋯⋯⋯ ⓑ
• 간결한 문장 위주로 쓸 것 ⋯⋯⋯⋯⋯⋯ ⓒ
• '나'를 부르는 방식에 변화를 줄 것 ⋯⋯ ⓓ
• 대화보다는 심리 묘사 위주로 ⋯⋯⋯⋯ ⓔ

① ⓐ는 [A]에서 현재형 어미를 사용하여 이야기 전개 속도를 높이는 식으로 실현되었군.
② ⓑ는 [A]에서 문단 사이에 여백을 주어 인과 관계를 명료화하는 식으로 실현되었군.
③ ⓒ는 [B]에서 간결한 문장을 주로 사용하여 과거를 담담한 어조로 서술하는 식으로 실현되었군.
④ ⓓ는 [B]에서 서술자가 스스로를 가리키는 방식을 달리하여 내적 분열을 강조하는 식으로 실현되었군.
⑤ ⓔ는 [B]에서 대화를 최소화하여 사건의 긴장감을 고조하는 식으로 실현되었군.

181 [C]에 대한 설명으로 적절하지 <u>않은</u> 것은?

① '나'의 고단한 생활을 간접적으로 보여 준다.
② '나'가 소설 쓰기를 배워 가는 과정을 보여 준다.
③ '나'가 창작의 어려움을 깨달아 가는 모습을 보여 준다.
④ '나'가 소설을 옮겨 적으며 스스로 위안하는 모습을 보여 준다.
⑤ '나'가 『난쟁이가 쏘아 올린 작은 공』에 대해 보이는 애착을 구체적인 장면으로 보여 준다.

182 [D]는 작품 창작의 동기를 작품에 직접 드러내고 있다. 〈보기〉에서 [D]와 성격이 유사한 것은?

[보기]

목중 : 오랜만에 나왔으니 예전에 하던 소리나 한번 해 보자. 어어으 아–.
옴중 : (뒤에서 달려 나와 탁 치며) 야, 이놈아!
목중 : 이크, 이게 웬 일이냐. 어느 광대 놈이 나오자마자 사람부터 쳐. ⋯⋯⋯⋯⋯⋯⋯⋯ ①
옴중 : 송아지 풀 뜯어 먹고 울 듯이 '어어으 아' 하면서 나왔다니 거 무슨 말이야? ⋯⋯⋯ ②
목중 : 내가 나오기는 부모 배 밖에 이제 나왔다고 한 것이 아니라 놀이판에 나오길 이제 나왔단 말이야. ⋯⋯⋯⋯⋯⋯⋯⋯⋯⋯⋯⋯⋯ ③
옴중 : 옳지. 그럼 우리 여기 모인 양반들에게 박수 한번 크게 받게 제대로 놀아 보자. ⋯⋯ ④
목중 : 너 그러나 저러나 그 쓴 게 뭐냐?
옴중 : 쓰긴 내가 뭘 써. 일수(日收)를 써 월수(月收)를 써? ⋯⋯⋯⋯⋯⋯⋯⋯⋯⋯⋯ ⑤

– 「양주별산대놀이」 개작 –

─── (해설편 p.313) ───

나는 숨을 죽이고 지그시 아픔을 견디며, 또 하나의 아픈 날을 회상한다. 꼭 이만큼이나 아팠던 날을.

그것은 아마 나의 고가(古家)가 헐리던 날이었을 게다.

남편은 결혼식을 치르자 제일 먼저 고가의 철거를 주장했다. 터무니없이 넓은 대지에 불합리한 구조로 서 있는 **음침한 고가**는 불필요한 방들만 많고 손댈 수 없이 퇴락했으니, 깨끗이 헐어 내고 대지의 반쯤을 처분해서 쓸모 있는 **견고한 양옥**을 짓자는 것이었다.

너무도 당연한 소리였다. 반대할 이유라곤 없었다.

고가의 철거는 신속히 이루어졌다. 나는 그 해체를 견딜 수 없는 아픔으로 지켰다.

우아한 추녀와 드높은 용마루는 헌 기왓장으로 해체되고, 웅장한 대들보와 길들은 기둥목, 아른거리던 바둑마루는 허술한 장작더미처럼 나자빠졌다.

숱한 애환을 가려 주던 〈亞〉 자 창들이 문짝 장사의 손구루마에 난폭하게 실렸다.

㉠ 남편은 이런 장사꾼들과 몇 푼의 돈 때문에 큰소리로 삿대질까지 해 가며 영악하게 흥정을 했다.

남편 하나는 참 잘 만났느니라고 사돈댁 ─ 지금의 동서 ─ 은 연신 뻐드러진 이를 드러내고 내 등을 쳤다.

이렇게 해서 나의 고가는 완전히 해체되어 몇 푼의 돈으로 바뀌었나 보다.

아버지와 오빠들이 그렇게도 사랑하던 집, 어머니가 임종의 날까지 그렇게도 집착하던 고가. 그것을 그들이, 생면부지의 낯선 사나이가 산산이 해체해 놓고 만 것이다.

그러나 생각해 보면 고가의 해체는 행랑채에 구멍이 뚫린 날부터 이미 비롯된 것이었고 한번 시작된 해체는 누구에 의해서고 끝막음을 보아야 할 것 아닌가.

다시는, 다시는 아침 햇살 속에 기왓골에 서리를 이고 서 있는 **숙연한 고가**를 볼 수 없다니.

그러나 나는 나 자신의 육신이 해체되는 듯한 아픔을 의연히 견디었다. 실상 나는 고가의 해체에 곁들여 나 자신의 해체를 시도하고 있었는지도 모를 일이었다.

남편이 쓸모없이 불편한 고가를 해체시켜 우리의 새 생활을 담을 새 집을 설계하듯이, ㉡ 나는 아직도 그의 아내로서 편치 못한 나를 해체시켜, 그의 아내로서 편한 나로 뜯어 맞추고 싶었다.

쓸모 있고 견고한, 그러나 속되고 네모난 집이 남편의 설계대로 이루어졌다. 현대식 시설을 갖춘 부엌과, 잔디와 조그만 분수까지 있는 정원이 있는 아담하고 밝은 집. 모두가 남편의 뜻대로 되었다.

㉢ 다만 나는 후원의 은행나무들만은 그대로 두기를 완강히 고집했다. 넓지 않은 정원에 안 어울리는 거목들이 때로는 서늘한 그늘을 주었지만 때로는 새 집을 너무도 침침하게 뒤덮었다.

그러나 나는 아직도 그것들의 빛, 그것들의 속삭임, 그것들의 아우성을 가끔가끔 필요로 했다.

㉣ 그러고 보니 아직도 해체되지 않은 한 모퉁이가 내 은밀한 곳에 남아 있는지도 몰랐다.

"옥희도 씨 유작전이 있군."

남편도 지금 그 기사를 읽고 있는 모양이다.

"죽은 후에 유작전이나 열어 주면 뭘 해. 살아서는 개인전 한 번 못 가져 본 분을."

"…."

"흥, 그분 그림이 외국 사람들 사이에 꽤 인기가 있는 모양인데 모를 일이야."

'흥, 잡종의 상판을 헐값으로 그려 준 대가를 제법 받는 셈인가.'

"죽은 후에 치켜세우는 것처럼 싱거운 건 없더라. 아마 어떤 ⓐ비평가의 농간이겠지…."

'흥, 당신이 생각해 낼 만한 천박한 추측이군요.'

"에이 모르겠다. 예술이니 나발이니. 살아서 잘 먹고 편히 사는 게 제일이지."

'암, 몰라야죠. 당신 따위가 알 게 뭐예요. 그분은 그렇게밖에 살 수 없었다는 걸 당신 따위가 알 게 뭐예요.'

남편은 신문을 떨구고 기지개를 늘어지게 폈다.

㉤ 나는, 젖힌 그의 얼굴에서 동굴처럼 뚫린 콧구멍과 그 속을 무성하게 채운 코털을 보며 잠깐 모멸과 혐오를 느꼈다.

(중략)

옆에 앉은 남편도 풍선을 쫓았던가 고개를 젖힌 채 눈이 함빡 하늘을 담고 있다.

그러나 그뿐, 이미 그의 눈엔 10년 전의 앳된 갈망은 없다.

그뿐이랴. 여자를 소유하고 가정을 갖고 싶다는 세속적인 소망 외에는 한 번도 야망이나 고뇌가 깃들어 보지 않은 눈. 부스스한 머리가 늘어진 이마에 어느새 굵은 주름이 자리 잡기 시작한 중년의 그가 나는 또다시 낯설다.

저만치서 고등학생들이 배드민턴을 친다. 공이 나비처럼 경쾌하게 날아와 라켓에 부딪치는 소리가 마치 젊은 연인들의 찰나적인 키스의 파열음처럼 감각적으로 들린다.

ⓗ 나는 충동적으로 그의 이마의 주름 진 곳에 그런 키스를 퍼부었다.

그가 낯선 게 견딜 수 없어서였다. 그가 아주 타인처럼 낯선 게 견딜 수 없어서였다.

-박완서, 「나목(裸木)」-

183 ㉠~ⓗ에 대한 설명으로 적절하지 <u>않은</u> 것은?

① ㉠의 '남편'의 행동은 ㉢에서 '나'가 지키고자 했던 대상을 보존하기 위한 '남편'의 배려심이 반영된 것이다.

② ㉠에는 '남편'의 행동 묘사를 통해 '남편'의 성격이 드러나 있고, ⓜ에는 '남편'의 외양 묘사를 통해 '나'의 심리가 드러나 있다.

③ ㉡에서 '나'는 '남편'의 삶에 동화되고자 하지만, ㉣에서 여전히 '남편'에게 동화되지 않는 '나'의 모습을 발견하고 있다.

④ ㉡에는 '남편'에 대한 '나'의 태도를 변화시키고자 하는 심리가 드러나 있고, ⓗ에는 '남편'을 낯설어하는 '나'의 감정을 변화시키고자 하는 돌발적 행위가 드러나 있다.

⑤ ㉢에서 드러나는 '은행나무들'에 대한 '나'의 집착은 ㉣에서 나타나는 '나'의 잠재의식과 연결된다.

184 고가를 중심으로 윗글을 이해한 내용으로 적절하지 <u>않은</u> 것은? [3점]

① 고가의 철거 결정에는 '남편'의 실용적인 가치관이 작용하고 있다.

② 고가의 철거를 주장한 '남편'은 '견고한 양옥'의 설계에서도 자신의 뜻을 반영하였다.

③ 고가의 철거는 '나'와의 친밀감을 회복하고자 하는 '남편'의 의지가 좌절된 사건을 의미한다.

④ 고가는 과거의 '나'가 투영된 대상으로 '나'의 의식 속에 환기되어 내면의 갈등상태를 드러내고 있다.

⑤ 고가를 '남편'은 '음침한 고가'로, '나'는 '숙연한 고가'로 표현하여 인물에 따른 관점의 차이를 드러내고 있다.

185 〈보기〉를 ⓐ에 대한 '남편'의 속말이라고 가정할 때, ⓑ에 들어갈 말로 가장 적절한 것은?

---[보기]---

생전에는 주목하지 않던 옥희도를 사후에 높이 평가하는 것에는 원칙이 있다고 볼 수 없으니, ⓑ (이)라는 말이 생각나는군.

---

① 모래 위에 쌓은 성

② 고양이 쥐 사정 보듯

③ 까마귀 날자 배 떨어진다

④ 귀에 걸면 귀걸이 코에 걸면 코걸이

⑤ 될성부른 나무는 떡잎부터 알아본다

빠른 정답 (문학편)

Day 1

[1~4] 2009.06 [20~23]			
01	02	03	04
②	②	⑤	④

[5~8] 2011.09 [28~31]			
05	06	07	08
②	③	④	②

[9~11] 2016.11B [40~42]		
09	10	11
①	④	①

Day 2

[12~15] 2015.11A [34~37]			
12	13	14	15
①	①	④	②

[16~20] 2013.11 [46~50]				
16	17	18	19	20
②	④	②	④	②

[21~23] 2016.09B [39~41]		
21	22	23
②	①	①

Day 3

[24~26] 2014.09B [38~40]		
24	25	26
④	③	③

[27~30] 2011.09 [21~24]			
27	28	29	30
④	④	④	①

[31~34] 2010.09 [40~43]			
31	32	33	34
③	③	④	③

Day 4

[35~38] 2010.06 [13~16]			
35	36	37	38
⑤	⑤	④	⑤

[39~41] 2013.06 [34~36]		
39	40	41
②	⑤	⑤

[42~45] 2009.11 [20~23]			
42	43	44	45
③	②	②	③

Day 5

[46~49] 2013.09 [27~30]			
46	47	48	49
③	⑤	②	④

[50~53] 2012.11 [25~28]			
50	51	52	53
③	⑤	②	①

[54~58] 2015.06AB [34~38]				
54	55	56	57	58
④	②	④	③	①

Day 6

[59~61] 2016.11AB [43~45]		
59	60	61
⑤	④	③

[62~65] 2013.09 [47~50]			
61	63	64	65
①	②	③	③

[66~69] 2015.11B [31~34]			
66	67	68	69
④	⑤	④	②

Day 7

[70~75] 2009.11 [28~33]					
70	71	72	73	74	75
①	③	②	②	④	④

[76~80] 2015.11AB [38~42]				
76	77	78	79	80
①	⑤	⑤	④	⑤

[81~83] 2014.06A [41~43]		
81	82	83
③	④	①

Day 8

[84~87] 2011.11 [13~16]			
84	85	86	87
④	④	②	④

[88~91] 2012.06 [25~28]			
88	89	90	91
④	⑤	③	⑤

[92~94] 2015.06B [43~45]		
92	93	94
③	④	③

Day 9

[95~98] 2008.09 [40~43]			
95	96	97	98
②	②	④	②

[99~101] 2015.11A [31~33]		
99	100	101
③	③	④

[102~104] 2014.09AB [38~40][31~33]		
102	103	104
③	④	⑤

Day 10

[105~108] 2011.11 [40~43]			
105	106	107	108
⑤	②	⑤	④

[109~111] 2015.11B [43~45]		
109	110	111
①	③	①

[112~115] 2009.11 [47~50]			
112	113	114	115
②	⑤	①	④

Day 11

[116~119] 2009.06 [28~31]			
116	117	118	119
①	④	⑤	⑤

[120~122] 2014예비B [40~42]		
120	121	122
②	⑤	②

[123~127] 2011.06 [27~31]				
123	124	125	126	127
①	③	④	①	②

Day 12

[128~130] 2014.06B [41~43]		
128	129	130
②	③	②

[131~134] 2013.09 [20~23]			
131	132	133	134
⑤	⑤	④	②

[135~140] 2010.11 [32~37]					
135	136	137	138	139	140
③	②	⑤	②	①	②

Day 13

[141~143] 2014.06A [31~33]		
141	142	143
②	②	①

[144~147] 2015.06B [39~42]			
144	145	146	147
④	⑤	⑤	②

[148~151] 2016.09A [39~42]			
148	149	150	151
④	①	①	⑤

Day 14

[152~154] 2015.09B [31~33]		
152	**153**	**154**
②	③	①

[155~157] 2014.09B [41~43]		
155	**156**	**157**
②	③	②

[158~162] 2011.06 [39~43]				
158	**159**	**160**	**161**	**162**
①	④	⑤	②	⑤

Day 15

[163~165] 2012.11 [37~39]		
163	**164**	**165**
③	②	④

[166~171] 2013.06 [13~18]					
166	**167**	**168**	**169**	**170**	**171**
④	①	③	⑤	⑤	④

[172~174] 2014.11B [35~37]		
172	**173**	**174**
①	③	⑤

Day 16

[175~178] 2011.11 [47~50]			
175	**176**	**177**	**178**
②	④	②	②

[179~182] 2010.06 [23~26]			
179	**180**	**181**	**182**
②	③	③	④

[183~185] 2016.11A [31~33]		
183	**184**	**185**
①	③	④